KB018437

번역과
중국의 근대

중국 근대사회에 영향을 미친
100권의 번역서

번역과 중국의 근대

쩌우전환(鄒振環) 지음 | 한성구 옮김

궁리
KungRee

| **일러두기** |

1. 장쑤교육출판사(江蘇教育出版社)가 소유하고 있던 책의 판권은 2018년 만료되었으며, 저자인 쩌우전환 교수와의 이메일 협의를 통해 한국어판 판권을 조건 없이 양도받았다.
2. 서명은『』, 논문이나 책 속의 장절은「」, 신문이나 잡지는《 》로 표기했다.
3. 한자는 처음 나오는 곳에 한 번 병기하고, 필요한 경우 중복 병기했다.
4. 본문의 각주는 모두 옮긴이 주이며 저자주는 책 마지막에 두었다.
5. 본문에 나오는 중국의 인명과 지명은 신해혁명을 기준으로 그 이전의 것은 한자를 훈음하고, 이후의 것은 현대 중국어 발음으로 표기하는 것을 원칙으로 하였다. 다만, 생몰년을 알 수 없거나 자나 호의 경우, 또는 중국어 외의 외국어 발음은 가독성을 고려해 맥락과 편의에 따라 표기하였다.

저자 서문

중국 번역사는 시간 순서에 따라 민족 번역(民族翻譯), 불전 번역(佛典翻譯), 그리고 서학 번역(西學翻譯)의 세 단계로 나눌 수 있다. 그렇지만 16세기 말에서 17세기 초, 즉 명청 교체기부터 시작된 서학 번역은 규모와 깊이, 영향력 면에서 이전 두 단계를 능가한다. 서학 번역이 앞선 단계와 어떤 식으로든 계승 관계가 있다 할지라도, 명청 이래 300여 년간의 서학 번역을 별도의 대상으로 삼아 연구하는 것은 가능할 뿐만 아니라 매우 필요한 일이다. 또한, 이 분야에 대한 체계적인 저술이 많지 않다는 점도 연구를 재촉하는 중요한 요인이다.

번역사를 서술하는 방식에는 여러 가지가 있다. 번역자나 번역 담당 기관을 중심으로 서술할 수도 있고, 번역 사상과 번역 운동의 발전과 양상을 통해 맥락을 정리할 수도 있다. 서학 번역 연구도 예외가 아니어서 번역 이론이나 번역 출판, 번역 문화 등의 측면에서 접근할 수 있다.

번역서는 한 민족이 다른 민족을 이해할 수 있는 최선의 창구이다. 왜냐하면 문화 교류 과정에서 "직접 영향을 발생시키는 것은 대부분 원서가 아니라 번역서"이기 때문이다. 1920년 3월 14일 마오쩌둥(毛澤東)이 저우스자오(周世釗)에게 보낸 편지에 보면 다음과 같은 내용이 나온다. "번역서는 원서보다 빨리 읽을 수 있고 짧은 시간 안에 다양한 지식을 얻을 수 있다." 근대 중국에서 번역서는 중국인들에게 그들이 직접 경험해 보지 못한 세상에 대한 새로운 견문과 깨달음, 지적 개발의 계기를 제공해줌으로써 그들이 광대한 세계 속으로 들어갈 수 있는 길을 열어주었다. 자신도 직접 번역 활동에 종사했던 근대 중국의 대학자 왕궈웨이(王國維)는 번역의 중요성에 대해 절실하게 깨닫고 있었다. 그는 1898년 3월 1일 쉬통린(許同藺)에게 보낸 편지에서 이렇게 말했다. "만약 중국이 서양 서적의 번역을 금지한다면 그것은 생명을 잃는 것이요, 영원한 노예가 되는 것과 마찬가지이다." 1907년 작가 저우쭤런(周作人)은 번역서가 가진 영향력에 대해 다음과 같이 말했다. "한 권의 책이 가진 힘은 세상을 좌우하고도 남는다. … 스토 부인의 『톰 아저씨의 오두막』은 미국 남북전쟁을 촉발했고 노예 해방의 계기가 되었다."

이 책은 명청 교체기부터 신중국 탄생 이전까지 400여 년 동안의 서학 번역을 연구 대상으로 삼아 그 기간 동안 출간되었던 번역서 가운데 비교적 영향력이 컸던 100권을 선별한 후, 번역서의 출간 과정을 날줄로, 번역서와 관련된 문화적 흐름을 씨줄로 삼아 번역서가 당시의 사회 문화와 어떤 관계를 맺고 있었는지 분석하고자 했다. 100권은 사회적 영향 정도를 고려해 선정하였다. 폴 로베르(Paul Robert)의 『사전(DICTIONNAIRE)』과 『라루스 프랑스어 사전(Larousse French Dictionary)』에 따르면, '영향'에 해당하는 영어와 불어 influence는 중세기 라틴어 influentia에서 유래했으며, '인류의 운명을 주재하는 별들의 신비로운 힘'이라는 의미가 담겨 있다. 고전 시기 라틴어 동사 influere(방향, 유출)에서도 그 어원을 찾을 수 있는 이 말은 나중에 '타자를 주재하는 정신적, 이지적 힘'이라는 뜻을 갖게 되었다. 책에 수록되어 있는 번역서들이 '별들의 신비로운 힘'을 발휘해 중국 민족의 운명을 결정했다고 말하기는 힘들다. 그렇지만 '그림자가 형체를 따라다니듯, 메아리가 소리에 호응하듯(如影隨形, 如響應聲)'이라는 말이 있듯이 번역서가 근대 중국 사회에 일으킨 파장은 절대 작지 않았다. 당연히 그 속에는 '정신적이고 이지적인 힘'이 작용했을 것이다. 번역서가 미친 영향은 긍정적인 것도 있고 부정적인 것도 있으며, 직접적인 것도 있고 간접적인 것도 있다. 또한 사회적 영향을 크게 받는 때도 있고 영향을 초월한 때도 있다. 여기 실린 100권의 번역서는 크게 다음과 같이 구분할 수 있다. 첫째, 공시적으로나 통시적으로 동서양 사회에 큰 영향을 끼친 명저. 여기에는 『기하원본(幾何原本)』, 『성경(聖經)』, 『신기관[新工具]』, 『사회계약론[民約論]』, 『법의 정신[法意]』, 『톰 아저씨의 오두막[黑奴籲天錄]』, 『국부론[原富]』, 『레 미제라블[悲慘世界]』, 『종의 기원[物種起源]』, 『젊은 베르테르의 슬픔[少年維持之煩惱]』, 『장 크리스토프[約翰 · 克利斯朵夫]』, 『공산당선언(共產黨宣言)』 등이 해당한다. 둘째, 원작이 대단한 명저는 아니지만, 중국 사회에 광범위하게 유통되어 사람들에게 강렬한 영향을 미치고 사회적으로나 정치적으로 큰 반향을 일으킨 책. 여기에는 『만국공법(萬國公法)』, 『태서신사람요(泰西新史攬要)』, 『천연론(天演論)』, 『가인기우(佳人奇遇)』, 『사랑의 교육[愛的教育]』, 『천하일가(天下一家)』, 『소련공산당[볼셰비키] 역사간요독본(蘇聯共產黨[布]歷史簡要讀本)』 등이 포함된다. 셋째, 출간 당시의 영향력은 그다지 크지 않았지만, 오랜 시간에 걸쳐 지속적으로 사회에 영향을 미쳤거나 문단에서 한 시기를 풍미했던 작품. 여기에는 『교우론[交友論]』, 『십오소년 표류기[十五小豪傑]』, 『자유혈(自由血)』, 『혈사(血史)』, 『요괴학강의록(妖怪學講義錄)』, 『셜록 홈즈의 사건 전집[福爾摩斯偵探案全集]』 등이 해당한다. 마지막으로는 중국에 '최초'로 소개된 과학기술 서적이나 문학 명저이다. 여기에는 『곤여만국전도(坤輿萬國全圖)』, 『동문산지(同文算指)』, 『태서수법(泰西水法)』, 『원서기기도설(遠西奇器圖說)』, 『대수학(代數學)』, 『흔석한담(昕夕閑談)』, 『사회학(社會學)』, 『과학관리법[學

理管理法』, 『빌헬름 텔(威廉 · 退爾)』, 『파우스트(浮士德)』, 『리어왕(李爾王)』, 『성 심리학(性心理學)』 등이 포함된다. 이러한 번역서를 매개로 400여 년에 걸친 서양 서적 번역의 발전 변화에 관한 대략적인 그림을 그려보고자 했다.

100종의 번역서 중에는 분량이 방대한 것에서부터 여러 권의 책이 하나로 합쳐진 것, 단행본이나 소책자, 심지어는 시가(詩歌)와 지도도 포함되어 있다. 그렇지만 번역의 의의가 매우 큰 경우라도 내용이 지나치게 전문적이어서 사회적 영향력이 미세했던 것은 선정하지 않았다. 또한 서양에서 매우 큰 반향을 일으켰지만 중국과 서양의 다른 문화적 배경으로 인해 중국에서의 반응은 냉담한 경우도 있었는데, 이런 경우도 선정하지 않았다. 이 밖에, 여기 소개된 책들보다 훨씬 더 영향력이 컸지만 필자의 좁은 식견과 자료의 한계로 인해 실리지 못한 것들도 있다. 그러나 단언컨대 여기 실린 100종의 책들이 근대 중국 사회에 막대한 영향을 미쳤다는 점은 의심할 여지가 없다.

『교우론』의 출간부터 계산해본다면 서학 번역의 역사는 거의 400여 년이나 되었다. 그렇지만 번역사 연구는 20세기 초에 와서야 비로소 첫발을 내디뎠다. 서학 번역의 자료는 대단히 많고 방대하지만, 번역사 연구는 지지부진하다. 특히 문화 전파사와 관련된 연구는 여전히 걸음마 단계에 있다. 중국인은 언제 처음으로 셰익스피어, 아르키메데스, 베이컨, 루소, 몽테스키외, 마르크스를 알게 되었을까? 뉴턴 역학, 서양의 인체 해부학, 아인슈타인의 상대성이론은 언제 중국으로 전래된 것일까? 중국인은 언제 처음 『성경』을 읽었고, 최초의 서양 번역소설은 무엇일까? 최초의 국제법은 어떤 것이고, 사회학 저작은 누가 처음 번역한 것일까? 심리학 저작은 언제 처음 번역되었으며, 중국인은 언제 처음으로 서양의 경제학, 윤리학, 관리학, 성 심리학을 접하게 된 것일까? 다윈의 진화론, 루소의 사회계약론, 몽테스키외의 삼권분립학설, 마르크스주의, 입센주의, 듀이의 실용주의, 크로포트킨의 상호부조론은 중국에 어떻게 전파되었고 어떤 영향을 미쳤는가? 이런 물음에 답하기 위해 필자는 1980년대 초부터 자료를 수집하고 선별하여 강독하는 작업을 병행해왔다. 아울러 번역서가 출간되었던 당시의 지식인들이 남긴 각종 문집과 전기, 일기, 서신 등을 섭렵해 그 안에 기록된 각종 평론과 감상평을 찾아 기록하는 작업을 지속했다.

청대의 저명 사학가 장학성(章學誠)은 『문사통의(文史通義)』에서 이렇게 말했다. "문장과 학문에 관한 일은 몸소 체득해야 하니 필묵을 휴대하고 어디서든 기록해야 한다. … 찰기(札記) 방법은 공부하는 사람에게는 필수 불가결한 것이다. 읽기만 하고 찰기하지 않는다면 빗방울이 바닷속으로 떨어져버리는 것과 같이 무의미한 것이 될 테니 이렇게 되면 아무리 훌륭한 생각이라도 궁구할 도리가 없다." 또 이렇게 말했다. "문장이란 언제 어디서든 학문에 대한 소견을 드러내는 도구이다. 찰기란 읽은 것을 숙지하고 도(道)로 나아가기 위한 일의 전부이다." 필자는 청대 건가(乾嘉) 사학의 3대 고사찰기(考史札記)인 조익(趙翼)의 『이십사찰기(廿二史札記)』, 전대흔(錢大昕)의 『이십사고이(廿二史考異)』, 왕명성(王鳴盛)의 『십칠사상각(十七史商榷)』의 찰기법(독서기록법)을 본받고 싶었다. 1984년 필자는 「만청 서양 서적 번역과 문화계(晩淸西書中譯與文化界)」라는 제목으로 석사학위 논문을 준비하면서 자료 수집과 함께 끊임없이 찰기를 만들었다. 전통 찰기의 형식으로는 고정변위(考訂辨僞)도 있고, 문자교감(文字校勘)도 있고, 명물훈고(名物訓詁)도 있으며, 전장제도(典章制度), 판본의례(版本義例)도 있다. 이런 다양한 형식을 참고해 이 책의 각 장에서는 번역서와 원서의 관계, 번역서의 수준, 번역자, 번역서의 전파 과정에 주안점을 두고 서술했으며, 번역서에 대한 지식인들의 언급 및 감상평에도 많은 주의를 기울였다.

량치차오(梁啓超)는 「불전의 번역(佛典之翻譯)」이라는 글에서 동진(東晉) 때의 저명한 고승이었던 도안(道安)이 불경 번역 원칙으로 제시한 "허용되는 것 다섯 가지와 바꿔서는 안 되는 것 세 가지(五失本三不易)"에 대해 "참된 것을 구해야 하지만, 속된 것도 알아야 한다(既須求真, 又須喻俗)"는 한 마디로 개괄한 적이 있다. '참된 것을 구하는 것'과 '속된 것을 아는 것'은 과학성과 가독성에 대한 요구라 할 수 있다. 비록 필자의 학문이 변변치 않아 쉽지는 않지만 집필 과정에서 이 두 가지 요구를 충족시키기 위해 큰 노력을 기울였다. 100종 저작의 원서와 중국어 번역서를 꼼꼼히 비교하여 번역서의 전파와 수용, 영향 관계 등을 체계적으로 고찰하였으며, 이를 통해 400여 년에 걸친 서학 번역사의 대체적인 윤곽을 세우고자 하였다.

이 과정에서 석사논문을 쓰면서 작성해둔 찰기들이 결정적 도움을 주었다. 찰기들은 학위논문을 쓰는 과정에서 나온 부산물에 불과하지만, 이때를 계기로 책을 읽을 때마다 습관적으로 찰기를 남기게 되었으니 필자의 학문적 성취에 미친 영향이 적지 않다. 후스(胡適)는 초록(抄錄)이나 필기의 방법이 비록 "대단히 고루하고 대단히 미련하고 대단히 성가신" 것이지만 공부하는 데에는 "대단히 필요한 것"이라고 했다. 필자도 공부하는 과정에서 찰기의 장점을 몸소 깊이 깨달았다. 장학성은 이렇게 말했다. "독서를 통해 어떻게 깨달음을 얻을 것인가? 수시로 기록하되 기록에 한 점 소홀함이 없어야 한다. 기록한다는 것은 평범한 일이지만 기록을 함과 동시에 도리를 고찰하게 되니 문장의 수준이 절로 높아질 것이다. 이럴진대 무엇을 꺼려 기록하지 않겠는가? 찰기의 효용은 매일 자신의 마음을 되돌아보게 해 준다는 데 있다. 이는 마치 샘물은 길어 올릴수록 물이 더욱 새로워지고, 사람이 다니지 않는 오솔길은 얼마 지나지 않아 띠풀로 막혀버리는 것과 같다."

이렇게 모여진 찰기를 우연한 기회에 신문과 잡지에 투고하게 되었고, 《서림(書林)》, 《민국춘추(民國春秋)》, 《박람군서(博覽群書)》, 《출판사료(出版史料)》, 《상하이과기번역(上海科技翻譯)》, 《역사대관원(歷史大觀園)》 등을 통해 처음으로 세상에 선을 보였다. 그러던 중 1987년, 필자는 상하이문화출판사에서 출간된 미국 학자 로버트 다운스(Robert B. Downs)의 『세상을 바꾼 16권의 책(Books that Changed the World)』을 읽게 되었다. 비록 얇은 책자였지만 이 책을 쓰기로 마음먹는 데 큰 영감을 불어넣어주었다. '영향'이란 수많은 상호 관계와 유사성이 그물처럼 짜여 역사의 순서에 따라 작용을 일으키는 것을 말한다. 이 책에서는 원작과 번역서의 출판 시기를 기준으로 글의 순서를 배치하고 독립적인 것처럼 보이는 자료들 사이의 연관성을 찾아 공통된 맥락을 찾고자 했다. 『중국 근대 사회에 영향을 미친 100종의 번역서(影響中國近代社會的一百種譯作)』라는 제목을 붙인 것도 바로 이런 연유에서이다.

차례

001

『교우론(交友論)』
중국 전통 윤리문화에 던진 파문

1519년, 명나라 무종(武宗)이 남쪽 지방 순시를 핑계로 궁 밖의 방탕한 생활에 빠져 있을 때, 포르투갈 항해사 마젤란은 남아메리카 남쪽 해협을 돌아 태평양을 횡단하는 '세계일주'로 새로운 시대를 열고 있었다. 환관들의 발호와 심각한 기아로 명 왕조가 어려움에 직면해 있을 때 포르투갈인은 이미 마카오에 자신들의 거점을 마련했다. 얼마 후, 유럽의 예수회 선교사들은 중국 선교를 위해 내륙 진출의 험난한 여정을 시작했다. 중국 선교의 선구자인 하비에르[1]는 명나라의 엄격한 해금(海禁) 정책에 가로막혀 육지에 발을 들이지 못한 채 1552년 8월에 광주(廣州)에서 약 56킬로미터 떨어진 상천도(上川島)에서 생을 마감했다. 1582년 이탈리아 선교사 마테오 리치[2]는 자명종, 천상의(天象儀)와 베니스에서 만든 프리즘 등을 가지고 광동(廣東)의 조경(肇慶)에 도착했다. 그는 중국의 승

1) 프란치스코 하비에르(Francisco Javier, 1506-1552). 스페인 예수회 선교사로 인도, 말레이제도, 일본에 기독교를 전파하는 데 중요한 역할을 했다. 중국명은 聖方濟各 · 沙勿略이다.

2) 마테오 리치(Matteo Ricci, 1552-1610). 이탈리아 예수회 선교사로 중국에 최초로 천주교를 전파했다. 호는 서강(西江), 청태(淸泰), 존칭은 태서유사(泰西儒士)이다. 중국명은 利瑪竇로 『천주실의』의 저자로 유명하다.

려들이 유럽과는 달리 지위가 낮고 권위도 없다는 것을 알아차렸다. 따라서 중국의 종교적 문호를 열기 위해서는 불교 승려보다 '서양 유학자(西儒)'가 되는 것이 낫다고 생각하였다. 따라서 그가 중국에서 가장 먼저 발행한 책은 『천주실의(天主實義)』가 아니라 3,500여 자에 불과한 『교우론(交友論)』이었다.

『교우론』은 마테오 리치가 남창부(南昌部)의 건안왕(建安王)으로부터 서양 사람들의 교유법(交遊法)에 대한 질문을 받은 뒤 이에 대한 대답을 담아 펴낸 소책자이다. 자신이 과거에 읽었던 서양 철학자들의 글 가운데 우정에 관한 문장 100개를 뽑아 격언 형식으로 다듬은 후 왕긍당(王肯堂)[3]의 윤색을 거쳐 1595년 남창에서 출판했다. 파스콸레 델리아[4] 등의 연구를 통해 볼 때, 이 책은 플라톤의 『뤼시스』, 아리스토텔레스의 『윤리학』, 몽테뉴의 『수상록』과 플루타르크의 『도덕론』에서 우정에 관한 글귀를 발췌 편집한 것이다. 이 외에 키케로의 『우정론』, 안드레아스 에보렌시스의 『격언과 전형』[5] 등에서 옮겨온 듯한 글도 있다.[1]

마테오 리치는 중국 고전문화에 상당한 소양을 갖고 있었다. 그는 서양의 명언과 중국 전통 유교 덕목인 오륜(五倫)[6] 중 하나인 '붕우유신(朋友有信)'을 결합시켜 『교우론』을 집필했다. 그는 『논어(論語)』 첫머리의 "멀리서 친구가 찾아오니 즐겁지 아니한가(有朋自遠方來, 不亦樂乎)"라는 구절을 예로 들어 공자(孔子)가 친구 관계를 매우 중요하게 여겼다고 생각했다. 그러나 동한(東漢)의 장제(章帝) 때 백호관(白虎觀) 회의[7]로 인해

3) 왕긍당(王肯堂, 1552-1638). 명대(明代) 의학가이다. 저서로 『증치준승(證治準繩)』, 『울강재필진(鬱岡齋筆塵)』이 있다.

4) 파스콸레 델리아(Pasquale d' Elia, 1890-1963). 이탈리아 예수회 신부로 20세기 마테오 리치 연구에 괄목할 만한 업적을 남겼다. 저서로 『리치전집(Fonti Ricciane)』이 있다.

5) 원제는 'Sententiae et Exempla'이다.

6) 오륜(五倫)은 유교에서 사람으로서 지켜야 하는 다섯 가지 윤리로, 부자유친(父子有親), 군신유의(君臣有義), 부부유별(夫婦有別), 장유유서(長幼有序), 붕우유신(朋友有信)을 가리킨다.

친구 관계는 육기(六紀)[8] 중 가장 끝자리로 밀려나게 되었다. '붕(朋)'은 '제자(弟子)'의 의미로 축소되었고, 이로 인해 평등하고 호혜적 친구 관계가 스승과 제자의 주종 관계로 변하게 되었다는 것이다. 마테오 리치는 "친구와 사귐에 신의를 다했는가(與朋友交而不信乎)"[9]라는 구절에 담겨 있는 참된 우정의 의미를 중국의 지식인들이 제대로 알지 못한다고 생각했다. 그는 『교우론』에서 "친구를 사귄 다음에야 신의를 논할 수 있다", "친구를 대함에 항상 한마음으로 일관해야 하며, 원근내외(遠近內外)를 따지거나 언어와 정서가 다르다고 배척해서는 안 된다"고 썼다. 이는 전통 유가가 신봉하는 군군신신부부자자(君君臣臣父父子子)의 상하존비 관념에 어긋나는 것이다. 그러나 이러한 윤리 관념은 중국 지식인들에게 전통과 다른 새로운 윤리적 관계의 정립 가능성을 제시해주었다. 마테오 리치는 조급해하거나 초초해하지 않고 겸손하고 온화하게 자신을 낮춤으로써 서광계,[10] 이지조[11] 등 당시 중국의 지식인들과 우호적인 교우관계를 맺을 수 있었다. 이런 교우관계는 명청 이래의 중국 문인들에게 상당한 영향을 미쳤다.

---

7) 동한 건초(建初) 4년(79) 장제(章帝)가 박사(博士)와 유생들을 낙양(洛陽) 북쪽의 궁궐인 백호관(白虎觀)에 불러 모아 오경(五經)에 대해 토론한 회의이다. 장제의 결론을 중심 내용으로 해서 반고(班固)가 편찬한 책이 『백호통(白虎通)』이다. 일명 『백호통의(白虎通義)』라고도 한다.

8) 『백호통(白虎通)·삼강육기(三綱六紀)』에 따르면 육기(六紀)는 제부유선(諸父有善), 제구유의(諸舅有義), 족인유서(族人有序), 곤제유친(昆弟有親), 사장유존(師長有尊), 붕우유구(朋友有舊)이다.

9) 『논어(論語)·학이(學而)』 제4장에 나온다.

10) 서광계(徐光啓, 1562-1633). 자(字)는 자선(子先), 호(號)는 현호(玄扈), 세례명은 바오로이다. 명대 말기의 과학자이자 정치가이다. 평생 동안 수학, 천문, 역법, 수리(水利)를 연구했으며 농학에도 정통했다. 유클리드의 『기하원본(幾何原本)』을 번역했으며, 『태서수법(泰西水法)』, 『농정전서(農政全書)』를 펴냈다.

11) 이지조(李之藻, 1565-1630). 자는 진지(振之), 호는 양암거사(涼庵居士)이다. 명대의 과학자로 학식이 풍부하고 천문학과 수학에 관심이 많았다. 마테오 리치에게서 서양 과학을 배워 정통했으며 천주교 세례를 받았다. 숭정(崇禎) 2년(1629), 서광계, 롱고바르디(Niccolo Longobardi, 중국명 龍華民), 아담 샬(Johann Adam Schall von Bell, 중국명 湯若望) 등과 함께 수력(修曆)에 참여하였다.

이 책을 '편집하고 윤색한' 왕긍당은 『울강재필진』에서 이렇게 말했다. "마테오 리치의 『교우론』은 맛깔스러운 문장으로 답답한 마음을 상쾌하게 해주는 힘이 있다. 이런 점에서 볼 때 이 책은 『칠발(七發)』[12]보다 낫다."[2] 『교우론』은 당시 지식인들이 서로 돌려가며 읽을 정도로 인기가 높았을 뿐만 아니라, 중국 문화계 인사들의 찬사를 들었다.[3] 후에 이지조의 『천학초함(天學初函)』, 진계유(陳繼儒)의 『보안당비적(寶顔堂秘籍)』, 풍가빈(馮可賓)의 『광백천학해(廣百川學海)』, 도본준(屠本畯)의 『산림경제적(山林經濟籍)』, 도정(陶珽)의 『설부속집(說郛續集)』, 오종선(吳從先)의 『소창별기(小窓別紀)』와 왕긍당의 『울강재필진』 등 각종 문집과 총서에 책의 일부 또는 요약본이 수록되었다. 청나라 초기의 선교사 마르티니[13]와 축석[14]은 이 책에 대해 깊이 연구한 후 『교우론』의 서술 형식을 모방하여 순치(順治) 4년(1647년)에 『구우편(逑友篇)』을 번역 출간하였다. 마르티니는 『교우론』이 "친구라는 말의 깊고 넓은 의미를 제대로 밝히지 못했다"며 진정한 친구를 얻는 도리[得眞友之道], 참된 친구와 거짓된 친구의 차이[眞僞友之別], 참된 친구는 서로 두려워하지 않는다[眞友不相懼], 진정한 사랑의 능력[眞愛之能力], 참된 사귐의 근본[眞交之本] 등에 대해 서술하였다.[4] 『교우론』은 청대 이래로도 저입획(褚人獲)의 『견호비집(堅瓠秘集)』, 관정분(管廷芬)의 『일치필존(一瓻筆存)』, 『도서집성(圖書集成)·우의전(友誼典)』 등 여러 문집과 총서에 수록되었다. 1924년 상하이 《신주

---

12) 한(漢)나라 목승(枚乘)의 부(賦). 초(楚)나라 태자(太子)의 마음의 병을 치료하는 과정을 일곱 단락으로 적은 책이다.

13) 마르티노 마르티니(Martino Martini, 1614-1661). 이탈리아 선교사로 중국명은 衛濟泰 또는 衛匡國이다. 1650년 '전례논쟁[禮儀之爭]' 때 공자와 조상의 제사를 모시는 중국의 예절이 사회예의(社會禮儀)에 속한다는 내용을 담은 「중국예수회교사기략(中國耶穌會敎士紀略)」을 교황 알렉산드르 7세(Alexander VII)에게 보내 중국 교인들의 제사풍속을 허용하도록 만들었다. 천주교의 중국화에 큰 기여를 하였다.

14) 축석(祝石, ?-?). 본명은 자견(子堅). 절강(浙江) 난계(蘭溪) 사람으로 마르티니의 서양 서적 번역을 도왔다.

일보(神州日報)》는 이 책을 영인 출판했으며, 1946년 상무인서관(商務印書館)은 『총서집성(叢書集成)』에 포함시켜 출간했다. 1948년에는 예더루(葉德祿)의 수정본이 출판되었다.

비록 지금으로부터 300여 년 전에 나온 소책자이지만 중국 윤리학자의 관심을 거의 끌지 못했다는 것은 아쉬운 점이다. 지금까지 출간된 중국윤리학사에서 이 책을 언급한 경우는 거의 없었으며 책과 관련된 논문이나 이 책이 중국의 윤리사상에 끼친 영향을 연구한 글도 보지 못했다. 중국 윤리사상의 발전 과정은 닫힌 고리가 아니라 하나로 꿰어져 서로 다른 빛을 발산하고 있는 진주에 비유할 수 있다. 진주 한 알 한 알 속에는 본토문화뿐만 아니라 외래문화의 흔적도 강하게 새겨져 있다.

002

『곤여만국전도(坤輿萬國全圖)』

중국을 세계의 중앙에 배치하라

중국은 아시아 대륙의 동쪽에 자리 잡고 있다. 서북쪽은 사막이고 서남쪽은 고산심곡(高山深谷)이며 남쪽은 열대우림, 동쪽은 바다로 둘러싸여 있다. 폐쇄적인 지리환경과 자급자족의 농업경제는 중국이 독특한 문화 체계를 만들어내는 데 영향을 미쳤다. 해외 무역에 의존하지 않고 독자적인 생존을 추구해왔던 중국인들은 해양 무역에 대한 필요성을 크게 느끼지 못했다. 15세기 초에 정화[1]가 성공적으로 마친 원양항해도 지속적인 해양 정책의 결과라고 보기는 힘들며 국제 상업 문화 교류로 이어지지도 않았다. 16세기까지 세계 지리에 관한 중국인들의 인식은 진한(秦漢) 시대의 수준에 머물러 있었다. 그들은 땅은 구체(球體)이고 세계가 여러 개의 대륙으로 나누어져 있으며 각지마다 수많은 인종들이 생활하고 있다는 것을 알지 못했다. 중국에서 나온 천하총도(天下總圖)[2]를 보면

1) 정화(鄭和, 1371-1433). 명(明)나라 때의 환관 겸 무장(武將). 15세기 초에 2만 명이 넘는 선원과 300척 넘는 배로 함대를 조직해 일곱 차례나 인도양으로 진출했고 마지막에는 아프리카 동해안에 이르는 원양항해를 성공적으로 마쳤다.

2) '천하총도(天下總圖)'는 특정 지도를 가리키는 고유명사라기보다는 당시 중국에서 제작 · 통용되던 세계지도의 통칭이다.

중국의 열다섯 도(道)만 크게 그려져 있을 뿐, 중국 밖에 있는 섬들을 모두 합쳐봐야 중국의 도 하나에도 미치지 못한다.

1583년, 마테오 리치는 기독교 선교를 위해 중국으로 건너왔다. 그는 서양의 과학지식을 이용하여 기독교에 대한 중국 사대부들의 흥미를 유발시켰으며, 동시에 그들을 '세계의식(世界意識)'의 장 속으로 끌어들이고자 하였다. 1584년과 1595년, 그는 중국 남방 지역에서 지도를 제작하였고 이를 토대로 1600년 남경(南京)에서 『산해여지전도(山海輿地全圖)』를 간행하였다. 이어서 1602년에 이지조와 함께 『곤여만국전도』를 제작했는데, 이 지도는 그가 만든 것 가운데 가장 큰 영향력을 발휘했으며 주변국까지 널리 보급되었다. 『곤여만국전도』는 15, 16세기 유럽에서 인쇄된 동판 지도와 중국의 여도 및 통지(通志) 자료, 그리고 여행 실측, 견문 자료 등을 참고해서 제작한 것이다. 마테오 리치는 메르카토르[3], 오르텔리우스,[4] 플란시우스[5] 등이 활약했던 16세기 후반 유럽 플랑드르 학파의 지도 자료를 주로 응용했다. 그가 제작한 지도 속의 중국에는 남에서 북으로 조경, 남창, 남경, 북경 등 중국의 대도시가 그려져 있다. 이 지도는 4종의 정통 판본과 10종 이상의 방각본(仿刻本)과 모각본(摹刻本)이 전한다.

『곤여만국전도』는 1570년 오르텔리우스가 지도를 만들며 사용한 투영 방식으로 제작되었다. 마테오 리치는 지도의 개념을 설명하기 위해

---

3) 게라르두스 메르카토르(Gerardus Mercator, 1512-1594). 플랑드르(Flandre, 오늘날은 벨기에, 프랑스, 네덜란드에 나뉘어 속해 있음)의 지도학자. 위선과 경선이 직선으로 그려져 있어 어떤 지점에서든지 정확한 위도와 경도의 비율을 알 수 있도록 한 '메르카토르 도법'을 창안해 지도 제작에 큰 혁신을 가져왔다. 지도를 모아서 편집하는 '지도서(atlas)' 개념을 최초로 도입했다.

4) 아브라함 오르텔리우스(Abraham Ortelius, 1527-1598). 플랑드르의 지도 제작자이자 지리학자. 1570년 최초의 근대적 지도책인 『세계무대의 축도(Theatrum orbis terrarum)』를 출간했다.

5) 페트뤼스 플란시우스(Petrus Plancius, 1552-1622). 플랑드르의 천문학자, 지도학자, 성직자. 1592년에 「새롭고 정확한 지리학 및 수계 지리학적 세계 지도(Nova et exacta Terrarum Tabula geographica et hydrographica)」라는 세계 지도를 출간하였다. 또한 경도를 알아내는 새로운 방법을 개발하고 항해도를 위한 메르카토르 도법을 도입하였다.

원추 투영 방식을 사용하여 적도 북극과 남반구 지역을 묘사했다. 땅은 원형으로 그려져 있으며 남극과 북극, 적도를 기준으로 남북 주야(晝夜)의 길이와 유럽(歐邏巴), 아프리카(利未亞), 아시아(亞細亞), 남북아메리카(南北亞墨利加), 오세아니아(墨瓦蠟泥加) 등 오대주(五大洲)의 명칭, 포르투갈(波爾杜瓦爾), 에스파냐(以西把泥亞), 프랑스(拂郎察), 잉글랜드(諳厄利亞) 등 유럽 30여 개 나라의 이름이 표기되어 있다. 남북 아메리카에 대해 그는 다음과 같이 소개했다. "남북 아메리카와 오세아니아는 예로부터 아는 사람이 없었다. 100여 년 전 유럽 사람들이 배를 타고 지나가다 비로소 그곳을 발견했다. 그러나 땅이 광활하고 사람들이 야만적이어서 각 나라의 습속이 어떤지 지금까지 잘 알지 못한다." 아시아에서는 인도(應第亞) 아라비아(曷剌比亞), 유태(如德亞), 시베리아(北地), 타타르(韃靼), 여진(女眞), 쿠처(古丘玆國), 일본(日本), 조선(朝鮮) 등을 소개하고 있다. 아울러 근대 과학 방법과 측량 기구를 사용한 실측에 근거하여 중국의 북경과 남경, 대동(大同), 광주, 항주(杭州), 서안(西安), 태안(泰安), 제남(濟南) 등 여덟 개 도시의 경도와 위도를 표기하고 있다. 또한 오대주의 관념과 지원설(地圓說), 지역 분류법 등은 중국 전통 사상계에 커다란 영향을 미쳤다. 특히 아시아(亞細亞), 유럽(歐邏巴), 로마(羅馬), 캐나다(加拿大), 쿠바(古巴), 파푸아(巴布亞), 대서양(大西洋), 지중해(地中海), 북극(北極), 남극(南極) 등 그가 번역한 오대주의 수많은 국명과 지명은 현재까지도 그대로 사용되고 있다.[6)]

『곤여만국전도』는 1584년 만들어진 세계지도의 경도와 위도를 기준

6) 현대 중국어에서의 공식적 표기명은 다음과 같다. 유럽(歐洲 또는 歐羅巴洲), 아프리카(非洲), 아시아(亞洲 또는 亞細亞), 아메리카(美洲), 오세아니아(澳洲 또는 大洋洲), 포르투갈(葡萄牙), 에스파냐(西班牙), 프랑스(法國), 잉글랜드(英格蘭 또는 英國), 인도(印度), 아라비아(阿拉伯), 유태(猶太), 시베리아(西伯利亞), 쿠처(龜玆).

으로 본초자오선(本初子午線)[7]을 획정했기 때문에 중국은 당연히 세계의 주변부로 밀려날 수밖에 없었다. 그러나 중국 사대부들의 관념을 잘 알고 있던 마테오 리치는 중국을 지도의 중앙이 아닌 주변부에 배치하는 것이 매우 위험한 생각이라는 것을 깨달았다. 『마테오 리치의 중국 견문록』[8]에 이런 말이 나온다. "중국인들은 그들의 나라가 세계의 중앙에 있다는 것을 추호도 의심하지 않는다. 따라서 중국을 동방의 한 구석에 배치한 우리의 지리 관념은 그들을 매우 불쾌하게 만들 수 있다. 그들은 육지가 구형이고 천하가 육지와 바다로 구성되어 있다는 것을 알지 못하며 둥글기 때문에 시작도 끝도 없다는 것을 이해하지 못한다."[1] 중국인들은 중국이 곧 천하이고 천하는 방형(方形)이라고 여겨왔기 때문에 서구의 지리학 지식을 허황되다고 생각했다. 이런 관념은 하루아침에 바뀔 수 없다. 따라서 마테오 리치는 더 이상 과학적 입장에서 중국과 세계의 관계를 논증하려 애쓰지 않았다. 그는 고민 끝에 임기응변식으로 본초자오선을 세계지도의 중앙에서 170도나 좌측으로 이동시켜 중국을 『곤여만국전도』의 중앙에 오도록 만들었다. 또한 생각보다 가까운 거리로 인해 생길지도 모르는 중국인들의 두려움을 감소시키기 위해 중국과 유럽 간의 거리를 '6만 리'에서 '8만 리'로 벌려놓았다. 중국인들의 자존심을 건드리지 않기 위한 고육책이었지만 지도상의 부정확한 정보로 인해 중국인들은 과학적 '세계의식'을 접할 수 없었으며, 실증적 과학지식을 경시하는 전통적 학문 풍토는 별다른 장애 없이 명맥을 이어가게 되었다.

그러나 다른 한편으로 명말 지식인들에게 『곤여만국전도』는 확실히

---

7) 경도의 기준이 되는 경도 0°의 자오선을 말한다.
8) 중국에서 활동한 프랑스의 예수회 선교사 트리고(Nicolas Trigault, 1577-1628, 중국명 金尼閣)가 라틴어로 번역 · 정리한 책이다. 원제는 'De Christiana expeditione apud Sinas'이고 1953년 출간된 영문판 제목은 'China in the Sixteenth Century: The Journals of Matthew Ricci: 1583-1610', 중국판 제목은 '利瑪竇中國札記'이다.

충격적인 것이었다. 분명하게 구분된 오대주, 명확하게 표시된 경도와 위도, 그리고 지도에 빼곡하게 채워진 외국의 명칭은 중국 바깥에도 광활한 '천하'가 존재하며 수많은 '국가'가 존재한다는 것을 알게 해주었다. 아울러 중국의 전통 지리 학설이 얼마나 근거가 부족하고 황당한 것인지도 인식시켜주었다. 서광계는 이렇게 말했다. "천지원체(天地圓體)라는 마테오 리치의 말은 2곱하기 5가 10인 것처럼 명백한 것이다."[2] 구식곡(瞿式穀)[9)]은 세계지리에 관한 신지식이 중국에서 싹을 틔운다면 "우물 안 개구리 같은 사람들의 편협함을 타파"할 수 있을 것이라고 했다. 1601년 이지조는 마테오 리치의 세계지도를 접한 후 서양의 지도 제작법에 심취하게 되었다. 그는 중국 전통 제도학의 문제에 대해 이렇게 말했다. "서법(西法)에 따라 측량하고 검증해보니 거리를 재고 그리는 중국의 기술이 대단히 미숙하다는 것을 깨닫게 되었다."[3] 물론 이런 깨달음은 단지 소수의 의식 있는 지식인들에게만 해당되는 것이었다. 중국 외 사방은 오랑캐의 땅이며 오랑캐는 마땅히 조공을 바쳐야 한다는 '천조(天朝)' 관념은 중국이 대외관계를 처리하는 데 있어 확고한 원칙으로 유지되어 왔으며, "중국이 오랑캐를 교화시킨다는 말은 들어봤어도 그 반대는 듣지 못했다(吾聞用夏變夷者, 未聞變於夷者)"[10)]는 사상도 사람들의 의식 속에 굳건하게 자리 잡고 있었다.

많은 보수파 사대부들은 마테오 리치의 주장이 멋대로 지껄이는 것이라 비난하였다. 남경의 예부낭중 서여가(徐如珂)[11)]는 선교사들에 대해 "그 무리들은 서양의 환경과 인물이 중국보다 앞선다고 허세를 부린다"

---

9) 명대 천주교 관련 인물로 이탈리아 선교사 알레니(Giulio Aleni, 중국명 艾儒略)를 도와 『기하요법(幾何要法)』을 번역했다. 「직방외기소언(職方外紀小言)」을 썼다.

10) 『맹자(孟子) · 등문공상(滕文公上)』에 나온다.

11) 서여가(徐如珂, 1562-1626). 자는 계명(季鳴), 호는 염양(念陽)으로 소주 오현(吳縣) 사람이다. 명 신종(神宗) 때 예부낭중(禮部郎中)을 지냈다.

고 하였으며, 복건(福建) 건영(建寧) 사람 위준[12]은 「이설황당혹세(利說荒唐惑世)」라는 글에서 선교사들이 "눈으로 볼 수 없는 것과 가볼 수 없는 곳을 들어 사람들을 기만하니 검증할 수조차 없다. 실로 귀신과 도깨비를 그리는 화공(畫工)과 다를 바 없구나"라고 하였다. 이는 사대부들뿐만 아니라 조정의 입장과도 다르지 않은 것이다. 『명사(明史)·이탈리아전(意大里亞傳)』에서는 오대주에 관한 마테오 리치의 논설을 '황묘막고(荒渺莫考)'한 거짓말이라고 기록하였으며, 『사고전서총목제요(四庫全書總目提要)』 같은 권위 있는 문헌에서도 마테오 리치를 가리켜 "기이한 것 말하기를 일삼고 과장이 심해 연구할 가치가 없다"고 적고 있다. 또한 많은 사람들은 '대서양(大西洋)'이라는 번역어가 중국의 존엄을 침해했다고 생각하여 지명의 타당성에 대한 논쟁을 벌이기도 했다. 반대파들과 보수파들은 중국 전통의 개천설(蓋天說)[13]과 낙후한 제도 기술을 맹신하고 있었기에 투영법을 이용해 제작한 『곤여만국전도』의 진정한 가치를 알 수 없었다. 서광계, 이지조 등의 부단한 노력에도 불구하고 자아인식을 결여한 사대부들은 중국 중심주의로부터 쉽게 벗어날 수 없었던 것이다.

세계 속 중국의 정확한 위상을 알 수 있는 호기(好機)를 놓쳐버린 중국인들은 급변하는 세계 역사의 조류로부터 다시 멀어져 갔으며 서양과 교류할 수 있는 기회는 다시 한 세기 이상 뒤로 미뤄지게 되었다. 19세기 중엽 청말의 어떤 학자는 마테오 리치가 중국이 속한 지역을 '아세아(亞細亞)'라고 명명한 것은 중국을 얕보았기 때문이라고 주장했다. 왜냐하면 전통적으로 『이아(爾雅)·석고(釋詁)』에서는 "亞라는 것은 次(버금간다)이

---

12) 위준(魏濬, 1553-1626). 호는 창수(蒼水)로 명 만력(萬歷) 때의 중신(重臣)이다. 청렴함으로 이름을 떨쳤고 학문에 조예가 깊었다. 저서로는 『역의고상통(易義古象通)』, 『세략(世略)』 등이 있다.

13) 고대 중국의 우주관으로 하늘은 우산 모양의 둥근 뚜껑처럼 생겼고 땅은 평평하다는 주장이다.

다", 『설문해자(說文解字)』에서는 "亞는 醜(추하다)이다", 『증운(增韻)』에서는 "亞는 少(적다)이다", 『설문해자』에서 "亞細는 微(작다)이다", 『옥편(玉篇)』에서는 "細란 少(적다)이다"라고 풀고 있기 때문이다. 이를 근거로 보자면 아세아라는 말은 '작고 중요하지 않은 곳(次小次洲)'이라는 의미를 갖게 된다는 것이다. 그는 대명왕조(大明王朝) 사람들 가운데 "마테오 리치의 오만불손함과 간악함을 제대로 꿰뚫어 보는 이가 아무도 없다"며 통탄하였다.[5] 19세기 후반에 들어와 중국과 서양의 문화 교류에 새로운 장이 열리고 과학에 대한 인식도 성숙해지자 마테오 리치가 제작했던 세계지도의 가치를 알아보는 사람이 늘어나게 되었다. 왕도(王韜)[14)]는 『도원문록외편(韜園文錄外編)·지구도발(地球圖跋)』에서 이렇게 말했다. "대지(大地)가 원형이라는 학설이 이제 명확해지기 시작했다. 마테오 리치가 중국에 그 학설을 소개했지만 기술자들이 그것을 믿지 않았다. 그러나 지도가 세간에 유행하기 시작하자 중국 구주(九州) 바깥에 또다시 구주가 있다는 것을 깨닫게 되었으며, 서양 여러 나라들의 명칭도 차차 알게 되었다."[6] 광서(光緖) 때의 왕지춘(王之春)[15)]도 이렇게 쓰고 있다. "대지의 땅을 … 서양 사람들은 네 곳으로 나누는데 서로 연결되어 있는 지구 동반부는 아세아, 구라파, 아프리카(阿非利加)로 부르며, 서반부는 아

---

14) 왕도(王韜, 1828-1897). 본명은 이빈(利賓), 자는 자전(紫詮), 호는 도원(弢園)이다. 중국 청말의 사상가, 번역가, 평론가이다. 영화서원(英華書院) 원장 제임스 레게(James Legge, 1815-1897, 중국명 理雅各)의 요청으로 13경(十三經)의 영역 작업에 참여하였다. 1867년부터 1870년까지 프랑스, 영국, 스코틀랜드 등 유럽을 여행하였고 서구 현대 문명에 대한 이해가 깊었다. 또한 1879년 4개월간 일본을 시찰한 후 『부상유기(扶桑遊記)』를 지었다. 홍콩에서 《순환일보(循環日報)》를 창간하여 변법유신을 지지했다. 상해 격치서원(格致書院) 원장을 역임했으며 묵해서관(墨海書館)에서 선교사들과 함께 『화영통상사략(華英通商事略)』, 『중학천설(重學淺說)』, 『광학도설(光學圖說)』, 『서국천학원류(西國天學源流)』 등을 번역했다.

15) 왕지춘(王之春, 1842-1906). 중국 청말의 사상가, 외교가. 증국번(曾國藩), 이홍장(李鴻章) 등의 막료로 있었으며 태평천국운동 진압에 참여하여 공을 세웠다. 1879년 일본을 시작으로 러시아, 독일, 프랑스 등을 방문한 후 돌아와 자강신정(自强新政)을 주장하였다.

메리카(阿墨利加)라고 한다. 중화(中華)는 아세아의 4분의 1에 불과할 뿐이다." 그는 자신이 발견한 중대한 사실을 『초생수필(椒生隨筆)』[7]에 기록해두었을 뿐인데 실로 중국 문화 발전 과정 중에 안타까운 일이라 할 수 있다.[8]

003

『기하원본(幾何原本)』

서양 문화 이식 과정의 축소판이 된 250년 번역사

『유클리드의 원론』

유클리드[1)]의 『기하원본』(The Thirteen Books of Euclid's Elements)에 대해 대철학가 러셀은 이렇게 말했다. "유사 이래 가장 위대한 서적 중 하나이며, 그리스의 지혜가 가장 아름답게 담겨 있는 기념비적 작품이다."[1] 2,000여 년 동안 유클리드 기하학 체계는 과학의 발전과 인류 문명의 창조에 엄청난 영향을 끼쳤다. 19세기 말, P. 리처드라는 학자가 『기하원본』의 판본에 대해 조사한 적이 있지만 조사내용은 전하지 않는다. 1940년대에 히스[2)]가 고증한 바에 따르면 『기하원본』의 주요 판본으로는 아랍어본 외에 희랍어본 13종, 라틴어본 15종, 이탈리아어본 10종, 독일어본 13종, 프랑스어본 7종, 네덜란드어본 5종, 영문본 18종, 스페인어본 3종, 러시아어본 4종, 스웨덴어본 5종, 덴마크어본 3종, 현대 그리스어본 1종 등

1) 유클리드(Euclid, BC330?-BC275?). BC 300년경 알렉산드리아에서 활동한 그리스 · 로마시대의 수학자로 기하학의 아버지로 불린다. 그의 저서 『기하학원론(Stoikheia)』(13권)은 당시까지 나온 수학(기하학)의 업적을 집대성하였으며 기하학을 경전적 지위에 올려놓았다. 유클리드는 영어식 이름이며 『기하학원론』은 『에우클레이데스의 원론』이라고도 한다.

2) 토머스 리틀 히스(Thomas L. Heath, 1861-1940). 영국의 수학자 겸 번역가로 고대 그리스 수학에 조예가 깊었다.

이 있다. 역사상 『기하원본』처럼 오랫동안 학생들에게 찬사를 받은 교과서는 없었다. 1482년부터 19세기 말까지 1천여 종 이상의 『기하원본』이 여러 언어로 번역 출판되었으니 『성경』에 이어 세계적으로 가장 널리 퍼진 책이라 할 수 있다. 영국의 시인 워즈워스는 이렇게 말했다. "만약 대홍수가 들이닥친다면 가장 먼저 챙겨야 할 두 권의 책이 있다. 그것은 성경과 유클리드의 기하학이다."[2] 그렇다면 '인류 이성의 걸작'이라고 일컬어지는 이 명저는 언제 중국에 전래된 것일까?

유클리드 기하학은 12세기 말 원나라 때 몽고 왕조를 위해 일하던 무슬림 기술자와 페르시아 천문학자들에 의해 중국에 소개되었다. 펑청쥔(馮承鈞)[3)]이 번역한 『도손 몽고사(多桑蒙古史)』[4)]에 따르면 징기스칸의 손자 몽케(Mongke, 蒙哥) 황제는 유클리드 기하학을 최초로 접한 인물로 "유클리드의 도식(圖式)을 대략적으로나마 이해하고 있었다." 14세기 중엽에 나온 『원비서감지(元秘書監志)』(권7)의 기록에 의하면 당시 원나라 천문학자들이 연구하던 서양 저작 중에는 올홀열적이 쓴 『사벽산법단법(四擘算法段法)』이 있는데, 여기서 말하는 '올홀열적'은 아마 'Euclid'의 음역이고 '사벽'은 아랍어 'Hisāb(算學)'의 음역일 가능성이 크다.[5)] 이 책은 페르시아의 저명한 천문학자 자말 알 딘[6)], 혹은 시리아 과학자 응가이 지

---

3) 펑청쥔(馮承鈞, 1887-1946). 중국의 역사학자로 중외교류사에 조예가 깊었다. 벨기에, 프랑스 등에서 유학했으며 귀국 후 베이징대학과 베이징사범대학 역사학과 교수를 역임했다. 불어, 영어, 벨기에어, 산스크리스트어, 몽골어, 아랍어, 페르시아어, 고대 회골어(回鶻語), 토하리어(吐火羅語), 몽골의 파스파문자(八思巴字) 등 여러 언어에 능통했고 중국 역사에 조예가 깊어 역사언어학과 중외교류사 및 고고학 등 분야에서 탁월한 학술적 성과를 거두었다.

4) 투르크계 아르메니아인(Armenians)의 후손으로 스웨덴의 외교관이자 역사학자인 콘스탄틴 도손(Constantin D'Ohsson, 1779-1851)이 쓴 몽골사 저작이다. 원서는 프랑스어 저작으로 제목은 『칭기스칸으로부터 티무르까지의 몽골의 역사(Histoire des Mongols depuis Tchinguis-Khan jusqu'à Timour)』(1934-1935)이다.

5) 올홀열적(兀忽烈的)을 중국어로 읽으면 '우후리에디 Wuhuliedi', 사벽(四擘)은 '쓰보 sibo'로 발음된다.

6) 자말 알 딘(Jamal al-Din). 중국명은 紥馬魯丁이다. 원대(元代)의 저명 이슬람 천문 역법학자로

에[7]가 전한 것으로 추정된다.[3]

명대 말기에는 유클리드의 기하학 서적을 번역하려는 여러 차례의 시도가 있었다. 서광계보다 이른 시기에 절강(浙江)의 장(將)씨 성을 가진 거인(擧人)과 구태소(瞿太素)[8]라는 사람이 마테오 리치와 함께 이 책을 번역하려 하였으나 모두 뜻을 이루지 못했다.[4] 1606년 명대의 과학자 서광계는 서학(西學)과 '회통(會通)'하고 서학을 '초극[超勝]'하겠다는 일념으로 마테오 리치와 함께 『기하원본』의 전반부 여섯 권을 번역했다. 이 책은 독일 수학자 클라비우스[9]가 펴낸 『유클리드 기하학』 주석본을 저본으로 삼은 것이다. 어떤 학자가 지적한 것처럼 '기하(幾何)'라는 말은 "술잔 들어 노래하나니 인생이 길어봐야 얼마나 되랴(對酒當歌, 人生幾何)"[10]에서처럼 고대 한어에서는 '얼마나'라는 의미를 갖고 있는 부사이다. 따라서 '기하학'이라는 말은 'Geo'의 음과 의미를 '기하'와 절묘하게 결합해 만든 번역어인 것이다. 이 같은 서광계의 창의적인 번역에 대해 중국의 번역자들은 찬탄을 금치 못했다. 『기하원본』 전반부 여섯 권은 학자들의 반복적인 수정과 집주(輯注), 교열 작업을 거쳤다. 나머지 아홉 권은 240여 년 후 상해 묵해서관에서 번역 출간하였는데 이곳은 이선란[11]과 선교

지구의(地球儀) 등 여러 가지 중요한 천문 관측 기기를 발명하고 역법(曆法) 편찬에 참여하였다.

7) 응가이 지에(Ngai-Sie, 1227~1308). 중국명은 愛薛이다. 네스토리우스파[景教] 신도로 원대 초기에 중국에서 활동한 시리아인 학자이다. 서역(西域) 여러 나라의 언어와 천문학, 의학에 조예가 깊었다.

8) 구태소(瞿太素, 1549~1612). 본명은 여기(汝夔), 자는 태소(太素)로 소주 상숙(常熟)에서 태어났다. 관료 집안에서 태어났지만 과거(科擧)에 나아가지 않고 도처를 유람하다 광동에서 예수회 선교사들 및 마테오 리치와 깊이 교유하였다. 마테오 리치가 『교우론』과 『기하원본』 등을 편찬하는 데 도움을 주었으며 서양 과학 및 학술을 중국에 전하는 데 크게 공헌하였다.

9) 크리스토퍼 클라비우스(Christopher Clavius, 1538-1612). 예수회 출신의 수학자. 1582년, 교황 그레고리 13세의 명을 받아 율리우스력(曆)을 수정한 그레고리력을 만들었다.

10) 조조(曹操)의 「단가행(短歌行)」에 나오는 구절이다. '幾何'의 중국어 발음은 '지허'로 'Geo'와 통한다.

11) 이선란(李善蘭, 1810~1882). 자는 임숙(壬叔), 호는 추인. 절강 해녕(海寧) 출신이다. 동문관(同文館) 산학총교습(算學總敎習)을 지냈으며, 와일리 등과 함께 서양의 과학명저 『기하원본』

사 와일리[12]가 세운 중국 최초의 서양서적 번역 출판사이다. 250여 년에 걸쳐 완역된 이 명저는 서양 학술과 진리를 향한 탐구 여정이 결코 평탄한 것이 아니었음을 보여주는 실례이다. 중국의 번역가들은 회통과 초극의 신념으로 수많은 난관을 극복해가며 번역 작업을 완수해냈다.

중국은 예로부터 수학이 발달했다. 구장산술(九章算術)[13], 할원술(割圓術)[14], 원주율(圓周率), 천원술(天元術)[15], 사원술(四元術)[16]과 대연구일술(大衍求一術)[17] 등 대수학 영역에서 거둔 성과들은 중국 고대 수학의 발전정도를 가늠할 수 있게 해준다. 이 성과들은 계산기가 나오기 전에 가장 효과적인 계산 도구였던 주산(籌算)[18]과 주산(珠算) 제도, 그리고 독창적인 계산법이 형성되는 데 영향을 끼쳤다. 그러나 영국의 과학 사학자 니덤[19]이 말한 것처럼 중국인들은 구체적인 수(數)에만 관심을 보이다 보니 추상적 개념 사고는 그다지 발전하지 못했다. 또한 실천과 경험을 중시하는 중국인들의 성향으로 인해 '형태[形]'보다는 '수'를 중시하는

후편 9권, 『대수학(代數學)』 13권, 『대미적습급(代微積拾級)』 18권 등을 번역했다. 천문학 방면에서는 『담천(談天)』 18권을 번역했으며 코페르니쿠스의 학설을 소개했다.

12) 알렉산더 와일리(Alexander Wylie, 1815-1887). 영국의 선교사로 중국명은 偉烈亞力이다. 1846년부터 1877년까지 중국에서 활동했으며 『서국천학원류(西國天學源流)』, 『중학천설(重學淺說)』, 『수학계몽(數學啓蒙)』, 『속기하원본(續幾何原本)』, 『대수학(代數學)』 등을 번역했다.

13) 전한시대(前漢時代)에 편찬된 것으로 추정되는 중국 고대의 수학서로 주공(周公)이 제정한 육예(六藝)의 하나인 구수(九數), 즉 방전(方田), 속미(粟米), 차분(差分), 소광(小廣), 상공(商工), 균수(均輸), 영부족(盈不足), 방정(方程), 방요(旁要) 가운데 차분을 최분(衰分)으로, 방요를 구고(句股)로 바꾸어 구장(九章)으로 저술한 저작이다. 동양 산학의 틀을 형성하는 데 막대한 영향을 끼쳤다.

14) 원의 넓이 또는 원주율을 계산하는 방법이다.

15) 중국의 송원(宋元) 시기에 발달한 일종의 대수학으로 일차방정식의 근을 구하는 동양 전통 계산법을 말한다.

16) 미지수가 네 개인 고차방정식의 풀이법을 말한다.

17) 부정방정식의 계산법을 말한다.

18) 산가지에 의한 셈법을 말한다.

19) 조지프 니덤(Joseph Needham, 1900-1995). 영국의 박물학, 과학사회학자이다. 중국명은 李約瑟이다. 케임브리지대학교 교수를 역임했다. 1942년부터 4년 동안 충칭(重慶)에서 중영(中英) 과학협조관으로 근무할 때 조사한 경험을 바탕으로 중국과학사 분야의 대작 『중국의 과학과 문명(Science and Civilization in China)』을 펴냈다.

풍조가 만들어졌다. 이러한 경향은 중국 수학사에서 수학 이론의 공식화(公式化)와 엄밀한 연역체계가 형성되지 않은 이유이기도 하다. 연산법과 수학적 정리 등을 문자와 기호로 일반화하여 나타내는 공식화는 과학 이론을 체계적으로 만드는 데 효과적인 방법이다. 과학은 발전과정에서 대량의 이론지식을 축적시키고, 범주와 원리, 법칙이 어느 정도 구비되면 정리과정을 통해 다시 체계적인 이론을 도출해낸다. 공식화를 거친 이론은 파편적 지식의 집합이나 나열이 아니라 연역논리에 따라 세워진 체계적 과학 이론이다. 유클리드 기하학은 과학사에서 이론을 체계화하고자 한 최초의 시도이다. 『기하원본』에서 소개하고 있는 연역체계는 중국의 수학자들을 매료시켰다. 그들은 화려한 기하학 명제가 아닌 설득력 있는 추론과 논리 구조의 엄밀성에 놀라움을 금치 못했다.

책의 내용을 더 잘 이해하기 위해 많은 사람들이 마테오 리치와 서광계에게 직접 가르침을 구했다. 『마테오 리치의 중국 견문록』에 보면 다음과 같은 대목이 나온다. "(중국인들은) 유럽인과 마찬가지로 서양의 과학방법을 대단히 빨리 습득했는데, 엄밀함이 요구되는 증명에서도 민첩한 사고를 보여주었다."[5] 완원[20]이 펴낸 『주인전(疇人傳)』을 보면 명청 이래의 수학자와 천문학자들 가운데 『기하원본』의 영향을 받지 않은 사람이 드물다는 것을 알 수 있다. 『기하원본』이 세상에 나온 후 얼마 지나지 않아 몇 종류의 축약본이 등장했다. 예를 들면, 1608년 손원화[21]의 『기

---

20) 완원(阮元, 1764-1849), 자 백원(伯元), 호 운대(芸臺), 강소(江蘇) 의정(儀征) 태생. 1789년(건륭 53년)에 진사가 되었다. 절강 · 강서 · 하남(河南)의 순무(巡撫)를 거쳐, 호광(湖廣) · 양광(兩廣) · 운귀(雲貴)의 총독을 지냈으며, 만년에는 체인각대학사(體仁閣大學士)까지 올랐다. 경학(經學)에 뛰어났으며, 금석 · 음운 · 천문 · 지리 · 수학 등 방면에 통달했다. 저작 중 『주인전(疇人傳)』은 천문 · 역법 · 수학 등의 과학기술 방면에서 활동한 역대 인물들에 관한 전기로 중국에 온 선교사 37명에 관한 글도 부록에 수록되어 있다. 문집으로는 『연경실문집(揅經室文集)』이 있다.

21) 손원화(孫元化, 1581-1632). 명대의 수학자이자 서양 화포(火砲) 전문가이다. 서광계로부터 서양 화기(火器)에 관한 지식을 습득했다.

하체론(幾何體論)』과 『기하용법(幾何用法)』, 1631년 알레니[22]와 구식사[23]가 함께 편찬한 『기하요법(幾何要法)』이 있고, 1661년 방위백[24]이 『기하원본』의 일부 내용을 뽑아 만든 「기하약(幾何約)」이 『수도연(數度衍)』이라는 책에 수록되어 있다. 두단보[25]는 『기하원본』의 일부를 삭제한 『기하논약(幾何論約)』을 펴냈다. 『기하원본』에 대한 해설서로는 청대의 저명 수학가 매문정[26]의 『구고거우(句股擧隅)』, 『기하적요(幾何摘要)』, 『기하통해(幾何通解)』, 『기하보편(幾何補編)』, 『기하유구(幾何類求)』와 장향양[27]의 『기하원본거요(幾何原本擧要)』 등이 있다. 수학에 관심이 많았던 강희제(康熙帝)는 일찍이 벨기에 선교사 페르비스트[28]와 프랑스 선교사 제르비용[29]에게 『기하원본』을 만주어로 강의하게 했다. 『장성일기(張誠日記)』

22) 줄리오 알레니(Giulio Aleni, 1582-1649). 명나라 때의 이탈리아 예수회 선교사로 중국명은 艾儒略이다. 1610년 중국에 와서 선교를 시작했으며 수학과 천문학, 지리학 등에 능통했다. 한학에도 뛰어나 "서양의 공자(西來孔子)"라는 칭호를 얻었다. 저서로는 『직방외기(職方外紀)』, 『건여도기(乾輿圖記)』 등이 있다.

23) 구식사(瞿式耜, 1590-1650). 자는 기전(起田) 호는 가헌(稼軒)으로 강소 상숙 사람이다. 만력(萬曆) 44년 진사가 되었고 관직이 호과급사중(戶科給事中)에 이르렀으나 만년에는 반청활동에 참가했다 체포되어 희생되었다. 저서로는 『구충헌공집(瞿忠宣公集)』이 있다.

24) 방위백(方位伯, 1634-1698). 이름은 중통(中通), 자가 위백(位伯)이다. 안휘(安徽) 동성(桐城) 사람으로 명대의 철학자 방이지(方以智)의 차남이다. 청대 초기의 저명 수학자, 천문학자이다. 폴란드 태생의 선교사 스모굴레츠키(Mikołaj Smogulecki, 중국명 穆尼閣)에게 서양 수학을 배웠다. 주요 저작으로는 『수도연(數度衍)』, 『음절연(音切衍)』, 『전예변총(篆隸辯叢)』, 『심자종속편(心字宗續編)』 등이 있다.

25) 두단보(杜端甫, ?-?). 이름은 지경(知耕), 자가 단보(端甫)이다. 기하학에 조예가 깊었다.

26) 매문정(梅文鼎, 1633-1721). 자는 정구(定九), 호는 물암(勿菴)이다. 안휘 선성(宣城) 출생. 역학(曆學)과 수학에 능통했으며 청나라 제일의 수학자로 꼽힌다. 명말(明末) 선교사들이 번역한 서양 수학 서적을 정리하고 연구하여 중국과 서양의 수학에 동시에 통달했다. 저작으로는 『매씨총서집요(梅氏叢書輯要)』가 있다.

27) 장향양(莊享陽, 1686-1746). 자는 원중(元仲), 호는 복재(復齋)로 청대의 관료 겸 수학자이다. 『사고전서(四庫全書)』에 그가 편찬한 『장씨산학(莊氏算學)』(원제는 하방산술[河防算術])이 수록되어 있다.

28) 페르디난드 페르비스트(Ferdinand Verbiest, 1623-1688). 중국명은 南懷仁이다. 벨기에의 예수회 선교사 겸 천문학자이다. 강희제에게 과학 지식을 강의했으며 국가 천문대인 흠천감(欽天監)을 맡아 운영했다. 관직이 공부시랑(工部侍郎)까지 올라갔으며 중국의 천문학 및 역법, 과학의 발전에 지대한 공헌을 했다. 저서로는 『강희영년역법(康熙永年歷法)』, 『곤여도설(坤輿圖說)』, 『서방요기(西方要記)』 등이 있다.

1690년 1월 17일부터 19일까지의 기록을 보면 강희제가 얼마나 열심히 강의를 들었는지 알 수 있다. 그는 끊임없이 질문을 던지고 각종 수학 도구들을 시연해보도록 요구했다.[6] 강희제는 만년에 전문가들로 하여금 수학 지식을 정리하도록 하여 초급 수학 백과사전인 『수리정온(數理精蘊)』을 편찬하였는데 그 안에도 만주어로 된 『기하원본』의 내용이 수록되어 있다.

청대 수학자들의 저작은 대체로 『구장산술』과 『기하원본』 가운데 하나의 체계를 따르고 있다. 그렇지만 대부분은 『기하원본』으로 『구장산술』을 대체하려 하였다. 예를 들면, 이독배[30]는 『중서수학도설(中西數學圖說)』에서 『기하원본』의 전체 내용을 『구장산술』의 체계에 따라 방전, 속미, 쇠분, 소광, 상공, 균수, 영부족, 방정, 구고의 9장으로 나누었다.[31] 매문정은 전통 구고산술(句股算術)을 이용해서 『기하원본』의 명제를 증명하고 "구고를 이용해 기하원본의 답을 내다(用句股解幾何原本之根)"라고 하였다. 『기하원본』의 후반부 아홉 권이 번역되어 나오자 수학자들

29) 장 프랑수아 제르비용(Jean François Gerbillon, 1654-1707). 중국명은 張誠이다. 프랑스 예수회 선교 단원으로 1687년 중국에 왔다. 강희제의 눈에 들어 북경 황실에서 생활하며 지리와 철학을 가르쳤다. 『장성일기(張誠日記)』를 남겼다.

30) 이독배(李篤培, 1575-1631). 명대의 수학자이다. 저서로는 기하학 이론서인 『방원잡설(方圓雜說)』과 『산연초고(算衍初稿)』, 『중서수학도설』 등이 있다.

31) 각 장의 내용과 수록된 문제의 수는 다음과 같다.
1) 방전(方田) : 여러 형태의 토지의 넓이를 구하는 법(38문제)
2) 속미(粟米) : 속미(조)를 기준으로 곡물과 그에 관계된 것들의 교환에 관한 문제(46문제)
3) 쇠분(衰分) : 비례배분의 문제(20문제)
4) 소광(少廣) : 여러 형태의 토지의 넓이로부터 변이나 지름의 길이를 구하는 방법(24문제)
5) 상공(商功) : 토목공사에 관계된 입체의 부피를 구하는 법이나 인부의 수를 계산하는 방법(28문제)
6) 균수(均輸) : 조세를 거두는 과정에서 발생하는 여러 문제를 해결하는 방법(28문제)
7) 영부족(盈不足) : 과부족에 관한 문제(20문제)
8) 방정(方程) : 일차 연립 방정식을 푸는 문제(18문제)
9) 구고(句股) : 직각삼각형에 관한 문제(24문제)

은 심도 있는 연구를 진행했다. 고관광[32]은 한응폐[33]의 견해를 바탕으로 『기하원본육화육교천해(幾何原本六和六較淺解)』라는 책을 펴냈다. 황경징[34]은 『기하석의(幾何釋義)』와 『기하천석(幾何淺釋)』을, 판잉치[35]는 『기하췌설(幾何贅說)』를, 우치첸[36]은 『무비례선신해(無比例線新解)』를, 저우다[37]는 『기하구작(幾何求作)』과 『기하원점론(幾何原點論)』을, 종선바오(宗森保)는 『기하원본예제(幾何原本例題)』를 편찬했다. 동문관과 일부 서학(西學) 학당에서는 『기하원본』을 수학 필수 교재로 채택했으며, 1920~30년대의 학숙(學塾)에서도 곰팡이 핀 『기하원본』 선장본이 수학 교재로 사용되었다.

『기하원본』의 가치와 영향력은 기하학의 범위를 뛰어넘는 것이었다. 어떤 학자는 이 책이 인류 역사상 최초로 과학 이론 구조를 드러내준 교과서라고 평가하였으며, 독일의 대문호 괴테 또한 "가장 완벽한 철학의 서론이자 입문서"[7]라고 말하였다. 아인슈타인은 친구에게 보낸 편지에서 "서양 문명의 눈부신 발전은 추리와 실험이라는 유클리드 기하학의 두 가지 방법에 빚지고 있다"고 썼다.[8] 300여 년 전의 서광계도 이 책의 중요

32) 고관광(顧觀光, 1799-1862). 청대의 수학자, 천문학자, 의학자이다.

33) 한응폐(韓應陛, 1800-1860). 청대의 번역가 겸 수학자이다. 서양 과학에 조예가 깊었다. 『기하원본』 후반부 9권을 교열하여 호평을 받았다.

34) 황경징(黃慶澄, 1863-1904). 청대의 학자로 어려서 박학대사(樸學大師) 손이양(孫詒讓)에게 배웠다. 1897년 수학 잡지인 《산학보(算學報)》를 창간했다. 저서로는 『동유일기(東遊日記)』, 『시몽무구(時蒙務求)』, 『훈몽첩경(訓蒙捷經)』, 『중서보통서목표(中西普通書目表)』, 『철학신서(哲學新書)』, 『격치수기(格致搜奇)』 등이 있다.

35) 판잉치(潘應祺, 1866-1926). 청말의 학자로 수학에 조예가 깊었다. 저서로는 『산술가설(算術駕說)』, 『기하췌설(幾何贅說)』이 있다.

36) 우치첸(吳起潛, 1884-1935). 본명은 우짜이위엔(吳在淵). 중국 근대의 수학자이자 교육자이다. 근대 중국의 수학 교과서 제작에 공헌하였다.

37) 저우다(周達, 1873-1949). 20세기 중국의 저명 수학가이다. 지신산사(知新算社)를 세웠으며 일본으로 수학 시찰을 다녀오기도 했다. 중국수학회(中國數學會) 이사를 역임했다. 저서로는 『주미권산학(周美權算學)』, 『수지성정(數之性情)』, 『구구지담(九九支談)』, 『기하구작(幾何求作)』 등이 있다.

한 가치가 단지 우수한 수학 교재라는 데 있는 것이 아니라, 이론 연구자들로 하여금 "경박함을 없애고 세심함을 연마"할 수 있게 해주었으며 실험 연구자들은 "법칙에 근거해 사고를 운용"하도록 해주었다는 데 있다고 했다. 따라서 중국인이라면 한 명도 빠짐없이 배워야 하며 "백 년 후에는 누구나 배우게 될 것"[9]이라고 예언했다. 그러나 당시에는 근대 과학사상의 특징을 제대로 이해하는 사람이 많지 않았다. 『사고전서총목』의 저자만이 『기하원본』에 대해 '서학의 제왕[西學之弁冕]'이라는 평가를 하고 있을 뿐이다.

서광계의 이러한 희망을 제대로 이해하고 실천한 것은 반세기가 지난 후의 일이다. 담사동[38)]은 「석국영려필지(石菊影廬筆識)」에서 『기하원본』에 나오는 삼각형 공식에 대해 분석했으며,[10] 량치차오[39)]는 『중국근삼백년학술사(中國近三百年學術史)』에서 이 책에 대해 "한 자 한 자가 금과

---

38) 담사동(譚嗣同, 1865-1898). 자는 복생(復生), 호는 장비(壯飛)이다. 호남(湖南) 유양(瀏陽) 태생이다. 중국 근대의 저명 사상가이자 혁명가이다. 일찍이 고향에서 시무학당(時務學堂), 남학회(南學會) 등을 창설하고《상보(湘報)》를 창간해 유신변법을 선전했다. 1898년 무술변법에 참가했다 실패 후 투옥되었다가 33세로 유명을 달리했다. '무술 육군자(戊戌六君子)' 가운데 한 명으로 지칭되고 있다. 그가 쓴 『인학(仁學)』은 서양 과학사상과 불교, 유교사상을 융합해 만들어낸 사상체계를 담고 있는 저작으로 중국 근대 사상사에 큰 영향을 미쳤다.

39) 량치차오(梁啓超, 1873-1929). 자는 줘루(卓如), 호는 런공(任公), 별호로는 아이스커(愛時客), 인빙(飮氷), 인빙스주런(飮氷室主人) 등이 있다. 1873년 광둥(廣東) 신후이(新會)에서 태어났다. 1890년 광저우(廣州) 만목초당(萬木草堂)에서 캉유웨이로부터 경세치용(經世致用)과 변법(變法) 이론을 공부했다. 1895년 북경 회시(會試)에 캉유웨이와 함께 참가해 '공거상서(公車上書)'를 올렸으며, 이를 계기로 변법유신운동에 뛰어들었다. 변법운동 기간 중에《시무보(時務報)》를 발간하고 「변법통의(變法通義)」를 발표하였으며 무술변법이 실패한 후, 일본으로 건너가 캉유웨이와 보황회(保皇會)를 조직해 입헌군주제를 주장하고 혁명파에 반대하는 한편,《청의보(淸議報)》,《신민총보(新民叢報)》,《신소설(新小說)》 등의 잡지를 펴내는 등 활발한 언론 활동을 하였다. 신해혁명(辛亥革命) 후에는 위엔스카이(袁世凱) 국민정부와 돤치루이(段祺瑞) 군벌 정부에서 요직을 역임하였다. 1919년, 1년간 유럽 시찰을 마치고 돌아와 『구유심영록(歐遊心影錄)』, 『청대학술개론(淸代學術槪論)』, 『선진정치사상사(先秦政治思想史)』 등을 저술하고 칭화대학(淸華大學)과 난카이대학(南開大學)에서 학생을 가르치는 등 학술활동에 매진하다 1929년 1월 사망했다. 주요 저작으로는 『중국 학술 사상의 변천을 논함(論中國學術思想變遷之大勢)』, 『중국역사연구법(中國歷史硏究法)』, 『과학정신과 동서문화(科學精神與東西文化)』, 『유가철학(儒家哲學)』 등이 있다.

옥조로 천고불후의 작품"이라고 감탄을 표했다.[11] 캉유웨이[40)]는 『기하원본』의 논증방식에 따라 『실리공법전서(實理公法全書)』를 저술했다. 장문호[41)]는 신판 『기하원본』 서문에서 이렇게 말했다. "중국의 산학서는 구장(九章)에 따라 항목을 분류하고 사례별로 개념을 세운다. 학자들은 개별적 법칙에만 기대어 연구하니 평생 산학을 익힌다 해도 결과만 알 뿐 그 원리를 알지 못한다." 이에 반해 『기하원본』은 간결한 연역적 방법으로 자연의 조화와 합리적 법칙의 원리를 도출해내고 있다.[12] 청대 말기 중화민국 초기에 와서야 비로소 기하학은 신식 학당의 필수과목이 되었다. 또한 현재 초등학교 수학에서도 기하학 법칙과 정리, 추론 방법 등을 필수로 익혀야 한다. 서광계와 마테오 리치로부터 이선란과 와일리에 이르기까지 전후반부 열다섯 권을 번역한 『기하원본』 250년 번역사는 서양문화가 중국에 이식되고 사회화되는 과정의 축소판이라 해도 과언이 아닐 것이다.

---

40) 캉유웨이(康有爲, 1858-1927). 자는 광샤(廣厦), 호는 창쑤(長素)이다. 난하이(南海)선생, 또는 캉난하이(康南海)로 불리기도 한다. 청말의 정치가이자 사상가, 교육가, 개혁가이다. 1891년 광저우에 만목초당을 세워 학생들에게 전통 경전과 서양 학술을 가르쳤으며, 강학회(强學會)를 조직하여 유신사상을 전파했다. 1895년 '마관조약(馬關條約)'이 체결된 것에 분노하여 거인(擧人) 1300명과 연명하여 '공거상서'를 올렸다. 1898년 광서제(光緒帝)에 호응하여 무술변법을 주도했으나 실패 후 일본으로 망명했으며 보황회를 조직하여 입헌군주제를 부르짖었다. 신해혁명 후에는 보황당(保皇黨)의 영수가 되어 공화제를 반대하고 황제의 복벽을 추진했으나 모두 실패로 끝났다. 주요 저작으로는 『신학위경고(新學僞經考)』, 『공자개제고(孔子改制考)』, 『인류공리(人類公理)』, 『대동서(大同書)』 등이 있다.

41) 장문호(張文虎, 1808-1885). 청대 남회(南匯) 사람이다. 청대학자 대진(戴震)을 존숭했으며 음운학(音韻學)과 산학(算學), 경서에 조예가 깊었다. 남청서원(南菁書院) 원장을 역임했으며 저서로는 『서예실잡저(舒藝室雜著)』, 『서양여소(鼠壤余蔬)』, 『주초삭망고(周初朔望考)』 등이 있다.

004

『동문산지(同文算指)』

유럽의 필산(筆算)을 체계적으로 소개한 최초의 한역 수학서적

근대 시기 저명 학자 량치차오는 『중국 근 삼백년 학술사』에서 이렇게 말했다. "명말의 큰 관심사였으며 중국 학술사의 대사건이라 할 수 있는 일은 유럽 역산학(曆算學)의 수입이다."[1] 1610년 이전에 번역이 시작되어 1614년에 간행된 『동문산지(同文算指)』는 중국 산학 분야에 대단히 큰 영향을 끼쳤던 번역서이다.

『동문산지』는 이탈리아 예수회 선교사 마테오 리치와 이지조가 마테오 리치의 스승인 클라비우스[1)]가 1583년에 출간한 『실용산술개론(實用算術槪論)』(Epitome Arithmeticae Practicae)을 편역한 것이다. 중국 수학자 정대위[2)]의 『산법통종(算法統宗)』을 참고해 펴낸 이 책은 『전편(前編)』 2권과 『통편(通編)』 8권, 그리고 『별편(別編)』 1권의 세 부분으로 구성되어 있다.[2]

1) 크리스토퍼 클라비우스(Christopher Clavius, 1537-1612). 독일 출신으로 이탈리아에 귀화한 예수회 신부로 수학과 천문학에 능통했다. 그레고리력을 창시하였고, 갈릴레이의 주장에 동조하였다. 마테오 리치는 클라비우스에게서 수학, 천문학, 역법 및 시계, 지구의, 천체관측기구 제작법을 공부하였다.

2) 정대위(程大位, 1533-1606). 명대의 상인이자 산학가로 주산(珠算)을 발명했다. 저서로는 『직지산법통종(直指算法統宗)』(약칭 『산법통종』)이 있다.

『전편』에서는 자연수와 소수의 가감승제(加減乘除) 사칙연산 방법과 중국 고대의 주산(籌算) 및 주산(珠算)에 대해서 서술하고 있다. 『통편』은 책의 중심부분으로 분수, 비례, 등급합, 영부족, 방정, 제곱근 등 계산법에 대해 서술하고 있다. 『별편』에서는 주로 '측원제술(測圓諸術)'에 대해 소개하고 있는데 출판되지는 않았다. 어떤 학자는 이지조가 1608년 번역한 『환용교의(圜容較義)』[3]가 『동문산지』의 별편이며 단행본으로 출간되었기 때문에 별편이라는 이름을 붙이지 않았다고 주장했다.

『동문산지』가 소개하고 있는 서양 수학 이론은 중국 고대 수학의 수준을 뛰어넘는 정도는 아니다. 따라서 이지조는 원서를 번역하면서 중국 고대 수학에만 있는 산법을 이 책에 끼워 넣었다. 예를 들면 '방정'(일차 방정식의 해법-양수와 음수 포함), '대종제변개평방법(帶從諸變開平方法)'(이차 방정식의 수치 해법), 그리고 고차방정식(이지조는 일찍이 팔차 방정식 해법을 열거했다) 등이다. 그러나 필산(筆算)과 검산 방법 외에 『동문산지』에 새로운 내용은 그다지 많지 않다.[4]

이 책은 중국에 유럽의 필산을 체계적으로 소개한 최초의 한역(漢譯) 수학서적으로서 가치가 크다. 예를 들면 책에서는 16세기에 서양에서 통용되던 산술법을 번역하며 1, 2, 3, 4, 5, 6, 7, 8, 9, 0의 아라비아 숫자를 사용하였다. 물론 분수의 분모와 분자를 뒤바꿔놓거나 중국 전통 주산법(籌算法)과 서양 필산법의 결과가 일치하지 않는 등의 문제가 있긴 하다. 그러나 가감승제 필산법은 현대의 방식과 일치할 뿐만 아니라 '검산 방법' 또한 중국에는 없던 것이다. 이지조는 책의 서문에서 이렇게 썼다. "가감승제는 중국과 다르지 않다. 기령분합(奇零分合)[3)]은 과거 선현들이

3) '기령(奇零)'은 '畸零'이라고도 하며 일정한 정수(整數)에 차지 않는 수, 즉 단수(端數)를 말한다. '분합(分合)'은 홀수 · 짝수 분합에 관한 것으로, 짝수는 홀수와 짝수, 짝수와 짝수로 나누어지지만 홀수는 홀수와 짝수로만 나누어진다는 것이다.

밝히지 못했던 부분으로 절묘하면서도 명확하다. 영축(盈縮), 구고(句股), 개방(開方), 측원(測圓)은 옛 방식보다 새로운 방식이 훨씬 쉽고 빠르다."[5]

이 책에서 소개하고 있는 필산은 명말부터 청대까지 광범위하게 유행한 것으로, 저명 수학사가 첸바오종[4)]은 이렇게 말했다. "『동문산지』는 서학동점사(西學東漸史)에서 서광계가 번역한 『기하원본』 여섯 권과 더불어 대단히 중요한 저작으로, 영향력 측면에서는 『기하원본』을 넘어섰다."[6] 『명사(明史)』 권96 「예문지(藝文志)」에서는 이 책을 '소학류(小學類)'로 분류하고 있으며, 『천학초함(天學初函) · 기편(器編)』, 『사고전서(四庫全書) · 자부천문산법류(子部天文算法類)』, 『해산선관총서(海山仙館叢書)』, 『중서산학총서초편(中西算學叢書初編)』, 『총서집성초편(叢書集成初編) · 자연과학류(自然科學類)』와 같은 대형 총서들에 모두 수록되어 있다. 청대 수학자 매문정은 이 책에 마테오 리치가 소개한 서양 수학의 내용뿐만 아니라 '옛 선현의 방법'도 담겨 있다고 말했다. 『사고전서총목제요』에서도 이 책이 "여러 방법을 취합하여 펴낸" 것으로 "산학 고고(考古)의 기초가 된다"고 평가하였다.

이 책의 번역 출간은 수학 영역에만 의미를 갖는 것이 아니다. 서광계, 이지조 등이 보기에 수학은 과학의 토대가 된다. 그들은 수학 원리를 이용해 천문 역법에 관한 일을 처리했으며 "하천의 토양을 계량하고 지세(地勢)를 측량했다." 이처럼 이 책이 실학(實學) 연구의 중요성을 강조한 점도 중요한 공헌이라고 할 수 있다. 서광계는 『각동문산지서(刻同文算指序)』에서 이렇게 말했다. 근세 수백 년 동안 산학이 점점 쇠락한 이유는 명리(名理)를 중시하는 유생(儒生)들이 산리(算理)를 세상의 요망한 술수

4) 첸바오종(錢寶琮, 1892-1974). 중국 현대의 저명 수학사가이자 수학교육자. 중국 고대 수학사 및 중국 고대 천문학사 연구에 선도적 역할을 했다.

에 견강부회하고, 황당한 말을 신묘한 이치라고 떠들어대며 실제적인 검증을 멀리함으로써 산학에 대한 세상 사람들의 관심을 줄어들게 만들었기 때문이다. 이 책은 "세상의 모든 허망하고 거짓된 말을 배척하고, 상수지학(象數之學)을 계승함과 동시에 본말의 관계를 긴밀히 하여 위로는 구천(九天)에 통하고 아래로는 만사(萬事)에 통하게 하였다." 이지조도 이 책의 번역 작업에 참가한 이유에 대해 "일상적 쓰임이 크다는 것을 알고 기뻤기" 때문이라고 밝히고 있다. 이는 명대의 이학가(理學家)들이 수학을 경학(經學)의 부속 도구 정도로 여기던 풍조와는 매우 다른 것이며, 오히려 유럽 문예부흥 시기 이탈리아 과학자들의 정신과 흡사하다.

이지조가 이 책을 번역한 이유는 중국과 서양의 문화를 회통(會通)시켜보고자 하는 바람에서였다. '명말 천주교의 3대 지주(支柱)' 가운데 한 사람인 항주 태생의 이지조는 중국과 서양의 산학이 상호 도움을 주고받을 수 있다고 굳게 믿었다. "옛것을 고찰하여 취사선택하고, 서양 학술을 번역하여 보완한다." '동문(同文)'의 의의는 바로 여기에 있는 것이다. 이런 성과를 기초로 청대 말기 저명 과학 번역가 이선란은 『동문산지』의 번역방법과 번역어를 참고하여 전통 중국 산학의 형식으로 근대 서양 수학 저작을 대량 번역함으로써 근대 과학기술 번역의 새로운 장을 열었다.

005

『태서수법(泰西水法)』
중국에 최초로 소개된 서양 농전수리(農田水利) 전문 서적

명청 교체기에 오면 중국 지식계는 공소(空疏)하고 지리(支離)한 송명 이학의 '속박'에서 벗어나 진부한 기풍을 일소함으로써 학술 계몽의 호기를 맞았다. 그러나 민족 생존의 문제와 낙후된 기술은 여전히 지식인과 사인(士人) 계층을 옭아매고 있었다. 영민한 두뇌의 소유자 마테오 리치는 일찍이 이러한 점을 잘 간파하고 있었다. 그는 『기하원본』의 후반부 9권을 연이어 번역하자는 서광계의 요청을 완곡히 거절하면서 기술 서적 번역의 필요성을 역설했다. 그는 서광계에게 이렇게 말했다. "(내가) 다녀본 수많은 나라들 중에서 예악(禮樂)을 숭상하는 것으로 말하자면 중국이 으뜸이다. 그러나 백성들은 배고픔과 가난으로 고통이 그치지 않으니 수재나 한재라도 만나면 길거리에 죽은 사람이 넘쳐나고 나라의 경제까지 무너지게 된다." 따라서 그는 '상수지류(象數之流)'에 속하는 '수법(水法, 물을 모으고 저장하는 방법)'에 관한 책을 시급히 번역해야 한다고 주장했다. 수법에 관한 것을 "말로써 전하고 책으로 보급하면 나라는 부강해지고 백성들은 부유해져서 시간이 흐를수록 더 큰 실효를 거두게 될 것이다." 이는 "20여 년간 여기에 뜻을 두고 자문을 구했으나 별다른 성과를 거두지 못했던" 서광계의 생각과 별반 다르지 않는 것이었다. 마테오 리치가 말한 수법의 요지는 서광계에게 큰 깨달음을 주었을 뿐만 아니라 "생각지도 못했던 오묘한 이치들을 알게 해주었다." 비록 마테오 리치는 번역에 착수하기 전에 세상을 떠났지만 그는 죽기 전에 서광계에게 자신의 제자인 이탈리아 예수회 선교사 우르시스[1)]를 소개시켜 주어 협력하도록 하였다. 우르시스는 서광계가 그와 함께 기술서적을 번역하기로 결심한 지 "오래되었다"는 말을 듣고 내심 걱정했다. "이 책이 보급되어 유행하게 되면 후세 사람들이 우리를 공수와 묵적[2)] 보듯이 하지 않겠는가. 몸을 돌보지 않고 수만리 길을 거쳐 동쪽으로 와, 위험을 무릅쓰고 세상에 선함을 전하려는 뜻은 보지 못할 것이다." 서광계는 세상 사람들이 자신을 선교사가 아닌 기술자로 오해할까봐 걱정하는 북경 예수회 수장에게 이렇게 말했다. "사람이 부유해지고 나서야 인의(仁義)를 생각하게 되는 것은 동서양의 공통된 이치이다. 도(道)가 정미(精微)하니 사람에게 정신이 있고, 사리(事理)가 흔적을 남기니 사람에게 형태가 갖추어지는 것이다. 이를 전해 알게 하는 것이 어찌 중요하지 않겠는가? 성현께서 말씀하시길, '사물을 갖추어 사용하고 기물을 만들어 천하를 이롭게 하는 것은 (그 공이) 성인 못지않다'고 하였다. 기물이란 비록 형이하(形而下)의 것이나 알맞게 사용한다면 그 자체로 매우 중요한 것이다. 점 하나를 보고 표범의 전모를 알고, 갑옷을 통해 검의 날카로움과 무딤을 알게 되니 이는 작은 것으로 큰 것을 아는 것이다. 지혜로운 자라면 어찌 그대의 덕이 높다 하지 않겠는가!"[1] 서광계의 이 말을 듣고 우르시스는 수리

---

1) 사바티노 데 우르시스(Sabbatino de Ursis, 1575-1620). 중국명은 熊三拔이다. 이탈리아 예수회 선교사로 1607년 중국에 와서 활동하였다. 천문과 역법에 능했으며 서광계, 이지조와 함께 다수의 서양 서적을 번역하였다. 역서로는 『기하원본』, 『직방외기』, 『태서수법』 등이 있다.

2) 공수(公輸)는 전국시대 초기의 전설적 목수 공수반(公輸般)을 가리키며 묵적(墨翟)은 묵자(墨子)를 말한다. 고대의 유명한 기술자들로 소개하고 있다.

법을 전수하기로 결정했다. "도성 사람들이 이를 듣고는 대단히 기뻐하며 기술자들을 모집해서 수리법을 전수하였다. 기계가 완성되자 사람들은 입이 마르도록 칭찬했다." 1612년, 서광계는 우르시스가 전달한 내용을 기술해 『태서수법』이라는 제목으로 책을 간행했다. 위의 내용은 책의 서문에 담겨 있다.

『태서수법』은 모두 여섯 권이다. 1권은 용미거(龍尾車)에 대해 말하고 있는데, 이 기계는 강물을 끌어들이는 수차(水車)이다. 2권에서는 우선 옥형거(玉衡車)와 전통거(專筩車)에 대해 설명한 후, 항승거(恒升車)와 쌍승거(雙升車)로 우물물을 끌어올리는 방법에 대해 쓰고 있다. 3권 수고기(水庫記)에서는 빗물과 눈 녹은 물을 저장해 사용하는 방법에 대해 기술하고 있다. 4권에서는 수법에 대해서 논하고 있으며, 부록으로 착정법(鑿井法)과 온천의 치유 효능 및 질병을 치료하는 물과 진액을 얻는 방법에 대해 서술하고 있다. 또한 서양 액상(液狀) 약품의 관리 방법에 대해서도 언급하고 있다. 5권에서는 수법에 대한 질의응답과 물의 성질[水性]에 대해 서술하고 있다. 6권에서는 여러 기구에 대한 도식(圖式)과 설명을 싣고 있는데 대부분 물을 공급하고 취수(取水)하는 기계이다. 만력(萬曆) 때 이과(吏科) 도급사중(都給事中)을 지낸 조우변[3]은 서문에서 이 책을 번역한 서광계에 대해 다음과 같이 높이 평가했다. "백성의 고통을 함께 슬퍼하여 농사를 진작하는 것이라면 다루지 않은 것이 없었다. 서양의 수기(水器)와 수고(水庫)에 대한 이론을 섭렵한 후, 오묘하고 절묘한 점에 대해 번역하여 전하였는데 규격이 상세하고 단위가 믿을 만하다. 강과 하천의 물, 우물물과 샘물, 빗물과 눈 녹은 물 등 어느 하나 쓰지 못할 것이

3) 조우변(曹于汴, 1558-1634). 자는 자량(自梁), 명대 만력(萬曆) 때의 관리로 이과(吏科) 도급사중(都給事中)을 지냈다. 품성이 고결하고 간언을 잘했다. 저서로는 『앙절당집(仰節堂集)』이 있다.

없을 뿐만 아니라, 큰 힘을 들이지 않고도 좋은 효과를 거둘 수 있다. 이에 대한 논의는 마테오 리치에게서 시작되었는데 이후 여럿이 힘을 모아 뜻을 이루었다. 기계를 만들 때 우르시스가 대강을 잡았는데, 이로부터 중국에도 이에 대한 활용법이 생기게 되었다."[2] 마테오 리치와 가까운 관계였던 상요현(上饒縣)의 정이위[4]는 우르시스가 이 책을 번역할 때 그의 집에 방문하여 "삭(削), 휴(髹), 도(綯) 등 치수와 관련된 기구"들을 본 적이 있다. 그는 우르시스가 "백성들이 돈을 주고 물을 사서 마시는 것을 안타까워하며 그들의 농토에 수분이 넘치기를 바라는 마음"을 느끼고는 크게 감동했다. 정이위는 이 책의 서문에서 『태서수법』에 대해 "감히 「동관(冬官)」을 대신할 수는 없지만 『고공기(考工記)』에는 버금간다. 그러나 이 책은 농사짓는 사람들을 위한 것이니 묵자가 연을 만들어 날린 것과 어찌 비교할 수 있겠는가"[5]라고 쓰고 있다.

서광계는 이 책을 매우 소중히 여겼다. 번역 후에는 책의 내용대로 기구를 만들어 사용해보았더니 효과가 매우 컸다. 따라서 그는 『농정전서(農政全書)』의 수리(水利) 부분을 저술할 때 이 책의 내용을 그대로 가져왔다. 명나라가 망하자 삭발하고 승려가 된 웅개원[6]은 『태서수법』에 따

---

4) 정이위(鄭以偉, 1570-1633). 자는 자기(子器), 호는 방수(方水)로 강서 상요(上饒) 태생이다. 예부상서(禮部尙書), 동각대학사(東閣大學士)를 역임했고 서광계와 함께 내각보신(內閣輔臣)을 지냈다. 청렴하고 올곧은 성품으로 이름이 높았지만 과로에 시달리다 유명을 달리했다. 저서로는 『영산장집(靈山藏集)』, 『호니집(互泥集)』이 있다.

5) 『주례(周禮)』 가운데 「동관(冬官)」 한 편은 분실되어 한나라 때부터 『고공기(考工記)』로 채워왔지만 논란이 많았다. 『한비자(韓非子)·외저설좌상(外儲說左上)』편에 보면 묵자가 3년에 걸쳐 만든 정교한 나무 연을 제자들이 훌륭하다고 감탄하자 나무 연을 만드는 일은 수레바퀴의 굴대를 만드는 일만 못한 일이라고 말한 기록이 나온다.

6) 웅개원(熊開元, 1598-?). 자는 현년(玄年), 호는 어산(魚山)으로 호북(湖北) 가어(嘉魚) 사람이다. 명 숭정(崇禎) 때 이과급사중(吏科給事中)을 역임했다. 여러 차례 황제의 노여움을 사서 좌천되거나 유배당했지만 남명(南明) 때에는 동각대학사(東閣大學士)까지 올랐다. 명나라가 망하자 승려가 되었다. 저서로는 『제방어록(諸方語錄)』, 『벽암별록(蘗庵別錄)』, 『어산잉고(漁山剩稿)』가 있다.

라 만든 항승거에 대해 "물을 모으는 기구인데 정교하고 오묘하다"[3]며 칭찬을 아끼지 않았다. 『태서수법』은 『천학초함 · 기편(器編)』과 『사고전서 · 자부농가류(子部農家類)』에 수록되었다. 『사고전서총목』에서는 이 책에 대해 상당히 높은 평가를 내리고 있다. "서양의 학문은 측량과 계산을 첫째로 여기고 기묘한 기계[奇器]는 그 다음이다. 기묘한 기계 중에서 수법(水法)은 백성들의 쓰임에 크게 도움이 되니 정밀하나 보기만 좋은 다른 기계들과는 다르다. 실로 수리(水利)를 중시하는 자들이라면 반드시 참고해야 할 책이다. 4권의 마지막 부기(附記)에서는 다음과 같이 말하고 있다. 이외에도 수지(水地)를 측량하고 형세의 고하를 헤아려서 강물을 소통시키고 저수지의 물을 조절하는 것은 별도로 하나의 방법이다. 혹은 강과 호수, 하천과 바다 가운데에 교량이나 성벽, 궁실을 세워 영원히 무너지지 않게 하는 것도 별도로 하나의 방법이다. 혹은 백리 밖에서 수원지의 물을 성안으로 끌어들여 여러 갈래로 나누어 임의로 사용할 수 있게 하는 것도 별도의 방법이다. 모두 각각의 논리가 갖추어져 있다. 그러나 여기서는 오로지 취수에 대해서만 말했고 다른 것에 대해서는 언급하지 않았다. 전체 책에는 모든 내용이 들어 있지만 지금은 볼 수 없다."[4] 장웨이화(張維華)는 『명청 교체기 중서관계 간사(明清之際中西關系簡史)』에서 "서학 가운데 제작 기술에 관한 것으로는 이 책이 최고"[5]라고 평가했다. 이렇게 보자면 『태서수법』은 중국에 전래된 최초의 서양 농전수리 기술 전문서적이자 최초의 서양 기술서적이라 할 수 있다.

006

『원서기기도설(遠西奇器圖說)』
최초의 기계공학 번역서

명말 중국에 들어온 예수회 선교사들은 선교의 편의를 위해 자명종이나 프리즘, 망원경, 세계지도와 같은 신기한 기계나 물건들을 가지고 왔다. 그들은 이것들을 조정의 관리나 지방 관원들에게 선물로 주어 중국인들의 호감을 샀다. 문인들도 이런 물건들에 대해 큰 호기심을 보였으며 자신이 쓴 책 속에 기록을 남기기도 했다. 그러나 대다수 사대부들은 이것들을 기기음교(奇技淫巧)라 여겨 거들떠보지도 않았다. 섬서(陝西) 경양(涇陽)의 학자 왕징[1)]은 그들과 생각이 달랐다. 그는 기계 제작법이 중국의 농경수리, 물리광학 등의 발전에 큰 가치를 갖고 있다고 생각했다. 그는 말했다. "학문은 얼마나 조잡하고 정교한지보다 세상 사람들에게 얼마나 도움이 되는지가 중요하다. 또한 중국의 학문인지 서양의 학문인지보다 하늘에 거스름이 있는지 여부가 중요하다."[1] 그는 서양 선교

1) 왕징(王徵, 1571-1644). 명대의 과학자 겸 기계공학자이다. 자는 양보(良甫), 호는 규심(葵心)이다. 젊어서 경세치용(經世致用)의 학문에 뜻을 두고 기계를 연구하여 『신제제기도설(新制諸器圖說)』을 저술했으며 나중에는 서양 선교사 요하네스 슈레크와 함께 최초의 서양 역학(力學) 번역저작인 『원서기기도설』을 펴냈다.

사들이 교만하거나 인색하지 않다고 생각했다. "옛날에 학문을 좋아하는 사람들은 수 천리 길도 마다하지 않고 배움을 구하러 떠났다." 하물며 서양 선교사들은 수만리 밖에서 우리에게 지식을 전하기 위해 왔는데 마다할 이유가 어디 있겠는가?

나이 오십을 넘긴 진사(進士) 왕징은 프랑스 선교사 트리고[2]에게 라틴어를, 독일 선교사 슈레크[2]에게 수리(數理)와 측량(測量)을 배웠다. 천계(天啓) 7년(1627년), 그는 젊어서부터 쌓아온 기계공학 연구 경험을 바탕으로 갈릴레이의 친구 슈레크와 함께 서양의 기계를 소개하는 몇 권의 책들을 선별해 번역 · 편집한 후 『원서기기도설』(三卷)이라는 도해서(圖解書)를 펴냈다. 이 책은 『기기도설(奇器圖說)』 혹은 『원서기기도설록최(遠西奇器圖說錄最)』라고도 한다.[3] 이 책은 3권으로 구성되어 있다고 하는데 실제로는 구성이 매우 혼란스럽다. 목차를 보면 1권 앞에 서론에 해당하는 1권이 있으며 그 뒤로도 4권이 나열되어 있다. 네 권의 제목은 1권 '중해(重解)', 2권 '기해(器解)', 3권 '역해(力解)', 4권 '동해(動解)'이다. 그러나 정작 책에는 '역해'권이 보이지 않는다.[4]

1권 '중해'는 모두 61개 항목으로 이루어져 있으며, 무게, 무게중심, 무개와 용량, 비례 등 기계원리에 대해 설명하고 있다. 2권 '기해'는 모두 92개 항목이며, 저울과 지레, 도르래와 바퀴, 나사, 경사면 등 각종 기계의 구조 및 응용, 기본원리에 대해 소개하고 있다. 3권에는 54장의 그림이 실려 있는데, 열 한 종류의 기중기(起重機), 네 종류의 인중기(引重機), 두 종류의 전중기(轉重機), 아홉 종류의 취수기(取水機), 열다섯 종류의 전마

2) 니콜라스 트리고(Nicolas Trigault, 1577-1629). 중국명은 金尼閣이다. 명말 중국에서 활동한 프랑스 선교사이다. 중국에 7천 권의 서양서적을 소개할 계획을 세웠으나 이루지 못했다. 마테오 리치와 함께 알파벳으로 중국어 발음을 표기하는 시도를 하였다. 저서로는 『기독교원정중국사(基督教遠征中國史)』, 『추력년첨례법(推歷年瞻禮法)』이 있다.

기(轉磨機), 네 종류의 해목기(解木機)[3] 등 다양한 기계의 사용 방법을 소개하고 있으며, 이 외에도 해석(解石)[4], 전대(轉碓)[5], 전서륜(轉書輪)[6], 수일구(水日晷)[7], 대경(代耕)[8], 수총(水銃)[9], 서가(書架) 등의 그림이 실려 있다. 왕징이 언급한 '역해'에는 기계 운동 시에 필요한 인력(人力), 마력(馬力), 풍력(風力), 수력(水力)까지 모두 포함되어 있는 것으로 보인다. 그러나 시간이 촉박하여 3권까지만 완성했고 그 마저도 설명 없는 그림이나 누락된 내용이 적지 않다.

주목할 만한 것은 왕징이 이 책에서 처음으로 고대 그리스 천문학자 아르키메데스[亞而幾墨得][10]를 언급하고 있다는 점이다. 아르키메데스는 왕의 명령으로 거선(巨船) 한 척을 만들었는데 바다로 배를 옮길 수 없어 고심하던 중, 결국 묘안을 내서 해결했다는 내용이다. 왕징은 이렇게 말했다. 서양 기계는 "대부분 작은 힘을 큰 힘으로 변환하여 물건을 들어 올리거나 나르고 쌓는 데 도움을 준다. 뿐만 아니라 무언가를 주입하고 추출하는 데, 배를 옮기는 데, 재해를 예방하는 데, 무언가를 빻거나 해체하는 데, 바람이나 소리를 만들어내는 데 유용하다." 기계는 인력(人力)이나 물력(物力)을 이용하는 것이 있고 풍력이나 수력, 조종간이나 스위치, 빈 공간이나 무게를 이용하는 것이 있다. "이처럼 신묘한 용법들은 사람의 마음을 후련하게 해준다." 그는 특히 "민생과 일용에 실익이 있고, 국가 사업에 긴요하게 쓰일 수 있는" 기계에 대해 심혈을 기울여 번역을 했다.

---

3) '나무 자르는 기계'를 말한다.
4) '돌 절단기'를 말한다.
5) '방아'를 말한다.
6) '책 보는 기계'를 말한다.
7) '물시계'를 말한다.
8) '밭가는 기계'를 말한다.
9) '소방용 수총'을 말한다.
10) 중국어로 발음하면 '아얼지모더'이다. 현대 중국어에서는 阿基米德로 표기한다.

연(鳶)이나 수금(水琴)처럼 "국가사업에 긴요하지 않은" 기물(器物) 소개는 생략하고, 누구나 이해할 수 있도록 쉽고 간결하게 번역해 경세치용(經世致用)에 도움을 주고자 했다.

팡하오[11)]와 페르하에런[12)] 등의 고증에 따르면 이 책은 명대에 중국에 전래된 서양 서적 가운데 중국어로 번역된 최초의 책이다. 왕징은 책에서 '웨이둬(味多)', '시먼(西門)', '겅톈(耕田)', '라모리(剌墨里)'[13)]라는 서양 학자 네 명의 저작을 언급하고 있다. 그것들은 즉 로마 아우구스투스 시대의 건축가 겸 군사 기술자 비트루비우스(Marcus Vitruvius Pollio, BC27-AD14)의 라틴어 저작 『건축술(建築術)』(De architectura), 덴마크 수학자 겸 군사 공학자 시몬 스테빈(Simon Stevin, 1548-1620)의 라틴어 저작 『수학기록(數學記錄)』(Hypomnenmate Mathmatica), 독일의 광물학자 아그리콜라(Georgius Agricola, 1494-1555)의 획기적 저작 『광야전서(鑛冶全書)』(De Re Metallica)와 이탈리아 기술자 라멜리(Agostino Ramelli)의 『다양하고 창의적인 기계(論各種工藝機械)』(Le Diverse et Artificiose Machine)이다.[5]

왕징은 책을 번역하면서 습득한 역학 원리를 기초로 한 사람이 4000킬로그램 이상 무게가 나가는 물건을 옮길 수 있는 운중기(運重機)를 설

---

11) 팡하오(方豪, 1910-1980). 중국의 저명 역사학자로 저장대학(浙江大學), 푸단대학(復旦大學) 교수를 역임했으며 1935년 천주교 신부가 되었다. 1940년 타이완으로 이주한 후 타이완대학(臺灣大學) 역사학과 교수, 중앙연구원(中央硏究院) 원사(院士)를 지냈으며 중서교류사 분야에서 괄목할 만한 성과를 냈다. 저서로는 『중외문화교통사론총(中外文化交通史論叢)』, 『중국천주교사논총(中國天主教史論叢)』, 『송사(宋史)』, 『중서교통사(中西交通史)』, 『중국천주교사인물전(中國天主教史人物傳)』 등이 있다.

12) 휘버르트 페르하에런(Hubert Verhaeren). 중국명은 惠澤霖이다. 네덜란드 라자리스트회(C. M.. 遣使會) 신부로 1902년 중국에 왔다. 북경 교당 도서관인 북당도서관(北堂圖書館) 관장을 역임했으며 저서로는 『북당도서관장서문선본서목(北堂圖書館藏西文善本書目)』, 『중국공교전적총고(中國公教典籍叢考)』가 있다.

13) '웨이둬'는 비트루비우스, '시먼'은 시몬, '라모리'는 라멜리를 음역한 것이며, '겅톈'은 아그리콜라(Agricola)를 의역한 것이다. 이름이 농업, 농경을 의미하는 agriculture의 발음과 비슷해서 '겅톈(耕田, 경전)'으로 의역한 것으로 보인다.

계했다. 또한 물리학과 기계공학 원리에 기초해서 용미거, 항승거, 자행거, 자전마(自轉磨), 자명종(自鳴鐘), 노기(弩機), 화기(火機), 수총(水銃) 등 55가지의 기계를 설계하고 『제기도설(諸器圖說)』과 『액랄제아유조제기도설(額辣濟亞牖造諸器圖說)』라는 두 권의 책을 저술했다.[6] 그는 또 음향학[聲學]의 원리를 이용해서 집안 여기저기 작은 구멍을 뚫은 뒤 그가 대청에서 지시를 내리면 각 방의 모든 사람들이 그의 말을 들을 수 있는 설비를 갖추기도 했다. 그러나 이처럼 걸출한 과학기술 번역가의 벼슬길은 그리 평탄치 않았다. 그는 56세가 되어서야 비로소 양주(揚州)의 추관(推官, 죄인을 심문하는 관원)이 되었고, 60이 되어서는 해군을 감독하는 산동지역의 첨사(僉事)가 되었는데 전쟁에서 참패한 죄로 변방으로 유배를 떠났다. 1644년 이자성(李自成)이 도성을 공격해 들어오자 일흔이 넘은 왕징은 7일간 절식(絶食)하여 목숨을 버렸다 한다.

그에 대한 『명사(明史)』의 서술은 지나치게 간략하여 '충의(忠義)'열전에 몇 마디 언급만 있을 뿐, 번역서와 과학기술 성과에 대해서는 전혀 기록이 없다. 그러나 그가 번역한 최초의 서양 기계공학 서적이 중국에 끼친 영향은 결코 무시할 수 없다. 장보춘(張柏春)에 따르면 이 책은 19세기 후반 이전까지 서양 물리학과 기계에 관한 지식을 가장 체계적으로 소개하고 있는 중국어 저작이었다. 명대의 판본으로는 무위중각본(武位中刻本), 왕응괴광급당각본(汪應魁廣及堂刻本), 서상당각본(西爽堂刻本)이 있으며, 『고금도서집성(古今圖書集成) · 경제휘편(經濟彙編) · 고공전(考工典)』과 『사고전서 · 자부보록류(子部譜錄類)』에 수록되었고, 1844년 전희조(錢熙祚)의 『수산각총서(守山閣叢書) · 자부류(子部類)』, 그리고 이후 『중서산학집요삼종(中西算學集要三種)』, 『총서집성초편 · 응용과학류(應用科學類)』에도 수록되었다. 기타 판본으로는 매문정정보초본(梅文鼎訂補抄本), 왕기중인무위중간본(王企重印武位中刊本), 내록당각본(來鹿堂刻本),

6. 『원서기기도설』

동문관각본(同文館刻本), 중국국가도서관장청대초본(中國國家圖書館藏淸代抄本), 칭화대학장일명초본(淸華大學藏佚名抄本), 봉좌문고초본(蓬左文庫抄本) 등이 있다. 방이지[14], 황리장[15] 등 수많은 청대 학자들도 이 책을 통해 서양의 물리학과 기계공학 이론을 접하였다.[7]

『사고전서총목제요』에서는 이 책에 대해 "작은 힘으로 큰 것을 옮기니 중(重)이라 하였고, 또 역예(力藝)라고도 하였다"고 언급하고 있으며, 완원은 『주인전』에서 "오묘한 기계들은 모두 바퀴[輪]의 힘을 빌린다. 바퀴는 원형이기 때문에 움직이는 것이다. … 서양 사람들은 기교를 숭상하여 여기에 혼신의 힘을 다한다"고 하였다.[8] '역예(力藝)', '물리학[重學]', '주(柱)', '량(梁)', '축(軸)', '륜(輪)', '병(柄)', '거(車)', '색(索)' 등 왕징이 책을 번역하며 만들어 낸 물리학 용어들은 이선란 등 청말의 과학 서적 번역가들에게 모범으로 받들어졌을 뿐만 아니라, '중심(重心)', '강간(杠杆)',[16] '사면(斜面)' 등 이 책에서 최초로 등장한 번역어는 현재까지도 기계학 영역에서 사용되고 있다. 1901년 5월 23일자 저우쭤런[17]의 일기에는 그가 『원서기기도설』에서 보았던 "대경기(代耕機)[18]를 흉내 내어 비슷

14) 방이지(方以智, 1611-1671). 중국 명말청초의 사상가이자 과학자로 자는 밀지(密之), 호는 만공(曼公)이다. 안휘 동성 태생이다. 천문 · 역학(曆學) · 산학(算學) · 지리 · 역사 · 물리 · 생물 · 의약 · 문학 · 음운 등의 분야를 연구했다. 저서로는 『물리소지(物理小識)』, 『동서균(東西均)』, 『통아(通雅)』 등이 있다.

15) 황리장(黃履庄, 1656-?). 청대 초기 기계 제작자이자 물리학자로 강소 광릉(廣陵) 태생이다. 창의적인 기계를 제작하는 데 능했으며, 특히 카메라 옵스큐라(camera obscura)를 제작해 초상화를 그리는 것으로 유명했다. 저서로는 『기기도략(奇器圖略)』이 있다.

16) '지렛대'를 말한다.

17) 저우쭤런(周作人, 1885-1967). 중국 현대의 수필가이자 평론가, 번역가로 저장 샤오싱(紹興)에서 태어났다. 형 루쉰(魯迅, 본명 周樹人)과 함께 신문학 운동을 주도했으며 서양문학과 일본문학 소개에도 힘썼다. 정전둬 등과 함께 '문학연구회(文學硏究會)를 만들었으며 루쉰, 린위탕(林語堂) 등과 함께 주간지 《어사(語絲)》를 창간했다. 베이징대학 교수, 베이핑(北平) 에스페란토어 학회장 등을 역임했다.

18) 일명 '목우(木牛)'라고도 한다. 소 대신 사람이 '대경기(代耕機)'를 사용하여 밭을 가는데, 노동력 절감과 효율을 높이는 데 큰 도움을 주었다.

하게 만들어보았다"는 재미있는 대목이 나온다.[9] 당시 저우쥐런의 나이는 16세에 불과했다.

007

『명리탐(名理探)』과 속편 『궁리학(窮理學)』

서양 논리학 저작 번역의 시작

『논리학』

명말청초에 중국에 전래된 서양 스콜라철학 및 신학 분야의 책 가운데 비교적 유명한 것으로는 푸르타도[1]와 이지조가 함께 번역한 『환유전』(즉 아리스토텔레스의 『천계론』),[2] 삼비아시[3]와 서광계가 함께 펴낸 『영언여작』,[4] 바뇨니[5]가 이엽연(李燁然), 위두추(衛斗樞) 등과 함께 펴낸 『환우시

---

1) 프랜시스코 푸르타도(Francisco Furtado, 1587-1653). 포르투갈 예수회 선교사. 중국명 傅汎際. 1621년 중국에 와서 선교 및 서양 철학 번역 작업에 매진하였다.

2) 『환유전(寰有詮)』은 아리스토텔레스의 『천계론』(라틴어: De Caelo, 영문: On the heavens)을 바탕으로 번역한 우주론 · 천문학 저작이다.

3) 프란체스코 삼비아시(Francesco Sambiasi, 1582-1649). 이탈리아 예수회 선교사. 중국명 畢方濟. 1610년 중국에 와서 북경, 상해, 개봉(開封), 산동, 남경 등 여러 도시를 돌며 선교활동을 펼쳤으며 조선에도 방문했었다. 저서로는 『필방제주절(畢方濟奏折)』, 『영언여작(靈言蠡勺)』, 『수답(睡答)』 등이 있다.

4) 『영언여작(靈言蠡勺)』은 심리학 · 영혼론 저작으로 아리스토텔레스의 『영혼론』(라틴어: De Anima, 영문: On the Soul)에 바탕을 두고 영혼의 본질과 속성을 탐구한 번역서이다. '영언(靈言)'은 아니마(영혼 또는 영성)를 의미하고 '여작(蠡勺)'은 작은 표주박이라는 뜻이다. 따라서 '영언여작'이라는 제목은 미천한 식견으로 심오한 진리를 다루었다는 의미이다.

5) 알폰소 바뇨니(Alphonso Vagnoni, 1568-1640). 이탈리아 예수회 선교사. 중국명 高一志. 1605년 중국에 왔다. 초기에는 王豐肅이라는 이름을 썼으나 1616년 남경교난(南京敎難)으로 투옥되었다 쫓겨난 뒤 다시 중국으로 들어오면서 高一志로 개명했다. 산서 지방에서 주로 선교활동을 하며 8천여 명에게 세례를 주었으며 102곳의 교당을 세웠다. 저서로는 『교요해략(教要解略)』, 『서학수신(西學修身)』, 『서학치평(西學治平)』, 『서학제가(西學齊家)』, 『동유교육(童幼教育)』, 『환우시말(環宇始末)』, 『배록회답(斐錄彙答)』, 『공제격치(空際格致)』 등이 있다.

말』,[6] 알레니가 번역한 『성학추술』,[7] 마갈량이스[8]이 번역한 토머스 아퀴나스의 『초성학요』[9] 등이 있다. 이 가운데 영향력이 가장 컸던 저작으로는 포르투갈 선교사 푸르타도가 해석하고, 이지조가 고대 제자백가와 위진현학의 용어를 사용해 번역한 『명리탐』을 들 수 있다.

앞서 말한 스콜라철학 및 신학 저작들은 대부분 포르투갈의 코임브라 대학에서 진행된 강의 내용을 중국어로 옮긴 것이다. 『명리탐』의 원본은 1611년 독일 쾰른에서 최초로 출판된 코임브라 대학의 예수회사 철학 과목의 라틴어 텍스트인 『Logica』(『논리학』)이다. 책의 전체 제목은 『스타기로스인 아리스토텔레스의 변증법 대전 소해(斯大琪里人亞利斯多德辨證大全疏解)』이며, 상하 두 편으로 나누어져 있다. 상편에서는 오공론(五公論), 십윤론(十倫論)[10]을, 하편에서는 삼단논법을 다루고 있는데, 논리적 문제에 대한 여러 학파의 주장과 아리스토텔레스의 명제, 삼단논법에 대한 해석이 주요 내용이다. 원서는 모두 30권으로 푸르타도와 이지조는 그중 열 권만 번역했다. 오공론을 다룬 앞의 다섯 권에서는 4세기경 포르피리

---

6) 『환우시말(寰宇始末)』은 프톨레마이오스와 아리스토텔레스의 우주론 및 성경 창세기의 내용을 편역한 저작이다.

7) 『성학추술(性學觕述)』은 아리스토텔레스의 『영혼론』과 『자연학 소론집(Parva Naturalia)』의 내용을 편역한 책으로 영혼학설에 대한 과학적 증명을 담고 있다. 특히 로마 의학자 갈레노(Claudius Galeno)의 학설과 16세기 이래 유럽의 의학, 해부학 지식을 통해 하나님의 존재를 증명하고자 했다. '성학(性學)'은 '철학'에서 '인학(人學)'에 해당하는 부분으로 이 학문의 소개를 통해 서양 의학지식이 중국에 전래되는 결과를 낳았다.

8) 가브리엘 드 마갈량이스(Gabriel de Magalhães, 1610-1677). 포르투갈 예수회 선교사. 중국명 安文思. 1640년 중국에 왔다. 초기에는 성도(成都)에서 활동하였으며 나중에는 북경 황궁으로 와서 황제를 위해 시계, 악기 등 수많은 기계를 제작하였다. 1677년 북경에서 사망했다. 저서로는 『부활론(復活論)』, 『초성학요(超性學要)』 등이 있다.

9) 『초성학요(超性學要)』는 토머스 아퀴나스(St. Thomas Aquinas)가 쓴 『신학대전(神學大典)』(Summa Theologica)의 최초 중국어 번역본이다. 사실 『초성학요』의 번역자는 마젤란이 아닌 불리오(Louis Buglio, 利類思)로 보는 것이 적절하다. 마젤란은 불리오의 번역작업을 돕고 교열 작업에 참여하긴 했지만 주로 번역한 것은 불리오이기 때문이다. '초성학(超性學)'이란 '인성을 초월한 학문'이라는 의미로 '인학(人學)'에 대응해서 '천학(天學)'이라 부르기도 하며 오늘날로 말하자면 '신학(神學)'을 가리킨다.

10) 오공(五公)은 '5개념'을, 십윤(十倫)은 '10범주'를 말한다.

오스[11]가 저술한 아리스토텔레스의 범주개념에 기초해서 개념의 종속관계와 특성에 대해 서술하고 있다. 오늘날 '속(屬), 종(種), 종차(種差), 고유속성(固有屬性), 우성(偶性)'으로 번역되는 '오정(五旌)'에 대해 책에서는 스콜라 주석에 따라 '종(宗), 유(類), 수(殊), 독(獨), 의(依)'로 번역해 분석하고 있다. 뒤의 다섯 권에서 다루고 있는 십륜(十倫)은 아리스토텔레스의 범주를 토대로 하고 포르피리오스 이래의 스콜라 철학자들의 변론을 종합해 저술한 것으로 열 가지 범주는 자립체(自立體), 기하(幾何), 호시(互視), 하사(何似), 시작(施作), 승수(承受), 하거(何居), 잠구(暫久), 체세(體勢), 득유(得有)이다. 오늘날에는 실체(實體), 수량(數量), 관계(關系), 성질(性質), 동작(動作), 조수(遭受), 상태(狀態), 지점(地點), 시간(時間), 상황(狀況)으로 번역한다.[12] 중역본은 1631년 항주에서 처음으로 출판되었다.

---

11) 포르피리오스(Porphyrius, 234-305). 신플라톤주의 철학자로 플로티노스에게 배웠다. 그가 저술한 아리스토텔레스의 범주론에 대한 서론 『입문서(Eisagogê)』의 라틴어 번역본은 중세 논리학 교과서의 표준이 되었다.

12) '5개념' 및 '10범주' 번역 비교표

〈5개념〉

영문	이지조 역	옌푸(嚴復) 역	금역	한국어 번역	예시
Five Concepts	五公	五旌	五類概念	5개념	
Genus	宗	類	類 屬	유	동물
Specise	類	別	種	종	사람
Differentia	殊	差	種差	차이성	이성능력
Proprium	獨	撰	固有屬性	고유성	웃을 줄 암
Accidens	依	寓	偶有行 偶有屬性 偶性	우연성	희다, 검다

〈10범주〉

영문	이지조 역	옌푸 역	금역	한국어 번역	예시
Ten Categories	十倫	十倫	十範疇	10범주	
Substance	自立體	物, 質	實體	실체	사람, 말
Quantity	幾何	數, 量	數量	양	선, 면, 점, 수
Relation	互視	倫, 對待, 相屬	關系	관계	두 배, -보다 크다
Quality	何似	德, 品	性質	성질	희다, 뜨겁다
Activity	施作	感, 施	主動 動作	능동	자르고 있다, 말하고 있다

아리스토텔레스는 형식논리의 창시자이다. 형식논리의 주요내용은 동일률, 모순율, 배중율, 판단, 판단형식, 삼단형식 등으로 아리스토텔레스가 처음으로 규정한 것이다. 초기 교회는 아리스토텔레스의 철학에 반대했으나 로마교황 그레고리 9세 때(1227-1241)부터 변화의 조짐이 생겼다. 즉 논리학 체계를 이용해 기독교 신학체계를 보완하고자 한 것이다. 『명리탐』은 기독교에 아리스토텔레스 논리학 체계를 융합한 유럽 중세기 '스콜라철학'의 대표작이다. 책에서는 이렇게 말하고 있다. "명리탐은 가까운 지향점과 먼 지향점이 있다. 명변(明辯)의 원칙을 세우는 것은 가까운 지향점이다. 이미 세워진 원칙에 따라 여러 논의를 추론하는 것은 먼 지향점이다."[1] 여기서 말하는 것은 이치를 궁구하는 데 필요한 귀납과 연역이라는 두 가지 방법이다. 장웨이화는 이러한 논리학 방법의 소개에 대해 『명청 교체기 중서관계 간사』에서 "실로 당시 이학(理學) 명상(冥想)의 폐단을 교정하는 데 의의가 있었다"라고 평가했다.[2] 당시 번역을 주도했던 이천경[13]은 책의 서문에서 이렇게 말했다. "세상 사람들은 헛된 말 하기 좋아하고 기이한 것에만 관심을 쏟는다. 치지(致知)에 격물(格物)은 필요 없다며 실제 대상을 버리고 인식을 끊어버리고 돈오를 종지로 삼는다. 허황되고 그릇된 길로 들어서 참된 대도(大道)를 잃어버리니 어찌 지나치다 말하지 않겠는가. 서유(西儒) 부 선생(즉, 傅汎際)께서

Passivity	承受	應, 受	被動 遭受	수동	잘리고 있다, 듣고 있다
State	體勢	形, 勢, 容	姿勢 狀態	상태	앉아 있다, 달리고 있다
Position	何居	位, 方所, 界	地點	장소	차 안에 있다, 다리 위에 있다
Time	暫久	時, 期, 世	時間	시간	어제, 미래
Situation	得有	服, 習, 止	狀況	상황	구두를 신고 있다, 무장하고 있다

13) 이천경(李天經, 1579-1659). 자는 인상(仁常)이며 명말의 관리이자 수학가, 천문 역법가로 천주교도이다. 서광계(徐光啓)의 유지를 이어받아 『숭정역서(崇禎歷書)』를 완성하였으며 『곤여격치(坤輿格致)』를 번역했다.

『환유(寰有)』를 논한 뒤 다시 『명리탐』 10여 권을 지었다. 무릇 참된 이치를 밝히고자 하는 사람이라면 추론을 도구삼아 밝은 깨달음에 도달해야 한다. 책을 읽을수록 의미가 심장하고 도리가 진실하니 격물궁리의 대본(大本)이라고 할 수 있겠다."[3] 자각과 돈오를 중시하는 이학가들과 비교해 볼 때 책에서 제시하고 있는 참신한 진리 추구법은 이지조와 이천경 등 일부 지식인들을 깊이 매료시켰다. 그들이 책을 번역한 진짜 목적은 서양의 논리학으로 중국철학의 약점을 보완하려는 데 있었다. '삼론명(三論明)—개념, 판단, 추리'로 '궁리진성(窮理盡性)의 유학'을 대체하고자 한 것이었다. 논리학이 발달하지 못한 중국의 사상전통을 아리스토텔레스 논리학 체계로 보완해야 한다고 생각한 것은 당시로서 매우 획기적인 것이었다. 그러나 장웨이화의 말처럼 안타깝게도 전통 "구습이 오래되어 변화가 쉽지 않았다. 그리스 로마 철학은 소리 없이 사라져버려 아무런 영향도 미치지 못했다." 즉 당시 대다수 지식인들의 관심을 끄는 데에는 실패했다는 것이다.

그러나 논리학사의 측면에서 볼 때 『명리탐』의 영향은 상당 기간 동안 지속되었다. 이지조와 푸르다도는 책의 의미를 제대로 전달하기 위해 "오묘한 도리에 대해 심도 있게 연구했으며", 반복적인 교열을 통해 자구(字句) 선택에도 신중을 기했다. 이로 인해 책을 번역하는 데 3년이라는 시간이 걸렸다. "한 글자라도 적절하지 않으면 오랜 시간 동안 다시 생각했고, 아무리 짧은 문장이라도 허투루 해석하지 않았다."[4] 이처럼 꼼꼼한 번역 과정을 거쳐 다음과 같은 논리학 명사가 창조되어 나왔다. 직통(直通), 단통(斷通), 추통(推通)(오늘날의 개념, 판단, 추론에 해당). 명변(明辯), 추변(推辯)(오늘날의 연역, 귀납에 해당). 치지(致知), 치명(致明), 치용(致用)(오늘날의 과학, 이론, 실용에 해당) 등. 지금 보기에도 이들 개념어는 매우 합리적으로 보인다. 이 외에 중국 논리학 용어를 기초로 서양 논리학 용어와 융합해 만든 개념어로는 형성학(形性學), 심형학(審形學), 초형성학(超形性學), 명예(明藝), 온예(韞藝), 변예(辯藝), 명리(名理)(오늘날의 물리학, 수학, 형이상학, 자연과학, 정신과학, 논리학, 논리학) 등이 있다. 이 책은 현장(玄奘)이 번역한 『인명(因明)』, 옌푸(嚴復)가 번역한 『명학(名學)』과 함께 중국 논리학 3대 서적으로 평가된다.

1630년 이지조는 번역을 마치지 못하고 안타깝게 세상을 떠났다. 서안에 거주하던 푸르타도는 계속해서 번역을 진행하여 1641년에 후반부 스무 권을 완성하였고, 페르비스트의 교열과 증보를 거쳐 1683년 드디어 책을 완역해냈다. 그는 책의 제목을 『궁리학(窮理學)』이라고 붙였는데 책의 내용은 추리총론[理推之叢論], 형성추리[形性之理推], 경중추리[輕重之理推]의 세 부분으로 나누어져 있다. 책에 수력(修曆)에 관한 내용은 없지만 페르비스트는 책에 대한 관심을 끌기 위해 강희제에게 다음과 같이 말했다. "『궁리학』은 역법(曆法)의 이치를 밝히고 천하 학문의 문을 열어 만세에 공헌한 서적입니다." "역법을 배우려는 자는 반드시 먼저 궁리지학을 익혀야 합니다." "궁리학은 백학(百學)의 근본으로 참과 거짓을 가려내는 시금석이고, 온갖 기예의 저울이며, 영혼의 빛이고, 깨달음의 눈이며, 의리(義理)의 열쇠로 모든 학문이 필요로 하는 것입니다."[5]

『궁리학』에서는 아리스토텔레스의 명제와 삼단 논법, 즉 'Syllogism(細錄世斯模)'에 대해 비교적 상세하게 기술하고 있다. 또한 책에서는 1589년 갈릴레이가 발견한 낙하하는 물체의 가속도 현상에 대해서도 최초로 언급하고 있는데 공식적인 논증이나 실험 방법, 원리에 대한 설명은 생략되어 있다. 아울러 1666년 뉴턴이 발견한 색채이론[6]도 소개하고 있다.(『궁리학』은 뉴턴의 발견으로부터 불과 10여 년도 되지 않아 출간되었는데 중국과 서양의 지리적 거리를 감안하면 대단한 일이다) 물론 책을 번역한 주요 목적은 스콜라철학의 목적론을 증명하기 위한 것이지만 중서문화 교류사에도 큰 공헌을 했다.

『명리탐』과 『궁리학』의 출간은 서양 논리학 저작 번역의 중요한 계기가 되었다. 물론 책에서 소개하고 있는 내용은 당시 유행하던 '신논리'(아리스토텔레스의 『논리학(Organum)』 후반부 네 편 등)나 '명제 논리'가 아니라 서양 중세기 '전통 논리학' 중 일부에 지나지 않는 것이었다. 당시 서양에서 출간된 논리학 저작과 교본이 2,000여 종 정도였다는 것을 생각해볼 때, 푸르타도가 얼마나 보수적인 관점에서 이 책을 번역서로 선택했는지 알 수 있다. 그러나 다른 한편으로 이 책이 나오기 전 중국에서는 11세기에 인도 논리학 외에 서양 논리학을 접해본 적이 없었기 때문에 『명리탐』과 『궁리학』의 번역은 대단히 획기적인 일이었다고 할 수도 있다. 중국인들은 이 책을 통해 자신들이 알고 있던 선진 제자백가와 그 이후의 중국 논리학, 그리고 불교 인명학 외에 전혀 다른 유형의 논리학 체계가 있다는 것을 알게 되었다. 이 책의 번역은 서양과 중국, 인도의 3대 논리학 체계가 중국에서 조우한 것으로 청말 서양 논리학 서적 번역 열풍의 견인차 역할을 했다고 할 수 있다.

008

『태서인신설개(泰西人身說概)』
최초로 전래된 서양 인체 해부학 저작

중국에서 인체 해부의 역사는 매우 오래되었다. 『사기(史記)·편작창공열전(扁鵲倉公列傳)』에 따르면 상주(商周) 시기 중국 의가(醫家)에서는 이미 "피부를 가르고 살을 열어 막힌 맥을 통하게 하고, 끊어진 힘줄을 잇고, 척수와 뇌수를 누르고, 고황과 횡경막을 바로 하고, 오장을 깨끗이 씻는" 해부 행위가 있었다고 한다. 『영구(靈樞)·경수(經水)』에는 '해부(解剖)'라는 단어가 최초로 등장하며, 『한서(漢書)·왕망전(王莽傳)』에는 다음과 같은 내용이 나온다. "적의(翟義)의 무리를 주살(誅殺)한 후, (왕망은) 태의(太醫)와 제약사, 도수(屠手)를 불러 그들을 해부하여 오장을 측량하고 작은 대나무 가지를 혈맥에 집어넣어 상태를 살핀 후 질병 치료법을 설명하도록 하였다."[1] 송대(宋代)의 해부 관련 기록은 더욱 자세하다. 범죄자가 형을 받고 나면 해부를 하는데 의관(醫官) 옆에 화가가 배석하여 오장도(五臟圖)를 그리는 것이 일반적이었다. 조여시[1)]의 『빈퇴록(賓

---

1) 조여시(趙與時, 1172-1228). 남송 때의 인물로 송 태조(太祖)의 7대손이다. 송유(宋儒) 양간(楊簡)의 문인이었으며 역사 필기 저작인 『빈퇴록(賓退錄)』을 지었다.

退錄)』에는 다음과 같은 기록이 나온다. "경력(慶歷)년간에 광서(廣西) 지역에서 구희범(歐希范)과 무리들을 토벌한 후 이틀 동안 56차례의 해부를 진행하고 … 그림을 그려 후세에 남긴다."[2] 이 기록은 『고금도서집성(古今圖書集成) · 예술전(藝術典)』에도 나온다. 북송(北宋)의 태의국(太醫局) 의관 왕유일[2)]이 설계 제작한 침구동인(針灸銅人)을 보면 해부 부위와 혈도 위치, 내장의 형태 및 상호 관계가 상당히 정확하게 표시되어 있다. 이는 당시 해부학의 수준을 보여주는 것이다. 이처럼 중국에서는 일찍부터 해부가 시행되었지만 음양론과 우주 본체론의 제한, 예교(禮教)의 속박으로 인해 계승이 힘들었을 뿐만 아니라 독립적인 체계를 이루지도 못했다. 그러나 이런 상황은 도리어 서양 해부학이 전래되는 데 있어서 중요한 토대가 된다.

서양 의학 가운데 이른 시기에 전래되어 큰 관심을 불러일으킨 분야는 해부학이다. 특히 해부학 서적 가운데 중국에 최초로 전래되어 막대한 영향을 미친 것으로 『태서인신설개(泰西人身說槪)』가 있다. 책은 상하 두 권으로 이루어져 있는데, 상권은 골부(骨部), 취골부(脆骨部), 긍근부(肯筋部), 육괴근부(肉塊筋部), 피부(皮部), 편도부[亞特諾斯部], 고유부(膏油部), 육세근부(肉細筋部), 낙부(絡部), 맥부(脈部), 세근부(細筋部), 외면피부(外面皮部), 육부(肉部), 육괴부(肉塊部), 혈부(血部)로 나누어져 있고, 하권은 총각사(總覺司), 부록 마테오 리치 기억법 5칙[附錄利西泰記法五則], 목사(目司), 이사(耳司), 비사(鼻司), 설사(舌司), 사체각사(四體覺司), 행동 및 언어[行動及言語]로 구성되어 있다. 하권은 상권과는 달리 문답체로 쓰여 있다.

2) 왕유일(王惟一, 987-1067). 북송의 의술가로 송대 이전의 침구학(針灸學)을 집대성하였다. 『동인수혈침구도경(銅人腧穴針灸圖經)』을 편찬했으며 황명을 받들어 침구동인 두 개를 만들었다.

책의 역자가 누구인지에 대해서는 의견이 분분하다. 청대의 유정섭[3)]은 『계사유고(癸巳類稿)』에서 자코모 로,[4)] 니콜로 롱고바르디,[5)] 요하네스 슈레크가 『인신도설(人身圖說)』 두 권을 공역하였다고 쓰고 있다. 왕도의 『서학집존육종(西學輯存六種) · 태서저술고(泰西著述考)』에는 요하네스 슈레크의 『인신설개(人身說概)』 두 권이 수록되어 있다. 최근 펑칭취안이 번역 출간한 『입화야소회사열전(入華耶蘇會士列傳) · 요하네스 슈레크(鄧玉函)』의 고증에 따르면 『인신도설』은 자크 로의 저작이며 『인신설개』는 요하네스 슈레크의 저작이다. 유정섭은 이 두 권을 섞어서 뭉뚱그려 말하고 있다는 것이다. 팡하오의 『중서교통사』에 따르면 역사학자 장인린[6)]은 『인신설개』 뒤에 『인신도설』이 붙어 있는 합본을 소장하고 있었다고 한다. 이 책은 그림만 있을 뿐 설명은 없다. 또한 마지막 부분에는 「인신도오장구각도형목록(人身圖五臟軀殼圖形目錄)」이 첨부되어 있는데, 호흡, 순환, 신경, 소화, 배설, 생식 등 여섯 계통 및 태생학(胎生學), 혈액순환에 대해 설명하고 있다.[3]

번역서의 저본은 어떤 책일까? 장웨이화는 『명청 교체기 중서관계 간사』에서 다음과 같이 말했다. "서양 해부학의 시조는 안드레아스 베살리우스이다.", "슈레크와 로가 그 뒤를 이었는데 그들이 전한 해부학은 베

---

3) 유정섭(兪正燮, 1775-1840). 자는 이초(理初), 청대의 학자이다. 경사(經史)에 조예가 깊었으나 관직에 나아가지 않고 필사를 업으로 삼았으며 저술에 매진했다. 저서로는 『계사유고(癸巳類稿)』, 『계사존고(癸巳存稿)』, 『해국기문(海國紀聞)』 등이 있다.

4) 자코모 로(Giacomo Rho, 1593-1638). 중국명 羅雅各. 명말 중국에서 활동한 이탈리아 예수회 선교사로 1622년 중국에 왔다. 1630년 명 의종(毅宗)의 역법 개정 계획에 따라 북경에서 아담 샬, 롱고바르디, 슈레크 등과 함께 수력 작업에 참가했으며 1634년에 『숭정역서』를 완성했다.

5) 니콜로 롱고바르디(Niccolo Longobardo, 1559-1654). 중국명 龍華民. 명말 중국에서 활동한 이탈리아 예수회 선교사로 1597년 중국에 왔다. 1610년 북경에서 마테오 리치에 이어 중국 예수회 회장이 되었지만 마테오 리치와는 달리 중국인의 제사 습속에는 반대했다. 저서로는 『성교일과(聖教日課)』, 『지진해(地震解)』, 『인신도설(人身圖說)』 등이 있다.

6) 장인린(張蔭麟, 1905-1942). 중국 근대의 저명 역사학자. 칭화학당(淸華學堂)에서 공부한 후 국비 유학을 떠나 미국 스탠포드대학에서 박사학위를 받았다. 귀국 후 칭화대학, 베이징대학 교수를 역임했으나 지병으로 37세 때인 1942년 사망했다. 저서로는 『중국사강(中國史綱)』이 있다.

살리우스의 학설을 소개한 것이라 할 수 있다."[6] 이런 추측은 대단히 믿을 만하다. 베살리우스[7]는 16세기 벨기에의 해부학자로 인체 해부학의 기초를 다지고 현대 의학을 창시한 인물이다. 그는 자신의 인체 해부 경험에 기초해 1538년 『해부기록(解剖記錄)』[8]을 출간했다. 또한 그는 300여 년 동안 해부학계에서 절대적인 권위를 가지고 있던 고대 로마 의학자 갈레노스[9]의 저작을 번역했는데 번역 과정에서 수많은 오류를 찾아내기도 했다. 그가 생각하기에 갈레노스의 이론에 오류가 많은 까닭은 갈레노스가 사람이 아닌 동물을 해부하고 이를 근거로 인체 해부 이론을 정립했기 때문이다. 즉 책의 이론은 동물에게만 유효한 것이었다. 1543년, 베살리우스는 해부학 분야의 걸작인 『인체의 구조(De Humani Corporis Fabrica)』를 발표했다. 그는 책에서 갈레노스 저작의 오류를 200여 곳이나 찾아내어 비판했으며 새로운 인체 이론을 제시함으로써 학술계를 뒤흔들었다. 그의 저작은 진보적인 의학가나 과학자들에게는 열렬한 환영을 받았으나 갈레노스 숭배자들과 교회로부터는 공격과 박해를 당했다. 의학과 수학, 천문학에 밝았고 당시 선진적 과학자들과 활발하게 교류하던 독일인 선교사 요하네스 슈레크도 베살리우스의 새로운 학설을 모르지는 않았을 것이다. 미국 학자 조너선 스펜스(Jonathan D. Spence)가 쓴 『개변중국(改變中國)』[10]에 보면 요하네스 슈레크는 한때 갈릴레이와 함께

7) 안드레아스 베살리우스(Andreas Vesalius, 1514-1564). 벨기에의 의학자로 고전 해부학의 권위자인 갈레노스의 구설(舊說)을 뒤엎고 근대 해부학을 창시했다. 1543년 인체 해부학 명저 『인체의 구조(De humani corpois fabrica libri septem, 약칭 Fabrica)』를 발표해 의학계에 지대한 영향을 끼쳤다.

8) 책의 원제는 'Epistola, docens venam axillarem dextri cubiti in dolore laterali secandam', 영문 제목은 'A letter, teaching that in cases of pain in the side, the axillary vein of the right elbow be cut'이다.

9) 클라우디오스 갈레노스(Claudios Galenos, 129-199). 고대 로마의 의사이자 해부학자이다. 그리스 의학의 성과를 집대성하여 의학의 모든 분야에서 1천여 년 이상 큰 영향을 끼쳤다. 히포크라테스 이래 최고의 의학자로 꼽힌다.

린체이 아카데미(Accademia dei Lincei)의 원사(院士)였다는 내용이 나온다. 갈릴레오는 1616년 교황이 코페르니쿠스의 지동설을 옹호하지 못하게 한 조치에 반발하여 일식을 예측해달라는 예수회의 요청을 거절했다. 슈레크는 이 문제로 교황에 대해 큰 불만을 품게 되지만, 그는 유럽의 또 다른 위대한 천문학자인 케플러와 지속적인 교류를 이어갔다.[5] 비록 35세가 되어서야 예수회에 가입했지만 『인체의 구조』가 담고 있는 새로운 인체 해부 지식은 갈릴레이의 친구인 슈레크에게 영향을 미칠 수밖에 없었다. 책을 번역한 필공진(畢拱辰)[11)]은 서문에서 다음과 같이 말했다. "슈레크 선생은 박학다식하고 지혜가 넘쳐 세상에 큰 족적을 남겼을 뿐만 아니라 서양의 어떤 명사들과 겨루어도 결코 뒤지지 아니하니, 중국으로 말하자면 과거에서 장원급제 한 사람과 비슷하다. 마테오 리치도 그를 존경하였다." 그는 중국에서 일본 신부(神父)의 시신을 해부한 적도 있고 중국 약물 연구에도 힘썼다고 전해진다. 『제경경물략(帝京景物略)』[12)]에는 다음과 같은 기록이 나온다. "마테오 리치의 친구 슈레크는 서양 의학에 정통하여 약초를 조제하는데 직접 맛을 보거나 쪄서 진액을 얻어 치료법을 연구했다. 치료에 대한 이론이 사람들의 실제 상황과 잘 들어맞았다. 중국의 약초를 연구할 때에도 잎의 형태와 꽃의 색깔, 가지와 열매의 향과 맛을 조사하였는데 직접 맛을 보고 진액을 얻었다. 실험결과를 책으로 엮으려 했으나 끝내 이루지 못했다."[6] 이를 통해 볼 때, 그가 문예

10) 책의 원제는 『To Change China: Western Advisers in China, 1620-1960』이다. 한국에서는 『근대중국의 서양인 고문들』(2009, 이산)이라는 제목으로 번역 출간되었다.

11) 필공진(畢拱辰, ?-1644). 자는 성백(星伯), 호는 호목(湖目)으로 명말 때의 관리이자 학자이다. 평생 독서를 좋아하여 집에 수만 권의 장서가 있었다. 문학, 수학, 역법, 음운, 의학 등 거의 모든 학문 분야에 조예가 깊었고 저술도 매우 많지만 많이 전하지 않는다. 『비록답휘(斐錄答彙)』, 『태서인신설개』 등의 번역에 참여하기도 했다.

12) 유동(劉侗) · 우혁정(于奕正)이 펴낸 명나라 말기의 역사 지리서로 북경의 풍물, 명승고적, 민속, 종교 등을 기록하고 있다.

부흥 시기의 실험과학 정신으로 충만해 있었음을 알 수 있다.

『태서인신설개』의 내용을 살펴보면 다음과 같다. 골부(骨部)에서는 골격(骨骼)의 구조와 기능, 몸 전체의 뼈의 개수 등을 분석하고 있다. 근부(筋部)는 운동계통에 속하며 여기서는 골근(骨筋)과 육골근(肉骨筋)에 대해 설명하고 있다. 육부(肉部)와 피부(皮部)에서는 근육 계통에 중점을 두어 근육의 생리와 기능, 숫자와 역할, 지방, 피, 표피, 임파선 등에 대해 설명하고 있다. 락부(絡部), 맥부(脈部), 혈부(血部)는 순환계통에 속하는데 '락'은 정맥, '맥'은 동맥을 가리킨다. 정맥의 뿌리와 가지, 정맥의 종류, 문정맥(門靜脈), 상대동맥(上大動脈), 동맥의 생리 조직과 순환에 대해 설명하고 있다. 하권의 총각사와 마테오 리치의 기억법은 모두 신경계통에 관한 것이다. 마테오 리치의 『서양 기억법[西國記法]』[13]은 원본(原本), 명용(明用), 설법(設法), 입상(立象), 정식(定識), 광자(廣資) 등 여섯 편으로 구성되어 있으며, 뇌의 생리와 기능, 신경생리, 분류, 척추신경에 대해 설명하고 있다. 또한 마지막 부분에는 기억법을 단련하기 위한 100여 가지 예시도 제시하고 있다. 팡하오는 이 책에 대해 "서양 신경학 전래의 효시이자 서양에서 전래된 최초의 심리학 서적"이라고 말했다. 눈[目], 귀[耳], 코[鼻], 혀[舌]와 사체오사(四體五司)는 감각계통에 속한다.

필공진이 숭정 7년(1634)에 북경에서 아담 샬[14]을 만났을 때 그는 이렇게 말했다. "귀국의 인사들이 양의(兩儀)와 천하의 일에 능통하다는 것

---

13) 마테오 리치의 『서양 기억법』에 관한 조너선 스펜스의 연구 저작으로 『마테오 리치, 기억의 궁전(The Memory Palace of Matteo Ricci)』(1999, 이산)이 있다.

14) 요한 아담 샬 폰 벨(Johann Adam Schall von Bell, 1591-1666). 독일 출신의 예수회 선교사이자, 로마 가톨릭교회 사제로 중국명은 湯若望이다. 한국에서는 흔히 아담 샬이라 부른다. 1622년 중국으로 건너와 서광계 등의 추천을 받아 명나라에서 벼슬을 받았다. 그는 천문 · 역학 등에 뛰어났기 때문에 개정된 역서인 시헌력(時憲曆)의 편찬, 대포 제조 등을 지도하였다. 과학 방면의 저서로는 『원경설(遠鏡說)』, 『숭정역서』, 『화공설요(火攻挈要)』, 『서양신법역서(西洋新法歷書)』 등이 있고 역서로는 『곤여격치』가 있다.

은 잘 알고 있습니다. 그렇지만 사람의 몸에 대해 논한 책은 아직 보지 못했으니 유감일 따름입니다." 아담 샬은 그 자리에서 "묘사가 세밀하고 인쇄가 훌륭한" '서양인신도(西洋人身圖)'와 요하네스 슈레크의 『인신설개』 번역 초고를 보여 주었다. "독서와 시문(詩文)"에 조예가 깊었던 만력의 진사 필공진이 책을 읽어보니 말이 통하지 않는 부분이 적지 않았다. "학식이 높지 않은 시사(侍史)가 기록한 것으로 비록 문장이 나무랄 데 없다 해도 전개가 밋밋하고 문맥도 통하지 않는 곳이 많아 작자의 의중을 제대로 전달하지 못했다." 이에 그는 직접 자신이 붓을 들어 윤색을 했다. 그는 서양의 인체 해부학을 매우 높이 평가하며 「서(序)」에서 이렇게 말했다. "이미 고인이 된 친구 요하네스 슈레크의 『인신설개』를 이지조에게 번역하게 하였다. 이미 (슈레크의) 봉분에 풀이 나기 시작했지만 여전히 그를 애도하는 마음 통절하다. 그러나 그가 남긴 은혜로운 유산은 사라지지 않았다. … 책에서 여러 부분으로 나누어 설명한 내용들은 비록 완벽하지는 않지만 분석이 치밀하고 철저하다. 특히 피부, 골절 등에 대한 부분이 일목요연하여 이해하기 쉽다." 살과 근육의 분포와 운동에 대해서는 다음과 같이 적고 있다. "세밀한 근육은 지각 기관이고 연골은 유용한 쓰임이 있다. 의약가(醫藥家)들도 일찍이 인체의 맥락에 대해 말하지 않았던가. 또한 사람의 기억이 모두 뇌[腦囊]에 담겨 있다는 말을 듣고는 놀라움을 금치 못했다. 우리가 무언가 생각을 할 때 눈을 감거나 눈썹을 찡그리고 위를 가리키며 무엇을 잡으려는 듯한 자세를 취하는 경우가 있다. 또한 강동(江東) 방언에 기억력이 안 좋은 사람을 가리켜 뇌가 없다[沒腦子]고도 한다. 이는 앞의 주장이 허황되지 않다는 것을 방증하는 것이며 동서양의 이치가 서로 부합한다는 증거이다." 그는 심지어 이렇게 말했다. "예전에 읽었던 『영추』, 『소문』[15] 등에서는 혈관과 맥락을 논하며 흘러넘치는 기운만을 다루었는데 공허하고 근거가 없어 믿기 힘들었다. 이 책은 논리가 정연하고 조리가 분명하여 천 년 동안 내려앉아 있던 안개가 한순간에 걷히는 듯하다. 가히 『난경(難經)』[16)]의 부족함을 메워줄 만하니 의사라면 마땅히 높이 받들어야 할 것이다."[7] 이와 비교해 건가지간(乾嘉之間)에 살았던 유정섭(兪正燮)의 인식은 조금 황당하다. 그는 『계사유고』 권14 「서인신도설후(書人身圖說後)」에서 다음과 같이 쓰고 있다. "… 사람의 지각이 뇌에서 비롯된다고 주장한 사람으로 페르비스트(南懷仁)가 있다. 그는 강희연간에 쓴 『궁리학』이라는 책에서 '모든 지식과 기억은 마음에서 비롯되는 것이 아니라 두뇌 안에 있다'고 주장하였다. 이는 '인신도설'의 요지와 다르지 않다. 오장육부와 경락에 관한 것은 잘 알려져 있지 않은데 오장육부가 다르면 가르침의 방식도 다르다. 그는 선교를 통해 중국인들이 새로운 것을 배우길 바란다. 그러나 중국인들에게는 천주교를 믿는 자들의 오장육부와 다른 고유의 오장육부와 경락이 있으니 중국인 수천 명을 전도한다 해도 서양 종교에 어떤 이득이 있겠는가? 서양 사람들이 이런 도리를 알게 된다면 분명히 생각을 바꿔 지금까지의 방식을 버릴 것이다."[8] 서양 사람들의 신체구조가 중국인들과 다르다는 그릇된 생각은 신체구조가 다르면 종교도 다르다는 황당한 생각으로 귀결되어 청말 천주교 반대 운동의 중요한 이론적 기초가 되었다. "동서양의 이치가 서로 부합한다"고 생각했던 필공진의 주장과 비교해볼 때 대단히 후진적인 것이다.

그러나 유정섭의 이러한 인식은 당시 지식인들을 대표하는 것은 아니었다. 왕긍당은 『울강재필진』에서 서양 역산학의 수준 및 마테오 리치와

15) 병의 근원을 묻는 「소문(素問)」과 침구와 뜸을 다룬 「영추(靈樞)」는 중국 고대의 의학서로 두 권을 묶은 것이 『황제내경(黃帝內經)』이다.

16) 중국 고대의 의학서로 저자는 편작(扁鵲)이며 성립연대는 후한(後漢)이라고 전해진다. 한의학의 진단법, 경락 · 경혈, 장부의 생리, 취혈법, 자침법 등과 관련된 81가지 어려운 문제를 묻고 대답하는 대화 형식으로 설명하고 있다. 「소문」, 「영추」와 달리 임상 실험 내용을 담고 있다.

의 교류에 대해 서술하며 학술적인 측면에서 서양의 신지식에 대해 긍정적인 평가를 내리고 있다. 숭정연간의 진사 김정희[17]도 부록의 서양 기억법을 읽고 다음과 같이 평가하였다. "서유(西儒)를 존경하고 그 실학(實學)을 좋아한다.", "뇌가 기억을 담당한다는 주장은 대단히 참신하다." 방이지는 『통아』에서 인체 해부를 언급하며 명말에 전래된 서양 의학 지식 가운데 합리적인 내용은 흡수하여 중국 전통 의학을 보완해야 한다고 주장하였다. 그는 또 뇌의 기능과 혈액의 생성과 같은 서양 해부 생리학 지식으로 전통의학을 재해석해야 한다고도 주장했다. 왕굉한[18]도 강희 27년(1688)에 서양의 학설을 기초로 『의학원시(醫學原始)』 4권을 편찬한 것은 잘 알려진 사실이다. 청대 초기에 『인신도설』을 깊이 연구하고 라틴어에 능통했던 류헌정(劉獻廷)[19]은 『광양잡기』권2에서 서양 해부학에 기초해 이씨(李氏)가 남자로 변한 괴이한 사건에 대해 설명하였다.[20] 건가연간의 의학자 왕청임[21]은 평소 사람의 오장육부를 직접 보지 못한 것을 아쉬워했다. 1797년 난주(灤州) 도지(稻地) 마을에서 온진(瘟疹)과 이질(痢症)이 유행해 수많은 아이들이 죽어 나갔다. 이때 그는 열흘 동안 관

---

17) 김정희(金正希, ?-?). 명말의 불교 거사(居士)로 양명학(陽明學)에서 불교로 전향했다. 명나라를 멸망시킨 청나라 병사에 대항하다 체포되어 난징에서 죽었다.

18) 왕굉한(王宏翰, 1648-1700). 청대 초기의 명의로 천주교도이다. 경사(經史)에 정통하였고 천문지리에도 통달했다. 유가 성리학설에 서양 의학이론을 접목시키고자 했다. 저서로는 『의학원시(醫學原始)』, 『고금의사(古今醫史)』, 『고금의적지(古今醫籍誌)』 등이 있다.

19) 류헌정(劉獻廷, 1648-1695). 청대 초기의 지리학자이다. 불경에 정통했고 산스크리스트어, 라틴어, 몽고어에 뛰어났다. 저서로는 『광양잡기(廣陽雜記)』가 있다.

20) 『광양잡기(廣陽雜記)』卷二에는 다음과 같은 내용이 나온다. "장사(長沙)에 이씨녀(李氏女)가 있었는데, 그 어미는 비구니였다. 스무 살이 되어 혼처도 정했는데, 갑자기 남자로 변했다. 파혼을 하려 하니 남자 집에서 사기라며 관청에 소송을 걸었다. 관리가 산파에게 명하여 확인하도록 하였는데 과연 남자가 맞았다. 그러나 목소리, 외모, 행동, 생각 등은 누가 봐도 여자였다.(長沙有李氏女, 年將二十,許字人矣, 忽變男子, 往退婚, 夫家以爲詐, 訟之官, 官令隱婆驗之, 果男子矣. 其聲音, 相貌, 擧止, 意志猶儼然是女人.)" 자연적, 인위적, 병리학적 원인에 의해, 한쪽 성에서 다른 성으로 변화하는 '성전환' 현상을 말하고 있다.

21) 왕청임(王淸任, 1768-1831). 청대 초기의 의학가 겸 해부학자이다. 중국 전통 의학의 혁신에 공헌하였다. 저서로는 고대 해부학 지식의 오류를 지적한 『의림개착(醫林改錯)』이 있다.

없는 무덤의 시체 30여 구를 직접 관찰하여 고대 의학서에 실려 있는 오장육부의 그림이 잘못되었다는 것을 알아냈다. 그 후에도 그는 세 차례나 더 형장(刑場)에 가서 범인의 시체를 관찰하였다. 1830년 편찬한 『의림개착』은 "42년 동안 직접 관찰한 것을 기초로 사람의 오장육부를 그림으로 기록"한 책이다. 량치차오는 『중국근삼백년학술사』에서 그에 대해 "충만한 과학 정신"으로 "중국 의학계의 대담한 혁명 이론"을 만들어냈다고 평가했다.[9]

009

『화공설요(火攻挈要)』

아편전쟁 전후 중국의 관심을 끈 서양 무기 서적

화기(火器)는 중국에서 처음 발명되어 전쟁터에 도입되었다. 화약을 이용한 이 화기들은 서양에 전래되어 아랍 기술자들의 개조를 거친 후 다시 중국에 수입되었다. 16~17세기 중국 군사 역사에 있었던 '화기붐[火器熱]'은 이로 인해 생겨난 것이다. 명 성조(成祖, 영락제)는 교지(交趾)[1]를 정벌할 때 신기창포법(神機槍砲法)을 알게 되었는데, 이후 신기영(神機營)을 설치해 총포 기술을 관장하고 총포를 복제하게 했다. 이로 인해 전통적 군사 제도에 변화가 생기기 시작했다. 명대 말기에 중국이 서양과 처음 접촉하였을 때 가장 먼저 중국인들의 관심을 끈 것은 유럽에서 개조한 화기들이었다. 가정(嘉靖) 2년, 포르투갈의 장군 멜로 쿠팅호(Mello Coutinho)[2]는 부하들과 함께 다섯 척의 배를 타고 광동 신회(新會) 서초만(西草灣)을 침범했다가 명나라 군대에 의해 전멸당한 일이 있다. 이때 그들이 가지고 온 대포는 압수되어 가정 황제에게 진상되었다.

1) 과거 중국에서 현재의 베트남 북부 통킹, 하노이 지방을 지칭하던 말.
2) 당시 포르투갈령 인도 총독으로 한자 이름이 麥羅 · 哥丁霍이지만 중국인들에게는 別都盧라고 불린다.

서광계는 북방의 타타르(韃靼) 세력에 대항하기 위해 화포를 주조해 도성을 방비할 것을 여러 차례 건의했다. 아울러 마테오 리치에게 화포 제조 기술을 배운 후 2,900량의 은을 들여 직접 응저총(鷹咀銃)과 조총(鳥銃) 106문을 만들기도 했다. 1622년 외적의 침략이 극심해지자 명 조정은 로샤,[3] 디아스,[4] 롱고바르디 등 선교사들에게 화기를 제조하도록 명하였고 마카오에 거주하고 있던 포르투갈인 화포 전문가들을 내륙으로 불러들여 도움을 주도록 했다. 이렇게 선교사의 주도로 만들어진 화포는 숭정 원년 영원(寧遠), 탁주(涿州) 등지에 배치되어 청나라 군대의 진공을 여러 차례 막아냈다.

숭정 12년(1639), 명 조정은 독일 선교사 아담 샬을 초빙해 황궁 옆에 대포 주조 공장을 만들고 무게 40파운드짜리 포탄을 사용할 수 있는 신식 대포 20문을 만들도록 하였다. 대포의 무게는 큰 것의 경우 1,200근, 작은 것은 300근에 달했으며 명중률과 효과 면에서 좋은 평가를 받았다. 또한 휴대에 용이한 무게 60파운드짜리 소형 대포 500문도 함께 제작했다. 아담 샬은 한편으로는 대포를 주조하고 다른 한편으로는 병장국(兵仗局) 내감(內監)에게 대포 사용법을 강의했다. 1640년 주정유[5]가 명을 받아 변방의 군대를 통솔할 때에도 아담 샬이 직접 수행하며 화포 사용법을 전수해 주었다. 3년 후, 아담 샬은 초욱[6]과 함께 『칙극록(則克錄)』이라

---

3) 장 데 로샤(Jean de Rocha, 1566–1623). 중국명 羅如望. 포르투갈 선교사로 1598년 중국에 왔다. 남경에서 서광계, 구태소 등에게 세례를 주었다.

4) 엠마누엘 디아스(Emmanuel Diaz, 1574-1659). 중국명 陽瑪諾. 포르투갈 선교사로 1601년 마카오에 와서 선교활동을 시작하였다. 1621년 북경으로 초빙되어 화포 제작에 도움을 주었다. 중국에 처음으로 갈릴레이의 망원경과 천문학 발견을 소개하였다. 주요 저서로는 『천문략(天問略)』, 『성경직해(聖經直解)』, 『천문거요(天學擧要)』, 『천문론(天問論)』 등이 있다.

5) 주정유(周廷儒, 1593-1643). 명말의 관리이자 학자이다. 청나라 군대의 진군을 막기 위해 황명을 받들어 전장에 나섰으나 이미 전세가 기운 것을 알고는 공격하지 않았을 뿐만 아니라 음주향락에 빠져 악행을 저지르고 거짓 정보를 보내 숭정제를 속이고자 하였다. 후에 일이 발각되어 자진하였다.

고도 불리는 『화공게요(火攻揭要)』를 번역 편찬하였다. 이 책은 하북(河北) 탁록(涿鹿) 사람 조중(趙仲)의 수정을 거친 후 1643년 상하 두 권으로 발행되었다. 또 다른 판본으로는 강희내부초본(康熙內府抄本), 청도광신축간본(淸道光辛丑刊本), 청왕우사간본(淸汪于泗刊本), 청초본(淸抄本) 등이 있다.[1] 청 도광(道光)년간(1821-1850)에 군사 기술자 반사성[7]이 펴낸 『해산선관총서』에도 『화공게요』 두 권이 포함되었는데 편집자는 이 책을 상중하 세 권, 4만여 자로 재편집하고 『화공설요(火攻挈要)』라 명명하였다.

책의 앞부분에는 숭정 계미(癸未)(1643) 여름에 초욱이 쓴 「칙극록자서(則克錄自序)」가 붙어 있는데 자서에 보면 다음과 같은 내용이 나온다. 중국 전적 중에 화공(火攻)에 관한 책이 적지 않다. 그러나 『신위비지(神威秘旨)』, 『대덕신서(大德新書)』 등은 "비록 체제는 잘 갖추어져 있다 해도 복잡할 뿐만 아니라, 이치에 어긋나는 것에 대해서도 시비를 논하지 않은 채 그대로 실어놓은 것이 많다. 따라서 종류는 많더라도 실제 효과를 기대하기는 어렵다." 또 『화룡경(火龍經)』, 『제승록(制勝錄)』, 『무적진전(無敵眞詮)』 등은 "기이한 것에 요상한 이름을 붙여 사람들의 이목을 어지럽혔을 뿐 실용과는 거리가 멀다." 그는 자신이 이 책을 편역한 목적이 바로 이러한 화기 저작의 오류를 바로잡기 위한 것이라고 말했다. 판지싱(潘吉星)의 고증에 따르면 『화공설요』는 아담 샬이 구술한 포 제작 기술에 중국과 서양의 여러 서적들에서 취한 내용을 편집해 만들었다. 예

---

6) 초욱(焦勖, ?-?). 명대 후기의 화기 제조 기술자이다. 아담 샬이 구술한 유럽 화기 기술에 관한 내용을 모아 『화공설요(火攻挈要)』를 펴냈다. 부록 『화공비요(火攻秘要)』와 함께 『칙극록(則克錄)』이라고도 부른다.

7) 반사성(潘仕成, 1804-1873). 청말 광주 지역의 거상으로 후에 관리가 되어 양무(洋務)에 힘썼다. 어뢰를 제작하고 종두법을 들여왔다. 광저우 여지만(荔枝湾)에 '해산선관(海山仙館)'이라는 별장을 짓고 총 492권, 120책에 달하는 『해산선관총서(海山仙館叢書)』를 편찬하였다.

를 들면, 이반(李盤)의 『금탕가저십이주(金湯借箸十二籌)』(12卷)[8]와 이탈리아의 화학자 겸 무기학자 반노초 비링구초(Vannoccio Biringuccio, 1480-1538)의 『노화술(爐火術)』(De la pirotecnia)[9] 등을 참고했다.[2] 『금탕가저십이주』 표지에는 '주감집저(周鑒輯著), 이장과교정(李長科(盤)校訂)'이라고 쓰여 있는데 원저자는 한림[10]이다. 한림은 일찍이 서광계에게서 병법을 배운 적이 있다. 숭정연간에 나온 초판은 모두 13만자로 170여 폭의 삽화가 있으며 12주(籌)로 나누어져 있다. 각각의 주는 다시 몇 개의 자목(子目)으로 나누어져 고대 전쟁 실례와 용병(用兵) 고사, 무기와 장비 제작법 등을 소개하고 있다. 12주의 목록은 다음과 같다. 주수비(籌修備), 주훈련(籌訓練), 주적저(籌積貯), 주제기(籌制器), 주청야(籌淸野), 주방략(籌方略), 주신령(籌申令), 주설방(籌設防), 주거어(籌拒禦), 주액험(籌扼險), 주수전(籌水戰), 주제승(籌制勝). 비링구초는 군사기술 과학자이기도 해서 파르마(Parma)와 페라라(Ferrars)[11]의 전쟁 때 베니스 공화국을 위해 복무하며 도화선과 캐넌포, 흑색화약(Gunpowder)의 품질 개선에 공헌하였고 포구(砲口) 천공(穿孔) 기술 향상에도 힘을 쏟았다. 이런 경험을 바탕으로 그는 『노화술』을 펴냈다. 책의 이탈리아어 원제는 'Pirotecnica osia dell' arte della fusione ogetto de' metalli'이며, 번역하면 '논고열기술(論

8) 명대 말기 성읍(城邑) 방위를 다룬 병서(兵書)로 주감(周鑒)이 짓고 이반(李盤)이 교열했다. 주감은 자가 태공(臺公)으로 명말의 장수 사가법(史可法)의 막료로 있으며 안휘 등지에서 있었던 농민기의를 진압했다. 그는 명말 시기 후금(後金)의 침략과 농민기의로 성이 함락되는 사태가 빈번해지자 이를 우려하여 친구인 이반과 함께 수성법(守城法)을 연구하여 1638년 이 책을 펴냈다.

9) G.아그리콜라의 『데 레 메탈리카(De re metallica)』와 함께 당시를 대표하던 야금술 안내서로 우리나라에서는 『신호탄에 관하여』라는 제목으로 알려져 있다.

10) 한림(韓霖, 1596?~1649). 자는 우공(雨公), 호는 우암거사(寓菴居士)이며 천주교 신자이다. 서광계에게 병법을 배웠으며 예수회 선교사 알폰소 바뇨니에게 포술(砲術)을 익혔다. 병법과 군사학에 조예가 깊었으며 이자성에게 투항했다가 토비들에게 살해당했다. 저서로는 『수행전서(守圉全書)』, 『신수요록(愼守要錄)』, 『금탕가저십이주(金湯借箸十二籌)』, 『탁서(鐸書)』 등이 있다.

11) 모두 이탈리아의 도시명이다.

高熱技術)'이다. 1540년 베니스에서 초판이 나온 후 네 차례에 걸쳐 재판을 찍었고, 최초의 체계적이고 실용적인 광업 및 야금 관련 서적으로 간주되고 있다.[3]

책의 앞부분에는 「화공설요제기도(火攻挈要諸器圖)」 40여 폭이 붙어 있으며, 각 권의 목차는 다음과 같다.

卷上	一.概論火攻總原, 二.詳察利弊諸原以爲改圖, 三.審量敵情斟酌制器, 四.築砌鑄銃臺窯圖說, 五.鑄造戰攻守各銃尺量比例諸法, 六.造作銃模諸法, 七.下模安心起重運重引重機器圖說, 八.論料配料煉料說略, 九.造爐化銅鎔鑄圖說, 十.起心看塘齊口鏇塘鉆火門諸法, 十一.制造銃車尺量比例諸法, 十二.裝放大統應用諸器圖說, 十三.收蓋大銃鎖箍圖說, 十四.鑄造各種奇彈圖說, 十五.制造狼機鳥槍說略, 十六.制造火箭噴筒火罐地雷說略
卷中	一.提硝提磺用炭諸法, 二.配合火藥分兩比例制造曬晾等法, 三.收貯火藥庫藏圖說, 四.火攻諸藥性情利用須知, 五.火攻佐助諸色方藥, 六.火攻佐助方藥附余, 七.本營自衛方藥, 八.試放新銃說略, 九.裝放各銃豎平仰倒法式, 十.試放各銃高低遠近注記準則法, 十一.各銃發彈高低遠近步數約略, 十二.教習裝放次及涼銃諸法, 十三.運銃上臺下山上山諸法, 十四.火攻要略附余, 十五.火攻根本總說
卷下	一.攻銃說略, 二.鰲翻說略, 三.模窯避濕, 四.木模易出, 五.泥模須幹, 六.模心易出, 七.兌銅分兩, 八.爐底避濕, 九.化銅防滯, 十.設棚避風, 十一,爐池比例, 十二.銃身比例, 十三.修補銃底, 十四.修整灣銃, 十五.彈藥比例, 十六.彈銃相宜, 十七.彈制說略, 十八.制彈說略, 十九.裝彈機宜, 二十.裝藥比例, 二十一.藥信說略, 二十二.遠近之節, 二十三.衆寡之用, 二十四.寬窄之宜, 二十五.循環之法, 二十六.救衛之備, 二十七.斬將說略, 二十八.擊零說略, 二十九.掃衆說略, 三十.驚遠說略, 三十一.驚近說略, 三十二.攻城說略. 三十三.守城說略, 三十四.水戰說略, 三十五.火攻紀余, 三十六.火攻問難, 三十七.火攻索要, 三十八.火攻愼傳, 三十九.火攻需備, 四十.火攻需資, 四十一.火攻推本, 四十二.歸源總說

권상(卷上)은 16절로 이루어져 있고 각종 화기의 제조방법과 조총(造銃), 조탄(造彈), 조총거(造銃車), 낭기(狼機), 조총(鳥銃), 화전(火箭), 분통(噴筒), 화관(火罐), 지뢰(地雷) 등에 대해 설명하고 있다. 아울러 길이와 비례 계산법과 기중기(起重機), 운중기(運重機), 인중기(引重機) 제작법, 배료(配料), 조료(造料), 화동(化銅)의 방법을 소개하고 있다. 권중(卷中)에서는 화약 제조법과 각종 총포의 사용방법, 장치와 운반기술, 장착 및 이동방법, 화공(火攻)의 기본원리에 대해 설명하고 있다. 권하(卷下)에서는 '화공비요(火攻秘要)'를 중심으로 총포 제조 시 신경 써야 할 부분과 수성(守城), 해전(海戰), 포전(砲戰) 시 주의해야 할 점을 언급하고 있다.

이 책은 화포를 전총(戰銃, 즉 야전포), 공총(攻銃, 즉 공성포), 수총(守銃, 즉 수성포)의 세 종류로 나누고 용도에 따라 구경(口徑), 길이, 중량, 두께의 비율을 서로 다르게 설정하고 있다. 또한 제련(製鍊), 기계, 화학, 역학 등 서양 자연과학 방면의 지식도 담고 있는데, 탄중(彈重)과 화약의 비율, 화포의 발사각 측정 등을 통해 발사각과 사정거리의 관계를 확정하고 있다. 총의 형태를 직각 삼각자와 같다고 보면 직각을 이루는 두 변인 구(勾)와 고(股)의 길이는 1척 좌우다. 구와 고가 서로 교차하는 직각 꼭짓점이 규심(規心)이 되는데, 양 변은 1/4원과 서로 이어져 있어 나중에 12등분하면 각각의 등분은 7.5°가 되며 직각 꼭짓점에서 수직선 하나를 그으면 발사각을 측정할 수 있다. 측정 시에는 하나의 직각변을 포신 안에 꽂고, 포신과 지평선, 즉 수직선과 포신의 중축선을 직각이 되게 한 뒤 발사하는데 이를 평사(平射)라 한다. 만약에 포미(砲尾)를 아래로 내려 포문을 위로 올리면 화포의 발사각이 변하게 된다. 평사 위치에서 계산해 보면 사정거리는 앙각(仰角)이 증가함에 따라 더 멀어진다. 왕자오춘(王兆春)은 『중국고대군사삼백제(中國古代軍事三百題)』에서 지적하길, 『화공설요』에서 직접 언급하고 있지는 않지만 포를 45도 각도로 쐈을 때 사정거리가 가장 멀다는 것을 알고 있었을 것이라고 했다. 왜냐하면 책에 보면 시험 사격 후의 통계 수치가 나오기 때문이다. 이는 갈릴레이가 날아가는 물체의 포물선 법칙을 알아낸 것보다 시기적으로 약간 늦을 뿐이다. 또한 책에서는 화포 가공(검사, 보완, 수선, 장식을 포함), 수리, 정비, 부품 연구 및 제조, 포차의 제조, 화약의 조제, 그리고 화포의 사용 등에 대한 다양한 선진적 방법들을 소개하고 있다.[4]

주목할 만한 것은 화기 사용에 있어서 인적 요소의 중요성에 대해서 특히 강조해 말하고 있다는 점이다. 서양 화공법을 배우는 사람 가운데 실력이 우수한 자가 있는 반면, 자신도 지키지 못하고 적을 이롭게 하는 사람도 있다. 예를 들면, 등주(登州)의 서양 포대에서는 포대원들이 실수로 아군을 공격하는 경우가 있었는데, 이처럼 "기물과 방법을 제대로 활용할 줄 모르는 자들에게 임무를 맡겨서는 안 된다. 그것은 도리어 적을 이롭게 하고 스스로를 해치는 것이다."[5] 허우와이뤼(侯外廬)는 『중국사상통사(中國思想通史)』에서 인적 요소를 중시하는 사상이 책이 나온 당시에는 크게 주목받지 못했다고 지적했다.[6] 19세기에 들어와서 왕도는 이 점을 인식했다. 그는 『도원문록외편 · 양무상(洋務上)』에서 이렇게 말했다. "명나라 때 서양인이 배를 타고 중국에 오면 대부분 경사(京師)에 머물렀다. 아담 샬은 이건태[12]를 따라 전쟁에 나가 서양 대포를 주조하고 『칙극록』을 저술했다. 명민한 서양인들이 큰 도움을 주었음에도 결국 명조의 멸망을 막을 수 없었으니, 나라를 다스리는 요체가 화기에만 있지 않다는 것을 알 수 있다."[7]

『화공설요』는 아편전쟁 전후 열강의 침략이 가중되는 상황에서 중국 지식인들의 관심을 끌었다. 1841년 임칙서(林則徐)가 절강에서 전쟁 준비를 할 때 『칙극록』을 가지고 연해지역의 형세를 관찰하고 대포 사격 연습과 대포 주조를 병행했으며 방어 진지 구축 상황 등을 살펴봤다. 아울러 진해(鎮海)에서 풍등원, 왕중양, 공진인[13] 등 시무(時務)에 밝고 군사와 병기에 정통한 인사들과 교류하며 의견을 나누었는데, 서로에게 큰 도움이 되었을 뿐만 아니라 "신기한 무기들에 매료되었었다." 공진인은 책에 나온 서양 대포 주조법과 화로 건조(建造)법, 모형 제작법 등이 흙으로 주형을 만들어 대포를 주조하는 중국의 방법보다 훨씬 복잡해 긴급한

---

12) 이건태(李建泰, 1602-1649). 명말의 진사로 이부우시랑(吏部右侍郎) 겸 동각대학사(東閣大學士)를 지냈다. 이자성의 농민군에 맞서 싸웠으며 청나라 군대와 싸우다 포로가 되어 피살당했다.

13) 풍등원(馮登原), 왕중양(汪仲洋), 공진인(龔振麟)은 청말 함선, 화포 연구 제작자들이다.

상황에 대처가 힘들다고 생각했다. 따라서 여러 차례의 시험을 거쳐 철로 주형을 만들어 대포를 주조하는 방법을 발명해 냈다. 도광(道光), 함풍(咸豐)연간의 병기 과학자 정공진[14)]은 『칙극록』을 깊이 연구한 후, 책에 누락되거나 잘못된 부분이 매우 많다는 것을 알게 되었다. 그는 책의 오류를 바로잡고 '중선(中線)', '차고(差高)', '가표지법(加表準則)'의 항목을 추가해서 88종의 삽화가 실린 『증보칙극록』을 완성했다.[8]

14) 정공진(丁拱辰, 1800-1875). 자는 숙원(淑原), 호는 성남(星南)으로 청말의 기계 제작자이다. 서양화기에 정통해 증기 기계와 선박 등의 모형을 만들었으며 이에 관한 중국 최초의 저작을 남겼다. 저서로는 『연포도설(演炮圖說)』, 『서양군화도편(西洋軍火圖編)』, 『증보칙극록(增補則克錄)』 등이 있다.

010

『영길리국신출종두기서(暎咭唎國新出种痘奇書)』

우두 접종법의 중국 전래

20세기 이전, 교통이 그다지 발달하지 않았을 때 새로운 발명의 성과가 전파되기까지는 상당히 오랜 시간이 필요했다. 유클리드 기하학이 중국에 전파되는 데 1,900여 년이 걸렸고 뉴턴 역학은 300년이 걸렸다. 그러나 예외도 있다. 우두법(牛痘法)이 중국에 전래되어 최초로 접종이 성공하기까지는 9년밖에 걸리지 않았다.

사실 우두 접종법의 발명은 중국 인두(人痘) 접종법의 영향을 받은 것이라고 할 수 있다. 16세기 중엽 중국 민간에서는 인두 접종술이 광범위하게 유행했었다. 만력 천계(天啓)연간에 나온 정종주[1)]의 『무선의안』과 주휘[2)]의 『금릉쇄사승록』에는 모두 종두에 대한 기록이 있다. 당시 보편적으로 시행되던 것은 두즙(痘汁)을 콧구멍에 넣어 천연두를 치료하는

---

1) 정종주(程從周, 1581?-?). 자는 무선(茂先)으로 명대의 의학자이다. 양주(揚州) 지역에서 20여 년간 수행한 임상 치료경험에 기초해 『무선의안(茂先醫案)』(『정무선의안(程茂先醫案)』이라고도 한다)을 펴냈다.

2) 주휘(周暉, 1546-?). 자는 길보(吉甫), 호는 만사(漫士)이다. 명대의 생원(生員)이지만 은거하고 벼슬에 나아가지 않았다. 저서로는 명나라 초기 금릉(金陵)의 풍속과 명사들의 이야기를 모은 『금릉쇄사(金陵瑣事)』와 『금릉쇄사승록(金陵瑣事剩錄)』이 있다.

'비묘법(鼻苗法)'으로 비교적 효과가 좋았다. 명 숭정제 때, 동기창[3]이 지은 『현상재서목(玄賞齋書目)』에도 『종두서(種痘書)』가 수록되어 있다. 건륭 6년(1741) 장염[4]이 쓴 『종두신서』는 현존하는 것 가운데 가장 오래된 인두접종법 서적이다.

17세기 후반 이후, 중국의 종두술은 러시아(1688), 일본(1744), 조선(1763)으로 전해졌으며 러시아에서는 종두술을 배우기 위해 중국으로 학생을 파견하기도 했다. 이후 러시아의 인두법은 다시 터키로 전해진다. 터키 이스탄불 주재 영국 대사의 부인인 몬터규(Montague. M. W., 1689-1762) 여사는 1716년 영국으로 보낸 편지에서 자신이 참관했던 인두 접종법에 대해 소개하고 있다. 같은 해 3월 19일, 그녀는 자신의 6세 아이에게 직접 접종을 실시했다. 그녀가 영국으로 돌아온 후, 1721년 봄 런던에서는 천연두가 창궐했다. 영국인 14명 중에 1명꼴로 사망할 정도로 상황이 심각했는데 그중에서도 아동 사망률이 매우 높았다. 몬터규 부인은 그해 4월 다시 자신의 딸에게 접종을 실시하였는데 이때 그 지역의 저명한 의사를 불러 참관하게 하였다. 이를 기점으로 인두 접종법은 영국과 유럽 대륙으로 신속하게 퍼져 나갔고 대서양을 건너 미국으로도 전파되었다. 그러나 이 접종법에는 심각한 문제가 있었다. 즉 접종할 때 사용한 천연두 부스럼이나 고름의 독성이 지나치게 강할 경우 피접종자는 중증 천연두에 걸려 목숨을 잃거나 모두 전염원이 될 가능성이 크다는 것이다.

영국의 시골 의사 제너[5]는 면역성이 높은 중국의 인두 접종법에 관심

---

3) 동기창(董其昌, 1555-1636). 자는 현재(玄宰), 호는 사백(思白)으로 명말의 문인화가 겸 서예가, 평론가이다. 중국화의 계보를 북종화와 남종화로 나누었으며, 조선 후기 서화 예술에 절대적인 영향을 끼치기도 했다. 저서로는 『화안(畵眼)』, 『화지(畵旨)』, 『화선실수필(畵禪室隨筆)』 등이 있다.

4) 장염(張琰, ?-?). 자는 손옥(遜玉)이며 산동 태생으로 청대의 의학가이다. 조상에게 물려받은 종두술을 이용해 수많은 사람들을 치료했다. 저서로는 『종두신서(種痘新書)』가 있다.

5) 에드워드 제너(Edward Jenner, 1749-1823). 영국의 외과의사. 우두에 감염된 사람이 천연두

을 갖고 중증 천연두를 피할 수 있는 방법을 찾고자 했다. 그는 우유를 짜는 사람들은 천연두에 걸리지 않는다는 독일의 사례에 주목해, 1796년 5월 14일 제임스 핍스(James Phipps)라는 8세 소년에게 최초로 우두 접종을 실시한다. 약 8주 가 지난 후, 그는 우두 접종법이 성공했음을 직감한다. 이러한 세기의 발명 과정은 그가 1798년 출간한 소책자 『우두 백신의 원인과 결과에 관한 연구(An Inquiry into the Causes and Effects of the Variolae Vaccinae, a Disease Known by the Name of Cow Pox)』에 전부 기록되어 있다. 이 책은 출간 후 수차례 재판을 찍었으며 여러 나라의 언어로 번역되어 전 세계로 퍼져 나갔다.[1] 가경(嘉慶) 10년(1805), 우두법은 마카오의 포르투갈 무역상 휴이트(Hewiet)에 의해 중국으로 전래되었다. 당시에는 밀폐식 백신 저장법이 없었기 때문에 종두 바이러스가 중간에 죽는 것을 방지하기 위해 아이들을 고용해 접종시킨 후 데리고 들어오는 방법을 취하였다. 이것을 '생백신[活苗]'이라고 한다.

장싱랑[6)]은 『구화동점사』에서 이렇게 말했다. "믿을 만한 기록에 의하면 영국 동인도회사 의사 피어슨(Alexander Pearson)[7)]이 1805년(가경 10년) 중국에 종두법을 전해주었다. 피어슨은 광주에서 종두법에 관한 소책자를 발간한 적이 있는데, 이것을 스턴튼[8)]이 중국어로 번역하고 중국 학생

에 대해 면역이 된다는 것을 알고 1796년에 우두 종두법(牛痘種痘法)을 발명하였다.

6) 장싱랑(張星烺, 1889-1951). 장쑤(江蘇) 쓰양(泗陽) 태생으로 근대 시기 저명 역사학자이다. 미국 하버드대학교 화학과에서 공부했으며 베이징대학 교수를 역임했다. 저서로는 『구화동점사(歐化東漸史)』, 『마르코 폴로(馬可波羅)』, 『역사지리기초(歷史的地理基礎)』 등이 있다.

7) 알렉산더 피어슨(Alexander Pearson, 1780-1874). 영국 태생으로 동인도회사의 외과 의사이다. 1805년 중국에 와서 광저우와 마카오에 의약국을 열고 제너의 종두술을 전래했다.

8) 조지 스턴튼(George Staunton, 1781-1859). 영국의 여행가, 동방 문화 연구자 겸 정치가, 중국 전문가. 1792년 영국 특사를 수행하던 아버지를 따라 중국에 왔다. 중국으로 가는 배 안에서 중국인 통역가에게 중국어를 배운 후 건륭황제를 만났을 때 관화(官話)로 직접 대화를 해 사람들을 놀라게 했다. 광주의 동인도회사에서 일했다. 1810년 『대청율례(大淸律例)』를 번역해서 영국에서 출판했다.

들에게도 종두법을 전수했다. 학생은 주로 항구의 세관원들이었는데 대부분 나중에 유명한 의사가 되었다. 30년간 우두법으로 접종한 자가 100만 명에 이르렀다."[2] 이 글은 중국에 우두법이 전래되던 초기의 상황을 잘 보여주고 있다. 왕지민(王吉民)이 쓴 「재화신의선진상전(在華新醫先進像傳)」[3]에 따르면, 피어슨은 동인도회사의 의사로 1805년부터 1860년까지 마카오와 광저우에서 의술을 행하였으며 중국인에게 최초로 우두법을 시행하고 이에 관한 소책자를 발간했다고 한다.

두스란(杜石然)은 『중국과학기술사고(中國科學技術史稿)』에서 영국의 선의(船醫) 피어슨이 지은 소책자의 제목이 『종두기방상슬(種痘奇方詳悉)』[4]이라고 했다. 『중국의학백과전서(中國醫學百科全書) · 의학사(醫學史)』에는 다음과 같은 내용이 나온다. "19세기 초 영국인 피어슨이 지은 『종두기법(種痘奇法)』(1805)을 1817년 Staunton이 중국어로 번역하고 책 제목을 『인두략(引痘略)』이라 하였는데 이 책은 천연두에 관한 최초의 번역 서적이다."[5] 여기서 언급된 Sir George Thomas Staunton은 장싱랑의 책에 나오는 스턴튼으로 1792년 특사로 파견된 매카트니 백작(Lord Macartney)을 수행한 아버지 스턴튼(G. L. Staunton)을 따라 중국에 왔다. 그는 중국에 오는 도중 사절단의 중국인 통역원 두 명에게 중국어를 배워 나중에 사절단 가운데 관화(官話)로 건륭 황제와 대화할 수 있는 유일한 영국 청년이 되었다. 그는 1798년 광주의 동인도회사에서 서기로 일했으며 1804년에는 화물 관리인으로 승진했다. 1808년 통역관으로 일했는데 아마도 이때 피어슨이 쓴 소책자를 번역한 것으로 보인다.

필자는 2001년에 독일 베를린도서관에서 가경연간에 나온 7페이지짜리 각본(刻本)을 본 적이 있다. 이 소책자의 정식 제목은 '종두기방상실(種痘奇方詳悉)'도, '인두략(引痘略)'도 아니었다. 책자의 표지에는 '暎咭唎國新出種痘奇書(영국 신간 종두기서)'라고, 안에는 '新訂種痘奇法詳悉(신판 종두기법 상세본)'이라고 적혀 있고 책의 마지막에는 '嘆咭唎國公班衙命來廣統攝大班貿易事務哆啉文敬輯(영국 컴퍼니 광저우 화물 관리 및 무역 사무 책임자 드러먼드 저)', '嘆咭唎國公班衙命來廣醫學跛臣敬訂(영국 컴퍼니 광저우 의학가 피어슨 저)', '嘆咭唎國世襲男爵前乾隆五十八年隨本國使臣入京朝覲, 現理公班衙事務嘶噹嗹飜譯與外洋會隆行商人鄭崇謙敬書(영국 세습 남작 건륭 58년 본국 사절과 함께 북경에 와서 황제를 알현하다. 현 리 컴퍼니 사무원 스턴튼과 양행 회융행 상인 정숭겸 저)'라고 적혀 있었다. 이를 통해 볼 때 책의 저자는 '跛臣', 즉 피어슨 한 명이 아니라 '哆啉文'(James Drummond)도 주요 저자 중 하나였다는 것을 알 수 있다. 매판(買辦) 정숭겸(鄭崇謙)[9]은 아마도 번역을 담당했을 것이다.

책의 내용을 보자. 앞부분에는 접종 위치, '상아침[象牙小簪]', '외과용칼[外科小刀]'을 그린 안내도가 있고 이어서 유럽에 천연두가 만연하게 된 상황과 위험성에 대한 설명이 나온다. "천연두는 원래 서양에는 없는 병이었지만 1,100여 년 전에 동쪽에서 전래되었다. 서양에 이 병이 만연하게 되자 편안한 집이 하나도 없게 되었다. 도시나 시골, 외진 곳 할 것 없이 모두가 참담한 피해를 입었다. 누구는 형제를 잃고 누구는 자식을 잃었다. 부모자식, 가족과 친척의 비통함은 이루 말할 수 없을 정도였다. 요행히 목숨을 부지하더라도 천연두로 인해 이목(耳目)과 수족(手足)이 불구가 된 이가 부지기수였다. 왕후장상과 평민백성, 가가호호 두려움에 떨지 않는 자가 없었으니 목숨 부지하기만을 바랄 뿐이었다."[6] 저자는 기존 천연두 접종 방식의 문제점에 대해서도 이야기한다. "지난 백여 년 동안 접종법에 관한 의학 서적이 있긴 했지만 부족한 점이 많았다. 전염병

---

9) 청조 때 정부로부터 특별 허가를 얻어 대외무역에 종사하던 상사[洋行]인 '광주 십삼행(廣州十三行)' 중 하나인 회융행(會隆行)에 속해 있던 상인이다. 광주 십삼행은 서양의 종두법을 들여와 보급하는 데 중요한 역할을 하였다.

이 돌면 칼로 병자의 살을 째고 고름을 취해 아직 수포가 생기지 않은 사람의 팔뚝에 묻혀준다. 그러면 며칠 지나 수포가 생겼는데 그럼에도 병은 낫지 않아 목숨을 잃거나 손발과 눈귀가 감염되는 경우가 많았다. 약을 복용하고 치료받는 사람도 더 이상 방도가 없었다."[7] 이어서 저자는 제너가 발명한 우두법과 접종법을 소개하고 있다. "(가경 원년에 영국에서 돌던 소문이 있었는데) 소의 젖을 짜는 사람은 천연두에 걸리지 않는다는 것이었다. 모두들 듣고 기이하게 생각하였다. 영국에서 제세양의(濟世良醫)로 명성이 자자한 점나(占拿)라는 의사는 천연두 치료법을 찾고 있었다. 소문을 듣자마자 찾아가보니 과연 신기하게도 우유 짜는 사람은 천연두에 걸리지 않았다. 이에 자세히 조사해보았다. 우유와 젖꼭지, 젖의 주변에 작은 남색 수포가 생겼는데 생김새는 여드름과 비슷했다. 그는 우두가 천연두의 독을 없애줄 수 있을지 곰곰이 생각해보았다. 한시라도 급히 시험 접종을 시행하고자 했다. 혹시라도 천연두의 근원을 없앨 수 있다면 이 또한 좋은 일이 아니겠는가. 이에 사람에게 접종을 하니 즉시 효과가 나타났다. 접종 후 나흘이 지나자 수포가 생겼고 팔구일 후에는 고름이 가득 찼다가 14일이 되자 딱지가 떨어져 완쾌되었다. 이후 대서양과 아시아, 아메리카 등 여러 나라로 전파되었다. 접종을 한 수백여만 명의 남녀노소 가운데 죽거나 재발한 사람은 하나도 없었다. 이어서 대여송(大呂宋)[10]에 전파되었다. 이처럼 신통한 치료법이 있다는 것을 알고 그 나라 왕은 천만금도 아까워하지 않고 배 한 척에 아이들을 가득 실어 본국에 파견해 우두를 접종하고 돌아오도록 하였다. 여러 차례 배를 파견해 접종을 하였는데 큰 효과를 보았다. 이에 속국인 소여송(小呂宋)[11]

---

10) 현재의 필리핀을 말한다.
11) 현재의 마닐라를 말한다.

에도 널리 접종을 시행하도록 유지(諭旨)를 내리니 과연 접종한 자들은 천연두에 걸리지 않았다. 이처럼 생명을 보전하는 신기한 치료법을 얻은 것은 나라의 큰 행운이다. 가경 10년 4월에 험로를 해치고 마닐라에 도착해 어린 아이들을 싣고 마카오로 가서 우두법을 전하였다. 본국과 마카오의 의사가 협력해 접종을 실시하니 중국과 외국의 아이들 100여 명 이상이 생명을 보전할 수 있었다. 천연두에 걸리면 그 고통이 작지 않다. 우두법의 효과를 확인하고 그 내용을 책으로 펴내고자 결심하였다. 의사와 함께 내용을 상세히 교열한 후 번역 출간함으로써 병을 고치는 자들에게 새로운 치료법을 전하고 싶었다."[8] 글에서 언급한 '제세양의' '점나'는 제너(Edward Jenner, 중국명 詹納, 혹은 琴納)의 최초 중국어 명칭이다.

책에서는 인두법과 비교해 우두법의 우수성을 설명하고 있다. 인두법은 "사람에게 전염되고" 또한 접종 후에 "반드시 발한발열, 대소변 막힘, 정신 혼미, 목과 혀, 입술의 건조, 그리고 헛소리 등의 부작용이 나타난다. 침과 훈증요법 등으로도 그것을 막지 못한다. 그러나 우두법을 시행한 자리는 새끼손가락만 한 크기로 부어오를 뿐 한열(寒熱) 등 병증은 보이지 않았다. 간혹 미열이나 경미한 오한이 있긴 하지만 반드시 약을 먹을 필요는 없다. 이런 영험한 방법을 수십 년 후까지 전할 수 있다면 천연두에 걸릴까봐 걱정하는 일은 영원히 없을 것이다." 구체적인 접종 방법은 다음과 같다. "처음에 외과용 칼로 왼쪽이든 오른쪽이든 상관없이 가까운 어깨나 팔뚝 피부에 상처를 낸다. 앞부분이 넓적한 송곳 같은 철침을 사용해도 상관없다. 최대한 얇고 예리한 것이면 좋다. 절대로 칼을 살속으로 깊이 집어넣어서는 안 된다. 출혈이 지나치게 많아 접종한 고름이 흘러나오면 실패하게 된다. 피부 겉면에 편평하게 상처를 내되 피가 나지 않도록 하는 것이 중요하다. 약간의 출혈은 상관없다. 접종 후 나흘이 지나면 그 부분이 붉게 변하며 6일째가 되면 작은 물집이 생긴다. 8일

10. 『영길리국신출종두기서』

이 지나면 수포는 조금 커지는데, 모양은 편평하고 뾰족하지 않다. 가운데는 조금 딱딱하고 주위에는 맑은 진물이 나오며, 아랫부분은 붉은 선이 두르고 있는 듯하다. 경미한 통증이 느껴진다. 9일째가 되면 고름이 가득 차는데, 이것을 취해 다른 사람에게 묻혀준다. 시간이 더 지나면 고름이 말라붙기 시작하므로 반드시 9일을 기준으로 해야 한다. 이렇게 해서 14일이나 18일이 지나면 딱지가 떨어져 다시는 천연두에 걸리지 않게 된다." 저자는 "신선한 고름을 취해 즉시 다른 사람에게 묻혀주는 것이 제일 좋다"고 하면서 '생백신', 즉 신선한 고름을 사용하는 방법과 주의할 점 등에 대해 소개하고 있다. 접종 후에는 "돼지고기, 닭고기, 오리고기, 짠 음식과 술 등을 먹지 않아야 효과가 더 좋고 죽이나 신선한 생선, 채소 등을 먹는 것이 좋다."[9]

『중국의학백과전서』에서 말하는 『인두략』은 전혀 다른 책이다. 원작자는 남해(南海) 사람 구희[12)]이다. 1305년 포르투갈 상인 휴이트가 '생백신' 우두를 중국에 들여온 이래로, 피어슨은 마카오에서 학생들에게 우두 접종법을 가르쳤다. 13행(行)[13)] 중 하나인 회융행(會隆行)의 주인 정숭겸은 마카오로 사람을 파견하여 접종법을 직접 배워 오도록 하였다. 1기로 파견된 사람으로는 양휘(梁輝), 장요(張堯), 담국(譚國), 구희 등이 있다. 판싱준(范行准)은 『중국의학사략(中國醫學史略)』에서 이들 가운데 구희의 성적이 가장 뛰어나 가경 22년(1817)에 배운 것을 기초로 『인두략』이라는 책을 저술해 자비로 출간했다고 썼다. 책에서는 이식 방법 외에도 기타 병리(病理)와 치료법에 대해 중국 고유의 학설과 비교해 서술하고 있는데, 이 책은 중국인이 서양 의학을 받아들이기 시작한 효시라 할 수 있다.[10] 「인

---

12) 구희(邱熹, ?-?). 자는 호천(浩川)이다. 원래 상인이었으나 후에 의사로 전업했다.

13) 중국 청대 1686년부터 남경조약 체결(1842)까지 광주의 외국무역을 독점하고 있던 아행(牙行)의 속칭으로 양화행(洋貨行), 외양행(外洋行), 양행(洋行), 행상(行商) 등으로 불린다.

두설(引痘說)」장에 보면 다음과 같은 구절이 나온다. "두(痘)는 소(牛)의 것이다. 두종(痘種)은 소에게서 온다. 서양에는 원래 이 질병이 없었으나 후에 다른 나라에서 전래된 후 환자가 크게 늘었다. 그러나 소젖을 짜는 사람은 전염되지 않아 이상하게 여긴 의사가 그 까닭을 연구했다."[11] 그 결과 우두 접종법이 발명되었다. 이처럼 간편하고 안전하며 효과적인 천연두 예방법은 『영길리국신출종두기서』라는 책 등을 통해 중국에 광범위하게 퍼져 나갔다. 근대의 저명학자 왕도는 서양에서 전래된 "아이들의 천연두를 치료하는 데 특효가 있는" 우두 접종법을 접하고 찬탄을 금치 못했다. 그는 『영연잡지(瀛壖雜志)』권67에서 이렇게 쓰고 있다. "종두는 약을 쓰지 않고 우두의 고름을 취해 사용한다. 우두법은 정해진 시행 시기는 없지만 봄철이 제일 적합하다. 접종법은 다음과 같다. 얇고 예리한 칼로 팔 윗부분의 피부를 찢는다. 두장(痘漿) 몇 방울을 바른 후 닦아내지 않고 저절로 마르기를 기다린다. 3~4일 후, 상처 난 곳에서 수포가 생기는데 다른 곳에 닿지 않도록 한다. 며칠이 지나면 딱지가 앉았다가 떨어진다. 어린아이가 고통스러워하지도 않고 평소처럼 장난치고 웃을 수 있을 뿐만 아니라 지켜야 할 금기도 없으니 매우 좋은 방법이다."[12]

1979년 10월 26일, 세계보건기구(WHO)는 이날을 '세계 천연두 근절의 날'로 선포하였다. 역사의 이정표에 우두 접종술의 발명자인 제너의 이름이 새겨져 있지만, 皮爾遜(피어슨의 중국명)과 斯當頓(스턴튼의 중국명)이라는 중국 이름과 그들의 저역서도 마땅히 함께 새겨져야 하는 것이 아닐까?

10. 『영길리국신출종두기서』

011

『성경(聖經)』

1,300여 년에 이르는 기독교 경전의 한역사(漢譯史)

세계 출판 역사상 가장 많은 종류의 언어로 번역되었을 뿐만 아니라, 가장 많은 번역본을 갖고 있는 책은 단연코 『성경』이다. 국제 연합 성경회의 통계에 따르면 1984년 말까지 『성경』은 모두 1,808종의 언어로 번역 또는 초역(抄譯)되었다. 최근에는 카메룬의 풀라(Fulfulde)어, 모잠비크의 에메토(Emeto)어 성경도 출판되었다. 무게와 권수 면에서 최고를 자랑하는 것은 브라이(Louis Braille)의 점자본으로 전체가 38권, 무게는 60킬로그램에 달한다. 이는 2미터 정도의 서가를 꽉 채울 수 있는 분량이다. 이에 비해 일반 우표 크기 정도의 마이크로필름 『성경』도 있다.

『성경』은 유대교와 기독교의 경전인 동시에 귀중한 역사 문헌으로 세계와 인류의 기원과 전설이 주 내용이며 인류 심리의 변화과정을 반영하고 있다. 기독교와 유대교가 공통으로 사용하는 『구약전서』는 『히브리 성경』이라고도 하며 모두 24권으로 이루어져 있다. 아람어로 쓰인 일부 단락 외에는 모두 히브리어로 쓰여 있다. 『신약전서』는 모두 27권으로 구성되어 있으며 기독교, 천주교, 동방 정교회의 정전(正典)이다. 대부분 희랍어로 기록되어 있다.

『성경』의 고초본(古抄本)은 대부분 파피루스에 쓰여 있으며 1947년 요르단 경내 사해 서북해안 쿰란지역의 동굴에서 발견된 것이 가장 오래된 판본이다. 이 히브리어 잔편(殘篇)은 B.C. 2세기 중엽에서 A.D. 1세기 중엽 사이에 제작된 것으로 알려져 있다. 성경 번역사에서 가장 오래된 번역본으로 회자되는 것은 그리스어 대문자 필사본이다. 이 판본은 기독교가 전파됨에 따라 콥트어, 에티오피아어, 고트어, 라틴어 순으로 번역되었다. 이후 1,000여 년 동안 라틴어 『성경』이 기독교의 표준 판본이 되었고 그것을 모본(母本)으로 삼아 고대 시리아어, 아랍어, 스페인어 번역본이 나왔다. 최초의 영어 『성경』은 1382년 영국의 종교 개혁가 위클리프[1)]등이 번역한 것이다. 독일 종교 개혁가 루터는 1522년에 성경을 독일어로 번역하였고 이를 기초로 덴마크어, 아일랜드어, 스웨덴어 성경이 번역되어 나왔다. 통계에 따르면 현재까지 110종의 아프리카어, 90종의 아시아어, 55종의 유럽어로 성경 전문(全文)이 번역되었다.

그렇다면 최초의 중국어 성경 번역은 언제 시작되었을까?

양선푸(楊森富)는 『중화성경번역사(中華聖經飜譯史)』에서 중국어본 성경의 번역 과정을 자세하게 소개하였다.[1] 『대진경교유행중국비송(大秦景教流行中國碑頌)』에 따르면 중국에 경교(景教)가 전래된 당나라 때 이미 『성경』이 번역되어 있었다고 한다. 예를 들면 『천보장경(天寶藏經)』(즉 『구약 · 시편』), 『다혜성왕경(多惠聖王經)』(즉 『다윗왕시편』), 『아사구리용경(阿思瞿利容經)』(즉 『복음서』), 『혼원경(渾元經)』(즉 『신약 · 에베소서』), 『전화경(傳化經)』『(즉 『신약 · 사도행전』), 『보로법왕경(寶路法王經)』(즉 『신

1) 존 위클리프(John Wycliffe, 1320?-1384). 영국의 기독교 신학자이며 종교 개혁가이다. 옥스퍼드대학을 졸업했으며 교구장이 된 뒤 부패한 로마 교황청을 비판하다 이단으로 몰리기도 했다. 그의 종교 개혁 사상은 후대에 큰 영향을 미쳤다. 또한 당시 가톨릭 사제들만의 전유물이었던 라틴어 성경을 영어로 번역함으로써 성경의 대중화에 공헌하였다.

약 · 바울서신』), 『모세법왕경(牟世法王經)』(즉 『구약 · 출애굽기』), 『알불임경(遏拂林經)』(즉 『신약 · 에베소서』), 『계진경(啓眞經)』(즉 『계시록』)등 삼십여 부가 명 태종(太宗) 때 방현령[2)]과 위징[3)]의 주청(奏請)으로 번역되었다. 중앙아시아의 경교 신도들이 사용하던 일부 경전을 제외하고는 모두 신약과 구약 성서의 정전에 속하는 것들이다. 이를 통해 볼 때, 기독교 경전의 한역사(漢譯史)가 1,300여 년에 이른다는 것을 알 수 있다. 번역본에서는 여호아를 '자비로운 아버지 아라하(阿羅河)'로, 모세를 '모세(牟世)'로, 마태, 누가, 다윗, 마가를 '명태(明泰)', '노가(盧伽)', '다혜(多惠)', '마규사(摩矩辭)'로, 예수를 '이서(移鼠)', '서수(序數)', 또는 '예수(翳數)'로, 마리아를 '말염(末艶)'으로 번역했다.[4)] 후진적 인쇄술과 제한적인 필사본 수량으로 인해 『성경』 번역본은 선교사와 관리들 사이에서만 통용되었을 뿐 민간에까지 보급되지는 않았다. 소수의 번역본마저도 무종(武宗) 회창(會昌) 5년(845)에 내려진 금교령(禁教令)으로 인해 경교 사원이 폐쇄될 때 대부분 불타 없어졌다.

1294년 원나라 수도에 들어온 로마 선교사 몬테코르비노의 조반니(Giovanni da Montecorvino)은 자신이 1305년 이전에 『구약』의 시편과 『신약전서』를 몽고어로 번역했다고 주장했다. 이 말이 사실이라면 이것은 최초의 중국 천주교 『성경』 몽고어 번역본이다. 그러나 이 책은 현재 전하지 않는다.[2] 명청 시기에는 『성경』의 일부 내용과 장절을 발췌해 번역

---

2) 방현령(房玄齡, 579-648). 이름은 교(喬), 자는 현령(玄齡)이다. 당나라 초기의 재상 겸 정치가이다.

3) 위징(魏徵, 580-643). 자는 현성(玄成)으로 수당 시기의 정치가 겸 사상가, 역사학자이다. 당 태종을 도와 '정관의 치[貞觀之治]'를 이루었다. 『수서(隋書)』, 『양서(梁書)』, 『진서(陳書)』, 『제서(齊書)』 등의 편찬에 참여하였다.

4) 중국어 발음은 다음과 같다. 阿羅河는 아뤄허, 牟世는 모우스, 明泰는 밍타이, 盧伽는 루자, 多惠는 둬후이, 摩矩辭는 마쥐츠, 移鼠는 이슈, 序數는 쉬슈, 翳數는 예슈, 末艶은 모옌.

하는 예수회 선교사들이 적지 않았다. 루지에리[5)]는 1548년 광주에서 『천주성교실록(天主聖教實錄)』을, 마테오 리치는 1595년 남창에서 『천주실의』를 완성했다. 판토하(Pantoja)[6)]는 『수난시말(受難始末)』을, 알레니는 1635년 복주(福州)에서 『천주강생언행기략(天主降生言行紀略)』(또는 『출상경해(出像經解)』), 디아스는 1636년 북경에서 『성경직해(聖經直解)』를 완성했다. 약 1700년경, 파리 외방선교회 소속의 선교사 빠제(J. Basser, 1662-1707, 巴設)는 라틴어 『성경』을 중국의 백화문으로 번역했다. 여기에는 사복음서(四福音書) 합본과 '사도행전(使徒行傳)', 바울 서신의 일부가 포함되어 있다. 혹자는 이 번역본을 '최초의 천주교 중국어 성경'이라고 주장한다.[3] 이 책의 필사본은 1737년 동인도회사의 존 호지슨(John Hodgson)이 구입한 뒤 영국 황가학회(Royal Society) 회장 한스 슬론(Hans Sloane) 남작에게 선물했으며 나중에 대영박물관에 기증되었다. 이 책은 일반적으로 '슬론 필사본(Sloane Transcript)'으로 불린다. 18세기 말, 프랑스 예수회 선교사 푸아로[7)]는 라틴어 통행본(通行本)을 기초로 삼고 경전 해석가의 주석을 참고해 『구약』 전체와 『신약』의 대부분을 중국어로 번역한 뒤 『고신성경(古新聖經)』이라고 이름을 붙였는데 비교적 체계적이고 완성도 높은 중국어 번역본으로 평가된다. 비록 라틴어본에 완전히 부합하지는 않지만 『창세기(創世記)』(푸아로본에서는 『造成經之總論』), 『출애굽기(出谷紀)』(푸아로본에서는 『救出之經』), 『민수기(戶籍紀)』(푸아로본에

---

5) 미켈레 루지에리(Michele Ruggleri, 1543-1607). 이탈리아 출신의 예수회 선교사로 중국명은 羅明堅이다. 유럽어-중국어 사전을 만들었으며 '최초의 중국학자'로 평가받는다.

6) 디에고 데 판토하(Diego de Pantoja, 1571-1618). 스페인 출신의 예수회 선교사로 중국명은 龐迪我이다. 마테오 리치를 도와 북경에서 활동했으며, 수학 · 천문학 · 역학(曆學) 등에도 뛰어나 1611년부터 우르시스와 더불어 명 조정의 역법 개정 작업에 참여했다. 대표 저작으로 『칠극(七克)』이 있다.

7) 루이 드 푸아로(Louis de Poirot, 1735-1813). 포르투갈 출신 예수회 선교사로 중국명은 賀淸泰이다. 천문학 · 수학뿐만 아니라 회화에도 뛰어나 건륭제의 명으로 적지 않은 그림을 남겼다. 저서로는 『고신성경잔고(古新聖經殘稿)』가 있다.

서는 『數目經』), 『신명기(申命記)』(푸아로본에서는 『第二次傳法度經』), 『여호수아(若穌厄書)』(푸아로본에서는 『若穌耶之經』), 『마태복음(馬太福音)』(푸아로본에서는 『聖史瑪爾谷萬日略』), 『마가복음(馬可福音)』(푸아로본에서는 『聖史路加萬日略』), 『요한복음(約翰福音)』(푸아로본에서는 『聖若望聖經序』), 『사도행전(使徒行傳)』(푸아로본에서는 『諸德行實』), 『계시록(啓示錄)』(푸아로본에서는 『聖若望默照經』)등 대체적으로 원작과 비슷한 규모를 갖추고 있다. 그러나 안타깝게도 이 번역본 역시 출간되지 않았다.

최초의 고한어(古漢語) 『성경』 번역본의 출간에 관해서는 흥미 있는 일화가 전한다. 영국성서공회(英國聖書公會, British and Foreign Bible Society)가 설립된 1804년, '슬론 필사본'이 발견되어 사람들의 큰 주목을 끌게 된다. 이에 런던선교회(The London Missionary Society)는 중국어 '사전'을 편찬하고 수준 높은 중문판 『성경』을 펴내기 위해 모리슨[8]을 중국에 파견한다. 이로 인해 모리슨과 인도 세람포의 영국 침례교 선교사 마시먼[9] 사이에 의도치 않게 성경 번역 경쟁이 벌어지게 되었다. 마시먼은 이미 1799년 5월경에 인도에 도착해 세람포에서 선교와 학교 설립에 매진하고 있었다. 그는 매우 부지런한 성품에 천부적인 어학 능력을 갖추고 있

---

8) 존 로버트 모리슨(John Robert Morrison, 1782-1834). 중국에 온 최초의 개신교 선교사로 중국명은 馬禮遜이다. 『성경』을 중국어로 번역했을 뿐만 아니라 중국의 『삼자경(三字經)』(The Three-Character Classic), 『대학(大學)』(The Great Science), 『삼교원류(三教源流)』(Account of FOE), 『태상노군(太上老君)』(Account of the Sect LAO SZU) 등을 영어로 번역했다. 말라카에 외국인에 의한 최초의 신학문 학교인 '영화서원(英華書院, Anglo Chinese College)'을 세우고 최초의 중국어 잡지인 《찰세속매월통기전(察世俗每月統記傳)》(Chinese Monthly Magazine)을 창간했으며, 중영대조자전(漢英對照字典)인 『화영자전(華英字典)』을 펴냈다.

9) 조슈아 마시먼(Joshua Marshman, 1768-1837). 인도에서 활동한 침례교 선교사로 중국명은 馬歇曼이다. 세람포를 중심으로 사역활동을 했으며 윌리엄 캐리(William Carey), 윌리엄 워드(William Ward)와 함께 '세람포 트리오'로 불린다. 성경의 일부를 몇 가지 아시아 언어로 번역하였고, 인도의 기독교인을 교육시키기 위한 학교를 설립했다. 1809년 『논어』의 영문 절역본인 『공자의 저작(The Works of Confucius)』을 출간하기도 했다.

었으며 히브리어와 시리아어, 희랍어에 능통했다. 인도에 도착한 후에는 다양한 인도어를 배움과 동시에 여러 언어로 『성경』을 번역하는 일에 참여했다. 1805년 그는 마카오 태생의 아르메니아인 라자르(Joannes Lassar, 拉撒)에게 중국어를 배우며 『성경』 번역의 기초를 다졌다. 그러나 라자르가 중국어에 능통했다고는 하지만 『성경』을 번역하는 데 도움을 줄 수는 없었다. 그는 성직자가 아니었고 히브리어나 희랍어, 라틴어도 알지 못했다. 또한 라자르의 중국어 수준도 그다지 높지 않았고 『성경』에 대한 지식도 천박했다. 그뿐만 아니라 그는 "말이 많고 우매하고 오만하며 불성실한 소인(小人)"[4]이었다. 라자르에 대한 이런 평가를 통해 볼 때 그는 힘든 『성경』 번역 작업을 수행할 능력이 없었다는 것을 알 수 있다. 마시먼은 십여 년에 걸친 번역 작업 끝에, 1811년 『신약』의 일부를 중국어로 번역하였으며, 1816년에는 라자르의 도움으로 『신약』의 번역을 완수했다. 마찬가지로 모리슨도 결코 쉽지 않은 조건 아래에서 1808년 『신약』 번역에 착수했다. 1810년 『야소구세사도행전진본(耶穌救世使徒行傳眞本)』(즉 『사도행전』)을 번역하였고, 1811년에서 1812년까지는 『성로가씨전복음서(聖路加氏傳福音書)』(즉 『누가복음(路加福音)』)를 번역하였다. 모리슨은 5년여 동안 번역에 매진해 1813년 『신약전서』를 완역하고 『야소기리사독아주구자신유조서(耶穌基利士督我主救者新遺詔書)』라고 제목을 붙였다. 1814년 그는 광주에서 비밀리에 판각공을 고용해서 큰 글씨본과 작은 글씨본 2천 부를 인쇄했다. 마시먼도 1822년 『구약』을 완역한 후 이미 번역이 끝난 신약과 합쳐서 중국어 『성경』을 완성했다. 이 책은 『신구유조전서(新舊遺詔全書)』라는 제목으로 세람포에서 활판 인쇄되었으며 '마시먼 번역본' 또는 '마시먼 라자르 번역본'으로 불린다. 1823년 5월 마시먼의 맏아들 존 클락 마시먼(John Clark Marshman)은 '마시먼 번역본'을 영국성서공회 연례회의 때 제출했다. 그는 훗날 『세람포선교사(雪蘭坡傳教

史)』에서 이렇게 말했다. 이 번역본은 매우 어려운 환경에서 만들어진 것이기 때문에 완벽하다고 할 수 없다. 그러나 마시먼의 "선교 열정과 번역에 대한 강한 의지가 한데 뭉쳐진 기념물"[5]이기 때문에 그 가치가 크다. 어떤 학자는 마시먼의 번역본을 "최초의 『성경』 중국어 완역본"으로 간주하기도 한다.[6]

모리슨은 1819년 11월 선교사 밀른[10)]과 함께 『구약』의 번역에 착수한다. 엄밀한 교열과정을 거쳐 이미 번역한 『신약』과 합친 후, 1823년 말라카에서 목각 선장본 『신천성서(神天聖書)』 21책을 출판하였다. 이 책은 '모리슨 번역본' 또는 '모리슨 밀른 번역본'으로 불린다. 책에서는 『구약』을 『구유조서(舊遺詔書)』, 『신약』을 『신유조서(新遺詔書)』라고 이름 붙였다.[7] 이 번역본은 매우 완성도가 높아서 마시먼 번역본보다 널리 유통되었다. 사실 『성경』 번역을 누가 먼저 끝마쳤는지는 단언하기 어렵다. 모리슨본은 번역을 일찍 마쳤지만 출판이 늦었다. 젠유원(簡又文)은 마시먼의 번역본이 1823년 출판되어 먼저 성서공회 연례회의에 헌상되었지만 번역본이 완성된 것은 1822년이라고 주장했다. 반면 모리슨의 일기에 의하면 모리슨의 번역은 1819년 11월에 끝났고 1823년 출판되었다. 그러나 모리슨은 1823년 말에 귀국하여 1824년 5월 성서공회에 완성본을 제출했다. 성서공회 연례회의에 제출한 것을 기준으로 보자면 마시먼보다 1년 늦은 것이다. 사실 모리슨의 번역본은 마시먼본보다 2년이나 일찍 완성되었지만 인쇄와 출판은 같은 해에 이루어졌다. 마시먼은 인도에서 직접 활자본으로 인쇄하였기 때문에 인쇄가 매우 용이했고 속도도 빨랐지만 모리슨은 번역

10) 윌리엄 밀른(William Milne, 1785-1822). 영국 출신의 개신교 선교사로 중국명은 米憐이다. 1813년 마카오에 도착해 모리슨의 일을 도왔지만 포르투갈 천주교의 반대로 얼마 머물지 못하고 말라카로 가 선교활동에 힘썼다. 모리슨과 함께 '영화서원'을 세워 운영하였고 《찰세속매월통기전》 창간에도 관여했다.

원고를 말라카로 부쳐 인쇄했기 때문에 자연히 시간이 지체될 수밖에 없었다. 젠유원은 모리슨 번역본의 출간 작업이 시작부터 완성까지 중국 경내에서 이루어졌기 때문에 "모리슨 번역본이 최초의 중국어 성경"[8]이라고 주장했다. 그러나 실제로 누가 번역 경쟁의 진정한 승자인지는 분명히 말하기 힘들다. 두 선교사가 번역한 『성경』은 모두 고대 한어를 사용했기 때문에 '어려운 문리역본(深文理譯本)'이라고도 불린다. 어떤 학자는 모리슨과 마시먼의 번역본을 합쳐서 아예 '이마역본(二馬譯本)'[11)]이라 부르고, 이를 최초의 중국어 문어체 『성경』 번역본이라 하였다.[9]

'이마역본'이라고 병칭한 데에는 또 다른 중요한 이유가 있다. 두 번역본 사이에 유사한 점이 상당히 많기 때문이다. 이로 인해 밀른은 마시먼이 모리슨의 번역본을 표절했다고 비난하기까지 했다. 그러나 세람포에서 출판된 마시먼 번역본은 대부분 모리슨본보다 이른 시기에 나왔을 뿐만 아니라 표절의심을 받는 『마태복음』, 『마가복음』, 『요한복음』도 마시먼의 번역본이 먼저 출판되었다. 따라서 표절 주장은 논리적으로 성립하기 힘들다. 연구에 따르면 두 번역본에 놀랄 만할 정도로 유사한 단어가 많이 나오는 이유는 두 사람이 동일한 저본을 참고했기 때문이라고 한다. 그들이 참조한 것은 대영박물관에 소장되어 있는 '슬론 필사본'이다. 모리슨은 런던에서 중국어를 공부할 때 '슬론 필사본'을 심도 있게 연구한 후 1810년 마시먼에게도 부쳐주었다. 이로 인해 두 번역본의 유사성이 높아진 것이다. 여기서 볼 때 두 사람은 성경 번역 과정에서 경쟁만 한 것이 아니라 교류도 했다는 것을 알 수 있다. 비록 이 과정에서 오해가 생기고 이로 인한 비난이 있긴 했지만 두 사람의 번역 경쟁은 『성경』 한역

11) 마시먼과 모리슨의 중국어 이름이 '馬士曼'과 '馬禮遜'이기 때문에 두 사람을 병칭해 '二馬'라 한 것이다.

에 긍정적인 영향을 미쳤다. 두 사람도 이에 대해 비슷한 생각을 갖고 있었다. 1813년 마시먼은 영국성서공회에 보낸 편지에서 다음과 같이 말했다. 두 사람이 약속이나 한 듯이 각자 『성경』 번역에 매진하게 된 것은 모두 하나님의 뜻이다. 우리는 서로를 타산지석으로 삼아 50여년 정도 걸려야 완성할 수 있는 중국어 성경을 20년 만에 번역해냈다. 모리슨도 1815년 편지에서 이렇게 말했다. 두 사람이 각자 진행한 번역 과정은 서로를 더욱 신중하고 조심하게 만들어주었다. 어떠한 실수도 있어서는 안 된다는 생각이 결국은 좋은 결과를 만들어냈다.[10]

'어려운 문리역본'이 나온 이후 '쉬운 문리역본(淺文理譯本)'과 관화역본(官話譯本)도 출간되었다. 쉬운 문리[淺文理]라는 것은 전통적인 문장 형식을 따르되 어휘는 비교적 쉽고 일상적인 것을 사용하는 것을 말한다. '쉬운 문리역본'에는 그리피스 존(Griffith John, 楊格非)이 광서 11년(1885)과 15년(1889)에 출간하고 개정판까지 나온 『신약』쉬운 문리역본, 버든(John S. Burdon, 包約翰)과 블로젯(Henry Blodget, 白漢理)이 광서 15년(1889)년에 간행한 『신약』 쉬운 문리역본, 광서 28년(1902)에 출판한 쉐레세위스키(Samuel Isaac Joseph Schereschewsky, 施約瑟) 번역본 등이 있다. 관화본으로는 메드허스트(Walter Henry Medhurst, 麥都思)와 스트로나크(John Stronach, 施敦力)가 함풍(咸豐) 7년(1857)에 출판한 『신약』 남경관화역본과 에드킨스(Joseph Edkins, 艾約瑟)와 마틴(William A. P. Martin, 丁韙良) 등이 동치(同治) 5년(1866)에 출판한 『신약』북경관화역본이 있다. 이 외에 방언역본(方言譯本)과 소수민족언어역본도 적지 않다. 양선푸(楊森富)가 펴낸 『중국기독교사(中國基督教史)』와 꾸창성(顧長聲) 선생이 뉴욕의 미국성공회도서관에서 수집한 판본 자료에 따르면 1822년의 고한어역본(古漢語譯本), 1847년의 상해화본(上海話本), 1852년의 복주화본(福州話本), 1854년의 하문화본(廈門話本), 1857년의 영파화본(寧波話本), 1865년의 객가화본(客家話本), 1875년의 산두화본(汕頭話本), 1877년의 항주화본(杭州話本)과 광주화본(廣州話本), 1880년의 소주화본(蘇州話本)과 합주화본(合州話本), 1892년 온주화본(溫州話本), 그 외에 금화화(金華話), 소무화(邵武話), 산동화(山東話), 교동화(膠東話), 해남화(海南話), 건녕화(建寧話), 삼강화(三江話), 정주화(汀州話), 한구화(漢口話), 직예화(直隸話) 역본 등이 있었다. 방언역본은 대부분이 절역본이다. 광주방언역본이 1886년부터 1937년까지 60여 종이나 출간되어 그 수가 가장 많고 복주방언역본이 56종으로 다음을 차지한다. 오방언[吳語][12]을 사용하는 지역에서 최초로 나온 것은 상해 방언 백화역본이다. 모두 49종이 출간되어 방언 역본 가운데 그 수가 가장 많다. 이 중 4종만이 로마자 병음이 달려 있고 대부분은 방언 백화역본이다. 1847년 메드허스트는 『요한복음』을 번역해 상해에서 출판했다. 1853년 런던에서도 『요한복음』 알파벳 병음 번역본이 나왔는데 아마 상해 방언을 배우는 선교사들을 위해 출간한 것이라 짐작된다. 1854년 출간된 『창세기』는 상해 방언 백화역본 중 최초의 『구약』이다. 상해 방언으로 완역된 『구약전서』는 1908년이 되어서야 세상에 등장했다. 영파 방언 백화역본은 37종으로 상해화본 다음으로 많으며 대부분 단행본이다. 가장 먼저 번역된 것은 『사복음서』이며 1868년에 와서야 비로소 『신약전서』 완역본이 나왔다. 소주 방언 역본은 모두 7종이다. 1879년 복음서와 사도행전이 출판된 이래 『신약』은 3종이 출판되었는데 1892년 첫 번째 책이 나왔다. 소수민족어본으로는 1809년 슈미트(Schmidt)가 번역한 몽고어본, 1822년 러시아 상트페테르부르크에서 출판된 만주어본[滿文本], 1884년 일본 요코하마출판사에서 펴낸 한글본[高麗文本][13], 1905년 청두(成都)에서 출판된 화먀오어본(花苗語本), 1914

12) 강소성 남부, 절강성 대부분 지방 및 상해 일대의 방언을 가리킨다.

년 독일 라이프치히에서 출판된 하자크어본, 1935년 출판된 티벳어본이 있고, 이 밖에도 먀오화어본(苗華語本), 리쑤어본(黎蘇語本), 좡자어본(莊家語本), 니자어본(尼家語本), 라자어본(拉家語本), 나시어본(那希語本), 나허어본(那和語本), 가오푸어본(高普語本), 타이루거어본(太魯閣語本) 등이 있다.[11]

중국에서 가장 많이 인쇄된 『성경』 번역 판본이 어떤 것인지는 분명하게 알 수 없다. 그러나 가장 희귀한 판본은 1894년 상해 미화서관(美華書館)에서 송체(宋體) 활자로 인쇄된 『구세성경(救世聖經)』으로 단 한 권만 출판되었다. 이 책은 상해의 선교사들이 자희태후(慈禧太後, 즉 西太後)의 60세 생일을 축하하기 위해 전국의 여신도들에게 돈을 모아 인쇄한 것으로 장정이 매우 아름다운 특대형 『신약전서』이다. 중국 목사 유종주[14]가 서태후에게 진상했기 때문에 황궁에 들어간 최초의 『성경』 번역본이라 할 수 있다. 1910년 선통제(宣統帝)가 즉위하자 선교사들은 1,400량(兩)의 은자를 모금해 1894년 미화서관본 '군왕판(君王版)' 네 권을 다시 인쇄해서 융유태후(隆裕太後), 선통황제, 섭정왕(攝政王) 및 순왕복진(醇王福晉)에게 헌상했다. 이것 역시 중국에서 가장 값비싼 번역본이다.

---

13) 일본에서 처음으로 개신교 신자가 된 이수정(李樹廷)이 편찬한 성경으로 한국인이 한국인을 위해 번역한 최초의 판본이다. 이수정은 1882년 수신사 박영효의 비공식 수행원으로 일본에 머무르는 동안 농학자이자 기독교인인 쓰다 센을 만나 기독교를 접한 후 세례를 받았다. 미국성서공회 루미스 목사의 제안으로 성경 번역을 시작했다. 처음 번역본은 한자에 익숙한 조선인들이 쉽게 읽을 수 있도록 한문 성경에 '이두'로 토를 달아 번역한 것이다. 이를 '현토한한신약성서(縣吐漢韓新約聖書)'라 한다. 1884년 마태복음부터 사도행전까지 모두 5권의 쪽복음서를 미국성서공회의 도움을 받아 각각 1천 권씩 출판하였다. 1885년 이수정은 현토한한성경을 바탕으로 한자 옆에 한글이 병기된 최초의 국한문 성경인 『신약마가젼복음셔언해』를 출간하였다. 이 책은 훗날 언더우드와 아펜젤러가 일본을 경유하여 조선으로 입국할 때 가지고 들어온 성경이다. 언더우드와 아펜젤러가 조선으로 오게 된 것도 이수정의 요청으로 이루어진 것이며 그들이 간단한 조선말을 배우고 한글 성경책까지 들고 조선 땅을 밟을 수 있었던 것도 이수정 덕분이었다. (http://blog.daum.net/sj2154/334 참조)

14) 유종주(兪宗周, 1852-1932). 본명은 국정(國楨), 자는 종주(宗周)로 중국예수교자립회(中國耶穌教自立會) 창시자이자 목사이다.

012

『해국도지(海國圖志)』와 『사주지(四洲志)』

천하에서 세계로 눈을 돌리게 만든 세계 역사 지리 서적

근대 중국인에게 영향을 끼친 번역서를 말하면서 임칙서가 대표번역한 『사주지』를 빼놓을 수 없다.

임칙서는 외국어를 하지 못했다. 번역 과정에서 그가 담당한 일은 주제를 정하고 번역자를 초빙하고 교정 작업에 참여한 정도이다. 린용위(林永俣)가 쓴 「임칙서가 조직한 번역작업(論林則徐組織的迻譯工作)」[1]이라는 글에 따르면 임칙서가 고용한 번역가는 모두 네 명이다. 한 명은 인도 세람포의 교회학교에서 10여 년을 공부하고 영국 침례교 목사 마시먼의 『성경』 번역에 참가했던 아맹[1)]. 다른 한 명은 피낭 섬의 로마 천주교 학교에서 라틴어 등을 공부한 뒤 1825년 우수한 성적으로 영화서원의 장학생이 된 사천 출신의 원덕휘[2)]. 그는 관화(官話)를 할 줄 알고 좋은 문체를 지녔으며 영어에 능통해서 『영어와 학생보조 교재(英語與學生輔助讀物)』

1) 아맹(亞孟, ?-?). 중국인 아버지와 방글라데시 어머니 사이에서 태어났다. 마시먼에게 가르침을 받고 그의 선교활동을 도왔다.

2) 원덕휘(袁德輝, ?-?). 사천 태생으로 피낭의 천주교 학교와 말라카의 영화서원에서 공부한 후 천주교 신자가 되었다. 라틴어에 뛰어났으며 학업 성적이 우수했다. 1839년 임칙서의 통역관이 되어 공문서를 영어로 번역하는 일을 도맡아 했으며 영국 여왕이 보낸 각서를 번역하기도 했다.

라는 대학 교재를 말라카의 기독교출판사에서 출간하기도 했다. 그는 1839년 봄에 임칙서의 요청으로 임칙서, 등정정,[3] 이량[4]과 함께 영국 여황의 편지를 번역했다. 또 다른 한 명은 어려서 미국에 건너가 코네티컷 주 콘월 지역의 회중교회(會衆教會, Congregational Church) 선교부 소속 학교에서 공부한 아림(亞林)[5]이다. 그는 1825년 귀국해 광저우의 외국 상사에서 직공들에게 영어를 가르치는 중에 1839년 임칙서의 초빙을 받았다. 마지막 인물은 양아발[6]의 아들 양진덕[7]이다. 그는 미국 회중교회가 중국에 파견한 최초의 선교사 브리지먼[8]에게 영어와 히브리어를 배웠다. 모리슨교육회(馬禮遜教育會, Morrison Educational Society)의 3차년도 보고서에 보면 양진덕을 『사주지』의 주요 번역자 가운데 한 명으로 소개하는 대목이 나온다.

---

3) 등정정(鄧廷楨, 1776-1846). 자는 유조(維周), 해균(嶰筠), 한족으로 난징 태생이다. 청대 관리로 서법과 시문에 능했으며 운귀(雲貴), 민절(閩浙), 양광(兩廣) 총독을 지냈다. 임칙서와 협력해 아편 밀무역을 금지시켰으며 영국 함대를 격퇴시켜 민족 영웅이 되었다.

4) 이량(怡良, 1791-1867). 자는 열정(悅亭), 만주족으로 과이가씨(瓜爾佳氏)이다. 관직은 원외랑(員外郎)까지 올라갔고 광둥순무(廣東巡撫)를 역임했다. 재임기간 동안 양광총독 등정정, 임칙서와 아편금지운동을 펼쳤으며 아편전쟁 때 영국에 대한 적극적인 항거를 주장했다.

5) 임아적(林阿適, ?-?)을 말한다. 청말의 번역가로 임칙서 막부에서 일했다. 영문명은 William Botelho이고 Liaon Ashee라고도 한다. 1822년부터 1825년 사이에 미국에서 유학한 후 1825년 광주로 와서 임칙서 막부에 들어갔다.

6) 양아발(梁阿發, 1789-1855). 양발(梁發)이라고도 한다. 아명은 아발(阿發), 본명은 공(恭), 혹은 공발(公發)이고 자는 제남(濟南), 호는 징강(澄江)이다. 최초의 중국인 개신교 목사로 광동을 중심으로 선교활동을 펼쳤다. 그가 1832년 저술한 『권세양언(勸世良言)』의 일부 내용은 구약과 신약의 내용 중 일부를 발췌해 쉬운 말로 편집한 것이다. 이후 홍수전(洪秀全)의 태평천국(太平天國) 운동에 지대한 영향을 미쳤다.

7) 양진덕(梁進德, 1820-1862). 아질(亞秩)이라고도 한다. 양아발의 아들로 임칙서 막하에서 번역(통역)가로 일했으며 영어실력이 매우 뛰어났다. 10세 때 아버지에 의해 선교사 브리지만에게 맡겨져 영어와 히브리어 등을 익혔다. 싱가포르, 마카오 등에서 공부와 통역을 겸하다 임칙서 막하로 들어왔다.

8) 일라이자 콜먼 브리지먼(Elijah Coleman Bridgman, 1801-1861). 개신교 미국 회중교회 선교사로 중국명은 裨治文이다. 미국에서 신학교를 졸업하고 1830년 광주에 와서 모리슨에게 중국어를 배웠다. 카를 귀츨라프(Karl Gutzlaff, 郭士立)와 함께 익지회(益智會)를 조직했고 박제의원(博濟醫院) 설립에 주도적인 역할을 했다. 『신약』과 『구약』을 번역했으며 자신이 창간한 《오문월보(澳門月報)》에 중국의 정치, 경제, 지리와 문화에 관한 자료를 실었다.

『사주지』는 임칙서가 직접 그의 막하(幕下) 번역자들과 함께 영국 작가 휴 머리[9)]의 『The Encyclopedia of Geography』를 번역 교열하여 완성한 책이다. 미국 회중교회 선교사인 모리슨교육회의 책임자 브라운(Samuel Robbins Brown, 1810-1880)은 휴 머리의 영어 원서를 임칙서에게 증정했는데 이 책은 1834년 런던에서 출판된 두 권짜리 판본으로 분량은 1,567쪽에 달한다. 1838년에는 세 권짜리 수정판이 출간되었는데 1권은 597쪽, 2권은 592쪽, 3권은 624쪽으로 모두 합치면 1,813쪽이다.[2] 번역본의 분량은 대략 11만 1,400자로 원작의 1/15밖에 되지 않으며 주로 아시아, 아프리카, 유럽과 남북아메리카의 역사와 지리에 대해 소개하고 있다.[3] 『사주지』라고 제목을 붙인 이유는 책에서 남북아메리카를 하나의 대륙으로 보았기 때문이다.

당시 『사주지』가 단행본 형태로 있었는지는 확실하지 않다. 기록에 따르면 도광 21년(1841) 단행본 원고가 존재했었다. 그러나 모리슨교육회의 3차 년도 보고에 따르면 책의 출판을 준비 중이던 임칙서가 청조의 명을 받아 영국군에 대항하기 위해 절강으로 떠나게 되면서 이 번역본은 간행되지 못했다. 일설에 의하면 임칙서는 광주를 떠날 때 절강에서 출간할 생각으로 이 책을 가져갔다고 하지만 이후의 사정은 알 수 없다. 현재 볼 수 있는 완전본은 『소방호재여지총초재보편제십이첩(小方壺齋輿地叢鈔再補編第十二帙)』에 수록되어 있는 것이다. 이 책은 당시로서는 가장 완전하고 참신한 세계지리, 역사, 풍토 및 풍속에 관한 책으로 세계 오대주 30여 국가 및 지역의 지리와 역사를 주 내용으로 하고 있다. 천위안(陳原)은 『서림만보(書林漫步)』에서 이 책에 대해 다음과 같이 말했다. "원작은 영국인 머리가 쓴 『세계지리대전』으로 1836년에 런던에서 출판되었

9) 휴 머리(Hugh Murray, 1779-1846). 스코틀랜드의 지리학자이자 작가이다.

으며 저자는 동인도회사와 관계가 있다." 이 책은 '세계지식수첩'이라 할 수 있을 정도로 당시로서는 대단히 획기적인 책이었다. 이전의 선교사들이 번역한 지리 서적에 비해 훨씬 신선한 내용을 담고 있으며 1840년 광동에서 출판된 『해록(海錄)』보다 가치가 더 높다.—『해록』은 14년 동안 세계 각지를 유람하고 돌아온 선원 사청고[10)]가 구술하고 양병남[11)]이 기술해 1820년 펴낸 책으로 외국의 풍속과 환경을 기록한 견문록이다. 이에 비해 『사주지』는 세계지리서에 가깝다고 할 수 있다.[4] 그렇지만 『사주지』를 단순한 지리 서적으로 생각해서는 안 된다. 아랍에 대한 묘사만 봐도 책의 내용이 얼마나 풍부한지 잘 알 수 있다. "근래에 나온 소설 가운데 『천 하룻밤(一千零一夜)』라는 책이 있다. 글은 비록 거칠고 저속하지만 나름대로 문학성을 갖추고 있다." '一千零一夜'는 아마 『아라비안나이트』[12)]의 중국 최초 번역명일 것이다. 또한 책에서는 영국의 대문호 '셰익스피어(沙士比阿)', 시인 '밀턴(彌爾頓)', '스펜서(士達薩)', '드라이든(特彌頓)'의 한역명(漢譯名)도 최초로 언급하고 있다.[13)]

『사주지』는 『해국도지』가 큰 인기를 끌게 되면서 함께 주목 받았다. 우저(吳澤)가 펴낸 『중국근대사학사(中國近代史學史)』에 따르면 도광 21년(1841) 7월 3일 임칙서는 절강에서 양주(揚州)로 가는 도중에 '속죄'[14)]를

---

10) 사청고(謝淸高, 1765-1821). 광동 태생의 선원으로 중국 항해사에 큰 족적을 남겨 중국의 마르코 폴로라 불렸다. 18세 때 처음 탄 배가 조난당했지만 다행히 외국 상선에 구출되어 14년에 걸쳐 세계 각국을 유람했다. 이때의 경험담을 기초로 1820년 『해록(海錄)』을 펴냈다.

11) 양병남(楊炳南)이라는 인물 사적에 관해서는 구체적으로 알려진 바가 없다. 다만 1820년 마카오에서 맹인이 된 사청고를 만나 의기투합하여 함께 『해록』을 펴냈다고 전해진다.

12) 원제는 '알프 라일라 와 라일라(Alf laylah wa laylah)'로 중동 지역의 민담집이다. 한국에서는 '천일야화', 혹은 '아라비안나이트'로 불리며 중국에서는 '천 하룻밤(一千零一夜)' 혹은 '천방야담(天方夜譚)'이라고 한다.

13) 현대 중국어에서는 셰익스피어를 莎士比亞, 밀턴(John Milton)을 彌爾頓, 스펜서(Edmund Spenser)를 斯賓塞, 드라이든(John Dryden)을 德萊頓이라고 표기한다. 저자는 士達薩가 철학자 허버트 스펜서(Herbert Spencer)를 가리키는 것이라 하였지만 역자의 조사에 따르면 이는 착오로 여기서는 영국 시인 에드먼드 스펜서(1552-1599)를 가리킨다.

위해 동하(東河)로 돌아오라는 명을 받는다. 따라서 그는 경구(京口)에서 위원[15]을 만나 번역이 끝난 『사주지』를 건네며 내용을 보완해서 『해국도지』로 편찬해줄 것을 부탁한다.[5] 『해국도지』는 세계역사와 지리적 상황을 기초로 부국강병의 길을 탐색하고 개량주의 사상을 소개한 명저로 근대 시기에 큰 영향을 끼쳤다. 책의 판본만도 십여 종에 달하며 현재 통용되는 것으로는 100권본과 60권본, 그 이전에 나온 50권본 등이 있다. 광서 연간에 나온 『소양현지(邵陽縣志)』에 보면 위원이 『해국도지』 32권을 저술했다는 기록이 있다. 리후(李瑚)의 『위원시문계년(魏源詩文系年)』에도 1844년 『해국도지』 50권이 발행되었다는 대목이 나온다. 『사주지』의 자료는 제3, 5, 7, 13, 14, 20-22, 25-33, 36-43권에 나누어 수록되어 있다. 또한 『사주지』의 자료를 가장 첫머리에 두고 '원본(原本)'이라고 명시했으며 『영길리이정기략(英吉利夷情紀略)』, 『오문기략(澳門紀略)』 등의 관련 자료는 '중집(重輯, 추가된 내용)'이라 하여 『사주지』 뒤에 싣고 있다. 다만 미국을 소개할 때는 브리지먼(裨治文)이 지은 『미리가합성국지략(美理哥合省國志略)』의 제목을 『미리견즉미리가국총기상(彌利堅卽美理哥國總記上)』이라 하여 앞에 두었으며 『사주지』의 내용은 『미리견국즉육내사첩국총기하(彌利堅國卽育奈士迭國總記下)』라 하여 뒤에 배치했다.[16] 안어

14) 1차 아편전쟁에서 대승을 거둔 영국은 아편을 단속한 임칙서의 책임을 물어 처벌을 요구했고 이에 도광제는 임칙서를 면직처리하고 신강 이리(伊犁) 지역으로 유배를 보냈다.

15) 위원(魏源, 1794-1857). 본명은 원달(遠達), 자는 묵심(默深), 묵생(墨生)이며, 호남(湖南) 사람이다. 청대의 계몽사상가, 정치가, 문학가로 '경세치용(經世致用)'의 학문을 중시하였으며 '사이장기(師夷長技)'를 내세워 서양학문을 배울 것을 주장하였다. 주요 저서로는 『해국도지』, 『성무기(聖武記)』, 『황조경세문편(皇朝經世文編)』 등이 있다.

16) 미국의 공식 명칭은 'The United States Of America', 즉 '미합중국'이다. 18세기 말 중국과의 무역을 시도했던 미국 상인들은 '성조기(星條旗, Stars and Stripes)'의 중국어 번역어인 '화기(花旗)'를 사용해 미국을 '화기국(花旗國)'이라 불렀다. 이후 'America'를 음역한 '미례견국(咪例堅國)'이라는 명칭을 사용했는데 여기에는 'United States'에 대한 번역은 고려되지 않았다. 1820년 양병남도 『해록』에서 미국을 '미리간국(咩哩幹國)'이라 하였는데, '咩哩幹(미에리간)'은 'America'의 음역으로 역시 'United States'는 번역하지 않았다. 네덜란드 선교사 칼 귀츨

(按語)에서는 이렇게 쓰고 있다. "책의 순서는 마땅히 원본(『사주지』를 가리킴)을 앞에 두고 추가된 내용을 뒤에 두는 것이 맞다. 그러나 『미리가지(美理哥志)』의 경우 원본에 비해 요점이 일목요연하게 제시되어 있어 앞에 실었다." 증보판인 60권본은 1847년에 출판되었다.

임칙서는 1850년에 세상을 떠났다. 임칙서는 『해국도지』의 출판에 상당한 관심을 가지고 있었을 것이다. 그러나 『해국도지』가 출판된 후 위원이 친구인 등현학,[17] 요영[18] 등에게 책을 보내주었다는 말은 있지만 임칙서가 『해국도지』를 봤다는 기록은 어디서도 찾아볼 수 없다. 따라서 일부 학자들은 『해국도지』의 저자가 임칙서라는 것에 대해 의심을 품고 있다. 임칙서가 저자라면 자신의 저작에 대한 독후감을 남길 필요가 없었다는 것이다. 『해국도지』 서(序)에는 다음과 같은 글이 나온다. "『해국도지』는 어디에 근거한 것인가? 첫째는 전임 양광총독 임칙서가 번역한 서양의 『사주지』에 근거했고, 둘째는 역대 사지(史志)와 명대 이래의 도지(島志), 그리고 최근에 나온 서양 문헌과 지도를 참조했다."[6] 데이비스[19]와 《오문

라프는 그가 주편한 잡지 《동서양매월통기전(東西洋每月統紀傳)》에서 미국을 '아미리가겸합국(亞美利加兼合國)'이라고 표기했다. 이것은 'United States of America'의 최초 번역명이다. 임칙서가 번역한 『사주지』에는 미국을 '彌利堅國, 卽育奈士疊國'이라고 썼는데 이는 'America'와 'United States'에 대한 음역이다.(중국어로 彌利堅은 '미리젠', 育奈士疊는 '위나이스디에'로 발음) 위원의 『해국도지』에는 브리지먼이 중국어로 저술한 『미리가합성국지략(美理哥合省國誌略)』이 『미리견즉미리가국총기상(彌利堅卽美理哥國總記上)』라는 제목으로 실려 있는데 여기서의 '미리가합성국(美理哥合省國)'이 'United States of America'의 전체 번역임에도 불구하고 저자는 여전히 'America'만을 번역한 '彌利堅', '美理哥國'이라는 명칭만 고수하고 있다.(이에 관한 자세한 내용은 張善鵬, 「溯源美國的國家譯名」, 《中外文化交流》 2009年12月, pp.32-35 참조)

17) 등현학(鄧顯鶴, 1777-1851). 자는 자립(子立), 상고(湘皐), 호는 남촌노인(南村老人)이다. 호남(湖南) 신화(新化) 사람이다. 왕부지(王夫之) 연구의 대가로 『선산유서(船山遺書)』를 펴내고 호상(湖湘) 문화의 부흥을 이끌었다.

18) 요영(姚瑩, 1785-1853). 자는 석보(石甫), 호는 명숙(明叔), 전화(展和)이다. 안휘 동성 사람이다. 청말의 역사학자이자 문학가로 동성파의 창시자 중 한 명인 작은할아버지 요내(姚鼐)에게 배웠다. 저서로는 『동명문집(東溟文集)』, 『강유기행(康輶紀行)』 등이 있다.

19) 존 프랜시스 데이비스(John Francis Davis, 1795-1890). 영국의 한학자로 중국명은 德庇時이다. 일찍이 중국으로 건너와서 동인도회사 광주 책임자로 근무했다. 1844년부터 1848년까

월보(澳門月報)》의 주장에 따르면 『해국도지』의 「주해편(籌海篇)」은 임칙서의 저작이다. 왜냐하면 「주해편」의 내용은 모두 해방(海防) 정책에 관한 것으로 이에 대한 지식과 양무 경험이 없는 사람이라면 쓸 수 없는 글이기 때문이다. 린용위도 비슷한 의견을 제시했다. 당시 청조는 아편전쟁 패배 후 체결된 '남경조약'으로 인해 영국 침략자들에 대해 공포를 느끼고 있었다. 따라서 위원은 『해국도지』「주해편」을 지어 쓸데없는 풍파를 일으킬 필요가 없었다. 마찬가지로 신강 이리 지방에 유배되어 있던 임칙서로서도 조심할 수밖에 없었을 것이다. 즉 임칙서가 『해국도지』의 실제 저자이긴 하지만 자신의 이름이 드러나는 것을 꺼려 위원으로 하여금 책을 대신 편찬토록 했다는 것이다. 임칙서가 원한 것은 조정 안팎의 사람들이 『해국도지』를 통해 세계정세에 눈을 뜨고 청조가 쇄국의 국면에서 벗어나는 것이었다.

임칙서가 『사주지』를 번역한 이유는 단지 이 책이 근대 중국인들에게 '서양 정세[夷情]'를 알려주는 세계역사 지리서였기 때문만은 아니다. 임칙서는 동시대인들과 비교해 당시의 세계역사와 지리를 체계적으로 소개할 수 있을 정도의 탁월한 식견을 가지고 있었으며 이는 다른 지식인들이 중국 바깥으로 시선을 돌리는 데 중요한 계기가 되었다. 왕문태[20]의 『홍모번영길리고략』(1841), 진봉형[21]의 『영길리기략』(1841), 하추도[22]의 『삭방

지 제2대 홍콩 총독을 역임했다.

20) 왕문태(汪文泰, ?-?). 자는 남사(南士), 호는 벽산학사(碧山學士)로 청대의 생원이다. 아편전쟁의 정세를 전하기 위해 여러 책의 내용을 편집해 『홍모번영길리고략(紅毛番英吉利考略)』을 펴냈다.

21) 진봉형(陳逢衡, 1778-1855). 자는 이장(履長)으로 청대의 장서가이자 경학자이다. 교감(校勘)과 고거(考據)에 뛰어났고 고사(古史)에 정통했다. 『일주서보주(逸周書補註)』를 펴냈으며 최초로 서양 각국의 도서관 상황을 담은 『영길리기략(英吉利紀略)』을 지었다.

22) 하추도(何秋濤, 1824-1862). 자는 원선(願船)으로 청대의 지리학자이다. 북방 지역 지역의 형세를 연구한 『북요회편(北僥匯編)』과 러시아와의 관계를 다룬 『삭방비승(朔方備乘)』을 펴냈으며 유정섭(俞正燮)의 『아라사사집(俄羅斯事輯)』, 위원의 『해국도지』, 서계여(徐繼畬)의 『영

비승』(1843), 양정단[23]의 『해국사설(1846)』, 서계여[24]의 『영환지략』(1848), 하섭(夏燮)[25]의 『중서기사』(1850) 등은 확고한 경세 의식과 참신한 내용을 기초로 외국 역사 지리를 소개하고 있는 수준 높은 서적들이다. 따라서 청조 말기 '눈을 떠 세계를 보는[開眼看世界]' 시대사조가 일어난 데에는 임칙서가 번역한 『사주지』의 역할이 결정적이었다고 할 수 있다.

환지략(瀛環志略)』의 오류와 실수를 살펴 엄밀하게 변증했다.

23) 양정단(梁廷枏, 1796-1861). 자는 장염(章冉), 호는 등화정주인(藤花亭主人)으로 청대의 사학자이다. 아편전쟁의 패배로 큰 충격을 받은 후 서양 학문에 대한 연구를 시작했다. 1846년 임칙서의 『사주지』의 내용을 보완한 『해국사설(海國四說)』을 펴냈으며, 1848년 영국의 상업과 무역 현황을 다룬 『영길리국기(英吉利國記)』를, 1854년 아편전쟁 기간 광동지역의 저항을 기술한 『이분문기(夷氛聞記)』를 펴냈다.

24) 서계여(徐繼畬, 1795-1873). 자는 송감(松龕), 호는 목전(牧田)으로 청말의 관리이자 지리학자이다. 광동, 복건 순무(巡撫)와 동문관 사무대신을 역임했다. 대표 저서로는 『영환지략(瀛環志略)』이 있다.

25) 하섭(夏燮, 1800-1875). 자는 계리(季理)로 경학, 음운학, 역사에 밝았다. 대표 저서로는 아편전쟁 전후의 대외관계를 기록한 『중서기사(中西紀事)』가 있다.

013

『박물신편(博物新編)』

중국인들의 찬사를 받은 서양 근대 과학기술 도서

1840년대 청말, 중국과 서양의 과학기술 문화 교류가 시작되었을 때, 중국 학술계에는 서양 근대 과학기술을 이해할 수 있는 과학 계몽 서적의 번역이 필요했다. 이러한 필요성을 인지한 사람은 영국 런던회 선교의사 홉슨[1)]이다. 1816년 런던에서 태어난 그는 의학 석사학위를 받은 후 황실 외과학회의 회원이 되었으며 1839년 중국으로 건너와 마카오의 런던 포교회에서 의사로 재직했다. 1843년에는 런던 포교회가 세운 홍콩 병원의 원장이 되었고 광주 서관(西關) 외곽인 금리부(金利埠)에 혜애의관(惠愛醫館)을 설립하였다. 청말 저명인사였던 왕도의 말에 따르면 당시 병원은 의사가 되려는 사람들로 "문전성시를 이루어 문턱이 닳아 없어질 지경이었다. 이로 인해 자연스레 홉슨의 명성도 광동 인사들의 입에 오르내리게 되었다." 왕도는 홉슨에 대해 "겸손하고 친절하며 신중하고 성

1) 벤저민 홉슨(Benjamin Hobson, 1816-1873). 중국의 영국 런던회 소속 선교사로 중국명은 合信이다. 1839년 마카오에 와서 전도활동을 하다 1847년 광주로 건너와 혜애의원(惠愛醫院)을 열고 의료사업과 선교 활동을 병행했다. 서양 의학과 의약 서적을 중국어로 번역한 최초의 인물로 번역한 책으로는 해부학과 생리학 서적인 『전체신론(全體新論)』과 『서의약론(西醫略論)』, 『내과신론(內科新論)』 등이 있다.

실하여 군자의 풍모를 지니고 있다."[1]고 평가하였다. 홉슨은 1857년부터 상해 인제의원(仁濟醫院)으로 옮겨 근무했으며 1859년 퇴임 후 영국으로 돌아가 1873년에 병사했다. 그는 일생 동안 생물학, 해부학, 내 · 외과학, 부인 및 아동위생학 등과 관련된 수많은 서양과학 저작을 중국에 번역 소개했다. 그 가운데 함풍(咸豐) 5년(1855) 상해 묵해서관에서 나온 『박물신편(博物新編)』은 과학 지식에 관한 종합성 계몽 서적으로 출간 이후 엄청난 인기를 끌었다.

책은 모두 3집(集)으로 구성되어 있다. 1집(初集)은 지기론(地氣論), 열론(熱論), 수질론(水質論), 광론(光論), 전기론(電氣論)의 다섯 부분으로 되어 있으며, 기상학(氣象學), 물리학, 화학 등의 기초과학 지식을 소개하고 있다. 이 가운데 화학 부분의 '물질물성론(物質物性論)'에 보면 "세상의 물질은 56개의 원질(즉 화학원소)로 이루어져 있으며 만사만물은 모두 이것으로 만들어져 있다"라는 언급이 나온다. 화학원소가 모두 56종이라고 서술하고 있는 점은 이 책이 19세기 초반 서양 화학의 성과를 그대로 반영하고 있음을 보여주는 것이다. 비록 화학기호를 하나하나 설명하고 있지는 않지만 '양기(養氣. 生氣라고도 하며 현재는 氧氣라고 한다. '산소'를 말한다)', '경기(輕氣. 水田氣라고도 하며 현재는 氫氣라고 한다. '수소'를 말한다)', '담기(淡氣, 현재는 氮氣라고 하며 '질소'를 말한다)', '탄기(炭氣, 현재는 一氧化碳이라고 하여 '일산화탄소'를 말한다)', 그리고 '광강수(磺强水, 火磺油라고도 하며 현재는 硫酸이라고 한다. '황산'을 말한다)', '초강수(硝强水, 水磺油라고도 하며 현재는 硝酸이라고 한다. '질산'을 말한다)', '염강수(鹽强水, 현재는 鹽酸이라고 하며 '염산'을 말한다)'등의 성질과 제조방법에 대해 서술하고 있다. 차오위안위(曹元宇)가 쓴 『중국화학사화(中國化學史話)』에 따르면 이 책은 동문관에서 출판한 『격물입문(格物入門)』보다 13년, 강남제조국(江南製造局)에서 출판한 『화학감원(化學鑒原)』보다 20년이나 일찍 출판된 중국 최초의 화학 관련 서양 서적이다.

1집의 물리학 부분에서는 열능(熱能, 열에너지), 증기기계(蒸氣機), 기차(火輪車), 수증(水甑),[2] 기궤(汽櫃),[3] 냉수궤(冷水櫃),[4] 화로(火爐), 기척(汽尺),[5] 기제(汽制)[6] 등을 소개하고 있다. 광론 부분에서는 빛과 시각의 관계, 빛의 용도, 빛의 분류, 빛의 특성과 발산, 백광(白光)의 분해, 물체의 색깔에 대해 설명하고 있다. 이어서 공중거인(空中巨人),[7] 공중선박[空中船象],[8] 신기루[海市蜃樓], 공중다리[空橋],[9] 해무리[日暈], 달무리[月暈], 무지개, 함석광(鹹汐光),[10] 인광(磷光), 충광(虫光) 등 일상생활에서 흔히 볼 수 있는 광학현상에 대해 분석하고 있다. '빛의 속도[光射之速]'라는 단락에서는 빛의 전파와 시간의 관계, 광속의 개념 등에 대해 소개하고 있다. 비록 이보다 앞서 장복희[11]가 번역한 『광론(光論)』에도 덴마크 과학자 뢰머(Olaus Römer, 1644-1710)가 목성에 의한 위성의 식(食)을 이용해 최초로 '빛의 움직임'을 측정한 내용이 소개되어 있지만, 왕진광(王錦光) 등은 『중국광학사(中國光學史)』에서 『박물신편』의 설명이 훨씬 더 명료하다고 평가하였다.[2] 1집에서는 또 풍력기(風力機), 한서표(寒暑表), 경기구(輕氣球), 잠수복(潛水衣) 등 실용적인 기구도 소개하고 있다.

---

2) '증류기'를 말한다.
3) '보일러'를 말한다.
4) '냉각기'를 말한다.
5) '압력 게이지'를 말한다.
6) '밸브'를 말한다.
7) 석양이 질 무렵 빛의 산란현상으로 인해 공중에 나타나는 환영.
8) 추운 지방에서 공기가 응결할 때 나타나는 환영.
9) '오로라 현상'을 말한다.
10) 바닷물의 짠 성분으로 인해 생기는 빛.
11) 장복희(張福僖, ?-1862). 자는 남평(南坪), 절강 귀안(歸安) 태생이다. 1853년 이선란의 소개로 상해에서 조지프 에드킨스(艾約瑟)와 알게 된 후 묵해서관 번역원이 되어 과학 서작 번역에 매진하였다. 일설에 따르면 1862년 태평군(太平軍)이 호우(湖州)를 공략했을 때 남겨진 노모를 살피기 위해 갔다가 태평군에게 간첩으로 몰려 죽임을 당했다고 한다.

2집은 천문학에 관한 내용이다. 이 부분은 홉슨이 1849년 펴낸 『천문약론(天文略論)』을 수정한 것이다. 목차는 천문약론, 지구론, 주야론, 행성론, 달과 지구의 거리, 태양공전론, 지구행성론, 중성합론(衆星合論) 등으로 구성되어 있으며, 지구 경위(經緯)의 구조, 사대주 각국 토지와 인구, 사계절, 월륜원결(月輪圓缺), 월식, 한사리[潮汛], 수성, 금성, 화성, 소행성, 목성, 토성, 어니나토성(唹㖠呢瘴土星),[12] 혜성, 경성(經星)[13] 등에 대해서 소개하고 있다. 아울러 허셸 망원경과 상한의(象限儀)[14] 등 광학 기구를 그린 삽화가 들어 있으며, 오목거울의 집광(集光), 볼록거울의 산광(散光)과 허초점(虛焦點), 조도(照度) 조절, 핀홀 이미징[小孔成像],[15] 투영의 크기, 환등기, 현미경, 각종 투시경, 볼록 거울 투사상[16] 등 기학학과 광학에 관한 이론을 그림과 함께 설명하고 있다.

3집은 '조수약론(鳥獸略論)'이다. 원숭이, 코끼리, 코뿔소, 호랑이, 표범, 개, 곰, 말, 낙타, 포유류 중 태생어(胎生魚), 매, 무익금(無翼禽), 섭금류(涉水鳥) 등 삼십만 종의 새와 짐승, 그리고 이들을 분류하는 방법을 소개하고 있다. 그는 척추동물을 태생(胎生), 난생(卵生), 어류, 개류(介類)[17]로 나누고 태생동물을 다시 여덟 족(族)으로 나누었다. 이 책이 비록 의학 서적은 아니지만 3집에서 생물에 관한 내용을 많이 다루고 있기 때문에 후대 사람들은 홉슨의 의학적 성과를 말할 때면 자주 이 책을 언급하였다. 천위안[18]은 이렇게 말했다. "『박물신편』은 의학교에서 일반적으로 다루

12) '천왕성'을 말한다.
13) '28수(宿) 별자리'를 말한다.
14) 천체의 고도를 재는 측량 기계이다.
15) 작은 구멍을 통과한 빛이 역상을 맺는 것을 말한다. 영어로는 pinhole imaging이라고 한다.
16) 영어로는 Convex lens imaging이라고 한다.
17) '갑각류'를 말한다.
18) 천위안(陳垣, 1880-1971). 중국의 역사학자, 종교학자, 교육자이다. 베이징대학, 베이핑 사범대학(北平師範大學), 푸런대학(輔仁大學) 교수, 베이징사범대학 총장을 역임했다. 저서로는 『원서역인화화고(元西域人華化考)』, 『교감학석례(校勘學釋例)』 등이 있으며 천인커(陳寅恪),

는 물리, 화학, 동식물학에 관한 서적이다. 『전체신론(全體新論)』은 해부생리학 서적이다. 이 책들을 보지 않고 내 · 외과 학문을 익힐 수는 없다."[3]

『박물신편』이 담고 있는 내용은 명말청초의 예수회 선교사들이 소개한 서양 과학지식의 수준을 뛰어넘고 있었다. 어떤 학자는 이렇게 말했다. "마테오 리치 등이 격치서(格致書)를 저술한 후 200여 년이 지났다. 그 동안 서양 격치는 크게 발전했지만 중국은 그렇지 못했다. 이 책을 얻음으로써 지나간 200년 동안 알지 못했던 새로운 이치를 알게 되었다."[4] 『박물신편』의 번역 출간은 중국의 과학자와 지식인들에게 큰 영향을 미쳤다. 왕도는 이 책에 대해 다음과 같이 평가했다. "문장이 간결하고 의미가 분명하여 막힘이 없다. 격치를 중시하는 학자라면 반드시 이 책을 모범으로 삼아야 한다."[5] 후에 근대 과학기술계에 이름을 날린 서수[19]와 화형방[20]도 이 책을 읽고 말하길 "마음에 기쁨이 가득하여 (저자를) 깊이 흠모하게 되었다"고 하였다.[6] 서수는 이 책을 무석(無錫)의 고향에 가져가 책에 나온 대로 실험기구와 약품을 구매해 실험과 실습을 진행했다. 이를 통해 다양한 화학지식을 습득하였을 뿐만 아니라 기존 화학실험의 수준도 향상시킬 수 있었다. 또한 실험과 이론 학습을 병행한 결과 나침반, 상한의, 온도계 등 여러 종류의 물리화학 기구를 자체 제작할 수 있게 되

뤼스몐(呂思勉), 첸무(錢穆)와 함께 '사학 사대가(史學四大家)'로 불린다.

19) 서수(徐壽, 1818-1884). 자는 생원(生元), 호는 설촌(雪村)이다. 강소 무석 사람이다. 청말의 과학자로 중국에 서양 근대 화학을 적극적으로 소개했으며 화학원소의 한자명(漢字名)을 만들었다. 상하이 강남제조총국(江南制造總局) 번역관(翻譯館)의 서양 과학기술서적 번역 사업과 중국 최초의 과학기술 잡지인《격치휘편(格致彙編)》의 창간에 참여했다. 주요 저서로는『화학감원(化學鑒原)』,『화학고질(化學考質)』,『서예지신(西藝知新)』 등이 있다.

20) 화형방(華蘅芳, 1833-1902). 자는 약정(若汀)으로 강소 무석 사람이다. 청말의 수학자이며 과학자, 번역가이다. 증국번(曾國藩) 막하에서 서수와 함께 군사 무기를 개발했으며 중국 최초의 전함인 황곡호(黃鵠號) 제작에 참여했다. 수학에 관한 수많은 저역서를 남겼으며 주요 저서로는『수근술해(數根術解)』,『대수학(代數學)』,『미적삭원(微積溯源)』,『지학천석(地學淺釋)』 등이 있다.

었다.[7] 아울러 직접 제작한 실험기구로 가설과 결론을 검증하기도 했다. 존 프라이어[21)]는 「강남제조총국번역서서사략(江南製造總局翻譯西書史略)」에서 서수가 실험에만 그친 것이 아니라 새로운 이론을 도출하고 이에 근거해 또 다른 실험을 진행했다고 쓰고 있다. 프라이어는 강남제조국 번역관에서 근무할 때 영국의 『태서대류편서(太西大類編書)』(즉 『브리태니커 백과사전』)를 구매하도록 건의하는 등 서양 근대 과학기술을 중국에 소개하는 데 온 힘을 쏟았는데 이런 활동의 이면에는 홉슨의 『박물신편』이 미친 영향이 컸다.

『박물신편』은 나중에 일본으로도 전래되었다. 일본 막부말기의 저명 양학자(洋學者) 야나가와 슌산[22)]이 1861년 한문으로 출판한 『횡빈번창기(橫濱繁昌記)』의 「박래서적(舶來書籍)」 장에 보면 홉슨이 지은 『박물신편』, 『전체신론』, 『내과신설(內科新說)』, 『서의약론(西醫略論)』, 『부영신설(婦嬰新說)』 등을 근간(近刊) 한문 서양 서적으로 소개하고 있다. 뿐만 아니라 『박물신편』은 일본 학자들에 의해 서학 경전으로 받들어지며 상세한 주석본까지 출간되었다. 겐지(元治) 원년(1864) 가을에 나온 요로자헤

---

21) 존 프라이어(John Fryer, 1839-1928). 영국 성공회 선교사로 중국명은 傅蘭雅. 1861년 홍콩을 통해 중국에 온 후 북경 동문관 영어교습, 상해 영화학당(英華學堂) 교장, 《상해신보(上海新報)》 편집장을 역임했다. 1868년부터 상해 강남제조국 번역관에서 28년간 번역원(飜譯員)으로 재임하며 서양 과학기술 서적 번역에 매진하였다. 그가 중국에 있는 동안 번역한 서양 서적은 모두 129종이며 그 가운데 제조국에 있을 때 번역한 것이 113종이나 된다. 1876년 근대 과학기술 교육기관인 '격치서원(格致書院)'과 서점 '격치서실(格致書室)'을 설립하였고 자비로 중국 최초의 근대 과학잡지《격치휘편(格致彙編)》을 창간하였다. 청일전쟁의 패배와 '양무운동(洋務運動)'의 실패를 겪은 후 1896년 미국으로 건너가 캘리포니아대학 동방언어문학과 교수로 재직하다 1928년 미국에서 생을 마감했다. 주요 저서로는 『결의수학(決疑數學)』, 『대수술(代數術)』, 『미적소원(微積溯源)』, 『성학(聲學)』, 『전학(電學)』, 『화학감원(化學鑒原)』, 『물체우열개역기(物體遇熱改易記)』, 『조선전서(造船全書)』, 『서약대성(西藥大成)』, 『법률의학(法律醫學)』, 『격물도설(格物圖說)』, 『격치수지(格致須知)』, 『치심면병법(治心免病法)』 등이 있다.

22) 야나가와 슌산(柳河春三, 1832-1870). 메이지 초기의 양학자(洋學者)로 영어, 프랑스어, 네덜란드어에 능통했다. 서양의 포술(砲術)과 의학을 전공했으며 막부 시기 서양 학술과 번역의 주요 거점이었던 가이세이쇼(開成所)의 교수를 역임했다. 1867년 일본 최초의 잡지인 《서양잡지(西洋雜誌)》를 창간하였고 '잡지(雜誌)'라는 용어를 최초로 사용하였다.

이시로(万屋兵四郎)[23]판 『관판박물신편(官板博物新編)』훈점(訓點) 번각본(飜刻本)에서는 이 책을 물리화학, 천문, 동물 방면의 입문서라고 소개하고 있다. 메이지(明治) 3년(1870) 10월에는 오모리 슈조(大森秀三)가 역해(譯解)한 『박물신편역해(博物新編譯解)』본이 출간되었고, 오바타 도쿠지로(小幡篤次郎, 1842-1905)는 1868년 『박물신편보유(博物新編補遺)』를 써서 이듬해 게이오 기주쿠(慶應義塾)[24]본으로 쇼코도(尙古堂)에서 출판했다. 메이지 6년(1873)에는 3집과 보유의 합간본(合刊本)이 나왔다. 메이지 7년(1874)에 출간된 3권본은 구루메의학원(久留米醫學院)의 교과서로도 사용되었다. 오바타 도쿠지로는 오이타현(大分縣) 시모게군(下毛郡) 나카츠 덴쵸우(中津殿町)에서 태어났다. 1857년 한코(藩校)[25] 진수관(進修館)에 들어가 한학을 공부했고, 1864년 동생 오바타 진사부로(小幡甚三郎)와 함께 에도(江戶)의 영학숙(英學塾)[26]에 들어가 후쿠자와 유키치[27]에게 배웠다. 1866년 동생과 함께 후쿠자와 유키치를 도와 게이오 기주쿠를 운영했으며, 영국학자 웨이랜드[28]의 『경제론(經濟論)』[29]을 번역하

23) 1818년부터 1894년까지 문을 연 메이지 시기의 유명 서점으로 '후쿠다 다가노리(福田敬業)'라고도 한다. 주로 한역 서양 서적을 취급했으며, 이가쿠쇼(醫學所)와 가이세이쇼에서 나온 번역서를 해외에 판매하기도 했다.

24) 일본 근대 시기의 계몽사상가 후쿠자와 유키치(福澤諭吉)가 개설한 근대 양학(洋學) 교육기관이자 일본에서 가장 오래된 대학으로 게이오대학의 전신이다. '의숙(義塾)'은 Public School(의연금으로 설립한 학교)의 번역어이며 설립 당시(1868년)의 연호인 '게이오(慶應)'를 붙여 게이오기주쿠(慶應義塾)이라는 명칭을 만들었다.

25) 에도시대에 각 번에서 번사의 자제를 교육하기 위해 설립한 학교.

26) 영어 서적으로 교육한 학원을 말한다.

27) 후쿠자와 유키치(福澤諭吉, 1835-1901). 일본 근대 계몽 사상가이자 교육가로 메이지 유신에 큰 영향을 미쳤으며 일본 근대화의 아버지로 불린다. 막부 철폐와 구습 타파를 주장하였고 자유주의 사상과 공리주의 가치관에 기초한 부국강병론을 제시하였다. 게이오 대학(慶應大學)을 설립했으며 유길준의 스승으로도 알려져 있다. 일본 1만 엔 지폐에 초상화가 그려져 있다. 대표 저서로는 『서양사정(西洋事情)』, 『학문의 권유(學問のすすめ)』, 『문명론 개략(文明論之概略)』 등이 있다.

28) 프랜시스 웨이랜드(Francis Wayland, 1796-1865). 교육자이자 경제학자이며 미국 최초의 침례교 목사이다.

29) 원제는 'Political Economy'이다.

고 『영문숙어집(英文熟語集)』(尙古堂1868年版)을 출간했다.[8] 『박물신편』은 그들에게 깊은 인상을 남겨주었다. 비록 이 책이 '궁리의 단서[窮理的端倪]' 정도만 담고 있을 뿐 '물리의 규명[物理推究]'이라는 측면에서는 상대적으로 부족했음에도 당시 일본이 필요로 하는 '격물궁리의 중요 서적'이라는 점에는 의심의 여지가 없었다. 도쿠지로는 여기에 만족하지 않고 영국 학자 체임버스(William Chambers, 1800-1883)가 쓴 종합성 소책자 『만학소인(萬學小引)』(Introductions to the Science) 가운데 천문지리와 격물궁리, 동식물에 관한 내용만 뽑아 세 권의 책으로 만들었다. 이 책은 '서양 문명개화'의 새로운 성과들을 담고 있다. 그는 홉스의 『박물신편』에 경의를 표시하는 의미로 이 번역서의 이름을 『박물신편보유(博物新編補遺)』라고 붙였다.[9] 상권은 8절(節)로 되어 있는데 1. 세계광무론(世界廣袤論), 2. 항성론(恒性論), 3. 태양계통론(太陽系統論), 4. 지구혹성론(地球惑星論), 5. 달 및 월식일식론(月弁月蝕日蝕論), 6. 물량 및 인력동력론(物量及引力動力論),[30)] 7. 지질론(地質論), 8. 지구 및 외형론(地球弁外形論)이다. 중권은 9절이며 1. 온도론(溫論), 2. 동결 및 빙설론(凍冱弁氷雪論), 3. 광론(光論), 4. 마찰력 및 자석론(越歷力弁磁石論)[31)], 5. 분위기론(雰圍氣論), 6. 풍론(風論), 7. 수증기 및 운우론(水蒸氣弁雲雨論), 8. 수론(水論), 9. 제원소 및 취합론(諸元素及聚合論)이다. 하권은 5절이며 1. 식물론(植物論), 2. 동물론(動物論), 3. 인종론 및 강감(人種論及綱鑑), 4. 인체론(人體論), 5. 인성론(人性論)이다. 목차를 통해 이 책이 『박물신편』의 영향을 크게 받았음을

---

30) 『박물신편보유』 목차에는 '地量及引力動力論'이라 되어 있지만 본문의 제목에는 '物量及引力動力論'으로 되어 있다. 내용도 '物質'에 관해 주로 언급하고 있어서 목차의 '地量'은 오기(誤記)로 보인다.

31) '越歷'은 일본어로 '에레키'라 발음하는데 '전기'를 뜻하는 네덜란드어 'Elektriciteit'의 일본어 발음 '에레키데리세이리테이'에서 온 것으로 보인다. 책에서는 주로 마찰력에 관해 다루고 있어서 여기서도 '마찰력'으로 옮겼다.

알 수 있다. 1876년 일본에서는 고무로 세이치(小室誠一)의 일본어 역주본 『오두박물신편(鼇頭博物新編)』이 유서서옥(柳絮書屋)에서 출판되기도 했다.

서양과의 문화교류가 점점 활발해짐에 따라 중국인들은 『박물신편』의 내용만으로 만족하지 못했다. 따라서 『담천(談天)』, 『지학천석(地學淺釋)』, 『화학감원(化學鑒原)』, 『광학(光學)』 등의 책이 잇달아 번역 출간되게 된다. 그러나 청말 중서 교류사에 있어서 『박물신편』의 위상은 다른 어느 책보다 낮지 않다. 종샤오화(鍾少華)는 『인류지식의 신공구(人類知識的新工具)』의 「청말 백과전서의 유래」라는 장에서 『박물신편』에 대해 "새로운 지식을 모아놓은 참고서"라고 평가하였다.[10] 숑웨즈(熊月之)[32)]는 책의 내용이 상당히 구체적이며 "근대 서학동점사에서 최고 수준"[11]이라고 말했다. 넓은 의미에서 보자면 『박물신편』에 대한 이런 평가가 전혀 과한 것이 아님을 알 수 있다.

---

32) 숑웨즈(熊月之, 1949-). 쑤저우대학(蘇州大學) 역사과를 졸업하고 화둥사범대학(華東師範大學) 역사과에서 석사학위를 받았다. 상하이 지역사와 중서 문화 교류사 등을 연구하였다. 상하이 사회과학원 부원장 등을 역임하였다. 저서로는 『중국근대민주사상사(中國近代民主思想史)』, 『서학동점과 만청사회(西學東漸與晚淸社會)』, 『상해통사(上海通史)』 등이 있다.

014

『대수학(代數學)』

중국에 번역된 최초의 서양 대수학 서적

명말 청초 『기하원본』과 『동문산지』의 번역이 서양 근대 수학 및 기하학 전래의 시작을 알리는 것이었다면 1859년 이선란과 영국 선교사 알렉산더 와일리가 번역한 『기하원본』 후반부 9권은 서양 근대 기호 수학이 중국에 처음 전파되는 데 계기가 되었다 할 수 있을 것이다.

『대수학』의 원저자는 영국의 수학자 드 모르간[1]이며, 원작은 1885년 저술한 『대수초보(代數初步)』이다.[2] 책에서는 주로 초등대수 및 지수함수(指數函數), 대수함수(代數函數)와 멱급수(冪級數) 전개식에 대해 설명하고 있다. 번역본은 모두 14권인데 강령에 해당하는 1권을 제외하고 2권부터의 내용은 다음과 같다. 1. 1차 방정식(一次方程), 2. 대수와 수, 그리고 수학 부호의 다름(代數與數和數學之記號不同), 3. 연립 1차 방정식(多

1) 오거스터스 드 모르간(Augustus de Morgan, 1806-1871). 영국의 수학자이자 논리학자로 현대 기호 · 수리 논리학을 발전시켰다. 수리 집합론이나 논리학에서 여집합(餘集合), 합집합(合集合), 교집합(交集合)의 관계를 기술하여 정리한 드 모르간의 법칙을 만들었다.

2) 한자어 '代數學'은 algebra의 번역어로 수를 x, y와 같은 문자기호로 대체하는 연산이라는 뜻이다. '代數'라는 말은 알렉산더 와일리가 1853년 펴낸 『수학계몽(數學啓蒙)』에서 처음 사용되었으며 이선란과 『Elements of Algebra』를 번역하며 중국어 제목을 '代數學'이라 하였다.

元一次方程), 4. 지수 및 대수식 변화의 법칙(指數及代數式漸變之理), 5. 1차, 2차식의 의미와 2차 방정식의 수학적 풀이(一次二次式之義及二次方程之數學解), 6. 극한 및 변수(限及變數), 7. 대수식의 종류 및 연산방법(代數式之諸類並約法), 8. 급수 및 미정계수(級數及未定之系數), 9. 대수와 산술에서 등식의 차이(代數與數學之相等不同), 10. 함수기록법(紀函數法), 11. 이항정리(合名法), 12. 지수와 로그급수(指數對數之級數), 13. 산술의 첩경, 대수(對數爲算術之捷法). 이선란과 와일리는 '대수학(代數學)', '수학(數學)', '공론(公論)', '횡축(橫軸)', '종축(縱軸)', '한(限)' 등 여러 번역어를 만들어 냈는데 '방정식(方程式)', '극대(極大)', '극소(極小)', '무궁(無窮)', '근(根)', '방(方)' 등은 현재까지도 널리 사용되고 있다.

『대수학』은 내용이 비교적 간략하지만 새로운 이론을 적지 않게 포함하고 있다. 우선 최초로 허수(虛數)에 대해 언급하였다. $\sqrt{T-}(\sqrt{-1})$, $\sqrt{T=}(\sqrt{-2})$, 등 '여러 수'들은 "아무 의미가 없고 불합리하지만 그것의 풀이[解]와 쓰임은 합리적이어서 응용도가 높고 상당히 유용하다."(卷四) 책에서는 또 수열의 극한과 무리수(당시에는 '無理數'라는 용어가 없었다)에 대해서도 언급하고 있다. 직선을 이용해 1차 방적식을 표시하였고 선형 방정식에서 몇 개의 직선을 동일 직각 좌표에 두고 방정식의 해를 구하기도 했다(卷三). 특히 $\frac{0}{丙}(\frac{C}{0})$, $\frac{0}{0}(\frac{0}{0})$, 甲^0(a^0) 등에서 0을 제수(除數)[3]로 사용할 수 없다는 것을 실례를 들어 설명했다(卷六). 함수를 '대수함수[代數常式]'와 '초월함수[越式]'의 두 가지로 나누었고(卷七), 무한급수 및 수렴성 문제도 다루었다(卷八). 함수의 기록법(卷十)과 이항식정리(二項式定理)(卷十一)에 대해서도 설명하였다.

번역서에서는 ×, ÷, =, ( ), $\sqrt{\ }$, 〈 〉 등의 수학 기호를 사용하고 있지만

3) 나눗셈에서 어떤 수를 나누는 수.

세계적으로 통용되는 아라비아 숫자는 아직 보이지 않고 一, 二, 三, 四, 五, … ○ 등의 한자 기수(記數) 부호를 사용하고 있다. 아울러 천간(天干, 즉 甲, 乙, 丙, 丁 등), 지지(地支, 즉 子, 丑, 寅, 卯 등)에 천(天), 지(地), 인(人), 물(物)의 네 글자를 더해 26개의 영문 알파벳을 표시하였다. 또한 각각의 글자에 口 방(旁)을 붙인 呷, 吃등의 글자로 대문자를, 28성수(星宿, 즉 角, 亢, 氐, 房 등)로 그리스어의 α, β, γ등을 표시하였다. π(圓周率)을 '周'로 표시하고 전서(篆書)에서 '上', '下'를 의미하는 ⊥과 ⊤으로 더하기와 빼기를 표시해 한자 十, 一과 혼동하지 않도록 했다. 함수부호 f 는 '函'으로 표시했고, 네이피어(John Napier) 상수 e를 '訥'로, 총합 Σ는 '㗊'로 표시했다. 분수는 이지조와 마테오 리치가 『동문산지』를 번역하면서 사용한 방법에 따라 분모를 위에, 분자를 아래에 표기했다.[1] 이러한 표기 방식은 오늘날과 크게 다른 것이다.

중국 전통 수학인 '중국산술[中算]' 표기법이 서양 근대 수학 기호로 완전히 대체된 것은 필연적인 일이었다. 중국은 오랜 기간 동안 쇄국 정책을 고수했기 때문에 단번에 서양 기호 체계로 바꾸는 것이 더 용이할 수 있었다. 그러나 정서적인 측면에서 보자면 이런 국면은 사대부들이 쉽게 받아들일 수 없는 것이었다. 따라서 오랜 고심 끝에 이선란이 선택한 보류(保留)와 변통(變通)의 방식은 서양 과학 지식을 전달하는 데 최선의 선택이었으며 이로 인해 이 책은 오랫동안 영향력을 발휘할 수 있었다. 1860년대에 왕도는 『옹유여담(瓮牖餘談)』 권5에서 『대수학』과 『속기하원본』, 그리고 『대미적습급(代微積拾級)』 등을 높이 평가하며 이렇게 말했다. 이 책은 "역법(曆法)의 대략을 깊이 탐구해 주인(疇人)[4]들에게 학문의 첩경

4) 옛날 천문 · 역법 · 수학을 전문적으로 연구하던 사람을 말한다.

을 제시해 주었다. 서군청(徐君青), 대학사(戴鶴士), 이임숙[5]과 같은 유명 인사들의 학문도 이 책의 범위를 벗어나지 못한다."[2] 1889년 격치서원(格致書院) 학생 손유신[6]은 '서양 격치학과 최근 출간된 번역서의 득실과 핵심을 상세히 논하라(泰西格致之學與近刻翻譯諸書詳略得失何者爲要論)'는 서원 시험 문제의 답안에서 『대수학』에 대해 이렇게 평가했다. "책의 내용이 상세하고 훌륭하나 인쇄량이 많지 않은데다 모두 팔려나가 현재는 구할 수 없으니 안타까울 뿐이다." 이 말을 통해 볼 때 당시 책의 인기가 대단했음을 알 수 있다. 그는 책을 읽은 후의 감상을 다음과 같이 쓰고 있다. "대수학은 매우 유용한 학문으로 천문, 화기(火器), 항해, 축성(築城), 광학, 역학[重學], 측량, 제도[繪圖] 등에서 대수를 이용해 계산할 수 있다. 대수학은 중국의 천원술(天元術)[7]과 다르다. 이미 알고 있는 수[旣知數]로부터 모르는 수[未知數]를 추산해 내니 유용성이 매우 크다."[3] 얼마 후 화형방과 영국 선교사 프라이어가 하이머스(John Hymers, 1803-1887)의 『삼각수리(三角數理)』(Treatise on Plane and Spherical Trigonometry)와 월리스(W. Wallace)의 『대수술(代數術)』(Algebra)을 번역했고, 조원익[8]도 프라이어와 함께 모간의 『수학리(數學理)』를 번역했다. 가보위[9]는 『현절대수표』, 『팔

---

5) 세 사람 모두 청대의 뛰어난 천산학가(天算學家)이다. 이임숙(李壬叔)은 이선란을 가리킨다.

6) 『격치서원과예(格致書院課藝)』에서는 손유신(孫維新)에 대해 산동 등주(登州) 사람으로 등주부 생원(登州府生員)이라고 소개하고 있다.

7) 중국 전통 산법을 말한다.

8) 조원익(趙元益, 1840-1902). 자는 정함(靜涵), 호는 고재(高齋)로 청말민초의 장서가, 번역가이다. 당시 가장 규모가 큰 서양 의학서적인 『서약대성(西藥大成)』과 중국 최초의 서양 법의학 서적 『법률의학(法律醫學)』을 번역했다. 이 외에도 『유문의학(儒門醫學)』, 『광학(光學)』을 지었다.

9) 가보위(賈步緯, 1840?-1903). 자는 징(徵), 호는 심구(心久)로 청대 저명 천문 산학가이다. 이선란에게서 수학을 배워 평생 동안 서양 천문학 및 수학 서적 번역에 매진했으며 중국 최초로 서양 계산기를 들여왔다. 주요 저서로는 『전리인몽(纏離引蒙)』, 『교식인몽(交食引蒙)』, 『만년서(萬年書)』 등이 있고 번역한 책으로는 『항해통서(航海通書)』, 『항성표(恒星表)』, 『현절대수표(弦切對數表)』 등이 있다.

선대수간표(八線代數簡表)』를 편역했고, 꾸청[10]은 하디(A. S. Hardy)의 『사원원리(四原原理)』(Elements of Quaternions)를 번역했다. 모두 정도는 다르지만 이선란의 번역 방식을 채택하였다. 1890년 매티어[11]는 추립문[12]과 함께 번역한 『대수비지(代數備旨)』에서 처음으로 아라비아 숫자와 '+', '−'를 쓰기 시작하였으나 여전히 '天', '地' 등으로 미지수를 표시하거나 '甲', '乙' 등으로 기지수(旣知數)나 기하점(幾何點)을 표시했다.

『대수학』의 영향은 최소한 40여 년 이상 지속되었다. 1898년 화형방의 제자 정영(程英)은 책의 재판 발문에서 다음과 같이 말했다. 이 책은 "식 만들기, 풀이, 증명, 이항정리 등에 대해 상세히 설명하고 있다. 감춰진 도리를 깊이 탐구하여 의미를 분명하게 밝혔으며 이미 알고 있는 하나를 미루어 다른 하나를 알 수 있도록 하였다. 성심으로 법도를 따라 조화의 비밀을 밝힘으로써 학문의 지름길을 제시해주었으니 실로 산학가에게 없어서는 안 될 책이다." 그는 화형방의 지도를 받아 초판의 오류를 꼼꼼하게 교정하였다. 장세준(張世準)은 개정판 서문에서 이렇게 말했다. "서양 열강이 부강한 까닭은 광화전기성중(光化電汽聲重) 등의 학문이 발전했기 때문이다. 모든 학문의 근본은 산학에 있으며 그중에서도 대수는 산학의 정수라 할 수 있다. 쓰임이 광범위할 뿐만 아니라 여러 학문을 이

---

10) 꾸청(顧澄, 1882-1947?). 우시(無錫) 태생으로 경사대학당(京師大學堂) 산학관(算學館) 교수를 역임했다.

11) 캘빈 윌슨 매티어(Calvin Wilson Mateer, 1836-1908), 중국명은 狄考文. 미국 기독교 장로회 선교사이며 교육가, 번역가, 중국 근대 과학교육의 선구이다. 1863년 상해에 와서 이듬해 산동 지역으로 간 후 그곳에서 45년간 선교와 교육 사업에 매진했다. 중국 최초의 현대식 교육기관인 문회관(文會館)과 지루대학(齊魯大學)의 전신인 광문대학(廣文大學)을 설립했다. 과학 대중화에도 힘을 쏟았고, 노년에는 성경 번역에 몰두하여 현재까지 통용되는 '화합본(和合本)'을 완성시켰다.

12) 추립문(鄒立文, ?-?). 자는 헌장(憲章)으로 산동 평도(平度) 사람이다. 청말의 수학자 겸 번역가로 미국 선교사 매티어와 함께 『필산수학(筆算數學)』, 『대수비지(代數備旨)』, 『형학비지(形學備旨)』 등을 번역했다.

어주니 사다리 같은 존재이다. … 이 책은 광화전기성중의 오묘함을 탐구하여 중국 학문의 부족한 점을 보완해준다. 책의 유익함이 이처럼 클진대 어찌 중국이라고 그 혜택을 받지 못하겠는가. 나라의 부강을 위해 힘쓰는 자들에게 읽기를 권하는 바이다."[4] 1872년 일본의 다카스키 신사쿠(高杉晉作)와 나카무타 구라노스케(中牟田倉之助)가 『대수학』을 일본어로 번역 출판한 후 많은 대수학 개념들이 일본에서도 널리 유행하게 되었다.

015

『담천(談天)』

근대 과학 방법론을 강조한 천문학 도서

『담천』의 원작은 영국의 저명 천문학자 존 허셜(John Herschel, 1791-1871)이 저술한 『천문학강요(天文學綱要)』(Outlines of Astronomy)이다. 이 책은 1849년 출간된 후 큰 인기를 끌었다. 1851년 이선란과 알렉산더 와일리는 1851년 출간된 신판을 저본으로 삼아 상해에서 번역 출판하였고, 15년 후인 1874년 서건인[1)]은 1871년판에 새로 추가된 내용을 보완해서 강남제조국에서 개정판을 출간하였다.[1]

『담천』은 모두 18권으로 겉에는 표와 권수례(卷首列)가 붙어 있다. 각 권의 제목은 다음과 같다. 1권 논지(論地), 2권 명명(命名), 3권 측량지리(測量之理), 4권 지리(地理), 5권 천문도(天圖), 6권 일전(日躔),[2)] 7권 월리(月離),[3)] 8권 동리(動理), 9권 제행성(諸行星), 10권 제월(諸月), 11권 혜성

1) 서건인(徐建寅, 1845-1901). 자는 중호(仲虎)로 강소 무석 사람이다. 중국 근대 화학 및 조선 공업의 선구인 부친 서수의 영향으로 어려서부터 자연과학을 좋아했다. 1879년 독일, 영국, 프랑스 등을 방문하고 돌아온 뒤 금릉기기국(金陵機器局)에서 신식 기술을 도입해 총포를 제작했다. 유신변법에 참여했으며 1901년 화약 실험 중에 사고로 순직했다. 저역서로는 『조선전서(造船全書)』, 『병학신서(兵學新書)』『화학분원(化學分原)』 등이 있다.

2) 황도(黃道)상에서 태양이 지나는 각각의 지점.

3) 달의 운동.

(彗星), 12권 섭동(攝動),[4] 13권 타원제근지변(橢圓諸根之變), 14권 축시경위도지차(逐時經緯度之差), 15권 항성(恒星), 16권 항성신리(恒星新理), 17권 성림(星林), 18권 역법(曆法). 이 책은 코페르니쿠스의 학설을 포함해 서양 근대 천문학의 전반적인 내용을 소개하고 있으며, 은하의 신기한 모습과 별자리 분포, 변성(變星), 신성(新星), 쌍성(雙星), 성단(星團), 성운(星雲) 등에 대해서도 설명하고 있다. 특히 쌍성 변화이론을 실제 관측 결과와 비교 분석한 내용은 매우 뛰어나다. 또한 태양계 구조와 행성의 운동, 만유인력 법칙과 광행차(光行差),[5] 태양 흑점 이론, 행성 섭동 이론(궤도 근수 섭동의 기하학적 풀이 등을 포함), 혜성 궤도 이론 등도 담고 있다.

코페르니쿠스의 태양 중심설은 『담천』에서 최초로 언급한 것은 아니다. 일찍이 건륭 연간에 중국에서 활동한 선교사 베누아[6]는 『곤여전도설(坤輿全圖說)』에서 다음과 같이 소개한 적이 있다. "코페르니쿠스는 태양을 우주의 중심에 두었다. 태양에서 가장 가까운 곳에 수성이 있고, 그 다음이 금성, 다음이 지구, 화성, 목성, 토성이 있다. 달은 지구 주위를 돌고 있다. … 오늘날 서양의 천문학은 코페르니쿠스의 이론에 기초해 태양과 달, 별의 운동을 추산한다."[2] 그러나 중국의 사대부들은 서양 과학기술 성과란 중국 고대의 과학 방법이 서양에 전해진 결과일 뿐이라고 주장한다. 베누아의 약전(略傳)을 쓴 완원은 다음과 같이 말했다. "서양 이론 가

---

4) 태양계의 천체가 다른 행성의 인력으로 말미암아 타원 궤도에 약간의 변화를 일으키는 현상.

5) 지구의 자전, 공전 운동 때문에 지구상의 한 점에서 바라본 천체의 시선 방향이 천구 상에서의 실제 위치와 다르게 보이는 현상.

6) 미셸 베누아(Michel Benoist, 1715-1774). 중국명 蔣友仁. 프랑스 예수회 선교사 겸 천문학자, 지리학자, 건축학자. 1744년 마카오를 통해 중국에 온 이후 건륭제의 초청을 받아 수학가의 신분으로 북경에 왔다. 선교활동과 동시에 틈틈이 중국어를 익혀 『서경(書經)』을 라틴어로 번역했는데 최고의 수준으로 평가받는다. 1747년 카스틸리오네(Giuseppe Castiglione, 중국명 郎世寧) 의 추천으로 원명원(圓明園)의 부속 정원인 장춘원(長春園)에 서양식 건축물과 인공분수 등을 만드는 작업에 참여하였다. 서양식 세계지도인 '곤여전도(坤輿全圖)'를 제작했으며, 코페르니쿠스의 태양중심설, 케플러의 행성운동법칙, 태양 흑점 등을 소개하였다.

운데 상당수는 우리 중국의 이론과 학설을 가져다 슬그머니 이름만 바꾼 것이다."[3] 그는 공개적으로 태양 중심설을 비판했다. "고대 천문가들이 칠정(七政)[7)]의 운행을 정리하여 일전(日躔)의 영축(盈縮)[8)]을 말하고, 월리(月離)의 지질(遲疾)[9)]을 말하였으며, 오성(五星)의 순유복역(順留伏逆)[10)]을 말하였다. 그러나 영축, 지질, 순유복역의 원리에 대해서는 말하지 않았다. 천도(天道)란 깊고 은미하여 사람의 힘으로는 엿볼 수 없다." "마땅히 그러하다는 것[當然]만 말하고 왜 그런지[所以然]에 대해 말하지 않은 것은 말에 신중을 기하기 위해서였다." 그는 코페르니쿠스를 비판하며 다음과 같이 말했다. "제대로 알지 못하는 자들이 영축, 지질, 순유복역의 원리에 대해 말한다. 아득하고 창망한 하늘의 움직임에 대해 그처럼 잘못 생각하고 있으니 참으로 크게 미혹되었다 하겠다." "지구가 움직이고 태양이 멈추어 있다"는 태양 중심설을 주장하는 것은 "상하(上下)가 바뀌고 동정(動靜)이 도치(倒置)된 것으로 이처럼 그릇된 도리를 가르쳐서는 안 될 것이다."[4] 『담천』이 강조한 것은 근대 과학 방법론으로 이는 완원이 말한 "당연만을 말하고 소이연을 말하지 않는" 것과는 완전히 다른 것이다. 미국의 우주 과학자 해럴드 유리(Harold Clayton Urey, 1893-1981)가 말한 것처럼 코페르니쿠스 학설의 의의는 "천여 년 동안 이어져 내려온 태양계에 관한 생각을 무너뜨리고 행성과 태양의 관계에 대한 새로운 관점을 제시함으로써 체계적인 현대 과학 사상방법을 만들어냈다"[5]는 데 있다.

『담천』 서두에는 다음과 같은 말이 나온다. "학문의 요체는 관습과 풍

---

7) 해, 달, 화성, 수성, 목성, 금성, 토성.
8) 태양의 운동이 빨라지거나 느려지는 현상.
9) 달의 운동이 빨라지거나 느려지는 현상.
10) 별의 순행과 역행 및 순행에서 역행, 역행에서 순행으로 가는 과정에서 잠시 머무는 것 등을 말함.

문에서 유래한 근거 없는 말들을 따르지 않고 새로 알게 된 사실을 성실히 연구하여 격치의 방법으로 만물의 이치를 해석하는 데 있다. (그것은) 눈으로 본 것과는 크게 다르다. 만물의 이치를 알기 위해서는 보는 것과 배우는 것을 병행해야 하며 그런 후에야 과거의 몽매함에서 벗어날 수 있다. 과거에는 진리를 탐구하기보다 관습과 구설(舊說)에 얽매인 경우가 많았다. 따라서 학문에 임하는 사람은 먼저 근거 없는 망상을 버려야 한다. 모든 이치는 격물을 통해 정해지니 비록 과거의 이론과 어긋나는 점이 있다 해도 반드시 진리에 의지해 근거를 도출해야 한다. 이것이 바로 마음을 다스리는 길(練心之門)이요 박학으로 나아가는 계단이다(博學之階)." 또 이렇게 주장했다. "근거가 있는 이론은 마땅히 믿을 만하다. 설령 일반 사람들의 생각과 다르다 해서 무조건 의심하는 것은 피해야 하니 모든 학문이 다 이와 같다."[6] 이선란은 『담천』 서문에서 근대 과학이 '새로 발견한 사실'을 예로 들어 완원을 비판했다. "예로부터 하늘을 논하는 자들은 자여씨(子輿氏, 즉 맹자)가 말한 '진실로 그 까닭을 알게 된다면(苟求其故)'[11]이라는 말을 중요하게 여겼다. 서양 학자들은 바로 그 까닭을 구하는 사람들이다." 코페르니쿠스는 "그 까닭을 구하여 지구와 오성이 모두 태양 주위를 돈다는 것을 발견했고", 케플러는 "그 까닭을 구하여 오성과 달의 궤도가 타원이라는 것을 발견했고", 뉴턴은 "그 까닭을 구하여 물리학의 이치를 발견했다." 그는 서양의 과학적 발견을 예로 들어 과학자들의 끊임없는 진리 탐색과 '까닭을 구하는' 정신 때문에 과학이 발전했으며, 이로 인해 인류는 '당연을 아는' 데에서 '소이연을 아는' 데로 나아갔다고 설명했다. 과학자들은 과학적 방법론이 "하늘의 운행에

---

11) 『맹자(孟子) · 이루하(離婁下)』에 나오는 말로 원문은 다음과 같다. "天之高也, 星辰之遠也, 苟求其故, 千歲之日至, 可坐而致也." 하늘의 높음과 별이 멀리 있음이여. 진실로 그 운행하는 연고를 파악하게 된다면 천년 후에 오는 동지(冬至)도 가만히 앉아서 다 계산해낼 수 있을 것이다.

부합하는 이론을 구하는 것이지 이론에 맞추기 위해서 하늘의 운행을 끌어대는 것이 아님(眞順天以求合, 而非爲合以驗天)"을 깨달아야 한다. 즉 자연계 본래의 모습으로 자연계를 인식해야지 주관적 억측으로 자연계를 파악하려 해서는 안 된다는 것이다.

『담천』이 출간된 후 중국인들은 이 책에 큰 관심을 보였다. 왕도는 『옹유여담』 권2에서 책의 저자 '허우스러(侯失勒)'[12]에 대해 자세히 소개하며 『담천』이 "세상에 큰 기여를 했다"고 평가했다.[7] 캉유웨이는 『제천강(諸天講)』에서 코페르니쿠스의 '태양중심설'과 뉴턴의 천체역학—'만유인력' 학설을 특별히 소개하며 "코페르니쿠스와 뉴턴을 대단히 존경한다"고 썼다.[8] 아울러 『담천』을 『계학답문(桂學答問)』의 권두에 수록하기도 했다. 1889년 손유신은 격치서원 시험 답안에서 "천문에 관한 책으로는 영국의 존 허셜이 쓴 것만한 것이 없다"고 했다. 이 책은 "태양과 달, 별에 관한 이치를 추론해 수(數)뿐만 아니라 상(像)에 대해서도 말하며 상으로부터 법칙을 도출하니 근거가 확실하고 분명하다."[9] 량치차오는 1899년에 쓴 『독서학서법(讀西學書法)』에서 『담천』을 상세하게 소개하며 "반드시 산학에 통달하고 측량에 밝아야 학문을 마칠 수 있다"고 쓰고 있다. 1899년 「시천론(視天論)」을 발표한 장타이옌[13]은 『담천』의 내용에 기초해 지구와 태양의 섭동에 대해 연구했으며, 고대 중국 우주론인 '선야

---

12) 즉 존 허셜을 말한다.

13) 장타이옌(章太炎, 1869-1936). 본명은 쉐청(學乘), 자는 메이수(枚叔), 후에 빙린(炳麟)으로 개명했으며 고염무(顧炎武)를 존경해서 자를 타이옌(太炎)이라 했다. 저장 위항(余杭) 태생이다. 청말민초의 혁명가, 사상가, 학자로 역사, 철학, 정치, 종교 등 영역을 모두 아울렀다. 반청(反淸) 운동 및 혁명 활동에 투신해 청조와 개량파에 대항했으며 이로 인해 여러 차례 투옥되고 일본으로 망명을 떠나기도 했다. 차이위안페이(蔡元培)와 광복회(光復會)를 만들었고 쑨원(孫文)의 동맹회(同盟會)에 참여했다. 《시무보(時務報)》, 《민보(民報)》, 《대공화일보(大共和日報)》 등의 주편을 역임했으며 저서로는 『국고론형(國故論衡)』, 『장타이옌의론(章太炎醫論)』 등이 있다.

설(宣夜說)'[14)]을 근대 과학 방법론으로 새롭게 해석해 오직 '시천(視天, 상대적 하늘)'만 있을 뿐 '진천(眞天, 절대적 하늘)'은 없다는 관점을 제시했다.[10] 『담천』의 영향력은 최소 40년 이상 지속되었다. 무술변법 시기에도 이 책에 대한 평가는 매우 높았다. 황경징(黃慶澄)은 『중서보통서목표(中西普通書目表)』 권3에서 말하길 "비록 오래전에 나온 책이기는 하지만 조리가 분명하다. 최근까지도 이 정도 수준의 번역서를 찾아보기 힘들다"고 하였다. 1930년대 상무인서관은 이 책을 '만유문고(萬有文庫)' 1집에 포함시켜 재출간하였다.

---

14) 동양 고대 우주론의 하나로 하늘을 고정된 상태로 보는 기존의 견해를 비판하고 기(氣)로 채워진 무한한 공간으로 이해했다.

016

『중학(重學)』

서양 고전역학 중국화의 서막을 열다

이선란은 와일리와 『기하원본』을 번역하는 과정 중에 서양에 '중학(重學, 오늘날은 역학(力學)으로 번역한다)'이라는 학문이 있다는 것을 알게 되었다. 그에게 이것은 완전히 새롭고 낯선 영역이었다. 당시 묵해서관에서 번역을 담당하고 있던 영국 선교사 조지프 에드킨스[1)]는 그에게 이렇게 말했다. "기하학은 도량(度量)에 관한 학문이다. 중학은 권형(權衡, 측량)에 관한 학문이다. 옛날 우리 서양에서는 권형의 학으로 기구를 만들고 도량의 학으로 하늘을 관찰했다. 지금은 기구를 만들거나 하늘을 관찰하는 데 모두 중학을 이용하니 중학은 반드시 알아야만 한다."[1] 이선란은 이 말에 크게 공감하여 중학을 중국에 소개하기로 결심한다. 그는 영국 물리학자 윌리엄 휴얼(William Whewell, 1794-1866)의 『초등역학(初等力學)』(An elementary treatise on mechanics)을 공부하는 동시에 에드킨스와

1) 조지프 에드킨스(Joseph Edkins, 1823-1905). 영국의 선교사로 중국명은 艾約瑟이다. 런던대학을 졸업했으며 1843년 상해에서 선교를 시작했다. 영국 런던회 선교사들과 함께 상해 최초의 현대적 출판사인 묵해서관을 세웠다. 『중학천설(重學淺說)』, 『광학도설(光學圖說)』, 『서국천학원류(西國天學源流)』, 『담천(談天)』, 『대수학(代數學)』, 『뉴턴수리(奈端數理)』, 『중학(重學)』 등을 공역해 묵해서관에서 출판하였으며 북경에서 《중서문견록(中西聞見錄)》을 주편했다.

함께 번역에 착수했다. '아침에는 기하학을, 저녁에는 중학을 번역'하는 생활 4년 만에 『기하원본』 아홉 권과 『중학(重學)』의 번역을 동시에 끝마치고 1859년 출판하였다.

휴얼은 영국 빅토리아 시대의 저명한 물리학자 겸 과학 · 철학 사학자이다. 『초등역학』은 그가 트리니티 칼리지를 졸업한 후 펴낸 첫 번째 저작으로 초판은 1819년 발행되었다. 그는 책에서 미적분을 활용한 간결한 문제 풀이법을 제시하여 학생과 교사들의 주목을 받았다. 또한 그는 당시 영국의 과학 교육 개혁에도 참여하였는데 이때 이 책을 개혁의 상징으로 내세우기도 했다. 중국에서는 1850년대에 묵해서관에서 번역되어 나왔는데, 1627년 『원서기기도설』 이후 발간된 가장 중요한 서양 역학 번역서이자 첫 번째 서양 역학 이론 서적이다. 아울러 중국에 뉴턴 역학을 소개한 최초의 저작이기도 하다.[2] 원작은 상중하 3편(編)이지만 중역본은 그 가운데 중편(中編)만을 번역한 것이다. 분량은 총 21권이며 정역학(靜重學)과 동역학(動重學), 유체역학[流質量學]의 세 부분으로 구성되어 있다. 권1에서 권7까지 정역학 부분에서는 힘 및 힘의 합력과 분산, 간단한 기계와 원리, 중심(重心)과 평형, 정마찰(靜摩擦) 등의 문제를 다루고 있다. 일부 내용은 왕징이 번역한 『원서기기도설록최』와 『신제영대의상지(新制靈臺儀象志)』에도 나온다. 권8에서 권17까지의 동역학 부분에서는 가속 운동, 포물선 운동, 곡선 운동, 등속도 운동, 회전 운동 등 물체의 운동과 충돌, 동마찰, 일[功]과 에너지[能] 등에 대해 설명하고 있다. 특히 뉴턴의 운동 3대 법칙을 설명하면서 운동량의 개념으로 물체의 충돌 및 기능원리 등을 중국 최초로 소개하고 있다. 권18에서 권20까지는 유체역학을 다루고 있으며, 총론 외에 경유질(輕流質), 유질 운동 등을 다루고 있다. 또한 유체의 압력, 부력(浮力), 저항[阻力], 유속(流速) 등 유체의 일반 성질을 간략하게 소개했으며 아르키메데스의 원리, 보일의 법

칙, 토리첼리의 실험에 대해서도 언급하고 있다.[3]

이선란은 번역 서문에서 이렇게 말했다. "중학은 두 부분으로 나누어진다. 하나는 정역학이다. 저울처럼 가벼운 기구로 무거운 것을 측량하는 것이나 도르래와 같이 작은 힘으로 무거운 것을 끄는 것은 정역학이다. 다른 하나는 동역학이다. 포탄이 날아가 적을 맞추기까지의 짧은 시간을 유추하는 것과 오성(五星)이 태양을 돌고 달이 지구를 도는 등의 궤적을 유추하는 것이 동역학이다. 정역학의 기구는 일곱 가지로 간(杆, 레버), 윤축(輪軸, 축바퀴), 치륜(齒輪, 톱니바퀴), 활차(滑車), 사면(斜面), 나선(螺旋), 벽(劈, 쐐기)이다. 윤축, 치륜, 활차는 지렛대의 원리를 이용한 것이고 나선과 벽은 경사면의 원리를 이용한 것이다. 동역학의 중요한 개념은 세 가지로 힘, 질량, 속도이다. 힘이 같다면 질량이 작은 것의 속도가 빠르고 질량이 큰 것의 속도가 느리다. 질량이 같다면 작은 힘을 받은 것의 속도가 느리고 큰 힘을 받은 것의 속도가 빠르다. 정역학은 힘의 균형을 중시한다. 두 힘의 방향이 하나의 직선상에서 같게 정해지거나 두 힘의 방향이 한 점에서 다르게 정해지는 경우 등을 말한다. 동역학은 힘이 속도를 만든다는 점을 중시한다. 모든 물체는 스스로 움직일 수 없고 힘이 가해져야만 움직일 수 있다. 만약 움직이는 물체에 계속해서 힘을 가하면 물체는 가속도 운동을 하게 된다. 가장 중요한 이치는 두 가지이다. 즉 분력(分力), 병력(竝力, 즉 合力)이 그 하나이고 중심(重心)이 다른 하나이다. 이 둘은 운동 및 정지와 밀접한 관련이 있다. 하나의 물체에 두 힘이 가해져 정지할 때 물체는 반드시 합력선(合力線)에서 정지하며 하나의 물체에 두 힘이 가해져 운동할 때 물체는 반드시 합력선을 따라 움직인다. … 호씨(胡氏, 즉 윌리엄 휴얼)가 저술한 17권에 유체역학 3권을 더해 모두 20권이 되었다. 기기를 만들거나 천문을 관찰할 때 필요한 이치가 모두 이 안에 있다. 오호라! 유럽 각국은 나날이 강성해져 중국을 위협하고 있는데 그 까닭을 짐작해보니 기기를 정밀하게 만들었기 때문이다. 기기를 정밀하게 만들 수 있었던 까닭을 짐작해보니 산학이 발달했기 때문이다."[4] 그는 "언젠가 모든 사람이 산학을 익혀 기기를 만드는 수준이 정교해지면" 중국이 다시 한 번 세계에 위력을 떨치게 될 것이라고 생각했다. 전희보[2]는 책의 서문에서 다음과 같이 말했다. 이 책은 "산술의 부족함을 메워주고 천문학의 길을 열어주었다. 고체[定質]와 유체[流質]를 이용해 힘을 만들어내고 사람의 기교(人巧)로써 하늘의 조화(天工)를 보조하니 우주를 탐구하는 데 유용한 학문이라 할 수 있다."[5]

『중학』의 판본은 매우 많다. 1859년에 나온 전씨(全氏) 활자판 17권본은 1권만 전하고 부록도 없다. 1866년 금릉서국(金陵書局)에서 『중학입권부원추곡선설삼권(重學廿卷附圓錐曲線說三卷)』이라는 제목으로 재개정판이 나왔고, 이후에 상하이 석인본(石印本)인 '중서산학대성(中西算學大成)'본이 출판되었다. 왕도는 『옹유여담』 권5에서 이 책에 대해 "기기 제작과 물체 운동에 대한 설명이 조리 있고 엄밀해서 무한한 깨우침을 준다"[6]고 하였다. 1889년 격치서원 시험 답안에서 손유신은 다음과 같이 쓰고 있다. 『중학』은 "격치의 이치를 논함과 동시에 산학법을 밝히고 있다. 기기 제작에 유용할 뿐만 아니라 하늘을 고찰하는 데에도 도움이 된다. 중학은 권형의 학문이고 기하는 도량의 학문이다. 옛날 서양에서는 권형의 학으로 기기를 만들고 도량의 학으로 하늘을 관찰했다. 오늘날은 기기를 만들거나 하늘을 관찰하는 데 모두 중학으로 하니 중학은 반드시 알아야 하는 것이다." 역시 격치서원 학생이었던 종천위[3]도 시험 답안에

---

2) 전희보(錢熙輔, 1790-1861). 자는 차승(次丞), 호는 정향(鼎卿)으로 청대의 장서가이자 각서가(刻書家)이다. 상해 금산(金山) 사람이다. '근유서당(勤有書堂)'이라는 장서루(藏書樓)를 만들고 많은 양의 책을 소장했지만 함풍 말년에 전쟁으로 인해 불타 없어졌다. 서양 격치학을 숭상하여 휴얼의 『중학』 17권을 활판 인쇄했다.

3) 종천위(鐘天緯, 1840-1900). 자는 학생(鶴笙), 상해 정림(亭林) 사람이다. 동치 11년(1872)

서 다음과 같이 썼다. “힘에는 동력(動力)과 정력(靜力)이 있다. 운동하는 것이 힘을 만나면 정지하고 정지해 있는 것이 힘을 만나면 운동한다. 두 힘이 부딪히면 멈추고 합하여지면 나아간다. 서양에서 기계에 관한 학문은 모두 이런 이치에서 근원한다. 힘의 쓰임 범위는 넓다. 힘의 근원을 논하자면, 먼저 태양에서 비롯한 것으로 별과 달이 당기는 인력, 지구 중심으로 당기는 중력, 파도가 몰아치는 힘, 바람이 출렁이는 힘, 수증기의 팽창력, 불이 열을 만드는 분력(焚力), 그리고 전기의 전달력, 사물의 화합력(化合力)이 있다. 모두 힘의 중요한 특징이다. 서양 사람들은 힘을 보태거나 빌릴 수 있는 기기를 만들어냈다. 따라서 작은 힘으로 천균(千鈞)이나 되는 것을 끌 수 있고 한 사람의 힘으로 만석(萬石)이나 되는 곡식을 옮길 수 있다. 기기들을 고찰해 보니 일곱 가지로 나눌 수 있다. 첫째, 강간(杠杆, 지렛대). 둘째, 윤축(輪軸, 축바퀴). 셋째, 녹로(轆轤, 도르래). 넷째, 사면(斜面). 다섯째, 나사(螺絲). 여섯째, 치륜(齒輪, 톱니바퀴), 일곱째, 첨벽(尖劈, 쐐기)이다. 시계의 진자, 기계의 용수철을 만들 때 일곱 가지는 필수이다. 이에 관한 최근의 번역서로는 『중학』이 있다.”[7] 량치차오는 『독서학서법』에서 이 책을 매우 높이 평가하며 『중학』의 번역이 “매우 훌륭하다”고 했다. 쉬웨이저[4]도 『동서학서록』에서 이 책에 대해 “산학을 기

상해 ‘광방언관(廣方言館)’ 1기 학생으로 영어를 공부했다. 광서 원년(1875) 서건인(徐建寅)의 초빙을 받아 산둥으로 가 기기국(機器局) 번역관에서 일했다. 청조의 독일 시찰단을 따라 유럽을 여행했으며 귀국 후 강남제조국 번역관에서 번역 업무를 담당했다. 헨리 로흐(Henry Loch), 존 프라이어 등과 함께 『서국근사류편(西國近事類編)』, 『공정치부(工程致富)』, 『영미수사표(英美水師表)』, 『주전설략(鑄錢說略)』, 『고공기요(考工紀要)』 등을 번역했으며, 「격치설(格致說)」, 「격치지학중서이동론(格致之學中西異同論)」, 「서학고금변(西學古今辯)」, 「중서학술원류론(中西學術源流論)」 등의 글을 써서 중서 문화의 차이와 우열을 논하였다.

4) 쉬웨이저(徐維則, 1867-1919). 자는 중즈(仲咫), 호는 이쑨(以遜)으로 근대 시기의 장서가이다. 저서로는 『동서학서록(東西學書錄)』(1898)이 있다. 꾸셰광(顧燮光)은 이 책의 영향을 받아 『역서경안록(譯書經眼錄)』을 지은 뒤 1902년 내용을 보완해서 『증판동서학서록(增版東西學書錄)』이라는 제목으로 출간하기도 했다. 근대 시기 서양 서적 번역 상황 및 중국 지식인들의 서학 이해 정도를 알 수 있는 중요한 자료들이다.

초로 원리를 추론하였는데 내용이 심도 있고 명료하여 선본(善本)이라 할 만하다"고 평가했다.

『속수사고전서제요(續修四庫全書提要)』에는 다음과 같은 내용이 나온다. 『중학』이 출간된 이후 19세기 후반까지 역학 분야 지식을 소개한 "사람은 거의 없었다". 출간된 서적의 내용도 이 책의 수준을 넘어서지 못한다. 20세기 초에 들어와서야 비로소 비교적 수준 있는 초등 역학 교과서인 『역학과편(力學課編)』이 나오게 되었다.[8]

017

『만국공법(萬國公法)』

근대 국제법의 전래

근대 시기에 최초로 국제법의 한역(漢譯)을 주도한 사람은 임칙서이다. 1839년 그는 미국의 선교사 의사인 피터 파커[1]와 원덕휘(袁德輝)[2]에게 스위스 저명 국제법 학자인 에메르 드 바텔(Emer de Vattel, 1714-1767)이 지은 『국제법 : 각 나라와 각 주권자의 행위와 사무에 적용할 수 있는 자연법 원칙』(The Law of Nations: Or Principles of the Law of Nature, Applied to the Conduct and Affairs of Nations and Sovereigns) 가운데 몇 단락을 번역해줄 것을 요청했다. 번역한 내용 중에는 봉쇄와 금수조치 등 전쟁과 적대행위에 관한 내용이 포함되어 있다. 임칙서는 1839년 임유희(林維喜) 사건[3]을 처리하면서 이때 번역한 『국제법』의 내용에 근거하여 엘리엇[4]

1) 피터 파커(Parker, Peter, 1804-1884). 중국명 伯駕. 중국에 온 최초의 미국 의료 선교사로 광주에 박제의원(博濟醫院)을 세웠다. 1834년 중국에 온 이후 의료와 선교활동을 병행하였고 1839년 임칙서의 산기병(疝氣病)을 치료하기도 했다.

2) 원덕휘(袁德輝, ?-?). 아명은 소덕(小德), 고향은 사천으로 명나라 황실의 후예라는 말이 있다. 천주교 신자이자 번역가로 페낭 섬의 천주교 학교와 말라카의 영화서원에서 공부하였으며 임칙서 막하에서 번역원으로 활동하였다.

3) 1839년 7월 7일 홍콩 구룡(九龍)의 침사초이(尖沙嘴)에서 영국 선원이 중국 농민 임유희를 폭행 치사한 사건. 청조의 흠차대신 임칙서는 당시 영국의 무역 총감독관이었던 찰스 엘리엇(Charles Elliot, 중국명 義律)에게 범인을 인도해줄 것을 요청했으나 거부당하였다. 이에 임칙

의 "범인 은닉 행위"를 비난했다.[1] 『국제법』 발췌 번역본은 「바텔각국율례(滑達爾各國律例)」라는 제목으로 『사주지』에 수록되었고, 1842년 위원이 『사주지』 등의 '역대 사지(史志) 및 명대 이래 도지(島志)와 최근 외국과 외국어'를 참고해 저술한 『해국도지』에도 「각국율례(各國律例)」라는 제목으로 번역문이 실렸다.

그러나 바텔의 책이 시대에 뒤떨어졌다고 생각한 미국 선교사 윌리엄 마틴[5)]은 1863년 당시 최신 성과 중 하나로 서양에서 권위가 인정된 국제법 저작—1836년 출판된 헨리 휘튼(Henry Wheaton)의 『국제법 원리(國際法原理)』(Elements of International Law)를 『만국공법』이라는 제목으로 번역했다. 같은 해 여름 그는 통상대신(通商大臣) 숭후[6)]를 통해 총리아문대신(總理衙門大臣)인 공친왕(公親王) 혁흔[7)]에게 출판허가를 받아줄 것을 요청했다. 공친왕은 총리각국사무아문장경(總理各國事務衙門章京) 진흠(陳欽)과 이상화(李常華), 방준사(方浚師), 모홍도(毛鴻圖) 네 사람을 파견해 교열을 돕도록 하고 경도숭실인서관(京都崇實印書館)에 은 500량을 보내어 출판비용에 보태도록 하였다. 초판은 1864년 출판되었고 이후 동문관에서도 여러 차례 간행되었다.[2]

서는 영국인들에게 식량과 연료 제공을 끊고 영국인들이 고용한 중국 노동자들에게 철수 명령을 내렸다.

4) 주중영국 상무총감독을 역임했다.

5) 윌리엄 알렉산더 파슨스 마틴(William Alexander Parsons Martin, 1827-1916). 미국 기독교 장로회 선교사로 중국명은 丁韙良이다. 1850년부터 1862년까지 중국 영파(寧波)에서 선교 활동을 하였으며 잠시 귀국 후 다시 중국에 들어와 북경에 교회를 세웠다. 동문관 교습과 총교습, 경사대학당 총교습, 청조의 국제법 고문을 역임했다. 기독교와 자연과학, 국제법 방면의 저작을 다수 남겼다. 대표 저역서로는 『만국공법(萬國公法)』, 『성초지장(星軺指掌)』, 『화갑억기(花甲憶記)』 등이 있다.

6) 숭후(崇厚, 1826-1893). 완안숭후(完顏崇厚)를 말한다. 자는 지산(地山), 호는 자겸(子謙)으로 청말의 외교관이다. 프랑스와 러시아에 파견되었으며 천진기기제조국(天津機器制造局)을 창설했다.

7) 혁흔(奕訢, 1833-1898). 호는 낙도당주인(樂道堂主人)으로 애신각라 · 혁흔(愛新覺羅 · 奕訢)을 말한다. 청말 정치가로 양무운동을 주도했다.

권1에서는 공법(公法)의 의미와 원류, 대략적 의미를 서술하였다. 권2에서는 각국의 자연적 권리에 대해서 논하였다. 권3에서는 각국이 평시 왕래할 때의 권리에 대해 논하였다. 권4에서는 교전 규칙에 대해서 논하였다. 윌리엄 마틴이 책을 번역한 목적은 중국인들로 하여금 서양에서 공인된 규칙에 따르도록 계도하려는 데 있다. 그러나 서양 자본주의 국가 사이에서 통용되는 국제관계의 규칙뿐만 아니라 그 안에 담긴 민주와 평등의 교류 원칙도 중국인들에게 소개되었다는 점에서 이 책의 의미가 크다 할 수 있다. 특수한 역사와 문화적 배경으로 인해 중국은 국제 교류의 경험이 많지 않았고 따라서 국제사회라는 개념을 전제로 한 주권 평등 원칙의 외교제도가 발달하지 못했다. 화이존비(華夷尊卑)의 천조관념(天朝觀念)은 아편전쟁 이후까지도 상당기간 지속되었다. 만약 아편전쟁이 실제적인 측면에서 청조가 장기적으로 고수해 온 쇄국정책을 무너뜨렸다면 『만국공법』은 이론적인 측면에서 청조의 우매하고 허황된 천조관념에 충격을 주었다고 할 수 있다. 총리아문대신 동순[8]은 『만국공법』 서문에서 이렇게 말했다. "오늘날 중국 밖에도 많은 나라들이 존재한다. 법으로써 나라를 유지하지 않는다면 어찌 국가라 할 수 있겠는가?" 장사계[9]는 또 다른 서문에서 영국, 프랑스, 러시아, 미국이 부강한 이유에 대해 다음과 같이 쓰고 있다. "생산에 힘쓰고 농경을 잘 이끌고 상업을 장려하고 공업에 혜택을 주니 재물이 넘쳐날 수밖에 없고, 군마를 잘 조련하

8) 동순(董恂, 1807-1892). 자는 침보(忱甫), 호는 성경(醒卿)으로 청말의 문학가이자 정치가이다. 총리각국사무아문(總理各國事務衙門) 전권대신(全權大臣)으로 벨기에, 영국, 러시아 미국 등과의 무역협정 체결을 담당했다.

9) 장사계(張斯桂, 1816-1883). 자는 경안(景顏), 호는 노생(魯生)으로 청말의 외교관이다. 일찍이 서양 과학기술 지식에 관심이 많아 창포와 어뢰, 수륙 운수법, 측량술 등을 배웠다. 1854년 자금을 모아 근대 중국 최초의 증기선인 '보순륜(寶順輪)'을 구매해 선장이 되었다. 병사들을 보순륜에 태워 여러 차례에 걸쳐 해적을 토벌했으며 태평군과의 싸움에도 참가해 공을 세웠다. 양무운동에 참여했으며 외교사절로 일본에 다녀왔다. 아편전쟁 이후 서양 선교사들과 교류했으며 윌리엄 마틴이 번역한 『만국공법』에 서문을 쓰기도 했다.

고 진지를 정비하며 병사들을 대오정연하게 훈련시키니 군사가 강할 수밖에 없다." 이 책은 "중국에서도 활용도가 높고 유용할 것이니 잘 간수하여 변방 업무에도 도움이 되도록 해야 한다." 혁흔도 이 책을 읽은 후 이렇게 말했다. 책의 내용이 비록 "중국의 제도에 완전히 부합하지는 않지만 취할 만한 것이 있다. … (책을 인쇄해서) 통상 부두에 한 부씩 구비하도록 하라. 특히 영사관에 관한 법은 유익하지 않은 것이 없다."[3] 초판 300부는 마트[10)]의 건의에 따라 중앙정부 각 성(省), 오구(五口)[11)] 및 외사(外事) 업무 관련 일을 하는 각급 관리에게 보냈다. 비록 책을 활용하는 방식은 중국과 외국이 서로 달랐지만 중국이 이 책의 번역을 계기로 전통 조공제도와 완전히 다른 국제관계 이론을 받아들였다는 점에서 역사적 진보라 할 수 있다.

권위 있는 대표적 국제법의 전래는 당시 학자들의 관심을 끌었다. 왕도는 『옹유여담』권5에서 이렇게 말했다. "율례를 말하는 학자로 윌리엄 마틴이란 사람이 있는데 그가 쓴 『만국공법』은 풍부한 자료와 상세한 논변으로 유명하다."[4] 유럽과 미국에 파견 나간 외교관 중에서 이 책을 필독서로 삼았던 사람이 적지 않다. 예를 들면 증기택[12)]은 영국과 프랑스, 러시아에 외교관으로 나가 있을 때 『만국공법』을 여러 차례 읽었다는 기록이 있다. 1890년 미국에 파견 나간 최국인[13)]은 특히 이 책에 대한 감회

10) 로버트 마트(Robert Mart, 1935-1911). 영국 해관 총 세무사로 중국명은 赫德이다.

11) 남경조약(南京條約)에 따라 개방되고 자유무역이 실시된 다섯 항구. 즉 광주, 하문, 복주, 영파, 상해를 말한다.

12) 증기택(曾紀澤, 1839-1890). 자는 할강(劼剛), 호는 몽첨(夢瞻)이다. 청대의 저명 외교관으로 증국번의 장남이기도 하다. 경세치용을 중시하였을 뿐만 아니라 적극적으로 서양을 배우고자 하였다. 국제법에 대한 필요성을 절감하고 열강과의 각종 조약 체결 및 담판을 주도해 탁월한 성과를 거두었으며 영국, 프랑스, 러시아 대사를 지냈다. 이 시기 동안 기록한 저서로 『출사영법아국일기(出使英法俄國日記)』가 유명하며, 글을 모은 것으로 『증혜민공전집(曾惠敏公全集)』이 있다.

13) 최국인(崔國因, 1831-1909). 자는 혜인(惠人)으로 안휘 태평(太平) 사람이다. 경제적으로 어려운 환경에서 공부했지만 학문에 대한 강한 열정으로 나중에 이홍장의 눈에 들게 된다. 미국,

가 남달라서 『출사미일비삼국일기(出使美日秘三國日記)』에서 이렇게 기록했다. "미국의 세수(稅收)는 중국과 비교해 다섯 배나 많다. 국토가 중국보다 작고 인구도 중국보다 적으며 근검정신도 중국보다 못한데" 무슨 이유 때문에 세수는 월등히 많은가? "세수 가운데 관세(關稅)가 가장 많다." 미국에서는 곡식세(米稅), 유류세(油稅), 약세(藥稅)를 매우 무겁게 매긴다. 그러나 "중국에서 수입하는 옷, 담배, 술, 정과(正果)를 서양 사람들이 구매하거나 판매할 경우 어떠한 세금이 없다." 『만국공법』에서 정한 것을 보면, "내정(內政)의 일은 자주(自主)에 관한 것으로 다른 나라가 간섭할 수 없다. 이에 따라 중국이 미국의 세제에 간섭할 수 없다면 중국의 세제는 왜 자주적으로 결정할 수 없는가? 왜 다른 나라가 간섭하는 것인가? 석탄과 기름에 세금을 부과하는 것은 중국의 내정이 아닌가? 그런데 어째서 미국 공사(公使) 덴비[14]로 인해 증세 논의가 중단된단 말인가? 이는 중국에 대한 미국의 내정 간섭이 아닌가?"[5] 많은 지식인들이 『만국공법』에 대해 매우 높은 평가를 내렸다. 담사동은 『만국공법』이 "서양의 인의(仁義)를 담고 있는 책으로 『공양춘추(公羊春秋)』에 버금간다"고 하였다.[6] 그러나 더 많은 지식인들은 그들이 맞닥뜨린 냉혹한 현실 앞에서 『만국공법』의 허구성을 깨닫게 되었다.

쩡관잉[15]은 『성세위언(盛世危言)』「공법(公法)」에서 이렇게 말했다. 국제법 전문가들이 1858년 중국이 영국, 프랑스, 러시아, 미국 등 4개국과

스페인, 페루에 외교관으로 파견되어 4년여 동안 머물렀다. 저서로 『출사미일비삼국일기』가 있으며 량치차오는 이 책을 『서학서목표(西學書目表)』에 수록했다.

14) 찰스 덴비 주니어(Charles Denby Jr., 1861-1938). 중국명 田貝. 13년간 중국에서 미국 외교관으로 근무했으며 중국어와 중국문화에 조예가 깊었다. 청일전쟁 때 중국과 일본의 교섭을 중재하였으며 시모노세키 조약의 초안을 만들었다. 1907년 상해 주재 미국 총영사와 미 국무원 특별 대리인을 역임했다. 저서로는 『China and Her People』이 있다.

15) 쩡관잉(鄭觀應, 1842-1922). 자는 쩡샹(正翔), 호는 타오지(陶齋), 광둥 샹산(香山) 사람이다. 중국 근대 계몽사상가이자 실업가, 교육가이다. '상전(商戰)' 사상을 제창했으며 저서로는 『성세위언(盛世危言)』, 『나부치학산인시초(羅浮偫鶴山人詩草)』 등이 있다.

맺은 조약은 "중국을 국제법의 적용범위 밖에 둔 것으로 볼 수 없다"고 하나같이 주장하였지만 이는 새빨간 거짓말이다. 한 나라가 "오직 발분해서 자강해야지만 비로소 국제법의 이익을 보게 되는 것이다."[7] 왕도는 『도원문록외편』에서 이렇게 말했다. "만국공법이라는 것은 먼저 군사를 강하게 하고 나라를 부강하게 하고 적에 대항할 만한 힘을 기르고 난 후 도입해야지 그렇지 않으면 제약만 많아지거나 남들 뜻대로 끌려 다니게 될 것이다."[8] 당재상[16)]은 『교섭견미(交涉甄微)』에서 국제법이 신뢰할 만한 것이 못 된다는 것을 심도 있게 밝히고 있다. "『만국공법』이 비록 서양의 성리(性理)에 관한 책이라고는 하나 약육강식의 논리는 예나 지금이나 변한 것이 없다. 예를 들면 영국이 인도를 황폐하게 만든 것이나, 러시아가 폴란드를 점령한 것, 일본이 류큐(琉球)를 강점하고 조선을 어지럽힌 것 등을 볼 때, 힘의 논리만 있을 뿐 성리는 없으니 국제법이라는 것이 과연 믿을만하다고 할 수 있겠는가?"[9] 최국인도 다음과 같이 말했다. "『만국공법』이 세상에 나왔지만 약하고 강함의 세력이 다르니 따르고 따르지 않는 상황도 서로 다르다. 무릇 강자는 스스로 울타리를 만들어 국제법으로 사람을 옭죄니 자율이라는 것은 공염불이 되었다."[10] 그러나 대다수의 지식인들은 국제법을 알아야 한다는 필요성에 대해서는 절감하고 있었다. 당재상은 이렇게 말했다. "지금 국제법과 율례에 관한 학문을 제대로 알지 못하면 다음과 같은 병통이 생기게 될 것이다. 첫째, 과거처럼 서양 사람들을 이상하게 여기는 폐단이 이어지게 된다. 둘째, 서양 사람들의 협박에 떠밀려 규정을 제정함으로써 큰 손해가 되는 조약을 맺게 된

---

16) 당재상(唐才常, 1867-1900). 자는 백평(伯平), 호는 불진(佛塵)으로 호남 유양(瀏陽) 사람이다. 청말 유신파 지도자이자 정치 활동가로 담사동과 동문수학했다. 담사동과 함께 유신운동에 투신했으며 무술변법 실패 후 일본으로 피신했다가 상해로 돌아와 '자립회(自立會)'를 결성하였다. 자립군을 이끌고 한구(漢口)에서 혁명을 도모했으나 계획이 누설되는 바람에 체포되어 죽임을 당하였다. 저서로는 『당재상집(唐才常集)』이 있다.

다."[11] 학자들은 국제법을 맹신하지 않고 잘 활용할 수만 있다면 제국주의 국가들과 법리 투쟁을 벌일 수도 있을 것이라고 생각했다. 차오팅제[17)]는 『만국공법』 주석본인 『만국공법석의(萬國公法釋義)』를 펴냈을 뿐만 아니라 국제법을 이용해 전쟁과 침략을 막아야 한다는 주장을 담은 상서를 올리기도 했다.[12]

주목할 만한 점은 국제법이 중국을 통해 일본에 전해졌지만 '국제법(國際法)'이라는 용어는 도리어 일본에서 만들어진 후 중국으로 수입되었다는 것이다. 『만국공법』이 출간된 다음해인 1865년 일본 가이세이쇼판 번각본(飜刻本)이 출판되었다. 책은 굉장히 인기가 많아서 1865, 1868, 1875, 1881, 1886년 다섯 차례에 걸쳐 재판을 찍었다.[13] 일본 학자 미츠쿠리 린쇼[18)]에 따르면 '만국공법'이라는 중국어 번역어는 원뜻을 정확하게 반영하지 못하고 있기 때문에 별도로 '국제법'이라는 번역어를 만들었다고 한다. 이 단어가 일본에서 유학한 중국 학생들을 통해 다시 중국으로 수입된 후에야 비로소 보편적으로 사용되었다.

---

17) 차오팅제(曹廷傑, 1850-1926). 청말의 지리학자로 특히 동북지역 변강연구에서 탁월한 성과를 거두었다. 저서로는 『동북변방집요(東北邊防輯要)』, 『시베리아동편기요(西伯利亞東偏紀要)』, 『동삼성여지도설(東三省輿地圖說)』 등이 있다.

18) 미쓰쿠리 린쇼(箕作麟祥, 1847-1897). 일본 메이지시대의 법학자로 사법차관 및 행정재판소 장관 등을 역임했다. 프랑스 법전을 번역하고 헌법(憲法), 권리(權利), 의무(義務), 동산(動産), 부동산(不動産) 등 수많은 법률 용어를 만들었다.

018

『조양반서(造洋飯書)』

서양 요리의 출현과 최초의 한역 서양 요리 전문서적

서양 음식은 중국의 몇몇 통상 항구에 처음 등장해 '번채(番菜)', '대채(大菜)', '대찬(大餐)' 등으로 불렸다. '번채'는 광동 사람들이 서양 사람을 '번귀(番鬼)'라고 낮춰 부른데서 유래한 것이지만 나머지 두 단어에는 비교적 긍정적인 의미가 담겨 있다. 곤명(昆明)의 조문각[1)]이 펴낸 『조문각공자정연보(趙文恪公自訂年譜)』에 보면 그가 도광 4년(1824년) 광동을 여행할 때 "서양 음식점에 들어가 대찬을 먹었다"[1]는 기록이 나온다. 이를 통해 볼 때 1824년 광주에서는 서양 음식으로 관리들을 접대하는 것이 이미 유행하고 있었다는 것을 알 수 있다. 1850년대의 상해에는 이미 여러 곳의 서양 음식점이 성업 중이었는데 프랑스, 미국, 러시아, 독일, 이탈리아 음식점이 주를 이루고 있었다. 중국인이 개업한 양식당 가운데 비교적 유명한 곳으로는 영남루(嶺南樓), 보천춘(普天春), 삼합각(三合閣), 해천춘(海天春), 일품향(一品香), 금곡향(金谷香) 등이 있다. 12가지 요리로 구성

1) 조광(趙光, 1797-1865)을 말한다. 자는 퇴암(退庵), 호는 용방(蓉舫), 시호(謚號)는 문각(文恪)이다. 형부상서(刑部尙書)를 역임했으며 서예로 명성이 높았다. 『조문각공자정연보(趙文恪公自訂年譜)』가 전한다.

된 상등요리는 1인당 4원, 10가지 요리로 구성된 중등요리는 1인당 3원이다. 1원 20전에 8가지 음식이 나오는 가벼운 메뉴도 있었다. 당시 상해에서 서양 요리를 먹는 것은 대단한 일이었다. 바오톈샤오[2]는 『천영루회억록』에서 상해 서양 음식점에 관한 어린 시절의 일화를 소개하고 있다. "결국 할머니께서 허락하지 않으셔서 가지 못했다. 할머니는 서양 음식을 먹을 때 젓가락 대신 나이프와 포크를 사용한다는 말을 들으시고 어린 내가 칼에 입술을 벨까봐 걱정하셨다. 게다가 할머니와 어머니는 소고기를 드시지 않을 뿐만 아니라 소기름 냄새만 맡아도 구토가 난다고 하셨다." 그래서 계획은 물거품이 될 수밖에 없었다.[2]

처음 중국인들은 서양 음식에 잘 적응하지 못했다. "소, 양, 닭, 생선을 굽고, 거기에 식빵, 케이크, 사과, 배, 오렌지, 포도, 호두 등을 곁들인다. 차가운 물이나 설탕물, 뜨거운 우유, 스프, 칵테일을 음료로 마시는데 소기름(버터)이나 소 골수를 넣기도 한다." 1866년 유럽 참관 길에 오른 장더이[3]는 영국으로 향하는 증기선 안에서 매일 세 차례씩 제공되는 간식과 두 차례의 양식을 먹고 탈이 났었다. 그는 나중에 『항해술기』에서 이렇게 썼다. 선상에서 식사 때가 되면 벨을 울려 알려주었는데 나중에는 "벨 소리만 들어도 토가 나와 멈추지 않았다. 영국 음식은 중국 음식과 판

---

2) 바오톈샤오(包天笑, 1876-1973). 자는 랑쑨(朗孫), 필명은 톈샤오(天笑)이다. 중국 근대 시기의 유명한 언론인 겸 소설가, 번역가이다. 장쑤 쑤저우 태생이다. 1901년《소주백화보(蘇州白話報)》를 창간했으며 이후 '금속재역서처(金粟齋譯書處)'를 만들어 옌푸의 번역 명저 『목륵명학(穆勒名學)』, 『사회통전(社會通詮)』, 『군학사언(群學肆言)』, 『원부(原富)』 등과 담사동의 『인학』을 출판하였다. 저서로는 『차루수필(且樓隨筆)』, 『천영루회억록(釧影樓回憶錄)』, 『상해춘추(上海春秋)』, 『해상신루(海上蜃樓)』, 『포천소소설집(包天笑小說集)』 등과 역서 『공곡란(空谷蘭)』, 『형인취학기(馨兒就學記)』 등이 있다.

3) 장더이(張德彝, 1847-1918). 19세 때 청정부가 조직한 중국 최초의 출국여행단에 참가해 유럽을 참관하고 돌아온 것을 시작으로 일생 동안 모두 8차례 해외에 나가 27년여를 외국에 체류했다. 서양을 방문할 때마다 기록한 200만 자에 이르는 일기를 모아 『항해술기(航海述奇)』, 『재술기(再述奇)』, 『삼술기(三述奇)』, 『사술기(四述奇)』를 펴냈다.

이하게 다르다. 맛이 굉장히 특이해서 삼키기 힘들 정도이다. 단맛과 매운맛, 쓴맛, 신맛이 음식 안에 섞여 있다. 소고기와 양고기는 크게 썰고 시커멓게 태워서 요리한다. 날 것은 비리고 질기다. 닭과 오리는 삶지 않고 구우며 생선과 새우는 맵고 시어 냄새만 맡아도 속이 메스꺼워진다." 그러나 며칠 지나 조금 적응이 되자 서양 음식과 간식에 대해 감상과 평가를 할 수 있을 정도가 되었다.[3] 중국인들은 서양 음식에 빠르게 적응했다. 서양 음식점이 연해 도시에서 내륙지역으로 얼마나 빠르게 퍼져 나갔는지만 보더라도 잘 알 수 있다. 1870년에서 80년 사이에 천진에는 10여 곳의 양식당이 있었고 중화민국 들어서면서 베이징에도 여러 곳의 서양 음식점이 생겨났다. 과거에는 동풍당(同豐堂), 회현당(會賢堂) 등 주로 중국 음식점에서 손님을 대접했었다면 이때가 되면 육국반점(六國飯店), 덕창반점(德昌飯店), 장안반점(長安飯店) 등 서양 음식점에서 손님을 대접하는 것이 크게 유행하게 되었다. 『파현지(巴縣志)』에는 "민국 시기가 되자 통조림을 비롯한 서양 음식이 사방에 넘쳐나게 되어 외식비가 크게 늘어났다"는 구절이 나온다. 20세기 초 쓰촨성에도 서양 음식이 유행하기 시작했다는 것을 알 수 있다.[4]

『조양반서』(Cookery Book)는 서양 음식의 중국 전래 과정에서 서양 조리법을 비교적 체계적으로 소개한 최초의 책이다. 편역자는 1852년 중국에 건너온 미국 남침례교 전도회 선교사 크로퍼드[4)]의 부인이다. 크로

---

4) 탈리턴 페리 크로퍼드(Tarleton Perry Crawford, 1821-1902). 중국명은 高第丕. 미국 켄터키주 태생으로 1852년 미국 남부 침례회 선교사가 되어 부인과 함께 중국에 왔다. 선교활동과 동시에 주음부호(註音符號)로 상해 방언을 배울 수 있는 방안을 소개한 『상해토음자사법(上海土音字寫法)』을 저술해 상해에서 활동하는 선교사들이 중국어와 상해 방언을 배우는 데 도움을 주었다. 아울러 1871년 자비를 털어 산동 봉래(蓬萊) 지역에 나중에 '성회당(聖會堂)'이라 불리게 된 서양식 침례교 교회당을 세웠다. 크로퍼드 부인은 남편을 따라 중국에 와 반세기 가량을 중국에서 생활했다. 남학생 기숙학교를 세워 20여 년 동안 운영하며 근대적 인재를 키워내기 위해 노력했으며 서양 의술의 힘을 빌려 연인원 1,500~2,000명의 환자를 치료했다. 바쁜 생활 중에도 글쓰기를 병행해서 『등주최초십삼년차회사(登州最初十三年差會史)』(History of Mission in

퍼드는 상해에서 12년 동안 선교 활동을 하면서 주음자모(注音字母)로 상해 방언을 학습하는 방법을 발명하기도 했다. 그는 외국어 번역에 탁월한 재능이 있었는데 부인도 이런 남편의 영향을 받은 듯하다. 책은 매우 간결하고 쉬운 문장으로 번역되어 역자의 노련함을 엿볼 수 있다. 크로퍼드 부인은 상해에서 서양 음식의 인기가 나날이 높아지는 것을 보고 상하이에 거주하는 서양 사람들과 서양 음식을 만드는 중국 요리사들에게 도움을 주기 위해 이 책을 지었다. 1866년 미화서관(美華書館)에서 출간된 이 책은 모두 25장으로 구성되어 있으며 전체 분량은 29쪽에 불과하다.

초판은 관화(官話)로 번역되었는데 모두 271개 항목으로 나누어져 있고 영어 서문과 색인이 붙어있다.[5] 재판본은 초판본과 비교해 항목수와 종류는 같지만 쪽수는 훨씬 많아졌다. 크로퍼드 부인은 영어 서문에서 이렇게 말했다. 상하이의 수많은 양식당 요리사 가운데 서양음식을 제대로 만들 수 있는 사람은 거의 없다. 이 책을 펴낸 목적은 중국 요리사들이 서양인의 관습과 원칙에 따라 서양 사람들의 입맛에 맞는 음식을 만들 수 있도록 가르쳐주기 위해서이다. 중국어를 모르는 외국인과 중국 요리사 간의 원활한 소통을 위해 색인에는 조리법별로 고유 번호를 붙여 두었다. 따라서 설령 요리사가 글자를 모른다 해도 소통에는 아무런 문제가 없을 것이다. 책의 첫머리에는 영어 서문 외에 조리 시 주의사항이라 할 수 있는 '주방조례(廚房條例)'가 붙어 있는데 여기서는 특히 위생의 중요성에 대해 강조하고 있다. "요리를 하는 사람이라면 마땅히 다음의 세 가지에 유의해야 한다. 첫째, 각종 요리 기구와 식재료들은 헷갈리지 않

Tengchow for the First Thirteen Years), 『삼개규녀(三個閨女)』(the Three Maidens), 『조양반서』 등을 저술했다.

도록 정리를 잘 해두어야 한다. 둘째, 반드시 시간을 지켜 음식을 조리해야지 주먹구구식으로 만들어서는 안 된다. 셋째, 요리 기구들은 깨끗하게 세척해야 한다." 만약 조리 환경이 깨끗하지 않다면 음식을 먹는 사람들이 쉽게 탈이 날 수 있기 때문에 얼굴을 닦는 수건과 그릇 닦는 수건, 먼지 닦는 수건 세 종류는 "분명하게 구분해서" 구비해야 한다. 서양 사람들에게 조리 환경은 조리법과 마찬가지로 중요하며 특히 중국에서는 더 세심하게 신경 쓸 필요가 있다. 따라서 '주방조례'를 책의 앞머리에 둔 것이다.

본문은 20장이며 모두 267종의 서양 요리와 반제품 간식의 레시피, 세척법 등을 소개하고 있다. 우선 탕, 생선, 고기, 달걀, 스프, 채소, 새콤한 과일(酸果), 당과[糖食], 파이(排), 패티(麵皮), 푸딩(樸定), 단물(甜湯), 잡류(雜類), 만두(饅頭), 전병(餠), 케이크(糕) 등 16가지 음식과 구체적인 조리법을 제시한 뒤, 고기 부침, 훈제 고기, 구운 소고기, 소고기 편채 지짐, 소고기 감자 구이, 양다리찜, 양고기 구이 등 40여 가지 육류 요리법과 완성된 요리에 단맛이나 신맛을 첨가함으로써 재료 원래의 맛을 변화시키는 조미료 사용법을 설명하였다. 46번 '햄[火腿]' 제조법을 보자. "(고기를) 4~5분 정도 삶은 후 껍데기를 벗겨내고 오븐에 넣어 30분 정도 굽는다. 그 위에 작게 몽글몽글해진 밀가루를 뿌리고 다시 30분간 구우면 완성된다." 134번 '밥푸딩[飯樸定]' 조리법은 다음과 같다. "깨끗하게 씻은 쌀을 15분 정도 끓인 후 소금과 피마자를 넣고 다시 끓인다. 여기에 우유를 넣어 된 죽처럼 만든 후 몇 개의 찻잔에 나누어 붓는다. 이것이 차갑게 식으면 다시 큰 그릇에 담고 작은 스푼으로 가운데 구멍을 낸 후 설탕에 절인 음식을 넣고" 그 위에 얼린 치즈를 뿌린다. 다른 조리법도 있다. "된 죽처럼 만들어 차갑게 굳힌 후 여러 조각으로 나누어 푸딩 접시에 담는다. 그 위에 껍질을 벗긴 사과와 설탕, 향료를 층층이 가득 올린다. 위에 다시 된 죽을 부어 스푼으로 편평하게 만든 후 45분 정도 사과가 뜨거워질 때까지 굽는다. 사과나 능금 대신 호두나 배 등을 사용해도 무방하다."[6] 책에서는 단 음식이 많이 등장하는데 아마 단맛을 즐기는 것이 서양 식문화의 특징 가운데 하나이기 때문에 그런 듯하다. 그렇지만 중국의 요리사들은 이에 대해 크게 관심을 보이진 않았다.

당시에는 서양 음식이 중국에서 그다지 유행하지 않았기 때문에 서양 음식을 지칭하는 용어가 많지 않았다. 따라서 저자는 책을 쓰면서 서양 음식과 식품에 관한 수많은 중국어 번역어를 만들어냈다. 물론 대부분 현재는 쓰이지 않는다. 음역된 명칭으로는 다음과 같은 것들이 있다. Chocolate은 '知古辣(쯔구라)', 오늘날은 '巧克力(차오커리)'라고 번역한다. Coffee는 '磕肥(커페이)', 오늘날은 '咖啡(카페이)'라고 번역한다. Curry는 '噶喱(까리)', 오늘날은 '咖喱(까리)'라고 번역한다. Lemon은 '來門(라이먼)', 오늘날은 '檸檬(닝멍)'이라 번역한다. Soda는 '嘶噠(쉬다)', 오늘날은 '蘇打(쑤다)'라고 번역한다. Pudding은 '樸定(푸딩)', 오늘날은 '布丁(뿌딩)'이라고 번역한다. 의역된 명칭으로는 다음과 같은 것들이 있다. Bread는 '饅頭(만터우)', 오늘날은 '麵包(멘빠오)'라고 번역한다. Canned는 '封(펑)', 오늘날은 '罐頭(꽌터우)'라고 번역한다. Cream은 '奶皮(나이피), 醬(장)', 오늘날은 '奶油(나이유)'라고 번역한다. Ice Cream은 '氷凍(삥동)', 오늘날은 '氷淇淋(삥치린)'이라고 번역한다. 어떤 번역어들은 상당히 잘 만들어졌다. Cake은 '糕(까오)', 오늘날은 '蛋糕(딴까오)'라고 번역한다. Cakes은 '餅(빙)', 오늘날은 '餅干(빙깐)'이라고 번역한다. Dried Fruits은 '果干(궈깐)', 오늘날은 '干果(깐궈)'라고 번역한다. Jelly의 번역어 '凍(동)', Yeast의 번역어 '酵(샤오)', Ham의 번역어 '火腿(훠투이)', Omelette의 번역어 '荷包蛋(허빠오딴)' 등은 오늘날에도 여전히 사용되고 있다. 일본학자 시오야마 마사즈미(塩山正純)는 「서양음식과 중국어 번역—'조양반서' 제2판에 관하여(西餐與漢語翻譯—關於'造洋飯書'第2版(1899))」라는 글에서 이 책에 나오는 번역어에 대해 분석했다. '탕(湯)'류 등 원래 중국에 있는 요리와 '삶고(烹), 지지고(燒), 굽는(烤)' 조리법은 모두 의역을 위주로 하고 있으며, 디저트와 희귀한 요리 재료명은 음역을 위주로 하고 있다. 번역에 지나치게 신중했기 때문인지 몰라도 요리 명칭만 듣고서 어떤 요리인지 맞추기는 쉽지 않다.[7]

서양 음식 문화가 중국에 수입되는 과정에서 『조양반서』는 서양 조리 기술이 중국에 소개되는 데 큰 공헌을 하였다. 서양요리의 재료 구성과 위생적인 조리법을 설명하고 중국 재료에 서양 조리법을 접목시킴으로써 이후 "중국 요리에 서양식 조리법을 응용"하는 데 큰 도움을 주었다. 책의 인기는 상당했다. 쉬웨이저는 『동서학서록』 권4에서 이 책에 대해 "서양 요리법을 기록해 요리사들에게 큰 도움을 주었다"고 평가했다. 이 책은 1885년과 1899년, 1909년에 여러 차례 재판을 찍었다.

1930년대 차이위안페이[5)] 선생은 「최근 삼십오 년 중국의 신문화(三十五年來中國之新文化)」에서 다음과 같이 말했다. 중국 음식 문화에서 "그다지 중시하지 않는 것 몇 가지가 있다. 첫째, 돈 있는 사람들은 맛 좋은 것만 찾고 돈 없는 사람들은 저렴한 것만 찾을 뿐, 단백질과 당분, 지방 및 비타민의 함량에 대해서는 알려고 하지 않는다. 둘째, 바닥에 앉아 먹다가 탁자를 사용하고 칼 대신 젓가락을 사용하는 방식으로 중국인들의 식습관이 바뀌었는데 여러 사람이 함께 식사하는 경우 수저가 섞여 병균이 전염될 위험이 커졌다. 최근 유럽 문화가 수입되면서 서양 음

---

5) 차이위안페이(蔡元培, 1868-1940). 자는 허칭(鶴卿), 민유(民友), 제민(孑民)이며 저장 샤오싱 사람이다. 중국 근대 교육가, 혁명가, 정치가이다. 독일과 프랑스에서 유학했으며 철학, 문학, 미학, 심리학 등 분야에 관심을 갖고 연구했다. 중화민국 초대 교육총장, 베이징대학 총장을 역임하며 봉건교육을 개혁하고자 노력했으며 베이징대학 학술 기풍을 혁신하는 데 공헌했다. 저서로는 『차이위안페이 자술(蔡元培自述)』, 『중국윤리학사(中國倫理學史)』 등이 있다.

식도 크게 유행했다. 오히려 중국 음식이 서양 음식보다 낫다는 것을 깨닫는 계기가 되기도 했지만 식사하는 방식은 서양에 비해 많이 뒤떨어져 있다. 어떤 사람은 서양 방식으로 중국 음식을 먹기도 하고 어떤 사람은 옛 방식을 따르되 공용 수저를 두어 사람들이 원하는 대로 나누어 먹도록 한다. 이는 전염병을 방지하는 데 도움이 될 뿐만 아니라 음식을 쉽게 분배할 수 있기 때문에 권장할 만하다."[8] 중국 음식을 서양 방식에 따라 먹기를 권장하는 것은 중국 음식을 서양 방식에 따라 조리하도록 하는 『조양반서』의 취지와 비슷한 맥락에서 이해할 수 있다. 차이위안페이보다 70여 년이나 앞선 시기에 크로퍼드 부인이 『조양반서』를 썼다는 것은 놀라운 일이 아닐 수 없다.

019

『화학감원(化學鑒原)』, 『속편(續編)』, 『보편(補編)』

미세한 원소의 무궁한 변화를 담아내다

영국 과학 사학자 존 데즈먼드 버널(J. D. Bernal, 1901-1971)은 『역사속의 과학(歷史上的科學)』이라는 책에서 다음과 같이 말했다. "대부분의 역사를 살펴보면 기술전통과 과학전통은 서로 분리되어 발전했다."[1] 중국도 예외가 아니어서 과학이론과 기술실천이 뚜렷하게 분리된 채 발전해 나온 것이 중국 과학의 특징이라 할 수 있다. 장삼(長衫)을 걸친 지식인들은 육체노동을 멀리하니 기술적 작업은 학자 이외의 사람들이 담당했다. 존 페어뱅크(John King Fairbank)는 『미국과 중국(美國與中國)』에서 이렇게 말했다. "손과 뇌의 분리는 다빈치 이후의 초기 유럽 과학 선구자들이 형성되는 과정에서는 찾아볼 수 없는 것으로 서로 분명한 대조를 이룬다."[2] 그러나 근대 중국의 지식인들 가운데 이론과 기술실험의 결합이 중요하다고 느끼고 있던 사람들이 존재했다. 그중에 가장 유명한 인물로는 기술자 겸 화학자인 서수를 들 수 있다.

서수(1818-1884)는 일생 동안 "격치 연구에 뜻을 두고 성(聲), 광(光), 화(化), 전(電), 산(算), 수(數), 의(醫), 광(鑛) 등을 철저히 연구했다." "성명풍수(星命風水)는 말하지 않았으며, … 일관되게 실사(實事)와 실증(實證)

으로 후학을 이끌었다." 젊은 시절 그는 홉슨이 편역한 『박물신편』의 내용을 기초로 화학 및 총포 사격 등의 실험을 진행하곤 하였다. 1864년에는 화형방과 함께 '황곡(黃鵠)'이라는 증기 목선 한 척을 건조했다. 적재량은 25톤이고 길이는 55척(약 17미터)에 이른다. 단기통(單氣筒) 고압 엔진이 장착되어 있어 약 시속 8킬로미터의 속도를 낼 수 있다. 1868년 그는 다시 강남제조국에서 역행 시 시속 16킬로미터, 순행 시 시속 24킬로미터의 속도를 낼 수 있는 '염길(恬吉)'호를 시범 제작했다. 아울러 니트로셀룰로스(强水棉花藥, 즉 硝化綿)와 뇌산수은(汞爆藥, 즉 雷汞)을 직접 만들고 대치(大治) 철광석 광산, 개평(開平) 탄광, 막하(漠河) 금광을 설계하였을 뿐만 아니라 열순환식 다기능 건조 설비인 홍충조(烘茧灶)와 기계견사(絹紗)법을 발명하기도 했다. 그러나 무엇보다 그의 가장 큰 공은 서적 번역에 있다.

여러 통계를 종합해보면 1867년(동치 6년)부터 1884년(광서 10년)까지 17년 동안 서수는 최소 17권의 책을 번역했다. 이 밖에도 9편의 논문을 쓰고 한 권의 책을 교열했는데 글자 수만 해도 모두 287만 자에 이른다. 구체적으로는 화학 서적 7권, 공예(工藝) 서적 6권, 수리(數理), 의학, 병학(兵學), 예술 방면 서적 각 한 권씩이 포함되어 있다. 왕도는 『영연잡지』에서 이 책들에 대해 "대단히 실용적"이라고 평가했다. 서수는 존 프라이어(傅蘭雅)와 함께 화학 서적들을 번역했는데 그중 가장 영향력이 컸던 것은 『화학감원』과 『속편』, 『보편』이다.

『화학감원』은 '웰스 과학총서(Wells's Scientific Series)' 중 한 권인 『화학원리 및 응용(Principles and Application of Chemistry)』라는 책의 무기화학 부분을 번역한 것이다. 저자인 데이비드 에임스 웰스(David Ames Wells, 1829-1898)는 어려서부터 자연과학에 흥미가 많았으며 성인이 된 후에는 경제학자로 이름을 날렸다. 그가 만든 총서의 초판은 1858년에 출판되었으며 1868년에는 이미 10여 판을 찍었을 정도로 미국에서 인기 있는 교재가 되었다. 1871년 번역된 『화학감원』은 모두 6권이며 411개의 절로 구성되어 있다. 권1은 화학의 기본원리와 원소부호를 소개하는 통론이며, 권2에서는 산소(養氣, 즉 氧氣)와 수소(輕氣, 즉 氫氣), 질소(淡氣, 즉 氮氣)를 소개하고 있다. 권3에서는 요오드(碘), 브롬(溴), 유황(硫), 탄소(碳) 등 비금속을, 권4에서 권6까지는 칼륨(鉀), 나트륨(鈉), 리튬(鋰), 바륨(鋇), 철(鐵) 망간(錳) 등 금속을 소개하고 있다. 『속편』과 『보편』은 찰스 루돈 블록삼(Charles Bloxam)의 『화학, 무기 및 유기: 등가공식과 분자식 비교 실험(Chemistry, Inorganic, and Organic: With Experiments and a Comparison of Equivalent and Molecular Formulae)』(John Churchill & Co., London, 1867)을 번역한 것이다. 『속편』은 1875년에 24권으로 간행되었고 『화학감원』에는 없는 유기화학 부분을 다루었다. 『보편』은 6권으로 권1에서 권4까지는 비금속 15가지, 권5와 권6에서는 금속 물질 49가지를 소개하고 있다. 글자 수는 25만여 자에 달해 분량으로 치면 『감원』의 두 배를 넘으며 무기화합물에 관한 내용을 담고 있다. 세 권의 책은 1882년에 완역 발간되었으며 총 54만여 자, 425개의 삽화를 포함하고 있어 '일반화학' 방면의 수준 높은 대작이라 할 수 있다. 1899년 쉬웨이저는 『동서학서록』에서 이렇게 평가했다. 『감원』은 "화합물질에 대한 전문서적이다. 원소의 형태와 성질, 획득 및 실험 방법, 화합물 제조법이 주 내용으로 미세한 원소의 무한한 변화 원리에 대해 설명하고 있다. 중국어로 번역된 화학 서적 중에 이보다 나은 것이 없을 정도로 선본(善本)이라 할 수 있다." 『속편』에서는 "유기화합물에 대해 설명하고 있다. 시안화합물(含衰之質), 석탄이나 나무의 증류로 얻은 물질(蒸煤蒸木所得之質), 유주분당초 등의 물질(油酒粉糖醋等質), 그리고 동식물의 변화와 생장의 이치 등을 소개하고 있다." 『보편』은 "64개의 원소를 다루고 있는데 내용이

19. 『화학감원』, 『속편』, 『보편』

『감원』에 비해 상세하다."[3]

서수는 『화학감원』에서 '원질(原質)'을 원소(元素)로, '잡질(雜質)'을 화합물(化合物)로, '질점(質點)'을 원자(原子)로, '잡점(雜點)'은 분자(分子)로 번역했다. 첫 권에는 '명칭(名)', '분제(分劑, 홑원소 분자량과 질소 분자량의 비율)', '서호(西號, 영문 원소기호)', '화명(華名, 중문 원소명)'이 적힌 한자 화학 원소표가 붙어 있는데 여기에 최초의 한자 원소명 20가지가 등장한다. 려(鋁, 알루미늄), 개(鈣, 칼슘), 력(鎘, 카드뮴), 고(鈷, 코발트), 락(鉻, 크롬), 가(鎵, 갈륨), 인(銦, 인듐), 갑(鉀, 칼륨), 목(鉬, 몰리브덴), 납(鈉, 나트륨), 니(鈮, 니오브), 얼(鎳, 니켈), 여(銣, 루비듐), 조(釕, 루테늄), 특(鋱, 테르븀), 토(釷, 토륨), 유(鈾, 우라늄), 범(釩, 바나듐), 자(鋅, 아연), 고(鋯, 지르코늄)가 그것이다. 이 가운데 『보편』에 나오는 Ga(鎵, 갈륨)는 부아보드랑(Paul Émile Lecoq de Boisbaudran, 1838-1912)이 1875년 발견한 것이다. 양기(養氣), 경기(輕氣), 담기(淡氣), 녹기(綠氣), 불기(弗氣)는 후에 수정을 거쳐 양(氧, 산소), 경(氫, 수소), 담(氮, 질소), 녹(氯, 염소), 불(氟, 불소) 등 현재의 용어로 바뀌었다. 현재 통용되고 있는 64종의 원소명 가운데 서수가 번역한 것이 44종에 이르며 약간의 수정을 거쳐 사용되는 것도 10종이나 된다. 이는 전체 원소명 가운데 85%를 차지하는 것이다. 이처럼 서수는 원소 기호 번역에 큰 도움을 주었으며 화학의 발전에도 큰 공헌을 하였다.

서수는 또 1883년 독일 화학자 프레제니우스(Carl Remegius Fresenius, 1818-1897)가 정성분석과 정량분석에 관해 쓴 책을 『화학고질(化學考質)』과 『화학구수(化學求數)』[1)]라는 제목으로 번역하였다. 이후 그는 다시

1) 영문판 저본의 제목은 'Manual of Qualitative Chemical Analysis(1875)'와 'Quantitative Chemical Analysis(1876)'이다. 현대 중국에서는 『정성분석화학도론(定性分析化學導論)』, 『정량분석화학도론(定量分析化學導論)』이라는 제목으로 출판되었다.

영국인 와츠(Henry Watts, 1815-1884)가 쓴 물리화학 방면의 교양서적인 『물체우열개역기(物體遇熱改易記)』[2)]를 번역했다. 현대 화학의 주요 분야인 무기화학, 유기화학, 분석화학, 물리화학에 관한 내용이 서수의 번역서에 모두 등장하고 있는 것이다. 위안한칭(袁翰靑) 선생은 다음과 같이 말했다. 서수가 번역한 책에 존 프라이어와 왕전셩[3)]이 번역한 산과 알칼리 제조 등에 관한 화학 공업 서적인 독일인 룽게(George Lunge)의 『화학공예(化學工藝)』[4)]를 더하면 1870년대부터 80년대까지 서양 근대 화학 지식의 주요 흐름을 대략적으로 개괄할 수 있다.’

당시 서수가 번역한 『화학감원』과 『속편』, 『보편』의 가치에 주목한 학자들이 있었다. 손유신은 1889년 격치서원 시험 답안인 '서양 격치학과 최근 출간된 번역서의 득실과 핵심을 상세히 논함'에서 이 책에 대해 다음과 같이 기술했다. 『화학감원』은 64종의 원소를 금속과 비금속으로 나눈 뒤, "형태와 성질, 획득 및 실험 방법, 화합물 제조법 등에 대해 서술하고 있다. 이를 통해 세상의 사물은 64개의 원소 가운데 몇 가지 원소의 분해와 합성을 통해 만들어진 것이라는 것을 알 수 있다. 미세한 원소의 무궁한 변화는 사람들의 상상을 뛰어 넘을 정도이다. 천문을 배우는 자는 우주의 무한함을 깨달아 큰 뜻을 품을 수 있고, 화학을 배우는 자는 사물의 조밀함을 알아 사고를 정밀하게 할 수 있다. 『감원』은 조리가 분명하

---

2) 중국과학원대학(中國科學院大學)의 왕양쭝(王揚宗)은 「강남제조국번역서목신고(江南制造局翻譯書目新考)」라는 글에서 이 책의 원작은 Geo. Foster의 『Changes of Volume Produces by Heat』라고 주장했다. 그러나 이에 대한 근거는 찾을 수 없다.(《中國科技史料》 第16卷第2期, pp.3-18, 1995 참고)

3) 왕전셩(汪振聲, ?-?). 장쑤 류허(六合) 사람이다. 사서(史書)에는 1880년 이전에 강남제조총국번역관(江南制造總局翻譯館)에 들어와서 민국 원년까지 12권의 책을 번역했다고 기록되어 있다. 주로 병서와 격치화공, 만국법전에 관한 책을 번역했다. 역서로는 『양몽정규(養蒙正規)』, 『개지도굉약법(開地道轟藥法)』, 『화학공예(化學工藝)』, 『공법총론(公法總論)』 등이 있다

4) 책의 영문판 제목은 'A Theoretical and Practical Treatise on the Manufacture of Sulphuric Acid and Alkali with the Collateral Branches(1880)'이다.

여 화학 저작 가운데 선본이라 할 수 있으니 화학을 배우고자 하는 자는 이 책을 먼저 공부해야 한다." 또 『속편』에 대해서는 "유기물의 원소에 대해 상세하게 설명하였으며" "그 안의 오묘한 이치를 풀어냈으니 물극필반(物極則反)과 사생상접(死生相接)의 도리를 아는 데 화학보다 나은 것이 없다"고 하였다. 『보편』은 "『감원』에서 말하지 않은 것을" 보완하고 있다.[5] 근대 저명 사상가인 량치차오는 『독서학서법』에서 『화학감원』의 성과를 매우 높이 평가했다. "『화학감원』과 『속편』, 『보편』을 하나로 묶고 다시 『화학고질』과 『화학구수』를 하나로 묶는다면 이 두 가지는 화학 번역서 가운데 가장 체계적인 책들이라 할 수 있다." 광저우 박제의원(博濟醫院)의 존 커[5)]와 하요연[6)]이 번역한 『화학초계(化學初階)』와 동문관 교습 빌켕[7)]과 승림[8)] 이 번역한 『화학천원(化學闡原)』의 저본은 『화학감원』과 동일하지만 "번역서의 수준이 이처럼 차이가 나는 것이 참으로 기이한 일이다." "『초계』 번역은 매우 졸렬해 읽기가 힘들 정도이다. 『천원』이 번역한 원소명과 제조국에서 붙인 이름이 다르고 그 대강도 이보다 앞서 나온 『화학지남(化學指南)』[9)]에 모두 나온다. … '鑑', '鐝'와 같이 『지남』, 『천원』에 나오는 명칭은 억지로 만들어낸 것들로 가소로울 뿐이다. 로마자의 첫 음에 金 편방(偏旁)을 붙여 만든 제조국의 명칭과 비교해 보면 세

---

5) 존 글래스고 커(John Glasgow Kerr, 1824-1901). 미국의 의학 선교사이자 박애주의자로 1854년 중국 광동에 와서 의료사업을 벌였다. 중국명은 嘉約翰이다.

6) 하요연(何瞭然, ?-?). 광주 태생으로 1850년 영국 의사 홉슨(合信)에게 서양 의학을 배웠다. 함풍, 동치 연간 뛰어난 화학자 가운데 한 사람이다.

7) 아나톨 아드리앵 빌켕(Anatole Adrien Billequin, 1836-1894). 프랑스인으로 중국명 畢利幹이다. 경사 동문관(京師同文館) 교습(敎習)으로 화학과 천문학을 가르쳤다. 역서로는 『법국율례(法國律例)』, 『화학지남(化學指南)』, 『화학천원(化學闡原)』이 있고 『한법자휘(漢法字彙)』를 펴냈다.

8) 승림(承霖, ?-?). 경사 동문관의 부교습(副敎習)을 역임했다.

9) 『화학지남』의 저본은 프랑스 화학자 파우스티노 말라구티(Faustino Malaguti)가 쓴 『화학초등강좌(Leçons Élémentaires de Chimie)』(1863)이다.

밀함이 매우 부족하다는 것을 알 수 있다."[6]

담사동은 『인학』에서 원소와 입자의 개념으로 자신의 철학적 관점을 설명했다. 예를 들면 다음과 같은 구절이 있다. "향기와 악취는 분명 각각의 성질이 있는 것 같다. 향기와 악취가 생기는 이유는 약간 다른 배열을 갖고 있는 분자가 사람의 코 속 뇌신경을 자극하기 때문이다. 순하거나 역(逆)하거나 쉽게 받아들일 수 있거나 그렇지 못한 자극의 차이로 인해 향기와 악취를 느끼는 것이다. 만약 분자의 결합을 바꿀 수 있다면 향기와 악취도 서로 바꿀 수 있을 것이다."[7] '원질'과 같은 화학 용어는 1940년대까지 사용되었는데 당시 시난연합대학[西南聯大]의 '고등무기화학(高等無機化學)' 과정에 '원질동위체(原質同位體)'라는 강의가 개설되어 있었다. 일설에 따르면 일본의 야나기하라 사키미쓰[10] 등이 상해에 와서 화학 분야 번역서를 구매해 돌아가 영인한 까닭에 일본에서 사용하는 원소명이 중국과 상당히 흡사해졌다고 한다.[8]

청말 과학 서적의 번역 상황을 살펴보면 화학 분야의 성과가 가장 눈부셨다. 권위 있고 체계를 갖춘 작품의 선정이나 번역 문장의 유창함 등은 서수의 공헌이라 해도 과언이 아니다.

---

10) 야나기하라 사키미쓰(柳原前光, 1850-1894). 교토의 공경(公卿) 가문 출신으로 다이쇼천황(大正天皇)의 생모인 야나기하라 아이코(柳原愛子)의 오빠이다. 메이지천황(明治天皇)의 시중을 들었으며 메이지 유신 후 외무대승(外務大丞), 원로원의관(元老院議官), 원로원의장(元老院議長) 등을 역임했다. 1870년 9월 청나라에 파견되어 직예총독(直隸總督) 이홍장과 타협을 본 후 1871년 7월 톈진(天津)에서 청일수호조규(淸日修好條規)를 체결하기도 했다. 이 조약으로 인해 수천 년간 이어져온 중국의 조공체계가 무너졌고 일본은 패권국으로 급부상하게 되었다.

020

『흔석한담(昕夕閑談)』

근대 최초 번역 장편소설을 둘러싼 의문

근대 서양 문학 전래사를 말하면 사람들은 자연스럽게 린슈[1)]를 떠올린다. 이로 인해 많은 사람들은 그가 번역한 『파리차화녀유사(巴黎茶花女遺事)』를 근대 중국 최초의 번역소설로 오해하곤 한다. 왕우웨이(王無爲)는 장징루[2)]가 쓴 『중국소설사대강(中國小說史大綱)』 서문에서 린슈가 번역한 『차화녀(茶花女)』가 "서양 소설 중국 전래의 시작"[1]이라고 했다. 1935년 푸동화(傅東華)가 펴낸 『문학백제(文學百題)』에 실린 우원치(吳文祺)의 글에도 "린슈는 최초로 외국 소설을 번역한 사람"[2]이라는 구절이

1) 린슈(林紓, 1852-1924). 자는 친난(琴南), 호는 웨이루(畏廬), 필명은 렁홍셩(冷紅生)이다. 중국 근대의 문학가, 번역가이다. 푸젠 푸저우(福州) 태생으로 외국어를 전혀 모르면서도 170여 권의 외국 문학작품을 고문체(古文體)로 번역하였다. 특히 헨리 라이더 해거드, 아서 코난 도일, 뒤마, 찰스 디킨스, 셰익스피어, 월터 스콧, 이솝, 헨리크 입센, 세르반테스, 대니얼 디포, 조너선 스위프트, 로버트 스티븐슨, 앤서니 호프, 해리엇 비처 스토, 발자크, 빅토르 위고 등 대문호들의 작품을 중국에 소개하는 데 크게 공헌하였다.

2) 장징루(張靜廬, 1898-1969). 중국 현대 출판업자이다. 1934년 상하이잡지공사(上海雜誌公司)를 만들어 수많은 진보잡지를 출판했다. 궈모뤄(郭沫若) 주편의 《홍수(洪水)》, 장광츠(蔣光慈) 주편의 《탁황자(拓荒者)》, 톈한(田漢) 주편의 《남국(南國)》, 위다푸(郁達夫) 주편의 《대중문예(大衆文藝)》, 아이스치(艾思奇) 주편의 《독서생활(讀書生活)》, 딩링(丁玲) 주편의 《전지(戰地)》, 후펑(胡風) 주편의 《칠월(七月)》 등이 여기서 나온 대표적 잡지이다. 저서로는 『출판계이십년(在出版界二十年)』, 『중국근대출판사료(中國近代出版史料)』 등이 있다.

나온다. 류샹루(劉湘如)의 『용음만화(榕蔭漫話)』도 이런 견해를 그대로 따르고 있다.

그러나 《신보(申報)》에는 이보다 20여 년 앞서 이미 번역 소설이 연재되고 있었다. 1872년 4월 15일부터 18일까지 스위프트의 『걸리버 여행기(格列佛遊記)』의 앞부분 내용이 '담영소록(談瀛小錄)'이라는 제목으로 번역 연재되었으며, 같은 해 4월 22일에도 워싱턴 어빙(Washington Irving, 중국명 歐文)의 『립 밴 윙클(瑞普 · 凡 · 溫克爾, Rip Van Winkle)』이 「일수칠십년(一睡七十年)」이라는 제목으로 번역되어 실렸다. 그렇지만 이 두 편의 소설은 분량이 비교적 짧았기 때문에 명실상부한 최초의 번역 장편소설은 『흔석한담』이라 할 수 있다. 『흔석한담』은 신보관(申報館)에서 발행한 중국 최초의 문학 월간지 《영환쇄기(瀛環瑣記)》에 1873년 1월 제3권부터 1875년 1월 정간(停刊)될 때까지 연재되었으며 연재가 끝난 후 청 동치 13년(1875) 말에 '신보관총서(申報館叢書)'로 출간되었다.

소설은 모두 3권 55절로 되어 있다. 상권은 18절로 주인공 캉지(康吉)의 아버지 페이리(非利)가 젊은 시절 상인의 딸 아이거(愛格)와 사랑에 빠지는 과정을 그리고 있다. 페이리의 숙부 포푸(坡弗)는 명문가 자제인 조카가 평민 출신의 여자를 아내로 맞는다면 상속권을 잃게 될 것이라고 경고한다. 사랑과 상속권 모두를 지키기 위해 페이리와 아이거는 몰래 도망쳐서 캉지와 시니(希尼)를 낳는다. 15년 후 숙부가 죽자 페이리는 막대한 양의 재산을 상속하게 되지만 이로 인해 동생 뤄바(羅把)와 갈등을 일으키게 된다. 어느 날 승마 중 페이리가 사고로 죽게 되고 뤄바는 이 기회를 틈 타 전 재산을 손에 넣는다. 뤄바의 음모로 인해 거부(巨富)의 아들이었던 캉지는 하루아침에 출신을 알 수 없는 사생아의 처지로 전락하게 된다. 이때부터 소설은 캉지라는 몰락한 인물의 눈에 비친 런던과 파리의 생활을 묘사한다. 2권은 13절이고 3권은 24절이다. 여기서는 어머니가 병으로 돌아가신 후 캉지가 파리에서 떠돌이 생활을 하며 겪는 일들을 통해 자본주의 사회의 어두운 면을 드러내고 있다. 특히 간교한 악덕 상인 뤄푸(洛弗)와 비열한 건달 바이니(白尼)에 속아 캉지의 생활은 더욱 방탕해진다. 이처럼 캉지는 "악당과 잘못 사귀게 되어" 프랑스 경찰에 쫓기는 신세가 되었지만 프랑스 귀부인 메이페이얼(美費兒)의 도움으로 다시 영국으로 돌아오게 된다. 캉지라는 재자(才子)와 메이페이얼이라는 가인(佳人)의 국경을 초월한 사랑은 결국 두 사람의 결혼으로 대단원의 막을 내린다.[3] 역자는 작가의 창작의도에 대해 다음과 같이 말했다. "영웅은 고난과 역경을 통해 만들어진다는 것이 소설의 대의이다."

저자는 누구인가? 1875년 신보관판(申報館版) 서문에는 '서양의 명사가 지었다[西國名士撰成]'고 나오고 1904년 문보서국(文寶書局)에서 인쇄한 재판에는 '영국의 약납약한 중역, 영국의 이약슬 필술[英國約納約翰重譯, 英國李約瑟筆述]'이라고 되어 있다. 소설은 19세기 초의 프랑스와 영국이 배경이며 작가가 "부르봉 후기, 루이 18세 재위 시에 이 소설을 창작했다"고 밝히고 있는 것으로 보아 원작자는 프랑스인이며 번역자는 영역본을 중역(重譯)한 듯하다.

번역자는 누구인가? 신보관판에서는 여작거사(蠡勺居士), 소길나암주(小吉羅庵主) 혹은 소길나암(小吉羅庵)이라는 서명(署名)을 볼 수 있다. 1904년 문보서국판에는 오현려상와독생(吳縣藜床臥讀生)이 원서에 기초해 편집하고 윤색했다고 나와 있다. 민국 12년(1923) 상하이 영국 조계(租界)의 백신공사(百新公司)에서 출판한 번역본에는 '부란아 번역, 상하

3) 등장인물의 중국어 번역명과 영어 본명은 다음과 같다. 캉지(康吉, Philip Morton), 페이리(非利, Philip Beaufort), 아이거(愛格, Catherine Morton), 포푸(坡弗, The Old Gentlman), 시니(希尼, Sidney), 뤄바(羅把, Robert Beaufort), 뤄푸(洛弗, Mr. Love), 바이니(白尼, Birnie), 메이페이얼(美費兒, Madame de Merville), 자디(加的, William Gawtrey).

이 안혜렴 필술, 징강 서학령 교열[傅蘭雅譯, 上海顏惠廉筆述, 澄江徐鶴齡校閱]'이라고 쓰여 있으며 표지에는 '영국의 저명 작가가 지은 장회소설(章回小說)'[4]이라고 인쇄되어 있다. 필자가 조사한 바에 따르면 앞서 언급한 세 판본의 내용은 거의 흡사하다. 이를 통해 볼 때 세 판본이 저본으로 삼은 책은 신보관판일 것이다. 뒤의 두 책은 소설의 높은 인기에 편승해 표지만 살짝 바꾸어 출판한 것이다. 여작거사는 서양 문화와 학문에 관심이 많았다. 일본을 다녀온 경험이 있고 월간 《영환쇄기(瀛環瑣記)》의 주요 기고자였으며 「영환쇄기서(瀛環瑣記敍)」, 「어락국기(魚樂國記)」, 「순풍설일이(順風說一二)」, 「인신생기영기론(人身生機靈機論)」, 「장기도유기(長崎島遊記)」 등의 글을 썼다. 그는 소설에 대해 독특한 견해를 갖고 있었다. 옛 소설의 "목적은 사람들의 눈과 귀를 즐겁게 해주는 데 있었다. 예로부터 전해 내려오는 소소한 이야기들을 패관야사(稗官野史)의 형식으로 엮어 속세밖에 있는 사람들에게 세상 소식을 전해주기도 했다." 그는 소설이 가진 네 가지 폐단이 있는데 이를 마땅히 경계해야 한다고도 했다. 첫째, '도음(導淫)'. 남녀 간의 애정사를 거짓으로 기록하는 것. 둘째, '해도(海盜)'. 호걸이 바른 길을 잃고 방황하거나 산중에 은거하는 이야기를 지어내어 기록하는 것. 셋째, '종간(縱奸)'. 간사한 생각으로 다투려 하거나 임시변통으로 남을 기만하는 일을 지어내어 기록하는 것. 넷째, '호란(好亂)'. 전쟁의 잔혹함을 미화하거나 장수의 무용담을 과장하여 기록하는 것. 그는 『흔석한담』에 이런 네 가지 폐단이 없는 것이 뛰어난 점이라고 했다. "부자가 명성을 탐하지 않고 선한 자가 명예를 좇을 필요도 없다. 참된 군자의 풍모와 거짓 군자의 진면목이 남김없이 드러난다." 그가 이 책을 번역한 목적은 "중국인들의 견문을 넓히고 유럽의 풍속을 소개"

4) 중국 소설의 한 체제로 긴 이야기를 회(回)를 나누어 서술하는 형식을 취한다.

하는 데 있었다.

이해할 수 없는 것은 상하이 서점에서 출판된 『중국근대문학대계(中國近代文學大系)·번역문학권(翻譯文學卷)』 서문에서 스저춘[5] 선생은 이 책에 대해 전혀 언급하지 않고 있다는 점이다. 이 작품이 엄밀한 의미에서 번역소설에 속하지 않는다고 생각했기 때문일까, 아니면 원작 소설에서 겉모습만 살짝 바꾸기는 했지만 그래도 엄연한 창작물이라고 여겼기 때문일까. 필자는 『흔석한담』의 여러 정보를 종합해본 결과 이 소설이 창작이 아닌 번역문학에 속한다는 결론을 내릴 수 있었다.

우선 이 소설은 서구의 가문 중시 풍조와 자유연애 사상을 반영하고 있다. 1절에 나오는 문장을 예로 들어보겠다. "외국의 규범은 중국과 다르다. 당신이 마음에 두고 있는 여성이 있어서 가까워지고자 한다면 집안끼리 친분을 맺는 것보다 나은 것이 없다. 자주 왕래하며 명승지에 함께 놀러 가기도 하고 멋진 술집에서 파티를 열 수도 있다. 그 집안의 어른이 당신의 의중을 알게 되었는데 이때 두 가문의 지위가 엇비슷하다면 혼인하기는 매우 쉬워진다." 소설에서는 페이리가 재산 상속권을 잃을지도 모르는 위험을 무릅쓰고 평민 여성과 도망간 일을 찬미하고 있는데 만약 중국이라면 상상할 수 없는 일이다.

다음으로 소설에서 묘사하고 있는 유럽의 배금주의(拜金主義)도 중국의 문인들이 전혀 들어보지 못했던 것이다. 3권에는 영국인 뤄푸가 파리에서 혼인당(婚姻堂)을 개업한 이야기가 나온다. 혼인당은 오늘날로 말하자면 결혼 소개소에 해당한다. "춤과 노래를 내세워 남녀 손님들을 끌어

5) 스저춘(施蟄存, 1905-2003). 중국 현대 저명 문학가이자 번역가, 교육가이다. 화동사범대학(華東師範大學) 중문과 교수와 상하이 유명 문학 월간 《현대(現代)》의 편집장을 역임했다. 중국 초기 '신감각파(新感覺派)' 소설의 대표 인물이다. 주요 작품으로는 「품당시(品唐詩)」, 「상원등(上元燈)」, 「장군저두(將軍底頭)」, 「매우지석(梅雨之夕)」 등이 있다.

모은 다음 중매를 사칭하여 사기를 친다. 이곳에 모여드는 사람들은 대부분 몰락한 가문의 청년들인데 그들은 어떻게 하면 부잣집 여자들을 속여 결혼할 수 있을지 노심초사할 뿐이다." 따라서 "남녀 간의 연령대가 맞지 않는 경우가 많은데 환갑의 노부인이 서른일곱의 신랑을 얻는 경우도 있다." 노부인이 젊고 잘생긴 신랑을 얻을 수 있는 데에는 당연히 금전의 역할이 절대적이며 결혼을 통해 청년도 막대한 부와 재산을 얻게 된다.

셋째, 소설이 그리고 있는 진취적이지만 탐욕에 가득 찬 부르주아 졸부의 모습은 사회적 산물이다. 소설의 3권 제7절에서는 도서 상인의 입을 빌어 캉지의 인상을 묘사하고 있다. "통통하고 적당한 키, 푸른색 옷을 입고 팔에는 금팔찌를 둘렀으며 몸에는 옥도장을 달았다. 얼굴은 황갈색에 머리카락은 검고 짧다. 느릿느릿 흐느적거리며 길을 걷는다." 그는 프랑스의 군주 나폴레옹을 숭배하며 이렇게 말했다. "평범한 백성이었던 그가 재덕을 겸비한 덕에 선거를 통해 군주가 되었고 그의 형제들도 다른 나라의 군주로 선출되었다. 이때가 유럽의 절정기였다." 도서 상인은 캉지에게 솔직하고 차분하고 용감하고 소박하고 강한 의지의 인물이 되길 기원하지만 인자한 성품은 그다지 중요하지 않는 듯하다. 그는 어머니가 병에 걸려 치료비를 빌리러 온 캉지의 요청을 일언지하에 거절한다. 2권에는 캉지가 파리에서 알게 된 자디(加的)라는 인물이 등장한다. 평소에는 말투나 풍채가 위풍당당하지만 "위기가 닥치면 음험하고 간사한 본색을 드러낸다. 마치 악마처럼 악독하고 늑대처럼 광포하다." "일의 경중과 이해(利害)를 따지지도 않고 일에 뛰어들기부터 한다." 작가는 말한다. "이런 종류의 인간은 비범한 능력을 갖고 있어서 기회만 잡으면 교룡(蛟龍)이 승천하듯 천하를 진동시킬 것이다. 그러나 그렇지 못하고 낮은 지위에 머물러 있다면 윗사람의 총애를 얻기 위해 수단 방법을 가리지 않고 아첨하거나 타인의 결점을 들추어 낼 것이니 반드시 큰 변고를 일으킬 것이다.

역사상 마라(Marat), 미라보(Mirabeau), 나폴레옹 등이 모두 이런 종류의 인물이다. 만약 계략이 실패하여 별 볼일 없는 하층민으로 남게 된다면 법을 어기거나 도적질을 하는 등 별 짓을 다하겠지만, 성공한다면 도리어 천하의 영웅호걸이 되어 모든 사람들의 우러름을 받게 될 것이다."

이 책의 귀중한 가치는 루소의 『민약론(民約論)』이 담고 있는 인간평등사상을 최초로 중국에 전파했다는 데 있다. 소설은 프랑스 대혁명 후의 변화된 파리를 다음과 같이 묘사하고 있다. "사회 풍조가 그 어떤 곳과도 비교할 수 없을 정도로 크게 변했으니 참으로 큰일을 도모하는 자들에게는 기회의 땅이다." 이곳에서는 "가문이나 부귀빈천을 따지지 않고 오로지 재능만을 중시한다. 따라서 작위는 아무런 쓸모가 없다." 비록 나폴레옹이 유배되고 부르봉 왕조가 복벽했지만 혁명이 만들어낸 분위기는 "이미 사람들의 골수에 깊이 침투했다." 부르봉 왕조라는 '작은 연못'이 프랑스 대혁명이 만들어 낸 '거대한 틈'을 어떻게 메꿀 수 있을 것인가? 소설은 프랑스 계몽 사조의 발흥과 인간평등사상이 프랑스 대혁명에 미친 영향에 대해 소개하고 있다. "과거의 프랑스는 부르봉 왕조가 주인이었다. 군주 아래 늘어선 신하들은 재능이 없어도 명성과 존귀함을 내세워 백성을 초개(草芥) 같이 여겼다. 백성의 고혈을 빨아 유지되는 나라에서 높은 자들은 법을 따르지 않고 비천한 자들은 보호받지 못한다. 이에 뛰어나고 영리한 자들이 학문에 힘쓰고 사상을 겨루니 좋은 생각이 줄을 잇고 재능과 지혜가 크게 발전했다. 과거에 사람들은 윗사람에게 아첨하고 비호를 구하려는 이유에서 책을 지었다. 그러나 나중에 나온 책 한 권이 이런 생각을 크게 변화시켰다. 즉 하늘이 부여한 재능이 귀한 것이지 사람이 준 작위는 하찮을 뿐이라는 것이다. 백성의 곤란을 살피고 세상의 이치를 밝히니 이때부터 사람들이 깨어나게 되었다. 곧 나라가 어지러워지자 군주를 내쫓고 존귀한 작위를 박탈하였다. 나폴레옹이 백성의 우두머리가 되어 새로이 법률을 세우고 제도를 정비했다. 성(省)과 군(郡)도 이를 따르니 개혁이라 하지만 실은 새로운 국가를 세운 것이다."

이 소설은《영환쇄기》제3권부터 28권까지 연재되었지만 별다른 반향을 일으키지 못하였을 뿐만 아니라 판매 실적도 좋지 않았다. 1896년 량치차오는 『서학서목표(西學書目表)』와 『독서학서법』에서 이 책에 대해 "서양의 풍속을 엿볼 수 있는 영국 소설"이라고 소개했다. 1904년 오현려상와독생은 문보서국에 이 책의 재판 발행을 건의하였다. 이 번역서가 "서양의 풍속을 동아시아에 소개"하는 가운데 은연중에 민주사상을 전파할 수 있다고 생각했기 때문이다.

100여 년이 지났지만 『흔석한담』의 원본과 원작자, 역자에 대한 사항은 여전히 의문에 싸여 있다. 그러나 근대 중국 최초의 번역 장편소설로서 이 책이 갖는 가치는 무시할 수 없을 것이다.

신판부기[補記]: 『흔석한담』의 원작과 원작자, 역자에 관해 최근 주목할 만한 연구 성과가 있었다. 미국 하버드대 교수인 패트릭 해넌(Patrick Hanan, 중국명 韓南)은 「최초의 한역소설을 논함(論第一部漢譯小說)」이라는 글에서 『흔석한담』은 영국의 작가 에드워드 불워 리턴(Edward Bulwer Lytton, 1803-1873)이 쓴 장편소설 『밤과 새벽(夜與晨)』(Night and Morning)의 전반부이며 초판은 1841년에 출간되었다고 주장했다. 번역본에 원서의 1851년 판본부터 추가된 각주가 있는 것으로 보아 번역자는 1851년 혹은 그 이후에 나온 판본을 저본으로 삼았음이 분명하다. 리턴은 1870년대에 소설가로서 인기가 매우 높아 명성이 디킨스에 버금갈 정도였다. 그는 옥스퍼드대학을 졸업하고 잡지사에서 편집일을 하다 정계에 입문해 하원의원, 식민장관[植民大臣], 상원의원을 역임했고 남작(男爵)에 봉해졌다. 명문가 출신임에도 그는 귀족들에 대해 인정사정없이 비판을 가했다. 그의 작품 『어니스트 멀트레이버스(Ernest Maltravers)』, 『폴 클리포드(Paul Clifford)』, 『영국과 영국인(England and the English)』 등은 치밀한 구성과 심금을 울리는 이야기로 큰 인기를 끌었으며 그를 유명 작가의 반열에 올려놓았다. 일본의 니와 준이치로(丹羽純一郎)는 1879년 『어니스트 멀트레이버스』(1837)와 속편 『앨리스(Alice)』(1838)를 일본어로 번역한 후, 한 권으로 합쳐 『화류춘화(花柳春話)』라는 제목으로 출간했다. 중국어 역자는 장치장(蔣其章)이다. 자는 지상(芷湘)이고 저장 첸탕(錢塘) 사람으로 과거에 급제하여 거인(擧人)이 되었다. 《신보》의 초창기 편집자 가운데 한 사람이었지만 진사(進士)가 된 후 《신보》일을 그만 두었다. 필명으로 여작거사, 소길나암주, 형몽암주(蘅夢庵主), 서냉하사(西冷下士) 등을 사용했으며 '문원청화(文苑菁華)' 총서를 펴냈다. 해넌은 장치장이 영어에 문외한이었으며 그가 《영환쇄기》에 기고한 해외의 소식은 대부분 "서양 친구들"로부터 얻어들은 것이라고 주장했다. 따라서 해넌은 장치장이 중국어에 능통한 《신보》 사장 메이저(Ernest Major, 중국명 安納斯托·美査)의 도움으로 『흔석한담』을 번역했을 것으로 보고 있다. 메이저가 장치장에게 먼저 『밤과 새벽』의 영문판을 추천해준 후 메이저가 통역[口譯]하고 장치장이 필록(筆錄)했다는 것이다. 이 책의 번역문은 원문과 그다지 통하지 않는다. 아마 연재 형식과 제한된 편폭에 맞춰 소설의 분량을 고려하다보니 그런 결과가 나왔을 것이다. 또한 중국 독자의 성향에 맞춰 적지 않은 첨삭 과정이 있었을 것이다.[3] 원작과 원작자에 대한 의문은 풀렸지만 역자에 대한 의문은 여전히 남아 있다. 1905년 상하이 《신문보(新聞報)》에 실린 '중역(重譯)'본 광고를 보면 역자는 장즈랑 대령(蔣子讓大令)[6]으로 되어 있다. 궈창하이(郭長海)는 그가 현령(縣令)을 지냈고

6) '대령(大令)'은 현(縣)의 업무를 관장하는 '지현(知縣)'을 말한다.

후에 상해에 거주했으며《영환쇄기》의 주요 편저자라고 했다. 일본과 영국을 다녀온 적이 있고 영어에도 능통했을 것이다.(이에 대해 해넌은《신문보》 광고 제작자의 착각으로 장치장의 성('蔣')과 또 다른 편집자인 장시(江西) 우즈랑(吳子讓)의 이름('子讓')을 조합해 蔣子讓이라는 이름이 나온 것이라고 주장했다.) 1904년에 나온 문보서국판의 역자는 오현(吳縣)의 '여상와독생'으로 되어 있는데 이는 관스쥔(管斯駿)을 말하는 것이다. 이름은 추치우(初秋)고 장쑤 우장(吳江) 태생으로 '평강려상와독생(平江藜床臥讀生)', '여상구주(藜床舊主)'등의 필명으로 활동했다. 상하이 지역에서 문필을 날렸고 왕도와도 친분이 돈독했다. 저서로는『회화상해잡기(繪畫上海雜記)』와 단편소설집『차광검영(釵光劍影)』등이 있다.[4]

021

『지학천석(地學淺釋)』

진화론 동양 전파의 길을 개척하다

과학사는 내재적 규율에 따라 발전한다. 예를 들면 유럽의 진화론은 지질학 분야에서 처음 출현했는데 중국에 전래된 진화사상도 지질학을 통해서였다. 1871년 화형방과 미국의 선교사 맥고완[1]은 지질연화(地質演化) 이론을 쉽고 간명하게 소개한 미국인 다나(J. D. Dana)의 『광물학 설명서(Manual of Mineralogy)』를 번역해 『금석식별(金石識別)』(12권)이란 제목으로 펴냈다. 1873년 두 사람은 다시 영국의 저명 지질학자 찰스 라이엘(Charles Lyell, 1797-1875)의 저작을 번역해 『지학천석』이라는 이름으로 출판했다. 화형방은 하루도 빠짐없이 맥고완의 집으로 가서 맥고완이 구술하는 내용을 듣고 중국어로 번역했다. 이 작업은 해가 뜨면 시작해서 점심밥도 간단하게 해결하고 해가 질 때까지 계속되었다. 적절한 번역어를 찾기 위해 수없이 수정하고 다듬었으며 서로 얼굴 표정과 손짓까지

1) 대니얼 제롬 맥고완(Daniel Jerome Macgowan, 1814-1893). 중국명은 瑪高溫. 미국인으로 중국에 온 최초의 기독교 침례교 선교사로 뉴욕 주립대학 의학원을 졸업하였다. 중국 영파에 근대 서양 의학 사업이 뿌리내리는 데 큰 공헌을 하였으며《중외신보(中外新報)》를 창간하고『금석식별(金石識別)』,『지리천석(地學淺釋)』을 번역하였다.

동원해가며 의미를 정확히 전달하고자 하였다.[1] 번역을 마친 책은 강남 제조국에서 출간되었다.

『지학천석』의 원작이 무엇인지에 대해서는 의견이 분분하다. 어떤 학자는 1830년에서 1833년 사이에 발표한 『지질학원리(地質學原理)』(Principles of Geology)가 원본이라고 주장한다. 책의 전체 제목은 『지질학원리: 현재까지도 발생하고 있는 작용의 원인을 참조하여 지구 표면에서 발생했던 과거의 변화에 대해 분석을 시도함(Principles of Geology: being an attempt to explain the former changes of the Earth's surface, by reference to causes now in operation)』이다. 어떤 학자는 『지질학강요(地質學綱要)』(Elements of Geology)가 원본이라고 주장했다. 그렇지만 또 다른 학자는 두 책은 번역 제목이 다를 뿐 실제로는 동일한 책이라고 주장했다. 조사한 바에 따르면 『지질학원리』는 1830년에 초판이 나왔으며 1866년 10월 10쇄를 찍었다. 『지질학강요』는 『지질학원리』의 제4편(編)으로 1838년에 단독 출판되었다가 1842년에 증보 출간된 뒤 1865년 1월에 6판을 발행했다. 『지질학원리』에서 다루고 있는 내용은 생물계와 무생물계를 포함하는 지질 현상에 관한 자연법칙이다. 이에 반해 『지질학강요』의 내용은 지각을 구성하는 물질의 종류와 순서, 상대적 위치, 그리고 그와 관련된 생물에 대한 서술이 주를 이룬다. 찰스 라이엘은 『지질학원리』의 초기 판본에서 종 불변의 관념을 옹호하거나 라마르크의 진화론을 맹렬하게 공격하기도 했다. 그러나 다른 한편으로 그는 당시 과학계에서 유행하던 조르주 퀴비에[2)]의 '재변설(災變說)'을 반박하며 수억만 년의 역사를 갖고 있는 지각

2) 조르주 퀴비에(Georges Cuvier, 1769-1832). 프랑스의 동물학자이자 고생물학자이다. 실증적 생물학의 입장에서 진화론에 반대하여 라마르크설을 비판하였다. 지각의 갑작스러운 변동으로 생물이 멸종하고 다시 새로운 생물이 생겨났으며 지질시대는 이러한 격변으로 구분된다는 재변설(오늘날은 '격변설[激變說]' 혹은 '천변지이설[天變地異說]'이라고 한다)을 주장하였다.

암석에 대한 객관적인 해석을 주장했다. 변화란 초자연적인 힘이나 갑작스럽고 거대한 격변에 의해 일어나는 것이 아니라 바람, 비, 습도, 물의 흐름, 조석(潮汐), 화산, 지진 등 일상적 힘의 지속작용에 의해 만들어진다고 본 것이다. 지구 표면이 담고 있는 특징은 오랫동안 지속된 자연과정의 산물이므로 쉽게 파악할 수 없다는 결론은 이 책의 가장 큰 공헌이다. 엥겔스는『자연변증법』에서 이렇게 말했다. "라이엘은 이성을 지질학 영역으로 끌어들인 최초의 인물이다. 그는 지구가 점진적으로 변해왔다는 주장을 내세워 조물주의 창조 혁명을 대체했다."[2]

이 책은 다윈의 진화론이 나오는 데 중요한 역할을 했다. 다윈은 일기에서『지질학원리』를 처음 접했을 때의 감상에 대해 기록하고 있다. 그는 비글호를 타고 세계 일주를 하면서도 줄곧 이 책을 소지하고 있을 정도였는데 라이엘의 사망 소식을 듣고는 이렇게 말했다. "내가 이룬 모든 것은 그가 저술한 위대한 작품들을 학습하고 연구한 결과이다."[3] 라이엘 또한 1859년『종의 기원(物種起源)』이 발표되자마자 가장 먼저 진화론을 받아들였다. 아울러 이를 참고해『지질학원리』와『지질학강요』의 내용을 대폭 수정했다. 저명 과학사가 옌둔제(嚴敦杰)는 8판까지 출간된 이 책의 출판 시기를 조사한 후『지학천석』이 1865년 1월에 나온『지질학강요』 제6판을 저본으로 삼은 것이라고 고증했다.[4] 책은 모두 38권으로 구성되어 있다. 라이엘은 산맥과 대륙의 형성과정과 지층의 형태, 화성암과 퇴적암의 형성, 그리고 지층의 화석에 대해 연구하여 지질 현상의 원인을 밝혀냈다. 고생대 지층에는 복잡한 조직의 식물이 보이지 않다가 중생대 지층에서는 야자와 단엽식물(單葉植物)이 나오며, 백악기 초기에 이르면 비로소 현대 식물계에서 볼 수 있는 주요한 강목(綱目)이 출현한다. 이를 통해 볼 때 식물계의 각 시기는 끊임없이 발전해 나왔다는 것을 알 수 있다. "세 번째 석층(石層)에는 서로 다른 형태의 화석이 보이는데 이는 생물이 점진적으로 변화해 다른 형태를 갖게 되었기 때문이다. 즉 진화한 형태를 보면 현재에 가까운 시기의 것일수록 형태도 현재의 것과 비슷하고 현재로부터 멀리 떨어져 있는 시기의 것일수록 형태도 현재의 것과 많이 다르다."[5]

또 『지학천석』에서는 '생물점변(生物漸變)'설에 대해서도 많은 부분을 할애해 서술하고 있다. "화석분층표(殭石分層表)를 보면 형성된 지 오래된 것일수록 더 조밀하다. 그 중간에서 발견되는 새로운 생물 화석의 형태를 통해 시기마다 생물들이 점진적으로 변화했음을 알 수 있다." 권19에서는 생물 변화와 환경의 관계에 대해 설명하고 있다. "특정 지역의 생물이 지형이나 물, 흙 등의 영향을 받아 점진적으로 변화한 것임을 안다면 어느 것이 점차 진화했고 어느 것이 점차 퇴화했는지도 알 수 있을 것이다."[6] 왕즈춘(汪子春), 장빙룬(張秉倫)이 쓴 「다윈학설의 초기 중국 전래와 영향(達爾文學說在中國初期的傳播與影響)」이라는 글에 따르면 『지학천석』에는 라마르크와 다윈의 학설을 언급한 대목이 나온다. 예를 들어 권23에 다음과 같은 구절이 있다. "라마르크(勒馬克)는 생물종이 점진적으로 변화하여 원래의 형태와 다르게 바뀐다고 주장했다. 그렇지만 사람들은 이 말을 믿지 않았다. 최근 또 다윈(兌兒平)이라는 사람은 이렇게 주장했다. 생물은 환경에 적합한 것이 선택되어 발전하며 성정(性情)조차도 변할 수 있다." 여기서 '勒馬克'와 '兌兒平'은 라마르크(拉馬克)와 다윈(達爾文)의 불완전한 음역이다.[7]

이 책은 중국어 서적 가운데 최초로 지질 구조와 형성 원인, 생물 진화론 같은 서양 근대 지질학 지식을 명쾌하고 쉽게 설명한 저작이다. 책의 판본으로는 제조국본(製造局本), 부강총서본(富强叢書本), 상하이석인본 등이 있으며 많은 학교에서 교과서로 사용했다. 루쉰[3)]은 난징에서 공부할 때 이 책을 필사하기도 했다. 쉬웨이저는 『동서학서록』에서 이 책에 대해 다음과 같이 평가했다. "지극한 도리를 담고 있음에도 글은 쉽고 사리가 잘 드러나 실제적 효용이 크다. 번역문도 깔끔하니 선본이라 할 수 있다."[8] 1889년 격치서원 시험 문제인 '서양 격치지학과 최근 번역 출판된 여러 서적의 득실과 어느 것이 가장 중요한지 상세히 논하라'의 답안으로 손유신(孫維新)은 이렇게 적었다. 이 책이 비록 "퇴적층의 형태와 성질, 변화 과정, 그리고 물종(物種)에 대해 상세하게 논하고 있으나 초역(初譯)인 탓에 글이 매끄럽지 않고 항목이 너무 많아 초심자가 이해하기에는 어려움이 있다." 차선정(車善呈)은 상대적으로 높은 평가를 내리고 있다. "『지학천석』에서는 퇴적암의 형태와 성질, 생물의 흔적, 퇴적물의 변화 원인에 대해 논하고 있다. 아울러 퇴적층의 형태가 편평하거나 경사지거나 굽었거나 꺾이거나 솟아오르거나 움푹 들어간 까닭에 대해서도 밝히고 있다. 물에 의해 침식된 곳에서는 모래와 진흙이 굳어진 것이나 새로운 화석 퇴적층이 빙천석과 화산석, 용결석, 열변석, 오금장맥[4] 등을 만들어낸다. 크게 보자면 지구는 흙과 돌이 모이고 쌓여 형성된 것이라 할 수 있다. 비록 진흙과 모래, 석회와 석탄으로 나누어지고 무르고 단단한 차이는 있지만 모두 석류(石類)라고 할 수 있다. 점진적으로 변화했기 때문에 땅 밑의 퇴적층을 보면 생물의 종류에 따라 당시 서식지를 알 수 있다. 물속이나 육지, 호수나 바다의 구별이 있으며 춥고 뜨겁고 덥고 온화한 날씨에 따라서도 구분할 수 있으니 대단히 신비롭다." 이 외에 남북 빙

3) 루쉰(魯迅, 1881-1936). 원명은 저우장셔우(周樟壽)인데 나중에 저우슈런(周樹人)으로 바꾸었다. '루쉰(魯迅)'은 1918년 「광인일기(狂人日記)」를 발표하면서 사용한 필명이다. 저장 샤오싱(紹興)에서 태어났으며 일찍이 일본 센다이의과전문학교(仙臺醫科專門校)에서 유학했다. 1919년 5·4신문화 운동을 주도했으며 「아Q정전(阿Q正傳)」, 「광인일기」 등을 쓰며 중국 현대문학의 기초를 세웠다. 저서로는 『눌함(吶喊)』, 『방황(彷徨)』, 『아침 꽃을 저녁에 줍다(朝花夕拾)』, 『야초(野草)』, 『중국소설사략(中國小說史略)』 등이 있다.

4) 빙천석(氷遷石)은 얼음 혹은 빙하와 함께 이동한 암석을 말하고 화산석(火山石)은 화강암, 용결석(熔結石)은 응회암, 열변석(熱變石)은 변성암을 말한다. 오금장맥(五金藏脈)은 오금, 즉 금, 은, 동, 철, 규석이 매장된 광맥을 가리킨다.

산과 빙해, 해양 생물, 광맥의 응집과 균열 등도 다루고 있는데 "지질학을 통해 이재(理財)를 얻고자 하는 사람이라면 반드시 봐야 하는 책이다."[9]

몇몇 사상가들은 이 책의 획기적인 내용에 주목했다. 캉유웨이는 이 책을 『담천』과 함께 『계학답문』의 서학권(西學卷) 첫 머리에 두었다. 책에 나오는 석도기(石刀期), 동도기(銅刀期), 철도기(鐵刀期)의 시대구분법[5)]은 캉유웨이와 장타이옌의 저작에도 등장한다. 량치차오는 『독서학서법』에서 이 책을 근대인의 필독서라고 소개했다. "천지간에 살면서 자신이 사는 세상이 어떤 모습인지 모른다는 것은 대단히 부끄러운 일이다. 그러므로 『담천』과 『지학천석』은 시급히 읽어야만 한다. 두 책이 담고 있는 사상은 광범위하고 심오한데 번역까지 훌륭하니 보기 드문 수작이라 할 수 있다."[10] 다윈 진화론의 중국 전파 과정이 짙은 안개 속 험난한 항해에 비유할 수 있다면 그러한 항로를 개척한 역작이 바로 『지학천석』이라고 할 수 있다.

5) 즉 석기시대, 청동기시대, 철기시대를 말함.

022

『탈영기관(脫影奇觀)』

중국에 최초로 소개된 서양 촬영술 서적

1839년 8월 프랑스 정부는 루이 다게르[1]가 은판사진법(銀板寫眞法)을 발명하였다고 공포하였다. 그러나 이 촬영법이 언제 중국으로 유입되어 들어왔는지는 지금까지도 확실하게 밝혀지지 않았다. 1840년대에 이미 통상 항구에 사진기를 든 외국인이 있었다는 주장이 있는 반면, 1860년대가 지나서야 서양 사람이 사진기를 중국으로 반입하는 허가를 받을 수 있었다는 말도 있다. 유입시기를 알 수 없는 이유 중 하나는 외국 사진 기사들이 촬영법에 대해서만은 엄격하게 비밀에 붙였기 때문이다. 믿을만한 자료에 따르면 1844년 광동의 과학자 추백기[2]는 사진기 제작법을 연구해 중국 최초의 사진기를 제작했다. 또한 얼마 후 감광재료 제작법을

1) 루이 다게르(Louis Jacques Mandé Daguerre, 1787-1851). 프랑스의 화가 겸 사진가. 은판사진법이라고도 하는 다게레오타입(Daguerreotype)을 발명하여 근대 사진술의 시조로 불린다.

2) 추백기(鄒伯奇, 1819-1869). 광동 남해에서 태어났으며 자는 일악(一鶚), 특부(特夫), 징군(徵君)이다. 청대의 과학자이다. 젊어서 광학을 연구하고 1844년 사진기를 제작했다. '중국 사진기의 아버지'라고 불린다. 사진기 외에도 망원경, 현미경, 칠정의(七政儀) 등을 만들었고 묵학(墨學) 연구에도 조예가 깊었다. 저서로는 『추징군유서(鄒徵君遺書)』, 『추징군존고(鄒征君存稿)』가 있다. 그가 쓴 「촬영지기기(攝影之器記)」라는 짧은 글에서 '촬영(攝影)'이라는 말이 처음 등장하며 현재까지도 널리 쓰이고 있다.

발명해 자신이 만든 설비로 여러 장의 사진을 촬영했는데 그렇다면 이 사진들이 중국인이 최초로 촬영한 작품일 것이다. 그 가운데 한 장의 필름이 광저우시 박물관에 보관되어 있다. 추백기는 자신이 만든 사진기의 구조와 촬영의 원리를 「격술보(格術補)」와 「촬영지기기(攝影之器記)」라는 글에서 소개했다.

1850년대 서양의 촬영법은 다양한 통로로 중국으로 전래되었다. 루쉰은 「사진에 관해 논함(論照相之類)」이라는 글에서 다음과 같이 쓰고 있다. "함풍 연간에 어느 지방 마을에서 사진으로 인해 가산을 탕진한 시골사람이 소란을 피운 일이 있었다."[1] 시골에서조차 이런 일이 있었다면 사진에 대한 연해 지역의 관심은 더욱 강렬했을 것이다. 동치 1년에 나온 『영연잡지』에 보면 이런 기사가 나온다. "서양의 촬영법은 광학에 속하지만 화학과도 연관이 있다. 촬영방법은 이렇다. 먼저 상자에 구멍을 뚫고 태양광을 이용해 거울에 상을 촬영한다. 고착액은 대략 질산과 염산을 섞어서 쓴다. 촬영한 상은 유리판에 남아 오래 지나도 사라지지 않는다. 전문가라면 미세한 부분까지 상세하게 드러나도록 할 수 있다. 특히 서화(書畵)를 본뜨는 데 매우 유용해서 글자 하나하나가 축약본을 보는 것처럼 진본과 흡사하다. 근래에는 유리판 대신 종이를 사용해서 수천 장을 인쇄할 수 있다 한다. 유리를 인쇄판으로 사용해 먹으로 그림을 새기는 새로운 방법도 나왔는데 책을 인쇄하는 것과 큰 차이가 없으니 편리함은 말로 다 할 수 없을 정도이다."[2] 당시 상해에서 영향력이 컸던 사진가로는 프랑스인 루이 르그랑[3]과 중국인 나원우[4]가 있다. 그들은 이렇게 말

---

3) 루이 르그랑(Louis Legrand, ?-?). 중국명은 李閣郎이며 프랑스 사진작가이다. 1860년 제2차 아편전쟁 기간 동안 프랑스 군대와 함께 군사 작전을 기록하는 임무를 띠고 중국 남부에 파견되어 상해에서 활동하였다. 실제로 중국에 파견되어 사진을 찍었는지는 확인되지 않는다.

4) 나원우(羅元祐, ?-?). 광동 사람으로 외국인에게 사진술을 배워 함풍 연간(1851-1861) 상해에서 '공태(公泰)' 사진관을 열었다.

했다. 새로운 "격치학에 대해 점점 더 많이 알게 되었다. 햇빛이 없어도 전기로 만든 빛을 비추면 태양광보다 더 나은 효과를 얻을 수 있으며 야간에도 촬영이 가능하다. 기술의 진보가 여기에 이르렀으니 신비로울 따름이다."[3] 왕도가 쓴 1860년 일기를 보면 강서의 오가선[5)]이라는 인물이 촬영법을 배우기 위해 영국 선교사 조지프 에드킨스(艾约瑟)에게 사진기의 구매를 부탁했다는 내용과 이선란이 『조영법(照影法)』이라는 책을 "반이나 번역"[4]했다는 기록이 나온다.

우췬(吳群)이 쓴 『중국 촬영 발전사(中國攝影發展歷程)』에 따르면 중국에서 최초로 출판된 서양 촬영법 관련 저작은 1873년 영국의 의사 더전[6)]이 편역한 『탈영기관』이다.[5] 더전은 영국 런던선교회 소속 의료선교사로 어려서부터 사진을 좋아했는데 "처음 사진을 접했을 때 체스처럼 흥미를 느꼈다"고 한다. 1862년에 중국으로 건너와 숭문문(崇文門) 안에 경도시의원(京都施醫院)을 세워 수 년 간 많은 환자들을 치료했다. 이때 더전이 촬영법에 능하다는 것을 알고 여러 차례 가르침을 청한 사람들이 적지 않았다. 그가 《중서문견록(中西聞見錄)》에 기고한 「경영등설(鏡影燈說)」

---

5) 오가선(吳嘉善, 1818-1885). 강소 남풍(南豐) 태생으로 자는 자등(子登)이다. 함풍 2년(1852) 진사가 되었고 한림원길사(翰林院庶吉士)를 역임했다. 천문산학에 밝은 추백기와 함께 기하와 방정 등 산학을 연구했으며 화학, 기계학에도 밝았다. 청조가 미국에 파견한 유학생 감독으로 임명되었으나 유학생들의 방탕하고 무절제한 생활을 경험한 후 외국 유학의 유해성을 논한 상소를 올려 미국 유학 프로그램을 중단시켰다. 파리에서 외교관 생활을 하였고 영어와 불어에 능통했다. 저서로는 『측원밀율(測圓密率)』, 『첨추변법해(尖錐變法解)』, 『산학이십일종(算學二十一種)』 등이 있다.

6) 존 햅번 더전(John Hepburn Dudgeon, 1837-1901). 중국명은 德貞, 혹은 德約翰이다. 영국 런던선교회 소속 선교사, 의학박사다. 1863년 부인 메리 클라크 더전(Mary Clark Dudgeon)과 함께 중국에 건너와 선교 및 의료사업에 평생을 바쳤다. 상해에서 연대를 거쳐 북경에 와서 활동했으며 시의원(施醫院) 원장 겸 영국 대사관 의관(醫官)을 역임했다. 경사동문관에서 학생들에게 해부학과 의학을 가르쳤다. 1901년 북경에서 생을 마감했다. 저서로는 『중국의 질병(中國的疾病)』, 『토지문제, 중국농민소유권의 교훈(土地問題, 中國農民所有權的敎訓)』 등이 있고 특히 사진촬영에 관심이 많아 촬영 입문서인 『탈영기관』과 『탈영기관속편』을 편역하고 많은 사진 작품을 남겼다.

이라는 글과 사진 관련 번역문은 많은 사람들의 호응을 얻었다. 그는 사진을 배우려는 사람들이 늘어나자 "정성을 다해 응대하느라 온종일 정신이 없었다. 사진술을 어떻게 전할지 골몰하다 사람들의 후의(厚誼)에 보답하기 위해 중국어로 된 번역서를 펴내기로 결심했다." 이것이 책을 펴내게 된 동기이다.

1873년 출판된 책은 목판 인쇄본으로 큰 글자체의 선장본이며 상중하 세 부분, 원(元), 형(亨), 리(利), 정(貞)의 네 권으로 되어 있다. 판권은 경도시의원 소유이다. 1898년에는 다시 속편이 번역 출간되었다. 책의 일러두기[例言]에 이런 구절이 나온다. "사람들의 후의에 보답하고 초심자들에게 도움을 주기 위해 평이한 내용을 추려서 책을 번역하였다." 책은 이학(理學), 예술(藝術), 법칙(法則)의 세 부분으로 나누어져 있다.[7] 책머리에는 「탈영원류사전(脫影源流史傳)」이라는 글이, 마지막 부분에는 「경영등설(鏡影燈說)」이라는 글이 첨부되어 있다. 전반적으로 내용이 논리적이며 핵심적인 부분만 간명하게 소개하고 있어 책의 완성도가 매우 높다. 또한 은판법(銀版法), 습판법(濕版法), 캘러타이프(Calotype) 등 초창기의 여러 촬영법을 소개함으로써 독자들이 직접 장단점을 비교해 선택할 수 있도록 하였다. 저자는 독자들의 이해를 돕고 쉽게 응용할 수 있도록 중서대조(中西對照) 방식으로 화학 약품의 명칭을 소개하였으며, '속편'을 쓰면서는 새로 나온 촬영기구와 방법에 대한 소개도 빼놓지 않았다. 총리아문대신(總理衙門大臣) 숭후(崇厚)는 책을 읽고 나서 이렇게 말했다. "오랜 세월 동안 전해지지 않던 비방(祕方)이 이제야 빛을 보게 되었다. 최초 발명자와 전승자의 이름까지도 나온다. 대단히 훌륭하고 오묘하다.

7) 실제로 『탈영기관』의 상권은 이론, 중권은 방법, 하권은 카메라 도식(圖式)과 인화액에 대한 내용이다.

숨겨진 도리를 터득하기 위해 하나의 기예를 제대로 습득하는 것이 얼마나 어려운 일인지 알 수 있을 것 같다. 후학들은 이를 기초로 광학과 화학을 더욱 발전시키고 창조적 성과물을 만들어냄으로써 더전 의사의 공로에 보답하기를 바랄 뿐이다."[6] 형부상서(刑部尙書) 완안숭실(完顔崇實)은 즉석에서 시 두 수를 지어 이렇게 읊었다.

光學須從化學詳 광학이 화학으로 인해 정밀해지니
西人格物有奇方 서양 격물학이 놀라워졌네.
但持一柄通明鏡 통명경 손에 넣으니
大地山河無遁藏 산하대지 전부 남김없이 드러나네.

常住光中寶鏡臺 빛 가운데 보경대를 두니
幻成眞境早安排 허상 속 진경 모두 볼 수 있네.
何生何天凭君看 언제 어디서든 그대만 있으면 볼 수 있으니
都自圓明覺海來 모두 완전한 깨달음의 세계에서 오는 것이라네.

쉬웨이저는 『동서학서록』에서 이렇게 말했다. "근래에 촬영기술이 더욱 정밀해져 영상을 크게 확대할 수도 있다니 전광(電光)으로 촬영하는 법이 얼마나 신기한가."[7]

『탈영기관』의 출판은 촬영법을 둘러싸고 중국에서 벌어지던 신비주의적 논의들을 일소시키고 서양 사진 기사들이 독점해 온 사진 기술의 비밀을 밝혀줌으로써 봉건적 미신을 타파하고 과학이 보급되는 데 중요한 공헌을 했다. 더전도 책에서 촬영법을 공개한 목적이 '이단'이니 '사술(邪術)'이니 '사람의 영혼을 빼앗아 간다'는 등 사진을 둘러싼 괴담의 실체를 드러냄으로써 사진에 대한 오해를 없애고 누구나 쉽게 사진술을 습득

할 수 있게 하기 위함이라고 했다. 실제로 이 책이 출판된 이후 촬영법을 익힌 중국인들이 많이 늘어났다. 갈원후[8)]는 『호유잡기(滬游雜記)』에서 이 책이 출간된 이후 "중국인들이 기술을 배우고 약품과 기기를 구매해 각 지역에 사진관을 열었다"[8]고 하였다. 또한 이 책의 영향으로 촬영 관련 서적이 줄을 이어 번역 출간되었다. 1880년에 발행된《격치휘편》9권에서 12권까지에는 서수와 존 프라이어가 공동 번역한 「조상약법(照相略法)」이 실려 있는데 이 글은 나중에 『색상유진(色相留眞)』이라는 제목의 단행본으로 출간되었다. 또한 서수는 『조상기(照相器)』, 『조상간편법(照相干片法)』 등의 책을 편역하기도 했다.

---

8) 갈원후(葛元煦, ?-?). 청말 문인이자 각서가(刻書家)이다. 『소원총서(嘯園叢書)』를 펴냈으며 『호유잡기(滬遊雜記)』를 지었다.

023

『보법전기(普法戰紀)』

최초로 번역된 유럽 전쟁사

근대 세계 역사 지리 저작 가운데 유럽 당대 역사서로 가장 영향력이 컸던 것으로는 『보법전기』를 들 수 있다. 1870년 세계 역사 지리 연구를 통해 중국 정치 체제의 개혁을 모색했던 저명 사상가 왕도는 유럽을 시찰하고 돌아와 홍콩에서 『법국지략(法國志略)』을 저술했다. 다음 해 그는 남해(南海) 장종량(張宗良)이 통역한 자료와 하옥군(何玉群), 매자선(梅自仙), 진애정(陳藹廷) 등이 번역한 기타 문헌 및 신문 자료를 기초로 "필요한 내용만 뽑아 시간 순서대로 편집해" 책을 만들었다. 이렇게 만들어진 『보법전기』는 동치 12년(1873) 7월에 중화인무총국(中華印務總局)에서 14권본으로 인쇄 출간되었으며, 후에 여섯 권을 증보해 재판을 인쇄했다.

『보법전기』는 중국인이 편역한 최초의 유럽 전쟁사로 프로이센[普] 제국과 프랑스[法] 사이에서 벌어졌던 전쟁[1]의 원인과 전개과정, 강화와 전후 처리 문제 등을 자세하게 소개하고 있다. 1870년에 벌어졌던 프로

1) 프로이센-프랑스 전쟁(Franco-Prussian War)이라고 한다. 1870년부터 1871년까지 일어난 전쟁으로 프로이센의 지도하에 통일 독일을 이룩하려는 비스마르크의 정책과 그것을 저지하려는 나폴레옹 3세의 정책이 충돌해 일어났으며 프로이센 독일군의 압도적 승리로 막을 내렸다.

이센과 프랑스 간의 전쟁은 19세기 유럽뿐만 아니라 전 세계 역학구도를 바꾸었던 중요한 사건으로 "유럽 정세 변화의 관건적 요소들이 모두 여기에 망라되어 있다. 프로이센의 강대함과 프랑스의 약소함, 이것이 바로 유럽 정세 변화의 원인이다." 책은 편년체와 기전체 형식을 적절하게 융합하여 독자들이 보불전쟁의 배경을 쉽게 이해할 수 있도록 서술하였다. 최대한 형식에 구애받지 않고 사건에 따라 편명을 붙였으며, '용두사미'가 되는 것을 방지하기 위해 프랑스 7월 왕조의 정부 수뇌 파브르(Jules Favre), 티에르(Louis Adolphe Thiers), 비스마르크(Otto Eduard Leopold von Bismarck), 몰트케(Helmuth Karl Bernhard von Moltke) 등 뛰어난 인물들의 사적(事迹)도 자세하게 서술했다. 또한 유럽 정치제도와 운영상황, 국가 간의 외교전, 최신 군사무기와 전술 운용, 기구(氣球)와 공중촬영, 군용지도, 전보와 철로 등에 대한 내용 및 각 지역의 특색과 풍습도 총 망라해서 생생하게 묘사하고 있다. 왕도는 『도원노민자전(弢園老民自傳)』에서 이 책을 추천하며 다음과 같이 쓰고 있다. "비록 양국 간의 일을 기록한 것이지만 국가 간의 합종연횡, 진실과 위선 등을 엿볼 수 있다." 또한 산천지리, 민속과 풍습, 정치제도가 잘 기록되어 있으니 "서양 역사를 연구하고자 하는 자라면 반드시 이 책을 참고해야 한다."[1]

왕도는 보불전쟁 시의 유럽 정세뿐만 아니라 프랑스의 패전과 프로이센의 승전 원인까지 분석했다. 첫째, 인재는 국가 흥망을 결정짓는 관건이다. "국가는 인재를 얻으면 흥하고 인재를 잃으면 망한다. 인재를 얻으면 약한 것도 강해질 수 있고 작은 것도 커질 수 있다." 프로이센의 국토는 중국 광동성 동부 두세 지역을 합친 정도에 불과하고 인구도 많지 않다. 그러나 인재 발굴과 활용에 뛰어났기 때문에 약점을 강점으로 전화시켜 결국 유럽의 맹주가 된 것이다. 둘째, 전쟁 준비의 차이가 승패를 결정지었다. "프랑스가 참패하고 프로이센이 승리한 이유는 준비 과정의 차이에 있다. 얼마나 철저하게 준비했느냐가 전쟁의 승패를 갈랐다." 셋째, 전쟁에서 무기가 갖는 중요성은 어마어마하다. 책에서는 프로이센이 사용한 "발화 속도가 빠르고 찌꺼기가 거의 없는" 신식 화약과 360도 회전하며 "37발의 포탄을 장전"할 수 있는 "크루프(Krupp) 대포", "사람을 싣고 비행하는" "정찰용 기구(氣球)", "손만 대면 발사되는" 신식 총포, 그리고 세밀한 군용지도에 대해서 자세하게 소개하고 있다. 넷째, 무기의 정교함, 전투 장비의 성능도 중요하지만 제도의 우열, 민심의 향배 등도 면밀히 살펴야 한다. 왕도는 프로이센의 '의회군주제'(즉 군주입헌제)가 당시 프랑스의 전제 군주제보다 훨씬 우월하다고 보았다. 특히 주목할 만한 것은 책에서 파리 코뮌[2]의 혁명 상황에 대해 자세히 묘사하면서 프랑스의 「라 마르세예즈(La Marseillaise)」[3]를 최초로 번역 소개하고 있다는 점이다. 이는 중국인이 번역한 최초의 「라 마르세예즈」일 뿐만 아니라 최초의 프랑스 시이기도 하다. 책에서는 '군위주(君爲主)', '민위주(民爲主)', 그리고 '군민공위주(君民共爲主)'의 정치 체제를 구분해 번역하고 있다. '군위주'인 러시아와 프로이센의 통치자를 제(帝)로 지칭하며 영어로는 '은백납(恩伯臘)'이라고 부른다 하고, '민위주'의 통치자는 총통(總統)으로 지칭하며 영어로는 '백리새천덕(伯理璽天德)'라고 부른다 하고, '군민공위주'의 통치자는 왕(王)으로 지칭하며 영어로는 '경(京)'이라고 부른다고 소개하고 있다.[4] 이 번역어들은 비록 왕도가 독창적으로 만든 것은 아니지만 『보법전기』의 유행을 타고 후대 학자들 사이에서 광범위하게 사용

---

2) 파리 코뮌(La Commune de Paris, 1871년 3월 18일-5월 28일). 프랑스 제5차 혁명이라고도 한다. 프랑스 파리에서 처음으로 민중들이 주체가 되어 세운 사회주의 자치 정부이다. 세계 최초의 노동자 계급의 자치에 의한 민주주의 정부라고 평가받고 있다. 처음으로 사회주의 정책들을 실행에 옮겼으며 짧은 기간 동안 유지되었지만 이후 사회주의와 공산주의 운동에 큰 영향을 끼쳤다.

3) 프랑스 국가인 「마르세유 행진곡」을 말한다. 본서의 67장에 나온다.

4) '恩伯臘'는 중국어로 '언보라'라 발음되며 Emperor의 음역이다. '伯理璽天德'는 중국어로 '보리시톈더'라 발음되며 President의 음역이다. '京'은 중국어로 '징'으로 발음되며 King의 음역이다.

되었다.

『보법전기』의 내용은 대부분 서양 신문의 내용을 발췌 번역한 것이기 때문에 당시 중국의 사인(士人)들로서는 처음 접해보는 해외 '기담'이 많았다. 번역 후 책이 바로 출간되지 않았음에도 "필사본이 전국으로 광범위하게 유통"되었으며 사인들이 앞다투어 얻어 읽고자 하였다. 당시의 양무(洋務) 관료와 봉건 사대부, 그리고 유신파 인사들 모두 이 책의 중요성을 간파하고 있었다. 증국번[5]은 왕도를 평해 "뛰어난 인재"라 하였으며, 이홍장[6]도 "식견과 사고가 원대"하고 "재능과 학식이 뛰어난 선비"라 하였다. 이에 더해 정일창[7]은 "역사가의 문필을 갖추었고, 재(才), 식(識), 학(學)의 세 가지 면에서 훌륭하다"고 하였다. 진계사[8]는 「보법전기서(普法戰紀序)」에서 이렇게 말했다. "요즘 학식 있는 사람들 사이에서는 이 책이 후세까지 전해질 뛰어난 책이라는 칭찬이 자자하다."[2] 1874년, 누형선사[9]는 왕도의 또 다른 찰기(札記)인 『옹유여담』에 쓴 서문에서 이렇게 말했다. "『보법전기』에서는 병기의 날카로움과 무딤, 기계의 우열, 강역(疆

5) 증국번(曾國藩, 1811-1872). 자는 백함(伯涵), 호는 조생(滌生)으로 청대 말기의 정치가이자 학자이다. 태평천국운동 때 상군(湘軍)을 조직해 진압에 참가했으며 양무운동을 적극적으로 추진했다. 이홍장, 좌종당(左宗棠), 장지동(張之洞)과 함께 '만청중흥사대명신(晩清中興四大名臣)'으로 불린다. 양강총독(兩江總督), 직예총독(直隷總督), 무영전대학사(武英殿大學士) 등을 역임했다.

6) 이홍장(李鴻章, 1823-1901). 자는 점보(漸甫), 호는 소전(少荃)이다. 청말 양무운동을 주도하고 중국 최초의 서양식 해군인 '북양수사(北洋水師)'를 창설했다. 청조를 대표해 서구 열강과의 사이에서 '마관조약(馬關條約)', '신축조약(辛醜條約)' 등 대표적 불평등조약을 체결했다. 중국의 상공업 진흥과 근대화에 공헌했으며 직예총독, 내각대학사(內閣大學士) 등을 역임했다.

7) 정일창(丁日昌, 1823-1882). 자는 지정(持靜)으로 청말 양무운동의 주요 인물이다. 강소 순무(巡撫), 복주 선정대신(船政大臣), 복건 순무, 총리각국사무대신(總理各國事務大臣)을 역임했다. 근대적 해방(海防) 사상을 세우는 데 큰 공헌을 하였다.

8) 진계사(陳桂士, ?-?). 자는 서남(瑞南)으로 홍콩의 양행(洋行) 매판(買辦)이다. 홍콩과 상해를 중심으로 활동했다.

9) 차이얼캉(蔡爾康, 1851-1921)을 말한다. 자는 즈푸(紫紱), 별서(別署)는 누형선사(縷馨仙史)이다. 《만국공보(萬國公報)》 중국어 주필을 역임했으며 존 앨런(林樂知)과 함께 수많은 서양 서적을 번역했다. 저서로는 『기문유편(紀聞類編)』과 번역서 『중동전기본말(中東戰紀本末)』 등이 있다.

域)의 요해에 대해 손바닥 들여다보듯이 일목요연하게 정리하고 있으니 서양 형세를 알고자 하는 자라면 반드시 봐야 할 모범이다."[3] 20년 후, 량치차오는 『서학서목표』에서 이 책을 추천하였으며 『독서학서법』에서는 이 책을 "볼 만한 가치가 있는" 기사본말체 외국 역사서로 서학 학습의 필독서 중 하나로 분류했다.

일본 막부 말기 프랑스에 파견되어 시찰하고 돌아온 유신파 인물 구리모토 조운[10]은 일본에서 발간된 《우편보지신문(郵便報知新聞)》에 『보법전기』를 평하는 글을 실어 이렇게 말했다. "외교관으로 있는 제 아들 테이지로(貞次郎)가 이와쿠라 도모미(岩倉具視) 대사를 따라 유럽에 다녀오는 길에 상해에 들러 구매한 몇 권의 신간 서적 가운데 『보법전기』가 포함되어 있었습니다. 절반 정도 읽었는데 전쟁에 대한 묘사가 실감나고 저자의 논평 또한 중국인의 진부한 논리가 아닌 참신하고 현실성 있는 내용을 담고 있어 실로 보기 드문 걸작이라는 생각이 들었습니다. 주위 사람들이 앞다투어 빌려가는 바람에 끝까지 읽지 못한 것이 아쉬울 따름입니다. 우연히 요코하마의 중국 상인이 이 책을 지니고 있다 해서 곧바로 빌려 읽어보았습니다. 곱씹어볼 만한 부분은 빨간 색으로 표시하고 평어를 달았는데 그 수가 적지 않았습니다."[4] 구리모토 조운은 평소 왕도에 대해 깊은 존경심을 갖고 있었다. 그는 1879년 일본 각계를 대표해 왕도에게 일본에 와서 강의를 해줄 것을 제안하기도 했다. 그는 또 일본 육군성의 요청으로 『보법전기』에 평주(評注) 작업을 한 뒤 1878년에 출간하였다. 1887년에는 야마다 에이조(山田榮造)가 교감(校勘)한 오사카 수도관(修道館)본도 출판되었다. 일본의 저명 학자 오카 센진[11]은 왕도의

10) 구리모토 조운(栗本鋤雲, 1822-1897). 에도 막부 말기의 막신(幕臣)이자 메이지 초기의 사상가이다. 외국 봉행(奉行)을 역임하였으며 메이지 유신 이후 신문기자로 활동했다.

11) 오카 센진(岡千仞, 1833-1914). 원래는 센다이(仙臺)의 번사(藩士)로 한학과 서학에 정통했

『부상유기(扶桑遊記)』 발문(跋)에서 이렇게 말했다. "『보법전기』가 일본에 전해진 이후 책을 읽은 사람이라면 누구나 왕도 선생에 대해 알게 되었다. 탁월한 식견과 훌륭한 생각은 일세를 풍미하고도 남음이 있으니 과연 현세의 위인이라 할 수 있다."[5] 구리모토 조운은 왕도와 명말 사상가 주순수(朱舜水)[12)]를 함께 언급하며 『보법전기』가 송나라 때의 구양수(歐陽修)가 펴낸 『신오대사(新五代史)』에 버금가는 보기 드문 걸작이라고 평가했다.[6] 당시 일본 학술계에서 왕도의 위상이 어떠했는지 미루어 짐작해볼 수 있다. 왕샹룽(汪向榮)은 「중일 문화지위의 역전(中日文化地位的逆轉)」에서 이 책을 가리켜 일본이 중국의 한역본을 통해 서양 문화를 수용한 마지막 사례일 것이라고 했다.[7] 따라서 『보법전기』는 일본에서 인쇄 출판된 한역 서양 서적 가운데 대단히 중요한 지위를 차지하고 있다.

다. 메이지유신 후에 수사관 편수관(修史館編修官), 도쿄부 서적관 간사(東京府書籍館幹事) 등을 역임했으나 번벌(藩閥)들의 전제에 불만을 품고 사직하고 제자를 양성했다. 1884년 중국에 와서 이홍장, 장지동, 성쉬안화이(盛宣懷) 등과 교류하며 적극적으로 변법도강을 주장했다. 세계정세에 관심이 많아 『존양기사(尊攘紀事)』, 『미리견지(米利堅誌)』, 『법란서지(法蘭西誌)』 등을 지었고 중국 여행 일기인 『관광기유(觀光紀遊)』를 남겼다.

12) 주순수(朱舜水, 1600-1682). 즉 주지유(朱之瑜)를 말한다. 명나라의 문신으로 나중에 일본에 정착하였으며 에도에서 유학(儒學)을 강의하여 일본 사상계에 상당한 영향을 끼쳤다.

024

『신공구(新工具)』
베이컨의 귀납법과 과학 방법론 소개

『신기관』

1620년 영국의 저명 사상가이자 근대 귀납법의 창시자인 프랜시스 베이컨(Francis Bacon, 1561-1626)의 주요 저작 『학술의 위대한 부흥(學術的偉大復興)』[1]의 일부가 세상에 나왔다. 이 책은 원래 6부로 계획되었는데 1부는 서론, 2부는 과학방법에 대한 분석, 3부는 기술자 학문과 실험 사실에 관한 백과전서, 4부는 새로운 방법을 사용하여 사실을 분석하는 방법에 대한 설명, 5부는 과거와 현재의 과학이론에 대한 논의, 6부는 새로운 자연철학에 대한 논의, 그리고 여러 방면의 사실로부터 도출되어 나온 가설과 현재의 과학이론에 대한 종합이다. 베이컨은 이처럼 방대한 저술 계획을 세워 놓았지만 5부와 6부는 손도 대지 못한 채 세상을 떠났다. 『신공구』(Novum Organum)는 6부 가운데 2부만 별도 출판하면서 붙인 제목이다.[2] 영국 자본주의 형성 시기의 새로운 세계관과 방법론에 대

1) 『대혁신(Great Instauration)』이라고 하며 라틴어 원제는 '인스타우라티오 마그나(Instauratio Magna)'이다.

2) 원제는 '노붐 오르가눔 스키엔티아룸(Novum Organum Scientiarum)'으로 '노붐 오르가눔', '신오르가논' 또는 '신기관(新機關)'이라고도 한다. 제목은 아리스토텔레스의 '오르가논'에 대항하는 '새로운 오르가논'을 뜻한다. 직역하면 '과학의 새로운 도구'를 뜻하는데, 여기서는 원서에 나

해 논의하고 있는 이 책은 6세기경 나온 아리스토텔레스의 『공구론(工具論)』(Organum)(연역논리가 중심이 된 6편의 저술을 포함하고 있다)을 겨냥해 쓴 것으로 귀납법을 기초로 한 베이컨의 논리학 사상을 담고 있다. 『신공구』는 두 권으로 구성되어 있는데 1권에서는 인간의 인식능력을 저해하는 네 가지 우상을 비판하고 있고, 2권에서는 자연을 인식하는 새로운 방법인 귀납법에 대해 실례를 들어 자세하게 설명하고 있다. 그렇다면 중국인들은 베이컨을 언제 처음으로 알게 된 것일까? 또한 대표작 『신공구』는 언제 중국에 전래되었을까?

위리창(余麗嫦)이 쓴 『베이컨과 그의 철학(培根及其哲學)』의 부록 「베이컨 철학의 중국 전래(培根在中國)」에는 다음과 같은 내용이 나온다. "옌푸는 1895년(광서 21년)에 「논세변지극(論世變之亟)」, 「원강(原强)」, 「벽한(辟韓)」, 「구망결론(救亡決論)」등 중요 논문을 연속으로 발표했다. 그는 글에서 베이컨의 철학사상과 역사적 공헌에 대해 매우 높은 평가를 내리고 있다. 이를 계기로 베이컨은 중국인들에게 주목받는 인물이 되었고 본격적으로 소개되기 시작했다." 이를 근거로 보자면 "중국에 베이컨을 최초로 소개한 인물은 옌푸"[1]라고 할 수 있다. 그러나 필자가 보기에 이는 그다지 올바른 추측은 아니다.

베이컨은 중국으로 치자면 명대 가정(嘉靖) 40년인 1561년에 태어나 천계(天啓) 6년인 1626년에 세상을 떠났다. 비록 명말청초 시기에 많은 예수회 선교사들이 서양 종교와 철학을 중국에 들여왔지만 베이컨의 학설을 소개한 사람은 아무도 없었다.[2] 베이컨이라는 이름이 중국 문헌에 처음 등장한 것은 19세기 후반이다. 당시에는 뻬이건(倍根), 삐얼겅(畢爾庚), 비경(比庚), 뻬이건(貝根), 뻬이건(備根), 보경(柏庚) 등 다양한 번역명

온 대로 『신공구(新工具)』로 번역했다.

으로 알려졌었다. 필자가 조사한 바에 따르면 옌푸에 앞서 베이컨을 중국에 소개한 인물로는 왕도, 곽숭도,[3] 종천위 등이 있다.

우선 왕도는 동치 12년(1873) 즈음 나온 『옹유여담』에서 800여 자로 베이컨을 소개했다. "베이컨은 영국의 대신으로 명 가정 40년에 태어났다. 어려서부터 지혜가 출중하고 총명함이 남달랐다. 자라서는 격치학에 조예가 깊었다. 평생 동안 많은 저술을 남겼다. 옛 사람의 학문을 무조건 따르지 않았고 되도록 새로운 것을 만들어내고자 하였다. 옛 사람의 말을 무조건 따르지 않았고 스스로 창조해내려고 하였다. 과거 문헌에 실려 있는 것들은 찌꺼기에 불과하며 지나간 것을 고수하는 것은 총명함을 억누르는 것이라 생각하여 명징한 사고와 투철한 관찰력으로 세상 사람들에게 실질적인 도움을 주고자 하였다." 그러나 "친구를 사귐에 은혜를 잊고 정치를 하면서 뇌물죄에 연루되었으니 인품은 본받을 만한 점이 없다"[3]고도 하였다. 광서 3년(1877) 흠차대신 자격으로 영국을 방문한 곽숭도의 7월 3일 일기에 다음과 같은 구절이 나온다. 영국 학자 중에 "가장 유명한 사람으로는 우선 셰익스피어(舍色斯畢爾)가 있다. … 그리고 셰익스피어와 동시대인으로 200여 년 전에 활동했던 베이컨(畢爾康)이라는 인물도 있다. 실학을 중시하는 영국의 풍조는 베이컨으로부터 시작되었다."[4] 1889년 종천위는 격치서원 춘계 시험 답안에 다음과 같이 썼다. "서양의 철학(理學)은 그리스에서 시작하였다. … 아리스토텔레스는 격치학의 거두이다. … 2,003년을 이어온 서양의 학술은 영국 학자 베이컨이 나오면서 변화하기 시작했다. 베이컨은 영국 런던 태생으로 부모도 유명인

---

3) 곽숭도(郭嵩燾, 1818-1891). 자는 백침(伯琛)이고 호는 균선(筠仙)이다. 호남 상음(湘陰) 태생이며 청말의 관리 겸 외교관이다. 영국과 프랑스 대사를 지냈으며 서양에 주재한 최초의 중국 외교관이다. 증국번과 함께 상군(湘軍)을 창건하여 태평천국의 난을 진압하는 데 주도적 역할을 하였다. 서양의 과학기술을 배워 청나라에 도입할 것을 주장하였다. 저서로는 『양지서옥유집(養知書屋遺集)』, 『옥지노인자서(玉池老人自敘)』, 『사기찰기(史記劄記)』 등이 있다.

이며 숙부는 영국 수상이다. 13살에 대학을 졸업했다. 과거의 학문에 얽매이는 것을 싫어해 과감히 떨쳐버리고 초연하고 독립적인 기개를 지니고자 하였다. 관료의 길로 들어섰으나 비리에 연루되어 관직을 버렸고 그 후에는 격치학에만 전념해 수십 종의 저서를 남겼다."[5] 같은 해 시험을 본 차선정(車善呈)도 이렇게 썼다. "명대에 영국에 베이컨이라는 사람이 있었다. 학문을 좋아하고 사고가 깊었으며 의지가 굳건했다. 전통 학설의 변화를 통해 학술을 한 단계 더 높은 차원으로 끌어올렸다."[6]

베이컨의 『신공구』는 중국 지식인들의 큰 관심을 끌었다. 왕도는 「영국인 베이컨(英人倍根)」에서 다음과 같이 쓰고 있다. "명 태창(泰昌) 원년에 베이컨은 『격물궁리신법(格物窮理新法)』을 지었다. 그때까지 이런 책을 쓴 사람은 없었다. 그는 실사구시를 강조하며 사물이 이치에 부합하는지 봐야지 이치를 사물에 맞추려 해서는 안 된다고 주장하였다. … 그의 책은 앞으로 250년 동안 「홍범(洪範)」과 같은 역할을 할 수 있을 것이다. 서양에서 격물치지학을 말하는 사람은 모두 이 책을 모범으로 삼는다." 또한 "영국에서는 평민부터 고관대작에 이르기까지 베이컨의 책을 익히지 않는 자가 없었다. 그러나 그의 학문은 존경해도 행실은 모범으로 삼지 않았고 방법은 좋아했지만 결점도 알고 있었다. 사람으로 인해 학문이 폐기되는 법은 없으니 베이컨의 학술적 공헌은 백 년이 지나도 사라지지 않을 것이다."[7] 곽숭도는 일기에 이렇게 썼다. "베이컨도 그리스 로마의 학문을 익혔다. 그러나 시간이 갈수록 그가 배운 모든 것이 공허하고 비실용적이라는 것을 깨달았다. 이때부터 격물치지의 학설을 중시하여 '신학(新學)'이라고 이름 붙였다."[8] 종천위도 이렇게 말했다. 베이컨이 쓴 "『논신기(論新器)』는 격치가들이 모범으로 삼는 책이다. 책의 핵심은 격치학이라면 반드시 실제적인 증거를 기초로 이치를 궁구해야지 먼저 이치를 세워두고 사물의 성질을 거기에 맞춰서는 안 된다는 것이다. 직접 눈으로 관찰한 것을 기초로 사물들의 이치를 따져 앎에 도달하려 하니 그의 책은 확실한 근거가 있는 것이다. 선비[儒士]의 눈으로 보더라도 어둠 속을 홀로 밝힌 등불과 같으니 이로써 그의 명성이 더욱 커지게 되었다."[9]

『신기관』의 중국어 번역명으로는 다음과 같은 것들이 있다. 『격물궁리신법(格物窮理新法)』(王韜), 『논신기(論新器)』(鍾天緯), 『격치신리(格致新理)』(沈壽康), 『치지신기(致知新器)』(嚴復), 『신기론(新機論)』(魯迅), 『신구경(新具經)』(章士釗), 『신공구(新工具)』(沈因明, 關琪垌, 許寶騤). 위리창은 션인밍(沈因明)이 번역하고 1934년 10월 상하이 신은서점(辛墾書店)이 출간한 것이 『신기관』의 최초 번역본이라고 주장하였다.[10] 그러나 이보다 50년이나 앞선 시기에 영국 런던회 선교사인 윌리엄 뮤어헤드[4)]에 의해 『신공구』의 상당 부분이 번역되어 있었다.

뮤어헤드는 스코틀랜드의 변호사 가정에서 태어나 폭넓은 독서를 바탕으로 법률을 전공했다. 1846년 중국에 건너와 상해, 소주, 천진, 우장(牛莊) 등지에서 선교 활동을 했다. 그는 메드허스트[5)]가 설립한 묵해서관의 번역 작업에 참여했으며 월간《육합총담(六合叢談)》에 「지리(地理)」, 「속죄유(贖罪喩)」, 「총론야소지도(總論耶蘇之道)」등의 글을 발표했

4) 윌리엄 뮤어헤드(William Muirhead, 1822-1900). 중국명은 慕維廉이다. 영국 런던회 소속 선교사로 1847년 상해에 파견되어 중국에 왔다. 중국에 서양 근대 지리학 지식을 전파하는 데 큰 공을 세웠다. 1854년 『지리전지(地理全誌)』를 편역했고 중국어로 된 지리학 사전을 편찬했다. '지질(地質)'이라는 용어도 여기서 유래했다. 『격치신법』을 번역해서 베이컨의 경험철학을 소개했다. 1861년 천경(天京, 현재의 난징)에서 홍인간(洪仁玕)과 만나 태평천국 내에서의 선교 문제에 대해 상의했다. 평생 동안 선교 활동 외에 서양 지리학 지식의 중국 소개 및 번역 작업에 매진하였다. 《익지신록(益智新錄)》, 《만국공보》 편집자를 역임하였고 《중국교회보(中西教會報)》를 창간하였다. 저서로는 『중국과 복음(中國與福音)』, 『중국의 태평기의자(中國的太平起義者)』, 『대영국지(大英國誌)』 등이 있다.

5) 월터 헨리 메드허스트(Walter Henry Medhurst, 1796-1857). 중국명은 麥都思이다. 영국 회중교회의 중국선교사로 상해 일대에서 40여 년간 머무르며 선교 및 저술, 출판 활동을 했다. 묵해서관을 설립하였고 성경을 중국어로 번역했다.

다. 1890년에서 1891년까지 광학회(廣學會) 임시 총간사를 역임했는데 광학회 연회 보고에 보면 그가 "중국에 유익한 수많은 장기 사업에서 주도적 역할을 담당했다"고 기록되어 있다.[11] 1894년에는 에든버러 대학에서 신학 박사학위를 취득했으며, 중국에 머무르는 50년 동안 "두문불출하고 저술에 힘을 쏟아" "40여 부의 책을 썼다".[12] 초기의 유명한 번역서로는 1856년 묵해서관에서 펴낸 『대영국지(大英國志)』가 있다. 영국 왕조 교체의 역사를 기록한 이 책은 토머스 밀너(Thomas Milner)의 7권짜리 원서를 장검인6)의 도움을 받아 8권으로 편역한 것이다. 엘리자베스 여왕 시대 문화적 흥성을 기술한 권5에 보면 다음과 같은 내용이 나온다. "그리스 로마의 서적을 간행하고 연구와 학문을 장려하니 나라의 문교(文教)가 날로 흥성하게 되었다. 엘리자베스 여왕 재위 시의 시문(詩文)은 지극히 아름다워 현재까지도 그것을 능가하는 것은 없다. 당시에 나온 유명한 학자로는 시드니(錫的尼), 스펜서(斯本色), 롤리(拉勒), 셰익스피어(舌克斯畢), 베이컨(倍根), 후커(呼格)7) 등이 있다." 또한 "격치학자들의 엄밀한 연구풍토 속에서 베이컨 같은 이의 저술이 나오게 되니 천문학과 수학을 연구하는 후학들에게 큰 도움이 되었다."[13] 필자가 조사한 바에 따르면 이 글이 베이컨의 중국어 이름과 『신공구』의 내용이 등장하는 최초의 중국 문헌일 가능성이 크다. 왕도는 외국어에 문외한이었지만 뮤어헤드 및 장검인과 친분이 있었기 때문에 그들의 도움을 받아 「영국인 베이

6) 장검인(蔣劍人, 1808-?). 중국 근대의 외교가, 출판인이다. 양무운동에 참가했으며 묵해서관에서 서양 서적의 교열을 담당했다. 세계 각국의 지리 및 정세에 관심이 많아 『환경(寰鏡)』을 저술했고 『대영국지』 발췌본인 『영지(英志)』를 번역했다.

7) 영국의 시인 필립 시드니 경(Sir Philip Sidney, 1554-1586), 에드먼드 스펜서(Edmund Spenser, 1552-1599), 월터 롤리 경(Sir Walter Ralegh, 1522?-1618), 극작가 윌리엄 셰익스피어(William Shakespeare, 1564-1616), 철학자 프랜시스 베이컨(Francis Bacon, 1561-1626), 사상가 리처드 후커(Richard Hooker)를 말한다. 현재는 錫德尼, 斯賓塞, 羅利, 莎士比亞, 培根, 胡克로 표기한다.

컨」이라는 글을 썼을 것이다.

1877년 뮤어헤드는 또 다른 중국인 필술자(筆述者)인 심육계[8]의 도움으로 『신공구』의 일부를 번역해서 《격치휘편》 광서 3년(1877) 제2, 3, 7, 9권과 광서 4년(1878) 8월에서 10월, 《만국공보》 제10년 505권에서 513권까지에 「격치신법(格致新法)」이라는 제목으로 연재했다. 심육계는 뮤어헤드와 함께 책을 번역하던 상황에 대해 이렇게 말했다. "폭풍우가 몰아치던 날 둘이 서로 얼굴을 맞대고 앉아 원리를 논하고 개념을 번역하고 문장을 해석하여 숨겨진 의미를 드러내고자 하였다."[14] 두 사람은 《격치휘편》과 《만국공보》에 실린 번역문을 기초로 1888년 『신공구』 제1권 130항목을 완역한 뒤 『격치신기(格致新機)』라는 제목으로 광학회에서 출판하였다.

『신공구』 원본은 단권이지만 번역본인 『격치신기』는 원서(原序)와 본문을 합쳐 모두 일곱 권으로 나누어져 있다. 권별 제목은 다음과 같다. 제1권 천지천의(天地闡義) 보인포행기권어만물중공론(輔人布行其權於萬物中公論). 제2권 심중위상공론(心中僞像公論). 제3권 격치제도공론(格致諸道公論). 제4권 위학형적공론(僞學形迹公論). 제5권 격학차류제인(格學差謬諸因). 제6권 진흥제학유기망제기공론(振興諸學有企望諸基公論). 제7권 천지천의신법지의(天地闡義新法之意). 《격치휘편》및 《만국공보》에 실린 것에 비해 『격치신기』의 내용이 좀 더 정확하다.

『신공구』의 사상적 공헌은 파(破)와 입(立) 두 측면에서 살펴볼 수 있다. 인류 지성을 질식시키는 세 종류의 황당무계한 철학(궤변적, 경험적,

---

8) 심육계(沈毓桂, 1807-1907). 청말의 번역가 겸 언론인. 심수강(沈壽康)이라고도 하며 호는 췌옹(贅翁)이다. 강소 오강(吳江) 사람이다. 어려서 전통 교육을 받고 자랐으나 나중에 서양 선교사와 교류하며 서학에 대한 흥미가 생겼다. 《신보(申報)》관에서 일했고 1876년 차이얼캉과 함께 중국 최초의 통속잡지 《민보》를 창간했다. 앨런(林樂知)과 함께 《만국공보》의 편집에도 참여했다.

미신적 철학)을 타파했다는 점이 '파'의 측면에서의 공헌이라면, 자연철학적 유물주의 인식론과 귀납법을 기초로 이론 전반에 대한 개조를 진행했다는 점은 '입'의 측면에서의 공헌이다. 이런 측면에서 보자면 뮤어헤드의 번역본은 기본적으로 『신공구』의 핵심 정신을 잘 전달하고 있다고 할 수 있다. 베이컨의 가상론(즉 우상론)은 『신공구』에서 가장 중요한 부분이다. 쉬바오쿠이(許寶騤)가 번역한 현행본의 내용은 다음과 같다. "사람들의 심령을 둘러싸고 있는 가상에는 네 가지가 있다. 첫째는 종족의 가상, 둘째는 동굴의 가상, 셋째는 시장의 가상, 넷째는 극장의 가상이다."[15] 여기서는 'idol'을 '가상(假像)'으로 번역했는데 옌푸는 이것을 '귀신(鬼)', '마귀(魔)'로 번역했다. "베이컨(柏庚)은 『치지신기(致知新器)』에서 사람들의 공허한 견해를 사귀(四鬼)라고 불렀다. 귀신이란 사람들이 맹신하는 존재로 첫째는 국사지마(國社之魔), 둘째는 암혈지마(巖穴之魔), 셋째는 허시지마(墟市之魔), 넷째는 대사지마(臺榭之魔)이다."[16] 이보다 이른 시기에 나온 『격치신기』의 번역도 크게 무리 없어 보인다. "마음속에 네 가지의 위상(僞像)이 있는데 그것은 첫째, 만인의상(萬人意像), 둘째, 각인위상(各人僞像), 셋째, 시정위상(市井僞像), 넷째, 사학위상(士學僞像)이다."[17] 이 가운데 '시정(市井)'은 '시장(市場)'이나 '허시(墟市)'보다 의미가 더욱 분명하다.

『격치신기』가 출간된 이후 "독자들의 호평과 관심이 끊이지 않았다."[18] 1891년 발행된 《동문서회년보(同文書會年報)》 제4호에 보면 다음과 같은 구절이 나온다. "윌리엄슨 박사[9]의 『격물탐원(格物探源)』, 『격치신기(格致

---

9) 알렉산더 윌리엄슨(Alexander Williamson, 1829-1890). 중국명은 韋廉臣이다. 영국 런던회 선교사로 1855년 중국에 왔다. 병고와 핍박으로 여러 차례 영국으로 돌아갔다 다시 오기를 반복하며 선교활동을 했다. 특히 1867년 중국 동북지역 조선 접경지대까지 와서 기독교 서적을 조선 상인에게 건네주기도 했다. 1887년 상하이에서 중국 근대 서양 학술 진흥에 지대한 영향을 미친 광학회의 전신인 동문서회(同文書會)를 설립했다.

新機)』,『이약석의총서(二約釋義叢書)』[10)]와 파버[11)]의 『자서조동(自西徂東)』을 광주, 항주, 제남, 무창, 남경, 북경과 태원(太原) 등 과거 시험이 열리는 곳으로 보내주었다."[19] 광서 정유년(1897)에 수정판 500책을 다시 인쇄했다.[20] 일찍이 《만국공보》에 실렸던 「격치신법소서(格致新法小序)」를 통해 뮤어헤드의 생각을 엿볼 수 있다. 『신공구』의 사상은 "과거로부터 전승되어 온 것은 혁파하고 천지만물을 탐구하여 엄밀하게 물리를 살필 수 있도록 도와준다. 이는 막무가내로 옛 사람의 말을 좇는 것과는 다르다. 비록 책의 명성은 높지만 처음부터 받아들여진 것은 아니며 이삼 백 년이 지나는 동안 뜻있는 학자들이 이 책을 모범으로 삼게 된 것이다." 번역 목적에 대해서는 다음과 같이 쓰고 있다. "누구나 신법(新法)에 통달하게 되면 애쓰지 않아도 능숙해질 것이니 그 결과 인재가 배출되고 정무(政務)가 흥성하여 큰 이익을 얻게 될 것이다."[21] 뮤어헤드는 1897년 재판 서문에서 이 책이 창포(槍砲) 제조와 광산 채굴, 도로 개설에 매우 실용적이라는 점을 재차 강조한 후 주제를 바꿔 이렇게 말했다. "중국인들은 시서(詩書)와 육예(六藝)에만 만족하여 대본(大本)과 대원(大原)을 궁구하지 않으니 정사(政事)에 관한 것보다 더 나은 학문이 있다는 것을 알지 못한다. 반드시 개별 사물로부터 위로 유추하여 대원에 도달하고 본원으로부터 아래로 유추하여 격물에 통해야 한다. 격물궁리로 본원을 유추하게 된다면 도(道)가 크게 새로워지고 유익함이 무궁할 것이다." 또

---

10) 『격물탐원』과 『이약석의총서』는 윌리엄슨의 저작이고 『격치신기』는 뮤어헤드의 저작이다. 《동문서회년보》에서 『격치신기』를 윌리엄슨의 저작으로 오인한 것인지 뮤어헤드의 이름이 누락된 것인지는 알 수 없다.

11) 에른스트 파버(Ernst Faber, 1839-1899). 중국명은 花之安이다. 라인 선교사협회(Rhenish Missionary Society) 소속 독일 선교사로 1865년 홍콩으로 들어온 뒤 광동, 상해, 청도 등지에서 선교활동을 하였다. 중국 전통문화와 식물학 분야에 대한 심도 있는 연구를 진행하여 '19세기 대표적 한학가'로 불렸다. 광학회의 주요 성원이었다. 저서로는 『자서조동(自西徂東)』, 『경학불염정(經學不厭精)』, 『유교회찬(儒教匯纂)』, 『중국종교도론(中國宗教導論)』, 『중국부녀의 지위(中國婦女的地位)』, 『역사적 각도에서 본 중국(從歷史角度看中國)』 등이 있다.

이렇게 말했다. "격물에는 두 가지 방법이 있다. 하나는 위로 유추하여 본원에 도달하는 것이고 다른 하나는 아래로 유추하여 만물을 포괄하는 것이다. 서양에서는 두 방법을 함께 사용하는데 그 효용이 매우 크다. 위로 유추하는 방법은 지상의 만물들을 위로 귀속시키는 것이고 아래로 유추하는 방법은 천상의 본원을 아래로 베푸는 것이다. 이 두 가지를 겸비한다면 믿을 만하다 할 수 있다." 연역법과 귀납법에 대해 이와 같이 설명한 후 그는 다음과 같이 주장했다. "상제께서 천지를 창조하셨다. 사람이 본을 버리고 말을 취하는 것은 상제를 외면하고 이치를 구하는 것과 다르지 않으니 이는 양심을 버리고 인심을 묻어버리는 행위일 뿐이다. 무릇 만물에는 당연지리(當然之理)가 있고 이는 천(天)에 속하는 것이다. 천이란 맑은 공기[淸氣]를 말하는 것이 아니라 하늘의 주인인 상제를 의미하는 것이다. 만물은 상제로부터 말미암으니 그 도가 심대하고 그 이치가 정밀하다."[22] 뮤어헤드가 베이컨의 명저를 번역한 목적이 학술 전파에 있었다기보다 기독교 선교에 있었다는 것을 잘 보여주는 대목이다. 이는 마테오 리치가 『기하원본』을 번역하여 중국 사대부들을 서양 과학으로 매료시킴으로써 기독교 선교에 우호적인 분위기를 만들었던 것과 같은 이치이다.

필자는 『격치신기』의 영향력을 과장할 생각은 없다. 실제로 당시 이 책의 영향은 제한적이었다. 그러나 19세기 말에서 20세기 초까지 베이컨 사상을 소개한 중국 지식인들은 정도의 차이는 있지만 모두 뮤어헤드의 번역본에 빚을 지고 있었다는 사실은 간과해서는 안 된다. 종천위, 량치차오, 장타이옌 등은 모두 《격치휘편》과 《만국공보》의 열렬한 애독자였다. 1896년 량치차오가 펴낸 『서학서목표』의 '격치총류(格致總類)'에서도 이 책을 소개하고 있으며, 1902년 쓴 「근세문명초조이대가지학설(近世文明初祖二大家之學說)」 상하편에서도 베이컨과 데카르트에 대해 서술하고 있다. 량치차오에게 있어 근대와 중세의 가장 큰 차이점은 학술의 혁신 여부이다. 왜냐하면 "새로운 학술이 나오고 난 뒤에야 비로소 새로운 도덕, 새로운 정치, 새로운 기예(技藝), 새로운 기물(器物)의 탄생이 가능하기 때문이다. 그런 다음에야 새로운 국가와 새로운 세계를 건설할 수 있을 것이다." "수백 년 간의 역사를 되돌아 볼 때 종교 영역에서 새로운 길을 개척한 사람은 마틴 루터뿐이고, 학술 영역에서 새로운 길을 개척한 사람은 베이컨과 데카르트뿐이다." 베이컨으로 말미암아 "학문은 실제를 중시하게 되었다. 이후 수백 년 동안 이에 대한 영국인들의 생각은 변하지 않았다." 중국 학문에 만연해 있는 나쁜 풍조는 형식뿐만 아니라 정신에도 깊이 뿌리내리고 있기 때문에 중국을 변화시키기 위해서는 반드시 학문에서의 노예근성을 없애버려야 한다. "학자의 가장 큰 문제는 자신도 눈과 귀가 있다는 것을 알지 못한 채 옛 사람의 눈과 귀를 자신의 눈과 귀로 여기는 데 있고, 자신도 사고와 생각이 있다는 것을 알지 못한 채 옛 사람의 마음과 생각을 자신의 마음과 생각으로 여기는 데 있다." 따라서 "중국 구학(舊學)의 노예"가 되지 않기 위해서뿐만 아니라 "서양 신학(新學)의 노예"도 되지 않기 위해서는 자유 독립의 정신을 길러야 한다.[23] 어떤 학자는 『격치신기』가 "철학자[理學家]의 말을 담고 있기 때문에 일반적인 격치와는 다르다"[24]고 주장했다. 장타이옌은 1904년 『구서(訄書)』 개정판의 첫 번째 편인 「원학(原學)」에서 다음과 같이 말했다. "베이컨은 재물을 좋아해 법관이 된 후에도 뇌물을 받아 문제가 되었다. 이를 통해 보면 그는 몽매한 시대에 빛을 비추었을 뿐만 아니라 이기적인 것이 인간의 본능이라는 점도 알려주었다."[25] 즉 중세 신학이 사람들의 머릿속에 심어둔 맹목적 편견에 대해 맹렬하게 비판함과 동시에 허위의식으로 가득한 봉건 도덕에 대항하여 인간의 본성이 이기적이라고 선언한 점은 베이컨 사상이 갖고 있는 고무적인 면이라 할 수 있을 것이다. 1908년 6월

24. 『신공구』

5일 발간된 월간 《하남(河南)》에는 링페이(令飛)가 쓴 「과학사교편(科學史教篇)」이라는 글이 실렸다. 링페이는 루쉰의 필명 중 하나이다. 루쉰은 이 글에서 베이컨의 지위에 대해 긍정적으로 평가했지만, 동시에 인식의 한계에 대해서도 지적하고 있다.

025

『류큐지리지(琉球地理志)』

중국어로 번역된 최초의 일본어 도서

일본 서적이 대량으로 한역(漢譯)된 계기는 20세기 초 일본의 중국 유학생들이 번역 활동에 참여하면서부터이다.[1] 그러나 한문으로 된 일본서적이 처음 간행된 것은 1870년대로 거슬러 올라간다. 1875년 광둥에서 일본인이 한문으로 편찬한 『일본외사(日本外史)』와 1878년 나카무라 마사나오[1)]가 쓰고 오카모토 간스케[2)]가 번역한 『만국사기(萬國史記)』가 그 예이다. 그렇다면 최초로 일본 서적을 한역한 사람은 누구일까? 그것은 야오원둥이다.

야오원둥(1852-1929)은 본적이 상하이, 호는 지량(志梁), 자량(子樑), 화익경헌선생(和謚景憲先生)이다. 동광(同光) 연간 상해 학계에서 유명

1) 나카무라 마사나오(中村正直, 1832-1895). 일본 메이지시대 초기의 계몽사상가, 교육가이다. 한학(漢學)과 난학(蘭學)을 공부했으며 막부에서 파견한 일본 유학생들의 감독 자격으로 영국을 다녀왔다. J. S. 밀의 『자유론(On Liberty)』과 S. 스마일스의 『자조론(自助論)』(Self Help)을 『자유지리(自由之理)』와 『서국입지편(西國立志編)』으로 번역 소개하여 일본의 자유민권운동에 큰 영향을 미쳤다.

2) 오카모토 간스케(岡本監輔, 1839-1904). 메이지 시대의 관리, 탐험가. 하코다테 재판소 판사를 역임했다. 중국 각지를 여행하였고 타이완 총독부국어학교 교사로 재직했다.

했던 "관직에 나가지 않은 세 명의 수재(秀才)"[3] 가운데 한 사람이다. 14살 때 경업(敬業), 용문(龍門), 고경(詁經), 구지(求志) 등 서원에서 공부했으며 20세 때에는 절강에서 벼슬살이를 했다. 부모님이 돌아가시고 난 후 고향으로 돌아와 학문에 정진해 시무(時務)와 장고(掌故)에 능통하게 되었으며 특히 여지(輿地) 분야에서 전문적인 식견을 갖추었다. 또한 광서 초년, 이리(伊犁), 미얀마(緬甸), 남월(南越), 대류(臺琉, 타이완과 오키나와)를 둘러싸고 여러 차례 외교적 위기가 발생했을 때 「주변구론(籌邊九論)」이라는 글을 써서 조정의 관심을 끌기도 했다. 1881년부터 1887년까지 청조의 주일(駐日) 사신 여서창(黎庶昌)과 서승조(徐承祖)의 수행원으로 일본을 방문해 활발한 외교활동을 펼쳤는데, 이에 대해 당시 일본의 한학자(漢學者) 가타야마 센[4]이 쓴 『상요군서(上姚君書)』[2]에 보면 다음과 같은 기록이 나온다. "틈 날 때마다 우리 측 저명인사들과 문주(文酒) 회합을 가졌다. 연회에서는 술잔 사이로 쉼 없이 필담이 오고갔는데 우리나라의 문학지사(文學之士)들은 각하(즉 야오원둥)에게 인정받기라도 하면 용문에 오른 것처럼[登龍門] 우쭐해했으며 이로 인해 다른 이들의 부러움을 샀다."[3] 그는 야오원둥의 학문을 대단히 흠모했다. 두 사람 사이에 주고받은 서신과 제발(題跋) 등은 광서제 때 『해외동인집(海外同人集)』(滇南刻本)이라는 제목으로 출간되었다.

야오원둥은 일찍이 일본의 한문학을 중국에 체계적으로 소개할 생각을 갖고 있었다. 그는 기존에 출간된 한문시집 『동영시선(東瀛詩選)』에

3) 용문서원(龍門書院)에서 동문수학했던 야오원둥, 장환룬(張煥綸), 치자오시(祁兆熙) 세 사람을 말한다. 이들은 시무(時務)와 경세(經世)에 뜻을 두고 전통 학문의 개혁과 서학의 수용에 적극적이었으며 지리학에도 조예가 깊어 청말 '지리삼걸(地理三傑)'로도 불린다.

4) 가타야마 센(片山潛, 1859-1933). 일본공산당 창시자 중 한 명으로 코민테른(국제 공산당) 창건 활동에 참여하였으며 반제국주의 운동을 벌였다. 미국 예일대학에서 유학한 후 귀국해 노동조합을 만들고 일본식 사회주의를 주창했다. 1931년 일본이 중국 동북(東北) 지역을 침략하였을 때 반대 투쟁을 전개하고 중국혁명에 대한 제국주의의 간섭에 대해서도 비판하였다.

착안하여 『경국집(經國集)』, 『본조문수(本朝文粹)』, 『속본조문수(續本朝文粹)』, 그리고 스가와라노 미치자네(管原道眞), 미야코노 요시카(都良香)[5]의 작품에서 일부를 발췌해 『일본문원(日本文源)』이라는 책을 펴낼 생각이었다. 아울러 에도시대의 주자학파(朱子學派), 고학파(古學派), 고문사파(古文辭派), 절충파(折衷派)의 뛰어난 산문을 모아 『일본문록(日本文錄)』을 편찬할 계획도 갖고 있었다. 메이지유신 이후 일본인의 한문 표현력은 나날이 증가했다. 그는 우선 「동해정문계(東海征文啓)」라는 글을 지어 일본 각계 인사들의 협조를 구한 뒤 일본의 우수한 한문 작품을 수집해 『해외문전(海外文傳)』을 간행하고자 했다.[4]

1887년 그는 청조의 명을 받아 러시아, 독일, 오스트리아, 덴마크 대신(大臣) 홍균(洪鈞)을 수행해 유럽에 2년간 머물렀는데 이 기간 동안 그는 『태서정요(泰西政要)』, 『국별지리(國別地理)』, 『해서문편(海西文編)』 등 유럽의 정치, 지리와 관련된 서적 여덟 권을 썼다. 귀국 후에는 1891년부터 1893년까지 인도와 미얀마의 상무(商務), 운남(雲南)과 미얀마 경계 조사 및 방위 업무를 관할하는 직책을 맡았으며, 운남에 3년간 머무르며 『운남감계주변기(雲南勘界籌邊記)』 등 22권의 책을 저술했다. 1893년 청일전쟁이 끝난 후 그는 양강총독 장지동의 명을 받아 타이완에 가서 당경숭[6]이 세운 '타이완민주공화국'을 도와 일본에 항거했으며, 무술변법 중에는 광서 황제가 직접 선발한 '무근전십우'[7] 가운데 다섯 번째로 이름을

5) 두 사람 모두 일본 헤이안시대의 저명 시인이다.

6) 당경숭(唐景崧, 1841-1903). 자는 유경(維卿), 광서(廣廣) 관양(灌陽) 사람이다. 청대 동치 4년(1865) 진사가 되었으나 한림원서길사(翰林院庶吉士), 이부후보주사(吏部候補主事) 등 미관말직으로 18년을 보냈다. 1882년 프랑스가 월남(즉 베트남)을 침공했을 때 월남 흑기군(黑旗軍, 청조의 박해를 피해 월남으로 넘어간 태평천국 농민기의군)과의 연락책을 맡아 프랑스에 대항하여 하노이, 하남 등지에서 전투를 벌였다. 청불전쟁이 끝난 후 타이완 포정사(布政使), 타이완 순무 등을 역임하였다. 청일전쟁에서 패한 청조가 타이완을 일본에 할양하자 타이완민주공화국을 세워 대총통에 올라 항일운동을 조직하였으며 실패 후 계림(桂林)으로 피신하였다. 1897년 캉유웨이의 변법유신을 지지하기도 하였다.

올리기도 했다. 1900년 이후에는 주로 교육 문화 사업에 전념했다. 1902년 산서대학당(山西大學堂)을 관리 감독하였고 1908년에는 강소성제일도서관을 창립하였다. 그는 외국 선교사들이 중국의 내정에 간섭하는 것에 대해 극력 반대하였다. 특히 티머시 리처드[8)]를 가리켜 "속셈이 음흉한" 정객(政客)이라 하였으며 그가 쓴 『태서신사람요』도 "중화를 회유하려는 속셈"이 담긴 책이라고 폄훼하였다. 아울러 책의 공동 번역자인 차이얼캉에게도 "덫에 빠지지 말 것"을 간곡히 부탁했다.[5]

야오원둥의 저작은 매우 많다. 그가 펴낸 『전집총목록(全集總目錄)』에 따르면 『춘명십이종(春明十二種)』(1879년부터 1880년 사이에 저술한 중국의 서북 변방에 관한 잡저), 『동사삼십종(東槎三十種)』(1881년부터 1836년까지 주일 대사관에서 근무하는 기간 동안 저술한 일본 지리, 문학과 조선, 안남(安南) 지리에 관한 저역서), 『구사팔종(歐槎八種)』(1887년부터 1889년까지 유럽에서 저술한 유럽의 지리와 정치에 관한 저작), 『남사이십이종(南槎二十二種)』(1890년부터 1891년까지 저술한 인도, 미얀마 및 운남과 미얀마 국경에 관한 저작) 등을 합쳐 200~300권이나 된다. 이 밖에 간행되지 않은 것으로 『사계이십오종(槎溪二十五種)』(儒學雜著), 『외집삼종(外集三種)』(山西大學堂業務資料) 등도 있으며 유작으로 『칠경당전서(七慶堂全書)』가 있다. 출

7) 무근전(懋勤殿)은 황제가 독서하고 학문을 연구하던 자금성(紫禁城) 내의 공간이다. 무술변법 과정 중에 광서제(光緒帝)는 이곳을 개방하여 신정(新政)을 논하고 변법을 추진하는 공간으로 사용하고자 했으나 서태후의 반대로 무산되었다. '무근전십우(懋勤殿十友)'는 광서제가 고문(顧問)으로 삼고자 직접 지명했던 열 명의 인재를 말한다.

8) 티머시 리처드(Timothy Richard, 1845-1919). 중국명은 李提摩太이다. 영국 침례회 선교사로 1870년 중국 상해에 와서 산동 연대, 청도 등지에서 선교활동을 하다 1886년부터는 북경에서 활동했다. 중국과 서양의 학술에 조예가 깊었으며 무술변법 시기에 량치차오, 캉유웨이 등과 친분을 유지했다. 근대 시기 중국에서 대단히 중요한 근대 출판기구 중 하나인 상하이 광학회를 운영하며 중국 개혁 운동에 사상적 밑거름이 되었다. 주요 저서로는 『재화사십오년(在華四十五年)』, 『칠국신학비요(七國新學備要)』, 『천하오대주각대국(天下五大洲各大國)』, 『백년일각(百年一覺)』, 『구주팔대제왕전(歐洲八大帝王傳)』, 『태서신사람요』 등이 있다.

간된 7종의 저역서 가운데 당시 영향력이 가장 컸던 것은 1882년 완성해 1883년 펴낸 『류큐지리지』이다. 탄루첸(譚汝謙) 등은 이 책을 일컬어 "중국인 최초의 한역 일본서"라고 했다.[6]

『류큐지리지』의 원제목은 『류큐소지병보유부설략(琉球小志倂補遺附說略)』으로 『류큐지리소지(琉球地理小志)』, 『류큐입국시말(琉球立國始末)』, 『류큐형세대략(琉球形勢大略)』, 『충승도총론(冲繩島總論)』, 『류큐신지자서(琉球新志自序)』, 『충승지후서(冲繩志後序)』, 그리고 『류큐소지보유(琉球小志補遺)』의 일부 내용을 편집해 만든 책이다. 류큐 열도는 일본 서남부에 위치한 곳으로 동북에서 서남방면으로 뻗어 있으며 오스미, 도카라, 아마미, 오키나와, 사키시마 등 다섯 개의 군도로 구성되어 있다. 대부분 야트막한 산지로 이루어져 있으며 중국에 조공을 바치던 독립국가이자 중국 외해(外海)의 '번속(藩屬)'으로 간주되던 곳이다. 1872년 전후 일본은 조선 개항 문제로 출병을 결정하고 1875년 순찰대를 태운 포함(砲艦)을 파견해 조선의 방어 요새를 짓부수어 버렸다. 당시 마가리 사건[9]에 대응하느라 정신이 없던 중국 정부는 조선을 보호할 힘도, 종주국으로서의 의무를 다할 능력도 없었다. 일본은 조선을 침략한 후 1879년 류큐국을 멸망시키고 그곳에 오키나와 현을 설치했다. 류큐국을 병탄한 행위를 옹호하기 위해 일본의 문인과 선비, 학자들은 류큐가 예로부터 일본의 일부였다는 주장을 함과 동시에 이를 뒷받침하는 여러 저작을 꾸며냈다. 중국학자들은 당연히 이런 주장에 반대한다. 1881년 야오원둥이 일본을 방문한 시기는 바로 이 문제를 둘러싸고 중국과 일본의 갈등이 최고조에 달했던 때이다. 야오원둥은 이때 일본 관방에서 펴낸 『류큐지리소지』, 나

9) 미얀마에서 운남성으로 들어가는 길을 탐험하던 중 영국 외교관 마가리(Margary, A. R.)가 살해된 사건이다. 영국은 이를 빌미로 청과 연대조약(煙臺條約)을 체결하였고 청은 사죄 사절단으로 곽숭도를 영국에 파견하였다.

카네 슈쿠(中根淑)[10]의 『류큐입국시말』, 『류큐형세대략』, 『충승도총론』, 오쓰키 후미히코(大槻文彦)[11]의 『류큐신지자서』, 시게노 야스쓰구(重野安繹)[12]의 『충승지후서』 등을 읽고 류큐 강역(疆域), 도수(度數), 형세(形勢), 연혁(沿革), 산악(山岳), 수로(河渠), 항만(港湾), 갑곶(岬角), 해협(海峽), 도서(島嶼), 암초(暗礁)에 관한 기록과 류큐 지지(地志)에 대한 고증 등은 참고할 만한 가치가 있다고 생각했다.

야오원둥은 『류큐설략(流球說略)』에서 이렇게 말했다. "최근 일본의 문사(文士)들 가운데 류큐에 관한 일을 기록하는 자가 매우 많다. 그러나 비밀스럽게 여겨 밖으로 내보이지 않으니 쉽게 볼 수 없다." 그는 백방으로 수소문하여 "역사 편찬소에서 펴낸 지리 서적 중 류큐 부분을 발췌 번역하고 해군성(海軍省)의 지도 실측 작업에도 참여하여 『류큐소지』 두 권을 펴냈다. 현재 교과서에 나온 류큐 지세 부분이 너무 소략하여 다시 번역한 것이다. 『류큐설략』은 『소지』의 뒷부분에 첨부된 것으로 원서는 일본 관서(官書)에 속하는 문부성(文部省) 간행본이다."[7] 번역 과정에서 그는 일본 학자들의 날조와 오기(誤記), 견강부회식 고증에 대해 하나하나 반박했다. 예를 들면 『충승도총론』에 보면 나카네 슈쿠의 다음과 같은 설명이 나온다. 류큐 백성이 바다에 표류하다 타이완에 도착했는데 다시 "원주민들에게 강도를 당했다. 그러나 그들은 이를 청나라에 따지지 않았고 청나라 황제도 타이완에 책임을 묻지 않았다. 백성의 고통이 이처럼 큰데도 상관하지 않은 것이다. 오로지 우리나라(즉 일본)에서 관리를 보내

10) 나카네 슈쿠(中根淑, 1839-1913). 일본의 한학자이자 역사학자로 일본 육군 참모국에서 근무했다.

11) 오쓰키 후미히코(大槻文彦, 1847-1928). 일본의 국어학자로 메이로쿠샤(明六社) 회원, 제국학사원(帝國學士院) 회원이다. 일본 최초의 근대적 국어사전 『언해(言海)』를 편집했다.

12) 시게노 야스쓰구(重野安繹, 1827-1910). 일본의 역사학자로 메이지유신 후 문부성(文部省)에서 『대일본편년사(大日本編年史)』 편수를 담당했으며, 동경대학 국사학과를 만들었다.

죄를 물었다. 폭풍우를 무릅쓰고 번(蕃)에 들어가 희생당한 자들의 넋을 기리고 만금을 내어 남겨진 가족을 돕도록 했다. 오키나와 사람들도 우리에게 지극한 고마움을 전하였다."[8] 야오원둥은 단도직입적으로 이렇게 말했다. "일본 사람이 타이완과의 분쟁을 빌미로 류큐를 멸망시켰는데 이는 황당한 일이다."[9] 오쓰키 후미히코는 『류큐신지자서』에서 류큐가 일본에 귀속되어야 하는 이유로 지세(地勢), 고사(古史), 인종(人種), 언어(語言), 성정(性情), 제도(立制), 보호(保護), 복속 시기 등을 증거로 들었다. 그러나 야오원둥은 이러한 고대사적 증거가 "대부분 견강부회한 것이기 때문에 식견이 있는 사람이라면 쉽게 믿지 않을 것이다"라고 하였다. 또한 언어와 문자, 문화 제도의 유사성을 증거로 내세운 것에 대해서는 다음과 같이 비판했다. "일본은 과거 당나라 제도를 모방했고 현재는 서양 제도를 모방한다. 그렇다고 해서 일본을 서양의 속국이라 말할 수 없다. 이럴진대 어찌 류큐에 대해서는 그렇게 말하는가?"[10]

『류큐지리지』가 번역 출간되자 많은 학자들이 관심을 가졌다. 우진(武進) 천윈이(陳允頤)[13]는 이 책이 "중국 남부에 있는 두 섬의 강역, 위도(緯度), 산천, 형세, 연혁, 수로, 항구, 갑곶, 섬, 암초 등에 대해 상세하고 분명하며 조리 있게 설명하고 있다"고 평하였다. 비록 원본은 일본인이 지은 것이라 내용이 편파적이지만 중국 고문헌 상의 류큐에 대한 공백을 메꿔준다는 점에서 의미가 있다고 보았다. 따라서 이 책의 번역은 "『직방』의 내용을 완비시켜주고 「왕회(王會)」의 그림을 보완해줄 것이다.[14] 또한 류

13) 천윈이(陳允頤, ?-?). 자는 양원(養源), 우진(武進) 태생으로 청말의 관리이자 시인이다. 저장(浙江) 항가호도(杭嘉湖道)를 역임했다. 독판한국전보국사무(督辦韓國電報局事務)로 조청부산전선조약(朝淸釜山電線條約)을 체결하였고 조선의 전보를 관리하는 한성총국총판(漢城總局總辦)을 지냈다. 이홍장의 명으로 조선의 정치 상황을 염탐하여 보고하는 일을 맡기도 하였다. 저서로 『난서시존(蘭墅詩存)』이 있다.

14) 『직방(職方)』은 예수회 선교사 줄리오 알레니가 1623년 한문으로 저술한 세계 인문 지리서 『직방외기』를 가리키고, 「왕회(王會)」는 선진 시기 사적(史籍) 『일주서(逸周書)』 가운데 소수민족

큐의 지세가 협소해 보이나 상씨(尙氏, 류큐 왕실 성씨)가 대대로 동번(東藩, 타이완)을 섬기고 조공을 폐하지 않았으며 흩어지거나 떠돌아다닐지라도 다른 마음을 먹지 않았다."[11] 일찍이 일본 외교관으로 있었던 위총[15]은 야오원둥에게 써 보낸 책의 서문에서 "류큐의 전부가 이 속에 들어있다"고 하였다. "중국은 예로부터 과거의 경험을 잘 고찰하고 무엇보다도 문화를 중시하는 나라였다." 그러나 "이처럼 조리 있는 분석과 설명으로 산천과 형상을 고찰한 책은 지금까지 없었다." "일본의 인문(人文)은 중국보다 못했지만 유신(維新) 이후 분발한 결과 국내외 지리와 항해 영역에서 괄목할 만한 연구 성과를 냈으니 이는 비단 류큐에만 해당하는 것이 아니다."[12] 상하이의 신교육에 큰 공헌을 한 장환륜[16]은 메이지 정부의 약소민족 침략정책에 비분강개해 다음과 같이 외쳤다. 서양 열강의 침략에 맞서 "같은 대륙의 나라들은 마땅히 서로를 동족처럼 여겨 뜻과 힘을 모아 어려움을 극복해야 하건만 두려워 떨거나 심지어 자기들끼리 다투기만 하는구나! 손바닥만 한 섬나라 류큐를 생각해보라. 그 국토가 얼마나 되는가? 물산이 얼마나 되는가? 그 땅을 취한다고 나라가 얼마나 커지겠는가? 그 재물을 취한다고 백성이 얼마나 부유해지겠는가? 일본에도 이익이 없고 중국에도 손해일 뿐이다. 결국 다른 민족이 어부지리를 얻게 될 것이다."[13] 그는 또 이렇게 말했다. 만약 야오원둥의 번역본을 읽은 일본 사람들이 "잘못을 깨달아 뉘우치고" "책을 읽은 중국 사람들이 분발심이 생기게 된다면" 이 책의 목적은 달성한 셈이다.

에 관한 내용을 기록한 「왕회편(王會篇)」을 말한다.

15) 위총(余瓗, 1834-1914). 자는 허제(和介), 호는 위안메이(元眉)로 광둥 타이산(臺山) 사람이다. 청말 첫 번째 주일본 나가사키(長崎) 영사를 역임했다.

16) 장환륜(張煥綸, 1846-1904). 자는 경보(經甫), 호는 경당(經堂)이다. 상해 매계(梅溪) 태생으로 용문서원(龍門書院)에서 공부했다. 경세학문에 관심이 컸고 지리학, 군사학 방면에 조예가 깊었다.

026

『좌치추언(佐治芻言)』과 『대동서(大同書)』

서구적 유토피아와 중국 근대의 이상사회론

19세기 말부터 20세기 초까지 상하이 학계에서는 서양 사회와 정치 사상을 다룬 『좌치추언』이 유행했다. 작자 미상인 책의 원제는 'Homely Words to Aid Governance'로 영국 에든버러 일가가 세운 출판사에서 체임버스(Chambers) 형제가 기획한 '교육총서' 중 한 권으로 출판되었다고 알려져 있다.[1] 그러나 쑨칭(孫靑)은 이 책의 원작이 '교육총서' 중의 『Political Economy, for Use in School, and for Private Instruction(정치경제학, 학교교학 및 참고용)』이라고 주장하였다. 원저는 1852년 출판되었는데 일본학자 미즈다 히로시[1)]의 고증에 따르면 저자는 체임버스 형제와 친분이 깊었던 에든버러의 법학자 존 힐 버튼(John Hill Burton, 1809-1881)이다. 이 책은 원래 학교에 제공되는 교학용 참고서로 제작되었다. 따라서 학과 소개가 매우 체계적이며 책의 구조와 내용도 조리가 분명하고 논리적이다. 일본의 계몽 사상가 후쿠자와 유키치도 1867년 이 책을 저본으

1) 미즈다 히로시(水田洋, 1919-). 일본 현대의 사회사상사가로 특히 애덤 스미스 사상 전문가이다. 『도덕정조론』과 『국부론』 등을 번역했다.

로 삼아 서양 정치경제학 서적인 『서양사정(西洋事情) · 외편(外編)』을 펴냈다. 이 책은 근대 초기에 출간된 일본 정치경제학 분야의 중요 저작 중 하나이다.[2]

중국어 번역본은 1885년 존 프라이어의 통역, 잉주시[2)]의 필술(筆述)을 거쳐 강남제조국에서 간행되었다. 모두 3권 31장 418절로 구성되어 있는 이 책의 취지는 자본가 계급의 자유와 평등사상을 고취하는 데 있다. 책에서는 사람이라면 누구나 자주의 권리가 있다는 것을 강조하였다. "지구상에 사는 사람들 가운데 똑같은 자는 하나도 없다. 그러나 문명화되지 않은 곳에서 강한 자가 약한 자를 능욕하니 이런 불평등에서 큰 불행이 비롯된다. 문명국이라면 마땅히 모든 사람들을 평등하게 대해야 하며 온갖 억압과 침략을 배척해야 한다." "하늘이 사람에게 생명을 주셨으니 마땅히 생명력을 보전해야 한다. 종족과 국가의 다름에 상관없이 사람이라면 자주해야 하며 추호라도 타인의 통제를 받아서는 안 된다. 법을 어긴 경우가 아니라면 누구도 사람의 독립권을 박탈할 수 없다." 인생의 목적은 "모두 함께 건강함과 즐거움을 누리는 것"이다. 일을 할 때는 나태해서는 안 되고 법률은 사람들의 뜻대로 제정되어야 한다. 법을 위반하거나 나태한 자에 대해서는 처벌하고 사유재산은 마땅히 보호되어야 한다. "사적 재산은 죽은 후에라도 빼앗아서는 안 되고 반드시 자손에게 세습되도록 해야 한다. 이것은 불변의 원칙이다."[3] 저자는 책에서 자본주의 체제가 모든 이들에게 풍족한 의식(衣食)을 제공해주며 공동의 평화와 쾌락을 누릴 수 있도록 해주는 제도라고 소개하고 있다. 서양에서

2) 잉주시(應祖錫, 1855-1927). 자는 한칭(韓卿)으로 저장 즈잉(芝英) 태생이다. 청말 근대 신식 학당인 상하이 광방언관(廣方言館)에서 외국어를 공부한 후 스페인 2등 참찬(參贊)을 역임했다. 귀국 후 청조 하에서 4품 지주(知州)와 민국 후 쥐롱(句容)현 지사(知事)를 지냈다. 퇴직 후에는 여성 교육에 매진하였다. 저서로는 『증광상우록통편(增廣尙友錄統編)』과 『양무통고(洋務通考)』가 있다.

는 부자가 자본으로 가난한 사람을 먹여 살리고 가난한 사람은 노력으로 부자에게 보답함으로써 사람과 사람 사이에 공평하고 우호적인 관계가 유지되고 있다. 또한 병자와 노동 능력이 없는 사람, 늙어서 몸이 불편한 사람은 마땅히 양로원 등 자선 기구를 설립해 구제해야 한다. 국가는 국민의 교육과 오락의 권리를 보장하고 관심을 기울여야 하며 도시 공공사업에 힘써 학교와 도서관, 동물원, 식물원 등을 건설해야 한다. 책에서는 국가의 정치, 경제, 법률과 대외무역 등에 대해서도 광범위하게 논의하고 있다. 연방제를 합리적인 정치 제도라고 주장하는 한편, 국가 간의 전쟁을 규탄하고 있다. 정치 체제로는 정기적인 선거, 대의정치, 선거를 통한 인재선발, 효율적인 정부를 지향하는 공화정을 높이 평가했다. 그러나 다른 한편으로는 어떤 정치 체제라도 완벽할 수는 없으며 점진적으로 개선되어 갈 뿐이라고 보았다. 만약 혁명의 방식으로 제도를 바꾸려 한다면 엄청난 사회적 혼란이 발생할 뿐만 아니라 사람들에게 큰 고통을 안겨줄 것이라고 주장했다. 저자는 또 공상 사회주의 사상에 대해서도 비판했다. 공상 사회주의를 추종하는 사람들은 "국가 산업이 거둔 성과는 반드시 국민들에게 돌려주어야 하며 균등한 분배야말로 합리적인 것"이라고 주장한다. 그러나 "이는 허울 좋은 이론에 불과할 뿐이다. 자비심에 기초한 균등한 분배는 잠시의 명예는 가져다줄지 몰라도 성공가능성은 매우 낮다. 간혹 이런 주장을 책으로 펴내 사람들의 눈과 마음을 현혹시키는 경우가 있다. 여기에 현혹된 우매한 사람들은 타인의 재물이 내 것이 될 수 있다는 생각에 사로잡혀 일할 생각도 하지 않으니 다툼과 도적질이 모두 여기서 비롯되는 것이다."[4] 쑨칭은 책의 원본에서는 서양 정치학의 핵심 개념인 '개인(individual)', '사회(society)', '법제(regulation and law)', '공중이익(general benefit)', '정부(Government)' 등이 강조되고 있지만 중국어로 번역되는 과정에서 이런 중요한 개념들은 의미가 약화되거나 의

도적으로 누락되었다고 보았다. 예를 들면 '개인'과 '사회'의 관계 속에서 다루어져야 하는 '사회' 개념이 당시 서양 정치 제도의 하나로만 편협하게 해석되고 있다는 것이다. 그렇지만 책의 번역 과정에서 적용된 해석 원칙은 '서양 정치학'의 중국화 과정에서 참조 대상이 되었을 뿐만 아니라 청말 시기 서구 학문 수용의 기본적 틀이 되었다.[5]

이 책은 출간되자마자 학자들의 큰 주목을 받았다. 량치차오는 『서학서목표』에서 "정치를 논한 책 가운데 가장 우수"하다고 했으며, 『독서학서법』에서도 다음과 같이 평가했다. "『좌치추언』은 입국(立國)의 도리와 사람들의 의무에 대해 서술하고 있다. 국가 간, 사람 간의 교섭의 도리가 모두 구비되어 있는데 특히 기하학 방법으로 이치를 탐구한 점은 높이 살 만하다. 정치를 논한 책 가운데 가장 정통하다. 전반부에서는 국가 간의 교섭에 대해 법률가의 입장에서 논하고 있으며 후반부에서는 사람 간의 교제에 대해 경제학자의 입장에서 논하고 있다."[6] 장타이옌은 「변법잠언(變法箴言)」에서 이 책을 처음 읽었을 때 받은 느낌에 대해 다음과 같이 썼다. 취한 듯 홀린 듯 감탄이 멈추지 않았고 "정신이 나갈 정도로 흥분해서 마치 다른 사람이 된 것만 같았다."[7] 황경징은 『중서보통서목표』 권2에서 이 책을 추천하며 다음과 같이 말했다. "가정에서는 집안일에 능숙해야 하고 나라에서는 풍속에 능통해야 한다. 우리 세대는 지구에서 태어났지만 세상과의 교섭에는 문외한이니 어찌 참담하지 않겠는가. 교섭의 본원에 대해 친절하고 흥미롭게 분석했을 뿐만 아니라 번역도 훌륭하니 대단히 반가운 책이다."[8] 쉬웨이저는 『동서학서록』에서 이렇게 말했다. "전반부는 정치에 대해, 후반부는 경제에 대해 논하고 있는데 모두 자주권의 중요성을 말하고 있다. 또한 기계의 유익함과 돈을 빌리는 여러 방법에 대해 상세하게 다루고 있다."[9] 그는 이 책의 저자를 '공리(公理)에 조예가 깊은 사람'이라고 소개하며 "중국은 이런 종류의 책을 많이 번역해야 한다"고 주장했다. 1901년 쑨바오쉬안[3)]은 이 책을 읽고서 깊은 인상을 받았다. 그는 서양의 정치 체제, 경제 제도와 법률제도, 세법, 전제(專制) 등에 대한 자신의 생각을 『망산여일기』에 기록해놓았다. "각 나라의 법률은 그 나라의 풍속에 기초해 만든 것으로 모든 일은 백성의 정서에 따르는 것이 마땅하다." "사람 간에 교류할 때는 법률을 따라야 하고 나라 간에 교섭할 때에는 공법을 따라야 한다." 그는 책에 나온 "사람에 관한 일은 마땅히 다른 사람들이 어떻게 처리해 왔는지를 잘 살펴야 한다"라는 구절이 대단히 훌륭하다고 생각했다. 왜냐하면 "매사를 처리하는 데 있어 한 사람의 경험만을 중시한다면 성공의 가능성이 적어지기" 때문이다. 아울러 나폴레옹의 실패로부터 군주제의 불합리성을 도출해내기도 했다. "서양에서는 백성과 나라를 다스리는 데 있어 대중들의 처리 방식을 존중하되 군주는 가끔씩만 간여할 뿐이다."[10] 이 책은 수 차례 간행된 후 여러 총서에 포함되었다. 주요 판본으로는 부강총서본, 석인본, 격치서실배인본(格致書室排印本), 상하이배인본(上海排印本), 군정전서본(軍政全書本), 회계서씨중인본(會稽徐氏重印本), 질학총서본(質學叢書本), 서정총서본(西政叢書本), 서학자강총서본(西學自强叢書本) 등이 있다. 또한1901년 10월에 창간된 《소주백화보(蘇州白話報)》에도 백화문 번역본이 장편 연재되었다.

러시아 학자 티흐빈스키(S.L.Tikhvinskiĭ)는 『중국 변법유신운동과 캉유웨이(中國變法運動和康有爲)』라는 책에서 근대 시기 중국어로 번역된 유럽 서

---

3) 쑨바오쉬안(孫寶瑄, 1874-1924). 자는 중위(仲璵), 중위(仲愚)로 저장 첸탕(錢塘)의 관리 집안에서 태어났다. 아버지 손이경(孫詒經)은 광서제 때 호부좌시랑(戶部左侍郞)을, 장인 이한장(李瀚章)은 양광총독을 지냈다. 형 쑨바오치(孫寶琦)도 청말 주프랑스공사, 주독일공사, 순천부윤(順天府尹)과 민국 시기 국무총리를 역임했다. 쑨바오쉬안은 공부(工部)와 우전부(郵傳部), 대리원(大理院) 등에서 직무를 맡았다. 학식이 대단히 넓었을 뿐만 아니라 장타이옌, 량치차오, 담사동, 왕캉넨(汪康年), 샤쩡유(夏曾佑), 장위안지(張元濟), 옌푸 등과 친밀한 관계를 유지했다. 저서로는 『망산여일기(忘山廬日記)』, 『망산여시존(忘山廬詩存)』 등이 있다.

적 가운데 캉유웨이에게 가장 큰 영향을 끼친 것으로 『좌치추언』을 들었다. 캉유웨이의 저서 『대동서(大同書)』에 나오는 독립과 평등의 관념, 서양 정부의 형태, 사회 진보와 변화에 대한 사상 등은 이 책의 내용을 참고한 것이다.[11] 저명 학자 샤오공췐(肖公權)도 영문 저작 『현대 중국과 신세계: 개혁가 캉유웨이와 유토피아, 1858-1927(A Modern China and a New World: Kang Yu-wei Reformer and Utopian, 1858-1927)』[4)]에서 캉유웨이의 사회사상 속에서 『좌치추언』의 영향을 엿볼 수 있다고 언급했다. 또한 1880년에서 1900년 사이에 나온 『강자내외편(康子內外篇)』과 『실리공법전서(實理公法全書)』, 그리고 1905년에 쓴 「물질구국론(物質救國論)」도 이 책의 영향을 받은 부분이 있다. 그러나 샤오공췐은 캉유웨이가 『대동서』를 쓰면서 『좌치추언』을 참고만 했을 뿐 주요 관점을 수용한 것은 아니라고 주장했다. 왜냐하면 기본적인 관점에서 두 책 사이에는 엄연한 차이가 존재한다. 먼저 『좌치추언』에서 언급된 '자유기업'은 사회 구조의 기초를 이루며 국가의 임무는 평화를 유지하고 법률을 집행하는 것으로 나온다. 그러나 이것은 『대동서』의 경제이론과 상반된다. 또한 캉유웨이는 대동세(大同世)가 오기 전에 결혼제도와 가정이 모두 소멸될 것이라고 보았지만 『좌치추언』에서는 두 가지가 계속 유지되어야 한다고 보았다. 『대동서』에서는 사유재산을 인정하지 않지만 『좌치추언』은 그렇지 않다. 결론적으로 말하자면 『좌치추언』은 이상적인 자본주의 사회를 상정하고 그 기초 위에서 저술된 것인 반면, 『대동서』는 유토피아 사회주의의 관점을 대표하고 있다 할 수 있다.[12] 비록 『대동서』가 『좌치추언』의 사상을 비판적으로 수용했다 할지라도 『좌치추언』으로부터 받은 영향은 결코 경시할 수 없을 것이다.

4) 중국에서는 왕롱주(汪榮祖) 번역으로 『캉유웨이 사상연구(康有爲思想硏究)』(聯經出版事業公司, 1988)라는 제목으로 출간되었다.

027

『심령학(心靈學)』
최초의 서양 심리학 번역서

중국에 서양 심리학이 소개되기 시작한 시기는 대략 19세기 말에서 20세기 초이다. 1907년 왕궈웨이1)는 덴마크의 회프딩(H. Höffding)이 쓰고 영국의 라운더스(Lounders)가 영역(英譯)한 『심리학개론(心理學概論)』(Outline of Psychology)을 직접 중국어로 번역해 사범학교의 교재로 사용했다. 장야오샹(張耀翔)은 『중국심리학발전사략(中國心理學發展史略)』에서 이 책을 일컬어 중국 '최초의 한역 심리학 서적'이라고 했다.[1] 이것이 사실이라면 왕궈웨이는 '중국 현대 심리학의 아버지'라고 할 수 있다. 그러나 이 주장은 이보다 20여 년 앞선 시기에 서양 심리학 서적인 『심령학(心靈學)』이 번역되었다는 사실을 간과하고 있는 것이다.

---

1) 왕궈웨이(王國維, 1877-1927). 자는 보위(伯隅), 징안(靜安), 호는 관탕(觀堂), 용관(永觀)으로 저장 하이닝(海寧) 태생이다. 청말의 저명학자이자 국학대사(國學大師)로 교육, 철학, 문학, 희곡, 미학, 사학, 고문자학, 고고학 분야에서 탁월한 성과를 이루었다. 일본에서 유학했으며 청조의 마지막 황제 푸의(溥儀)를 가르치기도 했다. 칭화대학 국학연구원(國學研究院)에서 연구원으로 재임 중 1927년 베이징 서쪽 교외에 있는 황실 정원이었던 이허위안(頤和園)의 쿤밍후(昆明湖)에 몸을 던져 자진(自盡)하였다. 저작으로는 『정안문집(靜安文集)』, 『관당집림(觀堂集林)』, 『관당고금문고석(觀堂古今文考釋)』, 『국조금문저록표(國朝金文著錄表)』, 『고본죽서기년집교(古本竹書紀年輯校)』, 『관당역고(觀堂譯稿)』, 『인간사화(人間詞話)』, 『송원희곡고(宋元戲曲考)』, 『희곡고원(戲曲考源)』 등 다수가 있다.

『심령학』 원저는 1857년에 출판되었다.[2)] 원제는 'Mental Philosophy: Including The Intellect, Sensibilities and Will'로 직역하면 『심령철학: 지, 정, 의(心靈哲學: 知, 情, 意)』이며 저자는 미국 개신교 학자이자 목사인 조지프 헤븐(Joseph Haven, 1816-1874)이다. 책은 '서언(緖言)'을 제외하고 '지능을 논함(論智能)', '감수성(感受性)', '의지를 논함(論意志)'의 세 부분으로 구성되어 있다. 서언은 두 부분으로 나누어져 있으며 심리학의 성질과 중요성, 심리 능력의 분석과 분류가 주요 내용이다. 본론의 첫 번째 부분인 '지능을 논함'의 전반부 3장에서는 의식(意識), 주의(注意), 개념을, 후반부 4장에서는 감지능력(感知能力), 표증능력(表證能力), 사고능력과 직각능력을 다루고 있다. 두 번째 부분인 '감수성'의 전반부 2장에서는 감수성의 본질, 감수성의 분석과 분류를 다루고 있으며, 후반부 3장에서는 정서와 정감, 욕망에 대해 서술하고 있다. 마지막 부분인 '의지를 논함'은 모두 7장으로 의지의 성질, 행위 촉진의 요소, 의지와 기타 기관 기능과의 관계, 의지 자유, 동기와 의지 역량 등을 다루고 있다. 책의 마지막 부분에서는 인간의 심리와 의지를 초월하는 신의 권능을 강조하며 끝을 맺고 있다.

번역자 안영경(1838-1898)은 상해 사람으로 원적(原籍)은 산동이다. 1854년 미국 유학 길에 올라 1861년 오하이오주 갬비어에 위치한 케니언 칼리지(Kenyon College)를 졸업했다. 1862년 귀국 후 상해 영국 영사관, 동문서국(同文書局), 상해 조계 공부국(工部局) 등에서 통역관으로 근무했다. 1870년 정식으로 개신교 목사가 된 그는 무창 운화림(雲華林)에 교사(校舍)를 짓고 문화학당(文華學堂)을 세웠다. 나중에 건물을 증축하여

2) 책에서는 『심령학』의 출판 시기를 1873년이라고 밝히고 있지만 역자가 확인한 바에 따르면 초판 발행 연도는 1857년, 2판 발행 연도는 1869년이다. 따라서 글에서는 1857년으로 수정했다.

이름을 문체서원(文體書院)으로 바꾸었는데 이곳은 훗날 장강 중류 지역의 저명 학부인 화중대학(華中大學)이 되었다. 그는 무한 일대에서 12년간 학술 진흥과 선교 활동에 힘썼다. 1878년 상해로 와서 성 요한서원(聖約翰書院, Saint John's University) 설립에 참여하였고 나중에 원장이 되어 8년 동안 교무를 담당했다. 그는 특히 공공 교육 사업에 열성적이었다. 훗날 중국 정치계의 풍운인물이 된 그의 아들 옌후이칭[3)]은 자서전에서 어린 시절 아버지에 대한 기억을 다음과 같이 쓰고 있다. 아버지는 상하이 격치서원의 여러 활동을 매우 중시하셨다. 한 번은 서원 내에서 환등기를 이용해 컬러 필름 100여 장을 보여주며 세계 여행의 경험에 대해 직접 설명해주시기도 했다. 또한 격치서원에 재정적 지원도 아끼지 않으셨다.[2] 그는 부귀와 권세를 하찮게 여겼다. 외손녀 차오수리안(曹舒麗安)은 「나의 외조부 안영경 목사(我的外祖父顏永京牧師)」라는 글에서 다음과 같은 일화를 소개하고 있다. 광서 17년(1891) 청 조정은 안영경을 황제의 영어 교사로 초빙하려 했다. 그러나 그는 간곡히 사양한 후 이렇게 말했다. "내가 가르치는 학생에게 매일 무릎 꿇고 머리를 조아려야 한다니 이것이 어찌 가당키나 한 일이겠는가?" 그는 성 요한서원에서 헤븐의 『심령철학』을 교재로 삼아 심리학을 강의하였으며, 이 책을 번역하여 1889년 익지서회(益智書會)에서 『심령학』이라는 제목으로 출판했다.[4)] 또한 스펜서의 『교육론』, 『이업요람(肄業要覽)』, 『과학도원(科學導源)』 등도 번역했다.[3]

서양 심리학의 중국 전래 초기에 가장 어려웠던 점은 역시 서양 심리

3) 옌후이칭(顏惠慶, 1877-1950). 자는 쥔런(駿人), 상하이 훙커우(虹口) 사람으로 중화민국의 정치가, 외교관, 작가이다. 일찍이 상하이 동문관에서 공부했고 미국 버지니아대학에서 유학했다. 귀국 후 성 요한대학(聖約翰大學) 영문과 교수, 상무인서관 편집자, 청조의 주미대사관 참찬(參贊), 외교부장을 역임했으며 북양정부 총리를 지냈다.

4) 역자의 조사에 의하면 조지프 해이븐의 『Mental Philosophy』는 1875년에서 79년 사이에 이미 일본에서 니시 아마네(西周)의 번역으로 『心理學』이라는 제목으로 상·하권이 출간되어 있었다. 안영경이 이 책을 참고했는지는 알 수 없다.

학 개념을 어떻게 중국어로 옮길 것인가 하는 문제였을 것이다. 안영경은 번역 서문에서 이렇게 쓰고 있다. "중국에는 그에 해당하는 개념이 없기 때문에 어떤 용어를 써서 번역해야 할지 걱정이 태산이다. 하는 수 없이 나는 낯선 학문의 개념을 이미 알고 있는 다른 학문과 억지로 연관 지어 새로운 개념을 만들어내고자 했다."[4] 서양 학자들은 "마땅히 이를(심리학) 근본으로 여긴다." 서구의 학교에서 심리학 과정은 4년이지만 연구자들은 대체로 "만년에 가서야 학문이 무르익어" 비로소 대학자가 된다. 그러나 중국인들은 심리학에 별다른 관심이 없다. 그는 이렇게 말했다. "인간은 만물의 영장으로 정욕과 의지를 갖고 있다. 서양 학자가 말하길 인간이라면 누구나 심령을 갖고 있기 때문에 능히 알 수 있고, 생각할 수 있고, 깨달음에 이를 수 있고, 기뻐하거나 근심할 수 있고, 사랑하거나 미워할 수 있고, 결심하고 행동할 수 있다. 무릇 심령학이란 심령과 심령의 작용에 대해 전문적으로 탐구하는 학문이다."[5] 『심령학』은 이러한 방면을 이해하는 데 있어 "큰 도움을 준다." 안영경은 한 발 더 나아가 "학문의 근본을 세우려면 반드시 이 책을 읽어야 한다"고 주장했다.

쉬웨이저는 이 책을 읽은 후 다음과 같이 말했다. "뇌기(腦氣)의 작용에 관한 서양 사람들의 연구가 날로 발전하고 있다. 대체로 지각과 정욕, 의지가 핵심을 이룬다."[6] 쑨바오쉬안은 『망산여일기』에서 다음과 같이 독후감을 기록했다. 서양 격치가들도 인간의 심성 연구에 더욱 힘을 쏟고 있다. 이는 "근본을 아는 것(知本)"이다. 『심령학』에서는 "마음의 쓰임이 대체로 다음의 몇 가지로 귀결된다고 한다. 즉 사(思), 오(悟), 변별(辨別), 기(記), 지(志), 감(減)이다. 탁월한 견해가 아닐 수 없다. 화려한 도장[艷麗章]을 예로 들어 설명하면서 사물의 화려함은 사물의 영기(靈氣)가 물체 밖으로 투과되어 나온 것이라고 설명한다. 중국인 가운데 이렇게 말한 사람은 없다. 내 생각에 그것은 강건(剛健), 독실(篤實), 휘광(輝光)의 의미를 나타낸 것이라 하겠다."7

주목할 점은 대다수의 중국 지식인들이 서양의 성광화전(聲光化電)의 응용기술과 자연과학 기초이론에 관심을 쏟고 있던 1880년대에 안영경은 이미 그의 관심을 서양 인문과학으로 돌리고 있었다는 것이다. 비록 종교 신학적인 관심에서 비롯된 것이기는 하지만 심리학의 중요성에 대한 그의 인식은 대단히 선구적인 것이었다. 그렇지만 중국 학술계에서 심리학이 보편적으로 받아들여지게 된 것은 이로부터 10여 년이 훨씬 더 지난 후부터였다. 1902년 청조가 반포한 『흠정학당장정(欽定學堂章程)』과 1903년의 『주정학당장정(奏定學堂章程)』을 보면 심리학 교육과정에 대한 교육자들의 생각이 얼마나 달라졌는지 알 수 있다. 이런 가운데 일본어 번역본을 다시 중국어로 번역[重譯]한 서양 심리학 저작들도 대량으로 출간되었다. 1901년 나카지마 단[5]은 미국의 찰스 가모(Charles De Garmo)가 쓴 『헤르바르트 학파의 교육(費爾巴爾圖派之教育)』[6]을 한역하여 근대 독일 유심주의 심리학을 소개하였다. 1902년에는 야스다 사다노리(保田貞則)의 『심리교육학(心理教育學)』이, 1903년에는 이노우에 엔료[7]의 『심리적요(心理摘要)』가 중국에 번역 출간되었다. 까오쥐에푸(高覺敷)가 펴낸 『중국심리학사(中國心理學史)』의 통계에 따르면 1900년부터 1918년까지 중국에서 출간된 심리학 저작은 30여 권 정도다. 그중에 서

---

5) 나카지마 단(中島端, 1859-1930). 본명은 나카지마 단조(中島端藏). 일본의 저명 중국학자로 중국과 서양 사정에 밝았다. 1912년 『중국 분할의 운명(支那分割の運命)』을 써서 중국을 아시아의 부패와 오염의 주범으로 지목하고 전쟁의 당위성을 설파하였으며 '중국분할론'을 주장했다. 조카인 나카지마 아쓰시(中島敦)가 쓴 「두남선생(斗南先生)」의 모델이 되기도 했다. 나카지마 아쓰시는 일제강점기 조선에서의 경험과 중국 고전 이야기를 소재로 소설을 쓴 일본 근대의 저명 작가로 일제의 조선 강점과 침략전쟁에 반대했다.

6) 원제는 'Herbart and the Herbartians'이다.

7) 이노우에 엔료(井上圓了, 1858-1919). 일본의 불교학자이자 교육가이다. 다원주의적 관점에서 철학에 접근했으며 미신타파에 힘을 쏟아 『요괴학(妖怪學)』, 『요괴학강의(妖怪學講義)』 등을 저술했다.

양 심리학 서적을 편집한 일본어 책을 번역한 것이 9권, 일본 심리학 서적을 편역한 것이 8권, 영국과 미국, 독일, 일본의 심리학 서적의 내용을 발췌 편역한 것이 5권이었다. 책의 내용은 철학심리학, 사회심리학, 아동심리학, 의학심리학, 실험심리학, 생리심리학 등을 두루 포함하고 있다.[8] 이 번역서들에 등장하는 심리학 용어는 정도의 차이는 있지만 대부분 안영경이 번역한 『심령학』의 영향을 받았다.

5·4 시기 중국 교육계는 심리학 연구가 국민성을 탐구하는 데 중요한 역할을 한다고 생각했다. 이로 인해 한동안 심리학 저작 번역 열풍이 일어나기도 했다. 오늘날에도 서양 심리학 저작은 여전히 중국의 교양인들에게 높은 인기를 끌고 있다. 『심령학』이 번역된 지 100여 년 이상이 지나 내용적으로는 특별한 것이 없지만 서양 심리학 저작을 통해 진리를 탐구하려 했던 중국인들의 노력을 엿볼 수 있다.

028

『백년일각(百年一覺)』
백년 유토피아 몽상

『뒤돌아보며 - 2000년에 1887년을』

지난 100여 년 동안 중국인들이 품고 있던 유토피아 몽상의 원류는 『예기(禮記) · 예운(禮運)』에 나오는 공자의 대동 사회에 있다기보다 서양의 공상적 사회주의(空想的社會主義, utopian socialism)와 더 밀접한 관계가 있다.

플라톤의 『이상국(理想國)』은 인류가 꿈꾸는 이상 국가를 묘사한 가장 오래된 저작이다. 이상국에 대한 갈망은 그것이 행복을 가져다주고 인류 사회를 황금시대로 이끌어줄 것이라는 몽상에 기초하고 있다. 이런 생각은 토마소 캄파넬라(Tommas Campanella)의 『태양의 도시(The City of the Sun)』(1623), 프랜시스 베이컨의 『새로운 아틀란티스(The New Atlantis)』(1627), 토머스 모어의 『유토피아(Utopia)』(1516), 윌리엄 모리스(William Morris)의 『유토피아에서 온 소식(News from Nowhere)』(1890) 등에서도 쉽게 찾아볼 수 있다. 중국인들에게 최초로 영향을 준 서양의 유토피아 작품으로는 미국 작가 에드워드 벨러미(Edward Bellamy, 1850-1898)의 『회고(回顧), 2000-1887』(Looking Backward, 2000-1887)[1]을 들 수 있다.

벨러미는 미국 매사추세츠주의 목사 집안에서 태어났다. 일찍이 그는

'문학적 환상과 사회적 행복이 어우러진 동화책'을 쓸 계획이었지만, 완성된 소설은 '공업 재건을 위한 명확한 방안에 대한 보고서'에 가까웠다. 『회고』는 오랫동안 불면증을 앓던 한 청년이 1887년 5월 30일 저녁 의사의 최면술 치료 중에 꿈속의 세계로 들어가면서 시작된다. 혼수상태에 빠져 있던 청년은 화재로 인해 집이 불타버리면서 땅 속에 묻히게 되고 서기 2000년 도로 공사 중에 발견된다. 본격적인 이야기는 여기서부터 시작된다. 소설은 청년이 서기 2000년에 생활하면서 처음 경험하는 것들에 대한 반응에 초점이 맞춰져 있다. 청년은 자신이 잠들어 있던 113년 동안 엄청난 변화가 있었음을 깨닫게 된다. 미국은 연방국가가 되었고 생산수단이 공유화되었으며 노동에 따라 균등한 분배가 이루어지며 개인 기업이 존재하지 않는 사회로 바뀌었다. 사회적 빈곤은 사라졌고 21세가 될 때까지 누구나 국가가 지원하는 무상교육을 받는다. 졸업 후에는 개인의 희망과 능력에 따라 국가가 직업을 지정해준다. 신분이 다르더라도 국가로부터 받는 보수는 모두 일정하다. 45세가 되면 퇴직해서 여유 있는 생활을 누린다. 이 책의 두드러진 특징 가운데 하나는 과학기술의 진보를 적극적으로 옹호하고 있다는 점이다. 인류는 기계를 이용해 자연을 정복하고 지혜를 활용해 거대한 경제 시스템을 만들어냈다. 디지털화되고 자동화된 2000년의 세계는 한없이 안전하고 풍족하다. 일체의 불평등과 계급이 없는 사회, 남녀평등이 실현된 사회이지만 가정은 여전히 사회를 구성하는 기본 단위이다. 범죄는 자취를 감췄고 화목한 노랫

---

1) 한국에서는 『과거를 돌아보다』라는 제목으로 알려져 있었지만 2011년 '지만지'에서 『뒤를 돌아보면서: 2000-1887』(손세호 역)라는 제목으로 발췌본이, 2014년에 '아고라'에서 『뒤돌아보며—2000년에 1887년을』(김혜진 역)라는 제목으로 완역본이 출간되었다. 이상적 사회주의 체제의 미국을 그린 유토피아 소설 『과거를 돌아보다』는 엄청난 인기를 끌어 출간 직후 100만 부 이상이나 팔려 나갔지만 10년 뒤 출간된 속편 『평등(Equality)』(1897)은 별다른 성공을 거두지 못했다.

소리만이 울려 퍼진다. 군대도 존재하지 않고 모든 정책은 사회적 여론을 통해 결정된다.

안전하고 발전된 미래상을 탁월하게 묘사하고 있는 이 책은 1888년 보스턴에서 초판 발행된 이후 엄청나게 빠른 속도로 미국 독자들을 사로잡으며 100만 부 이상의 판매고를 올려 베스트셀러가 되었다. 세계 여러 나라의 언어로 번역되었을 뿐만 아니라 벨러미 클럽, 벨러미 협회 등이 만들어지기까지 했다. 또한 마크 트웨인, 윌리엄 하우얼스(William Dean Howells), 에드워드 에버렛 헤일(Edward Everett Hale), 프랜시스 윌러드(Frances Willard), 토머스 히긴스(Thomas Higgins), 소스타인 베블런(Thorstein Veblen) 등은 그의 열렬한 숭배자가 되었다.

중국에서는 1891년 12월에서 1892년 4월까지 발행된 《만국공보》 35-39기에 「회두간기략(回頭看紀略)」(번역자는 析津이라고만 되어 있다)이라는 제목으로 번역 연재되었다. 1894년 영국 선교사 티머시 리처드(李提摩太)는 책의 일부 내용을 발췌 번역하여 상하이 광학회에서 단행본으로 출간하였는데 이때 붙인 제목이 '백년일각(百年一覺)'이다. 연구에 따르면 캉유웨이가 1891년 이후부터 '대동(大同)'이란 용어를 본격적으로 사용하게 된 것도 이 책의 중국어 번역본을 읽고 나서부터였다고 한다. 미국의 중국학자 마틴 버넬(Martin Bernal)도 캉유웨이가 《만국공보》에 실린 「회두간기략」을 읽고 많은 시사점을 얻었을 것이라고 주장했다.[1] 담사동과 량치차오도 1896년 무렵에 『백년일각』을 읽었던 것으로 추정된다. 담사동은 『인학』에서 "서양 서적 『백년일각』의 내용은 「예운」의 대동사상과 흡사하다"[2]고 하였으며 량치차오는 『독서학서법』에서 "비록 소설이지만 100년 후 미래 세계의 모습을 잘 묘사하고 있다. 「예운」편에 나오는 대동의 의미와 서로 잘 부합하니 놀라울 따름이다. 원저는 분량이 많고 내용도 복잡하지만 번역서는 원저 분량에 비해 50분의 1도 되지 않는다"[3]고

하였다. 1897년 쑨바오쉬안은 『망산여일기』에서 『백년일각』를 소개했다. 티머시 리처드의 『백년일각』은 "서기 2000년을 그리고 있다. 1897년 현재 책을 읽고 있자니 마치 춤을 추듯 소설 속 시대로 옮겨간 듯한 느낌이다." 그는 사유재산제의 폐단에 대해서도 언급했다. "『백년일각』에서는 2000년이 되면 세상의 직업 가운데 관료와 노동자만 남을 것이라고 한다. 옛말에 황금과 흙의 가치가 같아지면 태평성대가 된다고 한다. 조금 과장된 얘기겠지만 내 생각에 동(銅)과 철(鐵)의 가치가 같아지는 것은 어렵지 않을 것이다. 어째서 그런가? 물건이란 희소해지면 귀해진다. 광학(鑛學)이 날로 발전해서 금 생산량이 증가하고 있으니 가치가 떨어지는 것은 당연하다. 재화의 가치가 떨어지고 부자에게 여유가 생기면 남는 것을 가난한 사람에게 나눠줄 수 있을 테니 그렇게 되면 춥고 배고픈 것에 대한 걱정은 사라지게 될 것이다. 따라서 재화의 가격은 국가에서 관리해야지 개인적인 농단을 용인해서는 안 된다."[4]

미래와 현재를 대비시켜 작가의 정치적 견해를 드러내는 수법은 량치차오의 소설 창작에도 영향을 미쳤다. 량치차오가 쓴 『신중국미래기(新中國未來記)』(1902)에서 묘사하고 있는 서기 1962년 1월 난징에서 거행된 유신운동(維新運動) 50주년 기념행사와 상하이 박람회, '중국 근대 60년'을 주제로 한 공각민(孔覺民) 선생의 강연, 그리고 이와 관련된 황극강(黃克强)의 이야기 등은 모두 『백년일각』의 영향을 받은 것이다. 상무인서관에서 1904년 발간한 《수상소설(繡像小說)》 25-36기에는 『회고』의 백화체 번역문이 실렸다. 천핑위안[2] 교수는 『중국 소설 서사모델의 변화

2) 천핑위안(陳平原, 1954-). 베이징대학 중문과 교수로 20세기 중국 소설과 산문, 도상(圖像) 연구에 조예가 깊다. 저서로는 『중국 소설 서사모델의 변화(中國小說敘事模式的轉變)』, 『천고문인협객몽(千古文人俠客夢)』, 『중국현대학술의 건립(中國現代學術之建立)』, 『중국산문소설사(中國散文小說史)』 등이 있다.

(中國小說敍事模式的轉變)』에서 『백년일각』을 『차화녀』, 『화생포탐안(華生包探案)』과 함께 근대 중국 작가들에게 큰 영향을 미친 대표적 서양 번역 소설이라고 소개했다.[5]

1935년 『회고』는 쩡커시(曾克熙)에 의해 다시 한 번 중국어로 번역되어 생활서점(生活書店) '번역문고' 시리즈로 출판되었다. 『Looking Backward』는 1945년 미국에서 다시 10만여 부를 인쇄했다. 이는 현실 상황과 관계없이 '대동'에 대한 인류의 열망은 식지 않았음을 보여주는 예증이다. 『회고』의 주제 중 하나인 재화와 생산력의 공적소유는 현대에도 여전히 해결되지 않고 있다.

029

『태서신사람요(泰西新史攬要)』

최고로 진부한 찌꺼기 혹은 최고 인기 서적

1880년 영국에서는 로버트 매켄지(Robert Mackenzie)가 쓴 『19세기 역사(History of the Nineteenth Century)』라는 책이 출간되었다. 진보의 관점에서 19세기 유럽과 미국의 자본주의 발전사를 국가별로 서술하고 있는 이 책은 당시 대중들의 큰 주목을 끌지는 못했다. 저자는 인류 역사가 19세기에 이르러 정점에 달했으며 이는 인류 사회가 야만적인 무지(無知)의 상태에서 과학과 계몽, 민주의 시대로 나아갔다는 것을 의미한다고 주장했다. 예를 들면 대혁명 이전의 프랑스는 전혀 자유롭지 않은 국가였다. 국왕은 최고로 저속하고 비열한 인간이며 귀족은 무소불위의 권력으로 백성들을 핍박하는 데 열을 올리는 족속들이었다. 그러나 영국 의회에서 선거 개혁 법안을 통과시킴으로써 새로운 시대를 열게 되었다. 세기사(世紀史)의 형식을 취하고 있지만 역사적 감각이 결여되어 있고 관점이 편협할 뿐만 아니라 문화적 편견으로 가득한 이 책은 장황하고 지루한 삼류 작품으로 평가되었다. 영국의 저명 역사학자 콜링우드는 『역사의 관념(The Idea of History)』에서 19세기 말의 역사 편찬학이 진보의 관념을 하나의 신앙으로 변질시켰으며 이 같은 영국 학자들의 생각은 대단히 형이상학적인 것이라고 주장하였다. 특히 진보에 대한 교조적 태도는 『19세기 역사』에서 극단적으로 드러나고 있으며 이로 인해 이 책은 삼류 역사서 중에서도 최고로 진부한 찌꺼기라는 것이다.[1]

그러나 흥미로운 점은 당시 중국에서 광학회를 운영하던 영국 선교사 티머시 리처드가 이 책에 각별한 애정을 갖고 있었다는 것이다. 그는 전체 24권 가운데 "상당부분을 삭제하여 8권 분량으로 만든 후" 차이얼캉의 도움을 받아 중국어로 번역했다. 번역본은 「태서근백년래대사기(泰西近百年來大事記)」라는 제목으로 1894년 3월부터 1894년 9월까지 《만국공보》에 연재되었으며 역본서(譯本序)와 역본후서(譯本後序)는 1895년 4월 《만국공보》 제75책과 5월 제76책에 게재되었다. 조사에 따르면 이 책의 판본으로는 전본(全本), 절본(節本), 개편본(改編本)의 세 종류가 있는데 『태서신사람요』라는 제목의 전본으로는 다음의 것들이 있다. (一) 24권 8책의 전본 체계로 본문 23권과 부기(附記) 1권으로 구성되어 있는 판본(처음에는 '태서근백년래대사기[泰西近百年來大事記]'라는 이름으로 출간되었다). 상해 광학회 번역으로 1895년 초판이 출간되었고 1898년 5판이 나왔다. (二) 상해 미화서관본. 1895년, 1898년, 1901년, 1902년 판본이 있으며 삼미당(三味堂)에서 유조군탄(柔兆涒灘, 1896년)[1)]에 상해 광학회본을 참고해서 중간(重刊)한 8책본이다. (三) 광동 중산도서관(中山圖書館)에서 소장하고 있는 1898년 자문서국(紫文書局) 교간본(校刊本). 표

1) 옛 갑자(甲子)의 명칭이다. 갑(甲)은 알봉(閼逢), 을(乙)은 전몽(旃蒙), 병(丙)은 유조(柔兆), 정(丁)은 강어(强圉), 무(戊)는 저옹(著雍), 기(己)는 도유(屠維), 경(庚)은 상장(上章), 신(辛)은 중광(重光), 임(壬)은 현익(玄黓), 계(癸)는 소양(昭陽), 자(子)는 곤돈(困敦), 축(丑)은 적분약(赤奮若), 인(寅)은 섭제격(攝提格), 묘(卯)는 단알(單閼), 진(辰)은 집서(執徐), 사(巳)는 대황락(大荒落), 오(午)는 돈장(敦牂), 미(未)는 협흡(協洽), 신(申)은 군탄(涒灘), 유(酉)는 작악(作噩), 술(戌)은 엄무(閹茂), 해(亥)는 대연헌(大淵獻)이다. 나중에 '병신'(병든 몸), '병자'(아픈 사람), '무자'(아들이 없다)처럼 어감이 좋지 않은 해에 옛 갑자의 명칭을 썼다. 따라서 '유조군탄(柔兆涒灘)'은 병신(丙申)년을 말한다.

지에는 '泰西新史'라는 제목이 소장자 운항(雲航)의 글씨로 씌어 있다. 이 판본은 24권본이지만 현재는 7책 19권까지만 남아 있다. 안의 여백에는 약간의 평어가 달려 있다. 이 밖에 '석인소자본(石印小字本)'이 있다. 24권본은 국가를 날줄로 역사 사실을 씨줄로 하여 영국, 프랑스 등의 현대사를 상세하게 서술하고 있다. 티머시 리처드도 번역본 「범례(凡例)」에서 "이 책은 국가를 날줄로, 사실을 씨줄로 하고 있다"고 밝혔다. 비록 제목은 '19세기사(十九世紀史)'지만 실제로는 유럽과 미국에서 벌어졌던 "1,800여 년 동안의 사건을 기록"하고 있다. 특히 영국과 프랑스의 역사가 대부분을 차지한다. 이에 대해 저자는 이렇게 말했다. "영국은 서양의 주축이다. 따라서 특별히 자세하게 기록했다. 프랑스는 유럽 혁명이 시작된 곳이며 변화도 가장 컸다. 따라서 2, 3권에서 먼저 프랑스를 다루고 다음으로 영국을 두 권에 걸쳐 서술했으며, 독일, 오스트리아, 이탈리아, 러시아, 터키(투르크)에 대해서는 각각 1권씩을 할애해 서술하였다. 미국은 아메리카 대륙에 속해 있기 때문에 유럽, 특히 프랑스와 관련된 사건을 중심으로 한 권에 담아냈다. 마지막 부분에서는 교황에 관한 교훈적인 이야기와 유럽 평화에 관해 서술하였다."[2] 각 권에 대해 간략히 소개하면 다음과 같다. (권1) '백 년 전 유럽의 상황(歐洲百年前情形)'. 총 27절. 제1절 총론, 제12절 미국의 민주제, 제21, 22절에서는 프로이센을 다루고 있다. 이 외의 절에서는 모두 프랑스 대혁명 전후의 형세와 '프랑스 대란(法國大亂)'의 경과에 대해 서술하고 있다. (권2) '프랑스 황제 나폴레옹 행장(法皇拿破侖行狀)'. 총 30절. 나폴레옹의 전기에 가깝다. (권3) '각국이 오스트리아 수도에서 회합하다(各國會於奧都)'. 총 4절. 혁명 전후 각국의 상황과 나폴레옹 등장 후의 상황, 빈 회의의 의미, 혁명 전으로의 복귀 등을 기술하고 있다. (권4) '영국(英吉利國)'. 총 26절. 임금, 식비, 토지세, 형법, 빈민, 대소도시, 군령, 부상병, 아녀자들을 광부로 충당함, 어린이의 굴뚝 청소, 무기와 군함, 수륙우편, 노동조합, 예절, 학교 등에 대해 서술하고 있다. (권5) '제도개혁(改制度)'. 총 8절. 주로 영국과 프랑스의 의원 제도 등 개혁에 관해 논하고 있다. (권6) '영국의 적폐청산(英除積弊)'. 상하 두 부분으로 나누어져 있으며 상권은 18절, 하권은 7절이다. 상권에서는 영국의 제도개혁 성과에 대해 서술하고 있다. 노동조합 설립 허가, 정교분리, 불법 노예제도 폐지, 소년공 사용 금지, 학교 정돈, 도시 규약 개정, 빈민구제, 언론사와 국제통상에 대한 면세, 형법 개정 등이 주요 내용이다. 하권에서는 질병 예방, 가혹한 교회 규율의 폐지, 공천법 확대 등을 다루고 있다. (권7) '영국민의 집단 제청(英民公稟)'. 총 4절. 민간 공약, 민중에게 있는 '변호'의 권리로 '집단 제청을 통해 당을 해산'시킬 수 있음에 대해 논하고 있다. (권8) '전쟁(戰)'. 총 19절. 러시아의 터키 침공, 영국과 프랑스의 참전, 알마 강 전투, 발라클라바 전투, 인케르만 전투, 휴전, 전후 정세 등에 대해 서술하고 있다. (권9) '태평성대(郅治之隆)'. 상하 두 부분으로 나누어져 있으며 상권은 20절, 하권은 8절이다. 상권에서는 영국의 상무(商務), 방직, 주단(綢緞), 증기기관, 직조기계, 공업흥성, 증기선, 기차, 전보, 신문사, 선박정책 등에 대해 논하고 있다. 하권에서는 신 의학, 성냥, 재봉틀, 영화, 각종 농공업 기술의 혁신을 다루고 있다. (권10) '기독교의 확산(教化廣行)'. 총 6절. 영국의 해외 선교 및 아시아 등 비기독교 지역에 대한 서양 문명 확산에 있어 선교의 역할 등을 서술하고 있다. (권11) '자선 행위(善擧)'. 총 3절. '자선 사업 조례', 영국 북부의 자선사업 단체, 나날이 증가하는 서양의 자선사업에 대해 서술하고 있다. (권12) '인도(印度)'. 총 21절. 동인도회사 설립을 통한 영국의 인도 통치 상황에 대해 설명하고 있다. (권13) '티벳(新疆)'. 총 5절. 캐나다 등 영국의 해외 식민지와 식민지 통치 방법에 대해 서술하고 있다. (권14) '군주를 재추대한 프랑스(法國復立君主)'. 총 25절. 워털루 전투 이후의 프랑스 형세에 관해 서술하고 있다. (권15) '프랑스 황제의 복위(法國再立皇帝)'. 루이 16세의 복벽, 보불전쟁, 파리 코뮌, 프랑스의 통상업과 철도업 및 체신업 발전의 성과에 대해 서술하고 있다. (권16) '독일(德意志國)'. 총 15절. 1815년의 프로이센, 독일 수상 비스마르크 전기, 보불전쟁의 결과, 국가와 학교 정비 및 군정 · 재정 · 상업 방면에서 독일의 성과에 대해 서술하고 있다. (권17) '오스트리아(奧地利阿國)'. 총 6절. 1848년 오스트리아의 상황, 체제 정비, 상업과 특산품, 국채와 군비 등에 대해 다루고 있다. (권18) '이탈리아(意大利國)'. 총 19절. 교황의 축출, 나폴레옹 3세와 로마 교황, 카밀로(Camillo Benso Conte di Cavour) 소전(小傳), 이탈리아의 학교, 상공업과 국가 예산, 철로와 전보 등에 대해 서술하고 있다. (권19) '러시아(俄羅斯國)'. 총 15절. 피터 대제 세가(世家), 티벳 개척에서부터 러시아 인구, 법률, 군사 제도, 재정 통계, 문화 진흥, 철도와 교화 등에 대해 서술하고 있다. (권20) '터키(土耳其國)'. 총 16절. 터키의 원류, 러시아 및 그리스 등과의 관계에 대해 서술하고 있다. (권21) '미국(美國)'. 총 16절. 미국의 정치체제, 1812년 미국-영국 전쟁, 미국의 흑인 노예제도와 노예해방, 남북전쟁, 링컨 암살, 공업 진흥, 학교 정비, 선박과 재정 통계 등에 대해 서술하고 있다. (권22) '교황(教皇)'. 총 11절. 천주교 총론, 나폴레옹과의 교섭, 통치권 상실 등에 대해 논하고 있다. (권23) '유럽의 평화(歐洲安民)'. 총 8절. 프랑스 혁명의 관계, 빈 회의에 참석한 열국, 1823년부터 1848년까지의 유럽의 혁명과 동란, 유럽 '평화'를 위한 '신정(新政)', '제구포신(除舊布新, 낡은 것을 버리고 새 것을 창조)'의 조치, 신정 이후의 발전 등에 대해 서술하고 있다. (권24) '부기(附記)'. 총 3절. 정당, 유럽 신정, 유럽 학교에 대해 서술하고 있다. 책의 마지막에는 '인명 · 지명 대조표'가 부록으로 붙어 있다.

티머시 리처드는 번역 과정에서 자신의 관점으로 책의 방향을 바꾸어

버렸다. 프랑스 대혁명을 '프랑스 대란', 혹은 '프랑스 대환난'이라고 지칭하며 당시 유럽의 혼란의 원인으로 프랑스를 지목하는 한편, 영국을 당시 서양 정치의 중심으로 내세웠다. 특히 그는 '자유의 진보[自由的進步]'라는 말을 고의로 '백성을 편안하게 하였다[綏靖百姓]'라고 번역함으로써 중국 봉건 통치자의 심기를 거스르지 않고자 하였다. 그는 이 책에 찬사를 보내며 다음과 같이 말했다. 이 책은 "최근 나온 저작 가운데 가장 뛰어나다. 복잡하고 장황한 내용은 최대한 줄이고 재능과 식견을 발휘해 서술했다. 직접 보고 들은 것을 근거로 각국의 역사에 대해 자세히 고찰하였으니 근세사를 다룬 저작 가운데 이보다 훌륭한 것은 없을 것이다."[3]

번역서가 출판된 시기는 무술변법 직전으로 마침 학교 교육과정에 대한 개혁이 진행되던 때였다. 과거 시험에서도 서학이 강조되어 전통 유학 팔고책론(八股策論) 외에 세계 시사 이론을 묻는 과목이 추가되었다. 따라서 이 책은 시무책론(時務策論)에 합격하기 위한 선비들에게 큰 도움을 주었으며 이로 인해 초판 수천 부는 출간되자마자 전부 팔려 나갔다. 광서제도 이 책을 "어안(御案)에 올려두고 매일 훑어보았고" 심지어는 초상윤선국(招商輪船局, 항운회사)의 직원들도 책을 수백 부 구매해 주변 사람들에게 증정했다. 광서 24년(1898) 1월 미국 선교사 에드워드 윌리엄스[2)]가 번역한 『상해광학회제십년연회기략(上海廣學會第十年年會紀略)』에 따르면 5,600위안(元)이나 하는 이 책은 항주 일대에서만 여섯 종의 해적판이 나돌 정도로 인기가 있었다.[4] 1898년 티머시 리처드도 『광학회제십일계년보기략(廣學會第十一屆年報紀略)』에서 "사천에만 불법 복제본이

2) 에드워드 윌리엄스(Edward Thomas Williams, 1854-1944). 중국명은 偉理이다. 미국 감리교 선교사로 1887년 중국에 와서 활동했다.

19종에 달했다"[5]고 쓰고 있다. 광학회의 판권 수입을 보호하기 위해 각 지역에서는 책의 불법 복제를 엄금하는 공고를 내기도 하였다. 치스허(齊思和)는 「청말 사학의 발전(晚淸史學的發展)」이라는 글에서 책의 초판 수천 부가 출판되자마자 모두 팔려 나갔고 3년간 2만여 부가 판매되었다고 밝히고 있다. 또한 1898년 출간된 제3판은 2주 만에 4천 부가 팔려 나갔다. 전체적으로 따져보면 대략 3만여 부가 팔린 것으로, 알려지지 않은 판본과 해적판까지 합치면 판매량은 이를 훨씬 뛰어넘을 것이다. 아마 중국 출판 역사상 당시까지 출간된 책 가운데 최고의 판매고를 올린 책이 아닐까 싶다.[6] 장싱랑은 『구화동점사』에서 이 책이 "100만 부 이상 팔려 나갔는데 여기에는 복사본과 축약본이 포함되지 않았다"며 유신변법 시기에 최고로 유행했던 서적이라고 주장했다.[7]

그렇다면 서양 학자들에게 '최고로 진부한 찌꺼기'로 평가받았던 역사서가 중국에 전래된 후 어떤 이유로 최고 인기 서적이 되었을까? 중국학자들이 "하늘의 마음을 체득(體天心)"하고 "다른 나라와 화합(和異國)"하며 "착한 사람을 공경(敬善人)"해야만 "전화위복"할 수 있다는 티머시 리처드의 설교에 넘어간 것은 결코 아닐 것이다. 또한 시무책론을 준비하는 선비들 때문만도 아닐 것이다. 삼류 역사서로 간주되는 이 책에서는 19세기 유럽과 미국의 자본주의 발전이 야기한 중요한 문제, 즉 중국이 아편전쟁을 시작으로 유럽과 미국에게 "패하여 은을 배상하고 영토를 할양"하고 "심지어는 손바닥만 한 일본에게도 적수가 될 수 없었던 원인은 무엇일까?"라는 문제를 제기하고 있기 때문일 것이다. 그러나 이보다 훨씬 중요한 이유는 이 책이 담고 있는 스펜서의 진화론 사상이 중국의 지식인들에게 신선하게 다가왔기 때문이다. 이 책은 중국에서 본격적으로 사회진화론을 소개한 옌푸의 『천연론』보다 이른 시기에 출간되었다. 따라서 '최고로 진부한 찌꺼기'가 '최고 인기 서적'이 된 것은 우연이 아니다. 1896년 량치차오는 『독서학서법』에서 이 책을 추천했다. 그는 말했다. 『태서신사람요』는 "최근 백 년 동안 유럽과 미국에서 진행되었던 변법자강의 과정을 기록한 책으로 서양 역사서 가운데 가장 뛰어나다."[8] 1899년 쉬웨이저도 『동서학서록』에서 량치차오와 비슷한 평가를 내리고 있다. 현대 학자 야오밍후이(姚明輝)는 「근대상해학술문화만기(近代上海學術文化漫記)」에서 이렇게 말했다. "갑오(甲午, 즉 청일전쟁) 전에는 신간 서적이 매우 드물었다. 따라서 목마르고 주린 사람이 물과 음식을 찾듯 닥치는 대로 섭렵했다. 량치차오가 『서학서목표』에서 『태서신사람요』를 최고의 책으로 추천하자 계몽사상에 마취된 젊은이들은 새로운 학문을 경전처럼 숭배했고 영국을 천국이나 되는 양 동경했다. 이런 학술적 분위기는 상하이 광학회가 만들어낸 것으로 20세기 정당의 시대를 열게 된 계기이기도 하다. … 티머시 리처드의 『태서신사람요』의 열풍은 19세기 말, 20세기 초 광풍이 되어 상하이에 몰아쳤다."[9]

서양에서 '최고로 진부한 찌꺼기'라고 평가 절하된 서적이 중국에서는 도리어 '최고 인기 서적'이 되었다는 사실은 한편으로는 씁쓸한 느낌을 주기도 한다. 그렇지만 이런 현상이 결코 불합리한 것은 아니다. 문화 전파사를 보면 무명의 작가나 별 볼일 없는 서적이 번역의 과정을 거쳐 특정한 역사 사회 환경 속에서 예상치 못했던 파급효과나 문화적 반향을 만들어내는 경우가 적지 않다. 물론 반대로 특정한 문화적 환경에서 엄청난 성공을 거둔 작품이 다른 곳에서는 아무런 영향을 미치지 못하는 경우도 있다. 이러한 예는 중국과 서양의 문화 교류사에서 흔히 볼 수 있다. 예를 들면 영국 문학사에서 거의 주목받지 못했던 해거드(H. R. Haggard)의 『가인소전(迦茵小傳)』(Joan Haste)이 근대 중국에서는 한 시대를 풍미한 것이나, 원대(元代)의 삼류 희극(戲劇)인 『풍월호구전(風月好逑傳)』[3)]이 서양에서는 도리어 선풍적인 인기를 얻었을 뿐만 아니라 대문호 괴테가 '세계문학'[4]이라는 관념을 갖는 데 지대한 영향을 미친 사례를 보면 잘 알 수 있다.[10] 그러나 서양에서 '최고로 진부한 찌꺼기'로 취급받던 작품이 중국에 전래된 후 '최고 인기 서적'이 된 것은 중국과 서양 사이의 오랜 문화적 단절이 만들어낸 시대적 산물이라고 할 수 있다. 물론 당시에 야오원둥이 말한 것처럼 이 책이 "편견으로 가득하고 정치적 견해로만 채워져 있을 뿐" 우수한 역사 저작은 아니라는 평가도 존재했다. 그러나 선교사가 번역의 주체이자 원작의 선택권을 쥐고 있던 상황에서 문화의 수입은 피동적일 수밖에 없었다. 이런 상황에서는 서양 문화의 정수가 제대로 전달되지 않을 가능성도 크다. 선교사들의 궁극적인 목적은 종교 사상을 문화적 마취제에 섞어 전달하는 것이었기 때문에 선교사에 의해 번역 소개된 서양 서적이 중국의 문제를 해결할 수 있는 근본적인 처방이 될 수는 없었다. 역사 발전의 결과와 동기 사이에는 필연적 관계가 존재하지 않는 경우가 많다. 공친왕 혁흔은 『태사신사람요』에 대해 "잘 쓴 책이다. 중국에 매우 유용하다"고 칭찬했다. 그러나 러시아 주 중국공사 카시니(Arthur Kassini)는 다음과 같이 예리하게 지적했다. "책에서는 민권(民權)을 제창하고 전제(專制)를 반대한다. 장래에 4억의 한인(漢人)들이 민주제를 찬성하게 되면 당신들 600만 만주족은 고향으로 돌아

3) 『호구전(好逑傳)』, 『제이재자호구전(第二才子好逑傳)』, 『협의풍월전(俠義風月傳)』이라고도 한다. 명청 시기 작품으로 청대에 유행했으나 정확한 출간 연대는 알 수 없다. '명교중인(名敎中人)'이 지었다고 알려져 있다. 의협심이 강한 철중옥(鐵中玉)이란 수재와 지혜로운 수빙심(水氷心)이 온갖 난관을 극복하고 혼인에 이르는 과정을 그린 재자가인 소설이다. 콜레주 드 프랑스(Collège de France)의 중국학과 학과장을 역임했으며 헤겔에게 노자(老子)를 가르쳤다고 알려진 프랑스의 중국학자 장 피에르 아벨 레뮈자(Jean-Pierre Abel-Rémusat, 1788-1832)가 번역한 유럽 최초의 중국 소설로 프랑스판 제목은 'lu-kiao-li, ou les deux cousines'이고 영문 제목은 'Two Fair Cousins'이다. 토머스 칼라일(Thomas Carlyle), 랄프 왈도 에머슨(Ralph Waldo Emerson), 괴테와 스탕달 등이 읽고 영향을 받았다고 한다.

4) 괴테는 중국문학으로부터 프랑스문학을 논하며 '세계문학'이라는 개념을 최초로 제시했다. 그는 현대 세계에서 민족문학이란 중요하지 않으며 세계문학의 시대가 이미 열렸다고 주장했다.

갈 수밖에 없다."[11] 카시니의 이 말은 혁혼의 생각을 능가하는 것이며 티머시 리처드의 번역 의도에도 반하는 것이라고 할 수 있다.

030

『치심면병법(治心免病法)』과 『인학(仁學)』

심리와 질병, 정신건강과 종교신앙을 탐색하다

량치차오는 『청대학술개론(淸代學術槪論)』에서 담사동에 대해 다음과 같이 평가했다. "'격치'류 번역서를 많이 읽었으며 과학이론을 실제에 응용하고자 힘썼다." 담사동이 읽었던 수많은 서양 서적 가운데 그에게 가장 큰 영향을 미친 것은 존 프라이어가 번역한 『치심면병법』이다. 그렇지만 이에 대한 연구는 아직 미진한 실정이다.

1890년대 미국에서는 심리학 열풍이 일어났다. 수많은 대학에 심리학과와 실험실이 우후죽순처럼 생겨났으며 심리학 잡지도 잇달아 창간되었다. 실용주의 심리학을 대표하는 윌리엄 제임스(William James)는 1890년 『심리학 원리』를 세상에 내놓았고, 헨리 우드[1]가 쓴 『치심면병법(Ideal Suggestion Through Mental Photography)』은 1893년 초판 발행 후 1년 만에

1) 헨리 우드(Henry Wood, 1834-1909). 19세기 말 미국에서 일어난 영성(靈性) 운동의 일종인 '신사상운동(the New Thought Movement)'의 핵심 참여자이다. 미국 보스턴의 부유한 상인 가정에서 태어나 유복하게 생활했으나 54세 때 심각한 신경쇠약증에 걸리고 만다. 백약이 무효인 상황에서 우연히 '정신치료운동(the mental-healing movement)'의 치료자를 만나 병이 완쾌되고 건강이 회복되자 본격적으로 이 운동에 참여하게 된다. 『치심면병법』은 이 운동에 참여한 후 학습하고 연구한 결과를 저술한 것으로 미국에서도 선풍적인 인기를 끌었다. 중국에는 烏特亨利라는 이름으로 번역 소개되었다.

6쇄를 찍었다. 심리 정신과 전문의였던 헨리 우드는 다년간 질병과 심리, 병태(病態)와 종교 신앙의 관계를 연구했는데 "병이란 실재하지 않는다는 신념을 갖고 심리치료를 진행"[1]해왔다. 그는 "치심면병법(마음을 다스려 병을 치유하는 방법)은 수천 명의 환자를 대상으로 임상 실험 때 사용한 방법으로 중증 환자도 완쾌될 수 있다"[2]고 하였다. 이 책은 1896년 존 프라이어가 중국어로 번역해 상하이 격치서실(格致書室)에서 간행되었다.

책은 상하 7장으로 되어 있다. 상권에서는 심력(心力)에 대해 연구하고 있고, 하권에서는 27수(首)의 요결(訣要)을 소개하고 있다. 각 장의 제목과 대의는 다음과 같다. 1장 '유익한 신법 실행의 어려움(論有益之新法難行)'. 의사는 "약물 사용을 줄이고 환자와의 심리 상담을 통해 여행이나 지구촌 박람회 참여, 사진 찍기 등 즐거운 마음가짐으로 병을 잊을 수 있는 방법"을 제시해야 한다. 견실한 신앙심과 적극적인 심리상태는 심신의 질병을 치유해줄 수 있으며 따라서 "장래의 의학은 약물 사용 없이 순전히 마음을 다스리는(治心) 방법에 의존하게 될 것"이다. 2장 '사람의 몸을 논함(論人身)'. 몸의 주재(主宰)는 마음이므로 "병을 치료하려면 반드시 먼저 마음을 치료해야 한다." 약물의 효능은 마음이 "믿을 때 더 커진다. 즉 약을 복용할 때 낫고자 하는 마음이 강하면 더 좋은 효과를 볼 수 있으니 실제로 모든 것이 심력에 달린 것이다." 3장 '생각의 힘을 논함(論思念之力)'. 비록 생각이란 형체가 없고 눈에 보이지도 않지만 신체 및 만물과 밀접한 관계가 있다. 4장 '지각의 층차(論知覺級層)'. 만물은 원질층(原質層), 화학층(化學層), 식물층(植物層), 동물층(動物層), 인층(人層), 영심층(靈心層), 천심층(天心層)의 일곱 층으로 나눌 수 있다. 사람의 지각과 관련된 영심(靈心)은 오관(五官)의 지각, 이정(理精)의 지각, 신령(神靈)의 지각으로 구성되어 있는데 이 세 가지가 모여 사람을 이룬다. 5장 '총론(總論)'. 신체와 심력은 통일되어 있다. 신체는 심력을 지탱해주며 신체는 심력의 반영이다. 공간이나 거리상의 어떤 장애도 심력의 전파를 막을 수 없다. 심력은 사람과 사람, 사람과 만물을 연결시켜준다. 의사는 심력과 애력(愛力)을 통해 병마를 극복하도록 해야 한다. 6장 '치심요결(治心訣要)'. 『성경』에서 발췌해 편집한 27수의 구결(口訣)을 소개하고 있다. "요결(要訣)에는 다년간 심력을 연구해 얻은 원리가 담겨 있으니 이를 잘 아는 것이 격치의 지극(至極)이다." 이 방법을 이용하면 심약증, 답답증과 분노, 탐욕, 아편, 술 등과 관련된 각종 병증과 고질병을 환자 스스로 극복할 수 있다. 7장 '치심요결 추가사항과 용법(治心訣要弁說與用法)'. 요결 사용 시의 주의사항에 대해 요결별로 상세하게 설명하고 있다.

이상의 내용을 통해 볼 때 『치심면병법』은 종교적이고 신비주의적인 심리 건강법을 활용해 질병을 치료하는 심리학 서적임을 알 수 있다. 환자는 제시된 요결을 반복적으로 되뇜으로써 신앙적인 자기최면 속에서 자신의 생리적, 심리적 잠재력을 발견해 질병을 극복할 수 있다. 질병에 대한 심리학적 분석은 일부 맞는 내용도 있다. 예를 들면 다음과 같은 것이다. "병이 깊어 치료가 어렵다는 의사의 말을 곧이곧대로 믿는 환자는 자칫 병이 심해져 죽음에 이를 수도 있다. … 또한 병이 없는데도 병이 있다고 해 죽게 만드는 경우도 있다. 이는 죽을병에 걸렸기 때문이 아니라 의사의 말 한 마디가 그렇게 만든 것이다."[3] '몸'과 '마음'은 서로 영향을 미친다. 일상생활에서의 관찰과 임상실험을 통해 심리적 요소와 정서적 요소가 신체 질환 및 정신병의 발생에 영향을 미친다는 것이 증명되었다. 그러나 책에서는 심리적 요인을 과도하게 강조하고 종교 신앙이 질병 치료에 미치는 영향을 절대시하고 있다.

번역서가 출간되자 많은 학자들이 관심을 보였다. 량치차오는 『서학서목표』에서 이 책을 의학류로 분류했다. 『독서학서법』에서는 이렇게 말했다. "책의 내용이 일반 서양의학 서적과 판이하게 다르다. 기예가 도의 경지로 나아간 것[藝近於道]으로 가히 신학문이라 할 만하다."[4] 쉬웨이저도 『동서학서록』에서 이 책에 대해 다음과 같이 소개했다. "책의 내용이 일반 서양의학 서적과는 완전히 다르다. 책에서는 무형(無形)을 다루는 격치학을 심령변화층(心靈變化層), 신령변화층(神靈變化層), 성시층(性始層)의 세 등급으로 나누고 있다. 분석이 매우 명료하지만 치심의 요해에 대해서는 아직 그 이치가 분명하게 드러나지 않았다. 7장부터는 성시층에 대해 논하고 있다. 서양에는 이런 서적이 매우 많지만 아쉽게도 중국어로 번역된 것은 적다."[5] 담사동은 1896년 상하이로 가는 도중에 존 프라이어에게 이 책을 얻어 읽어보았는데[2)] "특별히 새로운 것은 없었다."[6] 그러나 스승인 구양중곡[3)]에게 보낸 편지에서 담사동은 여러 차례 이 책에 대해 언급했다. 서양 사람들이 "정사(政事)에 밝고 인심풍속(人心風俗)이 가지런한 데에는 반드시 이유가 있을텐데 이에 대해 그동안 제대로 살피지 않았다. 천주(天主)와 예수를 전파하는 선교사와 성경책을 여러 차례 접하며 의미를 밝혀보려 했으나 아무런 소득 없이 의혹만 늘어났다. 훗날 『치심면병법』을 읽어보니 그 본원을 엿볼 수 있게 되었다." 담사동은 이 책이야말로 서양 종교의 본질을 말해주고 있는 데 반해 "현재의 선교사나 성경책은 참된 의미를 잃었다"[7]고 생각했다.

이때 담사동은 『인학』을 구상하고 있는 중이었다. 그가 책을 쓴 이유는 "고뇌하는 모든 중생을 심(心)으로 제도(濟度)하고 환난에 빠진 이들을 심으로 구해내기 위함이다. 이는 비단 본국(本國)만을 구하기 위함이 아

---

2) 담사동은 서양 격치 서적을 광범위하게 수집 열독하고 있었기 때문에 이에 관한 이론을 이미 접했을 가능성이 크다.

3) 구양중곡(歐陽中鵠, 1849-1911). 자는 절오(節吾), 호는 판강(瓣姜)으로 중국 현대 저명 희극 예술가 어우양위첸(歐陽予倩)의 조부이다. 고향인 유양(瀏陽)에서 담사동, 당재상 등을 제자로 두고 그들과 함께 산학사(算學社)를 세워 산학을 강의하고 변법사상을 고취시켰다. 저서로는 『흥산학의(興算學議)』가 있다.

니라 강성한 서양까지 포함해 생명을 가진 모든 것들을 구제"하기 위함이다. 『인학』의 사상과 내용이 어디서 유래했는지 밝히는 것은 결코 간단한 일이 아니다. 심을 유일한 실재로 생각하여 심력에 절대적 권위를 부여한 것은 담사동이 『치심면병법』을 읽기 전에 이미 생각하고 있던 것이다. 그러나 『치심면병법』은 그에게 강렬한 울림을 주었다. "오늘날의 혼란은 개벽 이래 처음이다. 따라서 이 혼란을 어떻게 다스려야 할지 알지 못한다. 그러나 이 책에서는 그에 대해 예견하고 있다."[8] 그는 책을 한 권을 더 구입해서 스승 구양중곡에게 보냈다. 편지에서 그는 이 책이 "이미 불가(佛家)의 소승법(小乘法)에 들었으며 유가(儒家)의 성(誠) 사상도 엿볼 수 있다"며 매우 높이 평가했다. 『인학』에도 다음과 같은 구절이 나온다. "무릇 심력이 최대로 발휘되면 못할 것이 없다. … 그러나 심력의 위대함을 알더라도 그것의 유래를 살피지 않고 감정대로 행동하고 맘대로 돌아다닌다면 기심(機心, 교활한 마음)을 제어할 수 있는 심력마저도 기심으로 변하게 될 것이다." 담사동은 기심에 대해 "환난을 부추길 뿐 환난을 다스릴 수는 없다"며 기술의 발전은 심화되는 세상의 문제를 해결할 수 없다고 주장했다. "심력을 한 곳에 모아 수만 배의 힘을 내도록 하면 천하의 기심을 없앨 수 있을 것이다. 심력을 집중시킬 수 없다면 차라리 심을 궁리하는 학파를 만들어 불가에서 말하는 원력(願力, 발원의 힘)이나 영국인 헨리 우드가 쓴 『치심면병법』을 전문적으로 연구하는 편이 더 나을 것이다."[9]

담사동의 『인학』에 보면 '이태(以太, 에테르)'라는 용어가 자주 등장한다. 어떤 학자는 '이태'에 관한 담사동의 이론은 1890년 존 프라이어가 번역한 『광학도설』에서 유래했다고 주장했다. 그러나 『인학』의 내용을 살펴보면 『치심면병법』의 영향이 더 크다는 것을 알 수 있다. 『치심면병법』의 영문판에는 '에테르(Ether)'라는 개념이 언급만 되었을 뿐 구체적인 설명은 없지만 프라이어는 중역본에서 이에 대해 상세한 해석을 덧붙이고 있다. "최근 서양에서는 만물에는 반드시 유질(流質, 매질)이 내재되어 있다는 것을 밝혀내고 거기에 '이태'라는 이름을 붙였다. 아무리 멀리 떨어져 있는 항성(恒性)이라 해도 항성 사이의 공간은 진공상태가 아니라 '이태'로 가득 차 있다. 뿐만 아니라 지상의 대기 속에도 '이태'가 있다. … 존재하지 않는 곳이 없고 없애려 해도 사라지지 않는다. 만약 이태가 없다면 태양과 항성, 행성 등의 빛이 지면까지 도달하지 못할 것이다. … 이태가 생각을 전달하는 것도 같은 이치이다. 사람은 아무리 먼 거리라 할지라도 타인에게 생각을 발산해 대상을 감응시킬 수 있다. 이것이 가능한 까닭은 생각을 전달해주는 매개인 이태가 있기 때문이다."[10] 프라이어는 객관적으로 존재하는 물질적 존재인 '이태'에 영혼과 비슷한 정신적인 성격을 부여함으로써 '이태'를 의식 속에 존재하는 신비한 것으로 만들었다. 허우와이뤼는 『중국근대철학사(中國近代哲學史)』에서 담사동이 '이태'를 심력을 전달하는 매개물로 보고 있으며 "자신의 필요에 맞춰 왜곡해서 활용했다"[11]고 썼다. '이태'에 대한 왜곡된 이해는 전적으로 『치심면병법』에 자의적 해설을 붙인 프라이어의 책임이라 할 수 있는 것이다.

『치심면병법』은 '통함[通]'을 대단히 강조한다. "전[電]은 예로부터 존재했지만 그 동안 사용법을 알지 못하다 오늘에 와서야 깨닫게 되었다. 오늘날 세상에서 가장 중요한 것은 사랑하는 마음[愛心]을 갖는 것이다. 이 마음이 하늘과 합쳐지면 내 뜻대로 몸을 부릴 수 있고 질병도 모두 치유된다. 그 방법은 통함을 귀하게 여기는 것이다. 전기의 원리처럼 반드시 사랑하는 마음의 사용법을 알아 통하게 만들어야 인심의 사랑[人心之愛]이 드러날 수 있다. 그것이 밖으로 발산되어야만 주위 사람들에게 영향을 미칠 수 있을 것이다."[12] 『인학』 책머리에는 '통함'에 대한 상세한 규정이 나온다. "인(仁)은 통함을 가장 중요한 의미로 삼는다. 이태, 전기,

심력 등은 모두 통하게 만드는 도구를 말하는 것이다."[13] "전기는 천지만물과 나, 그리고 타인을 하나로 통하게 한다." 그는 정치이론의 각도에서 '도(道)'를 사통(四通), 즉 '중외통(中外通)', '상하통(上下通)', '남녀내외통(男女內外通)', '인아통(人我通)'으로 개괄하고 구체적으로 다음의 네 가지를 들어 설명하였다. '통학(通學)', 즉 서양의 자연과학과 사회정치학설을 배우자. '통정(通政)', 즉 서양의 의회민주정치를 배우자. '통교(通教)', 즉 서양 기독교의 전도방식을 배워 새로운 공교(孔教)를 건립하자. '통상(通商)', 즉 서양의 물질 기술을 배우자. 『치심면병법』이 청말에 미친 영향은 제한적이다. 그러나 담사동의 『인학』을 통해 중국과 서양 문화 교류사의 한 장이 다채롭게 채워졌다는 것은 부정할 수 없는 사실이다.

031

『광학게요(光學揭要)』

X-ray 이론을 최초로 소개하다

서양 광학(光學) 지식은 명청 시기 중국에 최초로 전래되었다. 아담 샬(湯若望)이 번역한 『원경설(遠鏡說)』은 효과, 원리, 구조, 사용법 등의 측면에서 갈릴레오식 망원경을 소개하고 있으며 광로도(光路圖)가 삽화로 들어가 있다. 광학 이론을 체계적으로 소개한 최초의 번역서는 영국 선교사 조지프 에드킨스와 장복희가 공역한 『광론』이다. 책에서는 '광선(光線)', '광망(光芒, 즉 光束. 빛의 다발)', '평행광(平行光)', '빛의 명분(明分, 즉 照度)'과 같은 기하광학(幾何光學)의 기본 용어들을 만들어냈다. 이 책은 1853년에 번역되었지만 광서 중엽이 되어서야 강표[1]에 의해 '영겸각총서(靈鶼閣叢書)'의 하나로 발간되었다. 그 후로 윌리엄 마틴(丁韙良)이 편역한 『격물입문』, 『격물측산(格物測算)』, 존 프라이어가 번역한 『광학도설』 등이 출간되었다. 특히 미국 선교사 칼 크레이어[2]와 조원익[3]이 공역

1) 강표(江標, 1860-1899). 자는 건하(建霞)호는 사원(師邧)이다. 강소 원화(元和) 출신으로 청말 유신파 지식인이다. 한림원(翰林院) 편수(編修)를 지냈다. 1894년 강학회(强學會)에 참여했고 1898년《상학보(湘學報)》를 창간하고 남학회(南學會)를 조직해 변법사상을 선전했다. 『영겸각총서(靈鶼閣叢書)』를 편찬했다.

2) 칼 트라우고트 크레이어(Carl Traugott Kreyer, 1839-1914). 미국 침례교 선교사로 중국명

한 영국 저명 물리학자 틴들(John Tyndall, 1820-1893)의 『광학』은 17, 18세기 유럽의 기하광학이론 전반에 대해 비교적 체계적으로 소개하고 있는 대표적인 광학 관련 서적이다. 책의 판본으로는 강남제조국본(江南製造局本), 서학대성본(西學大成本), 석인본, 부강총서본 등이 있다.

당시 중국 학술계는 서양 근대 광학 이론에 큰 관심을 갖고 있었다. 예를 들면 독일 저명 과학자 뢴트겐은 1895년 12월 「새로운 방사선에 관하여(On a New Kind of Rays)」라는 논문에서 X-ray의 발견 사실을 공개했는데 량치차오는 광서 병신(丙申, 1896-1897)년에 쓴 『독서학서법』에서 이에 대해 언급하고 있다. "서양 학문은 새로운 것을 숭상하니 날이 갈수록 신법(新法)의 발견이 증가하고 있다. 번역되지 않은 신간도 부지기수다. 작년에 새로 발견된 전광조골지법(電光照骨之法, 빛을 이용해 뼈를 촬영하는 방법)은 나온 지 3개월도 되지 않았지만 여러 나라 의사들이 옛 방식을 버리고 그것을 따르니 서양 사람들의 과감한 태도는 감히 따라잡을 수 없을 정도이다."[1] 이것은 중국인이 '전광조골지법', 즉 X-ray를 언급한 최초의 기록으로 뢴트겐의 발견으로부터 1년 정도 지난 후의 일이다. 담사동이 그의 스승인 구양중곡에게 보낸 편지를 보면 그는 1896년 북쪽 지방으로 학술 답사를 떠났을 때 상해의 존 프라이어 집을 방문하여 X-ray

---

은 金楷理이다. 1866년 중국에 와서 상해에서 선교 및 번역 활동에 종사했다. 경사동문관 영어교습, 강남제조국 번역원, 격치휘편 편집장 등을 지냈다. 주요 역서로는 『극로백포설(克虜伯砲說)』, 『항해간법(航海簡法)』, 『회지법원(繪地法原)』, 『광학(光學)』, 『측후총담(測候叢談)』, 『전학도금(電學鍍金)』 등이 있다.

3) 조원익(趙元益, 1840-1902). 자는 정함(靜涵), 호는 고제(高齋)이다. 강소 신양(新陽) 사람으로 청말 저명한 장서가 겸 번역가이다. 사촌형 화형방(華蘅芳)의 영향으로 격치학에 정통했다. 강남제조국 번역원을 역임했으며 의관(醫官) 자격으로 영국, 프랑스, 벨기에, 이탈리아 등을 방문했다. 상하이 '역서공회(譯書公會)', '의학선회(醫學善會)' 등의 창립에 참여했다. 주로 서양 의학 서적 번역에 매진하였으며 주요 저서로는 『유문의학(儒門醫學)』, 『광학』, 『서약대성(西藥大成)』, 『법률의학(法律醫學)』, 『초범루선본서목(峭帆樓善本書目)』, 『조씨도서관장서목록(趙氏圖書館藏書目錄)』 등이 있다.

사진을 직접 보았다는 구절이 나온다. "전기를 이용한 신법으로 찍은 사진 한 장을 보았습니다. 사람의 간담(肝膽), 폐장(肺腸), 근락(筋絡), 골혈(骨血) 등이 마치 유리를 통해 보는 듯 분명하게 보이는 것이 그대로 종이에 옮길 수 있을 정도입니다. 또한 두꺼운 나무판이나 얇은 금속 등을 사람 앞에 두고 사진을 찍으면 마치 몸이 뚫려 있는 듯 신체 내부를 자세하게 볼 수 있습니다."[2] 그러나 중국에 처음으로 X-ray 지식을 전한 것은 미국 선교사 해이스[4]와 주보침[5]이 함께 편역한 『광학게요』 제2판이다.

『광학게요』는 미국 교회가 1864년 산둥에 설립한 고등학당인 산동 등주(登州) 문회관(文會館)에서 1894년 교재용으로 발행되었는데, 틴들의 『광학』에 비해 조금 더 심도 있는 내용을 담고 있다. 책에서는 여러 가지 종류의 광학 기기를 소개하고 있으며, 상당히 정확하고 직관적인 개략도와 외형도도 실려 있다. 책의 뒷부분에는 인명 · 술어 중영대조표(中英對照表)와 단원별 연습 문제, 중요 공식 도출 과정 등이 붙어 있어 교재로서의 특징을 잘 보여준다. 1897년 출판된 개정판에는 '연근광(然根光)'[6] 다섯 절을 추가해 X-ray의 발견, X-ray의 성질, 용도 및 음극선관의 구조에 대해 설명하고 있다. 재판은 1898년에 간행되었다. 쉬웨이저는 『동서학서록』에서 『광학게요』에 대해 다음과 같이 평가했다. "(『광학게요』에서는)

---

4) 왓슨 맥밀런 해이스(Watson McMillan Hayes, 1857-1944). 중국명은 赫士. 미국 장로회 선교사로 1882년 중국에 건너왔다. 1883년부터 1895년까지 산동 등주 문회관에서 교편을 잡았고 이 학교 교장 및 상해 광학회 서기와 회장을 역임했다. 산동 최초의 신문인 《시보(時報)》를 창간했다. '화학(化學)'이라는 학과명을 만들기도 했다. 일생 동안 전문 과학 서적 번역에 매진하여 37부의 역서를 출간했다. 주요 저서로는 『대수표(對數表)』, 『천문학론(天文學論)』, 『열학게요(熱學揭要)』, 『성학게요(聲學揭要)』, 『광학게요(光學揭要)』, 『천문초계(天文初階)』, 『시비학체요(是非學體要)』 등이 있다.

5) 주보침(朱葆琛, ?-?). 자는 헌정(獻廷), 산동 교주(膠州) 태생으로 1887년 문회관을 졸업했다. 등주 문회관 교습, 북경 휘문서원(彙文書院) 교습, 경사대학당 교습, 산서대학당(山西大學堂) 역서원(譯書院) 주필, 천진 북양역학관(北洋譯學館) 교습 등을 역임했다.

6) 중국어로는 '란건광'이라고 발음된다. 즉 뢴트겐선을 말한다.

서양 학자들이 새롭게 발견한 광학이론과 조골지법(照骨之法)인 '연근광'에 대해 소개하고 있는데 설명이 그다지 자세하지는 않다."[3]

X-ray의 발견은 물리학 역사에서 대단히 중요한 사건이다. 뷔르츠부르크 대학 물리학과의 무명 교수였던 뢴트겐(倫琴)은 새로 출시된 음극 방전관을 구입해 사물의 내부 구조를 밝히는 실험을 진행했다. 일주일간의 실험에서 그는 자연계에서 관찰된 적이 없었던 무언가가 관의 바깥으로 발산되어 나오는 현상을 목격했는데 이것은 어둠 속에서 형광판을 밝게 빛나게 만들고 검정색 종이를 투과해 사진 필름을 흐리게 변화시켰다. 실험 결과는 정말 놀라워서 이렇게 촬영된 사진에는 주머니 속의 동전과 사람의 손가락 뼈마디가 그대로 찍혀 있었다. 뢴트겐은 이것이 무엇인지 몰랐기 때문에 'X-ray'라고 이름 붙였다. 이는 명실상부한 과학적 발견으로 사람들도 직접 눈으로 확인할 수 있었다. 뢴트겐의 발견은 세상을 뒤흔들었다. 전 세계 신문지상에 빠지지 않고 등장하는 뉴스가 되었으며 찻집에서 사람들의 입에 끊임없이 오르내렸다. 몇 주에 걸쳐 거의 모든 물리학자들이 이 실험에 매달렸을 뿐만 아니라 호기심 많은 관중들 앞에서 시연해 보이기도 했다. X-ray의 발견은 당시 과학계가 물질의 구조에 대해 다시 한 번 생각해보는 계기를 마련해주었으며, 그것의 가치는 의학 방면이나 물리학 분야에만 한정된 것이 아니라 수많은 분야에서 문제를 해결할 수 있는 열쇠가 되었다. 특히 19세기에서 20세기로 넘어가는 세기의 전환기에 방사능에 대한 연구를 촉발시켰으며, 전통 물리학의 범위를 벗어나 새로운 방사능 연구를 시작할 수 있는 돌파구를 마련해 주었다. 이처럼 중요한 발견이 2년도 안 되어 중국에 전래되었는데 이는 과거 다른 지식이나 이론의 전래 속도와 비교해볼 때 대단히 빠른 것이다.

1899년 존 프라이어와 왕지리에[7]는 미국의 모턴(William. J. Morton)과 해머(Edward W. Hammer)의 공저 『통물전광(X-ray, or Photography of the Invisible and Its Value in Surgery)』을 번역해 강남제조국에서 4권본으로 출판했다. 권1의 내용은 각종 전기학 용어 및 음극선과 기체방전(氣體放電)에 대한 유럽 물리학계의 연구 소개. 권2는 유리 전구, 현광기(顯光器), 촬영기 등 상술한 연구와 관계된 각종 실험기구 소개. 권3은 의료기기의 제작 원리, 부품 가공, 전기 회로 연결 등의 내용과 X-ray의 발생 및 관찰법 설명. 권4는 X-ray의 성질과 의학에서의 응용 방법 소개이다. 책의 출간을 계기로 X-ray를 소개한 수많은 책들이 쏟아져 나왔다. 여러 책들에서 뢴트겐선(倫琴射線), 즉 X-ray(X射線)는 '조골지법', '연근광', '통물전광', '투물전광(透物電光)', '이격사광(易格斯光)', '애극사광(愛克斯光)'[8] 등으로 번역되었다. 유럽에서 발생한 광학의 큰 파도가 20세기 초에 중국으로 밀려왔다. 《휘보(彙報)》에는 X-ray 및 그 촬영법에 대해 상세하게 소개하고 있는 「투물전광기도설(透物電光機圖說)」(附圖)이 실렸으며 《지신보(知新報)》에는 「X광신기설(X光新器說)」이, 《영학보(岺學報)》에는 「견윤경설(堅倫鏡說)」이, 《중외일보(中外日報)》에는 「갈격사사광경설(曷格斯射光鏡說)」이 게재되었다.

---

7) 왕지리에(王季烈, 1873-1952). 자는 진위(晋余), 호는 쥔주(君九), 장쑤 창저우(長洲) 태생이다. 중국에서 최초로 '물리학(物理學)'이라는 제목으로 교과서를 번역 발간했다. 상하이 강남제조국 등에서 서양 물리학 서적을 번역하였으며 주요 저서로는 『물리학(物理學)』, 『물리학어회(物理學語匯)』, 『통물전광(通物電光)』 등이 있다.

8) '이격사광(易格斯光)'과 '애극사광(愛克斯光)'은 'X광'의 음역이다.

032

『문학흥국책(文學興國策)』

중국 근대교육의 기초를 놓기 위한 참고서

1897년 상해 광학회에서 번역 출판한 『중동전기본말』(八卷)에는 상주문[奏疏], 칙령[詔令], 편지[函牘], 조약, 포고(布告) 등 청일 갑오전쟁과 관련된 문헌과 전쟁 소식 및 평론이 실린 국내외 신문 기사가 들어 있다. 또한 책의 마지막 부분에는 미국의 선교사 앨런[1]과 광서 때의 진사(進士) 임정욱[2]이 함께 번역한 『문학흥국책』[3]이 부록으로 붙어 있다. 중국인 역자 임정욱은 재미공사 수행원을 역임했으며 일본에서 유학한 경험이 있어 "중국어와 영어에 탁월하고" "번역에 재능이 있으며 미국과 일본의 언

1) 영 존 앨런(Young John Allen, 1836-1907). 중국명은 林樂知. 미국 조지아주 태생으로 미국 감리교 선교사이다. 1860년 중국에 와서 왕도에게 한학을 배웠으며 이후 상해 광방언관(廣方言館) 영문교습, 강남제조국 번역관 번역원 및 영문교습, 상하이 중서서원(中西書院) 감원(監院), 《교회신보(敎會新報)》와 《만국공보》 주편 등을 역임했다. 저서로는 『구라파사(歐羅巴史)』, 『만국사(萬國史)』, 『격치계몽(格致啓蒙)』, 『열국육국제(列國陸國制)』, 『중동전기본말(中東戰紀本末)』, 『문학흥국책』 등이 있다.

2) 임정욱(任廷旭, ?-?), 자는 인보(仁甫), 강소 오강(吳江) 태생이다. 젊어서 진사가 되었고 청조의 미국 공사 수행원을 역임했다. 중국어와 영어 구사 능력이 뛰어나 『문학흥국책』의 중문 윤색을 담당했다.

3) 『문학흥국책(文學興國策)』은 1873년 뉴욕의 애플턴 서점(D. Appleton Co.)에서 발간된 모리 아리노리의 『Education in Japan』을 상하이 광학회의 미국 선교사 존 앨런이 중국어로 번역해 1896년 출간한 것이다.

어와 문법에 뛰어나다."[1] 실제로 『문학흥국책』은 외국어에 뛰어나고 전문적인 번역 능력을 갖춘 사람의 작품이라고 할 수 있다.

『문학흥국책』은 일본인 모리 아리노리[4)]가 1870년부터 1873년까지 주미 대리공사의 자리에 있을 때 일본 교육 개혁에 관한 문제에 대해 미국 각계의 지식인들에게 자문을 구했던 편지를 모아 펴낸 책이다. 여기에는 예일대학교 교장 시어도어 울리(Theodore P. Wooleey, 1801-1889), 애머스트대학 교장 윌리엄 스턴스(William A. Stearns, 1805-1876), 윌리엄스대학 교장 마크 홉킨스(Mark Hopkins, 1802-1887), 하버드대학교 교장 찰스 엘리엇(Charles W. Eliot, 1834-1926), 철학가 겸 교육가인 줄리어스 실리(Julius H. Seelye, 1824-1895), 제임스 매코쉬(James Mccosh, 1811-1894), 정치가 조지 보트웰(George S. Boutwell, 1818-1905), 저명 물리학자 조지프 헨리(Joseph Henry, 1797-1878), 수학자 겸 천문학자인 데이비드 머리(David Murray, 1830-1908), 선교사 옥태비어스 페런치프(Octavius Perinchief, 1829-1877), 노스럽(B. G. Northrop, 1821-1898) 등이 망라되어 있다. 주요 자문 내용은 다음의 다섯 가지이다. 첫째, 한 나라의 물질적 번영에 교육이 미치는 영향. 둘째, 비즈니스 발전을 촉진시키는 데 있어 교육의 역할. 셋째, 농업과 공업 발전에 교육이 미치는 영향. 넷째, 사회도덕과 자아실현에 대한 교육의 역할. 다섯째, 법률과 정치체제 개혁에 교육이 미치는 영향. 내용만 보면 책의 제목은 『교육흥국책(教育興國策)』이 되어야 마땅하다.[5)] 앨

---

4) 모리 아리노리(森有禮, 1847-1889). 일본 근대의 정치가이자 교육가, 계몽사상가로 유럽에서 유학하였다. 메이지유신 이후 귀국해 히토츠바시 대학(一橋大學)을 창립하고 '제국대학(帝國大學)'을 기획하였으며 일본 최초의 근대적 학회인 '메이로쿠샤(明六社)'를 세웠다. 저서로는 『일본교육론(日本教育論)』, 『일본의 종교자유(日本的宗教自由)』, 『개화(開化)』, 『처첩론(妻妾論)』 등이 있다.

5) 『문학흥국책』에서의 '문학(文學)'은 오늘날처럼 'literature'의 번역어로서 사용된 것이 아니라 '무학(武學)'에 대한 상대적 개념으로 사용되어 '문교(文教)'의 의미를 갖고 있으며 책의 전반적인 내용에 비추어볼 때 '교육(教育)'을 뜻하는 것으로 볼 수 있다. 당시 '교육'이라는 근대어가 아직 만들어지기 전이었기 때문에 '문학'이라는 용어를 사용한 것으로 보인다.

런이 쓴 책의 서문에는 다음과 같은 구절이 나온다. "일본은 1871년 처음으로 해외에 관리를 파견했다. 대리 공사의 자격으로 미국에 파견된 모리 아리노리는 외교적 사무를 처리하는 것과는 별도로 일본 정부의 지시를 받아 미국의 교육 방법과 성과에 대해 조사함으로써 일본 교육 부흥의 선구가 되었다. 그는 미국 교육부를 비롯한 각 부 대신, 국회의원들을 직접 면담하고 대학과 연구기관, 저명 교육가들에게 편지를 보내 학교 설립 방안과 교학 방법에 대해 널리 자문을 구했다."[2]

모리 아리노리는 1847년 사츠마번의 무사 가정에서 태어났다. 14세 때 하야시 시헤이[6]가 쓴 『해국병담(海國兵談)』을 읽고 국제정세에 눈을 떴으며, 가고시마가 영국 군함의 포격을 받은 것을 계기로 서양 학문의 필요성을 절감하게 되었다. 1865년 영국에서 유학하며 개항의 중요성과 시급성을 깨달았고 부국강병과 민주적 개인주의, 그리고 자유로운 국제주의가 서구의 장점이라고 생각했다. 이런 생각은 그가 입헌군주제를 주장하는 기초가 되었다. 그는 1870년부터 1873년까지 미국에 체류했는데 이 기간 동안 "명예의 중요성과 당시 시급하게 해결해야 하는 문제에 대해 깊이 생각했다. 미국 관리들은 그를 매우 존경했으며 기꺼이 그의 자문에 응해주었다. 단기간 동안 각지에서 답지한 명문장과 고견을 편집해 일본어로 번역하고 '문학흥국책'이라는 제목을 붙였다. 책을 본국(일본)으로 보내 조정에 올리니 조정에서는 이를 검토한 후 채택하였다. 이후 서양의 명사(名師)들을 초빙하니 일본의 신학문이 크게 일어나 학교교육이 성행하기 시작했다.…"[3] 1879년 일본은 시대 변화에 발맞추어 미국식 「교육령(教育令)」을 채택했다. 이로써 아동 취학률이 크게 높아졌으며 능력 위주

6) 하야시 시헤이(林子平, 1738-1793). 일본 에도시대 후기의 저명 정치학자이다. 러시아 위협론을 제기하였고 『삼국통감도설(三國通覽圖說)』, 『해국병담(海國兵談)』 등을 지었다.

교육의 실시로 일본사회의 생산력이 급속히 향상되게 되었다. 1886년 모리는 제1기 이토 히로부미(伊藤博文) 내각의 성원에 포함되어 근대 일본의 첫 번째 문부대신이 되었다. 그는 제국대학령(帝國大學令)과 각종 학교령을 반포하고 일본의 신식 교육체제를 구축하는 데 공헌하였다.[6]

앨런이 이 책을 번역하기로 결심한 계기는 과거(科擧) 시험 중심의 중국 교육에 불만을 느꼈기 때문이다. 일찍이 광서 8년(1882) 그는 중국의 과거제도를 비판한 적이 있다. 그는 「중국전상거업론(中國專尙擧業論)」이라는 글에서 중국이 "과거시험만을 중시하다가는 실업(失業)을 면치 못할 것"이라고 지적했다. 과거를 통해 선발된 관리들은 대부분 "중국과 외국의 교섭" 및 목숨이 경각에 달린 전쟁 상황에 대해서 별다른 인식이 없었다. 그들은 대외관계를 제대로 풀어갈 수 없었을 뿐만 아니라 중국을 더욱 나약하게 만들었다. 따라서 팔고문(八股文)을 폐지하고 서양의 분과 교육법을 도입하여 다양한 재능과 흥미를 지닌 학생을 양성해야 한다는 주장을 할 수밖에 없었던 것이다. 그는 미국 학제를 따르는 것만이 중국의 교육개혁이 성공할 수 있는 길이라고 생각했다. 교육의 첫 번째 임무는 "삶에 유용하고 필요한 지식을 대중들에게 널리 전파하고 근면과 검소가 생활의 핵심이라는 것을 알게 하는 데에 있다."(Peter Cooper)[7] 교육은 어려서부터 시작해야 하며 "어렸을 때 배운 것은 평생 동안 유용하다. 유년 시기 교육의 관건은 현모(賢母)에게 있다." 따라서 교육을 진흥하기 위해서는 현모를 양성해야 한다.(Henry Joseph)[8] 교육은 "과학[格物]에 밝고 기술[工藝]에 정통하도록 만들어준다." 교육이 없다면 "과학에 어둡고

7) 피터 쿠퍼(Peter Cooper, 1791-1883). 미국의 발명가이자 박애주의자이다. 쿠퍼 공예원(The Cooper Union) 원장을 역임했다.

8) 조지프 헨리(Joseph Henry, 1797-1878). 미국의 유명 물리학자이다. 스미스소니언 협회의 초대 간사와 국립과학아카데미 총장을 역임했다.

기술에 서툴 것이다."(Mark Hopkins)[9] 가필드[10]는 국가가 마땅히 교육을 장려해야 한다고 강조하며 "최근 서구 각국에서는 징수한 세금의 대부분을 문학 경비로 사용한다"고 주장했다. 책의 번역 동기가 나와 있는 서언(序言)은 1896년 5월《만국공보》제88기에 처음 게재되었다. 단행본은 『중동전기본말』의 부록의 형태로 널리 유통되었으며 광학회가 각 지역 관리들에게 증정함으로써 지식인들의 폭넓은 지지를 얻게 되었다.[5] 이 책은 1897년 이후 판매가 큰 폭으로 증가했다. "소문을 듣고 책을 사기 위해 본사로 문의하는 사람들의 수가 크게 늘었다.…" 일부 서적상들이 해적판을 인쇄해 판매하자 광학회는 상해의 류도태(劉道台)[11]에게 항의하였는데 이에 도태는 여러 차례 금령(禁令)을 내렸다. 광서 23년(1898) 12월 18일에도 "미국 총영사 보좌관으로부터 온 편지"를 받고 다음과 같이 엄명을 내렸다. "본국의 임 사제(즉 앨런, 林樂知)는 『중동전기본말』과 『문학흥국책』 10부를 제작하여 도서집성국(圖書集成局)에서 출판하기로 했다. 누구든 허가 없이 인쇄할 경우 그 죄를 물을 것이다." … 일부 상인들이 "영리를 목적으로 허가 없이 인쇄하는 경우가 있는데 다시는 절대로 이런 일이 없도록 하라."[6] 만약 이를 어길 경우 중벌에 처할 것이라는 경고도 붙어 있다.

많은 문인학사들이 이 책을 읽고 난 후의 감상을 남겼다. 한림원 서길사(庶吉士) 공심명(龔心銘)은 서문에서 이렇게 말했다. 중국에서는 특출한 자들만이 배울 수 있고 "남성은 배울 수 있지만 여성은 그렇지 못하

9) 마크 홉킨스(Mark Hopkins, 1802-1887). 미국의 교육자이자 신학자로 윌리엄스대학 총장을 역임했다.

10) 제임스 가필드(James Garfield, 1831-1881). 당시 미국의 하원의원으로 나중에 미국의 20대 대통령이 되었다. 그러나 취임 후 테러로 인한 총상을 입어 4개월여라는 짧은 기간 동안 재임했다.

11) 도태(道臺)는 청대의 관직명이다. 여기서는 당시 상해의 도태였던 류서분(劉瑞芬, 1827-1892)을 말한다.

다." 혹자는 재능과 지모가 뛰어난 사람만이 배울 자격이 있고 그렇지 않은 사람들은 교육 받을 필요가 없다고 한다. 또 혹자는 선비만이 배워야 하고 장인(匠人)들은 배울 필요가 없다고 한다. 그러나 이는 모두 편협한 견해일 뿐이다. "서구의 대학과 보통학교는 학문이 체계적으로 잘 짜여 있을 뿐만 아니라 과정도 분명하게 나뉘어 있다. 고등학당과 중등학당이 있고 남학교와 여학교가 있다. 우수한 자도 배우고 우매한 자도 배우고 장인들도 배운다. 제도와 규율이 잘 갖추어져 있다." 미국은 "문학을 널리 부흥시켜 100여 년간 끊임없이 발전해왔다."[7] 중서서원의 중국어 부교습 서소범(徐少范)은 시를 지어 앨런의 번역작업을 높이 평가했다. "모르는 사람들은 그가 중국을 얕본다 생각한다. 그러나 깊은 정이 끝이 없다는 것을 어찌 알겠는가!"[12)] 1899년 출판되어 중국 사회에 큰 영향을 미쳤던 쉬웨이저의 『동서학서록』에도 이 책에 대한 평가가 나온다. "모리는 일찍이 영국에서 유학한 후 미국에서 외교관으로 근무했다. 미국이 발전한 원인을 깊이 고찰해 학교의 설립이 중요하다는 것을 알았다. 학교를 방문해 문학부흥책에 대한 자문을 구한 뒤 그것을 일본 조정에 알려 활용하도록 하였다. 또한 그는 미국 각 부처의 대신과 의원들, 학자와 서원 관리인에게 편지를 보내 받은 답장의 내용을 정리해 미국처럼 널리 학당을 세우로 전국적으로 학생을 모집해야 한다고 주장했다. 편지에는 학교 설립 규정과 교학 방법 등도 자세하게 설명되어 있다."[8]

12) 원문은 다음과 같다. "淺人謂是抑中朝, 詎識深情本無限."

033

『천연론(天演論)』
위기의식의 산물

『진화론과 윤리학』

왕선란(王森然)이 쓴 『엔푸선생평전(嚴復先生評傳)』에 보면 다음과 같은 구절이 나온다. "1895년부터 1919년까지 24년 동안 번역 활동에 종사했던 사람은 많지만 가장 중요하고 큰 공헌을 한 사람으로는 엔푸를 들 수 있다." "번역사를 통해 볼 때 엔푸는 서양 유학생 출신으로 번역에 공헌한 최초의 인물이고, 서양 철학을 중국에 소개한 최초의 인물이며, 신달아(信達雅)[1]라는 번역의 세 가지 원칙을 세운 최초이 인물이다. 그가 번역한 서적은 중국 정치, 사회, 학술, 사상 분야에서 모두 지대한 영향을 끼쳤다." 그렇지만 그가 번역한 책들 가운데 영향력이 가장 컸던 것은 그의 첫 번째 작품인 『천연론』이다.

『천연론』은 영국 생물학자 헉슬리(Thomas Henry Huxley, 1825-1895, 중국명 赫胥黎)가 1893년 연속으로 발표한 『진화론과 윤리학(Evolution and Ethics)』과 『진화론과 윤리학 도언(導言)』의 내용 가운데에서 일부를 발췌

1) 대체로 '신(信)'은 원문에 대한 신뢰성, '달(達)'은 문장의 유창함과 자연스러움, '아(雅)'는 우아한 문체를 말한다.

번역해 만든 책이다. 옌푸는 『천연론 · 역례언(譯例言)』에서 두 책의 관계에 대해 "본론의 이치가 심오하여 먼저 (도언을 통해) 간략한 해설을 한 것"이라고 설명했다.[1] 서구 사상 가운데 다윈(Charles Darwin, 1809-1882, 중국명 達爾文)의 진화론만큼 혁명적인 것은 없다. 헉슬리는 다윈 학설의 충실한 수호자로 그의 기본 관점은 다음과 같다. 세상에 변하지 않는 것은 없으며 생물 역시 진화한다. 진화의 원인은 '물경(物競)'과 '천택(天擇)'이다. '물경'이란 '생존경쟁'이며 '물쟁자존(物爭自存, 생물이 생존을 위해 다투는 것)'이다. '천택'이란 자연선택(자연도태)이다. "생물들이 서로 다툰 결과 생존과 소멸이 결정되는데 이는 모두 자연선택의 결과이다." 그러나 헉슬리는 인류 사회의 윤리적 관계는 자연 법칙 및 생명의 과정과 다르다고 생각했다. 자연계에는 우승열패(優勝劣敗), 약육강식(弱肉强食), 경쟁진화(競爭進化), 적자생존(適者生存)만이 존재하며 도덕적 기준이 없는 데 반해 인류사회는 그렇지 않다. 사회가 도의(道義)에 어긋나는 방향으로 진화하지 않도록 윤리적 통제 범위 내에 둘 책임이 있다. 이처럼 자연과 도덕의 충돌에 대한 논증이 이 책의 주제를 구성한다.

왕스(王栻)는 『옌푸와 엄역명저(嚴復與嚴譯名著)』라는 책에서 『천연론』의 번역에 대해 다음과 같이 설명했다. "청일전쟁의 충격적인 패배가 계기가 되었으며, 초고 번역은 늦어도 1895년(광서 21년) 이전, 1894년 정도에 시작되었을 것으로 생각된다."[2] 출간된 지 얼마 되지 않은 헉슬리의 강연 소책자를 옌푸가 어떻게 손에 넣게 되었으며 번역 과정은 어떠했는지에 대해 지금까지도 알려진 바는 많지 않다. 미국의 저명 학자 벤저민 슈워츠(Benjamin I. Schwartz)는 『부와 권력을 찾아서(In Search of Wealth and Power)』[2)]에서 다음과 같이 서술하고 있다.

---

2) 중국에서는 『尋求富强: 嚴復與西方』라는 제목으로 출판되었으며, 한국에서는 2006년 한길사에

첫째, 헉슬리의 책은 서술이 간결하면서도 생동적이며 시적인 문장으로 다윈주의의 주요 원리를 설명하고 있다. 비록 헉슬리 저작의 목적이 다윈주의를 설명하는 데 있는 것이 아니었다 하더라도 그가 인류 사회 속의 전원(田園)과 개척되지 않은 자연 황무지를 대조한 것은 자연의 발전과정에 대한 생동감 있는 묘사라 할 수 있다. 둘째, 헉슬리는 우주의 진화보다 인류가 처한 곤경에 훨씬 더 큰 관심을 갖고 있었다. 따라서 그의 강연은 인류 역사 전체를 광범위하게 다루고 있다. 그는 진화 사상사를 서술하며 소크라테스 이전부터 시작하고 있다. 특히 동방(특히 불교)과 고대 그리스인들의 인생관을 다룸으로써 옌푸에게 인류 사상 발전의 거시적 청사진을 제공해주었을 뿐만 아니라 문화권을 초월한 인류의 동질성에 대한 의식이 생기게 해주었다. 또한 중국인들에게 익숙한 불교와 고대 그리스의 여러 학파, 고대 유대교, 근대 서방을 하나의 울타리 안에서 서술함으로써 문인들이 갖고 있던 전통 화이관(華夷觀)을 효과적으로 깨트려주었다. 셋째, 이 책을 통해 옌푸는 그가 존경하던 스펜서(Herbert Spencer, 1820-1903, 중국명 斯賓塞)의 입장에서 헉슬리를 비판하고 스펜서의 관점을 변호할 수 있는 근거를 찾을 수 있었다는 점도 매우 중요하다.[3]

『천연론』의 특징은 그것이 원서의 충실한 번역서가 아니라 선택과 취사, 평론과 개조의 기초 위에 자신의 견해를 안어(案語)로 덧붙여 펴낸 완전히 새로운 책이라는 데 있다. 책의 제목도 원서 제목의 반만 사용해 옌푸가 자연규율(진화론)과 인류 관계(윤리학)를 대립적으로 본 헉슬리의 견해에 동의하지 않는다는 것을 암묵적으로 보여주고 있다. 옌푸의 『천연론』과 1973년 과학출판사에서 나온 『진화론과 윤리학』 번역본을 비교해보면 『천연론』이 헉슬리가 아닌 스펜서의 관점에서 쓰였다는 것을 쉽게 알 수

서 최효선 번역으로 출간되었다.

있다. 현실적인 필요에 의해 내용을 의도적으로 '취사선택하고' 헉슬리와 대립적인 수많은 스펜서의 견해를 집어넣었다. 루쉰 선생이 말한 것처럼 『천연론』은 '창작[做]'된 것이라고 할 수 있다. 책의 1/3, 모두 2만여 자에 달하는 안어에서 옌푸는 다윈의 『종의 기원[물종기원(物種起源)]』, 스펜서의 『종합철학(綜合哲學)』, 맬더스의 『인구론(人口論)』 뿐만 아니라 그리스 철학자 탈레스, 소크라테스, 플라톤, 아리스토텔레스, 에피쿠로스의 학설과 애덤 스미스의 고전 경제학, 데카르트의 합리론, 베이컨의 경험론, 코페르니쿠스, 갈릴레오, 뉴턴, 라플라스 등의 학설을 소개하고 있다.

우주 진화론 혹은 그와 비슷한 원리로 사회 정치문제를 해석하려는 스펜서의 관점은 옌푸의 『천연론』에도 그대로 반영되어 있다. 책을 저술하면서 옌푸는 이 번역서가 중국인들이 갖고 있는 절체절명의 위기의식과 중국의 특수한 시대적 환경에 제대로 부합해야 한다고 생각했다. 옌푸의 시도는 엄청난 성공을 거두었다. 『천연론』의 「현소(懸疏)」편(즉 도언 부분)은 1897년 12월 18일 유신파의 주요 선전 매체인 《국문휘보(國聞彙報)》 제2책에 실린 후 1898년 1월 7일부터 2월 15일까지 신문의 제4책에서 6책까지 연재되었다. 최초의 단행본으로는 1898년 호북(湖北) 면양 노씨(沔陽盧氏) 신시기재(愼始基齋) 목각본이 있다.[4] 『천연론』은 출간되자마자 엄청난 반향을 불러일으켰다. 쑨바오쉬안은 『망산여일기』에서 책을 읽고 난 뒤의 느낌에 대해 다음과 같이 말했다. "책장을 덮고 낯빛이 하얘져 말하노니 대지 위에 우리 황인종, 흑인종, 홍인종[3)]이 위기로구나." 그는 이 책의 "주장이 훌륭하며" "대단히 합리적"이라고 높이 평가하였다.[5] 동성파(桐城派) 고문학자 오여륜[4)]은 자신이 쓴 서문에서 『천연론』의 훌

---

3) 적색 인종, 즉 아메리카나를 말한다.

4) 오여륜(吳汝綸, 1840-1903). 자는 지보(摯甫)로 안휘 동성 태생이다. 청말의 문학가이자 교육가이며 동성파(桐城派) 후기의 대표 인물이다. 증국번의 4대 제자(黎庶昌, 張裕釗, 吳汝綸, 薛福

륭한 주제와 우아한 문장에 찬탄하며 그야말로 "유비(劉備)가 형주(荊州)를 얻은 것과 같다"고 비유했다. 안하무인의 성격으로 유명했던 캉유웨이도 책을 읽은 후 "중국의 서학 서적 가운데 최고"라고 극찬하였다.[6] 1899년 쉬웨이저는 『동서학서록』에서 이렇게 말했다. 이 책은 "국가 경제와 국민 생활에 도움이 될 뿐만 아니라 경박하지 않다. 엄기도(嚴幾道, 즉 옌푸)의 분석을 거친 후 번역된 것으로 문장이 거침없고 오묘하며 책의 취지가 잘 드러나 있다. 아울러 논평을 덧붙여 저작의 요지와 체제를 다시 설명해놓았으니 중역본 가운데 가장 뛰어난 선본이라 할 수 있다." 당시 출간된 『천연론』의 판본은 30여 종이 넘는다. 그중 가장 널리 판매되고 인쇄 부수도 제일 많았던 것은 상무인서관에서 나온 '엄역명저총간(嚴譯名著叢刊)'본이다. 이 총서는 장위안지[5)]의 제안으로 기획됐다. 책 말미에는 영한대조표(英漢對照表)와 옌푸가 만들어낸 번역어 일람표, 그리고 이에 대한 해석이 붙어 있다. 예를 들면 옌푸가 번역한 '마얼다[馬爾達]'는 유명한 인구학자 맬더스(현재는 마얼다스(馬爾薩斯)라고 번역)이고, '샤스피얼(狹斯丕爾)'은 셰익스피어(현재는 샤스비야[莎士比亞]로 번역)라는 등이다. 이러한 고증 작업은 『천연론』을 읽는 데 큰 도움을 주었으며 판매고에도 영향을 미쳤다. 이 책은 1921년까지 상무인서관에서만 20판을 찍었다.[7]

『천연론』이 이처럼 큰 반향을 불러일으킬 수 있었던 까닭은 청일전쟁 이후 중국에서 앞다투어 세력 범위를 넓혀가고 있던 일본과 제국주의

成) 중 한 사람으로 증국번, 이홍장 막료로 있었고 만년에는 경사대학당 총교습을 역임하고 동성학당(桐城學堂)을 열었다. 저서로는 『오지보문집(吳摯甫文集)』, 『오지보척독(吳摯甫尺牘)』, 『동성오선생일기(桐城吳先生日記)』, 『심주풍토기(深州風土記)』, 『동유총록(東遊叢錄)』 등이 있다.

5) 장위안지(張元濟, 1867-1959). 자는 쥐셩(菊生), 호는 샤오자이(筱齋)저장 하이옌(海鹽) 태생이다. 중국 근대 저명한 출판업자이며 교육가이다. 청말 진사가 되어 한림원 서길사로 있었다. 1902년 상무인서관에 편역소 소장을 시작으로 경리(經理), 감리(監理), 관장을 역임하며 상무인서관을 중국 근대사에서 가장 영향력 있는 출판사로 만들었다. 그가 펴낸 책으로는 옌푸의 『천연론』, 린슈의 『차화녀』 등 서양 번역 서적과 『사부총간(四部叢刊)』, 『백납본이십사사(百衲本二十四史)』 등 영인 서적이 있는데 이 책들은 모두 근대 중국에 엄청난 영향을 미쳤다.

열강의 야욕에 중국인들이 급박한 위기를 느꼈기 때문이다. 독일, 러시아, 영국, 프랑스, 일본 등 제국주의 국가들이 중국을 과분(瓜分)하기 위해 호시탐탐 노리면서 중국의 위기가 엄중해지던 시기에 『천연론』이 번역되어 나온 것이다. 그러나 만청(滿淸)의 권력자인 봉건 완고파들은 구태의연한 태도로 '천조상국(天朝上國)'이라는 종이 모자만 눌러쓰고 개혁에 대해서는 조금도 고려하지 않고 있었다. 대다수 봉건 사대부들도 옛것에만 얽매여 공허하게 이하(夷夏)만을 따질 뿐이었다. 이런 상황에서 『천연론』은 사람들에게 경종을 울려주었다. 중국의 위기가 이미 목전까지 왔다. '우승열패'의 법칙에 따라 중국은 민족 존망의 고비에 놓여 있었다. 중국을 위협하는 서구 열강은 덕(德), 지(智), 역(力)의 모든 방면에서 중국을 능가하고 있다. 『천연론』은 사람들에게 이렇게 말한다. 중국인이 "운명과 다퉈" "운명을 이기려면" 정치가 새로워져야 하며 그런 후에야 나라를 구할 수 있고 민족 생존을 보장받을 수 있다. 중국인들은 오로지 자신의 능력에 기대어 단결분투(團結奮鬪)하고 자강자력(自强自力)하고 자립자주(自立自主)해야 운명을 바꿀 수 있을 것이니 나라와 개인의 흥망성쇠가 모두 스스로에게 달려 있다! 변법자강을 위해 분발해야 한다는 호소를 담고 있는 『천연론』은 중국인들에게 '물경천택, 적자생존(物競天擇, 適者生存)'이라는 신지식을 소개해주었으며 관찰과 성찰을 통해 어떻게 위기를 극복할 수 있는지에 대한 방법과 태도를 고민하게 해주었다. 『천연론』이 출판된 이래 수십 년 동안 국내외 잡지와 신문에 '물경천택, 우승열패'의 구호가 심심찮게 등장했다. 일부 소학교에서는 이 책을 교재로 사용했고 중학교에서는 '물경천택, 적자생존'을 주제로 작문 숙제를 내기도 했다. 열아홉 살의 루쉰도 『천연론』에 깊이 매료되었다. 그는 난징 수사학당(水師學堂)과 광로학당(鑛路學堂)에서 공부할 때 다음과 같은 글을 쓴 적이 있다. "『천연론』이라는 책이 출간되었다는 말을 듣고 일요일에 도성(都城)의 남쪽에 가서 하얀 종이에 인쇄된 두꺼운 석인본 한 권을 오백 문(文)을 주고 사왔다. 첫 페이지를 펼치자 대단히 멋진 문장이 눈에 들어왔다. … 아! 지구상에 헉슬리라는 사람이 있는데 서재에 앉아 그런 참신한 생각을 하고 있다니…. 단숨에 읽어 내려가다 보니 '물경', '천택'이란 말을 만나게 되었다."[8] 쉬셔우상[6)]은 「망우루쉰인상기(亡友魯迅印象記)」에서 심지어 루쉰이 『천연론』 가운데 몇 편은 외울 수 있을 정도였다고 말했다. 장타이옌은 「술후관엄씨최근정견(述侯官嚴氏最近政見)」이라는 글에서 이렇게 말했다. "옌푸의 책이 나오자 물경천택의 도리가 사람들 마음속에 깊이 각인되어 중국 민중의 기개가 일변(一變)하였다."[9] 차이위안페이는 『오십년래중국지철학(五十年來中國之哲學)』에서 말하기를 『천연론』은 출판되자마자 구국(救國) 혁명 인사들의 이론적 근거가 되어 주었으며, "'물경', '쟁존(爭存)', '우승열패' 등의 단어가 사람들의 입에서 떠나지 않았다"고 했다. 『천연론』에 나온 '자강', '자력', '자립', '자존', '자치', '자주' 및 '경존(競存)', '적존(適存)', '연존(演存)', '진화(進化)' 등의 단어는 크게 유행해서 '양천택(楊天擇)'이나 '송경존(宋競存)'처럼 성명이나 학교 이름 등을 지을 때에도 빈번하게 사용되었다. 1904년 봄 상해에서 공부하던 후스[7)]는 『천연론』을 읽고서 「생존경쟁적자생존론(生存競爭適者生存論)」이라는 글을 쓴 적이 있다. 이때 필명을 '적지(適之)'라고

---

6) 쉬셔우상(許壽裳, 1883-1948). 중국 근대의 저명 학자 겸 전기 작가이다. 저서로는 『장빙린전(章炳麟傳)』, 『루쉰연보(魯迅年譜)』 등이 있다.

7) 후스(胡適, 1891-1962). 원명은 스메이(嗣糜), 자는 스즈(適之)이다. 저명 사상가이지 문학가, 철학가이다. 후이저우(徽州) 지시(績溪) 태생이다. 백화문(白話文) 운동을 주창했으며 5·4 신문화운동(新文化運動)을 주도했다. 미국 컬럼비아대학교 철학과에서 존 듀이(John Dewey)에게서 지도받았다. 신문화운동 잡지 《신청년(新青年)》을 이끌었으며 《노력주보(努力周報)》, 《독립평론(獨立評論)》 등을 창간했다. 1938년부터 1942년까지 주미대사를 지냈으며 1946년부터 1948년까지 베이징대학 교장, 1952년 타이완 중앙연구원(中央研究院) 원장을 역임했다. 저서로는 『중국철학사대강(中國哲學史大綱)』(上), 『상시집(嘗試集)』, 『백화문학사(白話文學史)』(上), 『후스문존(胡適文存)』 등이 있다.

했는데 이를 계기로 이름을 아예 '호적(胡適)'으로 바꿔버렸다. 천종밍[8]의 자(字)인 '경존(競存)'도 '물경천택, 적자생존'에서 가져온 말이다. 차오쥐런[9]은 그가 20여 년 동안 읽은 500여 권의 회고록 저자 가운데 옌푸가 번역한『천연론』의 영향을 받지 않은 사람은 거의 없었다고 했다.[10]

『천연론』이 이처럼 획기적인 성공을 거둔 데에는 또 다른 이유가 있다. 옌푸는 중국과 서양 문화의 이질성을 깨닫고 중국 지식인들의 독서습관과 이해능력에 적합한 문체를 사용하여 '달(達)'과 '아(雅)'의 번역 원칙을 구현하고자 했다. 루쉰은 훗날 이렇게 말했다.『천연론』에서는 "동성파의 냄새가 물씬 풍긴다. 글자의 평측(平仄)에도 신경을 많이 썼다. 고개를 끄덕이며 읽어 나갈라치면 음조의 리듬감이 강해 나도 모르게 머리가 어지러울 지경이다." 옌푸는 위기의식을 이용하여 "한당(漢唐) 시기 경전 번역의 축약도"[11]를 낡은 병에 채워 넣음으로써 구지식인들을 매료시켰다.[10] 또한 그들의 사유 범위를 확장시켜 줌으로써 주관적 억측과 경전 장구 암송의 미몽에서 깨어나게 만들었다. 현대 비평의 하나인 수용이론에 따르면 작품은 작가와 독자의 상호 작용으로 최종 완성된다.『천연론』의 번역과 책에 대한 대중들의 엄청난 반응은 위기의 시대를 살던 중국인들의 자각의 산물이라 할 수 있다.

---

8) 천종밍(陳炯明, 1878-1933). 중국 근대 저명 군인이다. 저서로는『중국통일추의(中國統一芻議)』가 있다.

9) 차오쥐런(曹聚仁, 1900-1972). 중국 근대 저명 기자 겸 작가로 저장 푸장(浦江) 태생이다. 애국여중(愛國女中), 지난대학(暨南大學), 푸단대학 등에서 교편을 잡았다.《도성(濤聲)》,《망종(芒種)》 등의 잡지를 편집했으며 항일전쟁 때는 종군기자로도 활동했다. 저서로는『중국학술사상사수필(中國學術思想史隨筆)』,『만리행기(萬里行記)』,『현대중국통람(現代中國通鑒)』,『문사토론집(文史討論集)』,『국학개론(國學概論)』,『국학대강(國學大綱)』,『나와 나의 세계(我與我的世界)』 등이 있다.

10) 옌푸의 번역 방식을 한당, 또는 위진남북조 시기 불경 번역 및 교학 방법이었던 '격의(格義)' 방식에 빗대어 말한 것이다. 중국 불교 학자들은 외래 종교인 불교와 경전의 빠른 보급을 위해 중국 고유의 철학, 특히 노장사상(老莊思想)의 표현 방식과 개념을 사용해 불경을 번역하였다. 당시 유행했던 반야사상(般若思想)의 공(空)에 해당하는 산스크리트어 'sunyata'를 노장사상의 무(無) 개념으로 번역하고 설명한 것이 대표적 예이다.

034

『파리차화녀유사(巴黎茶花女遺事)』
서양의 '홍루몽', 청말 지식인 관념을 변화시키다

『춘희』

프랑스 소설가 뒤마[1)]가 1840년대에 발표한 애절하고 감동적인 사랑의 비극 『차화녀』는 반세기 가량 유럽 사회를 떠들썩하게 만든 다음, 린슈과 왕셔우창[2)]에 의해 『파리차화녀유사』라는 제목으로 중국에 번역 소개되었다.[3)] 가장 이른 판본은 1899년 1월 린슈의 고향 복주(福州) 출판사

1) 알렉상드르 뒤마(Alexandre Dumas)는 두 명이 있는데 두 사람 모두 프랑스의 저명 소설가이다. 한 사람은 『몽테크리스토 백작』, 『삼총사』, 『검은 튤립』으로 잘 알려진 대(大) 뒤마(1802-1870)로 뒤마 페르(Dumas père)라고도 한다. 다른 한 사람은 그의 아들이자 『동백꽃 아가씨(La Dame Aux Camelias)』의 저자인 뒤마로 이름이 같은 아버지와 구별하여 소(小) 뒤마(1824-1895), 혹은 뒤마 피스(Dumas fils)라고 부른다. 여기서 말하는 것은 소 뒤마이다.

2) 왕셔우창(王壽昌, 1864-1926). 자는 즈런(子仁), 푸젠 푸저우 태생으로 청말 번역가이자 문인이다. 프랑스 파리대학에서 유학했으며 귀국 시에 뒤마의 소설 『차화녀』를 가지고 들어와 린슈와 함께 중국어로 번역했다. 불어에 정통했던 왕셔우창이 소설 원저의 줄거리를 구술하고 린슈가 고문체로 받아 적는 방식으로 번역이 진행되었으며 6개월이 채 되지 않는 기간에 책을 완역해냈다.

3) 프랑스 소설가 뒤마가 1848년 발표한 『La Dame aux camélias』는 동아시아에서 여러 제목으로 번역되었다. 소설 속 여주인공이 유독 동백꽃을 사랑해서 항상 지니고 다녔기 때문에 '동백아가씨'로 불렸는데 일본은 이것을 '춘희(椿姬)'로 번역했다. 우리나라는 일본의 번역명을 그대로 가져왔기 때문에 『춘희』로 알려져 있다. 그러나 춘희의 '춘(椿)'은 동백이라기보다는 참죽나무에 가깝다. 따라서 최근에는 '춘희' 대신 원제를 살려 '동백아가씨'로 번역하는 추세이다. 원제의 카멜리아(camellias)는 차과(茶科)에 속하는 동백나무로 여기에 근거해 중국에서는 동백꽃을 '차화(茶花, tea flower)'라고 부르며 뒤마의 소설도 『차화녀』, 혹은 『파리차화녀유사』라고 번역하였다. 주세페 베르디는 1853년 이 소설을 각색해 오페라 '라 트라비아타(La Traviata)'를 작곡했는데 뜻은 '잘못된 길로 들어선 여자'이다.

에서 목각으로 인쇄한 건상본(巾箱本)[4]이다.

비록 캉유웨이가 "번역계의 인재로는 옌푸와 린슈가 최고"라고 말함으로써 번역계의 거두인 두 사람 모두에게 실례를 범하였지만[1] 이런 평가는 서학 전래의 역사를 통해 보자면 탁월한 견해이다. 『파리차화녀유사』가 출판된 후 독자들의 반응은 그야말로 폭발적이어서 『천연론』에 비견될 정도였다. 출간되자마자 1만여 권이 팔려 나갔고 명성이 전국을 뒤덮었다. 책의 판본으로는 소은서옥본(素隱書屋本), 옥정요원관홍인본(玉情瑤怨館紅印本)과 흑인본(黑印本), 문명서국본(文明書局本), 광지서국(廣智書局) '소설집신(小說集新)' 제일종본(第一種本), 신민사포켓본(新民社袖珍本), 상무인서관본, 지신서사본(知新書社本), 춘명서점본(春明書店本), 부흥서국본(復興書局本), 문력서국본(文力書局本), 문신출판사본(文新出版社本) 등이 있으며 20여 차례 이상 재판을 찍었다. 비록 이 책이 나오기 20여 년 전인 1873년에 이미 여작거사가 번역한 『흔석한담』이라는 서양 소설이 중국에 소개되어 있었지만, 중국 지식인들에게 본격적으로 영향을 끼친 첫 번째 서양 소설은 『파리차화녀유사』라 할 수 있다. 중국에서 서양 문학 작품 번역의 선구적 역할을 한 이 소설은 청말 지식인의 관념 변화에 중요한 전환점을 마련해주었다.

중국의 학술계는 19세기 중엽까지 서양의 순수 문학 작품을 접해본 적이 없었다. 명청 시기 예수회 선교사들이 펴낸 『주인십편(疇人十篇)』과 『칠극(七克)』에 『이솝우화』 중의 몇 단락이 포함된 경우는 있었지만, 이는 모두 설교를 위한 주석과 강독 보조 자료로 쓰기 위해서였다. 아편전쟁의 패배는 중국 지식인들에게 서양에 중국보다 우수한 선견포리(船堅炮利), 성광화전(聲光化電)이 있다는 것을 깨닫게 해주었지만, 청일전쟁

4) 두건 상자에 넣을 수 있을 정도로 매우 작은 책자를 말한다.

의 참패는 과학기술과 물질문화뿐만 아니라 정치와 법률 등 제도 문화적 측면도 중국이 서양보다 못하다는 것을 알게 해주었다. 그러나 중국인들은 여전히 문학만은 중국이 독보적이라고 자부했다. "경사(經史) 외에도 무수한 학문이 있다 하지만 유럽에 어떤 시가 있단 말인가!"[2] 민족 문학에 대한 근거 없는 우월감은 왕도나 곽숭도와 같이 신사상을 추종하던 사대부들의 생각 속에도 깊이 뿌리박고 있었다. 왕도는 『만유수록(漫遊隨錄)』권2에서 이렇게 말했다. "영국에서는 천문, 지리, 전학(電學), 화학(火學), 기학(氣學), 광학, 화학, 물리학 등을 실학(實學)이라 하여 중시할 뿐 시부사장(詩賦詞章)은 숭상하지 않는다."[3] 곽숭도도 유럽 체류 일기에서 비슷한 주장을 했다. 영국이 "부강할 수 있었던 까닭은 정교(政敎)가 정실(精實)하고 엄밀하여 대단히 뛰어났기 때문이다. 그러나 문장(文章)과 예악(禮樂)은 중화(中華)를 따라오지 못한다."[4] 청말 사인(士人)들의 마음속에서 문학은 '중체서용(中體西用)' 가운데 '중체'의 마지막 보루였다는 것을 알 수 있다.

『파리차화녀유사』의 번역과 출판은 이러한 보루에 폭탄이 하나 투하된 것과 같았다. 주인공 마르그리트의 기구한 운명과 아르망의 복잡한 심리가 린슈의 수려하고 원숙한 문체를 통해 남김없이 묘사되어 나왔다. 청말의 저명 문학가 치우슈위안[5]은 이 책에 대해 다음과 같이 평가했다. "번역자는 화려하고 우아한 중국어로 유럽인의 감정을 절절하게 묘사했다. 아름다운 문장이 구슬을 꿴듯하고 애절한 이야기는 애간장을 녹인다. 마르그리트의 꽃 같은 영혼, 아르망의 눈물, 글에 대한 뒤마의 애

5) 치우슈위안(丘菽園, 1873-1941). 자는 쉬안위(萱娛), 본명은 웨이아이(煒萲)로 푸젠 하이청(海澄) 태생이다. 싱가포르 화교로 싱가포르에서 중국어로 작가 활동을 했으며 가업을 물려받아 거상(巨商)이 되었다. 청말 유신운동에 참여해 캉유웨이의 싱가포르 도피를 도왔으며 이후 동맹회 에 가입하여 혁명운동을 지원하였다. 저서로는 『숙원시집(菽園詩集)』, 『숙원췌담(菽園贅談)』, 『소홍생시집(嘯虹生詩集)』, 『객운려소설화(客雲廬小說話)』, 『신소설품(新小說品)』 등이 있다.

착, 렁훙셩(冷紅生, 즉 린슈)의 의취(意趣)가 생생하게 느껴지니 그저 감탄만 나올 뿐이다."[5] 잉리엔즈[6)]는 밤을 꼬박 새워 책을 읽고 나서 일기에 다음과 같이 기록했다. "등불 아래에서 『차화녀』를 읽자니 영혼이 울리는 느낌이었다. 읽고 나니 만 가지 생각이 교차했다. 서구에 이처럼 섬세한 소설이 있다는 것을 미처 알지 못했다." 그의 아내도 그와 주고받은 편지에서 자신을 '차화녀'에 비유했다.[6] 쉬웨이저는 1899년 『동서학서록』에서 "린슈가 번역한 프랑스 명기(名妓) 마르그리트의 이야기는 『홍루몽』과 비슷하다"고 하였다. 바오톈샤오는 자신이 소설 번역을 시작하게 된 계기를 회상하면서 린슈의 이 책을 언급했다. 책이 출간되자마자 "엄청난 반향을 불러일으켰다. 혹자는 외국인이 이처럼 감정 묘사에 능하다는 것에 놀라움을 감추지 못했다. 외국인은 모두 매정하다 생각했는데 책을 읽고 나서는 이 책을 '외국의 홍루몽'이라고 말하는 사람도 있었다."[7] 분명 그런 면이 있었다. 『홍루몽』을 읽을 때와 마찬가지로 사람들은 자신의 입장에서 이 책의 주제를 이해하려고 했다. 재자(才子)는 풍류(風流)를 보고 도학자(道學者)는 예교(禮教)를 보는 것과 마찬가지다. 『독신소설법(讀新小說法)』에 이런 구절이 나온다. "『차화녀유사』가 출판되었다. 세상의 선량한 남녀는 읽어도 무방하지만 건달과 투기(妬忌)하는 여자, 꾀죄죄한 행상, 푼돈을 다투는 부잣집 노인네, 『사서(四書)』, 『오경(五經)』, 『이십사사(二十四史)』를 애독하는 노(老) 선생은 읽어서는 안 된다."[8]

"가련하구나 『차화녀』, 중국인들의 애간장을 끊어놓누나."[9] 옌푸의 시

6) 잉리엔즈(英斂之, 1867-1926). 중국 근대 출판업자, 교육자, 사상가. 청말 변법운동에 참여했으며 1902년 톈진에서 민국 시기 가장 영향력이 컸던 신문인 《대공보(大公報)》를 창간했다. 1911년 신해혁명 이후 베이징에서 여성 교육에 매진하였으며 저명 학자 마샹보(馬相伯)와 함께 로마 교황청의 지원을 받아 베이징에 천주교 학교(현재의 輔仁大學)를 세우고 초대 교장으로 재직했다. 주요 저서로는 『만송야인언선록(萬松野人言善錄)』, 『야시집(也是集)』 등이 있다

구는 바로 이 번역서가 당시 중국의 문인과 지식인들에게 얼마나 큰 영향을 미쳤는지를 잘 보여주고 있다. 이 책은 "오직 중국에만 문학이 있다"고 생각하는 중국 지식인들의 편협한 지역주의 관념을 여지없이 무너뜨려 주었다. 아울러 문화대국 중국 외의 다른 나라에도 『홍루몽』에 버금가는 훌륭한 작품이 존재하며, 서양에도 물질문화와 제도문화 외에 중국의 고전소설과 마찬가지로 우수한 정신문화가 존재한다는 사실을 깨닫는 계기가 되었다.

중국 고대의 재자가인 소설은 시민계층의 사랑의 감정을 표현하고 있는 특수한 예술장르이다. 여기 등장하는 재자는 속세와 떨어져 풍류를 즐기며 재주가 출중하고 고상한 성격의 소유자로 뭇 재녀(才女)의 사랑과 관심을 받는 존재이다. "첫날 밤 화촉을 밝힐 때, 금방에 이름이 붙을 때(洞房華燭夜, 金榜掛名時)"[7]는 여전히 전통 지식인이 추구하던 최고의 이상이다. 아울러 『백규지(白圭志)』, 『옥교리(玉嬌梨)』, 『평산냉연(平山冷燕)』, 『새홍사(賽紅絲)』[8] 등의 사랑 이야기에 보면 늘 등장하는 소재이기도 하다. 슬픔과 기쁨, 이별과 만남의 결말은 부귀영화를 쫓던 문인들의 심미적 취향을 만족시켜주었다. 『파리차화녀유사』에서는 감정에 충실하고 이타적이며 대단히 도덕적인 한 여성을 탁월하게 묘사해내고 있다. 아르망의 일과 미래, 가정의 행복을 위해 조용히 떠나는 마르그리트의 자기희생적 행위는 이 소설을 중국 재자가인 소설의 풍류 연애담과는 다

7) 예로부터 구전되어오던 한시로 「사희(四喜)」 혹은 「사희시(四喜詩)」로 불렸다. '인생의 네 가지 기쁜 일'이라는 시의 원문은 다음과 같다. "久旱逢甘雨, 他鄕遇知己, 洞房花燭夜, 金榜題名時.(오랜 가뭄 끝에 단비를 만났을 때, 타향에서 친한 친구를 만났을 때, 첫날 밤 화촉을 밝힐 때, 금방에 이름이 붙을 때)". 시의 저자에 대해서는 북송(北宋)의 저명학자 왕수(汪洙)라는 설, 남송(南宋)의 학자 홍매(洪邁)라는 설, 한(漢)의 무명씨가 지었다는 설 등이 있다. 후대에도 많은 문인들이 시어 몇 개를 바꾸어 자신의 문집에 싣고 있는 것으로 볼 때 이 시가 굉장히 광범위하게 유행하였다는 것을 알 수 있다. 신라의 최치원은 원문에 두 자를 보태어 「인생사희(人生四喜)」라는 시로 개작했고 조선의 이색(李穡), 이규보(李奎報), 성삼문(成三問) 등도 시를 개작한 적이 있다.

8) 모두 명청 시기에 나온 재자가인 소설이다.

른 비극적인 이야기로 만들어주었다. 이 책이 엄청난 반향을 불러일으킨 까닭은 중국인들에게 새로운 미적 경험을 제공해주었기 때문이다. 장징루는 『중국소설사대강』에서 다음과 같이 말했다. "사람에게는 기이한 것을 좋아하는 본성이 있다. 따라서 그러한 것을 보면 모두가 관심을 쏟게 된다. 중국 소설은 천편일률적으로 재자가인 이야기만 다루고 있으니 사람들의 호기심을 충족시키기에는 부족함이 있다.이런 틈을 타서 서양 소설들이 크게 인기를 끌고 있다. 린슈가 번역 소개한 프랑스 소설가 뒤마의 애정(哀情) 소설 『차화녀유사』는 항상 행복한 결말만 맞이하는 재자가인 소설의 진부한 형식을 깨고 소설의 새로운 길을 보여주었다."[10]

『차화녀』는 1인칭 서술방식을 취하고 있다. 역자는 중국 독자들이 이런 형식에 익숙하지 않다는 것을 고려해 '나'를 '뒤마'로 바꾸었다. 하지만 일기체 형식은 그대로 두어 독자들의 흥미를 유발했다. 치우슈위안은 린슈가 번역한 『차화녀』의 "마지막 부분에 춘희가 죽기 전에 쓴 병상일기 몇 페이지가 붙어 있다"고 썼다.[11] 많은 문학평론가들은 자칭 '동양의 뒤마[東方小仲馬]'라는 쉬쩐야[9)]가 『옥리혼』[10)] 제29장에 추이쥔첸(崔筠倩)의 임종일기를 덧붙인 것도 린슈의 『차화녀』에서 영감을 받은 것으로 보

9) 쉬쩐야(徐枕亞, 1889-1937). 이름은 줴(覺), 자는 쩐야(枕亞)로 장쑤 창슈(常熟) 사람이다. 중국 근현대 소설가이다. 중국 근대 진보적 문학 결사단체인 남사(南社)의 회원으로 활동했으며 중국 고대 소설의 형식에 기대어 재자가인 소설을 주로 쓰던 '원앙호접파(鴛鴦蝴蝶派)'의 대표 인물이다. 그가 쓴 『옥리혼(玉梨魂)』은 변려문체(駢儷文體)로 쓴 서신체(書信體) 소설로 고문(古文)에 대한 소양이 없으면 읽기 쉽지 않다. 그러나 이례적으로 근대 시기 진보적 잡지인 《민권보(民權報)》의 문예부간(文藝副刊)에 연재되어 큰 인기를 끌었고 단행본으로 출간된 이후에도 30~40차례나 재판을 찍었다. 동명의 영화로도 제작되었다.

10) 『옥리혼(玉梨魂)』의 대략적인 줄거리는 다음과 같다. 젊은 과부 바이리잉(白梨影)은 딸의 가정교사 허멍샤(何夢霞)와 서로 깊이 사랑하지만 봉건 예교의 속박으로 인해 둘의 사랑은 이루어질 수 없다. 허멍샤는 평생 결혼하지 않기로 결심하지만 이를 견디지 못한 바이리잉은 손아래 시누이 추이쥔첸(崔筠倩)을 허멍샤에게 중매해주고 자신이 방해가 되는 것을 막기 위해 자살을 택한다. 쥔첸은 모든 사정을 알게 되고 두 사람의 사랑에 감동한 나머지 자신도 목숨을 버린다. 마지막에 허멍샤는 바이리잉의 유언에 따라 일본 유학을 떠나고 귀국해서는 신해혁명의 시발점이 된 우창봉기(武昌起義)에 참여했다가 목숨을 잃는다.

고 있다.[12] 이 외에도 많은 소설가들이 직간접적으로 이 책의 영향을 받았다. 쑤만수[11)]의 『쇄잠기(碎簪記)』와 『분검기(焚劍記)』 등은 『차화녀유사』의 내용과 흡사하다는 평가를 받는다. 저우셔우좬[12)]의 소설에 등장하는 주인공의 책상머리에는 항상 『파리 춘희 이야기』가 놓여 있다. 그는 『단장일기(斷腸日記)』와 『임거추파(臨去秋波)』에서 이 책에 대해 "참으로 글이 아름답고 문장이 우아하다. 책장을 펼치면 처량한 마음에 눈물이 끊이지 않는구나", "백 번을 읽어도 싫증나지 않고", "읽을 때마다 망상에 빠지게 된다"라고 적었다.[13] 『차화녀유사』 열풍은 1940년대까지 이어진다. 통계에 의하면 1946년까지 출간된 판본으로는 샤캉농(夏康農) 역본, 친셔우어우(秦瘦鷗) 역본, 리롄추이(李連萃) 편역본, 왕션즈(王愼之) 역본, 링샤오(凌霄)와 우쉬안링(吳璇玲) 합역본, 쉬웨이츠(徐慰慈) 역술본 등이 있고, 춘조서국(春潮書局), 지행서점(知行書店), 합중서점(合衆書店), 삼민공사(三民公司), 개화서국(開華書局), 계명서국(啓明書局), 경위서국(經緯書局), 춘명서점(春明書店) 등에서 출간하였다. 1932년 작가 예링펑[13)]은 『미완의 참회록(未完的懺悔錄)』에 수록된 「나는 뒤마가 되고 싶다」라

11) 쑤만수(蘇曼殊, 1884-1918). 본명은 젠(戩), 자는 즈구(子谷), 법명(法名)은 보징(博經), 법호(法號)는 만수(曼殊)이다. 중국 근대의 시인, 작가, 번역가로 광둥 샹산(香山)이 고향이다. 일본 요코하마에서 중국인 아버지와 일본인 어머니 사이에서 태어났다. 근대 시기 기인(奇人)으로 일컬어진다. 중국어, 일본어, 영어, 산스크리스트어 등 여러 언어에 능통했으며 시와 소설, 그림에 뛰어난 재능이 있었다. 남사(南社)의 일원으로 활동했으며 저서로는 『만수전집(曼殊全集)』이 있다.

12) 저우셔우좬(周瘦鵑, 1895-1968). 본명은 궈셴(國賢)이며 장쑤 쑤저우 태생이다. 중국 현대 문학가이며 번역가로 항일전쟁 시기 중국인들의 항전을 고취시키는 작품을 많이 썼다. 주요 작품으로는 「망국노일기(亡國奴日記)」, 「조국지휘(祖國之徽)」, 「남경지위(南京之圍)」, 「매국노일기(賣國奴日記)」 등이 있다.

13) 예링펑(葉靈鳳, 1905-1975). 본명은 원푸(蘊璞), 장쑤 난징 사람이다. 중국 근현대 저명 소설가로 성(性) 심리분석 소설을 많이 썼다. 5·4 신문화운동 초기에 저우춰런, 정전둬(鄭振鐸) 등 12인이 만든 신문학단체 창조사(創造社)의 일원으로 활동했으며, 《홍수(洪水)》, 《환주(幻洲)》, 《과벽(戈壁)》, 《현대소설(現代小說)》 등의 문학잡지를 창간했다. 주요 작품으로는 『국자부인(菊子夫人)』, 『여와씨의 업보(女媧氏的遺孽)』, 『구록미(鳩綠媚)』, 『향항방물지(香港方物誌)』 등이 있다.

는 글에서 『차화녀』에 경도된 마음을 표현하고 있다. "내 개인적인 기호로서 말하자면 뒤마의 이 소설은 내가 최고로 애독하는 작품 중 하나이다. 이 소설과 도데(Alphonse Daudet)의 『사포(Sapho)』, 아베 프레보(Antoine François Prévost)의 『마농 레스코(Manon Lescaut)』는 두 번 다시 나오지 않을 연애소설 걸작이다." "자연주의 대가는 25세라는 젊은 나이에 해부칼 같은 예리한 필봉으로 주인공의 감정을 심도 있게 표현해냈다." 이런 평가로 인해 대다수 평론가들은 린슈가 번역한 『파리차화녀유사』가 중국 연애소설의 기원이 되었다고 말한다.

전통 문인이나 사인들이 보기에 중국 고대 소설은 그다지 중요한 문학 장르는 아니었다. 『한서·예문지·제자략(諸子略)』에서는 소설을 "길거리나 골목에서 떠도는 말로 지은 것(街談巷語, 道聽途說者之所造)"이라 규정하고 있다. 그런데도 그토록 많은 사람이 소설을 창작한 이유는 자기만의 학설을 세우거나 불후의 명작을 만들어내기 위해서가 아니라 감정을 발산하기 위한 것이었다. 대다수 사람은 소설 창작에 큰 관심을 두지 않았을 뿐만 아니라 심지어는 작가 본인도 이름이 드러나는 것을 꺼렸다. 따라서 중국 고전소설의 진짜 저자가 누구인지 고증하는 일은 오늘날 문학사가들의 중요한 임무 중 하나이다. 『삼국연의』, 『수호전』, 『서유기』와 같은 대작이 있음에도 불구하고 『사고전서총목제요』에서는 여전히 소설을 '잡사를 기록한 것(敍述雜事)'이라거나 '괴이한 일을 기록한 것(記錄異聞)', '자질구레한 이야기를 엮은 것(綴輯瑣語)'으로 평가절하하고 있다.[14] 이러한 관념은 청말 문인들의 뇌리 속에도 뿌리 깊게 자리하고 있었다. 근대 시기 최초의 번역 장편소설인 『흔석한담』의 역자는 여작거사, 혹은 소길나암주라고만 알려져 있을 뿐 구체적인 생애에 관해서는 알려져 있지 않다. 『차화녀』를 공동 번역한 린슈와 왕서우창도 이름을 밝히는 것을 꺼려 '렁홍셩(冷紅生)'이라고만 썼다. 린슈도 이 책을 번역한 이유에 대해

"글짓기 놀이일 뿐 큰 의미는 없다"[15]고 여러 차례 말한 바 있다. 또한 까오멍단[14)]도 친구에게 쓴 편지에서 이 책이 '유희 작품(遊戱之作)'[16]일 뿐이라고 여러 차례 강조했다. 린슈의 말은 겸손에서 나온 것이라고 할 수 있겠지만 까오멍단의 경우는 당대 지식인들이 소설 장르를 얼마나 경시했는지 잘 보여주는 대표적 예증이라 할 수 있다.

그렇지만 다른 한편으로 비슷한 시기 중국 지식계에서는 소설의 지위와 역할에 대한 인식에 중요한 변화가 일어나고 있었다. 일찍이 옌푸와 샤쩡유[15)]는《국문보》에 실린「본관부인설부연기(本館附印說部緣起)」에서 소설의 사회적 역할에 대해 다음과 같이 강조했다. "사람들의 선호도나 사회적 유행으로 볼 때 소설의 인기는 이미 경사(經史)를 뛰어넘었다. 세상의 인심과 풍속은 소설에 크게 영향을 받는다."[17] 린슈는 여성의 피눈물 나는 인생사를 고상한 시문(詩文)으로 번역해냄으로써 조잡하고 속된 기존 백화소설의 문체에 영향을 주었다. 또한 문학의 변두리에 머물러 있던 소설이라는 장르를 문학의 중심이 되게 함으로써 량치차오의 말대로 "소설이 문학 가운데 최상의 장르"[18]라는 인식이 생겨나게 만들었다.

소설의 지위가 격상됨에 따라 소설가의 위상도 그에 상응하여 높아졌다. 량치차오는 이렇게 말했다. "유럽 여러 나라의 변혁의 시작"에는 "위

14) 까오멍단(高夢旦, 1870-1936). 이름은 펑첸(鳳謙), 자는 멍단(夢旦)이다. 푸젠 창러(長樂) 태생으로 중국 근대의 저명 교육가 겸 출판가다. 1894년 일본에 가서 유학감독(留學監督)으로 있었으며 귀국 후에 상하이 상무인서관에서 국문부장, 편역소소장, 출판사장 등을 역임했다. 왕윈우(王雲五)와 함께 한자의 필형(筆形)을 10종류로 나누어 0-9의 4자리 숫자로 대표시키는 검자법인 '사각호마검자법(四角號碼檢字法)'을 개발하였다.『일본법규대전(日本法規大全)』을 번역했고『사원(辭源)』을 편찬했다.

15) 샤쩡유(夏曾佑, 1863-1924). 자는 수이칭(遂卿), 필명은 비에스(別士)로 저장 항저우(杭州) 태생이다. 중국 근대 시기 시인 겸 역사학자로 금문경학(今文經學)과 불학(佛學) 연구에 조예가 깊었다. 1897년 톈진에서 옌푸와 함께《국문보(國聞報)》를 창간하여 신학(新學)을 소개하고 변법운동을 지지했다. 진화론적 관점으로 중국 역사를 연구했으며 주요 저서로는『최신중국학(最新中國學)』,『중국역사교과서(中國歷史敎科書)』(나중에『중국고대사(中國古代史)』로 제목을 바꾸어 출간했다) 등이 있다.

대한 학자나 석학, 인의지사(仁義志士)"들이 있는데 그들은 소설로 의지를 키웠다. 따라서 소설가를 '위대한 학자나 석학'의 범위에 포함시키는 것이 마땅하다.[19] 심지어 혹자는 "소설로 과거 시험을 치러 관직을 정하자"는 주장을 펴기도 했다.[20] 『파리차화녀유사』의 판매가 호조를 보이자 자연스럽게 번역자에 대한 관심도 높아졌다. "책이 출간되어 대중들의 인기를 끌게 되자 외려(畏廬, 즉 린슈)도 매우 즐거워했다." 특히 린슈는 상무인서관의 장위안지가 "내 책을 여러 차례 언급했다"며 대단히 흡족해했다.[21] 1896년 량치차오가 쓴 『서학서목표』와 1899년 쉬웨이저가 쓴 『동서학서록』에 보면 소설은 여전히 '잡저(雜著)'로 분류되고 있다. 쉬웨이저가 『차화녀유사』를 '자질구레한 기록(瑣錄)'이라 지칭한 것과는 대조적으로 1904년 꾸셰광16)은 『역서경안록』에서 '소설'을 잡저가 아닌 별도의 전문적인 장르로 분류했다. 이는 중국 문학사에서 소설의 독립적 지위가 사회적으로 인정받기 시작했다는 것을 말해주는 것이다. 아잉17)은 다음과 같이 말했다. "문학적으로나 사회적으로 소설의 지위가 높아지게 된 데에는 '린슈의 번역', 특히 뒤마 작품의 번역이 대단히 큰 역할을 했다."[22] 이는 매우 탁월한 분석이다. 한광(寒光)은 『린친난(林琴南)』이라는 책에서 린슈의 번역소설이 중국 구문학(舊文學)의 종점이자 신문학의 출발점이라고 주장했다.[23] 만약 이 주장에 동의한다면 마땅히 『파리차화녀

16) 꾸셰광(顧燮光, 1875-1949). 자는 딩메이(鼎梅), 저장 후이지(會稽) 사람이다. 민국 시기 저명 장서가이자 목록학자, 금석학자로 금석학과 관련된 적지 않은 서목을 정리했다. 근대 사상계에 큰 영향을 미친 저작으로는 주로 과학기술 서적 목록을 정리한 『역서경안록』과 『강남제조국역서제요(江南制造局譯書提要)』 등이 있다.

17) 아잉(阿英, 1900-1977). 안후이 푸후(蕪湖) 태생으로 본명은 첸더푸(錢德富), 필명은 첸싱춘(錢杏邨)이다. 현대 저명 극작가 겸 문학이론가이다. 일생 동안 대단히 많은 시가, 소설, 산문, 문예이론, 문예비평, 희극, 미술사 관련 저작을 남겼으며 통속문학 및 곡예(曲藝) 자료 수집과 정리, 연구에도 힘을 쏟았다. 주요 저서로는 『현대중국문학작가(現代中國文學作家)』, 『현대중국문학론(現代中國文學論)』, 『중국신문학운동사자료(中國新文學運動史資料)』, 『만청문학총초(晩清文學叢鈔)』 등이 있다.

유사』의 번역 출간이 그 이정표가 될 것이다. 동시에 이러한 문학사적 전환은 청말 문인 관념 변화의 중요한 표지이기도 하다.

035

『가인기우(佳人奇遇)』

정치소설 번역의 시초

시간적인 순서로 보자면 량치차오가 번역한 일본 메이지시대 소설 시바 시로[1)]의 『가인지기우(佳人之奇遇)』는 린슈의 『파리차화녀유사』보다 먼저 중국에 소개되었다. 왜냐하면 이 소설은 1900년 12월에 완역되었지만 량치차오가 주편한《청의보(淸議報)》에 1898년 12월부터 연재가 시작되었기 때문이다. 그러나 소설이 출간되었을 때는 이미 『파리차화녀유사』가 중국을 강타한 뒤였다.

량치차오는 일찍이 변법유신 시기에 정치소설 번역의 필요성에 대해 역설했었다. 서양에는 다양한 '정치소설 장르'가 있어 현실을 변혁하고 정치발전을 추동하는 데 큰 역할을 담당했다. "미국, 영국, 독일, 프랑스, 오스트리아, 이탈리아, 일본 등의 국가에서 정치가 날로 발전하고 있는 데에는 정치소설의 공이 제일 크다."[1] 무술정변 발발 후 배를 타고 일본

1) 시바 시로(柴四郎, 1852-1922). 메이지 · 다이쇼시대의 정치인이자 소설가로 일명 도카이 산시(東海散士)로 알려져 있다. 미국 펜실베이니아 대학 등에서 경제학과 정치학을 공부한 후 1885년에 귀국했다. 같은 해 민족주의 소설 『가인지기우』를 도카이 산시라는 필명으로 발표했다. 그 밖의 저서로 『동양의 가인(東洋之佳人)』, 『이집트근세사(埃及近世史)』 등이 있다. 을미사변(乙未事變)때 조선의 명성황후 시해를 주노한 인물로 알려져 있다.

망명길에 오른 량치차오는 함장에게서 『가인지기우』라는 책을 건네받아 기분전환용으로 읽게 되었다. 독서하는 틈틈이 번역도 진행하였는데 이렇게 해서 근대 최초의 중역(中譯) 일본 소설이 탄생하였다.

『가인지기우』의 저자는 일본의 정치가 겸 소설가 시바 시로이다. 아이즈번 사무라이 가정에서 태어난 그는 27세 때 미국으로 건너가 7년간 유학하였고 유럽과 미국을 여행했던 당시의 경험을 기초로 이 소설을 창작했다. 도카이 산시(東海散士)라는 필명의 작가가 주인공이 되어 자신이 겪었던 일과 만났던 사람들에 대해 묘사하면서 소설은 시작한다. 이 때문에 평론가들은 이 책을 메이지 문학사 최초의 사소설(私小說)[2)]이라고 평가한다. 소설은 세 명의 허구적 인물의 행적을 따라 전개된다. 해외에서 떠돌며 망명생활을 하는 스페인 장군의 딸 유란(幽蘭), 아일랜드 독립운동에 투신한 지사(志士) 홍련(紅蓮), 그리고 나라를 되찾고자 하는 일념에 그들을 돕는 명말(明末) 유신(遺臣) 정범경(鼎范卿). 이 세 사람이 필라델피아에서 유학 중이던 일본 아이즈번 출신의 청년 도카이 산시와 우연히 만나게 되면서 본격적인 이야기가 시작된다. 망국의 한과 나라를 되찾고자 하는 강렬한 정치적 열망이 그들을 하나로 묶어 주었다. 작가는 독립 쟁취와 정치 개혁 투쟁에 대한 묘사를 통해 약소국에 대한 동정과 일본에 대한 강한 불만을 표출하고 있다. 동병상련에서 비롯된 산시와 유란, 홍련의 애절하고 감동적인 사랑과 우정, 기쁨과 슬픔, 이별과 만남의 이야기가 소설 전체를 관통하고 있으며, 미국 독립전쟁과 프랑스 대혁명, 조선의 동학혁명, 청일전쟁까지 100여 년 동안 일어났던 중대한 역사적 사건이 소설의 배경이 되고 있다. 1885년 출간되기 시작해 1897년

---

2) 20세기 일본 문학의 한 형식으로 와타쿠시 소설이라고도 한다. 대개 작가가 작품 속의 주인공으로 등장하며 자신의 내면에 숨어 있는 생각이나 사건에 대한 견해를 고백식으로 서술하는 형식을 취한다.

에서야 완간된 16권본 소설은 망명길에 오른 량치차오에게 강한 인상을 심어주었다. 한문으로 씌어졌다는 것과 소설 중간에 등장하는 적지 않은 율시(律詩)는 일본어에 익숙하지 않은 량치차오가 책을 번역하는 데 큰 이점으로 작용했을 것이다. 그러나 많은 학자들이 지적하듯 량치차오는 자신이 이해한 범위 내에서만 번역했기 때문에 사실상 개작이라고 할 수 있으며, 따라서 원작의 스타일이나 분위기를 표현하기에는 많은 한계가 있었다. 그럼에도 불구하고 량치차오는 자신의 번역에 대해 대단한 자부심을 갖고 있었다. 그는 「청의보 일백책 축사 및 신문사의 책임과 본사의 경력(清議報一百册祝辭竝論報館之責任及本館之經歷)」이라는 글에서 이 소설에 대해 다음과 같이 말했다. "패관(稗官, 즉 소설가)의 뛰어난 재능으로 정계의 큰 흐름을 그려냈다. 미인과 충신에 대한 남다른 이해는 전쟁터와 같은 문단에서 젊은 독자들이 감탄할 만한 작품을 만들어냈다. 문장마다 감정을 실어 서술하니 나라를 사랑하는 사람들 가운데 이 작품에 공감하지 않는 사람이 어디 있겠는가?"[2]

이 소설은 《청의보》에 연재되자마자 큰 반향을 불러일으켰다. 1901년 광지서국에서 단행본이 출판되었고 1902년에는 상무인서관의 '설부총서(說部叢書)'에 포함되었다. 1902년에 초판, 1906년 11월에 6판이 나왔다. 치우슈위안은 『휘진습유(揮塵拾遺)』에서 이 책에 대해 "새로운 정치사상과 밀접한 관련이 있으며 문체가 대단히 통속적이어서 이해하기 쉽다"고 평하였고, 1907년 《신소설총(新小說叢)》의 '신소설품(新小說品)'에서도 "마치 깊은 밤에 듣는 청상곡(清商曲)[3)]과 같다"고 하였다.[3] 또한 책 내용 중에 명말 유신 정범경이 겪었던 일을 묘사한 부분은 유신파 사이

---

3) 청상곡(清商曲)은 악부시(樂府詩)의 일종으로 청악(清樂)이라고도 하며 남조(南朝) 때 유행했다. '맑은 곡조(清調)'와 '상음(商音)'을 위주로 맑고 그윽한 느낌을 준다 해서 '청상곡'이라는 이름이 붙었다.

에서 논쟁을 불러일으키기도 했다. 평즈유[4]는 『혁명일사』에서 이 책이 유럽과 미국 등 각국의 망국 지사와 중국의 유민이 영토 회복을 도모하는 내용을 담고 있다고 소개했다. 캉유웨이는 책을 읽은 후 "즉시 재판본을 폐기할 것을 명했으며 량치차오에게 황제를 잊지 말고 이후 일에 신중을 기하도록 했다."[4] 량치차오는 어쩔 수 없이 스승의 지시에 따라 정범경과 관련된 부분을 삭제하였다.[5] 이 번역서는 1930년대까지도 상당한 영향력을 발휘했다. 1935년 상하이 중국서국(中國書局)에서 간행된 『가인지기우』는 량치차오가 번역한 책을 저본으로 삼아 고쳐 쓴 것으로 책의 윗부분 여백에는 평어가 빼곡하게 채워져 있다. 전흥복림실주인(田興復臨室主人)은 서언(敍言)에서 이렇게 말했다. "오늘의 국난을 극복하고 약함을 강함으로 바꿀 수 있는 방법을 도모"하는 중에 "우연히 『가인지기우』라는 책을 읽게 되었다. 책의 종지를 곱씹어 보는 중에 나도 모르게 깜짝 놀라 탁자를 치며 기쁨에 겨워 이렇게 말했다. 이 책이야말로 오늘날 중국인의 마음을 개조할 수 있는 양약(良藥)이다. 대략적인 줄거리는 다음과 같다. 서양에서 유학 중이던 중국과 일본의 지사가 유럽의 소녀를 우연히 만나 의기투합한다. 아무런 관계도 없던 사람들이 서로 사귀고 사랑하고 이별을 아쉬워하는 관계로 발전하게 되는데 이는 대단히 참신한 이야기이다. 그들은 모두 나라가 망하고 가정이 파괴된 후 극심한 핍박 속에서 살아온 이들로 약속이나 한듯 나라와 가족, 친구를 위해

---

4) 평즈유(馮自由, 1882-1958). 본명은 마오롱(懋龍), 자는 젠화(健華)다. 중국 근대 혁명파 지식인으로 1900년 변법을 주장하는 캉유웨이에 반대하며 이름을 '즈유(自由)'로 바꿨다. 본적은 광둥이지만 일본 화교가정에서 태어나 줄곧 일본에서 공부했으며 와세다대학을 졸업했다. 1895년 일본 요코하마에서 흥중회(興中會)에 가입한 후 《개지록(開智錄)》을 창간하여 혁명을 주장하였다. 저서로는 『혁명일사(革命逸史)』, 『화교혁명개국사(華僑革命開國史)』, 『화교혁명조직사화(華僑革命組織史話)』, 『사회주의와 중국(社會主義與中國』 등이 있다.

5) 정범경(鼎範卿)은 명말의 충신 구식사(瞿式耜) 수하의 장수 정태련(鼎泰璉)의 후손으로 나온다. 정범경과 정태련이 실존 인물인지는 알 수 없지만 소설에서 청조 사람이 명말 유민의 신분으로 등장하는 것은 '반청(反淸)'의 의미를 담고 있는 것이라 할 수 있다.

자신의 한 몸을 희생할 필사의 결심을 한다. 저자 도카이 산시는 이 책을 정치소설로 규정한 적이 없다. 그러나 재자가인이 이국땅에서 겪는 일을 통해 암암리에 본국의 이해득실을 따져보고 있다. 저자는 격앙되어 있으면서도 세계 흥망성쇠의 원인에 대해 통쾌한 언사로 서술하고 있다. 또한 서양의 정치적 사건을 언급하며 동양의 성현이 쓴 경전 구절을 인용하기도 했다. 명사(名士)와 가인(佳人), 선과 악의 화신, 현명한 관리와 용맹한 장수, 매국노와 반역자가 모두 등장한다. 고문(古文)과 비교해도 전혀 손색이 없을 정도로 문장이 기막히게 아름다워 수백 번을 읽어도 싫증나지 않으니 학생들의 국어 공부와 문학 창작에도 큰 도움이 될 것이다. 일부 연애담과 시가를 제외하고는 모두 인류 진화, 공리(公理)와 법칙, 침략과 지배, 민권 혁명, 우승열패, 영웅호걸의 위대한 사적을 말하고 있는데 대단히 감동적이다. 또한 작품에는 사람을 감화시키는 힘이 있으니 인간의 위대한 진보와 평범한 퇴보의 도리가 모두 여기에 들어 있다."[5]

량치차오가 『가인기우』를 번역한 목적은 무엇일까? 멍샹차이(孟祥才)는 량치차오가 번역한 『가인기우』에 대해 정치적으로 반동적일뿐만 아니라 예술적으로도 매우 졸렬하다고 평가했다. 왜냐하면 책에서는 혁명이 필연적으로 내전을 야기하고 내전은 필연적으로 파괴를 초래하며 전란이 지속되면 민생이 도탄에 빠지고 나라가 망국의 화를 입게 된다면서 혁명에 부정적인 입장을 반복해서 고취시키고 있기 때문이다.[6] 천잉녠(陳應年)은 「량치차오와 일본 정치소설의 중국 전파 및 평가(梁啓超與日本政治小說在中國的傳播及評價)」에서 이 책의 주제와 정치적 성향을 한 마디로 규정짓는 것은 힘든 일이라고 분석했다. 원작자의 역사관에는 부르주아 유심사관과 봉건 이데올로기가 섞여 있지만, 스페인 내전, 아일랜드 독립운동, 이집트 인민의 반영운동(反英運動) 및 반불투쟁(反佛鬪爭), 헝가리와 폴란드의 망국사, 그리고 명말 유신의 반청복명(反清復明) 운동에 대한 묘사에는 나라의 운명과 흥망에 대한 주인공의 깊은 관심이 반영되어 있기 때문이다. 또한 내우외환의 일본과 동양 각국의 미래에 대해 걱정하며 일본이 다른 약소국 및 이웃 나라와 동맹을 결성해 유럽 열강의 침략에 대항함과 동시에 국권을 신장시킴으로써 동양에서 일본의 역할을 강화할 것을 주장한 점도 주목할 만하다는 것이다.[7]

근대 최초의 번역 정치소설인 『가인기우』는 약소국가의 구망도존(救亡圖存)과 나라를 잃은 자들의 국권회복 활동에만 초점을 맞추고 있는 것이 아니라, 민족주의의 고취를 통한 서구 열강에 대한 저항도 강조하고 있다. 『가인기우』는 정치소설 번역의 필요성을 역설한 량치차오의 문학적 실천이며 청말 정치소설 번역의 서막을 열었다는 점에서 중요한 의의가 있다.

036

『경국미담(經國美談)』

역사 연의소설의 형식을 빌린 서양 영웅 이야기의 전래

『경국미담』은 일본 메이지시대 소설가 야노 류케이[1)]의 대표작으로 전편은 1883년 3월에, 후편은 1884년 2월에 출판되었다. 그는 번사 집안 출신으로 게이오기주쿠를 졸업한 후 정계에 투신했으며 1881년 오쿠마 시게노부[2)]와 함께 개진당(改進堂)을 결성하였다. 얼마 후 《우편보지신문》에 입사한 그는 1883년 소설 『경국미담』을 발표하며 문단에 정식으로 등단하였다. 그는 1897년부터 1899년까지 주중일본공사로 재직하는 동안 중국 정부에 '졸업생의 일본 파견'을 제안하기도 했다. 비록 그 목적이 '중국의 인재를 친일파로 만들어 돌려보냄으로써 일본이 동아시아 대륙에서 세력을 형성하는 데 도움을 받기 위함'[1]에 있었지만, 20세기 초 중국에서 일어났던 유일학생운동(留日學生運動)의 발단이 되었다는 점에서

1) 야노 류케이(矢野龍溪, 1850-1931). 본명은 야노 후미오(矢野文雄)이다. 후쿠자와 유키치의 추천으로 관료가 되었으며 오쿠마 시게노부(大隈重信)와 함께 개진당(改進黨)을 결성하였다. 《우편보지신문》에 정치소설 『경국미담』을 발표하여 큰 호응을 얻었다. 이후 공상 모험 소설 『부성물어(浮城物語)』와 사회 소설 『신사회(新社會)』를 발표하여 세상의 주목을 끌었다.

2) 오쿠마 시게노부(大隈重信, 1838-1922). 내각총리대신을 두 차례나 역임한 정치가로 국민 계몽과 근대 문화 발전을 위해 공헌했다. 후쿠자와 유키치에 이어 일본 근대교육을 발전시킨 근대 교육가로 와세다대학의 전신인 도쿄 선분학교를 설립했다.

역사적 의의가 있다.

『경국미담』은 고대 그리스 역사 작품을 역사연의(歷史演義)의 형식으로 편집해 완성한 책이다. 저자는 자서(自序)에서 이렇게 말했다. "테베(Thebes)에 관한 역사 기록은 전반적인 상황을 서술한 것에 불과할 뿐 자세한 전말은 새벽하늘의 희미한 별빛처럼 제대로 드러나지 않았다. 한 시대의 위대한 사적(事迹)이 연기처럼 사라지게 되니 어찌 안타까운 일이 아니겠는가! 내가 소일삼아 누락된 부분을 보충해 글을 쓰고자 소설가의 작법을 배웠으나 이는 정사(正史)를 기술하는 데 도움을 받고자 함이지 사실을 멋대로 가감하고 왜곡해 선악이 전도(顚倒)된 소설을 쓰고자 함이 아니다. 사실을 기초로 삼아 거기에 약간의 윤색만 더했을 뿐이다."[2] 소설은 플루타르코스가 서술한 도시국가 테베의 애국지사 에파미논다스(Epaminondas, BC 418?-BC 362)와 펠로피다스(Pelopidas, ?-BC 364)의 삶과 사적을 기초로 테베의 국가재건 과정을 그리고 있다. 의사(義士)들이 어떻게 모진 고난을 이겨내면서 전제정치를 전복시키고 민주정치를 확립했는지, 그리고 동맹국 아테네의 지원 아래 어떻게 숙적 스파르타를 물리치고 그리스 전역의 패권을 차지했는지에 대해 상세하게 묘사하고 있다. 특히 작가는 역사를 문학적으로 윤색하는 과정에서 개진당의 정치적 관점과 입헌체제를 옹호하는 자신의 입장을 소설 속에 투영시켰다.

『경국미담』은 출간 후 일본의 청년들에게 큰 인기를 끌어 수십 차례 재판을 찍었으며 당시 지사로 자처하던 수많은 일본 젊은이들이 항상 휴대하는 책이 되었다. 요다 갓카이,[3] 나루시마 류호쿠,[4] 구리모토 조

---

3) 요다 갓카이(依田學海, 1833-1909). 일본 근대의 한학자, 연극평론가, 극작가이다. 연극개혁에 참여하였으며 그가 쓴 일기 『학해일록(學海日錄)』은 메이지 시대 문학사에서 귀중한 자료이다.

4) 나루시마 류호쿠(成島柳北, 1837-1884). 메이지 시대의 한학자, 시인, 언론인이다. 에도시대 말기 막부의 신하로서 외국봉행(外國奉行) 등을 역임하였다. 메이지 유신 이후는 《조야신문(朝野新聞)》 사장을 역임하였고 문예 잡지 《화월신지(花月新誌)》를 간행하였다.

운,[5] 후지타 메이갓쿠[6] 등 당시 유명한 한학자들은 책에 한문(漢文)으로 평어를 쓰고 방점을 찍기도 했다. 구리모토 조운과 후지타 메이갓쿠는 각각 서문과 발문을 적었는데 두 사람 모두 다채로운 책의 내용에 감탄을 금치 못했다. 특히 후지타 메이갓쿠는 "변화무쌍하고 종횡무진 하는 필력"으로 인해 이야기를 "예측하기 힘들었다"고 했으며 군산만학(群山萬壑)이 형산(荊山)으로 모여드는 것처럼 이야기가 유기적 구조 속에서 다채롭고 긴박하며 환상적 효과를 내고 있다고 평가했다. 독자들도 "초초함과 긴장감 속에서" 예술적 희열을 느꼈을 뿐만 아니라 약소국의 설움을 안고 사는 일본 젊은이들에게 애국주의와 정치적 자유, 독립 쟁취에 대한 열정을 고취시켰다. 그러나 동시에 부국강병을 통해 세계를 제패하려는 확장주의적인 침략의 야욕에도 불을 지피는 계기가 되었다.[3]

『경국미담』은 일본 도쿄고등대동학교(東京高等大同學校)에서 유학중이던 저우쿠이[7]의 번역으로 1900년 2월 20일부터 1901년 1월 11일까지 《청의보》에 연재되었다. 1902년 광지서국에서 단행본이 출간되었고 같은 해 다시 상무인서관의 '설부총서'본과 우진자(雨塵子)[8] 번역본이 나왔다. 『경국미담』은 중국에서도 젊은이들에게 큰 인기를 끌었다. 1900

---

5) 구리모토 조운(栗本鋤雲, 1822-1897). 일본 근대 시기의 신문기자. 에도 시기 후기 막부를 옹호했던 정치파벌인 좌막파(佐幕派) 출신이다. 외국봉행을 역임하였고 친불(프랑스) 정책을 추진하였다. 메이지유신 이후《우편보지신문》의 주필을 역임했다.

6) 후지타 메이갓쿠(藤田茂吉, 1852-1892). 일본의 정치가, 신문기자이다. 게이오기주쿠에서 공부했으며 후쿠자와 유키치의 제자이다.《우편보지신문》의 주필을 역임했으며 입헌 개진당에 참여했다.『국회론(國會論)』,『문명동점사(文明東漸史)』,『제민위업록(濟民偉業錄)』등을 저술했다.

7) 저우쿠이(周逵, 1878-?). 본명은 총예(崇業), 호는 보쉰(伯勳)이다. 홍예(宏業)이라는 이름으로 알려져 있기도 하다. 후난 샹탄(湘潭) 태생이다. 창샤(長沙) 시무학당(時務學堂)에서 량치차오 등에게 배웠으며 무술변법 실패 후 일본으로 건너가 량치차오가 세운 도쿄고등대동학교(東京高等大同學校)와 와세다대학에서 공부했다. 량치차오가 요코하마에서 창간한《청의보(淸議報)》36기부터 69기까지『경국미담』을 장회체(章回體)로 바꾸어 번역 연재했다. 저서로는『만국헌법지(萬國憲法誌)』,『헌법정의(憲法精義)』,『영국헌법론(英國憲法論)』,『신도덕론(新道德論)』등이 있다.

8) 번역자는 '중국우진자(中國雨塵子)'라고 되어 있는데 저우쿠이의 필명일 가능성이 높다.

년 말 봉랑(烽朗)은《개지록(開智錄)》제4기에 「제경국미담전편십일수(題經國美談前編十一首)」라는 시를 게재했고,《신민총보(新民叢報)》1903년 11월자 '시평(時評)'란에도 책이 대단히 잘 팔리고 있다는 언급이 나온다. 쑨바오쉬안은 『망산여일기』에서 다음과 같이 쓰고 있다. "이 책은 그리스 테베의 영웅 펠로피다스와 에파미논다스 등을 그리고 있다. 간사한 무리를 처단하고 내정을 정비하며 국위를 선양함으로써 세상에 명성을 날리고 청사(青史)에 이름을 남겼으니 존경하고 인정하고 부러워할 만하다. 우리나라 소설에서는 볼 수 없었던 인물들이다." 또한 책에서 "빈부 격차에 대한 평등주의적 해법을 논한 것을 볼 때 한 편의 정치 서적이라 해도 무방하다." 그러나 무정부주의에 대한 내용은 "세계의 행복을 크게 거스르는 것이다."[4] 이 책을 서구 사회를 이해하는 계기로 삼았던 중국의 지식인들도 적지 않다. 후스는 1904년 상해에 도착하자마자 1902년 상무인서관에서 출판된 『경국미담』을 가장 먼저 찾아 읽었다.[5]

문학사가들은 중국어 번역본에 대해 매우 높은 평가를 내리고 있다. 1907년 치우슈위안은《신소설총》'신소설품'에서 이 책에 대해 "바람소리 타고 친구가 오듯, 사뿐하게 들어와 앉았네(如淸風故人, 翩然入座)"라고 하였다.[6] 장루이자오[9)]는 『소설고증(小說考證)』에서 다음과 같이 말했다. "『경국미담』은 그리스 영웅의 국가 재건 사적을 통해 독자들의 정신을 진작시켜주는 매우 훌륭한 책이다. 마치 이야기를 들려주는 듯 번역 문체가 분명하면서도 유창하다."[7] 근대의 저명 소설가 이백원[10)]은 앞서

9) 장루이자오(蔣瑞藻, 1891-1929). 저장 주지(諸暨) 태생이다. 상하이 징충학당(澄衷學堂)과 항저우여자중학(杭州女子中學) 중국어 교사, 즈장대학(之江大學) 중문과 교수를 역임했다. 저서로는 『소설고증(小說考證)』, 『소설기담(小說技談)』, 『신고문사류찬고본(新古文辭類纂稿本)』 등이 있다.

10) 이백원(李伯元, 1867-1906). 자는 보가(寶嘉)로 강소 무진(武進) 사람이다. 『20년간 내가 목격한 괴이한 현상(二十年目睹之怪現狀)』의 오견인(吳趼人, 1866-1910), 『라오찬 여행기(老殘遊記)』의 류악(劉鶚, 1857-1909), 『얼해화(孼海花)』의 쩡푸(曾樸, 1872-935)와 함께 청

나온 번역본을 기초로 내용을 수정한 후 「전본경국미담신희(前本經國美談新戲)」라는 제목으로 《세계번화보(世界繁華報)》 '수상소설(綉像小說)'에 1901년 10월호부터 1904년까지 연재했다. 이는 소설 형식을 빌어 정치 주제를 다룬 『경국미담』이 당시 중국 독자들에게 크게 환영받고 있었다는 것을 보여주는 것이다. 궈모뤄는 『소년시대(少年時代)』에서 이렇게 회상했다. "《청의보》의 글은 새로운 기상을 표현하고 있다. 당시 량치차오는 이미 보황당(保皇党) 성원이었기 때문에 우리는 마음속으로 그를 경멸했지만 그의 저작은 여전히 좋아했다. 그가 쓴 『이탈리아 건국 삼걸(意大利建國三傑)』과 그가 번역한 『경국미담』은 경쾌한 필치로 망명지사와 건국영웅을 매력적으로 묘사하고 있다."[8] 물론 정치소설에 불만을 갖고 있는 사람도 있었다. 저우쭤런(周作人)의 계묘(癸卯, 1903)년 일기에는 다음과 같은 구절이 나온다. "소설 『경국미담』을 약간 읽어보았는데 책은 매우 훌륭했다. 그렇지만 정치를 논한 내용은 우리나라 설부(說部)와 달라서 사람을 크게 매료시키지는 못할 것이다. 차라리 《신소설》에 실린 「동구여호걸(東歐女豪傑)」[11]과 「해저여행(海底旅行)」[12]이 훨씬 낫다."[9]

말 4대 소설가로 불린다. 저서로는 『경자국변탄사(庚子國變彈詞)』, 『관장현형기(官場現形記)』, 『문명소사(文明小史)』, 『해상번화몽(海上繁華夢)』, 『남정필기(南亭筆記)』 등이 있다.

11) 뤄푸(羅普)의 작품으로 1870년대 러시아의 허무당의 혁명활동을 소재로 한 소설이다.

12) 쥘 베른의 공상과학소설 『해저 2만리』를 말한다.

037

『민약론(民約論)』

중국 근대 민권선언의 모태가 된 루소의 명저

『사회계약론』

『민약론(The Social Contract)』은 18세기 걸출한 프랑스 계몽 사상가 장 자크 루소(Jean-Jacques Rousseau, 1712-1778)의 대표작으로 『사회계약론』이라고도 한다. 책에서는 자유와 평등을 인류 최대의 선으로 보았으며 사회계약을 통해 인간은 자연 상태에서 문명 상태로 나아갈 수 있었다고 주장했다. 이는 정신상의 평등으로 육신상의 불평등을 대체한 것이라 할 수 있다. 또한 국가란 협상의 결과이고 인민은 국가 권력의 담지자이며 법률은 공동 의지의 표현, 주권은 팔거나 양도하거나 분할할 수 없는 것으로 보았다. 루소는 자유 행위가 행위의지와 행위역량이라는 두 가지 원인에 의해 촉발되며 국가는 입법과 행정이라는 두 권력을 반드시 분리해야 한다고 주장했다. 그의 사상에 따르면 인민의 의지가 주권자이며 정부는 공동 의지의 집행자이기 때문에 행정권이 독단적으로 인민의 의지를 박탈하지 못하도록 인민은 정기적인 회의를 통해 감독권을 행사해야 한다. 그는 군주제를 강하게 비판했으며 인민이 피지배자의 생활에서 벗어나 자유생활을 영위해야 한다고도 하였다. 『민약론』의 핵심 사상은 다음과 같다. 인간은 천부적으로 자유롭고 평등한 존재이며 아울러 국가는 자유로운 인민들이 협의를 통해 만들어낸 산물로 만약 인민의 자유가 강탈당한다면 사람들은 혁명을 통해 자유를 되찾아올 권리가 있다.

『민약론』은 1762년 출판과 동시에 판매금지에 처분이 내려졌다. 프랑스 정부는 사회 안정을 해친다는 이유로 저자에 대한 체포령을 내렸으며 이를 피해 루소는 스위스로 피신했다. 그러나 그가 주장한 민주이론은 급속도로 전파되어 미국의 『독립선언』, 프랑스의 『인권선언』, 그리고 미국과 프랑스의 혁명 정부가 제정한 헌법에도 지대한 영향을 미쳤다. 이로 인해 사람들은 『민약론』을 "인류 해방의 신호탄이자 세계 대혁명의 최초 선동자"[1]라고 부르기까지 했다. 1872년 《영환쇄기(瀛環瑣記)》에 연재된 소설 『흔석한담』에는 다음과 같은 내용이 나온다. 프랑스 부르봉 왕조에는 명예욕과 자존심만 높을 뿐 재능과 지혜가 모자란 신하들이 넘쳐났는데 그들은 "민중을 초개와 같이 보았다." 이에 몇몇 계몽 사상가들이 "학문에 힘써 여러 주장을 내놓았다. … 사람이 세상에 태어남에 하늘로부터 받은 재능을 귀하게 여겨야지 사람이 준 작위를 귀하게 여기는 것은 마땅하지 않다. 백성들의 어려움을 드러내고 세상의 이치를 밝히는 데 힘써야 한다." 비로소 사람들은 자신들의 지위를 알게 되었는데 이로 인해 "나라를 혼란에 빠트린 군주는 내쫓아야 마땅하다"며 프랑스 대혁명이 촉발되었다. 1875년 6월 12일자 《만국공보》에 실린 「민주국가와 여러 나라의 장정(章程) 및 의회 해설 번역(譯民主國與各國章程及公議堂解)」이라는 글에 보면 인권 자유와 권리 평등의 학설이 서양 정치의 기초라는 구절이 나온다.[2] 또한 서양의 경우 "나라를 다스리는 권리는 백성에게 있다"면서 모든 사람의 삶은 평등하며 우열의 구분이 없다고 주장하였다. 광서 4년(1878) 4월 3일 곽숭도는 『런던과 파리 일기(倫敦與巴黎日記)』에서 최초로 루소('樂蘇', 현재는 盧梭라고 표기함)를 언급하며 그가 볼테르와 함께 "성직자들을 비판"했다고 적고 있다.[3] 1879년 일본의 다카하시 지로[1)]는 프랑스 역사학자 뒤뤼(Victor Duruy)가 쓴 『프랑스사요(法國史要)』(1866), 『근고사략(近古史略)』(1869), 『프랑스사(法國史)』(1870)에 기초해 한문으로 『프랑스지』를 편역 출간했다. 그는 책의 권5 '부르봉씨기(布羅布氏紀)'에서 프랑스대혁명을 언급하며 이렇게 썼다. "루소(羅蘇)의 독창적 견해가 담긴 책이 나오자 지식인들은 관심을 갖고 연구하였을 뿐만 아니라 앞다투어 책을 발간해 보급하고자 했다. 귀족과 명문세가도 책의 명성을 듣고 서로 먼저 손에 넣으려 했다." '의회 개설', '귀족 특권 박탈', '신법 반포' 등의 장절에서도 정도의 차이는 있지만 기본적으로 『민약론』의 견해를 소개하고 있다.[4]

『민약론』의 중국 전래 과정은 일본 학자 나카에 도쿠스케[2)]와 관련이 깊다. 메이지 15년(1882) 10월 나카에 도쿠스케는 『민약론』의 한역(漢譯) 주석본인 『민약역해(民約譯解)』를 일본에서 출판해 엄청난 인기를 끌게 된다. 하층 사족(士族) 가정에서 태어나 프랑스에서 유학한 도쿠스케의 명성은 이로 인해 하늘을 찌르게 되고 '동양의 루소'라는 별칭까지 얻게 되었다.[5] 중국에서 가장 먼저 이 책을 읽은 사람은 아마 황준헌[3)]일 것이다. 그는 량치차오에게 보낸 편지에서 다음과 같이 말했다. "제가 일본

1) 다카하시 지로(高橋二郎, 1850-1917). 지바현에서 태어났으며 히로시(弘)라고도 부른다. 도쿄 고등난영학교(東京高等蘭英學校) 교수를 역임했으며 저서로는 『프랑스지(法蘭西誌)』, 『계몽일본잡지(啓蒙日本雜誌)』, 『야소교신론(耶蘇敎新論)』 등이 있다.

2) 나카에 도쿠스케(中江篤介, 1847-1901). 필명인 나카에 조민(中江兆民)으로 잘 알려져 있다. 일본 메이지 시기의 자유 민권운동가이며 정치가, 교육가이다. 어려서부터 서양 학문에 관심을 가져 프랑스어와 네덜란드어를 공부했고 이후 프랑스에서 철학 · 역사 · 문학을 공부했다. 서양의 민주주의 사상을 보급하는 데 힘썼으며 『사회계약론』을 번역하여 루소의 사상을 대중에게 널리 알렸다. '자유(自由)', '민권(民權)', '미학(美學)', '예술(藝術)' 등의 근대 번역어를 만든 것으로도 유명하다.

3) 황준헌(黃遵憲, 1848-1905). 자는 공도(公度), 호는 인경려주인(人境廬主人)이다. 청대의 시인 겸 외교관, 정치가, 교육가이다. 광동 가응(嘉應)에서 태어나 일본, 미국, 영국, 싱가포르 등에서 외교관 생활을 했다. 무술변법 전후 혁명과 입헌을 주장했고 신체시(新體詩) 창작으로 시계혁명(詩界革命)에 앞장섰다. 저서로는 『일본잡사시(日本雜事詩)』, 『일본국지(日本國誌)』, 『인경려시초(人境廬詩草)』 등이 있다.

에서 함께 공부했던 사람들은 대부분 전통 학문을 하는 사람들로 주로 야스이 소켄[4]의 문하생들이었습니다. 메이지 12, 13년에 일본에 민권설이 크게 유행해 처음에는 놀랍기도 하고 이상하기도 했는데 루소와 몽테스키외의 책을 구해 읽어본 후에는 생각이 바뀌었습니다. 태평세(太平世)는 반드시 민주로부터 비롯된다는 확신이 생겼지만 함께 이야기를 나눌 사람이 아무도 없었습니다."[6] 1898년 상해 동문서국(同文書局)에서는 나카에 도쿠스케의 『민약역해』 제1권을 번역해서 『민약통의(民約通義)』라는 제목으로 출판하였고 이어서 상해역서국(上海譯書局)에서도 출간해 학계의 비상한 관심을 끌었다. 황싱[5]은 1899년 양호서원(兩湖書院)에서 공부할 때 여가를 이용해 서양 혁명사 서적과 나카에 도쿠스케가 번역한 『민약론』을 구입해서 읽었다. "밤낮으로 책을 읽다보니 자연스레 혁명사상이 머릿속에 뿌리내리게 되었다."[7] 1900년 일본 와세다 전문학교 정치 경제학과에서 유학한 장지[6]는 "정규 수업시간 외에는 도서관에 가서 일본 유신 때 나카에 도쿠스케 등이 번역한 『프랑스 대혁명(法蘭西大革命)』, 『민약론』 등을 읽고 혁명정신을 키워 나갔다."[8] 일본에서 유학하고 있던 양팅둥[7]은 『민약론』을 번역해 1900년 12월 6일부터 1901년 12월

4) 야스이 소켄(安井息軒, 1799-1876). 메이지 초기의 유학자이자 고증학자로 에도시대 유학을 집대성하고 근대 한학의 기초를 놓았다고 평가받는다. 저서로는 『관자찬고(管子纂詁)』, 『논어집설(論語集說)』, 『좌전집석(左傳輯釋)』 등이 있다.

5) 황싱(黃興, 1874-1916). 후난 창사(長沙) 태생이다. 본명은 쩐(軫)이었으나 나중에 싱(興)으로 개명했다. 자는 커창(克强)이다. 근대 시기 민주혁명가로 신해혁명을 지도했고 쑨원과 함께 중화민국을 건립했다. 남경임시정부 때 육군총장, 토원총사령(討袁總司令) 등을 지냈다. 저서로 『황커창선생전집(黃克强先生全集)』, 『황싱집(黃興集)』, 『황싱미간전고(黃興未刊電稿)』 등이 있다.

6) 장지(張繼, 1882-1947). 중화민국 시기의 정치가, 국민당 원로이다. 일본 와세다대학에서 유학했으며 귀국 후 《국민보(國民報)》, 《소보(蘇報)》, 《국민일보(國民日報)》, 《민보》, 《신세기주간(新世紀周刊)》 등을 창간해 혁명 활동을 선전했으며 신해혁명에 참가하였다.

7) 양팅둥(楊廷棟, 1879-1950). 자는 이즈(翼之), 장쑤 쑤저우 태생으로 국비로 일본에서 유학하였다. 《국민보》, 《대륙보》 창간에 참여하였다. 일본학자 하라카와 히소무(原川潛)의 번역본을 저본으로 삼아 중국 최초로 루소의 『사회계약론』 전체를 번역하여 『루소민약론(路索民約論)』이라는 제목으로 1902년 상하이 문명서국에서 출판하였다.

15일까지 《역서휘편(譯書彙編)》 제1, 2, 4, 9기에 연재했다. 이 글은 1902년 『루소민약론(路索民約論)』이라는 제목으로 상하이 문명서국(文明書局)에서 단행본으로 출간되었다. 1900년 《중국순보(中國旬報)》에서도 『민약론』을 집중적으로 소개하였는데 제33기 논설에 실린 「주권편(主權篇)」에는 다음과 같은 내용이 나온다. "조물주께서는 인간을 창조하시며 자유의 본성을 부여해주셨다. 인생의 즐거움에 자주권보다 큰 것이 없다." 자주권은 누구나 갖고 있는 권리로 다른 사람이 빼앗아 간다면 반드시 되찾아 와야 한다.[9] 1901년부터 1902년까지 량치차오는 《청의보》와 《신민총보》에 「루소학안(盧梭學案)」을 연재하고 『민약론』의 천부인권론과 주권재민 사상을 열렬히 부르짖었다. 특히 사람은 누구나 평등하니 모두 자유의 복을 누려야 한다는 주장은 대단히 큰 반향을 불러일으켰다. 사람들은 「루소학안」이 "어느 하나 소홀히 다룬 것이 없고 핵심적인 내용을 생생하게 전달했다"고 평가했다. 그는 또 「학술세력이 세계를 좌우함(論學術勢力之左右世界)」이라는 글에서 『민약론』을 언급하며 다음과 같이 말했다. "루소의 학설이 유행하자 유럽 학계는 마른하늘에 벼락이 치고 암흑세계에 광명이 비친 듯했으며 폭풍우가 몰아치고 구름이 휘감아 돌자 십년도 지나지 않아 프랑스 대혁명이 일어났다."[10] 1903년 《직설(直說)》에도 「권리편(權利篇)」이 실렸는데 글에서는 '천부인권설'을 적극적으로 옹호했다. "사람은 태어날 때부터 천부적 권리를 갖고 나오는데 이는 부모나 귀신이라도 빼앗을 수 없는 것이다."[11]

추용[8)]은 1902년 도쿄 동문서원에서 공부할 때 『민약론』을 읽고 『혁명

---

8) 추용(鄒容, 1885-1905). 본명은 계문(桂文)으로 일본 유학 중에 추용으로 개명했다. 사천 파현(巴縣)의 상인 가정에서 태어났다. 봉건 과거제와 팔고문을 싫어해서 일본으로 건너가 도쿄의 동문서원에서 공부하는 한편 『혁명군(革命軍)』을 쓰기 시작했다. 상해로 돌아와 혁명운동에 투신하는 동시에 상하이 대동서국에서 『혁명군』을 출간하였다. 1903년 상하이에서 발행되는 《소보》에 장타이옌의 「혁명군서(革命軍序)」와 애독자의 「혁명군소개(革命軍紹介)」가 실리자 추용과

군』을 저술했는데 이 책은 중국 최초의 '인권선언'으로 불린다. 그는 『민약론』을 읽게 된 것이 행운이었으며 마땅히 "루소 등 대 철학가의 보배로운 깃발을 우리 중국에 펼쳐야 한다"고 부르짖었다. 그들의 학설은 "죽어가는 사람을 기사회생시켜주는 영약(靈藥)이자 금단(金丹)으로 중국을 환골탈태시켜줄 것이다. 프랑스와 미국 등 서구 문명은 모두 여기서 비롯되었다." 특히 『혁명군』 제3장에서는 천부인권론에 대해 집중적으로 소개하고 있다. "사람이라면 마땅히 평등과 자유의 의미를 알아야 한다. 태어날 때 자유롭지 않은 사람이 없고 평등하지 않은 사람이 없다. 처음에는 임금도 없었고 신하도 없었다." 혁명의 목적은 "나를 지배하는 군주를 죽이고 천부인권을 되찾는 것이다."[12] 쑨바오쉬안은 『망산여일기』에서 루소의 『민약론』에 대해 "세상에 공헌한 바가 대단히 크다"며 매우 높이 평가했다. 『혁명군』에 "전제는 권리가 아니고 순종은 의무가 아니다"라는 문장이 나오는데 이는 매우 정확한 말이며 "순종이 의무"라고 하면 "군주는 어두워지고 신하는 맹종하는" 폐단을 낳게 될 것이라고 하였다.[13] 루소의 인기는 하늘 높은 줄 모르고 치솟았다. 당시 신문이나 잡지에 실린 진보적인 글의 저자 필명을 보면 루소를 따르는 무리[盧騷之徒], 루소의 혼[盧梭魂], 평등각주인(平等閣主人), 경평(竟平), 자유, 인권, 민우(民友), 아로(亞盧), 지혁(志革), 혈아(血兒) 등 루소와 관련 있는 것들이 부지기수였다. 《민보》 제1호에서는 루소를 표지 인물로 내세웠으며 '세계 제일의 민권주의 대가'라는 문구까지 덧붙여놓았다. 1903년 류야즈[9)]가 발

장타이옌은 체포되고 장타이옌이 옥중에서 쓴 만청(滿淸)과 한족(漢族)의 투쟁을 선동하는 내용의 편지가 《소보》에 게재되자 신문은 폐간된다. 이를 '소보안(蘇報案)'이라 한다. 추용은 1905년에 옥중에서 사망했다. 저서로는 『추용문집(鄒容文集)』이 있다.

9) 류야즈(柳亞子, 1887-1958). 장쑤 쑤저우 태생으로 혁명 문학단체인 남사(南社)를 만들어 운영하였다. 저서로 『마검실시사집(磨劍室詩詞集)』, 『마검실문록(磨劍室文錄)』, 『류야즈시사선(柳亞子詩詞選)』 등이 있다.

표한 장편시 「방가(放歌)」에 보면 다음과 같은 구절이 나온다. "위대한 루소, 하늘의 문 옆에 그의 동상이 세워져 있네. 『민약』이란 위대한 저서를 지어 군주와 국민을 이야기했네. 혁명군을 배태하고 쭉정이들을 쓸어버렸네. 근래 백여 년을 돌아보니 유럽대륙은 행복한 날들만 이어지네."[10] 또 1906년 발표한 「회인시(懷人詩)」 가운데 마쥔우[11]에 관한 시에서는 "오른손에 『민약』이라는 탄환을 들고 그대가 울리는 자유의 종소리를 듣고 있네"[12]라는 구절이 나온다.[14] 그는 후에 이름을 '인권(人權)'으로 바꾸고, 아시아의 루소가 되고자 하는 뜻에서 '아려(亞盧)'[13]라는 자(字)를 취하기도 했다. 펑마오룽(馮懋隆)은 『민약론』을 읽은 후 이름을 펑즈유(馮自由)로 바꾸었다.

그러나 민족의 구망이라는 급박한 임무 앞에서 『민약론』이 제기한 '천부인권설'은 하나의 수단에 불과했으며 종속적인 성격을 가질 수밖에 없었다. 즉 민족 전체의 생존이 걸린 상황에서 개인의 권리는 부차적인 것이 될 수밖에 없었다. 혁명파 가운데 민주주의자들도 처음에는 『민약론』을 적극적으로 선전했지만 얼마 지나지 않아 '국가'와 '민족' 문제로 관심을 돌리게 되었다. 량치차오도 마찬가지였다. 한때 『민약론』을 찬양했지만 얼마 후에는 '국가주의'로 돌아서서 '개명전제(開明專制)'를 주장했다.

---

10) 원문은 다음과 같다. "盧梭第一人, 銅像巍天閶. 『民約』創鴻著, 大義君民昌. 胚胎革命軍, 一掃秕與糠. 百年來歐陸, 幸福日恢張."

11) 마쥔우(馬君武, 1881-1940). 광시 구이린(桂林) 사람이다. 본명은 다오잉(道凝), 자는 허우산(厚山), 호는 쥔우(君武)이다. 근대 시기 정치가, 교육가, 시인, 번역가이다. 독일에서 공학 박사 학위를 받은 최초의 중국인이다. 다샤대학(大夏大學, 현재의 華東師範大學)과 광시대학(廣西大學)을 세우고 초대 총장을 역임했다. 일본에서 유학하였고 쑨원과 함께 중국동맹회(中國同盟會)를 만들어 활동했다. 신해혁명 후 『중화민국임시약법』과 『임시정부조직대강』 초안 작업에 참여하였다. 만년에 정계를 떠나 교육 개혁에만 전념하여 '북채남마(北蔡南馬, 북에는 차이위안페이, 남에는 마쥔우)'라는 말이 생겼다. 저서로는 『마쥔우시고(馬君武詩稿)』, 『프랑스혁명사(法蘭西革命史)』, 『물종원시(物種原始)』, 『독화사전(德華辭典)』 등이 있다.

12) 원문은 다음과 같다. "右手彈丸在《民約》, 聆君撞起自由鐘."

13) 盧, 路, 羅는 모두 '루소'에서 '루'자를 음역한 한자들이다.

또한 '임시약법'[14]이 『민약론』의 정신을 법전화한 것이라 말할 수도 있겠지만, 신해혁명 후에 사람들이 보편적으로 중시했던 것은 인민의 평등과 권리가 아니라 여전히 국가였다. 옌푸는 루소의 관점에서 군권신수설을 비판한 첫 번째 인물이다. 그는 「벽한(辟韓)」에서 "국민의 자유는 하늘이 준 것이다"[15]라고 분명하게 주장하였다. 그러나 1914년에는 입장을 바꿔 『민약론』의 "폐해가 홍수보다 더 맹렬하다"고 비판하였다. 그는 《용언(庸言)》에 기고한 「민약평의(民約平議)」에서 루소가 말하는 '평등'이 사실과 다르며 "사람들을 혼란스럽게 만들어 그 이론을 따르게 한다"고 주장하였다. 또한 『민약론』의 '핵심원칙'에 대해서도 조목조목 반박하였는데, 루소가 말한 "국민이 항상 자유와 평등을 누리는" 사회란 역사상 존재하지 않았으며 미래에도 없을 것이라고 했다. 이처럼 "화서지몽(華胥之夢)[15]과 유토피아로 물든 정론(政論)이라면 세상에 해가 되지 않겠는가!"[16] 그는 숑춘루[16]에게 보낸 편지에서도 이렇게 썼다. "루소의 『민약』은 사회적으로 큰 영향을 미쳐 사람들이 피를 뿌리고 목숨을 버리는 것도 아깝게 여기지 않는 풍조를 만들어냈습니다. 그러나 실제로는 정치에 별 도움이 안 되는데 이는 근본이 잘못되었기 때문입니다. 따라서 「민약평론(民約評論)」이라는 글을 써서 사회상의 미신을 치유하고자 합니다."[17] 이에 대해 장스자오[17]는 《갑인(甲寅)》에 「엄기도의 민약평의를 읽고(讀嚴

14) 공식 명칭은 '중화민국임시약법(中華民國臨時約法)'이다. 신해혁명 이후 난징에 세워진 중화민국 임시정부에서 쑹자오런(宋教仁)이 초안을 잡은 '헌법' 성질의 약법을 말한다.

15) 황제(黃帝)가 꿈에 화서(華胥)의 나라로 가서 이상적으로 다스려진 모습을 보고 진리를 깨닫게 되었다는 성어로 일반적으로 상서로운 꿈을 가리킨다. 『列子(열자) · 황제편(黃帝篇)』에 나온다.

16) 숑춘루(熊純如, ?-?). 본명은 시위(錫育), 자는 춘루(純如)로 장시 난창 사람이다. 옌푸의 수제자였던 숑위안어(熊元鍔)의 사촌 동생으로 숑위안어가 요절한 후 옌푸와 잦은 서신 왕래를 하며 가르침을 받았다. 난창의 신위안중학(心遠中學) 교장을 역임했다.

17) 장스자오(章士釗, 1881-1973). 자는 싱옌(行嚴)이며 필명으로는 황중황(黃中黃), 칭퉁(青桐), 추퉁(秋桐) 등이 있다. 후난 샨화(善化) 태생이다. 청말 상하이 《소보》의 주필을 역임했다. '소보안' 이후 천두슈(陳獨秀), 장지 등과 함께 《국민일보》를 창간했고 황싱과 화흥회(華興會)

幾道民約平議)」라는 글을 발표하여 옌푸를 비판하고 루소의 『민약론』을 옹호하였다.[18]

마쥔우는 『민약론』에 대한 사람들의 관심을 환기시키고 나카에 도쿠스케의 '문제투성이' 번역본 및 '읽기 힘들 정도로 오류가 많은' 양팅둥 번역본을 대체하기 위해 불어 원본과 토저(H. J. Tozer)의 영문 번역본을 구해 80여 일 동안 대조 연구한 끝에 1918년 중화서국(中華書局)에서 『완전판 루소 민약론(足本盧騷民約論)』을 펴냈다. '프랑스 혁명의 가장 큰 원동력이 되어 200년 동안 칭송받았던' 세계의 명저가 마쥔우에 의해 재탄생하는 순간이었다. 책의 목차는 다음과 같다. (제1권) 서론. 제1권의 취지. 최초의 사회. 강자의 권리. 노예. 최초 협약의 필요. 민약. 주권체. 인간이 다스리는 세상. 재산. (제2권) 주권은 포기할 수 없다. 주권은 분석할 수 없다. 공의(公意)의 착오. 주권의 한계. 생사권. 법률. 입법자. 인민 입법체계. 법률의 분류. (제3권) 정부 통론. 각종 정체(政體) 건설의 원리. 정부의 분류. 민주제. 귀족제. 군주제. 혼합체체. 각 정치제도는 각각의 나라에 반드시 부합하지는 않음. 좋은 정부의 표지. 정부의 망동와 쇠망의 경향. 정당의 해산. 주권 유지의 방법. 인민대표. 정부제도의 비계약성. 정부제도. 정부의 정권 찬탈 방지 방법. (제4권) 공의는 파괴할 수 없다. 표결. 선거. 로마 공민 대회. 호민관. 독재체제. 감사제도. 종교. 결산. 필자는 이 책을 1958년 허자오우(何兆武)가 번역한 『민약론』(法律出版社)과 서로 대조해보았다. 그 결과 비록 문체나 번역어 등에 큰 차이가 있긴 하지만 내용면에서는 마쥔우본이 뛰어나 '완전판'이라는 이름에 부합한다는 결론을 내렸다. 이후 1935년 쉬바이치(徐百齊) · 치우진장(丘瑾璋)이 번역

를 조직해서 반청활동에 참여했다. 영국 에버딘 대학에서 정치경제와 논리학을 공부했으며 신해혁명 이후 퉁지대학(同濟大學) 교수, 베이징대학 교수, 베이징 농업학교 교장 등을 역임했다.

한 『사약론(社約論)』이 상무인서관의 '만유문고' 2차분으로 출간되었고, 1944년 웨이후이린(衛惠林)이 번역한 『민약론』이 충칭 작가서옥(作家書屋)에서 출판되었다.

038

『법의(法意)』

'삼권분립(三權分立)' 학설의 중국 전래

『법의 정신』

근대 중국 학술계에 소개된 서양 부르주아 정치 학설 가운데『민약론』의 '천부인권설' 다음으로 영향력이 컸던 것은『법의(法意)』의 '삼권분립' 학설이다.

『법의』의 원제는 'L'esprit des Lois'로 '법의 정신'이라고 번역하기도 한다. 이 책은 18세기 프랑스의 저명한 부르주아 정치 사상가인 몽테스키외(Montesquieu, 1689-1755)가 평생에 걸쳐 연구한 이론적 결과물이다. 전 생애를 통틀어 가장 중요하고 파급력이 컸던 저작이며 아리스토텔레스 이후 처음으로 나온 종합성 정치학 서적이다. 초판은 1748년에 출간되었으며 책의 주요 내용은 법률의 정의, 법률과 정치 체제와의 관계, 정치 체제의 종류와 원칙. 정치자유와 분권학설, 영국의 사례. 지리와 정치 관계의 학설 및 각종 추론. 공업, 상업, 인구, 종교 등 문제. 로마와 프랑스 법률의 변혁에 대한 설명, 봉건 법률에 관한 학설 및 일반성 결론 등이다.

책의 내용 가운데 가장 파급력이 컸던 것은 '삼권분립' 학설이다. 저자는 "권력을 잡은 사람이라면 누구라도 쉽게 권력을 남용하게 된다"면서 "권력 남용을 방지하기 위해서는 반드시 권력으로 권력을 구속해야 한다"고 주장했다. 그는 부르주아의 기본적인 사회 이론인 '헌정론(憲政論)'을 설명하며 권력을 입법권, 행정권, 그리고 사법권으로 나누어야 한다고 말했다. 입법기관은 일반적인 법규를 제정하고 사법기관은 사법에 관한 사항을 전문적으로 다룬다. 그리고 행정기관은 법률의 집행만을 담당한다. 입법 · 행정 · 사법의 삼권분립이 이루어져야만 왕권이 과도하게 커지는 것을 막을 수 있고 인민의 정치자유를 보장할 수 있다. 책은 출간된 지 2년도 채 되지 않아 22차례나 재판을 찍었고 세계 여러 나라의 언어로 번역되었다. 1789년 제정된 프랑스 '인권선언'에는 "다양한 사회보장제도의 혜택을 볼 수 없는 사회, 분권이 이루어지지 않은 사회는 헌법이 없는 것과 같다"는 구절이 나온다. 옌푸는 「몽테스키외전(孟德斯鳩傳)」에서 나폴레옹이 전쟁 중에 휴대했던 여덟 권의 책 가운데 『법의』가 들어 있었다고 썼다. "후에 새롭게 정비되고 전문적인 편제를 갖추게 되어 근대 법률가들이 경전처럼 떠받드는 근대 법전의 원류도 『법의』에 있다고 할 수 있다."[1] 『법의』는 미국의 헌법 초안자들에게도 큰 영향을 미쳤다. 제임스 매디슨[1)]은 「북부 연방 동맹회원(北部聯邦同盟盟員)」이라는 글에서 몽테스키외를 '정치학 분야에서 사람들이 끊임없이 인용하는 귀중한 격언의 성자(聖者)'라고 지칭했다. 조지 워싱턴은 이렇게 말했다. "이 학설을 거스르게 되면 모든 권력이 하나로 합쳐지게 될 것이다. 이렇게 되면 어떤 정치 체제건 간에 전제주의로 나아가는 것은 시간문제이다."[2]

중국에는 언제 몽테스키외의 『법의』가 소개되었을까? 쉬밍룽(許明龍)이 쓴 『몽테스키외와 중국(孟德斯鳩與中國)』이라는 책에 따르면 중국인들은 1899년에 와서야 비로소 몽테스키외라는 이름을 알게 되었다. 몽테

1) 제임스 매디슨(James Madison, 1751-1836). 미국 건국 시조의 한 사람이며 미국의 네 번째(1809-1817) 대통령이다. '헌법제정회의'에 참여하여 연방헌법의 입안과 제정에 이바지하였다.

스키외와 그의 학설을 최초로 소개한 글은 량치차오가 1899년 12월 13일자《청의보》에 쓴「몽테스키외의 학설(蒙的斯鳩之學說)」이다.[3] 그러나 사실은 이보다 30여 년 앞선 1864년에 숭실관(崇實館)에서 발행하고 미국 선교사 윌리엄 마틴이 번역한『만국공법』에 이미 몽테스키외와『법의』가 언급된 적이 있다. 책의 1권에 보면 "몽테스키외의 저서『율례정의(律例精義)』에는 각 나라들이 공법(公法)을 가지고 있다는 말이 나온다"[4]는 구절이 있다. 이로부터 15년 후인 1879년 일본의 오카모토 간스케가 쓴『만국사기』에도 '몽테스키외(孟的士鳩)'라는 이름이 등장한다. 책에서는 몽테스키외를 다음과 같이 소개하고 있다. "(몽테스키외는) 책을 저술하여 정치를 비판하고 자주의 학설을 제시하였다. 또한 군권을 억제하고 민권을 신장해야 한다고 주장하였는데 책을 읽은 사람 가운데 감정이 격앙되고 정신이 고무되지 않은 이가 없었으며 구 정치제도를 바꾸고자 하는 마음이 자연스럽게 생겨났다."[5] 같은 해 다카하시 지로가 번역한『프랑스지』에도 "몽테스키외가『만법정휘(萬法精彙)』를 지어 각 나라 법률의 장단점에 대해 논했다"[6]는 구절이 나온다. 1882년 미국의 선교사 셰필드[2)]는『만국통감(萬國通鑑)』에서 특별히 몽테스키외를 소개하였다. 책의 17장에는 다음과 같은 글이 나온다. "몽테스키외(曼提庫)는 교육과 국가의 폐단에 대해 진지하게 고찰한 후, 영국의 법률은 다른 나라보다 뛰어나서 영국법을 모방해 백성을 다스리고자 하는 나라도 많다고 하였다."[7] 왕도는 1890년『법국지략 수정본(重訂法國志略)』에서 "몽테스키외(孟德士求)는『만법정휘』에서 각 나라 법률의 장단점을 논하고 있다"[8]고 소개하

2) 데벨로 제로토스 셰필드(Devello Zelotos Sheffield, 1841-1913). 미국 조합교회(組合敎會) 선교사로 중국명은 謝衛樓이다. 1869년 중국에 건너와 통주판학(通州辦學) 교장, 화북협화대학(華北協華大學) 초대 학장을 역임하였다. 저서로는『만국통감(萬國通鑑)』(Outlines of General Histoy)이 있다.

였다. 1895년 티머시 리처드가 번역 출간해서 한때 중국 학술계를 풍미했던 로버트 매켄지의 『태서신사람요』에도 "프랑스의 명사 몽테스키외(蒙特斯邱)는 그의 신작에서 영국의 정치가 프랑스보다 낫다고 했는데 이를 읽은 프랑스 사람들이 영국의 제도를 부러워하며 모든 것의 모범으로 삼았다"[9]는 글이 나온다. 저명 유신 사상가 황준헌은 외교관으로 일본에 체류한 경험이 있다. "메이지 12, 13년(1879, 1880)에 민권설이 크게 유행했다. 처음에는 놀랍고 이상했지만 루소와 몽테스키외의 저서를 읽고 나니 생각이 바뀌게 되었다."[10] 1899년 이전에도 중국의 지식인들이 몽테스키외의 명성과 학설을 잘 알고 있었다는 것을 추측해볼 수 있다.

『법의』의 전래 과정은 옌푸와도 밀접한 관련이 있다. 옌푸는 『법의』의 영역본을 저본으로 삼아 1900년부터 번역을 시작해 1909년 전체 번역을 마쳤다. 이 번역본은 상무인서관에서 총 7권으로 출간되었으며, 1904년에 세 권, 1905년, 1906년, 1907년, 1909년에 각 한 권씩 출간되었다. 나중에 상무인서관에서 기획한 '엄역명저총간'에 포함되었고 1913년까지 네 차례나 재판 인쇄했다. 옌푸는 『법의』에서 '삼권분립' 사상에 대해 다음과 같이 서술했다. "헌권(憲權, 즉 입법권)과 정권(政權, 즉 행정권)을 한 명의 군주나 관리에게 집중시키게 되면 국민들은 자유를 잃게 된다. … 두 가지 권한을 모두 장악하게 되면 법령이 복잡하고 가혹해 질뿐만 아니라 권력 남용의 우려가 생긴다. … 또한 나라의 형권(刑權, 즉 사법권)이 헌권, 정권과 분립되지 않고 하나로 합쳐진 나라는 자유를 잃게 된다. 형권을 헌권과 합치게 되면 시비를 판정하는 자가 법령까지 논의하게 되니 시비가 섞이고 국민의 목숨이 위태로워진다. 또 형권과 정권이 합하여지면 법령을 집행하는 사람이 시비를 판단하게 되니 심의하고 판결하는 사람이 권력을 남용하게 되어 억울한 옥살이가 늘어날 것이다."[11] 따라서 삼권분립이 시행되어야만 근본적으로 인민의 정치 자유가 보장될 수 있고 통치자의 권력남용을 방지할 수 있다.

옌푸가 『법의』에 남긴 안어를 보면 이 번역서가 몽테스키외 『법의』의 최초 중국어 번역본이 아니라는 것을 알 수 있다. 옌푸는 4권에서 이렇게 말했다. "『만법정리(萬法精理)』와 같은 번역본을 보면 의미가 통하지 않는 부분이 많다. 본인의 생각을 원작에 뒤섞는 것은 자신을 속이고 남을 속이는 것이다."[12] 딩셔우허(丁守和)와 푸즈싱(符致興)도 《역서휘편》을 소개하는 대목에서 옌푸가 번역한 『법의』가 최초의 중국어 번역본이 아니며 1900년 12월부터 1901년 5월까지 간행된 《역서휘편》에 실린 『만법정리』가 "프랑스 부르주아 사상가가 지은 명저의 최초 중국어 번역본"[13]이라고 주장했다. 그러나 숑웨즈는 『중국 근대 민주사상사』에서 《역서휘편》에 실린 것은 책의 일부분일 뿐으로 『만법정리』의 최초 중국어 완역본은 1901년 가을 장샹원[3)]이 일본어본을 저본으로 삼아 번역해 1903년 2월 상하이 문명서국(文明書局)에서 발행한 판본이라고 주장했다. 책은 상하 두 권이며 모두 10장 132절로 되어 있다.[14] 그러나 쉬밍룽은 「몽테스키외와 중국」에서 장샹원의 아들 장싱랑이 펴낸 「사양장순곡거사연보(泗陽張純谷居士年譜)」를 근거로 장샹원이 『만법정리』를 번역한 것은 1902년이라고 하였다. "광서 28년 임인(壬寅), (장샹원) 37세 때 남양공학에서 학생들을 가르치는 틈틈이 일본인 가 노리유키[4)]가 번역한 프랑스 몽테스키외의 『만법정리』를 번역했다. 원고는 동료인 청즈옌(程芝巖) 군이 윤문

3) 장샹원(張相文, 1866-1933). 중국 근대의 지리학자 겸 교육자이다. 중국 지리학 혁신의 선구자로 중국 최초의 지리학 교과서인 『초등지리교과서(初等地理教科書)』, 『중등본국지리교과서(中等本國地理教科書)』를 저술했고 최초의 지리학 학술연구단체인 중국지학회(中國地學會)를 조직했다. 베이양여자고등학교(北洋女子高等學校) 교장, 베이징대학 교수 등을 역임했다.

4) 가 노리유키(何礼之, 1840-1923). 메이지 시대의 번역가, 교육가, 관료이다. 독학으로 영어를 배웠으며 후에 영어 사숙을 개설해 많은 제자를 길러 냈다. 메이지 유신 후 새 정부가 조직한 이와쿠라 사절단의 일원으로 미국을 다녀왔으며 몽테스키외의 『만법정리』, 제러미 벤담의 『민법논강(民法論綱)』 등을 번역해 근대 일본 사회에 큰 영향을 미쳤다.

하였다. 그러나 청즈옌은 일본어를 몰랐기 때문에 원문과 대조하지 못한 채 급히 인쇄를 마쳤다. 따라서 원문의 의미와 다른 곳이 매우 많다. 번역문의 신뢰도를 높이기 위해 재판 인쇄 때는 특별히 원고를 일본의 가 노리유키에게 보내어 교정을 부탁하였다. 따라서 『만법정리』 한역본의 제2판은 일본의 가 노리유키와 타오위안(桃源)의 장샹원, 창저우(常州)의 청빙시(程炳熙) 세 사람이 함께 번역한 것이다."[15] 현재 장샹원 선생의 유고 『남원총고(南園叢稿)』에 수록된 개정판은 원서의 20장(章)만을 번역해 다섯 권으로 묶은 것으로 전체의 절반에 해당하는 분량이다. 따라서 이것을 '최초의 중국어 완역본'이라고 부를 수는 없을 것이-다. 따라서 최초의 완역본은 옌푸의 작품이라고 하는 것이 타당하다.[16] 그러나 옌푸도 원서 총 31권 가운데 29권만 번역한 것이니 엄격하게 말하자면 '최초의 중문 완역본'이라고 할 수 없다.

옌푸가 번역한 『법의』에는 번역자의 개량주의적 입장과 견해가 적지 않게 혼입되어 있다. 그러나 이 점이 번역문의 신뢰도에 영향을 미치지는 않는다. 『법의』의 학설은 봉건군주제 및 청조의 전제정치와 융합될 가능성이 전혀 없었다. 따라서 청일전쟁 패배 후 위기의식이 날로 팽배해져 가고 있던 중국 사회에 소개된 『법의』의 사상은 의화단 운동 이래 계속해서 부패해가던 만청 정부에 대한 강한 비판의식을 기초로 반청운동을 촉발시키는 계기가 되었다. 중국인들은 '삼권분립'을 주장한 법률 명저를 통해 비교적 명확하게 서구의 민주정치사상을 이해하게 되었으며 새로운 사상적 무기를 획득하게 되었다. 옌푸가 이 책을 번역한 것은 충분한 현실적 의의가 있다. 그는 안어에서 몽테스키외의 주장이 "핵심을 건드렸으며 중국이 발전하지 못하는 이유를 잘 보여주었으니 학자들은 반드시 이 점을 유의해야 한다"고 썼다. 옌푸는 모두 여덟 권의 책을 번역했는데 『법의』에만 330항목에 달하는 안어를 썼을 정도로 이 책을 중요하게 생각했다. 1901년 쑨바오쉬안은 『만법정리』 번역본을 읽고 큰 충격을 받아 『망산여일기』에 다음과 같이 썼다. "『만법정리』에 다음과 같이 내용이 나온다. 공화정에서 교권(敎權, 종교권력)은 백해무익하니 반드시 없애야 한다. 입헌군주제에서 종교의 권위는 백익무해하니 반드시 필요하다. 만약 전제정이라면 더욱 없어서는 안 된다. 이 말은 나의 생각과 대단히 비슷하다. 정치가 행해지지 않는 국가에는 종교가 없어서는 안 되고, 정치가 잘 행해지는 국가라며 종교가 없어도 상관없다. 종교가 없다는 것은 정치 안에 종교의 이치가 포함되어 있다는 것이다. 그러므로 종교가 없어도 된다고 한 것이다. 만약 국가가 정권(政權, 정치권력)을 제대로 운용하지 못하면 부득이 교권으로 그것을 보좌해야 한다. 정권이 제대로 운용되는데도 다시 교권을 이용한다면 그 폐해는 정권을 망치는 데에서만 그치지 않을 것이다. 종교는 정치를 망칠 능력이 없지만 망치게 만드는 것은 교권이니 반드시 없애야 한다." "또 말하길, 전제국가가 교화에 힘을 써서 유능한 인재를 양성해낸다 해도 재난과 재앙을 비켜갈 수는 없을 것이다. 나라를 사랑하는 국민이라면 떨쳐 일어나 정부의 압제에서 벗어날 방법을 궁리할 것이다. 오늘날 중국의 국정을 장악하고 있는 사람들이 이 말을 들어서는 안 된다. 그들이 이러한 도리를 알게 된다면 과거제를 폐지하거나 학교를 새로 세우려 하지 않을 것이다. 국민이 우매하지 않다면 전제국가는 하루도 지속하기 힘들 것이기 때문이다." "『만법정리』에서는 이렇게 말한다. 입헌군주제가 귀족과 성직자의 특전은 그대로 둔 채 지방 자치의 권리를 빼앗는다면 그 나라는 민주정치가 실현될 수 없을 뿐만 아니라 반드시 전제정치로 회귀하게 될 것이다. 이것은 핵심을 짚은 말이다. 나라에 비록 민권이 없다 해도 귀족과 성직자, 지방의 자치권자가 군주의 권력을 나누어 갖는다면 한 사람이 다스리는 전제정치보다는 훨씬 나을 것이다. 지금 이것을 없애고자 하는 것은 다시 전제를 하고자 함에 다름 아니다. 진(秦)나라가 봉건 세습의 제도를 폐하고 한 사람의 자손이 만세를 이어가도록 하여 그 병폐가 여기에 이르렀다." 그러나 마지막에 그는 이렇게 쓰고 있다. "『만법정리』에서는 민권 정치가 덕을 잃게 되면 나라가 혼란에 빠지고 구할 방법이 없다고 한다. … 민권 정치에도 폐단이 있다면 어찌 군권(君權)을 대체할 수 있겠는가?" 그의 결론은 다음과 같다. "순전히 군권만으로 통치하거나 순전히 민권만으로 통치하는 것은 모두 문제가 있다. 그것을 절충하는 방법은 오직 입헌뿐인가? 입헌이란 군권을 법률에 귀속시켜 따르지 않을 수 없게 만드는 것이다."[17]

웨이판(偉璠)은 『행정법개론(行政法概論)』에서 몽테스키외의 삼권분립 학설이 정치를 '공평하게 만드는' 좋은 방법이라고 소개했다. "삼권분립론의 주요 취지는 각 기관이 국가 정무의 일부를 분담토록 하는 것이다. 입법과 행정은 대립적인 측면이 있는데 만약 입법으로 행정을 겸하게 하면 입법은 전횡을 일삼게 될 것이다. 그러나 분립하게 되면 입법기관은 쉽게 바꿀 수 없는 통칙(通則)을 만들어 적용함으로써 일시적인 이해관계에 얽매이지 않을 수 있다. 행정기관이 이 법규에 따라 일을 처리한다면 사사로운 정리에 얽매여 법을 어기는 일이 없게 될 것이니 둘은 공평함을 얻게 될 것이다."[18] 중국 부르주아 개량파는 입헌군주제를 수단으로 봉건 기득권세력과 타협하려는 정치적 바람을 가지고 있었다. 그러나 결국 청조의 사이비 입헌제는 잔혹하게 끝을 맺었다. 몽테스키외의 '삼권분립' 학설은 중화민국 초기의 헌법과 법제에 큰 영향을 미쳤다. 민국 시기에 제정된 헌법과 민법, 형법에서 몽테스키외의 『법의』에서 물려받은 중요한 사상적 유산을 어렵지 않게 찾아볼 수 있다.

039

『흑노유천록(黑奴籲天錄)』 흑인 노예의 참상을 통해 황인종의 각성을 촉구한 번역서

『톰 아저씨의 오두막』

미국 학자 로버트 다운스(Robert B. Downs)가 쓴 『세상을 바꾼 16권의 책(Books that Changed the World)』[1)]에는 미국 해리엇 비처 스토(Harriet Beecher Stowe) 부인의 명저 『톰 아저씨의 오두막』(Uncle Tom's Cabin)이 포함되어 있다. 중국에서는 『흑노유천록』[2)]으로 번역 출간된 이 책은 1862년 링컨 대통령이 '위대한 전쟁을 촉발시킨 책'이라고 지칭하면서 더욱 유명해졌다.[1]

이 책은 미국과 유럽에서 엄청난 인기를 끌었을 뿐만 아니라 프랑스어, 독일어, 스위스어, 네덜란드어, 스페인어, 이탈리아어 등 세계 22개 나라의 언어로 번역되었다. 영국에서만 1년 동안 18개 출판사에서 40여

---

1) 한국에서는 2004년 예지출판사에서 『교과서가 죽인 책들』(곽재성 · 정지운 역)이란 제목으로 출간되었다.

2) '흑노유천록(黑奴籲天錄)'은 풀이하면 '흑인 노예가 하늘에 원통함을 호소한 기록'이 된다. 현대 중국에서는 영문 제목을 직역하여 『湯姆叔叔的小屋』로 출간되었으며 한국에서는 『톰 아저씨의 오두막』으로 널리 알려져 있다. 일부에서는 이 책의 중국어 초판본 제목이 '흑노우천록(黑奴吁天錄)'이었다고 주장하는 경우도 있는데, 역자가 직접 린슈의 초판본을 확인해본 결과 '흑노유천록(黑奴籲天錄)'이 맞는 것으로 판명되었다. 현대 중국에서 '籲'의 간체자인 '吁'로 제목을 표기하기 때문에 생긴 오해인 듯하다.

종의 각기 다른 판본으로 출간되었고 1960년대까지 27개 언어로 번역되어 700만부 이상 팔려나갔다. 광서 27년(1901) 9월 저명 번역가 린슈는 웨이이[3]와 함께 번역 작업에 매달려 66일 만에 작업을 완성했다. 그는 서문에서 이렇게 말했다. "이 책은 흑인 노예의 참상을 반복해서 묘사하고 있다. 슬픔에 대한 묘사가 뛰어나서라기보다 황인종의 멸종을 말하고 있는 듯하여 비참한 감정이 들었다."

1840년대 중국 광동 연해 지역에서는 수천수만에 달하는 빈민들이 인신매매범들에게 속아 미국으로 팔려갔다. 그들은 이역만리 낯선 환경에서 광산개발과 철도부설에 동원되어 엄청난 중노동을 견뎌내며 생존을 위해 분투했다. 그러나 1850년대 캘리포니아주에서는 중국인 차별법이 통과되었으며 1868년 서쪽 해안 도시에서는 4만 명의 중국인 노동자들이 광산에서 쫓겨났고 1871년에는 로스앤젤레스에서 중국 노동자가 살해되는 일까지 벌어졌다. 중국인을 배척하려는 움직임이 날로 격화되는 중에 캘리포니아 등지에서는 중국인 노동자들이 구타당해 학살되는 일이 빈번히 발생했다. 한술 더 떠서 1882년 미국 국회는 배화(排華) 법안을 통과시켰다. 무능한 청조는 미국 정부에 항의조차 할 수 없었다. 린슈는 중국인 노동자들이 갖은 수모를 당하는 까닭은 중국의 국력이 너무 약하기 때문이라고 생각했다. "중국 민족이 자칫 노예로 전락하게 될지

---

3) 웨이이(魏易, 1880-1930). 자는 충수(沖叔)로 항저우 태생이다. 어려서 전통교육을 받아 고문(古文) 실력이 뛰어났다. 16세경에 세인트 존스 대학(St. John's University)의 전신인 상하이 판왕두학원(梵王渡學院)에 들어가 공부했다. 린슈와 함께 『흑노유천록』을 번역했는데 린슈가 외국어를 모른다는 것을 감안하면 웨이이의 공로를 짐작할 수 있다. 린슈와 함께 번역한 작품으로는 해거드(H. Rider Haggard)의 『아이슬란드 협객전(埃司蘭情俠傳)』(Eric Brighteyes), 오펜하임(E. Phillips Oppenheim)의 『우공피병록(藕孔避兵錄)』(The Secret) 등이 있고 단독으로 번역한 작품으로는 찰스 디킨스의 『두 도시 이야기(二城故事)』(A Tale of Two Cities), 뒤마의 『스코틀랜드 여왕 메리의 비극(蘇後瑪麗慘史)』(The Tragic Story of Mary, Queen of Scots), 루스티켈로(Rustichello da Pisa)의 『동방견문록(元代客卿馬哥波羅遊記)』(Divisament dou monde) 등이 있다.

도 모른다는" 사실이 그로 하여금 『흑노유천록』을 번역하도록 만들었다. 그는 책의 발문(跋文)에 이렇게 적었다. "최근 미국에서는 중국인 노동자의 사용을 엄금하고 있다. 물속에 목책(木柵)을 설치해 그 안에 중국인 수백 명을 가두어 둔다. 일주일이 지나면 한두 명씩 풀어주는데 2주일이 지나도록 풀어주지 않는 경우도 있다. 이것이 바로 내가 책에서 말한 노예 감옥이다." 그는 중국인들이 흑인 노예의 처지를 본보기로 삼아 '의지를 진작하여 애국보종(愛國保種)'하기를 희망했다. 《역림(譯林)》 제5기에 실린 「신역흑노유천록고백(新譯黑奴籲天錄告白)」에는 다음과 같은 내용이 나온다. "처량하고 안타까운 처지가 읽는 사람으로 하여금 코가 찡하도록 만든다. 중국인이 읽으면 모골이 송연한 공포감이 들 것이다. 그러므로 분연히 자강해야 하는 이유를 깨달아 남이 나를 노예로 부리지 못하도록 해야 한다."

책은 출간되자마자 전국적인 관심을 끌었다. 많은 사람이 시와 글을 지어 흑인 노예의 참상을 슬퍼했으며 중국인의 운명을 개탄했다. 혜운(蕙雲)이라는 독자는 「'흑노유천록'을 읽고(讀'黑奴籲天錄')」라는 시에서 이렇게 읊었다. "중국 노동자 사용을 엄금하고 목책을 지었으나 국권은 쇠락하여 슬픔만 가득하네. 흑인 노예를 본보기로 삼아보니 황인종도 눈물만 날 뿐이네." 성사(醒獅)라는 필명의 인물은 『흑노유천록』을 읽고 나서 다음과 같이 썼다. "전제정치는 필연적으로 백성들을 억압하기 때문에 자유 평등은 생각할 수도 없다. 황인종의 미래도 불확실한데 어찌 흑인 노예 걱정으로 상심할 겨를이 있겠는가?" 쑨바오쉬안은 『망산여일기』에서 '대단한 문명국가'인 미국에서 흑인 노예가 이처럼 비참하고 잔혹한 박해를 받는 것에 대해 충격과 놀라움을 감추지 못했다. "이 작품은 우수와 비참, 슬픔과 고통 속에서 살아가는 의로운 남편과 절개 있는 부인, 효자와 어진 사람들 간의 무한한 사랑을 그리고 있다. 때로는 감정에 북받치고 때로는 너무나 애절하여 눈물과 웃음이 끊이질 않는다. 이 책에 대해 들어본 사람은 읽지 않을 수 없고 읽기 시작하면 끝맺지 않을 수 없다."[2] 일본에서 유학중이던 루쉰은 친구가 보내준 『흑노유천록』을 단숨에 읽고나서 친구 장이즈[4)]에게 편지를 보내 다음과 같이 말했다. "고국을 생각하니 앞길이 구만리. 흑인 노예의 슬픔 가득한 운명을 보고 나니 탄식만 늘어가는구려."[3]

영석(靈石)이라는 독자가 쓴 「'흑노유천록'을 읽고(讀'黑奴籲天錄')」라는 장문의 글은 중국인들에게 큰 충격을 주었다. 1904년 《각민(覺民)》 제7기에 실린 이 글에는 다음과 같은 구절이 나온다. "황인종에게 닥칠 재앙은 먼 미래에 있는 것이 아니다. 미국에서 중국인 노동자 사용을 엄금한 것과 여러 나라에서 중국인을 학대하는 것을 보면 이미 그것이 현실이 되었다는 것을 알 수 있다. 중국인의 처지는 흑인과 다른 바 없을 뿐만 아니라 심지어는 흑인보다 훨씬 더 못하다." 그는 감정에 북받쳐서 다음과 같이 부르짖었다. "'유천록'에서 흑인이 흘린 눈물을 보며 황인종을 위해 눈물을 흘렸고, 흑인이 겪은 고난을 보며 오늘의 황인종을 슬퍼했다. 황인종이라면 집마다 '유천록' 한 권씩을 갖추기 바란다. '유천록'을 읽고 어린아이처럼 영웅처럼 뜨거운 눈물을 흘리길 바란다. 서장(書場)[5)]이나 찻집에서 설서(說書)[6)]로 생계를 유지하는 이들이여! 모두 '유천록'을 주제 삼아 슬픔과 괴로움, 잔혹함을 이야기함으로써 우리 국민을 깨워주길 바란다. 나는 상해 유명 화가에게 부탁해 소설 42장마다 삽화를 그려넣

---

4) 장이즈(蔣抑巵, 1875-1940). 이름은 홍린(鴻林), 자는 이즈(抑巵)로 항저우의 부유한 상인 가정에서 태어났다. 28세 때 일본 유학을 떠나 정치 경제를 전공했으며 귀국 후 저장흥업은행(浙江興業銀行)을 세우고 30여 년간 은행장을 역임했다. 훈고학에 조예가 깊었으며 장타이옌, 루쉰, 장위안지 등과 교류하고 출판 및 장서 사업에 관심이 커 경제적으로도 많은 찬조를 하였다.

5) 만담이나 설서 등을 공연하는 장소.

6) 간단한 악기 반주에 책을 읽어주거나 책을 각색한 이야기를 해주는 중국 전통 통속 문예의 하나로 설창(說唱)이라고도 한다.

고 거기에 보잘것없는 필력으로나마 시 한 편씩을 지어 넣을 것이다. 『요재지이(聊齋志异)』[7]에 버금갈 정도로 만들면 남녀노소 누구라도 앞다투어 볼 것이다. 또한 건전한 남녀와 선한 사람들에게 『과보록(果報錄)』[8], 『태상감응편(太上感應篇)』[9], 『경조전서(敬竈全書)』[10], 『과장지이(科場志異)』[11] 대신 이 책을 읽도록 권할 것이다. 이는 타인을 제도(濟度)하고 자신을 제도하는 것으로 공덕무량(功德無量)한 일이다."[4]

노예제의 잔혹함과 흉포함, 핍박받는 사람들의 마음의 소리를 묘사하고 있는 이 소설은 연극과 시가, 회화 등으로 재탄생되었다. 세계 각지의 극단들이 줄거리를 각색하여 연극으로 공연했으며 영화로 제작된 것도 10여 편에 이른다. 일본에 유학 중이던 리슈퉁[12]은 춘류사라는 중국 최초의 화극 극단을 만들어 1907년 6월 도쿄에서 '흑노유천록'을 상연하였다. 이는 명실상부한 중국 최초의 연극이라 할 수 있다. 1908년 1월 춘양사(春陽社)도 상하이의 난심희원(蘭心戱院)에서 '흑노유천록'을 공연하였다. 1902년 6월에 창간된 《계몽화보(啓蒙畫報)》에는 「저자기(猪仔記)」라는 소설이 연재되었다. 인신매매범에게 속아 유럽과 미국으로 팔려간 후 흑인 노예와 같은 비참한 생활을 하는 중국인이 주인공으로 등장하는 이

7) 청대 포송령(蒲松齡)이 지은 문언소설집으로 주로 귀신과 인간 사이의 사랑을 소재로 다루고 있다.

8) 청대 원매(袁枚)의 소설집으로 권선징악을 종지로 삼고 있다.

9) 도교 경전 중 하나로 내용은 권선징악과 도덕규범에 대한 강조, 타인에 대한 사랑이 주를 이루고 있다.

10) 청대의 도교경전 중 하나로 조왕신(竈王神)을 섬기며 마땅히 행할 것과 금기시해야 할 것 등 일상적 도덕규범에 대해 쓰고 있다.

11) 청대 여상섭(呂相燮)이 편찬한 『과장이문록(科場異聞錄)』을 가리키는 것으로 보인다. 과거시험을 소재로 한 권선소설이다.

12) 리슈퉁(李叔同, 1880-1942). 자는 식상(息霜), 별호는 수통(漱筒)이다. 저명 음악가이며 미술가, 서법가, 연극인이다. 일본에서 유학할 때 극단 '춘류사(春柳社)'를 만들어 '차화녀', '흑노유천록', '신접몽(新蝶夢)' 등을 공연하고 중국 화극(話劇) 운동을 주도했다. 일본에서 귀국한 후 교사 및 신문사 편집자를 역임하였다. 훗날 삭발을 하고 중이 되어 '홍일법사(弘一法師)'라는 법명으로 불리기도 한다.

소설은 『흑노유천록』의 영향을 받은 것으로 보인다.

미국의 어떤 독자는 일찍이 시적인 방식으로 이 책을 표현했다. "활활 타오르는 뜨거운 불꽃이 하늘을 밝히고 있다. 맹렬한 감정의 물결이 눈앞의 모든 것을 삼키고 있다. 드넓은 바다를 넘어 전 세계로 뻗어나간다. 전 세계는 그것에 대해 사색하고 이야기하고 있다." 비록 책의 분량은 많지 않지만 중국과 세계 역사에 강렬한 영향을 미친 대작이라는 점에는 의심의 여지가 없다.

040

『물경론(物競論)』

생존경쟁과 우승열패를 통한 인간 권리의 증진

근대 일본 사상에 조금이라도 관심이 있는 사람이라면 가토 히로유키[1)]에 대해 대략적으로라도 들어봤을 것이다. 가토 히로유키는 일찍이 사쿠마 쇼잔[2)]을 스승으로 삼아 병학(兵學)과 서학을 공부했고 후에 막부가 설립한 양학 연구기관인 반쇼시라베쇼(蕃書調所)의 교관이 되어 서양 정치와 법률을 배웠으며 메이지 유신 후 대학대승(大學大丞), 문부대승(文部大丞), 도쿄제국대학 교장, 제국학사(帝國學士) 원장을 지냈다. 메이지 1년, 그는 천부인권을 제창하고 입헌주의를 주장했었다. 그렇지만 후에 입장을 바꾸게 된다. 1870년대 메이지 정부는 자유민권운동과 격렬한 반정부 투쟁에 대해 전면적인 반격을 전개한다. 1875년 신문지조례와 참방률(讒

1) 가토 히로유키(加藤弘之, 1836-1916). 메이지 시대 일본의 정치가, 정치학자, 교육자, 사상가이다. 서양 학문에 관심을 갖고 공부하였으며 1870년대에 『진정대의(眞政大意)』, 『국체신론(國體新論)』 등을 써서 서구 민주주의 및 천부인권론을 소개했다. 그러나 1882년 발표한 『인권신설(人權新說)』에서는 천부인권설을 부정하고 사회진화론에 기초하여 국가주의를 고취하는 방향으로 사상이 선회하였다. 도쿄제국대학 초대 총장, 추밀고문관(樞密顧問官) 등을 역임했다.

2) 사쿠마 쇼잔(佐久間象山, 1811-1864). 에도 시대의 정치가이자 학자이다. '동양의 윤리, 서양의 과학'이라는 주장으로 일본의 서구화를 주장하였고 메이지 유신에 지대한 영향을 미쳤다.

謗律)[3]을 공포하였고 1878년 연설취제령과 1879년 집회조례 등을 반포했다. 이때 가토 히로유키는 자신의 과거 주장을 뒤엎고 민선의원 설립에 반대하였을 뿐만 아니라 심지어는 1881년 11월 내무경(內務卿) 야마다 아키요시(山田顯義)에게 젊은 시절 자유민권사상을 고취시킨 대표 저작 『진정대의(眞政大義)』, 『국체신론(國體新論)』을 절판 처리해달라고 요청하기까지 했다. 1882년 그는 자유민권파를 비판한 『인권신설(人權新說)』이라는 책을 발표했다. 그의 『자서전』을 보면 자신의 학문 역정에 대해 소개하는 구절이 나온다. "나는 영국 문명사의 대가인 버클[4]의 저작을 읽은 후 형이상학과 같은 것이 실제로 얼마나 황당무계한 것인지를 깨닫게 되었다. 또한 자연과학에 의거하지 않으면 어떠한 사물도 탐구할 수 없다는 것을 알게 되었다. 후에 다시 다윈의 진화론, 스펜서와 헤켈 등의 진화철학 책을 읽었는데 이 책들은 나의 우주관과 인생관을 완전히 뒤바꾸어놓았다."[1]

가토 히로유키는 천부인권이 존재한다는 증거는 없으며 그것은 학자들의 망상 속에서 나온 것이라고 생각했다. 그는 자연과학적 진화론으로 천부인권론을 반박하며 생존경쟁과 자연도태 등 동식물계의 진화 현상은 '우승열패'라는 '영원불변의 자연 법칙'임과 동시에 '만물 법칙 가운데 가장 중요한 규율'이라고 주장했다. 『인권신설』이 출판되고 2개월 후인 1882년 11월, 《우편보지신문》, 《동경횡빈매일신문(東京橫濱每日新聞)》, 《조야신문(朝野新聞)》, 《시사신보(時事新報)》, 《동경경제잡지(東京經濟雜志)》 등에는 이 책의 내용을 반박하는 사설과 기사가 연속으로 실렸다.

3) 1875년 신문지조례(新聞紙條例)와 함께 메이지 정부에 의해 공포된 언론규제법령으로 표면적으로는 사람을 참방하는 자를 벌하는 것이었지만 실제 목적은 자유민권운동을 억압하는 데 있었다.
4) 헨리 토머스 버클(Henry Thomas Buckle, 1821-1862). 영국의 실증주의적 역사가로 지리나 풍토의 요인을 중시하는 문명사 연구로 유명하다.

또한 얼마 후 여기 실린 글들을 모아 『인권신설박론집(人權新說駁論集)』이라는 책도 여러 권 출판되었다. 『인권신설』이 이처럼 유명해지자 중국에서는 이 책을 『물경론』의 원본으로 오인하는 경우도 생겼다.[2] 그러나 정확히 말하자면 『물경론』의 원본은 가토 히로유키의 또 다른 저작 『강자의 권리 경쟁(强者的權利競爭)』[5)]이다.

가토 히로유키는 10년간의 침묵을 깨고 1893년 『강자의 권리 경쟁』을 출간했다. 이 책은 『인권신설』의 제2장 '권리의 발생과 증진을 논함(論權利的發生和增進)'이라는 글을 보완 확충한 것이다. 책에서 그는 인간의 권리도 우승열패의 경쟁을 통해 점차적으로 증진된다고 주장했다. 인류사회에서 벌어지고 있는 모든 생존경쟁 가운데 강자의 권리를 위한 경쟁이야말로 가장 빈번하고 격렬하다. 그러나 이런 경쟁은 우리의 권리와 자유를 증진시키기 위해서 뿐만 아니라, 인류 사회의 진보와 발전을 위해서도 필요한 것이다. 비록 가토 히로유키의 주요 이론이 천황제를 옹호하기 위한 어용적 성격이 강하지만, 진화론에서 도출된 역사이론과 사회이론에 근거해서 자유민권파 이론의 부족한 점을 보완하고 있다는 점은 특기할 만하다. '우승열패'에 초점이 맞춰져서 서술된 이 책이 당시 일본에서 유학하고 있던 중국학생들의 관심을 끈 것은 어찌 보면 당연한 일이다. 『인권신설』은 일찍이 진상소(陳尙素)의 번역으로 역서휘편사(譯書彙編社)에서 출판된 적이 있다.

『물경론』의 역자는 장쑤 우시 태생의 양인항[6)]으로 자는 부탕(補塘), 필

---

5) 가토 히로유키가 1893년 독일어로 쓴 작품으로 원제는 'Der Kampf ums Recht des Stärkeren und seine Entwickelung'이다.

6) 양인항(楊蔭杭, 1878-1945). 톈진 중서학당(中西學堂)과 난양공학에서 공부했고 1899년 국비유학생으로 일본에 가서 와세대학 법학과를 졸업했다. 일본 유학시절 여지회(勵誌會)를 만들었고 역서휘편사에 참여해《역서휘편》을 창간했다. 1910년 미국 펜실베이니아대학에서 법학 석사학위를 받고 귀국한 후, 민국 시기 경사고등검찰청장(京師高等檢察廳長),《신보(申報)》주필 등을 역임했다.

명으로는 망푸(芒圃), 후터우(虎頭) 등이 있다. 일찍이 톈진 베이양 대학(北洋大學)에 입학했지만 1897년 학생운동에 참가했다 퇴학당한 후 다시 곧 상하이 난양공학에 들어갔다. 1899년 교환학생의 자격으로 일본 전문학교에서 법정(法政)을 공부한 후 와세다대학에서 법학을 전공했다. 일본 유학 시기 그는 여지회(勵志會)[7]에 가입해 집원[8], 션윈샹[9], 양팅둥, 레이펀[10] 등과 함께 《역서휘편》, 《국민보》 등을 창간했다.[3] 옌푸가 번역한 『천연론』이 중국 사회에 큰 영향을 끼치고 있는 상황에서 양인항은 사회진화론의 관점에서 자유민권파를 비판한 가토 히로유키의 저작을 번역 출간했다. 그는 번역서의 「범례」에서 이렇게 말했다. 『물경론』의 작가는 "일본 유신 이래 독일학 연구에 조예가 깊은 인물이다. 책에서는 독일 유명 역사학자 헤켈(Ernst Haeckel)의 학설을 위주로 당대 석학 다윈, 밀, 예링(Rudolph von Jhering), 슈브룰(Michel Eugene Chevreul), 스펜서의 학설을 참고해 서술하였다."[4] 책의 제목은 원래 『강자의 권리 경쟁』으로 번역해야 마땅하지만 좀 더 간결한 느낌이 들도록 『강권론』으로 바뀌었다가 다시 어감상의 이유로 인해 『물경론』이 되었다.

---

7) 1900년 일본의 중국 유학생들이 조직한 단체로 일본에서 설립된 유학생 단체의 시초가 되었다.

8) 집원승(戢元丞, 1878-1907). 이름은 익휘(翼翬), 자는 원승(元丞)으로 호북 방현(房縣) 사람이다. 주일중국대사관(清駐日使館)의 연습생으로 선발되어 도쿄에 파견되어 공부하였고, 쑨원을 만나 혁명 활동에 참가하였다. 《국민보》, 《대륙보(大陸報)》 등 혁명잡지 창간을 주도하였고 '배만혁명(排滿革命)'을 주장하였다. 청조에서 외교 업무를 담당하던 중 위안스카이(袁世凱)의 밀고로 혁명당과의 관계가 탄로나 체포된 후 사망하였다.

9) 션윈샹(沈雲翔, 1888-1914). 션샹윈(沈翔雲)의 오기(誤記)로 보인다. 자는 추자이(虬齋), 신슈(心岫)로 저장 우청(烏程) 태생이다. 어려서 우창 자강학당(自强學堂)에서 공부하였고 우수한 성적으로 일본 유학생에 선발되었다. 여지사(勵誌社)에 참여하였고 《국민보》 창간에 관여하였다. 쑨원과 알게 된 후 혁명 활동에 투신하였으며 위안스카이의 퇴위를 주장하다 피살되었다.

10) 레이펀(雷奮, 1871-1919). 자는 지싱(繼興), 장쑤 러우현(婁縣) 태생이다. 상하이 난양공학에서 공부하였고 일본에 관비유학생으로 파견되어 와세다대학에서 정치와 법률을 공부했다. 상하이 《시보(時報)》, 《본부신문(本埠新聞)》 등의 주필을 역임했으며 위안스카이의 민국정부가 세워진 후 법률 규정의 초안을 잡았다. 위안스카이가 스스로 황위에 오르려 하자 이에 반대하며 정계를 떠났다.

『물경론』은 모두 10장으로 구성되어 있으며 주로 생존경쟁과 우승열패의 도리에 대해 설명하고 있다. 양인항은 이 책이 "풍부한 의미를 담고 있을 뿐만 아니라 급박한 어조로 사람들을 자강발분하게 만들어 진취적으로 생각할 수 있게 해주었다"고 하였다. 목차는 다음과 같다. 一. 천부적 권리(天賦之權利). 二. 강자의 권리(强者之權利). 三. 강자의 권리와 자유권, 그리고 법정 권리와의 관계 및 도리(論强權與自由權同竝與實權相關之理). 四. 인류에 대한 강자의 권리 경쟁(論人類强權之競爭). 五.六. 지배자와 피지배자 사이에 일어나는 강자의 권리 경쟁 및 진보(治人者與被治者之强權競爭及其權利之進步). 七. 귀족과 평민 사이에 일어나는 강자의 권리 경쟁 및 진보(貴族與平民之强權競爭及其權利之進步). 八. 자유민과 비자유민 사이에 일어나는 강자의 권리 경쟁 및 진보(自由民與不自由民之强權競爭其權利之進步). 九. 남자와 여자 사이에 일어나는 강자의 권리 경쟁 및 진보(男女之强權競爭及其權利之進步). 十. 나라와 나라 사이에 일어나는 강자의 권리 경쟁 및 진보(國與國之强權競爭及其權利之進步). 양인항은 번역을 마치고 나서 책을 출간하기 전에《역서휘편》1901년 5월 27일 제4기, 7월 14일 제5기, 10월 13일 제8기에 글을 연재하였다. 단행본은 1901년 8월 역서휘편사에서 출간되었는데 매우 인기가 높아서 1902년 7월 상해 작신역서국(作新譯書局)에서 재판을, 1903년 1월 작신사도서국(作新社圖書局)에서 3판을 인쇄했다. 책의 말미에 붙어 있는 정오표(正誤表)에 따르면 초판의 착오가 96곳에 이를 정도로 적지 않지만 이를 제외하고 3판까지의 내용은 완전히 동일하다. 또한 재판과 3판을 출간하며 오류는 모두 교정했다. 일본의 저명 역사학자 사네토 게이슈(實藤惠秀)는 이 책이 "작신사에서뿐만 아니라 역서휘편사에서도 같은 내용으로 출간되었을" 것이라고 추측했는데 후에 이는 정확한 것으로 증명되었다.[5]

『물경론』은 학자들에게도 지대한 관심의 대상이었다. 1902년 공누[11)]

는 『금릉매서기』에서 다음과 같이 말했다. 가토 히로유키의 『물경론』은 "대단히 심도 있고 명료해서 마치 폐부를 찌르는 듯하다. 여기에 번역자의 예리한 필력이 더해져 책의 완성도가 더욱 높아졌다."[6] 책의 판매량도 많아 당시 이 책은 베스트셀러의 반열에 올랐다. 광서 27년(1901) 5월 26일 쑨바오쉬안은 책을 읽은 후의 감상을 다음과 같이 기록했다. "『물경론』의 대략적인 내용은 다음과 같다. 백성이 군주에게 굴복해 군주의 명을 따르는 것은 군주의 권력이 강하기 때문에 부득이 그렇게 하는 것이다. 군주가 백성에게 굴복하고 백성의 의견을 경청하는 것은 백성의 권력이 강하기 때문에 부득이 그렇게 하는 것이다. 따라서 천하에 공리(公理)는 없고 오직 강권만 있을 뿐이다." "『물경론』에서 말한다. 전제주의를 추구하는 군주와 자유를 열망하는 인민의 마음은 자유를 갈망한다는 점에서는 다르지 않다. 군주는 백성의 자유를 빼앗아 한 사람의 자유를 얻고자 하며 백성은 군주의 자유를 빼앗아 만인의 자유를 얻고자 한다. 그러나 군주와 백성이 함께 자유를 얻는 것은 불가능하다. 사람들은 이런 도리를 알지 못하고 군주와 백성의 권력이 평등해지면 나라가 다스려질 것이라 여긴다." 그는 다음과 같은 결론을 얻었다. "국가의 진보란 사람마다 자유를 얻는 것으로 귀결된다. 그러나 세상을 잘 다스리고자 한다면 반드시 먼저 병(兵)과 형(刑)을 없앤 후에야 가능하다고 한다. 어째서 그런가? 병과 형은 모두 권력을 이용해 사람을 짓누르는 것이니 자유로울 수 없다는 것이다. 나는 그렇게 생각하지 않는다. 병과 형은 개인의 자유를 보호해준다. 자유롭고자 하는 본성은 사람마다 타고 나는 것이다. 만약에 그것을 제한하지 않는다면 결국 자유가 지나치게 확대되어

---

11) 공누(公奴, 1876-1940). 본명은 샤칭이(夏清貽), 자는 쑹라이(頌萊), 호는 공누(公奴)로 민국 시기 교육가, 음악가, 번역가, 출판가, 정치가이다. 일본 와세다대학에서 유학하였고 상하이에 개명서점(開明書店)을 열었다. 저서로는 『금릉매서기(金陵賣書記)』가 있다.

타인의 자유를 해치게 된다. 강한 자가 약한 자를 욕보이고 다수가 소수를 억압하게 되니 개인이 자유를 성취하는 것은 어렵게 된다. 병과 형을 세우는 것은 타인의 자유를 침범하지 않고 자신의 자유를 지키고자 함에 있다. 타인의 자유를 침범하게 되면 자신의 자유도 지킬 수 없게 된다는 것이다. 따라서 병과 형으로 인해 자유를 얻지 못한다고 말하는 자들은 모두 타인의 자유를 해치려는 사람이다. 타인의 자유를 해치려는 사람이 어찌 자유라는 말을 달가워하겠는가!"[7] 저우쭤런의 일기에 따르면 루쉰은 일본으로 떠나기 전에 이 책을 구입했다.[8] 저우쭤런도 임인(壬寅, 1902)년 일기에서 자신이 『물경론』을 읽은 사실에 대해 여러 차례 기술하고 있다. "비록 깊이 이해하지는 못했지만 대체적인 의미는 파악했다. 의미를 짐작해 깨닫게 될 때마다 흥미가 솟아올랐다."[9] 쉬웨이저는 『동서학서록』에서 이렇게 말했다. "이 책은 생물진화의 사례에 근거해 천부인권설을 검증하고 강권의 도리를 제시했다. 총론에 이어 인류 사회에 존재하는 다섯 가지 경쟁에 대해 나누어 설명했다. 첫째는 지배자와 피지배자. 둘째는 귀족과 평민. 셋째는 자유민과 비자유민. 넷째는 남자와 여자. 다섯째는 나라와 나라이다. 내용이 광범위하면서 간결하고 진중하면서도 의미심장하다. 고상한 문체로 사람들을 깨우쳐주니 세상의 도리를 잘 드러낸 수작이다."[10]

041

「애희랍(哀希臘)」
중국에서 일세를 풍미한 바이런의 격정적 노래

「그리스의 섬들」

영국 낭만주의 시인 바이런이 쓴 「애희랍」[1]은 일찍이 괴테가 "천부적 재능이 한없이 넘치는 작품"이라고 칭송했던 장편 시체(詩體) 소설 『돈 주앙(Don Juan)』[2]의 일부이다. 찬란했던 그리스의 과거를 충만한 기백과 열렬한 감정으로 노래하고 있는 이 시는 이민족의 침략과 압박에도 굴하지 않고 자유와 독립을 위해 투쟁한 그리스 인민들을 격려하는 내용으로 이루어져 있다. 전 세계 사람들에게 널리 낭송된 이 불후의 명작은 중국에서는 량치차오가 가장 먼저 번역 소개한 것으로 알려져 있다. 1902년 그는 『신중국미래기』에서 시의 1장과 3장을 번역해 소개했다.

> 아아! 이곳은 어디인가! 광야에서 산꼭대기까지 모두 고대 자유의 공기가 가득하구나! 모두 영예로운 무덤이구나! 모두 위대한 인물의 제단(祭壇)이구나! 아! 그들 조상의 영광이 이제는 세상에 이 정도밖

---

1) '그리스를 애도하며'라는 뜻이며 원제는 '그리스의 섬들(The Isles of Greece)'이다.
2) 중국어 제목은 '당황(唐璜)'이다.

에 남지 않았단 말인가!

…

아! 그리스여, 그리스여! … 너는 원래 평화시대에는 아름다운 존재요, 너는 원래 전쟁시대에는 영웅이었다. '사포'가 소리 높여 부르는 노래, 여시인의 열정이 좋아라. '델로스' 섬과 '포이보스(즉 아폴론)'를 비추는 영광스러운 빛이여, 이곳은 과거 예술의 보루요 기술의 요람. 지금은 어찌 되었는가. 태양빛을 제외하고 모든 것이 사라졌구나.[3)]

매우 짧지만 변화무쌍한 번역시 몇 구절이 중국 독자들의 마음을 감동시켰다. 쩡이메이[4)]는 「남사총담(南社叢談)」에서 쑤만수가 이 번역문을 읽고 깊이 매료되었던 상황에 대해 다음과 같이 기록하고 있다. "쑤만수가 일본 즈시 사쿠라야마에서 생활할 때 어머니를 봉양하는 틈틈이 자연을 소요하는 것을 좋아하였다. 하루는 달빛이 눈밭을 비출 때 중선사호(中禪寺湖)에 배를 한 척 띄우고 바이런의 '애희랍'을 노래하였다. 노래하다 흐느끼고 흐느끼다 다시 노래했다. 독경소리가 물소리에 어우러지는 중에 중국의 나약함에 생각이 미치자 슬픔이 북받쳐 오르고 처량한 신세가 다시 거기에 겹쳐졌다. 뱃사공도 깜짝 놀라 실성한 게 아닌지 의심하였다."[1] 쑤만수는 오언고시체로 「애희랍」 열여섯 절을 번역했다.

… 고국은 간 데 없고 쓸쓸한 해안만이 남아 있네. 열사의 노래 들

---

3) 중국어 원문은 다음과 같다. "嗚嗚, 此何地猗, 下自原野上巖巒猗, 皆古代自由空氣所彌漫猗, 皆榮譽之墓門猗, 皆偉大人物之祭壇猗, 噫, 汝祖宗之光榮, 竟僅留此區區在人間猗. … 咳, 希臘啊, 希臘啊, … 妳本是平和時代的愛嬌, 妳本是戰爭時代的天驕, '撤藏波'歌聲高, 女詩人熱情好, 更有那'德羅士', '菲波士'榮光常照, 此地是藝文舊壘, 技術中潮, 即今在否, 算除卻太陽光線, 萬般沒了."

4) 쩡이메이(鄭逸梅, 1895-1992). 장쑤 쑤저우 태생으로 작가이자 문학가이다. '보간보백대왕(報刊補白大王, 신문이나 잡지의 여백을 메꾸는 단문에 능한 사람)'으로 명성이 높았다. 서법과 회화에도 능통했다.

리지 않고 용감한 기운 구름처럼 흩어졌네. 나라의 보배로운 악기 대대로 소중한데 지금은 어째서 연주하지 않고 다른 이들에게 넘겨주려 하는가.

명성은 남김없이 바닥으로 추락하고 귀족들 모두 노예로 전락했네. 그대는 아는가, 우국지사라 하더라도 어쩔 수 없다는 것을. 홀로 노래를 부르고 있지만 나 역시 부끄러움을 느끼네. 나는 그리스인으로 인해 부끄러워하고 나는 그리스를 위해 울음을 우네.[5)]

1914년 『바이런 시선(拜倫詩選)』을 출판한 쑤만수는 자서에서 시를 번역하는 원칙에 대해 이렇게 밝혔다. "시는 규칙에 들어맞아야 하고 시구는 군더더기나 꾸밈이 없어야 한다. 애절하게 표현해야 하고 대상과 시어는 조화를 이루어야 한다."[2] 중국 전통 시가와 다른 이국적인 느낌의 이 시는 한때 많은 사람들이 즐겨 낭송했다. 『바이런 시선』은 재판을 발행한 후 1914년 8월에 3판을 출간했다.[3] 왕선란은 「옌푸선생평전」에서 이렇게 말했다. 쑤만수는 "바이런의 시를 번역하며 벽자(僻字, 잘 쓰지 않는 글자)를 즐겨 사용하여 난해한 부분이 적지 않지만 대체로 직역과 의역의 장점을 잘 활용했다고 할 수 있다. 번역 내용은 장타이옌이 교정을 보아서 그런지 문장이 옛스럽고 심오하며 우아한 맛이 있다."[4] 황칸[6)]은 쑤만수 사후에 펴낸 『준추화실설시(纗秋華室說詩)』에서 쑤만수의 「애희

5) 중국어 원문은 다음과 같다. "… 故國不可求, 荒涼問水瀕. 不聞烈士歌, 勇氣散如雲. 琴兮國所寶, 仍世以爲珍. 今我胡疲苶, 拱手與他人. 威名盡墜地, 擧族供奴畜. 知爾憂國士, 中心亦以耐. 而我獨行謠, 我猶無面目. 我爲希人羞, 我爲希臘哭."

6) 황칸(黃侃, 1886-1935). 자는 지강(季剛), 지즈(季子)로 후베이(湖北) 치춘(蘄春) 사람이다. 저명 언어학자, 문자학자로 일본에서 유학했다. 도쿄에서 알게 된 장타이옌을 스승으로 삼아 소학(小學), 경학(經學) 등을 배웠다. 베이징대학, 중양대학(中央大學), 진링대학(金陵大學), 산시대학(山西大學)에서 학생들을 가르쳤다. 장타이옌, 류스페이(劉師培) 등과 함께 '국학대사(國學大師)'로 불리며 전통 언어문자학의 계승에 힘썼다.

랍」이 실제로는 자신이 번역한 것이라고 주장했다. 그러나 쑤만수 연구가 류우지[7]는 이를 반박하면서 "대체로 쑤만수가 초고를 쓰고 지강(季剛, 즉 황칸)이 윤색했을 뿐이다"라고 했다.[5]

1905년 마쥔우는 칠언고시체로 시를 번역했는데 번역 당시 그가 처해 있던 상황이 쑤만수의 경우와 대단히 흡사하다. 그는 머리말에서 이렇게 썼다. "량치차오가 예전에 시의 일부를 번역해 《신소설》에 발표한 적이 있다. 그는 영어를 알지 못해 제자 뤄창[8]을 시켜 구술하게 한 뒤 번역을 완성했다. 나는 을기(乙已, 즉 1905년) 겨울 상해로 돌아와 어머니를 돌보았다. 눈이 많고 바람이 사납게 불던 날 초가집에 들어앉아 바이런의 시를 읽으며 붓이 가는 대로 번역을 했는데 나도 모르는 새 끝까지 번역하게 되었다. 오호라, 바이런은 그리스를 애달파했지만 우리는 애달파할 겨를도 없구나."[6] 마쥔우가 번역한 시는 다음과 같다.

그리스인들 보이지 않고, 그리스라는 나라 어디에 있는가?

오로지 해안만이 그대로인데, 깊이 침묵하며 아무 말 없네.

옛날 영웅이 부르던 노래 얼마나 많았던가, 지금은 흐르는 눈물이 대신하는구나.

황량한 거문고 낡은 비파 화려한 연주 멈추고, 영웅의 기세도 끝에 다다랐구나.

---

7) 류우지(柳無忌, 1907-2002). 중국 현대 시기 저명 시인이며 재미(在美) 산문가이다. 근대 저명 시인 류야즈(柳亞子)의 아들이다. 장쑤 우장에서 태어났고 칭화대학과 미국 예일대학을 졸업했다. 서양 문학 연구에 조예가 있고 쑤만수 연구에 조예가 깊다. 저서로는 『영국문학사(英國文學史)』, 『서양문학연구(西洋文學硏究)』, 『중국문학개론(中國文學槪論)』, 『만수평전(曼殊評傳)』, 『쑤만수전집(蘇曼殊全集)』, 『류야즈문집(柳亞子文集)』 등이 있다.

8) 뤄창(羅昌, 1883-1956). 자는 원중(文仲)이며 광둥에서 태어났다. 량치차오의 제자 중 한 명이며 캉유웨이의 사위이다. 민국 시기 외교관, 법학가로 일본 와세다대학, 육군대학(陸軍大學), 영국 옥스퍼드대학에서 수학하고 베이징대학 교수를 역임했다.

아아! 신성한 그리스 노래를 지어보려 하나, 재능이 부족하니 그리스를 어찌하랴!

…

하루아침에 궁전이 폐허가 되니 가엾어라 그리스인, 노예가 되었구나.

영광이 석양을 따라 홀연히 사라지고, 명예가 가을 풀 따라 모두 시들어버렸네.

어찌 열도에 애국자 하나 없을쏘냐. 지난날을 되돌아보니 마음이 아파온다.

나는 지금 떠돌이 시인일 뿐, 일찍 죽지 않았음을 부끄러워한다.

아아! 나는 그리스를 위해 걱정하네. 나는 그리스를 위해 통곡하네.

…[9)]·[7]

마쥔우의 번역은 마치 창작한 것처럼 호방하면서도 진지하다. 또한 그의 글은 독자들의 마음을 움직이는 힘이 있어 쑤만수의 번역에 비해 훨씬 광범위하게 유행했다. 천즈잔[10)]은 이렇게 말했다. "마쥔우가 번역한 것을 특히 애독했다. 그의 기백이 이 시를 번역하기에 가장 적합하다고 느꼈다."[8] 그러나 왕선란은 마쥔우가 "「애희랍」을 번역한 목적이 민주혁명을 고취시키는 데 있었기 때문에 원작을 대폭 수정했다"고 지적했다.[9]

---

9) 중국어 원문은 다음과 같다. "希臘之民不可遇, 希臘之國在何處? 但余海岸似當年, 海岸沈沈亦無語. 多少英雄古代詩, 至今傳誦淚猶垂. 琴荒瑟老豪華歇, 當是英雄氣盡時. 吁嗟乎? 欲作神聖希臘歌, 才薄其奈希臘何! … 一朝宮社盡成墟, 可憐國種遂爲奴. 光榮忽傍夕陽沒, 名譽都隨秋草枯. 豈無國士生列島, 追念夙昔傷懷抱. 我今漂泊一詩人, 對此猶慚死不早. 吁嗟乎! 我爲希臘幾嚬蹙, 我爲希臘一痛哭…."

10) 천즈잔(陳子展, 1898-1990). 중국 문학사가 겸 작가이다. 본명은 빙쿤(炳堃)으로 후난 창사(長沙) 사람이다. 둥난대학(東南大學) 교육학과에서 공부했다.《독서생활》주편, 푸단대학 교수 등을 역임했다.『시경』과『초사』연구에 조예가 깊었다. 저서로는『중국근대문학의 변천(中國近代文學之變遷)』,『최근삼십년중국문학(最近三十年中國文學)』,『시경직해(詩經直解)』,『초사직해(楚辭直解)』등이 있다.

1916년 미국에서 유학중이던 25세의 후스도 마쥔우와 쑤만수가 번역한 「애희랍」의 격정적인 내용에 깊은 감동을 받았다. 그러나 그는 번역이 마음에 들지 않았다. "마쥔우 글의 과오는 착오가 많다는 것이고 쑤만수 글의 과오는 애매하다는 것이다. 착오가 있으면 진실을 잃게 되고 애매하면 제대로 표현하지 못하니 모두 좋은 번역이라 할 수 없다."[10] 훗날 문자개혁의 선봉에 서게 되는 후스는 소체[11)]를 사용하여 시를 다시 번역하였다.

지나간 영광 찾아볼 수 없구나.
조국이여 너의 혼은 어디로 가버렸는가?
용사의 노래 사라진 지 오래고
영웅의 피 다시 끓어오르기 힘들다네.
옛 시인이여, 고귀하고 순결함이여.
거문고 황폐하고 비파 낡았는데, 나의 정력도 말라버렸구나.
비록 그리스 민족 지금 노예와 포로 되었으나
어찌 선열의 유풍(遺風) 남아 있지 않겠는가?
나 비분강개 노래 부르네,
우국충정의 혼들이여.
나 그리스인으로 인해 얼굴 붉혀 부끄러워하며
나 그리스를 위해 눈물 흘리네. …[12)·11]

11) '소체(騷體)'는 전국시대 굴원(屈原)이 쓴 초사(楚辭) 작품인 「이소(離騷)」의 형식에서 유래한 말로 초사처럼 어조사 혜(兮)자를 네 번째나 마지막에 넣는 것이 특징인 남방시 형식을 말한다.

12) 중국어 원문은 다음과 같다. "往烈兮難追. 故國兮, 汝魂何之? 侠子之歌, 久銷歇兮, 英雄之血, 難再熱兮. 古詩人兮, 高且洁兮. 琴荒瑟老, 臣精竭兮. 雖學族今奴虜兮, 豈無遺風之犹在? 吾慨慷以悲歌兮, 耿憂國之魂磊. 吾惟余赬顔爲希人羞兮, 吾惟有泪爲希腊洒 …."

아마 근대 중국에서 바이런만큼 행운이었던 외국 시인은 없었을 것이다. 「애희랍」이라는 한 편의 시를 네다섯 명의 시인, 작가, 학자가 번역했으니 말이다. 「애희랍」이 중국에서 일세를 풍미할 수 있었던 까닭은 시 자체가 대단히 감동적이었기 때문이기도 하지만 더욱 중요한 것은 한족 지식인과 혁명가들이 만청 왕조를 무너뜨리기 위해 의지를 다지고 있던 역사적인 시기에 이 시가 등장했다는 점이다. 찬란했던 고대 문명국의 후손이 이민족의 노예로 전락한 것을 개탄하고 있는 바이런의 시는 중국인들의 가슴 속에 강렬한 공명을 일으켰다. 루쉰은 이렇게 말했다. "그 당시 중국인들이 바이런에 대해 비교적 잘 알고 있었던 이유는 그의 작품이 그리스의 독립을 염원하고 있었기 때문이다. 청말 일부 중국 청년의 마음속에는 혁명 정신이 무르익고 있었다. 따라서 바이런의 작품이 복수와 반항을 부르짖는 그들에게 감응을 불러일으키기는 매우 쉬웠을 것이다."[12] 자유와 민주를 열망하는 수많은 중국 지식인들은 이 시를 읽으며 눈물을 흘렸다. 봉건적 압제의 잔혹한 세월 속에서 이 시는 고통 받는 중국인들의 마음을 뒤흔들어줌과 동시에 따뜻하게 위로해주었다.

042

『사회학(社會學)』

'사회학'의 전래와 사회학 용어의 번역

근대 중국의 사상가 중에서 장타이옌은 캉유웨이나 량치차오보다 비교적 늦은 시기에 서학을 접했다. 《민보》에 발표한 「연설록(演說錄)」에서 장타이옌은 이렇게 말했다. "갑오(즉 청일전쟁) 이후 동서양 여러 나라의 서적을 접하게 되었다. 이를 계기로 학문적 사상이 정리되기 시작했다." 풍부한 학식과 교양 덕분에 그는 번역 활동에 참여하자마자 번역계의 대표 인물이 되었다. 1897년 역서공회(譯書公會)의 설립에 참여하였고《역서공회보(譯書公會報)》의 편집장도 맡았다. 같은 해 10월 26일 제정된 《역서공회보》 창간 장정(章程)에서 그는 다음과 같이 썼다. "동서양의 서적 가운데 시급히 필요한 것들을 선별해 번역하는 것을 종지로 삼는다. … 런던과 파리의 대형 서점에 나온 신간 중에서 정치, 학교, 율례, 천문, 여지, 광화(光化), 전기, 광무(鑛務), 상무, 농학, 군사제도에 관한 중요한 책을 대량 구매하여 번역 전문가들에게 지속적으로 번역을 맡기고자 한다."[1] 그는 청말에 번역된 400여 종의 서양 '공법, 율령, 학정(學政), 관제(官制), 격물, 상무' 교과서에 불만이 많았다. 왜냐하면 그중 상당수가 시대에 뒤처진 이론을 담고 있거나 완역본이 아니었기 때문이다.[2] 그는 우선 역서 목록의 작성이 중요하다고 주장하며 본인도 직접 번역 작업에 참여했다. 1898년 8월 17일 창간된《창언보(昌言報)》(《시무보》의 후신)에는 영국 학자 스펜서(Herbert Spencer)의 글이 「스펜서문집(斯賓塞爾文集)」이라는 제목으로 게재되었다. 이 글은 『스펜서전집(斯賓塞爾全集)』에 들어 있는 단편 논문집의 일부를 번역한 것으로 장타이옌과 쩡광촨[1]이 함께 번역한 것이다.

장타이옌은 일본을 두 차례 방문했는데 이 시기는 일본에서 사회학 붐이 크게 일어나던 때이다. 특히 스펜서의 사회학 사상은 그의 모든 저작이 일본어로 번역될 정도로 인기가 높았다. 20여 종 이상의 번역서 가운데 마쓰시마 츠요시[2]가 『사회정역학(Social Statics)』을 번역한 『사회평권론』은 엄청난 인기를 끌었다. 1882년 발행된 초판은 독자들의 열화와 같은 성원에 힘입어 기대 이상의 부수가 팔려 나갔는데, 따라서 출판사는 애초 계획했던 것보다 훨씬 많은 수량의 재판본을 인쇄했다. 일본 사회학의 기초를 다진 아리가 나가오[3]는 1883년부터 1884년까지 『사회학』을 출간했다. 「사회진화론(社會進化論)」, 「종교진화론(宗教進化論)」, 「족

1) 쩡광촨(曾廣銓, 1871-1940). 자는 징이(敬貽), 후난 샹샹(湘鄉) 사람으로 증국번의 손자이다. 일찍이 증기택을 따라 영국에 다년간 머물렀으며 영어, 프랑스어, 일본어, 독일어 및 만주어에 능통했다. 1897년 왕캉녠(汪康年) 등과 함께 상하이에서 몽학회(蒙學會)를 창립하고《몽학보(蒙學報)》창간에 참여했다.《시무보》번역 담당으로 있으면서 서양의 사회학 서적 및 소설 등을 번역 소개하였다.

2) 마쓰시마 츠요시(松島剛, 1854-1940). 메이지 시대의 교육가로 기슈(紀州) 번사(藩士) 가정에서 태어났다. 게이오기주쿠를 중퇴하였다. 중학교 교사를 거친 후 도쿄영화학교(東京英和學校) 교수를 역임했다. 1884년 스펜서의 저작을 번역한『사회평권론(社會平權論)』을 출간하여 자유민권 운동에 큰 영향을 주었다.

3) 아리가 나가오(有賀長雄, 1860-1921). 일본 근대의 법학자이자 사회학자로 도쿄대학 문학부를 졸업했다. 독일 베를린대학, 오스트리아 빈대학에서 국제법을 공부했으며 추밀원 서기관, 수상 비서관 등을 역임했다. 일본대표로 헤이그평화회의에 참석했고 육군대학교, 해군대학교, 도쿄제국대학, 게이오대학, 와세다대학 등에서 헌법, 국제법을 강의했다. 1913년 중화민국 대총통 위안스카이의 법률고문이 되었다가 1915년 일본이 중국에 요구한 대중국 21개조에 반대하며 학계를 떠났다.

제진화론(族制進化論)」으로 구성된 세 권짜리 책은 기본적으로 스펜서의 학설에 기초하고 있다. 장타이옌은 사회 진화를 규율에 따르는 과정으로 본 스펜서의 견해에 찬성했지만 기계론적인 경향에는 동의하지 않았다. 그는 이렇게 말했다. "사회학 발생 초기에는 물리를 중시하고 초자연설은 배척했다. 스펜서에 와서 심리적 요소가 섞이기 시작했지만 큰 것만 증명하고 현묘하고 미세한 것은 궁구하지 않았다. 이미 발생한 것만 다루었고 앞으로 벌어질 것은 크게 고려하지 않았다. 즉 지나간 것에 대해서만 주로 언급했지 다가올 것에 대한 탐색에는 인색했다."[3] 장타이옌은 인간의 주관능동성을 강조한 사회학설을 찾고자 했는데 미국 사회 심리학파의 대표인 프랭클린 헨리 기딩스(Franklin Henry Giddings, 1855-1931)의 학설이 그의 흥미를 끌었다. 기딩스 사회학의 핵심개념은 '동류의식[類群意識]'이다. 그는 사회가 동류의식의 응집을 통해 지속적으로 발전할 수 있다고 생각했다. 그가 쓴 『사회학대학교과서』와 『사회학』은 마에가와 구마도와 엔도 류키치가 각각 일본어로 번역해 1893년과 1900년에 출판했다.[4)] 장타이옌은 기딩스의 관점에 대해 이렇게 말했다. "미국인 기딩스는 이렇게 말했다. '사회는 동류의식에서 시작되었다. 차별에서 혼란이 시작되며 모방에서 승리를 쟁취한다. 이는 모두 심리적인 것에 속하는 것으로 생리적 개념으로 혼돈을 주어서는 안 된다.' 따라서 기딩스는 학문 체계를 세우며 주관의식을 중심으로 삼고 사물변화는 스쳐지나가는 여행객 정도로 생각했다. 이는 스펜서보다 탁월한 점이다."[4] 그러나 동시에 기딩스 이론에도 편협한 면이 있다고 생각했다.

1900년에는 일본 학자 노부타 기시모토[5)]가 쓴 『사회학』이 출간되었

---

4) 마에가와 구마도(前川九万人)가 번역한 『사회학대학교과서(社會學大學教科書)』의 원작은 『The Theory of Sociology』(1894)일 가능성이 크며(본문의 연도는 오기로 보임) 엔도 류키치(遠藤隆吉)가 번역한 『사회학』의 원작은 『The Principles of Sociology』(1896)이다.

다. 장타이옌은 책을 읽고 나서 이 책이 사회성과 개인성을 결합시켰다는 점에 주목했다. 책은 "스펜서와 기딩스 두 사람의 이론을 모두 취했다. 즉 사회는 유기체와 같지만 '모든 것이 유기체와 같은 것은 아니'라고 하였다. 사람들은 무리 짓는 것을 좋아하지만 비사회성도 있어 두 가지가 서로 투쟁한다고도 했다. 결국 목표로 삼아야 하는 것은 모든 일이 진화해 가도록 하는 것이요, 사람마다 직분에 맞는 일을 얻는 것이라 하니 참으로 사리에 밝고 두루두루 정통한 견해라 할 수 있다."[5] 장타이옌은 노부타 기시모토가 생리현상으로 사회활동을 기계적으로 해석한 스펜서의 실수를 되풀이하지 않았을 뿐만 아니라 '동류의식'의 작용을 절대화한 기딩스의 편향적 이론도 비판적으로 이해했다고 생각했다. 그는 1902년 귀국 후에 이 책을 중국어로 번역해서 광서 28년 8월에 상해 광지서국에서 출판했다. 책은 모두 6장이다. 서론(緖論)에서는 사회학이라는 개념에 대해 자세한 해석을 하였고 제1장 '원시인류상태(原人狀態)'에서는 원시인과 야만인의 문제에 대해 서술하였다. 제2장은 '사회와 환경(社會與境遇)'으로 사회발전과 기후, 토양, 식물, 동물 등 환경의 관계에 대해 서술하였다. 제3장 '사회의 기원(社會之起源)'에서는 사회 기원에 대한 신명론(神命論), 사회성설(社會性說), 민약설, 자연도태설에 대해 서술하였다. 제4장은 '사회의 발달(社會之發達)'로 협업과 분공(分工), 감독제도와 공급에 대해 서술하였다. 제5장 '사회의 성질(社會之性質)'에서는 다원론, 기계설(器械說), 화학설(化學說), 유기체설 등 사회 성질에 대한 외국의 각종

5) 노부타 기시모토(岸本能武太, 1865-1928). 일본 근대의 종교학자이다. 게이오 원년 오카야마 번사의 아들로 태어났다. 동지사영학교(同志社英學校)를 졸업했으며 하버드대에서 유학했다. 시카고의 만국종교회의에 참가했으며 귀국 후 도쿄전문학교(東京專門學校)에서 비교종교학을 강의했다. 1896년 아네자키 마사하루(姉崎正治)와 함께 비교종교학회를 설립하였다. 사회주의협회(社會主義協會)의 전신인 사회주의연구회(社會主義研究會)의 설립에 참가하였다. 저서로는 『사회학(社會學)』, 『종교연구(宗敎研究)』, 『윤리종교시론(倫理宗敎時論)』, 『비교종교일반(比較宗敎一斑)』 등이 있다.

학설을 소개하고 사회 발전의 목표가 자연 정복 및 사회 개량과 교육을 통한 행복 성취에 있음을 서술하였다. 장타이옌의 번역은 비록 많은 전고와 벽자가 포함되어 있긴 하지만『사회학』의 내용을 충실하게 전달하고 있으며 문장도 막힘이 없다.

이 책은 근대 중국에서 최초로 전문(全文)이 번역된 사회학 전문 서적으로 서양 부르주아 학설의 전래 초기에 소개된 까닭에 학계의 깊은 관심을 끌었다.《신민총보》는 이 책을 가리켜 '번역계의 스타'라고 추켜세웠다.(第二十二號) 쑨바오쉬안은 장타이옌이 번역한『사회학』을 읽고 나서 감독 제도와 공급 체계에 관한 구분법에 대한 자신의 견해를 서술했다. "농부는 공급 체계에 속해 있는 사람이다. 장군은 감독 제도에 속해 있는 사람이다. 감독 제도만 중시하고 공급을 경시하면 사람들은 감독 제도로 쏠려 공급하는 사람들이 날로 줄어들게 되니 그렇게 되면 나라가 가난해진다. … 사람들이 감독 제도를 두고 다투게 되면 두 사람의 관리가 한 사람의 백성을 감독하는 경우가 생길 수도 있다. 놀고먹는 자들이 조정의 벼슬을 차지한다면 어찌 나라가 부유해질 수 있겠는가?"[6] 장타이옌은 책을 번역하면서 처음으로 '군학(群學)'이라는 말 대신 '사회학(社會學)'이라는 말을 사용했다. 이 때문에 어떤 학자는 장타이옌을 중국 사회학의 아버지라고 부르기도 한다.

장타이옌의 학술 사상도 사회학 이론의 영향을 깊이 받았다. 그는 초기에 진화론의 영향을 크게 받았는데『구서』초판본을 보면 그런 점을 분명히 알 수 있다. 이와 비교해 1904년 도쿄에서 출판된『구서』개정판을 보면 서양 부르주아 사회학의 그림자가 짙게 드리워져 있다. 새로 추가된「정공(訂孔)」,「학변(學變)」,「학고(學蠱)」,「왕학(王學)」,「청유(淸儒)」등의 글에서 그는 한진(漢晉) 이래 중국 사상 학설 변천의 추이를 고찰하고 사회 역사 조건의 변화에 따른 각종 사회 사조 및 학술 유파의 탄생과 소멸의 규칙을 밝히고 있다. 예를 들어 「청유」편에 보면 청대 고거학(考據學) 가운데 오파(吳派)와 완파(皖派)의 학술적 특징을 태호(太湖) 강변과 '강남(江南)을 고원으로 삼고 있는' 안휘 휴녕(休寧)의 지리환경, 민속과 풍습, 학풍 등 여러 사회적 요소와 관련지어 설명하고 있다.[7] 또한 「서종성(序種姓)」에서는 이러한 관점을 이용해 성씨학(姓氏學)을 연구하고 이를 통해 중국 고대 각 민족의 유래와 차이를 설명하고 있다. 상편에서는 고대 화하족 형성사를 고찰하였고, 하편에서는 고대 호한(胡漢, 오랑캐와 한족) 성씨의 동화사(同化史)를 연구하였다. 장타이옌은 스펜서의 '사회유기체론'을 대단히 중시해 인류 사회를 동물 유기체에 비유하였으며, 동물의 기관이 영양, 분배, 조절의 세 시스템으로 이루어진 것처럼 인류 사회도 필연적으로 공인(工人), 상인, 공업 자본가의 세 계급으로 이루어질 수밖에 없다고 주장했다. 여기서 조절 시스템은 통치 계급이고 영양 시스템은 직접 생산에 종사하는 노동자 계급이다. 조절 시스템은 영양 시스템보다 먼저 출현하는데 이때가 인류 사회가 야만에서 문명으로 바뀌는 전환점이다. 장타이옌은 『사회학』을 번역하는 과정에서 조절과 영양 체계를 '독제계통(督制系統)'과 '공급계통(供給系統)'이라고 번역하였으며, 원시 사회 말기 이후부터 "승자는 항상 독제계통에 패자는 항상 공급계통에" 있으면서 계급이 형성되기 시작했다고 주장했다.[8]

043

『원부(原富)』
번역이 야기한 '아(雅)'와 '속(俗)'의 논쟁

『국부론』

오늘날 『국가 재부(財富)의 성질과 원인을 논함』이라고 번역하는 영국 경제학자 애덤 스미스(Adam Smith, 중국명 亞當 · 斯密)의 『원부』(An Inquiry into the Nature and Causes of the Wealth of Nations)[1]는 매우 중요한 자본주의 경제학 경전이다. 원서는 1776년에 출판되었다. 이 책은 노동 분업에서 시작해 통용화폐, 상품가격, 노동자본, 주식이윤, 토지임대 및 금은 가치의 근원에 대해 고찰하였으며, 생산성 노동과 비생산성 노동을 구분해 논의하였다. 또한 로마 제국 쇠락 후 유럽의 경제 발전 상황을 분석하였고 유럽 각국의 상업 정책과 식민주의 정책, 최고 통치자의 세수, 각종 방위 수단과 사유제 사회에서 정의 관념의 약화, 유럽 상비군의 발전, 중세기 교육 역사에 대해 비판을 가하였다. 특히 당대의 대학, 교회 권력 세속화의 역사, 공채의 증가, 세수 원칙과 재정수입 제도에 대해서도 비판적으로 검토하였다. 어떤 비평가는 이 책을 가리켜 '유럽 전체의 문명사이자 유럽 문명에 대한 비판서'라고 평가하였다. 미국 학자 로버트 다운스

1) 한국에서는 일반적으로 『국부론(國富論)』으로 번역한다.

는 『현대 문명을 만든 111권의 책(Molders of the Modern Mind: 111 Books That Shaped Western Civilization)』에서 19세기 영국의 위대한 경제 개혁은 애덤 스미스의 사상 원칙을 따름으로써 성공하였으며 그의 사상은 20세기 경제 이론에 광범위한 영향을 미쳤다고 소개했다.

일찍이 1870년대에 영국의 재정 상황을 시찰하고 돌아온 일본의 이노우에 가오루[2)]는 영국 공사를 역임한 곽숭도에게 애덤 스미스의 저작을 소개해주었다.[1] 류석홍[3)]도 외교관 필기인 『영초사기(英招私記)』에서 이 책을 언급하며 "나라를 부유하게 만드는 도리를 설파하고 있다"고 했다.[2] 그러나 중국학자들이 처음부터 이런 백과전서식의 저작에 관심을 가진 것은 아니었다. 일찍이 영국에서 곽숭도와 여러 차례 교류했던 옌푸도 초기에는 이 책에 대해 별다른 관심이 없었다. 그러나 그로부터 20여 년 후, 중국에서 자본주의가 싹트고 제국주의 자본이 유입되어 기계공업과 철로, 은행, 우전 사업이 발전하기 시작하자 재정과 세수의 수지를 맞추고 노동, 토지, 상품, 화폐, 가격 등 일련의 복잡한 문제들을 해결하기 위한 방안이 요구되었다. 이때 애덤 스미스의 명저는 중국의 세수 및 관세 제도, 상업세, 협정관세 등의 문제를 해결하는 데 있어 약간의 해답을 제시해주었다. 초기 개량주의 사상가 진치[4)]는 1896년 경제 문제를 논한 저작인 『속부국책』에서 애덤 스미스의 『부국책』을 높이 평가했다. 그는 이

---

2) 이노우에 가오루(井上馨, 1836-1915). 근대 일본의 교육자, 정치가, 외교관, 사상가이다. 메이지 유신을 통한 일본의 근대화, 산업화에 큰 기여를 하였다. 조선의 개화 사상가들과 교류하였으며 유길준, 윤치호 등을 지원하기도 했다.

3) 류석홍(劉錫鴻, ?-1891). 본명은 류석인(劉錫仁), 자는 운생(雲生)으로 광동 태생이다. 영국, 독일, 오스트리아-헝가리 제국, 네덜란드 등지에서 외교관 생활을 하였다. 청말 대표적인 보수주의자로 양무운동에 극렬 반대하였다.

4) 진치(陳熾, 1855-1900). 본명은 진가요(陳家瑤), 자는 극창(克昌), 호는 차량(次涼)으로 강서 사대부 집안 출신이다. 중국 근대 저명한 변법사상가로 옹동화(翁同龢), 캉유웨이와 함께 변법대강의 초안을 작성하였으며 《만국공보》를 창간하고 강학회(强學會)를 설립하는 등 변법운동에 적극적으로 참여하였다. 저서로는 『용서(庸書)』, 『속부국책(續富國策)』 등이 있다.

렇게 말했다. "(이 책은) 통상의 이치를 탁월하게 밝히고 있다. 상무란 남는 것으로 모자란 것을 메꾸는 것이므로 통상이 없으면 발전하지 못한다. 이 책은 영국을 계몽시켜 번거로운 것을 간결하게 만드는 데 도움을 주었다." 비록 당시에 진치는 『부국책』의 저자가 누구인지 몰랐지만 영국이 부강한 이유에 대해서는 분명하게 간파하고 있었다. "학자들이 분석한 결과 그 원인은 바로 『부국책』에 있다는 것을 알았다."[3] 진치가 자신의 저서 제목을 『속부국책』이라고 붙인 것도 애덤 스미스의 『부국책』에 이어서 논한다는 의미에서이다. 『부국책』을 가장 먼저 중국어로 번역한 인물은 옌푸이다. 그는 책을 번역하여 1902년 상해 남양공학역서원(南洋公學譯書院)에서 『원부』라는 제목으로 출간하였다.

시간 순서에 따르면 『원부』는 엄역명저(嚴譯名著)[5] 가운데 『천연론』 다음으로 번역되었다. 처음에는 『계학(計學)』이라는 제목이었으며 모두 5장으로 구성되어 있었다. 그러나 1898년까지 절반도 채 번역되지 않았을 정도로 작업이 더디게 진행되다가 1900년이 되어서야 겨우 탈고하였

---

5) 옌푸는 무술변법 이후부터 신해혁명 전까지 10여 년 동안 『천연론』, 『명학천설』, 『원부』, 『법의』, 『사회통전』, 『군기권계론』, 『목륵명학』, 『군학이언』 등 여덟 권의 서양 명저 번역에 매진했다. 1931년 상무인서관은 이 책들의 재판을 집중적으로 발행했는데 여기서 '엄역명저총간(嚴譯名著叢刊)'이라는 이름이 유래했다. 출판년도와 원제 등은 아래와 같다.

엄역명저	출판년도	원제	저자(중국명)	원저작 출판년도
天演論	1897	Evolution and Ethics	Thomas Henry Huxley(赫胥黎)	1893
原富	1901	An Inquiry into the Nature and Causes of the Wealth of Nations	Adam Smith(亞當 · 斯密)	1776
社會通詮	1904	A History of Politics	Edward Jenks(甄克斯)	1900
群學肄言	1903	The Study of Sociology	Herbert Spencer(斯賓塞)	1873
群己權界論	1903	On Liberty	John Stuart Mill(約翰 · 穆勒)	1859
穆勒名學	1905	A System of Logic	John Stuart Mill (約翰 · 穆勒)	1843
法意	1904	The Study of Sociology	Montesquieu(孟德斯鳩)	1873
名學淺說	1909	Primer of Logic	William Stanley Jevons(耶方斯)	1876

다. 옌푸에게 있어서 『원부』는 『천연론』보다 훨씬 더 중요한 저작이다. 1899년 남양공학역서원 원장 장위안지(張元濟)에게 보낸 편지에 보면 『천연론』은 "헉슬리 저작의 서론 중 일부에 해당하는 것으로 본격적으로 천연학을 다룬 것은 아니다"라는 구절이 나온다. 이에 반해 『원부』에 대해서는 다음과 같이 썼다. "중요한 저작으로 시무에 뜻을 두고 경제를 중시하는 사람이라면 반드시 읽어야 한다. 책은 이재(理財), 법례(法例), 그리고 재부(財富) 상황에 대한 획기적인 사상을 담고 있을 뿐만 아니라 은행과 화폐, 농공상 정책 등에 대해 서양식 해법을 제시하며 논증하고 있다. 또한 유럽과 아시아가 통상을 시작한 이래 진행되었던 모든 상무 상황에 대해 고찰하고 있으니 앞으로 학자들은 이 책을 귀감으로 삼아야 한다." 책에서는 "예로부터 중국에서 이익과 이재를 말하던 사람들의 병통에 대해서 비판하고 있다." 따라서 "지금 이 책을 특별히 선택해 번역하는 것이다."[4] 1899년부터 1902년까지 옌푸가 장위안지에게 보낸 20여 통의 편지를 살펴보면 그 가운데 10여 통에서 『원부』를 언급하고 있음을 알 수 있다.

『원부』는 출간되자마자 학계의 큰 관심을 끌었다. 심지어 책이 출간되기 전부터 옌푸를 만난 "성내의 인사들은 그에게 『원부』를 보여달라고 요청했다." 옌푸도 "나를 찾아온 사람들 대부분이 대화중에 『원부』를 보기를 원했다"고 썼다.[5] 책의 독자층은 매우 다양해서 여러 도시와 지역의 학교들이 앞다투어 주문예약을 했다. 쑨바오쉬안은 직접 차를 타고 난양공학으로 가서 책을 구매했다. 저명한 동성파 문학가 오여륜은 이 책의 번역문 일부를 읽고 난 후 이렇게 말했다. 책의 내용이 "의미심장하다. 파초 잎을 벗기는 것처럼 생각이 꼬리를 물고 지혜가 샘물처럼 솟아난다. 그러나 단번에 깊은 의미를 파악하기는 힘들다." 이어서 그는 옌푸의 번역을 '웅필(雄筆)'이라 칭찬하며 "표현하기 힘든 정서까지 충분히 묘사했으며 원서의 오류도 바로잡았다. 시대의 병폐를 말하되 함부로 의견을 내지는 않았으니 참으로 세상을 구제할 만한 뛰어난 작품이다"[6]라고 하였다. 1901년 오여륜은 『원부』의 서문을 썼다. 서문에서 그는 다음과 같이 당시의 세태를 비판했다. "중국 사대부들은 이익을 논하는 것을 금기시하고 중농경상(重農輕商)의 관념에 빠져 있다. 따라서 돈 버는 길은 늘 적고 돈 드는 일은 늘 많다. 재물은 세상천지에서 나오나 내버려두고 거들떠보지 않는다." 재물을 내버려두고 거들떠보지 않기 때문에 사용할 방법이 없고 사용하지 않으니 나라가 나라답지 않게 되는 것이다. 재물이 재물이 아니고 나라도 나라가 아니니 위기가 어느 지경에 이르렀는지 알 만하다. 따라서 옌푸가 번역한 '이익에 관한 애덤 스미스의 책'은 이 시대가 필요로 하는 책이다.[7] 『증판동서학서록』에서는 책에 대해 이렇게 평가했다. 애덤 스미스는 "영국에서 상법 보호에 관해 논의할 때 자타이리(自他二利)의 학설을 일관되게 주장하였는데 이로부터 자유무역의 시대가 시작되었다. 치부(致富)에 대한 논의는 매우 광범위할 뿐만 아니라 깊은 통찰력이 있어 중국의 현재 상황에 대한 좋은 본보기가 된다. 100여 년 전에 나온 책이라 일부 내용은 후대의 학설보다 못한 부분이 있다. 그러나 옌푸가 내용을 보완하고 또 중국의 상황에 빗대어 서술하였으니 완벽하다고 할 수 있다."[8] 쑨바오쉬안은 『망산여일기』에 다음과 같이 기록했다. 『원부』를 읽고 "목축업과 농업의 이익이 같아져야" 하는 필요성에 대해 알게 되었다. 또한 "부국의 길은 물산의 유통에 있으며 이를 위해서는 철도가 필요하다"고도 썼다. "서양에서 민권이 나날이 신장되는 까닭은 바로 농업과 상업이 발전했기 때문"[9]이라는 그의 지적도 주목할 만하다.

『원부』의 전반부 두 편이 출판되고 나서 량치차오는 《신민총보》 제2기에 이 책을 추천하며 다음과 같이 말했다. "옌푸는 중국과 서양의 학문에 두루 정통한 최고 전문가이다. 수년간의 노력을 통해 책을 세상에 선보였으니 그 훌륭함은 말할 필요가 없다."[10] 그러나 선진 시기 문장을 모방한 고아한 문체는 비판의 대상이 되기도 했다. 황준헌은 옌푸에게 보낸 편지에서 이에 대해 완곡하게 지적하였다. 『원부』가 "만약 유창하면서 힘 있고 이해하기 쉬운 문체로 쓰였더라면 일반인들도 이해하기 쉬웠을 텐데 그렇지 못해 아쉬울 따름입니다." 그는 옌푸가 학문의 대중화를 위해 "수준을 조금 낮추기를" 바랐다.[11] 샤쩡유는 편지에서 옌푸가 사용한 문체에 대해 좀 더 직접적으로 문제를 제기했다. 많은 사람들이 『원부』에 열렬한 반응을 보인 것은 분위기에 편승했기 때문이기도 하다. "『원부』는 그저께 출간되어 어제 매진되었다. 그러나 내용을 이해하는 사람은 극소수에 불과하다. 책상머리에 두는 것만으로 신학문을 안다고 여기는 것이다."[12] 그러나 이런 지적에 대해 옌푸는 크게 개의치 않았을 뿐만 아니라 도리어 서신을 통해 량치차오와 논쟁을 벌였다. 「'원부'의 번역을 논한 《신민총보》에 보내는 편지(與《新民叢報》論所譯'原富'書)」라는 글의 전문은 1902년 《신민총보》 제7기에 실려 있다. 필자 생각으로는 옌푸의 잘못이 전통 문언문의 형식으로 신사상을 전달하려 한 데 있는 것이 아니다. 헌 부대에 새 술을 담는 것은 문화적 과도기에 어쩔 수 없이 생기는 현상이다. 오히려 옌푸의 잘못은 헌 부대에 새 술을 담는 부득이한 현상을 문화상의 절대법칙으로 여겼다는 데 있다. 후에 취추바이[6)]는 「번역에 대하여(關於翻譯)」라는 글에서 옌푸가 '아(雅, 우아함)'를 살리는 대신 '신(信, 충실함)'과 '달(達, 유창함)'을 저버렸다고 비판했다.[13] 이 외에 당시 청년이었던 왕원우[7)]도 옌푸의 번역문이 비록 우아하긴 하지만 영문 원서

6) 취추바이(瞿秋白, 1899-1935). 필명은 쑹양(宋陽), 장쑤 창저우 태생이다. 중국공산당 지도자, 문예평론가이다. 베이징 아문전수관(北京俄文專修館)에서 공부했다. 1922년 중국공산당에 입당하였고 중공중앙(中共中央) 기관지 《선봉(前鋒)》 주편을 역임했고 《향도(向導)》 편집에 참여했다. 1935년 푸젠에서 국민당군에 체포되어 희생되었다. 향년 36세. 주요저서로는 『구추백논문집(瞿秋白論文集)』, 『적도심사(赤都心史)』, 『아향기정(餓鄕紀程)』 등이 있다.

보다 훨씬 이해하기 어렵다고 하였다.[14]

이런 논쟁에 대해 『원부』의 편집과 출판을 담당한 장위안지가 어떤 태도를 취했는지는 자료가 없어 확인할 수 없다. 그러나 그가 책에 대한 독자들의 이해를 돕기 위해 노력했음은 분명하다. 그는 독자들의 "이해를 돕기 위해" 책 말미에 번역어 대조표를 만들어 첨부하기도 했다. 역서원의 교정 담당 쩡샤오청[8]과 함께 중서편년(中西編年), 지명 · 인명 · 사물 의미표 등도 만들었다. 이 역시도 '학자들의 연구 편의를' 위한 것이었다. 장위안지도 옌푸의 『원부』가 읽기 어렵다는 것을 잘 알고 있었다. 그는 남양공학외원(南洋公學外院)[9]에서 학생들과 함께 『원부』를 강독하기도 했다.[15] 얼마 후 그는 상무인서관으로 자리를 옮겨 편역소(編譯所)를 담당했다. 그는 소설 번역가인 린슈의 고문 스타일과 쩡푸[10]의 백화문을 매우 좋아해서 두 사람 모두에게 1천 자당 은화 16위안이라는 높은 고료를 지급하기도 했다.[16] 또한 린슈가 번역한 소설과 우광젠[11]의 백화문 번역

---

7) 왕윈우(王雲五, 1888-1979). 이름은 홍전(鴻楨), 자는 르샹(日祥), 호는 슈루(岫廬)이다. 광둥 샹산(香山) 사람으로 상하이에서 태어났다. 상하이 동문관에서 수학했으며 영어에 능통해 베이징의 영자신문《민주보(民主報)》편집장 및 동문관, 베이징대학, 궈민대학(國民大學) 영어 교수를 역임했다. 1921년 후스의 추천으로 상무인서관편역소에서 일을 시작한 이래 25년간 재직하며 교육보급 및 학술 독립, 출판개혁을 위해 헌신했다. 특히 상무인서관(商務印書館) 총경리를 지내면서 '만유문고', '중국문화사총서(中國文化史叢書)', '대학총서(大學叢書)' 등 중국 근현대 출판사에 남을 만한 대형총서들을 기획 발간하였다. 저서로는 『왕윈우대사전(王雲五大詞典)』이 있으며 2013년에는 『왕윈우전집(王雲五全集)』이 출간되었다.

8) 쩡샤오청(鄭孝檉, 1863-1946). 고베의 주일중국영사관에서 중국 유학생 관리업무를 담당했었으며 안후이성 정무청장을 역임했다. 장위안지와 함께 옌푸의 『원부』를 편집 출판했다. 저서로는 『치신시존(稚辛詩存)』이 있다.

9) 중국 최초의 신식 공립 소학교이다.

10) 쩡푸(曾樸, 1872-1935). 청말민초(淸末民初)의 소설가, 출판가이다. 대표작으로는 장편소설 『얼해화(孽海花)』가 있다.

11) 우광젠(伍光建, 1867-1943). 일찍이 톈진 북양수사학당(北洋水師學堂)에서 공부한 후 영국 그리니치 해군학교에 파견되어 유학하였다. 나중에 런던대학에서 물리학과 수학을 전공하다 문학으로 전공을 바꾸었다. 저서로는 『중국영문독본(中國英文讀本)』, 『제국영문독본(帝國英文讀本)』 등이 있고 뒤마의 『삼총사(俠隱記)』, 디킨스의 『어려운 시절(勞苦世界)』, 괴테의 『여우 라이네케(狐之神通)』, 에밀리 브론테의 『폭풍의 언덕(狹路冤家)』, 조지 엘리엇의 『아담 비드(阿當貝特)』 등의 서양 소설을 번역하였다.

소설을 모두 '설부총간(說部叢刊)'에 포함시킴으로써 문언과 백화를 모두 아우르는 관용적 태도를 견지했다. 그는 다양한 계층의 독자들이 자신들의 수준에 맞는 책을 찾아 읽도록 선택의 폭을 넓혀주는 것이 출판업자의 임무라고 생각했다. 이런 사실을 통해 우리는 전통 학문에 대한 소양이 깊었던 장위안지가 어떤 방식으로 신문화운동에 참여했는지, 그리고 시대에 뒤떨어지지 않을 수 있었던 이유에 대해 짐작해볼 수 있다.[17] 일찍이 영국에서 유학하고 서양의 신사상을 전파하는 것을 임무로 삼았던 옌푸가 같은 시기에 존공독경(尊孔讀經)를 주장하고 신문화운동에 반대하는 완고한 보수의 길로 들어섰던 것과는 대조적이라고 할 수 있다.

044

『십오소호걸(十五小豪傑)』과 '호걸역(豪傑譯)'

호걸들의 문재(文才)가 작품 속에서 각축을 벌이다

『십오소년 표류기』

량치차오 번역 작품 중에서 『가인기우』 외에 또 하나의 대표작을 꼽으라면 『십오소호걸』[1]을 들 수 있다. 이 소설은 프랑스 '과학 환상 소설(SF)의 대부' 쥘 베른(Jules Verne, 중국명 儒勒 · 凡爾納)의 작품으로 1902년 량치차오가 뤄샤오가오[2]와 함께 번역했다.

쥘 베른은 생전에 중국인들에게 소개된 몇 안 되는 프랑스 작가 중 한 명이다. 중국에 소개된 최초의 작품은 1900년 경세문사(經世文社)에서 출간된 『80일환유기(八十日環遊記)』[3]로 일유가 번역하고 수옥[4]이 필기하여 펴냈다. 량치차오와 뤄샤오가오가 번역한 『십오소호걸』은 광서 29년(1903) 5월 일본 요코하마의 신민사(新民社) 활판부(活版部)에서 출판

1) 이 소설의 프랑스어 원제는 'Deux ans de vacances'로 직역하면 '이년간의 휴가'이다. 현재는 한국과 중국 모두 『십오소년표류기(十五少年漂流記)』로 번역하고 있다.

2) 뤄샤오가오(羅孝高, 1876-1949). 뤄푸(羅普)로 알려져 있다. 본명은 원티(文梯), 호는 샤오가오(孝高)이다. 캉유웨이의 직계 제자로 장흥학사와 만목초당에서 공부했다. 일본에서 유학했으며 량치차오 등과 함께 변법유신운동에 참여했다.

3) 『80일간의 세계일주』를 말한다.

4) 일유(逸儒)는 중국 근대의 저명 외교가이자 번역가였던 진계동(陳季同, 1851-1907)의 동생 진수팽(陳壽彭, 1855-?)의 자(字)이며 수옥(秀玉)은 중국 근대 여성 번역사에서 선구가 된 그의 부인 설소휘(薛紹徽, 1866-1911)의 자이다.

되었다. 소설은 15명의 소년이 여름 방학을 맞아 배를 타고 여행을 떠나 2년 동안 무인도에서 생활하며 갖은 고초를 다 겪고 난 후 무사히 고향으로 돌아오게 되는 과정을 그리고 있다. 소년들은 무인도에서 생활하는 동안 여러 가지 신기한 일들을 경험하고 속임수에 넘어가거나 미로에 빠지기도 하며 재규어를 만나 위험에 처하기도 한다. 이런 모험담은 마치 『로빈슨 크루소(魯濱遜飄流記)』를 보는 듯하다. 어떤 일본학자는 이렇게 말했다. "『로빈슨 크루소』는 막 발흥하기 시작한 평민 계급의 왕성한 활동력을 표현하고 있는 이야기이다. 쥘 베른의 소설도 비슷한 관념을 계승하고 있는데 표현이 더욱 세련되다. 이런 소설은 일반적으로 '과학소설'이라고 부르지만 이 한마디로 소설의 성격을 모두 설명할 수는 없다. 『십오소호걸』은 공상과학적 내용에 여행과 항해라는 소재를 접목시킴으로써 『로빈슨 크루소』보다 더욱 흥미롭게 읽을 수 있다."

량치차오와 뤄샤오가오가 번역한 내용은 《신민총보》 1902년 2월 22일 제2호부터 1903년 1월 13일 제24호까지 연재되었다. 역자는 제1회(回) '부기(附記)'에서 다음과 같이 말했다. "이 책은 쥘 베른(焦士威爾奴)이라는 프랑스 작가의 작품으로 원제는 『이년 동안의 여름방학(兩年間學校署假)』이다. 영국인이 번역한 영역본을 일본의 대문호 모리타 시켄[5]이 일본어로 번역하면서 제목을 『십오소년(十五少年)』이라고 하였다. 이 글은 일역본을 중역(重譯)한 것이다. 영역본 자서에는 이런 말이 나온다. 영국 독자들을 고려해 직역보다는 의역을 위주로 하였지만 내용은 원문과 조금도 다르지 않다. 모리타도 자서에서 이렇게 말했다. 일본의 상황에 맞춰 번안했지만 원작의 줄거리와 조금도 다르지 않다. 나는 다시 이

5) 모리타 시켄(森田思軒, 1861-1897). 메이지 시대의 신문기자, 번역가, 학자로 빅토르 위고, 톨스토이, 쥘 베른, 에드거 앨런 포 등의 작품을 번역해 메이지 시대의 번역왕이라 불렸다. 특히 추리소설 분야에서 명성을 떨쳤다.

것을 중국 설부(說部)의 형식을 빌려 중국어로 번역하였다. 그러나 모리타본에 뒤지지 않는다고 자신한다. 설령 이 글을 쥘 베른이 읽는다 해도 그에게 실례가 될 정도는 아닐 것이다."[1] 또 책을 '두 사람이 나누어' 번역했기 때문에 "원서보다 훨씬 낫다"고도 말했다. 모리타가 번역한 『십오소년』은 일본에서 명작으로 평가받는다. 기무라 기[6)]가 《문학월보(文學月報)》에 발표한 「십오소년잡기(十五少年雜記)」에 보면 다음과 같은 말이 나온다. "메이지 초기에 소요조(逍遙調), 구외조(鷗外調), 황촌조(篁村調), 홍엽조(紅葉調) 등 다양한 문체를 구사하는 여러 학파가 출현했는데 그들 가운데 가장 영향력이 컸던 세력으로 사헌조(思軒調)[7)]를 꼽을 수 있다. 문학사가들은 사헌조의 대표적 작품으로 『십오소년』을 꼽는데 … 번역계에서도 명작으로 평가한다." 일본 메이지 초기의 번역자들은 대부분 원작의 주제와 구조, 인물을 고쳐 쓰는 개작이나 축약을 선호했다. 이런 번역 방식을 '호걸역'이라고 부른다. 호걸역이라는 명칭은 아마 번역자가 호걸처럼 통쾌하게 붓을 휘둘러 원작에 첨삭을 가했기 때문에 붙여진 이름인 것 같다.[2] 모리타의 번역도 이런 풍조의 영향을 받았으며 량치차오의 『십오소호걸』은 그야말로 전형적인 호걸역이라 할 수 있다. 쥘 베른의 작품은 먼저 영국인 번역자에 의해 '직역이 아닌 의역'되는 과정을 거쳤다. 이것이 다시 모리타에 의해 '일본 스타일에 맞게' 번안되었으며 량치차오와 뤄샤오가오가 일역본을 가지고 '중국 설부 형식'으로 재번역하였다. 그럼에도 불구하고 자신 있게 "원뜻을 잃지 않았다"고 말한 것이다. '세 차례의 호걸역'을 거치면서 호걸들의 문재(文才)가 작품 속에서 각축을 벌이니 이들이야말로 '소호걸(小豪傑)'이라 할 수 있을 것이다.

---

6) 기무라 기(木村毅, 1894-1979). 소설가 겸 문학평론가로 메이지 시대 문화사 연구에 조예가 깊다.
7) 모리타 시켄의 문체를 구사하던 학파.

당시 중국학자들도 쥘 베른의 원작에 대해서는 별로 관심이 없었던 듯하다. 오히려 "심오하고 오묘한 생각, 장대한 구조"의 호걸역이 그들의 구미에 맞았다. 량치차오도 "작품을 통해 서양 문학의 웅대한 기백을 엿볼 수 있다면" 그것으로 됐다고 말했다. 개명서점의 운영자 샤쑹라이(夏頌萊, 즉 公奴)는 『금릉매서기』(1903)에서 이렇게 말했다. "최근 나온 신소설 가운데 『흑노유천록』이나 《신민총보》의 『십오소호걸』같은 작품은 무슨 일이 있어도 갖춰놓아야 하는 책들이다."[3] 1905년 쑹천[8]은 《신소설》 17호에 게재한 「애정소설과 신사회의 관계(論寫情小說於新社會之關系)」에서 다음과 같이 말했다. "『십오소호걸』을 읽고 이 책의 열렬한 숭배자가 되었다. 어떻게 하면 우리나라 사람들이 브리앙이나 고든처럼 성숙한 소년이 되어 설령 남극에서라도 공화제를 건설할 수 있을 정도의 모험심과 독립심을 기를 수 있을까?"[4] 1907년 치우슈위안은 《신소설총》 '신소설품'에서 이 책에 대해 "불꽃놀이처럼 찬란하고 오로라처럼 화려하다"고 평가했다. 서로 합심해 곤경을 헤쳐 나가는 서구 소년들의 투쟁정신은 중국 학생들에게 깊은 감동을 주었다. 가오쉬(高旭)와 가오추이완(高吹萬)이 강소성에 세운 각민사(覺民社)의 기관지 《각민(覺民)》 제8기(1904년 7월 8일) '문원(文苑)'란에는 가오추이완이 쓴 「'십오소호걸'을 읽고(書'十五小豪傑'後)」라는 제목 아래 시 세 편이 실려 있다. 그 가운데 첫 번째 시에 이런 구절이 나온다. "어린 소년 열다섯, 환난을 통해 기상을 드러냈네. 남아라면 사서 고생도 마다 않으리. 민주제의 규모와 체제 나

8) 진쑹천(金松岑, 1873-1947)을 말한다. 본명은 마오지(懋基), 별명으로는 톈허(天翮), 톈위(天羽) 등이 있다. 청말의 국학대사로 유신운동과 신문화 전파에 매진하였다. 1903년 차이위안페이의 요청으로 중국교육회와 애국학사 창설에 참여하였으며 '소보안'이 발생하자 장타이옌, 추용의 변호를 위해 경비를 부담하기도 했다. 저서로는 『천방루시집(天放樓詩集)』, 『천방루문언(天放樓文言)』, 『학방중년정론(鶴舫中年政論)』과 소설 『여계종(女界鐘)』, 『자유혈(自由血)』 등이 있다.

날이 새로워지네.'[9] 『십오소호걸』에는 소년들이 민주적 절차를 통해 '총통'을 뽑는 내용이 나온다. 중국의 독자들은 소설에 나오는 공화제에 대한 묘사를 통해 민주제에 대한 희망을 품기 시작했다.

량치차오, 뤄샤오가오의 번역본은 여러 차례 재판을 발행했다. 1930년에만 세계서국(世界書局)에서 5판을 발행했으며, 1936년 중화서국에서는 량치차오가 번역한 9회까지만 다시 편집해 『음빙실전집(飮冰室專集)』에 수록했다. 이 밖의 번역본으로는 위안성(遠生)이 번역한 『십오소년(十五少年)』(世界書局1931년 초판, 1936년 6판), 스뤄잉(施落英)이 번역한 『십오소호걸(十五小豪傑)』(啓明書局 1940년 초판, 1947년 3판), 장스자오(章士佼)가 번역한 『십오소호걸(十五小豪傑)』(上海激流書店1946년 초판)이 있다. 이 책들은 량치차오 번역본의 영향을 크게 받았지만 그보다 수준이 높지는 않았다. 저우쥐런은 「국문 학습의 경험(我學國文的經驗)」이라는 글에서 청조 말기 번역계의 왕성한 활동에 대해 이렇게 말했다. "옌푸의 『천연론』, 린슈의 『차화녀』, 량치차오의 『십오소호걸』은 이 시기를 대표하는 작품이라 할 수 있다."[5]

9) 원문은 다음과 같다. "小小垂髫十五人, 却從患難見精神. 男兒磨折尋常事, 民政規模結构新."

045

『군학이언(群學肄言)』
스펜서 학설의 유행

『사회학연구』

19세기 마지막 25년 동안 영국 사회학자 스펜서[1)]의 영향력은 사회사상사 영역에서 매우 광범위하고 강렬했다. 이는 물론 영국에만 한정되는 것은 아니다. 1860년대 초부터 1893년 12월까지 스펜서의 저작은 미국에서만 모두 36만 8,755권이 판매되었다. 또한 일본에서는 1877년부터 1900년까지 스펜서 저작 32종이 번역되었으며 스펜서 연구 저작이 봇물 터지듯 쏟아져 나왔다.[1] 1877년 오자키 유키오[2)]는 스펜서가 쓴 『사회정역학(Social Statics)』 중 권리론 부분만 번역해 『권리제강(權理提綱)』이라는 제목으로 출간했다. 1879년에 나온 후쿠모토 토모에(福本巴)의 『보통민권론(普通民權論)』, 니와 준이치로(丹羽純一郎)의 『통속일본민권정리(通俗日本民權精理)』 등도 모두 스펜서의 권리론에 관한 책이

1) 허버트 스펜서(Herbert Spencer, 1820-1903). 중국명 赫伯特 · 斯賓塞. 영국의 철학자이자 사회학자로 '사회진화론(Social Darwinism)'의 창시자이다.

2) 오자키 유키오(尾崎行雄, 1858-1954). 일본의 정치가이자 민권 사상가로 '의회 정치의 아버지'로 불린다. 일본 최초의 정당인 입헌정우회(立憲政友會)의 창립에 참가하였다. 25차례나 중의원에 뽑혔으며 내각문부대신과 도쿄 시장을 역임했다. 저서로는 『독일학과 중국학(德國學與支那學)』, 『권리제강(權理提綱)』 등이 있다.

다. 1881년 마츠시마 츠요시(松島剛)의 번역으로 출간된 스펜서의 『사회평권론(社會平權論)』은 제본풀이 마르기도 전에 날개 돋친 듯 팔려 나갔다.[2]

옌푸는 1880년에서 1881년 사이에 스펜서의 학설을 처음 접했다. 그는 「'군학이언'역여췌어('群學肄言'譯餘贅語)」에서 "태어나서 처음으로 책을 읽고 크게 탄복했다"고 썼다. 아울러 자신은 평생 동안 "독불장군처럼 극단적인 이론을 좋아했는데 이 책을 읽고 그것이 잘못되었다는 것을 깨닫게 되었다"고도 했다. 1895년 《직보(直報)》에 발표한 「원강(原强)」에는 스펜서를 소개하는 글이 나온다. "스펜서(錫彭塞)는 영국 사람이다. 이치를 종합하여 인륜지사(人倫之事)를 밝히고 그것을 '군학(群學)'이라 하였다." 그는 스펜서 저작에 대해서도 다음과 같이 소개하였다. "내용이 정미하고 심오하며 풍부하고 의미심장하다. 하나의 이론으로 하나의 문제를 논하되 반드시 물리(物理)에 근거하여 인사(人事)로 증명하였다. 단서를 미루어 참된 본원에 이르고 철저하게 연구하여 효과를 얻고자 하였다. 특히 국가의 성쇠(盛衰)와 강약, 민덕(民德)의 후박(厚薄)과 취산(聚散)의 이유를 거듭 강조했다."[3] 그는 『천연론』을 번역하면서 스펜서의 관점들을 안어(按語)로 기록해두었다. 또한 일본에서 'Society'를 '사회'라고 번역한 것에 동의하지 않고 전통적 개념인 '군(群)'이라는 말로 번역했다. 왜냐하면 'Society'의 함의는 사회조직보다는 사회집단에 가까워 '군'이라는 글자가 더 적합하다고 여겼기 때문이다. 옌푸는 1902년 스펜서의 『사회학연구(The Study of Sociology)』를 번역해 이듬해 『군학이언』[3)]이라는 제

3) 『군학이언(群學肄言)』은 허버트 스펜서가 1873년에 쓴 『사회학연구(The Study of Sociology)』를 번역한 것으로 '군학(群學)'은 '사회학(Sociology)'을, '이언(肄言)'은 '연구(Study)'를 의미한다. 「장위안지에게 쓴 편지14(與張元濟書十四)」에 따르면 원래 제목은 계몽적 의미가 강한 『군학표몽(群學彪蒙)』이었지만 후에 『군학이언』으로 바꾸었다고 한다.

목으로 상하이 문명편역서국(文明編譯書局)에서 출판했다.

일찍이 1898년 장타이옌과 쩡광촨은 『스펜서전집』에 수록된 단편 논문집의 일부 내용을 함께 번역한 적이 있다. 3권짜리 논문집의 제목은 『단론: 과학적, 정치적, 사변적(短論: 科學的, 政治的, 思辨的)』[4]으로 모두 44편의 논문을 수록하고 있다. 장타이옌과 쩡광촨은 1권 중에서 「진보: 법칙과 원인(進步: 它的法則和原因)」,[5] 3권 중에서 「습속과 풍상(習俗和風尙)」[6]이라는 두 편의 짧은 논문을 골라 번역한 후 「논진경지리(論進境之理)」, 「논예의(論禮儀)」라는 제목으로 발표하였다.[4] 앞의 글은 사회진화론에 관한 내용이고 뒤의 글은 자연법칙에서 도출된 사회법칙에 대해 설명하고 있다. 두 논문은 1898년 8월 17일 창간된 《창언보》 제1책부터 제6책, 그리고 제8책에 연재되었다. 「논진경지리」에는 다음과 같은 구절이 나온다. "오대주 각 나라들의 인구 규모, 영토의 크기, 물산의 양, 기계의 성능, 상업의 영리, 법률의 우열" 등은 모두 진화론으로 설명할 수 있다. 글에서는 진화를 물체가 집결하는 것으로 보았다. 물체가 집결할 때 운동은 사라진다. 불확정적이고 분산적 동질상태에 놓여 있는 물체는 확정적이고 응집된 이질상태로 나아가게 된다. "식물의 세포는 종자에서 생겨나며 이것이 나무가 된다. 벌레는 동물의 배아에서 생겨나며 성체로 나아간다. 없어지거나 자라나는 것은 같지만 변화의 양상은 다르며 아직 다 만들어진 것도 아니다. 법칙에 따라 발전하게 하면 하나의 세포가 둘로 나누어지는 데에서 시작해 사람이나 사물로 된 후에 그친다. 이로부터 단세포 종이 끝없이 변화해 나왔음을 알 수 있다."[5] 비슷한 시기 옌푸도 『사회학연구』의 번역에 착수해서 1897년 상하이 《국문보》에 「폄우(砭

4) 원제는 'Essays: Scientific, Political, and Speculative'이다.
5) 원제는 'Progress: Its Law and Cause'이다.
6) 원제는 'Manners and Fashion'이다.

愚)」편과 「창학(倡學)」편을 실었다.

『사회학연구』의 목차는 사회학의 의의, 사회학 연구의 중요성, 사회학 연구방법, 사회학 연구의 장애, 객관적 장애, 주관적 사상의 장애, 감정적 장애, 교육적 편견, 애국주의적 편견, 계급 · 정치 · 종교적 편견, 기율성(紀律性), 생물학 원칙에 따른 일처리, 심리학 원칙에 따른 일처리, 결론인데 『군학이언』에서는 이것을 각각 폄우, 창학, 유술(喩術), 지난(知難), 물폐(物蔽), 지해(智絯), 정오(情瞀), 학피(學詖), 국구(國拘), 유곡(流梏), 정혹(政惑), 교벽(敎辟), 선성(繕性), 헌생(憲生), 술신(述神), 성장(成章)으로 번역했다. 우아한 문어체로 번역된 『군학이언』은 중국의 사인들 사이에서 큰 반향을 불러일으켰다. 까오멍단은 옌푸의 번역서를 읽고 나서 "(그의) 책을 전부 읽었는데 그 중에서도 특히 『군학이언』을 좋아한다"고 하였다. 또한 옌푸의 책은 대부분 '군치(群治)'에 관해 논하고 있는데 특히 이 책은 "모범이 될 만하니" "옌푸의 책을 읽으려는 사람은 반드시 『군학이언』을 먼저 읽어야 한다"고도 말했다. 나중에 상무인서관이 이 책을 '엄역명저총간'에 수록했을 때 까오멍단은 『군학이언』 서문을 썼다. 1903년 쑨바오쉬안은 이 책을 읽은 후 『망산여일기』에 이렇게 썼다. 책에서 "한두 사람의 힘에만 의지해서 급히 법령을 반포하고 정치를 행하는 것은 백성들의 품성에 부합하기 쉽지 않다"고 한 것은 매우 정확하다. 이는 "전제가 행해져서는 안 된다는 것을 증명하는 것이다." 왜냐하면 전제정치는 지방 정부의 권력을 정부가 모두 갖는 것으로 국토 크기와 상관없이 지방자치를 허용하지 않는 것이다. 정부가 지방까지 다스리게 되면 결국 "그 정치는 막장으로" 치닫게 된다. 예를 들어 대가족 단위에서 가장이 자식과 노비의 음식과 의복 등 대소사를 전부 혼자 처리하는 것은 대단히 힘든 일일 뿐만 아니라 집안사람들도 원하지 않는 것이다. 그는 또한 다음과 같은 구절을 높이 평가했다. "사회 제도는 반드시 백성의 품성을 살펴 만들어져야 한다. 사회 제도의 수준이 백성의 품성보다 높으면 쓸모없게 되고, 백성의 품성이 사회 제도보다 높으면 이상적이 된다." 이것은 지극히 합당한 명언이다. 왜냐하면 보편적 도덕교육은 도외시한 채 엄격한 법률에만 의지하는 사회는 유지되기 힘들기 때문이다. "한 사회의 발전변화는 항상 두 가지 교육의 수준에 따라 좌우된다." 하나는 종교적인 상제(上帝) 교육이고 다른 하나는 자신에 대한 교육이다. 도덕과 법률은 마땅히 서로 의존해야 한다. "도덕은 내면을 다스리기 위한 것[內導]이고 법률은 바깥을 다스리기 위한 것[外導]이다." 내도와 외도 모두 중요한 만큼 도덕과 법률의 상호 관계는 강조될 수밖에 없었다.[6] 1915년 9월 6일, 마오쩌둥(毛澤東)은 친구 샤오즈성[7)]에게 보낸 편지에서 이 책을 적극 추천하였다. 특히 「선성편(繕性篇)」이 '학문의 도'를 깊이 담고 있으니 "공부의 모범으로 삼아도 된다"고 하였다. "배움을 통한 본성 함양에는 세 가지 학문이 중요한데 그것은 현(玄), 간(間), 저(著)이다. 현과(玄科)에는 명학(名學)과 수학 두 학문이 속한다. 간과(間科)에는 물리화학이 속한다. 저과(著科)에는 박물학이 속한다."

1903년 마이딩화[8)]가 아리가 나가오의 『사회학』을 번역한 『인군진화론(人群進化論)』도 스펜서의 『사회학원리』의 핵심을 간추려 요약한 저작

---

7) 샤오즈성(蕭子升, 1894-1976), 후난(湖南) 샹샹(湘鄉) 태생으로 마오쩌둥과 후난성립제일사범(湖南省立第一師範) 동문이다. 마오쩌둥보다 나이는 한 살 적지만 졸업은 3년 빠르다. 1919년 근검공학(勤儉功學)을 목적으로 프랑스에 건너갔다 귀국 후 국내 근검공학운동에 매진했다. 1918년 마오쩌둥, 차이허선(蔡和森) 등과 함께 진보단체인 '신민학회(新民學會)'를 만들었다. 그러나 샤오즈성은 무정부주의에 경도되어 '신민학회'의 이념을 둘러싸고 마르크스주의를 받아들인 마오쩌둥과 격렬한 논쟁을 벌이기도 했다. 중화인민공화국 건국 이후에는 줄곧 해외에 거주하며 문자 교육 사업에 종사했다. 저서로 마오쩌둥과 주고받은 편지를 기초로 쓴 『나와 마오쩌둥 사이의 우여곡절(我與毛澤東的一段曲折經歷)』(中譯本, 昆侖出版社, 1959)이 있다.

8) 마이딩화(麥鼎華, ?-?). 자는 공리(公立), 광둥 순더(順德) 사람이다. 어려서 만목초당에 들어가 캉유웨이에게 배웠다. 무술변법 실패 후 일본으로 도망가 일본대학에서 법학을 전공했고 귀국 후 법관을 지냈다. 《불인잡지(不忍雜誌)》 편집, 광지서국 번역원을 역임했으며 역서로 『이집트 근세사(埃及近世史)』, 『정치범론(政治泛論)』, 『국가(國家)』, 『중등윤리학(中等倫理學)』 등이 있다.

이다. 《신민총보》 제29호에는 "이 책을 먼저 보고서 스펜서의 원서를 읽으면 어렵지 않게 이해할 수 있을 것이다"라는 대목이 나온다. 1904년 사돤[9]이 아리가 나가오의 저작을 번역한 『사회진화론』도 '민학회총서(閩學會叢書)'로 출간되었다. 1904년 《동방잡지(東方雜志)》에 실린 광고를 보면 "영국의 대학자 스펜서의 학설에 역자의 생각을 더했다"는 소개가 나온다. 스펜서의 저작이 중국 독자의 주목을 끈 이유는 사회를 해석하는 그의 이론이 탁월하기 때문이기도 하지만 무엇보다 구체적인 사회 개조 방안을 제시하고 있기 때문이다. 영국과 같은 부강한 국가를 염원하던 중국인들에게는 스펜서의 학설이 매우 중요하게 여겨졌을 것이다. 스펜서의 학설이 자연계 변화의 필연성을 이해하는 데 큰 도움을 준 것은 분명하다. 그렇지만 동시에 혁명이나 급격한 변화에 대해서는 부정적 입장을 견지했다. 이런 모순은 중국에서 스펜서주의가 수용되는 과정이 순탄치만은 않을 것이라는 것을 암시하고 있었다. 스펜서의 '생존경쟁설'과 '사회진화론'은 자유 민권가들뿐만 아니라 보수적 사대부들에게도 수용되었지만 이해방식에는 차이가 있었다. 책을 번역할 당시 옌푸의 입장이 어떠했는지는 알 수 없다. 그는 "이 책이 『대학』과 『중용』의 정수를 상세하게 설명하고 있을 뿐만 아니라 격치성정(格致誠正)으로 치평(治平)의 근본을 삼고"[7] 있으므로 번역의 가치가 크다고 말했다. 그는 「역여췌어(譯餘贅語)」에서 책의 핵심 사상과 각 장의 요점이 밀접한 관련을 맺고 있다고 했다. 책은 두 가지 측면에서 『대학』, 『중용』과 통하는 점이 있다. 첫째, 스펜서는 과학적이고 객관적인 방법으로 사회를 연구해야 한다고 주장했는데 이는 '사(士)'는 반드시 문제의 분석[格物]을 통해 지식을 습

9) 사돤(薩端, ?-?). 일본 와세다대학에서 유학하였으며 귀국 후 난양공학, 동문보통학교(東文普通學校)에서 학생들을 가르쳤다. 서양 서적 번역에 힘썼으며 역서로는 『서양사요(西洋史要)』, 『지리학강의(地理學講義)』, 『사회진화론(社會進化論)』 등이 있다.

득하고[窮理] 자신의 몸을 잘 닦은 후 나라를 다스린다[修身治國]는 공자의 사상과 서로 통하는 것이다. 따라서 옌푸는 중국의 전통적 정치 체제를 유지할 필요가 있다고 굳게 믿었다. 다만 사회 지도 계층인 '사'를 양성하는 데 있어서 새로운 내용을 추가해야 한다. 이런 점에서 보자면 사회학은 일종의 기초교육에 해당하는 것이다. 둘째, 스펜서가 말한 사회변천은 오랜 시간동안 이루어진 누적의 결과이다. 급격한 변화를 신뢰하지 않는 그의 관점은 『중용』의 이론과 비슷하다. 옌푸는 당시 중국의 개혁파와 보수파의 충돌을 완화시킬 수 있는 타협의 방법으로 점변(漸變)을 제시했는데, 이 책도 혁명파의 반만(反滿) 활동과 입헌파의 '백일유신'에 대한 충고의 의미가 있다. 그는 송춘루에게 보낸 편지에서 이런 입장을 분명하게 밝히고 있다. "시국이 이 지경에 이르러 생각해보니 유신을 주장했던 무리들 모두 책임에서 자유로울 수 없습니다. 위기를 절감하여 『천연론』을 출간한 뒤 다시 『군학이언』을 번역하는 것은 용기 있는 자들의 신중한 처신을 바라는 마음에서입니다."[8] 그는 급격한 변혁을 통한 사회개조는 환상일 뿐이라는 스펜서의 관점에 동의했다. 따라서 복잡한 유기체인 사회의 진화 과정에 멋대로 간섭하거나 인위적으로 개입하지 말 것을 충고하고 있는 것이다. 사회 변혁에 지름길은 없으며 점진적 변화나 개량만이 유일한 방법이다. 사회 변혁에 대한 옌푸의 생각에 얼마만큼의 편차가 있는지는 알 수 없다. 그러나 스펜서 학설이 중국에서 크게 환영받은 이유에 대해 그는 다음의 두 가지를 들고 있다. 첫째는 사회 개량에 대한 열망이 있었기 때문이고, 둘째는 사회학 이론이 중국 전통 사상과 서로 통하는 부분이 있다고 여겼기 때문이다. 이런 지적은 두고두고 곱씹어볼 만한 것이다.

046

『비참세계(悲慘世界)』
근대 중국에서 인정받은 빅토르 위고의 위엄

『레 미제라블』

빅토르 위고(Victor Hugo, 1802-1885)는 프랑스에서 가장 위대한 시인이자 작가일 뿐만 아니라 근대 중국인들이 이른 시기에 그 존재를 알고 작품을 소개한 세계적 대문호 가운데 한 명이다. 근대 시기에 중국에 전래된 위고의 작품은 매우 많다. 바오톈샤오가 번역한 『협노혈(俠奴血)』[1), 『철창홍루기(鐵窓紅淚記)』[2), 『희생(犧牲)』[3), 천렁쉐(陳冷血)가 번역한 『매해여아(賣解女兒)』[4), 디추칭(狄楚青)이 번역한 『희유정(噫有情)』[5), 쩡푸가 번역한 『93년(九三年)』[6) 등 모두 청말 시기에 나온 유명한 번역 작품들이

1) 원작은 『Bug-Jargal(뷔그-자르갈)』(1826)이며 현대 중국에서는 '布格 · 雅加爾'로 번역한다.
2) 원작은 『Le Dernier jour d'un condamné(사형수 최후의 날)』(1829)이며 현대 중국에서는 '死囚末日'로 번역한다.
3) 원작은 『Angelo(안젤로)』(1835)이며 현대 중국에서는 '安琪羅'라고 번역한다.
4) 책에는 『매양여아(賣羊女兒)』로 되어 있는데 『中國現代文學總書目』(賈植芳等, 福建敎育出版社, 1993年)에 따르면 『매해여아(賣解女兒)』가 바른 제목이다. '매해(賣解)'는 서커스나 잡기(雜技)로 생활하는 것을 가리키는 말이다. 천렁쉐는 중국 근대 언론 출판인 천징한(陳景韓, 1878-1965)을 말한다. 이 책의 원작은 알 수 없으나 서커스와 관련된 제목에서 유추해볼 때 『웃는 남자(L'homme qui rit)』가 아닐까 추측한다.
5) 원작은 『Les Travailleurs de la Mer(바다의 노동자)』(1866)이며 현대 중국에서는 '海上勞工'으로 번역한다.
6) 원작은 『Quatrevingt-treize(93년)』(1874)이다.

다. 그 가운데 대중의 관심을 가장 크게 끈 작품으로는 쑤만수와 천두슈[7]가 함께 번역한 『비참세계』[8]를 들 수 있다.

위고의 작품은 대부분 일문판을 저본으로 삼아 중국어로 번역했는데, 이는 1880년대 말 일본에서 일어났던 '위고열(熱)'과 밀접한 관계가 있다. 1888년 모리타 시켄은 『위고수견록(雨果隨見錄)』[9]을 한 자 한 자 꼼꼼하게 번역하여 출간했으며, 그의 제자 하라 호이츠안[10]은 『비참세계』 일부를 번역하였을 뿐만 아니라 위고의 스타일이 짙게 배어 있는 『암중정치가(闇中政治家)』라는 소설을 쓰기도 했다. 도쿠토미 로카(德富蘆花)[11]는 자전체 소설 『검은 눈과 갈색 눈』에서 위고 작품에 대한 당시 일본 청년들의 탐닉에 대해 다음과 같이 썼다. "『비참세계』는 케이지(敬二)를 매료시켰다. 그는 아침 일찍 일어나 …, 바닥의 수도관을 통해 전해지는 얼음같이 차가운 물로 얼굴을 씻고 책을 집어 든다. 밥 먹는 시간도 아까워서

---

7) 천두슈(陳獨秀, 1879-1942). 자는 중푸(仲甫), 호는 스안(實庵). 중화민국 초기의 사상가이자 혁명가로 일본과 프랑스에서 유학했다. 《갑인(甲寅)》, 《청년잡지(青年雜誌)》, (《신청년(新青年)》의 전신), 《매주평론(每周評論)》 등 진보잡지를 창간해 혁명사상을 고취했으며 베이징대학 문과대학장으로 있으며 신문화운동을 주도했다. 러시아 혁명 후 공산주의자가 되어 중국공산당을 창당했다. 『독수문존(獨秀文存)』 등에 주요 저작이 수록되어 있다.

8) 원제는 '레 미제라블(Les Misérables)'이다. 빅토르 위고(雨果)가 19세기 프랑스를 배경으로 쓴 장편소설로 제목을 직역하면 '불쌍하고 비참한 사람들'이란 뜻이다. 한국에서는 '레 미제라블'이 아닌 주인공 장발장(Jean Valjean)의 이름을 제목으로 삼거나 그의 이야기만 편집해 소개한 경우가 많았다. 일제강점기에 육당 최남선은 일본어본을 저본으로 삼아 '너참불상타'라는 제목으로 번역해 출간하였으며 이후에는 '애사(哀史)', '레 미제라블', '비참한 사람들' 등으로 소개되었다. 근대 일본에서는 '아아, 무정(噫無情)', 혹은 '애사(哀史)'라고 번역했으며, 중국에서는 '비참세계(悲慘世界)'로 번역했다.

9) 원제는 'Choses vues'이다.

10) 하라 호이츠안(原抱一庵, 1866-1904). 일본 메이지 시대의 소설가, 번역가이다. 어려서 자유민권 운동에 경도되었으며 여러 신문에 소설과 번역문을 발표했다. 대표 저서로는 소설 『암중정치가(闇中政治家)』, 역서 『카이사르 참살사건(該撒慘殺事件)』, 『성인 또는 도적(聖人か盜賊か)』, 『레 미제라블』(절역), 『쿠오레』(절역) 등이 있다.

11) 도쿠토미 로카(德富蘆花, 1868-1927). 일본 근대의 저명 사회파 소설가이자 산문가이다. 젊은 시절 자유 민권운동의 영향을 받았으며 기독교에 귀의했다. 1898년 소설 『불여귀(不如歸)』를 발표해 명성을 얻었으며, 1910년 고토쿠 슈스이(幸德秋水) 사건이 발생했을 때 『모반론(謀叛論)』을 써서 강권통치에 반대했다. 같은 해 발표한 자전체 형식의 『검은 눈과 갈색 눈(黑い目と茶色の目)』에서는 봉건주의 윤리도덕을 비판했다.

물에 삶아 껍질 벗긴 밤을 둥근 쟁반에 가득 담아두고 왼손으로는 밤을 연신 입에 넣는 한편, 두 눈은 열정적으로 책의 지면을 응시하고 있다."[1]

쑤만수와 천두슈는 20세기 초 일본에서 유학할 때 위고의 번역서를 접했다. 강렬하고 사실적인 색채로 자본주의 초기의 참상을 묘사하고 있는 위고의 소설은 그들을 매료시켰으며 중국 독자들에게도 큰 환영을 받을 것임을 직감했다. 쑤만수와 천두슈는 1902년 도쿄의 와세다대학에서 처음 만났다. 이듬해 귀국한 쑤만수는 천두슈가 장스자오와 함께 상하이의 《국민일일보(國民日日報)》에서 "문필을 겨루고 있다"는 소식을 듣고는 곧 소주 오중공학(吳中公學)을 떠나 상해로 와 이 신문사의 번역부에 들어간다. 이곳에서 그가 처음으로 번역한 작품이 바로 위고의 『비참세계』였다. 그는 책의 제1부 2권 『침윤(沈淪)』을 번역해 『참사회(慘社會)』라는 제목으로《국민일일보》 제63호부터 117호(1903년 10월 8일~12월 3일)까지 매일 연재하였다. 서두에는 '法國大文豪囂俄著, 中國蘇子谷譯'[12)]이라는 소개 문구가 붙어 있다. 그는 백화문으로 번역했는데 이에 대해 선지(沈寂)는 「쑤만수와 천중푸(蘇曼殊與陳仲甫)」라는 글에서 다음과 같이 말했다. 훗날 고체시(古體詩)를 즐겨 쓴 쑤만수가 백화문을 사용해 번역한 것은 백화문 보급을 위한 것이 아니었다. 당시로서는 "번역을 배우는 중이라 위고의 소설을 제대로 된 문장으로 옮길 수 없었다. 글자마다 점을 찍고 줄을 그어가며 번역해보았으나 십중팔구는 문맥이 맞지 않아" 결국 문언문을 포기하고 백화문으로 번역하게 된 것이다. 번역문의 윤색은 천두슈가 담당했다. 이처럼 번역이라는 일이 쉽지 않았기 때문에 당시에 "명저(名著)의 명역(名譯)은 진실로 얻기 힘들다"라는 말이 유행하기도 했다.[2] 1903년 10월 말 쑤만수는 장사(長沙)에서 예정되어 있던 화흥회(華興會)

---

12) 해석하면 다음과 같다. '프랑스 대문호 효아(중국 발음 '아오어', 즉 위고) 저, 중국 쑤즈구 번역'.

창립 행사에 참가하기 위해 상해를 떠났다. 소설은 이때까지 대략 7회 정도가 번역 연재된 상황이라 8회부터는 천두슈가 번역을 담당했다는 말도 있다.[3]

『비참세계』는 고된 징역살이를 견디다 못해 탈옥한 죄수와 거리를 떠도는 매춘부, 그리고 그녀의 딸이 처한 불행한 운명을 주선율로 하여 자본주의 사회 속 선량한 소시민과 순박한 노동자가 받는 멸시와 차별, 핍박을 인도주의적 입장에서 심도 있게 그려냈다. 임시 노동자로 일하다 실업자가 된 장 발장(金華賤, 오늘날은 冉阿讓으로 번역)은 식빵을 훔치다 잡혀 징역을 살다 수 차례 탈옥한 죄로 중형을 선고받는다. 출옥 후에 그는 다시 주교의 은그릇을 훔치다 잡히지만 주교는 도리어 은촛대까지 선물로 주며 그를 놓아준다. 주교는 이렇게 말한다. "나는 당신의 영혼을 용서했습니다." 이 말에 감동한 장 발장은 인애(仁愛)로 사람들을 대하기로 결심한다. 신분을 감춘 채 공장을 세운 그는 기술개혁에 매진해 부자가 된다. 그는 머리카락과 치아를 팔아 어렵게 생활을 이어가는 창녀 팡탱을 구했을 뿐만 아니라 그녀의 딸 코제트까지 돌봐주기로 약속한다. 소설의 후반부는 코제트와 공화파 인물 마리우스의 사랑을 중심으로 마리우스의 고귀한 품성과 영웅적인 희생정신을 열정적으로 그려내고 있다.

번역서의 1회부터 7회까지, 그리고 13회의 후반부는 원서 가운데 제2권의 일부 내용을 기초로 주인공 장 발장의 "실의에 차고 처량하며 궁핍한 상황"을 묘사하고 있다. 그러나 7회부터 13회까지의 내용을 살펴보면 쑤만수는 번역자의 역할에 만족하지 않고 '창조적 배반'을 감행해 '프랑스인의 얼굴을 한 중국인' 협객 남덕(男德)[13]을 창조해낸다. 남덕이라는

13) '男德'의 중국어 발음은 '난더'로 '얻기 어렵다', '드물다'는 '難得'와 중국어 발음이 같다. '남덕'이 흔하지 않은 드문 인재라는 것을 은연중에 알리기 위해 발음의 유사성을 이용해 이름을 지은 것으로 보인다.

인물은 세태의 변화에 밝은 드문[難得] 인재다. 그는 급진적 사상으로 무장하고 공맹(孔孟)을 맹렬히 비판할 뿐만 아니라 관리들을 호되게 꾸짖으며 시대의 병폐를 신랄하게 지적한다. 그는 신문을 통해 장 발장의 투옥 사실을 알고 나서 크게 격분한다. 그가 보기에 장 발장은 빈곤으로 인해 어쩔 수 없이 빵 한 조각을 훔치게 된 "성실하고 분수를 아는 노동자"일 뿐이다. 남덕은 프랑스 청년의 말투로 다음과 같이 외친다. "중국인 공자(孔子)가 말한 교훈은 중국의 황인종들만이 금과옥조로 여긴다. 우리 프랑스의 고귀한 국민들이 어찌 그런 말 따위에 귀를 기울이겠는가?" "돈밖에 모르는 지독한 구두쇠가 생겼기 때문에 똥구멍 찢어지게 가난한 가난뱅이가 생기게 된 것이다." 따라서 "세상의 모든 물건은 마땅히 세상 사람들의 공동 소유가 되어야 한다." 그는 혼자서 죄수를 탈옥시키는데 성공하지만 이러한 그의 의협적인 행동은 누구의 이해도 얻지 못한다. 그가 만난 사람들은 모두 자신의 이익만을 도모하는 자들이다. 그는 울분에 차서 이렇게 말한다. "잔인한 수단이 아니고서는 이처럼 부패한 세계를 파괴하고 정의로운 신세계를 구현해낼 수 없다." 그는 "틈만 나면 외국인에게 아부하는" 정부 관리 '만주구(滿舟苟)'('청조의 앞잡이[개]'라는 뜻의 '滿洲狗'와 발음이 같다)를 특히 증오했다. 거사 실패 후 파리로 돌아온 그는 자코뱅 당에 투신한다. 과격한 암살 수단의 사용과 "크게 의병을 일으켜 조정의 문무 대신들 가운데 흑심을 품은 자들을 확실하게 제거"할 것을 주장한다. 그는 나폴레옹이 황제가 되었다는 소식을 듣고 격분하여 테러를 위해 폭탄을 품고 떠나지만 결국 실패하여 희생당하고 만다.

선지는 『참세계』에 나오는 프랑스의 왕당파와 자코뱅 당에 대한 서술은 중국의 보황파와 혁명파를 빗댄 것이라고 주장했다. 왕당파는 "나폴레옹의 뜻을 받들어 그를 프랑스의 전제 황제로 만들고자 했다." 그러나 자코뱅 당은 "민주공화정의 시행"을 주장했다. 아울러 프랑스인의 입을 빌려 중국인의 처지에 대해 다음과 같이 말했다. "역대 혼군(昏君)들의 핍박이 오래되어 백성들은 치국구민(治國救民)의 실학(實學)을 배울 수 없게 되었다. 이로 인해 백성들의 지식이 더 이상 나아질 수 없다. … 병이 깊은 지 오래고 재능과 지혜가 정체되어 창조력을 발휘할 수 없으니 영국인의 제도와 학문을 부러워할 뿐이다." 이는 중국이 일본의 입헌군주제를 모방하기보다는 스스로 새로운 제도를 만들어내야 한다는 것을 의미한다. 역자는 또 남덕의 입을 빌려 좋은 옷을 입고 마차를 타고 기생집에서 술 마시기를 좋아하는 상해(尙海)('상하이[上海]'의 중국어 발음과 같다)와 같은 소위 '애국지사'들을 비난한다. 겉과 속이 다른 위선적인 지사(志士)의 죄악은 완고파에 비해 몇 배는 더 심하다. 선지가 말한 위선적 지사는 1902년 도쿄에서 열린 '지나 망국 기념회(支那亡國紀念會)'[14]의 발기인 10명 가운데 한 명인 주링시[15]를 가리키는 것이다. 또 역자는 위고의 원작에 등장하는 숭고한 주교를 악하고 탐욕스러운 승려로 바꾸어놓았다. 이에 대해 류야즈는 「참사회와 참세계(慘社會與慘世界)」라는 글에

14) '지나 망국 기념회(支那亡國紀念會)'는 1902년 4월, 장타이옌, 친리산(秦力山), 주링시(朱菱溪), 마쥔우, 펑즈유, 왕자쥐(王嘉榘), 천유룽(陳猶龍), 저우훙예(周宏業), 리췬(李群), 왕스청(王思誠) 등 열 명이 주도해 일본 도쿄에서 개최한 '지나 망국 242년 기념회(支那亡國二百四十二年紀念會)'를 말한다. 여기서 '지나 망국'이란 명나라의 멸망을 가리키는 것으로 남명(南明)의 영력제(永歷帝) 때인 1661년을 말한다. 이때로부터 242년이 지났기 때문에 242년 기념회라 한 것이다. 장타이옌은 '선고서(宣告書)'를 써서 일본의 중국 유학생들에게 망국의 치욕을 잊지 말자고 호소하였는데, 이를 계기로 이 모임에 참가하겠다고 신청한 학생이 수 백여 명에 달하였다. 이에 청조의 주일공사 차이쥔(蔡均)이 일본 정부와 결탁하여 이 대회의 개최를 방해하자 요코하마로 장소를 옮겨 개최하였다.

15) 주링시(朱菱溪, ?-?). 주마오윈(朱茂蕓)을 말한다. 후난 펑황(鳳凰) 사람이다. 후난 시무학당(時務學堂)에서 공부했다. 1899년 일본에서 유학했으며 다음해 귀국해 자립군(自立軍)에 참가해 반청혁명을 도모했다. 변법 혁명 실패 후 일본으로 망명했으며 지나 망국 기념회 발기인 중 한 명이다. 펑즈유의 증언에 따르면 주링시는 시무학당에서 반장을 맡았었는데 성격이 무모하고 경솔할 뿐만 아니라, 심지어 학우들을 위협해 자신을 대표로 뽑도록 했다고 한다. 후에 출판사업을 시작한 후에는 여색에 빠져 방탕한 생활을 이어갔다. 천두슈가 『비참세계』에서 자신을 안 좋게 묘사한 것을 알고는 복수를 다짐했으나 실행에 옮기지는 않았다. 이에 대해서는 全國政協文史資料研究委員會編 , 『辛亥革命回憶錄』(第一集), p.221 참고.

서 기독교에 대한 쑤만수와 위고의 생각이 완전히 달랐기 때문이라고 설명했다.[4] 양훙리에(楊鴻烈)가 「쑤만수전(蘇曼殊傳)」에서 『참사회』를 "백화소설 중 으뜸"[5]이라고 극찬한 데 반해, 양이(楊義)는 『중국현대소설사(中國現代小說史)』에서 책의 "후반부는 진천화[16)]의 정치소설 『사자후』와 비슷하지만 문체가 유치하고 필력이 천박하며 인물 또한 극단적이어서 청년들의 중국어 참고서 정도로 적합하다"며 평가절하했다.[6]

1903년 12월 《국민일일보》의 폐간으로 『참사회』의 연재도 중단되었다. 1904년 천두슈는 기존의 원고를 수정하고 나머지 부분을 마저 번역하여 경금서국(鏡今書局)에서 『참세계』라는 제목으로 출판하였다. 번역자는 쑤즈구(蘇子谷), 천유지(陳由己) 공역으로 바뀌어 표기되었다. 후에 다시 상하이 태동도서국(泰東圖書局)에서 출간되었다. 류야즈는 《국민일일보》에 연재된 쑤만수의 『참세계』와 나중에 천두슈의 수정을 거친 『참세계』를 비교 고찰한 적이 있다. 이에 따르면 천두슈는 번역문을 윤색하는 과정에서 쑤만수가 창작한 내용을 모두 삭제했을 뿐만 아니라 11회 후반부에서 14회까지는 위고가 쓴 원작의 내용을 충실하게 번역하고자 노력했다. 그러나 이로 인해 책의 앞뒤 내용 간에 모순이 발생했다. 이는 천두슈가 위고의 사상을 쑤만수보다 더 잘 이해했기 때문이 아니라 단도직입적으로 말하자면 그의 게으름과 적당주의 때문이다. 남덕이 자살한 이후부터를 다룬 13회에 이르면 천두슈는 기진맥진하게 된다. 이런 상황에서 쑤만수처럼 창작을 섞어 번역한다는 것은 굉장히 어렵고 힘에 부

16) 진천화(陳天華, 1875-1905). 본명은 현숙(顯宿), 자는 성대(星臺)로 호남 신화(新化) 태생이다. 청말의 혁명열사로 화흥회 창시자 중의 한 명이다. 장사기의(長沙起義)를 계획하였고 1905년 도쿄에서 쑹자오런과 《21세기 지나(二十世紀支那)》를 창간하였으며 쑨원을 도와 동맹회를 창설하였다. 《민보》 편집을 맡아 캉유웨이, 량치차오 등 보황파(保皇派)와 논쟁을 벌였으며 일본 정부의 '청국유학생취제규칙(淸國留學生取締規則)' 반포에 항의해 도쿄 오모리 바다(大森海灣)에 투신해 순국하였다. 저서로는 『맹회두(猛回頭)』, 『경세종(警世鐘)』, 그리고 미완의 소설 『사자후(獅子吼)』 등이 있다.

치는 일이었을 것이다. 따라서 천두슈의 입장에서는 위고의 원작 내용에 충실하게 번역하는 것이 훨씬 낫다고 생각했을 것이다.[7]

쑤만수와 천두슈의 공역으로 출판된 『비참세계』는 중국인들에게 큰 인기를 끌어 중역(重譯)을 거듭했다. 1906년 저우쥐런은 핑윈(平雲)이라는 필명으로 책을 번역하여 소설림사에서 『애사(哀史)』(『고아기(孤兒記)』라 불리기도 했다)라는 제목으로 출간했다. 1907년에는 상무편역소(商務編譯所)에서 문언체로 번역한 『고성루(孤星淚)』가 출간되었으며 이 책 또한 여러 차례 재판 발행되었다. 1914년 '여지소설(礪志小說)'[17]이란 명목으로 '소본소설(小本小說)' 총서에 포함되었고, 1915년에는 '설부총서' 제2집에 수록되었다. 1907년 《시보(時報)》에도 『비참세계』의 초역문(抄譯文)이 실렸다. 1929년 상무인서관은 팡위(方于), 리단(李丹) 공역의 『가련한 사람(可憐的人)』을 출판하였는데 이 책은 '만유문고'에 포함되었다. 1931년 세계서국에서 출판한 커펑저우(柯蓬洲) 번역의 『소년애사(少年哀史)』는 '세계소년문고(世界少年文庫)'에 수록되었고, 1936년 계명서국(啓明書局)에서 출판한 리징샹(李敬祥) 번역의 『비참세계』는 1940년까지 3판을 발행했다. 1944년 충칭의 자강출판사(自强出版社)에서는 웨이린(微林) 번역으로 『비참세계』 제1부 '팡탱(상, 하)'을 출간하였다. 1958년부터 1959년까지 인민문학출판사(人民文學出版社)에서는 리단의 4권짜리 번역본을 재판 발행하였고, 1978년 상하이문예출판사(上海文藝出版社)에서는 같은 판본으로 10만 부 이상을 찍었는데, 이 판본은 『비참세계』의 중국어 번역본 가운데 가장 많은 발행부수를 기록하였다. 1976년 리단이 세상을 떠난 후 팡위는 『비참세계』 제5책을 번역해서 1984년 인민문학

17) 인물의 고난과 역경 극복을 주제로 삼고 있는 소설 장르로 사람들의 의지를 북돋아주는 데 주안점이 있음.

출판사에서 출판했다. 따라서 리단과 팡위가 번역한 판본이 지금까지 나온 『비참세계』 가운데 가장 완전한 중국어 번역본이라 할 수 있다.

047

『근세사회주의(近世社會主義)』

초기 사회주의 학설의 간접 전파

청일전쟁은 낙후되었던 일본 자본주의가 비약적으로 발전할 수 있는 기회를 제공해주었다. 특히 이를 계기로 군사공업, 금속공업, 조선업과 방직업 등의 분야에서 일본은 눈에 띄는 발전을 이루었다. 전쟁 후 얼마 지나지 않아 일본에서는 근대 프롤레타리아 조직이 만들어지고 노동조합 운동이 전개되기 시작했다. 전시와 전후 기간을 거치며 높아진 세금과 물가 상승, 실질 소득의 감소, 노동 강도의 증가는 노동자들을 강력한 투쟁의 장으로 끌어들였으며, 1897년부터 1899년까지 전개한 투쟁에서 여러 차례의 승리를 거두기도 했다. 노동운동이 발전하고 이를 뒷받침할 사상의 필요성이 대두되자 1898년 '사회주의연구회(社會主義研究會)'가 만들어지고 이를 중심으로 조직적인 활동이 시작되었다.

'사회주의연구회'는 처음에는 무라이 도모요시,[1] 아베 이소오[2] 등 일

1) 무라이 도모요시(村井知至, 1861-1944). 일본의 목사, 사회주의자, 영어 학자이다. 미국 회중교회 신학교와 아이오와 대학에서 유학하였고 귀국하여 사회주의연구회를 결성하였다. 일본 최초의 사회주의 이론 설명서인 『사회주의』를 간행하고 기독교 사회주의를 제창하였다.

2) 아베 이소오(安部磯雄, 1865-1949). 일본 사회주의 운동의 창시자 중 한 명이다. 독일과 미국에서 공부하였다. 귀국 후 도쿄 전문학교(東京專門學校, 와세다대학의 전신)에서 학생들을 가르

신론파(一神論派) 회원이 중심이었지만, 가타야마 센, 고토쿠 슈스이,[3] 기노시타 나오에[4] 등이 참여하면서 '사회주의 원리의 일본 적용 가능성'을 연구하는 학술단체로 거듭나게 된다. 매달 한 차례씩 열리는 연구회에서는 생시몽(Claude Henri de Rouvroy, comte de Saint-Simon, 1760-1825)과 푸리에(Charles Fourier, 1772-1837), 라살레(Ferdinand Lassalle, 1825-1864), 마르크스(Karl Heinrich Marx, 1818-1883), 헨리 조지(Henry George, 1839-1897)의 사회주의 사상을 소개하였다. 초기에 사회주의 이론을 정리해 책으로 출간한 것으로는 다음과 같은 것이 있다. 당시 사회주의 이론의 수준을 대표하는 무라이 도모요시의 『사회주의(社會主義)』(1899년, 노동신문사[勞動新聞社]와 사회주의도서부[社會主義圖書部] 출판), 마르크스주의 개요를 설명하고 있는 다지마 긴지(田島錦治)의 『현재의 사회문제, 부록 근세사회주의론(當前的社會問題, 附近世社會主義論)』(1897년, 동경당[東京堂] 출판), 1899년 출판된 후쿠이 준조(福井準造)의 『근세사회주의(近世社會主義)』. 『근대일본사상사(近代日本思想史)』에서는 『근세사회주의』가 마르크스주의와 국제 사회주의 운동을 소개하고 있다는 점에서 주목할 필

쳤다. 1899년 고토쿠 슈스이와 일본 사회민주당을 만들었다. 그는 일본에서 최초로 『공산당선언(共産黨宣言)』을 번역하였는데, 중국의 리다자오(李大釗)는 일본에서 유학할 때 그의 영향을 크게 받았다.

3) 고토쿠 슈스이(幸德秋水, 1871-1911). 일본 사회주의 운동가로 본명은 고토쿠 덴지로(幸德傳次郎)다. 17세 때 상경하여 나카에 조민(中江兆民)에게 배웠으며 스승을 존경해 이름을 슈스이(秋水)로 바꾸었다. 슈스이는 나카에 조민의 호이다. 1898년 사회문제연구회(社會問題硏究會)에 참여하였고 1901년에는 가타야마 센과 함께 사회민주당을 창립하였다. 러일전쟁 직전에 평민사(平民社)를 조직하고《평민신문(平民新聞)》을 창간하여 반전운동을 전개하였으며 미국으로 건너가 무정부주의자들과 교류하였다. 귀국 후, 1910년 대역사건(大逆事件)에 연루되어 체포된 다음 해 사형이 집행되었다. 저서로는 『20세기의 괴물—제국주의(二十世紀之怪物—帝國主義)』, 『사회주의 신수(社會主義神髓)』 등이 있다.

4) 기노시타 나오에(木下尙江, 1869-1937). 일본의 소설가 겸 사회운동가이다. 1903년 고토쿠 슈스이 등과 함께 평민사를 조직하고《평민신문》을 창간했다. 기독교의 영향을 받아 기독교 사회주의 잡지인《신기원(新紀元)》을 창간하기도 했다. 이후 정치적 탄압으로 정계에서 은퇴한 후 불교에 귀의했다.

요가 있다고 서술했다.[1] 이 책은 1903년에 자오비쩐(趙必振)의 번역으로 광지서국에서 출간되었다가 1927년 상하이 시대서국(時代書局)에서 재판 발행되었다.

『근세사회주의』 중역본은 상하 두 권으로 나누어져 있으며 글자 수는 약 16만 자에 달한다. 전체 내용은 4편(編)으로 되어 있는데 편마다 사회주의 학설 발전의 각 단계를 설명하고 있다. 제1편 '제1기의 사회주의—영국과 프랑스의 사회주의'에서는 바베프(G. Babeuf, 1760-1797), 생시몽, 푸리에, 오언(Robert Owen, 1771-1858), 프루동(Pierre-Joseph Proudhon, 1809-1865), 루이스 블랑(Louis Blanc, 1811-1882)의 생애와 저작, 학설을 소개하였다. 제2편 '제2기의 사회주의—독일의 사회주의'에서는 마르크스의 생애와 학설, 제1인터내셔널의 역사, 로트베르투스(Johann Karl Rodbertus, 1805-1875)와 라살레의 생애와 학설을 소개하였다. 제3편 '근래의 사회주의'에서는 무정부주의와 사회민주주의, 국가사회주의, 기독교 사회주의 등 여러 유파의 연혁과 관점을 소개하였다. 제4편 '유럽과 미국 여러 나라 사회당의 현황'에서는 영국, 프랑스, 독일, 중유럽, 동유럽 국가 및 미국 사회당의 활동을 소개하였다. 룽멍위안(榮孟源)은 「신해혁명 이전 중국 서적과 신문에 실린 마르크스주의에 대한 소개(辛亥革命前中國書刊上對馬克思主義的介紹)」라는 글에서 이 책이 마르크스와 그의 사회주의 사상을 긍정적 입장에서 소개하고 있다고 평가했다. 마르크스 이전의 사회주의는 "공상에서 비롯된 하룻밤 잡담"일 뿐이며 마르크스의 사회주의야말로 "심도 있는 이론과 엄밀한 연구로 경제상의 원리를 설파하고 진리의 법칙을 알려주었다. 이로 인해 대다수 노동자들이 사회주의를 쉽게 실천할 수 있게 되었으며 여기에 다수의 동조자까지 얻게 되니 일이 더욱 쉬워졌다. … 비록 사회주의를 혐오하는 자들이 있다고는 하지만 이론적으로는 반박의 여지가 없는 듯하다."[2]

『근세사회주의』는 사회주의 사상 발전사와 각국 사회주의 운동의 개황을 비교적 체계적으로 서술한 일본 최초의 저작으로 『철학상에서 본 빈곤(自哲理上所見之貧困, 즉 『철학의 빈곤』)』, 『공산주의 선언(共產主義宣言, 즉 『공산당선언』)』, 『영국 노동사회의 상황(英國勞動社會之狀態, 즉 『영국 노동계급의 상황』)』, 『경제학 평론(經濟學之評論, 즉 『정치경제학 비판』)』, 『자본론(資本論)』과 같은 마르크스주의의 대표 저작의 저술 과정과 내용, '잉여가치' 학설의 기본 내용에 대해 소개하고 있다. 이 책은 중국에서도 큰 관심을 끌었다. 량치차오는 《신민총보》 1903년 제26호에서 상당히 많은 편폭을 할애해 그가 설립한 상하이 광지서국의 광고와 함께 이 책을 소개했다. "중국의 미래와 관련이 있는 것은 두 가지이다. 첫째는 중국이 장래에 문명화의 길로 들어서서 공업이 크게 발전하게 되면 노동자의 문제가 난제로 등장할 것이다." 책에서는 유럽과 미국의 노동문제에 대해 매우 상세히 분석하고 있다. 둘째는 "중국에서 당파를 만들려는 사람들은 시대가 미성숙한 탓에 취지와 목적을 복잡하게 만들어 잘못된 길로 들어서는 경우가 많다. 특히 사회당과 무정부당을 별 차이 없는 것처럼 말해서 사람들의 눈과 귀를 속이려 한다. 사회당은 세계적으로 환영받고 있지만 무정부당은 사람들이 혐오하는 것이다. 이 둘을 섞어 하나로 말하니 폐단이 적지 않다. 책에서는 둘의 차이에 대해 상세하게 밝히고 있으니 정치가들은 반드시 이 책을 통해 제대로 알게 되길 바란다."[3]

1920년 차이위안페이는 리지쉬(李季所)가 번역한 『사회주의사(社會主義史)』에 쓴 서문에서 마르크스주의가 처음 중국에 전파될 당시의 상황에 대해 다음과 같이 서술했다. "서구 사회주의는 20년 전에야 비로소 중국에 수입되었다. 한편으로는 일본 유학생들이 『근세사회주의』 등의 번역을 통해 일본으로부터 간접적으로 수입한 것이고, 다른 한편으로는 독일 유학생들이 《신세기(新世紀)》 월간에 쓴 글을 통해 독일로부터 직접 수입해 소개한 것이었다."[47] 초기 사회주의가 중국에 전래되는 데 있어서 이 책이 어떤 역사적 지위를 갖고 있는지를 잘 보여주는 말이다. 그러나 다른 평가도 있다. 이 책은 "부르주아가 '사회 안에 희미하게 배태되어 있는' 사회문제를 깨달아 정책적인 측면에서 예방책을 세울 수 있도록 돕는 것을 목적으로 쓴 '우국(憂國)'의 작품일 뿐이다." 따라서 고토쿠 슈스이의 초기 사회주의 저작에 견줄 정도의 수준은 아니라는 것이다.

47. 『근세사회주의』

048

『사회주의 신수(社會主義神髓)』

만민평등과 빈부소멸의 꿈을 쏘아올리다

이론적 수준과 번역본의 영향력 면에서 봤을 때, 후쿠이 준조의 『근세 사회주의』가 고토쿠 슈스이의 『사회주의 신수』에 미치지 못하는 것은 분명하다.

고토쿠 슈스이(1871-1911)는 일본 근대 사회주의 운동의 뛰어난 지도자 가운데 한 사람이다. 본명은 덴지로이며 일찍이 '동방의 루소'라고 불리는 나카에 조민을 사사(師事)하고 자유 민권사상의 영향을 깊이 받았다. 1898년 그는 사회문제 연구회에 참가하면서 사회주의 사상을 받아들이기 시작했는데, 이를 계기로 1901년 가타야마 센과 함께 사회민주당을 설립했다. 1901년 그는《만조보(萬朝報)》에 「20세기의 괴물—제국주의」를 발표하고 본격적으로 사회주의자의 길로 들어섰다. 그는 일본에 유학 중이던 장타이옌, 장퉁보,[1] 장지 등과 긴밀한 관계를 유지했으며 1903년에는 쑨원과 만나 의견을 교환하기도 했다. 1902년에 『장광설(長廣舌)』

1) 장퉁보(張同伯, 1877-1912). 이름은 장공(張恭)으로 중국 근대 혁명가이다. 동맹회 기관지《민보》에 혁명을 고취하는 글을 발표했으며 쑨원을 도와 신해혁명에 참가했다.

을, 1903년에는 그의 대표작 『사회주의 신수』를 저술했다. 이 책은 가타야마 센이 쓴 『나의 사회주의(我的社會主義)』와 함께 '메이지 시기에 나온 최고 수준의 사회주의 이론 서적'으로 간주된다.[1] 『사회주의 신수』는 일본 독자들에게 『나의 사회주의』를 능가하는 큰 호응을 얻었다. 책에서는 '사회주의란 무엇인가'라는 주제를 논하며 지엽적인 것들은 과감하게 생략하고 전체를 조감할 수 있도록 함으로써 책의 완성도를 끌어올렸다. 유려한 문체와 짜임새 있는 구조, 일관된 논리는 독자들의 호평을 받았을 뿐만 아니라 사회주의 이념를 선전하는 데 있어서도 큰 효과를 거두었다.

일본에서는 1903년 7월에 초판이 출간되었고 중국에서는 달식역사(達識譯社)의 중역 작업을 거쳐 1903년 10월 5일 절강조편집소(浙江潮編輯所)에서 출판되었다. 일본에서 책이 나온 지 불과 2개월밖에 지나지 않은 시점에 중국에서도 출간된 것이다. 책은 모두 7장으로 구성되어 있으며 대체로 『공산당선언』과 『공상에서 과학으로—사회주의의 발전』을 기초로 삼고 있다. 목차는 다음과 같다. 1. 서론. 2. 빈곤의 원인. 3. 산업제도의 진화. 4. 사회주의의 주장. 5. 사회주의의 효과. 6. 사회당의 운동. 7. 결론. 마르크스 이전의 사회주의자들은 대중의 존경은 받았을지 모르지만 사상적 내용은 현실과 동떨어진 부분이 많았다. 마르크스는 아름다운 동경(憧憬)에 머물러 있던 사회주의를 과학으로 변모시켰다. 책에서는 사회주의의 핵심 사상을 다음과 같이 정리하고 있다. 첫째, 물질 생산의 기초인 토지 자본의 공유. 둘째, 생산의 공공(公共) 경영. 셋째, 사회적 수입의 분배. 넷째, 사회적 수입의 대부분을 개인에게 돌려줌. 이 가운데 가장 핵심이 되는 것은 사회적 산업의 역사적 진화이다. 내용면에서 보자면, 그는 공상 사회주의와 과학 사회주의(마르크스주의)를 분명하게 구분한 뒤 사적 유물론의 입장에서 사회를 분석했다. 또한 사회적 생산과 자본가 사이에 존재하는 모순을 예리하게 지적했으며 논증을 통해 자본주의 사회의 영속성을 부정했다. 그럼에도 불구하고 아직은 '생산력과 생산관계의 모순', 즉 계급투쟁의 역사가 사회 발전의 원동력이라는 점은 파악하지 못하고 있었다. 당시 거의 모든 사회주의 이론들은 경제이론, 즉 잉여가치론에 대해 이해가 부족했기 때문에 무산계급이 혁명계급으로 올라서는 것에 대해 어떠한 의견도 제시할 수 없었다. 이로 인해 대부분 '보통선거에 의한 의회주의 혁명'만을 공허하게 외치곤 했다.

『사회주의 신수』는 20세기 초 중국에서 상당히 유행했다. 달식역사의 번역본 외에 1905년 상하이에서 출판된 장지의 번역본, 1906년 12월 중국 유학생회관 사회주의 연구사(中國留學生會館社會主義研究社)에서 출판된 슈혼야오(蜀魂遙, 즉 蜀讐生)의 번역본, 1907년 3월 도쿄 규문관서국(奎文館書局)에서 출판된 창성(創生)의 번역본 등이 있다. 과학 사회주의의 주요 관점을 소개하고 있는 이 책은 중국 지식계의 큰 관심을 끌었다. 우위장[2]은 「5·4 전후 나의 사상적 변화를 회고하며(回憶五四前後我的思想轉變)」라는 글에서 신해혁명 실패 후 프랑스로 망명했을 당시의 상황을 다음과 같이 소개했다. "1903년 나는 일본 도쿄에서 고토쿠 슈스이의 『사회주의 신수』를 읽고 신선한 충격을 받았다. 그러나 당시 학교 공부에 쫓기고 혁명 운동에 참여하느라 진지하게 연구하지 못한 채 방치해두었었다. 이제 와서 다시 책을 펼쳐보니 매우 친근하게 느껴졌다. 사회주의 서적에서 말하는 만민평등과 빈부소멸이라는 원대한 이상은 나를 크게 고무시켰고, 쑨원 선생이 주창한 삼민주의와 세계 대동의 학설도 자연스레 머릿속에 떠올랐다. 이런 것들이 나의 뇌리 속에서 하나로 융합되어

2) 우위장(吳玉章, 1878-1966), 본명은 용산(永珊), 자는 수런(樹人)으로 런민대학(人民大學) 창시자이다.

미래 사회의 아름다운 청사진이 만들어졌다."[2] 량슈밍[3)]은 『나의 노력과 반성(我的努力與反省)』이라는 책에서 대략 1912년 말, 1913년 초에 장지가 번역한 책을 읽었다고 회고했다. "이 책을 읽었을 당시에는 진부한 느낌뿐이었고 특별한 인상은 받지 못했다. 책에서 말하는 '자본가', '노동자' 등의 개념도 나의 흥미를 끌지는 못했다. 그러나 그 가운데 유독 사유재산에 반대하는 내용은 내 마음속에 깊이 새겨졌다. 나는 이 문제를 끊임없이 생각했다. 생각하면 생각할수록 멈출 수가 없었다. 결국 나는 사유재산에 반대하는 길로 들어섰을 뿐만 아니라 대열의 앞에 서게 되었다."[3]

량슈밍의 이 말은 『사회주의 신수』가 중국 지식인들에게 미친 영향과 그들의 각오를 잘 보여주는 것이다. 그러나 다른 한편으로는 이 책이 담고 있는 내용이 민국 초년에는 '진부'하게 여겨진 것이 아닐까 하는 의문이 생길 수도 있다. 그러나 이는 사실과 다르다. 당시 가장 영향력이 컸던 상무인서관 발행의 종합성 잡지《동방잡지》에 가오라오(高勞)가 번역한 「사회주의 신수」가 1912년 8월부터 9월까지, 즉 제9권 제2호에서 3호까지 연재되었는데, 이것만 보더라도 사람들의 관심이 여전히 식지 않았다는 것을 알 수 있다. 1963년 상무인서관은 마차이(馬采) 번역본을 출간했다.

---

3) 량슈밍(梁漱溟, 1893-1988), 본명은 환딩(煥鼎), 자는 셔우밍(壽銘)이다. 중국 저명 사상가이자 철학가, 사회활동가, 국학대사로 현대신유가 가운데 한 사람이다. '최후의 유가(最後的儒家)'라는 별칭이 있다. 태주학파(泰州學派)의 영향을 받았으며 중국 향촌건설운동(鄕村建設運動)의 선구자이기도 하다. 주요 저서로는 『중국문화요의(中國文化要義)』, 『동서문화와 그 철학(東西文化及其哲學)』, 『인심과 인생(人心與人生)』 등이 있다.

049

『근세무정부주의(近世無政府主義)』와 『자유혈(自由血)』

무정부주의 중국 전파의 선봉이 된 서적

러일전쟁 전야, 고토쿠 슈스이는 평민사를 조직하고 《평민신문》을 창간하여 반전 운동을 전개했다. 1905년 그는 옥중에서 크로포트킨의 저작을 읽고 사회주의자에서 무정부주의자로 전향한다. 감옥에서 나온 후, 1905년 11월 미국으로 건너간 그는 무정부주의자 앨버트 존슨(Albert Johnson), 프리츠 부인(Mrs Fritz) 등과 교류했다. 1906년 귀국 후에는 노동자 계급이 직접행동에 나서야만 한다고 역설했다. 그러나 그는 1910년 체포되어 다음해 '천황 암살 기도 음모'에 연루된 혐의로 사형을 언도받는다. 이것이 이른바 '대역사건(大逆事件)'[1]이다. 고토쿠 슈스이가 사회주의에서 무정부주의로 전향한 것은 당시 일본 사상계에 무정부주의의 영향이 얼마나 대단했는지를 보여주는 예증이다. 무정부주의와 사회주의 사상은 모두 일본을 매개로 중국에 소개되었다. 중국의 초기 무정부주의

1) 고토쿠 사건[幸德事件]이라고도 한다. 1910년 5월 일본 각지에서 수많은 무정부주의자와 사회주의자들이 메이지 천황의 암살을 모의했다는 혐의로 검거 · 기소되어 그중 26명이 처벌된 사건을 말한다. 이 사건은 사회주의 운동에 대한 탄압의 기회를 노리고 있던 당국에 의해 과도하게 확대되었으며 결국 고토쿠 등 12명이 교수형을 당하는 것으로 막을 내렸다. 이 사건으로 이후 10년 가까이 일본의 사회주의 운동은 크게 위축되게 되었다.

자들은 고토쿠 슈스이의 다음과 같은 말을 즐겨 인용했다. 무정부주의의 유행은 오늘날 국가와 사회에 대한 사람들의 절망에서 기인하는 것이다. 전제정부는 무정부주의를 만들어내는 제조공장이다. 이 두 문장은 20세기 초 중국 사회에서 무정부주의 사조가 성행하게 되는 계기를 제공해 주었다. 무정부주의를 선전하고 전파하는 데 있어서 러시아 허무당[2)]의 글은 중요한 역할을 했다. 무정부주의 소개 책자 가운데 최초로 번역 출판되었던 것은 『러시아 대풍조(俄羅斯大風潮)』[3)]라는 책이다. 그러나 영향력이 가장 컸던 것은 게무야마 센타로[4)]의 『근세무정부주의』이다.

『근세무정부주의』는 학술적 입장에서 러시아 허무당의 발생과 형성의 역사를 다루고 있으며 『러시아 대풍조』에 비해 내용이 훨씬 더 생동적이고 구체적이다. 1902년 도쿄전문학교 출판부에서 발행된 『근세무정부주의』는 중국 유학생들 사이에서 빠르게 퍼져 나갔다. 장쥔(蔣俊), 리싱즈(李興芝)의 『중국 근대 무정부주의 사조(中國近代的無政府主義思潮)』에 따르면 1903년 6월에 발행된 《대륙보(大陸報)》 제7기에는 「러시아 허무당 삼걸전(俄國虛無党三傑傳)」이라는 글이 실려 있다. 글에서는 알렉산더 헤르젠(Alexander Herzen, 1812-1870), 니콜라이 체르니셰프스키(Nikolai

---

2) 본래 허무당(虛無党)은 1860년대 제정 러시아에서 니콜라이 가를리로비치 체르니셉셰프키(Nikolay Gavrilovich Chernyshevsky, 1828-1889)를 지도자로 하여 결성된 혁명적 민주주의 당파를 가리키는 말이지만, 한편으로는 암살 등의 방법으로 사회변혁을 꾀하던 1870-1880년대 혁명가 그룹을 지칭하는 말이기도 하다.

3) 마쥔우(馬君武)가 1902년 번역한 책으로 원작은 1892년 영국인 토머스 커컵(Thomas Kirkup, 1844-1912)이 쓴 『사회주의의 역사(A History of Socialism)』 가운데 제9장인 '아나키즘(Anarchism)'이다.

4) 게무야마 센타로(煙山專太郞, 1877-1954). 도쿄 제국대학 철학과를 졸업하고 와세다대학에서 서양정치사 및 현대사를 전공하였다. 『정한론실상(征韓論實相)』을 써서 조선 침략을 주장했다. 1902년 대학 재학 시절 쓴 『근세무정부주의』에서 'Anarchism'을 '무정부주의(無政府主義)'로 번역하였는데 그의 번역으로 인해 동아시아에서 아나키즘은 '무질서', '혼돈'을 뜻하는 것으로 잘못 인식되었다. 아나키즘의 어원은 그리스어 'anarchos'로 지배자가 없다는 뜻이다. 즉 아나키즘은 각 개인과 지방, 조직이 자유롭고 동등하게 연합해 정부를 구성하자는 것으로 정부 자체를 부정하는 것은 아니다.

Chernyshevksy, 1828-1889), 미하일 바쿠닌(Michail Bakunin, 1814-1876)을 소개하고 있으며, 같은 해 8월에 발행된 제9기에는 「러시아 황제 알렉산드르를 시해한 자의 전기(弑俄帝亞歷山大者傳)」(부록: 러시아 황제 알렉산드르 시해 사건[附錄: 俄帝亞歷山德被弑事])가 게재되었다. 1903년 6월《동자세계(童子世界)》33호에는 살청(殺淸)이라는 필명의 작가가 쓴 「러시아의 혁명당(俄羅斯的革命黨)」이, 1903년 9월《절강조(浙江潮)》제7기에는 임극(林克)이라는 필명의 작가가 쓴 「러시아 혁명 여걸 소피아 페로프스카야(Sophia Perovskaya)전(俄國革命党女傑沙勃羅克傳)」이, 1904년《경종일보(警鐘日報)》28-65호에는 「러시아 허무당 원류고(俄國虛無党源流考)」가 연재되었다. 또한《국민일일보》에도 「러시아 황제 알렉산드르 2세의 죽음(俄皇亞歷山大第二之死狀)」이 실렸다. 이 글들은 모두 『근세무정부주의』의 일부를 발췌해 번역한 것이다.[1]

1907년 1월 25일 출판된《민보》제11호와 10월 25일 발행된 제17호에 실린 연실(淵實, 즉 廖仲凱) 번역의 「허무당소사(虛無黨小史)」에 보면 "이 글은 일본 문학사(文學士) 게무야마 센타로가 쓴 『근세무정부주의』의 제3장이다"라는 언급이 나온다. 일본의 하자마 나오키(狹間直樹)가 쓴 『중국사회주의의 여명(中國社會主義的黎明)』(岩波書店, 1976)에 따르면 장지가 번역한 『무정부주의』(1903), 냉혈(冷血, 즉 陳景韓)이 번역한 『허무당』(1904),《한치(漢幟)》제1호에 발표된 폭탄(爆彈)의 「러시아 허무당의 기관들(俄國虛無黨之諸機關)」 등은 모두 이 책을 기초로 한 것이다. 이처럼 요약 · 발췌 번역, 의역과 편역의 방법을 동원한 의도는 매우 분명하다. 책의 내용에 중국 사회를 투영시키고자 한 것이다. 1903년 7월 출판된《한성(漢聲)》제6호에는 '대호남북동맹회(大湖南北同盟會)'의 명의로 게무야마 센타로의 『근세무정부주의』를 번역한 『러시아 허무당(俄羅斯虛無黨)』이 곧 출간된다는 광고가 실렸다. 그러나 책이 실제로 출간되었는지 여부는 알 수 없다. 『근세무정부주의』의 가장 상세한 의역본으로는 진이(金一, 즉 金天翮)가 번역한 『자유혈(自由血)』을 들 수 있다.

『자유혈』의 역자 진이는 진숭천(金松岑, 1873-1947)이라고도 불리며, 호는 학방(鶴舫), 필명은 기린(麒麟), 애자유자(愛自由者), 천방루주인(天放樓主人) 등이 있다. 장쑤 창슈 태생이다. 그는 1903년 애국학사(愛國學社)에 가입하여 추용, 장타이옌, 차이위안페이 등과 함께 만청 왕조 전복을 위해 선전 선동 활동을 벌였으며 문학으로 혁명을 고취하고자 했다. 1903년부터 1904년까지 여성 혁명을 고취하는 『여계종(女界鐘)』을 저술했고 민족 혁명 사상을 고취하는 『신중국창가(新中國唱歌)』를 지었으며 『문단의 대마왕 바이런(文界之大魔王擺倫)』, 『삼십삼년 낙화몽(三十三年落花夢)』 등을 번역했다. 저서로는 『천방루문집(天放樓文集)』, 『천방루시집(天放樓詩集)』 등이 있고 미완성 소설 『얼해화(孽海花)』의 앞부분 5회 초고가 전한다.

1904년 동대륙도서역인국(東大陸圖書譯印局)에서 인쇄하고 경금서국(鏡今書局)에서 발행한 『자유혈』은 전체 8장으로 구성되어 있다. (제1장) 허무주의의 기원. (제2장) 허무주의의 선도자 헤르젠, 체르니셰프스키, 바쿠닌 전. (제3장) 러시아 정부의 내용 및 압제정책. (제4장) 혁명운동의 역사(문학 혁명 시대, 유세 선동 시대, 암살 테러 시대). (제5장) 허무당의 여러 기구(비밀 인쇄부, 폭약 제조소, 통권국(通券局), 민의 적십자부, 은닉자). (제6장) 서유럽 허무당 망명객의 운동. (제7장) 허무당의 여걸(베라 자술리치[Vera Zasulich], 소피아 페로프스카야, 제시 헤프만[Jessie Helfman]전). (제8장) 정치범의 금고(禁錮)와 추방. (제9장) 결론이다.

책의 서론에는 다음과 같은 구절이 나온다. "천하를 제패한 자는 칭조(稱祖, 나라를 세운 황제나 왕을 '祖'라고 부르는 것)의 묘당에 모셔진다. 그 뜻은 용맹하고 그 바탕은 강인하며 그 법령은 반드시 심오하다. 백성들 사이에서 자신을 높이고 백성을 가벼이 해도 백성은 감히 저항하지 않는다. 천하를 제패한 자의 후손은 재위를 물려받은 주재자로 그 뜻은 교만하고 그 바탕은 나약하며 그 법령은 노기(怒氣)만을 이어받아 백성의 권리를 유린하고 백성의 생활을 조종한다. 자신을 높이고 백성을 가벼이 하니 백성은 분노에 젖어 저주하고 비방하는데 인내할 수 있는 정도를 넘어섰다. 감정이 격동되어 자신도 모르게 일어서게 되니 이때 왕은 무력으로 그것을 진정시킨다. 압제가 나날이 심해지고 분노의 저주와 비방은 더욱 무성해지니 비참하고 침울한 백성들의 기운이 하늘을 찌를 정도이다. 그러나 위로 하늘에 통해도 하늘은 바로잡아주지 않고 아래로 땅에 도달해도 땅이 어찌하지 못한다. 이에 크게 통곡하니 이때가 바로 혁명이 일어날 때이다. 자유! 자유의 외침이 온 나라에 퍼진다. 전제를 타도하고 귀족을 죽이자는 외침이 사방을 뒤흔든다. 대의(代議)에서 나온 것이 아니라면 관리는 조세를 거둬서는 안 된다. 군주를 모반하고 군주의 대역무도함을 밝히려는 소리가 세계에 울려 퍼진다. 무수한 국민의 뇌혈(腦血)과 누혈(淚血), 경혈(頸血)이 혁명의 깃발을 붉게 물들인다. 비록 한꺼번에 짓밟아 천리(千里)를 쓸어버리지는 못하지만 열 걸음 내에서라도 온몸이 피로 물들 정도로 용맹하게 싸워 아무리 강한 만승(萬乘)의 군대라도 남김없이 도륙한다. 머리가 잘리고 목숨을 잃는다 해도 기꺼이 죽음을 향해 갈 것이다. 전제정부는 악랄한 기세로 세력을 넓히려 하지만 결국은 스스로 타 죽게 될 것이다. 동방에도 전제국가가 있는데 그것은 바로 중국이다. 서양의 전제국가는 18세기 반동을 거치며 수명이 다해 재가 되어버렸다. 지금 남아 있는 것은 오직 러시아뿐이니 전제정부의 수명과 국민 학문 사상의 수준은 반비례한다는 것을 알 수 있다." 서론에서는 러시아 무정부주의자들에 대해 격정적으로 찬미하고 있다. "허무당이란 무엇인가? 자유의 신이고 혁명의 선봉이며 전제정부의 적이다. …

강인하고 용감한 슬라브 민족은 자유를 경모하여 나라와 백성의 복리(福利)를 갈망했지만 얻을 수 없었다. 따라서 그 분노가 격렬한 것은 당연하다. … 완고한 보수파가 도처에 있고 암살자들이 무리를 이룬다. 상트페테르부르크라는 도시에 들어가면 돌배나무가 즐비한 학어용루[5]라고 불리는 곳이 있고 표미우선[6]으로 상징되는 대단히 위험한 곳이 있다. 우리의 동포이자 동족인 국왕은 헌법을 반포하지 않고 자유도 주지 않아 극단적인 반동이 일어나게 하였다. 임금을 죽이고 관리를 죽이는 것이 쉽게 그치지 않을 것 같다. 생각이 여기에 미치자 우리 국민이 몸을 맡길 만한 곳이 없다는 것을 알게 되었다! 오대주 사람들이 어떻게 사는지 똑똑히 보지 못했는가? 내가 허무당 책을 번역하는 까닭은 우리 국민들로 하여금 허무당이 얼마나 분투하는지를 알게 하기 위함이다." 이 책은 『근세무정부주의』와 장절 구조가 조금 다르다. 아마 번역자가 의역하는 과정에서 다른 자료를 참고한 듯하다.

"나의 마음이 요동치고 나의 피가 분개한다. 나의 심장이 강건해지고 나의 기운이 충만해진다. 나는 이 조류를 환영하며 다음과 같이 외쳐 축원한다. 전제에 반항하여 끝내자는 것이 어찌 이 조류의 격동하는 소리가 아니겠는가."[2] 이런 외침 속에서 『자유혈』은 근대 시기 중국에서 가장 영향력이 컸던 무정부주의 서적이라고 할 수 있다.

5) '학어(鶴籞)'는 태자가 거하는 곳이고 '용루(龍樓)'는 조당(朝堂)을 말한다. '왕궁'을 비유하는 말이다.

6) '표미(豹尾)'는 천자(天子)의 행차 때 쓰이는 표범 꼬리로 만든(혹은 표범 무늬의) 장식물이고 '우선(羽扇)'은 천자의 의장(儀仗)용 부채이다. '황제'를 상징하는 말이다.

050

『가인소전(迦茵小傳)』

근대 중국의 베스트셀러 통속 소설

『가인소전』의 저자는 영국의 유명한 통속 소설 작가 헨리 라이더 해거드(Henry Rider Haggard, 중국명 哈葛德, 1856-1925)로 69년간의 생애 동안 소설 56편과 그 밖의 저서 10편을 남겼다. 비교적 잘 알려진 작품으로는 『솔로몬 왕의 금광석(所羅門王的金鑛石)』[1]과 『삼천년 미녀 미이라(三千年艶尸記)』[2] 등이 있다. 그의 소설 가운데 완성도가 매우 높은 작품인 『가인소전』은 평민 여성 가인(迦茵, Joan)과 귀족 자제 헨리(亨利)가 우연히 만나 첫눈에 사랑에 빠지는 이야기이다. 가인은 그녀를 돈 많은 록(洛克)과 결혼시키려는 이모의 온갖 계략에도 굴복하지 않고 헨리와의 사랑을 지켜나간다. 그러나 결국 헨리는 엠마(愛瑪)와 결혼하게 되고 헨리와의 사랑을 이루지 못한 가인은 스스로 목숨을 버린다. 오늘날의 관점에서 보

1) 원제는 'King Solomon's Mines'(1885)이고 오늘날은 '所羅門王的寶藏'으로 번역한다. 린슈는 1908년 '종유촉루(鐘乳髑髏)'라는 제목으로 번역 출간했다. 한국에서는 '솔로몬 왕의 동굴', '솔로몬 왕의 광산', 또는 '솔로몬 왕의 보물'로 소개되었다.

2) 원제는 'She'(1886)이고 오늘날은 '她'로 번역한다. 1898년 쩡광찬은 '장생술(長生術)'이라는 제목으로 《시무보》에 연재했으며 3년 후 린슈가 다시 번역하면서 '삼천년염시기(三千年艶屍記)'라고 제목을 붙였다. 한국에서는 '그녀' 또는 '동굴의 여왕'으로 소개되었다.

자면 이 작품은 그저 평범한 애정소설에 불과하다. 그러나 상하이 홍커우(虹口)의 중서서원에 재학 중이던 양즈린이 중고 서점에 갔다가 우연히 이 책을 발견하면서 중국에서의 특별한 내력이 만들어지게 되었다.

소설의 원래 제목은 '조앤 헤이스트(Joan Haste)'로 양즈린이 번역하고 바오톈샤오가 윤색하여 『가인소전』이라는 제목으로 문명서국에서 출판되었다. 번역자는 반계자(蟠溪子)라고 쓰여 있다.[3] 전체 내용을 축약해 번역 출간한 이 소설은 당시 저명 번역가 린슈의 관심을 끌었다. 그는 이 책에 대해 "번역 문체가 아름답고 풍부하며 문사(文辭)가 우아"하지만 완역본이 아니라 아쉽다고 하였다. 따라서 그는 1904년 웨이이와 함께 다시 번역에 착수하였다. 제목에서 앞서 나온 번역본과 다른 것은 '迦茵'을 '迦因'이라고 했다는 점이다. 그러나 린슈가 번역한 완역본은 예상치 못한 큰 풍파를 일으켰다. 1907년 《유희세계(遊戲世界)》 제11기에는 인반생(寅半生)[4]이라는 사람이 쓴 「'가인소전'의 두 번역본을 읽고서(讀'迦茵小傳'兩譯本書後)」라는 글이 실렸다. 글에서 필자는 다음과 같이 분석했다. 판시즈의 번역본에 등장하는 가인은 "사람됨이 순결하고 아름다우며 때 묻지 않은 성품의 소유자로 남을 위해 기꺼이 목숨을 희생하는 애

3) 양즈린(楊紫麟)은 상하이 중서서원에서 영어를 전공하는 학생이었다. 그는 어느 날 우연히 헌책방에 갔다가 저자와 제목을 알 수 없는 서양 소설의 하권을 구매했다. 책은 비록 하권뿐이었지만 내용은 매우 감동적이었다. 그는 해외 서점에까지 편지를 보내 책을 수소문했지만 결국 구할 수 없었다. 바오톈샤오는 당시 양즈린의 고향인 쑤저우에서 학생들을 가르치고 있었는데 가끔씩 그의 먼 친척인 양즈린이 다니는 상하이 중서서원에 가는 것을 낙으로 삼고 있었다. 양즈린은 바오톈샤오에게 사정을 설명하고 자신이 읽었던 소설의 하권 내용을 들려주었다. 소설의 내용에 감동한 바오톈샤오는 책을 번역하기로 하고 양즈린과 함께 작업에 착수한다. 비록 하권뿐이었지만 내용상으로는 상권이 없어도 무방하였기 때문에 영어에 능통한 양즈린이 초벌 번역을 하고 영어에 문외한인 바오톈샤오가 윤문과 교정을 해서 번역을 완성했다. 제목은 주인공의 이름을 써서 '가인소전(迦茵小傳)'이라고 하였고 역자명은 두 사람의 고향인 쑤저우의 명승인 '반문(盤門, 고대에는 蟠門이라고 불림)'에서 취해 '반계자(蟠溪子)'라고 하였다.

4) 인반생(寅半生, 1865-1908). 본명은 종준문(鐘駿文), 자는 팔명(八銘)으로 저장 소흥(紹興) 사람이다. 청말 소설가 겸 문학 평론가로 문학잡지 《유희세계(遊戲世界)》를 창간하고 「소설한평(小說閑評)」을 연재하였다.

정세계의 선녀라 할 수 있다." 그러나 린슈의 번역본에서 묘사된 가인은 "사람됨이 음란하고 비천하여 염치를 모를 뿐만 아니라 삶의 의무를 내팽개치고 스스럼없이 목숨을 끊으니 애정세계에서 미련하고 어리석은 인물이라 할 수 있다." 똑같은 텍스트를 번역한 것인데 왜 이처럼 상반된 평가가 나온 것일까? 판시즈는 가인이 가진 "단점은 감추고 장점을 드러내어" 사람들로 하여금 높이 우러러보도록 만들었지만 린슈는 "(나쁜) 행실을 폭로하고 허물을 드러냄으로써" 사람들이 경멸하도록 만들었기 때문이다. 판시즈는 번역을 하면서 중국의 전통적 예교에 어긋나는 내용은 고의로 삭제했다. 가인과 헨리가 탑 위에서 새끼 새를 잡는 도중 우연히 만나게 되는 낭만적 장면, 가인이 혼전에 헨리의 아이를 임신한 내용, 헨리가 부모님의 뜻을 거스르고 가인과의 자유연애를 선택하는 것 등은 고의로 빼버리고 번역하지 않았다. 이는 '춘추필삭(春秋筆削)'[5]의 전형이라고 할 수 있다. 그러나 린슈의 번역본은 이런 내용까지 모두 번역했다. 따라서 도학자들은 분노해서 다음과 같이 비난했다. "시집도 안간 여자가 사사로이 임신을 하였으니 어찌 경솔하다 하지 않겠는가? 대단히 경솔한 행위이다!" 또 어떤 사람은 이런 우려를 한다. "처녀가 연정(戀情)에 빠지는" 이야기까지 번역해 소개한면 "정조 관념이 곧 무너지고 말 것이다!" "서양 사람들은 글을 쓸 때 꺼리는 것이 없지만 (우리는) 중국사회를 고려해야 한다." 따라서 삭제하는 것이 마땅하다는 것이다. 그들의 눈에 반계자는 전통 도덕의 수호자로 보이는 데 반해 린슈는 중국 예교의 죄인으로 비쳤을 것이다.

---

5) '춘추필법(春秋筆法)'이라고도 한다. 유가(儒家)에 따르면 공자는 "노사를 필삭하여 『춘추』를 완성했다(筆削魯史而成春秋)"고 한다. 여기서 '노사(魯史)'는 노나라 역사서 『춘추』를 말하며, '필(筆)'은 '수정', '삭(削)'은 '삭제'를 의미한다. 공자가 노나라 『춘추』 가운데 미언대의(微言大義)에 맞지 않는 부분을 수정하고 치도(治道)와 인륜(人倫)과 관련 없는 부분을 삭제하여 『춘추경(春秋經)』을 만든 데에서 '춘추필법'이라는 말이 유래했다.

린슈가 완역한 책의 초판은 1905년 2월 상무인서관에서 출판되어 1906년 9월 3판을 찍었으며 1913, 1914년에도 여러 차례 재판을 발행해 '설부총서'와 '임역소설총서(林譯小說叢書)'에 수록되었다. 이 소설이 얼마나 많이 팔렸는지는 정확하게 알 수 없다. 그러나 당시 문인들 사이에서 주고받았던 편지와 문집찰기(文集札記)등을 통해 볼 때 판매량은 모두의 예상을 뛰어넘을 정도로 어마어마했을 것이다. 소설은 재자가인들의 마음을 설레게 했으며 수많은 근대 지식인들의 강렬한 반향을 불러일으켰다. 샤쩡유는 와병 중에 이 책을 읽고 만감이 교차하여 다음과 같은 글을 남겼다. "사랑을 이해할 때가 되었으나 머리는 이미 백발이 되었네. 진심으로 만나보고 싶지만 홀로 신음만 삼킬 뿐."[1] 궈모뤄는 자서전 『소년시대』에서 처음 『가인소전』을 접했을 때를 회상하며 이렇게 말했다. "여주인공 가인은 어떻게 나의 깊은 동정심을 일으켰을까? 어떻게 그렇게 많은 눈물을 쏟게 만들었을까! 나는 그녀를 사랑한다. 또한 그녀의 애인인 헨리를 부러워한다. 고탑(古塔)에 올라 가인 대신 어린 까마귀를 잡아주다 추락할 뻔한 헨리를 그녀가 두 손 내밀어 잡아주던 대목에서는 마치 내 자신이 능운산(凌雲山)6) 고탑 정상에서 추락하는 것 같은 착각이 들었다. 나에게도 가인과 같이 나를 사랑해주는 여인이 있다면 그녀를 위해 능운산 탑에서 추락해 죽어도 여한이 없을 것이다."[2] 어떤 연구자는 궈모뤄가 '청춘 시기의 잔해'라고 불렀던 작품인 「엽라제의 묘지(葉羅提之墓)」, 「캐러멜 소녀(喀爾美夢姑孃)」 속에, 그리고 이별의 아쉬움과 완곡함이 매력적으로 표현된 중편소설 「낙엽(落葉)」 속에, 그리고 '수많은 사람을 도취시켰던' 장편 서정시 「병(瓶)」에 담겨 있는 열렬한 사랑과 복잡한 감정은 가인의 영향을 받은 것이라고 주장했다.[3] 당시 화극 운동의 선

---

6) 쓰촨성에 있는 산의 이름으로 이 산에는 능운탑(凌雲塔)이라는 유명한 보탑(寶塔)이 있다.

봉에 섰던 통감학교는 『가인소전』을 연극으로 각색해 춘선다원(春仙茶園)에서 공연해 엄청난 인기를 끌었다. 이 공연에서는 왕종성[7]이 가인 역을 연기했다.[4] 혹자는 이렇게 주장했다. 중국의 혁명은 두 권의 소설에서 비롯되었다. 한 권은 『차화녀』이고 다른 한 권은 『가인소전』이다.[5] 또 어떤 이는 이 책이 신해혁명 이후 '재자+가인' 소설의 원류라고도 했다.

근대 중국인들은 개성해방과 자유연애, 자유결혼을 추구했으며 애정지상주의의 낭만적 남녀관계를 지향했다. 그러나 이러한 이상주의적 애정관은 전통 예교의 속박으로 인해 설 자리를 찾지 못했으며 도학자들의 비난과 봉건적 금욕주의는 근대적 애정관을 담은 중국 소설이 탄생하는 데 큰 장애로 작용하였다. 따라서 영국에서 거의 주목받지 못했던 이 작품이 도리어 중국에서 큰 화제를 불러온 것은 어찌 보면 우연이 아닐 수도 있다.[6] 『가인소전』이 정치적으로 중국 혁명을 견인한 두 권의 소설 가운데 하나라는 주장에 대해 필자는 동의하지 않는다. 그러나 미국의 로버트 다운스가 했던 것처럼 내가 만약 중국 근대 역사에 영향을 끼친 16권의 책을 뽑는다면 『가인소전』은 당연히 포함되어야 할 것이다.

7) 왕종성(王鐘聲, 1881-1911). 저장 상위(上虞) 태생으로 중국 근대의 혁명가이자 화극(話劇) 창시자이다. 독일에 유학하며 의학과 법률을 공부했다. 귀국 후 청조에서 일했지만 조정의 부패에 불만을 품고 사직했다. 1907년 마샹보(馬相伯), 왕샤오농(汪笑濃) 등과 함께 중국 최초의 화극학교인 '통감학교(通鑒學校)'를 개설했으며 중국 최초의 신극(新劇) 단체인 '춘양사(春陽社)'를 세우고 신극을 통한 혁명사상 고취에 매진하였다. 신해혁명에 참여했다가 청조에 체포되어 희생당했다.

051

『혈사(血史)』

유혈이 낭자하던 '암살시대'에 등장한 피로 쓴 역사

20세기 초, 허무당을 말하면 사람들은 암살이라는 말을 함께 떠올렸다. 러시아 허무당은 사상과 학설이 아닌 죽음을 무릅쓰는 파괴와 암살의 정신으로 중국인들에게 강렬한 인상을 심어주었다. 《국민일일보》에 실린 「이상적 허무당 서언(理想的虛無黨緖言)」에는 다음과 같은 글이 나온다. "허무당, 허무당, 나는 그대를 사랑한다. 나는 그대를 숭배한다. 그대들이 하는 일은 정정당당하다. 악랄하고 개자식 같은 황제를 죽이고 고통 받는 수많은 형제자매를 구해내어 세상을 놀라게 할 수 있다. … 나는 그대들과 만나고 싶고 그대들과 이야기하고 싶고 무엇이든 가르침을 받고 싶다. 그대들의 수단과 방법을 본받아 모범이 되고 싶다."[1] 사람들은 허무당이 폭력과 암살의 수단으로 국가 기구를 파괴하여 혁명의 목적을 달성해줄 것을 요청하고 있다. 돌발적이고 '폭력적 방법'은 중국인들을 각성하게 만들 수 있다. 「러시아 허무당(露西亞虛無黨)」에는 다음과 같은 말이 나온다. "억울함을 호소할 곳 없는 백성들이 깊은 잠에 빠져 깨어나지 못하고 있을 때 맹렬한 기세와 파괴의 수단으로 경천동지하는 활극(活劇)을 보여주지 않는다면 국민들은 쉽게 일어날 수 없을 것이다." 따라서 "폭탄을 품고 비수를 숨겨 만승지존(萬乘之尊, 황제나 왕)을 응징하고 비장한 역사의 한 페이지를 쓰는 것"이야말로 백성들의 마음을 격동시켜 혁명에 투신하게 만드는 길이다.[2] 1904년 일부 급진 부르주아 혁명가들은 장강 유역에서 '갑진삼암살안'[1)]이라 불리는 세 차례의 암살 테러를 감행하려다 미수에 그친다. 장지, 허하이차오,[2)] 양독생[3)]은 일찍이 자희태후를 암살할 계획을 세우고 폭탄을 휴대한 채 북경을 탐사한 적도 있었다. 1905년, 오월[4)]은 당시의 중국을 '암살의 시대'라고 규정했다. 동맹회도 암살부를 설립했고 광복회와 화흥회의 주요 지도자들도 암살활동에 참여했다. 오월이 청조 대신 다섯 명으로 구성된 해외 헌정(憲政) 시찰단을 폭탄으로 제거하려 했던 사건은 전국을 진동시켰다. 류스푸,[5)] 황푸셩,[6)] 온생재,[7)] 평자전[8)] 등은 이 사건에 크게 고무되어 백성의 공적을

1) '갑진삼암살안(甲辰三暗殺案)'은 청 광서 30년(1904)에 있었던 세 차례의 암살 미수 사건을 말한다. 첫 번째는 남경 하관(下關)에서 장스자오(章士釗)와 완푸화(萬福華)가 청조의 호부시랑(戶部侍郎) 겸 병부시랑(兵部侍郎), 연병대신(練兵大臣)이었던 톄량(鐵良)의 암살을 계획했다 미수에 그친 사건이고, 두 번째는 장스자오와 완푸화가 상해의 음식점 '금곡향(金谷香)'에서 전임 광서 순무 왕지춘(王之春)을 저격하려다 실패한 사건이며, 세 번째는 호북 혁명당원들이 톄량(鐵良)을 암살하려다 실패한 사건을 말한다.

2) 허하이차오(何海樵, 1877-1934). 이름은 스준(士準), 자는 하이차오(海樵)이다. 차이위안페이가 창설한 혁명단체인 중국교육회(中國敎育會)의 일원으로 일본 유학 후 암살단원으로 활약하며 서태후 암살을 계획하였으나 미수에 그쳤다.

3) 양육린(楊毓麟, 1872-1911)을 말한다. 자는 독생(篤生), 호남 장사 태생이다. 황싱(黃興) 등과 요코하마 암살단(橫濱暗殺團)을 조직하고 폭탄 제조 기술을 배워 암살활동에 참여하였다.

4) 오월(吳樾, 1878-1905). 자는 맹협(孟俠)으로 안휘 동성 사람이다. 1903년 추용이 쓴 『혁명군』을 읽고 느낀 바가 있어 광복회에 가입한 후 반청 혁명 활동에 투신하였다. 북방암살단(北方暗殺團) 지부장으로 청조 인사에 대한 암살활동을 주도했으며 『암살시대(暗殺時代)』라는 책을 써서 암살의 의의와 결심에 대해 서술하였다. 오월은 청조가 입헌군주제의 도입을 위해 해외 헌정 시찰단으로 은밀히 파견한 자이저(載澤), 단방(端方), 샤오잉(紹英), 대홍자(戴鴻慈), 쉬스창(徐世昌) 등 청조의 다섯 대신이 타고 있던 열차에 올라 폭탄테러를 감행했으나 실패하고 희생당했다.

5) 류스푸(劉思復, 1884-1915). 류스푸(劉師復)라고도 쓴다. 광둥 샹산(香山) 태생이다. 일본에서 유학하였으며 동맹회 회원이다. 1907년 광저우에서 청조의 광둥 수사제독(水師提督) 이준(李準)을 암살하였다. 무정부주의에 경도되었으며 홍콩에서 지나암살단(支那暗殺團)을 조직하여 암살활동에 앞장섰다. 1912년 모지펑(莫紀彭) 등과 심사(心社)를 창립해 에스페란토어[世界語] 연구와 선전에 몰두하였다.

6) 황푸셩(黃復生, 1883-1948). 본명은 황수중(黃樹中)으로 쓰촨 룽창(隆昌) 태생이다. 일본에서

처단하고 흉포하고 우매한 무리들을 응징하는 대열에 속속 합류하였다. 이처럼 수많은 사람들이 칼을 품고 폭탄을 제조해 유혈이 낭자하던 '암살시대'에 번역서 『혈사』가 등장했다.

『혈사』의 원작은 미국의 프랜시스 존슨(Francis johnson, 1837-1908)이 쓴 『세계 저명 암살사건(世界著名暗殺案)』(Famous Assassinations of History)이다. 저자는 1837년 독일 메클렌브루크의 로스톡에서 태어났다. 부친은 로스톡 대학에서 현대문학과 역사를 가르쳤는데 1845년 가족 전부가 미국 인디애나 주의 라피엣으로 이주했다. 얼마 후 그는 유럽으로 건너갔다 다시 미국으로 돌아와 시카고와 뉴욕에서 《레이크사이드 먼슬리(The Lakeside Monthly)》와 《이브닝 메일(Evening Mail)》 등의 잡지에 글을 기고하며 생활했다. 글은 대부분 유럽 상황에 관한 것이었으며 일부 기사를 독일어로 번역하기도 했다. 1873년 라피엣으로 돌아온 그는 독일어 신문 《도이체 아메리카너(Der Deutsche-Amerikaner)》를 창간했는데 이 신문은 1904년까지 발행되었다. 그는 이 신문에 P. Jordan이란 필명으로 평론과 사설을 실었다. 독일어로 번역한 작품 중에는 게르슈텍커(Friedrich Gerstäcker)와 헤크륀더(Friedrich Wilhelm Hackländer)의 소설이 적지 않았으며 1888년 하퍼(Harper)출판사에서 펴낸 뮐바흐(Luise Mühlbach)의 『프러시아의 루이자와 그녀의 시대(Louisa of Prussia and Her Times)』도 있었다. 그는 건강상의 이유로 1904년 퇴직한 후 1908년 3월 5일 라피엣에서 사망했다.

화학을 공부하였고 폭탄 제조술을 익혀 혁명운동과 암살활동에 참여했다.

7) 온생재(溫生才, 1870-1911). 자는 연생(練生), 광동 매주(梅州) 사람이다. 동맹회원으로 혁명활동에 참가했으며 1911년 광동 수사제독 부기(孚琦)를 저격 암살하고 체포되어 희생되었다.

8) 펑자전(彭家珍, 1888-1912). 자는 시루(席儒), 쓰촨 진탕(金堂) 사람이다. 쓰촨 무비학당(武備學堂)을 졸업했다. 일본을 시찰하고 돌아온 후 톈진 병참사령부 부관이 되었다. 같은 기간 동맹회에 가입하여 북경, 톈진의 군사부장을 맡았으며 신해혁명 이후 완강히 저항하던 만주족 귀족 량비(良弼)를 폭탄테러로 암살하였다.

존슨의 원서는 1903년 8월 출판되었으며 중국에서는 상해 광지서국에서 량치쉰(梁啓勛), 청더우(程斗)의 공동 번역으로 광서 31년 12월 25일(1906년 1월 19일)에 출간되었다. 이 책은 당시 상해 기반가(棋盘街)의 광지서국, 신민지점(新民支點) 및 기타 서점, 요코하마의 신민사, 도쿄 중국서림(中國書林)에서 어렵지 않게 구매할 수 있었다. 책은 25장으로 되어 있으며 고대 그리스 마케도니아 왕 필리포스 2세부터 근대 세르비아 국왕까지 2,500년 동안 벌어졌던 31건의 중요 암살 사건을 담고 있다. 구체적으로는 필리포스 2세(Philip of Macedon, BC 336년), 티베리우스 그라쿠스(Tiberius Gracchus, BC 133년), 율리우스 카이사르(Julius Caesar, BC 44년), 티베리우스(Tiberius, 37년), 칼리굴라(Caligula, 41년), 클라우디우스(Claudius, 54년), 네로(Nero, 68년), 히파티아(Hypatia, 415년), 토머스 베켓(Thomas A. Becket, 1170년), 게슬러(Gessler, 1307년), 이네스 드 카스트로(Ines de Castro, 1355년), 리치오(Rizzio, 1566년), 단리(Darnley, 1566년), 윌리엄(William of Orange, 1584년), 이반 4세(Ivan The Terrible, 1584년), 헨리 4세(Henry IV, 1610년), 발렌슈타인(Wallenstein, 1634년), 요한 드 위트(John De Witt, 1672년), 코르넬리스 드 위트(Cornelins De Witt, 1672년), 알렉시스(Alexis, 1718년), 피터 3세(Peter III, 1762년), 구스타브 3세(Gustavus III, 1792년), 장 폴 마라(Jean paul Marat, 1793년), 파울 1세(Paul I, 1801년), 아우구스트 폰 코체부(August Von Kotzebue, 1819년), 베리(Duc de Berry, 1820년), 링컨(Abraham Lincoln, 1865년), 알렉산드르 3세(Alexander III, 1881년), 윌리엄 매킨리(William Mckinley, 1901년), 알렉산드르 1세(Alexander I)와 드라가 왕비(Queen Draga, 1903년) 등이다.[9] 전기의 앞부분에는 인물의 초상화가 붙어 있다. 작가의 말에 따르면 책에서는 역사상 발생했던 모든 암살사건을

9) 괄호 안의 연도는 암살된 해를 나타낸다.

다루고 있는 것은 아니며 수집한 자료 범위 내에서 책을 쓴 것이다. 책에 수록된 '저명 암살 사건'은 주로 정치, 종교와 관계된 것이 많다. 특히 "정치적으로나 민족적으로 영향이 큰 인물의 죽음을 수록하되 동시대의 것이나 비슷한 성질의 사건, 사회적 파급력이 적은 것은 수록하지 않았다." 예를 들면, 1881년 미국 대통령 가필드(James Abram Garfield, 1831-1881)를 피습한 범인은 정신 이상자로 고의적인 암살이 아니므로 수록하지 않았다. 프랑스 헨리 3세나 콜리니(Gaspard de Coligny, 1519-1579) 제독 암살 사건은 종교적인 암투와 관련 있어 싣지 않았고 대신 16, 17세기 프랑스에서 벌어진 역사적인 동란과 연관 있는 헨리 4세를 대표로 수록했다.

저자는 책에서 암살자에게 경의를 표하고 있는 듯하다. 예를 들면 프랑스 혁명의 활동가이며 정치가, 자코뱅당의 공포정치의 거두였던 마라(Marat)를 암살한 샤를로트 코르데(Charlotte Corday)는 많은 사람들이 혁명 정치의 반대자로 생각하지만 저자는 그녀를 '여협'으로 추켜세웠다. 저자는 그녀에 대해 다음과 같이 썼다. 그녀는 "공화제를 사랑하는 선량한 백성이다. 그녀가 마라를 죽인 것은 시민당파를 싫어해서가 아니라 공화를 사랑해서이다. 따라서 코르데의 위대한 업적은 역사에 길이 남을 것이다." 때로는 암살된 인물에 동정을 표하기도 했다. 예를 들면 미국 대통령 링컨과 네덜란드 신교도 지도자 오렌지공 윌리엄 1세의 경우가 그렇다. 윌리엄 1세는 1584년 7월 10일 프랑스 가톨릭 신자의 총격을 받고 피살당했는데, 저자는 책에서 스페인의 종교탄압에 맞서 싸운 네덜란드 국민들에 대해 동정 어린 시선과 함께 높은 평가를 내리고 있다. 저자는 이렇게 썼다. "역사책을 뒤적여 각 민족의 특색을 고찰해본 결과 네덜란드 사람처럼 나라를 사랑하는 열정이 강한 민족은 보지 못했다. 네덜란드 사람처럼 동포를 지키려는 마음이 강한 민족은 보지 못했다. 네덜란드 사람처럼 공익을 위해 모든 권리를 희생하는 민족은 보지 못했다. 비록 오늘날 문명국이라고 불리는 나라라 해도 16세기 네덜란드와 비교해 보면 부족한 점이 많을 것이다. 만약 네덜란드 지사들이 강한 의지로 세상을 어지럽힌 패왕(霸王) 스페인을 제압하지 않았더라면 오늘날 우리 세대가 겪어야 했을 종교적 박해는 상상도 못할 정도였을 것이다. 네덜란드! 종교 자유의 수호신이여! 그들의 역사적 공헌에 감탄만 나올 뿐이다. 당시 네덜란드가 그처럼 위험한 상황에 처했었지만 나라를 잃지 않았던 것은 구국에 대한 지사들의 강한 열망이 하늘을 움직여 보우토록 하였기 때문이다!"

역자는 책을 펴내며 특별한 의미가 있는 문장에 강조 표시를 했다. 마지막 편에서는 세르비아 국왕 알렉산드르의 나약함과 왕비 드라가의 전횡, 헌법 유린, 음란하고 퇴폐적인 행실 및 최후에 피살된 사건 등에 대해 서술하고 있다. 국왕과 왕비가 살해되자 시민들은 화려한 등을 내걸고 깃발을 높이 게양하고 축포를 쏘며 서로 축하했다. 영문을 모르는 여행객들은 세르비아의 경축일로 생각했다고 한다. "이 날 시민들은 궁에 들어가 왕과 왕후의 시체를 보며 우레와 같은 환호를 질렀다. 슬퍼하는 사람은 아무도 없었을 뿐만 아니라 시체를 매달고 침을 뱉으며 크게 기뻐했다. 이처럼 처참한 일을 모두에게 알려 국가의 존엄을 욕되게 하고 민권을 무시하는 자들이 경계로 삼도록 해야 한다."[3] 이 문장이 원서 중에 나오는지는 확실하지 않다. 설령 원서에 비슷한 내용이 있다 하더라도 번역자는 의도적으로 중국 현실에 빗대어 비평을 덧붙인 것이다.

쑨바오쉬안은 『망산여일기』에서 책을 읽고 난 후의 감상에 대해 이렇게 적었다. "책 안에 선과 악, 현명함과 우매함이 모두 담겨 있다. 책을 보면 사회생활의 어려움과 권력 및 지위를 탐하는 것이 얼마나 위험한 것인지를 알게 된다. 아무 생각 없이 명성과 이익, 부귀를 쫓는 것이 어찌 가당한 일이겠는가." 그는 또 이렇게 부연하였다. "망산은 말한다. 하늘이 자객을 낸 이유는 폭군으로 하여금 그들을 두려워하게 만들기 위함이고 권세를 쫓는 세도가와 방자한 자들에게 경고하기 위함이다." 그러나 '호걸지사(豪傑之士)'와 '현성지군(賢聖之君)'까지 암살하는 것은 "사회를 생각할 때 통탄할 일이다!"[4]

052

『노빈손표류기』
근대 중국인들이 로빈슨에게서 찾고자 한 것은?

『로빈슨 크루소』

대니얼 디포(Daniel Defoe, 1660-1731)가 쓴 『노빈손표류기(魯濱孫漂流記)』[1)]는 세상에 첫선을 보인 후 세계의 거의 모든 언어로 번역되었을 뿐만 아니라 청소년을 위한 개편본과 개역본(改譯本)도 적지 않게 출간되었다. 통계에 따르면 1719년 4월 초판이 나온 이래 19세기 말까지 700여 종 이상의 판본과 번역본, 모방작이 출간되었다. 특히 이 소설은 중국에서 큰 인기를 끌었다. 1898년에 션주펀(沈祖芬)이 발췌 번역한 『절도표류기(絶島漂流記)』가, 1905년에서 1906년까지 린슈와 쩡종공(曾宗鞏)이 공역한 『노빈손표류기(魯濱孫漂流記)』와 『속기(續記)』가, 그리고 1940년대 말까지 리레이(李嫘), 가오시셩(高希聖), 펑자오량(彭兆良), 꾸쥔정(顧均正), 탕시광(唐錫光), 양진선(楊錦森), 장바오샹(張保庠), 쉬샤춘(徐霞村), 판추안(范泉) 등이 작업한 발췌 번역본과 축약본이 잇달아 선을 보였다. 이 책들은 '설부총서', '임역소설총서', '소본소설본(小本小說本)', '학생문

1) 『로빈슨 크루소(Robinson Crusoe)』를 말한다. 원제는 '요크의 선원 로빈슨 크루소의 생애와 이상하고 놀라운 모험(The Life and Strange Surprising Adventures of Robinson Crusoe of York)'이다. 한국에서는 1953년 동국출판사에서 최초의 번역본이 나왔다. 역자미상.

학총서(學生文學叢書)', '만유문고', '소학생문고(小學生文庫)', '초중학생문고(初中學生文庫)', '신중학문고(新中學文庫)' 등에도 포함되었다. 로빈슨 크루소가 근대 중국인들에게 큰 환영을 받았던 이유는 무엇일까? 그들이 로빈슨에게서 찾고자 한 것은 무엇이었을까?

『로빈슨 크루소』가 큰 성공을 거둔 이유에 대해 미국의 패디먼(Clifton Fadiman) 교수는 다음과 같이 말했다. 대다수의 남성들은 자급자족하는 로빈슨 식의 생활을 동경한다. 경쟁 없이도 세속적이지 않은 재부(財富)와 권력을 소유할 수 있고 약간의 근력과 양심만 있으면 골치 아프게 머리 쓰지 않고도 자신이 얻은 것을 향유할 수 있기 때문이다. "남자들은 소년시절 모두 이런 꿈을 꾼다. 꿈은 성인이 된 후에도 사라지지 않고 심지어 죽기 전까지 희미하게 남아 있다."[1] 패디먼 교수의 이런 분석이 타당한지 여부는 여기서 토론할 필요가 없다. 그러나 이 책이 중국에서 크게 환영받은 이유가 특수한 역사적 상황과 문화적 배경 때문이라는 점은 분명하다.

중국에서는 자급자족의 소농경제가 2천 년 이상 지속되어 왔다. 이런 경제 구조 아래에서 형성된 대가족 제도와 유교적 충효 윤리 관념은 사람들로 하여금 안분수기(安分守己)와 지족상락(知足常樂)을 이상적인 도덕적 경지로 여기도록 만들었다. 그러나 한편으로 치우치지 않는 중용의 도는 사람들의 진취성을 억누르고 창의성을 질식시켜 근시안적이고 패배적이며 자기도취에 빠진 사람으로 만들었다. 그렇다 해도 호기심은 인간의 선천적 본능이다. 모험에 대한 추구, 미지에 대한 갈망, 머나먼 세계에 대한 동경은 인간의 마음속에 깊이 내재되어 있다. 『노빈손표류기』는 근대 중국인들에게 산업혁명 시대의 진취적 기상을 느끼게 해주었다. 또한 '개성 자유'와 모험 정신, 부를 추구하는 적극적인 태도는 '근대 문명이 길러낸 영웅의 형상'(마르크스의 말)이었으며 새로운 세계가 그들 앞에

곧 펼쳐질 것만 같았다. 세상은 진실한 세계이다. "한 번 마음먹었다면 성공하기 전에는 절대로 그만두어서는 안 된다." 개인의 삶은 개인이 노력한 결과이다. 이것이 바로 로빈슨의 철학이다.

모험정신으로 충만한 이 소설은 근대 중국인들을 크게 매료시켰고 참신한 정신 철학은 젊은 학자들을 끌어당겼다. 1902년 까오멍단은 「절도표류기서(絶島漂流記序)」에서 "이 책은 4억 중국인을 깨어나게 했다"고 썼으며, 1906년 쑹자오런[2)]은 로빈슨의 "모험정신과 인내심이 고집 세고 유약한 자들에게 자극이 되었다"고 기록했다.[2] 린슈는 번역 서문에서 로빈슨에 대해 이렇게 평가했다. 로빈슨은 "보통 사람, 평범한 사람이길 거부했다. 혈혈단신으로 배를 몰아 파도를 헤치고 절해고도에 도착했다. 홀로 원하는 일을 하며 복희씨, 헌원씨, 대소씨, 수인씨[3)]처럼 살았다." 보통 사람이라면 극복하기 힘들었겠지만 자연과 투쟁하며 용감하게 난관을 헤쳐나간 로빈슨에 대해 린슈는 최고의 찬사를 보냈다. 아울러 이런 정신이야말로 중국인이 필요로 하는 것이라고 거듭 강조했다.

근대 시기에 중국인들이 서양 문화의 참모습을 알게 되기까지는 수많은 시행착오를 거쳐야 했다. 처음에는 선견포리와 공예제조, 성광화전 등을 통해 서양의 우수성을 인식했지만 점차 물질문명을 지탱하는 정치 법률 제도와 철학사상, 도덕 풍속의 중요성을 깨닫기 시작했다. 로빈슨의 정신은 중국인들에게 강렬한 울림을 주었다. 중국인들은 평범하고 중용적인 생활을 거부하고 직접 신천지를 개척하고자 하였다. 새로운 시대에

2) 쑹자오런(宋敎仁, 1882-1913). 자는 둔추(鈍初), 호는 위푸(漁父)이다. 후난 타오위안(桃源) 사람이다. 반청활동을 하다 1904년 창사기의(長沙起義) 실패 후 일본으로 망명하였다. 일본 법정대학(法政大學)에서 서양정치를 공부하였고 중국 동맹회에 가입하여 민주공화제 실현을 위해 노력하였다. 1912년 중국 동맹회가 국민당으로 개편한 후 의원 선거에서 승리하는 데 큰 공헌을 했으나 국민당에 위협을 느낀 위안스카이가 보낸 자객에 암살당하였다. 그는 대한민국임시정부를 지원하기도 하였는데 그 공로를 인정받아 1968년 대한민국 건국훈장 대통령장이 추서되었다.

3) 중국 신화 속에 등장하는 삼황오제(三皇五帝)들이다.

대한 열정을 안고서 독립적이고 개성적인 사상으로 자신만의 왕국을 창조해내고자 했다. 그러나 당시 중국의 상황과 뿌리 깊은 전통의 굴레를 생각해보면 이런 희망이 실현되기란 불가능에 가까웠다. 간혹 자연 및 사회와 맞서고 나약한 개성과 투쟁하기 위해 분연히 일어서는 사람이 등장하기도 했다. 또 어떤 사람들은 해변에 서서 세계 탐험에 나서는 자신을 상상하기도 했다. 『노빈손표류기』를 번역하고 개작하고 읽는 행위도 자신의 감정과 상상을 기탁하는 하나의 방식이다. 프로이트는 말했다. "환상의 동력은 미래에 얻을 만족에 대한 바람이다. 한 번의 환상은 한 번의 바람의 실행이다. 그것은 만족할 수 없는 현실과 연결되어 있다."[3] 『로빈슨 크루소』가 세상에 나오고 나서 한참이 지난 후에야 중국에 번역 소개되어 큰 인기를 끌었지만 중국인들도 서양 사람들과 마찬가지로 서구의 모험담에서 심리적, 감정적 대리만족을 얻었다.

『로빈슨 크루소』에 대한 독자들의 이해는 그들이 살았던 시대와 문화, 사회적 분위기, 심리적 요소에 따라 각기 달랐다. 로빈슨이라는 인물은 떠오르는 자본가 계급의 시대정신을 대표하지만 그의 행동 철학은 모든 사람들에게 큰 시사점을 던져주었다.

053

『진보와 빈곤(進步與貧困)』
삼민주의(三民主義) 사상의 배태

1870년대 중국에서 근대적 공업화 운동이 대대적으로 펼쳐지고 있을 때 미국을 포함한 서구 각국은 심각한 농업 위기를 겪는 중이었다. 오스트리아, 인도, 영국, 아일랜드, 뉴욕, 샌프란시스코 등을 여행한 경험이 있는 미국 작가 헨리 조지(Henry George, 1839-1897)는 당시 『진보와 빈곤』[1] 이라는 책을 집필하고 있었다. 18개월 후 초고가 완성되었지만 미국 전역을 휩쓸고 있던 심각한 경제 위기로 인해 책을 내줄 출판사를 찾을 수 없었다. 1879년이 되어서야 그는 비로소 샌프란시스코에서 자비로 책을 출간할 수 있었다. 저자는 이 책이 "과거에 출판되었던 경제 서적과 비교해 가장 성공적인 책"이며 "충실하고 철저한 고찰"을 통해 정치 경제학을 논한 책이라고 자신감 있게 선전했다. 얼마 후 미국 뉴욕의 애플턴출판사에서도 이 책이 출간되었다. 저자의 예상대로 책은 독자들의 엄청난

1) 영문 제목은 'Progress and Poverty'로 미국의 사회사상가 겸 경제학자 헨리 조지가 1879년에 쓴 작품이다. 저자는 토지의 점유를 불평등의 기원으로 보았다. 따라서 모든 세금을 철폐하고 단순한 토지임대로부터 얻은 모든 경제적 지대(地代)에 대해서 단일과세 해야 한다고 주장했다. 그가 주장한 토지국유, 토지세의 공공 소유, 평균주의적 시각은 쑨원의 사상에 큰 영향을 미쳤다. 한국에서도 '진보와 빈곤'이라는 제목으로 번역되었다.

관심을 끌어 영국에서는 품귀현상이 일어날 정도였다. 그의 아들 헨리 조지의 주장에 따르면 이 책은 출판 후 1905년까지 200만 부 이상이 팔려나갔다. 통계적으로 볼 때 마르크스를 제외한 어떤 경제학자의 저작도 헨리 조지의 책만큼 영향력이 크지 않았다.[1] 『진보와 빈곤』의 명성은 순식간에 아일랜드, 스코틀랜드, 잉글랜드, 프랑스, 오스트리아, 뉴질랜드, 이탈리아 등으로 퍼져 나갔다. 로버트 다운스는 이 책의 전 세계 발행량이 적게는 200만 권에서 많게는 500만 권에 달할 것으로 추정했다.[2]

저자 헨리는 오랫동안 자신을 괴롭혔던 문제에 대해 이야기하면서 책을 시작한다. 최고 수준의 물질적 진보를 이루고 높은 인구밀도와 풍부한 재화로 기계 생산과 상품 교역이 급속하게 발전하는 나라임에도 왜 빈곤은 여전히 심각한 상태이며 실업자는 더 많이 증가하는 것일까? 그는 문제의 원인이 토지 소유권에 있다고 보았다. 토지는 경제 활동의 자연적 기초이므로 토지에 대한 점유권은 다른 모든 것의 기초가 된다. 따라서 토지를 지배하는 것은 경제 구조 전부를 지배하는 것과 마찬가지이다. 따라서 공기나 햇빛과 마찬가지로 토지에 대해 사적인 권리를 주장해서는 안 된다. 분배의 불평등은 토지의 불평등한 소유에서 비롯한다. 왜냐하면 토지의 귀속문제는 사회 경제 체제에서 가장 기본적인 요소로 국가의 사회, 정치, 문화, 도덕 등의 구조를 결정하기 때문이다. 책은 모두 10편으로 되어 있다. 제1편은 모두 5장이며 '임금과 자본'에 대해 서술하고 있다. 제2편은 4장이며 '인구와 생계'를 다루고 있다. 제3편은 8장이며 '분배의 규율'을 다루고 있으며 특히 지대, 이자와 임금의 상호관계에 대해 포괄적으로 논의하고 있다. 제4편은 4장이며 물질 진보가 부의 분배에 미치는 영향에 관해 논하고 있다. 제5편은 2장으로 경기 불황의 근본 원인과 빈부가 함께 증가하는 모순적 현상에 대해 심층적으로 분석하고 있다. 제6편은 2장으로 앞의 분석에 대한 해법을 제시하고 있다. 제7

편은 5장이며 토지 사유권의 불공정함과 공정한 해결 방안에 대해 논증하고 있다. 제8편은 4장으로 앞서 제시한 해법의 구체적인 적용 방법에 대해 고찰하고 있다. 제9편은 4장이며 앞서 제시한 해결 방안이 생산, 분배, 개인, 계급 및 사회 조직과 생활에 미치는 영향에 대해 서술하고 있다. 제10편은 5장으로 앞의 내용과 관련해 '인류 진보의 규율'을 제시하고 있다. 즉 "반드시 토지를 공유재산으로 만들어" 사회적 부가 공평하게 분배되도록 해야 하며 이를 통해 '대협력'의 사회에 도달할 수 있어야 한다는 것이다.

캐나다 선교 의사 매클린[2)]은 책의 일부 내용을 발췌 번역해서 1894년 12월과 1897년 7월《만국공보》71기와 102기에「지세징세론(以地租徵稅論)」과「지세징세론의 유익함을 재론함(再論以地徵租之利)」이라는 제목으로 발표했다. 이후에도『진보와 빈곤』가운데 토지와 노동력, 자본과 지세귀공(地稅歸公) 등의 장절을 이옥서(李玉書)와 함께 번역해서《만국공보》1898년 7월 114기, 1899년 2월 121기, 3월 122기 5월 124기, 6월 125기에「부민책(富民策)」,「각가부국책변(各家富国策辨)」,「지공본삼설(地工本三說)」,「논지조귀공지익(論地租歸公之益)」이라는 제목으로 게재했다. 그는 번역에 더해 자신의 견해도 덧붙였다. 중국이 직면하고 있는 "현재의 어려움은 부족함에서 오는 것이 아니라 불균형 때문"이며 이는 "부자들이 토지를 너무 많이 소유하고 있기" 때문이다. 따라서 "재화의 균등 분배"를 위해서는 "토지에 따라 세금을 징수하고 기타 세금은 면제해 주며" 지주에게 납부하는 세금을 "공용으로 돌려야" 한다. 이렇게 하면 "공(公)과 사(私)가 모두 합당해지고 위아래가 풍족해진다." 번역 과정

2) 윌리엄 매클린(William E. Macklin, 1860-1947). 캐나다 출신의 의사 선교사로 중국명은 馬林이다. '그리스도의 제자들(Disciples of Christ)'이라는 미국 개혁교회 소속 선교사의 신분으로 1886년 중국에 파견되었다. 1892년 남경에 고루의원(鼓樓醫院)을 세웠다.

에서 그는 중국 고대의 정전제(井田制)에 관한 내용을 대거 인용했다. "정전법의 토지가 고르지 않으면 곡식과 녹봉이 공평하지 않게 된다(井地不鈞, 穀祿不平.「滕文公」上)", "상점세만 받고 기타의 세금은 매기지 않는다(廛而不征.「公孫丑」上)"는 맹자의 말을 예로 들며 청조가 개혁을 통해 중국의 고대 전통인 단세론(單稅論, 모든 조세 수입은 단일세에서 조달되어야 한다는 주장)을 회복해야 한다고 주장했다. 6년여가 지난 후 랴오중카이[3)]는 이 책의 일부를 번역해 1905년 11월《민보》1호에「진보와 가난(進步與貧乏)」이라는 제목으로 게재했다. 랴오중카이의 번역문이 소개된 것을 계기로 헨리 조지의 주장이 중국 학계의 주목을 받기 시작했다. 선교사 매클린은 신해혁명 전에 양강총독 장인준(張仁駿)의 찬조 아래 남경 외곽에서 장캉후[4)]와 함께 농진회(農賑會)를 창립하고 헨리 조지의 '지세귀공'을 실험하기도 했다. 또한 1912년 중국 사회당 창립 이후 리자바이[5)] 등과 함께 사회당에서 '단일세' 학설과 '사회주의와 지세 징수' 등의 문제에 관해 강연하였다.

미국의 중국학자 쉬프린(H. Z. Schiffrin)과 버널(Martin Bernal)의 연구에 따르면 쑨원은《만국공보》에 실린『진보와 빈곤』번역문을 읽고 단일세에 관한 매클린의 견해를 수용했다고 한다.[3] 1912년 쑨원은 '사회주의의

3) 랴오중카이(廖仲愷, 1877-1925). 본명은 언쉬(恩煦), 이바이(夷白), 자는 중카이(仲愷)이다. 미국 샌프란시스코에서 태어났으며 일본에서 유학했다. 신해혁명에 참여하였으며 중국국민당 좌파 지도자로 활동하다 1925년 우파 세력에 의해 암살당했다. 저서로는『랴오중카이집(廖仲愷集)』,『쌍청문집(雙淸文集)』등이 있다. 부인은 국민당 좌파 대표이자 여권운동 지도자 겸 화가로 유명한 허샹닝(何香凝, 1878-1972)이다.

4) 장캉후(江亢虎, 1883-1954). 중화민국의 저명한 문화학자, 정치가, 무정부주의자로 중국사회당(中國社會黨)을 창립하고 무정부주의 선전에 매진했으나 1939년 왕징웨이(汪精衛)의 요청으로 친일 괴뢰정부에 들어가 부역하였다.

5) 미국 장로회 선교사 길버트 리드(Gilbert Reid, 1858-1927)를 말한다. 중국명 李佳白. 1882년 중국에 와서 북경에 거주하며 공친왕 혁흔, 이홍장, 옹동화 등과 교류하였다. 폭력수단과 급진적 혁명을 배척하여 신해혁명에 반대하였고 입헌군주제를 찬성했다. 1897년 북경에 중서문화 교류 중심인 '상현당(尙賢堂)'을 세웠으며 1902년 상해로 옮겨 교육, 사회, 종교, 문화 운동을 전개했다.

분파와 방법(社會主義之派別及方法)'이라는 제목의 강연에서 이 책을 극찬했다. "미국인 조지 헨리는 원래 상선(商船)의 선원이었는데 골드러시 때 샌프란시스코에서 부를 쌓아 신문사를 열고 자신의 사상을 선전하였다. 그는 『진보와 빈곤』이라는 책을 썼는데 세계가 문명화 될수록 인류가 더욱 빈곤해지는 까닭에 대해 분석하였다. 또한 경제학에서 말하는 균분설(均分說)의 부당함을 밝히고 토지공유를 주장했다. 그의 학설은 대중들의 큰 호응을 얻었고 여러 나라 학자들이 여기에 찬동했다. 지세법(地稅法) 주장의 근거가 매우 명확했기 때문에 이로부터 단일세를 주장하는 사회주의 학설이 나오게 되었다."[4] 쑨원은 '삼민주의의 구체적 방법(三民主義之具體辦法)'이라는 제목의 강연에서도 거듭 헨리 조지의 주장을 소개했다. 동맹회의 토지 강령도 바로 『진보와 빈곤』에 기초하고 있는데 강령의 초안을 만들고 선전활동에 참여한 사람이 바로 랴오중카이다. 따라서 『진보와 빈곤』이 쑨원의 삼민주의 사상의 모태가 되었다는 주장은 꽤 설득력이 있다. 5·4운동 후에도 헨리 조지의 사상은 중국의 지식인들 사이에서 상당한 영향력을 발휘했다. 1922년 7월부터 12월까지 《각오(覺悟)》 잡지에는 주쩐신(朱枕薪)의 번역으로 『진보와 빈곤』의 서론(緒論), 임금과 자본, 인구와 물산(物産), 분배의 방법, 물질 진보와 재화 분배 문제의 해결, 복구의 방법, 법치의 공정 등 일곱 편이 연재되었다. 1930년 상무인서관의 대형 총서 '만유문고'는 판홍(樊弘)이 번역한 『진보와 빈곤』의 완역본을 출간하였다.

054

『색슨겁후영웅략(撒克遜劫後英雄略)』
불완전한 번역이 가져다 준 위대한 명성

『아이반호』

어떤 면에서 보자면 문화교류는 불완전한 번역서를 통해 진행되는 경우가 많다. 근대 중국에서 외국 문학 명저 한 권에 다수의 중국 저명 작가가 관련된 경우는 흔치 않다. 린슈가 번역한 스콧의 『살극손겁후영웅략』[1]은 바로 이런 몇 안 되는 예 가운데 하나이다.

책의 원제는 '아이반호(Ivanhoe)'로 오늘날 중국에서는 '아이판허(艾凡赫)'로 번역한다. 저자는 영국의 작가 월터 스콧(Walter Scott, 1771-1832)이며 1819년에 중세기 잉글랜드를 배경으로 한 역사소설이다. 노르만 귀족에 정복당한 앵글로색슨족의 완강한 저항을 날줄로 삼아 노르만 정복자 내부의 '사자왕' 리처드와 형제 존 왕 간의 왕위 투쟁, 주인공 아이반호와 유대인 처녀 레베카의 격정적인 로맨스, 자유농민 로빈 후드를 둘러싼 극적이고 숨 막히는 사건들이 씨줄로 얽혀 있다. 이 소설은 프랑스 작가 빅토르 위고, 발자크, 메리메(Prosper Merimee, 1803-1870), 스탕달

1) 중국어 제목에서 '撒克遜'은 '사커쉰'으로 발음되며 '앵글로색슨'을 말한다. 중국어 제목을 직역하면 '앵글로색슨족 수난 후 영웅담' 정도가 될 것이다. 한국에서는 '아이반호'라는 제목으로 출간되었다.

등에게 직간접적으로 영향을 미쳤으며 독일의 괴테, 이탈리아의 만초니(Alessandro Manzoni, 1785-1873), 러시아의 푸시킨 등도 영향을 받았다.

1905년 경사대학당역서국(京師大學堂譯書局)의 웨이이는 감동적인 역사 스토리 한 편을 린슈에게 들려주었다. 린슈는 복잡한 스토리에도 구성이 정교하고 모순적 요소가 복합적으로 교차하는 스코트 역사 소설의 매력에 푹 빠졌다. 그는 책에 나오는 "복선, 전개, 전환, 수미상응 등이 중국 고문가(古文家)의 기법과 비슷하다"고 생각했다. 현실과 환상이 결합된 독특한 수법과 섬세한 인물묘사에 린슈는 깊이 도취되었다. 그는 이 책의 '탁월한 점 몇 가지'에 대해 이렇게 말했다. 첫째, 사건과 인물에 대한 묘사가 변화무쌍하고 생동감 넘친다. 둘째, 성격 묘사가 세밀하고 선명하다. 예를 들면 템플 기사단에 대해서 "늠름하고 씩씩하며 천하무적"이지만 "여색에 약하고 재물을 보면 군침을 흘린다"고 했는데 이런 표현은 사마천이나 반고와 비교해봐도 결코 손색이 없다. 린슈는 앵글로색슨족 대부분이 이민족의 지배로 인해 노예로 전락하고 봉건영주들 또한 침략자들에게 모욕을 당하는 장면에서 큰 충격을 받았다. 또한 "햇볕에 얼굴이 검게 그을려 토우(土偶)처럼 변한" 앵글로색슨족의 모습과 "슬프고 엄숙한 노래"로 망국의 영웅들을 비탄에 젖게 하는 대목에서는 "웃을 수도 울 수도 없었다." 특히 "돈을 위해서는 죽음도 불사하지만 나라 걱정은 조금도 하지 않는" 유대인들을 언급하며 중국인들도 "두렵고 삼가는 마음"을 가져야 한다고 말했다.

기존에 린슈가 번역한 작품들은 자의적 첨삭이나 임의적 해석이 많아 원작과 큰 차이가 있었다. 심지어 어떤 경우는 형식과 문체까지 바꾼 경우가 있었다. 그러나 이 작품은 전반적으로 원작을 비교적 충실하게 번역한 것으로 평가받는다. 마오둔[2)]은 상무인서관편역소에서 근무할 때 이 책의 편집 작업에 참여했다. 그는 린슈의 번역문이 "필치가 생동적이고 다채로와 원작의 스타일까지 잘 살리고 있다"고 평가했다.[1] 책은 1905년 10월 초판이 발행된 이래 1906년 '설부총서' 초집(初集), 1914년 '임역소설총서', 1931년 '만유문고', 1947년 '신중학문고'에 수록되었다. 아마 이 책이 비교적 원작에 충실한 번역본이었기 때문일 것이다. 1937년 5월 상하이 계명서국에서 셰황(謝煌)의 번역으로 동명의 번역본이 출간되었고, 1939년 8월 중화서국에서 스저춘이 번역한 『겁후영웅(劫後英雄)』이, 1944년 1월 충칭의 오십년대출판사(五十年代出版社)에서 천위안(陳原)이 번역한 『겁후영웅기(劫後英雄記)』 등이 출간되었지만 발행부수와 영향력 면에서 린슈의 책을 능가하지는 못했다. 1978년 인민출판사에서 나온 류준치(劉尊棋), 장이(章益) 번역의 『아이판허(艾凡赫)』는 린슈의 작품보다 원작에 좀 더 충실하지만 완성도 면에서는 린슈의 책보다 낫다고 할 수 없다. 예를 들면 책의 제목인 『아이판허』는 『철극손겁후영웅략』보다 가독력이 떨어진다. 이 때문인지는 몰라도 1982년 보문당서점(寶文堂書店)에서 이신(伊信)의 번역본을 출간할 때는 다시 『철극손겁후영웅략』이라는 제목을 사용했다.

이 책은 중국에 출판된 후 지식인들의 많은 관심을 끌었다. 청말의 학자 쑨바오쉬안은 1906년 이 책을 읽은 후 『망산여일기』에 다음과 같은 시를 써서 자신의 심경을 표현했다. "산하는 암담하게 백년 원한 담고 있고, 비탄에 젖은 눈물 하루도 마를 날이 없어라. 왕후 귀족 하릴 없이 밥만 빌어먹으니, 중흥의 염원도 강물 따라 흘러가버리는구나!"[3)·2] 저명 번역가 우광젠은 스콧 소설이 담고 있는 언어예술의 '심오함과 오묘함'은

---

2) 마오둔(茅盾, 1896-1981). 본명은 션더홍(沈德鴻), 필명은 마오둔(茅盾)이다. 저장 자싱(嘉興) 사람이다. 중국 현대 저명 작가, 문학평론가이다. 베이징대학에서 공부했으며 졸업 후 상무인서관에서 근무했다. 신문화운동에 적극적으로 참여하였으며 『자야(子夜)』, 『춘잠(春蠶)』, 『야독우기(夜讀偶記)』 등의 작품을 남겼다.

3) 원문은 다음과 같다. "河山黯黯百年仇, 老去悲吟涕未收. 可歎王孫空乞食, 中興心事付東流."

태사공(太史公, 즉 사마천)이라 해도 따라잡을 수 없다고 평가했다. 린슈의 번역은 바로 이러한 '심오함과 오묘함'까지도 작품에 그대로 옮겨놓고 있다[傳神]고 할 수 있다. 궈모뤄는 『소년시대』 자전(自傳)에서 린슈가 번역한 『살극손겁후영웅략』이 담고 있는 낭만파의 정신이 그에게 큰 영향을 미쳤다고 쓰고 있다. 이런 정신은 기존의 중국 문학에서는 볼 수 없었던 것이다. "어린 시절 뇌리 속에 각인된 것이 마치 고도(古道)의 거철(車轍)처럼 쉽게 잊히지 않았다."[3] 소품 문학에도 뛰어났던 저우쭤런도 이 책이 자신과 루쉰에게 큰 영향을 미쳤다고 회고했다. 그들이 이 책을 애독한 원인은 "앵글로색슨족 백성들과 노르만족 사람들의 대립 상황이 당시 사회적으로 암시하는 바가 컸기 때문이다".[4] 마오둔은 자신이 선호하는 외국 문학 작품에 대해 다음과 같이 소개했다. "나는 스케일이 크고 문체가 호방하며 스타일이 화려한 작품을 좋아한다." 1924년 그는 린슈의 번역 작품을 교감하면서 『스콧 평전(司各特評傳)』과 『스콧 저작 편년록(司各特著作編年錄)』을 저술했을 뿐만 아니라 자신의 작품에서도 여러 차례 이 소설에 대해 언급했다. 많은 연구자들은 『자야』가 전체적인 구조상에서 이 책의 영향을 깊이 받았다고 생각한다. 이처럼 수많은 학자와 작가들이 이 작품을 극찬한 이유는 소설이 갖고 있는 '심오함과 오묘함' 때문이기도 하지만 앵글로색슨족과 노르만 귀족 간의 투쟁 이야기가 제국주의 열강의 침탈과 만청 제국의 전제정치라는 이중고에 시달리고 있던 중국 지식인들에게 강한 공감을 주었기 때문이다. 따라서 이 책이 이처럼 큰 인기를 얻은 것은 결코 우연이 아니라고 할 수 있다.

외국 작가가 이국에서 명성을 얻게 되는 데에는 불완전한 번역서의 공도 적지 않다. 린슈의 번역서로 인해 스콧은 중국 문단에서 명성을 얻게 되었고 저명 서양 작가의 반열에 오르게 되었다. 《현대(現代)》 잡지에 실린 「스콧 서거 100년제(司各特逝世百年祭)」라는 글에서 링창옌(凌昌言)은 다음과 같이 썼다. 영국 문학사에서 스콧의 위상은 셰익스피어에 견줄 정도는 아니지만 중국 독자들의 인식과 평가는 셰익스피어를 능가한다. 이는 순전히 린슈의 공로라고 할 수 있다. 링창옌은 또 중국인들이 이 책을 통해 서양 문학을 알기 시작했다고도 했다. 이 책이 "근세 문화에 끼친 영향은 『천연론』이나 『원부』에 버금간다고 할 수 있다."[5] 린슈가 번역한 이 책은 중국이 서구문화를 수용하는 과정에서 신선한 자극제가 되었을 뿐만 아니라 중국 작가의 '잠재력'을 끌어내어 중국 신문학의 발전을 촉진했다.

055

『목륵명학(穆勒名學)』

청말 서양 논리학 서적 번역 열풍을 일으키다

『논리학 체계』

청말 서구 문화에 대한 중국인의 인식은 얕은 데에서 깊은 곳으로, 단편적인 것에서 전면적인 것으로 발전되었다. 교류 초기에는 서양의 선견포리와 성광화전에만 관심을 가졌다면, 이후에는 정치, 법률, 제도에 관심을 갖고 서양이 부강한 원인을 찾고자 했다. 탐색 결과, 부강의 배후에 자연과학과 사회과학의 기초를 이루는 근대 이론과학이 있으며 철학적 사유방식과 논리학이 과학을 지탱하고 있다는 사실을 알게 되었다. 이런 깨달음으로 인해 청조 말기에 서양 논리학 서적 번역 열기가 생겨나게 되었다. 이는 『명리탐』이 번역된 때로부터 260여 년이나 지난 후였다. 필자의 고증에 따르면 청말에 최초로 번역된 서양 논리학 서적은 양인항이 편역한 『명학(名學)』이다. 이 책은 서양 논리학에 관한 일본어 저작을 번역한 것으로 모두 20장으로 구성되어 있다. '명학'은 '추리의 학문 및 추리의 기술(推理之學及推理之術)'이라는 의미이며, "학문 중의 학문, 지혜의 관건, 철학의 으뜸, 지력(智力)의 눈, 마음의 영약, 지혜의 바다를 비추는 밝은 등불, 진리를 발견하는 기술"을 말한다.[1] 『명학』은 1901년 번역을 마친 후 이듬해 5월 도쿄 일신총편사(日新叢編社)에서 '일신총서(日新

叢書)' 제1편으로 출판되었으며, 같은해 상해 문명서국에서도 『명학교과서(名學教科書)』라는 제목으로 재판이 출간되었다. 이 외에도 1902년 왕롱바오(汪榮寶)가 번역한 다카야마 린지로(高山林次郎)의 『논리학(論理學)』(《역서휘편》 9월호에 실림), 린주통(林祖同)이 번역한 기요노 츠토무(清野勉)의 『논리학달지(論理學達旨)』, 1903년 텐우자오(田吳炤)가 번역한 도도키 와타루(十時彌)의 『논리학강요(論理學綱要)』, 1905년 옌푸가 번역한 『목륵명학』, 1906년 탕주우(湯祖武)가 번역한 『논리학해부도설(論理學解剖圖說)』, 판디지(范迪吉) 등이 번역한 후잔보우(富山房)의 『논리학문답(論理學問答)』, 후마우루(胡茂如)가 번역한 오니시 하지메(大西祝)의 『논리학(論理學)』, 1907년 진타이런(金太仁)이 번역한 다카시마 헤이자부로(高島平三郎)의 『논리학교과서(論理學教科書)』, 가시마 헤이자부로(高島平三郎)가 강의한 것을 강소사범(江蘇師範) 학생이 기술한 『논리학(論理學)』 등이 출간되어 나왔다. 옌푸와 왕궈웨이가 각각 번역한 『명학천설(名學淺說)』과 『변학(辨學)』은 논리학 교과서 격으로 서양 논리학에 대한 각별한 관심을 반영하고 있다. 청말 서양 논리학 서적 번역 열풍 중에 나온 수많은 번역서 가운데 가장 유명한 것으로는 옌푸가 번역한 『목륵명학』[1)]을 들 수 있다.

『목륵명학』의 원제는 'A System of Logic, Ratiocinative and Inductive'로 '추리와 귀납논리학 체계, 증명원칙과 과학 연구법의 종합연구'이다. 이 책은 1843년 출판되어 19세기 경험주의 사상을 대표하는 논리학 경전이 되었다. 원서는 명(名)과 사(辭), 연역추리, 귀납추리, 귀납방법, 궤변, 윤리과학의 논리 등 여섯 부분으로 이루어져 있는데 아리스토텔레스의 연

1) '목륵(穆勒, 물러)'은 밀(John Stuart Mill)의 중국어 번역명이다. 일반적으로 '논리학 체계'로 번역하는데, 한국에는 출간되지 않았다.

역추리형식을 비판하기 위해 저술되었다. 책에서는 귀납법의 기본 원리를 '자연 과정의 한결같음(自然過程始終如一)'으로 표현했으며 귀납 이론 전체의 기초는 인과관념[物因觀念]이라고 주장했다. 특정한 하나의 현상이 다른 하나의 현상 뒤에 반드시 발생한다면, 이후에도 여전히 그럴 것이라는 것을 알 수 있다. 귀납과 개괄은 서로 다르다. 개괄은 같은 명제의 세부적 내용을 종합한 것인데 반해, 귀납은 이미 알고 있는 것으로부터 모르는 것을 유추하는 것이다. 책에서는 일치법, 차이법, 일치차이 병용법, 잉여법, 공변법의 다섯 가지 귀납법을 제시하고 있다.[2)] 이처럼 이미 알고 있는 현상으로부터 원인을 도출해내는 연구법을 '밀 방법'이라고 부른다.

옌푸는 『천연론』과 『군학이언』의 번역을 통해 '바른 명칭을 구하는' 일이 사변 연구의 중요한 방법이며 이는 철학의 인식 도구에 관한 학문이라는 것을 깨닫게 되었다. 그가 1900년 "명학회(名學會)를 설립하고 그곳에서 진행한 명학에 관한 강연은 사람들에게 큰 인기를 끌었다. 이런 종류의 강의는 일찍이 예전에는 없었던 것이다."[2] 또한 1900년에서 1902년 사이에 『목륵명학』의 전반부를 번역한 후 1905년 금릉(金陵, 즉 남경)의

---

2) ① 일치법[契合法]: 연구하고자 하는 현상이 발생하는 2가지 또는 그 이상의 사례에서 단지 하나의 사정만이 공통일 때, 이 공통되는 사정은 그 현상의 원인 또는 결과이다.
② 차이법(差異法): 연구하고자 하는 현상이 발생하는 사례와 발생하지 않는 사례에 있어서 전자에만 나타나는 단 한 가지의 사정을 제외하고 나머지 일체의 사정이 공통일 때는, 그 단 하나의 사정은 그 현상의 결과 또는 원인 내지 원인의 중요한 일부이다.
③ 일치 차이 병용법[契差兼用法]: 어떤 현상이 발생하는 2가지 혹은 그 이상의 사례에 있어서 단지 하나의 사정만이 공통이고, 그 현상이 발생하지 않는 2가지 혹은 그 이상의 사례에 있어서는 '그 사정이 없다'고 하는 것 이외에는 공통점이 없을 때, 그 두 짝의 사례에서 상이점인 그 단 하나의 사정은 그 현상의 결과 또는 원인 내지는 원인의 중요한 일부이다.
④ 잉여법(剩餘法): 어떤 현상 속에서 이미 귀납법에 의하여 전건(前件)의 결과로서 알려진 부분을 제거할 때, 그 현상의 나머지 부분은 전건의 나머지 부분의 결과이다.
⑤ 공변법(共變法): 어떤 현상이 일정한 방식으로 변화함에 따라 다른 현상 역시 일정한 방식으로 변화한다면, 이 양자는 인과 관계를 지녔거나 아니면 공통된 원인에서 비롯된 결과이다.

금속재(金粟斎)에서 목각으로 인쇄해 출판하기도 했다. 중국에는 이미 푸르타도(傅汎際)와 이지조가 공동으로 번역한 『명리탐』과 조지프 에드킨스가 번역한 제번스(W. S. Jevons)의 『변학계몽(辨學啓蒙)』[3]이라는 논리학 서적이 나와 있었다. 제번스의 책은 로버트 하트[4]가 펴낸 『서학계몽(西學啓蒙)』에 수록되어 있다. 옌푸는 『명리탐』과 『변학계몽』이 모두 논리학 서적으로 부족함이 많다고 생각했다. 그는 '명(名)'이라는 글자가 중국에서 넓고 심오한 의미를 지니고 있다며 '명학(名學)'이라는 번역어를 사용할 것을 주장했다. "학문과 사변에는 성실함이 필요할 뿐만 아니라 정명(正名)이 중요하다. 또한 전체를 버리고 일부만을 취해서도 안 된다."[3] 아리스토텔레스 이래로 사람들은 개념의 남용에서 오는 논리적 혼란을 방지하기 위해 개념과 '정의(定義)'를 중시했다. 따라서 옌푸는 개념의 종류와 오정, 십륜[5]의 명칭 관계를 다룰 때는 아리스토텔레스학파를 따랐

3) 원제는 'Primer of Logic'이다.

4) 로버트 하트(Robert Hart, 1835-1911). 영국의 정치가로 1854년 중국에 와서 중국 세관 및 우정(郵政) 시스템의 기초를 다졌다. 중국명은 赫德이다. 50년 가까이 상해에서 해관총세무사(海關總稅務司)를 역임했으며, 청-프랑스전쟁과 의화단운동 때 중국과 서구 사이의 교섭을 맡았다.

5) '오공(五公)'과 '십륜(十倫)'은 『명리탐』에서 다루고 있는 주요 개념들이다. '오공'은 오정(五旌), 또는 오칭(五稱)이라고도 한다. 기원전 4세기 포르피리오스(Porphyry of Tyre)가 처음 제시한 것으로 주로 개념의 속성 관계와 특성에 관한 내용을 다루고 있다. '십륜(十倫)'은 아리스토텔레스의 10범주에 기초해서 구분한 것이다. '오공'과 '십륜'에 대한 영어와 한글 및 이지조, 옌푸의 번역어를 비교하면 아래 표와 같다.

영문	한글	李之藻	嚴復	예시
Five Concepts	5개념	五公	五旌	
Genus	유(類)	宗	類	동물
Specise	종(種)	類	別	사람
Differentia	종차(種差)	殊	差	추리할 수 있는
Proprium	고유속성	獨	撰	웃을 수 있는
Accidend	우연속성	依	寓	황색의

영문	한글	李之藻	嚴復	예시
Ten Categories	10범주	十倫	十倫	
Substance	실체	自立體	物, 質	사람, 말

지만 사물의 명칭이나 개별 경험에 집착하는 밀의 분류법에는 반대했다. 그는 중국의 학문 방법이 서양학술에 비해 덜 상세하고 불분명한 원인은 연역과 귀납을 별개의 것으로 여겨 실측회통(實測會通) 할 수 없었기 때문이라고 생각했다. 그는 밀의 이론을 받아들여 과학상에서 실측으로부터 연역[外籀]으로 나아가는 연역원칙의 도출 과정을 긍정했다. 이를 통해 볼 때 연역이 귀납[內籀]과 아무런 관계가 없다고 말할 수는 없는 것이다. 그는 연역과 귀납을 결합하는 것은 과학적인 '인증(印証)'을 통해 진위를 판단하는 것이라고 주장했다. 아울러 귀납적 실험과 연역적 추론은 반드시 과학적 논증과 서로 결합되어 실행되어야 한다고 생각했다. 『목륵명학』은 영국 경험주의 귀납법을 집대성한 명저이다. 옌푸가 이 책을 선택해 번역한 것은 베이컨과 로크에서 시작된 영국 경험론을 중국에 소개하는 데 목적이 있었다. 따라서 그는 책의 안어에서 베이컨과 로크에 대해 반복해서 언급했다. "이 학문을 나집(邏輯)[6]이라고 하는 까닭은 베이컨의 말처럼 이것이 최고의 방법이고 최상의 학문이며 본질이 훌륭하고 쓰임이 광범위하기 때문이다."[4] 또한 "서학이 상세하고 확실한 까닭은 유용성을 기준으로 꾸준히 자연의 비밀을 밝히고 사람들의 지혜를 계발해주었기 때문이다."[5] 따라서 옌푸는 서양과학을 다음과 같이 평가했다.

Quantity	수량	幾何	數, 量	선, 면, 점, 수
Relation	관계	互視	倫, 對待, 相屬	두 배, (~보다) 크다
Quality	성질	何似	德, 品	흰, 뜨거운
Activity	주동	施作	感, 施	수술하다, 말하다
Passivity	피동	承受	應, 受	수술받다, 듣다
State	자세	體勢	形, 勢, 容	앉아있다, 달리다
Position	장소	何居	位, 方所, 界	차에 타고 있다, 다리 위에 있다
Time	시간	暫久	時, 期, 世	어제, 미래
Situation	상태	得有	服, 習, 止	신발을 신고 있다, 무장하고 있다

6) 중국 발음으로는 '뤄지'로 logic의 음역이다

"하나의 이치를 밝히거나 하나의 방법을 도출할 때는 반드시 모든 사물이 다 그러한지 검증한 후 진행하니 그렇게 얻어진 이치나 방법은 쉽게 바뀌지 않는다. 최대한 많은 사례를 검증하니 광범위하다 하겠고 효용성이 오래 지속되니 유구하다 하겠다. 또한 궁극적으로 하나로 관통시켜 모든 것을 통하게 만드니 고명하다고 할 수 있다."[6] 그는 과학사를 예로 들어 다음과 같이 설명했다. 측량기구가 갖추어진 것은 뉴턴부터이고 교통수단이 크게 발전한 것은 와트(James Watt)부터이며 "200년 학술의 운이 크게 열린 것은 진부한 것을 일소한 베이컨부터라 할 수 있다."[7]

당시 명학을 이해하고 있는 중국인은 많지 않았다. 그러나 이 책이 "기품 있고 우아한 고문체로 서술한" 『천연론』의 역자 옌푸의 번역서라는 사실로 인해 학계의 큰 관심을 끌었다. 주즈신[7)]은 이렇게 말했다. "명나라 때 이지조가 『명리탐』을, 에드킨스가 『변학계몽』을 번역했지만 세상에 널리 알려지지 않았다. 옌푸가 『명학』을 번역하자 사람들은 비로소 세상에 사유의 법칙을 다루는 학문이 있다는 사실을 알게 되었다."[8] 차이위안페이는 1926년 『논리학(邏輯學)』서문에서 이렇게 말했다. "명청간에 기독교 선교사들이 변학(辨學)을 논한 것이 중국에 유럽 논리학이 전래된 시초이다. 그 후에 후관(侯官) 엄기도(嚴幾道, 즉 옌푸) 선생이 『목륵명학』과 제번스의 『명학천설(Primer of Logic)』을 번역하여 이 분야가 본격적으로 전파되었다. 이를 계기로 외국어를 모르는 중국인들도 논리학에 대해 조금이나마 알 수 있게 되었다."[9] 『목륵명학』의 출판은 청말 중국인들의 명학 학습열을 크게 자극했다. 금속재역서처(金粟齋譯書處)는 서양 논

7) 주즈신(朱執信, 1885-1920). 원명은 다푸(大符), 자는 즈신(執信)이다. 저장 샤오산(蕭山) 출신으로 중국 근대 민주혁명가이자 사상가이다. 일본에서 유학할 때 쑨원, 랴오중카이 등 혁명당원과 교류했고 동맹회에 참여했다. 《민보》, 《건설(建設)》 등에 글을 발표해 개량파와 논전을 벌였으며 혁명사상을 고취시켰다. 1920년 후먼(虎門)에서 군벌들에게 피살되었다. 저서로는 『주즈신집(朱執信集)』이 있다.

리학을 소개하기 위해 옌푸가 상하이에 왔을 때 특별히 '명학강연회'를 개최했다. "옌푸 선생의 강연은 매우 차분했다. 그는 요약본 소책자 한 권을 참조해 가며 강의했는데 그의 말은 대단히 논리적이었다. 그러나 강연 내용에 영어가 많이 섞여 있다 보니 영어를 모르는 사람들은 이해하기 쉽지 않았다." 바오톈샤오는 『천영루회억록』에서 이렇게 말했다. "이 학문은 대단히 심오해서 그 오묘함을 알 수 있는 사람은 많지 않다. 나는 『목륵명학』의 교열에 참가했었다. 그렇지만 솔직히 말하자면 도연명(陶淵明)이 말한 것처럼 깊이 있는 해석을 구한 것은 아니었다.(不求甚解)[8]. 이번에 강연을 들으러 온 사람들을 보니 대부분 호기심에 옌유링(嚴又陵, 즉 옌푸)의 얼굴이나 한 번 보기 위해 온 것이지 강연 내용에 관심이 있어 온 것은 아닌 듯하다."[10]

『목륵명학』은 옌푸의 다른 번역서들과 마찬가지로 "중국 전통 관념으로 서구 신사상을 번역"[11]한 책이라 할 수 있다. 왕궈웨이가 「새로운 학술용어의 수입(論新學語之輸入)」에서 말한 바대로, "후관 엄씨의 『명학』은 옛스러운 문체로 번역된 까닭에 의미를 이해하기 힘들다. 외국어를 약간 아는 내가 보더라도 차라리 밀의 원서를 읽는 편이 낫다고 여겨진다."[12] 펑유란[9]도 『철학회억록(哲學回憶錄)』에서 당시 책의 "명성이 대단했지만 제대로 이해할 수 있는 사람은 많지 않았다"[13]고 적었다. 그러나 외국어를 모르는 사람들도 이 책의 가치는 높이 평가했다. 1912년 열아홉 살의

---

8) 도연명(陶淵明)이 지은 「오류선생전(五柳先生傳)」에 나오는 문장이다. "好讀書, 不求甚解, 每有意解, 便欣然忘食." 책읽기를 좋아하지만 깊이 있는 해석을 구한 것은 아니다. 매번 뜻에 맞는 글이 있으면 곧 즐거워 식사도 잊었다.

9) 펑유란(馮友蘭, 1895-1990). 중국 현대 저명 철학가이다. 자는 즈성(芝生)으로 허난(河南) 치이(祁儀) 출신이다. 베이징대학 철학과를 졸업하였고 미국 콜럼비아대학에서 박사학위를 받았다. 서양의 논리철학으로 중국 송명이학(宋明理學)을 재해석하여 '신리학(新理學)' 체계를 만들었다. 칭화대학, 시난롄다 교수 등을 역임했다. 저서로는 『중국철학사(中國哲學史)』, 『중국철학간사(中國哲學簡史)』, 『중국철학사신편(中國哲學史新編)』, 『정원육서(貞元六書)』 등이 있다. '현대 신유가(現代新儒家)' 중의 한 사람이다.

마오쩌둥은 후난성립도서관(湖南省立圖書館)에서 이 책을 접하고 깊은 인상을 받았다. 논리학 지식을 많이 습득하게 되었을 뿐만 아니라 논리적으로 사유하는 기술도 배울 수 있었다. 이를 계기로 그는 생각과 말의 논리성을 수시로 점검하는 습관을 갖게 되었다. 마오쩌둥은 1920년 11월 26일, 신민학회(新民學會) 회원인 뤄쉐짠[10)]에게 보낸 편지에서 사람들이 자주 범하게 되는 네 가지 '논리적 오류'—감정으로 일을 논함(以感情論事), 시간상에 있어 부분으로 전체를 개괄함(時間上以偏概全), 공간상에 있어 부분으로 전체를 개괄함(空間上以偏概全), 주관으로 객관을 개괄함(以主觀概客觀)—를 소개하고 있다. "나는 뒤의 세 가지 오류는 자주 범하지 않는다고 자신할 수 있지만 감정에 관한 오류는 피하기 힘들다. … 대화가 즐겁거나 격렬해지면 뒤의 세 가지 오류 역시 피할 수 없다. 오류라는 것을 잘 알고 있으면서도 어쩔 수 없이 범하게 되는 것이다."[14] 젊은 시절 '명학'에 대해 갖고 있던 관심은 이후에도 줄어들지 않았다. 1938년 그는 판신녠[11)]이 쓴 『논리와 논리학(邏輯與邏輯學)』을 깊이 연구한 적이 있으며, 1950년대에 저우구청(周谷城), 왕팡밍(王方名) 등이 형식논리를 둘러싸고 논쟁을 벌였을 때에도 적극적으로 격려해주었다.[12)] 심지어는 『명

10) 뤄쉐짠(羅學瓚, 1893-1930). 후난 샹탄(湘潭) 사람으로 마오쩌둥과는 후난성립제일사범학교(湖南省立第一師範學校) 동급생이다. 신민학회 초기 회원이자 중국공산당 당원이다. 저장성 선전부 부장과 성위원회 서기를 역임했다. 1930년 항저우에서 희생당했다.

11) 판신녠(潘梓年, 1893-1972). 중국 근대 저명 철학가이자 언론인이다. 베이징대학을 졸업하고 《신화일보(新華日報)》를 창간하였으며 마오쩌둥에 의해 사장으로 임명되었다. 중국과학원 철학사회과학부 부주임 겸 철학연구소 소장을 역임하였으며 《철학연구(哲學硏究)》, 《자연변증법연구통신(自然辨證法硏究通訊)》 등의 잡지를 창간하였다. 문화대혁명 시기 박해를 받아 감옥에서 병사하였다.

12) 1956년 2월 《신건설(新建設)》에 실린 저우구청(周谷城)의 「형식논리와 변증법(形式邏輯與辯證法)」이라는 글을 둘러싸고 벌어진 신중국 최초의 논리학 대논쟁이다. 글에서 저우구청은 "변증법은 주(主), 형식논리는 종(從)이다. 비록 주종의 구별은 있지만 분리할 수는 없다"고 주장했는데 이에 대해 왕팡밍(王方名)이 형식논리와 변증법 사이에 '고저(高低)'의 구분이 있을 수 없다고 반박하면서 논쟁이 시작되었다. 중국 철학계의 상당수 학자들이 논쟁에 참여했을 뿐만 아니라 마오쩌둥도 신문을 통해 논쟁을 격려하며 자신의 의견을 개진하였다.

리탐』, 『목륵명학』, 『변학』, 『논리학강요』 등 11권의 책을 재판 인쇄할 것을 지시하기도 했다. 실제로 이 책들은 '논리총간(邏輯叢刊)'으로 묶여 삼련서점(三聯書店)에서 출판되었다.[15]

궈잔보[13)]는 『근삼십년중국사상사』에서 옌푸의 『목륵명학』에 대해 매우 적절하게 평가를 내렸다. 이 책이 출간된 이후 "중국에서 형식논리학이 유행하게 되었다. 각 대학에 논리학 과목이 개설되었고, … 학자들도 논리학을 응용해 학문을 연구하기 시작했다."[16] 이는 『목륵명학』만의 영향이라기보다는 청말 서양 논리학 번역 열풍이 가져온 결과라고 할 수 있다.

13) 궈잔보(郭湛波, 1905-1990). 중국 근현대 저명 사상가이다. 베이징대학 철학과를 졸업하였으며 1932년 중국 최초의 중국어 중국논리학사 저작인 『선진변학사(先秦辯學史)』를 출판했다. 저서로는 『근삼십년중국사상사(近三十年中國思想史)』(악록서사[岳麓書社]에서 책을 펴내며 『근오십년중국사상사(近五十年中國思想史)』라고 제목을 수정했기 때문에 일반적으로 이 제목으로 알려져 있다), 『논리학16강(論理學十六講)』, 『변증법연구(辯證法研究)』 등이 있다.

056

『치한기마가(痴漢騎馬歌)』
중국 전통 시가 형식으로 풀어낸 서양시

『존 길핀의 야단법석 대소동』

꾸홍밍[1]은 중국 근대 시기 공부에 '미친[癡]' 이름난 '괴걸(怪傑)' 중 한 사람이다. 말레이시아 피낭에서 태어났지만 본적이 어디인지는 확실하지 않다. 일설에는 푸젠 퉁안(同安)이라고도 하고 샤먼(廈門)이라고도 하고 진장(晉江)이라고도 한다. 일곱 살이 되던 해, 선교사 브라운(F. S. Brown)을 따라 영국으로 건너가 영어, 불어, 독어, 라틴어, 희랍어 등을 배워 통달하였고 10여 개 이상의 석박사학위를 취득하였다. 중국에서도 선통 황제에게 문과 진사의 벼슬을 하사받았다.

그는 번역 분야에서도 대단한 성과를 이루었다. 특히 『논어』를 영어로 번역하였는데 기존에 그 권위를 인정받고 있던 제임스 레게[2]의 영역본

1) 꾸홍밍(辜鴻銘, 1857-1928). 이름은 탕셩(湯生), 자는 홍밍(鴻銘), 호는 리청(立誠)이다. 영국령 말레이시아 페낭섬에서 태어났다. 영국 에딘버러대학과 독일의 라이프치히대학에서 유학했다. 영어, 프랑스어, 라틴어, 그리스어, 말레이시아어 등 9개 언어에 능통했고 13개의 박사학위를 취득했다. 문사철 및 언어, 과학 등에 조예가 깊었으며 특히 동서양 학문을 두루 섭렵해서 '청말의 괴걸(怪傑)'로 불렸다. 중국 전통 경전인 '사서(四書)' 가운데 『논어(論語)』, 『중용(中庸)』, 『대학(大學)』을 영어로 번역했다. 저서로는 『중국의 옥스퍼드 운동(中國的牛津運動)』, 『중국인의 정신(中國人的精神)』 등이 있다.

2) 제임스 레게(James Legge, 1815-1897). 근대 영국의 저명 한학자이자 런던 포도회(London Missionary Society) 선교사로 중국명은 理雅各이다. 중국 전통 경전연구에 조예가 깊었으며

『중국경전(中國經典)』을 신랄하게 비판했다. 제임스 레게는 영국 옥스퍼드대학의 한학 교수로 그가 영어로 번역한 중국 고전은 서구의 한학자들 사이에서 경전으로 추앙받고 있었다. 꾸홍밍은 어설픈 한문 실력과 무비판적 태도, 낮은 문학성을 들어 그를 "박식하지만 고리타분하고 진부한 학자"라고 비꼬았다. 꾸홍밍은 자신이 번역한 『논어』를 통해 영어권의 일반 독자들이 중국인의 재능과 지혜, 도덕적 면모를 이해하게 되길 희망했다. "교양 있는 영국인의 입장이 되어 공자와 제자들 간의 대화를 있는 그대로 표현하고자 했다." 영국 독자들이 오해하거나 신기한 느낌을 갖지 않도록 중국어 인명과 지명의 사용을 최대한 자제했으며, 이해를 돕기 위해 주석에 유럽 작가들의 명구를 덧붙이기도 했다. 그의 목표는 『논어』의 내용을 영어권의 일반 독자들에게 전달하는 것이었다. 서양인들은 『논어』를 까다롭게 생각하지만 기독교 성경과 다를 것이 없으니 이해하지 못할 일이 어디 있겠는가? 그의 작업은 청 동치년간에 롱펠로의 「인생찬가(A Psalm of Life)」를 우아한 중국어 시구로 번역한 동순[3]의 작

1861년부터 1886년까지 25년 동안 『사서(四書)』와 『오경(五經)』 등 중국 고대 주요 경전 28권을 영어로 번역하였다. 홍콩 영화서원(英華書院) 교장을 역임했다. 저서로는 『중국경전(中國經典)』, 『법현행전(法顯行傳)』, 『중국의 종교: 유교, 도교와 기독교 대비(中國的宗敎: 儒敎,道敎與基督敎的對比)』, 『중국편년사(中國編年史)』 등이 있다.

3) 동순(董恂, 1807-1892). 근대 시기 관료이자 문학가이다. 총리각국사무아문(總理各國事務衙門) 전권대신(全權大臣)을 역임하며 벨기에, 영국, 러시아, 미국 등에 가서 통상조약을 체결했다. 독서를 즐겨하였고 동치(同治) 3년에 번역한 롱펠로의 「인생찬가(人生頌)」는 근대 서양문학 작품을 본격적으로 중국에 소개하는 시발점이 되었다. 글의 원문과 동순의 번역문, 한국어 번역은 다음과 같다.

A PSALM OF LIFE	人生頌(董恂 譯)	인생찬가
TELL me not, in mournful numbers, Life is but an empty dream! For the soul is dead that slumbers, And things are not what they seem.	莫將煩惱著詩篇 百歲原如一覺眠 夢短夢長同是夢 獨留眞氣滿乾坤	슬픈 목소리로 내게 말하지 마오 인생은 헛된 꿈에 불과하다고 잠자는 영혼은 죽은 것이니 만물은 보이는 것과 같지 않으리
Life is real! Life is earnest! And the grave is not its goal; Dust thou art, to dust returnest, Was not spoken of the soul.	天地生材總不虛 由來豹死傷留皮 縱然出土總歸土 靈性常存無絶期	인생은 현실이고 인생은 진지하다 그러니 무덤이 인생의 목적이 아니리 너는 흙이니 흙으로 돌아가라는 말은 영혼에게 말하는 것이 아니다

업과 비슷한 맥락에서 이해할 수 있다. 꾸훙밍은 광범위한 자료 수집과 꼼꼼한 번역으로 서양인들이 중국 경전을 직접 읽는 듯한 느낌이 들도록 만들었다. 이를 통해 그들이 유가 윤리의 우월함을 깨닫고 중화문명의 높은 이상에 경도되기를 바랐던 것이다. 비록 오늘날의 입장에서 보자면 진부한 면이 적지 않지만 당시로서는 중국과 서양의 문화교류를 촉진시키는 데 큰 공헌을 하였다.

꾸훙밍은 자신의 수많은 영역 저작으로 인해 해외에서도 상당한 명성을 얻었다. 덴마크 문학 이론가 게오르 브란데스(Georg Brandes, 1842~1927)는 『19세기 문학주류(十九世紀文學主流)』에서 꾸훙밍을 러시아 대문호 톨스토이와 서신을 교환한 중국 최초의 인물로 소개하였

Not enjoyment, and not sorrow, Is our destined end or way; But to act, that each to-morrow Find us farther than to-day.	無端憂樂日相循 天命斯人自有眞 人法天行强不息 一時功業一時新	쾌락도 아니요 슬픔도 아닐 것이다 우리의 운명과 가야 할 길은 저마다 행동하는 그것이 목적이고 길이다 내일이 오늘보다 낫도록
Art is long, and Time is fleeting, And our hearts, though stout and brave, Still, like muffled drums, are beating Funeral marches to the grave.	無術揮戈學魯陽 枉談肝膽異尋常 一從薤露歌聲起 丘隴無人宿草荒	예술은 길고 세월은 빨리 흘러간다 우리의 심장은 강하고 용맹하지만 지금 이 시간 낮은 북소리처럼 무덤을 향한 장송곡을 울리는구나
In the world's broad field of battle, In the bivouac of Life, Be not like dumb, driven cattle! Be a hero in the strife!	擾擾紅塵聽鼓鼙 風吹大漠草萋萋 駑駘甘待鞭笞下 騏驥誰能轡勒羈	세상의 넓고 넓은 싸움터에서 인생이라는 야영지에서 쫓기는 짐승처럼 벙어리가 되지 말고 투쟁에서 영웅이 되어라
Trust no Future, howe'er pleasant! Let the dead Past bury its dead! Act, act in the living Present! Heart within, and God o'erhead!	休道將來樂有時 可憐往事不堪思 只今有力均須努 人力殫時天祐之	아무리 즐거워도 미래를 믿지 말고 죽은 과거는 그대로 묻어 두어라 행동하라 살아 있는 현재에 행동하라 안에는 마음이, 위에는 신이 계신다
Lives of great men all remind us We can make our lives sublime, And, departing, leave behind us Footprints on the sands of time;	千秋萬代遠蜚聲 學步金鰲須上行 已去冥鴻亦有跡 雪泥爪印認分明	위인들의 생애가 우리에게 일러주나니 우리도 장엄한 삶을 이룰 수 있고 떠날 때, 시간의 모래 위에 발자국을 남길 수 있음을
Footprints, that perhaps another, Sailing o'er life's solemn main, A forlorn and shipwrecked brother, Seeing, shall take heart again.	茫茫塵世海中漚 才過來舟又去舟 欲問失帆誰挽救 沙洲遺跡可追求	그 발자국은 훗날 누군가 장엄한 인생의 바다를 건너다가 난파되어 버려진 형제가 그걸 보고 다시 용기를 얻게 될지니
Let us, then, be up and doing, With a heart for any fate; Still achieving, still pursuing, Learn to labor and to wait.	一鞭從此躍征鞍 不到峰頭心不甘 日進日高還日上 肯教中道偶停驂	우리 모두 일어나 행동하라 어떤 운명에도 이겨낼 용기로 끊임없이 성취하고 도전하면서 일하며 기다림을 배우자

다. 꾸홍밍이 저술한 두 권의 영문 저작 『존왕편(尊王篇)』(Papers from a Viceroy's Yamen)과 『현재, 황제폐하, 심사숙고 바랍니다 : 러일전쟁의 도덕적 원인을 논함(當今, 皇上們, 請深思 : 論俄日戰爭道義上的原因)』(The Moral Cause of the Russia-Japanese War)은 1906년 3월 주 상하이 러시아 총영사를 통해 톨스토이에게 전해졌다. 같은 해 9월 톨스토이는 「중국인에게 보내는 편지(致一個中國人的信)」라는 글을 발표했다. 글에서 그는 다음과 같이 유명한 예언을 하였다. "지금은 인류의 삶에 중대한 변화가 일어나고 있는 때이다. 이런 변화 속에서 중국은 동양 민족을 이끌 중요한 역할을 하게 될 것이다."[1] 꾸홍밍의 영문 저작 『애소지음(哀訴之音)』(Vox Clamantis), 『중화민족의 정신(中華民族之精神)』(The Spirit of the Chinese People), 『유럽 사상에 대한 중국의 저항(中國對于歐洲思想之抵抗)』(The Story of a Chinese Oxford Movement)은 독일어로도 번역되어 큰 인기를 끌었다. 심지어 독일의 어떤 교수는 꾸홍밍을 모르는 중국 유학생은 전공 관련 토론에 참석하지 못하게 할 정도였다. 선라이치우(沈來秋)는 「약담 꾸홍밍(略談辜鴻銘)」에서 독일의 슈펭글러가 쓴 『서구의 몰락』이 꾸홍밍 사상의 영향을 받았다고 주장하기도 했다.[2]

꾸홍밍의 중역 작품은 영역 작품에 비해 영향력이 크지 않았다. 쩐잉(震瀛)은 「꾸홍밍선생을 기억하며(記辜鴻銘先生)」에서 "다만 시집 『치한기마가』의 영향력은 적지 않았다"[3]고 했다. 스저춘의 『근대문학대계 · 번역문학집(中國近代文學大系 · 翻譯文學集)』 서문에 따르면 꾸홍밍은 콜리지[4]의 「고주자영(古舟子詠)」(The Rime of the Ancient Mariner)도 번역했다.

4) 새뮤얼 테일러 콜리지(Samuel Taylor Coleridge, 1772-1834). 영국의 서정 시인으로 윌리엄 워즈워스와 함께 영국 낭만주의 운동을 이끌었다. 1798년경에 민요형식의 대표시 'The Rime of the Ancient Mariner'를 지었는데, 한국에서는 '노수부의 노래'로 소개되었다.

『치한기마가』[5)]는 근대 시기에 중국 전통 시가의 형식으로 서양시를 번역한 대표적인 작품이다. 이 시는 영국의 시인 윌리엄 쿠퍼의 대표작으로 원제는 『포목상 존 · 길핀 이야기(布販約翰 · 基爾平的趣事)』(The Diverting History of John Gilpin, Linen Draper)이다. 꾸훙밍은 말년을 정신이상으로 보냈던 영국 변호사 쿠퍼의 장편시를 오언고체시로 번역했다. 시는 모두 63절이며 각 절은 4행으로 되어 있다. 아래에 몇 단락을 소개한다.

원문	辜鴻銘 譯	한국어[6)]
JOHN GILPIN was a citizen Of credit and renown, A train-band captain eke was he Of famous London town.	昔有富家翁 饒財且有名 身爲團練長 家居倫敦城	존 길핀은 믿음직하고 인기도 많은 시민. 게다가 그 유명한 런던 시의 시민군 대장이라네.
John Gilpin's spouse said to her dear, "Though wedded we have been These twice ten tedious years, yet we No holiday have seen.	婦對富翁言 結發同苦艱 悠悠二十載 未得一日閑	어느 날 아내가 존 길핀에게 말했지. "우리가 결혼해 함께 산 지도 벌써 10년이 두 번이나 지났는데 그동안 한 번도 휴가를 못 갔어요.
Tomorrow is our wedding-day, And we will then repair Unto the Bell at Edmonton, All in a chaise and pair.	明日是良辰 城外好風景 願乘雙馬車 與君同遊騁	내일은 우리의 결혼기념일. 그동안 못한 일을 메우려거든 다 함께 쌍두마차를 타고 에드먼턴의 벨 식당에 가요.
My sister, and my sister's child, Myself, and children three, Will fill the chaise; so you must ride On horseback after we."	阿姨與其女 妾偕三小兒 一家盈車載 君當騎馬隨	내 동생과 조카 우리 애들 셋과 나는 마차에 탈 테니, 당신은 말을 타고 따라오세요."
He soon replied, "I do admire Of womankind but one, And you are she, my dearest dear, Therefore it shall be done.	富翁對婦言 相敬既如賓 若不從汝言 相愛豈是眞	존 길핀 대답하길, "우리 집안 여자들 중에서 내가 진심으로 따르는 단 한 사람, 바로 내 사랑 당신, 그러니 어찌 그 말을 따르지 않겠소.
I am a linen-draper bold, As all the world doth know And my good friend the calender Will lend his horse to go."	我是販布客 聲名馳寰區 有友情更重 願借千里駒	나로 말할 것 같으면 온 세상이 다 아는 대단한 포목상, 그러니 무두장이 내 친구가 말을 빌려줄 거요."

5) 영국 시인 윌리엄 쿠퍼(William Cowper, 1731-1800)의 작품으로 원제는 'The Diverting Story of John Gilpin'이다. 한국에서는 '존 길핀의 야단법석 대소동', '존 길핀의 우왕좌왕 대소동', '존 길핀의 유쾌한 이야기' 등의 제목으로 알려져 있으며, 보통 윌리엄 쿠퍼의 시에 현대 그림책의 아버지라 불리는 칼 데콧이 그림을 덧붙인 그림책의 형태로 출간되어 있다. 시는 결혼 20주년을 축하해 여행을 떠나기로 한 포목상 길핀이 아내가 기다리는 레스토랑으로 가는 중 멋대로 날뛰는 말 때문에 고생하는 내용을 유머러스하게 묘사하고 있다.

6) 책에는 영어원문과 중국어 번역문만 있다. 한국어 번역은 랜돌프 칼데콧 저, 이주혜 역의 『칼데콧1 : 그림책의 아버지』(도담도담, 2009)를 참조하였다.

장편 시집의 초판본 표지는 컬러로 인쇄되어 있으며 출판 시기는 표기되어 있지 않다. 스저춘에 따르면 이 책은 대략 1900년경에 출판되었다가[4] 1934년에 절판된 후, 1935년 1월 상무인서관에서 『중영대역 : 치한기마가(華英合璧 : 癡漢騎馬歌)』로 출간되었다.

우광젠의 아들 우리푸[7)]는 『우광젠번역유고(伍光建翻譯遺稿)』의 서문에서 이 시의 번역과 관련된 일화를 소개하고 있다. 꾸홍밍은 시어 선택과 시구 조합에 많은 정성을 쏟았는데 번역 결과가 좋게 나오자 대단히 기뻐했다고 한다. 『치한기마가』에서는 "천진난만하고 '순진하며', '바보 같은' 주인공인 포목상의 캐릭터를 유머러스하게 번역해 사람들에게 친근감을 느끼게 해주었다".[5] 왕선란은 「옌푸선생평전」에서 이 시에 대해 "중국 고전 시에서는 볼 수 없는 작품"이라고 평했다.[6] 스저춘은 이 장편시가 "「맥상상(陌上桑)」[8)]의 정신을 표현하고 있다"고 말했다.[7] 양스치우[9)]는 꾸홍밍이 시를 번역하며 쏟아 부은 노력에 대해 찬탄을 아끼지 않았지만 한 편만 번역하고 그친 것에 대해서는 안타까움을 나타냈다. 그는 「어찌하면 문장가로 세상을 놀라게 할 수 있으리오—추옌밍 여사의 물음에 답함(豈有文章驚海內—答丘彦明女士問)」이라는 글에서 이렇게 말했다. "시 번역의 난이도는 원작시가 어떠한지에 달려 있다. 『치한기마가』는 민요체 시가로 원문 자체가 간명하고 통속적이라 번역에 큰 어려움이 없었을 것이

---

7) 우리푸(伍蠡甫, 1900-1992). 저명 외국 문학 번역가인 우광젠의 아들로 영국에서 공부하고 귀국하여 상하이 푸단대학 외국문학과에서 학생들을 가르쳤다. 서양의 유명한 문학 작품들을 번역했으며 미술이론과 서양 비평이론에도 밝아 다수의 저서를 남겼다. 대표저서로는 『담예록(談藝錄)』, 『중국화론연구(中國畫論研究)』 등이 있다.

8) 중국 한나라 때의 악부시(樂府詩)로 희극적 색채가 짙은 서사시이다.

9) 양스치우(梁實秋, 1903-1987). 중국 현대의 저명 산문가이자 학자, 비평가, 번역가이다. 특히 셰익스피어 연구의 일인자이다. 미국 하버드대학에서 공부했으며 귀국 후 둥난대학(東南大學), 칭다오대학(青島大學) 교수를 역임했다. 1949년 타이완으로 이주해 타이완사범학원 영어과 교수를 역임했다. 저역서로는 『셰익스피어전집(莎士比亞全集)』, 『아사소품(雅舍小品)』, 『괴원몽억(槐園夢憶)』, 『영국문학사(英國文學史)』 등이 있다.

다. 꾸홍밍 선생이 좀 더 전형적이고 깊이 있는 영문시를 번역하지 않은 것이 안타까울 따름이다."[8] 양스치우 선생이 느꼈던 아쉬움은 아마 서양시를 좋아하는 사람들이 공통적으로 느꼈을 감정일 것이다.

057

『요괴학강의록(妖怪學講義錄)』과
서양철학 전래를 위한 길을 닦다

'요괴(妖怪)'는 '요정(妖精)', '요마(妖魔)'라고도 한다. 사전적 의미로는 신화나 동화에 등장하는 기괴한 형상의 정령으로 무서운 요술을 행하는 존재이다. 그러나 여기서 말하는 '요괴'는 그런 의미가 아니라 자연계 및 인간의 생리와 심리에 나타나는 불가사의한 현상을 가리킨다. 예를 들면 동식물의 변태(變態), 기이한 천문현상, 이상 기후, 꿈과 인체의 변이 등 설명이 불가능한 현상과 이로 인해 발생하는 인식상의 오류를 말한다. '요괴학'은 '요괴' 현상이 발생하고 유행하는 심리적 · 철학적 · 생물학적 원인을 분석하고 오류가 생기는 원인을 다양한 측면에서 설명하는 데 목적이 있다.

중국에는 일본을 통해서 '요괴학'이 소개되었다. 특히 일본의 저명한 불교학자 이노우에 엔료가 쓴 저작의 번역은 중국에서 요괴학이 유행하는 데 한몫을 했다. 그는 400여 종의 요괴학 서적을 섭렵했을 뿐만 아니라 전국 60여 곳을 직접 방문 조사한 후 책을 집필했다. 또한 데쓰가쿠칸(哲學館)[1]을 설립하고 '요괴 연구소'도 설치했다. 1899년부터 1911년까지 12년 동안, 이노우에 엔료의 저작 14권이 중국어로 번역되었는데 그

가운데 '요괴학'과 관련이 있는 것은 다음과 같다. 1902년 허치(何琪)가 번역하고 상무인서관에서 출판한 『요괴백담(妖怪百談)』, 1905년 쉬웨이천(徐渭臣)이 번역하고 문명서국(文明書局)이 펴낸 『철학요괴백담(哲學妖怪百談)』과 『속철학요괴백담(續哲學妖怪百談)』, 1906년 차이위안페이가 번역하고 상무인서관에서 펴낸 『요괴학강의록 · 총론(妖怪學講義錄 · 總論)』. 이 밖에 1902년 투청리(屠成立)는 이노우에 엔료의 저서를 모방해 신중국도서사(新中國圖書社)에서 『보통 소학교 요괴학 교과서(尋常小學妖怪學教科書)』라는 계몽 도서를 펴내기도 했다. 이 가운데 가장 널리 보급되고 영향력이 컸던 것은 차이위안페이가 번역한 『요괴학강의록』이다.

『요괴학강의록』은 이노우에 엔료가 데쓰가쿠칸 교수로 있을 때 강의한 내용을 책으로 펴낸 것이다. 책은 출간 후 큰 인기를 끌어 여러 차례 재판을 발행했는데 "사람들의 관심이 컸을 뿐만 아니라 풍속을 다스리는데 유익한 효과가 있었기 때문이다."[1] 차이위안페이가 번역한 『요괴학강의록』은 '요괴학강의'라는 제목으로 황모시(黃摩西)가 발간하는 《안래홍총보(雁來紅叢報)》 1906년 1기부터 7기까지 연재되었다. 후에 아천학관(亞泉學館)에서도 펴냈으나 화재로 인해 다섯 권 분량의 번역 원고가 모두 불타 없어졌다. 가까스로 화마를 피한 『총론』은 1906년 9월 상무인서관에서 출간되었다. 『요괴학강의록』은 총론, 이학(理學), 의학, 순수철학(純正哲學), 심리학, 종교학, 교육학, 잡부(雜部)의 여덟 부분으로 나누어져 있으며 물리, 화학, 광학, 천문, 지질, 생물학 등 과학이론으로 자연계의 각종 괴이 현상을 분석하는 데 초점을 맞추고 있다. 저자는 물리적 요괴와 심리적 요괴를 나누고 물리요괴는 물질세계에서 일어나는 괴이한 현상, 심리요괴는 심리적으로 발생하는 정신 및 감각의 다양한 이상 현

1) 이노우에 엔료가 1887년 세운 사립 철학 교육기관으로 동양대학(東洋大學)의 전신이다.

상을 가리킨다고 하였다. 책에서는 자연계의 이상 현상과 환각, 망상, 판단과 추리상의 오류, 감정과 의지의 충동이 만들어내는 착오에 대해 수백여 가지의 사례를 들어 과학적으로 해석하고 있다.

이학 부분은 천상(天象), 지리, 초목, 조수(鳥獸), 이인(異人), 괴화(怪火), 이물(異物), 변사(變事)의 여덟 편으로 이루어져 있다. 사람들이 원인을 몰라 두려워하는 일식과 월식, 유성(流星), 천둥 번개, 지진, 산사태 등 자연현상을 분석하고 기이한 풀과 새, 야인(野人), 설인(雪人), 화석(化石), 반딧불[螢火] 등에 대해 기록하고 있다. 의학 부분은 인체, 질병, 치료법의 세 편으로 이루어져 있으며 인체의 기형과 변태, 미이라, 각종 조울증, 망상증에 대해 분석하고 있다. 순수철학 부분은 우합(偶合), 음양(陰陽), 점고(占考), 복서(卜筮), 감술(鑒術), 상법역일(相法曆日), 길흉(吉凶) 여덟 편으로 이루어져 있으며 현대에도 여전히 성행하는 점성술, 역서귀복(易筮龜卜), 골상풍수(骨相風水) 등에 대해 분석하고 있다. 심리학 부분은 심상(心象), 꿈, 의지하는 것, 심술(心術)의 네 편으로 이루어져 있으며 신경계통의 생리적 구조와 기능, 신경계통이 사람의 사상과 정서, 생각과 행동에 미치는 영향 및 통제 불능의 생리적 현상과 환각, 망상 등 심리적 병태에 대해 분석하고 있다. 종교학 부분은 유령, 귀신, 명계(冥界), 촉예(觸穢), 주원(呪願), 영험(靈驗) 여섯 편으로 이루어져 있으며 유령과 귀신, 천당과 지옥, 제사와 기도, 영험과 보응(報應) 등의 본질에 대해 분석하고 있다. 교육학 부분은 지덕(智德)과 교양(教養) 두 편으로 이루어져 있으며 유전(遺傳)과 백치(白痴), 신동(神童), 위인(偉人), 그리고 태교(胎教), 육아법 및 기억술에 대해 서술하고 있다. 잡부는 괴사(怪事), 괴물, 요술의 세 편으로 구성되어 있다.

미신은 일종의 문화적 산물이다. 수천 년 동안 인류는 미신을 믿어왔지만 과학과 철학이 발전함에 따라 반과학적 신앙과 신념을 타파하게 되었다. 차이위안페이는 책의 번역을 통해 교육을 진작시키고 계몽의식과 사회도덕을 발전시키고자 하였다. 미신을 타파하고 올바른 도덕관을 확립하기 위해서는 반드시 건전한 지식이 필요하다. "나라에 미신과 망상이 흥하는 것을 불식시키기 위해서는 반드시 지(智)와 덕(德)의 빛이 필요하며", "마음속의 미망을 제거"하기 위해 과학지식을 보급해야 한다. 국가 발전을 위해 농공업이나 상업 같은 실업을 발전시키는 것이 급선무지만 사회 풍속과 의식, 예법을 개선시킴으로써 인식상의 오류를 제거하는 것도 중요한 가치가 있다.[2]

책은 출간 이후 학자들의 많은 관심을 끌어 1922년 1월에 8쇄를 찍었다. 두야취안[2)]은 「초인총론서(初印總論序)」에서 다음과 같이 말했다. 이 책은 "빛나는 역작이다. 사고와 논리가 대단히 뛰어나다. 책을 읽고 나니 심리학과 생물학을 비롯한 과학지식이 증진된 느낌이 들었다. 우주간의 이치를 자각하고 그것을 가슴 속에 담아 마음으로 잘 보존하면 불가사의한 진괴(眞怪)[3)]를 깨달을 수 있을 것이다. 철학의 원(元), 심리학의 실체, 종교의 천지신불(天地神佛), 진여법성(眞如法性), 청담가(淸談家)와 성리가(性理家)의 무명(無名), 무극(無極)이 모두 진괴의 부호라는 것을 알게 되었다. 물리학의 질력(質力), 생리학의 생명, 심리학의 심령도 모두 진괴의 한 부분이며 갈래이다. 그러므로 물리와 생리, 심리 등에서 말하는 모

---

2) 두야취안(杜亞泉, 1873-1933). 본명은 웨이순(煒孫), 호는 야취안(亞泉), 필명은 창푸(傖父)로 저장 태생이다. '야취안(亞泉)'이라는 호는 새로 발견된 화학원소 '아르곤(氬)'과 기하학의 '선(線)'이라는 글자의 일부를 가져와 만든 것이다. 근대 시기 저명한 과학도서 출판가이며 번역가이다. 차이위안페이의 요청으로 중서학당에서 수학 교사로 재직했다. 얼마 후 상하이로 가서 중국 근대 최초의 사립 과학기술대학인 '아천학관(亞泉學館)'을 설립했으며 중국 최초의 과학잡지인 《아천잡지(亞泉雜誌)》를 창간해 중국 근대 과학문화 보급에 큰 공헌을 했다. 주요 저서로는 『인생철학(人生哲學)』, 『박사(博史)』, 『두야취안문선(杜亞泉文選)』, 『식물학대사전(植物學大辭典)』, 『동물학대사전(動物學大辭典)』 등이 있다.

3) '진괴(眞怪)'는 '요괴(妖怪)'에 상대되는 말로 '본체'의 의미이다.

든 이치는 진괴의 산물일 뿐이다."[3] 장샤오위안[4)]은 『중국의 예속과 미신』이라는 책에서 『요괴학강의록』은 일본이 자본주의식 공업문명과 국가를 건설하던 유신 시기에 '요괴'와 미신의 폐단을 파헤치고 분석한 대표저작이라고 소개했다.[4] 장둥순[5)]도 차이위안페이의 『요괴학강의록』이 서양철학 전래 초기의 중요한 저작이라고 언급했다. 그는 중국에 서양철학이 전래된 역사를 세 단계로 나누었는데 차이위안페이의 『요괴학강의록』은 그중 첫 번째 시기를 대표하는 저작이라는 것이다. 이 책은 "그 당시 철학에 대한 중국인들의 태도를 잘 보여주고 있으며, 서양철학이 동방으로 전래되는 과정에서 필연적으로 중시될 수밖에 없었다."[5]

4) 장샤오위안(江紹原, 1898-1983). 중국 현대 저명 민속학자 겸 비교종교학자이다. 저서로는 『중국의 예속과 미신(中國禮俗迷信)』, 『장샤오위안민속학논집(江紹原民俗學論集)』, 『민속과 미신(民俗與迷信)』이 있다.

5) 장둥순(張東蓀, 1886-1973). 원명은 완톈(萬田), 자는 둥순(東蓀)이다. 저장 항현(杭縣)에서 태어났다. 현대 철학가 겸 정치가이다. 도쿄제국대학에서 공부했으며 중국국가사회당(中國國家社會黨), 중국민주사회당(中國民主社會黨) 대표를 역임했다. 서양 과학 사상 및 현대 철학사상에 조예가 깊어 베르그송의 창조진화론, 러셀의 신실재론 등을 소개했으며 '서학위체, 중학위용(西學爲體, 中學爲用)'의 입장에서 중서사상의 융합을 도모했다. 저서로는 『신철학논총(新哲學論叢)』, 『인식론(認識論)』, 『사상과 사회(思想與社會)』 등이 있다.

058

『부장록(拊掌錄)』과
'서양 유머'가 중국과 만났을 때

『스케치북』

서양 단편소설 가운데 중국어로 번역된 최초의 작품은 '미국 문학의 아버지'라고 불리는 워싱턴 어빙(Washington Irving, 1783-1859)의 대표작 『립 밴 윙클(Rip Van Winkle)』이다. 이 작품은 청나라 동치 11년(1872) 3월 15일자 《신보》에 「일수칠십년(一睡七十年)」이라는 제목으로 역자의 이름도 없이 게재되었다. 책이 번역된 이유는 책의 내용이 서양의 철리(哲理)를 담고 있어서라기보다는 중국의 고대 유머[笑話]에서 느낄 법한 재미를 전하고 있다고 생각했기 때문일 것이다.

「일수칠십년」은 『견문잡기(見聞雜記)』라고 불리는 어빙의 『견문록(見聞錄)』에서 일부 내용을 발췌해 번역한 것이다.[1] 이 책은 다양한 소재의 단편 소설과 풍속 수필, 사회 정치와 문학에 관련된 산문풍의 논문을 포함하고 있어 기이한 형태의 저작이라 할 수 있다. 책에는 모두 34편의 작

1) 원제는 'The Sketch Book of Geoffrey Crayon, Gent.'로 해석하면 '젠틀맨 제프리 크레이언의 스케치북'이 된다. 일반적으로 '스케치북(The Sketch Book)'이라는 약칭으로 불리며 한국에서도 '스케치북'이라는 제목으로 소개되었다. 책에는 워싱턴 어빙이 미국 독자를 위해 영국의 경치와 관습을 설명한 수필과 유명한 단편 소설 「슬리피 할로의 전설(The Legend of Sleepy Hollow)」, 「립 밴 윙클(Rip Van Winkle)」 등 모두 34편의 글이 실려 있다.

품이 실려 있는데 내용이 잡다할 뿐만 아니라 분량도 제각각이다. 1819년부터 1820년까지 순차적으로 세상에 선보인 이래 대중들의 큰 인기를 끌었는데, 일부 작품은 여러 나라에서 대학교재로 채택될 정도로 영어 문장이 순수하고 우아하다는 평가를 받는다. 영국의 낭만주의 시인 바이런은 이 책을 읽은 후 감탄하며 이렇게 말했다. "그는 천재다. 그러나 그에게는 천재를 뛰어넘는 무언가가 있다. 그것은 바로 마음이다."

『견문잡기』는 린슈와 웨이이에 의해 일부가 번역되어 1907년 상무인서관에서 출간되었는데 여기에는 「이박대몽(李迫大夢)」(Rip Van Winkle), 「수동(睡洞)」(The Legend of Sleepy Hollow), 「구문자서(歐文自敘)」(Preface), 「해정(海程)」(The Voyage), 「야소성절(耶穌聖節)」(Christmas), 「기본행소치(記本行所値)」(The Pride of the Village), 「야소성절전일일지석경(耶穌聖節前一日之夕景)」(Christmas Eve), 「야소생일(耶穌生日)」(Christmas Day), 「성절야연(聖節夜宴)」(The Christmas Dinner), 「기혜사민사대사(記惠斯敏司大寺)」(Westminster Abbey) 등 10편의 작품이 수록되어 있다. 옌지청(嚴既澄)은 린슈의 번역서에 대해 이렇게 말했다. "(번역된 것이) 10편에 불과해 원서의 1/3에도 못 미치는 분량이고 어떤 작품은 완역이 아니지만 가장 뛰어난 작품들을 선별해 번역한 것이므로 큰 문제가 되진 않는다. 번역서는 원서의 느낌을 문학적으로 잘 살리고 있어 높이 평가할 만하다."[1] 「이박대몽」은 일찍이 《신보》에 실렸던 「일수칠십년」의 원작 「립 밴 윙클」을 번역한 것으로 완성도가 매우 높다.

「이박대몽」에는 산 속에 사는 이박[2]이라는 농민이 주인공으로 등장한다. 공처가로 소문난 이박은 들에서 시간을 보내는 경우가 많다. 하루는

---

2) 이박(李迫)이라는 이름은 중국어로 '리포'라고 발음되는데 '립 밴 윙클'에서 '립'을 음역한 것으로 보인다.

산에서 사냥을 하는 중에 키가 작고 몸집이 뚱뚱한 남루한 차림의 노인을 만나게 된다. 노인은 이박에게 동굴까지 나무통을 옮기는 일을 도와달라고 부탁한다. 동굴에 도착해보니 동굴 속에는 기괴한 모습의 사람들이 술을 마시며 도박에 빠져 있었다. 이박은 사람들 몰래 술 한 모금을 훔쳐 마셨는데 곧 취해서 잠에 빠지게 된다. 잠에서 깨어나 보니 옆에 세워둔 엽총은 녹이 슬었고 주위에는 돌멩이만 어지럽게 흩어져 있었다. 급히 마을로 돌아와 보니 낯익은 사람은 아무도 없고 동네 아이들은 한 자 넘게 자란 그의 수염을 보고 웃음을 터뜨렸다. 그가 살던 집도 예전의 모습이 아니고 지붕과 창문은 모두 깨져 있다. 큰 소리로 아내를 부르려는 순간, 싸전 앞에 붙어 있는 워싱턴의 초상화를 발견하게 된다. 원래대로라면 영국왕 조지 3세의 초상화가 걸려 있어야 한다. 사람들이 무리지어 있는 곳에 가보았지만 연합당과 공화당을 두고 티격태격할 뿐 이박에게는 신경도 쓰지 않는다. 이박은 그들이 무슨 말을 하는지 도무지 알아들을 수 없었다. 이박이 결국 알아낸 것은 그의 아내는 이미 죽었고 딸은 과거에 문제아였던 남자와 결혼해 아들을 낳았다는 것이다. 아이는 어렸을 때의 자신을 쏙 빼닮았다. 이제 사람들은 나무 그늘 아래에서 이박의 기적적인 생환을 화제로 삼아 이야기한다. 이때 미국은 이미 독립했고 전제 정치의 그늘에서도 벗어났다. 비록 이박이 정치에는 무관심했지만 아내의 전제로부터 벗어났다는 것은 그를 행복하게 만들어주었다. 몇십 년 동안 잠들었다 깨어난 이박의 이야기는 '산 속에서 이레를 지냈는데 세속에서는 천 년이 지났더라'는 중국의 신화와 상당히 흡사하다. 린슈는 송대 형거실[3)]이 쓴 『부장록』[4)]의 제목을 그대로 가져와 『견문잡기』의 제

3) 형거실(邢居實, ?-?). 자는 돈부(敦夫)로 북송 시기의 문학가이다. 희녕(熙寧)연간(1069-1077)에 진사가 되었다. 정호(程顥)에게 배웠으며 사마광(司馬光), 여공저(呂公著), 소식(蘇軾), 황정견(黃庭堅) 등과 교유했다. 저서로는 『신음집(呻吟集)』이 있으나 전하지 않는다.

목으로 삼았다. 그 이유는 책의 내용이 중국 고대의 유머와 비슷하기 때문이다. 중국에서 문인들이 유머를 만들어내고 소개한 역사는 1,700여 년이나 되었다. 이런 종류의 이야기는 '계안(啓顏)' 혹은 '해이(解頤)', '아학(雅謔)', '절도(絕倒)', '헌거(軒渠)', '부장(拊掌)' 등의 이름으로 불렸으며, 청말에 나온 거의 모든 소설 잡지에도 이런 종류의 유머가 빠지지 않았다. 《신소설》, 《월월소설(月月小說)》, 《소설림》, 《소설월보(小說月報)》에는 원래 '신소사(新笑史)', '학계취화(學界趣話)', '골계담(滑稽談)', '해담(諧談)', '이문(異聞)', '쇄언(瑣言)', '잉묵(剩墨)' 등의 칼럼이 있었는데, 서양 문학이 소개되어 들어오면서 '번역소화(翻譯笑話)', '서양소화(西洋笑話)', '서소림(西笑林)' 등의 코너가 생겨났다. 이로 인해 중국 고대 유머는 중국인이 쉽게 이해하고 거부감 없이 수용한 장편 '서양소화(西洋笑話)' 『부장록』의 인기에 힘입어 새롭게 유행하게 되었다. 그러나 종법적(宗法的)이고 전통적인 관점으로 신흥 미국 자본주의의 폐단에 대해 비난하고 있는 어빙의 견해는 그다지 중요하게 여겨지지 않았을 뿐만 아니라 누구도 관심을 기울이지 않았다. 『부장록』은 상무인서관에서 '골계소설'로 소개되어 1907년 2월에 초판이 나왔다. 이후 '설부총서'와 '임역소설총서', '소본소설', '만유문고' 등에 포함되었고 열두 차례 이상이나 재판을 찍었다. 1925년에는 옌지청 교주(校注)본이 중학교 국어 보충 교재로 선택되어 1945년까지 해마다 출판되었다. 옌지청은 책의 서론[導言]에서 『견문잡기』를 매우 높이 평가하였다. "어빙의 책은 마치 화가가 그린 그림을 보는 듯하다. 작가는 인생과 사회, 자연에서 관찰한 여러 정경들을 마음속에 담아낸 후 자신만의 필묵으로 표현해냈다. 저자도 '자술(自述)'에서 자

4) 부장(拊掌)이라는 말은 '손뼉 치며 크게 웃다'라는 뜻이다. 따라서 '부장록(拊掌錄)'을 현대어로 풀이하면 '유머집' 정도가 될 것이다.

신의 책을 그림에 비유하고 있다. 소재의 제한이 없고 어떤 것이든 이야기의 재료가 될 수 있다. 친구와의 대화, 자신이 경험한 일, 장서루(藏書樓)의 먼지 쌓인 책장과 거미줄 등도 모두 이야기의 소재가 된다. 그러한 소재에 작가의 자유로운 상상을 더해 이야기를 꾸며내고 이야기가 무르익으면 글로 풀어낸다. 어빙의 작품에서는 자유롭고 활발한 상상력과 개방적인 성격, 낙관적인 사고방식을 엿볼 수 있다."

린슈가 번역한 『부장록』은 청말민초에 큰 영향을 미쳤다. 장루이자오는 『소설고증』에서 『회란실잡조(懷蘭室雜俎)』를 인용해 어빙의 작품에 대해 이렇게 평가했다. "마치 글자 사이로 꽃이 날리듯 아름다운 문체다. 꼬리에 꼬리를 물며 전개되는 이야기는 책을 손에서 놓지 못하게 만든다. 글 속의 절묘한 문장들을 푸른 비단으로 엮어 창에 드리우고 싶을 정도이다. 내가 마음속으로 흠모하는 서양의 대문호로는 찰스 디킨스(狄根司), 월터 스콧(司各德), 빅토르 위고(囂俄), 대 뒤마(大仲馬), 소 뒤마(小仲馬), 모파상(毛柏桑), 괴테(貴推), 힐러리 벨록(希萊爾), 톨스토이(託爾司泰), 너새니얼 호손(霍桑) 등이 있다. 그러나 어빙이 이들보다 더 위대하다. 어빙이 쓴 걸작은 10여 종이나 되며 그 가운데 『필기』가 가장 훌륭하다. 문자향(文字香)은 비단향꽃무처럼 그윽하고 담백하며 문장은 붓을 하늘로 던져 그려낸 것처럼 경쾌하고 요염하다. 「립 밴 윙클(李迫樊溫格耳)」, 「수동(睡洞)」, 「쇄심(碎心)」, 「웨스트민스터 사원(惠斯明斯德大寺)」 같은 작품은 대단히 독창적이어서 일세를 풍미하고도 남음이 있다."[2] 저명 외국 문학 연구가인 펑이다이(馮亦代)는 『용투집(龍套集)』에서 자신의 독서생활에 대해 다음과 같이 회상했다. 린슈가 번역한 「이박대몽」과 『흑노유천록』은 내가 처음으로 접한 미국 문학 작품이다. 나는 이 책을 여러 차례 반복해서 읽었다. "이박의 꿈은 나로 하여금 아름다운 환상의 세계를 동경하게 만들었다. 나는 늘 생각했다. 나도 이박처럼 '산 속에서의 하루가 속세의 천년'과 같은 경험을 하게 된다면 얼마나 오묘할까!"[3] 후스는 『최근 50년 중국의 문학(五十年來中國之文學)』에서 린슈의 번역을 칭찬했다. 특히 여학생 카트리나가 마을 선생에게 노래를 배우는 장면을 예로 들며 "자신만의 맛"을 잘 살려 번역했다고 말했다. "그는 원작의 해학적인 묘미까지 깊이 꿰뚫어" "최상의 번역을 완성했다."[4] 1938년 상하이의 계명서국은 왕션즈(王愼之) 번역으로 『부장록』을 출판했다. 이 책이 1940년까지 세 차례나 재판을 찍을 정도로 큰 인기를 얻자 린슈와 웨이이는 같은 해 어빙의 『여행술이(旅行述異)』(Tales of a Traveler)와 『대식고궁여재(大食故宮余載)』(The Alhambra)를 번역 출간했다.

5·4 시기에 들어서서 일화소설[軼聞小說]과 유머 이야기는 신문학의 전사들에게 신랄한 비판을 받았다. 그러나 유머의 문학사적 공헌을 전면 부정하는 것은 온당치 않다. 천핑위안은 『중국 소설 서사 모델의 변화』에서 과도기적 문학 장르인 유머와 일화는 장편소설이 주도하던 문학계에 단편소설이 유행하는 계기를 마련해주었고 소설 서사 구조의 변화를 촉진시켰다고 지적했다.[5] '서양 유머'는 중국이 서양 단편소설을 수용하는 과정에서 중요한 역할을 했으며 이런 측면에서 볼 때 『부장록』의 번역은 중요한 의미가 있다. 옌지칭은 『부장록』 교주본 서론에서 이렇게 말했다. "우리 동양 사람들이—특히 '재도(載道)'[5)]를 글쓰기의 중요 목표로 삼았던 중국인—보기에 이는 대단히 놀랄 만한 일이었다. 『견문잡기』에 실린 것은 '기이한 지괴(志怪)'류의 신화 이야기가 아니라 개인적인 여행기와 같은 소품들이었기 때문이다. 이런 글은 문체가 어떻든 간에 차를 마시거나 식후의 남는 시간에 소비되는 잡담거리에 불과한 것으로 고상한 자리와는 어울리지 않는다. 그러니 어찌 작가의 명성을 따질 것이며 일류

5) '문이재도(文以載道)'를 줄인 말로 '문장으로 도를 싣는다'는 의미이다.

명사가 이런 글을 쓸 수 있겠는가? 따라서 린슈 선생은 책의 일부를 번역해 '부장록'이라고 이름 붙이고, '골계소설'이라는 멋진 별명을 덧붙인 것이다. 여기에는 이런 종류의 글을 문학의 영역에 들여 놓지 않겠다는 의도가 담겨 있다. 그러나 유럽과 미국인들이 생각하는 '문학'의 범위는 우리처럼 '엄밀'하지 않다. 우리가 정한 문학의 범주에 들지 않는 것들이라도 문학적 요소를 갖추고 있다면 충분히 그들 나라에서는 문학의 전당에 오를 수 있다."

059

『일본법규대전(日本法規大全)』
서양 법률 전래의 교량

청일전쟁 패배 후 중국 지식계는 서양의 우수한 법률 제도에 주목하기 시작했다. 서양 문화에 대한 중국인의 인식은 이미 물질적 수준을 뛰어 넘어 제도적 수준까지 확장되었다. 무술변법의 실패에도 불구하고 중국은 서양의 제도와 문화에 대한 탐색을 중단하지 않았다. 1902년 청조는 수정법률관을 설립하고 법학자 션쟈번[1]을 수정법률대신으로 임명했다. 그는 모든 역량을 결집해서 서구의 법률을 소개하고자 했다. "서양 법률의 핵심을 파악하기 위해서는 서구의 학문을 연구해야 하며 서구의 학문을 연구하기 위해서는 반드시 서양 서적을 번역해야 한다." "유럽과 미국의 법전을 번역하고자 하나 책이 너무 많아 어디서부터 시작해야 할지

1) 션쟈번(沈家本, 1840-1913). 자는 즈춘(子淳), 저장 우싱(吳興) 태생으로 청말의 관리이자 법학자이다. 경학과 문자학에 정통했고 '신법가(新法家)'의 대표인물이다. 형부우시랑(刑部右侍郎), 수정법률대신(修訂法律大臣), 대리원정경(大理院正卿), 법부우시랑(法部右侍郎), 자정원부총재(資政院副總裁) 등을 역임했다. 『대청민률(大清民律)』, 『대청상률초안(大清商律草案)』, 『형사소송률초안(刑事訴訟律草案)』, 『민사소송률초안(民事訴訟律草案)』 등 법전 편찬을 주도했고 능지(淩遲, 산 채로 죄인의 살을 회를 떠 천천히 고통스럽게 죽이는 형벌), 효수(梟首, 죄인의 목을 베어 높은 곳에 매달아놓는 형벌), 육시(戮屍, 이미 사망한 사람이 사망 후에 큰 죄가 드러났을 때 그 시체의 목을 베는 형벌), 자자(刺字, 얼굴이나 팔뚝의 살을 따고 홈을 내 먹물로 글자를 새기는 형벌) 등 잔혹한 형벌의 폐지를 건의하기도 했다. 저서로는 『제사쇄언(諸史瑣言)』이 있다.

알 수 없다. 지역, 인종, 문자가 우리와 가까운 일본의 책을 번역하는 것이 서양 서적을 직접 번역하는 것보다 쉬울 것이다."[1]

량치차오는 1896년 『변법통의(變法通議)』에서 서양 자본주의 법률의 필요성을 강조하면서 일본을 매개로 하는 것이 공부의 지름길이라고 말했다. "일본 법률 서적은 서양 법률의 장단점을 매우 상세히 밝혀놓았다."[2] 1901년 남양공학역서원의 장위안지는 이렇게 말했다. "중국의 변법은 일본을 모범으로 삼아야 한다. 법학의 근본을 탐구하는 일은 단시간 내에 가능한 것이 아니다. 우선 일본 서적을 번역하여 여건을 갖춘 후 우리의 이론을 만드는 것이 낫다."[3] 20세기 초 많은 학자들이 직간접적으로 일본의 법률 서적을 번역하는 일에 참여했다. 량치차오는 『일본민법집주(日本民法集注)』를 번역했고, 장젠[2)] 등은 자비를 들여 『일본헌법(日本憲法)』을 번역 출간했다. 비슷한 시기에 상무인서관은 '제국총서(帝國叢書)'를 기획해 발간했는데 여기에는 세계 여러 나라의 헌법을 소개하는 책들이 포함되어 있다. 신해혁명 전에 출판된 '법학명저(法學名著)' 시리즈에는 멍선[3)]이 번역한 일본 법학자 우메 겐지로(梅謙次郎)의 대표작 『민법요의(民法要義)』「총칙편(總則篇)」과 「채권편(債權篇)」이 포함되어 있다.[4] 1896년에 나온 량치차오의 『서학서목표』를 보면 법률과 관련된 번역서 13종이 소개되어 있으며, 꾸시에광이 1904년에 출간한 『역서경안록』에는 2, 3년간 출간된 법정류(法政類) 번역서 71종의 목록이 수록되어 있다.

---

2) 장젠(張謇, 1853-1926). 자는 지즈(季直), 호는 써안(嗇庵)이다. 청말의 장원(壯元)으로 중국 근대의 실업가, 정치가, 교육가이다. 중국 근대 방직공업의 개척자로 20여 개의 기업을 만들고 370여 곳의 학교를 세워 '실업구국(實業救國)'을 실천했다.

3) 멍선(孟森, 1869-1938). 자는 춘순(蒓孫), 호는 신스(心史)이다. 중국 근대 청사(淸史) 연구의 권위자이다. 일본 도쿄법정대학(東京法政大學)에서 공부하고 돌아와 정샤오쉬(鄭孝胥), 장젠(張謇) 등과 함께 상하이에서 예비입헌공회(預備立憲公會)를 만들고 전국 입헌을 주장하였다. 신해혁명이 발발하자 헌정 입장을 버리고 혁명에 호응하였다. 이후로는 학문에만 전념하여 만주개국사, 명청 단대사(斷代史) 분야에서 괄목할 만한 성과를 남겼다. 저서로는 『심사총간(心史叢刊)』, 『만주개국사(滿洲開國史)』, 『명원청계통기(明元淸系通紀)』, 『청사강의(淸史講義)』 등이 있다.

1904년을 지나면서 입헌운동이 활발해짐에 따라 법정류 도서의 번역 열기는 더욱 강렬해졌다. 광서 33년(1907) 1월, 상무인서관은 1만 위안의 거금을 들여 『신역일본법규대전(新譯日本法規大全)』을 출간했는데 이 시기에 나온 법정관련 번역서 가운데 대표적인 작품이다.

일본의 법률 제도는 서구의 영향을 받아 확립되고 발전했다. 200여 년 동안 지속된 일본의 '쇄국정책'은 서구 열강의 포화 앞에서 힘없이 무너져버렸다. 메이지 정부는 서구 열강의 압력에 굴복해 1870년대 중엽부터 법률 기안 위원회 조직에 착수했다. 서구 법학자들을 고문으로 초빙하고 서양의 법률을 모델로 각종 법전의 초안을 마련했으며 서구 법률 전문가의 감수를 거쳐 영역본을 출간했다. 1888년에는 이토 히로부미의 주도 하에 민법, 상법, 형법, 민사소송법, 형사소송법과 법원 조직법 등을 제정 공포했다. 1889년에는 『대일본제국헌법(大日本帝國憲法)』이 완성되어 2월 11일 천황이 정식으로 반포하였으며 이듬해 제국회의에서 시행을 선포하였다. 『일본법규대전』은 『대일본제국헌법』을 기초로 1896년과 1900년에 수정 보완해 편역한 것이다.

『일본법규대전』은 모두 25류(類) 80책이며 글자 수는 400만 자에 이른다. 구성은 다음과 같다. 1. 제국헌법(帝國憲法) (고문[告文], 발포헌법칙어[發布憲法敕語], 일본제국헌법), 황가전범(皇家典範) (황가혼가령[皇家婚嫁令], 황가탄생령[皇家誕生令]), 제국의회(帝國議會), (의원법[議院法], 귀족원[貴族院], 중의원[衆議院]), 법례공문식(法例公文式), 관보(官報). 2. 재판(裁判), 행정소송급소원(行政訴訟及訴願), 3. 민법 (경매법[竟賣法], 비송사건수속[非訟事件手續], 부동산, 선박, 상업, 법인부부재계약[法人夫婦財契約]). 4. 상법(商法) (파산[破産], 상사비송사건[商事非訟事件], 은행). 5. 민사소송법. 6. 형법(刑法) (보통[普通], 육군, 해군, 위경죄처분[違警罪處分], 육해군치죄법교섭처분[陸海軍治罪法交涉處分], 잡칙[雜則], 사법경찰, 육군치죄[陸軍治罪], 해군치죄[海軍治罰]). 7. 형사소송법(사법재판[司法裁判], 재판소구성법[裁判所構成法], 변호사, 집달사[執達吏]). 8. 관제(官制) (내각[內閣], 추밀원[樞密院], 궁내성[宮內省]). 9. 관규(官規). 10.통계보고, 문서관인(文書官印). 11. 외교. 12. 정표(旌表), 지계(地階), 화족(華族), 진휼(賑恤). 13. 지방제도. 14. 토지, 수리, 수도(水道), 하수도, 하천, 방사(防砂), 도로교도진(道路橋渡津). 15. 경찰, 신문, 출판, 저작권. 16. 감옥. 17. 위생. 18. 두사(杜寺), 종교. 19. 재정. 20. 군사. 21. 교육, 기상(氣象). 22. 권업(勸業), 도량형. 23. 광업, 삼림. 24. 특허, 의장(意匠), 상표. 25. 운수, 통신. 부록으로는 해자(解字) 1책이 붙어 있다. 이 책은 실질적으로 일본 법규 소사전이라고 할 수 있다. 책에 나오는 주요 법률 용어에 대해 간단한 해석을 붙여놓았으며, 각 조목 아래 참고할 만한 법률 조목을 안내해 색인 기능을 겸하고 있다.

『일본법규대전』은 청정부의 입헌 계획에 일정을 맞추어 남양공학역서원에서 번역을 담당했다. 당시 유일학생운동(留日學生運動)은 초기 단계에 머물러 있었기 때문에 중국에 일본어 학과가 개설되어 있는 학교는 아직 없었다. 적합한 번역자를 찾는 것이 쉽지 않자 당시 일본에 파견되어 유학생을 감독하던 샤디산[4]은 재일유학생을 조직해 번역을 진행했다. 번역 초고는 대략 240만 자에 달했는데 "원문을 직역한데다 개념에 대한 간략한 해석조차 없었고 원고가 여러 사람의 손을 거치다보니 글의 앞뒤 맥락이 안 맞거나 글이 난삽하여 출간할 수 없었다."[5] 1903년 장위안지는 "남양공학의 경비가 끊어지자 역서원 운영을 포기하였고" 역서원은 상무인서관에 편입된 후 이듬해 샤루이팡[5] 사장의 동의하에 다시

4) 샤디산(夏地山, 1874-?). 자는 디산(棣三), 원명은 셰푸(偕復). 저장 항현(杭縣) 태생. 청말 공부주사(工部主事), 중국유일학생총감독(中國留日學生總監督), 주미뉴욕총영사(駐美國紐約總領事) 등을 역임하였다.

5) 샤루이팡(夏瑞芳, 1871-1914). 중국 근대의 출판인이자 언론인이다. 1897년 상해에 상무인서관(商務印書館)을 창립하고 사장이 되었다. 또한 1901년부터 1914년까지《외교보(外交報)》,《동방

번역을 추진하였다. 그는 까오멍단의 협조를 얻어 일본 유학파인 류총졔(劉崇傑), 천위녠(陳與年), 류총요우(劉崇佑), 류샹예(劉驤業), 류총룬(劉崇倫), 량지동(梁繼棟), 천하이차오(陳海超), 린웨이장(林蔚章), 쩡슈쩐(鄭樹楨), 왕워짱(王我臧) 등과 함께 작업을 진행했다. 특히 메이지 37년(1904)에 나온 제5판을 참고해 수정 보완하였으며, 메이지 38년(1905)에 반포된 법령 일부도 책에 포함시켰다.

상무인서관이 『일본법규대전』을 번역해 출간한다는 소식이 전해지자 각계각층의 학자들이 큰 관심을 표명했다. 장위안지는 번역과 교열의 속도를 높이기 위해 류총졔를 통해 일본에서 유학하고 있던 왕자오밍(汪兆銘), 허위스(何燏時), 장치웨이(章起渭)에게 원고를 보내 교정을 부탁했다. 광서 32년 7월(1900년 9월) 청정부가 '예비입헌'에 관한 조서를 공포할 즈음 『일본법규대전』도 교열이 끝났다. 번역자는 남양공학역서원, 교열자는 상무인서관편역소이다. 책은 출간된 지 채 반년도 되지 않은 광서 33년(1907) 1월까지 3천여 부나 팔려 나갔다. 15대양(大洋)이라는 비싼 가격을 고려한다면 결코 적은 수가 아니다. 당시 이 책의 광고에는 다음과 같은 내용이 나온다. "이 책은 일본의 관제(官制), 교육, 재정, 무비(武備), 순경 등에 대해 매우 상세하게 소개하고 있다. (일본과) 같은 지역, 같은 문자, 같은 인종의 나라인 우리 중국에서 관신사서(官紳士庶)들이 반드시 참고해야 하는 책이다. … 양강총독 돤즈쥔(端制軍, 즉 端方)은 이백여 부를 구매해 영파와 소주에 보내주었으며 안휘, 강서 두 성(省)의 번사(藩司, 지방 행정기관)에 명하여 각 이백 부씩을 구매해 정계(政界)에서 참고하도록 하였다."[6]

『일본법규대전』은 동서 문화 및 법률 교류의 산물로 기본원칙과 제도

잡지》, 《교육잡지(敎育雜誌)》, 《소설월보(小說月報)》, 《소년잡지(少年雜誌)》 등을 창간하였다.

는 대부분 유럽과 미국에서 유래했다. 헌법은 1850년 프로이센 헌법을 모델로 제정되었으며 기타 법전들도 크고 작은 영향을 받았다. 초기의 민법, 상법, 형법과 치죄법(治罪法) 등은 프랑스의 법전을 기초로 하고 있으며 심지어 어떤 것들은 한 글자도 고치지 않고 그대로 베껴온 경우도 있다. 예를 들면 1890년의 형법과 민법전은 프랑스 법학자 보아소나드(G. Boissonade)가 초안을 잡은 것이며, 형법전은 1810년 프랑스 형법전을 기초로 하고 있다. 또한 여기에 프랑스 대혁명 이래의 계몽 공리주의와 독일의 엄격한 응보형론(應報刑論)[6]을 절충해 융합하고 있다. 그러나 내용이 지나치게 프랑스적이고 일본의 상황에 맞지 않아 나중에는 독일 법전을 토대로 상당부분 수정하였다. 예를 들면 1890년 10월에 공포된 형사소송법의 총칙, 법원, 범죄의 수사, 기소 및 예심, 공제(公制), 상소, 재심, 대심원 특별권한의 소송 순서와 재판의 집행 및 복권(復權)과 특사(特赦) 등 8편 15장 334조목은 독일 형사소송법전에 기초해 개정한 것이다. 책에는 당시 중국과 일본의 정계와 학계 인사 12명이 쓴 서문이 붙어 있다. 그들은 각각 자이저(載澤), 대홍자(戴鴻慈)[7], 뤼하이환(呂海寰), 션쟈번, 위안스카이, 돤팡, 친춘쉬안(岑春煊), 셩쉬안화이(盛宣懷), 장위안지, 오쿠마 시게노부(大隈重信), 오다 요로즈(織田萬), 다카다 사나에(高田早苗)이다. 중국인이 쓴 서문은 대부분 대홍자가 서문에서 밝힌 견해와 비슷한 내용을 담고 있다. 대홍자는 말했다. “일본은 입국(立國) 초기에 중

6) Theorie der Vergeltungsstrafe, 즉 형벌의 본질을 응보로 보아 범죄행위에는 그에 상응하는 형벌을 가하는 것이 정의의 실현이라고 주장하는 이론이다.

7) 대홍자(戴鴻慈, 1853-1910). 자는 광유(光孺), 호는 소회(少懷)이다. 중국 근대 시기 최초의 사법부장을 역임했으며, 청말에 개량파의 압박과 위기를 타개하기 위해 서구의 입헌 체제 시찰을 목적으로 청조에서 동서양 여러 나라(미국, 영국, 프랑스, 독일, 덴마크, 스위스, 네덜란드, 벨기에, 이탈리아, 일본 등)로 파견했던 다섯 명의 대신 중 한 명이다. 다섯 대신은 진국공(鎭國公) 자이저, 호부시랑 대홍자, 병부시랑 쉬스창(徐世昌), 호암 순무 돤팡, 상부우승(商部右丞) 소영(紹英)이다.

국을 본보기로 삼았다. 그러나 최근 수십 년 동안은 구미(歐美)의 법에 정통해 열강과 우열을 다툴 정도가 되었다. 어느 것이 더 나은지는 아직 판단할 수 없다. 또한 법정신이 서구와 완전히 다르기 때문에 일본에 적합한지 모르겠다. … 이 책은 정법(政法) 전문서적으로 일본의 거의 모든 법률에 영향을 주었고 헌법에도 큰 영향을 미쳤다. 그러나 책에서 말하는 법이 법규의 형태는 갖추고 있으나 법규의 정신은 없는 듯하니 각주구검과 비슷한 경우라 하겠다. 뜻 있는 학자라면 먼저 이 책을 연구한 후 다시 서양의 여러 서적을 읽어 전문적인 수준에 이르러야 한다. 둘의 장단점을 파악하고 이론을 꿰뚫어 제대로 활용할 수 있다면 중국에 큰 도움이 될 것이다."[7]

060

『협은기(俠隱記)』
서양의 무협 소설

『삼총사』

중국 근대 시기에 문화교육에 힘쓴 사람들 가운데에는 문학가와 번역가가 적지 않은데 그 가운데 우광젠은 대표적인 예라 할 수 있다. 그는 광동 신회 출신으로 1880년대에 천진 북양수사학당에서 공부했으며 총교습 겸 저명 번역가인 옌푸로부터 엄격한 한자와 영어 교육을 받았다. 졸업 후 영국의 그리니치 해군 학교로 유학을 떠나 5년여 동안 머무르며 전공뿐만 아니라 영국의 문학과 서양 역사에 대해 폭넓게 공부했다. 귀국 후에도 문사철 분야의 중국 경전을 깊이 연구하였으며 꾸준한 어학 훈련을 통해 세련된 번역 능력까지 갖추게 되었다. 그는 서양의 과학, 철학, 역사, 문학 등 거의 모든 분야의 서적을 번역했는데, 모두 합쳐 130여 종(이 가운데 100여 종이 출판되었음), 글자 수로는 약 1억 자에 달한다. 번역 작품 가운데에는 서양 소설이 대부분을 차지하며 스위프트(Jonathan Swift, 斯威夫特)의 『걸리버 여행기(Gulliver's Travels)』(伽利華遊記, 금역 格列佛遊記)), 헨리 필딩(Henry Fielding, 斐爾丁)의 『위대한 인물 조너선 와일드의 생애(The Life of Mr. Jonathan Wild the Great)』(大偉人威立特傳), 『톰 존스(Tom Jones)』(妥木宗斯, 금역 湯姆 · 瓊斯), 찰스 디킨스(Charles

Dickens, 狄更斯)의 『고된 시기(Hard Times)』(勞苦世界), 『두 도시 이야기(A Tales of Two Cities)』(二京記, 금역 雙城記), 샬럿 브론테(Charlotte Brontë, 夏洛蒂 · 勃朗特)의 『제인 에어(Jane Eyre)』(孤女飄零記, 금역 簡 · 愛), 빅토르 위고(Victor Hugo, 雨果)의 『레 미제라블(Les Miserables)』(悲慘世界), 아나톨 프랑스(Anatole France, 法朗士)의 『붉은 백합(Le Lys rouge)』(紅百合花), 세르반테스(Miguel de Cervantes, 塞萬提斯)의 『돈키호테(Don Quixote)』(瘋俠, 금역 堂 · 吉河德) 등이 모두 그가 번역한 작품들이다. 또한 남양공학, 상무인서관에서 『격치독본(格致讀本)』, 『물리학교과서(物理學教科書)』, 『서사기요(西史紀要)』, 『제국영문독본(帝國英文讀本)』, 『영문범강요(英文範綱要)』, 『영문성어사전(英文成語辭典)』 등 여러 종의 교과서를 펴내기도 했다. 그러나 그가 번역한 것 가운데 가장 완성도 높고 영향력이 컸던 작품은 '쥔슈오(君朔)'라는 필명으로 발표한 『협은기』와 『속협은기』이다.

원작의 저자는 천부적 재능과 다작으로 유명한 프랑스의 대문호 뒤마(Alexandre Dumas Père)이다. 그는 역사적 사건을 소재로 삼는 것을 좋아했는데, 그가 발표한 수천만 자에 이르는 작품은 그를 세계문학사에서 대가의 반열에 올려주었다. 그의 작품 가운데 가장 영향력이 컸던 것은 『다르타냥 삼부곡(d'Artagnan Romances)』(達特安三部曲)이다. 삼부곡은 『삼총사(Les Trois Mousquetaires)』(三個火槍手), 『20년 후(Vingt ans après)』(二十年後), 그리고 『브라즐론 자작(Le Vicomte de Bragelonne, ou Dix ans)』(波拉治子爵)을 가리킨다. 이 중에서도 특히 『삼총사』의 인기가 높았다. 『삼총사』와 『20년 후』는 바로 우광젠이 번역한 『협은기』와 『속협은기』의 원저이다.

『삼총사』의 원형은 17세기 중편소설 『다르타냥의 회고록(Mémoires de Monsieur d'Artagnan)』이다. 저자는 대량의 사료를 바탕으로 루이 13세 시대의 사회 풍속을 간단명료하게 묘사하고 있다. 소설은 왕후에 충성하는

3명의 총사(銃士)가 리슐리외 추기경의 음모를 알아채고 이를 저지하기 위해 왕후의 목걸이를 영국 수상 버킹엄 공작에게 전달하는 과정에서 벌어지는 사건들을 그리고 있다. 『20년 후』는 삼총사가 중년이 된 후의 이야기이다. 섭정왕후와 수상에 반대해 프롱드당이 일으킨 정변이 이야기의 배경이다. 총사 다르타냥이 20년 동안 헤어져 있던 세 명의 친구를 찾아오며 소설은 시작된다. 당시 그들은 각각 보황파와 반란파에 참여하고 있어 정치적 견해가 달랐지만 그들 사이의 우정은 여전히 굳건했다. 그들은 목숨을 걸고 프롱드 당의 정변에 참여해 결국 마자랭 수상의 음모를 물거품으로 만들었다. 소설은 총명하고 용감한 다르타냥과 삼총사가 위험을 무릅쓰고 몸을 던져 왕후와 국왕을 지키는 영웅적인 활약상을 실감나게 묘사하고 있다. 아울러 20년 전 죽임을 당했던 밀라디의 아들이 어머니의 복수를 위해 벌이는 필사적인 투쟁도 또 다른 이야기의 축을 이룬다. 두 작품은 17세기 프랑스와 영국의 사회상을 사실적으로 반영하고 있으며, 당시 궁정과 교회, 귀족과 시민 간의 첨예한 모순을 생동감 있게 그려내고 있다. 네 명의 총사는 기지가 넘치고 노련하며 충성스럽고 성실하고 호방하며 아량 있고 세속에 구애받지 않는 인물로 나온다. 사실적이고 입체적인 인물묘사는 흡사 그들의 전기를 읽는 듯한 느낌이 들게 하고 섬세하고 세련된 문장, 극적이고 긴장감 넘치는 전개는 독자들로 하여금 책에서 잠시도 눈을 뗄 수 없게 만든다.

중국에서는 1907년 7월과 11월에 상해 상무인서관에서 초판이 출간되었는데, 당시에는 '의협소설(義俠小說)'로 소개되었다. 여러 차례의 재판 인쇄를 거쳐 1915년 10월에 출간된 3판은 '임역소설' 및 상무인서관의 '설부총서' 제2집에도 포함되었다. 5·4운동 이후에 백화소설이 유행하면서 『협은기』는 큰 인기를 얻었다. 심지어 진보 잡지인 《신청년(新青年)》의 호평을 이끌어내기도 했다. 후스는 「단편소설을 논함(論短篇

小說)」에서 이렇게 말했다. "근래 번역된 서양 소설 가운데 쥔슈오의 작품이 최고라고 생각한다. 그는 구소설의 백화를 베낀 것이 아니라 자신이 창조한 백화로 원작의 분위기를 잘 전달하고 있다. 그가 번역한 작품은 린슈의 저작보다 백배는 낫다."[1] 1928년 그는 쩡푸에게 보낸 편지에서 다시 한 번 우광젠의 『협은기』를 언급했다. "매끄럽고 명료한 백화문으로 원저의 내용을 세밀하고 깔끔하게 번역했다. 신중한 태도와 기세가 더욱 좋은 문장을 만들어냈다."[2] 쉬즈모[1)]도 우광젠의 번역이 생동감 넘칠 뿐만 아니라 인물의 개성과 예술적 본질을 잘 드러내고 있다며 높이 평가했다. 쉬즈모는 우광젠에게 신월서점이 출판을 계획하고 있던 영국 계몽주의 작가 셰리든(Richard Brinsley Sheridan)의 극본 『스캔들 학교(The School for Scandal)』(造謠學校)와 『듀에너(The Duenna)』(詭姻緣)의 번역을 부탁하였으며, 후스는 중화문화교육기금회의 찬조로 기획된 에드워드 기번의 『로마제국 쇠망사』를 함께 번역하자고 제안하기도 했다.[3] 한광은 『린친난』이라는 책에서 우광젠의 『협은기』가 "오랜 훈련을 거쳐 번역된 것으로 작품의 완성도가 린슈의 번역서보다 천만 배 높다"고 평하였다.[4] 왕선란(王森然)도 『옌푸선생평전』에서 『협은기』를 "백화 번역 작품 가운데 대표작"[5]이라고 하였다.

우광젠 번역서의 특징은 직역을 위주로 하고 풍경 및 인물에 대한 묘사를 과감하게 삭제했다는 데 있다. 소설의 전개와 직접적인 관계가 없

1) 쉬즈모(徐誌摩, 1897-1931). 저장 하이닝(海寧) 태생으로 중국 현대 시인, 산문가이다. 본명은 장쉬(章垿), 자는 유선(槱森)이다. 베이징대학 영어 영문학과를 중퇴하고 1918년 미국으로 유학을 떠났다. 클라크대학에서 은행학으로 석사학위를 받았으나 미국 생활에 만족하지 못하고 1920년 영국으로 건너가 케임브리지대학에 입학해 정치경제학을 공부했다. 영국 유학 기간 동안 영국 낭만시에 매혹되어 문학의 길로 들어섰으며, 귀국 후 신월사(新月社)를 만들어 시문학 운동을 주도했다. 베이징대학, 광화대학(光華大學) 등의 교수를 역임했으며 1931년 비행기 추락사고로 사망했다. 대표작으로 「다시 케임브리지를 떠나며(再別康橋)」, 「피렌체의 밤(翡冷翠的一夜)」 등이 있다.

는 인물의 성격과 심리에 대한 묘사, 서양 전고(典故) 부분은 번역하지 않고 짧은 문장으로 리듬감을 살려 원작의 느낌을 전달하려고 했다. 이로 인해 어떤 연구자는 그가 『수호지』의 예술적 스타일을 모방했다고 주장했다. 마오둔은 여러 글에서 『협은기』와 『속협은기』의 번역 특징에 대해 언급했다. 첫째, 번역자는 원작의 중요한 부분을 훼손하지 않은 채 불필요한 부분을 삭제함으로써 다르타냥과 삼총사의 성격을 선명하게 드러냈고 적절한 문체를 통해 인물의 개성을 느낄 수 있도록 하였다. 둘째, 우광젠의 백화체 번역문은 '삼언(三言)', '이박(二拍)', 혹은 『관장현형기(官場現形記)』 등 중국의 구소설과 다를 뿐만 아니라 소박함과 풍취를 잃지 않아 5·4 시기 백화문학과 비교해도 손색이 없다. 심지어 어떤 부분은 대단히 간결하고 명료하면서 긴장감과 유머도 잘 살려 원작의 수준을 뛰어넘을 정도이다. 이런 점이 바로 이 소설이 많은 사람들의 사랑을 받은 이유이다. "『협은기』에 나오는 말로 표현하자면—이 책은 참으로 사람을 매료시킨다. 20, 30대 성인뿐만 아니라 12, 13세의 소년들까지도 끌어들이는 매력이 있다. 무협 소재의 소설이라는 점 외에 훌륭한 번역 문체도 이 책이 큰 인기를 누리게 된 주요 원인일 것이다."[6]

마오둔은 1924년 전후에 상무인서관 편역소에서 두 책의 교열을 담당했었으며 책의 부록으로 「뒤마 평전(大仲馬評傳)」을 쓰기도 했다. 두 책의 교열본은 1924년 4월과 1926년 1월 초판이 나온 이래, 1932년 11월까지 다섯 차례나 재판을 찍었다. '만유문고'에도 포함되었으며 중학교 국어과목의 보충 교재로 사용될 정도로 영향력이 컸다. 베이징대학 서양어과 교수 리푸닝(李賦寧)은 이 책을 처음 접했던 초등학교 때를 회상하며 "나를 계몽시킨 첫 번째 문학작품은 바로 우광젠 선생이 번역한 뒤마의 『협은기』였다"라고 말했다.[7]

1936년 상하이 계명서국에서는 쩡멍푸(曾孟浦)가 번역한 『협은기』를,

1978년 상하이 역문출판사(譯文出版社)는 리칭야(李靑崖)가 번역한 『삼총사(三個火槍手)』를, 1982년 화성출판사(花城出版社)는 저우아이치(周愛琦) 등이 번역한 『20년 후(二十年後)』를 출간했다. 그러나 지금까지 우광젠의 번역본을 능가할 만한 작품은 나오지 않았을 정도로 그의 작품은 여전히 매력적이다. 우광젠이 번역한 『협은기』와 『속협은기』는 1950년 재판이 출간된 이후 1982년부터 1984년까지 후난 인민출판사에서 다시 개정판을 찍었다. 통계에 따르면 재판 부수는 32만 8,301책, 개정판 부수는 34만 1,300책에 달하였다. 이는 우광젠이 번역한 『협은기』와 『속협은기』가 오늘날까지도 생명력을 잃지 않았다는 증거라 할 수 있다.

061

『불여귀(不如歸)』

국치와 치정이 얽힌 비정소설의 걸작

19세기 말에서 20세기 초까지 중국은 주로 일본을 통해 서구 신사상을 받아들였다. 중국 근대 번역사만 보더라도 이 시기 일본어로 번역된 서양 문학 작품을 중국어로 중역하는 것이 상당히 유행했다는 것을 알 수 있다. 근대 시기에 일본 문학에 대한 중국인들의 관심은 주로 정치 소설에 집중되어 있었다. 예를 들면 야노 류케이의 『경국미담』, 도카이 산시의 『가인기우』, 스에히로 뎃초(末廣鐵腸)의 『설중매(雪中梅)』 등이 앞다투어 중국어로 번역되었다. 중국에서 큰 인기를 끈 이 작품들은 사실 일본에서는 그다지 크게 주목받지 못한 것들이었다. 그러나 『불여귀』[1)]의 경우는 달랐다. 일본 문학사에서도 명작으로 꼽히는 『불여귀』는 린슈과 웨이이가 영문판을 저본으로 삼아 중국어로 번역했다.

1) 도쿠토미 로카(德富蘆花)의 『불여귀(不如歸)』는 가정 소설의 대표작이자 인기 신파극으로 메이지 시대 최고의 베스트셀러였다. 중국에서는 1898년부터 1899년까지 《국민신문(國民新聞)》에 연재된 뒤 1990년 민우사(民友社)에서 단행본으로 간행되었다. 도쿠토미 로카도 밝히고 있듯이 이 소설은 당시에 잘 알려져 있던 이야기를 소재로 삼은 작품이다. 한국에는 최초의 전문 번안 작가 일재(一齋) 조중환(趙重桓)에 의해 1912년 순 한글로 완역 소개되었는데 문장이 매우 수려하고 원작에 충실하다는 점에서 당시로서는 매우 획기적인 작품이었다.

『불여귀』는 일본 메이지 시대 저명 소설가인 도쿠토미 로카(1868-1927)의 대표작이다. 그의 본명은 겐지로(健次郎)이고 구마모토현 미나마타에서 태어났다. 그는 어린 시절 어머니의 감화를 받아 기독교식 교육을 받았다. 그러나 형인 도쿠토미 소호(德富蘇峰)가 민우사에 들어가 개량주의적 민주주의 잡지《국민지우(國民之友)》를 창간하자 그도 민우사에 가입하여 번역 작품과 산문시를 발표하기 시작했다. 1897년경 낭만주의적 필체로 청량한 자연의 모습을 묘사한『자연과 인생(自然與人生)』을 완성하였고, 얼마 후 메이지 시대를 대표하는 장편소설『불여귀』를 발표하였다.

메이지 31년(1898) 여름, 도쿠토미 로카는 오야마 이와오(大山巖) 원수(元帥)의 부관(副官) 미망인으로부터 원수 전처의 딸 노부코의 비극적 운명에 대해 듣게 된다. 노부코는 미시마 야타로 자작(子爵)과 결혼하지만 결핵에 걸려 이혼 당한다. 그녀는 "내세에는 절대로 여자로 태어나지 않으리라"는 한 맺힌 말을 남긴 채 세상을 떠났다고 한다. 도쿠토미 로카는 노부코를 모델로 메이지 시대의 전통적 여인인 나미코를 창조해냈다. 그녀는 젊은 해군 장교인 가와시마 다케오 남작과 결혼해 행복한 신혼생활을 보낸다. 그러나 감기가 폐결핵으로 악화되자 모진 성격의 시어머니는 공공연하게 그녀에 대한 험담을 늘어놓았을 뿐만 아니라 다케오가 원정을 떠나 없을 때 그녀에게 아들과의 이혼을 종용한다. 이런 상황에서도 두 사람의 사랑은 조금도 흔들림이 없었다. 그러나 다케오는 일청전쟁에서 부상을 입고 사세보(佐世保, 나가사키 현의 마을)로 후송되어 치료를 받게 된다. 전쟁이 끝나고 가타오카 중장(中將)은 절벽에서 투신하려던 나미코의 목숨을 구하게 되는데 이를 계기로 둘은 가까워진다. 두 사람이 간사이 지역을 여행할 때 나미코는 야마시나 열차 역에서 부상에서 회복하여 타이완으로 출정하는 다케오와 우연히 맞닥뜨리게 된다. 이름도 제대로 불러보지 못하고 다케오와 영원히 이별하게 된 나미코는 정신적인 고통을 참지 못해 "괴로워라! 내세에는 절대로 여자로 태어나지 않으리라"는 말을 남긴 채 피를 토하고 죽는다.

『불여귀』는 메이지 33년(1900) 1월 민우사에서 출판되자마자 베스트셀러가 되었으며 그 후 신파극으로 각색되어 일본 전역에서 공연되었다. 소설의 마지막 부분에 나온 나미코의 애절한 외침은 봉건 종법제도하에서 고통받고 있던 일본인들의 마음속에 강렬한 울림을 주었다. 전통 윤리와 도덕적 굴레에 반항하는 나미코의 독백은 유행가로도 만들어져 크게 유행했다. 일본 학자 오다기리 스스무(小田切進)는 『일본의 명작(日本的名作)』에서 이 작품에 대해 "메이지 시기에 나온 작품 가운데 여성의 자각(自覺)을 주제로 한 대표적 소설"이라고 평가하였다.[1]

이 책은 영어, 독일어, 프랑스어, 폴란드어 등으로 연이어 번역되었다. 저우쭤런은 「최근 삼십년 일본 소설의 발달(日本近三十年小說之發達)」이라는 글에서 이렇게 말했다. "로카의 『불여귀』는 대단히 인기가 높아서 100여 차례 이상 재판을 찍었다. 비록 감상적인 통속 문학이지만 진지한 이야기는 배울 만한 점이 있다."[2] 대단히 감상적인 '비정소설(悲情小說)' 한 편이 전통 예교의 굴레에서 헤어나고자 몸부림치던 중국인들의 정서를 크게 자극했다. 1908년 린슈와 웨이이가 사카에 시오야(塩谷榮)2)의 영역본을 저본으로 삼아 중국어로 번역한 『불여귀』는 대단한 인기를 끌었다. 이 책의 초판은 상무인서관의 '설부총서'에 포함되어 1915년까지 4판을 찍었다. 1913년에는 상무인서관의 '소본소설' 총서로 1923년까지 5판이 발행되었으며, 1914년에는 '임역소설총서'로 발간되어 베스트셀러가

2) 책에는 鹽谷茶라고 나오지만 塩谷榮의 오기로 보인다. 1904년 사카에 시오야(塩谷榮)는 E. F. Edgett과 함께 『불여귀』를 영역해서 'Nami-ko'라는 제목으로 출간했다.

되었다.

린슈는 서문에서 자신이 번역한 60여 종의 작품 가운데 『불여귀』의 내용이 가장 비극적이라고 말했다. '남녀의 사랑'을 묘사하는 능력이 매우 뛰어나며 『흑노유천록』이나 『파리차화녀유사』에 버금갈 정도의 비극성을 띠고 있다. "등장인물의 슬픔과 기쁨은 어느새 독자의 슬픔과 기쁨이 되었다." "허구라는 것을 알지만 이야기가 매우 현실적이어서 한 문장 한 문장이 모두 마음속에 여운을 남긴다." 린슈와 웨이이가 이 소설을 번역한 또 다른 이유는 이 책이 청일해전에 대해 묘사하고 있기 때문이다. 도쿠토미 로카는 청일전쟁에 참가한 일본 군인들이 산더미처럼 쌓인 시체와 강처럼 흐르는 선혈 속에서 나라를 위해 어떻게 희생했는지를 유려한 필치와 문학적 열정으로 비장하게 그려내고 있다. 린슈는 서문에서 이 책이 "갑오전쟁에 대해 매우 상세하게 묘사하고 있으며" 자신이 이 책을 번역한 이유도 당시 해전의 상황을 전 세계 사람들에게 알리기 위해서라고 밝히고 있다. "발해 전투[3]에서 돌아왔을 때는 한두 척 정도의 배가 부서졌을 뿐이다. 함대도 처음에는 큰 손상을 입지 않았다. 그러나 적군이 야음을 틈타 해안을 습격하니 포대를 지키던 아군이 먼저 궤멸하였다. 적군은 산에 있는 대포를 빼앗아 항구에 모여 있던 우리 배들을 공격했다. 전 군은 당황하여 거포로 응수하였지만 결과적으로 우리 포대를 스스로 파괴하는 격이었다. … 얼마 지나지 않아 적군의 어뢰정이 죽음을 무릅쓰고 항구로 들어오는 것을 보고 그 가운데 몇 척을 파괴했다. 당시 어뢰정에 대적할 만한 쾌속선이 없었고 해군의 기본 장비도 재정 문제로 호부(戶部)에서 마련해주지 않아 아군의 상황은 실로 열악한 상

3) 1894년 9월 17일 황해(黃海)에서 북양수사(北洋水師) 제독 정여창(丁汝昌)이 10여 척의 군함으로 일본 함대를 습격하여 발발한 전쟁을 말한다.

황이었다.” 무기와 장비가 아무리 훌륭해도 관리가 엉망이고 지휘 체계가 제대로 갖춰져 있지 않다면 도리어 자신에게 해만 입히게 된다. 따라서 그는 이렇게 부르짖었다. “인재 양성은 도외시하고 전함과 대포만을 말한다. 아무리 우수한 대포와 견고한 전함이 있다 한들 전술을 모른다면 무슨 소용이 있겠는가! 먼저 인재를 양성한 후에 전함을 구매하고 대포를 제조해도 늦지 않을 것이다.” 다케오의 능란한 지휘 장면을 번역한 다음 그는 여기에 특별히 “중국의 수사학생(水師學生, 해군)도 이것을 배워야 한다”는 주석을 달았다. 일본군이 여순(旅順)을 공격하는 장면에서 “항구 내의 전함과 부두는 모두 일본의 수사들이 관장했다”는 부분을 번역하면서는 “중국의 용사들이 이 내용을 읽으면 어찌 분함을 참을 수 있겠는가?”라고 주석을 붙였다. 또한 그는 안어 형식을 빌려 중국의 “장교들이 서로 의심하고 배신하니 어찌 패하지 않을 수 있겠는가”라고 비판했으며, “일본인들은 지위고하를 막론하고 합심해 싸운다”며 칭찬했다. 이 소설은 “겉으로는 정한(情恨)을 다루고 있는 듯 보이지만 마지막에는 우국(憂國)으로 끝맺는다. 나라를 걱정하는 일본인의 마음이 어떠한지 잘 엿볼 수 있다.” 린슈가 이 책을 번역한 목적은 “매일 아침 닭이 새벽을 알리는 것처럼 동포들이 각성하길 바라는 마음”에서이다.

린슈의 번역본은 독특한 매력으로 수많은 독자들의 마음을 사로잡았다. 둥셩(侗生)은 「소설총화(小說叢話)」에서 이렇게 말했다. “나는 일본어를 할 줄 모르고 일본 소설이 어떠한지도 알지 못한다. 『일연홍(一撚紅)』, 『은행지적(銀行之賊)』, 『모야차(母夜叉)』 등의 번역 작품을 읽어보았지만 그다지 우수한 작품이 아니었다. 따라서 재작년에 구매한 『불여귀』라는 소설도 그리 훌륭하지 않을 것이라 생각했다. 그러나 책을 읽어보니 내용이 대단히 훌륭할 뿐만 아니라 함께 구매한 것들 중에서도 최고라 할 수 있었다. 날이 빨리 저물어 책 읽을 시간이 줄어드는 것이 안타까울 뿐이다. 친구가 이렇게 말했다. '이 책은 일본인이라면 읽지 않은 사람이 없을 정도이다. 나미코는 가공의 인물이 아니다. 다케오와 카타오카도 오늘날 여전히 존재한다.' 또 이렇게 말했다. '린슈 선생은 영문본을 저본으로 삼아 번역했기 때문에 일본어 말투가 전혀 느껴지지 않아 원작보다 더 나은 것 같다.'"[3] 장루이자오는 『소설고증·습유(拾遺)』에 채록한 「궐명필기(闕名筆記)」에서 이렇게 말했다. "이 책은 수십 차례나 재판을 발행한 비정소설의 걸작이다. 중역본과 영역본으로도 출간되었는데 최근 나온 일본 소설 가운데 가장 유명하다."[4] '국치와 치정이라는 두 가지 처량한 내용이 있다 하니 마음 상할까 두려워 『불여귀』 읽기가 겁이 나네'[4)]라는 작자미상의 시구는 린슈 번역본이 담고 있는 '정한'과 '우국'이라는 두 주제에 대한 독자들의 정서를 반영하고 있다. 가와지마(川島)는 『5·4잡억(五四雜憶)』에서 5·4 시기에 '여성문제'가 반봉건의 핵심 주제가 되었는데, 이는 특히 『불여귀』와 입센의 『괴뢰가정(傀儡家庭, 인형의 집)』 등 여성의 가련한 처지와 관련된 연극이 전국적으로 공연된 영향이 크다고 주장했다.[5] 1933년 상하이 아동도서관(亞東圖書館)은 린쉐칭(林雪淸)이 새로 번역한 『불여귀』를 출간했다. 장이핑(章衣萍)은 린쉐칭의 번역본을 린슈, 웨이이의 기존 번역본과 비교한 후 서문에서 다음과 같이 말했다. 린슈, 웨이이의 번역본은 "당시 대단한 인기를 끌었지만" 원작에서 "삭제한 내용이 너무 많다". 린쉐칭의 번역본은 바로 이러한 점을 보완하고 있다. 왕위안팡(汪原放)도 「아동도서관을 회상하며(回憶亞東圖書館)」에서 린쉐칭 번역본이 기존 번역본에 비해 문체가 "훨씬 더 명쾌하고 유려하다"고 말했다.[6] 그러나 장이핑, 왕위안팡은 린슈가 『불여귀』를 번역한 의도를 제대로 이해하지 못했다. 린슈는 동포들을 '각성'시키고자 하는 열망으로

4) 원문은 다음과 같다. "國恥癡情兩淒絶, 傷心怕讀『不如歸』."

이 책을 번역했다. 이 점은 1965년 타이난(臺南) 경위서국(經緯書局)에서 나온 쉬윈타오(徐雲濤) 번역본이나 1975년 타이난 종합출판사(綜合出版社)에서 나온 황유량(黃又良)의 번역본도 뛰어넘을 수 없는 것이었다.

『고아유랑기(苦兒流浪記)』와 『고아노력기(苦兒努力記)』

062

중국 청소년들의 독립성과 창조성을 북돋아주다

『집 없는 아이』

청말의 번역 문학 가운데 높은 인기를 끈 장르로는 정치소설과 과학소설, 모험소설, 탐정소설 외에 교육소설이 있다. 서구의 부르주아 민주 사상이 전래되면서 서양의 교육관과 교육방식도 함께 소개되었다. 개성을 중시하고 아동 인권을 강조하며 개인의 능력을 북돋우고 박애와 평등을 내세운 교육사상은 아동의 순수성을 말살하고 순종적인 노예를 키워내는 봉건교육에 적지 않은 타격을 주었다. 이 시기 서양 교육소설 번역에 큰 공을 세운 인물로는 번역계 원로인 바오톈샤오를 들 수 있다.

바오톈샤오(包天笑, 1876-1973)는 본명이 바오공이(包公毅)며 필명으로는 오문천소생(吳門天笑生), 천소생(天笑生), 소(笑), 천영루(釧影樓) 등이 있다. 강소 오현에서 태어났다. 25세 때 영어와 프랑스어를 배웠고 일본어 실력은 이보다 뛰어나다. 일찍이 친구 양즈린과 함께 『가인소전』을 번역했다. 상하이 진링의 금속재역서처에서 편집과 교열을 담당했으며 엄역명저를 출간했다. 《시보》, 《신신소설(新新小說)》, 《월월소설(月月小說)》, 《소설림》 등의 신문과 잡지에 여러 편의 소설을 번역해 발표했으며, 《소주백화보(蘇州白話報)》, 《소설시보(小說時報)》, 《부녀시보(婦女時報)》,

《소설화보(小說畫報)》, 《장청(長靑)》, 《성기(星期)》 등의 편집에도 참여했다. 『상하이춘추(上海春秋)』, 『류방기(留芳記)』 등 그가 쓴 소설이 큰 인기를 끌었음에도 불구하고 주요 성과는 주로 번역에서 나왔다. 그는 애정소설, 탐정소설, 역사소설, 과학소설 등의 장르에서 30여 종 이상의 소설을 단독 혹은 공동으로 번역했다. 소설사학자들은 그가 번역한 안톤 체호프의 『제6병동(六號室)』(원제는 Ward No. 6, 1910년 《소설시보》 제4기에 실렸다)에 특별히 주목한다. 비록 전체적으로 줄거리를 요약한 수준이지만 쉽고 유창한 문체로 작품의 의미를 잘 전달하고 있어서 청말에 나온 체호프 소설의 훌륭한 번역본이라고 할 수 있다. 그러나 사회적으로는 교육부 표창까지 받은 교육소설 삼부작 『고아유랑기』,[1)]『형아취학기(馨兒就學記)』,[2)] 『매석기석기(埋石棄石記)』[3)]의 영향력이 훨씬 더 컸다고 할 수 있다.

바오텐샤오는 자서전 『천영루회억록』 중 「상무인서관에서(在商務印書館)」라는 글에서 자신이 번역한 세 권의 교육소설에 대해 다음과 같이 소개했다. 상무인서관에서 발간한 《교육잡지》에 게재했던 첫 번째 작품이 "『고아유랑기』이고 두 번째 작품이 『형아취학기』이며 세 번째 작품이 『매석기석기』이다." "『고아유랑기』의 원작자는 프랑스인으로 이름은 무

1) 프랑스의 소설가이자 비평가인 엑토르 말러(Hector Henri Malot, 중국명 艾克多 · 馬洛)의 작품으로 불어 원제는 'Sans Famille', 영역본의 제목은 'Nobody's Boy'이다. 중역본 제목의 '고아(苦兒)'는 '가난한 아이'라는 뜻이다. 한국에서는 '집 없는 아이'로 소개되었으며 국내 유일의 완역본은 2003년 궁리출판사에서 출간되었다.

2) 아미치스(Edmondo De Amicis)의 『쿠오레(Cuore)』를 말한다. 한국에서는 『사랑의 교육』으로 출간되었다.

3) 책 표지에는 '天笑生(즉 바오텐샤오)著'라고 되어 있으나 실제로는 일본어로 번역된 서양 교육소설을 번안한 것이다. 원작은 알 수 없다. 작품 제목의 '매석(埋石)'과 '기석(棄石)'은 모두 주춧돌의 의미로 헌신을 통해 교육계의 주춧돌이 되고자 하는 교사의 꿈과 이상을 그리고 있는 작품이다. 바오텐샤오가 자서전에서 책의 제목을 『기석매석기(棄石埋石記)』라고 언급한 대목이 있어 그렇게 소개한 글도 있지만 이는 오기(誤記)이며 정확한 제목은 『매석기석기(埋石棄石記)』이다.

슨 말러라고 한다. 집 없는 아이가 여기저기 떠돌아다니다 천신만고 끝에 행복을 찾게 되는 이야기로 기억한다. 이 소설은 특히 어린 독자들의 큰 환영을 받았는데 따라서 교육소설이라기보다 아동소설에 가깝다. 일본어로 번역된 책을 중역했는데 일본어 제목이나 번역자는 기억나지 않는다. 그러나 내가 붙인 『고아유랑기』라는 제목은 원작의 내용에 잘 부합한다."[1] 그의 기억에는 적지 않은 오류가 있다. 우선《교육잡지》에 실린 첫 번째 작품은 『형아취학기』로, 1909년 2월 제1년 제1기부터 1910년 2월 제1년 제13기까지에 연재되었다. 『고아유랑기』의 최초 제목은 『고추감우기(孤雛感遇記)』로《교육잡지》1910년 2월 제2년 제1기부터 1910년 11월 제2년 제10기까지 연재되었으며 1915년 3월 19일 상무인서관에서 단행본으로 발행할 때 『고아유랑기』라는 제목으로 바뀐 것이다.

『고아유랑기』의 원작자는 19세기 프랑스 작가 엑토르 말로(Hector Henri Malot, 1830-1907)이다. 일찍이 파리에서 법률을 공부하였으며 공증사무소에서 일했다. 일생 동안 60여 편의 소설을 집필했는데 대부분 성인 독자들을 위한 것이었으며 『고아유랑기』만이 아동 소설이라 할 수 있다. 1878년 프랑스에서 책이 출판되자마자 큰 인기를 끌었으며 곧이어 영어, 독일어, 러시아, 일본어 등 여러 나라 언어로 번역되었다. 바오톈샤오는 자서전에서 이렇게 말했다. "이 소설은 무성영화 시대에 이미 유럽에서 영화로 제작되었다. 상하이에서도 상영되었는데 아쉽게도 나는 보지 못했다. 얼마 후 영화를 본 친구가 영화에 관해 이야기해주었다." 바오톈샤오는 자신이 번역한 일본어 책의 번역자가 누구인지 생각나지 않는다고 했다. 쉬미(須彌)는 1925년 바오톈샤오가 번역한 『혜금소전(慧琴小傳)』(원제는 『비주독액(非洲毒液)』)을 위해 쓴 「교독후기(校讀後記)」에서 이렇게 말했다. "바오톈샤오 선생이 번역한 소설은 대부분 일본의 구로이와 루이코가 번역한 것을 중역한 것이다. 구로이와는 프랑스어에 정통해서 다수의 프랑스 소설을 일본어로 번역했다. 그는 일본의 유명한 문학가로 그가 번역한 소설은 모두 수십 차례씩 재판을 찍었다. 바오톈샤오 선생의 번역 소설이 비록 중역(重譯)한 것이긴 하지만 구로이와 씨의 훌륭한 번역본을 저본으로 삼아 문학적 천재성을 발휘하였으니 얼마나 뛰어난 작품인지는 말하지 않아도 알 수 있을 것이다."[2] 구로이와 루이코(黑岩淚香, 1862-1920)의 본명은 구로이와 슈로쿠(黑岩周六)로 고치현 태생이다. 1878년 오사카 영어 학교를 졸업했으며, 1883년부터 《동맹개진신문(同盟改進新聞)》, 《일본태오사보(日本泰晤士報)》, 《도신문(都新聞)》의 주필을 맡아 활동했다. 또한 소설 번역으로 문단에서 명성이 높았는데 심지어 '루이코 문체(淚香文體)'가 유행할 정도였다. 1902년 이상단(理想團)을 만들어 '사회 정화와 인심의 각성'을 주장하였으며, 『천인론(天人論)』, 『인존주의(人尊主義)』, 『청년사상론(青年思想論)』, 『사회와 인생(社會與人生)』 등을 저술하였다. 바오톈샤오가 번역한 『고추감우기』는 구로이와 루이코의 일본어 번역에 기초해 중역했을 가능성이 크다.

『고아유랑기』의 중국어 번역본은 약 50여만 자로 바오톈샤오가 발췌 번역한 것이다. 부모에게 버림받은 레미는 어려서 석공(石工)의 아내에게 키워진다. 그러나 8세 되던 해 석공이 사고로 불구가 되어 일자리를 잃자 그는 유랑극단으로 팔려간다. 다행히 유랑극단의 늙은 주인은 선량한 마음씨를 가진 인물로 레미에게 책읽기와 악기 연주를 가르쳐주었다. 비록 유랑공연으로 이어가는 생활은 매우 고달팠지만 레미는 매일 매일이 즐거웠다. 그러나 대도시에서 거리 공연을 하던 중, 노인이 경찰에 잡혀 감옥에 들어가게 되자 레미는 홀로 남겨져 두 달 동안 유랑생활을 한다. 얼마 후 노인은 감옥에서 풀려나지만 엄동설한의 들판에서 얼어 죽는다. 레미는 간신히 꽃 파는 사람 덕분에 목숨을 건져 함께 생활하게 된다. 그러나 불행히도 우박으로 인해 정원이 파괴되고 정원 주인이 빚으로 인해 감옥에 가자 레미는 다시 유랑생활을 시작한다. 천신만고 끝에 친엄마를 찾은 레미는 비로소 포근한 가정의 품에 안긴다. 소설은 사실적이고 극적인 묘사를 통해 운명에 굴하지 않는 소년의 모습을 인상적으로 그려내고 있다.

바오톈샤오는 이 책에 대해 매우 높은 평가를 내리고 있다. 그는 역자 서문에서 이렇게 말했다. "예전에 린외이루(林畏廬) 선생의 『괴육여생술(塊肉餘生述)』[4]을 읽으며 눈물을 흘린 적이 있다. 혹자는 이 책이 작가인 디킨스 본인의 이야기라고 하는데 믿거나 말거나이다. 문학가의 펜은 사물 묘사에 뛰어나 아무리 하찮은 것이라도 그의 손을 거치면 훌륭한 것이 된다. 아무리 썩어 냄새나는 것이라도 오묘한 펜에 물들게 되면 신비롭게 변한다. 최근 프랑스 문호 엑토르 말로의 Sans Famille를 읽었다. 오호라! 또 한 편의 『괴육여생술』이 나온 듯하니 프랑스 작가들의 탁월한 문장력에 찬탄이 절로 난다. 곳곳에 복선을 숨겨두어 이야기가 진부하게 흐르는 것을 경계했다. 그러나 영국 소설에는 미치지 못하는 면도 있다. 그럼에도 불구하고 독자들은 소설의 매력에 푹 빠져 잠시라도 손에서 책을 놓지 못하니 책의 명성이 거짓이 아님을 알 수 있다." 이 책은 "프랑스 남녀 학교의 인기 도서로 젊은이들의 인격 수양에 큰 도움을 준다. 나는 천학비재(淺學菲才)하여 필치가 훌륭하지도 않고 생동감 있는 표현에도 서툴다. 그러니 린 선생과 비교할 바가 아니다. 독자들이 책을 읽다가 수마(睡魔)에 굴복하지나 않을까 걱정이다. 이는 원작의 잘못이 아니라 순전히 번역자의 탓이다." 비록 바오톈샤오도 책에 나오는 인명, 풍속, 문물, 일상용어들을 중국화한 '호걸역'을 선호했지만, 그의 문언체 번역문은 경쾌하고 소탈하여 중국인들의 구미에 대단히 잘 들어맞았다. 1915

---

4) 찰스 디킨스가 쓴 자전 소설 『데이비드 코퍼필드(David Copperfield)』의 중국어 번역본이다.

년 상중하 세 권이 '설부총서' 초판에 수록된 후 큰 인기를 끌어서 같은 해 10월 재판을 발행했다. 그의 말에 따르면 이 판본은 약 1만여 권이 팔려나갔다. 그는 성동여학(城東女學) 송년 학예회 때 무대에 올리기 위해 『고아유랑기』 한 단락을 각색하고 연출까지 했다. 또한 성동여학 교장 양바이민(楊白民)의 딸은 '고아(苦兒)'를 연기하기 위해 땋은 머리를 과감히 잘라 버리기도 했다. 바오톈샤오가 쓴 세 권의 교육소설은 모두 민국 년간에 교육부로부터 표창을 받았다. 추천자는《시보(時報)》관의 식루(息樓, 신문사에서 문화계 인사들이 모여 담소를 나누던 별도의 공간)에 자주 들르던 교육부 차관 위안관란[5)]이었다. 저명 학자 후스는 바오톈샤오가 "유창한 필치와 자유로운 기풍으로 번역을 했다"고 칭찬했다.[3]

바오톈샤오 번역본의 인기에 힘입어 초판 출간 20여 년 후인 1933년에 상하이 세계서국과 아동서국(兒童書局)은 쉬웨이난(徐蔚南)이 번역한 『고령소년(孤零少年)』과 린쉐칭, 장이핑 공역의 『고아노력기(苦兒努力記)』를 잇달아 출간했다. 전자는 '세계소년문고'본으로 출간된 뒤 다음해 재판을 찍었고, 후자는 1년여 동안 연속 4판을 찍은 후, 1948년 6월까지 모두 23판을 찍었다. 1936년 상하이 계명서국은 다시 허쥔롄(何君蓮)이 번역한 『고아유랑기』를 출판해 1년 동안 3판을 인쇄했다. 1938년 상무인서관에서 나온 천치우판(陳秋帆) 번역의 『무가아(無家兒)』는 '세계아동문학총서'에 포함되었다. 그러나 이 가운데 린쉐칭, 장이핑의 번역서가 가장 인기가 많았다. 차이위안페이는 이 책을 추천하며 이렇게 말했다. "여행 중에 읽었던 『고아노력기』를 요약해 아이들에게 들려주었다. 번역에 공을 많이 들인 것처럼 느껴졌다. 기존 번역본이 제목을 '유랑기'라고 붙

---

5) 위안관란(袁觀瀾, 1866-1930). 위안시타오(袁希濤)를 말한다. 자는 관란(觀瀾), 장수 청샹(城廂) 사람이다. 청말민초의 교육가로 퉁지대학 총장, 베이징정부 교육부 차장을 역임했다. 장쑤에서 '의무교육기성회(義務教育期成會)'를 만들어 의무교육의 기초를 다졌다.

인 것은 문제가 있다. 이 번역본은 깊이가 있고 유창하여 상쾌한 느낌을 준다." 류야즈는 이렇게 평가했다. "책에 등장하는 고아(苦兒) 레미는 갖은 고생 끝에 사회적으로 유용한 인재로 거듭나고 가족과도 재회한다. 소설이 담고 있는 고진감래의 교훈은 중국 청소년들에게도 좋은 영향을 미칠 것이다." 저명 교육가 천허친[6]은 이렇게 말했다. "우리는 아이들을 어떻게 가르치고 계도할지 분명하게 이해해야 한다. 예를 들면 암시법(暗示法), 대체법(替代法), 격려법(鼓勵法) 등이 있다. 이 책에서는 다양한 암시법, 대체법, 격려법을 사용하여 고아가 어떻게 역경을 극복해 나가는지 잘 보여주고 있다." 린겅바이[7]는 이렇게 말했다. "단순히 '부르주아'의 입장에서 평가해본다면 『고아노력기』는 아주 훌륭한 아동 도서이다. 왜냐하면 요지경 같은 삶을 매우 아름답게 그려내고 있기 때문이다. 특히 가정에 대한 사랑이 그러하다. 번역 문체도 매우 유려하다." 저명 출판가 왕위안팡[8]은 이렇게 평가했다. "고아(苦兒, 가난한 아이)가 이 책을 읽지 않은 것은 이해할 수 있지만, 부아(富兒, 부유한 아이)가 이 책을 읽지 않았다면 맞아도 싸다." 저명 화가 천즈포[9]는 "예술적 필치로 인도대의(人道大義)의 형상을 그려냈으니 이 얼마나 아름다운가!"라고 말하였다. 화가

6) 천허친(陳鶴琴, 1892-1982). 중국 저명 아동교육가, 아동심리학가로 중국 현대 유아교육의 기초를 다졌다. 칭화대학을 졸업하고 미국 콜럼비아대학에서 석사학위를 취득했다. 둥난대학과 중양대학 교수, 난징사범학원(南京師範學院) 총장을 역임했다. 저서로는 중국 최초의 아동심리학 저작인 『아동심리연구(兒童心理之硏究)』, 『가정교육(家庭敎育)』 등이 있다.

7) 린겅바이(林庚白, 1897-1941). 민국 시기의 시인이자 정치가이다. 동맹회에 가입하고 암살단을 조직하여 청조 타도에 앞장섰었다. 마르크스-레닌주의를 신봉했으나 후에는 회의를 느끼고 독서와 시작(詩作)에만 몰두했다. 태평양 전쟁 발발 후 일본군에게 피살되었다. 남사(南社)의 저명 시인으로 '시괴(詩怪)'라는 별명으로 불렸다. 저서로는 『경백시존(庚白詩存)』, 『경백시사집(庚白詩詞集)』, 『혈루수필(孑樓隨筆)』, 『혈루시사화(孑樓詩詞話)』 등이 있다.

8) 왕위안팡(汪原放, 1897-1980). 중국 현대 출판가이자 번역가이다. 『아라비안나이트(一千零一夜)』, 『이솝우회(伊所伯寓言)』 등을 번역했다.

9) 천즈포(陳之佛, 1896-1962). 중국 현대 미술교육가 겸 저명 화가로 일본 도쿄미술학교에서 유학했으며 상하이예술대학(上海藝術大學), 난징대학(南京大學) 교수를 역임했다.

류하이쑤[10)]도 이렇게 말했다. "레미는 어리지만 당당하고 기개 있는 대장부이다. 홀로 자신의 길을 가면서 온갖 역경에도 굴하지 않는다. 중국의 청소년들도 독립적이고 창조적이며 용감한 레미의 정신을 배우길 바란다. 중국 민족이 부흥하기 위해서는 이러한 용기가 필요하다." 쉬진(徐晋)은 이렇게 말했다. "『고아노력기』는 사랑이 충만한 책이다. 그 사랑이 전기처럼 독자를 감전시켜 마음을 뒤흔들어놓았다."[4] 저명 교육가 타오싱즈[11)]는 린쉐칭, 장이핑 번역본 책갈피에 멋진 서체로 글귀를 적어주기도 했다. 『고아유랑기』에 대한 저명 학자들의 평가를 보면 이 책이 얼마나 위대한 사랑의 교육과 위대한 문학의 힘을 체현하고 있는지 잘 알 수 있으며, 중국의 교양인들에게 미친 영향도 엿볼 수 있다.

10) 류하이쑤(劉海粟, 1896-1994). 중국 현대 저명 화가, 미술교육가이다. 중국에 서양미술을 적극적으로 소개했으며 중국 전통 수묵화의 발전에도 크게 기여했다. 상하이투화미술원(上海圖畫美術院) 교장, 화둥예술전문학교(華東藝術專科學校) 교장, 난징예술학원(南京藝術學院) 원장 등을 역임했다. 대표작품으로는 「황산운해기관(黃山雲海奇觀)」, 「구계십팔간(九溪十八澗)」 등이 있다.

11) 타오싱즈(陶行知, 1891-1946). 중국 현대 저명 교육가 겸 교육사상가이다. 궈모뤄는 그를 지칭해 "2천 년 전에 공자가 있었다면 2천 년 후에는 타오싱즈가 있다"고 하였다. 미국에서 실용주의 철학자 존 듀이에게 배웠으며 귀국 후에는 대중교육을 위해 평생을 바쳤다. 중국의 전통 교육 방법에 대해 비판하며 '생활이 곧 교육(生活卽教育)', '사회가 곧 학교(社會卽學校)', '교학합일(教學做合一)' 등의 주장을 하였다. 저서로는 『타오싱즈전집(陶行知全集)』이 있다.

063

『윤리학원리』

마오쩌둥에게 지대한 영향을 미친 윤리학 번역서

20세기 초 중국 학술계는 천두슈가 자신의 마지막 각성이 윤리학적 각성이라고 말했을 정도로 서양 윤리학에 큰 관심을 갖고 있었다. 20세기 초에 출현한 수많은 윤리학 번역서 가운데 가장 영향력이 컸던 것은 독일 철학자이며 교육가인 파울젠(Friedrich Paulsen, 1846-1908)이 쓴 『윤리학원리(倫理學原理)』일 것이다. 이 책은 차이위안페이가 1907년부터 1910년 사이 독일에서 유학하는 중에 가니에 요시마루[1)]의 일역본을 참고하여 중국어로 번역한 것으로 1910년 6월에 완성했다.

『윤리학원리(Grundbegriffe und Prinzipienfragen)』는 『윤리학대계 및 정치학 사회학 요략(倫理學大系及政治學社會學要略)』(System der Ethik mit einem Umriss der Staats)이라는 책의 제2편으로 원서는 윤리학사, 윤리학원리, 덕론 및 의무론과 사회형태의 네 편으로 구성되어 있다. 『윤리학원리』는 서

1) 가니에 요시마루(蟹江義丸, 1872-1904). 메이지 시대의 철학자이자 동양윤리학자로 이노우에 데츠지로(井上哲次郎)의 문하생이다. 도쿄제국대학 철학과를 졸업했으며 도쿄전문학교와 도쿄고등사범학교에 등에서 교편을 잡았다. 번역에도 힘썼으며 특히 공자연구에 조예가 깊었다. 주요 저서로는 『공자연구(孔子研究)』, 『서양철학사(西洋哲學史)』 등이 있다.

론과 본론으로 나누어져 있고 본론은 모두 9장이다. 목차를 보면 선악 핵심론과 형식론에 대한 견해, 지선(至善) 쾌락론과 세력론(勢力論)에 대한 견해, 염세주의, 해(害)와 악(惡), 의무와 양심, 이기주의와 이타주의, 도덕과 행복, 도덕과 종교의 관계, 의지자유 등으로 구성되어 있다. 철학적으로 파울젠은 심물이원론자(心物二元論者)이다. 차이위안페이는 역자 서문에서 파울젠의 철학에 대해 다음과 같이 말했다. "(그는) 칸트주의자로 스피노자 및 쇼펜하우어 사상의 영향을 받았다. 동시대 대학자 분트(Wundt), 페히너(Fechner)와 비슷한 부류이다."

1899년에 미국 뉴욕에는 이미 이 책의 영역본이 출간되어 있었다. 같은 해 일본 학자 가니에 요시마루는 이 책의 제5판을 일본어로 번역해 『윤리학원리』라는 제목으로 출판했다. 이 책은 박문관(博文館)에서 나온 '제국 백과전서'에도 포함되었으며, 1905년에 내용을 수정하여 다시 출간했다. 가니에는 번역 과정에서 니체주의에 대한 비판적 견해를 추가했으며 원서에 인용된 독일 시가는 모두 삭제했다. 차이위안페이는 삭제된 시가의 내용에 대해 "오로지 독일 사람들을 위한 것으로 외국 학자들에게는 별로 쓸모가 없으며 오히려 사상을 이해하는 데 방해가 될 수 있다"며 가니에의 번역을 긍정적으로 평가했다. 가니에는 서문에서 이렇게 말했다. "근세 윤리학은 크게 동기론(動機論)과 공리론(功利論)의 두 학파로 구분된다. 동기론은 주관에 편중되어 도덕률을 선천적인 것으로 본다. 공리론은 객관에 편중되어 도덕률을 후천적인 것으로 본다. 전자의 폐단은 진부하다는 데 있고, 후자의 폐단은 격이 떨어지고 수준이 낮다는 데 있다. 따라서 두 이론 모두 적절한 것은 아니다." 파울젠은 "두 학파의 조화를 꾀한 사람"이다. 차이위안페이는 가니에의 견해를 매우 높이 평가하며 "동기론과 공리론을 절충하여 학설의 의미를 쉽고 합리적으로 충실히 번역하였다"고 말했다. 따라서 차이위안페이의 번역본이 가니에 일역본의 영향을 깊이 받았다는 것을 알 수 있다.

차이위안페이가 번역한 『윤리학원리』는 많은 인기를 끌었다. 1910년 상무인서관에서 초판이 발행된 후, 다음해에 2쇄, 1915년 4쇄, 1921년 6쇄, 1927년까지 8쇄를 찍었으며, 1940년에는 상무인서관의 '한역세계명저(漢譯世界名著)' 총서에 포함되어 새로 출간되었다. 후난제일사범학교(湖南第一師範學校) 『교지(校誌)』에는 윤리학을 가르치던 양창지[2)]가 이 번역서를 4학년인 6, 7, 9, 10반(즉 1917년 하반기부터 1918년 상반기까지의 학년)의 '수신'과 교재로 사용했다는 기록이 있다. 당시 학사일정을 보면 1917년 하반기에 '본론' 제1장을, 1918년 상반기에 나머지 부분을 "요약해서 수업"했다. 이 학교에 재학 중이던 마오쩌둥은 책에 밑줄을 치거나 빨강색 펜으로 표시를 해가며 정독해서 읽었다. 또한 여백이나 행간에는 만여 자에 이르는 평어를 써두었는데 제일 작은 글자는 돋보기로 봐야 겨우 읽을 수 있을 정도이다. 예를 들면 비교적 중요한 부분에 진하게 동그라미를 치고 "탁월하다", "아주 뛰어나다", "이 단락의 설명은 혀를 내두를 정도이다", "탁월하고 상세하며 분명하다", "지극한 논리, 명철한 문장", "내가 앞서 말했던 것과 완전히 같다", "나는 이 주장에 동의한다", "이 절의 논의는 대단히 명료하다", "뛰어난 주장이다" 등의 글을 적어 두었다. 또한 내용이 불분명하거나 잘못된 곳에는 "반드시 그렇지는 않을 것이다", "별로 도움이 되지 않는다", "이 주장은 매우 이상하다", "내 생각과는 다르다", "나는 다른 의견이다" 등의 글을 남기기도 했다.[1] 평어의 내용은 대부분 원서의 관점에 대한 비평인데, 그중에는 주제 범위를 확

2) 양창지(楊昌濟, 1871-1920). 자는 화셩(華生), 후난 창사(長沙) 태생으로 윤리학자 겸 교육가이다. 일본과 영국에서 유학했으며 마오쩌둥, 차이허선(蔡和森)의 스승으로 유명하다. 베이징대학 교수를 역임했고 마오쩌둥을 베이징대학 도서관에서 일할 수 있도록 소개해주었다. 저서로는 『권학편(勸學篇)』과 번역서 『서양윤리학사(西洋倫理學史)』 등이 있다.

대해 논하거나 저자의 입장을 비판한 내용, 윤리와 인생, 역사, 사회 및 철학 문제에 대한 마오 자신의 견해를 피력한 것 등이 있다. 또한 원서 내용에 대한 요약과 주석도 포함되어 있다.

에드거 스노가 쓴 『서행만기(西行漫記)』[3)]에는 마오쩌둥의 다음과 같은 말이 나온다. 제일사범학교에서 "나에게 가장 깊은 인상을 준 사람은 양창지 선생님이다. 그는 영국에서 유학했는데 시간이 흐르면서 관계가 더욱 돈독해졌다. 그는 윤리학을 가르쳤는데 유심주의자이면서 도덕적으로 매우 고상한 사람이었다. 자신의 윤리학에 대해서는 신앙과 같은 강한 믿음을 갖고 있었으며 학생들에게 사회에 유익하고 광명정대한 사람이 되라고 끊임없이 격려했다. 그는 나에게도 큰 영향을 미쳤다. 한번은 수업 중에 차이위안페이가 번역한 윤리학 서적을 함께 읽은 적도 있다."[2] 1921년 창사 칭수이탕(淸水塘)에서 공산당 창립을 위해 노동운동을 이끌던 마오쩌둥은 늘 『윤리학원리』를 곁에 두고 틈날 때마다 탐독했다. 제일사범학교 동창 양샤오화[4)]는 마오에게 책을 빌려간 후 오랫동안 만나지 못해 돌려주지 못했다. 1950년이 되어서야 저우스자오[5)]를 통해 반환할 수 있었다.[3] 책을 돌려받은 마오쩌둥은 남다른 감회로 책 속에 남겨진 평어를 살펴보며 저우스자오에게 이렇게 말했다. "과거에 이 책을 매우 좋아해서 읽을 때마다 의견이나 소감 등을 적어두었는데 지금 읽어보니 그 말들이 대부분 틀렸다는 것을 알겠다." 마오쩌둥은 책을 다시 한 번 읽은 후 이렇게 말했다. "이 책의 사상은 순수 유물론이 아니라 심물이원론으

3) 에드거 스노(Edgar Parks Snow)의 르포문학 작품으로 원제는 'Red Star Over China'이다. 한국에서는 '중국의 붉은 별'이라는 제목으로 출간되었다. 본서 93장 참조.

4) 양샤오화(楊韶華, 1893-1952). 후난 지역의 저명한 교육가로 자는 중장(仲璋)이다. 마오쩌둥과 후난제일사범학교에서 동문수학했다. 후난성의 교육 개혁과 혁명을 위해 헌신했으나 중화인민공화국 건립 이후인 1952년 반동분자라는 누명을 쓰고 억울하게 죽임을 당했다. 1986년 복권되었다.

5) 저우스자오(周世釗, 1897-1976). 저명 교육가로 후난제일사범학교 교장, 후난성 교육청 부청장, 후난성 인민정부 부성장, 후난성 정협 부주석 등을 역임했다.

로 그다지 정확한 것은 아니다. 그러나 당시 우리가 배운 것은 모두 유심론 학설이었기 때문에 유물론적인 내용이 약간이라도 섞여 있으면 크게 흥미를 느꼈다. 이를 통해 우리는 책을 비판적으로 읽게 되었으며 당면한 문제를 분석하는 데 큰 도움을 얻을 수 있었다."[4] 마오쩌둥이 이 책을 읽고 나서 쓴 「심지력(心之力)」이라는 글은 양창지로부터 큰 칭찬을 받았을 뿐만 아니라 점수도 만점을 받았다.[5]

책에 남겨진 수천 자의 평어를 보면 마오쩌둥 사상이 어떤 과정을 거쳐 유심론에서 유물론으로 변화해갔는지 알 수 있다. 파울젠의 저작에서는 칸트의 선험론적 관점을 어렵지 않게 찾아볼 수 있다. 파울젠은 '직각지식(直覺知識)'을 인정했으며, 시간을 '감각 직각의 형식'으로 보았고, '초험적 절대계[超絶界]'나 신의 존재를 인정했다. 그러나 칸트의 도덕관에 대해서는 비판적인 입장을 취했다. 칸트는 도덕법칙을 선험적인 것으로 보았는데, 파울젠은 이렇게 말했다. "도덕율은 사람이 만든 것도 아니요, 신의 의지에서 나온 것도 아니며, 양심이 이유 없이 만들어낸 것도 아니다. 인간이 평생 동안 자연법칙에 적응하면서 만들어낸 것이 변화하여 도덕법칙이 된 것이다." 그는 지식을 '직각적 지식'과 '경험적 지식'으로 나누었지만 경험적 지식을 더욱 중요하게 생각했다. "과학은 실천적 문제를 해석하는 과정에서 만들어진다. 이는 해부학과 생리학이 의술에서 생겼고 기하학이 측량술에서 생겼으며 철학이 인생의 의의와 역할에 대한 탐구 과정에서 생긴 것과 같다." 과학은 "반드시 먼저 사물의 상태를 관찰한 후에 그에 상응하는 법칙을 도출하고 그로부터 보편적 원칙을 만들어 낸다. 인과율이 대표적인 예이다." 인과율은 "예측으로 도출된 정의가 아니라 관찰로 얻어진 법칙이다." 마오쩌둥은 "전 세계 문명과 생활사는 모두 관념이 관할한다"는 파울젠의 말에 적극 찬성하며 "관념이 문명을 만든다. 그렇다, 정말 그렇다"라는 평어를 적었다. 동시에 "사람의 생사는 정신불멸, 물질불멸을 기초로 한다(정신과 물질은 절대적으로 분리될 수 있는 것이 아니라 하나이며, 정신과 물질이라는 것은 존재의 형식일 뿐이다)" 고도 하였다. 이 말을 통해 볼 때 그의 입장이 유심론에서 심물이원론으로 바뀌고 있다는 것을 알 수 있다. "정신불멸, 물질불멸"의 관점은 평어 전체에 내재되어 있다. 왕펑바이(汪澎白), 장선헝(張愼恒)은 『마오쩌둥 초기철학사상 탐원(毛澤東早期哲學思想探原)』에서 다음과 같이 말했다. "청년 마오쩌둥은 량치차오와 파울젠 등을 통해 칸트 사상의 영향을 받았다. 마오쩌둥은 그들이 심물이원론자라고 생각했으며 정신적인 '우주의 진리'가 세계의 본원이라고 단언했다. 이는 철학적 문제에 대한 객관 유심주의적 대답이다."[6] 마오쩌둥은 『윤리학원리』 속 변증법 사상에 대해서도 큰 관심을 보였다. 그는 평어에서 "세상의 모든 일은 차별과 비교의 입장에서 봐야 한다"고 말했다. 또한 모순되는 양 측이 상호의존하고 상호대립하고 상호작용하고 상호투쟁하고 상호전환하는 것을 '저항'이라는 개념으로 개괄한 것에 대해서도 깊은 의미가 있다며 극찬했다. "세계상의 모든 일과 문명은 저항과 승리를 위한 투쟁에서 생기며", "저항이 없으면 동력이 없고, 장애가 없으면 행복도 없다"는 구절에는 "지극히 이치에 맞는 말", "어리석은 사람을 일깨우는 말"이라는 평어를 적어 놓았다. 이처럼 심물이원론이 갖고 있는 모순과 차이, 대립, 충돌에 대한 마오쩌둥의 긍정적 태도는 그의 사상에 중요한 영향을 미쳤다. 유심론에서 이원론으로의 전환과 변증법에 대한 깨달음은 마오쩌둥이 학생 때부터 경험했던 혁명과 실천 활동으로부터 얻은 것이다. 그러나 『윤리학원리』도 마오쩌둥 사상의 전환 과정에서 적지 않은 영향을 주었다.

리루이(李銳)에 따르면 "『윤리학원리』는 마오쩌둥이 읽었던 최초의 서양철학 저작"[7]이다. 그러나 이 주장은 그다지 정확하지 않다. 왜냐하면 마오쩌둥이 고등학교를 졸업한 직후인 1912년, 후난 도서관에서 다윈의 『종의 기원』과 루소의 『사회계약론』, 옌푸가 번역한 『천연론』, 『원부』, 『명학』, 『법의』 등 서양 과학과 철학, 정치학, 경제학 저작을 읽었다는 기록이 있기 때문이다. 파울젠이 쓰고 차이위안페이가 번역한 『윤리학원리』는 아마 마오쩌둥 사상에 직접적으로 영향을 준 첫 번째 번역서일 것이다.

064

『과학관리원리(科學管理原理)』

과학관리 분야의 불후의 저작

『프레드릭 테일러 과학적 관리법』

인류는 오랜 역사를 거치며 상호간의 협력을 강화해왔다. 이 과정에서 효율적으로 활동을 조직하기 위한 풍부한 관리 사상을 만들어냈지만 20세기 이전에 이에 관한 전문적인 저작은 거의 없었다 해도 과언이 아니다. 소수의 역사학자와 교회 주사(主事), 군사 및 정치 지도자들의 저작에 관리의 기본적인 원리에 대한 단편적인 기록만이 남아 있을 뿐이다. 과학적 관리를 학문의 한 분야로 간주해 체계적인 연구를 시도한 저작은 20세기에 들어와서야 비로소 세상에 선을 보였다. 미국의 테일러가 쓴 『과학관리원리』[1]는 이 분야의 대표적 작품이다.

테일러(Frederick Winslow Taylor, 1856-1915)는 미국 펜실베이니아주 저먼타운에서 태어났다. 어려서 프랑스와 독일에서 유학했으며 애초 아버지를 따라 법률을 공부하려 했으나 고도 근시로 인해 학업을 포기하고 노동자가 되었다. 그는 필라델피아의 미드베일 철강회사(Midvale Steel

1) 원제는 'Principle of Scientific Management'이다. 한국에서는 2010년 21세기북스에서 『프레드릭 테일러 과학적 관리법』(방영호 역)이라는 제목으로 출간되었으며 2016년 모디북스에서는 조일형 번역으로 같은 제목의 전자책(Ebook)을 출간하였다.

Company)에 입사한 뒤 6년 만에 작업반장에서 현장 주임, 기계 공장장, 수석 설계사를 거쳐 수석 기술자까지 올라갔다. 그는 1880년부터 여러 사람들과 함께 베들레햄 실험, 삽에 대한 실험, 금속 절삭 실험 등을 진행하였으며[2)] 수백 편의 보고서를 작성한 후 차등적 성과급 방안을 제안했다. 그는 이를 토대로 '과학적 관리' 혹은 '테일러 시스템'이라고 불리는 관리 제도를 완성시켰다. 1903년 그는 미국 기계공학회에서 「공장관리(Shop Management)」를, 1907년에는 금속 절삭 실험의 성과를 발표했다. 1911년에는 《아메리칸 매거진(American Magazine)》에 세 편의 글을 발표했는데 같은 해 그것들을 묶어서 뉴욕의 하퍼 앤드 브라더스(Harper & Brothers)출판사에서 『과학관리의 원리(Principle of Scientific Management)』라는 제목의 책으로 출간했다.

대다수 학자들은 이 책에서 제시한 과학관리 이론이 전통적 관리가 과학적 관리로 전환되는 데 새로운 계기를 마련해주었으며 관리 분야가 체계적 과학으로 정립되는 데 큰 공헌을 했다고 평가했다.[1] 혹자는 테일러를 일컬어 "관리 사상을 종합적으로 정리한 1세대 인물"이라고 했다. 그의 묘비에는 '과학관리의 아버지'라는 칭호가 새겨져 있는데, 그는 그렇게 불릴 만한 충분한 자격이 있다.[2] 책이 출간된 이후 과학관리원리는 전 세계의 주목을 받았다. 물론 비판의 목소리도 있었다. 레닌은 1913년부터 1922년까지 쓴 「노동자의 고혈을 짜내는 '과학' 제도」, 「테일러 시스템은 기계에 의한 인간의 노예화 제도이다」, 「옥의 티」 등의 글에서 테일러 시스템을 가리켜 "부르주아 계급이 노동자를 착취하기 위한 가장 교묘하고 잔혹한 수단"이라고 비난했다. 그러나 다른 한편으로는 "인간이

2) 베들레헴 철강회사(Bethlehem Steel)에서 진행했던 선철 이동 효율 증가에 관한 실험과 학술 토론을 말한다.

노동 중에 취하는 기계적 동작을 과학적으로 분석해서 불필요한 동작을 제거함으로써 합리적인 작업 방법을 만들어냈을 뿐만 아니라 완벽한 통계와 효율적인 감독제도 등을 가능하게 만들었다"[3]고 평가했다.

이 책은 출판된 지 2, 3년 만에 프랑스어, 일본어, 독일어, 러시아어, 네덜란드어, 스페인어 등 세계 10여 개국의 언어로 번역되었다. 원서 출판 3년 후인 1914년에는 중국어로도 번역되었다. 중화서국에서 발간한《중화실업계(中華實業界)》1915년 11월 10일 제2권 제12기부터 1916년 3월 10일 제3권 제3기까지「공장에 적용 가능한 과학적 관리법(工廠適用學理的管理法)」이라는 글이 연재되었는데 이것이『과학관리원리』의 최초 번역문이다. 이 글들은 1916년 11월 중화서국에서 단행본으로 출간되었다.

원서는 머리말 외에 '과학관리의 기본원리'와 '과학관리의 원칙' 두 장으로 구성되어 있지만 중국어 번역본은 5장 57절이다. 제1장 '서론'은 원서의 머리말 부분으로 주로 물자의 소모와 인력의 허비라는 중요한 문제를 다루고 있으며 체계적인 관리의 중요성을 강조하고 있다. 제2장은 원서의 제1장에 해당한다. '학리적(學理的, 즉 과학적) 관리법의 근원'이라는 제목이 붙어 있으며 관리법의 두 가지 핵심 내용을 소개하고 있다. 하나는 노동자와 사용자 모두가 이익을 얻어야 한다는 것이고 다른 하나는 이를 위해서는 쌍방이 반목하지 않고 서로 협력해야 한다는 것이다. 또한 선천적인 능력과 후천적 훈련의 필요성, 고의적 태만으로 인한 노동력 저하의 문제 및 원인, 학리적 관리의 방법에 대해서도 설명하고 있다. 제3장에서 제5장까지는 원서의 제2장에 해당한다. 번역본 제3장 '학리적 관리법의 원칙'에서는 주로 관리의 문제와 최선의 관리 방안, 전통적 노동과 과학적 관리의 차이, 과학관리의 주요 방법인 조작 순서에 대해 서술하고 있다. 제4장 '학리적 관리법의 사례'에서는 베들레헴 철강소의 실험, 즉 하루 평균 12.5톤을 운반하던 것에서 47톤을 운반할 수 있게 된 것, 무쇠 운반의 과학과 삽질의 과학을 소개하였고, 미드베일 철강회사의 실험, 즉 벽돌 쌓기 작업, 자전거 베어링 볼 제조공장의 사례에 대해 소개하였다. 또한 과학적 연구와 실험을 통해 도출된 적정 작업 시간, 피로도 측정 방법 등에 대해서도 서술하고 있다. 제5장 '덧붙이는 말'에서는 과학 연구의 실제와 영향, 과학 연구가 어떻게 사회를 바꾸는가, 생산력 증대와 생산비 감소에 대한 관리법 등에 대해 서술하고 있다. 역자는 원서의 제2장을 세 부분으로 나누어 번역하였는데 이는 구조상의 형평을 고려했기 때문이다. 왜냐하면 제2장의 분량은 제1장에 비해 7배나 많아 가독성을 높이기 위해서는 적절한 장절의 구분이 필요하다 생각했기 때문이다. 책에서 소개하고 있는 학리적 관리법의 핵심은 여섯 가지이다. 첫째, 작업량 설정 원리. 노동 생산성을 높이기 위해서는 반드시 과학적 근거에 기초한 최적의 일일 작업량을 설정하는 것이 필요하다. 이를 위해 작업 시간과 작업 동작에 대한 연구가 필요하며 표준 작업량이 설정되어야 한다. 이것은 과학관리의 기초이다. 둘째, 일류 노동자 원리. 작업량을 설정할 때 "그 사람에게 가장 적합한 작업인지, 그가 진취적인 정신을 가진" "일류 노동자"인지를 고려해야 한다는 것이다. 건강을 해치지 않는 한에서 장시간동안 일정한 속도를 유지할 수 있는지도 매우 중요하다. 셋째, 표준화 원리. 여기에는 조작 방법 표준화, 공구와 기계 및 재료의 표준화, 작업 환경의 표준화 등이 포함된다. 넷째, 차등 성과급제. 차등 성과급제는 표준 작업량을 기초로 시행한다. 다섯째, 정신혁명. 정신혁명은 과학관리의 핵심이다. 노사 양측은 노동 생산성 향상이 모두에게 유리하다는 것을 확실히 알아야 한다. 고용주는 원가를 낮추고 이윤을 높일 수 있으며, 노동자는 급여를 높이고 생활을 개선시킬 수 있다. 여섯째, 행정 제어 원리. 기획 기능과 집행 기능을 분리시켜야 한다. 분권화는 기업 관리의 효율을 크게 높여줄 수 있다.

책의 앞부분에는 1914년 5월 4일 원작자 테일러가 역자에게 보낸 편지가 실려 있다. "무(穆) 선생님 전상서: 4월 22일 편지 잘 받아보았습니다. 선생께서 본인의 졸저 『학리 관리법』을 중국어로 번역하신다는 소식을 듣고 대단히 기뻤습니다. 이에 몇 권의 저서와 『학리적 사업 관리법(學理的事業管理法)』 일문판 한 권을 보내드리니 살펴보시기 바랍니다. 이 책들도 선생의 흥미를 끌게 되길 바랍니다. 번역이 어느 정도 진척되었는지도 궁금합니다. 만약 선생께서 필라델피아를 방문하게 되신다면 저에게 연락을 주시기 바랍니다. 학리 관리법을 시행하고 있는 필라델피아의 여러 공장을 참관시켜 드리고 동료들의 연구를 소개해드리도록 하겠습니다."

여기서 말하는 무 선생은 바로 책의 중국어 번역자인 무어우추(穆藕初, 1876-1943)이다. 본명은 샹위에(湘玥)며 장쑤 상하이 푸동(浦東)에서 태어났다. 14세 때 면화 관련 일을 배우기 시작했고, 20세에 야학에서 영어를 배웠다. 1900년 상하이 세관에서 사무원으로 근무했다. 1904년 마샹보(馬相伯), 리수통(李叔同), 유시인(尤惜陰), 첸신즈(錢新之) 등과 '호학회(滬學會)'를 조직하였으며, 1906년에는 상하이 용문사범(龍門師範)에서 학감 겸 영어 교사로 재직했다. 1907년 쑤저우 철도회사 경무장(警務長)을 역임했다. 1909년 친구 주즈야오(朱志堯) 등의 도움으로 미국 유학길에 올랐다. 1910년에는 장쑤성 관비 유학생이 되어 위스콘신대학, 일리노이대학과 텍사스 농공대학에서 면화 재배와 방직, 기업관리 등을 공부하였고, 1914년 농학 석사학위를 받았다. 1913년부터 1914년까지 테일러의 과학관리법을 연구하였고 귀국하여 상하이에 덕대(德大) 방직공장을 설립함과 동시에 동위에쑤(董樂蘇)의 도움으로 『과학관리원리』을 번역했다.[4]

그는 번역 서문에서 이렇게 말했다. "실업을 진흥시키기 위해서는 세

가지가 필요하다. 첫째는 원료, 둘째는 제조, 셋째는 시장이다. 이 세 가지 가운데 어느 하나라도 갖추어지지 않으면 국가가 부강해지기 힘들 것이다.” 중국의 풍부한 농산물과 지하자원은 세계에서 으뜸이다. 또한 인구 사억의 거대한 소비 시장을 갖고 있다. 그러나 산업계는 놀라울 정도로 침체되어 있다. 그는 중국에서 공업이 발전하지 못한 주요 원인으로 인재 관리 시스템의 부재를 들었다. 따라서 그가 미국에서 유학할 때 특별히 관심을 가졌던 분야가 바로 미국의 관리 과학이다. “미국인들의 관리 방법은 참으로 경탄할 만하다. 이익이 된다면 노력을 아끼지 않고 문제가 있으면 최대한 해결하고자 한다. 테일러 선생이 쓴 『학리 관리법』을 다년간 연구한 결과 미국 산업계의 우수한 관리 방법을 알게 되었다. 선각자들이 공헌한 바가 실로 적지 않다.” 그는 또 이렇게 말했다. “이 책의 내용은 주로 제철업에 관한 것이지만 여기서 도출된 원리를 다른 산업에 적용한다면 큰 이득을 볼 수 있을 것이다. 나아가 학리 관리법을 개인과 가정, 사회와 국가 등 산업 외 분야에 적용해도 훌륭한 성과를 얻을 수 있을 것이다.”[5]

무어우추는 테일러의 『과학관리원리』를 번역 소개하는 데에서 그치지 않고 테일러 시스템을 몸소 실행하기 위해 노력했다. 그는 1914년부터 1925년 사이에 상하이에 덕대와 후생(厚生)이라는 방직공장을 세워 운영했고 정저우(鄭州)에도 예풍(豫豐) 방직공장을 세웠다. 또한 상하이 화교 면직물 교역소(上海華商紗布交易所)와 중화권공은행(中華勸工銀行) 창립 발기인으로 참여하기도 했다. 그는 중국과 미국의 생산 관리 시스템을 상호 비교한 후, 관리 방법 측면에서 중국이 실패한 세 가지 원인을 제시했다. 첫째, 최고 책임자와 같이 기업의 요직에 있는 자들은 대부분 ‘유명 인사’들이다. 그들은 업무에 대해 잘 모를 뿐만 아니라 연구도 게을러 기업에 올바른 방향을 제시해줄 수 없다. 둘째, 봉건적인 아문(衙門)식 허세를 중시하고, 제멋대로 친척이나 친구들을 끼워 넣어 조직은 복잡한데 쓸모없는 사람들만 넘쳐난다. 셋째, 노동자에 대한 대우가 지나치게 가혹해서 생산력을 떨어뜨릴 뿐만 아니라 생산 효율도 저하시킨다.[6] 그는 서구의 관리 과학을 참고해 통계와 회계 등 중국 방직공장 설립에 필수적인 제도를 도입했다. 또한 방직공장 내의 각 작업장과 부문별로 생산 보고서 양식도 만들었는데, 나중에 다른 방직공장에서도 이를 모방해 사용했다. 그는 방직공장의 모든 작업을 작업반장 혼자 제어함으로써 효율이 저하되는 문제를 개선하기 위해 스스로 엔지니어가 되어 생산을 지휘하였을 뿐만 아니라, 대주주와 봉건적 십장의 간섭을 최소화 하려고 힘썼다. 아울러 전문성과 관리 경험을 갖춘 인재들을 각 부문마다 배치해 지휘와 생산 관리를 담당하게 하였다. "화교 방직공장의 관리 제도가 전문성을 결여하여" "대외적인 경쟁에서 흔들릴 수밖에 없었던"[7] 상황에서 덕대 방직공장의 관리 방식은 주목받을 수밖에 없었다. 이로 인해 덕대 방직공장은 "질 좋은 생산품을 만들어내는 상하이 최고의 방직공장"이 될 수 있었고, 1916년 베이징 상품 박람회에서 "1등의 영예를 안았다." 1918년 말에 가동을 시작한 상하이 후생 방직공장의 "운영도 대단히 훌륭했다. 중국에서 방직공장을 세우려는 사람들은 후생 방직공장을 참관하는 것으로부터 시작했으며, 공장에 인력을 파견해 실습하도록 했다. 다른 한편으로 후생 방직공장은 의도치 않게 미국 방직기계의 우수한 성능을 전시하고 실습하는 장이 되었다." 1920년 가을, 중국 면방직 산업에 불황이 닥쳤지만 후생 방직공장의 방추와 노동자 수는 오히려 증가했다. 이는 무어우추가 "합리적 경영으로 영업을 했기 때문으로 곧 이곳이 전국 면직물 시장의 중심이 되었다."[8]

기업 경영에서 무어우추가 거둔 엄청난 성과는 그에게 큰 영예를 안겨주었다. 그는 여섯 차례나 상하이 화교 면직물 교역소 이사장에 선임

되었고 1920년에 북양정부 농상부의 명예 산업고문으로 초빙되었으며, 1922년에는 '태평양 상무회의(太平洋商務會議)' 수석대표가 되었다. 또한 쿵샹시[3)]의 권유로 1928년 난징 국민정부 공상부 상무차장, 1938년 행정원 농산물 촉진 위원회 주임, 1941년 정부의 경제부 농본국 총경리를 역임했다. 그는 나중에 미국 농업부 조사 전문위원인 클락(J. B. Clark)의 『일본방직업(日本紗布業)』(중국어 번역명은 『중국 방직업 가이드(中國花紗布業指南)』이다)과 엥겔 브라이트(H. C. Engelbrecht)의 『군화상인(軍火商人)』(Merchants of Death)을 번역했는데 사람들의 관심을 끌지는 못했다. 이에 반해 『학리 관리법』의 영향력은 오랫동안 지속되었다. 책의 판매량은 1930년대까지 "크게 증가"[9]하여 1934년 11월에 7판을 발행할 정도였다. 근대의 저명 실업가인 장젠은 책의 「서(敍)」에서 이렇게 말했다. "공장을 운영하는 이십여 년 동안 다양한 문제를 해결하고 이론을 습득하기 위해 연구를 게을리하지 않았지만 과학적인 측면에서 보자면 부족함이 있었다." 그러나 이러한 부족함을 채워줄 수 있는 원리들이 이 책에 모두 들어 있으니 중국에서 "관리를 담당하는 사람이라면 반드시 이 책을 읽기를" 바란다.[10]

『과학관리원리』가 번역된 것을 계기로 관리학 분야의 서적이 봇물 터지듯 출간되어 나왔다. 상무인서관 한 곳에서만도 천젠민(陳健民)이 번역한 랜스버그(Richard H. Lansburgh)의 『공업관리법(工業管理法)』(Industrial Management), 류바오루(劉葆儒)가 번역한 미국 퓨린튼(Purinton)의 『실업상개인효능론(實業上個人效能論)』(Personal Efficiency Business), 왕윈우가 역술(譯述)한 비엔스탁(Gregory Bienstock) 등의 『소련공농업관리(蘇聯工農業

---

3) 쿵샹시(孔祥熙, 1880-1967). 공자의 75세손으로 국민정부 시기 저명 은행가, 상업가, 정치가이다.

管理)』(Management in Russian industry and agriculture), 위화이칭(余懷淸)이 번역한 일본 칸다 고이치(神田孝一)의 『공장관리법(工場管理法)』, 왕푸저우(王撫洲)가 번역한 제임스 보이(James A. Bowie)의 『합리화요의(合理化要義)』(Rationalization) 등이 출간되었으며, 중화서국도 우롄밍(吳廉銘)이 번역한 미국 스톡웰(Herbert G. Stockwell)의 『실용공상관리(實用工商管理)』(Introduction to Business Management), 진즈지에(金之傑)가 번역한 미국 이튼(Eaton)의 중국 강연록 『공업관리만담(工業管理漫談)』을 출간했다. 방직공장에 테일러 시스템을 도입해 큰 성공을 거둔 무어우추의 사례는 번역서의 출간과 동반 상승효과를 일으켜 중국에 과학적 관리법이 전파되는 데 큰 기여를 하였다. 방직, 우편, 세관, 철도 등과 관련된 많은 기업들이 '테일러 시스템'을 도입하였으며, 이를 토대로 합리적 관리 시스템을 갖춘 룽씨기업(榮氏企業)[4]같은 대기업이 탄생할 수 있었다.

『과학관리원리』는 1982년 차이상궈(蔡上國)의 번역으로 상하이 과기출판사(科技出版社)에서 다시 출판되었으며, 같은 해 중국 사회과학출판사(中國社會科學出版社)도 후룽창(胡隆昶) 번역본을 출간했다. 번역의 정확도만 본다면 무어우추의 『학리 관리법』보다 신역판이 훨씬 낫다. 그러나 최초의 중국어 번역본으로써 『학리 관리법』이 갖고 있는 상징성과 서양의 관리 과학을 소개하는 데 무어우추가 공헌한 점을 고려한다면 이 책이 갖고 있는 역사적 의의는 매우 크다고 할 수 있다.

4) 룽종징(榮宗敬), 룽더성(榮德生) 등 룽씨 가족이 중심이 되어 만든 근대 민족기업으로 밀가루와 면방직업 분야에서 큰 성공을 거두어 중국 민족기업의 표본이 되었다.

25살

065

『빌헬름 텔(威廉 · 退爾)』
최초로 중국어로 번역된 실러의 작품

『윌리엄 텔』

실러(J. C. F. Von Schiller, 1759-1805, 중국명 席勒)는 독일의 위대한 시인이자 극작가이다. 군의관 가정에서 태어나 어린 시절 군관학교에서 법률을 공부하였지만 결국 군의관으로 진로를 바꾸게 된다. 그러나 두 분야 모두 그의 관심을 끌지는 못했다. 그는 틈날 때마다 셰익스피어, 루소, 괴테 등의 작품을 몰래 읽곤 했다. 그는 첫 번째 극본인 『군도(群盜)』(Die Räuber)를 군관학교에 있을 때 집필했다. 봉건 전제의 폭정에 항거하는 청년들을 묘사한 이 작품은 1782년 초연되자마자 관객의 열광적인 호응을 얻었다. 1783년 그는 18세기 독일사회에 만연했던 계급모순을 배경으로 참된 사랑의 가치를 노래한 『간계와 사랑(陰謀和愛情)』(Kabale und Liebe)을 발표하였다. 1787년에는 역사와 철학으로 관심을 돌려 칸트 철학을 연구하였으며, 1788년 괴테와 만나 평생에 걸쳐 우정을 쌓게 된다. 같은 해 5월, 괴테의 추천으로 예나대학의 역사학 교수가 된 그는 괴테와 함께 당시 사회를 비판하는 글들을 발표했으며, 1799년에는 역사극 『발렌슈타인(華倫斯坦)』(Wallenstein)을 완성했다. 실러와 그의 전기는 일찍이 청말 시기에 중국인들의 입에 적지 않게 오르내리고 있었다. 1904년

3월 《교육세계》 70호 상에는 「독일 문호 괴테·실러 전기(德國文豪格代希爾列爾合傳)」라는 글이 실렸다. "실러의 일생은 고통과 위험의 연속이었다고 해도 과언이 아니다. 표면적으로는 맑고 잔잔한 연못처럼 보이지만 심연에서는 거센 물결이 몰아치고 교룡(蛟龍)이 서로 다투고 있었다."[1] 1804년 병마가 위대한 시인의 생명을 앗아가기 직전까지 실러는 폭정에 반대하고 자유를 쟁취하는 내용의 위대한 역사극 『빌헬름 텔』[1)]을 집필했다.

『빌헬름 텔』은 14세기 오스트리아의 통치에 저항하던 스위스 민족의 역사와 전설에서 소재를 가져온 작품으로 민족의 자유와 독립을 위해 투쟁하던 스위스인들의 삶을 대단히 감동적으로 그리고 있다. 극은 모두 5막으로 이루어져 있으며 세 개의 이야기를 중심으로 진행된다. 뤼틀리 선서에 참가한 사람들이 오스트리아의 통치에 반대하며 자유와 독립을 위해 벌이는 투쟁, 빌헬름 텔에 관한 이야기, 스위스 귀족 루덴트와 오스트리아 귀족 베르타의 사랑 이야기. 이 이야기들은 유기적으로 연결되어 있으며 귀족, 부자, 양치기, 어부, 사냥꾼 등 다양한 계층의 사람들이 이민족 통치에 대항하고 투쟁하는 과정을 생동감 있게 묘사하고 있다. 제1막과 2막에서는 주로 민중과 귀족, 총독 사이의 모순과 투쟁을 그리고 있다. 백성들은 수시로 강제 노역에 동원되어 힘든 삶을 살고 있다. 여자들은 강간 당하기 일쑤고 재산도 모두 빼앗겼다. 아들의 행적을 말하지 않았다는 이유로 한 노인은 두 눈을 잃었다. 민족이 처한 비극은 백성들을 하나로 뭉치게 만들었다. 그들은 "형제들이여, 하나의 민족으로 똘똘 뭉쳐 영원히 흩어지지 말자"라든지 "차라리 죽을지언정 노예는 되지 말자"

---

1) 우리에게는 독일어 제목보다는 영어 제목인 『윌리엄 텔』로 잘 알려져 있다. 한국에서는 1935년 아이동무에서 염승한 번역으로 출간된 이래, 박두진(백인사, 1962), 이시철(금성출판사, 1971), 김창활(계몽사, 1977), 박재희(중앙문화사, 1977), 고태성(보성문화사, 1985), 안인희(청하, 1986/1987/1988), 한기상(범우사, 1993) 등의 번역본이 나왔다.

는 다짐을 마음에 새기고 생활한다.[2] 제3막과 4막은 총독 게슬러와 빌헬름 텔 사이의 싸움이 중심이다. 총독은 텔이 자신을 모욕한다고 여겨 잔인한 복수를 계획한다. 그는 텔로 하여금 아들의 머리 위에 사과를 올려놓고 화살로 맞히도록 한다. 사과를 명중시켰음에도 불구하고 텔은 총독에 의해 성에 갇히게 된다. 고민 끝에 텔은 성을 탈출한 후 산길에 숨어 있다가 지나가던 게슬러를 화살로 쏘아 죽인다. 한편 사람들은 텔이 투옥되었다는 소식을 듣고 봉기한다. 결국 스위스 사람들은 힘을 합쳐 오스트리아인들을 몰아내고 자유를 되찾아 평화로운 시대를 맞이하게 된다. 극의 내용에 비춰볼 때 실러의 마지막 작품이 신해혁명 후의 중국에 우선적으로 번역 소개된 것은 절대 우연이 아니다.

장더이[2)]가 쓴 『수사덕국기(隨使德國記)』라는 글을 보면 광서 16년(1890) 2월 3일 칼 크레이어[3)]의 초청을 받아 황제 사절 자격으로 홍균(洪鈞)과 함께 독일 베를린 실러플라츠(Schillerplatz)의 극장[4)]에서 연극을 보았다는 기록이 나온다. "스위스에 민주제가 시행되기 전 포악한 총독에 대항하여 백성들이 반란을 꾀하는 이야기이다. 연극에는 갑(甲)이라는 인물이 등장하는데 그는 아무리 작은 표적이라도 백 보 밖에서 활로 맞힐 수 있는 능력이 있다. 그는 아내에게 사냥을 떠난다는 핑계를 대고 13

2) 장더이(張德彝, 1847-1918). 청말의 외교관. 일생 동안 여덟 차례 외국에 나갔으며 외국에 머문 기간을 합치면 무려 27년이나 된다. 외국 체류 기간 동안 보고 느낀 것을 세세하게 일기로 기록했는데 그 분량이 200만 자에 달한다. 이를 편집한 책으로 『항해술기(航海述奇)』, 『재술기(再述奇)』, 『삼술기(三述奇)』, 『사술기(四述奇)』, 『팔술기(八述奇)』 등이 있다.

3) 칼 크레이어(Carl. T. Kreyer, 1839-1914). 독일 태생의 미국 침례교 선교사이다. 중국명 金楷理. 1866년 중국에 와서 상하이 강남제조국 번역관, 광방언관 독일어 교사 등을 역임했다. 중국 외교사절을 수행해 프랑스, 독일, 이탈리아, 네덜란드, 오스트리아 등지를 다녀왔다. 화형방(華蘅芳), 이봉포(李鳳苞), 조원익(趙元益) 등과 함께 『회지법원(繪地法原)』, 『해전지요(海戰指要)』, 『서국근사휘편(西國近事匯編)』 등을 번역하였다.

4) 슈투트가르트의 실러 광장(현재는 젠다르멘 광장[Gendarmenmarkt]이라 부른다)에 위치한 콘체르트하우스 베를린(Konzerthaus Berlin)을 가리킨다.

살짜리 아들과 함께 반란군 대오에 합류한다. 도성 한 곳에는 총독의 모자가 걸려 있는 장대가 있는데 이곳을 지나는 사람이라면 반드시 모자를 벗고 경의를 표해야지 그렇지 않으면 처벌을 받게 된다. 갑은 이곳을 지날 때 모자를 벗지 않아 병사들에게 체포된다. … 총독은 말했다. '네가 활을 잘 쏜다는 말을 들었다. 네 아들의 머리 위에 귤 하나를 올려두고 백 보 바깥에서 명중시킨다면 너에게 자유를 줄 것이다. 그러나 실패한다면 오직 죽음뿐이다.' … 갑은 무릎을 꿇고 하늘에 기도를 올린 후 활을 쏘아 귤을 명중시켰다. 백성과 관리들이 이를 보고 모두 환호성을 질렀다. 그의 몸을 수색하니 화살 하나가 더 나왔다. '이 화살은 어디에 쓰려고 남겨두었지?' 총독의 물음에 갑은 이렇게 대답했다. '당신으로 인해 내 아들이 다친다면 당신을 쏘려고 남겨둔 것이오.'" 종슈허(鍾叔河)는 이 작품이 바로 "실러의 극 『빌헬름 텔』"[3]이라고 하였다. 아마 이것이 중국에서 『빌헬름 텔』을 소개한 최초의 글일 것이다. 그러나 안타깝게도 연극의 제목은 어디에도 나오지 않는다. 1906년 12월 《교육세계》 118호에는 「교육가 실러(教育之家希爾列爾)」라는 글이 실렸다. 여기에 다음과 같은 구절이 나온다. "교육적 견지에서 보자면 이 책은 대단히 감동적이다." 실러의 작품은 "도덕 교육적 요소를 담고 있다. 그는 25세 때 극장교육이 학교교육에 비해 손색이 없다고 말하기도 했다. 그가 창작한 9편의 극본은 현재 여러 나라에서 미래 청소년들에게 기독교 정신을 불어넣는 데 유용하게 활용되고 있다. 그 가운데 『스위스 의병 전기(瑞士義民傳)』 같은 작품은 독일 학생이라면 안 읽은 사람이 없을 정도로 애독하는 책이다."[4] '스위스 의병 전기'는 아마도 『빌헬름 텔』의 최초 중국어 번역명일 것이다.

그렇다면 『빌헬름 텔』은 언제 처음 중국어로 번역된 것일까? 까오중푸(高中甫)가 쓴 「'빌헬름 텔'의 주제와 빌헬름 텔의 이중적 성격을 논함(論『威廉 · 退爾』主題和威廉 · 退爾性格的兩重性)」에 따르면 최초의 중국어 번역본은 1923년 양빙천(楊丙辰)이 번역했다.[5] 그러나 양빙천보다 훨씬 이른 시기에 이 작품을 번역한 사람이 있었다. 그는 바로 마쥔우이다. 톈한[5)]이 쓴 「실러, 민주와 민족 자유의 전사(席勒, 民主與民族自由的戰士)」라는 글에는 다음과 같은 구절이 나온다. "신해혁명 초기에 마쥔우는 『빌헬름 텔』이라는 대단히 유명한 작품을 번역해서 《신중화(新中華)》 잡지에 게재했다. 이 작품은 군주제를 거부하고 북양군벌에 반대하던 당시의 중국인들에게 깊은 영향을 미쳤다."[6] 그러나 이 글이 언제 실렸는지는 확인할 수 없다. 한스종(韓世鍾), 왕커청(王克澄)은 「실러 작품의 중국 전래(席勒的作品在中國)」라는 글에서 마쥔우가 "1911년 《신중화》 잡지에 『빌헬름 텔』을 완역해 게재했다"고 썼다.[7] 신해혁명 전후에 나온 잡지를 조사해보니 《신중화》라는 잡지는 없고 신중화잡지사(新中華雜志社)에서 발행한 《신중화잡지(新中華雜志)》만이 있을 뿐이었다. 이 잡지는 1915년 10월 창간되어 6기까지 발행한 후 1916년 6월에 정간(停刊)되었다. 그러나 이 잡지에서 마쥔우의 글은 찾을 수 없었다. 마쥔우의 『빌헬름 텔』 완역본은 '국민희곡(國民戲曲)'이라는 제목으로 1915년 1월 20일 창간된 《대중화잡지(大中華雜志)》에 1915년 6월 20일 제1권 제6기까지 연재되었다. 이 잡지는 중화서국에서 발행하고 량치차오가 주편을 맡았다.

마쥔우 번역본은 문언체로 쓰여 있으며 모두 5막 15장이다. 역자 마쥔우(1881-1939)는 본명이 다오잉(道凝) 또는 통(同), 자는 쥔우(君武) 또는 허우산(厚山)이다. 19세 때 체용학당(體用學堂)에 들어가 수학과 영어를 공부하였고 상해 진단학원(震旦學院)에서 프랑스어를 배웠다. 1901년 일

5) 톈한(田漢, 1898-1968). 본명은 톈셔우창(田壽昌)으로 중국 현대 극작가, 영화감독, 소설가, 시인이다. 중국 현대 희극 창시자 3인 가운데 한 명이다. 그가 작사한 가곡 '만리장성(萬里長城)'의 첫 단락은 현재 중화인민공화국 국가인 '의용군행진곡(義勇軍進行曲)'의 가사이다. 문화대혁명 때 반동분자로 몰려 옥사했다.

본 유학을 떠나 화공(化工)을 공부하는 틈틈이 수많은 서구 신사상과 이론 서적을 탐독했다. 1902년《번역세계(翻譯世界)》를 펴냈으며, 스펜서의 「여권편(女權篇)」, 다윈의 「물경편(物競篇)」과 「천택편(天擇篇)」, 존 스튜어트 밀의 『자유원리(自由原理)』 등을 번역했다. 1905년 일본 교토제국대학에서 제조화학을 전공한 후 귀국해서는 중국공학(中國公學)을 설립하고 동맹회 상해 분회장을 역임했다. 배만혁명(排滿革命)을 선동했다는 이유로 청조에 의해 수배되자 1907년 독일로 피신하여 베를린 공업대학에서 야금(冶金)을 전공해 1910년 공학 학사학위를 취득하였다. 1911년 귀국해 중화민국 실업협회(中華民國實業協會) 명예회장을 맡았으며, 중화민국 임시약법 초안 작성에 참여하였다. 난징 임시정부 실업부장(實業部長)을 역임하였다. 2차 혁명[6]이 실패한 후 1914년 그는 다시 독일 유학길에 오른다. 유학 기간 동안 주로 스위스에 체류했는데 온화하고 아름다운 스위스의 풍광과 사람들의 자유로운 모습에 깊은 인상을 받았다. 그는 『빌헬름 텔』 번역 서문[譯言]에서 다음과 같이 말했다. "오랫동안 유럽의 희곡을 번역할 생각이었지만 시간이 없었다. 지금은 스위스 레만 호수에 머무르며 이국의 문명과 스위스인의 자유를 만끽하고 있다. 도처에 세워져 있는 빌헬름 텔의 동상을 우러러보며 이 희곡을 번역한다." 그는 『빌헬름 텔』이 절대 일반적인 희극이 아니라고 했다. "비록 희곡의 형식을 띠고 있지만 실제로는 스위스 개국사나 다름이 없다. 나는 눈물이 별로 없는 사람이다. 중국인들은 이 책을 읽고 어떤 느낌을 받게 될까?" 그는 군벌이 난립해 사분오열된 조국을 걱정하며 국민들의 각성이 시급

6) 신해혁명(1911년 10월-1912년 2월)에 이어 1913년 7월에 쑨원, 천치메이(陳其美), 황싱(黃興) 등 국민당 세력이 '위안스카이 타도'를 목표로 일으킨 군사 봉기를 말한다. 이 봉기는 1913년 7월부터 9월까지 격렬하게 진행되었으나 국민당 내부의 통제 실패와 기대에 못 미친 호응으로 위안스카이 군벌 정부에 의해 진압되었다.

하다고 생각했다. "우리는 스위스인의 직계 후손으로 예로부터 자유를 보장받았고 왕후(王侯)에게 무릎을 꿇지 않았으며 우리의 지도자는 우리 스스로 결정했다." "아무리 폭군이라 해도 권력에는 끝이 있다. 가혹한 정치가 극한에 달하면 우리는 민족의 권리를 찾기 위해 하늘에 기원할 것이다. 찬란하게 빛나는 별들은 사라지지 않는다. 우리는 우리 민족이 과거에 갖고 있던 지위를 되찾을 것이다. 칼과 검은 최후의 수단이다. 우리는 폭력에 맞서 우리의 재산과 우리의 가족을 보호할 것이다."[8] 극중에 나오는 슈타우파허의 선언은 사실 마쥔우의 신념을 표현한 것이다. 또한 신해혁명 이래 민족의 독립과 국가의 통일을 쟁취하기 위해 싸워온 중국인들의 목소리를 대변하고 있는 것이다. 1925년 12월, 마쥔우가 번역한 책의 초판이 상하이 중화서국에서 단행본으로 출간되었다. 1929년 11월에 3판, 1941년 3월에 쿤밍(昆明)에서 4판이 발행되었다. 아잉(阿英)은 마쥔우의 『빌헬름 텔』을 천구(陳嘏)가 번역한 입센의 『인형의 집(Et dukkehjem)』(傀儡家庭), 쩡푸가 번역한 위고의 『뤼크레스 보르지아(Lucrèce Borgia)』(梟歟)와 함께 "청말에서 5·4 시기까지를 대표하는 최고의 번역 극본"이라고 평가했다.[9] 동원자오(董問樵)는 『실러와 중국(席勒與中國)』에서 마쥔우 번역본이 "원문과 다른 점이 많지만 간결하고 세련된 문체는 문학사적 가치가 높다"고 평가했다.[10]

중국에서 『빌헬름 텔』의 영향력은 상당기간 지속되었다. 1936년 개명서점은 샹즈허(項之和)의 번역본을 출간했다. 스위스 약소민족의 독립 투쟁 과정을 통해 사람이라면 누구나 스스로를 지키고 포악한 지배자에게 항거할 권리가 있다는 것을 중국인들에게 일깨워줌으로써 이 작품은 항일전쟁 시기에 다시 한 번 중국 예술가들의 관심을 끌었다. 1938년 초, 상하이 아마추어 연극인 협회(上海業餘劇人協會)는 상장공사(上江公司)의 초청으로 쓰촨 지역 순회공연을 시작했다. 이때 극작가 쑹즈디(宋之

的), 천바이천(陳白塵)은 공동으로 『윌리엄 텔』을 각색해 『민족만세(民族萬歲)』로 재탄생시켰다. 9·18 사변[7] 후 중국 동북지역을 배경으로 일제의 수탈에 견디다 못해 봉기하는 과정을 담고 있는 이 작품은 크게 세 부분으로 나누어진다. 청풍령(淸風嶺) 선서에 참가한 사람들의 반일 투쟁, 웨이다펑(魏大鵬)과 일본 침략군 연대장 도히 마사오(土肥正雄) 간의 싸움, 첩자 루칸옌(陸侃言)과 웨이밍(韋明) 간의 사랑이 그것이다. 『민족만세』에 등장하는 민족과 배경, 시대와 풍속은 『빌헬름 텔』과 크게 다르지만 표현 방식을 통해 이런 장애를 성공적으로 극복하고 있다. 1막 제1장의 시간적 배경인 성 시몬과 성 유다 사도 축일을 5월 5일 단오절(端午節)로 바꾸었고, 스위스 개국의 전설을 산둥의 이재민들이 동북지역으로 이주해[闖關東][8] 새로운 터전을 일군 역사로 대체했다. 슈타우파허의 서구식 맹세는 중국식 삽혈의 맹서로, 성탄절 봉기는 중추절 봉기로 바뀌었다. 『민족만세』는 『빌헬름 텔』에 비해 4장이 적다. 『빌헬름 텔』의 1막 2장, 2막 1장, 4막 2장과 5막 2장을 삭제했는데 이는 원작의 절반에 해당하는 분량이다. 비록 분량은 크게 줄었지만 기본적인 줄거리는 그대로이다. 쑹즈디, 천바이천이 『빌헬름 텔』을 『민족만세』로 각색한 것은 일찍이 실러가 이탈리아 극작가 카를로 고치(Carlo Gozzi)의 극본을 각색해 비극 동화극 『투란도트-중국공주』를 만든 것에 비견할 만하다. 이들 모두 중국과 독일 문화 교류사에 간과할 수 없는 큰 족적을 남겼다.

---

7) 만주사변(滿洲事變)이라고도 한다. 1931년 9월 18일 만주를 중국 침략의 발판으로 삼기 위해 일본 관동군이 조작한 만주 철도 폭파 사건[柳條湖事件]으로 시작된 침략 전쟁을 말한다.

8) 청나라 말기부터 중화민국 초기까지 중국 산둥성, 허베이성, 허난성의 유민 1천만여 명이 생계를 위해 동북 땅으로 이주했다. 민국 시기에 고향으로 돌아가지 않고 동북지역에 남은 산둥 유민만 따져도 792만 명을 넘는다고 하는데, 이 역사적 인구 이동을 중국에선 '틈관동(闖關東)'이라고 한다.

066

『홈즈 탐정 전집(福爾摩斯偵探案全集)』

중국 탐정 소설가들의 요람이 된 위대한 저작

영국 소설가 코난 도일(Arthur Conan Doyle, 1859-1930, 중국명 柯南道爾)이 창조해낸 셜록 홈즈(Sherlock Holmes, 중국명 歇洛克 · 福爾摩斯)[1]라는 인물은 『비튼의 크리스마스 연감 (Beeton's Christmas Annual)』에 처음 등장한다. 1887년에 나온 이 책에는 장편 4편과 단편 50여 편이 실려 있다. 복잡하고 기이한 사건을 긴장된 분위기 속에서 과학적이고 논리적 기교로 해결해 내는 작가의 스타일로 인해 그의 작품은 탐정소설 가운데 독보적인 존재가 되었다. 오늘날까지도 그의 작품은 수많은 독자들을 매료시키고 있으며 전 세계에 무수한 셜록 홈즈 팬을 만들어냈다.

---

1) 홈즈(Holmes)의 중국어 번역명은 '푸얼모스(福爾摩斯)'로 음역 과정은 푸젠(福建) 출신의 역자 황딩(黃鼎)과 관련이 있을 가능성이 많다. 즉 그가 푸젠 출신이라 '福'자를 선호해 그렇게 번역했다는 설과 푸젠 방언의 영향으로 푸얼모스로 번역했다는 주장이 있다. 셜록 홈즈 이야기는 영국에서 출간된 지 몇 년 지나지 않아 중국에 소개되었는데 최초의 중국어 번역본은 1896년 장쿤더(張坤德)가 번역한 「셰뤄커 · 허얼우스 필기(歇洛克 · 呵爾唔斯筆記)」로 변법유신의 선전지인 《시무보(時務報)》에 게재되었다. 1902년 황딩과 장자이신(張在新)은 공동으로 「의탐안(議探案)」을 번역했는데 거기 보면 Sherlock Holmes를 '슈뤄커 · 푸얼모스(休洛克 · 福而摩司)'로, Watson을 '화셩(華生)'으로 번역하고 있다. 따라서 이때가 되면 대부분 홈즈의 중국명에 '福'자를 쓰고 있다는 것을 알 수 있다. 1903년 문명서국(文明書局)에서 출간한 『속포탐안(續包探案)』도 '홈즈'를 '福爾摩斯'로 번역했는데, 이것이 오늘날까지 그대로 사용되고 있다.

셜록 홈즈는 19세기 말 중국에 소개되었다. 최초의 번역 작품은 1896년 9월에 장쿤더[2)]가 편역한 『셜록 홈즈 필기(歇洛克呵爾唔斯筆記)』이다. 이 책은 「해군 조약문(The Naval Treaty)」(英包探勘盜密約案, 금역 海軍協定), 「꼽추 사내(The Crooked Man)」(記傴者復仇事, 금역 駝背人), 「신랑의 정체(A Case of Identity)」(繼父誑女破案, 금역 分身案), 「마지막 사건(The Final Problem)」(呵爾唔斯緝案被戕, 금역 最後一案)등 네 편의 단편으로 구성되어 있으며, 《시무보(時務報)》 제6책부터 게재되기 시작했다. 1899년 소은서옥(素隱書屋)에서는 딩양셔(丁揚社)의 번역으로 『신역포탐안(新譯包探案)』(일명 英國包探訪喀疊醫生奇案)을 출간했고, 1902년에는 『속역화생탐정안(續譯華生包探案)』(일명 包探案), 1903년에는 『보역화생포탐안(補譯華生包探案)』, 1904년에는 시뤄(奚若), 황런(黃人)이 공역한 『네메시스(Nemesis)』(大復仇, 금역 血字的硏究)와 『네 개의 서명(The sign of four)』(案中案, 금역 四簽名), 『주홍색 연구(A Study in Scarlet)』(恩仇血, 금역 血字的硏究)가 출간되었다. 1904년부터 1906년까지는 소설림사에서 시뤄가 번역한 『셜록 홈즈의 귀환(The Return of Sherlock Holmes)』(福爾摩斯再生案, 금역 福爾摩斯歸來記)이 여러 권으로 출간되었다. 1906년은 중국에서 셜록 홈즈의 해였다고 해도 과언이 아닐 정도로 많은 번역서들이 쏟아져 나왔다. 위안수이부인런(鴛水不因人) 번역의 『심천인(深淺印)』(소설림사),[3)]

2) 장쿤더(張坤德, ?-?). 자는 샤오탕(少堂)으로 저장 우쩐(烏鎭) 사람이다. 청말민초의 번역가로 상하이 광방언관(廣方言館)을 졸업했다. 조선의 부산 영사관 번역영사를 역임했으며 청나라와 일본이 '마관조약(馬關條約)'을 체결할 때 초안 번역 및 영역작업에 관여했다. 저서로는 『태서육잠신법(泰西育蠶新法)』, 『백로문진의(白露文律意)』가 있다.

3) 일본학자 다루모토 데루오(樽本照雄)의 『청말민초소설목록(淸末民初小說目錄)』(齊魯書社, 2002)에 따르면 『심천인(深淺印)』은 코난 도일의 작품이 아니라 중국인이 셜록 홈즈 시리즈를 흉내 내어 쓴 위작이다. 문학비평가 아잉(阿英)은 『만청희곡소설목(晩淸戲曲小說目)·번역지부(翻譯之部)』에서 이 작품을 청말 번역소설로 소개하며 원저자를 영국 코난 도일이라고 하였지만 이 또한 잘못된 것이다. 당시 셜록 홈즈의 인기를 업고 나온 위작이 적지 않다는 것을 보여주는 것이다.

린슈, 웨이이 공역의 『얼룩끈의 비밀(The Speckled Band)』(蛇女士傳, 금역 斑點帶子案)(상무인서관), 마루셴(馬汝賢) 번역의 『녹주색 보관(The Beryl Coronet)』(黃金冑, 금역 綠玉皇冠案)(소설림사), 역자미상의 『셜록 홈즈의 첫 번째 사건(福爾摩斯偵探案第一案)』(즉 『주홍색 연구』), 그리고 1908년 린슈, 웨이이가 동일한 책을 번역한 『셜록의 첫 번째 미스터리 사건(歇洛克奇案開場)』(상무인서관)이 잇달아 출간되었다. 아잉(阿英)이 쓴 『만청희곡소설목(晩淸戲曲小說目) · 번역지부(翻譯之部)』의 통계에 따르면 청말 단행본으로 출간된 셜록 홈즈 소설은 25종에 이른다.

아잉은 『만청소설사(晩淸小說史)』에서 이렇게 말했다. "당시 출간된 천여 종의 번역소설 가운데 탐정소설류는 500권이나 된다." "당시 번역가들 가운데 탐정소설과 관련 없는 사람은 아무도 없다."[1] 근대 중국인들은 소설을 통해 서양 문학을 받아들였는데 가장 먼저 접한 장르는 탐정소설이다. 그 중에서도 코난 도일이 창조해낸 셜록 홈즈는 가장 인기가 많았다. 당시 문인 가운데 셜록 홈즈를 읽지 않은 사람은 거의 없었다 해도 과언이 아니다. 쑨바오쉬안은 1903년 일기에서 셜록 홈즈 시리즈 가운데 『푸른 카벙클(The Blue Carbuncle)』(鵝腹藍寶石案, 금역 藍寶石案)에 대해 다음과 같이 썼다. 등장인물이 "미스터리하면서도 고상하고 문체는 매우 신중하다. 작가가 매우 박식한 사람이라는 것을 알 수 있다." "기이하면서도 괴상한 이야기는 독자의 상상을 초월하지만, 예상을 뛰어넘는 탐정의 추리 능력과 상식에 부합하는 해결 방식은 대단히 인상적이다."[2] 저우구이셩(周桂笙)은 『셜록의 귀환 정탐안 · 서언(歇洛克復生偵探案 · 弁言)』에서 셜록 홈즈에 대해 "기민하고 정력적이며" "놀랍고 경탄할 만하다. 눈앞이 아찔하고 가슴이 두근거릴" 정도로 탁월하게 사건을 해결한다고 하였다.[3] 린슈는 『셜록의 첫 번째 미스터리 사건』에 대해 다음과 같이 말했다. "먼저 살인자가 누구인지 밝힌다. 그러고 나서 이유를 설명하니 독자들은 계속해서 읽을 수밖에 없다. 이야기가 한동안 지지부진하게 진행되다가 여러 실마리들이 모여 의문이 하나하나 풀리게 되면 어느 순간 전모가 드러난다." 이것은 동진(東晉) 시대의 대 화가 고개지(顧愷之)가 말한 '전신아도(傳神阿堵)'[4]와 같은 것이다. 탐정소설은 "사람으로 하여금 신통한 지혜를 발휘할 수 있도록 해주는" "이상적인 장르"이다. 천시지(陳熙績)는 린슈가 번역한 셜록 홈즈가 『사기(史記)』에 버금갈 정도로 뛰어나 곱씹어 음미할 만하다고 하였다.[4] '셜록 홈즈'는 '차화녀'와 함께 거명될 정도로 청말의 문단에서 대단히 인기가 높았으며 남녀노소 가리지 않고 모두가 그를 지혜로운 인물의 대명사로 생각했다.

민국 초기까지 셜록 홈즈 탐정소설은 잇달아 번역되어 나왔다. 대부분의 에피소드가 중국어본으로 출간되었으며 전집 출간에 대한 독자들의 요구도 점점 높아졌다. "어린 시절 셜록 홈즈 이야기에 푹 빠져 지냈던" 류반농[5]은 1916년 청샤오칭(程小青), 옌두허(嚴獨鶴), 톈허워성(天虛我生), 천팅루이(陳霆銳) 등과 함께 12권짜리 전집을 번역 출간했다. 책의 교열과 편집은 모두 류반농이 맡았다. 아울러 그는 "44개의 에피소드를 자세히 읽어본 후" 「영국 훈사 코난 도일 선생 소전(英國勳士柯南道爾先生小傳)」이라는 글도 썼다. 그는 전집 발문(跋文)에서 44개의 에피소드를 전체적으로 조감하고 있다. "44개의 에피소드 가운데 플롯이 가장 뛰어난 것은 『공포의 계곡(The Valley of Fear)』(罪藪, 금역 恐怖谷)이고, 스토리가 가장

---

4) 『진서(晉書) · 문원전(文苑傳)』에 보면 다음과 같은 이야기가 나온다. 동진(東晉)의 화가 고개지가 인물화를 그려놓고는 몇 년 동안이나 눈동자에 손을 대지 않았는데 누가 그 이유를 묻자 "그림 속에 혼을 불어넣어주는 것은 바로 이것 속에 있다(傳神寫照, 正在阿都中)"고 하였다. '아도(阿都)'는 '이것'이라는 뜻으로 눈 혹은 눈동자를 가리키기도 한다. 여기서는 어떤 하나의 계기로 인해 전모가 드러나거나 생명감이 넘치게 되는 것을 말한다.

5) 류반농(劉半農, 1891-1934). 중국 근대의 시인, 문학가, 언어학자, 사진작가이다. 특히 전통악기 및 이론 연구에 조예가 깊었다. 베이징대학 교수를 역임했다. 저서로는 『양편집(揚鞭集)』, 『와부집(瓦釜集)』, 『반농잡문(半農雜文)』 등이 있다.

기묘한 것은 『바스커빌의 개(The Hound of Boskervilles)』(獒祟, 금역 巴斯克維爾的獵犬)이며, 사상적으로 가장 훌륭한 것은 『붉은 머리 연맹(The Red-Headed League)』(紅髮會), 『증권 거래소 직원(The Stock-broker's Clerk)』(傭書受紿, 금역 証券經紀人的書記員), 『푸른 카벙클(藍寶石)』, 『여섯 개의 나폴레옹 상(The Six Napoleons)』(剖腹藏珠, 금역 六座拿破侖半身像)이다. 『주홍색 연구(血書)』, 『보스콤 계곡 사건(The Boscombe Valley Mystery)』(殺父, 금역 博斯科姆比溪谷秘案), 『녹주석 보관(翡翠冠)』, 『그리스어 통역관(The Greek Interpreter)』(希臘舌人, 금역 希臘譯員), 『해군 조약문(海軍密約)』, 『춤추는 사람(The Dancing Men)』(壁上奇書, 금역 跳舞的小人), 『애비 그레인지 저택(The Abbey Grange)』(情天決死, 금역 格蘭其莊園), 『부르스 파팅턴호 설계도(The Bruce-Partington Plans)』(竊圖案, 금역 布魯斯—帕廷頓計劃)등도 걸작이라 할 만하다. 다만 『신랑의 정체(A Case of Identity)』(怪新郎, 금역 身份謎案)는 견강부회한 듯한 느낌이 강해 상대적으로 다른 작품에 비해 수준이 떨어진다고 할 수 있다. 『입술 삐뚤어진 사나이(The Man with the Twisted Lip)』(丐者許彭, 금역 歪唇男人)는 습작에 속하는 글이라 상식과 어긋나는 면이 있지만 작가의 탄식과 넋두리가 담겨 있는 작품이다." 류반농은 또 이렇게 말했다. "이 책은 20세기에 나온 기사문(紀事文) 가운데 유일한 걸작이라고 할 만하다. 기사문을 쓰는 데에는 두 가지 어려움이 있다. 하나는 같아야 한다는 것이고, 다른 하나는 같지 않아야 한다는 것이다. 전체 44개의 이야기는 앞뒤로 20년의 격차를 두고 쓰여졌다. 그럼에도 불구하고 책 속의 주요 등장 인물들의 말투와 태도는 전혀 차이가 없으며 견강부회하거나 헷갈린 부분도 찾아볼 수 없다." 특히 셜록 홈즈와 왓슨, 그리고 레스트레이드 경감 등 "몇몇 인물에 대한 묘사는 부르면 바로 옆에서 대답할 것처럼 현실감이 넘친다." 등장인물들의 "말과 행동은 모두 각자의 신분에 맞아 겹치지 않으니 이 또한 쉬운 일이 아니다." 전체 이야기 가운데 "『푸른 카벙클』과 『여섯 개의 나폴레옹 상』은 줄거리는 비슷하지만 구조는 다르다. 『붉은 머리 연맹』과 『증권 거래소 직원』도 마찬가지다. 이 밖에 『네 개의 서명(佛國寶)』같은 작품은 사건 해결 후, 십 수 년 전의 일로 거슬러 올라간다는 점에서 다른 작품과 비슷하지만 구체적인 상황은 다르다. 『붉은 원(The Red Circle)』(紅圜會)도 비밀 결사를 소재로 삼고 있는 다른 10여 편의 작품과 비슷한 점이 있지만 구체적인 상황은 다르다. 이처럼 이야기를 교차시키고 변화시키는 재능은 보통 사람의 수준을 능가하는 것이다." 책의 앞부분에는 당시 문단의 저명 인사인 바오톈샤오, 천렁쉐가 쓴 서문이 실려 있다. 전집은 1916년 5월에 초판 발행 후 3개월 만에 재판을 발행했으며 20년 동안 20차례나 다시 찍었다.[5]

1916년 중화서국에서 출판한 『셜록 홈즈 탐정안 전집(福爾摩斯偵探案全集)』의 판매가 호조를 보이자 다른 출판사에서도 이 시리즈에 관심을 갖게 되었다. 1917년 상무인서관은 류옌링(劉延陵), 차오깐칭(巢幹卿)이 번역한 『화롯가 이야기(圍爐瑣談)』(Round the Fire Stories)를 출간했으며, 세계서국 발행인 션즈팡(沈知方)은 《신문보》의 부록 《쾌활림(快活林)》에 쓴 글에서 청샤오칭(程小靑)에게 『셜록 홈즈 탐정안 대전집(福爾摩斯偵探案大全集)』의 출간을 권유했다. 청샤오칭은 중국판 셜록 홈즈인 휘상(霍桑)이라는 캐릭터를 만들어낸 인물이다. 청샤오칭판 전집은 백화문에 신식 문장부호를 사용하였고 삽화도 추가되었다.[6] 1927년 세계서국에서 출간된 이 전집에는 코난 도일의 탐정 이야기 54편이 실려 있다. 1934년에는 청샤오칭의 『셜록 홈즈 탐정안 전집』 전면 개정판이 상중하 세 권으로 출판되었다. 1936년에는 상하이 춘명서점에서 후위슈(胡玉書)가 번역한 『셜록 홈즈 탐정안 신편(福爾摩斯新探案)』이 상하권으로 출판되었고, 1937년 상하이 무림서점(武林書店)과 정탐소설사(偵探小說社)에서는 쉬이루(徐逸如)가 번역하고 허커런(何可人)이 선별한 『셜록 홈즈 탐정안 신편 대집성(福爾摩斯新探案大集成)』 12책이 동시에 출간되었다. 1937년 6월 상하이 대통도서사(大通圖書社)는 양이성(楊逸聲)이 편역한 『셜록 홈즈 탐정안 대전집(福爾摩斯偵探大全集)』 8책을 출간하였다.

셜록 홈즈 탐정소설은 근대 중국에서 줄곧 베스트셀러였지만 문단과 학계에서는 크게 주목받지 못했을 뿐만 아니라 심지어는 비난의 대상이 되기도 했다. 예를 들면 정전둬는 린슈가 번역한 셜록 홈즈 이야기가 문학적 가치가 없는 3류 소설로 귀중한 노동력만 허비한 것이라고 말했다.[7] 루쉰은 1932년 「중국과 러시아의 문자 교류를 축하하며(祝中俄文字之交)」라는 글에서 탐정소설이란 "술 취하고 배가 불러진 후 땡땡해진 몸의 가려운 곳을 긁는 것에 불과한 것일 뿐"이라고 했다.[8] 그렇지만 청말 소설 번역사에서 탐정소설이 공헌한 바는 과소평가할 수 없다. 탐정소설은 기존 번역자들이 일문판을 매개로 서양 서적을 번역하는 관습에서 벗어나 서구의 원서를 직접 번역한 드문 경우 중 하나이다. 일본 학자 나카무라 타다유키(中村忠行)의 「청말정탐소설사고(清末偵探小說史稿)」[9]에 따르면 이 같은 직접 번역으로 인해 일부 서양 서적의 경우는 중국이 일본보다 빨리 접할 수 있었다. 탐정소설은 문학에서 매우 중요한 장르이며 '정(情)'과 '지(智)'의 측면에서 다른 소설들을 능가한다. 독자들은 소설 속 주인공이 되어 관찰 탐구하고 증거를 수집하여 범인을 밝혀내는 데 참여한다. 이런 독서 행위는 다른 장르에서는 기대하기 어려운 것이다. 기발하면서도 교묘한 구성, 치밀한 구도, 유기적 맥락, 그리고 잘 짜인 대화는 탐정소설만의 매력이다. 류반농은 『셜록 홈즈 탐정안 전집』의 발문에서 이렇게 말했다. "상대적으로 말하자면, 탐정 일이라는 것은 짧은 시간 내에 임기응변을 통해 사건을 해결해야 하는 것으로 책상 앞에 앉아 생각만으로 소설을 쓰는 것에 비해 백배는 어려운 일이다." 청샤오칭은 「정탐소설에 대하여(談偵探小說)」라는 글에서 다음과 같이 말했다. "끔찍한 정황, 의심스러운 상황, 공포와 분노에 대한 묘사는 독자의 감정을 좌지우지한다. 때로는 숨차게, 때로는 놀라게, 때로는 동공이 찢어질 듯한 분노를 느끼게 하며, 때로는 박장대소하도록 만든다. 심지어는 독자의 정신을 통째로 책 속으로 빨아들이기도 한다."[10] 셜록 홈즈 탐정소설이 중국 독자들에게 큰 환영을 받은 까닭에 대해 저명 역사학자 저우이량(周一良)은 「일본추리소설과 청대고거지학(日本推理小說與淸朝考據之學)」이라는 글에서 이렇게 말했다. 나는 어릴 적 사숙(私塾)할 때 탐정소설을 즐겨 읽었다. "문언체로 쓰인 코난 도일의 『셜록 홈즈 탐정안』에서부터 백화로 쓰인 청샤오칭의 훠상, 아르센 뤼팡(Arsène Lupin, 중국명 亞森羅萍) 탐정안, 그리고 잡지《정탐세계(偵探世界)》에 이르기까지, 그야말로 닥치는 대로 읽었다."[11]

'지(智)'의 측면에서 볼 때 탐정소설은 독자들의 지적 능력과 관찰력을 증대시켜주었으며 간접적으로 사회적 경험의 기회를 제공해주었다. 또 다른 측면에서 보자면 탐정소설은 서구 사회의 법률관념과 인권사상을 중국에 소개하는 역할을 하기도 했다. 이는 『시공안(施公案)』, 『팽공안(彭公案)』, 『용도공안(龍圖公案)』[6)] 등에 익숙한 중국의 독자들에게 기대 이상의 긍정적인 의미를 지닌 것이었다. 서양 탐정소설의 전래는 중국 전통 문학계에 변화의 바람을 불어넣었다. 천핑위안은 『중국 소설 서사 모델의 변화』에서 『셜록 홈즈 탐정안』의 번역에 대해 다음과 같이 평가했다. 번역서가 나온 후 많은 작가들이 이 책의 형식과 내용을 모방하였다. 비록 문학 명저는 아니었지만 '신소설가(新小說家)'들이 도치법 등의 서

---

6) 여기 나열된 것들은 중국 고전소설의 한 형식인 '공안소설(公案小說)'에 속하는 것으로 민간의 힘으로 해결할 수 없는 억울한 일을 관청에 호소하여 해결하는 것을 주요 내용으로 하는 소설을 말한다.

술기법을 익히는 데 실질적인 도움을 얻었다. 『노잔유기(老殘遊記)』[7)]에서는 백공(白公)의 입을 빌어 노잔(老殘)을 '셜록 홈즈'라 부르기도 했다.[12] '중국 탐정소설의 시조', '중국 탐정소설의 일인자'로 불리는 청샤오칭은 『셜록 홈즈 탐정안』의 서술 기법을 참고해 『훠상탐안(霍桑探案)』 80여 편을 창작했다. 이 작품으로 인해 과학과 이성, 지식을 중시하며 정의감에 넘치는 참신한 중국 탐정소설가의 이름이 중국 문학사에 영원히 빛나게 되었다.

---

7) 중국 청나라 말기의 소설가 유악(劉鶚, 1857-1909)이 쓴 시정 비판소설로 노잔(老殘)이라는 의사가 산동성 각지를 돌아다니며 무능하고 위선적인 관리의 생태를 고발하고 무고한 백성을 구하는 이야기이다.

067

「라 마르세예즈(馬賽曲)」

중국에 울려 퍼진 프랑스 민중의 혁명가

「마르세유 행진곡」

중국에 번역 소개된 프랑스 작품을 말할 때면 빠지지 않고 등장하는 것이 바로 「라 마르세예즈(La Marseillaise)」이다. 왜냐하면 이 작품은 중국어로 번역된 최초의 프랑스 시가(詩歌)이면서 현재까지 알려진 것 가운데 가장 이른 시기에 한역(漢譯)된 프랑스 문학 작품이기 때문이다.

「라 마르세예즈」는 프랑스 대혁명 시기에 불렸던 행진곡 스타일의 군가다. 진군나팔의 힘찬 음조와 박자, 혁명에 대한 열정과 투쟁 의지로 가득 차 있는 가사와 곡은 프랑스 스트라스부르의 공병 중위의 손에서 창조되어 나왔다.

이 곡을 만들고 가사를 붙인 인물은 귀족 출신의 루제 드 릴(Rouget de Lisle, 1760-1836)이다. 그는 왕립공학학술원에서 공부했고, 프랑스 대혁명 때에는 군사 기술자로 군에서 복무했다. 작품으로 『시문집(詩文集)』, 『프랑스의 노래(法蘭西之歌)』 등이 있지만 가장 유명한 것은 뭐니 뭐니 해도 「마르세유 행진곡」[1]이다. 이 노래의 원제목은 '라인 군의 군가(Chant

1) '마르세유 행진곡', 즉 '마새곡(馬賽曲)'은 '라 마르세예즈(La Marseillaise)'의 음역으로 현재 프

de guerre pour l'armée du Rhin)'이다. 1792년 오스트리아와 프로이센 군대가 프랑스 혁명에 개입하는 급박한 상황 아래에서 민주를 쟁취하기 위한 프랑스 민중의 열망과 폭정에 항거하는 혁명의지, 애국에 대한 열정 등이 담겨 있는 이 노래는 공화국 군대에서 널리 애창되었다. 특히 1792년 8월, 마르세유 지원군이 파리에 입성하면서 불러 세상에 알려지게 되었으며 이후로 프랑스 대혁명의 상징이 되었다. 1795년 7월 14일, 프랑스 국가로 지정되었으나 황제 복벽과 프랑스 제2제정시대를 거치며 금지곡이 되었다가 1879년에 다시 프랑스 국가로 공식 확정되었다. 프랑스의 저명한 조각가 프랑수아 뤼드(François Rude, 1784-1855)는 1833년부터 1836년까지 개선문에 「마르세유 행진곡」을 주제로 프랑스 민중의 혁명정신을 상징하는 기념비적인 부조상을 조각하였다.

「마르세유 행진곡」을 처음 중국어로 번역한 사람은 저명한 개량파 사상가 왕도이다. 동치 12년(1873)년 중화인무총국에서 출판한 『보불전기』 제1권에는 왕도가 1871년에 번역한 「마르세유 행진곡」이 「맥수아시(麥須兒詩)」[2)]라는 제목으로 수록되어 있다. 번역된 것은 네 단락으로 그 가운데 첫 번째 단락의 내용은 다음과 같다.

랑스의 국가이다. 원래 제목은 '라인군의 군가(Chant de guerre de l'armée du Rhin)'였는데, 마르세유 출신 의용군들이 즐겨 불렀기 때문에 '라 마르세예즈'로 불리게 되었다. 공식행사에서는 1절과 6절만 부른다. 두 절의 한국어 번역은 다음과 같다. (1절) 일어나라, 조국의 자녀들아/영광의 날이 왔노라/우리에 맞서 저 폭군의/피 묻은 깃발이 올랐도다/피 묻은 깃발이 올랐도다/들리는가, 저 들판에서/고함치는 흉포한 적들의 소리가/그들이 턱밑까지 다가오고 있다/그대들의 처자식의 목을 베러. (후렴) 무장하라, 시민들이여/대오를 갖추라/전진, 전진/저 더러운 피가/우리의 밭고랑을 적시도록! (6절) 조국을 향한 성스러운 사랑이여/이끌라, 우리의 이 복수의 팔을/자유여, 보배로운 자유여/그대의 수호자들과 함께 싸우라/그대의 수호자들과 함께 싸우라/우리의 깃발 아래서 승리가/그 힘찬 함성을 앞당기어/죽어가는 그대의 적들이/그대의 승리와 우리의 영광을 목도하도록! (『위키백과』)

2) '맥수아(麥須兒)'는 중국어로 '마이쉬얼'이라고 발음되며 마르세예즈의 음역이다. 따라서 '맥수아시(麥須兒詩)'는 '마르세유의 노래'라는 뜻이다.

法國榮光自民著, 愛擧義旗宏建樹.

프랑스의 영광스런 백성들이여, 정의의 깃발을 들고 위대한 공을 세우자.

毋號妻啼家不完, 淚盡詞窮何處訴?

부모와 처자식은 흐느껴 울고 집안은 풍비박산, 말문은 막히고 눈물이 멈추지 않으니 어디에 호소할까?

籲王虐政猛于虎, 烏合爪牙廣招募.

아아! 가혹한 정치는 호랑이보다 무섭구나, 오합지졸 앞잡이들 여기저기서 모여든다.

豈能複睹太平年, 四出搜羅囚奸蠹.

어찌 태평세월 다시 볼 수 있으랴. 죄수와 변절자, 좀벌레들 사방에 우글댄다.

奮勇興師一世豪, 報仇寶劍已離鞘.

시대의 호걸들이여 용기 내어 출병하라. 복수의 보검은 이미 칼집을 떠났다.

進兵須結同心誓, 不勝捐軀義並高!

마음을 합쳐 맹서로 진군하자. 설령 승리하지 못하고 죽더라도 그 뜻은 숭고하리니!

1902년 량치차오는 《신민총보》에 게재된 「인빙스시화(飮冰室詩話)」에서 칠언고체 형식으로 번역된 이 작품을 특별히 언급하며 음운과 평측, 화려한 어휘와 기교를 볼 때 '대가의 작품'이 분명하다고 평하였다. 또한 왕도가 번역한 이 작품은 "프랑스 건국이념을 담고 있으며 정신적 운치까지 잘 전달하고 있다"고도 하였다.

프랑스 혁명과 직접적인 관계가 있는 「마르세유 행진곡」은 신해혁명 시기에 중국인들의 많은 관심을 받았다. 1904년 10월 26일 출판된 렁쉐(冷血) 주편의 《신신소설》 제1년 제2호에는 산민(陝民)이라는 필명의 작가가 번역한 「마르세유 행진곡」 제1장이 불어 원문 및 악보와 함께 게재되었다. 또 1907년 5월 5일 발행된 《민보》 제13호의 보백(補白)[3]란에는 이이(譯意)라는 필명을 쓰는 사람이 번역한 「프랑스 혁명가(佛蘭西革命歌)」, 즉 「마르세유 행진곡」이 실렸다. 혁명 의지를 고취시키는 이 명곡은 민족의 위기 앞에 선 무수한 중국 청년들에게 큰 감동을 주었다. 1905년 류야즈는 「원단감회(元旦感懷)」라는 시에서 이렇게 노래했다. "어떤 미래를 바라는가? 시간이 흐를수록 감정은 복잡해지네. 싼허(三河)의 젊은 협사 누가 알겠냐마는, 한 줌의 야심 사그라들지 않네. 신세계로 날아오르는 꿈이 있지만, 세월은 마냥 흘러 좋은 인재 저버린다. 초백주(椒柏酒) 마셔본들 아무런 감흥이 없어 파리 혁명가만 외로이 부르네."[4] 5·4 신문화운동 시기까지 「마르세유 행진곡」의 번역은 거듭되었는데, 그중에 비교적 유명한 것이 류반농이 번역한 것이다.

1917년 2월, 《신청년》 월간 제2권 제6호에 실린 류반농의 「영하관필기(靈霞館筆記)」에는 「마르세유 행진곡」을 만든 작가의 일생과 창작 과정 등이 소개되어 있다. 또한 그는 고사(古詞)의 형식으로 일곱 단락의 노래 가사 전문을 번역했는데, 단락마다 프랑스어 원문과 영어 번역문, 그리고 주석을 붙여 놓았다. "노래는 원래 여섯 단락이었지만 사람들이 계속해서 가사를 덧붙이니 이십 여 단락까지 늘어났다. 이후에 문체와 기백이 원곡만 같지 못한 부분은 자연스레 삭제되었다. 오로지 시인 루이 뒤부아(Louis Doubois)가 쓴 「아이들의 합창(La strophe des enfants)」(兒童和唱)만

3) 신문이나 잡지에서 여백을 메우는 짧은 글을 말한다.
4) 원문은 다음과 같다. "希望前途竟若何? 天荒地老感情多, 三河俠少誰相識, 一掬雄心總不磨. 理想飛騰新世界, 年華孤負好頭顱. 椒花柏酒無情緒, 自唱巴黎革命歌."

이 원곡과 수준이 비슷해 일곱째 단락이 되었다." 글에서는 또 「마르세유 행진곡」에 대한 유럽 학자들의 평가를 소개하고 있다. 첫째, "프랑스 혁명의 원동력은 절반이 군인의 힘이고, 나머지 절반은 마르세유 행진곡이다." 둘째, "「마르세유 행진곡」이 프랑스 군인의 용기를 북돋아주어 위대한 업적을 이루게 한 공로는 무엇과도 견줄 수 없다." 셋째, "이 노래는 유사 이래 인류에게 가장 큰 행복을 가져다 준 작품이다. 누구라도 이 노래를 듣는다면 혈관에서 피가 솟구치는 것을 느끼게 될 것이며, 군인이나 군중들이 이 노래를 부른다면 눈물이 폭포수처럼 얼굴을 적시게 될 것이다. 그렇게 되면 그들은 전제정치 및 악마와 싸우기 위해 죽음을 무릅쓰고 용감하게 전진할 것이다."

류반농이 번역한 첫 단락은 다음과 같다.

我祖國之驕子, 趣赴戎行.
조국의 총아들아, 군대로 집결하자.
今日何日, 日月重光.
오늘이 어떤 날인가, 해와 달이 다시 빛나는 광복의 날.
暴政與我敵, 血旆已高揚.
폭정은 우리의 적. 피의 깃발이 이미 높이 나부끼도다.
君不聞四野賊兵呼噪急.
그대는 듣지 못했는가? 사방에서 적군들이 재촉하는 소리를.
欲戮我衆, 欲殲我妻我子, 以勤王.
우리 백성을 살육하고 처자식을 죽여 자신들의 왕을 지키려 하네.
(和唱) 我國民, 襪而馬, 厲而兵.
(합창) 백성들이여, 말에 갑옷을 두르고 용맹한 병사가 되자.
整而行伍, 冒死進行.

질서정연하게 대오를 이루어 죽음을 무릅쓰고 진군하자.

瀝彼穢血以爲糞, 用助吳耕.

적들의 더러운 피가 땅을 적셔 거름이 되게 하자.

류반농의 번역문은 학자들의 호평을 받았다. 리웨난[5)]은 「류반농의 시를 말함(談劉半農的詩)」이라는 글에서 그의 번역이 '인구(人口)에 회자(膾炙)'되는 까닭에 대해 다음과 같이 말했다. "번역문이 신(信)과 달(達)의 경지를 체현하고 있을 뿐만 아니라, 시의 특성을 잘 살려 마음의 소리를 전달하고 있기 때문이다."[1] 물론 반대 의견도 있었다. 마지량[6)]은 류반농의 번역문을 원작과 비교해본 후 이렇게 말했다. "(번역상의) 오류가 대단히 많다. 아마 불어를 번역한 것이 아니라 영어로 번역된 것을 중역한 것 같다. 류반농은 불어 원문을 읽어보지 않은 듯, 매 절마다 오역이 눈에 띈다." 또 이렇게 말했다. "이 노래는 대단히 슬프고 웅장하고 친근하다." 마지량은 「마르세유 행진곡」 일곱 단락을 다시 번역한 후 1920년 8월 《신인(新人)》 제1권 제4호에 게재했다. 첫 번째 단락의 번역문은 다음과 같다.

快快去, 國家的小孩子, 光榮的日子到了!

어서 가자, 조국의 아들딸들아, 영광의 날이 다가왔다!

我們反對的是暴政, 流血的國旗擧起來了! 流血的國旗擧起來了!

우리는 폭정에 반대하려 피의 깃발을 들었다! 피의 깃발을 들었다!

你們聽見, 在鄉下, 那些野蠻兵士叫喊麼?

---

5) 리웨난(李岳南, 1917-2007). 중국 저명 곡예가(曲藝家)로 베이징시 문련(文聯), 중국 곡예가협회(中國曲藝家協會) 간부를 역임했다.

6) 마지량(馬驥良, 1914-1988). 일반적으로 탕나(唐納)로 알려져 있다. 중국 저명 언론인, 영화 평론가, 기자 겸 연기자이다. 마오쩌둥의 부인 장칭(江靑)의 전남편이다.

들리는가, 들판에서 짖어대는 야만적인 병사들의 외침이?

他們一直到我們的臂上, 殺害我們的兒子, 我們妻! 去打仗, 國民呀!

그들은 우리의 턱 밑까지 와서 우리 처자식을 죽이려 한다. 싸우러 가세, 국민들이여!

想起妳的隊伍! 進行! 進行! 把不清潔的血浸潤在我們田裏!

대오를 정렬하라! 전진! 전진! 저 더러운 피로 우리의 대지를 적시게 하자!

이 단락을 인용한 까닭은 번역문의 우열을 가리기 위한 것이 아니라 「마르세유 행진곡」이 거듭해서 번역되었다는 것을 보여주기 위해서이다. 전제 정치를 무너뜨리고 자유를 쟁취하여 공화정을 실시하려는 프랑스 민중들의 염원을 담은 명곡은 근대 중국인들마저 크게 격동시켰다. 1926년 왕광치[7]와 리추스[8]는 각각 『각국국가평술(各國國歌評述)』(中華書局)과 『혁명가집(革命歌集)』(中國青年史)에 「마르세유 행진곡」의 번역문을 실었다. 왕광치는 이렇게 말했다. 국가(國歌)는 "정치적인 동시에 민족 전체의 감정을 대변하는 음악이다. 일반적인 서정시와 비교해 창작 과정이 훨씬 복잡하다. 그러나 독립국이건 망국(亡國)이건, 또는 망해가는 나라건 간에 민족의 역량을 보존하고 펼치려 한다면 국가의 창작은 필수적이다." 리추스는 이렇게 말했다. 「마르세유 행진곡」은 "연주가 쉬울 뿐

7) 왕광치(王光祈, 1891-1936). 중국 근대의 음악 연구가이자 사회 활동가이다. 독일에서 정치경제학을 공부했지만 후에 베를린대학에 들어가 음악학으로 전공을 바꾼 후 「중국 고전가극 연구(論中國古典歌劇)」로 박사학위를 획득했다. 주요 저서로는 『동방민족의 음악(東方民族之音樂)』, 『유럽 음악 진화론(歐洲音樂進化論)』 등이 있다.

8) 리추스(李求實, 1903-1931). 중국 혁명가이자 공산주의자이다. 5·4운동 때 우한(武漢)에서 있었던 대규모 학생시위에 참가했었으며 경한철도(京漢鐵路) 대파업을 주도했다. 공청단(共靑團) 중앙위원, 중앙선전부장을 역임했으며 중국좌익작가연맹(中國左翼作家聯盟)에서 활동하였다. 1931년 상하이에서 체포되어 희생되었다.

만 아니라 소박하면서도 우렁차고 격렬하다. 분노와 반항의 화염이 노래 전체를 관통하며 타오르고 있다." 그것은 "혁명의 '생명수'이며 거침없는 포화와 창칼이고 무한한 활력의 원천이다." 실제로 북벌 중에 예팅[9]의 독립 연대는 「마르세유 행진곡」을 군대 나팔곡으로 편곡해 연주하며 혁명군의 전투를 독려했다. 항일전쟁 시기에도 이 노래는 전장에서 크게 유행했다. 1942년 신사군(新四軍) 지휘부 집회에서 천이[10] 군단장이 「마르세유 행진곡」을 불어로 부른 일화는 유명하다. 1945년 7월 충칭에서 발행된 《진보(眞報)》에는 리스젠(李士劍)이 새로 번역한 가사가 실렸으며, 1947년 발행된 『연합국가집(聯合國歌集)』에도 수록되었다. 중국인들도 「마르세유 행진곡」의 부점(附點)[11] 리듬 속에서 프랑스 대혁명의 정신을 깊이 느꼈을 것이다.

---

9) 예팅(葉挺, 1896-1946). 중국인민해방군(中國人民解放軍) 창시자 중 한 사람이자 신사군(新四軍) 중요 지도자이다. 북벌(北伐)과 남창기의(南昌起義), 항일전쟁 때 혁혁한 공을 세웠다. 비행기 사고로 사망하였다.

10) 천이(陳毅, 1901-1972). 중국인민해방군 창시자 가운데 한 사람이며 신사군 전사로 중화인민공화국 십대원수(十大元帥) 가운데 한 명이다. 신사군군장(新四軍軍長), 화동야전군사령원(華東野戰軍司令員), 상하이시 시장을 역임했다. 문화대혁명 때 사인방(四人幫)과 투쟁하다 모함을 당해 스자좡(石家莊)으로 하방(下放)당했으며 얼마 후 그곳에서 사망했다.

11) 음표 또는 쉼표의 오른쪽에 찍어 원래 길이의 반만큼 더하는 점.

068

『인형의 집(玩偶之家)』

중국 작가가 묘사한 여성 해방 운동의 선구자 '노라'

1908년 루쉰은 「악마파 시의 힘(摩羅詩力說)」에서 『사회의 적(社會之敵)』(En Folkefiende)이라는 책을 통해 "세속의 혼미함에 분개하고 진리가 묻혀버린 것에 슬퍼한" 입센(Henrik Johan Ibsen, 1828-1906)에 대해 언급했다. 그렇지만 이 때만 해도 중국 독자들은 노르웨이의 '정신적 전사(戰士)'에게 별다른 주의를 기울이지 않고 있었다.[1] 이로부터 7년 후인 1914년, 상하이 춘류사에서 연극 『인형의 집』이 초연되었다. 비록 관객들의 반응은 미지근했지만 연극계의 선구인 루징뤄[1)]가 쓴 「입센의 연극(伊蒲生之劇)」이라는 글이 《배우잡지(俳優雜誌)》창간호에 실리자 비로소 대중들은 입센에 대해 관심을 보이기 시작했다. 루징뤄는 글에서 입센이 창작한 11편의 극본을 소개하면서 그를 '대작가[著作大家]', '셰익스피어의 적수[莎翁之勁敵]', '연극 혁명의 기린아[劇界革命之健將]' 등으로 소개하

1) 루징뤄(陸鏡若, 1885-1915). 중국 화극(話劇) 창시자 가운데 한 명이다. 일본 도쿄제국대학에서 유학하였고 일본 신파극배우학교(新派劇俳優學校)에서 공부하였다. 와세다대학 문예협회에서 활동하며 서양 연극을 접했다. 1908년 중국 유학생이 조직한 춘류사(春柳社)에 참가하였으며 귀국 후 상하이에서 어우양위첸(歐陽予倩), 마장스(馬絳士), 우워준(吳我尊) 등과 함께 신극동지회를 조직하였다. 유명한 극본으로는 『가정은원기(家庭恩怨記)』가 있다.

였다.[2]

『인형의 집(A Doll's House)』[2)]은 행복한 결혼 생활을 하고 있던 이상적인 젊은 부부 한 쌍의 이야기가 중심이다. 남편 헬메르는 책임감 강하고 양식 있는 변호사이자 모범적인 가장이며, 부인 노라는 모든 것을 남편에게 의지하고 생활하는 연약한 여인이다. 남편은 그녀를 '작은 새', '작은 다람쥐' 등의 애칭으로 부른다. 그녀의 인격과 의지는 모두 가부장적인 헬메르에게 속해 있다. 결혼 초기 노라는 행복한 가정에 도취되어 있었다. 그러나 남편 회사 직원인 크로그스타가 헬메르에게 해고당하면서 상황은 바뀌게 된다. 노라는 과거에 남편의 간병을 위해 서명을 위조해 크로그스타에게 돈을 빌린 적이 있다. 크로그스타는 그 일을 빌미로 그녀를 협박한다. 사건의 진상을 알게 된 헬메르는 갑자기 태도를 바꿔 그녀가 자신의 출셋길을 막았다며 '천한 여자'라고 폭언을 퍼붓는다. 이 일을 계기로 노라는 큰 깨달음을 얻는다. 결혼생활 내내 자신의 인격은 억눌려 있었으며 인간으로서의 가치 또한 무시되고 있었다. 자신은 기껏해야 한갓 남편의 인형에 불과했으며, 그녀의 집도 인형의 집이었던 것이다. 결국 노라는 신성한 가정에 대한 종교적이고 도덕적인 헬메르의 설교를 뒤로하고 집을 나선다. 그녀가 집을 나설 때 등 뒤로 들리던 문 닫히는 소리는 유럽 전체를 진동시켰으며 중국에서도 큰 반향을 불러일으켰다.

1918년 6월, 《신청년》 4권 6기 '입센 특별호(易卜生專號)'에는 뤄자룬(羅家倫), 후스 번역의 삼막극 「노라(娜拉)」가 최초로 게재되었다. 여기

---

2) 한국에서는 양백화 · 박계강이 시마무라 호게츠(島村抱月)의 일역본과 파커슨 샤프(Farquharson Sharp)의 영역본, 다카야스 겟코(高安月郊)의 일역본을 상호 대조해 『人形의 家』라는 제목으로 1921년 1월 15일부터 4월 3일까지 《매일신보》에 연재한 것이 최초의 번역본이다. 이후 양백화는 기존의 번역본을 다듬어 1922년 6월 영창서관에서 『노라』라는 제목으로 출간했으며, 이상수도 1922년 11월 한성도서주식회사에서 『人形의 家』라는 제목으로 번역 출간하였다. 이보다 이른 시기 1914년 나혜석은 《학지광》 3호(1914.12)에 발표한 「이상적 부인」이란 글에서 전통 현모양처(賢母良妻) 관념을 비판하며 '노라'를 언급하기도 했다.

에는 타오뤼공(陶履恭)이 번역한 「민중의 적(國民之敵)」(An Enemy of the People), 우뤄난(吳弱男)이 번역한 「소애우부(小愛友夫)」(Little Eyolf), 후스가 쓴 「입센주의(易卜生主義)」, 위안전잉(袁振英)이 쓴 「입센전기(易卜生傳)」도 함께 실렸다. 같은 해 10월 상무인서관은 천샤(陳嘏)가 번역한 『괴뢰가정(傀儡家庭, 즉 인형의 집)』을 출판했는데 이 책은 '설부총서' 제3집에 포함되었으며 1년 만에 재판을 찍었다. 가장 많은 재판을 출간한 책은 판쟈쉰(潘家旬)이 번역하고 후스가 교열한 『노라』(즉 『인형의 집』)이다. 이 책은 상무인서관에서 출판한 『입센집(易卜生集)』의 제1권으로 1921년 초판이 나온 뒤 1926년에 4판을 찍었다. 그 후 1931년 '만유문고'에 포함되어 다시 재판을 찍었고, 1947년에는 '신중학문고(新中學文庫)'로 4판을 인쇄했다. 1925년에는 어우양위첸(歐陽予倩)이 번역한 『괴뢰가정』이 《국문주보(國聞周報)》 14기부터 16기 상에 연재되었으며, 션페이치우(沈佩秋)가 번역한 『노라』(啓明書局 1937年), 팡신(芳信)이 번역한 『괴뢰가정』(金星書店 1940年), 디이워(翟一我)가 번역한 『괴뢰가정』(南京世界出版社 1947年), 션즈푸(沈子復)가 번역한 『완우부인(玩偶夫人)』(永祥印書館 1948年), 후보은(胡伯恩)이 편역한 『노라』(新生命書局) 등이 출간되었다. 『노라』는 1914년 춘류사에서 초연을 한 후, 1923년 베이징 인민예술 연극학교(北京人藝劇校), 1934년 상하이 아마추어 극단, 1935년 난징 마풍극사(磨風劇社), 지난(濟南) 민교관(民教館), 상하이 지인용극사(智仁勇劇社), 광화극사(光華劇社), 아마추어 연극인협회에서도 공연을 했다. 그러나 마풍극단에서 노라역을 맡아 열연했던 난징 싱중먼소학교(興中門小學) 교사 왕핑(王蘋)이 "풍속과 교화를 해친다"는 명목으로 교직에서 파면되면서 사회적으로 큰 파장이 일었다. 1935년 2월, 왕핑은 이에 관한 내용을 편지로 써서 《신민보(新民報)》에 투고했다. 《신민보》는 2월 4일부터 연속 5일 동안 '노라에 관하여(關於娜拉)'라는 제목의 특별호를 발간하였으며,[3] 1935

년이 '노라의 해(娜拉年)'로 지정되는 데 결정적인 영향을 미치게 된다. 어우양훙잉(歐陽紅櫻) 등은 1941년 청두(成都)에서 공연을 하였고, 1948년에는 충칭 배도극예사(陪都劇藝社)에서 상연하였다.

『인형의 집』은 중국에 큰 영향을 미쳤다. 아잉(阿英)은 「중국에서의 입센 작품(易卜生的作品在中國)」이라는 글에서 이렇게 말했다. "신세대 가운데 그(입센)에게 열광하지 않는 사람이 없다. 신문 가운데 그를 다루지 않는 경우도 거의 없다. 중국 여성들 중에도 수많은 노라가 출현했다."[4] 1925년 마오둔(茅盾)은 「'인형의 집'을 이야기함(譚譚'玩偶之家')」이라는 글에서 이렇게 말했다. "입센과 최근 중국을 뒤흔든 '신문화운동'은 밀접한 관계가 있다. 6, 7년 전 발간된《신청년》'입센 특별호'에서는 북유럽의 대문호 입센을 문학혁명, 여성혁명, 반전통 사상 … 등 신문화 운동을 상징하는 인물로 소개했었다. 당시 입센이란 이름은 젊은이들의 마음속에 깊이 새겨졌을 뿐만 아니라 그들을 통해 퍼져 나갔다. 입센의 인기는 결코 마르크스와 레닌에 뒤지지 않았다."[5] 중국의 젊은이들은 입센을 셰익스피어와 같은 연극 대가가 아닌 사상가로 생각했다. 1940년대의 유명 작가 샤오첸(肖乾)은 「중국에서의 입센(易卜生在中國)」(영문판 논문집 『龍須與藍圖(The Dragon Beards Versus the Blueprints)』에 실림)이라는 글에서 다음과 같이 설명했다. "중국에서 입센은 극작가라기보다 사회의 환부를 도려내는 외과의사에 가깝다. … 우리가 그를 선택한 것은 문학혁명 초기에 그가 중국 젊은이들의 정서를 잘 표현해냈기 때문이다. 당시 중국은 깊은 병에 걸려 신음하고 있었으며 따라서 대담하고 유능한 의사가 필요했다. 입센은 우상숭배를 맹렬하게 비판하며 우리 앞에 등장했다. 작가는 합법적으로 맺어진 가부장적 남편을 버리고 가출하는 부인을 오히려 격려하였으며, 마을 사람 모두가 동의한 결정에 공공연히 반항하는 열정적인 의사를 영웅으로 재창조하였다. 이런 점은 서양 사람들이 상상하지 못할 정도로 중국인들에게 큰 영향을 미쳤다. 황제(黃帝) 때부터 이어져 내려온 사회적 풍속이 도전받게 되었고, 개인은 독립적인 사고와 행동을 할 수 있는 권리를 스스로 보호하기 시작했다. 조금의 변화도 없던 중국이라는 산골에 잠들어 있던 거인이 악몽을 꾸다 갑자기 깨어난 것이다."[6] 이런 이유 때문인지 1935년 후스는 입센에 대해 "최초로 소개된 역량 있는 서양의 근대 문학가"라고 평가하였다.[7]

'역량 있는 서양의 근대 문학가'는 그의 예술적 성취가 아닌 사상 때문에 중국에서 주목받았다. 즉 입센은 극작가가 아니라 개혁가의 모습으로 중국 문단에 등장했던 것이다. 원이둬[3)]는 이렇게 말했다. "근대 연극은 우연한 기회에 중국으로 전래되었다. 그들은 입센이라는 사회 개혁가를 소개했는데 그는 극본으로 사상을 선전했다. 따라서 입센을 이해하기 위해서는 그의 '문제극', 즉 『괴뢰지가(傀儡之家)』, 『유령(群鬼)』, 『사회의 기둥들(社會的柱石)』 등을 알 필요가 있다. 처음에 연극은 사상의 각도에서 인식되었으며 이때 형성된 인상은 사람들의 뇌리 속에 깊이 각인되었다. 따라서 '사상'은 연극의 영혼을 이루고 있다 할 수 있다."[8] 이로 인해 "정치문제, 가정문제, 직업문제, 음주 흡연문제 등이 모두 연극의 목표가 되었으며 연설가, 웅변가, 선교사 모두 무대 위로 뛰어 올라가 자신들의 글을 읽고 자신들의 도덕을 이야기한다. 이로써 예술과 인생은 도치된다."[9] 손님으로 왔던 연극이 사상으로 인해 진정한 주인이 되었다. 중국은 사상이 필요하다. 그러나 예술도 필요하다. 입센의 사회 문제극은 중국 근대

3) 원이둬(聞一多, 1899-1946). 본명은 원자화(聞家驊), 자는 유산(友三)이다. 후베이 시수이(浠水)에서 태어났다. 고전문학 연구가이며 신월파(新月派)의 대표시인이다. 칭화대학에서 공부했으며 미국 시카고 미술학원, 콜로라도대학교에서 유학했다. 중국민주동맹(中國民主同盟)에 가입하여 활동하며 국민당(國民黨)의 만행을 폭로했다. 1946년 국민당 특무(特務)에게 암살당했다. 칭화대학 중문과 교수를 역임했다. 대표저작으로는 『일곱 자식의 노래(七子之歌)』, 『홍촉(紅燭)』, 『사수(死水)』 등이 있다.

연극 부흥에 큰 공헌을 하였다. 저명 연극인 숑포시[4)]는 「입센을 논함(論易卜生)」이라는 글에서 이렇게 말했다. "5·4운동 이후, 입센이 중국의 신사상, 신 연극에 미친 영향은 톨스토이, 고리키에 버금갈 정도로 엄청난 것이었다. 특히 연극계에 미친 영향이 컸다. 오늘날 연극계에 있는 사람 가운데 입센의 영향을 받지 않은 사람은 거의 없을 정도이다."[10] 이 말은 전혀 과장이 아니다. 1920년 톈한은 궈모뤄에게 보낸 편지에서 자신을 "성장 중에 있는 중국 입센"이라고 지칭하였다.[11] 극작가 홍션(洪深)은 1922년 미국에서 귀국하는 길에 유명한 배우가 될 것인지 아니면 셰익스피어와 같은 위대한 극작가가 될 것인지 묻는 친구의 질문에 이렇게 대답했다. 나는 또 하나의 입센이 되겠다.[12] 어우양위첸이 1920년대에 쓴 극본에도 사회 문제극의 대가인 입센의 그림자가 드리워져 있다. 차오위[5)]도 입센을 접하고 나서 연극에 흥미를 갖게 되었다고 밝혔다.

'노라열' 속에서 노라라는 이름은 일종의 키워드가 되었다. 즉 사람들 마음속에 "혁명의 천사", "사회의 경종", "미래 사회의 리더", 그리고 여성해방 운동의 선구로 자리 잡았다. 중국 작가들은 노라와 비슷한 인물들을 작품 속에서 연이어 창조해냈다. 천핑위안은 「중국에서의 노라(娜拉在中國)」라는 글에서 이렇게 말했다. "전 세계 어떤 나라에 중국처럼 많은 노라 이야기가 존재할까. 중국 사람들은 노라를 환영해 맞이한 후 새롭게 부활시켰다. 깊은 잠에서 막 깨어난 노라, 고통 속에서 신음하는 노라,

---

4) 숑포시(熊佛西, 1900-1965). 연극 교육가 겸 극작가로 중국 화극의 개척자 중 한 사람이다. 연극 교육에서 '교육민주'와 '학술자유'를 주장했으며 현장 무대 실습을 통한 연극 교육을 강조했다. 저서로는 『극작원리(寫劇原理)』, 『희극대중화실험(戲劇大衆化的實驗)』 등이 있다.

5) 차오위(曹禺, 1910-1996). 본명은 완자바오(萬家寶)이다. 본래 성(姓)인 '萬'자를 '艸(草)'와 '禺'로 파자(破字)한 뒤, '草'를 '조(曹)'로 바꾸어 필명을 만들었다. 중국 현대 최고의 극작가로 '동방의 셰익스피어'라고 불린다. 신문화운동에 참여하였으며 그의 처녀작이자 대표작 『뇌우(雷雨)』를 통해 중국 화극의 성숙기를 이끌었다. 대표작품으로는 『일출(日出)』, 『원야(原野)』, 『북경인(北京人)』 등이 있다.

가정에서 뛰쳐나가 자립적인 삶을 추구한 노라, 개성 해방과 사회혁명에 투신한 노라가 바로 중국에서의 노라이다."[13]

중국 작가의 붓끝에서 제일 먼저 재창조된 '노라'는 후스가 쓴 극본 『종신대사(終身大事)』의 주인공인 톈야메이(田亞梅)이다. 톈야메이는 천(陳) 선생과의 자유연애 끝에 결혼을 결심하지만 부모의 극심한 반대에 부딪히게 된다. 결국 톈야메이는 "제 결혼은 저 스스로 결정하겠습니다"라는 쪽지를 남기고 천 선생과 함께 집을 나간다. 비록 당시에는 이 연극이 '노라의 서툰 모방'이라는 평가를 받았지만,[14] 무대에 오른 최초의 중국식 노라였다는 점에서 큰 의미가 있다. 톈야메이에 이어 집을 나간 노라로는 군벌의 소실이 되길 거부하고 독립적 삶을 선택한 쩡위잉(曾玉英)(熊佛西 『新人的生活』), 시어머니와 남편의 학대를 견디다 못해 산 속 비구니 암자로 들어간 우즈팡(吳芝芳)(侯耀『棄婦』), 봉건적인 고모의 간섭을 견디다 못해 집을 나간 첸위란(錢玉蘭)(佘上元『兵變』), 위선적인 남편과의 관계를 단호하게 정리한 쑤신(素心)(歐陽予倩 『潑婦』), 행복과 자유를 쟁취하기 위해 반역을 꾀한 탁문군(郭沫若 『卓文君』) 등이 있으며, 차오위의 『뇌우(雷雨)』에 나오는 판이(繁漪)도 반항 끝에 가정을 뛰쳐나가는 '중국식 노라'로 볼 수 있다.[15] 『인형의 집』은 연극 분야에만 영향을 미친 것이 아니다. 루쉰의 소설 『상서(傷逝)』에 나오는 즈쥔(子君) 또한 가정을 뛰쳐나간 노라가 아니던가? 그녀는 용감하게 외쳤다. "나는 나 자신의 것이다. 어느 누구도 간섭할 권리가 없다!" 그녀와 노라는 얼마나 흡사한가? 마오둔도 그의 단편소설 『창조(創造)』와 장편소설 『무지개(虹)』에서 중국식 노라를 창조해내지 않았던가? 셴셴(嫻嫻)은 자신을 보살펴 주고 교육시켜 준 남편을 떠나 독립적인 삶의 길로 들어섰다. 메이싱쑤(梅行素)는 소심함과 나약함을 극복하고 전통 혼인의 굴레를 벗어나 싼샤(三峽)를 뒤로 하고 세계일주의 대열에 합류했다. 이처럼 집을 나간 노라라는 캐릭터는 끊임없이 그 범위를 확장시켜 나갔다. 청팡우(成仿吾)가 쓴 『환영회(歡迎會)』의 주인공 류스밍(劉思明)이 반항 끝에 결국 집을 나가게 되는 것도 "입센의 영향을 받은 것"이며 "남성 노라"라고 할 수 있다.(천핑위안의 말) 1928년 장자주(張嘉鑄)는 「입센의 사상(伊卜生的思想)」이라는 글에서 다음과 같이 말했다. "노라라는 인물에 한정해서 보자면 그녀는 여성 해방의 모범이지만 좀 더 넓은 관점에서 보면 이 연극은 약자가 강자에게 능욕당하는 현실을 묘사한 사회성 짙은 걸작이라고 할 수 있다."[16]

여성 해방은 사회 해방의 한 부분이다. 그러나 노라가 집을 나갈 때 등 뒤로 들리던 문 닫히는 소리는 단지 문제 제기에 불과했을 뿐, 어떠한 해답도 내어놓지 못했다. 1923년 12월 26일 루쉰은 베이징 여자고등사범학교(北京子高等師範學校) 문예회(文藝會)에서 「노라는 집을 나간 후 어떻게 되었는가(娜拉走後怎樣)」라는 제목으로 강연을 했다. 강연에서 그는 집을 나간 노라가 돈을 벌기 위해서는 어쩔 수 없이 다시 자유를 팔 수밖에 없었을 것이라고 주장했다. 굶어 죽지 않으려면 "두 가지 길밖에 없다. 타락하든가 아니면 다시 집으로 돌아가든가. 새장에 갇혀 있던 새 한 마리가 새장 밖으로 나가게 되었다고 가정해보자. 밖에는 매와 고양이, 그리고 알 수 없는 수많은 존재들이 도사리고 있다. 게다가 너무 오랫동안 갇혀 있던 터라 나는 것조차 쉽지 않다. 그렇다면 어디로 갈 것인가? 아무 데도 갈 수 없을 것이다."[17] 어떤 작가들은 집을 나간 중국의 노라를 위해 새로운 해결책을 제시해주고자 했다. 여성 작가 바이웨이(白薇)는 1929년 발표한 극본 『유령탑 탈출(打出幽靈塔)』에서 고난의 삶에서 벗어나려는 노라 군상의 모습을 그려냈다. 방탕하고 난폭한 토호 후롱셩(胡榮生)에게 버림받은 샤오선(肖森), 속아서 결혼한 샤오메이(少梅)와 웨린(月林)은 모두 자유로운 삶을 추구하는 여성들이다. 샤오선은 결국 후롱셩을 총으로 쏴 죽임으로써 '정신상의 반역'을 성취하고 봉건 구질서에 충격을 던지는 노라로 새롭게 탄생하였다. 1936년 샤옌[6]은 중국 여성 해방운동의 선구인 샤오싱의 여협 '추근'[7]의 삶을 다룬 3막극 『추근전(秋瑾傳)』을 완성했다. 작가는 작품에서 남편과 자식을 버리고 일본으로 건너간 중국 노라가 나라와 민족을 구하고 자신의 삶과 이상, 행복을 추구하기 위해 혁명 투쟁에 몸을 던지는 과정을 그리고 있다.

『인형의 집』이 중국 독자들에게 깊은 영향을 준 까닭은 단지 그것이 여성해방을 위한 선전극이었기 때문이 아니라, 진정한 해방이란 자신의 정신 해방으로부터 비롯되며 주체의 해방은 사회 전체의 해방과 밀접한 관련을 맺고 있다는 사실을 얘기하고 있기 때문일 것이다.

6) 샤옌(夏衍, 1900-1995). 중국의 저명 문학가, 영화인, 극작가이며 중국 좌익 영화운동의 개척자이다. 일본에서 유학했으며 귀국 후 중국공산당에 가입하고 루쉰과 중국좌익작가연맹(中國左翼作家聯盟)을 결성했다.

7) 추근(秋瑾, 1875-1907). 청나라 말기의 여성혁명가이자 시인으로 여성해방과 민주혁명에 투신하였다.

069

듀이 강연록(杜威演講錄)

신문화 운동의 기폭제가 된 실용주의 철학자의 외침

5·4 시기에 중국을 방문해 강연했던 네 명의 외국 학자(듀이, 러셀, 드리슈, 타고르) 가운데 가장 큰 반향을 불러일으켰던 사람은 존 듀이(John Dewey, 1859-1952, 중국명 杜威)이다.

미국 컬럼비아대학의 교수였던 듀이가 1919년 초 부인 앨리스(Alice C. Dewey)와 함께 일본에 건너와 대학에서 강의를 하고 있다는 소식을 들은 후스, 타오싱즈, 차이위안페이 등은 베이징대학, 상지학회(尙志學會), 신학회(新學會), 난징 고등사범학교와 장쑤교육회(江蘇教育會) 명의로 듀이를 중국에 초청하였다. 듀이는 1919년 5월 1일 상하이에 도착했는데, 이 날은 바로 5·4운동이 폭발하기 3일 전이었다. 원래 듀이 부부는 여름 동안 머물렀다 미국으로 돌아갈 계획이었지만 예상치 못했던 5·4운동을 몸소 경험하게 되자 결국 1921년 7월 11일까지 2년 2개월간 중국에 머무르게 되었다. '이상한 나라'로 여겨졌던 중국이 묘한 매력으로 그들을 붙잡아둔 것이다.[1] 중국에 머무는 동안 듀이는 펑톈(奉天), 즈리(直隸), 산시, 산둥, 장쑤, 장시, 후베이, 후난, 저장, 푸젠, 광둥 등 중국 12개 성(省)을 순회하며 수백 회의 학술강연과 대중강연을 진행하였다. 상하이에서

'평민주의 교육(平民主義的教育)', 항저우에서 '평민교육의 정신(平民教育之眞諦)', 난징에서 '경험과 교육의 관계(經驗與教育之關系)', '진정한 애국(眞正之愛國)', '공화국의 정신(共和國之精神)', 베이징에서 '미국 민주정치의 발전(美國民治的發展)', '현대교육의 추세(現代教育的趨勢)', '새로운 학문상의 문제(學問的新問題)', 산둥에서 '교육자의 임무(教育者的工作)', 푸젠에서 '주동성과 자치(自動與自治)', '미국 교육회의 조직과 사회적 영향력(美國教育會之組織和影響於社會的情形)', '민본정치의 기초(民本政治之基本)', '교육과 국가의 관계(教育與國家之關系)' 등을 주제로 강연했다. 듀이의 부인도 항저우에서 '여성교육의 새로운 의미(女子教育之新義)', 베이징에서 '초등교육(初等教育)', 산둥에서 '여성교육 확대의 필요(女子教育擴充的需要)', 푸젠에서 '중국 부녀교육의 필요성(中國婦女教育之必要)' 등을 강연했다. 심지어 푸젠에서는 소위 '듀이 팬'들이 듀이의 딸에게까지 강연을 요청하기도 했다.[2]

듀이라는 이름은 순식간에 중국 각지의 신문지상에 오르내리기 시작했으며, 그의 강연 내용은 곧바로 번역되어 신문과 잡지에 게재되었다. 상하이《시사신보》의 부간(副刊)《학등(學燈)》은 1919년 6월부터 1920년 6월까지 듀이가 진행한 십수 차례의 강연을 연재했다. 1919년 12월,《신청년》도 가오이한(高一涵)과 쑨푸위안(孫伏園)의 번역으로「사회철학과 정치철학(社會哲學與政治哲學)」을 실었으며,《신보(晨報)》부간,《민국일보(民國日報)》부간《각오》,《평민교육(平民教育)》등도 앞다투어 듀이 강연록을 선보였다. 1919년 4월《신교육(新教育)》제1권 제3기는 듀이의 윤리학과 교육철학을 소개하는 '듀이 특집호(杜威號)'로 발행되었다.

출판계에서도 잇달아 듀이 강연록을 출간했다. 상하이 신학사(新學社)는 1919년 10월 가장 먼저『듀이 중국 강연집(杜威在華演講集)』을 출간했다. 책에는 듀이가 상하이, 항저우, 난징, 베이징 네 곳에서 진행한 12

차례의 강연과 듀이 부인이 진행한 두 차례 강연이 실려 있다. 1921년 7월 산둥 민치일보사(民治日報社)도 특별히 '민치주간 임시증간호(民治周刊臨時增刊)'를 발행하고 『듀이 박사, 듀이 부인 지난 강연록(杜威博士' 杜威夫人在濟講演錄)』을 출판했으며, 푸젠교육정(福建教育庭)도 『듀이 푸젠 강연록(杜威在閩講演錄)』을 발간했다. 듀이 강연집 가운데 가장 영향력이 컸던 것은 『듀이 5대 강연(杜威五大講演)』으로 듀이가 베이징대학 등에서 행한 다섯 차례의 강연을 수록하고 있다. 이 책은 1920년 8월 베이징 신보사(北京晨報社)에서 초판 발행되어 '신보사 총서(晨報社叢書)' 3집에 포함되었다. 같은 해 9월 재판이 나왔으며 듀이가 중국을 떠나기 전까지 10판 이상을 발간했다. 중국어 번역본은 2년 동안 13차례나 발행되었으며 발행 부수도 한 번에 1만 권이 넘었다.[3] 이후에도 출판은 계속되었는데 1924년과 1926년도 재판본은 필자도 본 적이 있다. 책에 실린 5대 강연은 다음과 같다. 「사회철학과 정치철학(社會哲學與政治哲學)」(毋忘, 伏廬 필기), 「교육철학(教育哲學)」(伏廬 필기), 「사상의 유파(思想之派別)」(胡適 번역, 紹虞 필기), 「현대 철학자 3인(現代的三個哲學家)」(伏廬 필기), 「윤리강연기략(倫理講演紀略)」(C.C. 기록). 그리고 부록으로 듀이 부인의 「초등교육」(志希 필기)이 실려 있다.

듀이 강연의 핵심 내용은 실용주의 철학이다. 그는 16차례에 걸친 「사회철학과 정치철학」 강연에서 사회발전과 사회개조에 관한 실용주의 이론을 체계적으로 소개했다. 그는 역사상 존재했던 사회철학과 정치철학을 크게 두 파로 나누었는데, 하나는 현 체제를 전복시키자는 '근본해결파(根本解決派)'이고 다른 하나는 현 체제를 유지하려는 '현상유지파[保持現制派]'이다. 전자는 지나치게 과격하고 후자는 지나치게 보수적이다. 문제해결을 위해서는 적절한 방법을 찾아야 한다. "어떤 방법으로 현재의 상황에 대처할 것인지를 생각해내는 것"이 바로 듀이가 말하는 제3

의 철학으로 여기서는 특히 자연과학 정신을 강조한다. 실용주의 철학의 특징으로는 세 가지를 들 수 있다. 첫째, 실험 중시. 실험에서 "도출된 결과를 가지고 이론의 효과를 증명"해야 한다. 둘째, 개별 연구의 중시. "특수 상황을 연구"하되 "만병통치약이나 백세불변의 진리 등은 인정하지 않는다." 셋째, 언제나 기존 이론이 수정될 수 있다는 것을 인정한다. 실용주의는 사회과학이 삶의 행위를 돕고 방향을 지시해주어 인생의 목표에 도달할 수 있도록 도와준다고 여긴다. 이런 사상은 '도구주의적', 혹은 '실험적'이라고 불리며 응용철학의 일종이라 할 수 있다. 듀이는 말했다. "기존의 철학은 현재의 제도에 대해 신랄하게 비판하거나 무조건 변호하려 든다. 그러나 제3의 철학은 비판하거나 변호하는 데 힘쓰기보다 차라리 진보의 관념을 만들어내는 것이 낫다고 생각한다. 여기서 말하는 진보는 자연적 진보도 아니고 막연한 진보도 아니다. 오늘 조금, 내일 조금, 여러 방면에서 조금씩 진보하는 것이다." 점진적인 진화, 점진적인 개조를 중시하는 개량주의가 교육철학에 반영되면 다음과 같은 관념이 나오게 된다. 즉 "교육은 생활을 위한 예비가 아니라 생활 자체"이며, "교육은 인생 경험의 지속적인 개조이다." 학교는 원래 일종의 조직이며 교육은 사회생활에서부터 진행되어야 한다. 교육은 개인의 경험을 끊임없이 재조직해 경험의 의미를 증대시켜주고 경험을 주도할 수 있는 능력을 키워주어야 한다. 그는 민주국가에서 교육이 담당해야 하는 두 가지 역할에 대해 이야기했다. 첫째, 생활 속 생생한 경험을 교재로 삼아 창조적 지혜를 양성해 줌으로써 역경에 대비하도록 해야 한다. 둘째, 공동생활에서 협력하는 습관(cu-operationinactivity)을 길러주어야 한다.[1)]

듀이 중국 강연의 중심지는 베이징과 난징이다. 베이징에서 행한 5대

1) 책에는 첫 번째밖에 나와 있지 않아 두 번째는 역자가 추가했다.

강연은 대여섯 사람이 나누어 번역했기 때문에 문체가 각양각색이고 번역의 수준도 일정치 않다. 비교적 완성도 높은 것으로는 류보밍(劉伯明)이 듀이의 난징 고등사범 강연을 번역한 『듀이 3대 강연(杜威三大演講)』을 꼽을 수 있다. 류보밍(1885-1923)은 미국 노스웨스턴 대학 연구소에서 철학과 교육학을 공부하고 1913년 「중국인의 심성론(華人心性論)」으로 석사학위를, 2년 후 「노자철학(老子哲學)」으로 박사학위를 취득했다. 귀국 후에는 진링대학(金陵大學)과 난징고등사범(南京高等師範)에서 학생들을 가르쳤다.[4] 그는 동서양 학술에 정통했을 뿐만 아니라 영어, 불어, 독일어, 희랍어, 산스크리트어 등 여러 언어에 능통해서 고대 그리스 및 인도 경전을 직접 연구하기도 했다. 이를 기초로 「서양 고대 중세기 철학사 대강(西洋古代中世紀哲學史大綱)」, 「근대 서양철학사 대강(近代西洋哲學史大綱)」 등의 글을 썼다. 이런 높은 학문적 소양으로 인해 그가 번역한 듀이 3대 강연은 매우 수준이 높았다.

3대 강연은 「교육철학(教育哲學)」, 「실험논리학(試驗論理學)」, 그리고 「철학사(哲學史)」이다. 「교육철학」은 모두 22차례에 걸쳐 강연했는데 강의 내용은 크게 광의의 교육과 협의의 교육으로 나눌 수 있다. 광의의 교육은 다음과 같은 내용으로 구성되어 있다. 교육의 의의와 성질. 필요성과 가능성. 실시와 결과 및 평가. 협의의 교육은 다음 내용으로 구성되어 있다. 사회교육 · 학교교육의 문제점과 결과. 이상적인 학교의 특징 · 교재와 교수법 · 경험의 요소 · 지식의 유래와 분류. 아동의 직접 경험이 교재의 집필과 교수(教授)에 미치는 영향. 학교의 본질. 언어와 문자의 교수법. 커리큘럼에서 역사와 과학이 차지하는 위상. 직업교육. 교육 목적에 대한 대립적인 학설. 학교의 책임. 도덕교육. 「실험논리학」은 모두 10차례에 걸쳐 강연하였으며 주요 내용은 다음과 같다. 논리학의 성질과 중요성, 사상의 기원과 역사 · 단계 · 문제점 및 보완 방안. 논리적 방법으로서 귀납 · 연역 · 증명의 과정. 사실 속성에 대해 주의할 점. 「철학사」는 모두 10차례 강연하였으며 고대 그리스 철학을 주로 다루었다. 구체적으로는 유럽 사상의 기원(철학은 왜 발생하였는가? 그리스 철학은 왜 중국 대륙에서는 발생하지 않았는가? 동서 철학의 비교), 그리스 최초의 철학(자연의 문제—일[一]과 다[多] · 정지와 변화. 지식의 문제—소피스트. 인간의 문제—소크라테스의 철학), 플라톤의 학설(플라톤과 소크라테스 학설의 공통점과 차이점. 사회 혼란에 대한 플라톤의 해석. 플라톤의 실체 세계. 플라톤의 지식론. 플라톤의 인생철학. 플라톤의 사회철학 · 정치철학 · 교육철학 · 논리학). 아리스토텔레스의 학설(플라톤 철학에 대한 아리스토텔레스의 비판 · 일과 다의 문제와 정지와 변화에 대한 아리스토텔레스의 해석. 물질과 정신에 대한 아리스토텔레스의 해석. 아리스토텔레스의 자연계 연구 · 종류에 대한 이론. 아리스토텔레스 학설과 실험과학의 비교와 경쟁. 아리스토텔레스의 정치철학과 인생철학. 아리스토텔레스 학설의 종교적 응용과 사회적 영향) 등으로 구성되어 있다. 이 가운데 「교육철학」의 일부 내용은 《시사신보》 부간 《학등》 제5호와 제6호에 실린 적이 있으며, 『실험논리학』의 일부 내용은 《신교육》 1919년 4월의 '듀이 특별호'와 1919년 7월 10일부터 12일까지의 《민국일보》 부간 《각오》에 각각 실렸다. 「철학사」는 1920년 5월 9일부터 6월 29일까지 《신보부간》에 연재되었다. 3대 강연은 각각 단행본으로 출간된 것 외에도 1920년 11월, 상하이 태동도서국에서 세 권 합권본으로 출판한 것이 있으며 이 판본은 1923년까지 4판을 찍었다.

후스는 이렇게 말했다. "중국과 서양이 문화 교류를 시작한 이래, 듀이 선생만큼 중국의 사상계에 큰 영향을 끼친 외국학자는 없었다." 그는 듀이의 철학방법이 "장래에 더 많은 신도를 얻게 될 것"이라고 믿어 의심치 않았다. 듀이의 역사 관념과 실험적 태도는 중국의 "사상계에서 점점 더 유행하게 되었다."[5] 자신의 스승에 대한 후스의 존경심을 감안한다 해도 듀이의 학설이 중국의 사상계와 교육계이 미친 영향은 결코 적지 않다. 듀이의 강연은 "평민 교육의 취지와 민주국가의 정신에 대해 잘 설명하고 있으며, 박사의 박식함과 순수한 의도, 온화함을 그대로 엿볼 수 있었다. 또한 구체적인 문제에 대한 해결법을 제시하고 있으며 새로운 사조도 소개해주었다. (그의 강연은) 낙후된 중국 학술계를 일으켜 세우고 잘못된 풍조를 바로잡는 데 도움을 줄 수 있을 것이다."[6] 그가 "상하이, 항저우, 난징, 베이징 등 네 곳에서 진행한 현대 교육의 추세와 최근의 학술사조에 대한 강연은 전국적으로 큰 환영을 받았으며", "중국 교육계의 신기원을 열었다"는 평가를 받았다.[7] 타오싱즈는 《신교육》, 《시보》, 《교육주간》, 《세계교육신사조(世界教育新思潮)》 등의 잡지에 「실험주의와 신교육(試驗主義與新教育)」, 「듀이선생의 교육학설 소개(介紹杜威先生的教育學說)」, 「실험교육의 실시(試驗教育的實施)」, 「신교육」 등의 글을 싣고 듀이의 교육철학을 체계적으로 소개했다. 듀이의 중국인 제자들 가운데 몇몇은 베이징, 난징, 쑤저우, 상하이 등지에 몇 곳의 '실험학교'를 설립했는데, 그 가운데 난징고등사범 부설의 실험학교는 '듀이 학교'로 불리기도 했다. 1922년 10월 지난(濟南)에서 개최된 전국교육회(全國教育會)에서는 초등학교 제도 및 교육과정에 대한 진지한 토론이 이루어졌으며 개혁방안도 마련되었다. 1922년 신학제(新學制) 제4조에서는 다음과 같이 규정하고 있다. "아동은 교육의 중심이다. 학제를 만들 때는 반드시 개성의 발전에 주목해야 한다. 중등과 고등학교에서는 선택과목 제도를 도입해야 하며, 소학교에서는 탄력적인 학년 편제와 승급제도를 시행해야 한다." 1923년의 신소학 교육과정[新小學課程]과 1929년의 수정 교육과정에서도 마찬가지로 '아동이 학교의 중심'이라는 관점이 강조되고 있다. 후스는 이렇게 말했다. "여기서 우리는 중국 교육에 듀이 교육철학이 미친 영향을 쉽게 찾아볼 수 있다."[8]

혹자는 듀이 철학이 중국에서 이처럼 유행하게 된 데에는 그의 애제자 후스의 역할이 절대적이었다고 주장한다. 그러나 후스 역시도 스승의 '권위'에 기대어 자신의 명성을 드높인 측면이 있다.[9] 후스가 듀이의 '권위'에 기대어 자신의 가치를 높였다는 주장과 듀이가 중국에서 큰 인기를 얻은 것이 후스 덕분이라는 말은 모순적이다. 듀이 철학에 문제가 없는 것은 아니지만 듀이가 강조한 과학지식, 과학계몽은 전통의 개조를 앞세운 5·4 신문화 운동의 정신과 밀접한 연관이 있다. 듀이의 실험방법은 구체적인 사실과 장소를 강조하며 모든 학설과 이론에 대한 검증을 주장한다. 이때 실험은 진리를 검증하는 유일한 시금석이다. 이런 생각은 5·4 시기 사상가들과 다르지 않은 것이다. 필자가 생각하기에 이 점이야말로 듀이 강연록이 당시 중국에서 큰 반향을 일으켰던 주요 원인이다. 황젠더(黃見德) 등이 쓴 『서양철학 동점사(西方哲學東漸史)』는 듀이 철학이 중국에 미친 영향에 대해 다음과 같이 평가를 내리고 있다. "철학이건 교육철학이건, 아니면 사회 정치학설이건 간에 5·4운동 전후로 듀이의 실용주의는 후스와 타오싱즈 등의 소개와 선전을 거쳐 중국에서 큰 영향력을 발휘하였다. 마르크스주의를 배척하고 사회개량을 선전하는 등 소극적인 측면의 영향도 있었고, 실험방법의 강조나 신교육 사상 및 민주정신의 제창과 같은 적극적인 측면의 영향도 있었다. 그러나 듀이의 실용주의는 전반적으로 반 교조주의와 반 사변철학의 경향을 띠고 있었으며, 미국 건국 시기에 형성된 구실(求實)과 창신(創新)의 정신을 담고 있었다. 여기서 도전과 진취성, 성공 제일주의를 강조하는 미국 스타일을 엿볼 수 있다. 이것은 5·4 시기 중국의 진보 지식인들이 추구한 '과학', '민주' 정신과 다르지 않은 것이다."[10]

070

『다윈의 종의 기원(達爾文物種原始)』

중국을 강타한 다윈 진화론의 소개와 수용

『종의 기원』

19세기 말에서 20세기 초까지 중국에서 가장 유행했던 서구의 학설은 진화론이다. 중국인들 가운데 강남제조국 초창기에 번역 출간된 『지학천석』과 『금석식별』 등을 통해 진화론을 접한 사람들도 있지만, 대다수 지식인들은 1895년 옌푸가 헉슬리의 『진화론과 윤리학』을 의역한 『천연론』을 통해서 진화론을 이해했다. 비록 헉슬리는 다윈 이론의 충성스러운 수호자였지만 『진화론과 윤리학』은 한 권의 소책자에 불과해 이 책을 통해 다윈의 진화론을 이해하는 것은 쉬운 일이 아니었다. 게다가 옌푸의 '창조적 반역[創造性叛逆]'과 번역 과정 중의 가공, 첨삭, 개역(改譯), 그리고 자신의 견해를 담은 상당량의 안어의 첨부로 인해 중국인들은 순수한 다윈의 진화론이 아닌 스펜서의 사회진화론이 뒤섞인 이론을 접할 수밖에 없었다.

다윈 진화론의 정수와 핵심은 그가 20여 년 동안 심혈을 기울여 쓴 저작인 『물종기원(物種起源)』(On the Origin of Species by Means of Natural Selection, or the Preservation of Favoured Racesin the Struggle)에 집약되어 있다. 이 책은 1859년 11월 24일, 런던의 존 머리 출판공사(John Murray

Publishers)에서 출판되었는데, 제목을 번역하면 '자연 선택의 방법에 의한 종의 기원, 즉 생존 경쟁에서 유리한 종족의 보존에 대하여'[1)]이다. 책의 전반부 4장에서는 대량의 사실과 풍부한 자료를 이용해 생물 보편 존재의 변이 현상을 설명하고 있다. 생물은 유전성뿐만 아니라 변이성도 갖고 있는데 변이의 기본 원인은 생활 조건의 변화이다. '인위적 선택'과 '자연선택'은 진화의 기초이며 인류는 '인위적 선택'을 통해 새로운 종을 탄생시킬 수 있다. 자연계에서 종은 '자연선택'을 통해 만들어지며 '자연선택'은 생존경쟁으로 실현된다. '물경천택(즉 자연도태), 적자생존'은 생물진화의 기본원칙이며 다윈 진화론의 기본관점이다. 중반부 4장은 '종 진화이론'에서 제기되었던 여러 가지 문제들을 검토하였고 다음의 몇 장에서는 동식물의 분류, 형태와 지리적 분포 및 발생학의 기본 원칙에 대해 설명한 뒤, 마지막 장에서는 종의 기원과 진화이론에 대한 결론을 제시하고 있다.

이처럼 참신한 사상체계는 만고불변할 것 같던 『창세기』의 속박을 여지없이 부숴버리고 수 세기 동안 이어져온 '종 불변론'에 도전장을 던졌다. 『물종기원』은 출판 당일에만 1,250권의 책이 팔려 나가는 기록을 세웠으며 재판으로 찍은 3천 책도 순식간에 매진됐다.[1] 그리고 1862년까지 다섯 차례나 더 재판을 발행했다. 이 책은 안개 도시 런던을 충격에 빠트린 후 세계 여러 나라의 언어로 번역되었다. 독일에서는 대체로 환영을 받았지만 프랑스에서는 격렬한 반대에 직면했다. 사람들은 '미친 책'이라고 비웃었으며, 진화론을 '조잡한 철학', '짐승의 철학'이라고 비난했다. 그러나 동시대 양식 있는 과학자들은 진화론이 19세기 자연과학의 위

1) 1862년의 6판부터 제목을 'The Origin of Species', 즉 '종의 기원'으로 바꾸었다. 한국에 번역 출판된 판본의 제목은 모두 '종의 기원'이다.

대한 발견이라며 높은 평가를 내렸다. 1860년 마르크스는 책을 읽고 나서 이 책이 자신의 사상에 "자연사적 기초를 제공"해주었다고 말했으며, 엥겔스는 이 책이 "우리가 살고 있는 지구상의 유기계(有機界)의 발전규율을 규명할 수 있게" 해주었다고 말했다. 『물종기원』은 다윈이 사망한 1882년까지 영국에서만 2만 4천 권이 팔려 나갔고 세계의 거의 모든 주요 언어로 번역되었다.[2]

중국에서는 1873년《신보》에 최초로 다윈을 소개하는 글이 실렸다. 10년 후, 총리아문이 발행하고 미국 선교사 윌리엄 마틴이 펴낸 『서학고략(西學考略)』에 보면 『물종기원』에 대한 글이 나온다. "함풍(咸豐) 9년, 다윈(達氏)이란 사람이 『물류추원(物類推原)』을 써서 자연의 이치를 밝히고자 하였는데 의미가 심오하고 문체가 탁월하여 여러 나라에서 앞 다투어 번역하였다."[3] '물류추원'은 『물종기원』의 가장 오래된 번역 제목이다. 1889년 상하이 격치서원에서 치러진 시험에서 북양대신 이홍장은 다윈과 관련된 지식을 묻는 문제를 출제했다. 기축년(己丑年) 춘계 특별 시험에서 최고의 성적을 거둔 종천위는 답안지에 이렇게 썼다. "1809년 다윈(達文)이 태어났다. … 1859년 만물 종의 근원을 논한 책을 저술하고 강존약멸(强存弱滅)의 이치에 대해 논하였다. 책의 요지는 다음과 같다. 무릇 식물과 동물의 종은 처음에 창조되고 나서 지금까지 변함없는 것이 아니라 계속해서 변해왔다. 환경에 적합하지 않은 동식 물은 점차 사라지고 적합한 것은 살아남으니 이것이 천도자연의 이치이다. 처음에는 이 학설이 기독교 교리와 모순되어 반대하는 목소리가 작지 않았지만 지금은 도리어 탄복하는 자들이 많아졌다. 이로부터 격치지학(格致之學)이 크게 변화하였다. (다윈은) 천 년에 한 번 나올까 말까 한 인물이다."[4] 길지 않은 글이지만 『물종기원』의 내용과 전파 과정에 대해 비교적 분명하게 서술하고 있다. 이홍장은 우수한 학생들의 답안지에 다음과 같은 평어를 적었다. "다윈은 동식물학에 정통해 『동식원(動植原)』[2)]이라는 책을 지었다. 자연의 작용에 밝았는데 넓은 의미에서 보면 중국의 노자(老子)와 비슷하다."[5] 비록 견강부회한 면이 없지 않지만 1880년대 말 중국인이 최초로 번역한 '동식원'이라는 제목이 등장한다는 점에서 큰 의의가 있다.

의심의 여지없이, 다윈의 진화론이 중국에서 널리 유행하게 된 것은 옌푸가 번역한 『천연론』의 공이 가장 크다. 옌푸가 왜 다윈의 『물종기원』을 직접 번역하지 않았는지는 지금까지도 의문이다. 다만 방대한 자료와 증거, 자연과학과 인문과학, 사회과학의 전 분야를 아우르는 내용을 담고 있는 『물종기원』을 동성파의 고문으로 의역하는 것보다 『진화론과 윤리학』이라는 소책자를 번역하는 것이 훨씬 더 쉬웠기 때문이라고 추측해 볼 수 있을 뿐이다. 옌푸가 『물종기원』을 번역할 능력이 없었다는 것이 아니다. 번역 과정에서 수많은 난제들과 씨름하다보면 중국이 처한 현실과 위기의식을 제대로 드러낼 수 없을 것이라 생각했기 때문이라는 것이다. 다윈의 『물종유래(物種由來)』, 스펜서의 『천인회통론(天人會通論)』,[3)] 맬서스의 『인구론(人口論)』, 헤켈(Ernst Haeckel)의 『인천연(人天演)』[4)] 등 각종 진화론을 두루 섭렵한 기초에서 나온 『천연론』—'천연(天演)'철학은 유신파 인사들에게 변법의 이론적 무기를 제공해주었으며, 중국인을 각성시키고 자강의식을 일깨우는 데 강력한 촉매제가 되었다. 그러나 많은 학자들이 지적한 것처럼 당시 대다수 사람들은 유행하던 몇 개의 개념만을 알고 있었을 뿐, "진화론을 안다는 사람들조차 그 지식이 뒤죽박죽이어서 모르는 사람들보다 나은 것이 없었다." 어떤 학자는 이렇게 말했다. "옌푸가 헉슬리의 『진화론과 윤리학』을 중국에 소개한 이래, 진화론

2) 『종의 기원』을 말한다.
3) 『종합철학체계(A System of Synthetic Philosophy)』를 말한다.
4) 『인간의 진화(Anthropogenie)』를 말한다. 영역 제목은 'The Evolution of Man'이다.

에 대한 일반 지식과 '자연도태', '생존경쟁' 등의 개념들이 … 20여 년 전부터 대중들의 입에 오르내리기 시작했다. 그러나 진화론의 핵심 사상에 대해 크게 신경 쓰는 학자는 거의 없었다."[6] 정치적 열정이 과학정신을 압도했고 변혁(變革)과 구망(救亡)의 염원이 진화론의 과학적 가치를 묻어 버렸다.

『물종기원』을 번역하는 데 가장 큰 공헌을 한 사람은 마쥔우이다. 1902년 그는 책의 '역사개술(歷史概述)' 부분만을 번역해서 「신파 생물학(즉 천연학)가 소사(新派生物學[卽天演學]家小史)」라는 제목으로 1902년 5월22일자 《신민총보》 제8호에 발표했다. 같은 해 다시 제3장 '생존경쟁'을 번역하여 『다윈 물경편(達爾文物競篇)』이라는 제목으로 10월 소년중국학회의 '소년중국신총서(少年中國新叢書)'로 출간하였다. 1903년 3월에는 제4장 '자연선택'을 번역하여 『다윈 천택편(達爾文天擇篇)』이라는 제목으로 출판하였다. 꾸세광은 『역서경안록』에서 두 권의 책에 대해 다음과 같이 평가했다. 『물경』에서는 "물경천택 및 생존경쟁의 이치에 대해 상세히 밝히고 있다. 또한 아메리카와 아프리카 대륙에 서식하는 각종 동식물의 생존경쟁을 예로 들어 자연과의 투쟁을 두려워하지 말고 자강함으로써 종족 멸망의 위기에서 벗어날 것을 충고하였다. 실로 논지가 투철하다." 또 이렇게 말했다. "학자들은 옌푸의 『천연론』을 통해 물경천택의 도리에 대해 알게 되었다. 그러나 책의 내용이 그다지 상세하지는 않았다. 다윈의 『천택』, 『물경』이 출간되자 비로소 학술과 정치가 완전히 새로워졌다." 『천택』은 "모두 12장으로 나누어져 있으며, 자연선택을 통한 새로운 종의 발생과 소멸, 특징, 차이, 생물 구조 등에 대해 상세하게 설명하고 있다. 또한 동식물 실험을 예로 들어 사람들이 우승열패의 도리를 깨달아 멸종의 두려움을 느끼게 되길 바랐다. 아울러 멸종된 것들의 그림을 덧붙였으니 증거로 삼기 충분하다."[7] 1904년 마쥔우는 다시

『물종기원』 제1, 2, 5장을 번역한 뒤 「신파 생물학가 소사」와 합쳐 『물종유래(物種由來)』라는 제목으로 개명서점에서 출판했다. 이 책은 인기가 매우 좋아 1906년 재판을 발행했다. 『역서경안록』은 이 책에 대해 다음과 같이 말했다. "자연도태를 만물의 법칙으로 소개하고, 물경천택을 우승열패의 원인으로 제시하였다. 종의 생식과 변이에 관한 이치를 상세하게 고찰하고 박물가(博物家)의 실험으로 증명하였다. 책머리에는 신파 생물학 소사(新派生物學小史)가 붙어 있으며 서론 뒤로 가축변이, 자연변이, 물경천택 변이의 사례를 논한 다섯 장(章)이 이어진다. 이 부분은 원작의 제1권에 해당한다." "번역 문체가 유창하여 가독성이 높지만 사족이 많은 것은 아쉬운 점이다. 그것만 삭제하면 완벽할 것이다"[8]라고 하였다.

1907년 마쥔우는 유럽 유학을 떠나게 되어 번역 작업은 중단된다. 1916년 독일 베를린 공과대학에서 공학 박사 학위를 취득한 그는 귀국하자마자 『물종기원』의 나머지 부분 번역에 착수하였다. 1918년 광둥의 무연화약공장에서 화약 시제품 개발에 참여하는 동시에, 남는 시간을 이용해 7개월 동안 제6장부터 15장까지 번역하였다. 번역을 마친 후 몇 년 전에 번역한 앞부분을 다시 살펴보니 "오류가 너무 많아 부끄러울 정도였다. 번역할 당시 내 나이는 스물두 살로 박물학 지식도 일천했고 영어 실력도 좋지 못했다." 따라서 그는 다시 3개월의 시간을 할애해 전반부 5장을 다시 번역하였다. 이로써 1년여에 걸친 전후반부 번역이 모두 끝나게 되었다. 1919년 7월 24일, 그는 새로 번역한 『다윈 물종원시(達爾文物種原始)』 서언(序言)에서 이렇게 말했다. "젊은 시절 번역하면서 저질렀던 오류를 이제야 바로잡았다. 이 책은 전 세계의 문명국가들이 앞다투어 번역하였다. 중국도 문명국이 되기 위해서, 또 나라의 체면을 세우기 위해서도 이 책의 번역은 반드시 필요하다. 민국 시기 이래로 국민들은 타락하여 더 이상 책을 읽지 않는다. 그러나 언젠가는 뉘우칠 날이 올 것이다. 이처럼 중요한 책이 40, 50여 종만 된다 해도 국민들의 사상에 큰 변화가 일어나게 될 것이다."[9]

마쥔우가 중도에 포기하지 않고 『물종기원』의 번역을 완수할 수 있었던 것은 5·4 신문화운동 때 유행했던 과학 구호의 영향이 크다. 또한 1920년 9월, 상하이 중화서국에서 '신문화총서(新文化叢書)'의 하나로 『다윈 물종원시』 초판을 발행한 것은 5·4 시기 다윈 진화론이 광범위하게 유행하는 계기가 되었다. 이 책은 1922년 2월 4판, 1927년 4월 7판을 발행했고, 1932년 9월에 10판 인쇄를 돌파했다. 1922년 《박물잡지(博物雜誌)》 제5기의 신문화총서 칼럼에서는 특별히 이 책에 대해 소개하였고, 1922년 《민탁잡지(民鐸雜誌)》 제3권 제4, 5호에는 천젠산(陳兼善), 주광첸(朱光潛), 저우젠런(周建人), 취스잉(瞿世英), 옌지칭, 후자(胡嘉), 창나이더(常乃德) 등이 편역한 진화론 관련 글이 게재되었다. 특히 3권 5호는 '진화론 특별호(進化論號)'로 발행되었으며 여기에는 「다윈 이후의 진화론(達爾文以後之進化論)」(천젠산 역), 「다윈 이전의 진화론(達爾文以前之進化論)」(톈아오[天磬] 역), 「다윈주의와 사회학(達爾文主義與社會學)」(창나이더 역)과 「다윈 연보(達爾文年譜)」(천젠산 편), 「진화론 발달약사(進化論發達略史)」, 「진화론 관련 명저 소개(關於進化論之名著介紹)」 등의 글이 게재되었다. 《신중국(新中國)》 잡지에는 1919년부터 1920년까지 류원뎬(劉文典)이 번역한 헤켈의 「생명론(生命論)」, 「우주의 비밀(宇宙之謎)」, 「생명의 불가사의(生命之不可思議)」 등이 실렸고 《민탁잡지》, 《박물잡지》, 《과학》, 《동방잡지》, 《신조(新潮)》 등에도 다윈 진화론을 선전하는 글들이 앞 다투어 게재되었다. 마쥔우가 《신청년》에 연재한 「헤켈의 일원철학(赫克爾之一元哲學)」(금역 「우주의 비밀」)은 1920년 8월 중화서국에서 '신문화총서'로 출간되었다. 다윈 진화론을 옹호하고 전파하는 데 큰 공을 세운 헤켈의 또 다른 저작 『생명의 불가사의』도 상무인서관의 '공학사총서(共學

社叢書)·철학총서(哲學叢書)'로 1922년 10월 출간되었다. 류원뎬은 오카 아사지로[5)]가 쓴 『진화와 인생(進化與人生)』, 『진화론강화』와 같은 대중 서적을 번역했으며,[10] 마쥔우는 『인류원시와 선택(人類原始與類擇)』, 『자연창조사(自然創造史)』 등을 번역하였다. 이처럼 다윈 진화론의 소개와 수용은 5·4 시기를 전후로 대성황을 이루었다.

1859년 『물종기원』의 출판이 세계 학술 발전에 한 획을 긋는 중요한 이정표였다면 1920년 마쥔우가 번역한 『다윈 물종원시』의 출간은 중국 학술계의 일대 사건이었다. 당시 문화계와 교육계에서는 책의 번역 출간을 축하하기 위한 성대한 학술 보고 대회를 개최하기도 했다. 1926년 말, 까오창홍(高長虹)은 『출판계(走到出版界)』라는 책에서 마쥔우가 번역한 『다윈 물종원시』를 일컬어 근대 시기 번역계가 거둔 '최대의 성과'[11]라고 했는데 이것만 보더라도 이 책의 영향력이 얼마나 대단했는지 알 수 있다.

---

5) 오카 아사지로(丘淺治郎, 1868-1944). 일본 근대의 동물학자이자 진화론자이다. 1904년 대중용으로 저술된 일본 최초의 진화론 해설서인 『진화론강화(進化論講話)』를 출간했으며, 교과서용으로 『생물학강화(生物學講話)』, 『최신유전학(最新遺傳學)』 등을 집필했다.

071

『창조진화론(創化論)』
중국 문화의 생명충동을 찾아서

『창조적 진화』

5·4 신문화운동 시기 중국에 전래된 서양 신사조 가운데 학술적으로 영향력이 컸던 사상으로는 베르그송(H. Bergson, 1859-1941, 중국명 柏格森)의 철학을 들 수 있다. 이는 1930년대까지 베르그송의 주요 저작 대부분이 중국어로 번역된 것만 보더라도 잘 알 수 있다. 번역된 저작으로는 『창화론(創化論)』(張東蓀), 『형이상학서론(形而上學序論)』(楊正宇), 『물질과 기억(物質與記憶)』(張東蓀), 『심력(心力)』(胡國鈺), 『웃음의 연구(笑之硏究)』(張聞天), 『시간과 자유의지(時間與意誌自由)』(潘梓年) 등이 있으며 모두 상무인서관에서 출간되었다. 이 가운데 장둥순이 번역한 『창화론』은 베르그송의 저작 가운데 중국어로 번역된 최초의 작품이다.

『창화론』은 베르그송 생명철학의 대표작으로 1907년 출판되었으며 『창조진화론』이라고도 한다. 베르그송은 1903년 출간된 『형이상학서론』에 이어 『창화론』에서도 직각(直覺)과 생명에 대한 생명철학의 관점을 체계적으로 서술하고 있다. 그가 생각할 때 우주의 본체는 시간의 흐름이며, 작용은 지속[1]적인 창조진화[創化]이다. 따라서 흐르지 않는 때가 없고 지속하지 않는 때도 없으며 창조하지 않는 때도 없으니 진화는 계속

된다. 생명은 무한한 자유의 충동을 특징으로 하며 각각의 지속이 무엇을 만나는지에 따라 생물계의 다양한 분화가 발생한다. 책에서는 '생명충동'[2]을 고등 유기체가 진화를 향해 나아가고자 하는 목적이 분명한 원동력으로 가정한다. 이러한 새로운 방향이 있기 때문에 진화는 더 이상 다윈이나 스펜서가 말한 것과 같은 투쟁과 훼멸로 점철된 맹목적이고 의미 없는 기계적 과정이 아닌 것이 된다. 진화 가운데 지속을 깨닫는 것은 생명력과 생명, 그리고 심령의 창조성의 축적이며 '영원히 멈추지 않는 창신(創新)'이다. 『창화론』의 출판으로 베르그송은 세계적인 명성을 얻게 되었다. 학자들은 『창화론』을 가리켜 "20세기 초 사상계에서 독보적인 존재"[1]라고 하였으며, "20세기 첫 번째 철학 걸작"[2]이라고도 하였다. 이 책은 1909년 러시아어 번역본을 시작으로, 1911년 영문판, 1919년 중문판이 발행되었다. 중문판은 《시사신보》의 명 주필인 장둥순이 번역했으며 1919년 9월 상무인서관에서 초판 발행된 후 '상지학회총서(尙志學會叢書)'에 포함되어 1920년 3월까지 연달아 3판을 발행했는데 이것만 보더라도 5·4 시기 영향력이 어떠했는지 알 수 있다. 1922년 10월에는 4판을 발행했다.

중국어 번역본의 목차는 다음과 같다. 제1장 생명의 진화[生之進化]—기계론과 목적론[機器觀與究竟觀]. 제2장 진화의 분기[進化之分途]—마비(痲木), 본능, 지혜. 제3장 생명의 본뜻[生之本義]—물리와 지혜의 형식[物理與智慧之形式]. 제4장 지혜의 영화적 성격[智慧之活動影戲性]—철학사 개관(哲學史概觀). 원저는 프랑스어지만 장둥순은 미국인 아서 미첼(Arthur Mitchell)의 영역본을 저본으로 삼았으며 가네코 우마지(金子馬治)

1) '지속'이라는 말은 프랑스어로는 '라 뒤레(la durée)'이고, 중국어로는 '면연(綿延)'이라 번역한다.
2) '생명충동'은 불어로 '엘랑 비탈(Elan Vital)'이라 하는데 약동하는 생명력을 가리킨다.

와 가츠라이 도미노스케(桂井當之助)가 공역한 일본어 번역본을 참고했다. 그는 번역과정에 대해 이렇게 말했다. “번역 초기에는 직역을 중시해서 문장구조까지 비슷하게 옮기려고 했다. 초고가 완성된 후 원서와 대조해 읽어보니 말이 안 될 뿐만 아니라 의미도 통하지 않았다. 하는 수 없이 기존의 번역 방식을 버리고 의역으로 돌아섰다. 의역의 경우 의미는 잘 통했지만 원서와 비교해보니 차이가 있을 수밖에 없었다. (직역과 의역) 두 가지를 모두 만족시킬 수는 없다. 곰곰이 생각해보니 직역과 의역은 번역방식이나 성질의 차이가 아니라 정도의 차이일 뿐이라는 사실을 깨닫게 되었다.” 따라서 그는 “의미 전달을 위주로” 번역하는 것이 낫다고 생각했다. “솔직히 말해 번역에서는 신(信)보다 달(達)을 중시하는 것이 낫다. 아(雅)는 달에 포함된다. 달이란 무엇인가? 의미가 분명한 것이다. 사람들이 이 책을 읽으려는 이유는 사상을 쉽게 이해하기 위해서이지 글자놀음을 위한 것이 아니다. 따라서 의미를 잘 드러낼 수 있는 문체를 선택해 번역하는 것이 가장 중요하다.” 이런 번역 원칙에 따라 그는 일본어 번역어든 혹은 자신이 만들어낸 번역어든 제한적으로 사용해야 한다고 생각했다. 음역은 불가피할 경우만 사용하되 과도하게 많이 사용하게 되면 ‘달’의 측면에서 번역문에 안 좋은 영향을 미치게 된다. 일본어 번역어는 우선 중국어의 의미와 통해야 한다. 예를 들면, ‘적극(積極)’, ‘소극(消極)’, ‘긍정(肯定)’, ‘부정(否定)’ 등 비록 기품 있는 단어는 아니지만 의미가 잘 통하는 것들이 있다. 그는 “부득이한 경우가 아니면 새로운 번역어를 만들어내지 않았고 음역은 최소한으로 하려 했다. 절대 불가능한 번역이 아니라면 음역을 사용해서는 안 된다”고 했다. 따라서 중역본에서 그가 새로 만들어낸 번역어는 거의 찾을 수 없다. 다만 일본어에서 ‘연속(連續)’과 ‘질서(秩序)’로 번역한 Duration과 Order는 장둥순이 ‘면연(綿延)’과 ‘리(理)’로 번역했다. ‘연속’은 두 사물이 서로 연결되어 있다는 의미가 강하기 때문에 사물의 자아연장(自我延長)을 지칭하는 말로는 '면연'이라는 단어가 더 적합하다. 또한 '질서'는 '순서'의 의미가 강하기 때문에 시간적 선후에 제한되지 않는 '규칙'의 의미를 담고 있는 '리'로 바꾸는 것이 더 낫다. 그러나 불명확한 번역도 있다. 예를 들면, Finalism의 경우 일본에서는 '목적관(目的觀)'으로 번역했는데 장둥순은 '구경관(究竟觀)'이라고 번역했고, Consciousness는 '의식(意識)'이 아닌 '심의(心意)'라고 번역한 것 등이다.

장둥순은 『창화론』을 읽을 때 주의할 점에 대해 다음과 같이 말했다. "첫째, 이 책은 단숨에 읽어야지 장절을 끊어서 읽으면 안 된다. 이를 지키지 않을 경우 전체 의미를 깨닫지 못하고 많은 오해를 낳게 될 것이다. 둘째, 각 장의 제목은 그 장의 내용을 개괄한 것이 아니다. 따라서 번역 과정에서 삭제하려고 했지만 일반적인 관례에 따라 남겨두기로 했다. 독자들은 장의 제목만 보고 책의 내용을 유추해서는 안 된다. 셋째, 책을 읽고 나서 절대로 베르그송이 과학을 무시했다고 생각하지 않길 바란다. 베르그송이 반대하는 것은 구과학일 뿐 신과학에 대해서는 적극적으로 소개하고 있다.(예를 들면, 유기 진화론과 신 기하학은 모두 신흥 과학이다.) 넷째, 독자들은 베르그송이 지혜를 끊어버리라고 한 것으로 오해하지 말기 바란다. 베르그송은 지혜와 직각을 하나로 융합하라고 했을 뿐이다. 다섯째, 독자들은 베르그송이 심물이원론을 주장한다고 생각하지 말기 바란다. 베르그송은 심과 물이 하나는 순 방향, 다른 하나는 역 방향으로 움직인다고 말했을 뿐이다. 요약하자면, 근대 사상가들은 절대로 편협한 견해를 고집하지 않는다. 조화와 융합은 베르그송 학설만의 특징이 아니라 근대의 특색이다." 광서제 때 진사가 되었고 북양정부에서 내무부장을 역임한 탕화룽[3]은 번역본 서문에서 장둥순이 『창화론』을 번역한 일을 '백마타경(白馬馱經)'[4]에 빗대어 말했다. 그러나 사실 베르그송을 처음 중국에 소개한 인물은 장둥순이 아니다. 1913년 7월 1일,《동방잡지》 10권 1호와 1914년 10월 1일 11권 4호에 첸즈슈[5]가 편역한「현대 철학가 2인 학설 개략(現今兩大哲學家學說概略)」과「베르그송 철학 비평(布格遜哲學之批評)」이 게재되었다. 이 글들은 비교적 이른 시기에 베르그송의 철학을 소개한 것들이다. 글에서는 다음과 같이 썼다. "베르그송의 사상을 과학적 결론으로 이해하는 것은 마치 돌멩이를 식빵으로 여기는 것과 같다. 생활의 정신으로 베르그송을 이해할 때 비로소 생활의 의미를 깨달을 수 있다." 상무인서관에서 1919년 11월 출간한 궈야오건(過耀根) 편역의『근대사상(近代思想)』14장에서는 '베르그송의 직관철학(柏格森之直觀哲學)'을 10절에 걸쳐 소개하고 있는데, 그 가운데 제8절 '창조적 진화(創造的進化)'에서『창화론』의 주요 관점에 대해 서술하고 있다.

5·4 시기에 베르그송 학설의 유행은 최고조에 이른다.《신조》1920년 '세계명저(世界名著)' 특별호에는 펑유란이 쓴「베르그송의 '심력'을 평함(評柏格森的'心力')」이 실렸고, 1921년 5월에 창간된 최초의 철학 전문 잡지인《철학잡지(哲學雜誌)》에는 우캉[6]의「베르그송 철학(柏格森哲學)」이

3) 탕화룽(湯化龍, 1874-1918). 중국 근대의 정치가이자 교육가이다. 일본 법정대학(法政大學)을 졸업했으며 입헌주의를 신봉했다. 후베이성 자의국(諮議局) 의장, 난징 임시정부 육군부 비서처장(陸軍部秘書處長), 베이징 임시 참의원 부의장, 교육총장 등을 역임했다.

4) 한 명제(明帝)가 꿈에서 부처를 본 후 채음(蔡愔) 등을 인도로 보내 부처의 모습을 그려오도록 하자 채음이 백마(白馬)에 불경과 불상을 싣고 돌아온 일을 가리킨다. '타(馱)'는 '싣는다'는 뜻이다. 이후 명제는 뤄양(洛陽) 서쪽에 백마사(白馬寺)를 지었다.

5) 첸즈슈(錢智修, 1883-1947). 중국 현대 저명 국학대가이자 동방학파(東方學派) 사상가이다. 어려서는 신식학당에서 공부했으며 나중에 상하이 진단학원(震旦學院)에서 프랑스어를 배우다 푸단공학(復旦公學)으로 옮겨 공부했다. 상무인서관 편역소에서 일했고《동방잡지》편집장을 최장기간 역임했다. 그의 사상은 서양사상을 적극적으로 선전하되 동양의 전통 가치도 발양해야 한다는 동서 문화 조화에 초점이 맞추어져 있었다. 생철학을 중국에 적극 소개하였고 심리학자 지그문트 프로이트를 최초로 소개했다. 대표작으로는『공리주의와 학술(功利主義與學術)』,『현대 철학가 2인 학설 개략(現今兩大哲學家學說概略)』,『베르그송철학 비평(布洛遜哲學之批評)』,『근대 사회주의(近代社會主義)』,『우주와 물질(宇宙與物質)』등이 있다.

6) 우캉(吳康, 1895-1976). 민국 시기 저명 철학자이자 교육가이다. 베이징대학을 졸업했으며 프랑스 파리대학에서 박사학위를 취득했다. 광둥대학, 타이완대학, 타이완사범대학 교수를 역임했

게재되었다. 같은 해 8월 《개조(改造)》에는 장쥔마이(張君勱)의 「프랑스 철학가 베르그송 담화기(法國哲學家柏格森談話記)」가 실렸는데, 차이위안페이는 1923년 12월 발간된 『최근 오십년 중국의 철학(五十年來中國之哲學)』이라는 책에서 이 글의 1절이 "비록 몇 자 안 되지만 베르그송 철학의 핵심을 매우 심도 있게 소개하고 있다"고 평가했다.[3] 1921년 12월 발간된 《민탁》 3권 1호 '베르그송 특별호(柏格森號)'에는 베르그송에 관한 글이 모두 18편이나 실려 베르그송 철학 열풍을 실감할 수 있었다. 여기에 실린 글로는 리스천[7)]의 「베르그송 철학의 해석과 비판(柏格森哲學之解釋與批判)」, 장둥순의 「베르그송 철학과 러셀의 비평(柏格森哲學與羅素的批評)」, 차이위안페이가 번역한 「베르그송 현학 개론(柏格森玄學導言)』, 커이천(柯一岑)이 번역한 「베르그송의 정신능력설(柏格森精神能力說)」과 「꿈(夢)」, 옌지청이 번역한 영국 학자 키친(Darcy B. Kitchin)의 「지속과 자아(綿延與自我)」, 양정위(楊正宇)가 쓴 「베르그송의 철학과 현대의 요구(柏格森之哲學與現代之要求)」, 취스잉의 「베르그송과 현대 철학의 경향(柏格森與現代哲學趨勢)」, 판서우캉(範壽康)의 「직관주의 철학의 지위(直觀主義哲學的地位)」, 뤼청(呂澂)의 「베르그송 철학과 유식종(柏格森哲學與唯識宗)」, 량슈밍의 「유식가와 베르그송(唯識家與柏格森)」이 있으며, 이 밖에

다. 문학사와 칸트철학 연구에 조예가 깊었다. 1천만여 자에 달하는 그의 저술은 1976년 타이완에서 출간된 『우캉선생전집(吳康先生全集)』에 수록되어 있다.

7) 리스천(李石岑, 1892-1934). 중국 현대 철학자. 일찍이 일본 도쿄고등사범학교(東京高等師範學校)에서 공부했으며, 유학 시 위엔스카이의 황제복벽 시도와 군벌정치를 비판하고 일본제국주의를 비판했다. 귀국 후 상하이에서 《민탁(民鐸)》 잡지를 펴내고 《시사신보(時事新報)》 부간 《학등(學燈)》 주필, 《교육잡지(敎育雜誌)》 주편으로 문명(文名)을 날렸다. 상하이 다샤대학(大夏大學), 화광대학(華光大學), 궈민대학(國民大學) 철학과, 심리학과에서 학생들을 가르쳤다. 5·4운동 시기 서양철학 연구에 매진해 듀이의 실용주의, 베르그송의 생철학, 오이켄의 정신생활론, 니체의 초인철학, 러셀의 논리실증주의 등을 중국에 소개했다. 저서로는 『중국철학십강(中國哲學十講)』, 『인생철학(人生哲學)』, 『희랍 3대 철학자(希臘三大哲學家)』, 『현대철학소인(現代哲學小引)』, 『철학개론(哲學槪論)』 등이 있다.

도 옌지청이 쓴 「베르그송전(柏格森傳)」, 「베르그송 저술 및 베르그송 연구에 관한 참고서(柏格森著述及關於柏格森研究之參考書)」와 부록으로 실린 리진시[8]의 「유마힐경기문발(維摩詰經記聞跋)」, 판셔우캉의 「베르그송의 시공론(柏格森的時空論)」, 장쥔마이의 「프랑스 철학자 베르그송 담화기(法國哲學家柏格森談話記)」, 펑유란의 「베르그송의 철학방법(柏格森的哲學方法)」, 그리고 통신(通訊)란에 실린 장타이옌의 「뤼청, 리진시에게 보내는 불교 철학에 관한 편지(與呂黎兩君論佛理書)」 등이 있다. 베르그송의 사상을 소개하는 저작을 번역한 사람들은 모두 중국 사상계에서 영향력 있는 학자들로 신문화운동을 적극적으로 지지한 차이위안페이뿐만 아니라 불교 연구자들도 포함되어 있다. 예를 들어 유식학(唯識學) 연구가 리진시는 타이쉬[9] 법사의 『유마힐경』 강의를 기초로 『창화론』을 연구했다. 그는 두 책 사이에 은연중에 일치하는 점이 많다고 생각해 「유마힐경기문발(維摩詰經紀聞跋)」을 썼다. 또한 마르크스주의자 리다자오(李大釗)는 생명충동을 자유의지의 창조물로 본 베르그송의 관점을 무기로 삼아 숙명론(宿命論)에 대항하고자 했다. 그는 이렇게 말했다. "우리는 소극적인 숙명론에 갇혀 정신의 용맹한 전진을 방해해서는 안 된다. 반드시 자유의지의 원리에 기대어 노력하고 향상 발전함으로써 현재의 상황을 바꾸어

---

8) 리진시(黎錦熙, 1890-1978). 중국 현대의 문자학자, 교육가, 불교학자이다. 자오위안런(趙元任), 첸센통(錢玄同)과 함께 중국어 로마자 한어병음 표기법을 연구하고 초안을 잡았다. 민주와 과학을 기치로 내걸고 개혁을 주장한 정치조직인 '구삼학사(九三學社)'를 만들었다. 후난제일사범학교에서 교사로 재직하며 마오쩌둥에게 역사를 가르치기도 했다. 베이징사범대학 교수를 역임했다.

9) 타이쉬(太虛, 1890-1947). 스타이쉬(釋太虛)라고도 한다. 법명은 웨이신(唯心), 자는 타이쉬(太虛)로 근대 저명 고승이다. 16세에 출가하여 21세 때 금릉각경처(金陵刻經處)에서 공부했다. 변법파와 동맹회 회원들의 영향을 받아 정치개혁에 이은 불교개혁을 주장했다. '사기이인(舍己利人)'을 핵심정신으로 하는 '인생불교(人生佛教)'를 제창하고 불교잡지 「각사서(覺社書)」(후에 「해조음(海潮音)」으로 개명)를 창간하였다. 우창불학원(武昌佛學院) 원장, 세계불교연합회(世界佛教聯合會) 회장, 중국불학회(中國佛教學) 회장을 역임했다.

야 한다. 이를 위해서는 Henri Bergson의 '창조 진화론'을 눈여겨볼 필요가 있다."[4] 유럽 시찰에서 돌아온 량치차오는 『구유심영록(歐遊心影錄)』에서 이렇게 말했다. 철학 분야에서 "인격적 유심론, 직각적 창화론 등 새로운 학파들이 출현하자 기계적 유물주의 인생관에 짙게 드리웠던 안개가 걷히기 시작했다." 그중에서 베르그송의 직각주의와 창조 진화론은 사람들이 "전진을 위해 노력"하도록 만들었고, "수많은 의심과 좌절을 깨끗이 씻어내 주었다."[5] 탕화룽은 장둥순이 번역한 『창화론』 서문에서 이렇게 말했다. "베르그송의 학설이 유행하자 큰 깃발이 나부끼고 온 강물들이 앞다투어 흐르듯 사상 혁명이 시작되었다. 유물주의와 유심주의, 일원론과 다원론 등 과거에 신봉하던 사상은 모두 화석 철학, 껍데기뿐인 생명, 죽음의 결정체가 되었다. 비록 베르그송의 학설의 앞길에 많은 난관이 기다리고 있지만 이미 금세기 문명의 변화가 시작되었다는 것을 알 수 있다. 베르그송은 올해로 나이 예순이다. 이성주의와 진화론이 가장 뜨겁게 타오른 수십 년 동안 홀로 온 힘을 다해 새로운 길을 닦아왔다. 그가 논문과 강연으로 자신의 주장을 편 지도 30년이 되었다. 『시간과 자유의지』, 『물질과 기억』은 『창화론』과 함께 그의 3대 걸작으로 불린다. 특히 영어, 독일어, 일본어 번역본은 한 시대를 풍미하였다." 그는 베르그송 철학이 동양에 소개되어 "중국철학이 결여하고 있는 논리성과 인도철학의 지나친 소극성을 보완해주었으며, 동서 사상 교류 및 대화의 통로가 될 것"이라고 단언했다.

『창화론』의 번역과 베르그송 사상의 소개 과정을 보면, 베르그송의 '생명의 충동'이 전통과 현대의 교체기에 중국 문화의 재건을 위해 힘쓰고 있던 지식인들을 얼마나 흥분시켰는지 잘 알 수 있다. 궈모뤄는 쭝바이화,[10] 톈한과의 '정신 교류'의 산물인 『삼엽집(三葉集)』에서 이렇게 말했다. "『창화론』을 읽어보니 베르그송 사상의 많은 부분은 괴테로부터 유래한 듯 보인다. 특히 예술가들은 베르그송의 '생의 철학'에 아주 쉽게 경도되는 경향이 있다."[6] 그들은 중국 문화에서도 생명의 충동을 보게 되길 간절히 희망했다. 따라서 그들이 베르그송의 사상에서 찾고자 한 역량은 바로 이러한 '생명의 충동'이었을 것이다.

10) 쫑바이화(宗白華, 1897-1986). 중국 현대 저명 미학가이다. 퉁지대학을 졸업했으며 독일에서 유학했다. 평생 동안 동서양 예술이론의 융합을 위해 노력했다. 난징대학과 베이징대학 철학과 교수, 중화전국미학학회(中華全國美學學會) 고문을 역임했다. 대표작으로는 『미학산보(美學散步)』, 『예경(藝境)』 등이 있다.

072

『공산당선언(共產黨宣言)』

초기 발췌본, 요약본과 완역본을 둘러싼 의문

『공산당선언』은 공산주의자 동맹을 위한 강령으로 완전하고 체계적이며 엄밀한 형식으로 마르크스주의 역사를 저술한 상징적 문헌이다. 마르크스-엥겔스는 1847년 12월부터 1848년 1월까지 『공산당선언』을 집필했다. 이 문헌은 마르크스주의 형성의 상징이다. 『공산당선언』은 자본주의 사회의 내재모순과 발전규율을 밝힘과 동시에, 무산계급 폭력혁명을 통해 부르주아의 통치를 뒤엎고 노동자의 나라를 만들어야 한다며 '전세계 노동자여, 단결하라'는 전투적인 구호를 소리 높여 외쳤다. 엥겔스는 다음과 같이 지적했다. "(공산당선언은) 의심할 여지없이 사회주의 문헌 중에서 가장 유명한 국제적인 저작이다."[1] 『공산당선언』은 마르크스주의 문헌 가운데 가장 많은 언어로 번역된 것으로도 유명하다. 1848년에 독일어본 초판이 나오고 나서 얼마 지나지 않아 폴란드어본과 덴마크어본이 번역되어 나왔고 이어서 1848년 6월에는 프랑스어본, 1850년에는 영문본, 1882년 러시아본, 1886년 스페인어본, 1893년 이탈리아어본이 출간되었다. 그렇다면 『공산당선언』의 중국어 번역본은 언제 출간되었을까?

중국에서는 1903년 2월 마쥔우가 쓴 「사회주의와 진화론 비교(社會主義與進化論比較)」라는 글에 『공산당선언』이 처음으로 등장한다. 글의 마지막 부분에 있는 '사회당 당수 저서 목록(社會黨巨子所著書記)'을 보면 『공산당선언』을 비롯한 마르크스-엥겔스의 저작이 영문으로 열거되어 있다.[2] 1906년 1월 주즈신은 《민보》 제2호에 문언체로 마르크스와 엥겔스의 일생을 최초로 소개하였고, 『공산당선언』 제2장 '무산자와 공산당인(無產者與共產黨人)'의 일부 내용을 번역해 실었다. 이 안에는 『공산당선언』에 나오는 10개의 정치 강령이 포함되어 있다. 1907년 12월 30일 출판된 《천의보(天義報)》 13, 14권 합집에 게재된 쩐슈[1)]의 「여성혁명과 경제혁명(女子革命與經濟革命)」이라는 글에도 『공산당선언』의 일부 단락이 실려 있다. 15권 '학리(學理)'란에는 엥겔스가 1888년에 쓴 영문판 서문이 민밍(民鳴)의 번역으로 실려 있는데 편집자는 "『공산당선언』이 제시한 계급 투쟁이론은 역사에 큰 도움이 된다"고 소개하고 있다. 광고에 따르면 사카이 도시히코[2)]의 일역본을 저본으로 삼아 『공산당선언』은 이미 번역이 끝나 있었다. 16-19권 합본에는 『공산당선언』의 제1장 '자본가와 무산자(資產者和無產者)'가 실려 있다. 주웨이쩡(朱維掙)은 「류스페이: '불변'과 '선변'의 인물(劉師培 : 一個'不變'與'善變'的人物)」이라는 글에

---

1) 쩐슈(震述, 1886-?). 허쩐(何震)의 필명이다. 허쩐은 신해혁명 시기의 재원으로 저명 국학대가이자 무정부주의자인 류스페이(劉師培)의 아내이기도 하다. 시와 그림에 뛰어났다. 장타이옌의 초청으로 남편과 함께 일본에 가서 중국 동맹회에 가입한 후 무정부주의를 신봉하게 된다. 《천의보(天義報)》에 글을 발표하여 암살을 고취하고 무정부혁명을 부르짖었다. 신해혁명 후에는 혁명당을 배신하고 위안스카이 복벽에 찬성하였으며 남편이 병사하자 정신착란에 빠졌다고 하는데 최후는 알 수 없다.

2) 사카이 도시히코(堺利彦, 1871-1933). 일본의 사회주의 지도자로 일본공산당 창립자 중 한 명이다. 1903년 고토쿠 슈스이(幸德秋水)와 함께 《평민신문(平民新聞)》을 발간하여 사회주의 사상을 고취시켰다. 러일전쟁 직전, 반전사상을 주장하다 체포되었다가 석방되었으며, 1906년 일본사회당 결성을 도왔다.

서 『공산당선언』을 최초로 중국어로 번역한 인물이 류스페이[3)]일 것이라고 했지만 현재까지 이 번역본의 행방은 알 수 없다.[3]

중화민국 초기 중국에서는 다시 한 번 사회주의 열풍이 불었다. 1911년 12월 장캉후는 이렇게 말했다. "그 동안 정계, 학계, 언론계, 산업계에서 입으로만 전해지던 사회주의 개념들이 필설(筆舌)의 논쟁으로 번지더니 이제는 점점 일반인들의 뇌리 속으로 들어오게 되었다."[4] 1912년 6월, 저장 샤오싱의 왕즈천[4)]은 주천(煮塵)이라는 필명으로 《신세계(新世界)》 제2기에 「사회주의 대가 마르크스의 학설(社會主義大家馬爾克之學說)」이라는 글을 발표했다. 이 글은 주즈신이 1905년 1월 《민보》 제2호에 게재한 「독일 사회혁명가 소전(德意志社會革命家小傳)」 가운데 '마르크스(馬爾克)'의 내용을 확대해서 쓴 것이다. 그는 글의 '서론'에서 마르크스와 『공산당선언』의 위대한 공헌과 역할을 열정적으로 찬양했다. "오늘날 사회주의 학설 및 사회당 세력의 기세가 드높아지자 전 세계 많은 사람들이 그 깃발 아래 모였다. 유사 이래 처음으로 부유한 자들에게 분노에 찬 시선을 던져 공포에 떨게 만들었으니 누가 이렇게 만든 것인가? 바로 독일의 마르크스이다."[5] 사람들은 어째서 마르크스에 "경도되거나 그를 질시하는가?" 그것은 마르크스가 "전 세계 사회당의 강령인 『공산당선언』"의 기안자이기 때문이다. 마르크스는 "시대의 흐름을 바꾼 인물이며", 『공산

3) 류스페이(劉師培, 1884-1919). 자는 션수(申叔), 호는 줘안(左盦)이다. 중국 근대의 경학자, 사학자, 문학가이다. 일본에서 유학하였으며 무정부주의와 사회주의 사조의 영향을 받아 아내 허쩐(何震)과 함께 '여자복권회(女子復權會)', '사회주의강습회(社會主義講習會)를 만들었으며 《천의보》, 《형보(衡報)》 등을 창간했다. 베이징대학 교수를 역임했다. 저작으로는 『유신숙선생유서(劉申叔先生遺書)』가 있다.

4) 왕즈천(王緇塵, ?-?). 왕즈청(王子澄)이라고도 불린다. 저장 샤오싱 사람이다. 팔고문을 혐오하여 과거시험에 나아가지 않았다. 청말 《백화보(白話報)》와 민국 시기 《신세계(新世界)》 잡지를 창간하였고 농사 실험장, 여성노동자 전습소 등을 만들었다. 사회주의 연구에 매진했으며 국학 연구에도 조예가 깊어 『사서독본(四書讀本)』, 『자치통감독법(資治通鑒讀法)』, 『국학강화(國學講話)』 등을 저술했다.

당선언』은 "20세기 사회 혁명의 도화선"이자 "대동 태평 신세계의 원동력"이다. 마르크스가 초안을 잡은 『공산당선언』이 "이 같은 힘을 갖추고 이 같은 성취를 이루었는데, 우리 중화 사회당에서는 듣지도 보지도 못했다는 게 말이나 된단 말인가?" 글은 마르크스 '약전(傳略)', '『공산당선언서』 개략'과 '『자본론』 개략' 등으로 구성되어 있으며, 『공산당선언』의 '10대 강령'도 번역하였다. 주즈신의 글과 비교해보면 새로운 내용이 적지 않게 추가되었다는 것을 알 수 있다.

10월 혁명의 발발은 중국에 마르크스주의가 본격적으로 전래되는 계기가 되었다. 물론 10월 혁명 이전에도 『공산당선언』의 요약본이나 발췌본이 나왔었지만 중국인들의 관심을 끌지는 못했다. 10월 혁명 후 중국인들은 마르크스주의 강령성 문헌에 주목하기 시작했다. 5·4운동 전후로 몇 사람이 『공산당선언』의 번역을 시도했다. 1919년 4월 6일, 천두슈와 리다자오가 발간하는《매주평론》에 '셔(舍)'라는 필명의 인물이 『공산당선언』 제2장의 내용을 발췌 번역한 글과 10항의 정치 강령이 게재되었다. 이 신문은 백화문과 새로 도입된 문장부호를 사용했기 때문에 젊은 지식인들에게 큰 호응을 얻었다. 편집자는 이렇게 말했다. "이 선언은 Marx와 Engels 사상 초기의 매우 중요한 견해를 담고 있다. … 계급투쟁을 주장하고 세계 노동자의 단결을 호소한 글로 새로운 시대를 상징하고 있다."[6] 또 같은 해 11월 1일 출판된《국민(國民)》 2권 1호에는 베이징대학 학생 리저장(李澤彰)이 번역한 『마르크스와 엥겔스의 공산당선언(馬克思和恩格斯共產黨宣言)』의 제1장 「자본가와 무산자(資產者和無產者)」가 실렸다. 당시 그는 책 전체를 번역했지만 잡지의 편폭이 제한되어 있어 연재 형식으로 발표할 수밖에 없었다. 당시 베이징대학 교수였던 후스는 《국민》 잡지에 실린 리저장의 번역문을 본 뒤 그를 찾아가 꾸짖었다. "곧 졸업인데 졸업 후에 일을 할 생각이 있는 건가? 일을 하려거든 글 싣는 일을 그만두고 튀고 싶으면 계속 게재하게!" 선생님의 꾸지람을 듣고 그는 번역문 싣는 일을 중단해버렸다.7 후스는 보상 차원에서 그를 왕윈우에게 소개시켜주어 상무인서관에서 편집일을 돕도록 했다. 리저장은 '최초의 『공산당선언』 중국어 완역자'라는 영예를 얻는 대신 당시 중국의 최대 출판기구인 상무인서관의 '철 밥그릇'에 만족해야 했다. 마오쩌둥은 《매주평론》에 실린 『공산당선언』 번역문을 자세히 탐독했다. 1920년 1월 4일, 리진시가 마오쩌둥의 집무실 탁자 위에 놓여 있는 《국민》 잡지를 유심히 보자 마오쩌둥은 그에게 리저장의 번역문을 '정독'할 것을 권하였다고 한다.8

1920년 3월 베이징대학에 마르크스학설 연구회(馬克思學說硏究會)가 창립되었다. 뤄장롱[5]의 기억에 따르면 연구회에서는 『공산당선언』 영역본을 교본으로 삼아 마르크스주의를 학습했다. 아울러 연구회에 번역실을 두고 영어, 독일어, 프랑스어 번역 소조도 조직했다. 독일어 번역 소조는 『공산당선언』의 독일어 원본을 구해 번역을 진행하여 1920년 등사본(謄寫本)을 발행했다고 한다. 그러나 아마도 완역본은 아니었을 것이다. 뤄장롱은 이렇게 말했다. "『공산당선언』은 번역이 매우 어렵다. 원문의 정신까지 살려 번역하자니 번역은 매우 더디게 진행되었다." 등사본의 일부 번역문은 『경한 노동자 유혈기(京漢工人流血記)』라는 책에서 인용된 적이 있다.9 리웨이한[6]은 「신민학회를 추억하며(回憶新民學會)」라는 글에

5) 뤄장롱(羅章龍, 1896-1995). 중국공산당 초기 지도자 중 한 사람이다. 베이징대학에서 공부했으며 5·4운동에 참가했다. 1920년 마르크스주의 학설 연구회(馬克思學說硏究會)에 참여했으며 리다자오와 베이징 공산주의소조(北京共産主義小組)를 조직했다. 저서로는 『뤄장롱 회고록(羅章龍回憶錄)』이 있으며 『칸트전(康德傳)』을 번역했다.

6) 리웨이한(李維漢, 1896-1984). 중국공산당 초기 지도자 중 한 명이다. 후난성립제일사범학교(湖南省立第一師範學校)에서 공부했으며 재학 중이던 마오쩌둥, 차이허선(蔡和森) 등과 교류하고 함께 신민학회(新民學會)를 만들었다. 1919년 프랑스 유학을 떠나 중국공산당 유럽지부를 만드는 일에 참여하였다.

서 다음과 같이 회상했다. 1920년 8월부터 9월까지 프랑스 몽타르지에 머물 때 "차이허선이 프랑스어본을 저본으로 삼아 '독하게' 마음먹고 번역한 『공산당선언』을 집중적으로 읽은 적이 있다."[10] 이를 통해 볼 때 당시 학자들 사이에 전해지던 『공산당선언』의 번역본은 여러 종류가 있었다는 것을 알 수 있다.

최초로 『공산당선언』을 중국어로 완역한 인물은 천왕다오[7)]이다. 덩밍이(鄧明以)는 「5 · 4 시기의 천왕다오 동지(五四時期的陳望道同志)」라는 글에서 이렇게 썼다. "천왕다오 동지는 5 · 4운동 이전에 이미 진보 사상의 영향을 받고 마르크스주의도 접했다. 그는 일본에서 유학했는데, 철학, 문학, 법률 등 사회과학과 물리 등 현대 자연과학 공부에 힘쓰는 한 편, 남는 시간을 쪼개어 마르크스주의 저작을 읽었다. 5 · 4운동이 시작되자 그는 결연히 귀국해 신문화운동에 적극적으로 참여하였다. 일사풍조[8)]를 거치며 호된 단련을 받고 큰 깨달음을 얻었다. … 그는 제국주의와 봉건주의의 반동적인 문화와 사상을 타파하기 위해서는 반드시 마르크스-레닌주의 같은 새로운 사상적 무기가 필요하다고 생각했다. 따라서 그는 사건이 마무리된 후 고향인 저장 이우(義烏) 펀수이탕(分水塘)에 머물며 독학으로 『공산당선언』을 번역했다. 천왕다오 동지가 번역한 『공산당선언』은 … 1920년 4월에 사회주의 연구 소총서(社會主義研究小叢書)의 하나로 상하이 사회주의연구사(社會主義研究社)에서 정식 출판되었다."[11]

예융례(葉永烈)가 쓴 「비밀당원 천왕다오(秘密黨員陳望道)」라는 글에

---

7) 천왕다오(陳望道, 1891-1977). 중국 현대의 저명 교육가, 언어학자이다. 일본 와세다대학에서 유학하며 마르크스주의를 접했다. 귀국 후 푸단대학 총장, 상하이대학 교수, 민맹중앙부주석(民盟中央副主席)을 역임했다. 중국 최초로 『공산당선언』을 번역했으며 《사해(辭海)》 편찬을 총괄했다.

8) '일사풍조(一師風潮)'는 저장성 제일사범학교[一師]에서 1920년 벌어졌던 문화개혁운동을 말한다. 베이징대학에서 시작되었던 5 · 4 신문화운동에 비견된다. 당시 제일사범학교의 어학 교사였던 천왕다오는 '일사풍조'에 참여했다 당국의 조사를 받은 뒤 학교를 떠났다.

보면 천왕다오가 『공산당선언』을 번역하게 된 상황에 대한 자세한 설명이 나온다. 당시 베이징의 리다자오와 천두슈는 영어로 된 『공산당선언』을 읽고 빠른 시간 내에 중국어로 번역되어야 한다고 생각했다. 급진적 사상가 다이지타오[9]도 일본에서 이 책을 읽은 후 번역의 필요성을 절감했지만 능력이 모자라 포기하고 말았다. 상하이로 돌아와 적합한 번역자를 물색하던 중《민국일보》 주필이던 샤오리즈[10]로부터 천왕다오를 추천받았다. 천왕다오는 샤오리즈와 빈번하게 서신을 주고받으며《민국일보》 부간《각오》에도 여러 차례 투고한 경험이 있다. 따라서 샤오리즈는 천왕다오의 실력을 익히 알고 있었다. 이에 다이지타오는『공산당선언』 일역본을, 천두슈는 리다자오가 베이징대학 도서관에서 빌린 영역본을 천왕다오에게 전해주었다. 천왕다오는 1920년 2월 하순에 번역을 시작해 4월 하순에 번역을 마쳤다. 번역 후에는 일본에서 유학을 마치고 돌아온 리한쥔[11]과 천두슈에게 교열을 의뢰하고《성기평론(星期評論)》에 연재할 계획을 세웠다. 그러나 발행부수가 10만 부에 달하던《성기평론》은 당국의 감시 끝에 결국 1920년 6월 6일 정간되었다. 마침 중국공산당 창설을 준비하고 있던 천두슈는 코민테른의 대표 그레고리 보이틴스키(Grigori Voitinsky)와 상의해 급히 자금을 조달한 뒤 라파예트로(현재의 푸

9) 다이지타오(戴季陶, 1891-1949). 중화민국과 중국국민당 원로, 중국 근대 사상가이자 정치가이다. 일본에서 유학했으며 동맹회에 가입했다. 중국 마르크스주의 초기 연구자 중 한 명이다. 국민당 중앙 선전부장, 고시원(考試院) 원장 등을 역임했으며 장제스(蔣介石)의 '국사(國師)'라 불릴 정도로 장제스의 중요 참모 역할을 했다.

10) 샤오리즈(邵力子, 1882-1967). 중국 근대의 정치가, 교육가이다. 푸단대학을 졸업했고 동맹회에 가입해 활동했다. 류야즈(柳亞子)와 함께 남사(南社)를 조직해 문학 혁신을 도모했다. 1920년 중국공산당에 가입했다. 상하이《민국일보》 편집장을 역임했다.

11) 리한쥔(李漢俊, 1890-1927). 중국공산당 초기 당원 중 한 사람으로 중국공산당 제1차 대표대회 대표이다. 일본 도쿄제국대학에서 유학하며 마르크스주의를 받아들였다. 귀국 후 마르크스주의를 적극적으로 선전했으며 공산당 창당 작업에 큰 공헌을 했다. 1927년 군벌에 의해 살해되었다.

싱중루[復興中路]) 청위리(成裕里) 12호에 '우신인쇄창(又新印刷廠)'을 세워 『공산당선언』 1천 권을 인쇄했다. 판권장(版權張)을 통해 볼때 초판 인쇄 시점은 '1920년 8월'이다.[12] 이는 덩밍이가 증언한 것과 비교해 볼 때 4개월의 차이가 있다. 그렇다면 어느 것이 맞는 것일까?

1950년대 장징루가 펴낸 『중국현대출판사료(갑편)(中國現代出版史料(甲編)』(중화서국 1954년)에 보면, 중국어 완역본은 1920년 4월 상하이 사회주의 연구사에서 출판된 것으로 나온다. 이 주장은 1970년대까지 별다른 의문 없이 받아들여졌다. 삼련서점에서 1979년 출판된 딩셔우허(丁守和), 인쉬이(殷叙彝)의 『5 · 4계몽운동에서 마르크스주의의 전파까지(從五四啓蒙運動到馬克思主義的傳播)』도 이 주장을 그대로 받아들이고 있다. 심지어는 천왕다오 자신조차도 1973년 중신사(中新社)와의 인터뷰 때 이에 대해 별다른 이의를 표시하지 않았다.[13] 이 주장은 『사해』[12)]에도 그대로 반영되어 있다.

1980년대에 들어와서 몇몇 학자들이 『공산당선언』의 최초 중국어 완역본의 출판 시기에 대해 새로운 주장을 내놓기 시작했다. 허스유(賀世友)는 「당 창건 시기 '공산당선언'의 전파와 영향('共産黨宣言'在我黨創建時期的傳播和影響)」이라는 글에서 『공산당선언』은 1920년 5월 천왕다오가 번역해 상하이 공산당 창립조에게 전해진 뒤 상하이 사회주의 연구사에서 8월 공식적으로 출판되었다고 썼다. 초판 발행 부수는 그다지 많지 않아 곧바로 매진되었기 때문에 9월 재판 인쇄에 들어갔다.[14] 1980년대 후반에 산둥성 광라오현(廣饒縣) 박물관은 1920년 8월에 출간된 판본을 소장하게 되었는데 전문가 감정 결과 최초의 판본 중 하나로 판명되었다.

---

12) 『사해(辭海)』는 1915년 슈신청(舒新城) 선생이 주편한 도서로 중국 최대의 백과사전이다. 2020년 제7판이 발행되었는데 총 수록 항목은 12만 7천개, 글자 수는 2천만 자에 달하는 방대한 양을 자랑한다.

이 책은 4 · 6배판으로 신문 용지에 인쇄되어 있고 모두 58쪽이다. 표지는 황갈색인데 중앙에는 마르크스의 반신상이 인쇄되어 있다.[15] 예용례가 베이징 도서관에 초판본이 소장되어 있으며 귀중한 진본(珍本) 가운데 하나라고 말한 것도 이 책을 봤기 때문일 것이다.[16] 이로써 완역본 출판 시기에 대한 논란은 결론이 난 듯 보였다. 덩밍이 등이 편집하고 1990년 12월 상하이 인민출판사에서 출간한 『천왕다오문집(陳望道文集)』 제4권 부록 「천왕다오 번역문 목록(陳望道譯文目錄)」에서도 이 책의 초판 인쇄 시점을 1920년 8월로 못 박고 있다.

그러나 『루쉰연구자료(魯迅研究資料)』 제1집에 위옌스(余延石)가 쓴 「노신과 '공산당선언'(魯迅和'共産黨宣言')」이라는 글에 보면 이를 의심할 수밖에 없는 내용이 나온다. 글에 따르면 1920년 6월 26일, 루쉰은 저우쭤런과 함께 대학 출판부에 가서 (『루쉰일기(魯迅日記)』가 증거다) 천왕다오가 6월 22일 보낸 편지를 수령한다. 편지의 대체적인 내용은 다음과 같다. 항저우 일사풍조 이후 징즈옌(經子淵, 즉 經亨頤) 교장이 사직하자 나(천왕다오)도 그를 따라 사임하고 저장성 이우현 펀수이탕촌으로 돌아와 신사상을 연구하는 동시에 시험 삼아 『공산당선언』을 번역해보았다. 《신조》에 실린 루쉰의 글을 보았다. 루쉰은 이렇게 말했다. "현재는 무조건 논쟁해야 한다. 과학을 말할 때도 당연히 논쟁해야 한다. 쉽게 안정된 결론을 얻기는 힘들겠지만 다시 세상에 죄를 지어서는 안 될 것이다." 이 말에 동의하는 의미에서 특별히 『공산당선언』 번역본을 보내니 가르침을 주시기 바란다.(『저우쭤런일기(周作人日記)』의 수고본[手稿本] 원본이 증거다) 저우쭤런의 회고에 따르면 루쉰은 편지를 받은 당일 책을 열람한 후 이렇게 말했다. "일이 매우 잘 되었다. 지금 사람들은 무슨 '과격주의'란 것에 대해 토론하고 있는데 어느 누구도 '주의(主義)'란 것을 우리나라에 제대로 소개한 적이 없다. 이 일은 대단히 중요한 일이다." 천왕다오가

"이 책을 번역한 것은 중국에 매우 바람직한 일이다." 루쉰은 답례로 답장과 함께 『역외소설집(域外小說集)』도 부쳐주었다.[17]

위의 내용은 모든 루쉰 연보에 공통적으로 실려 있는 것으로 의심의 여지가 없다.[18] 천왕다오의 『공산당선언』 번역 과정을 소개한 예용례는 「비밀당원 천왕다오」에서 이에 대해 "이해할 수 없다"는 반응을 보였다. 허난 인민출판사가 1988년 출간한 가오팡(高放) 주편의 『사회주의 대사전(社會主義大辭典)』의 '천왕다오' 조목과 '공산당선언' 조목을 보면 두 가지 초판 발간 시점을 모두 기재하고 있는데 이런 사례는 적지 않게 발견되고 있다.

073

『호조론(互助論)』
중국적 무정부주의의 발판이 되다
『상호부조론』

중국 근대 무정부주의 사조를 말하면 『호조론』[1]을 빼놓을 수 없다. 『호조론』은 러시아 무정부주의자 크로포트킨(Peter Kropotkin, 1842-1921, 중국명 克魯泡特金)이 1902년 발표한 그의 대표작이다. 이 책은 1890년부터 1896년 사이에 런던에서 영어로 저술하고 영국 잡지 《19세기(The Nineteenth Century)》에 연재되었던 단편 논문을 모아 출간한 것이다. 책의 원제는 『호조: 진화의 요소(Mutual Aid: A Factor of Evolution)』이며 모두 8장으로 구성되어 있다. 앞의 두 장에서는 생물학과 동물학 자료를 대거 인용하여 동물들 간의 상호부조와 집단생활 내에서의 호조가 종족 보존과 진화 과정에 미치는 영향 및 특징에 대해 서술하고 있다. 호조는 현미경으로 볼 수 있는 하등생물에서부터 곤충, 어류, 조류, 그리고 각종 포유류까지 어느 하나 예외가 없는 현상이다. 진화의 단계가 높고 번식력이 강한 동물들의 특징은 서로 잘 단결하고 무리짓기에 능해 열악한 환경과

1) 한국에서는 일반적으로 '상호부조론'이라 번역한다. 최초의 한국어 번역본은 1948년 대성출판사(大成出版社)에서 출간된 성인기(成仁基) 번역본으로 알려져 있다.

천적에 잘 대처할 수 있다는 것이다. 무리 내부의 호조 정신이 강하면 강할수록 생존 확률은 더 높아진다. 개미, 꿀벌, 앵무새는 대표적인 예이다. 책에서는 투쟁이 만고불변의 진리가 아니라 특정 시기에만 나타나는 것으로 얼마든지 상호부조와 상호지원으로 대체될 수 있다고 주장한다. 예를 들면 개미가 먹이를 저장하고, 철새들이 추운 계절에 남쪽으로 이동하며, 설치류 동물이 겨울잠을 자는 것은 모두 투쟁을 피하기 위한 것이다. 자연선택이란 투쟁을 피할 수 있는 방법을 부단히 찾는 것을 말한다. 뒤의 여섯 장에서는 인류의 호조에 대해 서술하고 있다. 호조 정신은 인류 탄생 이전부터 있었다. 미개한 원시 부족과 부락, 야만족의 촌락 공동체와 중세기 도시의 각종 길드 조직에도 다양한 형태의 호조가 보편적으로 존재했으며 이러한 호조 정신은 인류 사회의 진화와 발전을 촉진했다. 국가는 호조 정신의 대립물로 출현했다. 야만족의 촌락 공동체는 로마제국의 건립으로 인해 파괴되었다. 호조 정신은 사람들을 단결하게 만들고 국가와 투쟁하도록 만들었다. 이런 투쟁은 현대까지 이어지고 있다.

『호조론』은 크로포트킨이 무정부주의적 관점에서 저술한 사회발전사로 그가 내린 결론은 다음과 같다. 인류는 권위와 강제의 힘이 아닌 호조의 본능에 기대어 조화로운 사회생활을 영위할 수 있다. 권위와 강제가 없는 사회는 국가와 권력이 지배하는 사회와 비교해 볼 때 사람들의 자유가 더 잘 보장될 뿐만 아니라 완전하고 이상적이며 생명력이 넘치는 체제다. 중국 무정부주의자들은 이러한 '호조' 이론에 큰 관심을 가졌다. 그들은 『호조론』으로 인해 무정부주의가 공상에서 '과학'으로 변모하였다고 생각했다.

크로포트킨의 학설은 최초 《천의보》와 《신세기》에 소개되었다. 1907년 6월 10일 도쿄에서 창간된 《천의보》에는 크로포트킨의 「유쾌한 노동(快愉之勞動)」(Agreeable Work), 「빵의 쟁취(面包掠奪)」(The Conquest of

Bread), 「미래 사회 생산의 방법과 수단(未來社會生產之方法及手段)」(The Industrial Village of the Future), 「무정부주의의 철학과 이상(無政府主義之哲理同理想)」(Anarchism: Its Philosophy and Ideal)이 류스페이 등의 번역으로 게재되었다. 그들은 안어에서 다음과 같이 말했다. "크로포트킨 저작 가운데 가장 뛰어난 작품은 『호조』"로 이 책의 핵심 내용은 다음과 같다. "우주를 우러러보고 대지의 온갖 물종(物種)들을 굽어보고 가깝고 먼 곳의 여러 존재들을 살펴보면 각각의 개체들이 상호 결합되어 자연의 조화와 질서를 만들어낸다는 것을 알 수 있다. 책에서는 다양한 사례를 들어 인류의 호조를 증명했다. 또한 역사를 인용해 인류의 사회생활이 국가생활보다 앞선다는 것을 설명하였다. 최근 세계적으로 유행하는 자유결사의 풍조를 잘 발전시킨다면 사회가 국가를 대신할 수도 있을 것이다. 따라서 이 책은 상호부조를 실행하는 데 목적이 있다."[1] 1907년 6월 파리에서 창간된 《신세기》에도 크로포트킨 사상에 관한 글들이 대량으로 게재되었다. 1908년 1월 25일 발행된 31호부터 6월 13일까지 발행된 51호까지에는 리스쩡[2)]이 '쩐(眞)'이라는 필명으로 쓴 「호조: 진화의 대원인(互助: 進化之大原因)」이라는 글이 실렸다. 이 글은 『호조론』의 전반부 3장에 해당하는 것으로 『호조론』의 최초 발췌 번역본이라고 할 수 있다. 리스쩡은 역자서문에서 이렇게 말했다. "이 책은 우선 동물의 호조에 대해 설명한 뒤, 다음으로 야만인과 반(半) 문명인의 호조에 대해 서술했다. 그리고 마지막으로는 현대인의 호조에 대해 설명하고 있다. 크로포트킨은 생물 과학 실험과 인류사회의 발전과정을 근거로 (러시아 동물학 대가가 도

2) 리스쩡(李石曾, 1881-1973). 본명은 리위잉(李煜瀛), 자는 스성(石僧)이다. 중화민국 시기의 교육가이자 국민당 4대 원로 중 한 사람이다. 사립 난통대학(南通大學) 재단이사를 지냈다. 무정부주의 사상을 기초로 근공검학(勤工儉學) 운동을 조직했으며 세계사(世界社)를 설립하고 기관지《신세기(新世紀)》를 발간했다.

출한) 호조가 진화의 원인이라는 것을 밝히고 있다. 이는 '다윈'이 주장한 생존경쟁 학설의 결함을 보완해주는 것으로 과학의 새로운 법칙이며 사회의 근본 원리이다."[2] 차이위안페이는 1923년 『오십년래 중국의 철학』에서 리스쩡에 대해 다음과 같이 평가했다. "『천연론』 출판 이후 '물경(物競)'과 '쟁존(争存)' 등의 용어가 크게 유행하였다. 이로 인해 '강권만 있고 공리는 없다(有强權無公理)'는 주장이 힘을 얻었다. 그러나 비슷한 시기에 다윈 진화론과 강권론의 문제점을 지적하고 바로잡은 학설이 프랑스에서 소개되어 들어왔다. 가오양(高陽) 태생의 리위잉(李煜瀛, 즉 리스쩡)은 프랑스에서 농학과 생물학, 라마르크의 동물철학을 공부한 뒤 크로포트킨의 호조론을 중국에 소개하였다. 그에게 호조론은 신앙과도 같은 것이다. 중화민국이 세워지기 6년 전쯤, 그는 친구 몇몇과 함께 파리에서 《신세기》라는 혁명적 신문을 발행했다. 그는 신문에 호조론을 이론적 근거로 한 정치 혁명과 사회 혁명에 관한 글들을 대거 게재했다. 강권을 반대하고 종교를 반대하는 루소와 볼테르의 철학과 자유도덕론 등도 소개했다. 또한 리스쩡은 라마르크와 크로포트킨의 저작을 번역하여 『신세기』에 발표했다. 비록 완역은 아니지만 영향력은 매우 컸다. 우징헝,[3)] 장지, 왕징웨이[4)] 등 그의 동지들이 도처에서 자유와 호조를 제창한 것은 모두

---

3) 우징헝(吳敬恒, 1865-1953). 자는 쯔후이(稚暉), 본명은 탸오(眺)이다. 후에 징헝(敬恒)으로 개명했다. 일본에서 유학했으며 귀국 후 차이위안페이, 장타이옌과 함께 중국교육회(中國教育會)와 애국학사(愛國學社)를 조직했다. 1903년 2월 《소보》를 통해 혁명을 고취하다 7월 '소보안'이 터지자 영국으로 도피했다. 리스쩡과 파리에서 세계사(世界社)를 설립하고 기관지 《신세기》를 발간했으며 무정부주의 운동에도 참여했다. 프랑스에서 근공검학 운동을 주도했다. 1920년 북경에 설립된 중파대학(中法大學)의 총괄책임자가 되었으며 1921년 학생 100여 명을 데리고 프랑스에 가 리앙 중파대학 교장이 되었다. 이후 국민당 정부에서 일하다 1949년 대만으로 건너가 1953년 병사했다.

4) 왕징웨이(汪精衛, 1883-1944). 본명은 왕자오밍(汪兆銘), 자는 지신(季新), 필명은 징웨이(精衛)이다. 일찍부터 혁명에 투신했으며 프랑스에서 유학하고 돌아와 쑨원에 협력하였다. 쑨원이 광저우에서 대총통에 취임한 후 광둥성 교육회장, 광둥정부고문에 올랐으며 1924년 중앙선전부장을 역임했다. 항일전쟁 시기 일제에 부역하며 친일 괴뢰정권인 난징 국민정부(南京國民政府)

《신세기》로부터 영향을 받은 것이다."[3]

《신세기》는 호조와 관련된 글의 번역문을 싣는 것과 동시에 '신세기 총서(新世紀叢書)'도 발간하였다. 총서 제1집(輯) 5권은 엘쯔바허(Paul Eltzbacher)가 쓴 『무정부주의(Anarchism)』의 1장 「세계 7대 무정부주의자」로 그 안에 크로포트킨의 『호조론』이 소개되어 있다. 중국의 무정부주의자들은 분명 『호조론』에 신앙 또는 종교와 비슷한 감정을 갖고 있었다. 류스페이는 「크로포트킨 학술 술략(苦魯巴金學術述略)」에서 크로포트킨의 이론이 "공산 무정부주의에 가장 적합하다"고 하였다. 『호조론』 신봉자 추민이[5)]도 이렇게 말했다. "사람들은 경쟁이 없으면 진보도 없다고 하지만 나는 이렇게 고쳐 말하겠다. 호조가 없으면 진보는 생각할 수조차 없다." "살아남아 진화한 종은 상호부조했기 때문이지 경쟁했기 때문이 아니다." 이에 대한 설득력 있는 증거로는 다음을 들 수 있다. "짐승의 경쟁은 사람보다 낫지만 호조는 사람보다 못하다. 문명인의 호조는 야만인보다 낫지만 경쟁은 야만인보다 덜하다. 이것은 불변의 이치이다."[4]

1차 세계대전이 터지자 『호조론』은 다시 유럽에서 성행했다. 중국의 지식인들도 "물경천택이라는 공염불을 버리고 호조를 이야기하기 시작했다." 순식간에 '호조' 학설이 전 세계로 퍼져 나갔다. 황링솽(黃淩霜)은 1917년 발간한 《자유록(自由錄)》 제1집에 「경쟁과 호조(競爭與互助)」라는 제목으로 글을 투고해서 '물경천택'의 학설을 비판하고 『호조론』이 "풍부한 의미를 지니고 있을 뿐만 아니라 격치를 집대성"했다고 크게 찬양했다. 《진화(進化)》 1기에 실린 「본지선언(本誌宣言)」에서는 잡지 창간의

주석이 되어 민족 반역자로 오명을 남겼다.

5) 추민이(褚民誼, 1884-1946). 왕징웨이 정부에서 외교부장과 광둥성장을 역임했다. 일본에서 정치경제학을 공부하며 혁명사상에 경도되었다. 1906년 프랑스 파리에 가서 우쯔후이, 리스쩡, 차이위안페이 등과 함께 중국인서국(中國印書局)을 창설하고 《신세기》, 《세계화보(世界畫報)》를 창간해 반청혁명을 선전했다.

목적이 “호조의 원리를 각계각층에 전파하여 사람들이 잘 이해하고 실행”하도록 하기 위함에 있다고 쓰고 있다. 1918년 3월에서 5월까지 발행된 《노동(勞動)》 1호에서 3호까지에는 스즈(石子)가 『호조론』 전반부 2장을 편역한 「동식물간의 호조 생활(動植物間之互助生活)」이 연재되었다. 이처럼 수많은 신문들에서 크로포트킨의 일생과 사상을 앞다투어 소개했다. 특히 1922년 7월에 창간되어 가장 오랫동안 발행된 무정부주의 잡지 《민종(民鐘)》은 ‘크로포트킨 연구 특별호(克魯泡特金研究號)’까지 발행하였다. 여기에 실린 글로는 「크로포트킨 약전(克魯泡特金傳略)」, 「크로포트킨의 혁명사상(克魯泡特金的革命思想)」, 「‘호조론’서언(‘互助論’序言)」(셩바이(聲白) 역), 「크로포트킨의 진화론(克魯泡特金的進化論)」, 「크로포트킨의 도덕관(克魯泡特金的道德觀)」, 「크로포트킨의 경제관(克魯泡特金的經濟觀)」, 「크로포트킨의 문학연구(克魯泡特金的文學研究)」와 「크로포트킨 저작 일람표(克魯泡特金的著作一覽表)」 등이 있다. 또 1924년 6월 1일에는 크로포트킨 서거 3주년을 기념하여 ‘크로포트킨 서거 3주년 특별호(克魯泡特金三年祭號)’를 발행했다. 여기에는 「크로포트킨과 러시아 혁명(克魯泡特金與俄國革命)」, 「크로포트킨(克魯泡特金)」, 「크로포트킨의 우주관과 사회철학(克魯泡特金之宇宙觀與其社會哲學)」, 「크로포트킨의 러시아 혁명관(克魯泡特金之俄國革命觀)」 등이 실렸다. 베이징 《국풍일보(國風日報)》 부간 《학휘(學彙)》에도 크로포트킨의 저작과 크로포트킨 연구 논문이 실렸다. 류스페이는 「리진숑에게 답함(答李進雄)」이라는 글에서 『호조론』을 극찬했다. “크로포트킨 선생은 ‘호조는 진화의 어머니’라는 원리를 생물학적으로 증명했다. 생물은 군집을 이루어 상호부조해야 생존할 수 있다. ‘적자생존’이라는 말은 서로 돕는[互助] 자만이 생존할 수 있다는 의미로 헉슬리가 말한 우승열패 학설의 오류를 지적한 것이다. 또한 다윈 학설의 본뜻이 우승열패에 있지 않다는 것을 증명함으로써 천연학의 신기원을 열었다."[5]

호조론에 대한 호평이 이어지는 중에 리스쩡은 『호조론』 전반부 4장을 재번역해서 《동방잡지》 제16권 5호에서 10호까지 연재했다. 1919년 광저우에서 발행된 《민풍(民風)》 주간(週刊)과 1920년 발행된 《베이징대학 학생주간(北京大學學生週刊)》에도 『호조론』의 번역문 일부가 게재되었다. 이런 와중에 『호조론』의 최초 완역본이 출간되었다. 상무인서관에서 기획한 '공학사총서' 가운데 '사회경제총서(社會經濟叢書)'[6] 중 한 권으로 저우포하이(周佛海)가 번역한 『호조론』이 1921년 12월에 초판 발행되었다. 이어서 1923년 10월 3판, 1926년 6월 4판, 1933년 1월 5판을 인쇄했다. 1930년에는 대형 총서인 '만유문고' 제1집에 포함되었는데, 이때 기존 '공학사총서'본에 누락되었던 내용과 불분명한 부분을 수정 보완하여 다시 출간하였다. 아울러 기존 번역본에 있던 주석들도 상당부분 삭제했다. 빠진(巴金)은 이 번역본에 대해 다음과 같이 평가하였다. "번역문이 유창하여 가독성이 높지만 보급판을 저본으로 한 것이라 기존 번역본에서 생략되었던 부록과 각주가 보완되지 않았다." 1929년 주시(朱洗)는 『호조론』을 완역한 후 빠진의 교열을 거쳐 1939년 6월 평명서점(平明書店)에서 발간했다. 누락된 부록의 자료를 보충해 넣었으며, 호조와 관련된 중국의 자료를 모아 「중국인의 호조(中國人的互助)」라는 장절을 별도로 추가하기도 했다. 이 책은 1948년 12월에 3판을 발행했다.

『호조론』이 5·4 시기에 중국 학술계에서 광범위한 호응을 얻은 데에는 사회적인 원인을 빼놓을 수 없다. 19세기 말에 옌푸가 『천연론』을 번역한 이래, '물경천택'과 '우승열패'를 강조한 사회진화론은 민족구망과 분발도강(奮發圖强)의 이론적 지주가 되어 20여 년 이상 중국 사상계를 풍미했다. 1차 세계대전이 초래한 참상과 파리 평화회의에서 중국이 당한 수모는 강권침략과 약육강식의 원리를 말한 사회진화론의 위력을 깨닫게 해주었다. 이에 대항할 새로운 사상을 모색하는 중에 제국주의적 강권철학에 비판적인 『호조론』은 초기의 급진적 민주주의자들을 매료시키기에 충분했다. 윈다이잉[6)]은 1917년 10월 "환경을 개조하고 자신을 개조하자"는 구호를 앞세워 학생 단체 '호조사(互助社)'를 조직하였다. 1920년 창간된 《호조》 잡지는 '크로포트킨의 새로운 진화론'이라는 문구를 전면에 내세우고 『호조론』을 '사회주의적 사회주의'의 이론적 기초라며 선전했다. 「사회주의를 논함(論社會主義)」이라는 글에는 다음과 같은 예언이 등장한다. "세계의 미래는 개인주의적 무정부주의가 아니라 공존과 호조의 사회주의로 귀결될 것이다."[7] 차이위안페이는 천두슈에게 보낸 편지에서 『호조론』을 높이 평가하며 이렇게 말했다. "생물 진화의 역사에서 호조는 생존을 위한 법칙이었다. 이것은 다윈이 말한 생존경쟁의 의미에 반하는 것이다. 책에서는 광범위한 예시를 통해 이를 증명하고 있으며 공담(空談)은 철저히 배격했다. 오늘날 인도주의를 표방하는 사람이라면 모두 호조를 종지로 삼는다."[8] 1918년 11월 15일, 차이위안페이는 베이징 톈안먼(天安門)에서 거행된 연합국 승리 경축 대회에서 「어둠과 광명의 흥망성쇠(黑暗與光明的消長)」라는 제목의 연설을 했다. 그는 연설에서 연합국의 승리로 인해 어둠으로 상징되는 강권론이 소멸하고 광명으로 상징되는 호조론이 "모든 사람들의 신앙의 대상이 되었다"고 말했다.[9] 천두슈는 《신청년》에 투고한 글에서 이렇게 말했다. "인류가 진화하기 위해서는 경쟁과 호조가 모두 필요하다. 이는 자동차에 두 바퀴가 있고 새에게 양 날개가 있는 것과 같다. 경쟁과 호조의 목적은 자아

6) 윈다이잉(惲代英, 1895-1931). 중국 공산주의 혁명가이자 중국공산당 초기 지도자 중 한 명이다. 우한(武漢) 지역의 5·4운동을 이끌었고 '호조사(互助社)', '이군서사(利群書社)', '공존사(共存社)'를 만들어 무정부주의와 마르크스주의를 선전했다. 상하이대학 교수를 역임했다. 카를 카우츠키(Karl Kautsky)의 『계급투쟁』을 번역 소개하여 중국의 공산주의 학생들에게 큰 영향을 주었다. 저서로는 『윈다이잉 문집(惲代英文集)』 등이 있다.

의 생존과 진보에 있다. 다만 둘 사이에 상황과 범위의 차이가 있을 뿐이다. 크로포트킨과 다윈 두 사람은 각각 진리의 한 면씩만을 본 것이다. 따라서 두 사람의 책을 합치면 만물 진화의 원리를 충분히 설명할 수 있을 것이다."[10] 리다자오는《매주평론》제29호에 쓴「계급경쟁과 호조(階級競爭與互助)」라는 글에서 이렇게 말했다. "크로포트킨의『호조론』을 읽어보면 '인류로부터 짐승에 이르기까지 모두 생존권이 있으며 협력과 우의의 정신이 사회를 구성하는 법칙'이라는 사실을 깨닫게 될 것이다. … 인류는 마땅히 서로 사랑하고 도와야 한다. 또한 인류의 진화를 위해서는 호조에 의지해야 한다. 전쟁에 기대어 생존한다는 것은 말이 안 되며 진화 또한 불가능하다."[11] 마오쩌둥도「민중의 대연합(民衆的大聯合)」이라는 글에서 크로포트킨에 대해 긍정적으로 평가하고 있다. "연합 이후의 행동에 대해 서로 다른 입장의 두 학파가 있다. 과격파는 '상대방이 행한 방식대로 똑같이 돌려주라'고 주장하며 그들(귀족 자본가를 가리킨다)을 필사적으로 무너뜨리려 한다. 이 무리의 지도자는 독일 태생의 마르크스이다. 이에 비해 온건파는 결과를 내는 데 급급해하기보다 우선 평민을 이해시키는 데에서 시작하려 한다. 사람마다 호조의 도덕을 갖추고 스스로 일하려는 마음을 먹는 것이 중요하다. 만약 이런 상황에서 귀족 자본가가 마음을 고쳐먹어 선한 생각을 품기만 한다면 일자리도 얻고 서로 도울 수 있으니 누군가를 해치거나 죽일 필요가 없다. 이런 생각은 매우 포괄적이면서도 심원하다. 그들은 전 세계 국가들을 연합하여 하나의 국가를 만들고자 한다. 전 인류를 연합하여 하나의 가정을 이루고자 한다. 화락친선(和樂親善)—일본에서 말하는 친선이 아니다—함으로써 모두 함께 태평성대로 나아가고자 한다. 이 무리의 지도자는 러시아 태생의 크로포트킨이다."[12]

여기서 '호조'의 의미는 구시대의 전제제도 및 계급제도와 결별하고 새로운 생활을 추구하는 것이다. 이는 무정부주의 이론과도 다르다. 빠진은 주시의 번역본 서언에서 이렇게 말했다. 『호조론』은 "단순한 반항의 책이 아니다. 『호조론』은 우리에게 호조(동종[同種]간의 단결)라는 투쟁의 무기를 제공해주었다. 호조는 외적의 침략 앞에서, 잔혹한 자연과의 투쟁 앞에서 사용할 수 있는 최상의 무기이다. 이 무기를 사용할 수 있는 물종이나 인류는 결코 멸망하지 않는다. 이 사실은 의심의 여지가 없는 것이다." 『호조론』이 중국 지식인들 사이에서 빠르게 전파될 수 있었던 까닭은 그들이 호조론을 중국 유가의 '인학(仁學)', 묵가의 '겸애(兼愛)'와 연결지어 생각했기 때문이다. 또한 '무정부 공산주의'를 유가 '대동사상'과 다르지 않은 것으로 이해했다. 예를 들면, 윈다이잉이 창립한 호조사는 '인(仁)'을 강조하며 이렇게 말했다. "지인용(智仁勇)이라는 것은 일관된 덕이다. 학문을 통해 지혜를 넓히고 실천으로 용기를 증대시키는 것은 모두 인을 얻기 위함이다. 비록 장래의 일까지는 알지 못하는 아둔한 자라해도 그렇게 하면 인의 도리는 얻을 수 있을 것이다."[13] 1919년 발간된 《진화》 제1권 3호에는 다음과 같은 글이 나온다. "무정부 공산주의란 무엇인가? 자본주의를 폐기해 공산사회로 개조함과 동시에 정부의 통치도 거부하는 것이다." "(무정부주의의 핵심은) 강권에 반대하는 것이다. 그렇기 때문에 현재 사회가 갖고 있는 강권적 성질의 나쁜 제도를 우리 당은 모두 배척하는 것이다. 자유와 평등, 박애 정신에 기초하여 우리가 이상적으로 생각하는 체제는 지주도 없고, 자본가가도 없고, 기생자(寄生者)도 없고, 지도자도 없고, 관리도 없고, 대표도 없고, 가장(家長)도 없고, 군대도 없고, 감옥도 없고, 경찰도 없고, 재판소도 없고, 법률도 없고, 종교도 없고, 혼인제도도 없는 사회이다. 그렇게 되면 사회에는 오직 자유만이 있고 호조의 대의(大義)만이 있고 노동의 행복만이 있을 것이다."[14] 새로운 대동 사회에 대한 선언인 이 글은 『호조론』의 영향을 받았다기보다는

『예기』 대동사상과 더 깊은 연관이 있는 것처럼 보인다. '인정(仁政)' 학설을 배양해낸 유가 사상은 중국에서 『호조론』이 전파되는 데 촉매 역할을 해주었다. 그러나 동시에 유가 사상 중의 대일통(大一統) 요소는 결국 무정부주의가 중국에 뿌리내리지 못하는 중요한 원인이 되었다.

074

『임멘 호수(茵夢湖)』

5·4 시기 중국 청년들의 감정생활에 대한 관조

양우넝(楊武能)은 「중국에서의 실러 명극 '음모와 애정'(席勒名劇'陰謀與愛情'在中國)」이라는 글에서 근대 시기 중국에서 큰 인기를 끌었던 독일 문학 작품들에 대해 언급하고 있다. 그는 희극은 실러의 『간계와 사랑』, 장편소설은 괴테의 『젊은 베르테르의 슬픔(少年維持之煩惱)』(Die Leiden des jungen Werthers), 단편소설은 슈토름의 『임멘 호수(茵夢湖)』(Immensee)1)를 최고로 꼽았다. 이 가운데 『임멘 호수』는 현재까지 중국어로 번역 출간된 것만 22종이 넘는다.[1]

테오도어 슈토름(Theodor Storm, 1818-1888)은 19세기 독일의 저명 시인 겸 소설가로 낭만파의 색채가 짙은 현실주의 작가이다. 서정성 강한 그의 소설은 '산문예술' 혹은 서정시의 확장이라는 평가를 받는다. 『임멘 호수』는 그의 젊은 시절 성공작으로 1849년에 완성되었으며 『여름 이야기와 노래집(Sommergeschichten und Lieder)』에 수록되어 1851년 출판되었

1) 중국어로는 '인멍후'라고 발음되며, 한국에서는 '임멘 호수' 또는 '호반'이라는 제목으로 번역되었다.

다. 소설은 결혼에 관한 비극이다. 남녀 주인공인 라인하르트와 엘리자베트는 어린 시절 소꿉친구로 자라면서 서로 사랑하는 사이가 된다. 그러나 엘리자베트의 어머니는 금전에 눈이 멀어 자기 딸을 막대한 유산의 계승자인 에리히에게 시집을 보낸다. 엘리자베트는 평생 동안 라인하르트를 그리워하며 살고 라인하르트도 독신으로 일에만 몰두하며 일생을 보낸다. 자유결혼이라는 주제와 연결되어 있는 이 문제소설은 『인형의 집』과 함께 5·4 시기의 중국 젊은이들에게 강렬한 인상을 남겼다.

이 소설을 처음 번역한 사람은 궈모뤄와 첸쥔쉬[2)]이다. 궈모뤄는 『학생시대(學生時代)』에서 소설의 번역과정에 대해 이렇게 설명했다. 소설의 초벌 번역은 첸쥔쉬가 맡았다. 그러나 그는 일본에서 유학 중이었기 때문에 5·4 이후 중국에서 유행하는 새로운 문체에 대해 잘 알지 못했다. 그가 번역한 초고는 마치 해설이 곁들여진 구시대의 평화소설(平話小說)[3)]과 비슷해 원작과는 거리가 있어 보였다. 따라서 궈모뤄가 전체적으로 번역을 수정할 수밖에 없었다. 궈모뤄는 이렇게 말했다. "나는 직역을 위주로 했지만 어떤 곳에서는 초벌 번역을 따르다보니 의역으로 흐른 경우도 있었다. 하지만 전체적인 스타일에 큰 영향은 없었다. 내가 이 소설을 개역하는 데에는 시후(西湖)에서 노닐었던 경험이 큰 도움이 되었다. 시후에서 느꼈던 감정을 되새기며 임멘 호수의 정취를 재현해내고자 했다."[2] 1921년 7월, 상하이 태동도서국에서 출간된 이 책은 사람들의 큰 관심을 끌었다. 같은 해 8월 재판을 찍었으며, 1923년 10월까지 개정판을 포함해 6판, 1929년 5월에는 12판을 발행했다. 1927년에는 창조사(創造

2) 첸쥔쉬(錢君胥, 1896-1994). 즉 첸차오(錢潮)를 말한다. 중국 현대 의학가이다. 일본에서 유학했으며 귀국 후 항저우에서 임상 및 교학, 연구에 몰두했다. 궈모뤄와는 일본에서 함께 의학을 공부한 사이이다.

3) 옛날에 민간에서 유행하던 구비 문학의 일종으로 이야기와 노래로 구성되어 있으며 역사나 소설 속의 이야기를 위주로 한다. 송나라 때 성행했다.

社) 출판부에서 기획한 '창조사 세계명저선(創造社世界名著選)' 제5종(種)에 포함되었다. 이후에도 다시 여러 출판사에서 개정판이 나왔는데 특히 1930년 7월에 상하이 광화서국(光華書局)에서 출판한 판본은 3년 내에 6판이나 찍었다. 1954년 4월, 상하이 대신서국(大新書局)에서도 3판을 찍었다. 궈모뤄 외에 이 소설을 번역한 작가로는 탕싱톈(唐性天, 1922), 주시에(朱契, 1927), 장유송(張友松, 1930), 쑨시훙(孫錫鴻, 1932), 왕샹(王翔, 1933), 스잉(施瑛, 1936), 량위춘(梁遇春, 1940), 빠진(巴金, 1940) 등이 있다. 탕싱톈이 번역한 『임멘 호수(意門湖)』는 1922년 상무인서관에서 초판 발행된 후, '세계문학총서(世界文學叢書)'와 '문학연구회총서(文學研究會叢書)'에 포함되어 1년 동안 연속 3판을 인쇄하는 기록을 세웠다. 1927년 상하이 개랑서점(開朗書店)에서 출판한 주시에의 『임멘 호수(漪溟湖)』도 2년여 동안 연속 4판을 출간했다. 가장 많은 재판을 발행한 판본은 당연히 궈모뤄가 번역한 것이다. 1943년 8월 충칭 군익출판사(群益出版社)에서 개정판을 출간한 이후, 1946년에 상하이 군해사(群海社)에서 다시 재판을 찍었는데, 이는 중국 번역 출판의 역사에서 기적에 가까운 일이라고 할 수 있다.

『임멘 호수』가 중국의 젊은 독자들에게 사랑을 받은 이유는 높은 예술성 때문일 것이다. 궈모뤄는 슈토름의 작품을 평가하며 이렇게 말했다. "시는 강한 서정성으로 일가를 이루었으며, 소설은 유려하며 진솔해 좋아하지 않을 수 없다. 『임멘 호수』는 특히 더 인기가 높다"고 하였다.(궈모뤄역 원작자소전[郭譯本原作者小傳]) 탕싱톈은 번역 서문에서 슈토름의 문체가 "간결하고 노련하여 인위적인 맛이 전혀 없으며 생생한 장면묘사는 대단히 자연스러워 신묘한 경지에 이르렀다"고 하였다. 스잉은 번역본 머리말에서 이렇게 말했다. "『임멘 호수』는 고작 10장(章)에 불과하지만 그야말로 한 편의 아름다운 서정시라고 할 수 있다. 소설에서 여주인공 엘리자베트가 부르던 노래는 많은 사람들의 심금을 울렸다. '즐겁되 지나치지 아니하고 슬프되 마음 상하지 않는다(樂而不淫, 哀而不傷)'[4]는 말은 이 책에 어울리는 찬사라고 할 수 있다. 이 소설은 산문으로 읽을 수도 있고 시로 읽을 수도 있다." 주시에는 번역 서문에서 이렇게 말했다. "슈토름은 사실주의의 대가로 산문 예술에 뛰어날 뿐만 아니라 낭만적 표현에도 탁월하다. 생생한 장면묘사는 마치 독자들이 소설 속에 들어가 있는 듯한 착각이 들도록 해준다. 또한 간결하고 세련된 문장으로 애절한 감정을 표현하니 독자들의 마음속에는 동정심이 솟구친다. 『임멘 호수』라는 짧은 소설을 통해 이같이 풍부한 묘미를 느낄 수 있는 것이다." 슈토름은 "절묘한 수법으로 애절한 감정과 안타까운 심정을 묘사했으며 독자들에게 큰 울림을 주었다. 이것이 슈토름 소설의 매력이며 슈토름이라는 작가의 진면목이다." 심지어는 이렇게 말하기도 했다. 이 소설은 "『홍루몽』에 견줄 수 있을 정도이다. 차이점이라면 『홍루몽』은 규모가 방대한 데 비해 『임멘 호수』는 상대적으로 규모가 작다는 정도뿐이다. 중국문학은 대부분 내적 묘사에 치중해 사람의 마음과 개성을 표현하는 데 뛰어나다. 즉 안에서 시작해 밖으로 나아가는 것이라 할 수 있다. 『임멘 호수』는 자연과 풍경 등 외적 묘사에 뛰어나다. 즉 밖에서 시작해 안으로 향한다고 할 수 있다. 이는 중국문학이 부족한 부분이다. 『임멘 호수』가 담고 있는 진실한 감정과 뛰어난 사상은 결코 『홍루몽』에 뒤지지 않는다." 이런 평가는 견강부회한 측면이 없지 않다. 그러나 5·4 이래 중국의 젊은이들이 이 소설에 대해 품고 있던 광기에 가까운 숭배의 원인을 잘 보여주는 평가들이라 할 수 있다.

예술 표현력은 매우 중요한 요소이다. 그렇지만 더욱 중요한 것은 소

4) 『논어(論語)·팔일(八佾)』에 나오는 구절이다.

설이 담고 있는 반봉건적 사상이다. 작가는 겉으로는 단순하게 보이는 이야기를 통해 결혼과 부, 일과 사랑, 도덕관념과 전통적 편견 등과 관련된 보편적인 사회 문제를 예리하게 파헤치고 있다. 비록 짧은 분량이지만 간결한 묘사를 통해 그려낸 비극적 사건은 묵직하고 우울한 정서와 완곡하고 감동적인 비극성을 담아냄으로써 반봉건과 개인의 독립을 위해 투쟁하던 중국 젊은이들에게 깊은 공감을 불러일으켰다. 또한 사랑에 빠져 있는 남녀의 마음속에 꿈처럼 잔잔한 물결이 일도록 해주었다. 저명 번역가 저우줴량(周珏良)은 이렇게 회고했다. "『임멘 호수』는 나에게 매우 강렬한 인상을 심어주었다. … 첫째, 낭만적인 이야기는 십대 청소년들의 구미에 잘 맞았다. 둘째, 번역 소설이지만 예술적 매력을 잃지 않았다."[3] 훗날 빠진은 『꿀벌 호수(蜂湖)』[5)] 중역본 서문에서 20년 전 궈모뤄의 번역본을 읽고 흉내 낼 수 없는 슈토름의 문체에 매료되었다고 썼다. "맑고 수려한 문장, 간결한 구조, 순수한 감정은 피폐해진 영혼에 약간의 위안으로 다가왔다."[4] 그가 『임멘 호수』에서 위안을 얻을 수 있었던 이유는 소설이 봉건 종법 사회가 해체되고 자본주의 사회로 넘어가는 과도기 중국사회의 중요한 주제들을 반영하고 있었기 때문이다. 봉건 예교의 억압하에서 자유연애와 개성의 독립을 열망하던 중국 젊은이들은 이 책으로 인해 자신들의 감정생활을 관조할 수 있는 기회를 갖게 되었다. 서정시와 같은 독특한 예술미의 소설을 통해 사랑에 빠진 청소년들도 자신의 심성(心聲)을 듣게 되었던 것이다.

5) 『임멘 호수』의 다른 번역 제목이다.

075

『이상한 나라의 앨리스(阿麗思漫游奇境記)』
근대 중국의 성인 동화

1862년 어느 여름날, 영국 옥스퍼드대학의 수학 교수였던 찰스 루트위지 도즈슨(Charles Lutwidge Dodgson)은 이웃에 사는 리델 주교의 어린 딸에게 환상으로 가득한 소녀 앨리스(阿麗思)의 이야기를 들려주었다. 그는 나중에 루이스 캐럴(Lewis Carroll, 1832-1898)이라는 필명으로 세계적인 동화작가가 된다. 앨리스는 토끼 굴에 떨어져 '이상한 나라[奇境]'로 들어가게 된다. 거기서 그녀는 정신없이 뛰어만 다니는 토끼와 화만 내는 하트 여왕, 정신 나간 모자 장수, 담배 피는 애벌레 등을 만나게 된다. 또한 몸이 커졌다 작아졌다 하는 경험을 하고 뒤죽박죽 다과회에 참석해 홍학채로 고슴도치 공을 치는 크로켓 놀이에도 참가한다. 이상한 나라에서의 여행을 마친 후 앨리스는 풀밭 위에서 깨어나게 되는데 알고 보니 그녀가 겪었던 모든 것은 남가일몽이었던 것이다.

한적하고 경건한 생활을 하던 캐럴은 호기심 많은 주교 딸의 요청으로 자신이 들려준 유머러스하고 생동감 넘치며 우아하고 아름다운 이야기를 글로 적어 내려갔다. 2년 후인 1864년 성탄절, 캐럴은 검푸른 빛을 띤 표지에 자신이 직접 삽화를 그려 넣은 『이상한 나라의 앨리스(愛麗絲奇境

漫遊記)』(Alice's Adventures in Wonder-land) 수사본(手寫本)을 크리스마스 선물로 소녀에게 건네준다. 1865년 캐럴은 친구의 권유로 이야기를 좀 더 보완한 후 맥밀란출판사에서 정식으로 출간하였다. 이 책으로 인해 무명의 수학 선생이었던 캐럴은 한순간에 명성을 얻게 되었을 뿐만 아니라, 그의 작품도 생전에만 10만여 권 이상이 팔려 나가는 인기를 끌게 된다. 이후 스페인 화가 달리(Salvador Dali)는 이 작품의 이미지를 이용해 사람들의 잠재의식을 탐구하였으며, 미국의 유명 애니메이션 제작자 월트 디즈니도 이 이야기로 그의 첫 번째 작품을 만들었다.

『이상한 나라의 앨리스』는 아랍어와 줄루어[1]를 포함해 세계 50여 종의 언어로 번역되었으며, 중국에 온 최초의 영국 선교사이자 청조의 마지막 황제 푸이(愛新覺羅 · 溥儀)의 영어 교사였던 존스턴(Reginald Fleming Johnston)은 이 책을 번역해 선통제에게 들려주었다고 한다. 작품 전체를 중국어로 완역한 사람은 저명 물리학자 겸 언어학자인 자오위안런(趙元任)이다. 그는 책을 번역한 후 제목을 『아려사만유기경기(阿麗思漫遊奇境記)』라고 붙였다. 책은 모두 12장으로 이루어져 있으며 구체적으로는 다음과 같다. 토끼 굴로 들어가다. 눈물 웅덩이. 코커스 경주와 굴욕의 역사. 토끼와 꼬마 빌. 애벌레의 충고. 후추 주방과 돼지 아이. 이상한 다과회. 여왕의 크로켓. 거북이의 사연. 바다가재의 춤. 파이는 누가 훔쳐간 것일까. 앨리스의 법정 소동. 자오위안런은 역자 서문에서 이 책이 셰익스피어의 대표 작품들과 비교해도 손색이 없을 정도로 문학적 가치가 높다며 좋은 평가를 내리고 있다. 『이상한 나라의 앨리스』는 아이들이 읽을 수 있는 유머러스한 동화일 뿐만 아니라 철학과 윤리학 참고서이기도 하다. 자오위안런의 번역 문체는 간결하고 유창하다. 그는 이렇게 말했

---

1) Zulu language라고 한다. 남아프리카공화국의 공용어이다.

다. "지금은 중국어가 변화를 겪는 시기로 이 기회를 이용해 여러 가지 실험을 해볼 수 있다." 첫째, 이 번역본을 통해 구어체의 성패를 가늠해 볼 수 있다. 둘째, 원서에는 he, she, it, they와 같은 대명사가 많이 나오는데, 他, 她, 它[2]가 발명되지 않았던 2년 전이었다면 번역이 불가능했을 말들이다. 또한 책에 나오는 10여 수의 '타유시(打油詩)'[3]를 문어체로 번역했는데 이 또한 '시 형식의 실험'으로 볼 수 있다. 사실상 자오위안런의 번역본은 성공적이었다. 1922년 상무인서관에서 초판이 나온 이후, 해마다 재판을 발행해서 1926년 4판을 찍었다. 만주사변 후인 1933년 발행한 재판도 1939년 5월까지 4판을 찍었다. 1947년에는 '신중학문고' 중 한 권으로 출판되었다. 책이 인기를 얻자 상무인서관에서는 1933년 쉬잉창(徐應昶)이 발췌 번역한 『앨리스의 이상한 꿈(阿麗斯的奇夢)』을 '세계아동문학총서(世界兒童文學叢書)'에 포함시켜 출간했다. 1936년 상하이 계명서국에서도 허쥔롄이 발췌 번역한 『앨리스의 이상한 나라 여행기(愛麗思漫遊奇境記)』를 '세계문학명저(世界文學名著)' 총서로 출판했는데 1947년까지 세 차례나 재판을 발행했다. 상하이 용상인서관(永祥印書館)도 1948년 판취안(範泉)이 축약해 번역한 책을 '소년문학고사총서(少年文學故事叢書)'로 출간하였다.

원작자 루이스 캐럴은 아리스토텔레스의 논리학에 조예가 깊은 수학자이다. 그래서 그런지 책 속에는 엉뚱한 세계와 이지(理智)적 세계가 기묘하게 얽혀 있다. 기이하고 독특한 작가의 발상은 이 소설을 아동 서적

2) he, she, it에 대응하는 중국어 대명사이다. 원래 중국에서 3인칭은 모두 '他'로 지칭했었는데 5·4 시기에 류반농(劉半農)이 「他자 문제(他字問題)」(1920)라는 글에서 '그녀'에 해당하는 '她'와 '그것'에 해당하는 '它'를 만들어 써야 한다고 주장한 후 광범위하게 쓰이기 시작했다.

3) 옛날 시체(詩體)의 하나. 내용과 시구가 통속적이고 해학적이며 평측(平仄)과 운율(韻律)에 구애받지 않는다. 당(唐)대 장타유(張打油)라는 사람이 처음 지은 것으로 알려져 있다. '난센스 시'라고도 한다.

의 고전으로 만들어주었으며 성인들까지도 책의 매력에 푹 빠지도록 만들었다. 에드먼드 윌슨(Edmund Wilson), 위스턴 오든(Wystan Hugh Auden), 버지니아 울프 등 유명한 문학 평론가와 화이트헤드, 버트런드 러셀, 아서 에딩턴(Arthur Stanley Eddington) 등 철학자, 심리학자들이 이 책에 대해 찬사를 아끼지 않았다.[1] 1913년 하버드대학의 《골계보(滑稽報)》(The Harvard lampoon)는 『앨리스의 케임브리지 유람기(阿麗思漫遊康橋記)』를, 1919년에 UC 버클리에서는 『앨리스의 버클리 유람기(阿麗思漫遊伯克利記)』를 출판했다. 자오위안런은 번역 서문에서 중국에서도 언젠가 『앨리스의 베이징 유람기(阿麗思漫遊北京記)』를 보게 되길 기대한다고 썼다. 그가 기대한 대로 7년 후, 선총원(沈從文)은 『앨리스의 중국 유람기(阿麗思中國遊記)』를 저술했다. 어떤 학자는 장톈이(張天翼)가 쓴 『귀토일기(鬼土日記)』[4)]도 『이상한 나라의 앨리스』를 모방한 것이라고 주장했다.[2]

1930년대 《문학(文學)》 잡지에서는 창간 1주년을 맞이해 문학 생활과 관련된 글을 공모했다. 이 글들을 모아 생활서점에서 특집 도서 『나와 문학(我與文學)』을 발간했는데, 여기 보면 유명 출판업자 자오쟈비(趙家璧)가 쓴 「나에게 문학적 흥미를 갖게 한 첫 번째 책(使我對文學發生興趣的第一部書)」이라는 글이 실려 있다. 글의 내용은 시골 초등학교를 다니던 13세 소년이 우연히 《소년잡지》에 실린 『이상한 나라의 앨리스』 광고를 보고 삼촌을 졸라 상무인서관에서 구매해 읽었다는 이야기이다. 광고 문구를 보면 서양 어린이들 가운데 이 책을 읽지 않은 아이가 없고 읽고 나면 무조건 좋아하게 된다고 쓰여 있다. 노란색 표지에 검정색 띠를 두른 동

4) 『귀토일기(鬼土日記)』는 장톈이(張天翼, 1906-1985)가 쓴 장편소설로 주인공 한투첸(韓士謙)이 귀신 세계에 다녀온 뒤 그곳에서 겪었던 이야기를 쓴 것이다. 귀신 세계에도 존재하는 계급 모순과 투쟁을 통해 자본주의 사회를 비판하고 있다. 상하이 정오서국(正午書局)에서 1937년 7월 초판 발행되었다.

화책은 여지없이 "동심을 뒤흔들어놓았고" "세계문학의 보고(寶庫) 속으로 탐험을 떠나게 만들었다." 또한 어린 시절 무료한 일상 속에 갇혀 있던 나에게 "현실을 초월할 수 있는 상상력을 불어넣어주었다. 앨리스가 빨간 눈의 흰 토끼를 따라 이상한 나라로 들어가고, 눈물 웅덩이에서 헤엄치고, 이상한 다과회에 참석하고, 거북이의 충고를 귀 담아 듣는 장면을 읽을 때는 나 또한 그곳에 있는 듯한 느낌이었다. 비록 앨리스처럼 눈을 뜨면 모든 것이 평범한 세계로 변하고, 찻잔의 소리가 양의 목에 매단 방울 소리로 변하고, 여왕의 날카로운 목소리는 목동의 양떼 부르는 소리로 변하지만 말이다. 그러나 나는 이 책에서 또 하나의 세상을 발견했다. 아울러 교과서 외에 나의 흥미를 끄는 책들이 수없이 존재한다는 것도 알게 되었다."[3] 영국 작가 하이트(Anne Haight)가 쓴 흥미로운 소책자 『금지된 책(被禁的書)』(Anne Haight)에 보면 『이상한 나라의 앨리스』의 중역본이 1931년 후난성에서 판매 금지 처분을 받았다는 내용이 나온다. 이유는 "새와 짐승, 곤충들이 모두 사람 말을 하고 사람과 함께 무리지어 한 곳에서 섞여 지내는" 황당한 내용이 나오기 때문이라는 것이다. 이처럼 번역소설 한 권이 당시 후난 지역을 책임지고 있었던 허젠[5)] 정부마저 놀라게 만들었으니 이 동화의 영향력이 어느 정도였는지 추측해볼 수 있다.[4]

자오자비는 자오위안런의 역자 서문이 지나치게 난해하다고 불만을 표시하기도 했다. "익살맞고" "조리가 없는" 캐럴의 문체를 맥락 없이 흉내 내어 쓴 서문은 자오자비에게 "몇 차례 맴을 돌고 난 것처럼 어지러운 느낌"을 주었다. 알고 보면 자오위안런의 역자 서문은 어린이들을 위해

---

5) 허젠(何鍵, 1887-1956). 국민당 2급 육군상장(陸軍上將)으로 후난성 정부 주석을 역임했다. 농민운동과 공산주의 운동을 무자비하게 탄압했다.

쓴 것이 아니었다. 비록 저우쭤런도 역자 서문이 "아주 절묘해서 한편으로는 졸렬해 보일 정도이다"라고 말했지만, 그는 자오위안런의 번역 의도를 잘 알고 있었다. 그는 자오위안런이 이 책을 번역한 것이 탁월한 선택이었다며 『자신의 정원(自己的園地)』이라는 책에서 "어린아이의 마음을 간직하고 있는 소수의 어른들"에게 정중히 이 책을 추천한다고 말했다. 심지어는 이 책을 읽고 흥미를 느끼는 어른이어야 비로소 부모와 스승이 될 자격이 있다고 말하기도 했다.[5] 허쥔렌은 『이상한 나라의 앨리스』를 완역한 후 이렇게 썼다. "작가는 종잡을 수 없고 뒤죽박죽이며 이치에 맞기도 하고 그렇지 않기도 한 아이들의 몽상을 탁월하게 그려내고 있다. 끊임없이 일어나는 우스꽝스러운 일들, 자연스레 발산되는 감정은 독자들을 동심으로 돌아가도록 한다. 영미(英美)의 아이들 가운데 이 책을 읽지 않은 어린이가 아무도 없을 정도이며, 성인들도 꼬마 소녀 앨리스의 이야기를 들으면 순식간에 상상의 나라로 들어간다." 미국 학자 패디먼(Clifton Fadiman)은 그의 저서 『평생독서계획(The New Lifetime Reading Plan)』에서 당시 캐럴의 심리 상태가 분열적 상황에 놓여 있었다고 주장했다. 이야기 속에서 캐럴의 의식 혹은 본능으로부터 유래한 네 개의 세계를 만날 수 있는데, 소년의 세계, 몽상의 세계, 무의미의 세계, 논리적 세계가 그것이다. 이 세계들은 서로 융합하거나 분리되면서 끊임없이 다른 모습으로 불안정한 현실감을 소설 속에 투영시키고 있다. 성인 독자는 이러한 비현실적 유머를 즐기는 동시에 그 속에서 희미하게 빛나는 의식의 세계를 음미하게 되는 것이다. 따라서 이 소설을 단순히 아동 서적이라고 말하기에는 무리가 있다. 패디먼 교수는 이렇게 말했다. "독자들마다 다르게 느끼겠지만 『앨리스』는 사람들의 마음속에 영원히 남을 것이다. 이 소설은 진지한 열정으로 아이들의 세계를 탐색하고 있다. 몽환과 현실이 잠재되어 있는 열정과 융합되어 강렬한 세계를 우리 앞에 펼쳐 보여주고 있다. 몽환적 세계는 아이들 생활의 대부분일 뿐만 아니라 성인 생활의 대부분이기도 하다."[6] 만약 중국인들도 전 세계 다른 민족들과 마찬가지로 생리적이고 심리적인 성숙의 과정을 거친다면, 앞에서 말한 분석은 근대 중국인들이 이 동화를 좋아할 수밖에 없었던 심리적 이유가 될 것이다.

076

『상대론천석(相對論淺釋)』
제자가 직접 번역한 아인슈타인의 신 세계관

『상대성이론』

5·4운동 전후로 서양 과학 서적 번역 열풍이 휘몰아쳤다. 번역된 상당수 글들이 20세기 자연과학의 최신 성과를 소개하고 있는데, 그 가운데 가장 많이 번역된 것은 아인슈타인의 상대성이론이다. 1920년 7월 중화학예사(中華學藝社)가 창간한 기관지《학예(學藝)》2권 4호에 원위안모(文元模)가 쓴 「현대 과학혁명가 아인슈타인의 신 우주관(論現代科學革命者愛國斯泰因的新宇宙觀)」이라는 글이 실렸다. 같은 해《소년중국》7기에도 선챠(沈恰)가 편역한 「아인슈타인의 신 세계관(恩司坦的新世界觀)」이,《신조》10기에 영국 철학가 러셀의 강연을 번역한 「아인슈타인 인력 신설(愛因斯坦引力新說)」이 실렸다. 상대성이론의 번역 붐은 1921년 절정기를 맞게 된다. 특히《소년중국》3권 7기는 '상대성이론 특별호(相對論號)'로 발간되었는데 여기에는 웨이스롼(魏嗣鑾), 왕광치(王光祈) 등이 편역한 「상대론(相對論)」, 「국내 상대론 저술 이후의 비평(談國內相對論著述以後的批評)」, 「내가 아는 아인슈타인(我所知道的安斯坦)」 등의 글이 실려 있다. 같은 해《학예》3권 1호에는 저우창셔우(周昌壽)가 쓴 「상대율의 유래와 개념(相對律之由來及其概念)」, 「상대율의 문헌(相對律之文獻)」이 실렸

고, 1921년 상하이《시사신보》부간《학등》에는 왕충즈(王崇植)가 번역한 「상대율(相對律)」, 정칭윈(鄭淸雲)이 번역한 「상대론(相對論)」, 그리고 슈첸(樞乾)이 번역한 「아인슈타인 상대론 평해(安斯坦相對論易解)」가 실렸다. 1922년, 아인슈타인이 중국 강연을 준비하고 있다는 소식이 전해졌다. 비록 11월과 12월 두 차례에 걸쳐 상하이를 잠시 거쳐 갔을 뿐이지만 이를 계기로 아인슈타인 학설에 대한 소개는 최고조에 달한다. 1922년 《학휘》는 대부분의 지면을 할애해 일본의 이시와라 준[1)]이 쓰고 라오메이(老梅)가 번역한 『상대성원리(相對性原理)』와 프랑스인 노르망[2)]이 쓴 『과학혁명(科學的革命)』을 여러 차례에 걸쳐 연재하였다. 같은 해 12월, 상무인서관에서 발행하는 종합성 잡지《동방잡지》19권 24기는 '아인슈타인 특별호(愛因斯坦號)'로 발행되었다. 다이녠주(戴念祖)가 쓴 「5·4운동과 중국에서 현대 과학의 전파(五四運動和現代科學在我國的傳播)」라는 글의 통계에 따르면, 중국에서 1917년부터 1923년 상반기까지 나온 아인슈타인의 상대성이론 관련 저작, 번역, 보고, 통신 등의 글은 백여 편을 훌쩍 뛰어넘고 번역서도 15종에 달했다.[1] 이 중에서 가장 영향력이 컸던 것은 아인슈타인의 중국 제자인 샤위안리(夏元瑮, 1834-1944)가 번역한 『상대론 천석』[3)]이다.

1905년에 발표된 아인슈타인의 「운동하는 물체의 전기 역학에 대하여(Zur Elektrodynamik bewegter Körper)」 등 세 편의 논문은 '아인슈타인의 신 우주관' 혹은 '과학혁명'의 상징이 되었다. 이들 논문은 라이프치히에서

---

1) 이시와라 준(石原純, 1881-1947). 일본의 물리학자이자 시인이다. 도쿄제국대학을 졸업한 후 독일에서 유학하며 양자역학의 권위자 아르놀트 조머펠트(Arnold Sommerfeld)를 사사했다. 1919년 발표한 논문 「만유인력과 양자역학론(萬有引力和量子力學論)」은 동양 최초로 아인슈타인의 상대성이론을 소개한 글이다.

2) 책에서는 '露露諾爾曼'이라고 되어 있는데 누구인지 확인할 수 없다.

3) 한국에서는 『상대성의 특수이론과 일반이론』(필맥), 『상대성이론-특수 상대성이론과 일반 상대성이론』(지만지) 등의 제목으로 출간되었다.

출판되는 『물리학 연감(Annalen der Physik)』에 실렸는데, 글에서는 상대성의 원리와 광속불변의 원리를 토대로 수립한 새로운 물리학 이론인 특수상대성이론을 소개하고 있다. 이론의 요점은 다음과 같다. (1) 미세한 원자에서부터 거대한 천체와 행성에 이르기까지 우주에 존재하는 모든 물체는 모두 운동이라는 자연 상태에서 벗어날 수 없다. 운동은 영원히 멈추지 않는다. (2) 모든 운동은 상대적이다. 만약 비교할 만한 거대한 천체가 존재하지 않는다면 지구가 회전하는 것도 느끼지 못할 것이다. (3) 시간과 공간은 본질적으로 연결되어 있으며 물질의 운동과도 관련이 있기 때문에 물질의 운동 속도가 변함에 따라 시공간도 변한다. 서로 다른 관성계(慣性系)에 대해 시간과 공간의 물리량은 같을 수 없다. (4) 빛의 속도는 광원 운동의 영향에서 자유롭다. 빛은 직선으로 나아가며 빛의 속도는 초당 18만 6천 마일이다. 빛은 자연계에서 유일하게 변하지 않는 요소이다. (5) 모든 질량은 그에 상응하는 에너지를 가진다. 반대로 모든 에너지도 그에 상응하는 질량을 가진다.

뉴턴 역학에 따르면 시간, 길이, 질량이라는 세 가지 기본 요소는 절대적이며 불변하고 고립적이다. 물체의 에너지와 질량은 서로 관계가 없다. 아인슈타인의 상대론은 '운동은 절대적'이라는 뉴턴의 관점을 완전히 뒤엎고 시간과 공간, 물질운동과 질량, 에너지를 통일시킴으로써 과학 역사의 신기원을 열었다.

1905년부터 1915년 사이에 아인슈타인은 천체와 혜성, 유성과 은하의 운동을 추동시키는 '신비한 역량'에 대해 집중적으로 연구하였다. 그 결과 뉴턴 이래 줄곧 신봉되어오던 중력과 빛의 이론에 근본적인 변화가 생기게 되었다. 뉴턴은 중력을 '힘의 일종'이라고 생각했다. 그러나 아인슈타인은 하나의 별이나 기타 천체를 둘러싸고 있는 바깥 공간 전체가 중력장이라는 것을 증명해냈다. 마치 자성체(磁性體) 주위를 둘러싸

76. 『상대론천석』

고 있는 자장(磁場)과 흡사한 것이다. 태양이나 항성과 같은 무수한 천체들은 모두 거대한 중력장에 둘러싸여 있다. 비록 분명한 경계는 알 수 없지만 우주는 유한하고 공간은 휘어져 있다. 공간이 휘어져 있는 정도는 물질의 질량과 분포 상황에 따라 결정되며 중력장의 강도를 나타내준다. 아인슈타인은 1917년에 『특수 상대성이론과 일반 상대성이론(Über die spezielle und die allgemeine Relativitätstheorie)』을 독일 브라운슈바이크의 Vieweg & Sohn출판사에서 출간했다. 책에서는 특수 상대성이론과 일반 상대성이론을 함께 다루고 있다. 1919년 5월, 영국 왕립 천문학회(Royal Astronomical Society, RAS)는 개기 일식을 촬영한 사진으로 아인슈타인 이론의 정확성을 증명해 주었다. 빛은 태양의 중력장을 지날 때 휘어져서 지난다. 우주에서 두 지점간의 최단거리는 직선이 아니다. 시간은 상대적이며 속도에 따라 다르게 측정된다. 시간과 속도, 거리, 너비는 물체를 구성하는 4대 요소이다. 이로써 상대성이론은 인류 사상사에서 가장 위대한 발견으로 인정받게 되었다. 또한 얇은 소책자는 "협의 · 광의의 상대론을 대중들에게 아인슈타인이 직접 설명한 유일한 저작이자 가장 유명한 작품"이 되어 세계 여러 나라의 언어로 번역되었다.[2] 샤위안리가 번역한 「아인슈타인 상대론천석(安斯坦相對論淺釋)」은 1921년 4월 1일 《개조》 3권 8호 '상대론 특별호'에 게재된 후 1922년 4월 상무인서관에서 『상대론천석』이라는 제목으로 출간되었다.

『상대론천석』은 상하 총 32절이다. 상편은 특수 상대성이론에 대해 설명하고 있으며 17절로 되어 있다. 목차는 다음과 같다. 1. 기하학 정리의 물리적 의미(幾何學定理之物理意義). 2. 좌표계(坐標式). 3. 고전역학의 공간과 시간(古力學之空間與時間). 4. 갈릴레이 좌표계(葛利來坐標式). 5. 제한된 의미의 상대성원리(狹義之相對原則). 6. 고전역학에서 채택된 속도 합산의 정리(依古力學之速率相加定理). 7. 빛 전파의 법칙과 상대성원리가 충돌하는 것처럼 보이는 것(光傳布定律似與相對原則沖突). 8. 물리학에서의 시간관념(物理學上之時間觀念). 9. 동시성의 상대성(同時之相對). 10. 공간 거리 개념의 상대성(空間距離觀念之相對). 11. 로렌츠 환산공식(羅侖子換算公式). 12. 잣대와 시계의 운동 중 상태(尺及鐘運動時之態度). 13. 속도합산의 정리와 피조의 실험(速率相加定理, 飛蘇試驗). 14. 상대성이론이 알려주는 방법의 가치(相對論指示途徑之價值). 15. 상대성이론의 일반적 결과(相對論之一般結果). 16. 특수 상대성이론과 실험(相對各論及實驗). 17. 민코프스키의 4차원 공간(明可夫斯幾之四度空間). 하편은 일반 상대성이론에 대해 설명하고 있으며 모두 15절이다. 목차는 다음과 같다. 18. 특수 상대성이론과 일반 상대성이론(特別相對原則及普通相對原則). 19. 중력장(吸力區域). 20. 일반 상대성이론을 뒷받침하는 관성질량과 중력질량의 동등성(惰性質量與重力質量相等爲普通相對假定之理由). 21. 고전역학과 특수 상대성이론에 존재하는 불만족스러운 점(古力學及相對各論之基礎尙有何不滿意處). 22. 일반 상대성이론의 몇 가지 결론(普通相對原則之結論數則). 23. 회전하는 기준체 위에서 시계와 잣대의 상태(鐘及尺在旋轉引體上之態度). 24. 유클리드 및 비유클리드 연속체(歐幾裏德及非歐幾裏德的連續體). 25. 가우스 좌표(高斯坐標). 26. 특수 상대성이론의 공간-시간 연속체는 유클리드의 연속체(相對各論之空間時間連續體爲歐幾裏德的連續體). 27. 일반 상대성이론의 공간-시간 연속체는 유클리드의 연속체가 아님(相對通論之空間時間連續體乃非歐幾裏德的連續體). 28. 일반 상대성이론 확설(普通相對原則之確說). 29. 일반 상대성원리에 근거한 중력문제의 해석과 세계 전체에 관한 연구(以普通相對原則解釋吸力問題關於世界全體之硏究). 30. 우주 문제에서 뉴턴 이론이 부딪힌 곤란(牛頓理論在宇宙問題之困難). 31. 유한하지만 경계가 없는 우주(世界可作爲有限的無邊的). 32. 일반 상대성이론에 따른 공간의 구조(依相對通論空間之構造何). 뒤에 덧붙인 부록에서는 일반 상대성이론에 대해 세 가지 실험으로 증명하고 있다. 1. 수성의 근일점 운동(水星近日點之運動). 2. 중력장에서의 빛의 굴절(吸力區域中光之屈折). 3. 스펙트럼의 적색편이 현상(光帶線之紅端推移). 아울러 별도로 상세한 중국어-독일어 번역어 대조표가 첨부되어 있다.

책의 번역자 샤위안리는 중국의 저명 역사학자 샤쩡유의 아들로 자는 푸쥔(浮筠)이고 저장 항현(杭縣) 사람이다. 어려서는 상하이 난양공학(南洋公學)에서 공부했고, 1905년 미국 유학을 떠나 버클리대학교에서 물리화학 실험을 배운 후 예일대학에 진학했다. 1909년 독일로 옮겨 베를린대학에서 공부하며 저명 물리학자 막스 플랑크(Max Planck)와 하인리히 루벤스(Heinrich Rubens)를 사사했다. 1913년 귀국해서는 베이징대학 이과 대학장과 물리학과 교수를 역임했다. 1919년부터 1921년까지 그는 다시 독일 유학을 떠났다. 당시 그의 지도교수 플랑크는 아인슈타인과 "더 일찍 만나지 못한 것을 안타까워하며 돈독한 우의를 다지는" 중이었다. 샤위안리도 플랑크를 통해 "아인슈타인을 알게 되었다." 그는 『상대론천석』 뒤에 덧붙인 「아인슈타인 소전(愛因斯坦小傳)」에서 베를린 대학에서 직접 아인슈타인의 강의를 들었을 때의 일화를 소개하고 있다. 아인슈타인은 "나의 의문을 풀어주기 위해 오랜 시간을 할애해 설명해주었는데 이야기를 듣는 동안 전혀 지루한 줄을 몰랐다." 아인슈타인은 『특수상대성이론과 일반 상대성이론』을 번역하기로 결심한 샤위안리에게 특별한 조언도 해주었다. 독일 문학가 모슈코프스키(Alexander Moszkowski)가 쓴 『아인슈타인전(愛因斯坦傳)』[4)]은 내용이 "매우 상세하여 높은 평가를 받고" 있지만 책의 내용을 "전부 믿어서는 안 된다." 1921년 봄, 샤위안리는 책을 번역하는 동시에 차이위안페이와 함께 아인슈타인을 방문

4) 1921년에 나온 『Einstein – Einblicke in seine Gedankenwelt』를 말하는 것 같다.

해 중국에 와서 강연해줄 것을 정식으로 요청하기도 했다. 같은 해 귀국한 샤위안리는 베이징대학, 퉁지대학, 베이징 사범대학, 제일자오퉁대학(第一交通大學), 푸런대학(輔仁大學) 물리학 교수를 역임하였다. 그가 번역한 『상대론천석』은 상무인서관의 '공학사총서 · 통속총서(通俗叢書)' 중 한 권으로 출판되었으며 1923년 3월 재판, 1924년 1월에 3판을 발행했다. 1927년 1월에는 '공학사총서 · 과학총서(科學叢書)'에 포함되어 3판을 인쇄했다. 이 책은 『특수 상대성이론과 일반 상대성이론』의 중국어 번역본이다. 책의 뒷부분에 포함되어 있는 「아인슈타인 소전」도 아인슈타인의 제자가 직접 쓴 전기로 사료가치가 매우 높다. 『상대론천석』은 출판된 이후 전문가가 쓴 "권위 있는 통속 과학저작"으로 주목받았다.[3]

비록 당시에 상대성이론을 제대로 이해할 수 있는 사람은 매우 적었지만 젊은 학생들은 이 책의 출판에 크게 흥분했고, 상대성이론에 관한 강연에 앞다투어 몰려들었다. 1922년 가을에는 아인슈타인의 중국 방문을 앞두고 베이징대학 제2원(第二院) 대강당에서 공개 강연회가 개최되었다. 강연에서는 딩쉰푸(丁巽甫)가 「아인슈타인 이전의 물리학(愛因斯坦以前之力學)」을, 허인셔우(何吟首)가 「상대성 특수이론(相對各論)」을, 가오슈친(高叔欽)이 「전통 시공관념(舊觀念之時間及空間)」을, 샤푸쥔(夏浮筠)이 「아인슈타인의 일생과 학설(愛斯坦之生平及其學說)」을, 왕스슈(王士樞)가 「비유클리드 기하학(非歐幾裏特的幾何)」을, 원판춘(文範村)이 「상대성 일반이론(相對通論)」을, 장징성(張競生)이 「상대론과 철학(相對論與哲學)」을 강연했다. 장소가 협소한 관계로 강연회 전에 입장권이 배부되었다.[4] 샤위안리는 1923년 1월《학등》에 「아인슈타인과 그의 학설(安斯坦及其學說)」을 발표하였고, 같은 해 구미동학회(歐美同學會)에서 '물리학의 새로운 사조와 상대론 학설(物理學之新潮流及相對學說)'이라는 제목의 강연을 했다. 궈모뤄가 쓴《학생시대》에 보면 1924년 물리학자 저우창셔우가 항저우 저장교육회(浙江教育會)에서 개최한 '상대론' 강연에 청중들의 호응이 대단했다는 언급이 나온다. 1, 2층을 합쳐 1천여 명 이상을 수용할 수 있는 강연장이 가득 찼을 정도였다. 저우창셔우는 "절묘한 비유를 들어가며 단상 위에서 종횡무진 조리 있는 강연을 했다. 청중들도 숨소리 하나 내지 않고 집중해서 강연을 들었다." 한 시간여에 걸친 강연은 '열렬한 박수소리'와 함께 끝을 맺었다.[5] 그러나 1927년까지 중국에 출간된 아인슈타인 관련 서적은 "비슷한 크기의 소책자 몇 권이 전부였다. 만약 아인슈타인이 중국에 와서 이 상황을 보았다면 자신이 소인국에 와 있는 것이 아닌지 착각할지도 모른다." 그러나 이는 샤위안리가 번역한 『상대론천석』의 영향력이 상당히 오래 지속되었다는 것을 반증하는 것일지도 모른다. 창훙(長虹)은 「책의 판로와 독자(書的銷路與讀者)」라는 글에서 이렇게 말했다. 『상대론천석』은 통속 서적임에도 불구하고 의심할 여지없이 매우 수준 높은 작품이다. 그러나 당시 "대중들의 인기에 영합하는 속 빈 강정"인 성(性) 관련 책들과 도서시장을 다투기에는 역부족이었다.[6]

077

『젊은 베르테르의 슬픔(少年維特之煩惱)』

중국 청년들에게 영감의 원천이 된 강렬한 감상(感傷)

『젊은 베르테르의 슬픔』[1]은 독일의 문학가이자 사상가인 괴테의 초기 소설이다. 이 책은 100여 통에 달하는 서정적인 장 · 단문 편지를 엮은 서간체 소설로 평민 출신의 베르테르가 무도회에서 총명하고 아리따운 여인 로테를 만나게 되면서 벌어지는 일을 주 내용으로 하고 있다. 로테는 약혼자가 있는 몸이었지만 두 사람은 첫눈에 마음이 끌려 감정의 격류 속으로 휩쓸려 들어간다. 그러나 로테의 약혼자 알베르트가 돌아오자 베르테르는 거북한 입장에 놓이게 된다. 그는 번뇌와 좌절 속에서 괴로워하며 자신의 불행을 한탄할 뿐이다. 베르테르는 공사(公使) 서기관직을 받아들여 로테를 떠난다. 그러나 출세지상의 동료들과 고지식하고 고집스러운 상사로 인해 그는 다시 한 번 번뇌에 빠진다. 온갖 허세와 오만함으로 남을 깔보는 상류사회의 행태에 그는 분노를 참을 수 없었다. 주변의 상황을 견디다 못해 1년 후 고향으로 돌아온 베르테르는 결혼한 후

1) 중국어 제목을 직역하면 '소년 베르테르의 번뇌'이다. '維特'은 중국어로 '웨이터'로 발음되며 베르테르의 음역이다.

평온한 생활을 누리고 있는 로테를 만나 그녀의 마음이 어떠한지 확인한다. 절망 끝에 베르테르는 그녀 앞으로 편지 한 통을 남기고 권총 자살로 생을 마감한다. 책상 위에는 고트홀트 레싱(Gotthold E. Lessing)의 비극 『에밀리아 갈로티(Emilia Galotti)』[2]가 놓여 있었고, 숨이 끊어진 베르테르는 로테와 처음 만나 춤을 출 때 입었던 예복을 입고 있었다.

이탈리아의 저명 철학자 크로체가 '소박한 시'라며 극찬했던 이 서간체 소설은 1774년 출판되자마자 유럽 젊은이들을 뒤흔들어놓았다. 감상주의적 색채와 '세기병 환자(世紀病患者)'와 같은 주인공의 형상은 대혁명 후의 프랑스 사회에 깊은 울림을 주었다. 젊은이들은 베르테르를 추모하여 그가 즐겨 입던 푸른 연미복과 노란 바지를 입었으며, 실연당한 후 이 책을 소지한 채 자살하는 사람도 있었다. '베르테르열[維特熱]'이 유럽을 휩쓰는 가운데, 괴테는 1778년 이 책의 재판을 출간하며 "당당한 남자가 되어라! 나의 전철을 밟지 마라"는 잠언을 덧붙였다.

아잉(阿英)의 고증에 따르면, 중국에서 가장 먼저 이 소설을 언급한 책은 자오비쩐(趙必振)이 번역한 『괴테전(可特傳)』[3]이다. 광서 29년(1903), 상하이 작신사(作新社)는 일본의 오하시 신타로(大橋新太郎)[4]가 쓴 『독일문호 6대가 열전(德意志文豪六大家列傳)』을 참고해 5천여 자 분량의 『괴테전』을 출간했는데, 여기에 『베르테르의 불행(烏陸特陸之不幸)』에 대한 간략한 소개가 나온다. "책이 출간되자 사람들의 큰 관심을 받았고, 비평

2) 독일의 계몽주의 극작가 고트홀트 레싱(1729-1781)이 쓴 비극으로 줄거리는 다음과 같다. 주인공인 에밀리아 갈로티는 아피아니 백작과 결혼을 약속한 사이이다. 그런데 에밀리아를 사모하던 구아스탈라의 영주는 에밀리아를 수중에 넣기 위해 음모를 꾸며 아피아니 백작을 살해한다. 후에 모든 것이 에밀리아를 차지하기 위한 영주의 계략임을 알게 된 아버지 오도아르도는 딸의 순결을 지키기 위해 딸을 칼로 찔러 죽인다.

3) '可特'은 현대 중국어에서 '커터'로 발음되며 '괴테'의 음역이다.

4) 오하시 신타로(大橋新太郎, 1863-1944). 일본 근대의 실업가, 출판인. 아버지와 더불어 하쿠분칸(博文館)을 창립하여 출판계에 공헌하였다.

가들은 진지한 비평을 쏟아냈으며, 번역가들은 앞다투어 번역하고자 했다. 파렴치한 문학가 중에는 억지로 이 소설을 모방하려는 자들도 생겨났다. 당시 문학계는 베르테르 앓이를 하고 있었다. 혈기왕성한 젊은이들 가운데 책을 읽고 감정을 주체 못해 자살하는 이도 적지 않았다. 베르테르의 위력이 참으로 대단하지 않은가!"[1] 그러나 사실 이보다 25년 앞선 광서 4년(1878), 이봉포[5)]는 『사덕일기』에서 이 소설을 언급한 적이 있다. 그는 책에서 『파우스트』의 영역자인 주독일 미국공사 베야드 테일러(Bayard Taylor)의 장례에 참석했을 때의 일을 기록하고 있다. 테일러는 1877년 "시인 과차(果次)[6)] 모임을 만들었는데", "과차는 독일의 대학자로 건륭 14년에 태어났다. 15세에 라이프치히 대학에 들어갔으나 졸업하지 못했고, 스트라스부르로 가서 3년간 법률, 화학, 골상학 등을 배웠다. 변호사 시험에 합격하였으며 『완사(完舍)』라는 책을 짓기도 했다."[2] 첸중수(錢鍾書)는 『최초의 한역 영시 '인생송' 및 이에 관한 두세 가지 일화(漢譯第一首英語詩'人生頌'及有關二三事)』라는 글에서 '과차'는 괴테이고 『완사』는 『젊은 베르테르』라고 고증하였다. "이봉포는 영어를 배운 적이 있기 때문에 '歌德', '維特'를 영어식으로 읽었다. 중국 저작 가운데 괴테를 언급한 것은 이것이 최초이다."[3]

최초로 책의 일부를 번역한 사람은 아마도 마쥔우일 것이다. 그는 광서 29년(1903) 『젊은 베르테르의 슬픔』에 나오는 시의 일부 내용을 번역해 「아르민(Armin)이 해안가에서 울며 죽은 딸을 그리는 시(阿明臨海岸哭女詩)」[7)]라는 제목으로 소개했다. "괴테(貴特)는 독일의 전무후무한 대문

---

5) 이봉포(李鳳苞, 1834-1887). 청말의 외교관이다. 강남제조국과 오송 포대공정국(吳淞炮臺工程局)을 관리했으며 두 곳의 편역을 담당하며 과학기술 서적을 번역했다. 영국과 프랑스에서 공부했고 주독일, 주오스트리아, 주이탈리아, 주네덜란드, 주프랑스 공사를 역임했다. 저서로는 『사덕일기(使德日記)』, 『사예편년표(四裔編年表)』, 『서국정문회편(西國政聞匯編)』 등이 있다.

6) '果次'는 현대 중국어에서 '궈츠'로 발음되며 '괴테'의 음역이다.

호로 중국에서 약간이라도 서양 서적을 접해본 사람이라면 모르는 자가 없다. 『베르테르의 한(恨)』(威特之怨)이라는 소설은 대중에게 선보인 최초의 명작이다."[6] 최초의 중국어 완역자는 저명 작가 궈모뤄이다. 완역본은 1922년 4월, 상하이 태동서국(泰東書局)에서 출간되었는데 유럽을 능가할 정도의 엄청난 반향을 불러일으켰다. 번역서에 대해 궈모뤄는 이렇게 말했다. "인쇄가 엉망이고 디자인도 촌스러운 이 책"은 1년여 동안 4판이나 발행했다. 1924년 8월에 8판을 찍었고 1930년 8월까지 태동서국 등에서 23판이나 발행했다. 민국 시기 동안 궈모뤄의 번역본을 출판한 곳으로는 상하이 창조사 출판부, 연합서점(聯合書店), 현대서국(現代書局), 부흥서국, 대중서국(大中書局), 군익출판사, 천하서점(天下書店), 격류서점(激流書店), 충칭 동남출판사(東南出版社) 등이 있다. 통계에 따르면 최소한 50판 이상 인쇄된 것으로 보인다. 1942년 궈모뤄는 군익출판사 충칭판 재판본 서문에서 이렇게 말했다. "책이 번역 출간된 지 20년이 지났다. 20년 후 읽어봐도 여전히 신선함이 느껴졌다. 가치 있는 책이란 영

---

7) 중국어 원문은 다음과 같다. "莽莽驚濤激石鳴, 溟溟海岸夜深臨. 女兒一死成長別, 老父余生剩此身. 海石相激無已時, 似聽吾兒幽怨聲. 月色不明夜氣暝, 朦朧如見女兒影, 斜倚危石眠不得, 風狂雨急逼醒人. 見東方初日升, 女兒聲杳不可聞. 有如晚風吹野草, 一去蹤跡無處尋. 死者含哀目未瞑, 只今獨余老阿明. 阿明早歲百戰身既廢, 而今老矣誰復論婚姻. 海波奔瀉湧千山, 怒濤飛起落吾前. 此時阿明枯坐倚危石, 獨望滄溟一永嘆. 又見斜月灼耀明, 又見女兒躑躅行. 兒聲唧唧共誰語, 老眼模糊認不眞. 女兒忽隨明月去, 不憶人間遺老父. 老父無言惟有愁, 愁兮愁兮向誰訴?" 마쥔우가 번역한 이 시는 독일어 원본 내용과 다른 부분이 있다. 아마 『젊은 베르테르의 슬픔』 영문판을 저본으로 삼은 것으로 보인다. 한국어 번역본의 내용은 다음과 같다. "파도에 씻긴 바위 위에 혼자 서서 나는 내 딸의 통곡 소리를 들었네. 그녀의 울부짖음 소리 크고 끝이 없었지만 이 아버지는 그녀를 구할 수 없었네. 밤새도록 나는 바닷가에 서서 희미한 달빛 속의 그녀의 모습을 보았네. 밤새도록 나는 그녀의 울부짖음 소리를 들었네. 바람 소리는 윙윙거렸고, 빗줄기는 세차게 산허리를 때렸네. 그녀의 목소리는 점점 희미해졌고, 아침이 되기도 전에 그녀는 마치 바위 위에 서 있는 풀들 사이로 부는 저녁 바람처럼 홀연 숨을 거두고 말았네. 슬픔을 못 이겨 그녀는 숨을 거두었네. 아르민을 홀로 두고서! 싸움터에서 보여주었던 나의 힘은 사라졌고, 여자들 사이에서 내 명예도 스러졌네. 산에서 세찬 바람이 불어오면, 북풍이 불어와 파도를 불러일으키면, 나는 파도 철썩이는 바닷가에 서서 저편 끔찍한 바위를 바라본다네. 달이 질 때면 나는 자주 나의 아이들의 혼령을 본다네. 어슴푸레한 빛 속을 슬픔에 잠겨 함께 어울려 떠도는 그 혼령들을."(『젊은 베르테르의 슬픔』, 김재혁 옮김, 펭귄클래식코리아, 2008)

원히 늙지 않는 책이 아닐까. 이런 책을 읽고 있으면 젊음이 영원히 사라지지 않을 것만 같다." 상하이 창조사에서는 1928년에 황루부(黃魯不) 번역본을 출간하였고 상하이 용호서점(龍虎書店)과 춘명서점에서 재판을 인쇄했다. 이 외에 다관성(達觀生) 번역본(世界書局), 천타오(陳弢) 편역본(中學生書局), 첸톈유(錢天佑) 번역본(啓明書局), 양이성(楊逸聲) 번역본(大通圖書社), 뤄무(羅牧) 역주본(北新書局) 등도 대부분 3판 이상 발행했다. 체코슬로바키아의 중국학자인 마리안 갈릭(Marián Gálik)은 『초보적 연구 안내: 중국 현대 지식인 역사에 미친 독일의 영향(初步研究指南 : 德國對中國現代知識分子歷史的影響)』(Preliminary Research-Guide: German Impact on Modern Chinese Intellectual History)이라는 책에서, 이 작품을 20세기 2,30년대 중국에서 가장 많이 팔린 책으로 소개하고 있다.[5] 이는 아마 사실과 크게 다르지 않을 것이다.

광적인 열정, 사회에 대한 반감, 몽환적인 행동과 개인주의적 사고방식은 5·4운동을 거친 중국 젊은 독자들의 호감을 얻기에 충분했다. 마오둔의 명작 『자야』에도 여러 차례 이 책을 언급한 대목이 나온다. 페이지가 닳도록 읽은 『젊은 베르테르의 슬픔』 한 권과 책장 사이에 끼워둔 바짝 마른 백장미 한 송이. 여주인공 우(吳)부인이 젊은 시절에 그녀의 연인 레이밍(雷鳴)에게 사랑의 징표로 주었던 것들이다. 『젊은 베르테르의 슬픔』은 당시 청춘 남녀 사이에서 '바이블'로 추앙되었다. 그들은 베르테르와 로테라는 인물에 사로잡혀 '로테와 베르테르'라는 노래를 부르고, 자유결혼과 자유연애를 말하며, 남녀의 사랑이 지니고 있는 신성성에 도취되었다. 자전소설 『어떤 여병의 자서전(一個女兵的自傳)』을 쓴 셰빙잉(謝冰瑩)은 전쟁 중에 육군 의료부대에서 여병으로 복무하며 이 책을 다섯 차례나 읽었다고 했다. 당시 그녀가 사랑했던 애인은 바로 '베르테르'였다. 베스트셀러 작가 장이핑이 쓴 소설집 『러브레터 한 묶음(情書

一束)』에는 다음과 같은 내용이 나온다. "사랑하는 그대에게. 지난번 편지에서 당신이 마치 베르테르인 것 같다고 적은 구절을 읽고는 쓰디 쓴 눈물을 흘렸습니다. 베르테르의 결말이 얼마나 슬픈지 잘 아실테지요? … 나는 결코 로테처럼 알베르트에게 충실하지는 않을 것이니 걱정 마세요."[6] 예링펑도 『상홍실수필(霜紅室隨筆)』에서 이렇게 썼다. "줄거리는 매우 간단하지만 감성적인 서간체 형식은 독자들의 상상력을 자극하기 충분하다. 매력적인 문체는 독자들이 자신을 베르테르와 동일시하여 현실 속에 로테가 존재한다고 여기도록 만들었다. 아울러 만약 자신이 베르테르와 똑같은 상황에 놓인다면 의심의 여지없이 베르테르가 택했던 길을 따를 것이라고 결심하기도 했다. 이것이 바로 당시 유행하던 '베르테르열'이며 이 소설이 독자들을 매료시킨 원인이다." 그는 궈모뤄의 번역본을 읽은 후 베르테르의 사랑을 동경하여 스스로에게 '푸른 연미복과 노란 바지 소년(靑衣黃褲少年)'이라는 별명을 붙이기도 했다. "만약 그 시절에 중국에서 우연히 로테를 만났다면 나 또한 권총 한 자루로 베르테르의 감정을 느껴보고자 했을 것이다."[7] 예링펑처럼 이 책을 통해 괴테나 문학 작품에 흥미를 갖게 된 사람이 적지 않다. '좌련(左聯, 중국좌익작가연맹)'의 유명 작가 펑보산(彭柏山)은 자신이 진보문학에 투신하게 된 계기가 바로 궈모뤄의 번역본 때문이라고 하였다. 1927년 '베르테르 광(狂)'으로 자처한 청년 차오쉐송(曹雪松)은 실연 후 이 책을 품고 우쑹(吳淞)강에 몸을 던지려 했다. 그러나 마지막 순간에 마음을 고쳐먹고 이 소설을 4막의 비극으로 각색한 다음 이듬해 태동도서국에서 출판했다. 그는 책의 서문에서 이렇게 말했다. 이 소설은 "다른 작품들과 비교조차 할 수 없다. 처량한 구도, 섬세한 묘사, 비참한 결론은 어떤 말로도 설명할 수 없다."[8] 1930년대에 류우지(柳無忌)는 「소년 괴테와 신중국(少年歌德與新中國)」이라는 글에서 이렇게 말했다. "최근 20년 동안 괴테만큼 중국의 젊은이들에게 강렬한 영향을 미친 서양 작가는 없었다." 괴테가 작품을 통해 "그의 시대를 대변했던 것처럼, 오늘날 이곳에서 괴테는 중국의 대변자라 할 수 있다. 소설에서 괴테가 보여주고자 한 것은 바로 현대 중국 젊은이들이 발산하고자 했던 것이다. 오늘날의 중국 청년들도 질풍노도 가운데에서 몸부림치고 있다. 폭풍우가 진부한 전통의 굴레를 부수고 '과거'의 찌꺼기를 쓸어버리려 한다. … 혼란한 사회, 억압받는 영혼, 불만족스러운 생활이 괴테와 그 시대 사람들을 아프게 만들었던 것처럼 중국 젊은이들의 가슴을 고통스럽게 찌르고 있다." 소설은 "우리들이 발산하지 못했던 사상과 감정을 마음껏 분출할 수 있도록 도와주었으며, 우리들의 쾌락과 고통, 우리들 마음속에 울리는 비통한 신음소리와 호응하고 있다. 소년 괴테가 신중국에 선사한 소설은 우리를 광명의 새 시대로 인도해주었다."[9] 1937년, 차이위안페이는 「최근 25년 중국의 미육(二十五年來中國之美育)」과 「35년 중국의 신문화(三十五年中國之新文化)」라는 글에서 『젊은 베르테르의 슬픔』을 예로 들어 문학 번역에 대해 설명하였다. 그는 이 소설이 "젊은이들의 심리에 매우 큰 영향을 미쳤다"고 썼다.[10]

『젊은 베르테르의 슬픔』이 한 시대를 풍미한 것은 전혀 이상한 일이 아니다. 베르테르를 보면 중국 문인의 전형인 재자(才子)가 자연스럽게 연상된다. 강렬한 감상(感傷)으로 표현된 베르테르의 이야기는 봉건적 질곡에서 해방되길 바라던 중국의 청년들에게 더할 나위 없이 좋은 영감의 원천이었다. 그러나 마리안 갈릭이 『중서문학 관계의 이정표(中西文學關系的里程碑)』에서 지적한 것처럼 광적인 신봉자들 가운데 이 걸작의 위대함을 진정으로 이해하고 사상과 혁명성의 정수를 제대로 포착한 사람은 많지 않았다. 그들은 대부분 개인적인 경험과 연관지어 소설 속의 사랑에 대해 광적인 공감을 표현했을 뿐, 정신적인 깊이나 추구하는 목표도 없이 천박하게 폼을 잡는 것이 전부였다. 『자야』의 등장인물 가운데

즉흥적으로 얼버무리는 우부인과 자기 과시를 좋아하는 레이(雷) 참모야말로 전형적인 예이다.[11]

만약 우부인과 레이 참모를 민국 시기 '베르테르열'의 영향으로 창조된 전형적인 인물이라고 생각한다면 이는 큰 오산이다. 궈모뤄의 번역본이 세상에 나온 후 적지 않은 서간체 소설이 출간되었다. 예를 들면 쉬디산(許地山)의 『보내지 못한 편지(無法投遞之郵件)』(1923), 황루인(黃廬隱)의 『한 통의 편지(一封信)』(1924), 『한 줄기 근심 시로 써 기러기에 실어 보낸다(愁情一縷詩征鴻)』(1924), 『어떤 이의 비애(或人的悲哀)』(1924), 왕이런(王以仁)의 『유랑(流浪)』, 샹페이량(向培良)의 『여섯 통의 편지(六封信)』(1925), 궈모뤄의 『낙엽』, 『카르멜라 아가씨』(1926), 장광츠(蔣光慈)의 『표류소년(少年飄泊者)』(1926), 판추이통(潘垂統)의 『열한 통의 편지(十一封信)』(1927) 등이 있다. 이 작품들은 형식과 내용 면에서 직간접적으로 『젊은 베르테르의 슬픔』을 모방하거나 계승하고 있다. 즉 주인공이 친구에게 편지로 마음을 전하는 형식이나, 실연당한 사람, 반항아, 잉여인간 등 베르테르와 비슷한 처지의 사람들이 등장하는 것, 주인공이 자살이나 가출로 끝을 맺는 것 등은 모두 『젊은 베르테르의 슬픔』의 영향을 받은 것이다. 반항적이고 사랑에 광적으로 집착하는 베르테르의 성격은 위다푸(郁達夫)의 『침륜(沈淪)』과 어우양산(歐陽山)의 『시든 장미(玫瑰殘了)』에도 어느 정도 영향을 미쳤다. 따라서 근대 중국 사회에 영향을 준 기념비적인 번역서를 한 권만 꼽는다면 그것은 논란의 여지없이 궈모뤄가 번역한 『젊은 베르테르의 슬픔』이 될 것이다.

078

『살로메(莎樂美)』

신낭만주의의 작가 오스카 와일드와 중국의 '살로메 문화'

『살로메』[1]의 이야기는 기독교『성경』과 영국의 민간 전설에서 그 유래를 찾을 수 있다. 유다의 왕 헤롯은 형수 헤로디아의 아름다움에 빠져 형을 죽이고 그녀를 아내로 맞이한다. 이로 인해 선지자 요한의 질책을 받자 헤로디아는 그를 증오하게 된다. 헤롯의 생일날, 헤로디아는 헤롯의 환심을 사기 위해 첫 번째 결혼에서 얻은 딸인 살로메에게 춤을 추게 한다. 살로메의 춤에 매료된 헤롯은 그녀의 소원을 들어주기로 하고 그녀는 어머니의 강권에 못 이겨 요한의 머리를 요구한다. 요한을 신이 보낸 성자라고 생각해 죽이지 못했던 헤롯은 마지못해 요한을 참수한다. 종교적 가르침을 찬양하고 음란하고 사악한 자들을 책망하는 선혈 낭자한 이야기는 낭만주의적 경향의 영국 유미주의 작가 오스카 와일드(Oscar Wilde, 1858-1900)에 의해 병태미(病態美)와 육체적 욕망으로 가득한 희곡으로 재탄생하였다. 작가는 작품 속에서 사랑과 아름다움에 과도하게

1) '莎樂美'는 중국어로 '샤러메이'로 발음되며 'Salome'의 음역이다. 한국에서는 2019년 4월 소와다리출판사에서 1893년 초판본 오리지널 디자인으로『살로메(Salome)』(이한이 역)라는 제목으로 출간되었다.

집착하는 극중 인물을 집중적으로 묘사하고 있다. 살로메가 요한의 머리를 요구한 것은 요한이 그녀의 사랑을 거절한 것에 대한 분풀이며 변태적 광증(狂症)이다. 극 전체를 통해 볼 때, 인물간의 충돌은 살로메와 헤롯이 이성을 잃고 정욕을 억제하지 못함으로써 발생한다. 원한과 사랑은 요한의 생명을 앗아 갔고 질투와 사랑은 살로메를 흠모하는 시리아 소년의 생명을 빼앗았다. 소년은 요한에 대한 살로메의 병적인 사랑을 견디다 못해 결국 자살을 택한다. 헤롯의 감정은 우울과 기쁨, 분노 사이를 쉴새 없이 오가며 나라의 반을 떼어주고서라도 살로메의 환심을 사려 한다. 살로메가 요한의 머리를 들어 올려 입을 맞추려 하는 마지막 장면에서 질투심에 미쳐버린 헤롯은 살로메를 죽이라고 명령한다. 평범한 다각연애극(多角戀愛劇)에 불과했을 이야기가 오스카 와일드의 손을 거치며 새롭게 탄생했다. 놀라울 정도로 아름다운 사랑의 광채로 공포의 색조를 지워버렸고, 맹렬하게 타오르는 정욕의 감정은 신비롭고 감상적인 예술로 승화되었다. 시적인 언어와 절묘한 비유(달, 비둘기, 장미, 나비), 군중들의 눈을 통한 살로메에 대한 묘사는 그녀의 아름다움을 한층 도드라지게 했다. 이런 과정을 거쳐 첨예한 모순으로 점철된 피비린내 나는 도살장이 사랑과 아름다움을 위해 몸 바치는 신성한 제단으로 변모하였다. 이 얼마나 낭만적인 이야기란 말인가.

현재까지의 자료에 의하면 이 극본을 최초로 중국어로 번역한 사람은 톈한이다. 『살로메』 번역문은 1921년 3월 15일 발행된 《소년중국》 2권 9기에 처음 실렸다. 1923년 1월에 상하이 중화서국에서 초판이 발행된 후 '소년중국학회총서(少年中國學會叢書)'에 포함되었다. 1930년 3월에 5판을, 1939년 7판을 발행했다. 이 극본은 당시 중국 독자들에게 큰 인기를 끌었다. 1921년 발행된 《소설월보》 12권 5기에는 선저민(沈澤民)이 쓴 「와일드 평전(王爾德評傳)」이 게재되었는데 작가의 일생 외에 특별히 『살로메』를 분석한 내용이 나온다. 이 연극은 "공포스러움 속에서 아름다움을 표현하고 있다. 광적인 꿈을 꾸는 살로메는 비열하지만 악하지 않고 욕정적이지만 부끄러울 정도는 아닌 일종의 반란적 타락을 표현하고 있다. 우리는 이 속에서 고삐 풀린 열정의 날뜀과 어두침침하고 신성이 깃든 정서의 호응을 보았다. 작가는 영혼과 육체의 충돌로 빚어진 인간의 비참한 운명을 묘사하고 있다. 요한, 헤롯, 헤로디아, 살로메 등은 마치 칼과 도끼로 조각해낸 듯 생동감 있게 묘사되어 있다. 아름다운 문체는 플로베르를 닮았고 간결하고 힘찬 문장은 베를렌의 영향을 받은 것이 분명하다." 또 이렇게 썼다. "살로메의 죽음은 헤롯왕이 처한 난감한 상황을 해결해주었는데 이는 타락한 데카당스 시대의 종결을 의미한다. 와일드는 그가 살았던 시대의 현실을 있는 그대로 묘사했다기보다 그가 직접 뽑아낸 결정체를 담아낸 것이다." 1922년 4월 장원텐(張聞天)과 왕푸취안(汪馥泉)은 《민국일보》 부간 《각오》에 「와일드 소개(王爾德介紹)」라는 글을 연재했다. 글에서는 『살로메』를 "로맨스 비극의 걸작", "와일드 작품 가운데 가장 생동적으로 인물을 묘사한 연애 비극"이라고 평가했으며, 겉으로 보기에는 로세티(Dante Gabriel Rossetti) 등 퇴폐파의 작품과 비슷하지만 실질적으로는 "영혼과 육체의 충돌로 빚어진 육체의 비참한 운명을 묘사하고 있는" 뛰어난 작품이라고 하였다.

5·4 시기 전후로 유미주의 신낭만주의의 대표 작가인 오스카 와일드의 작품을 중국어로 번역하는 붐이 일어났다. 『이상적인 남편(意中人)』(An Ideal Husband, 금역 理想的丈夫), 『윈더미어 부인의 부채(遺扇記)』(Lady windermere's fan, 금역 溫德米爾夫人的扇子), 『진지함의 중요성(同名異娶)』(The Importance of Being Earnest, 금역 名叫埃納斯特的重要性) 등이 차례로 중국어로 번역되었다. 그러나 어떤 작품도 『살로메』의 강렬함을 능가하지는 못했다. 톈한 외에 1927년 쉬바오옌(徐葆炎)이 번역한 광화서국본

은 여러 차례 재판을 인쇄했으며, 1935년 대광서국(大光書局)에서도 3판을 발행했다. 1937년 1월, 계명서국에서 '세계희극명저' 시리즈 중 한 권으로 발행한 션페이치우(沈佩秋) 번역본은 두 달 만에 재판을 찍을 정도로 인기가 좋았다. 상무인서관은 구이위(桂裕), 쉬밍지(徐名驥) 번역의 『살로메』 영한대역본을 출간했고, 1934년 청두 중화녹성사(中華綠星社)는 종린(鐘霖)의 번역으로 에스페란토어와 중국어 대조본을 출간했다. 1946년에는 후솽거(胡雙歌)의 번역본이 상하이 성군출판공사(星群出版公司)에서 출판되었다. 1933년 8월 3일, 남국사(南國社)는 상하이 닝보향우회(上海寧波同鄉會)에서 『살로메』를 연극으로 공연했다. 위샨(俞珊), 김염(金焰),[2] 정쥔리(鄭君裏) 등이 주연을 맡은 이 연극은 당시 큰 화제를 불러 일으켰다. 량스치우(梁實秋)와 톈한은 이 공연의 성패 여부를 두고《남국주간(南國周刊)》에서 설전을 벌이기도 했다. 결과야 어찌 되었든 관중들은 이 연극에 대단히 열광했다. 션송취안(沈松泉)은 「광화서국에 관한 추억(關於光華書局的回憶)」이라는 글에서 주웨이지(朱維基), 팡신(芳信)과 함께 연극 『살로메』를 보러 갔던 일에 대해 다음과 같이 기록하고 있다. "살로메가 참수된 요한의 머리를 두 손으로 받쳐 들고 애틋하면서도 격정적으로 그의 이름을 외쳐 부르는 장면이 특히 인상적이었다. 위샨의 목소리는 낭랑했고 깊은 감정이 실려 있었다. 다음 날 주웨이지도 나에게 이렇게 말했다. '이처럼 구성지고 애절하게 요한의 이름을 부르는 소

2) 김염(金焰, 1910-1983). 본명은 김덕린. 서울에서 태어났다. 세프란스 의학교 1회 졸업생이며 최초의 면허 의사이자 독립운동가였던 김필순(金弼淳)이 아버지이며 독립운동가 김규식(金奎軾)이 고모부, 독립운동가·교육가 김마리아(金瑪利亞)가 사촌누나이다. 만주에서 독립운동가 주치의로 활동하던 아버지가 일본인에 의해 독살된 후 상하이로 건너가 남국사에서 잡일을 하며 생계를 유지하던 중, 우연한 기회에 지각한 배우를 대신해 연극 〈살로메〉에 출연하게 된다. 연극의 엄청난 성공과 함께 영화계로 진출한 그는 1930년대 수많은 영화에 주연으로 출연하며 젊은이들의 우상이 되었고, 1934년 실시한 '중국 영화 10대 스타' 투표에서 남자배우 1위를 차지하며 중국영화사에서 유일하게 '영화 황제'의 칭호를 얻은 배우가 되었다. 〈열혈남아(熱血男兒)〉, 〈야초한화(野草閑花)〉, 〈대로(大路)〉 등 수많은 영화에 출연했다.

리는 들어본 적이 없다.'"[1]

등장인물의 광적인 집착과 열정적인 동작에 대한 생동감 있는 묘사는 『살로메』를 이국적으로 느끼게 해주었을 뿐만 아니라 최상의 극본으로 만들어주었다. 여기에 '세기말 화가'라고 불리는 오브리 비어즐리(Aubrey Beardsley)의 장식적인 삽화가 더해져 묘한 분위기를 배가시켰다. 장원강(姜蘊剛)은 『생명의 노래(生命的歌頌)』(商務印書館 1944年)라는 책에서 이런 정조(情調)를 '살로메 문화'라고 이름 붙였다. 그는 '살로메 문화'의 핵심을 설명하면서 "생명의 최고 경지는 생명의 변태(變態, 탈바꿈)"라고 말했다. 이런 분위기는 비록 정치적 부패와 그로 인한 국민의 고통을 드러내려 애썼던 20세기 초반의 현실주의적 예술경향에 부합하진 않지만, 감상적이고 유미적인 정서 속에서 여전히 시대적 문제를 탐구하고 있다고 볼 수 있다. 이 때문에 젊은 독자들의 호감을 얻을 수 있었던 것이다. 후솽거는 번역 서문에서 이렇게 말했다. "10여 년 전 처음으로 『살로메』를 읽었다. 휘황찬란하고 화려한 색채는 마치 채색화 한 폭을 보고 있는 듯 나의 가슴을 뒤흔들었다. 작가는 강렬하면서도 부드럽고 감상적이면서도 서정적인 시적 표현으로 독자들을 매료시켰으며, 나 또한 열정적이면서 냉혹한 정서 안에서 오랫동안 헤어나오지 못했었다. 이에 대해 누군가는 『살로메』를 무진장한 보물창고로 묘사했고 심지어는 '살로메 문화'라는 이름까지 붙여주었다."[2] 시인 주샹(朱湘)은 「'살로메'를 읽고(讀'沙樂美')」라는 글에서 이렇게 말했다. "『살로메』를 읽어본 사람이라면 누구나 강한 흥미를 느끼게 될 것이다. 나도 그중 하나이다." "이 극본은 완벽하면서도 독특한 예술품이다. 배경이나 구조, 내용, 문체 가운데 어느 하나 예술품이 아닌 것이 없다."[3] 추상미에 대한 신념과 갈망, 몽환적인 미지의 세계에 대한 갈구는 톈한의 초기 희곡인 『커피숍의 밤(咖啡店之夜)』, 『소주야화(蘇州夜話)』, 『호랑이 잡는 밤(獲虎之夜)』 등에도 그대로 체현되어 있다.

유미적이고 감상적인 『살로메』의 정서는 톈한의 작품 속에서 도리어 미래 세계에 대한 동경으로 표출되고 있다. 원래 '살로메 문화'는 항일전쟁으로 피폐해진 고통의 시대와 결코 어울릴 수 있는 것이 아니었다. 이런 문화는 사람들을 아편과 술, 여자에 빠지도록 해 현실 도피적이고 염세적인 삶을 살게 만들 뿐이었다. 이 점은 당시의 젊은이들도 알고 있었다. 후쐉거는 『살로메』 번역 후기에서 이렇게 말했다. "와일드가 우리 곁을 떠난 지 반세기가 지났다. 실로 그는 예술의 왕국에서 탁월한 재능으로 독특한 영역을 개척한 후 후세에 아름다운 유산으로 남겨주었다. 그의 대표작 『살로메』는 생동감 있는 이야기와 탄탄한 구조, 아름다운 문체에 작가의 풍부한 상상력이 더해져 완벽한 예술품으로 탄생했다. 유미주의 작품의 특색이 이 작품 속에 최고 수준으로 표출되어 있다. 작가는 병태적이고 불건전한 자신의 감정을 작품에 투영시켜 묘사했으니 감정 발산의 '즐거움'은 적지 않았을 것이다. 그렇지만 오늘날의 독자들에게는 무엇을 줄 수 있을까?" 저명한 여성 작가 위안창잉(袁昌英)은 「'살로메'에 관하여(關於'莎樂美')」[4]라는 글에서 『살로메』를 그 어떤 작품과도 비교할 수 없는 아름다운 희곡 작품이라고 높게 평가했다. "(이 작품은) 완벽하고 절묘한 음악과 같고, 티 한 점 없이 아름다운 마노(瑪瑙)와 같다. 처량한 음절과 깔끔한 구조, 기묘하고 환상적인 이미지, 애잔하고 수려한 문체 … 짜임새 있는 단막극 구조는 가히 최고이다." 그러나 "내용을 보면 병태적 성욕을 묘사하는 등 퇴폐주의의 결정체라 할 수 있다. 극 전체의 분위기는 혼탁하며 불건전하다. 남녀 주인공 모두 대단히 비정상적이고 병적인 성(性)적 집착의 희생양이다. 만약 형식의 아름다움으로 내용을 포장해 감추지 않았더라면 차마 눈 뜨고 볼 수 없을 정도로 불결한 내용만 남았을 것이며, 그렇게 되었다면 『살로메』는 수많은 폐지 더미에 섞여 있는 몇 장의 폐문(廢文)에 불과했을 것이다." 그는 특별히 젊은이들에게 이렇게 충고했다. "예술적 아름다움에만 미혹되어 내용까지 긴진한 것으로 오해하지 말기 바란다. 병태적이고 퇴폐적인 작품이 아름답고 감동적인 형식의 옷을 입었으니 자칫 잘못된 길로 끌려 들어가기 십상이다!"[5] 당시의 학자들과 예술가들이 이 작품을 어떻게 평가했는지는 이미 위에서 자세히 언급했다. 선지자 요한의 계시가 갖고 있는 권위, 사랑에 대한 살로메 공주의 열정과 집착, 거기서 오는 감동을 제외하고는 작품 속에서 '유미(唯美)'만을 느낄 수 있을 뿐이다. 그러나 아이러니한 것은 '미를 위한 미'에 침잠해 있던 바로 그 세대가 '살로메 문화'의 종결을 선고했다는 점이다.

079

『차라투스트라는 이렇게 말했다(査拉圖斯特拉如是說)』

반전통과 우상파괴의 정신적 무기가 된 초인철학

5·4운동 전후로 서양의 신사조들이 중국으로 물밀듯이 밀려들어왔다. 그중에서 민국 시기에 사람들의 가장 큰 관심을 끌고 오랫동안 영향을 미쳤던 철학으로는 니체(Friedrich Wilhelm Nietzsche, 1844-1900)의 사상이 있다. 『차라투스트라는 이렇게 말했다(査拉圖斯特拉如是說)』(Thus Spake Zarathustra)는 니체에게 가장 큰 명성을 안겨준 작품으로 니체라는 독일 철학자의 이름도 대부분 이 책과 함께 거론되곤 한다. 그는 자서전 『이 사람을 보라(瞧! 這個人)』(ecce homo)에서 이 책에 대해 다음과 같이 말했다. "나는 나의 동포들에게 그들이 얻을 수 있는 가장 큰 선물을 줄 것이다. 이 작품은 세계에서 제일 오만한 책일 뿐만 아니라 높은 산 위의 공기와도 같은 것이다.—모든 현상, 전 인류는 그 발아래 요원한 곳에 놓여 예측이 불가능하다.—또한 이 책은 매우 심오하며 진리의 가장 깊은 곳에서 태어났다. 마르지 않는 샘물과 같고 채워지지 않는 그릇과 같다."[1]

'차라투스트라'는 페르시아 혹은 메디아(Medes)의 종교 성인으로 조로아스터교의 창시자이다. 당(唐)나라 사람들은 그의 이름을 '소로지(蘇魯支)'라고 번역했다. 니체의 여동생은 차라투스트라의 형상이 니체의 어린 시절부터 그의 머릿속에 있었다고 말했다. 꿈속에서 만난 페르시아인의 입을 빌려 제자들에게 강의하는 형식을 띠고 있는 이 책에서 니체는 우정과 환락, 실망, 고통, 그리고 슬픔과 근심 등의 감정에 대해 설명하고 '영원회귀'의 관념과 초인 철학, 권력의지론에 대해 밝혔다. 책은 시의(詩意)가 풍부한 산문체로 쓰였는데 화려한 문체는 19세기 유럽 문학사에서도 대단히 높은 평가를 받았다.

이 책의 번역서는 중국에서 '명저 명역'의 모범으로 사람들의 입에 자주 오르내린다. 1918년 루쉰은 『차라투스트라 서언(察羅堵斯德羅緒言)』 1절에서 3절까지를 문어체로 번역했다. 이 원고는 정식으로 발표되지 않았지만 베이징 도서관에 소장되어 있다. 아마 이것이 『차라투스트라는 이렇게 말했다』의 최초 중국어 발췌 번역본일 것이다. 1919년 선옌빙(沈雁冰)은《해방과 개조(解放與改造)》1권 6, 7기에 가장 비판적이라고 알려진 「새로운 우상(新偶像)」과 「시장의 파리떼(市場之蠅)」를 번역 발표하였다. 이 글은 니체의 작품 가운데 최초로 번역 출판된 글이다. 그는 번역 서문에서 이 책을 "매우 희귀한 문학 서적"이라고 평가하였다. 1920년 6월 1일 발행된《신조》2권 5기에 루쉰은 '탕치(唐俟)'라는 필명으로 『차라투스트라 서언』 10절을 백화문으로 번역한 글을 싣고 역자 후기에서 이렇게 말했다. "『차라투스트라는 이렇게 말했다』는 니체의 주요 저작 중 하나로 모두 4편으로 구성되어 있으며 「서언(序言)」 1편이 별도로 있다. 이 책은 니체가 1883년부터 1886년까지 저술한 것이다." 그는 이 책이 매우 훌륭하지만 "잠언을 모은 형식이라서 겉으로는 모순적으로 보이며 이해하기 쉽지 않다"고 하였다.[2] 따라서 그는 서언의 각 절마다 해석을 덧붙여놓았다. 같은 해 8월,《민탁》2권 1호에는 니체를 집중적으로 소개하는 글들이 실렸는데, 그중에 장슈단(張叔丹)이 번역한 『차라투스트라(查拉圖斯特拉)』의 서언이 있다. 1922년 베이징에서 발간된《국풍일보》

부간《학휘》 1기부터 103기까지에도 '메이(梅)'라는 필명의 인물이 번역한 『차라투스트라는 이렇게 말했다(匝拉杜斯特拉這樣說)』가 부정기적으로 게재되었다.

1923년 저명 작가 궈모뤄 또한 이 책의 번역 대열에 합류했다. 그는 『차라투스트라는 이렇게 말했다』의 1부 전체와 2부 가운데 일부를 번역해서《창조주보(創造週報)》 1기에서 39기까지 연재하고 제목을 『차라투스트라의 사자후(査拉圖司屈拉之獅子吼)』라고 하였다. 1928년 6월 15일 상하이 창조사 출판부는 이 글들을 모아 『차라투스트라초(査拉圖司屈拉鈔)』라는 제목으로 '세계명저선'에 포함시켜 정식 출판하였다. 초판은 2천 부를 찍었다. 목차는 다음과 같다. 세 가지 변화[三種的變形], 도덕의 강연[道德之講壇], 은둔자들[遁世者流], 육체를 경멸하는 자들[肉體之侮蔑者], 쾌락과 열정[快樂與熱狂], 창백한 범죄자[蒼白的犯罪者], 독서와 저술[讀書與著作], 산 위의 나무[山上樹], 죽음의 설교자[死之說教者], 전쟁과 전사[戰爭與戰士], 새로운 우상[新偶像], 시장의 파리 떼[市蠅], 정조[貞操], 친구[朋友], 1,001개의 목표[千有一個的目標], 이웃 사랑[鄰人愛], 창조자의 길[創造者之路], 늙은 부인과 소녀[老婦與少女], 독사가 물다[蝮蛇之嚙], 아이들과 결혼[兒女與結婚], 자유로운 죽음[自由的死], 선물의 도덕[贈貽的道德]. 번역 초기에 역자는 대단한 열정으로 매주 한 편씩 번역하였으나 사람들의 반응이 신통치 않자 중간에 번역을 포기하였다. 루쉰은 이에 대해 큰 안타까움을 표시했다. "과거에 중국에서 다윈에 대해 실컷 떠들고 니체에 대해 맘껏 얘기하던 때가 있었다. 세계대전을 거치며 그들에 대한 신랄한 비판만 난무하더니 지금은 다윈 번역서 한 권, 니체 번역서 반 권만이 남아 있을 뿐이다."[3] 여기서 말한 반 권의 책이란 궈모뤄가 번역한 『차라투스트라초』를 가리키는 것이다.

따라서 그는 1935년 『니체자전(尼采自傳)』을 번역한 독일 유학파 쉬스취안[1]을《세계문고(世界文庫)》편집자 정전둬에게 소개해 주며 그에게 『차라투스트라는 이렇게 말했다』의 완역을 맡겨보도록 권유했다. 1935년 12월부터 1936년 4월까지 발간된《세계문고》8책부터 11책까지에는[2] 쉬스취안이 완역한『차라투스트라는 이렇게 말했다(蘇魯支如是說)』의 전문이 번역되어 실렸다. 정전둬는 책의 머리말에서 번역문에 대해 매우 높은 평가를 내리고 있다. 이 글은 독일어판을 저본으로 삼은 "위대한 번역 작업"이며 "역자의 문체도 니체의 스타일과 대단히 흡사하다." 자오쟈비(趙家璧)는『편집생애에서 기억하는 루쉰(編輯生涯憶魯迅)』이라는 책에서 이 번역문이『차라투스트라는 이렇게 말했다』를 "완전한 형태로 중국 독자들과 만날 수 있도록 해주었다"고 하였다. 쉬스취안의 번역본은 1936년 9월『소로지 어록(蘇魯支語錄)』이라는 제목으로 상하이 생활서점에서 초판 발행되었다. 샤오간(蕭贛)이 완역한『차라투스트라는 이렇게 말했다(紮拉圖士特拉如是說)』도 1936년 3월 상무인서관의 '만유문고' 제2집 중 한 권으로 출판되었으며, 같은 해 8월에는 '한역세계명저(漢譯世界名著)' 총서에 포함되었다. 1940년 5월 상하이 중화서국에서는 레이바이웨이(雷白韋) 번역의『차라투스트라는 이렇게 말했다(查拉杜斯屈拉如是說)』완역본을 '세계문학명저'로 출간하면서 이 책에 대해 "누구나 읽어야 하는 책이지만 아무도 읽지 않은 책"이라고 소개했다. 1947년 3월에는 구이양(貴陽) 문통서국(文通書局)에서 가오한(高寒)이 번역한『차라투스트라는 이렇게 말했다(查拉圖拉如是說)』가 출간되었다.

『차라투스트라는 이렇게 말했다』는 1919년 처음 번역 출간된 이래로

1) 쉬스취안(徐詩荃, 1909-2000). 필명은 판청(梵澄)이다. 중국 현대의 종교학자, 철학자, 번역가이다. 루쉰에게 영향을 받았으며 독일 하이델베르크대학에서 유학했다. 중국에서 처음으로 체계적으로 니체의 저작을 번역하고 연구했다.

2) 원저에는 제9책부터 12책까지로 되어 있다. 오기로 보인다.

민국 시기 내내 큰 영향을 미쳤다. 리스천은 「니체 사상 비판(尼采思想之批判)」이라는 글에서 이 책을 "니체 사상의 결정체"라고 하였으며 그 속에서 "무의식중에 드러나는 천진함을 엿볼 수 있다"고 하였다. 아울러 이 책의 특징에 대해 다음과 같이 말하였다. "대립하는 모든 것들을 새롭게 통일시키고 결합하였다. 인성이 가장 훌륭한 자, 가장 천박한 자, 가장 감미로운 자, 가장 방종한 자, 가장 공포스러운 자, 이 모든 사람들은 같은 원천에서 솟아났다." 만약 "편협하고 편향된 태도"를 버리지 않는다면 이 책의 명언과 교훈은 결코 이해되지 못할 것이다. 바이샨(白山)은 「니체전(尼采傳)」에서 이 책이 니체 "사상의 성숙기"를 대표하는 저작이라 하였다. 또한 니체가 말한 "자유로운 의욕의 자아"는 "우주생명으로서의 개인생명과 같은 것으로 모두 과학적 기초 위에 세워져 있다"고도 하였다. 이 책은 "니체의 가장 심오한 내적 경험과 우정, 이상, 희열, 환멸, 고뇌의 역사이다."[4] 책의 높은 문학성도 많은 학자들의 주목을 받았다. 정전둬는 "세상 사람들의 이목을 집중시킨 대작"이 "철학적 이치를 담고 있을 뿐만 아니라 동시에 열정으로 가득 찬 시적 산문"이라고 했다.[5] 린통지(林同濟)는 니체가 "예술의 장작불로 논리를 녹여 상징성과 서정성 높은 독특한 철학 산문을 주조해냈다"고 하였다.[6] 책은 광범위한 지역에서 발행되었다. 한번은 궈모뤄가 장쑤 우현 동남부의 편벽한 마을에서 거행된 초등학교 교사의 결혼식에 참석한 적이 있었다. 그런데 그때 만난 신부의 첫마디가 "저는 니체의 『차라투스트라초』를 아주 좋아하는데 왜 번역을 중단하셨나요?"라는 물음이었다고 한다. 이 말을 듣고 그는 "이처럼 이해심 많고 재능 있는 부인이 있다는 것을 좀 더 일찍 알았더라면 중간에 번역을 그만두지는 않았을 것"이라며 안타까워했다.[7]

5·4운동 이래 중국 젊은이들이 이 책에 열광한 것은 결코 우연이 아니다. 기독교 윤리를 신랄하게 비판하고 있는 이 책은 당시 전통 봉건 도

덕을 공격하던 중국의 젊은이들에게 좋은 본보기가 되었다. 쑨푸위안의 기억에 따르면 루쉰은 특히 이 책을 낭독하는 것을 좋아했다. "강하고 힘이 있는 문체라서 낭독할 때 금속성(金屬聲)이 난다."[8] 루쉰은 「열풍(熱風)·수상록46(隨感錄四十六)」에서 다윈, 입센, 톨스토이와 함께 니체를 거론하며 그들을 "우상을 파괴한 위대한 인물"이라고 평가했다. "그들 모두 불요불굴의 자신감으로 우상 숭배자의 비난을 거들떠보지 않았다."[9] 푸스넨(傅斯年)도 《신조》에서 니체를 "극단적 우상 파괴자"라고 하였다.[10] 마오둔은 니체가 "모든 철학 이론과 사회적 신조, 인생관, 도덕관을 다시 평가하고 그것들의 가치를 새롭게 산정하며 … 과거로부터 전승되어 내려온 모든 신념을 거부하고 절대적 진리라고 간주하던 것을 근본적으로 동요"시키려 하였다고 말했다.[11] 궈모뤄는 "걸출하고 위대하고 고매한 지식인들을 위해" "심혈을 기울여 고상한 언어로 쓴 저작"이라고 하였다. 《창조》 2권 1기의 속표지에는 큰 글씨로 「창조자의 길」에 나오는 글 한 단락이 쓰여 있다. "형제여, 그대의 사랑과 창조력을 가지고 고독 속으로 들어가라. 그리하면 정의가 늦더라도 절뚝거리며 그대 뒤를 따를 것이다." 이는 전통에 반항하고 과거의 속박으로부터 벗어나 자신만의 사상을 추구하려는 창조자의 독창적 정신을 반영하고 있는 말이다.

심오한 철리를 담고 있는 이 책은 민국 시기의 작가들에게 광범위한 영향을 미쳤다. 후충징(胡從經)은 『진망집(榛莽集)』에서 루쉰의 『야초(野草)』가 글의 구조나 의경(意境), 상징법, 서정적 필치 등에서 『차라투스트라는 이렇게 말했다』와 비슷하다고 하였다. 예를 들면, 「야초(野草)·그림자의 고별(影的告別)」과 『차라투스트라는 이렇게 말했다』의 69번째 글인 「그림자(影子)」의 구조는 대단히 비슷하다. '오합총서(烏合叢書)'에 포함된 망원사(莽原社) 회원 까오창홍(高長虹)의 『마음의 탐험(心的探險)』도 우언과 비유의 방식으로 철리를 다루고 있다는 점에서 니체의 방식과 비슷하다. 루쉰은 이 책의 광고 문구에서 이렇게 말했다. "창홍의 산문과 시는 그의 허무를 실존적인 것으로 묘사하였으며, 그것에 용감하게 반항하는 고통스러운 싸움에 대해 사력을 다해 서술하였다." 창홍의 글 가운데 「환상과 꿈(幻想與做夢)」, 「ESPERANTO의 복음(ESPERANTO的福音)」, 「인류의 등마루(人類的脊背)」, 「상처(創傷)」, 「토산품(土儀)」, 「배회(徘徊)」 등이 대표적인 예이다. 이처럼 참신한 스타일, 독특한 문체에 반봉건적 분위기까지 담아낸 호소력 짙은 '니체의 목소리'는 젊은 독자들 사이에서 큰 공감대를 형성했다.[12] 뛰어난 상징성, 철리에 대한 비유적 설명, 서정적 스타일, 문체의 풍부한 리듬감 등은 민국 시기에 유행한 잡문의 일반적 특징이었는데 이는 『차라투스트라는 이렇게 말했다』의 번역과 깊은 관련이 있다.

『차라투스트라는 이렇게 말했다』에서 고취시키고 있는 초인철학, 권력의지 등은 원래 소수자를 위한 사상이었다. 그러나 루쉰, 마오둔, 궈모뤄, 쉬스취안, 장슈단, 메이 선생, 샤오간, 레이바이웨이, 가오한 등의 적극적인 소개로 이 책은 새롭게 태어났다. 전통에 대한 철저한 부정과 일체의 가치에 대한 재평가를 핵심으로 하는 니체의 사상은 반제 반봉건이라는 중국의 현실적 요구와 잘 맞아떨어져 민심을 진작시키고 사람들을 각성시키는 역할을 해주었다. 또한 굳건한 의지와 창조적 정신에 대한 추구는 중국 신문학이 형성되는 데에도 긍정적인 영향을 미쳤다. 니체의 극단적인 개인주의 사상이 중용의 도를 중시하는 중국의 문화적 분위기 속에서 도리어 전투적인 성격을 띠게 된 것이다. 수용이론의 입장에서 보면 이런 '수용방식'은 일종의 오독이다. 중국 지식인의 여과와 번역자의 '창조적 반역'을 거치며 니체의 사상과 번역된 사상 사이에 큰 격차가 발생하게 되었다. 어찌 보면 『차라투스트라는 이렇게 말했다』가 중국어로 번역되는 과정에서 작품이 담고 있는 심층적 의미가 새롭게 발굴되었다고도 할 수 있다. 이에 대해 취추바이는 「루쉰잡감선집서언(魯迅雜感選集序言)」에서 매우 탁월한 분석을 하고 있다. 니체의 학설은 "유럽 부르주아 계급의 반영이다. 그들은 초인과 '선진'적인 영웅, 그리고 현명한 자의 명의로 신흥 민중 계급 집단의 진보와 개혁을 저지하고 있다. 그리고서는 이렇게 말한다. 민중은 본디 모두 수구적이며 진보를 가로막는 '어리석은 자들'이다. 그러나 루쉰은 당시에 사람들이 니체주의로 경도된 것이 또 다른 사회적 관계를 반영하고 있는 것이라고 말했다. 개성주의는 일반 지식인들의 부르주아적 환상이다. 당시 중국의 도시 노동자 계급은 자각적인 정치집단이 되기에는 부족했으며, 농촌의 농민 군중들은 자발적이지만 자각적이지 않은 저항 투쟁을 벌이고 있었다. 대다수의 시정잡배들과 수구적이고 어리석은 일반인들은 통치계급을 대신해 노예주의를 수호하고 있었으니 분명 진보와 개혁의 장애물이라 할 수 있다. 광명을 얻기 위해, 자연계와 구 사회의 맹목적 역량을 정복하기 위해, 개성의 발전과 사상자유, 전통 파괴를 주장하는 외침은 당시로서 매우 혁명적인 의의를 지닌 것이었다."[13] 루쉰이 분석한 것처럼 『차라투스트라는 이렇게 말했다』가 "외관상 모순투성이"였기 때문에, 한편으로는 부패한 자본주의 제도와 과두 정치의 양약이 될 수 있었고, 다른 한편으로는 모순과 위기의 민국시대에 반전통과 우상 파괴를 외치는 젊은이들이 봉건적 굴레와 진부하고 저속한 모리배 철학을 깨어 부술 수 있는 '정신적 무기'가 될 수 있었다. 『차라투스트라는 이렇게 말했다』는 민국 시기에 베스트셀러는 아니었다. 샤오간의 번역서가 두 가지 총서에 포함된 것을 제외하고 기타 번역서들은 가까스로 2판을 찍었을 정도이다. 그러나 인기는 많았지만 쉽게 잊힌 다른 베스트셀러들과 비교해볼 때, 이 책은 독자들의 가슴속에 선명한 흔적을 남겼다.

080

『고민의 상징(苦悶的象徵)』

정신적·사회적 고민을 해결해줄 생명력의 발견

일본 다이쇼 시대, 문단의 비중 있는 문예 사상가인 구리야가와 하쿠손(廚川白村)은 중국에서 자주 루쉰과 함께 언급되곤 한다. 류보칭(劉柏青)은 『루쉰과 일본문학(魯迅與日本文學)』이라는 책에서 『루쉰전집(魯迅全集)』에서 가장 많이 나오는 일본 작가로 구리야가와 하쿠손을 꼽았다.[1]

구리야가와 하쿠손(1880-1923)은 도쿄제국대학 영문과를 졸업한 뒤 메이지 시대의 저명한 문학평론가 고이즈미 야쿠모(즉 일본에 귀화한 유럽인 라프카디오 헌, Lafcadio Hearn)1)에게 배웠다. 대학에서는 영국 문학과 유럽 근대 문예사조를 전공했고 졸업 후 구마모토의 제5고(第五高)와 교토의 제3고(第三高), 교토제국대학(京都帝國大學)의 강사와 교수를 역임했다. 그는 《명성(明星)》 잡지에 번역시를 소개하면서 두각을 나타내기 시작했고 1916년에 문부성의 국비 유학생 자격을 얻어 미국 유학을 떠났

1) 고이즈미 야쿠모(小泉八雲, 1850-1904). 그리스 출생의 영국인으로 이전의 이름은 라프카디오 헌(Lafcadio Hearn)이다. 메이지 23년(1890) 일본에 건너와 일본인 여성과 결혼하여 귀화했다. 도쿄대학, 와세다대학 문학부 교수를 지냈으며 일본에 관한 영문 인상기와 괴담소설 등을 발표해 유명해졌다.

다. 당시 서구 학술계는 정신분석학이 휩쓸고 있었는데 하쿠손도 심리학의 입장에서 문예현상을 해석하는 것에 흥미를 느꼈다. 귀국 후 그는 문화비평과 사회비평에 관한 글을 발표하며 『근대문학10강(近代文學十講)』, 『문예사조론(文藝思潮論)』, 『근대연애관(近代戀愛觀)』 등을 저술하였다. 그러나 그를 대표하는 작품은 누가 뭐라 해도 1923년 9월 1일 관동대지진으로 사고를 당하고 나서 출판된 『고민의 상징』이다.

이 책은 「창작론(創作論)」, 「감상론(鑒賞論)」, 「문예의 근본 문제에 대한 고찰(關於文藝的根本問題的考察)」, 「문예의 기원(文藝的起源)」 등 총 4장으로 이루어져 있다. 각 장은 다시 몇 개의 절로 나누어지는데, 앞의 두 장은 작가의 체계적인 이론과 관점을 담고 있으며, 뒤의 두 장은 앞 장을 조금 더 확장시켜 상세하게 서술하고 있다. 「창작론」은 다음의 여섯 절로 되어 있다. 두 가지 힘. 창조적인 삶의 욕구. 강제 억압의 힘. 정신분석학. 인간의 고통과 문예. 고민의 상징. 요지는 다음과 같다. "생명력이 억압을 당하면 고민과 근심이 생겨난다. 이것이 바로 문예의 근본이고 그것이 표현된 것이 넓은 의미의 상징주의이다." 작가는 베르그송의 생명철학에 기초해 문예현상을 해석한다. 즉 인간의 외적 생활은 내적 생명력이 밖으로 드러나 연소되고 유동(流動)하는 것에 다름 아니라는 것이다. 게다가 쉼 없이 돌진하는 생명력을 개성 표현의 욕구로 해석하고 이것이 창조 추구의 욕망이라고 했다. 그는 창조적 삶의 소중함을 강조함과 동시에 전통에 제약받고 인습에 속박되어 노예처럼 타협과 복종의 생활을 하는 사람들을 비판했다. 그가 생각하기에 문예 창조는 인간이 외적 세계의 억압과 강제로부터 완전히 벗어날 수 있는 수단이며 개성을 드러낼 수 있는 유일한 방법이다. 위대한 예술을 창작하는 것은 "자기 마음 깊은 곳에서 다시 깊이 파 들어가는 것"이며 작품에 표현된 개성은 작가의 소아(小我)가 아닌 생명력을 가진 보편적 존재이다. 「감상론」은 모두 여섯 절로 되어 있다. 생명의 공감. 자신이 발견한 희열. 비극의 정화작용. 유한 속의 무한. 문예 감상의 4단계. 공명(共鳴)적 창작. "문예작품이란 작가의 생활 깊은 곳에 잠복되어 있는 인간적 고통에서 비롯된 것"이라는 명제에서 출발해 '공감'이야말로 감상을 위해 필수불가결한 것이라는 점을 강조하고 있다. 아울러 '예술 감상자들 역시 창작자'라는 관점에서 창작과 감상의 관계를 날카롭게 파헤치고 있으며, 사람 사이에 존재하는 공통적 인성과 생활체험이 감상의 기본적 조건이라고 주장했다. 「문예의 근본 문제에 대한 고찰」도 모두 여섯 절이다. 예언자적 시인. 이상주의와 현실주의. 단편 「목걸이」. 백일몽. 문예와 도덕 그리고 술. 여자와 노래. 작가는 문화적 선구자가 되어야 한다. 위대한 예술가 배후에는 '사회'와 '사조'가 있으며 문예는 개성의 표현이지만 개성의 다른 한 면은 보편적 생명이다. 이러한 생명은 동시대 속에, 혹은 사회나 민족 구성원들에게 구비되어 있다. 즉 선구자로서의 소명의식을 자각한 시인의 작품에서 민심의 향배를 가늠할 수 있으며 그 안에 내재된 시대정신을 읽을 수 있다는 것이다. 「문예의 기원」은 기도와 노동, 원시인의 꿈으로 구성되어 있으며 역사와 문화의 각도에서 앞서 서술한 내용을 정리하고 있다.

대부분의 평론가들은 이 책이 대지진 후 폐허 속에서 친구들이 발굴해 낸 수고본이거나 그의 유품을 정리하다 발견한 것이라고 주장한다. 그러나 이것은 오해이다. 그는 생전에 이 책의 주요 부분인 「창작론」과 「감상론」을 《개조》 잡지에 발표했었으며, 『고민의 상징』이라는 제목도 출판 시에 친구들이 정한 것이 아니라, 작가 생전에 이미 사용된 것으로 보는 것이 타당하다. 그렇지 않다면 어떻게 1921년 1월 16일부터 22일까지 중국의 《시사신보》 부간 《학등》에 밍취안(明權)이라는 필명의 번역자가 『고민의 상징』 앞부분을 번역해서 게재할 수 있었겠는가? 그러나 당시에는 이런 점이 중국 문단의 주목을 끌지 못한 듯하다. 루쉰은 『고민의 상징』

의 번역 상황에 대해 의문을 제기한 왕주(王鑄)에게 답하기 위해 1925년《경보(京報)》부간에 「'고민의 상징'에 관하여(關於'苦悶的象征')」라는 글을 발표했다. 글에서 루쉰은 이렇게 말했다. "내가 구리야가와 하쿠손이 쓴 문학이론 저작을 처음 본 것은 지진이 지나간 직후로 그 책이 바로 『고민의 상징』이다. 그 전에는 그에 대해 크게 주의를 기울이지 않았었다." 루쉰도 왕주가 보내준 편지를 통해《학등》에 밍취안의 번역이 실린 것을 알게 되었다는 것이다.

『루쉰일기』에 따르면 루쉰은 1924년 4월 8일, 동아공사(東亞公司)에서 이 책의 일본어판을 구매했다. 그 책을 베이징 여자사범대학(北京女子師範大學)의 강의 교재로 사용했는데 그때 '번역의 필요성'을 느끼게 되었다. 그는 9월 22일 번역을 시작해서 10월 10일 번역을 마침과 동시에 1924년 10월 1일부터 31일까지《신보부전(晨報副鐫)》에 「일본 구리야가와 하쿠손의 '고민의 상징'(日本廚川白村作'苦悶的象征')」이라는 제목으로 연재를 하였다. 1924년 12월 신조사(新潮社)는 이 책의 단행본을 출간했다. 1924년 12월에서 1925년 1월까지의 『루쉰일기』에 보면 그가 단행본 출간 전 초고의 내용을 교열했다는 내용이 나온다. 쑨용(孫用)은 『루쉰역문집교독기(魯迅譯文集校讀記)』에서 이 책의 "실제 출판 시기는 1925년 3월"이라고 주장했는데, 비교적 정확하다. 1925년 3월 10일 발행된《경보》부간에는 루쉰이 직접 작성한 광고 문구가 실렸다. "이 책은 문예이론 서적으로 모두 4장이다. 번역 문체는 일상적이고 평이하다. 책에는 다섯 장의 삽화가 실려 있다. 가격은 5마오[角], 첫 2주 동안(3월 7일부터 11일까지)은 특가 3마오 5펀(分)에 판매. 단 이 기간 동안 도매는 불가. 베이징대학 신조사 대리 판매."[2] 대다수 학자들은 이 책이 '미명총간(未名叢刊)'의 하나라고 말하지만, 상하이 루쉰기념관에서 펴낸 『루쉰저역계년목록(魯迅著譯系年目錄)』에 보면 이 책의 초판은 1924년 12월 신조사(대리 판매)에서 발행되었다. 필자의 생각으로는 이 책의 초판이 '미명총간'에 정식으로 포함되지는 않았다고 본다. 루쉰이 주편한 '미명총서'는 비교적 늦은 시기에 출간되었다. 다만 재판은 원판의 형태대로 북신서국(北新書局)에서 인쇄된 후 '미명총간'에 포함되었다. 이 판본은 1926년 3월에 재판을 찍었고, 같은 해 10월 3판, 1930년 5월까지 8판, 1935년 12판을 인쇄했다. 이 책의 인기가 어떠했는지 쉽게 짐작해볼 수 있다.

이상한 점은 1924년을 전후로 또 다른 두 개의 번역본이 존재했다는 것이다. 우선 1924년 10월 25일 발행된 《동방잡지》 21권 20호에 쭝윈(仲雲)이 번역한 『고민의 상징』 제3장 「문예상 몇 가지 문제에 대한 고찰」이 게재되었다. 그리고 같은 해 일본 유학에서 돌아온 펑즈카이[2]가 번역한 『고민의 상징』이 상무인서관에서 출판되었다. 당시 펑즈카이는 《신보부전》에서 문학 대가 루쉰의 번역문을 접하고는 자신이 번역한 것을 출간할 엄두도 내지 못하고 있었다. 그가 만년에 쓴 회고록을 보면, 루쉰이 이러한 자신의 걱정을 알고는 그에게 번역서 출간을 격려했던 일화가 나온다. 펑즈카이가 번역한 『고민의 상징』은 1925년 3월 상무인서관의 '문학연구회총서(文學硏究會叢書)'로 초판 출간된 후, 다음해 7월에 재판, 1932년 다시 재판을 찍었을 정도로 판매가 호조를 보였다. 1927년 3월 1일 발행된 《민탁》 8권 4호에는 런바이타오(任白濤)가 쓴 「'고민의 상징' 축역('苦悶的象征'的縮譯)」이 실렸다. 『고민의 상징』은 매우 독창적인 현대 동양 문예 심리학 저작으로 문학비평에 뜻을 둔 젊은이들 사이에서 큰 화제가 되었다. 5·4 이후의 많은 젊은이들은 자신의 문예관과 인생관을 말할 때 빠짐없이 이 책을 언급한다. 예를 들면, 후펑[3]은 「이상주의자 시대

2) 펑즈카이(豐子愷, 1898-1975). 중국의 현대 화가, 작가, 만화가, 서예가, 번역가이다. 동서양 화법을 융합해 만화를 창작한 것으로 유명하다.

3) 후펑(胡風, 1902-1985). 중국 현대 문예이론가, 시인, 번역가이다. 칭화대학과 일본 게이오대

의 추억(理想主義者時代的回憶)」에서 이렇게 말했다. 그때 “나는 순식간에 나를 삼켜버린 두 권의 책을 읽게 되었다. 하나는 톨스토이의 『부활』이고, 또 하나는 구리야가와 하쿠손의 『고민의 상징』이다. 연애와 예술은 인생의 내면을 드러내주는 가장 숭고한 두 분야이지만 나의 사회적 행위와 점점 모순을 일으킨다.”[3] 그가 만년에 쓴 「나와 외국문학에 대해 약론함(略談我與外國文學)」이라는 글을 보면 그는 1920년대 초 루쉰이 번역한 『고민의 상징』을 읽고 나서 구리야가와 하쿠손의 「창작론」과 「감상론」이 문예상의 모든 통속 사회학을 쓸어버렸다고 생각했다는 대목이 나온다. “그는 창작의 동력을 성적인 고민에 두고 있는데 이는 당연히 유심론적인 것이다. 정신적인 추구(고민)가 없으면 창작도 없다는 것은 정확한 말이다. 그러나 ‘고민’은 계급 모순의 사회생활이 만들어낸 사회학적 성질의 것이지 결코 생물학적 성질의 것에만 한정되지 않는다. … 창작 내용은 작가가 생활 속에서 경험한 객관적인 것을 축적해서 녹여낸 것이다. 창작의 동력은 이러한 객관적인 것이 촉발한 작가의 주관적인 요구(고민)이다. 이는 객관에서 주관으로, 바깥에서 안으로 들어오는 과정이다. 구체적인 창작 과정은 항상 주관적인 요구(고민)에서 시작하지만 자기 것이 될 수는 없으며, 발전, 종합, 융화, 승화라는 구체적인 몸의 느낌을 통해 인물형상을 창조해 내게 된다. 이것은 안에서 바깥으로 나아가는 과정이다. 따라서 구리야가와 하쿠손이 주장한 이론의 후반부는 틀리지 않으며 적극적인 의의를 지니고 있다. 그러나 이론의 전반부는 완전히 잘못되었다. 루쉰은 대학 교재용으로 책을 번역하면서 저자의 관점

학에서 공부하였으며 귀국 후 중국좌익작가연맹을 주도하고 루쉰과 긴밀히 교류했다. 1955년 이른바 ‘후펑 반혁명집단’ 사건으로 투옥되었으며 1980년 복권되었다. 저서로는 『문예필담(文藝筆談)』, 『구름 낀 날의 모습(密雲期風習小記)』, 『현실주의의 길(論現實主義的路)』, 『조국을 위한 노래(爲祖國而歌)』, 『시간은 시작되었다(時間開始了)』 등이 있다.

을 전도시켰다. 그는 저자의 유심주의적 사상을 현실주의(유물주의)의 기초 위에 둠으로써 문예창작에서 범할 수 있는 자연주의적 오류와 통속 사회학의 오류를 극복할 수 있었다. 이로써 작가의 생활 실천과 창작 실천이 어떻게 결합될 수 있는가 하는 중요한 문제가 마땅한 해결책을 찾게 된 것이다."[4]

여러 학자들이 이 책을 접하고 받은 충격에 대해 언급하였다. 쉬친원[4)]은 베이징대학에서 루쉰이 강의한 『중국소설사략(中國小說史略)』과 『고민의 상징』 과목을 듣고 깊은 영향을 받았다고 자서전에 쓰고 있다.[5] 징유린[5)]은 『루쉰회억(魯迅回憶)』에서 이렇게 말했다. "한 번은 베이징대학에서 『고민의 상징』에 관한 강의를 들을 때였다. 책에 아나톨 프랑스(Anatole France)가 쓴 타이스(Thaïs)를 예로든 부분이 나왔다. 선생님은 우선 타이스의 이야기와 인물들에 대해 설명과 비판을 한 후 이 책을 예로 든 이유를 설명하셨다. 비록 시간은 오래 걸렸지만, … 학생들은 귀신에 홀린 듯 몰입해서 강의를 들었다."[6] 쉬마오용[6)]은 『회고록(回憶錄)』에서 다음과 같이 썼다. 루쉰의 번역서를 소개해준 사람은 비관주의자며 염세주의자이고 퇴폐주의 문인인 그의 소학교 선생님 쉬슈칸(徐叔侃)이었다. 그의 지도로 "나는 『고민의 상징』 번역문을 읽었는데 매우 신선하고 생동감이 느껴

---

4) 쉬친원(許欽文, 1897-1984). 항저우성립 제5사범학교(杭州省立第五師範學校)를 졸업했다. 베이징대학에서 루쉰의 '중국소설사' 강의를 청강하며 루쉰과 인연을 맺었으며 자칭 '사숙제자(私淑弟子)'라 하였다. 루쉰의 지도 아래 작품활동을 했으며 대표작으로는 『현기증(暈)』, 『고향(故鄉)』 등이 있다.

5) 징유린(荊有麟, 1903-1951) 국민당 군통(軍統) 비밀요원으로 활동했다. 1923년 루쉰과 알게 된 후 그의 추천으로 '경보관(京報館)'에서 교열과 편집을 맡아보았다. 1926년 3.18참안(三一八慘案)으로 루쉰이 수배되어 피신해 있을 때 비밀스럽게 왕래하며 보살펴주었다. 1949년 난징이 공산당에 의해 해방된 후 체포되어 처형되었다.

6) 쉬마오용(徐懋庸, 1911-1977). 중국 현대의 문학가이자 정치가이다. 일찍이 대혁명운동에 참가했으며 상하이에서 루쉰과 알게 되어 중국좌익작가연맹에 참가하였다. 1938년 옌안(延安)에서 중국공산당에 가입하였으며 건국 후 중공우한대학(中共武漢大學) 부총장, 교육부 부부장 등을 역임하였다. 로맹 롤랑의 『톨스토이전』을 번역하기도 했다.

졌다. 나중에 나는 루쉰의 직역 방식을 모방해 번역을 시도한 적이 있었는데 루쉰의 것에는 미치지 못했다." 또 이렇게 말했다. "구리야가와 하쿠손은 요행으로 사리사욕을 취하는 '총명한 사람'을 비판하고, 개인의 이해를 떠나 타협하지 않으며 적당히 얼버무리지 않는 '바보'들을 추켜세웠다. 이를 통해 나는 루쉰의 정신을 조금이나마 이해할 수 있었고 나도 '바보'가 되기로 결심했다. 그러나 뜻대로 잘 되지는 않았다. 구리야가와 하쿠손은 Essay(雜文)를 중시했고 루쉰도 많은 잡문을 썼다. 나중에 나도 잡문을 썼는데 이 또한 루쉰의 문체를 모방한 것이었다."7 루링[7]은 「나와 외국문학(我與外國文學)」이라는 글에서 『고민의 상징』에 대해 이렇게 썼다. 이 책은 "어두컴컴하고 상처받은 구세계의 시간 속에서 나를 매료시켰다." 책을 읽고 나서 오랜 시간이 지났지만 "나는 줄곧 그 책이 인생에 대해 깊은 성찰을 담고 있었다는 것을 잊지 않고 있었다. 예술이란 사람들이 갖고 있는 정의로운 감정이며 미학이 추구하는 형상사유이다. 그것은 인류가 자신의 형상을 창조해 나가려는 표현이자 도구이다. 또한 인류 미감의 표징(表徵)이면서 상징이다. 그것은 암흑의 시대에 억압과 핍박을 당하는 자들의 고민의 상징이기도 하다. 이렇게 말하는 것은 구리야가와 하쿠손 작품의 핵심인 '고민'이 충분한 힘을 가지고 있는지 여부를 따지기 위함이 아니다. 내가 말하고자 하는 것은 구리야가와 하쿠손의 감정이 내가 늘 생각하던 것과 다르지 않다는 점이다."8

이 책이 중국의 독자들에게 강한 인상을 줄 수 있었던 까닭은 저자가 베르그송, 프로이트, 칸트, 크로체 등의 사상을 융합하여 굳건한 반항의

---

7) 루링(路翎, 1923-1994). 본명은 쉬스싱(徐嗣興)으로 중국 현대 저명작가이다. 현실주의 시파(詩派)인 칠월파(七月派)로 활동했으며 많은 작품을 남겼다. 대표작으로는 『부호의 자녀들(財主底兒女們)』, 『주궤이화 이야기(朱桂花的故事)』, 『첫눈(初雪)』 등이 있으며 한국전쟁과 관련된 작품도 많이 썼다.

식을 심어주었을 뿐만 아니라 깊이 있는 분석과 사변의 수준을 보여주고 있기 때문이다. 이는 5·4 시기 문단에서 격렬한 사상적 대결을 벌이고 있던 문학청년들의 구미에 잘 맞았다. 청년 작가 쉬제(許杰)는 1929년 이렇게 말했다. "5·4 이전에 나는 프로이드의 신심리학에 관심을 가졌던 적이 있었다. 공교롭게도 마침 그때 하쿠손의 『고민의 상징』이 중국에 소개되었다. 이로 인해 문학은 고민의 상징이며 변태적이고 억압된 성의 승화이자 잠재의식이 의식의 영역으로 잠입한 백일몽이라는 생각이 나의 사상에 영향을 미쳤다. 당시 나는 성적 행동을 모든 행동의 중심으로 삼아 인생과 사회의 거의 모든 문제를 관찰하고 해결하려고 했었다."[9] 왜냐하면 그들은 문학이 고소장처럼 직설적이기만 하거나 솔직함, 명랑함만을 표현해서는 안 되며, 마땅히 자신만의 특별한 표현 대상과 표현 방식으로 새로운 것을 창조해야 한다고 생각했기 때문이다. 루쉰의 말에 따르면, 그들은 "전투 의지는 그리 강하지 않지만" "기법"은 "앞선 자들보다 조금 낫고 사상 또한 비교적 자유로운" 자들이었다.[10] 사람들은 다양한 평론을 필요로 하며 그것을 가지고 문학적 자아 인식의 참고로 삼는 경우가 많다. 『고민의 상징』은 문학계와 사상계가 '활기 없고 폐쇄적인' 상태에 놓여 모두가 새로운 이론의 필요성을 절감하고 있을 때 중국에 소개되었다. 루쉰은 번역서의 머리말에서 이렇게 썼다. "작가는 베르그송 철학에 기초해 쉼 없이 전진하는 생명력을 인류 생활의 기초로 보았다. 또한 프로이트의 과학에서 생명력의 근거를 찾아 문예, 특히 문학을 해석하고자 했다. 그러나 원래의 학설과 완전히 같은 것은 아니다. 베르그송은 미래를 예측할 수 없다고 했지만, 저자는 시인이라면 알 수 있다고 했다. 프로이트는 생명력의 근거를 성욕에서 찾았지만, 저자는 힘의 돌진과 비약을 말했다. 과학자와 철학자의 독단 및 현담(玄談)을 담고 있는 비슷한 종류의 책들과 비교해볼 때, 분명한 차이가 있을 뿐만 아니라 일반적인 문학 이론이 갖고 있는 번쇄함도 없다. 작가 자신도 매우 독창적이었기 때문에 이런 책의 창작이 가능했던 것이고, 문예에 대해서도 독특한 견해와 깊은 통찰을 가질 수 있었던 것이다.” 이 글은 루쉰이 이 책의 번역자로서 느낀 바를 말한 것일 뿐만 아니라, 1920, 30년대에 이 책이 중국 독자들 사이에서 강한 공감대를 형성할 수 있었던 원인이기도 하다.

『고민의 상징』은 1927년 이후로 오랫동안 새로운 번역본이 나오지 않았다. 1957년에 와서야 타이베이(臺北)의 경위서국(經緯書局)에서 쉬원타오의 번역본을 출간했으며, 1973년에는 타이베이 상춘수서방(常春樹書坊)에서 무룽한(慕容菡) 편역본을, 1975년에는 타이베이 덕화출판사(德華出版社)에서 '애서인문고(愛書人文庫)'본으로 번역본을 출간했다.

081

『쿠오레(愛的教育)』
중국 번역사의 한 페이지를 장식한 위대한 사랑의 외침

『사랑의 학교』

빠진은 「수상록(隨想錄) · 나와 개명(我與開明)」이라는 글에서 『사랑의 교육』을 중화인민공화국 성립 이전에 수많은 독자들의 사랑을 받은 명작이라고 소개했다. 필자가 조사한 바에 따르면 샤가이준[1]이 일역본을 저본으로 삼아 번역한 『사랑의 교육』[2]은 《동방잡지》 1924년 1월 25일 21권 2호부터 같은 해 12월 10일 21권 23호까지 연재되었다. 이 책은 1926년 3월 개명서점에서 단행본으로 출간된 뒤 10개월 만에 재판을 발행했으며, 2년 반의 시간 동안 5판을 인쇄했다. 1935년 11월 '세계소년문학총간(世界少年文學叢刊)'에 포함되었을 때에는 이미 20판 이상 발행되고 난

1) 샤가이준(夏丏尊, 1886-1946). 중국 현대의 문학가, 어문학가, 출판인, 번역가이다. 상하이 중서서원에서 공부했으며 일본 도쿄 고등공업학교(東京高等工業學校)에서 유학했으나 학비를 조달하지 못해 중도에 귀국했다. 중국 신문학 운동의 선구로 『문예론ABC(文藝論ABC)』, 『생활과 문학(生活與文學)』, 『현대세계문학대강(現代世界文學大綱)』, 『백마호의 겨울(白馬湖之冬)』 등을 썼다.

2) 한국에서 번역된 제목인 '사랑의 학교'는 일본판 초판 제목인 'クオレ, 愛の学校'에서 유래했다. 중국판 제목은 '愛的教育(사랑의 교육)'으로 미묘하게 다르다. 한국에는 매우 많은 번역본이 나와 있는데 일화를 상당수 덜어내거나 축약한 편집판이거나 초등학교 저학년용, 또는 논술 대비용으로 나온 것이 대부분이다. 완역본으로는 1997년 창비에서 나온 『사랑의 학교』(이현경 옮김) 3권본이 있다.

후였다. 1938년 샤가이준의 수정을 거친 책은 1949년 3월까지 19차례나 발행했으며, 1942년 8월 청두에서도 1판을 찍었다. 왕즈이(王知伊)는 『개명서점기사(開明書店紀事)』에서 이 책이 당시 "각 지역 소학교의 과외 보조 교재로 채택되어서 10여 년 동안 100여 판을 찍었다"[1]고 하였다.

차오쥐런의 자서전 『나와 나의 세계(我與我的世界)』를 보면 이 책과 관련된 재미있는 일화가 나온다. 당시 이 책을 읽어보지 않은 모 중학교 교장이 공개 강연에서 이렇게 말했다. "오늘날 젊은 남녀들은 연애에만 관심이 있어 『사랑의 교육』과 같은 소설만 읽는다." 그러자 이 말을 들은 교사가 그에게 책을 직접 읽어보라고 권했다.[2] 『사랑의 교육』이 어디 연애소설인가? 이 책의 원제는 '쿠오레(Cuore, 考萊)'로 이탈리아어로 '마음'이라는 뜻이다. 아울러 '이탈리아 소학교 3학년생의 일기'라는 부제가 붙어 있다. 저자는 이탈리아의 데 아미치스[3)]이며, 소설은 소학생이 쓴 일기체 형식을 취하고 있다. 10월부터 다음 해 7월까지 매달 네 번에서 열두 번까지 쓴 일기는 하루의 기록이 하나의 일화이며 각 달마다 '그 달의 이야기'가 있다. 주인공 엔리코는 중산층 가정의 남자 아이이다. 아버지는 고등교육을 받은 기술자이고 어머니는 전형적인 현모양처다. 소설은 엔리코라는 어린 아이를 중심으로 사회의 다양한 면들을 그려내고 있으며, 고상하고 진지한 필체로 사랑이 넘치는 이야기를 들려주고 있다. 「빠도바의 애국 소년(巴杜亞的愛國少年)」, 「롬바르디아의 어린 정찰병(倫巴底的小偵探員)」, 「북 치는 소년(少年鼓手)」 등의 이야기는 조국과 고향에 대한 깊은 애정이 드러나 있고, 「애국(愛國)」, 「이탈리아(意大利)」 등의 이야기에

3) 에드몬도 데 아미치스(Edmondo De Amicis, 1846-1908). 이탈리아의 기자, 소설가이다. 중국명은 德 · 亞米契斯. 모데나 육군사관학교에서 교육받고 포병대에 배속되어 이탈리아 독립 전쟁에 참가했다. 신문 기자로 세계 여러 곳을 여행했고 많은 여행기를 남겼다. 1886년 발표한 『쿠오레』는 오늘날까지도 전 세계 어린이들에게 널리 읽히고 있다.

서는 조국에 대한 열정을 표현하고 있다. 「글 베끼는 소년(小抄寫員)」, 「엄마 찾아 삼만 리(萬里尋母記)」 등에서는 부모와 형제, 자매간의 가족애를 그리고 있다. 「내 친구 코레티(我的朋友卡隆)」, 「굴뚝 청소부(掃煙囱的小孩)」, 「아버지를 간호한 소년(爸爸的陪住人)」, 「난파선(難船)」 등의 이야기에서는 계층을 뛰어넘은 소년들 간의 우정과 사람들 사이의 동정심, 관심, 사랑 등에 대해 묘사하고 있다. 따뜻한 사랑과 교육적 열정으로 가득한 선생님은 아이들에게 공부뿐만 아니라 사람이 되는 법에 대해서도 가르친다. 이상적인 낙원에서 생활하는 엔리코는 자신도 모르게 선생님의 정성에 감화되고 그 안에서 숭고하고 위대한 사상을 느끼게 된다. 여름방학이 가까워질 무렵 엔리코가 집안 사정으로 인해 그곳을 떠나게 되면서 이야기는 깊은 여운을 남긴 채 끝을 맺는다.

1886년 초판이 발행된 이 작품은 수 년 간 전란 속에서 살아온 이탈리아 사람들에게 새삼 사랑의 가치를 일깨워주었다. 샤가이준이 쓴 역자 서문에 따르면 이 책은 1904년까지 300판을 인쇄했을 뿐만 아니라 거의 전 세계 모든 나라의 언어로 번역되었다. 사실 이 책을 가장 먼저 중국어로 번역한 사람은 샤가이준이 아니라 바오톈샤오이다. 그는 이 책을 번역 편집해서 「형아취학기(馨兒就學記)」라는 제목으로 1909년 2월 《교육잡지》창간호부터 13기까지 연재했다. 그는 『천영루회억록』에서 이 책의 편역 과정에 대해 다음과 같이 설명했다. '형아취학기'라는 이름이 붙은 이유는 3살이 되기 전에 죽은 자신의 아들 '형아(馨兒)'를 기리기 위해서이다. 번역은 일역본을 저본으로 삼았는데, 당시 일본 사람들은 서양 소설을 번역할 때 책에 등장하는 인명과 풍속, 문물, 일상생활 전부를 일본화 시키는 경향이 있었다. 바오톈샤오는 일역본의 '호걸역' 방식을 따르지 않고 모든 것을 '중국화'시켰다. 예를 들면, 일기상의 날짜를 모두 음력으로 바꾸거나 청명절에 온 가족이 '성묘' 간 내용을 추가하는 등[3] 적지 않은 부분을 수정했다. 이 때문에 사람들은 바오톈샤오의 「형아취학기」와 샤가이준이 번역한 『사랑의 교육』이 동일한 책이라는 것을 알아채지 못했던 것이다.

바오톈샤오 번역본은 대단한 인기를 끌었다. 1938년 창사 상무인서관에서 재판을 발행한 후 18판까지 찍었으며 민국 초에 교육부 표창을 수상하기도 했다. 바오톈샤오는 회고록에서 자신이 번역한 책이 베스트셀러가 된 이유를 세 가지로 설명했다. 첫째, 책의 초판이 나온 때는 신해혁명 발발 1년 전으로 전국적으로 소학교가 우후죽순처럼 세워지고 있었다. 둘째, 상무인서관이 여러 지역에 분관을 설립해 교과서를 발행하면서 국어(중문)에 대한 관심이 한창 높아지고 있을 때 책이 나왔다. 셋째, 형식과 내용 면에서 모두 훌륭할 뿐만 아니라 중국 관련 내용과 전통 도덕을 장려하는 내용이 추가되어 있어 10대 초반의 학생들에게 교육적으로 적합했다. 많은 소학교와 중고등학교에서는 졸업생들에게 이 책을 졸업 선물로 주는 경우도 있었는데 이 때문에 한 번에 100여 권씩 팔려 나가기도 했다.[4] 물론 이는 표면적인 원인일 뿐이다. 왜냐하면 이러한 분석은 왜 이 책이 항일전쟁 중에도 꾸준히 재판을 거듭했고, 샤가이준 번역본이나 새로운 번역본이 계속해서 인기를 얻은 까닭에 대해 설명해줄 수 없기 때문이다. 『사랑의 교육』은 1935년 8월 장둥(張棟)이 『사랑의 학교(愛的學校)』라는 제목으로 번역한 후 용호서점(龍虎書店)에서 출간해 1년 동안 여섯 차례나 재판을 찍었다. 1936년 계명서국도 스잉 번역본을, 1940년 대륙서국(大陸書局)에서는 즈페이(知非) 번역본을, 1946년 춘명서점에서는 린뤼총(林綠叢) 번역본을 출간했다. 이 외에도 경위서국의 펑스주(馮石竹) 번역본과 세계서국의 커펑저우(柯蓬洲) 발췌 번역본, 춘명서점의 장홍페이(張鴻飛) 발췌 번역본 등이 출간되었다.

『사랑의 교육』이 오랫동안 사람들의 인기를 얻은 데에는 원작 자체가 가지고 있는 매력이 가장 큰 영향을 미쳤다. 줄거리는 기복이 크지 않고 등장인물은 특별히 놀랍거나 감동적이지 않다. 그럼에도 불구하고 소설 속에는 사람들을 깊이 감동시키고 눈물을 흘리게 만드는 사랑의 힘이 있다. 작가가 들려준 평범한 사람들의 사소한 일상과 그 속에 담겨 있는 진솔하고 아름다운 일화는 중국의 독자들까지 사로잡았다. 빠진은 「수상록(隨想錄) · 삼설단단(三說端端)」에서 이렇게 말했다. "어린 시절 이탈리아 작가 데 아미치스의 소설 『마음(心)』을 읽은 적이 있다. 처음에는 바오텐샤오가 번안한 「형아취학기」를, 나중에는 샤가이준의 완역본 『사랑의 교육』을 읽었다. 소설은 이탈리아 시립 소학교 3학년 학생이 1년간 보고 들은 것을 소재로 삼았다. 원작은 대단히 유명한 아동 서적이다. 샤가이준이 번역한 책은 독자들의 많은 사랑을 받았고 사회적 영향력도 컸다. 소설 속에서는 사람들 간의 관계를 미화한 측면이 적지 않다. 그러나 선생님과 학생, 친구들 간의 감정을 서술한 부분은 굉장히 감동적이다."[5] 거바오취안[4)]도 자서전에서 자신이 소학교 고학년 때 읽었던 책 가운데 샤가이준이 번역한 『사랑의 교육』이 가장 인상 깊었다고 소개했다.[6] 러우스이[5)]는 「샤가이준 선생을 추억하며(懷念夏丐尊先生)」에서 다음과 같이 말했다. 『사랑의 교육』은 "소년 시절 나의 영혼을 뒤흔들어 사랑이 넘치는 세상을 갈망하도록 만들어주었다. 나는 일찌감치 이 책을 나의 스승으로 삼았다."[7] 황상(黃裳)은 자신이 읽은 첫 번째 번역서가 『사랑의 교육』이었으며 "이야기는 잘 기억나지 않지만 당시 받았던 큰 감동은 지금도 가슴속에 생생하다"[8]고 하였다. 차오쥐런도 자서전에서 이렇게 말했다. "샤

---

4) 거바오취안(戈寶權, 1913-2000). 중국 현대의 저명 외국 문학 연구가, 번역가이자 외교관이다. 특히 소련 문학에 조예가 깊었다. 중국에 처음으로 푸쉬킨을 소개했으며 그가 번역한 막심 고리키의 「바다제비의 노래(海燕)」(The Song of the Stormy Petrel)는 중학교 교재에 실리기도 했다.

5) 러우스이(樓適夷, 1905-2001). 중국 현대 작가, 번역가, 출판인이다. 일본에서 유학했으며 귀국 후 좌련에 참가하여 공산당 선전 활동에 종사했다.

(夏) 선생님이 번역한 『사랑의 교육』은 출간 이래 인기가 식을 줄 모른다. 이 책은 중학생에게 가장 적합한 도서로 다소간의 온정주의(溫情主義)적인 요소가 있지만 도리어 그것이 풍부한 인정미를 느끼게 해준다."[9] 리후이잉[6)]은 「샤가이준 선생(夏丏尊先生)」이라는 글에서 이렇게 말했다. "『사랑의 교육』이 중국 청소년들에게 미친 영향은 결코 적지 않다. 저자는 원작 서문에서 '이 책을 특별히 아홉 살부터 열세 살까지의 소학교 학생들에게 바친다'고 썼다. 내가 이 책을 초등학교 졸업 직후에 읽었으니 열세 살이 채 되지 않았을 때였다. 내 경험에 따르면 이 책은 17, 8세의 청년들에게 더 적합하다. 심지어 부모가 되고 난 다음인 38세의 중년에 읽어봐도 여전히 좋은 책이라는 것을 인정할 수밖에 없다. … 나는 분명하게 기억하고 있다. 『사랑의 교육』을 읽고 난 후 분발해야 할 일이 생기면 책의 주인공 엔리코를 떠올렸다. 그를 본받아 어려움을 참고 견디며 열심히 노력하여 타인과 사회에 도움이 되고자 했다. … 비록 제대로 실천하지는 못했지만 이 책이 나에게 준 격려와 긍정적 영향은 매우 컸다."[10]

독자들이 외국 책을 수용하는 과정에서 번역자는 특수한 중개자이며 그들의 생각이 분명한 대표성을 띠고 있을 때가 많다. 스잉은 번역본 「소인(小引)」에서 이 책에 대해 다음과 같이 말했다. 작가는 "부드러운 필체와 순수한 사상으로 위대한 작품을 만들어냈다. 그는 철저하게 인간적이었고 모든 것을 사랑하는 박애정신의 소유자였지 따분한 설교자나 잔소리꾼이 아니었다. 세상에 얼마나 많은 어린이와 성인들이 이 책에서 교훈을 얻었던가. 번역자 또한 그중 한 사람이다." 샤가이준은 매우 깊이 있고 감동적인 역자 서문을 썼다. "이 책은 루소의 『에밀』, 페스탈로치의 『주

---

6) 리후이잉(李輝英, 1911-1991). 둥베이(東北) 출신의 현대 문학 작가이자 당대 홍콩의 저명 소설가, 학자이다.

정뱅이의 처(醉人之妻)』[7]보다 훨씬 더 큰 감동을 주었다. 나는 4년 전에 이 책의 일역본을 3일에 걸쳐 눈물을 흘리며 읽었다. 나중에 번역을 하면서 다시 읽었는데 그때 역시도 부지불식간에 눈물이 맺혔다. 그러나 그것은 슬픔의 눈물이 아니라 부끄러움과 감동의 눈물이었다. 나는 인간이면서 동시에 2남 2녀의 아버지이고 10여 년 동안 교편을 잡고 있는 교사이다. 인간으로서, 아버지로서, 스승으로서의 평소 생활과 비교해보니 책 속에 나오는 부자간의 사랑, 사제간의 정, 친구간의 우애, 농촌과 도시의 분위기, 사회의 동정심 등은 이상적 세계에 근접해 있다는 것을 알 수 있었다. 비록 그것이 환영(幻影)이라 해도 이 책을 읽는 사람이라면 그 세계에 대한 정을 품을 수 있으며, 그렇게 되어야만 세상이 좋아질 것이라 생각했다. 따라서 나도 모르게 감격의 눈물을 흘린 것이다." 그는 이 책이 비록 아동도서이지만 어린이와 관련이 있는 부모나 교사들에게도 소개해 주어 "모두가 부끄러움과 감격의 눈물을 흘리게 만드는" 것도 나쁘지 않을 것이라 생각했다. 그는 또한 이 번역서가 당시의 교육제도와 교육방식을 개혁하는 데 좋은 시사점을 준다고 보았다. 왜냐하면 "현재의 학교 교육은 빈껍데기이기 때문이다. 교육제도나 방법에 대해 고치는 시늉만 할 뿐 교육의 생명이 무엇인지에 대해서는 아무도 관심 두지 않는다. 마치 연못을 팔 때 연못의 형태를 네모로 할 것인지 세모로 할 것인지만 신경 쓸 뿐, 연못에서 가장 중요한 요소인 물에 대해서는 아무도 주의를 기울이지 않는 것과 같다. 교육에서의 물은 무엇인가? 바로 정(情)이고 사랑이다. 교육에 정과 사랑이 없다면 물 없는 연못과 같으니, 연못의 모양이 네모인지 원형인지 따지는 것은 헛된 일에 불과하다." 예즈산[8]은 후에 「연못 파는 비

7) 가정교육의 중요성을 강조한 불후의 교육소설 『린하르트와 게르트루트(Lienhard und Gertrud)』를 말한다. 자주 루소의 『에밀』과 비교된다.

8) 예즈산(葉至善, 1918-2006). 중국 현대의 출판인, 정치가이다. 개명서점(開明書店)에서 편집

유(挖池塘的比喻)」라는 글에서 이렇게 말했다. 당시 "수많은 소학교와 중학교에서 『사랑의 교육』을 학생 필독서로 지정했고 교사들도 소설 속 내용처럼 진지하게 학생들을 가르쳤다." 당시 바오샨 현립 소학교(寶山縣立小學)에서 교편을 잡고 있던 천보추이(陳伯吹)는 과외 활동 시간에 학생들과 함께 『사랑의 교육』 독서활동을 진행했고, 1930년 개명서점에서는 소학교 교사 왕즈청(王志成)이 쓴 『'사랑의 교육' 실시기('愛的教育'實施記)』를 펴내기도 했다.[11] 이런 분위기를 더욱 고조시키기 위해 샤가이준은 1930년 2월 이탈리아 작가[9]가 쓴 『사랑의 교육 속편(續愛的教育)』[10]을 번역해 개명서점에서 출간했다. 이 책도 큰 인기를 끌어 1년도 안 되어 3판을 발행했고 1938년 4월에 12판을 찍었다. 항전 시기에 창사, 구이린에서 발행한 재판본은 1949년까지 모두 38판을 발행했다. 진실하고, 순박하고, 고상하고, 위대한 사랑의 외침인 『사랑의 교육』은 중국 번역사의 찬란한 한 페이지를 장식하고 있다.

일에 종사했으며 중화인민공화국 성립 후에는 중국소년아동출판사(中國少年兒童出版社) 사장, 《중학생(中學生)》 주편 등을 지냈다.

9) 책에서는 중국어 이름인 '孟德格查'만 나온다. 이탈리아의 저명 시인이자 아미치스의 막역지우라고 하는데 원명은 알 수 없다.

10) 원제는 'Continued Education of Love'이다.

082

『파우스트(浮士德)』

중국의 독자를 각성시킨 파우스트의 반항정신

『파우스트(Faust)』는 괴테가 60년이라는 긴 시간 동안 써내려간 방대한 희곡이다. 극은 신과 악마 메피스토(Mephistopheles, 중국명 靡菲斯特)가 인간에 관해 벌이는 논쟁으로 시작되며 두 번의 내기와 다섯 단계의 비극으로 구성되어 있다. 신은 인간과 세계에 대한 굳건한 믿음을 바탕으로 인간이 때로는 길을 잃기도 하지만 결국 올바른 길로 되돌아올 것이라고 주장한다. 그러나 악마가 이를 부정하자 그들은 파우스트 박사를 두고 내기를 한다. 파우스트는 중세의 서재에 거의 50여 년 동안 틀어박혀 지내다 고통과 번뇌의 심연에 빠져 자살을 결심한 인물이다. 막이 나뉘어 있지 않은 1부의 주제는 고독한 탐구자 파우스트 박사로 지성에 대한 환멸과 영혼의 상실, 야심과 애정을 중심으로 극을 전개하고 있다. 삶에 대한 고뇌로 가득한 파우스트는 악마 메피스토와 내기를 하고 노학자의 하인이 된 메피스토는 그를 데리고 세상 여기저기를 누비며 욕망을 채워주기로 한다. 만약 파우스트가 악마와의 거래에 만족하면 악마가 승리하고 파우스트는 자신의 영혼을 악마에게 줘야 한다. 파우스트는 '마녀의 부엌'으로 인도되어 젊어지는 마법의 약을 먹고 미소년으로 변신한다. 그는 어린 소녀 마르가레테(Margarete, 중국명 瑪甘淚)[1]를 유혹하는 과정에서 양심의 가책을 느껴 결국 메피스토와 산 속에 들어가 대결을 벌이는 중에 대자연의 힘을 빌려 정신적인 부활을 맛보게 된다. 이처럼 1부에서는 마르가레테와의 비극적인 사랑을 통해 독일 시민계급의 나약함, 중세 이후 생명력을 잃어버린 학술과 현실 사이의 모순을 그려낸다. 2부는 모두 5막으로 나뉘어 있다. 여기서는 파우스트 개인이 아닌 '대세계'가 주제이며 파우스트는 유럽인을 대표한다. 우선 인류의 역사가 파노라마식으로 펼쳐진다. 파우스트는 왕궁에 거주하며 가면극 음악을 작곡한다. 문예부흥 이후 근대 세계를 상징하는 철학자로서 그는 악마의 힘을 빌려 고전 세계를 상징하는 고대 그리스의 절세미인 헬레나와 결혼한다. 나중에 헬레나는 사라져버리는데 이는 고전미에 대한 환멸을 상징한다. 이후 그는 전쟁에서 공을 세워 왕에게서 해변의 영지를 하사받는다. 그러나 개인적인 행복에 안주할 수 없었던 그는 황무지의 대자연을 개조해 새로운 생활을 영위하려는 열정에 사로잡힌다. 수 세기가 지나면 해변의 황야에 모두가 평등하고 서로 도와 노동하는 유토피아가 만들어지게 될 것이다. 만약 그가 이러한 황금시대를 직접 경험했다면 "좋다, 충분하다!"라고 말했을 것이다. 그러나 파우스트는 이를 직접 보지 못하고 삶을 마감한다. 파우스트는 개인의 행복에 안주하지 않았기 때문에 메피스토와의 내기에서 결국 승리한다.

심오한 철학적 내용을 바탕으로 하고 있는 이 작품은 이상적인 삶을 추구하는 파우스트가 지식, 사랑, 정치, 미, 사업의 영역에서 직접 경험한 다섯 가지 비극을 통해 문예부흥 시기부터 19세기 초까지 서유럽과 독일의 부르주아 지식인들의 정신사를 탐색하고 있다. 따라서 『파우스트』는

1) 대부분 한국어판에서는 그녀의 애칭인 그레트헨(Grethen)으로 소개하고 있다.

'독일인들의 세속 성경', 유럽 '현대 시가의 최고봉', '문예부흥 이래 300년 동안의 서유럽 역사의 결론', '불요불굴의 인류 정신과 찬란한 미래를 노래한 장엄한 송가'라는 칭송을 받았다. 『파우스트』는 세계 여러 나라의 언어로 번역되었고 영역본만 해도 30여 종이 넘는다. 그렇다면 중국에는 언제 처음으로 소개되었을까?

이봉포가 쓴 『사덕일기』 광서 4년(1878) 11월 29일 기록을 보면, 그가 『파우스트』의 유명 영역자이자 주독일 미국 공사였던 바야드 테일러의 장례식에 참석한 것에 대한 언급이 나온다. 그는 테일러에 대해 1877년 "시인 과차 모임을 창설(創詩伯果次之會)"하고 "과차 시집에 주석을 달아 유명해졌다(箋註果次詩集尤膾炙人口)"고 소개했다. 첸종슈는 「최초의 한역 영시 '인생송' 및 이에 관한 두세 가지 일화」라는 글에서 '과차(果次)'가 곧 괴테이며 테일러가 주석을 단 시집은 『파우스트』라고 고증하였다.[1] 청중위안(程中原)은 『장원톈과 신문학운동(張聞天與新文學運動)』이라는 책에서 루쉰의 문언체 논문 「악마파 시의 힘(摩羅詩力說)」과 「인간의 역사(人之歷史)」(1907)는 중국 독자들에게 괴테를 소개한 초기 작품이라고 하였다. 왜냐하면 글에서 적제(翟提)[2)]의 희곡 『법사특(法斯忒)』[3)]을 언급하고 있기 때문이다.[2] 그러나 이보다 이른 1901년, 꾸홍밍은 자신이 출판한 『장문양막부기문(張文襄幕府紀聞)』에서 이미 괴테를 언급하고 있을 뿐만 아니라 『파우스트』 가운데 한 단락을 번역해놓기까지 했다. 청중위안 책의 하권 「자강불식(自强不息)」이라는 절에 보면 다음과 같은 내용이 나온다. "'당체의 꽃이 나부끼며 춤을 추네. 그대 생각하지만 집이 멀어 못 가겠네.' 이에 공자가 말하기를 '진정으로 생각하는 것이 아니로다. (진정

---

2) 중국어 발음은 '디티'로 괴테를 말한다.

3) 중국어 발음은 '파스터'로 파우스트를 말한다.

으로 생각한다면) 어찌 멀다 하겠는가.'[4] 내가 보기에 이 장은 도가 사람에게서 멀리 있지 않다(道不遠人)[5]는 뜻이다. 꾸훙밍 부랑(部郎)[6]은 독일의 유명한 철학자 아특(俄特)[7]의 자강불식 잠언을 번역한 적이 있는데 내용은 다음과 같다. '빠르지도 않지만 멈추지도 않는다. 마치 하늘의 별들과 같다. 올바른 행실로 나아가 학업을 닦고 힘써 행하면 어짊에 가깝게 된다. 아특이라는 위대한 서양 철학자의 말을 살펴보니 중국과 서양의 길이 다르지 않고, 다른 길을 왔지만 종착지는 같다는 것을 알 수 있다. 아름답구나, 자강불식이여.'[8] 도가 사람에게서 멀리 있지 않음은 중국과 서양이 마찬가지이다." 양우넝(楊武能)은 『괴테와 중국(歌德與中國)』에서 서양 철학자 아특(俄特)은 괴테이고, 자강불식 잠언은 『파우스트』의 결말에서 천사들이 승천하는 노(老) 박사의 영혼을 영접하면서 부르는 노래라고 했다. "끊임없이 노력하는 자는 구원받을 수 있다."[3] 여기서 우리는 독일어를 모국어처럼 구사할 수 있었던 꾸훙밍의 재능에 감탄하지 않을 수 없다. 1931년 6월 6일, 괴테는 에커만(Johann Peter Eckermann)[9]에게 이렇게 말했다. "파우스트가 구원을 얻게 된 비결이 바로 이 시에 있다." 바꿔 말하자면 파우스트의 정신은 바로 부단한 노력에 있다고 할 수 있다. 꾸훙밍은 『파우스트』에서 가장 핵심적인 구절을 찾아냈을 뿐만 아니라, 이 구절을 번역하면서 『주역(周易)·건(乾)』에 나오는 '천행건, 군자자강불

---

4) 『논어(論語)·자한(子罕)』에 나오는 공자의 말로 원문은 다음과 같다. "'唐棣之華, 偏其反而, 豈不爾思, 室是遠而.' 子曰: '未之思也, 夫何遠之有?'"

5) '道不遠人'이라는 말은 『중용(中庸)』에 나온다.

6) 1908년 선통제(宣統帝) 즉위 후 꾸훙밍은 외교부시랑(外交部侍郎)을 역임했는데 여기서 '부랑(部郎)'은 외교부시랑을 말하는 것이다.

7) 중국어 발음은 '어터'로 괴테를 말한다.

8) 원문은 다음과 같다. "'不趨不停, 譬如星辰, 進德修業, 力行近仁. 卓彼西哲, 其名俄特, 異途同歸, 中西一轍, 勖哉訓辭, 自强不息.'" 이 구절은 『주역』의 '進德修業'과 『중용』의 '力行近仁'을 응용한 것이다.

9) 괴테 만년의 조수이자 절친한 동료이다.

식(天行健, 君子以自强不息)'[10]이라는 말을 절묘하게 인용해 사용했다. 이후로 '자강불식'이라는 네 글자는 파우스트 정신과 동의어가 되어 『파우스트』의 중역본과 비평문에 빠지지 않고 등장하게 되었다. 『파우스트』에 대해 구체적으로 언급한 것은 1902년 자오삐전이 편역하고 상하이 작신사가 발행한 『독일 6대 문호 열전(德意誌文豪六大家列傳)』 중의 『괴테전(可特傳)』이 최초일 것이다. 글에서는 『젊은 베르테르의 슬픔(烏陸特陸之不幸)』과 『파우스트(列烏斯托)』의 집필 과정을 소개하고 있다. 괴테는 『파우스트』에 "60년이라는 시간과 평생의 정력을 모두 쏟아부었다." "자신의 경험에 철학적 이상을 섞어 기쁨의 절정에 도달했으니 실로 경세(警世)의 철학이라 할 만하다."[4] 왕궈웨이도 『파우스트』에 큰 관심을 갖고 있었다. 1903년 교육세계사(教育世界社)에서 발행한 판빙칭(樊炳淸) 주편의 '과학총서(科學叢書)'에는 왕궈웨이가 번역한 「세력불멸론(勢力不滅論)」이 실렸다. 글에서는 '독일 대시인 괴테(奇台)'와 그의 대작 『파우스트(法斯特)』를 언급하였으며 '마귀 메피스토텔레스의 시'도 싣고 있다. 천훙샹(陳鴻祥)은 『왕궈웨이전(王國維傳)』에서 왕궈웨이가 최초로 사언고시의 형식으로 '마귀의 시'를 번역했다고 주장했다.[5]

최초로 『파우스트』를 번역한 사람은 궈모뤄이다. 그는 1919년 10월 10일 《학등》 부간에 『파우스트』 1부 앞머리의 독백 부분을 번역하여 게재하였고, 1920년 여름에는 1부의 번역을 마쳤다. 1920년 3월 20일, 『파우스트』 2부 1막 「경치 아름다운 곳(風光明媚的地方)」이 《학등》에 게재되자 《시사신보》 운영자였던 장둥순은 그에게 이 책을 완역해 상무인서관의 '공학사총서'로 출간할 것을 권유했다. 1920년 7월 28일 《시사신보》 제1면에 실린 '공학사광고(共學社廣告)'에는 궈모뤄 번역의 『파우스트』

10) "하늘의 운행은 강건하여 군자는 이것을 본받아 스스로 힘쓰고 쉬지 않는다"는 뜻이다.

상하권과 부록인 (1) 괴테 약전(歌德略傳), (2) 파우스트 전설(浮士德傳說), (3) 난어고전평석(難語故典評釋)이 곧 출간될 것이라는 문구가 보인다. 궈모뤄는 『학생시대』에서 "제안을 받아들여 『파우스트』 완역에 착수하였으며 이로 인해 귀국하려던 계획을 잠시 뒤로 미루었다"고 썼다. 그러나 1부의 번역을 마치고 나서 보니 2부의 분량이 훨씬 더 많고 번역의 난도도 높다는 것을 알고는 처음 세웠던 출판 계획을 포기할 수밖에 없었다.[6] 그는 1928년 2월, 번역을 마친 1부 초판을 창조사에서 출판했다. 같은 해 4월, 재판을 발행했고 1929년 11월에 현대서국에서 3판을 발행한 후, 1934년까지 모두 6판을 인쇄했다. 1939년 상하이 기오사(己午社)와 중아서점(中亞書店), 1944년 푸젠 용안(永安)의 동남출판사에서도 재판을 발행했다. 1947년 군익출판사에서 발행한 『모뤄역문집(沫若譯文集)』에도 포함되어 있다.

『파우스트』는 서구의 역사, 문학, 철학, 종교 등 상당히 광범위한 분야를 망라하고 있을 뿐만 아니라 심도 있는 주제를 다루고 있어서 번역의 성공 가능성을 장담하기 어려웠다. 또한 폭발적인 인기를 끌었던 『젊은 베르테르의 슬픔』과 비교해봐도 더욱 그럴 수밖에 없었다. 그러나 어떤 학자의 평가처럼 반응이 "거의 없었던" 것은 아니었다. 궈모뤄의 번역본이 출간된 이후, 1934년 3월 상하이 신생명서국(新生命書局)에서는 우리푸(伍蠡甫) 편역본을 출간했으며, 상무인서관은 1935년 8월 독일어 원문을 저본으로 삼고 영역본과 일역본을 참고해 번역한 저우쉐푸(周學普)의 완역본을 출판했다. 이 책은 1938년 창사(長沙)에서 재판 발행되었고, 1947년 '세계문학명저'와 '신중학문고'에 포함되어 재판을 찍었다. 1930년대 마오둔은 『한역서양문학명저(漢譯西洋文學名著)』에서 『파우스트』를 소개하면서 파우스트가 겪은 것이 바로 괴테 일생의 축약본이라고 말했다. 괴테도 원래는 파우스트와 마찬가지로 서재에 틀어박혀 책과 씨름하던 사람이었다. 그러다 낭만을 사랑하는 사람이 되었고 나중에는 재상의 자리에까지 올랐지만 이 모든 것은 환상 속에서 '새로운 인류생활'이 첩첩이 쌓아놓은 칠보탑(七寶塔)에 불과할 뿐이었다. 파우스트가 세운 원대한 계획은 부르주아 문화의 기초를 이루고 있으며,—또한 당시 부상하던 시민계급의 이상을 괴테가 예술적으로 승화시킨 것이다. 1922년 8월과 9월 장원톈이 《동방잡지》에 연재한 「괴테의 '파우스트'(哥德的'浮士德')」라는 글은 중국에서 『파우스트』와 괴테의 작품에 대해 연구한 최초의 논문이다.[7] 2만여 자에 달하는 이 장편 논문은 모두 다섯 부분으로 구성되어 있다. 첫 번째 부분은 '괴테와 파우스트'로 문예부흥 이래 사상과 문학 발전의 역사적 맥락 하에서 괴테의 복잡한 생활 경험과 사상 변천, 『파우스트』의 저술 과정에 대해 설명하고 있다. 두 번째 부분에서는 '파우스트의 유래'에 대해 서술하였으며, 세 번째와 네 번째 부분에서는 『파우스트』의 줄거리를 간결하고 생동감 있게 요약하고 있다. 감동적인 부분을 소개할 때는 희곡 형식을 그대로 살려 직접 번역하였다. 그가 생각하는 『파우스트』의 주제는 "사람의 몸은 하루 동안 단련하면 하루만큼 강해질 수 있지만 진정한 인성은 부단히 노력해야 한다"는 것이다. "파우스트가 간 길은 원래 타락의 길이었다. 그러나 그가 갈망한 것은 육체적 편안함과 감각적 쾌락이 아닌 진리를 얻는 것이었다. 그것은 추상적 사고나 과학적 고찰로 얻을 수 있는 것이 아니라 실천과 깨달음으로 얻을 수 있는 것이다. 악마에 대한 반항과 투쟁을 거듭하며 시행착오와 역경을 극복하는 가운데 파우스트는 광명과 힘을 얻게 되었다." 장원톈은 글의 마지막 부분에서 괴테와 『파우스트』의 중심 사상에 대해 다음과 같이 정리했다. 파우스트처럼 "악착같이 인생에 애착을 갖고" "생명의 바다에서 인생의 참맛을 느끼며" 노력을 통해 스스로를 구원함으로써 행복과 자유, 즐거움을 쟁취하는 것이 바로 괴테의 활동주의 철학이다.

후펑은 당시 출간된 『파우스트』 번역본 가운데 어느 것에도 만족하지 못했다. 그는 「나와 외국문학(略談我與外國文學)」이라는 글에서 다음과 같이 말했다. 기존의 번역본들은 "행복을 쟁취하기 위해 기꺼이 목숨을 거는 파우스트의 정신적 역량을 제대로 표현해내지 못했다. 중국어로 번역된 괴테의 소설과 희곡을 읽어보면 과연 걸작이라는 느낌이 든다. 그러나 그것들이 왜 뛰어난지는 실감하지 못했다. 내 생각에 괴테는 아직 중국에 들어오지 않은 것 같다."[8] 후펑의 높은 평가기준은 참고할 만한 가치가 있다. 그러나 이로 인해 괴테와 『파우스트』가 중국인들에게 미친 영향을 과소평가하는 것은 지나친 감이 있다. 당시 샤오모(小默)는 「문학에 대한 나의 이해와 경험(我對於文學的理解與經驗)」이라는 글에서 『파우스트』를 읽고 난 후의 감상에 대해 이렇게 적었다. "때로는 정신이 혼미해져 취한 것 같고 때로는 기이한 꿈나라에서 노니는 것 같다. 때로는 순백색의 날개를 달고 날아오르는 것 같고 때로는 영혼 속의 어두운 면을 엿본 듯하다."[9] 1940년대 초, 저우리보[11]는 혁명 성지인 옌안(延安)의 루쉰예술문학원(魯迅藝術文學院)에서 궈모뤄 번역본으로 『파우스트』를 강의했다.[10]

『파우스트』는 궈모뤄의 창작 과정에 엄청난 영감을 불어넣어주었다. 그는 이렇게 말했다. "나는 책을 번역하는 것이 아니라 마치 창작하고 있는 듯한 느낌을 받았다." 「창조십년(創造十年)」에서는 또 이렇게 썼다. "『파우스트』의 번역은 나에게 매우 나쁜 영향을 미쳤다. 길지 않은 시작(詩作) 과정이긴 해도 대체로 서너 번의 변화가 있었다. 첫 번째는 타

11) 저우리보(周立波, 1908-1979). 중국 현대 저명 작가이자 번역가이다. 좌련에 참가해 활동했고 중국공산당원이다. 옌안의 루쉰문학예술학원(魯迅文學藝術學院)에서 교편을 잡았었고 둥베이 지역에서 토지개혁에 참가했다. 신중국 성립 후 주로 새로운 농촌과 농민을 그린 소설과 산문을 주로 썼다. 대표 작품으로는 『폭풍우(暴風驟雨)』, 『산촌의 변화(山鄉巨變)』 등이 있다.

고르식의 시를 썼던 시기로 5·4 이전이 이에 해당한다. 담백하고 간결한 시를 주로 썼는데 성과가 그다지 좋지 않았다. 두 번째는 휘트먼(Walt Whitman)식의 시를 썼던 시기로 5·4운동이 절정에 달했을 때이다. 호방하고 거친 표현의 시를 주로 썼는데 나에게는 가장 기념할 만한 시기이다. 세 번째는 괴테식의 시를 썼던 시기이다. 이유는 모르겠지만 이 시기는 두 번째 시기의 열정이 모두 사라져버리고 운문의 유희를 즐기던 때이다. 나는 시극(詩劇)을 쓰기 시작하면서 괴테의 영향을 많이 받았다. 『파우스트』 1부의 번역을 마치고 얼마 지나지 않아 「당체지화(棠棣之花)」를 썼다. 작품의 1막이 그 해의 《학등》 쌍십절(雙十節) 특집호에 실렸는데 나중에 「여신(女神)」의 1막이 되었다. 나머지 원고는 모두 폐기처분했다. 「여신의 부활(女神之再生)」과 「상루(湘累)」, 그리고 「고죽군의 두 아들(孤竹君之二子)」은 모두 그의 영향을 받아 쓴 것이다."[11] 「여신의 부활」 앞부분에는 『파우스트』의 결말에 나오는 '신비한 합창'이 직접 인용되어 있다. "영원한 여성이여, 우리를 이끌어주소서"라는 구절은 평화와 자유를 갈구하는 신중국이라는 주제를 표현하고 있다. 체코의 학자 마리안 갈릭(Marián Gálik)은 『중서문학관계의 이정표(中西文學關系的里程碑)』라는 책에서 말하길 『파우스트』는 궈모뤄에게 적당함과 절제, 명료함을 깨닫게 해 주었으며 범신론적 자아확장을 제어하는데 도움을 주었다고 했다. 『파우스트』를 번역하면서 그는 더 넓은 시야를 갖게 되었을 뿐만 아니라 시극 창작 과정에서 당시까지 알지 못했던 '파우스트—프로메테우스 기질'을 발견해 냈다.[12] 「봉황의 부활(鳳凰之再生)」은 『파우스트』 1부의 마지막 장면을 연상시키며, 「여신의 부활」은 『파우스트』 2부의 마지막 장면을 떠오르게 한다.

문화적 참조 대상은 마치 거울처럼 이질적인 문화 조건 하에서 만들어진 작품 속에서 자기 자신을 발견하도록 해 준다. 궈모뤄는 「중국과 독일의 문화를 논함(論中德文化書)」이라는 글에서 20세기 초 독일에서 발생한 '중국열(中國熱)'에 대해 다음과 같이 분석했다. 독일의 지식인들이 중국 문화에 경도된 이유는 중국이라는 거울 속에서 자신들의 모습을 발견했기 때문이다.[13] 마찬가지로 5 · 4 시기 신문학 선구자들이 괴테의 작품에 경도된 까닭은 작품이 갖고 있는 반항정신이 중국의 독자들을 각성시켜 주었기 때문이다. 궈모뤄는 「파우스트(浮士德) · 제2부 번역후기(第二部譯後記)」에서 다음과 같이 말했다. "나는 1919년에 『파우스트』를 번역했는데, 1919년은 5 · 4운동이 막 시작된 때이다. 우리의 5 · 4운동은 청년 괴테 시대의 '질풍노도운동(疾風怒濤運動, Sturm und Drang)'과 흡사했다. 이때는 봉건 사회가 현대사회로 전환되는 획기적이고 역사적인 시기였다. 이런 공통점으로 인해 나는 청년 괴테의 마음을 잘 느낄 수 있었으며 숭배의 마음으로 1부의 번역을 마칠 수 있었다. 당시의 번역은 창작과 마찬가지로 힘든 일이었지만 내 일생 중 대단히 의미 있는 일을 하고 있는 것이라 생각했다."

083

『참회록(懺悔錄)』
민국 시기 학자들의 참회 의식

『고백록』

서양의 사상사와 문화사를 살펴보면 '참회록'이라는 제목을 가진 책을 어렵지 않게 찾아볼 수 있다. 프랑스의 샤토브리앙[1]에서 러시아의 톨스토이[2]까지, 미국의 프랭크 해리스[3]에서 스위스의 아미엘[4]까지 자신에 대한 참회를 주 내용으로 하고 있는 고백록은 모두 여기에 속한다. 이 가운데 성 어거스틴[5]과 루소[6]의 고백록이 가장 유명한데 중국의 경우 전

1) 프랑수아 르네 드 샤토브리앙(François-René de Chateaubriand, 1768-1848). 프랑스 낭만주의의 초기 작가이자 정치가이다. 루이 16세 치하, 프랑스 대혁명, 나폴레옹 치하, 왕정복고 등의 극심한 정치적, 사회적 변화 속에서 정치가로, 작가로 파란만장한 일생을 살았다. 그가 죽은 뒤에 출간된 『죽음 저편의 회상(Mémoires d'outre-tombe)』은 30년에 걸쳐 집필한 작품으로 '참회록'이라고도 불리며 당대와 후대의 젊은이들에게 큰 영향을 미쳤다.

2) 톨스토이의 『참회록(A Confession)』을 말한다.

3) 프랭크 해리스(Frank Harris, 1856-1931). 아일랜드 태생 미국의 언론인이자 문필가이다. 여기서 언급한 참회록은 자서전 『나의 생애와 사랑(My Life and Loves)』(3권)을 가리킨다.

4) 헨리 프레데릭 아미엘(Henri-Frederic Amiel, 1821-1881). 스위스의 작가이자 철학자이다. 40년에 걸쳐 1만 6천 장에 달하는 자아 분석의 걸작 『내면의 일기(Fragments D'un Journal Intime)』를 썼다. 그의 참회록은 이 작품을 가리킨다.

5) 성 아우렐리우스 아우구스티누스 히포넨시스(Sanctus Aurelius Augustinus Hipponensis, 354-430)을 말한다. 4세기 북아프리카인 알제리 및 이탈리아에서 활동한 기독교 신학자이자 주교로, 개신교, 로마 가톨릭교회 등 서방 기독교에서 교부로 존경받는 인물이다. 그의 『고백록(Confessiones)』은 루소와 톨스토이의 두 고백록과 함께 3대 고백록 중의 하나로 그의 저서 가운데 가장 유명하고 많이 읽히는 기독교 고전 중의 하나이다.

자보다 후자가 훨씬 더 큰 영향을 미쳤다.

루소의 『참회록』은 1인칭으로 쓴 자전체 고백록이다. 자신이 태어난 때부터 1766년 박해를 받아 세인트 피터스 아일랜드를 떠나기까지 50여 년 동안 경험했던 일을 기록하고 있다. 그는 책에서 때로는 푸른 하늘처럼 맑고 고상하지만 때로는 하수구처럼 더럽고 혼탁한 부르주아의 정신생활을 대담하면서도 진솔하게 보여주고 있다. 또한 개성과 현실 간의 모순, 이로 인해 고통 받는 민감하고 섬세한 감정을 심도 있게 묘사하였다. 책은 루소만의 색깔을 강하게 띠고 있다. 자아를 숭상하고 감정을 드러내며 적극적으로 자연을 찬양하고 있을 뿐만 아니라 순박하고 생기 넘치며 다채로운 평민의 일상을 있는 그대로 보여주고 있다. 저명 작가 서머싯 몸은 『책과 당신(Book and You)』에서 이렇게 말했다. "저자는 솔직한 태도로 자신의 영혼을 드러내 보였다. 그는 자서전을 쓴 대다수 사람들과는 달리 자신의 약점을 아무런 망설임 없이 그대로 보여주었다. 자신의 이중성과 배은망덕함, 비열함과 천박함은 사람들에게 어떤 동정도 받을 수 없었지만, 자연에 대한 애정과 온화함, 천재적이고 오묘한 문체는 그를 혐오하는 독자들의 마음과 정신까지 뒤흔들어놓을 정도였다."[1] 『참회록』의 진정한 가치는 자서전에 담긴 진실한 인성에 있는 것이 아니라, 개성의 자유와 해방을 중시하는 루소 철학이 온전히 체현되어 있다는 데 있다. 그는 개성의 절대 자유를 주장하였으며 종교적 신념과 봉건 도덕의 속박에 반대하며 당시의 풍속, 예교와 편견에 조소를 날렸다. 그는 자기 자신을 감정과 흥미, 의지에 충실한 개성의 전형으로 여겼다. 따라서

6) 장 자크 루소 (Jean Jacques Rousseau, 1712-1778). 18세기 프랑스의 정치 사상가이자 철학자, 소설가, 교육이론가이다. 『신 엘로이즈(Nouvelle Héloïse)』, 『사회계약론(Du Contrat social)』, 『에밀(Émile)』로 유명하다. 여기서 언급한 것은 그의 자서전 『고백록(Les Confessions)』이다.

이 책은 자신감 있는 개성 해방의 선언문이라 할 수 있다.

크로포트킨은 루소에 대해 그만큼 사람들의 양심을 끓어오르게 한 인물은 없었다고 말했다. 프랑스의 권위 있는 비평가 샤를 생트뵈브(Charles Augustin Sainte-Beuve)는 『참회록』에 대해 "파스칼 이래 최대의 혁명"이며 "우리 19세기 사람들은 이 혁명으로부터 나왔다"고 말했다. 인성(人性)에 대한 새로운 선언서라고 할 수 있는 이 책은 칸트를 놀라게 하고 괴테를 가슴 벅차게 만들었으며 정치적으로는 프랑스 대혁명에, 문화적으로는 낭만주의의 발흥에 영향을 미쳤다. 20세기 초 중국의 지식인들 또한 이 책의 영향권에서 벗어날 수 없었다. 일찍이 1908년 루쉰은 『파악성론(破惡聲論)』에서 이 책에 대해 다음과 같이 평가했다. "지사와 영웅이 나쁘다는 것이 아니다. 다만 그들은 아녀자들이 두르는 두건으로 얼굴을 가리고 마음의 소리를 드러내려 하지 않는다. 정신과 형체가 깨끗하지 못하니 병태적인 인상만 줄 뿐이다. 이런 측면에서 어거스틴, 레프 톨스토이, 장 자크 루소 등이 쓴 『참회록』은 마음의 소리가 자연스럽게 흘러나온 위대한 작품이라 할 수 있다. 엄숙한 말투로 나라와 천하를 위하는 척하는 지사와 영웅의 목소리가 아닌 그들의 진심 어린 고백을 들어보고 싶다. 그러나 그들은 사람들에게 진실한 마음을 내보이는 것을 치욕이라 생각할 것이다. 그렇다면 차라리 논쟁을 그만두고 맑은 심성으로 대중들에게 영향을 미침으로써 잠재된 재능과 내면의 광명을 발견할 수 있도록 해주는 것이 더 나을 것이다. 그래야만 비로소 인생의 의미가 드러나고 인간의 본성도 더럽혀지거나 혼탁해지지 않을 것이다."[2] 1908년 8월에 창간된 월간 《법정개문(法政介聞)》에는 독일에서 정법학(政法學)을 공부하고 돌아온 마더룬[7)]이 발췌 번역한 『참회록』이 「루소참상(盧索懺狀)」이란 제

7) 마더룬(馬德潤, 1871-1937). 청말 민초의 법학자이자 관리이다. 독일에서 유학했으며 베를린

목으로 연재되었다. 그러나 완역에 가깝게 『참회록』을 번역한 사람은 장징성[8]이다. 그는 1928년 5월 상하이 미적서점(美的書店)에서 초판 1,500부를 발행하였는데 책은 나오자마자 날개 돋친 듯 팔려 나갔다. 1929년 9월 그는 출판사를 상하이 세계서국으로 바꾸어 다시 출판하였다. 이 책은 1931년 2월 재판을 발행했고 1932년 11월에 4판까지 발행했다. 비록 훗날 장징성은 '성 박사(性博士)'라는 굴레를 쓰긴 했지만 루소가 쓴 '양심의 역사'를 중국에 최초로 소개했다는 점은 그의 위대한 공헌이다. 그가 이 책을 번역한 목적은 위대한 문학작품을 소개하기 위한 데에만 있는 것이 아니라 진심으로 루소의 혼이 중국에 강림하기를 바랐기 때문이다. 허위의식으로 가득 찬 "고전파(古典派)와 타락한 인심(人心)의 현실세계를 루소와 같은 대담한 낭만파 사상가로 뒤엎어 새롭게 개조하고 싶었던 것이다. 나는 이 참회록이 혁명적일 뿐만 아니라 엄청난 영향력과 폭발력을 갖고 있는 작품이라고 생각한다. 독자들이여! 대범하게 이 책의 사상을 받아들여 우리가 생활하는 고전 세계를 폭파시켜버리자."[3] 민국 시기 동안 『참회록』은 계속해서 번역되어 나왔다. 1929년 3월, 상무인서관에서 출간한 장두(章獨) 번역본의 경우, 책의 서문은 국민당 원로인 차이위안페이와 우쯔후이가 썼으며, 1931년 '세계문학명저' 총서에도 편입되어 재판을 발행했다. 1936년 5월 상하이 계명서국에서 출간한 왕빙쿤(汪炳焜) 번역본은 6개월 만에 연속 3판을 찍었다. 1940년 4월 상하이

대학에서 법학 박사학위를 받아 중국 최초의 법학박사가 되었다. 귀국 후 경사지방심판청(京師地方審判廳) 청장, 베이징정부 사법부참사(司法部參事), 베이징 변호사 공회(北京律師公會) 회장을 역임했다.

8) 장징성(張競生, 1888-1970). 중국 현대의 철학자, 미학자, 교육가이다. 민국 시기 프랑스에서 철학과 미학 등을 공부한 후 박사학위를 받고 돌아와 베이징대학 철학과에서 논리학과 미학을 가르쳤다. 루소의 『참회록』 등을 번역했으며 중국 최초로 나체에 관한 논문을 썼고 처음으로 '가족계획'의 필요성을 역설했다. 특히 그는 1925년 『성사(性史)』를 출판해 당시 중국 사회를 뒤흔들었는데, 이후 그에게는 '성 박사', '음란 마귀[大淫蟲]' 등의 별명이 붙었다.

의 자력출판사(自力出版社)는 링신보(淩心渤)의 번역본을 출간했고, 1944년 충칭 작가서옥은 선치위(沈起予)의 번역본을 선보였으며, 1947년 상하이에서 재판이 발행되었다. 1945년 충칭 대지도서공사(大地圖書公司)에서도 천신(陳新)의 번역본이 출간되었다.

『참회록』에 대한 중국 독자들의 반응은 뜨거웠다. 비교적 뒤에 이 책의 번역 대열에 합류한 천신은 역자 서문에서 이렇게 말했다. "내 기억에 루소의 『참회록』을 처음 읽은 것은 열일곱 살 가을이었다. 당시 나는 고등학교 2학년이었는데 그때 읽은 것은 축약된 것이었다. 쓸쓸한 가을 교정, 해 저무는 오동나무 아래 가만히 앉아 이틀 동안 꼬박 읽었던 기억이 난다." 천신은 『참회록』에 완전히 매료된 나머지 "책의 여러 번역본과 판본을 수집했다. 모르는 외국어로 쓰인 것을 제외하고는 전부 빠짐없이 읽었다." 왕시화(王熙華)라는 이름의 독자는 『참회록』을 읽은 후 역자 선치위에게 편지를 보내 이렇게 말했다. "놀랍고 감동적입니다. 우연일지 몰라도 나의 생각과 성격, 행동의 많은 부분이 대철학자와 일치합니다. 이 책은 나에게 위대한 계시와 동정, 믿음을 주었습니다."[4] 우쯔후이는 장두의 번역본에 쓴 서문에서, 루소는 『참회록』을 위해 "자신의 전부를" "추호의 허위나 기만도 없이" "참고용"으로 제공했다고 적었다.

참회는 기독교의 원죄 의식에서 비롯된 것으로 영혼의 반성과 육체적 고행을 통해 현실의 소외를 극복하고 하느님이 설계하신 자아의 이상으로 회귀하는 것이다. 서구 문화에서 참회 의식은 종교적 참회에서 출발하여 인성의 결함과 사회적 병폐에 대한 참회로 승화된다. 영혼과 육체, 신성과 인성의 대립과 충돌은 영혼 깊은 곳을 건드려줌으로써 사람들로 하여금 속죄를 통한 초월을 추구하도록 만들어준다. 이것은 서구 문화의 기본 요소 중 하나로 서구인들의 마음속에 깊이 각인되어 있다. 그러나 이런 의식은 중국 전통 문화에서는 찾아볼 수 없다. 중국인들은 체면을 중시한다. 자신을 이성의 법정에 세우고 영혼에 거침없이 고문을 가하는 참회의 정신은 '오일삼성오신(吾日三省吾身)'이라는 중국의 유가식 내성(內省)과 완전히 다른 것이다. 후자는 영혼의 해탈과 자아 안위, 자기 이해를 통해 일종의 심리적 평형 상태에 도달하는 데 목표가 있다. 루쉰은 다음과 같이 지적하였다. "지금까지 중국의 문인들은 인생에 대해, 적어도 사회 현상에 대해 직시할 수 있는 용기가 없었다." 그들은 "감추고 속이는 데 익숙했으며 온갖 변명거리를 만들어내어 그것을 바른 길이라고 여겼다. 이를 통해 볼 때 나약하고 나태하고 교활한 국민성의 근원이 어디 있는지 잘 알 수 있다."[5] 중국 전통 문학에도 자전체 작품이 없는 것은 아니다. 그렇지만 감추어진 자신의 비밀과 속내까지 적나라하게 드러낸 것은 거의 찾아볼 수 없다. 안개 속에서 꽃을 보는 듯 사실(寫實)보다 사의(寫意)를 중시했으며, 진심어린 고백이나 감정의 발산도 예교의 희생물이 되거나 존천리멸인욕(存天理滅人欲)이라는 도학의 순장품이 되었다.

피 끓는 육체의 소유자인 인간의 인격 승화를 위한 자아 투쟁 과정을 담고 있는 루소 식의 대담하고 진솔한 자아 고백은 당시 만연하던 허위의식에 경종을 울렸으며 민국 시기의 지식인들에게 큰 충격을 주었다. 그들은 놀라움과 고통, 끓어오르는 감정을 느꼈다. 위다푸는 『참회록』에 대해 매우 높은 평가를 내렸다. 이 책은 "웅대한 문체와 창의적인 스타일로" "자신의 악덕과 추악함을 적나라하게 드러내고 있는" "전무후무"한 걸작이다. 조금의 과장도 없이 이렇게 말할 수 있다. 프랑스도 언젠가는 멸망할 것이고 라틴 민족의 문명과 언어, 세계도 모두 사라질 것이다. 그러나 세상의 종말이 온다 해도 『참회록』은 결코 빛을 잃지 않을 것이다.[6] 궈모뤄, 쫑바이화와의 '정신적 교류'의 산물인 『삼엽집』에서 톈한은 『참회록』에 대해 이렇게 말했다. "사람이 자신의 인격을 도야하려면 '보다 높은 목표에 도달하기 위해 힘써야' 하며 깊은 골짜기에서 나와 산 정상에 도전해야 한다. 골짜기에 안주하는 것은 '죄악의 정수'이며 산 정상에 오르기 위해 필사의 노력을 다하는 것은 '참회의 인격'이다. 선천적인 인격자는 세상에 드물다. 따라서 '참회의 인격자'란 매우 귀중한 존재이다." 톈한은 『참회록』을 읽고 나서 "얼마나 큰 감동을 받았고 얼마나 많은 힘을 얻게 되었는지 알 수 없다"고 했다. 궈모뤄는 자신도 "적나라한 『참회록』을 써서 세상에 선포할 것"을 결심했는데 이런 그에 대해 톈한은 "참회의 진정성과 용맹한 전진이 있다"며 이렇게 말했다. "서양 문예 … 루소, 톨스토이 등 … 에게서 진정한 정신과 참회의 용기를 배웠다는 점이 대단히 기쁘다. 서양 문예의 이러한 장점은 동양 문예에서는 찾아볼 수 없는 것이다."[7] 장두는 역자 서문에서 이렇게 말했다. "내용과 가치 면에서 볼 때 그 어떤 것과도 견줄 수 없는 책이다." 참으로 "초인적인 표현"이다. "그가 오늘날의 우리들을 봤다면 우리가 여우와 승냥이를 짐승으로 여기는 것처럼 그도 우리를 짐승으로 여겼을 것이다. 따라서 루소가 이 책의 저술에 대해 초인적인 표현이라고 한 것이다."[8] 왕빙쿤은 번역서 머리말에서 이 책을 "가장 유명하면서도 가장 기괴한 자서전"으로 소개했다. "작가는 책 속에서 자신의 죄를 망설임 없이 인정했다. 그는 사람이라면 누구나 '숨기고 싶을 만큼 혐오스러운 죄과'를 갖고 있을 것이라고 믿었다. 그가 고백을 결심한 까닭은 자신의 진면목이 드러나면 비록 사람들의 비난을 받긴 하겠지만 죄를 숨기고 사는 사람들이 더 큰 죄책감을 느끼게 될 것이라 믿었기 때문이다."[9]

클리프턴 패디먼(Clifton Fadiman)은 『평생 독서계획(The Lifetime Reading Plan)』에서 루소에 대해 다음과 같이 평가했다. 그는 조금도 남김없이 자신의 모든 것을 드러내 보였다. 이를 계기로 『참회록』을 모방한 작가들이 부지기수로 나왔다. 현대에 '참회'라는 이름을 달고 나온 자서전은 모두 여기서 비롯되었다.[10] 1920년대 이후 중국에서도 자아 고백식의 자서전(위다푸, 궈모뤄, 왕두칭[王獨淸]과 황루인[黃廬隱])과 일기(위다푸, 쉬즈모, 장이핑), 서신과 연애편지(『삼엽집』, 쉬즈모의 『오월의 연애편지(五月的情書)』, 장이핑의 『연애편지 한 다발(情書一束)』)가 대단히 유행했는데 모두 『참회록』의 영향을 받은 것이다. 비록 '자연스러운 감정'을 표출하는 면에서는 궈모뤄의 자서전이 『참회록』보다 낫지만, 개성 신장과 내면의 솔직함이라는 측면에서 보자면 루소의 작품이 훨씬 뛰어나다. 루쉰의 소설도 인간과 역사에 대한 참회의식을 담고 있다. 『광인일기(狂人日記)』는 수천 년 동안 인육을 먹고 살아온 어떤 지역에 대해 쓰고 있는데, 주인공인 '나'는 자신의 살을 먹지 않았는지, 여동생의 살을 먹지 않았는지, 약자의 살을 먹지 않았는지 항상 의심한다. 『아큐정전(阿Q正傳)』은 중국인들의 보편적인 심리적 약점을 소재로 삼고 있다. 위다푸는 이성의 칼[理智之劍]로 자신의 죄악을 분석하였는데, 한편으로는 칠정육욕(七情六慾)의 합리성을 긍정하면서도 다른 한편으로는 욕망이 자신을 비열하고 추잡한 진창으로 끌어들였다고 생각했다. 과감하게 자신의 삶을 직시하고 용감하게 자아와 대면하는 『참회록』의 정신은 유가와 도가의 문화적 배경 아래에서 자신을 인식해 온 중국 지식인들의 생각을 산산조각내버렸다. 『참회록』은 중국 지식인들에게 자아 관용과 자아 해탈, 자아 평형을 이루는 방법을 제시해주었을 뿐만 아니라 평범함에 묻혀 마비되어버린 심리적 평형을 깨뜨려버렸다. 이로 인해 중국인들은 자신들이 처한 비참한 운명과 마주하게 되었으며 추악한 국민성을 더 이상 용인할 수 없다는 결심을 하게 되었다.

084

『훼멸(毁滅)』
'봉기하는 노예'를 위해 밀수된 '무기'

『궤멸』

루쉰은 러시아 문학 애호가였다. 그는 이렇게 말했다. "러시아 문학은 나의 스승이자 친구이다. 나는 러시아 문학에서 억압받는 자들의 선량한 영혼과 괴로움, 몸부림을 볼 수 있었다."[1] 러시아 문학은 사회문제를 깊이 있게 다루는 것으로 유명하며 이런 특징은 중국 독자들이 러시아 문학에 관심을 갖게 되는 계기가 되었다. 루쉰은 번역 작업을 프로메테우스가 불을 훔쳐 인간에게 가져다 준 것이나 봉기하는 노예들에게 무기를 밀수해주는 것에 비유했다. 그가 청말에 저우쭤런과 함께 『역외소설집』을 번역한 것이 중국인들을 위해 '하늘의 불'을 훔친 것이라면, 1920년대에서 30년대까지 러시아와 소련 문학의 번역에 매진한 것은 혁명을 준비하는 자들을 위해 사상적 '무기'를 밀수한 것이라 할 수 있다. 이에 대한 가장 좋은 예는 소설 『궤멸』을 번역한 것이다.

『궤멸(Razgrom)』[1)]은 소련 작가 파제예프[2)]의 대표작이다. 소설은 1919

1) 중국에서는 처음에 '최괴(摧壞)', '궤멸(潰滅)' 등으로 소개되었으나 최초 완역본의 제목은 '궤멸(毁滅)'이다. 한국에서는 '궤멸'이라는 제목으로 출간되었기 때문에(양민종 번역, 예문출판사, 1988년) 본문에서는 '궤멸'로 표기했다. 한국어판 표지 윗부분에는 '1920년대 극동 시베리아에

년 소련 내전 시기에 동남부의 우수리 변경 지역을 배경으로 주인공 레빈손이 노동자, 농민, 지식인으로 구성된 150여 명의 유격대를 이끌고 격렬하면서도 탁월한 전투 끝에 적의 포위망을 뚫는 과정을 묘사하고 있다. 적의 포위망을 뚫고 살아 나온 유격대는 겨우 19명뿐이었지만 그들은 여전히 대오를 유지하며 또 다른 전투를 준비한다. 소설의 줄거리는 이처럼 단순할 뿐만 아니라 손에 땀을 쥐게 하는 드라마틱한 장면이나 전쟁에 대한 직접적인 묘사도 거의 없다. 소설은 전쟁이 개개인의 삶에 미친 영향을 중심으로 전개된다. 특히 다양한 출신성분을 지닌 개성적인 인물들은 소설을 더욱 생동감 있게 만들어주었다. 농민 출신의 소대장 쿠브라크는 소부르주아 출신으로 여러 약점을 갖고 있다. 광산 노동자 출신인 두보프가 지휘하는 유격대는 매우 잘 조직되어 있고 규율도 엄격하다. 유격대원들은 소비에트 정권에 충성을 다하지만 오랜 세월 석탄 가루에 질식당한 영혼 속에는 자본주의에 오염된 악습이 남아 있다. 『궤멸』의 주인공은 무산계급 지식인 레빈손이다. 그는 "새롭고 아름답고 강하고 선하기를 갈망하는 사람들 앞에" 선구자적인 형상으로 출현한다. 그러나 그 또한 선천적인 영웅이 아니며 일반인들과 마찬가지로 감정과 약점을 지니고 있다. 소설 속 가장 인상 깊은 인물로는 고등학생 메치크를 들 수 있다. 비열하고 나약한 본성을 위선으로 가장하고 있는 소부르주아 지식인으로 등장하는 그는 격렬한 전투가 반복되는 생활 속에서 자신의

서 반혁명세력과 싸워나가는 소비에트 빨치산의 생생한 투쟁'이라는 문구가 있으며 아랫부분에는 '러시아어 완역'이라고 써져 있다.

2) 알렉산드라 알렉산드로비치 파제예프(Aleksandr Aleksandrovich Fadeyev, 1901-1956). 러시아의 소설가로 1901년 트베르(Tver)주 킨리(Kinry)에서 태어났다. 1918년 공산당원이 되었으며 극동지방의 빨치산 대원으로 활동했다. 1923년 『홍수(Razliv)』를 발표하며 작품활동을 시작했고 1927년 『궤멸(Razgrom)』을 발표하여 인기작가가 되었다. 톨스토이를 숭배했고 1934년 소비에트 작가동맹(RAPP)의 집행위원이 되어 정치가로서의 활동도 시작했다. 혁명 이후 장편소설 『우데게족의 최후(Poslednii iz Udege)』와 사회주의 리얼리즘의 전형으로 꼽히는 『젊은 근위대(Molodaia Gvardiia)』를 집필했다. 1956년 스탈린 격하운동이 시작되자 모스크바에서 자살했다.

운명을 유격대에 기탁하지 못하고 결국 배신의 길로 들어서게 된다.

1925년부터 1926년까지 집필된 이 장편소설은 소련에서 첫선을 보인 후, "무산계급 문학 전선의 승리"이자 "현대 소련 프롤레타리아 문학의 최고봉"이라는 평가를 받았다. 중국에서는 1929년 《소설월보》 20권 7호에 실린 멍성(蒙生) 번역의 「신 러시아의 문학(新俄的文學)」에 처음으로 이 책이 등장한다. "파제예프의 소설 『최괴(摧壞)』는 큰 인기를 끌었다. 소설은 심리분석을 기초로" 전반적으로 무거운 분위기에 강건한 느낌을 준다. 작가는 사실주의적인 관점과 묵직한 심리주의로 천박한 감정주의를 압도하고 있는데 이는 톨스토이의 영향을 받은 것이다. 1930년 《소설월보》 21권 7호의 '현대문단잡화(現代文壇雜話)'란에 실린 자오징선(趙景深)의 「파제예프의 19인(法兌耶夫的十九個)」이라는 글에도 소설에 대한 자세한 소개가 나온다. "신 러시아의 파제예프가 쓴 『19인(The nineteen)』은 이미 국제출판부에서 영역(英譯)되어 나왔다. 이 책은 혁명 내란 시기 시베리아 동부에서 일본인과 코사크족 간의 전쟁에 참여했던 공산주의 유격대(독립부대 의용군)의 이야기를 다루고 있다. … 그들에게는 레빈손이라는 유대인 지도자가 있었는데 격렬한 전투를 치루고 난 후 살아남은 대원은 19명밖에 되지 않았다. … 파제예프는 잭 런던(Jack London)처럼 동물적인 삶과 희망의 서사시를 풀어내는 데 그치지 않고, 연민과 따뜻함, 부드러움을 보여주고 있다. 인간의 따뜻한 정과 안개 낀 대자연의 아름다운 풍경을 묘사한 대목을 보면 파제예프가 시인이 아닌지 착각할 정도이다.…"

중국에서 최초로 『궤멸』을 완역한 인물은 루쉰이다. 그는 『궤멸(潰滅)』 1부와 2부를 1930년 《맹아월간(萌芽月刊)》 1기에서 5기(1930년 1월부터 5월까지)까지에 발표하였다. 분량은 총 13만 자로 원래는 여섯 차례 연재가 예정되어 있었지만 《맹아》가 '오월각절기념호'[3]로 인해 정간되자 연재는 다섯 차례에 그치고 말았다. 이어서 창간된《신지월간(新地月刊)》에 다시 연재되었지만 이 잡지도 발행 1기만에 폐간되었다.《맹아》편집자는 이 소설이 "현실적인 민중의 이야기를 진실하게 서술하고 있으며, 비록 작품 가운데 혁명을 선동하는 구절이 하나도 없지만 섬세한 관찰력과 수준 높은 묘사로 사람들에게 깊은 감동을 주었다"고 말했다. 처음에는 신주국광사(神州國光社)의 '현대문예총서(現代文藝叢書)'로 기획되어 루쉰이 번역을 맡았지만 번역이 완료되자 신주국광사뿐만 아니라 상하이의 어떤 출판사에서도 간행을 거부했다. 1931년 9월, 루쉰은 '수이뤄원(隋洛文)'이라는 필명으로 상하이 대강서포(大江書鋪)에서 초판을 발행했다. 그렇지만 국민당의 협박으로 인해 출판사는 루쉰에게 서문과 발문을 삭제하도록 요구했다. 같은 해 10월, 루쉰은 자신이 직접 편집 교열한 책 500부를 '삼한서옥(三閑書屋)'이라는 출판사 이름으로 자비 출판했다. 책머리에는「작가자전(作者自傳)」과 일역자(日譯者) 구라하라 고레히토(藏原惟人)의「'훼멸'에 관하여(關於'毁滅')」및 프리치(V.M. Friche)의「대서—'신인'에 관한 이야기(代序—關於'新人'的故事)」가 실려 있고, 권말에는 루쉰의 번역후기가 붙어 있다. 국민당의 '금서망(禁書網)'을 피하기 위해 루쉰은 일본인이 운영하는 내산서점(內山書店)을 통해 위탁 판매하는 방법을 취했는데 이로 인해 판매에 상당한 제약을 받았다. 이 책은 1940년대 들어와서야 비로소 대중적으로 유행하게 되었으며 1943년 화북서점(華北書店), 1945년 작가서옥, 1948년 상하이 루쉰전집 출판사(魯迅全集出版社)에서 각각 발행되었다.

루쉰은 이 책을 매우 높이 평가했다. 책에는 "농민과 광부, 지식인의 모습이 생생하게 묘사되어 있으며 인상적인 격언들이 적지 않게 등장하

---

3) '오월각절(五月各節)'은 국제노동절인 5월 1일과 신문화운동 기념일인 5월 4일을 말한다.

니 실로 신문학 중 거대한 횃불이라 할 만하다."[2] 이 작품은 "기념비적 소설"로 "친자식과 같은 존재이며 이 책으로 인해 자식의 자식까지 생각하게 되었다." 소설은 "비록 투박해도 진부하지는 않다. 강철 같은 인물과 피의 전투에 대한 묘사는 재자가인을 그린 '미문(美文)'들을 훨씬 능가했다."[3] 루쉰은 연속으로 발표한 두 편의 역자 후기에서 이렇게 말했다. 『궤멸』의 주인공 레빈손도 "때로는 흔들리고 때로는 실수를 범하지만" "요즘 유행하는 소설 속 완벽하고 실패하지 않는 주인공들"에 비해 훨씬 훌륭하다. 파제예프라는 영웅은 "신과 같은 선구자"가 아니다. 루쉰은 또한 소설에서 유격대에 "위기의 순간이 점점 다가오는 상황을 묘사한 장면"에 대해서도 칭찬을 아끼지 않았다. "혁명의 과정 중에는 반드시 이런 상황에 부딪히게 된다. 모든 상황이 순조롭게 진행되어 파죽지세로 밀어붙이는 것은 혁명도 전투도 아니다. 대중들이 모두 혁명에 호응하여 혁명가가 되고 누구하나 피를 흘리지 않으며 화살 하나 쓰지 않고 혁명을 완수하는 것은 고대에나 있을 법한 이야기다. 즉 이것은 옛사람들이 선전하는 유토피아 사상으로 예교를 통해 온 백성이 정인군자(正人君子)가 되면 자연스럽게 '중화문명의 나라'가 된다는 것과 마찬가지다. 혁명에는 피가 있고 더러움도 있으며 새로운 탄생도 있다. '궤멸'은 새롭게 태어나기 전의 한 방울 피다. 이는 전투에 실제로 참가한 자들이 현대인들에게 주는 교훈이다. … 따라서 새로운 탄생이 있어야 하며 '궤멸'도 '신생(新生)'의 일부이다. 중국의 혁명 문학가와 비평가들은 아름다운 혁명, 완전한 혁명가를 묘사하기 위해 노력한다. 그들의 생각은 대단히 아름답고 완전한 것처럼 보이지만 결국 유토피아주의자가 되고 말 뿐이다."[4] 이 글을 통해 보자면 루쉰이 이 책을 번역한 동기에는 정치적인 배경과 특수한 시대적 의의가 깊이 내재되어 있음을 알 수 있다. 1930년대 초, 국민당은 혁명 세력에 대해 군사적이고 문화적인 '토벌' 작전을 감행했는데 이로 인해 중국에는 백색 테러의 공포가 만연했다. 중국 혁명은 대단히 어려운 상황에 놓여 있었고 혁명 대오 속에도 기회주의와 패배주의의 병폐가 존재했다. 루쉰은 혁명적 낙관주의로 가득한 이 작품을 번역함으로써 '봉기하는 노예'들에게 신사상의 '무기'를 전달해주고자 한 것이다.

마오쩌둥은 '옌안 문예강화'[4)]에서 이렇게 말했다. "파제예프의 『궤멸』은 소규모 유격대의 이야기이다. 소설은 기성 독자들의 구미를 전혀 고려하지 않았지만 세계적으로 큰 환영을 받았다. 특히 중국에서는 모두가 알다시피 대단한 영향력을 발휘했다."[5] 1931년 12월 5일 취추바이가 루쉰에게 보낸 편지에는 다음과 같은 내용이 나온다. "당신이 『궤멸』을 번역 출간한 것은 중국 문예사에서 기념비적인 사건이다. 세계 무산계급 혁명 문학의 명저를 중국의 독자들에게 소개하는 일(특히 위대한 10월과 국민전쟁, 5개년 계획의 '영웅'을 구체적인 형상을 통해 예술적으로 조명해 독자에게 선보인 소련의 명저)은 중국 프롤레타리아 문학인의 중요한 임무 가운데 하나이다." 그는 또한 루쉰의 번역문이 "대단히 충실"하다고 칭찬하였으며, 자신 또한 이 책을 읽고 루쉰과 비슷한 생각을 갖게 되었다고 했다. "『궤멸』을 읽고 대단히 흥분했다. 나는 내 자식을 사랑하듯이 이 책을 사랑한다. 이런 종류의 사랑은 반드시 우리의 역량을 증가시키고 보잘것없는 사업을 크게 확장시켜줄 것이다."[6] 『궤멸』의 편집에 참가한 적이 있

---

4) 1942년 5월 2일부터 23일까지 옌안에서 열린 문예좌담회에서 중국문예계가 당면한 과제에 관해 마오쩌둥이 행한 세 차례의 강연으로 정식 명칭은 '옌안 문예좌담회 상에서의 강화(在延安文藝座談會上的講話)'이다. 강연의 핵심 내용은 다음과 같다. 혁명사상의 일환인 문예는 노동자 · 농민 · 병사의 인민대중 입장에서 그들에게 봉사해야 하며, 질의 향상보다는 교육과 보급을 통해 민중이 이해할 수 있는 문예를 창조해야 하고, 이를 위해 예술가는 민중의 현실 투쟁 속으로 들어가 스스로를 개조하고 민중과 결합하여 진정한 혁명문예가로 변화해야 한다. 또한 모든 문화와 문학예술은 반드시 어떤 계급과 정치노선에 속한다. 예술을 위한 예술, 초계급의 예술, 정치와 병행하거나 상호 독립된 예술이란 존재하지 않는다. 따라서 문예는 정치에 예속되어야 하고 정치에 복종되도록 통일되어야 한다. '옌안문예강화'는 중화인민공화국 건립 이후까지 중국 문예 정책의 주요 지침이 되었다.

는 허구톈(何谷天)은 1934년 출판된 『나와 문학(我與文學)』에 실린 「모색 중에 얻은 교훈(在摸索中得到的教訓)」이라는 글에서 『궤멸』이 그에게 미친 영향에 대해 다음과 같이 썼다. “이 책이 아니었더라면 나의 문학 생애는 그대로 끝나고 말았을지도 모른다. 편집을 위해 이 책의 한 구절 한 구절을 서너 차례씩 읽었으며 문장부호 하나도 그대로 지나치지 않았다. 그때 내가 깨달은 것은, ‘아! 문학이란 결코 쉬운 것이 아니구나’라는 것이었다. 소재를 파악하고 내용을 분석하고 인물을 묘사하는 것은 실생활 속에서 고난과 역경을 극복하기 위해 피땀흘려가며 몸부림쳐 보지 않은 사람이라면 불가능한 일이다. 이 책은 우리에게 엄밀한 구조, 경중 있는 묘사와 같은 최신 창작법을 알려주었다. 이 책 한 권을 읽는 것이 소설 창작론 10여 권을 읽는 것보다 훨씬 낫다. 이 작품은 세상 속에서 벌어지는 다양한 사건들과 각 계층에 속한 사람들의 복잡한 심리를 생생하게 묘사하고 있다. 즉 사회에서 우리가 늘 봐왔던 인물, 우리가 현재 생활하고 있는 공간에 대해 서술하고 있다. 소설은 우리에게 이렇게 말하는 듯하다. 창작이란 신비로운 것이 아니다. 현실적 소재와 진실한 인물만 있으면 좋은 작품을 쓸 수 있다. 『궤멸』과 같이 현실의 사건과 진실한 인물을 작품 속에 그대로 반영해낸다면 그것으로 족하다. … 『궤멸』은 분명하고 뚜렷하며 강렬한 인물묘사가 얼마나 중요한지도 보여준다. 서로 다른 계층의 인물이 특정한 사건 속에서 어떻게 반응하고 행동하는지를 통해 인물 각자의 개성을 자연스럽게 드러내고 있다. 남녀 문제에 대한 광부 마로즈카와 지식인 메치크의 생각을 예로 들자면 서로 다른 생활환경, 서로 다른 관습 속에서 살아온 두 사람이 부딪히고 충돌하는 상황을 묘사함으로써 상이한 인물들의 전형을 생생하게 창조해내고 있다.”[7] 류바이위(劉白羽)는 「외국문학과 나(外國文學與我)」라는 글에서 이렇게 회상했다. “내가 점점 나이 들어간다고 생각하던 찰나에 10월 혁명 후의 소련 문학이 번개처럼 번쩍 나의 눈앞에 등장했다. 루쉰이 번역한 『궤멸』을 구입한 뒤 누구의 눈에도 띄지 않게 급히 집으로 돌아왔던 상황이 떠오른다. 쿵쾅 쿵쾅 뛰는 가슴을 안고 조심스레 포장을 벗기자 연회색 표지가 나왔다. 말할 수 없는 희열이 느껴졌다. 프로메테우스가 하늘의 불을 훔친 것처럼 나도 혁명 성전(聖殿)의 횃불을 신세계로 가지고 나온 느낌이었다."[8]

일찍이 루쉰의 가르침을 받아 작가가 된 중국공산당 간부 펑보산은 「루쉰의 계시(魯迅的啓示)」라는 글에서 1931년 『궤멸』을 읽고 받았던 느낌에 대해 다음과 같이 말했다. "『철류』[5]처럼 불같은 열정이나 승리의 결말이 없어서 책이 매우 덤덤하게 느껴졌다." 그는 나중에 루쉰의 강연을 들을 기회가 있었는데, 루쉰은 강연에서 사회과학 지식이 부족하고 현실 투쟁의 경험이 없는 사람들에게 『궤멸』과 같은 책은 이해하기 쉽지 않다고 말했다. 펑보산은 1932년 겨울이 되어서야 루쉰이 말한 의미를 깨달았다. "당시 나는 적의 추격을 피해 유격대를 따라 눈 덮인 산골을 행군하고 있었다. 부상당한 동지 하나가 들것에 누워 나에게 이렇게 말했다. '동지! 총으로 나를 좀 죽여줘. 나로 인해 당신들이 방해받는 것은 원하지 않아.' 진리와 정의를 위해서 기꺼이 자신의 한 목숨 초개와 같이 희생하고자 하는 마음에 나는 침묵할 수밖에 없었다." 이런 특수한 경험은 펑보산이 원래 갖고 있던 예술 관념과 충돌을 일으켰으며 이를 통해 그는 『궤멸』에 대해 새로운 인식을 갖게 되었다. "메치크, 치즈, 마로즈카 등이 등장하여 독극물로 자신의 동료를 영원히 잠재워주던 『궤멸』의 장면 하나하나가 머리 속에 떠올랐다." 후펑(胡風)은 펑보산을 기념하는 글에서 이렇게 적었다. "좌익작가연맹은 글을 쓰는 것도 중요한 전투 방식의 하나로 생각했

---

5) 『철류(鐵流)』(Zheleznyi potok)는 카자흐스탄 출신의 소련 소설가 알렉산드르 세라피모비치(Aleksandr Serafimovich, 1863-1949)가 1924년 발표한 작품이다. 프롤레타리아 혁명 당시 캅카스 지방에서의 빨치산 투쟁을 주제로 하고 있다.

다. 펑보산은 『궤멸』을 읽고 나서야 비로소 강렬한 창작 열망이 생겨났다고 나에게 말한 적이 있다. 그는 샹어시(湘鄂西)[6] 소비에트 지역에서 징먼(荊門), 당양(當陽), 위안안(遠安)의 성 위원회 파견 요원으로 복무하며 무장투쟁을 이끌었는데 이때 만난 수많은 홍군(紅軍) 전사와 간부들로부터 깊은 인상을 받았다고 했다."[9] 독자들은 역사 발전이라는 종적 측면과 사회생활이라는 횡적 측면 속에서 생활하기 때문에 이 둘의 상호 충돌로 만들어진 '수용(受容) 장막'이 독서와 감상에 영향을 준다. 참혹한 전쟁의 경험이 있었기 때문에 항일전쟁 시기에 『궤멸』은 특히 더 독자들의 사랑을 받았을지도 모른다. 저우양(周揚)은 「항전 시기의 문학(抗戰時期的文學)」이라는 글에서 이렇게 말했다. "『궤멸』은 유격대원 대부분이 목숨을 잃고 19명만이 살아남은 전투에 대한 이야기이다. 결말은 비극적이지만" 결코 "비애의 문학"은 아니다. 소설은 독자들에게 "승리의 신념을 불어넣어 주었고 투쟁의 길을 알려주었다. 우리가 지금 가장 필요로 하는 것이 바로 이와 같은 작품이다."[10] 1936년 2월 10일 《독서생활》 3권 7기에는 저우리보가 쓴 「비상 시기의 문학 연구 강령(非常時期的文學硏究綱領)」이라는 글이 게재되었다. 저자는 글에서 이렇게 말했다. "해외 작품을 검토할 때는 소련이라는 벌꿀을 우선적으로 채취해야 한다." 아울러 『궤멸』과 같은 작품으로 "'국방문학' 건설의 예술적 모범을 삼아야 하는데, 그 이유는 현재 중국이 바로 『철류』와 『궤멸』의 시대에 놓여 있기 때문이다." 1940년대 초, 그가 옌안의 루쉰예술문학원에서 교편을 잡고 있을 때 『궤멸』에 대해 강의를 한 적이 있다. 그는 시대정신, 새로운 도덕원리, 농민의 기상, 주제와 스타일 등의 측면에서 작품을 분석했다. 강의 말미에 그는 이렇게 말했다. 『궤멸』이 창조해낸 것은 "화약 냄새와 위대한 업적

6) 湘은 후난(湖南), 鄂은 후베이(湖北)를 말한다.

으로 꾸며진" 추상적인 영웅이 아니다. "수많은 결점을 갖고 있지만 더럽고 거칠며 잔혹하고 무자비한 환경을 극복하고 성장해 가는 인물들을 통해 실천의 중요성과 전투의 희열을 알게 해주었다. 또한 고난과 실패, 비통함 속에서도 절망하지 않을 수 있는 힘을 주었다."[11] 『궤멸』이 혁명 성지 옌안의 '봉기하는 노예'들에게 강력한 사상적 '무기'가 되었음은 의심의 여지가 없다.

085

『정신분석인론(精神分析引論)』
20세기에 중국 작가들에게 지대한 영향을 끼친 프로이트 학설

프로이트(Sigmund Freud, 중국명 弗洛伊德) 학설은 5·4 시기 중국에 수입된 서양 신사조 가운데 하나이다. 이보다 앞서 1914년 5월 1일 출간된《동방잡지》10권 11호에는 첸즈슈가 쓴「꿈의 연구(夢之硏究)」가 실렸는데, 이 글에 보면 “꿈의 문제에 대해 최초로 연구한 프로이트(福留特) 박사”라는 언급이 나온다. 1920년《동방잡지》17권 22기의 과학소식란의「프로이트 신심리학 일반(佛洛特新心理學之一斑)」이라는 글에서도 프로이트의 학설을 짧게 소개하고 있다. 1921년《민탁》2권 5호에는 장둥순이 쓴「정신분석을 논함(論精神分析)」이라는 글이 실렸다. 저자는 이 글에서 프로이트의 생애와 심리분석의 의미를 간략하게 소개하고 ‘본능(本能)’, ‘카타르시스(發泄)’, ‘리비도(裏比多)’, ‘자아(自我)’, ‘콤플렉스(情結)’, ‘억압(壓抑)’ 등의 개념에 대해 해석하였다. 1923년 8월 왕커런(王克仁)은《학등》에「프로이트 심리학설의 비평(佛洛伊德心理學說之批評)」을 번역해 게재했다. 최초로 프로이트의 저작을 번역한 글로는 가오줘(高卓)의「마음의 분석의 기원과 발전(心之分析的起源和發展)」이 있다. 이 글은 프로이트가 1910년 미국 클라크대학에서 심리분석을 주제로 강연한 내용을 기록한 것으로

1925년《교육잡지》제10기에서 11기까지에 실렸다.

프로이트 학설의 중국 전래사를 말하면서 장스자오를 빼놓을 수 없다. 1923년 가을, 그는 유럽에서 귀국하는 배 위에서 프로이트의 명저 『토템과 금기(圖騰與禁忌)』(Totem und Tabu)를 읽었다. "반복해서 읽었지만 내용을 제대로 이해할 수 없어서 돌아오는 내내 책을 쥐고 놓지 않았다."[1] 이후 그는 계속해서 심리분석 학설을 연구했다. 1929년에는 프로이트에게 직접 편지를 보내 심리분석을 중국에 소개하고 연구하고자 하는 자신의 의지를 표시했다. 프로이트는 1929년 5월 27일 보내온 답장에서 이렇게 썼다. "어떤 방식으로 연구를 진행하든, 심리분석 분야가 중국에서 어떻게 시작되든 … 귀국의 자료로 우리의 고대 표현 방식을 평가하고 추측할 수 있었던 것에 대해 나는 대단히 만족스럽게 생각한다."[2] 1926년 프로이트전집에 포함된 자서전이 단행본으로 출간되었을 때 장스자오는 1930년 독일어본을 번역해 『프로이트 자서전(弗羅乙德敘傳)』이라는 제목으로 상무인서관에서 출간했다. 이 책은 세계 최초로 외국어로 번역된 프로이트 자서전이다. 책은 모두 6장이며 앞부분에는 70세 때의 프로이트 초상과 프로이트가 역자에게 보내준 편지의 원본이 실려 있다. 장스자오는 역자 서문에서 정신분석을 사람들의 일상생활과 밀접한 관련이 있는 "음식남녀지학(飮食男女之學)"이라고 소개했다. 이 학과는 "의사의 시범적 치료법에서 중요한 분과로 자리매김하여 다른 분야에까지 영향을 미쳤으며" "방대한 범위와 면밀한 사고"를 자랑하고 있다. "간혹 난해한 개념"도 있지만 "가만히 음미해보면 이해하지 못할 것이 없다." 프로이트의 책은 "집집마다 한 권씩 마련해" 누구나 반드시 읽어봐야 한다. "나는 깊은 의미를 깨우칠 수 없어 그저 좋아할 뿐이지만 여러 사람들과 함께 연구할 기회가 주어지면 좋겠다."

1930년을 전후해서 중국에서는 '프로이트 붐'이 일어났다. 1929년 4월 상무인서관은 자오옌(趙演)이 번역한 영국 학자 바버라 로(Barbara Row)의 『프로이트 심리분석(弗洛特心理分析)』(Psycho-Analysis—A Brief Account Of The Freudian Theory)과 화차오(華超)가 번역한 윌리엄 브라운(William Brown)의 『심리학과 정신 치료법(心理學與精神治療法)』(Psychology and Psychotherapy)을 동시 출간했다. 바버라 로의 저작은 대중 서적으로 6장으로 구성되어 있으며 다음의 내용을 포함하고 있다. 심리분석의 범위와 의의. 심리생활 — 잠재의식(隱意識)과 의식. 억압. 정신생활에 있어서 꿈이 차지하는 지위와 작용. 심리분석 치료법. 사회와 교육 영역에서 심리분석의 효과. 그리고 책의 뒷부분에는 프로이트의 최근작에 대한 소개와 역자 후기가 붙어 있다. 『심리학과 정신 치료법』은 심리분석 전문 서적이다. 병자에 대한 정신분석 결과를 기초로 정신 치료법의 심리학적 원리에 대해 설명하고 있다. 책은 8장으로 이루어져 있으며 세부 내용은 다음과 같다. 정신병리학과 심리 분열. 심리 분열의 정도와 다중인격. 프로이트의 꿈 이론. 프로이트의 잠재의식 이론. 정서 이론. 정신 치료 방법의 동인(動因) 혹은 요소. 정서 재생 이론에 대한 견해. 전시(戰時) 정신 신경병. 두 권 모두 1930년대에 재판을 발행했다. 1929년 5월 개명서점은 샤푸신(夏斧心)이 번역한 프로이트의 『집단심리학과 자아분석(群衆心理及自我的分析)』(Group Psychology and the Analysis of the Ego)을 펴냈다. 이 책은 모두 열두 장이며 다음의 내용을 다루고 있다. 집단적 정신생활. 암시와 '리비도(裏比朵)'. 두 가지 비자연적 집단: 교회와 군대. 유화현상(類化現象). 연애와 최면. 집단 본능. 군중과 원시가족. 자아의 구별 등 사회 심리 문제.

장스자오는 『프로이트 자서전』을 번역하는 중에 당시 상무인서관 편역소를 담당하고 있던 왕윈우에게 편지를 써서 『해심술(解心術)』(즉 『정신분석인론(精神分析引論)』)을 번역할 의향이 있음을 전했다. 그러나 이 책은 이미 가오줴푸(高覺敷)가 번역을 마친 상황이었다. 1930년 10월 가오줴푸가 번역한 『정신분석인론』(Introductory Lectures on Psycho-Analysis)은 '만유문고' 제1집에 포함되어 1916년에서 1917년까지 세 부분으로 나뉘어 출판되었다. 이 책은 『일생생활의 정신병리학(日常生活中心理分析)』(Psychopathology of Everyday Life)을 제외하고 가장 많은 독자를 거느린 작품으로 모두 17개국 언어로 번역되었다. 책은 3편(編) 28강(講)으로 되어 있다. 1편 '실수의 심리학(過失心理學)'에서는 "심리 과정은 대부분 잠재의식적"이라는 것과 "성적 충동은 신경증(neurosis)과 정신병의 중요 원인"이라는 중요 명제를 제시하고 있다. 아울러 성적 충동은 인류의 정신이 최고의 문화적, 예술적, 사회적 성과를 만들어내는 데 엄청난 공헌을 했다고도 주장했다. 2편에서는 꿈에 대한 일차적 연구와 어려움, 기초적 전제와 꿈 해석의 기법 등에 대해 서술하였다. 정신분석은 개별적인 증상의 형식과 내용을 출발점으로 삼는다. 증상 자체마다 각각의 의미가 있으며 그 의미는 환자의 생활 경험과 상당한 관련이 있다. 잠재의식, 저항과 억압, 인간의 성생활, 특히 리비도의 발전과 성의 조직은 모두 병증이 되며 신경과민과 불안 등을 만들어낸다. 3편은 분량이 가장 많은 부분으로 제목은 '신경증 일반 이론(神經病通論)'이다. 여기서는 감정 전이 작용과 정신분석 요법에 대해 설명하고 있다. 정신분석의 체계는 원래 자아 또는 초자아와 잠재의식 속 욕망 간의 모순을 기초로 삼는다. 신경증에 대한 프로이트의 해석도 이런 기초 위에서 진행된 것이다. 가오줴푸는 「나와 상무인서관의 관계를 회고함(回憶我與商務印書館的關系)」이라는 글에서 영문본을 저본으로 삼아 번역한 이 책이 "장스자오 선생의 별다른 비평을 받지 않았으니 아마도 내 번역서가 전문가의 심사를 별 무리 없이 통과한 듯하다"[3]고 썼다. 그는 여세를 몰아 프로이트가 1933년에 출간한 『정신분석인론 신편(精神分析引論新編)』(New Introductory Lectures on Psycho-Analysis)을 번역하여 1936년 8월 상무인서관에서 출판하였다. 이 책은 『정신분석인론』의 속편으로 모두 7장이다. 1장에서는 『인론』에서 서술했던 꿈의 이론의 요점을 다시 설명하고 꿈에 관한 실험과 몇 가지 꿈의 상징에 대해 언급하였다. 2장은 꿈의 분석을 통해 신비한 지식을 탐구하는 것과 '초심리학' 혹은 '심령학'을 소재로 다루고 있다. 3장에서는 인격을 구성하는 세 부분인 자아, 이드(伊底)와 초자아를 제시하고 이것들과 의식, 전의식(前意識), 무의식 사이의 복잡한 관계에 대해 논하고 있다. 이 내용은 프로이트의 자아 심리학 혹은 인격 심리학으로 '신편'의 중요한 부분을 이룬다. 4장은 불안에 대한 구설(舊說)을 수정하고 새로운 학설을 제시하였다. 구설에서는 오이디푸스 콤플렉스(戀母情結, Oedipus complex)가 억압을 당하면 불안이 생겨난다고 했는데 신설(新說)에서는 불안이란 곧 위험이 도래할 것이라고 스스로에게 경고하는 신호이며 여기서의 위험은 바로 거세를 의미한다고 주장했다. 5장은 여성 심리학으로 여성이 사회적으로 가부장제의 악영향을 받는 것에 대해 서술하였다. 6장은 해석과 응용, 전망으로 비교적 분량이 많다. 우선 반대자들에 대한 비판을 시작으로 아들러(Alfred Adler) 심리학의 천박함을 조롱했다. 7장 인생철학에서는 세계관의 문제에 대해 논의하고 있는데, 무정부주의와 마르크스주의의 두 가지 세계관에 대해서도 논평하고 있다. 『인론』과 『인론 신편』의 번역은 중국 학술계가 프로이트 정신분석학의 전후기 이론을 비교적 전반적으로 이해할 수 있는 기초를 마련해주었다.

1920년대 말부터 30년대까지 이어진 '프로이트 붐' 속에서 잡지들도 심리분석에 대한 소개와 연구 논문을 앞다투어 실었다. 《심리(心理)》, 《교육잡지》, 《교육신조(教育新潮)》 등의 잡지만 하더라도 「분석심리학(分析心理學)」, 「프로이트 심리학의 중요이론 및 교육상의 공헌(佛洛以特心理學的重要理論及其對於教育上的貢獻)」, 「프로이트와 정신분석의 비평(弗洛

伊特及其精神分析的批評)」, 「프로이트 이상심리학설의 연구(佛洛德變態心理學說的研究)」, 「프로이트 심리(佛洛德心理)」 등의 글을 잇달아 게재했으며, 《동방잡지》, 《민탁》, 《신중화》 등 종합성 잡지들도 「분석심리론약(析心學論略)」, 「정신분석의 기원과 학파(精神分析的起源和派別)」 등의 글을 실었다. 청소년 대상의 《학생》 잡지와 《중학생》 잡지도 「프로이트의 심리학(弗洛伊特說的心理學)」과 「프로이트 학설과 성교육(弗洛伊特說與性教育)」을 실었다. 1934년에 상무인서관은 독일학자 플뤼겔(J. C. Flügel)의 『해심술학설(解心術學說)』(Theories of Psycho-Analysis)의 영문본을 천더룽(陳德榮)의 번역으로 출간했다. 이 책은 심리분석 학파의 발전양상과 주요 관점을 서술하고 있다. 주광첸은 1930년과 1933년에 각각 『이상심리학 학파(變態心理學派別)』(開明書店)와 『이상심리학(變態心理學)』(商務)을 발표했다. 그는 책에서 무의식, 꿈, 범성욕설(泛性慾說, pan-sexualism), 심리분석 등의 이론과 방법에 대한 프로이트 학설을 중점적으로 소개했다. 예칭(葉靑)은 《신중화》 등 잡지에 「정신분석파 심리학 비판(精神分析派心理學批判)」, 「프로이트 꿈 이론 비판(弗洛伊德夢論批判)」, 「프로이트 심리학의 철학적 결론(弗洛伊德心理學之哲學的結論)」 등의 논문을 연속으로 게재했다. 정신분석과 마르크스주의의 절충을 시도한 서양 마르크스주의의 저작도 꾸준히 소개되었다. 예를 들면, 루신위안(盧心遠)은 독일 학자 유리네츠(W. Jurinetz) 등의 글을 모아 번역한 『정신분석학 비판(精神分析學批判)』(辛墾書店 1936年)을 출간했는데, 책에 실려 있는 「정신분석학과 칼뱅주의(精神分析學與嘉爾文主義)」, 「신물질론과 정신분석학(新物質論與精神分析學)」등의 글에서는 정신분석과 마르크스주의의 관계에 대해 다루고 있다. 영국 학자 오스본(R. Osbon)이 쓴 『정신분석학과 마르크스주의(精神分析學與馬克思主義)』(Freud and marx, A dialectical study)는 1940년 동추스(董秋斯)와 추즈(楚之)가 각각 번역하여 두 종류의 번역본이 출간되었다. 전자는 충칭독서출판사(重慶讀書出版社)에서 출간했고, 후자는 『프로이트와 마르크스(弗洛伊特與馬克思)』라는 제목으로 세계서국에서 발행되었다. 저자는 책에서 정신분석이 순수한 실험과학의 일종이며 변증유물주의적 관점을 갖고 있다고 주장했다. 마르크스주의는 객관 생활을 서술하고 정신분석은 주관 생활을 묘사한다. 이 둘을 결합시킬 수 있다면 인류의 행위에 대해 더욱 합리적인 설명을 할 수 있다는 것이다. 책은 「정신분석학」, 그리고 「정신분석과 마르크스주의의 공통점」의 두 권으로 구성되어 있다.

중국에서 프로이트에 대한 평가는 학자마다 다르다. 정신분석학을 코페르니쿠스의 태양 중심설이나 다윈의 진화론에 비견된다고 여기는 사람들은 프로이트가 잠재의식 연구를 통해 욕망이 인류 행위의 진정한 원인이라는 사실을 밝혀냄으로써 이성 중심주의를 전복시켰을 뿐만 아니라 인간이 만물의 영장이라는 오만한 환상도 깨주었다고 주장했다. 가오줴푸는 이렇게 말했다. "(프로이트를) 학술 대가로 떠받드는 사람이 있는가 하면 강호술사(江湖術士)라고 비웃는 사람들도 있다. 그의 이론으로 오상(五常)을 해석하는 사람이 있는가 하면 털끝만큼의 과학적 가치도 없다고 비난하는 사람도 있다." 그는 프로이트 학설이 공헌한 바에 대해 이렇게 말했다. 첫째, "합리주의적 심리학에 치명적인 타격을 입혔다." 둘째, "인과 원칙을 엄격하게 적용해" 꿈과 실수, 유머, 그리고 신경병 등 인습 심리학이 해석할 수 없는 현상에 대해 해석하였다. 셋째, "심리학이 인생에서 큰 의미를 갖도록 만들었다." 그러나 "본능으로부터 범성욕설을 주장"한 프로이트의 관점에 대해서는 동의하지 않았다.

위잉스(余英時)는 프로이트 심리학에 대해 중국인들이 보인 반응이 "보편적이거나 열렬한 것은 아니었다"고 지적했다.[4] 그러나 이 주장은 그리 정확한 것은 아니다. 위잉스는 예전에 원이둬가 '성(性)'적 관념으로

『시경(詩經)』과 『초사(楚辭)』를 해석한 것에 대해 언급한 적이 있는데 이와 비슷한 연구를 한 학자들이 적지 않다. 심리학자 장야오샹(張耀翔)은 1933년 프로이트 이론으로 중국 명사(名士)들의 이상행위[變態行爲]를 분석하고 「중국 역대 명사 변태 행위고(中國歷代名人變態行爲考)」라는 글을 썼다. 판광단[1)]은 1940년대 엘리스(Havelock Ellis)의 『성 심리학(性心理學)』(Studies in the Psychology of Sex)을 번역하면서 엘리스와 프로이트 심리학 이론에 근거해 중국 문헌 중의 동성연애 문제를 분석하고 「중국 문헌 중 동성연애 사례(中國文獻中同性戀擧例)」라는 글을 썼다.[5] 이처럼 문학계에서 프로이트 학설을 연구하거나 참고한 사례는 매우 많다. 1924년 루쉰은 베르그송과 프로이트 철학을 절충한 구리야가와 하쿠손의 『고민의 상징』을 번역했는데 이 책의 영향력도 결코 작지 않았다. 궈모뤄는 자신의 소설 「잔춘(殘春)」에 등장하는 인물의 심리에 대해 "잠재의식의 유동(流動)"[6]이라고 하였으며, 1920년대의 「엽라제의 묘지」와 1930년대의 역사소설 「맹자, 부인을 내쫓다(孟夫子出妻)」, 「사마천의 분기탱천(司馬遷發憤)」 등에도 정신분석학의 그림자가 짙게 드리워져 있다. 위다푸의 초기 작품에 나타나는 '영육(靈肉)의 충돌'과 '정욕과 억압의 대항' 등은 모두 그가 정신분석학에 빠져 있을 때 만들어낸 표현들이다. 「장군의 머리(將軍底頭)」, 「소나기 내리던 저녁(梅雨之夕)」, 「선한 여인의 품행(善女人行品)」 등으로 유명한 스저춘은 의도적으로 프로이트 이론과 방법을 활용해서 작품을 창작했다. 선충원(沈從文)이 자신의 창작동기에 대해 해석한 것을 보면 프로이트의 승화(昇化) 이론이 그에게 어떤 영향을 미쳤는지

---

1) 판광단(潘光旦, 1899-1967). 중국 현대의 사회학가, 우생학가(優生學家), 교육가이다. 칭화대학을 졸업하였고 미국 다트머스대학, 컬럼비아대학에서 공부했다. 귀국 후 칭화대학, 시난롄다 등에서 학생들을 가르쳤다. 1957년 반우파투쟁 때 우파 인물로 분류되어 문화대혁명 때 갖은 고초를 당했으며 이로 인해 사망하였다. 대표 저서로는 『펑샤오칭(馮小靑)』, 『우생개론(優生槪論)』, 『자유의 길(自由之路)』, 『가보학(家譜學)』 등이 있다.

잘 알 수 있다. 그는 작가라는 존재에 대해 다음과 같이 말했다. 작가는 항상 "식욕이나 성욕보다 훨씬 강렬한 영생(永生)의 욕망에 억압당해 괴로워한다." 그들의 이상이 현실적으로 실현될 가능성이 없기 때문에 "그저 상상만 할 뿐이며 가련한 백일몽을 꿀 수밖에 없다." 그는 칭다오(青島) 시절을 회상하며 이렇게 말했다. "나 자신의 마음과 꿈의 역사를 기록하기" 위해 「팔준도(八駿圖)」를 써서 몽환경(夢幻境)을 만들어내고자 했다. 소설에서는 주인공인 작가 다스(達士) 및 몇몇 교수들이 "제한된 환경 아래에서 발견한 성 심리의 복잡한 감정"을 표현하고 있다.[7] 양전셩(楊振聲)은 1925년 쓴 『옥군(玉君)』 서문에서 다음과 같이 말했다. "처음에는 소설을 쓰며 심리분석학을 활용할 생각이 전혀 없었다. 그러나 글을 다 쓴 후 읽어보고서 굉장히 놀랐다. 나는 아예 Freudian(프로이트 학설의) 서문을 쓴 것이나 다름없었다."[8] 이어서 그는 소설 속 이야기가 어떻게 프로이트 이론과 암암리에 부합하는지 분석하였다. 1930년대에 창작의 길로 들어선 쉬지에(徐訏)도 20세기의 중국 작가들에게 큰 영향을 끼친 양대 사조로 마르크스주의와 프로이트 이론을 들고 있다. 1934년 그가 발표한 단편 「금단의 열매(禁果)」는 성욕(性慾)이 원죄의식을 극복할 수 있다는 것을 우언(寓言)의 수법으로 보여주고 있다. 항일전쟁 시기에 쓴 「정신병 환자의 비가(精神病患者的悲歌)」는 억압된 성욕으로 인해 생활의 만족을 얻지 못하는 여주인공이 결국 병태적이고 변태적인 인물로 변하는 비극적 이야기이다. 1940년대에 명성을 얻은 여성 작가 장아이링(張愛玲)은 『침향 조각: 두 번째 향로(沈香屑 : 第二爐香)』에서 전통 도덕이 성욕에 대해 갖고 있는 편견과 부정적 관념을 은연중에 드러내고 있다. 또 다른 소설인 『심경(心經)』에도 프로이트의 영향이 분명하게 보인다. 어떤 연구자는 이 소설이 프로이트의 엘렉트라 콤플렉스(Electra complex)와 관련이 있다고 주장했다.[9]

프로이트의 정신분석학에 동의하건 하지 않건, 그가 인류 사유의 새로운 영역을 개척했다는 점은 부인할 수 없다. 그가 제시한 가설들은 이미 우리의 일상생활과 밀접한 관련을 갖게 되었으며 문학, 예술, 종교, 역사, 교육, 법률, 사회학, 범죄학, 인류학, 그리고 자연과학 영역에서 소홀히 다룰 수 없는 이론이 되었다. 가오줴푸가 번역한 『정신분석 인론』과 『신편』이 비록 민국 시기에 베스트셀러는 아니었지만 다른 어떤 책과도 비교할 수 없을 정도로 광범위하고 지속적인 영향력을 미친 것만은 사실이다.

086

『철학 이야기(哲學的故事)』

중국인들을 서양철학의 전당으로 이끈 통속 철학사

철학이 아닌 사회적 측면에서 볼 때 민국 후기에 사회적으로 대단히 큰 영향을 미친 철학저작은 칸트의 『순수이성비판』이나 헤겔의 『소논리학』이 아닌 미국 철학사가이자 문화사가인 윌 듀런트(1885-1981, William James Durant, 중국명 威爾 · 琪 · 杜蘭特)가 쓴 『철학 이야기(The Story of Philosophy)』라고 할 수 있다. 듀런트는 1855년 11월 5일 매사추세스 주 노스애덤스에서 태어났다. 1907년 뉴저지 주 저지시티의 세인트 피터스 칼리지를 졸업한 후, 뉴저지 주 사우스오렌지에 소재한 시튼홀대학에서 라틴어와 프랑스를 가르쳤다. 1914년부터 1927년까지는 노동 계급을 교육시키는 진보적 학교인 뉴욕 페레 모던 스쿨에서 교장으로 재직했다. 1917년에는 컬럼비아대학에서 철학 박사학위를 획득했으며, 1935년부터 로스앤젤레스 캘리포니아대학 철학 교수로 재직했다. 저서로는 『영웅의 모험(神靈歷險記)』(Adventures in Genius, 1931), 『삶의 의미(論生活的意義)』(On the Meaning of Life, 1932), 『우리의 동양 유산(我們的東方遺産)』(Our Oriental Heritage, 1935), 『그리스의 삶(希臘的生活)』(The Life of Greece, 1939), 『시저와 예수(凱撒與基督)』(Caesar and Christ, 1944), 『신념의 시대(忠

誠的時代)』(The Age of Faith, 1950), 『문예부흥(文藝復興)』(The Renaissance, 1953) 등이 있으며 1967년에 완성한 『루소와 혁명(盧梭與革命)』(Rousseau and Revolution)은 퓰리처상을 수상했다. 1970년에 발표한 『생활의 해석: 현대문학 개술(對生活的解釋 : 現代文學槪述)』(Interpretations of Life)은 그가 일생 동안 읽었던 현대문학 작품에 대한 감상을 기록한 것으로 가벼운 문체와 풍부한 일화로 유명세를 탔다. 그가 지은 『문명 이야기(世界文明史話)』(The story of Civilization) 열 권은 글자 수만도 1천만 자나 되며, 1935년에 제1권이, 1967년에 전권이 출간되었다. 32년에 걸쳐 저술된 이 책은 프랑스어, 독일어, 스페인어, 포르투갈어, 일본어, 중국어 등 세계 여러 언어로 번역되었다. 그렇지만 그의 저서 가운데 가장 영향력이 컸던 작품은 『철학 이야기』라고 할 수 있다.

작가의 말대로 『철학 이야기』는 전문적인 철학 서적이 아니라 주요 철학자들을 중심으로 사변철학의 발전 맥락을 인정미 넘치는 문체로 풀어낸 책이다. 책에서는 고대 그리스의 에피쿠로스부터 시작해 러셀, 산타야나, 듀이까지 철학자 28명의 일생과 학설을 흥미진진하게 서술하고 있다. 특히 철학자의 전기를 중심축으로 삼아 각 시대별로 그 시대의 철학을 읽어내고 있는데 마치 사상이 잘 녹아든 전기 한 편을 보는 듯하다. 이 책은 1926년에 초판이 발행된 후 엄청난 인기를 끌어서 1년 동안 20여 판을 찍었으며 발행 부수만도 20만 부에 달했다. 『간명 브리태니커 백과전서』에서는 이 책에 대해 "30년 동안 200여만 부가 팔렸고 여러 나라 언어로 번역되었다"[1]고 소개했다. 또한 미국의 많은 대학에서는 이 책을 참고서로 활용하고 있다. 미국 학자 존 헤인즈 홈즈(John Haynes Holmes)는 이렇게 말했다. "사람들이 앞다투어 책을 구매하자 출판사는 물량을 맞출 수 없었다. 그러나 이런 상황이 그다지 놀랍지 않았다. 생동감 있는 표현으로 독자들의 흥미를 유발한다는 점에서 보면 최근 10년 내에 나온 어떤 소설보다 이 책이 훨씬 낫다." 저명 철학자 듀이는 이렇게 말했다. 듀런트는 "주요 사상들의 정수를 증류해내어 친근하고 유창한 문체로 표현해냈다. … 책의 내용은 대단히 광범위하다. … 철학사를 통속적으로 썼을 뿐만 아니라 인정이 넘치는 책으로 만들었다." 저명 역사학자 반 룬도 이렇게 말했다. "난삽하고 어려운 자료 속에서 44년을 묻혀 지내다 이제야 듀런트의 『철학 이야기』를 손에 넣었다. 이 책은 과거에 내가 알고 싶었지만 알 수 없었던 것들을 제공해주었다." 듀런트는 1961년 발행된 재판 서문에서 이렇게 썼다. 책이 출간된 후 "고전철학에 관한 서적의 판매량이 20% 증가했다고 한다. 그 가운데 특히 플라톤, 스피노자, 볼테르, 쇼펜하우어, 니체의 저작이 대부분을 차지했다." 뉴욕 공공 도서관의 고위 직원은 이렇게 말했다. "『철학 이야기』가 출간된 이래 철학 고전에 대한 대중들의 관심이 지속적으로 증가했다. 이에 따라 도서관에서도 관련 분야의 서적 구매량을 점점 늘리기 시작했다." 여기서 볼 때 통속적인 철학 책 한 권이 대중들의 인문학 열정에 불을 지폈다는 것을 알 수 있다.

이 책을 중국어로 처음 번역한 사람은 셰송가오[1]이다. 1928년 7월, 그는 책의 내용 중에서 에피쿠로스, 베이컨, 스펜서, 볼테르, 칸트, 헤겔 부분만 번역해 『서양철학 ABC(西洋哲學ABC)』라는 제목으로 세계서국에서 출간했다. ABC총서(ABC叢書)에 포함된 후1929년 3월에는 재판을 발행했다. 1928년 그는 다시 책을 수정해서 『서양철학가 연구(西洋哲學家的硏究)』라는 제목으로 광학회에서 발행했고 1933년에는 수정 증보판을 출간했다. 셰송가오 번역본의 인기에 힘입어 1929년 7월 상하이 청년협회서국(上海青年協會書局)에서는 『철학 이야기』 가운데 10장을 잔원후(詹文滸)

1) 셰송가오(謝頌羔, 1895-1974). 필명은 지저(濟澤), 영문 이름은 Z. K, Zia이다. 기독교 목사 가정에서 태어나 교회 대학을 다녔다. 미국에서 유학했으며 귀국 후 기독교 서적 출판 및 계몽 선교 사업에 종사했다.

의 번역으로 출간했으며 이어서 나머지 부분도 단행본으로 출간하였다.

1930년 6월 상무인서관은 이 책을 양인홍(楊蔭鴻), 양인웨이(楊蔭渭)의 번역으로 『고금 대철학가의 생활과 사상(古今大哲學家之生活與思想)』이란 제목을 붙여 출판했는데, 1933년 8월 상하이 개명서점에서 수정판이, 1935년에는 재판이 발행되었다. 책은 인기가 높아 1989년 12월에 『서양철학사화(西方哲學史話)』라는 제목으로 서목문헌출판사(書目文獻出版社)에서 재판 발행되기까지 했다. '출판설명'에는 다음과 같은 말이 나온다. 지금까지 출간된 번역본들과 비교해보면 양인홍, 양인웨이의 번역본은 "비록 문체가 약간 진부하긴 해도 한 자 한 자 빠짐없이 번역하여 좋은 번역본이라고 할 수 있다." 우징헝(吳敬恒, 즉 吳稚暉)은 책의 서문에서 이렇게 말했다. 이 책은 "철학을 연구할 여유가 없는 나 같은 사람도 조금이나마 철학원리를 이해할 수 있게 해주었다. 그것을 무엇이라 부르는지, 왜 그것이 있는지, 어째서 있어야만 하는지 등의 질문을 두고 대철학가의 생활과 사상을 접하게 되면 반드시 이해하는 바가 있을 것이다. 심지어는 큰 깨달음을 얻게 될지도 모른다. 이 책은 매우 훌륭할 뿐만 아니라 핵심적인 사상을 담고 있어서 철학에 대한 이해가 얕거나 철학 공부를 시작하려는 사람에게는 기적 같은 책이라 할 수 있다. 틀에 박히고 진부한 철학대강 류의 책과는 비교할 수 없다."

장둥순은 잔원후의 번역서에 부친 서문에서 이 책의 두 가지 장점에 대해 언급했다. 하나는 철학의 통속화이고, 다른 하나는 세속의 철학화이다. 이 책은 "철학의 표현방법을 개량"하고 "철학 원리를 표현하는 문체를 바꾸는" 새로운 시도를 성공적으로 완수했다. 잔원후는 번역 서문에서 이렇게 말했다. 원작은 "철학적 내용을 소설처럼 서술했다. 전체적으로 생동감이 있고 문체가 유려하여 소리 내어 읽으면 소설을 읽는 것처럼 이해가 쉽다." 양인홍, 양인웨이 번역본 서문에는 이런 글이 나온다.

이 책은 “철학자들의 사상을 한 차례 훑고 끝나는 것이 아니라, 하나의 인격이 당시의 삶 속에서 실제로 그 길을 어떻게 밟아갔는지 생동감 있게 보여주고 있다.” 이 책을 번역한 목적은 “다양한 철학을 소개하기 위해서일 뿐만 아니라, 학문의 흥미를 불러일으켜 생활을 계도하기 위함이다. 철학은 원래 인생에서 비롯되었기 때문에 인생을 환하게 밝혀줄 수 있다. 각 사람들은 철학의 광명 속에서 전진한다. 이 책은 철학의 보편화에 중점을 두고 있기 때문에 일반인들이 어렵고 지루하게 생각하는 인식론의 내용은 줄이고 인생의 실제적인 문제에 대해서는 매우 훌륭하게 서술하였다. 이 책의 핵심 개념은 ‘협조[調協]’이다. 인생이란 원래 복잡하게 얽혀 있는 욕망 덩어리이다. 욕망만을 좇아 생활하다보면 수렁에 빠지거나 고통 받을 수 있다. 우리는 조화와 역량 속에서 생활해야 한다. 욕망이란 생명의 근원으로 용솟음치는 물과 같아 방종하면 멋대로 넘치고 억제하면 어디서 터질지 알 수 없다. 한편으로는 제방을 쌓고 한편으로는 물이 흐르는 방향을 잘 잡아줘야 한다. ‘조(調)’란 충돌을 피해 화합하는 것을 말하고 ‘협(協)’이란 화합을 통해 집중적으로 역량을 발휘하는 것을 말한다. 삶은 끊임없는 협조 속에서 쉼 없이 전진한다.” 베이징대학 철학과 교수 왕타이칭(王太慶)은 번역본 재판 서문인 「늙은 독자의 말(一個老讀者的話)」에서 다음과 같이 회상했다. 개명서점 계산대 옆에서 수개월에 걸쳐 이 책을 읽었던 것이 “서양 철학에 나의 정력을 쏟아붓는” “가장 중요한 계기가 되었다.” 이 책은 “사고가 트이는 데” 큰 역할을 했다. 그는 이 책의 “수준이 결코 낮지 않으며 계몽 작용을 한다”고 했으며, “고상한 척 하는 고문투가 아닌 쉽고 평이한 문장으로 씌어졌고 수많은 철학자들의 원저를 인용했으며 삽화도 매우 적절하다”고 하였다. 또한 “이야기가 흥미진진해서 지루하다거나 쓸모없는 말이 많다는 느낌이 전혀 들지 않는다. 이런 측면에서 보면 이 책은 예술성까지 갖추었다고 할 수 있다. 물론 소크라테스 이전과 아리스토텔레스 이후에 관한 내용이 적고 중세기 철학에 대한 언급이 전혀 없어 철학사 전체를 다뤘다고 보기는 어렵다. 그러나 철학사의 중요 사상들을 모두 다루고 있을 뿐만 아니라, 영화 기법을 사용한 것처럼 중요한 부분은 부각시키고 지엽적인 내용은 삭제함으로써 전반적으로 무리 없는 이야기를 구성했다."[2]

『철학 이야기』의 중국어 번역본은 민국 후기에 크게 유행했다. 이 가운데 『플라톤』, 『아리스토텔레스』, 『프랜시스 베이컨』, 『스피노자』, 『쇼펜하우어』 등은 상하이 청년협회서국의 '철학총서' 시리즈로 출판되었다. 황젠더 등은 『서방철학동점사』에서 이 책에 대해 다음과 같이 평가했다. 『철학 이야기』는 비록 학술적, 이론적 수준은 높지 않지만 풍부한 자료 인용과 통속적 서술 방법으로 유명하다. 따라서 서양철학을 연구하려는 중국의 젊은 철학도들이 심오한 철학의 전당에 들어가는 데 있어 중요한 가교 역할을 해주었다.[3] 이런 평가에 대해서 필자도 전적으로 동의한다.

087

『교감무술(交感巫術)』[1)]

인류학 백과사전, 『황금가지』의 초기 중국어 발췌 번역본

『황금가지(The Golden Bough)』는 영국의 저명 인류학자 제임스 조지 프레이저(Sir James George Frazer, 1854-1941)의 대표작이다. 평생 동안 케임브리지의 서재를 한 번도 떠나지 않았던 케임브리지대학 교수 프레이저는 선교사와 여행가들이 남긴 기록을 수집하여 연구하였다. 특히 근동(近東)과 유럽 여러 지역에 전해 내려오는 유사한 신화를 종합하여 신화 및 종교의식과 그것을 만들어낸 문화 사이의 상관성 및 후대의 문화에 미친 영향에 대해 탐구하였다. 1890년, 인류 사유가 주술에서 종교로, 종교에서 과학으로 발전해 나갔다는 것을 밝혀낸 인류학 대작의 전반부 두 권이 런던에서 출판되었다. 그 후 1911년에서 1915년까지 모두 열두 권이 출간되었으며, 1922년 단행본으로 출간된 축약본은 매우 큰 인기를 끌었다.

책의 서두는 대단히 드라마틱한 장면으로 시작한다. 기력이 쇠한 네미(Nemi)의 사제는 손에 보검을 든 채 이탈리아 해안가 아리키아의 디아

1) '교감무술'은 오늘날 '공감주술'로 번역되는데 어떤 사물이 다른 사물에 영향을 미칠 수 있다는 신앙에 의한 주술을 말한다.

나 숲을 조심스럽게 서성거리고 있다. 그는 거기서 자신을 죽이고 사제가 되려는 미지의 적을 기다리는 중이다. 프레이저는 "배를 타고 모험을 떠나듯 흥미 있고 매력 있는" "기괴한 미지의 땅"으로 독자들을 인도한다. 저자는 19세기 후반부터 유행하기 시작한 역사비교법을 이용해서 세계 여러 민족의 원시 신앙을 조사하였다. 성 세케르의 밤의 미사, 시칠리아 농민들이 가뭄을 끝내지 못한 성자를 징벌한 일, 시빌 성전의 목사가 자신의 몸을 훼손해 제단에 피를 뿌린 일, 인도의 사냥꾼이 코끼리를 죽이기 전에 코끼리에게 용서를 빌던 풍습, 마다가스카르에서 고래를 신에게 바치던 일, 동물의 영혼이 자신들을 알아보지 못하게 몸에 붉은 칠을 하고 희생양을 잡던 아프리카 흑인들의 풍습, 죽은 자의 형상을 물속에 던져 넣어 익사시키는 보헤미안의 촌민들의 풍습 등등. 프레이저는 영혼관념, 자연 숭배, 신의 죽음과 부활, 그리고 특히 주술과 금기에 관련된 풍부한 자료를 이용해 일련의 엄밀한 체계를 연역해냈다. 마치 프로이트가 인간의 내면 깊숙한 곳에 잠재되어 있는 무의식의 세계를 발견해낸 것처럼 프레이저도 인류문화 속 집단 행위의 구성요소와 의미를 분석해낸 것이다.

『황금가지』는 전 세계에서 수집된 방대한 자료를 기초로 저술되었기 때문에 인류학 백과전서라 불린다. 책의 파급력은 대단해서 책이 출간된 이후 신화와 의식(儀式)의 관점에서 문학과 문화를 연구하는 것이 유행하였고 심지어는 '케임브리지 학파'까지 만들어졌다. 『황금가지』는 인류학 저작이지만 그 영향력은 인류학 분야를 크게 넘어섰다. 책의 편집자인 시어도어 개스터(Theodore H. Gaster)는 이 책이 우리 시대의 학술계와 예술계에 미친 영향이 어떤 인류학 서적보다 크다고 말했다. 로버트 다운스는 그의 저서 『현대문명을 만든 110권의 책(Books That Changed the World)』에서 『황금가지』는 20세기에 가장 영향력 있는 책 중 하나로 서양의 과학과 문학, 사상에 불후의 영향을 끼쳤다고 평가했다. 이 책은 "대단히 값진 참고서였다. 이처럼 달고 향기로운 샘물에서 목을 축인 작가로는 프로이트, 융, 조이스(James Joyce), 로렌스(D. H. Lawrence), 예이츠, T. S. 엘리엇, 그레이브즈(Robert Graves) 등이 있다."[1] 《타임스(The Times)》는 다윈과 스펜서를 제외하고는 19세기의 어떤 작품도 이 책과 견줄 수 없다고 평가했다.

『황금가지』는 일찍이 20세기 20, 30년대에 중국 지식인들의 관심을 끌었다. 신화학과 민속학 연구에 지대한 관심이 있었던 저우쭤런은 책의 축약본과 프레이저의 부인이 1922년 펴낸 『황금가지 위의 이파리(金枝上的葉子)』[2)]를 갖고 있었는데 프레이저 부인의 책을 특히 좋아했다. 책에 수록된 91편의 이야기는 "기이한 것들이 많은데 나는 특별히 마녀 이야기를 좋아한다. 왜냐하면 서양의 마녀 신앙과 마녀 사냥은 문화적으로 매우 큰 의미가 있기 때문이다." 저우쭤런은 『황금가지』 7권 『속죄양』에 실려 있는 「리카무스 주교의 마귀(理查倫主教的魔鬼)」라는 부분을 골라 번역했는데,[2·3)] 이것이 중국에서 『황금가지』를 번역 소개한 최초의 글이다. 1932년 정전둬는 『탕도편(湯禱篇)』의 한 장을 할애해 『황금가지』에 대해 특별히 소개하였다. 저우위통(周予同)이 쓴 「탕도편서(湯禱篇序)」를

---

2) 1906년에서 1915년 사이에 나온 『황금가지』 제3판은 모두 12권으로 방대한 분량이었다. 따라서 일반인을 위한 축약본의 필요성이 제기되었다. 프레이저와 그의 부인은 1922년 4월에 축약본을 만들었다. 당시는 프레이저의 명성이 커져가던 시기였기 때문에 논쟁을 원치 않았던 프레이저와 그의 부인은 원본 가운데 논란이 될 만한 부분들을 대거 삭제하였다. 이를테면 그리스도의 십자가형에 대한 위험한 고찰, 여가장제에 대한 고찰, 신성한 매춘에 대한 감미롭고 불경스런 구절 등이 그것이다. 여기서는 '황금가지 위의 이파리'라고 하였지만 1922년 맥밀란출판사에서 출간된 축약본의 원제목은 'The Golden Bough'이다.

3) 역자의 고증에 따르면 저우쭤런의 원문에서도 『속죄양』을 7권이라고 쓰고 있는데 프레이저의 원서를 보면 『속죄양(The Scapegoat)』은 7권이 아니라 9권이다. 또한 「리카무스(Richalm) 주교의 마귀(理查倫主教的魔鬼)」는 프레이저가 붙인 제목이 아니며 9권 2장 「어디에나 있는 마귀(The Omnipresence of Demons)」 중에 나오는 '중세 유럽에서의 마귀(Demons in Mediaeval Europe)'의 내용이다.

보면 정전둬가 얼마나 『황금가지』에 깊이 매료되었는지 알 수 있다. 정전둬는 "중국 학술의 지평을 확대하기 위해 민속학 대작을 번역하려 했으나 마땅한 출판사를 찾지 못했다. 번역 시간도 부족하고 출판사도 찾지 못하는 상황에서 일부만 번역해 발표하려 했지만 이 또한 실현되지 않았다." 그러나 정전둬는 『탕도편』에서 서양의 신화학, 민속학, 인류학 등의 방법을 활용함으로써 중국 고대 역사학에 새로운 길을 열었다. 이는 분명 『황금가지』의 영향이라 할 수 있다. 이를 계기로 『황금가지』의 일부 장절을 번역한 발췌본들이 쏟아져 나왔다. 예를 들면 다음과 같은 작품이 있다. 쉬쉬성(徐旭生)의 『중국 고대 역사의 전설시대(中國古史的傳說時代)』에 수록되어 있는 쑤빙치(蘇秉琦) 번역의 「홍수 이야기의 기원(洪水故事的起源)」(『구약중의 민속(舊約中的民俗)』 제4장), 치우즈(秋子)가 번역한 「미신과 사회 제도(迷信與社會諸制度)」(《민간월간(民間月刊)》 1933년 2권 6기). 1920년대에서 40년대까지 프레이저 이론의 영향을 받거나 『황금가지』에서 영감을 얻어 완성된 민족학과 민속학 연구 저작들로는 다음과 같은 것들이 있다. 장샤오위안(江紹原)의 『두발, 수염, 손톱 미신에 대한 연구(發須爪)』(開明書店, 1928), 천자우(岑家梧)의 『토템예술사(圖騰藝術史)』(商務印書館, 1936), 링춘성(淩純聲)의 『여족토템문화연구(畬民圖騰文化研究)』(《國立中央研究院歷史研究所集刊》 第16本, 1947). 비록 분량의 차이는 있지만 이 책들에서는 모두 『황금가지』의 내용과 관점을 소개하고 있다.

최초로 『황금가지』의 일부를 번역해 단행본으로 출간한 인물은 옌징대학(燕京大學) 사회학과 출신의 리안자이[4]이다. 1931년, 리안자이는

---

4) 리안자이(李安宅, 1900-1985). 옌징대학(燕京大學) 사회학과를 졸업한 후 미국에서 공부하였다. 민족학, 종교학, 사회학, 장학(藏學)에 조예가 깊었다. 화시대학(華西大學), 쓰촨사범대학(四川師範學院)에서 학생들을 가르쳤다. 저서로는 『장족 종교사 실지 연구(藏族宗教史之實地研

『언어의 매력(語言底魔力)』 제1장 '주술의 분석(巫術底分析)'을 쓰기 위해 『공감주술의 심리학(交感巫術的心理學)』을 번역해 상무인서관에서 출간했다. 이 번역본은 1934년 왕윈우가 주편한 '백과소총서(百科小叢書)'에 포함되어 재판을 찍기도 했다. 필자의 조사에 따르면, 1922년에 출간된 『황금가지』 축약본 제3장과 중역본 제4장이 바로 이 책의 제4절에 해당한다. 책의 세부 목차는 다음과 같다. 1. 주술원리. 공감주술의 두 가지 원리인 유사법칙[相似律]과 접촉법칙[接觸律]. 이 두 원리의 연상적 오용, 공감주술 분류표. 2. '감치주술(感致巫術, 동종주술)' 또는 '모방주술(模仿巫術)'. 아메리카 인디언들의 주술 형상, 말레이인들의 주술 형상. 동종주술을 통한 임신. 동종주술로 출산을 돕고 황달을 치료하고 음식의 공급과 수렵을 보장함. 주술의 영향을 받아 만들어진 금기들(taboo). 3. 접촉주술(감염주술). 치아나 탯줄, 태반과 관련된 접촉주술. 상처와 상처를 낸 사물 사이, 부상자와 혈흔간의 교감관계. 사람의 흔적, 특히 발자국 같은 것으로 접촉무술 실행하기. 4. 주술사의 진보. 공적 주술과 사적 주술. 지상(至上)의 권력이 최고의 능력자에게 가다. 권력을 얻은 주술사가 전제정치로 야만사회의 노인 권력의 과두정치를 대체하다, 지식의 진보는 경제적 진보에 따라 이루어지며 경제적 진보는 침략이나 제국주의를 조건으로 한다. 문명에 대한 주술의 공헌.

리안자이가 『황금가지』 중에서 공감주술 부분을 선별해 번역한 것은 그가 프레이저의 이론을 잘 알고 있었기 때문이다. 그는 역자서문에서 공감주술은 『황금가지』의 핵심 이론으로 고대의 문화현상을 이해하는 데 열쇠가 된다고 하였다. 프레이저에 따르면 공감주술은 모방주술과 접촉

究)』, 『라부렁—리안자이 조사보고(拉蔔楞—李安宅的調查報告)』, 『종교와 변강 건설(宗教與邊疆建設)』 등이 있다.

주술이라는 두 가지 기본적인 형식이 있다. 모방주술은 '동류상생(同類相生)'의 신념 혹은 '유사법칙'을 기초로 하며, 접촉주술은 접촉법칙을 기초로 한다. 원시인들은 상징적인 활동—의식(儀式)을 통해 자연환경에 개입하거나 통제할 수 있다고 믿었다. 주술로 자연을 지배하는 것이 불가능해지면 신앙이 주술을 대체하는데 이로부터 기도와 제사를 특징으로 하는 종교가 발생한다. 그러다 다시 신령과 신앙이 쇠락하면 비로소 과학이 출현한다. 이처럼 주술에서 종교, 종교에서 과학으로 이행하는 과정에서 만들어진 수많은 신비적 의식과 기이한 신화들은 공감주술을 매개로 완전히 이해할 수 있게 되는 것이다. 책의 번역 과정에서 역자도 주술에 큰 흥미를 느껴 1936년『주술 · 과학 · 종교와 신화(巫術科學宗教與神話)』,『주술과 언어(巫術與語言)』 등을 상무인서관에서 번역 출간하였다.

1965년 중국 사회과학원 문학연구소의 쉬위신(徐育新)은 병중에『황금가지』 축약본의 번역을 마쳤다. 후에 왕페이지(汪培基)와 장저스(張澤石)의 보완을 거쳐 1987년 6월에는 중국민간문예출판사(中國民間文藝出版社)에서도 출간되었다. 이로써 중국 독자들은 인류학 백과사전으로 불리는『황금가지』 축약본의 완역본을 만날 수 있게 되었다.

088

『뉴턴수리(奈端數理)』

70년 만에 완성된 과학 번역의 꿈

『프린키피아』

아인슈타인은 공간과 시간이 절대적이라는 뉴턴의 이론체계를 뒤엎고 고전물리학에 종언을 고했다. 그러나 아인슈타인이 상대성이론으로 뉴턴 물리학을 뒤흔들었다 해도 물질세계를 인식하기 위한 든든한 이성적 기초를 세운 뉴턴의 공로는 누구도 무시할 수 없다. 마천루의 구조, 철로나 교량의 안전, 비행기 · 선박 · 자동차의 운행 등은 모두 뉴턴의 물리학 법칙에 의존하고 있다.

뉴턴의 대작『자연철학의 수학적 원리(Mathematical Principles of Natural Philosophy)』[1]는 근대 과학혁명을 완성하고 경전 물리학 체계를 정립한 획기적인 작품이다. 18개월 만에 집필된 이 저작에는 17세기 과학자 갈릴레이, 케플러, 데카르트 등의 성과가 총망라되어 있을 뿐만 아니라, 지구물리학과 천체물리학에 대한 뉴턴의 새로운 연구 성과가 녹아 있다. 그는 책에서 고전물리학의 삼대 법칙을 확정하였다. (1)관성의 법칙, (2)힘과 운동 관계의 법칙(즉 가속도의 법칙), (3)작용 반작용의 법칙. 또한 그

1) 프린키피아(Principia)라고도 부른다.

는 이 법칙들을 진공 상태와 저항이 있는 매질 속의 물체에 각각 적용해 봄으로써 구심력하에서 물체가 어떻게 운동하는지에 대한 이론을 제시하였다. 책은 모두 세 권으로 이루어져 있으며 각 권의 내용은 다음과 같다. 1권에서는 물체의 운동에 대해 서술하고 있다. 여기서 제시한 전제, 명제와 문제는 현대 수학물리와 유체정역학, 유체동역학의 이론적 기초를 정립하는 데 큰 역할을 하였다. 2권은 유체역학의 선구적 연구로, 저항이 있는 매질 속 물체의 운동에 대해 다루고 있다. 3권은 '세계의 체계'라고도 불리는데 천체역학과 우주체계에 관한 도전적 연구이다. 특히 이론적 기초를 제시하고 있는 3권의 첫 번째 부분은 수학과 만유인력 법칙에 대한 논증이 뛰어나다. 뉴턴은 만유인력의 법칙에 근거해서 태양계의 행성과 위성, 혜성의 운동이론을 연구했으며, 행성 운동 법칙을 혜성에도 적용시킬 수 있음을 증명했다. 구심력의 영향을 받은 운동체의 궤도는 특수한 원추 곡선인 타원으로만 나타나는 것이 아니라 기타 원추 곡선이 될 수도 있다는 것이다. 또한 케플러 법칙을 인증했을 뿐만 아니라 케플러 법칙에 들어맞지 않는 예외적인 상황도 찾아냈다. 예를 들면, 달 운동의 중요한 특징(이균차[二均差], 월각차[月角差] 등) 및 기타 행성과 혜성의 운동 특징 등이다.

이 책은 원래 저명한 천문학자인 에드먼드 핼리(Edmond Halley)가 가산을 털어 1687년 출판한 것으로 출간되자마자 과학계에 엄청난 반향을 불러일으켰다. 뉴턴이 제시한 명제와 결론에 대해 의문을 제기한 라이프니츠와 로버트 훅(Robert Hooke) 등을 제외한 대부분의 과학자들은 뉴턴의 이론에 대해 높은 평가를 내렸다. 핼리도 이 책이 시대를 뛰어넘어 칭송받아 마땅하다고 평가했다. 동시대를 살았던 프랑스의 저명한 천체 물리학자 라플라스는 다음과 같이 말했다. "위대한 우주의 법칙을 드러내 보여준 이 책은 영원히 사라지지 않을 심오한 지혜의 상징이다. 뉴턴이 발견한 간명하면서도 보편적인 법칙은 광범위하고 다양한 대상을 포괄하는 것으로 인류의 지혜에 빛을 던져주었다." 1738년 프랑스 계몽 사상가 볼테르는 『아이작 뉴턴의 철학원리(Eléments de la philosophie de Newton)』를 발표해 뉴턴의 자연철학을 찬양했다. 과학자 랭거는 뉴턴의 책을 일컬어 "희대의 보물"이자 "기계철학 연구의 진정한 원칙"이라고 하였으며, 맥머리는 이 책이 천체운동의 신비를 파헤쳐 기존 연구의 혼란함에 마침표를 찍어 과학에 "질서와 체계를 가져다주었다"고 했다.[2)] 이 책은 1935년까지 네덜란드어, 영어, 프랑스어, 독일어, 이탈리아어, 일본어, 루마니아어, 러시아어, 스웨덴어, 그리고 중국어로 번역되었다.[1]

뉴턴의 이 대작은 1850년대 말 중국 수학자들의 관심을 끌었다. 1860년을 전후해서 이선란은 영국 선교사 와일리, 프라이어와 합심해 상하이 묵해서관에서 책의 번역에 착수했다. 프라이어가 1880년에 쓴 「강남제조총국번역서사사략」에 보면 다음과 같은 일화가 나온다. 이선란이 자신이 쓴 수학 저서를 묵해서관 관장인 메드허스트(麥都思)에게 보여주며 "서양에도 이런 학문이 있습니까?"라고 물었다. 그때 마침 관내에서 번역 작업에 몰두하고 있던 와일리가 그를 보고 반색하며 "서양의 수준 높은 산학 및 천문학 서적을 공동으로 번역할 것을 권하였다. 그(즉 이선란)는 에드킨스와 『중학』을, 윌리엄슨(韋廉臣)과 『식물학』을 번역한 적이 있으며 격치학 가운데 통달하지 않은 분야가 없었다. 또한 와일리와 『뉴턴수리(奈端數理)』 수십 쪽을 번역하였다." 1867년 강남제조국번역관이 세워진 후에야 비로소 그는 프라이어와 『뉴턴수리』 제1권의 번역을 가까스로 마칠 수 있었다.[2] 전문가의 고증에 따르면 『뉴턴수리』는 『자연철학의 수학적 원리』의 최초 중국어 번역본이다.

---

2) 랭거(蘭格)와 맥머리(麥克默裏)가 누구를 말하는 것인지는 알 수 없다.

이선란은 평생 동안 수학 및 과학 저작의 번역에 매진했다. 『기하원본』 후반부 아홉 권을 연달아 번역했으며, 『대수학』과 『대미적습급』, 『중학』과 『식물학』을 번역했다. 또한 『뉴턴수리』에 흥미를 갖고 연구를 거듭했다. 프라이어는 이렇게 말했다. "이 책은 비록 매우 난해한 서양 산학 서적이지만 이군(즉 이선란)은 이에 통달하였을 뿐만 아니라 매우 즐겁게 연구하였다. 그는 항상 뉴턴의 재능을 칭찬하며 어떤 어려운 산학 문제도 척척 풀어내곤 했다."[3] 『뉴턴수리』를 완역하는 것은 이선란 필생의 바람이었다. 그러나 그의 원대한 포부는 결국 실현되지 못했다. 과거에 서광계가 『기하원본』의 번역을 끝마치지 못하고 유명을 달리했던 것처럼 이선란도 1882년 번역 도중에 안타깝게 생을 마감했다. 량치차오는 『서학서목표』에서 '최근 번역은 되었지만 출판되지 않은 책들(近譯未印各書)'을 소개하였는데 여기서 첫 번째로 언급된 것이 바로 『뉴턴수리』이다. 그는 이 책에 대해 '번역 미완성'이라고 기록했다. 번역을 끝맺지 못한 이유에 대해 그는 『독서학서법』에서 다음과 같이 적었다. "이론이 매우 난해하여 이임숙(李壬叔, 즉 이선란)도 번역이 쉽지 않았다." 『황조장고휘편(皇朝掌故彙編)』에 따르면 동치 원년(1862) "서양 학자 와일리, 프라이어, 맥고완 등을 초빙해 각종 서양 서적을 번역하게 했다." 번역된 책 가운데에는 『뉴턴수리』 초편 14권이 있는데, 딩푸바오(丁福保)의 『산학서목제요(算學書目提要)』(1899)에서는 이 책의 번역 원고에 대해 "문장 하나가 사오십 여자나 되는 것이 적지 않아 글을 읽기 쉽지 않다"고 하였다. 화형방이 "여러 차례 교정을 보려 하였으나 결국 손도 대지 못했다." 후에 량치차오가 세운 대동서국(大同書局)에 교열을 위탁하였지만 역시 간행되지 못했고 수고본은 불행히도 산실되었다. 1940년 저장대학 수학과 교수 장용정(章用曾)은 수학사가 리옌(李儼)에게 보낸 편지에서 이 책의 제4권에 보면 책의 또 다른 제목이 『수리구원(數理鉤元)』이라는 것을 알 수 있다고 했다. 그러나 이 미완성 번역 원고의 소재는 오랫동안 알 수 없었다. 그러다 1995년 한치(韓琦)는 영국 런던대학에서 이 책의 수고본을 발견했는데 제목은 『수리격치(數理格致)』이고 63쪽 분량이었다. 첫권에서는 8개의 정의를 제시하고 있는데 첫 번째 정의는 "물체의 질량은 밀도와 체적을 곱한 수"라는 것으로 질량과 밀도, 체적의 관계에 대한 것이다. 이 밖에 또 세 개의 법칙이 있는데 그것은 다음과 같다. "정지해 있거나 직선운동하고 있는 모든 물체는 외부에서 힘이 가해지지 않는 한 영원히 자기의 상태를 그대로 유지하려 한다." "움직임의 변화는 가해지는 힘에 비례하고 힘의 방향으로 가속도가 생긴다." "힘을 가하면 반드시 그에 상응하는 반작용이 있다. 즉 두 물체가 서로 만났을 때 가해지는 힘이 같다면 서로 반대 방향으로 움직인다."[4] 이것은 뉴턴의 운동 3법칙을 소개한 것이다. 내용을 통해 볼 때 『수리격치』는 뉴턴의 『자연철학의 수학적 원리』 중 정의, 운동법칙과 명제, 그리고 제1편 '물체의 운동'의 앞부분 네 장을 번역한 것이다.[5] 책이 끝까지 번역되지 못한 것은 아마도 이선란처럼 이 분야에 조예가 깊은 수학자나 과학 분야에서 뛰어난 '학자 겸 번역가'를 찾기 어려웠기 때문일 것이다. 이는 후대 학자들도 매우 안타까워하는 점이다. 딩푸바오의 『산학서목제요』와 리옌의 『중산사논총(中算史論叢)』 등 여러 논저에서는 이에 대해 안타까움을 표시하고 있다.

이선란이 서광계의 뒤를 이어받았듯이, 70년 후의 걸출한 과학 번역가 쩡타이푸[3)]는 이선란의 유지(遺志)를 이어받아 그가 이루지 못한 과학

3) 쩡타이푸(鄭太樸, 1901-1949). 중국 근대의 걸출한 번역가이다. 일찍이 독일 괴팅겐대학에서 수학과 물리학을 공부했으며 20세 때 러셀의 『전시의 정의(戰時的正義)』, 21세 때 멕케이브(Joseph McCabe)의 『진화: 성운에서 인류까지(Evolution: A General Sketch From Nebula to Man)』를 번역하여 번역계에 이름을 알렸다. 가장 유명한 작품은 1931년 번역한 뉴턴의 『자연철학의 수학적 원리(自然哲學之數學原理)』로 오늘날까지도 '경전 물리학의 경전'으로 칭송되고 있다.

번역의 꿈을 실현시켰다. 그는 공부국 차무처(工部局車務處) 통역관이 된 후, 1916년 러셀의 『전시의 정의(戰時的正義)』(Justice in War-time)를 번역해 차이위안페이를 놀라게 했다. 그는 1922년 차이위안페이의 추천으로 상무인서관의 지원을 받아 독일 유학길에 오른다.[6] 독일 괴팅겐대학교에서 수학을 전공하는 동시에 번역 작업에도 힘써 『수학전서(數學全書)』, 『수리방법론(數理方法論)』, 『대수방정 및 함수개론(代數方程及函數概念)』, 『미적학발범(微積學發凡)』, 『물리학소사(物理學小史)』, 『공업원료인가, 전쟁원료인가(工業原料抑戰爭原料)』, 『성층권탐험(同溫層之探險)』 등 26권에 달하는 책을 번역했다. 그는 과학에 조예가 깊었을 뿐만 아니라 번역에도 상당한 식견이 있었다. 그가 번역한 푸앵카레의 『과학과 방법(科學與方法)』은 오늘날까지도 과학 철학 분야의 명저로 손꼽히고 있다. 또한 그는 중국 최초로 막스 베버의 『사회경제사(社會經濟史)』를 번역하기도 했다. 그러나 무엇보다도 가장 유명한 번역 작품은 뉴턴의 『자연철학의 수학적 원리』이다. 이 책은 1931년 왕윈우가 주편한 '만유문고' 제1집에 수록되어 모두 10권으로 출간되었다. 아쉽게도 쩡타이푸는 역자 서문을 쓰지 않았기 때문에 어떤 판본을 저본으로 삼아 번역했는지 알 수 없다. 옌캉녠(閻康年)은 『뉴턴의 과학 발견과 과학사상(牛頓的科學發現與科學思想)』(湖南教育出版社 1989年)이라는 책에서 중국에서 유행한 번역본은 1934년과 1947년에 출판된 카조리(Florian Cajori)의 영역본을 저본으로 삼은 것이라고 했다. 이 책은 모트(Andrew Motte)의 영역본을 수정한 것이다. 시기적으로 보면 쩡타이푸가 이 두 판본을 저본으로 삼았을 가능성은 없다. 쩡타이푸 번역본의 목차는 원서(原序), 2, 3판 서(序) 외에 설명과 운동의 기본 원리 및 법칙으로 구성되어 있는 데 반해, 핼리가 쓰고 리처드슨(Leon J. Richardson)이 영어로 번역한 송시(頌詩)나 코츠(R.Cotes)가 쓴 제2판 서문은 없다. 중역본의 3편(編)은 대략 원서의 3권(卷)에 해당하며 1편은 14장, 2편은 9장, 3편은 5장, 이렇게 28장으로 이루어져 있다. 3편의 앞부분에는 「우주체계를 논함(論宇宙系統)」, 「자연법칙의 연구(硏究自然之規律)」, 「현상(現象)」이 나오는데, 아마 천체에 관한 문제가 비교적 복잡하고 추리와 논증이 필요하기 때문에 앞부분에 배치했을 가능성이 크다. 쩡타이푸가 번역한 뉴턴의 『자연철학의 수학적 원리』는 지금까지도 대학 참고 서적으로 사용되고 있다. 예를 들면, 자오퉁대학의 우전(吳鎭)이 펴낸 『이론역학강의(理論力學講義)』에서는 이 번역본을 중요 참고 서적으로 소개하고 있다. 쩡타이푸의 번역본에서 소개하고 있는 측정검사 방법은 근대 중국 과학계에 완전히 새롭고 중요한 이론을 제시해주었을 뿐만 아니라 오늘날에도 여전히 유효하다. 아울러 근대 중국 지식인들의 과학 사유와 탐구에도 상당한 영향을 미쳤다.

089

『대지(大地)』

펄 벅의 눈에 비친 중국의 농촌과 농민

『대지』는 미국 작가 펄 벅이 중국 농민의 운명과 농촌 생활을 묘사한 작품이다. 중국의 저명 작가 루쉰, 마오둔, 빠진, 션총원 등이 창작한 농촌 소재의 작품과 비교해볼 때 상대적으로 유치한 감이 있지만, 노벨 문학상 수상으로 중국 농촌을 하루아침에 세계인의 관심의 대상으로 만들었다는 점은 부정할 수 없다.

펄 벅(Pearl S. Buck, 1892-1973, 賽珍珠)은 미국 버지니아주에서 태어났다. 아버지 앱살롬 사이든스트리커(Absalom Sydenstricker) 박사는 기독교 장로회의 목사로 오랫동안 중국 장쑤성의 쩐장(鎭江) 일대에서 선교활동을 하였으며, 만년에는 난징 진링대학(金陵大學) 신학원에서 학생들을 가르쳤다. 펄 벅이 중국에 온 것은 태어나서 4개월이 갓 지났을 때였다. 그녀는 중국인 유모 왕 아주머니의 입을 통해 중국의 기근에 관해 자주 이야기를 들었다. 선교사 어머니를 따라서는 평범한 중국인 가정에 수시로 드나들며 중국인의 풍속과 빈곤한 중국 가정 부녀자들의 고통스러운 처지도 알게 되었다. 1931년 3월 그녀는 영어로 『대지(The Good Earrh)』를 완성했다. 이 소설은 뉴욕의 존 데이 컴퍼니에서 출간되자마자 엄청난 인기를 끌었으며 미국의 '북 오브 더 먼스 클럽(Book of the Month Club)'에서 뛰어난 작품으로 추천을 받기도 했다. 미국의 '베스트셀러 차트'에도 2년 동안이나 랭크되었으며 10여 판을 발행하며 100만 부 이상의 판매고를 올렸다. 미국의 권위 있는 문학상인 퓰리처상을 수상했고 극본으로 각색되어 영화로도 제작되었다. 1938년에는 "중국 농민의 생활을 세밀하게 묘사한 진실의 서사시(敍事詩)이자 전기(傳記)"라는 평가로 사람들의 예상을 깨고 노벨 문학상 수상작으로 선정되었다. 이는 노벨 문학상의 역사에서 유일하게 중국 농촌 생활을 소재로 한 작품이 수상을 한 경우이다. 지금까지 『대지』는 100여 개 이상의 언어로 번역되었으며, 마거릿 미첼(Margaret Mitchell)이 쓴 『바람과 함께 사라지다(飄)』와 함께 세계적으로 가장 인기가 높은 미국 문학 작품으로 꼽힌다.[1]

『대지』는 자연주의 기법을 사용하여 급변하는 사회 속에서 동요하고 붕괴해가는 중국 농촌의 경제적 현실을 왕룽(王龍) 일가를 중심으로 그리고 있다. 왕룽은 황가(黃家) 지주의 여자 하인이었던 아란(阿蘭)을 아내로 맞이한 후 피나는 노력 끝에 황가의 자식들이 흥청망청 날려버린 토지를 사들여 촌장이 된다. 그러나 갑자기 닥친 기근으로 농작물이 말라 죽고 기아를 견디다 못해 앙상하게 뼈만 남은 소마저 먹을 수밖에 없는 지경에 이른다. 결국 집도 팔고 논밭도 팔아버린 후 왕룽 가족은 고향을 떠나 강남(江南)의 대도시로 이주한다. 왕룽은 인력거꾼이 되고 아란과 아이들은 구걸로 하루하루를 이어간다. 그러나 왕룽은 한시도 자신의 땅을 잊은 적이 없다. 왕룽은 우연한 기회에 도시 빈민들이 일으킨 폭동에 휩쓸려 부잣집 저택에 들어갔다 큰돈을 손에 넣게 된다. 이를 계기로 그는 다시 지주가 되려는 희망을 품는다. 토지와 소를 사들여 농사를 시작한 그는 다행히 풍년을 맞게 되어 쌀가게를 열고 아이들도 학당에 보내 공부시킨다. 그러나 경제적인 여유는 정신적인 타락을 가져왔다. 그는 기녀 허화(荷花)에게 빠져 탐욕스러운 지주로 변한다. 평생 고락을 함께했던 아란도 죽어 자신의 대지에 묻히고 자식들도 자신의 땅 위에서 결혼을 한다. 왕룽이 늙자 자식들은 토지를 팔아치우려 한다. 왕룽은 눈물을 흘리며 자식들에게 이렇게 말한다. "우리는 대지에서 왔고 대지로 돌아간다. 이 땅을 지킬 수만 있다면 너희들의 삶도 이어질 수 있을 것이다." 작가는 자연을 의지하며 살아온 중국 농민의 삶을 누구나 공감할 수 있는 언어로 정밀하게 묘사해내고 있다.

『대지』가 출판되어 나온 시기는 미국이 경제 대공황으로 고통 받고 있던 중이었다. 소설이 미국에서 큰 인기를 끈 까닭은 중국의 전통 예교와 성 심리에 대한 묘사가 독자의 호기심을 끌었기 때문이기도 하지만, 주인공 왕룽과 아란이 노동을 무기로 홍수와 기근, 죽음 등 자연과 운명에 맞서 처절하게 분투하는 모습이 인상적이었기 때문이다. 삶에 대한 충만한 믿음과 달관의 태도는 미국인을 감동시켰고, 경제 위기에 처해 있는 수천만 독자의 감성을 건드려주었다. 또한 『대지』의 진솔한 자연주의적 스타일은 당시 미국 문단을 지배하고 있던 자연주의 및 사실주의 전통에도 잘 부합해 미국 독자들의 기대를 충족시켜주었다. 따라서 후중츠(胡仲持)의 말처럼, 중국 빈농의 생활을 묘사한 작품이 대공황 시대를 살던 작가를 단숨에 부자로 만들어준 것이다. 『대지』가 미국에서 인기몰이를 하던 1931년 가을, 중국은 심각한 수재(水災)로 신음하고 있었다. 흥미로운 사실은 당시 중국 정부가 외국으로부터 받은 기부금 가운데 미국인들이 낸 것이 가장 많았다는 것이다. 미국 적십자회 회장이 펄 벅에게 보낸 편지에 따르면, 한재(旱災)를 극복한 왕룽 일가의 이야기가 미국인들을 깊이 감동시켰기 때문이다.[2]

『대지』의 중국어 번역본도 여러 권이 출간되어 나왔다. 1932년 푸단대학(復旦大學)의 우리푸 교수는 책의 내용 가운데 일부를 발췌 번역한 후,

사회학과 경제학의 입장에서 분석한 논평을 썼다. 이 글은 7월 『복지술평(福地述評)』이라는 책으로 만들어져 상하이 여명서국(黎明書局)에서 초판 2천 권이 발행되었고, 12월에 재판 4천 권을 인쇄했다. 1933년 6월 베이핑(北平) 지원서점(志遠書店)은 장완리(張萬裏), 장톄첸(張鐵簽)이 번역한 『대지』를 출간했다. 같은 해 8월 상하이 개명서점에서 출판된 후중츠 번역본은 7개월 후 재판을 발행했으며, 1949년까지 모두 12판이나 찍었다. 1934년 상하이 중학생서국은 '통속세계명저총간(通俗世界名著叢刊)'을 기획해 그중 한 권으로 마중수(馬仲殊)가 편역한 『대지』를 출간했다. 1936년과 1948년 상하이 계명서국(啓明書局)과 고금서점(古今書店)은 쯔우(稚吾)의 번역본을 출간했는데 1945년 뤄즈(羅致)라는 필명으로 충칭 신중국서국(新中國書局)에서 발행한 것도 같은 판본이다. 상하이 경위서국도 링신보(淩心渤)의 편역본을 출간했다.

『대지』에 대한 중국인들의 평가는 극과 극으로 갈린다. 우리푸는 이렇게 평가했다. "소설의 소재는 대부분 현실 생활에서 가져왔다. 작가의 주관적인 생각이 들어간 일부 내용을 제외하면 대체로 사실적이어서 중국의 상황을 대단히 정확하게 보여주고 있다고 할 수 있다. 이러한 사실적 묘사는 책 전체를 관통하고 있다." 그는 펄 벅이 백인 우월주의에 젖어 있지 않고, 가부장제 하의 토지 소유욕과 여성의 절대 복종심에 대해 뛰어나게 고찰하고 있다고 평가했다. 이런 특징으로 인해 펄 벅은 외국 작가임에도 불구하고 도시적 마취와 골방에서의 환상 사이를 오가고 있던 중국 문학의 본거지에서 마음껏 기량을 펼칠 수 있었다. 여명서국에서 펴낸 번역본의 내용 소개에 보면 펄 벅의 『대지』를 레마르크의 『서부전선 이상 없다(西線無戰事)』나 스토 부인의 『톰 아저씨 오두막』에 견줄 만한 수준 높은 작품으로 평가하고 있다는 것을 알 수 있다. 심지어는 레마르크와 스토 부인의 책은 서양 속세의 모습을 보여준 것에 불과하지만 "『대지』는 현대 중국의 지옥과도 같은 농촌을 객관적으로 묘사함으로써 큰 감동을 주었으니 자연히 두 책보다 낫다고 할 수 있다." 물론 이런 평가에 동의하지 않는 사람도 있다. 1933년 11월 15일 루쉰은 야오커(姚克)에게 보낸 편지에서 펄 벅 작품에 불만을 표시했다. "중국의 사정에 관해서는 중국인이 가장 잘 알고 있다. 펄 벅 부인은 상하이에서 큰 환영을 받았고 스스로도 중국을 조국으로 생각한다고 하였지만 그녀의 작품은 어디까지나 중국에서 자란 미국 여선교사의 입장을 반영하고 있을 뿐이다. 그녀가 노라 왈른(Nora Waln)의 『오막살이 생활(寄廬)』(The House of Exile)을 칭찬한 것도 전혀 이상할 것이 없다. 그녀가 느낀 것은 중국 농촌의 겉껍데기에 불과하기 때문이다. 중국인만이 중국의 진상을 제대로 표현해낼 수 있다."[3] 후중츠는 공정한 평가를 위해 노력했다. "작가가 포착한 것은 빈곤한 중국의 심각한 현실이다. 주인공 왕룽은 중국인의 대다수를 차지하고 있는 농민의 전형이다. 전반부에서는 도처를 떠돌아다니며 고달픈 생활을 하는 굶주린 빈농의 모습을 그리고 있는 데 반해, 후반부에서는 여유로운 생활을 하는 부농의 삶을 보여준다. 작가는 '부지런히 일해 부자가 된다(勤儉致富)'는 진부한 도덕관념에서 탈피해 도시 빈민의 폭동으로 인해 왕룽에게 일생일대의 전기가 마련되는 것으로 이야기를 설정했다. 이것이 바로 작가의 위대한 점이다. 그러나 미국인들의 구미에 맞추기 위해서일지 모르지만 중국의 전통 예교에 대해서는 지나치게 과장한 측면도 있다. 또한 임대옥(林黛玉)[1] 식의 여성미를 숭배하는 중국인의 성심리 묘사도 그다지 자연스럽지 않다. 따라서 중국의 독자들은 『대지』의 후반부에 불만이 많다."[4]

쯔우는 역자 「소인(小引)」에서 다음과 같이 지적했다. "냉정하게 말하

1) 조설근(曹雪芹)이 쓴 청대의 저명 소설 『홍루몽(紅樓夢)』의 등장인물.

자면, 순수 예술의 관점에서 볼 때 이 작품은 과대평가된 면이 있다. 그럼에도 이처럼 높은 명성을 얻을 수 있었던 까닭은 이 책이 동양 대국의 신비를 일부나마 드러내고 있기 때문이다. 이 작품이 객관적 가치를 지니고 있다고 평가받는 것도 바로 이 점을 말하는 것이다. 그러나 표현의 관점에서 말하자면 어떤 부분은 표현이 지나쳐 진실을 벗어나버렸다. 또 어떤 부분은 중국 전통 장회소설을 의식한 듯 묘사와 상상이 과도하게 고전적이다." 주원(朱雯)은 1939년 6월 23일 스마성(司馬聖)이라는 필명으로 《신보》 '자유담(自由談)'에 「'애국자'에 대한 나의 감상(我對'愛國者'的感想)」이라는 글을 게재했다. 여기서 그는 이렇게 말했다. "냉정하게 말해 펄 벅의 소설은 그리 대단한 것이 없다. 특히 중국인이나 일상에 대한 묘사는 천박하기 그지없다. 중국 농민에 대한 작가의 묘사는 비록 '허풍이라도 서양 사람들을 속일 수' 있지만, 중국인들에게는 허점투성이로 비칠 것이다. 그러나 작가가 서양 사람이라는 이유로 이런 점마저 도리어 독자들의 감탄을 자아내고 있다. 그녀가 '미국의 출판계를 뒤흔들고' '한 재산 모았을' 뿐만 아니라 노벨상까지 받게 된 것도 대체로 이런 연유 때문일 것이다." 빠진은 「루쉰풍(魯迅風)」에서 펄 벅에 대한 혐오를 더욱 노골적으로 드러냈다. "나는 평소 펄 벅에게 그다지 호감을 느끼지 못했다. … 그녀가 노벨상을 수상한 후에도 달라진 것은 별로 없다."[5]

『대지』의 엄청난 인기로 인해 펄 벅의 다른 작품들도 중국에 속속 번역되었다. 왕룽의 세 아들을 각각 군벌, 지주, 악덕 상인으로 묘사해 중국 사회의 병폐를 드러낸 『대지』의 속편 『아들들(兒子們)』(Sons)은 우리푸(黎明書局, 1932), 마중수(升華書局, 1934), 탕윈쿠이(唐允魁)(啓明書局, 1941)가 각각 번역해 출간했다. 또한 『아들들』의 속편인 『분열된 일가(分家)』(A House Divlded)는 창인추(常吟秋)(商務, 1936)와 탕장루(唐長孺)(啓明書局, 1941)의 두 가지 번역본이 나왔다. 『애국자(愛國者)』(The Patriot)는 이보다 훨씬 많은 다이핑완(戴平萬)(香港光社, 1939), 저페이(哲非)(上海群社, 1939), 첸공샤(錢公俠)(上海古今書店, 1948) 등의 번역본이 있다. 주원은 일찍이 펄 벅에 대해 다음과 같이 평가했다. "작가는 현실 인식에 문제가 있다. 따라서 동란의 시대를 묘사한 그의 작품은 좋은 평가를 받을 수 없다. 『애국자』의 실패는 예상되었던 것이며, 원래 '언급할 만한 것도 아니었다.'" 그러나 그도 결국 상업적 이윤 앞에서는 어쩔 수 없었다. 나중에 그도 초심을 잃고 "미국 출판계를 뒤흔든" "그다지 수준 높지 않은 저작"을 번역하는 대열에 합류하게 된다. 『애국자』가 번역 출간된 후 호평이 줄을 잇자 빠진은 분노에 찬 목소리로 힐문한다. "나는 펄 벅 여사의 『애국자』가 어째서 이처럼 중국(상하이)의 작가와 출판업자들에게 관심을 끄는지 이해할 수 없다. 어째서 많은 '문화인'들이 의미 있는 사업은 도외시하고 이처럼 위선적인 책을 번역하려 하는가." 그는 심지어 『애국자』의 번역자들을 "고발할 것"이라고 말하기도 했다.[6]

『대지』 초판이 나온 지 이미 많은 시간이 흘렀다. 1992년은 펄 벅 탄생 100주년이 되는 해였다. 1991년 쩐장 등지에서는 펄 벅 기념회와 학술 토론회가 개최되었다. 펄 벅에 대한 평가도 찬양 일색이었다. 심지어 어떤 글에서는 'S'[2])가 중미 문화교류에 공헌한 바가 '3S'(즉 에드거 스노[Edgar Snow, 斯諾], 아그네스 스메들리[Agnes Smedley 史沫特萊], 안나 루이스 스트롱[Anna Louise Strong, 斯特朗])보다 크다고도 주장했다. 특정 작가나 작품에 대한 과도한 찬양이나 폄훼는 그가 외국인이건 중국인이건 상관없이 그다지 적절한 태도는 아니다. 펄 벅의 작품을 하나의 거울이라고 한다면 그것이 오목 거울이건 볼록 거울이건 간에 중국 농촌의 실상과

2) 펄 벅의 중국이름은 '賽珍珠'로 중국어 발음으로 읽으면 '사이전주(Sai Zhen Zhu)'가 된다. 여기서 말하는 것은 발음 부호상의 첫 글자 'S'를 가리킨다. Pearl Sydenstricker Buck에서 본래 성인 'Sydenstricker'의 'S'를 가리키는 것으로 보기도 한다.

농민의 심정을 일정정도 반영하고 있다는 점은 부인할 수 없다. 바로 이런 진실한 측면이 있기 때문에 『대지』가 현재까지도 매력을 잃지 않고 있는 것이다.

090

『리어왕(李爾王)』

중국이라는 거울에 비친 셰익스피어 연극

셰익스피어의 희곡은 의심의 여지없이 세계 문학사에서 대단히 중요하고 확고한 지위를 차지하고 있다. 그러나 셰익스피어가 근대 중국에서는 지식인들의 관심을 거의 받지 못했다는 사실은 매우 이상한 일이다. 셰익스피어라는 이름이 중국에 처음 등장한 것은 1840년대이다. 임칙서가 번역한 『사주지』의 「영길리국」 절에 보면 "시문에 능하고 저술이 풍부한(工詩文, 富著述)" "셰익스피어(沙士比阿)"라는 언급이 나온다.[1] 영국 선교사 뮤어헤드(慕維廉)는 자신이 편역하고 1856년 묵해서관에서 출간한 영국인 토머스 밀너(Thomas Milner)의 『대영국지』에서 이렇게 말했다. "엘리자베스 시대에 나온 작품과 시들은 매우 아름답고 도덕적이어서 지금까지도 그것을 능가하는 것이 없다. 이 시대의 유명한 작가나 학자들로는 시드니(錫的尼, Philip Sidney), 스펜서(斯本色, Edmund Spenser), 롤리(拉勒, Sir Walter Ralegh), 셰익스피어(舌克斯必, William Shakespeare), 베이컨(倍根, Francis Bacon), 후커(呼格, Richard Hooker) 등이 있다."[2] 이로부터 20년 후인 1876년, 초대 주영공사를 역임한 곽숭도는 광서 3년 7월 3일 일기에서 이렇게 썼다. "셰익스피어(舍色斯畢爾)는 200년 전에 훌륭한 극본을 저술한 영국인으로 그리스 시인 호메로스에 견줄 정도이다." 광서 4년 12월 26일, 그는 매카트니(Macartney Halliday)의 초청으로 극장에서[1] 셰익스피어의 연극을 관람한 뒤 "플롯에 많은 공을 들이고 화려함에는 그다지 신경 쓰지 않았다"[3]고 평가했다. 이것이 셰익스피어와 셰익스피어 연극 관람에 대한 중국인 최초의 경험과 기록인지는 조사가 필요하다. 이후로 미국인 셰필드(謝衛樓)가 쓴 『만국통감』(1882), 영국인 조지프 에드킨스가 쓴 『서학약술(西學略述)』(1885), 미국인 티머시 리처드가 쓴 『광학유편(廣學類編)』(1903), 영국인 램버트 리스(John Lambert Rees, 李思倫白)가 쓴 『만국통사(萬國通史)』(1904), 세계사(世界社)에서 출간한 『근세계육십명인화전(近世界六十名人畫傳)』(1907), 산시대학당역서원(山西大學堂譯書院)에서 펴낸 『세계명인전략(世界名人傳略)』(1908) 등에 셰익스피어를 소개하는 내용이 계속해서 등장한다. 셰익스피어는 일생 동안 모두 37편의 극본을 창작했다. 서사시 형식의 역사극 아홉 편에 등장하는 햄릿(哈姆雷特), 오필리아(奧瑟羅), 리어왕(李爾王), 로미오(羅密歐), 코델리아(考狄利亞), 데스데모나(苔絲狄蒙娜) 등 불후의 인물형상은 여러 세대에 걸쳐 관중과 독자의 심금을 울렸다. 그러나 중국에서 린슈가 번역한 『차화녀』가 외국 문학 붐을 일으키고 있을 때 셰익스피어 작품 가운데 처음으로 번역된 것은 희극 원작이 아니라 영국 수필가 찰스 램(Charles Lamb)과 그의 누이 메리 램(Mary Lamb)이 개작한 『셰익스피어 이야기(Tales From Shakespeare)』였다. 다섯 편의 희극과 한 편의 비극, 네 편의 잡극으로 구성되어 있는 이 작품은 『해외기담(懈外奇譚)』이라는 제목으로 1903년 상하이 달문사(達文社)에서 초판 발행되었다. 책에서는 「베로나의 두 신사(The Two Gentlemen of Verona)」를 「프로티어스와 발렌타인의 색탐(蒲魯

1) 곽숭도 일기에는 西恩阿摩戲館이라고 나와 있는데 어떤 극장인지는 알 수 없다.

薩貪色背良朋)」으로,「착오의 희극(The Comedy of Errors)」을「착오 중의 착오, 에페소 시의 기이한 이야기(錯中錯埃國出奇聞)」와 같은 제목으로 바꿔 장회소설의 형식으로 번역하였다. 당시 중국에서는『베니스의 상인(威尼斯商人)』(The Merchant of Venice)을『안토니아가 돈을 빌리며 살을 베어 갚기로 약속하다(燕敦裏借債約割肉)』로,『말괄량이 길들이기(馴悍記)』(The Taming of the Shrew))를『페트루키오 말괄량이 아가씨 길들이기(畢楚裏馴服妒癖娘)』로,『햄릿(哈姆雷特)』(Hamlet)을『햄릿이 숙부를 죽이고 복수를 하다(報大仇韓利德殺叔)』로 번역하였는데, 이는 셰익스피어에 대한 당시 중국인들의 인식 수준을 보여주는 것이라 할 수 있다. 1904년 상무인서관은 당시 '번역계의 왕'으로 불리던 린슈와 웨이이가 문어체로 공역했던 램 남매의 책을 다시 번역해서『영국시인음변연어(英國詩人吟邊燕語)』라는 제목으로 출간했다. 이 책은 '설부총서'에 포함되어 '신괴소설'로 분류되었다. 린슈는 이렇게 말했다. "셰익스피어의 시는 두보(杜甫)에 필적한다. 그렇지만 글이 자주 황당무계[神怪]한 데로 흐른다." 각 편은 고아(古雅)하면서 전기(傳奇)적인 색채가 충만한 제목을 붙이고 있다.『베니스의 상인』은『육체의 증서(肉券)』로,『로미오와 줄리엣』은『사랑의 주조(鑄情)』로,『맥베스』는『예언의 증명(蠱征)』으로,『햄릿』은『귀신의 계시(鬼詔)』로,『한여름 밤의 꿈』은『요정의 간계(仙獪)』로,『오셀로』는『어둠과 몽매함(黑瞀)』으로,『십이야』는『황당한 결혼(婚詭)』으로 번역했다. 이처럼 극본을 소설로 개작하는 풍조는 1920년대까지 이어졌다. 린슈와 천자린(陳家麟)이 공역한『리처드 전기(雷差德記)』,『헨리 4세 전기(亨利第四紀)』,『카이사르 유사(凱徹遺事)』,『헨리 6세 유사(亨利第六遺事)』,『헨리 5세 전기(亨利第五紀)』 등은 모두 원작의 줄거리만 가져다 번역한 것들이다. 중국에 최초로 번역된 셰익스피어의 극본은 1921년 톈한이 백화로 번역한『햄릿(哈姆雷特)』으로《소년중국》에 게재되었다. 그렇지만 린슈의 『차화녀』만큼 반응이 열렬하지는 않았다. 이 외에도 1920년대에 청관이(誠冠怡)가 번역한 『도야기방(陶冶奇方)』(말괄량이 길들이기), 쩡광쉰(曾廣勛)이 번역한 『베니스의 상인』, 샤오팅(邵挺)이 번역한 『천구기(天仇記)』(햄릿) 등이 출간되었는데 역시 반응은 기대에 미치지 못했다. 1930년대에 들어서면 다이왕슈(戴望舒)가 번역한 『맥베스(麥克倍斯)』, 장원량(張文亮)이 번역한 『맥베스와 그의 부인(墨克白絲與墨夫人)』, 구중이(顧仲彝)가 번역한 『베니스의 상인(威尼斯商人)』, 펑자오량(彭兆良)이 번역한 『십이야(第十二夜)』 등이 출간된다. 또한 같은 해 상하이 희극협사(上海戲劇協社)에서는 구중이 번역본으로 연출한 셰익스피어 연극을 최초로 무대에 올렸다. 이를 계기로 셰익스피어 연극은 조금씩 유행하기 시작한다.

17세기 후반부터 18세기까지 서양의 셰익스피어 연구자들은 셰익스피어의 희곡 작품이 원래는 무대 공연과 상관없이 독자적인 가치를 지니고 있다는 것을 증명했다. 심지어 찰스 램 등 19세기 비평가들은 셰익스피어의 작품이 공연을 위한 것이 아니라 순전히 감상이나 연구만을 위한 것이라고 주장하기도 했다. 따라서 퍼니스(Horace Howard Furness)의 집주본(集注本)류나 학교에서 사용되는 교과서 등이 출현했다. 셰익스피어 작품이 상아탑으로 들어가 문학 연구의 필수 대상이 되는 동안 희극 평론가들은 극예술의 입장에서 셰익스피어 극본을 평가 절하하기도 했다.[4] 서재 속의 셰익스피어와 무대 위의 셰익스피어라는 두 가지 측면에서 중국 번역계와 연극계를 살펴본다면 근대 중국에서 셰익스피어 연극이 큰 인기를 얻지 못한 까닭을 서양 희극의 늦은 전래에서 찾을 수 있지도 않을까?

문학 번역에서 중요한 문제 가운데 하나는 어떻게 '본토화'할 것인가이다. 셰익스피어 극본 중의 무운시(無韻詩)를 깔끔한 중국어 신체시(新詩) 형식으로 대역(對譯)하면서 셰익스피어 작품의 중국화 문제가 대두

되었다. 린슈의 번역 같은 과도한 '본토화'는 원작의 맛을 제대로 살릴 수 없고, '본토화'가 미흡하면 문화적 차이를 극복할 수 없게 되어 상호 교류와 이해가 힘들어진다. 아래에서는 셰익스피어 작품 가운데 인문주의적 이상과 희망을 가장 잘 드러내고 있는 『리어왕』을 예로 들어 중국이라는 거울에 비친 '중국화'된 셰익스피어 희극에 대해 살펴보도록 하겠다.

『리어왕(King Lear)』은 1605년에 창작된 작품으로 1606년 12월 26일 화이트홀(Whitehall)에서 국왕극단에 의해 초연되었다. 1608년에 초기 공연 극본(First Quarto)이 최초로 인쇄되어 나왔는데, 이 극본은 옛 연극 『리어왕과 세 딸의 비극 이야기』와 영국의 민담 『샘물가에서 거위치는 아가씨(The Goose-Girl at the Well)』,[2)] 리어왕과 세 딸의 서사시 등에서 모티브를 얻은 것이다. 극은 리어왕과 세 딸을 중심으로 진행되는 가운데 글로스터 백작과 두 아들의 이야기가 교차적으로 삽입되어 있다. 옛 영국의 리어왕은 늙고 노쇠해 왕국의 영토를 세 딸에게 나누어주고자 한다. 첫째와 둘째 딸은 리어왕의 환심을 사기 위해 온갖 노력을 다하지만, 국왕의 총애를 받는 막내딸은 지나치게 정직하고 순박한 성격으로 인해 도리어 부친의 분노를 산다. 결국 리어왕은 국토를 반으로 나누어 두 딸에게 넘겨주고 막내딸 코델리아와는 부녀의 연을 끊는다. 코델리아를 사랑하던 프랑스 국왕은 사정을 알고 난 후 그녀를 부인으로 맞아들인다. 그러나 왕위와 권력을 잃어버린 리어왕에게는 고통스러운 시간만이 기다리고 있을 뿐이었다. 악독한 성격의 첫째와 둘째 딸에게 냉대와 조롱을 당한 그는 분노한 나머지 정신 착란을 일으키게 되고 황야를 방랑하며 거지처럼 생활한다. 막내딸 코델리아는 언니들의 패륜적 행위에 분노해 군대를 이끌로 영국으로 쳐들어가지만 영국군에게 패하여 감옥에 갇히는

2) 그림 형제(Brothers Grimm)의 작품이다.

신세가 된다. 결국 코델리아는 목을 매 자살하고 리어왕은 극도의 비참함과 괴로움을 견디다 못해 죽음을 맞게 된다. 글로스터 백작은 서자 에드먼드의 간계에 속아 충성스럽고 성실한 맏아들 에드거를 내쫓는다. 리어왕을 동정했다는 이유로 눈알이 뽑히고 황야로 내쫓긴 글로스터는 거지가 된 아들 에드거의 도움을 받아 살아간다. 서자 에드먼드는 작위를 계승한 후 리어왕의 두 딸과 결탁한다. 그는 두 여자 사이를 이간질해 싸움을 유발한 후 한 명은 독살하고 다른 한 명은 자살하게 만든다. 그러나 에드먼드도 결투 중에 형인 에드거에 의해 죽임을 당한다.

'비극 시대의 거울'이라고 불리는 이 작품은 비참하고 어두운 비극적 이야기 속에서 찬란하게 빛나는 인간성을 드러낸 명작이라 평가받는다. 이 작품은 린슈와 웨이이가 공역한 『음변연어(吟邊燕語)』에 「여변(女變)」이라는 제목으로 실려 있다. 양스치우는 1936년 7월, 중화교육문화기금회 이사회 편역위원회(中華教育文化基金董事會編譯委員會)를 맡고 있던 후스의 요청으로 『리어왕』 전편을 번역해 상무인서관에서 초판을 발간했다. 그는 역자서문에서 이렇게 말했다. "『리어왕』은 동서고금을 막론하고 보편적이고 영원한 소재인 부모와 자녀의 관계를 다루고 있다. 부모자녀 사이의 도리는 사람들을 감동시키기에 충분하다. 셰익스피어의 다른 비극들은 일반인들이 공감하기 쉽지 않은 내용이 많지만 『리어왕』은 효도와 패륜을 둘러싸고 벌어지는 평범하기 그지없는 사건 속에서 기본적인 인성 묘사에 뛰어나니 위대한 작품이라 할 만하다." 량스치우의 번역본은 "산문 형식을 통해 원뜻을 잘 전달하려 애쓰고 있다. 그러나 원작이 갖고 있는 리듬감과 아름다움이 완벽하게 표현되지 못한 감이 있다." 이 번역본은 10여 년 이상이나 유행했다. 1946년에 차오웨이펑(曹未風)이 번역한 『리어왕(李耳王)』이 상하이 문화합작주식회사(上海文化合作股份有限公司)에서 발행되었고, 1947년에는 주셩하오(朱生豪) 번역본이 상하이 세계서국에서 출간되었다. 1940년대 말에 가장 영향력이 컸던 것은 쑨다위(孫大雨)가 번역한 『리어왕(黎琊王)』이다. 책의 상권은 극본이고 하권은 주해 및 부록, 최초 판본, 집필 연대와 이야기의 유래 등이 실려 있다. 쑨다위는 이렇게 말했다. "사람을 비분강개하도록 만드는 위대한 비극 『리어왕』은 셰익스피어의 불후의 명작 가운데 몇 안 되는 비교적 덜 통속적인 작품이다. 이 작품이 독자들에게 크게 환영받지 못한 까닭은 첫째, 지나친 호기(浩氣) 때문이고, 둘째, 평범한 사람들의 빈약한 상상력으로는 감당할 수 없는 강렬한 시정(詩情)을 담고 있기 때문이다. 이 두 가지는 사실 하나로 연결되어 있다. 작품의 기세와 정취는 동전의 앞뒷면과 같아 어떠한 기세가 있으면 그에 따른 정취가 있고, 어떠한 정취가 있으면 반드시 그에 따른 기세가 있기 마련이다. 그래야만 인간의 영혼 깊은 곳을 울릴 수 있지 그렇지 않다면 이처럼 놀랄 만한 성취를 이뤄내긴 힘들다. 유행을 좇아 말하는 것이 아니다. 평론가가 보기에도 셰익스피어의 희극시는 의심할 여지없이 그의 가장 훌륭한 작품이라 할 수 있다." 그는 또한 세계적인 예술 작품 가운데 『리어왕』에 견줄 수 있는 것으로 아이스킬로스의 『프로메테우스』와 단테의 『신곡』, 미켈란젤로가 그린 시스티나 성당 천장화, 베토벤의 9번 교향곡 정도를 꼽았다. 그는 셰익스피어 작품들 가운데 『리어왕』이야말로 천지를 진동시킨 걸작 중의 걸작이라고 추켜세웠다.

이런 작품을 중국어로 번역하는 일은 분명 "최고로 어려운 일"일 것이다. 쑨다위는 기존의 번역본에 대해 다음과 같이 평가했다. "한두 권의 유명한 주석본과 비교해보니 자신감이 넘치고 야심은 크지만 자질구레한 느낌이 있다. 잡지에서도 쓰지 않을 진부한 문체에 적지 않은 오역까지 섞여 있다. 제대로 수정하지 않은 채 계속해서 책을 찍어내니 원작이 갖고 있는 기세와 열정, 심오하고 은밀한 경지, 첨예하게 맞서는 대사, 해학적이고 통속적인 것들"이 전부 "초라하고 빈약한" 산문 스타일의 오역에 묻혀버렸다. 번역서가 형식과 내용 면에서 원작과 흡사하려면 "원작을 충분히 이해하고 문체를 잘 파악해서 중국어를 사용하는 사람이 보더라도 원작과 차이를 느끼지 못할 정도여야 하며, 원문과 비교해 번역문에 조금의 오차도 없어야 한다." 물론 그 자신조차도 이것이 "영원한 이상이며 실현되기 어렵다"는 것을 잘 알고 있었다. 그러나 그는 원작을 재창조한다는 자세로 번역에 임했다. 원작의 느낌이 생생하게 살아나도록 번역하기 위해 "등장인물의 희로애락, 인물간의 태도, 장엄하면서도 익살스러운 문체, 문장의 길이와 병렬 · 도치 구문, 연상적 단어와 환하고 어두운 어감의 운용, 암시법과 직설법, 운문행의 생략과 중단, 풍부한 묘사, 옥타브와 음보(音步)의 영향, 풍부한 음보와 여백, 발음의 완급, 정체(停滯), 단속(斷續), 그리고 쌍성첩운(雙聲疊韻)의 응용 등 어느 하나 신경 쓰지 않는 것이 없었다."

그러나 여기서 말하고 있는 것은 작품 번역의 형식적인 측면일 뿐이다. 『리어왕』의 친자관계는 전체 희극을 관통하고 있는 중요한 관념 중 하나인 'Nature'의 기초 위에 세워져 있다. 『리어왕』에서 본성이나 친자관계는 지은(知恩)이나 망은(忘恩)의 방식으로 표현되고 있다. 아버지에 대한 자식들의 감정은 자연스러운 것이다. 그러나 이런 관계는 중국이라는 거울 속에서 굴절되었다. 주성하오의 번역본에서 'Nature'는 천지(天地), 조화(造化), 본성(本性), 생성(生性), 인(人), 생명(生命), 정신(精神), 신체(身體), 신심(身心), 인자(仁慈), 자비(慈悲), 인륜(人倫), 천도인륜(天道人倫) 등으로 해석되고 있다. 특히 번역어로 가장 많이 선택된 단어는 효(孝)이다. 유가 윤리에서 강조하는 '효'는 특수한 의미가 있다. 『효경(孝經)』에서는 '효'가 부자관계를 규정하는 덕목에서 군신관계를 아우르는 원칙으로 확장되고 있는데 효자와 충신 사상이 핵심을 이루는 효순(孝

順) 관념은 서양에서는 찾아볼 수 없는 것이다. 그러나 주셩하오는 이 점에 대해 별다른 주의를 기울이지 않았다. 심지어 그는 "sister's naught"[3]를 "네 동생이 매우 불효하구나"라고 해석하였다. 아마 주셩하오는 이런 식의 번역을 통해 중국과 서양의 문화 차이를 극복하고 독자들이 쉽게 받아들일 수 있는 작품으로 재탄생될 수 있을 것이라 생각했을지도 모른다. 그러나 쑨다위는 『리어왕』을 번역할 때 중국과 서양의 윤리 관념이 뒤섞인 '효'라는 단어를 일부러 쓰지 않으려고 노력했다. 따라서 그의 번역본에는 '효'라는 글자가 단지 두 곳에만 등장할 뿐이다. 그는 이에 대해 다음과 같이 설명했다. "'효'라는 글자를 대체할 단어를 찾았지만 운율을 고려하여 이 글자를 사용할 수밖에 없었다." 그는 'Love'를 '효'가 아닌 '사랑(愛)'으로 번역하고 이에 대해 이렇게 말했다. "사람을 비분강개하도록 만드는 위대한 비극을 중국어로 번역하면서 이런 걱정이 생겼다. 혹여 사람들이 이 책을 『권선서(勸善書)』나 『과보록(果報錄)』[4]으로 생각하지 않을까? 그래서 외국에도 유교적 도리가 존재한다고 여기게 되지 않을까? 그렇게 된다면 이 책의 가치는 빛을 잃게 된다. 우리나라 전통 윤리에서 효와 애는 서로 충돌하지 않는 두 가지 덕목으로 이론적으로는 같이 사용해도 무방하다. 그러나 서양에는 단지 애만 있다. 효란 방향과 대상이 다른 애일 뿐이다. 따라서 '효'라고 번역하면 통하지 않게 된다." 그러나 양저우한(楊周翰)은 「'리어왕'변형기('李爾王'變形記)」에서 쑨다위가 여전히 '역륜(逆倫)', '은정(恩情)', '부은(負恩)' 등의 단어를 사용하고 있다며, 이는 독자들로 하여금 유가 윤리를 떠오르게 만든다고 지적했다.[5] 셰익스피어 극본의 번역 과정을 보면 번역자의 문화적 배경이 원

---

3) '동생의 사악함'이라는 뜻이다.

4) 인과응보의 도리를 담은 책이다.

작에 얼마나 큰 영향을 미쳤는지, 어떻게 원작의 중국화를 촉진했는지 잘 알 수 있다.

091

『장 크리스토프(約瀚 · 克利斯朵夫)』

젊은이들의 마음속에 신선한 생명력을 불어넣다

베르테르의 감상주의(感傷主義)가 민국 시기를 풍미하고 있을 때, 마오둔은 『자야(子夜)』에서 '낡아빠진 소설'과 '시들어버린 장미'의 은유를 통해 '세기병 환자'에 대한 열병이 얼마 가지 못할 것이라 예언했다. 아니나 다를까 1930년대 이후 폭발적인 인기와 함께 베스트셀러의 자리에 올랐던 『베르테르의 슬픔』은 교향곡과 같이 웅장한 기백과 구조, 다채로운 색채를 지닌 음악 소설 『장 크리스토프 크라프트(約瀚 · 克利斯朵夫 · 克拉夫脫)』(Jean Christophe Krafft)에 자리를 내주었다.

온갖 난관을 극복하고 명성을 얻게 되는 독일의 천재 작곡가 장 크리스토프의 일생을 다루고 있는 이 소설은 프랑스의 문호 로맹 롤랑(Romain Rolland)이 1904년부터 1912년까지 저술한 불후의 명작으로 1915년 노벨 문학상을 수상하였다. 소설 전반부는 세 권으로 나뉘어 있으며 각각의 제목은 '새벽', '아침', '청춘'이다. 가난한 예술가를 얕보고 맘대로 부려먹는 귀족에게 공공연히 반항하는 강렬한 성격의 소년 피아니스트와 그의 첫 친구가 된 부유한 사업가의 아들 옷토 사이의 빈부와 계층을 뛰어넘는 우정, 참의원의 딸인 민나를 둘러싼 냉정한 사랑, 계층과 가문의 차이로 인해 사랑에 실패한 후 깊은 상처를 안고 고향을 떠나 도시에서 지내는 생활이 소설의 주 내용이다. 신물 나고 의기소침한 도시생활과 자신을 속박하던 정욕의 굴레에서 벗어난 장 크리스토프는 자신의 반항심을 예술 영역으로 돌린다. 그러나 당시 명성이 자자하던 음악 대가의 작품을 공개적으로 비난한 탓에 사람들의 시기를 받아 생활도 어려움에 처하게 된다. 그러던 어느 날 그는 산책 중에 수모를 당하고 있던 농민을 도와주다 우발적으로 살인을 하게 되고 이로 인해 도망자 신세가 되어 어머니를 떠나 프랑스로 간다. 이런 과정에서 주인공의 음악적 감각과 감성은 점차 깨어나게 되며 수많은 난관을 극복하고 자기 운명의 주인이 된다. 4권 '반항'과 5권 '시장'에서는 생계를 위해 좌충우돌, 동분서주하던 파리 생활을 그리고 있다. 특히 수많은 여성과 여성화된 남성들로 넘쳐나던 통속적이고 퇴폐적이며 타락한 문단의 현실을 적나라하게 묘사하고 있다. 6권 '앙투아네트'와 7권 '집안에서', 8권 '여자 친구들'에서는 평생을 정직하고 성실하게 살아온 민중들에게 동정심을 느끼는 주인공의 모습이 그려져 있다. 그는 진정한 친구 올리비에를 통해 또 하나의 프랑스를 보게 된다. 9권 '불타는 가시덤불'과 10권 '새로운 날'에서는 선한 희망을 품고 힘들게 살아가는 대중들에게 다가가기 위해 노력하는 주인공의 모습이 그려지고 있다. 그는 그라치아 및 안나와의 만남을 통해 '사랑'과 '우정'이 가득했던 청년기의 삶으로 돌아가 가장 위대하고 가장 단순하며 가장 아름다운 것을 추구하고자 한다.

소설의 중국어 번역자인 푸레이[1]는 「역자헌사(譯者獻辭)」에서 이렇게

1) 푸레이(傅雷, 1908-1966). 중국 현대의 번역가, 문학평론가이다. 일찍이 프랑스 파리대학에서 유학했으며 이후 발자크, 로맹 롤랑, 볼테르 등의 작품을 중국어로 번역했다. 특히 발자크 연구에 조예가 깊어 프랑스 발자크 연구회 회원으로 추대되기도 했다. 문화대혁명 초기인 1966년 홍위병들에게 박해를 받아 자살로 생을 마감했다. 저서로는 『푸레이 역문집(傅雷譯文集)』, 『푸레이 가서(傅雷家書)』(한국어판 번역명 『상하이에서 부치는 편지』)가 있다.

쓰고 있다. 이것은 "한 편의 소설이 아니다. 단지 한 편의 소설에 불과한 것이 아니라 인류의 위대한 서사시이다. 소설이 묘사하고 노래하고 있는 것은 물질적 측면이 아닌 정신적 측면에서 인류가 경험한 곤경과 위험이며, 외부 세계가 아닌 내부 세계를 정복하는 과정에서 남겨진 싸움의 흔적이다. 그것은 천만 영혼의 거울이자 동서고금 영웅과 성현들의 탐험기이며 베토벤식의 대 교향곡이다. 독자들은 부디 경건한 마음으로 이 보전(寶典)을 펼쳐보기 바란다!"

마종룽(馬宗融)이 1926년 《소설월보》에 발표한 「로맹 롤랑 약전(羅曼 · 羅蘭傳略)」에 따르면 『장 크리스토프』는 프랑스에서만 120판을 찍었고, 영어, 프랑스어, 독일어, 스페인어, 네덜란드어, 이탈리아어, 덴마크어, 폴란드어, 러시아어, 스웨덴어 등 여러 나라 언어로 번역되었다. 예링펑 선생은 「만청잡기(晩晴雜記)」에서 이 책의 최초 중문 번역자는 쓰촨 태생의 징인위(敬隱漁)라고 했다.[1] 그는 1926년 소설의 제1부 '새벽'만을 번역해서 「장 크리스토프(若望 · 克利司朵夫)」라는 제목으로 《소설월보》 17권 제1호 '로맹 롤랑 특별호'에 게재했다. 그러나 1991년 중경출판사(重慶出版社)에서 나온 간샤오쑤(甘少蘇)의 『종다이와 나(宗岱和我)』에 보면 이와는 다른 이야기가 나온다. 량종다이[2]는 링난대학 부속중학교(嶺南大學附中)에 재학 중이던 18세 때 동학 스투차오(司徒喬), 쿠사노 신페이(草野心平)와 함께 기숙사 옥상에서 『장 크리스토프(詹恩 · 克里斯多夫)』 번역본을 읽었다고 한다. 그들이 "죽어라, 너희들은 죽어 마땅하다! 사람은 쾌락을 위해 사는 것이 아니다. 삶의 목적은 나의 율법을 완성하는 데

---

2) 량종다이(梁宗岱, 1903-1983). 중국 현대의 번역가, 시인, 교육자이다. 일찍이 프랑스 파리대학에서 유학하였으며, 프랑스 상징주의 대표 시인 폴 발레리와 교류하며 그의 시를 번역해 중국에 소개하였다. 이후 스위스 제네바대학, 독일 베를린대학에서 공부한 후 귀국해 푸단대학, 중산대학에서 학생들을 가르쳤다. 저서로는 『량종다이선집(梁宗岱選集)』, 『만도(晩濤)』 등이 있다.

있다. 고통과 죽음. 그러나 마땅히 해야 할 것은—사람이 되는 것이다"라는 구절을 읽었을 때, 세 사람은 마치 신의 목소리를 듣기나 한듯 이구동성으로 탄식을 뱉어냈다. 로맹 롤랑의 명저가 량종다이에게 미친 영향은 매우 컸다. "사람이 되어야 한다. 하늘을 떠받치고 땅 위에 우뚝 서서 아무것도 의지하지 않는 호한(好漢)이 되어야 한다. '평생토록 초인적인 분투와 노력으로 고통을 극복하고 자신의 임무를 완성하는 사람'이 되어야만 한다." 이 말은 량종다이 평생의 좌우명이 되었다.[2] 량종다이의 기억이 틀리지 않았다면 징인위의 번역본이 나오기 훨씬 전인 1921년에 이미 『장 크리스토프』 번역본이 존재했다는 말이 된다. 이 자리에서 최초의 번역본이 무엇인지 따져보려는 것이 아니다. 중요한 것은 간샤오쑤의 회상을 통해 볼 때, 불타는 가시덤불 속에서 자아완성의 목표를 향해 성장하고 투쟁하고 전진하던 소설 속 주인공의 심령이 당시 고난 속에서 발버둥 치던 무수한 중국 젊은이들의 마음을 뒤흔들어놓았다는 점이다. 징인위는 「레만 호수(蕾芒湖畔)」[3]라는 글에서 이렇게 적었다. 내가 처음 "로맹 롤랑을 알게 된 때는 정신적으로 완전히 무너져 혼돈에 빠져 있을 때였다. 나는 그의 작품이 참신한 역량으로 나를 구원해주길 기원하며 책을 찾아 다녔다. 그러나 주위의 서점들을 몇 차례나 뒤졌는데도 책을 찾을 수 없었다. 당시 나에게 주어진 고난은 현대의 젊은이들이라면 대부분 겪는 것이었다. … 이처럼 전전반측하고 있을 때 홀연히 내 앞에 『장 크리스토프』가 나타났다. 이 책은 곧바로 나의 친구가 되었다. 나는 경탄과 동정의 마음으로 주인공과 함께 고통과 투쟁, 연애, 우울, 승리감을 나누어 가졌다. 과거에 나는 내 마음속의 영웅이 현대사회에서는 나타날 수 없을 것이라 생각했다. 그렇지만 책 속의 주인공이 바로 그 영웅이었

3) 로맹 롤랑 방문기이다.

다. 나는 그에게서 새로운 인간형, 용감하고 강한 의지를 지닌 신 영웅주의자, 회의(懷疑)하는 실험가의 면모를 발견했고 혼돈을 비추는 광명과도 같은 굳건한 신앙도 보았다. 그는 뭇 사람들과 마찬가지로 약점이 있고 유혹에 빠지거나 타락하기도 한다. 그러나 그의 투쟁 정신은 난관에 부딪힐수록 더욱 단단해져 사욕을 극복하고 세속의 망상과 거짓을 이겨냈다. 이로써 인생은 고통에서 벗어나 영혼의 평화와 자유를 누리게 된 것이다."[3]

《소설월보》에 실린 징인위 번역본의 서문의 제목은 「장 크리스토프가 중국의 형제들에게 보내는 말(約翰 · 克利斯朵夫致中國弟兄們的話)」로 로맹 롤랑이 징인위에게 보낸 편지이다. 그는 편지에서 이렇게 말했다. 발전하는 민족이란 "인내와 열정, 꾸준함과 용기를 갖고 광명을 향해 나아가는 사람들이다. 여기서 광명이란 학문, 미(美), 인류애, 공공(公共)의 진화를 말한다." 그러나 중국의 독자들이 주목한 것은 반항자의 형상이다. 작가는 현실에 대한 불만과 고뇌, 광명을 찾는 과정에서의 방황을 진지하고 생동적으로 작품 속에 그려내고 있다. 중국 독자들은 책 속에 등장하는 상징과 비유, 음악적 요소에 대해서는 크게 주의를 기울이지 않았다. 또한 주인공 음악가의 이름이 갖고 있는 종교적 상징성에 대해서도 신경 쓰지 않았다. '존(장)'은 『성경』에 등장하는 세례자 요한(John)을, '크리스토프'는 그리스도(Christ)를 상징한다. 그러나 중국인들은 '크리스토프'의 독일어 표현인 '크라프트(Kraft)', 즉 '힘'이라는 의미에만 주목해 영웅주의적 표상으로 이해했다. 쉬즈모는 1925년 10월 31일 《신보부간》에 발표한 「로맹 롤랑(羅曼羅蘭)」이라는 글에서 이 책의 작가를 "용감한 인도적 전사"이자 고통 가운데에서 내면에 감추어진 보물을 발견하고 인생의 진리를 깨달은 "위대한 인내자"이며 "인도주의적 영웅"이라고 추켜세웠다. 로맹 롤랑이 사람들에게 준 교훈은 "원한의 굴레에서 벗어나 사상의 자유를 실현하고 시대의 억압에 반항함으로써 영혼과 본성의 존엄을 회복해야" 한다는 것이다.[4] 마오둔도 1923년 열정에 가득 차서 다음과 같이 말했다. "나는 문학이란 인생을 비평하는 것이라 믿는다. 문학은 인생의 결점을 드러내고 이를 메꿀 수 있는 이상적인 길을 제시해야 한다. 따라서 … 나는 특별히 장 크리스토프를 좋아한다. 왜냐하면 작가는 우리가 최악의 상황에 처하더라도 비관하지 않고 어떠한 고난에도 굴복하지 않는 진정한 용기를 가르쳐주었기 때문이다."[5] 샤오쥔(蕭軍)은 로맹 롤랑과 고리키, 루쉰을 가리켜 위대한 "정신적 견인차"라고 칭송하였으며 「용감한 자의 정신(大勇者底精神)」에서는 로맹 롤랑이 "투명한 영혼, 금처럼 순결한 마음, 태양 같은 빛과 열정으로 … 인류의 진보를 위해 칼과 붓을 들어 마지막 한 방울의 피까지 흘리고 최후의 숨을 뱉어냈다."[6]고 적었다. 징인위는 1925년 로맹 롤랑을 찾아가 직접 만나기도 했다. "구부정하고 왜소하며 수척해 보이는 나이 든 시인"의 "신비로운 눈썹 아래로 눈빛이 형형하게 빛나고 있었는데 안경 너머로 영혼의 움직임까지 생생하게 느낄 수 있었다." 1929년 량종다이도 어린 시절 앙모해 마지않던 대문호를 만나고 나서 이렇게 말했다. "누구든지 한 번이라도 그를 직접 만나본 사람이라면 큰 키에 구부정한 몸, 청명하고 명철한 눈빛, 저음의 매력 있는 허스키한 목소리, 그만의 특별한 몸짓을 결코 잊지 못할 것이다."[7] 중국 작가들의 붓 끝에서 장 크리스토프의 창조자는 개성이 충만하고 활력이 넘치는 영웅적 투사로 그려지고 있다. 미국 학자 리어우판(李歐梵)이 『중국 현대 작가의 낭만적 세대(中國現代作家的浪漫一代)』라는 책에서 분석한 것처럼, 로맹 롤랑이 중국 독자들에게 일으킨 공명은 그가 미켈란젤로와 베토벤에게서 느낀 생명력 넘치는 영웅주의적 기백과 같은 것이었다. 롤랑이 창조한 강인하고 힘차며 혈기 왕성하고 기꺼이 고통을 감내하며 용감하게 그것을 극복하는 영웅상은 괴테의 베르테르와 선명한 대비를 이룬다. 그 둘은 매우 풍부한 감정의 소유자라는 정신적 유사성을 제외하고는 비슷한 점이 아무것도 없다. 섬약하고 우울하며 민감한 베르테르에 비해 장 크리스토프는 건장하고 호방하며 폭발력으로 가득 차 있다. 베르테르는 수양에 힘쓰고 너그러움과 인자함을 갖고 있는 명상형의 인물인 데 반해 장 크리스토프는 강한 폭풍우와 거센 물줄기 같은 투사의 성격을 지니고 있다. 리어우판은 이 책이 중국에서 인기를 끈 이유가 당시 중국에서 낭만주의적 색채의 생기론[活力論]이 유행하고 있었기 때문이라고 분석했다.[8]

징인위의 번역본이 나온 뒤 10년, 푸레이는 이 소설의 일부분을 다시 번역해 1936년《소설월보》에 게재했다. 이 책의 제1책 3권은 1937년 1월에 상무인서관에서 '세계문학명저' 총서로 출간했으며, 1941년에 제2, 3, 4책이 출간되었다. 1945년 12월부터 1948년까지 상하이 낙타서점(駱駝書店)은 재판을 발행했다. 당시 책의 판매량이 얼마나 되었는지는 알 수 없지만 각종 회고록 등을 통해 볼 때 푸레이 번역본이 상당한 인기를 끌었다는 것을 알 수 있다. 후펑은「나와 외국문학에 대해 약론함(略談我與外國文學)」이라는 글에서 1940년대에 읽었던 푸레이 번역본에 대해 다음과 같이 쓰고 있다. "인도주의와 이상주의를 향한 위대한 열정은 작품 속 인물이 정신 투쟁의 최고 경지에 도달할 수 있도록 만들어주었다. 푸레이 번역본은 대단히 훌륭하다. 세상과 격리되어 지내던 중에 그의 신역본을 읽게 되었다. 위대한 열정은 힘겨운 날을 보내던 나를 지탱해주는 힘이 되었다. 1945년 로맹 롤랑이 죽었다는 소식을 듣고 나는「로맹 롤랑에게 경의를 표함(向羅曼 · 羅蘭致敬)」이라는 글을 발표했다. 나는 인류의 정신 해방을 위해 평생을 바친 위대한 영웅에게 존경의 뜻을 표하고 싶었다. 또「로맹 롤랑 단편(羅曼 · 羅蘭斷片)」이라는 글도 썼는데 당시 구할 수 있는 자료를 총동원해 그에 대해 입체적으로 탐구해보고자 하였다. 1930년대에 나는 그가 어떻게 공산주의를 받아들이게 되었는지를 고백한 『클람시—모스코바(克拉孟希—莫斯科)』(Clamecy—Moscow)를 번역했다. … 나는 '고난의 정복'을 통해 '환희'를 얻었던 정신적 투사로부터 힘을 이끌어내고자 했다."[9]

푸레이의 번역본은 일본이 상하이를 침공하고 유린하던 시기에 세상에 나와 백색 테러가 횡행하던 국민당 통치 구역에서 유행했다. 국민당이 행한 계엄과 봉쇄, 사상 억압, 정신적 압제는 수많은 중국 젊은이들을 절망의 나락 속으로 빠뜨렸다. 자즈팡(賈植芳)은 자서전 『복잡한 세상에서(在這個復雜的世界裏)』에서 당시 지식계에 만연하던 비관적 분위기에 대해 쓰고 있다. 사회의 앞날에 대한 어떠한 전망이나 변명도 찾아볼 수 없었던 상황에서 대다수 젊은이들은 투쟁의 책임으로부터 도피할 수밖에 없었다. 이런 가운데 푸레이가 번역한 『장 크리스토프』는 "지식인들의 내면 깊숙한 곳에 내재되어 있던 '인간'의 존엄과 투쟁 정신, 투쟁 열정을 환기시켜주었다."[10] 불행한 상황 속에서 주인공이 보여준 불요불굴의 투쟁정신은 중국 젊은이들에게 큰 용기를 주었다. 왕시엔(王西彦)은 「열려진 창문—나와 외국문학(打開的門窗—我和外國文學)」이라는 글에서 이렇게 말했다. 비록 톨스토이의 『고난의 길(苦難的歷程)』과 페딘(Konstantin Fedin)의 소설 삼부곡[4)]이 뛰어나다고는 하지만 『장 크리스토프』가 갖고 있는 "사람의 마음을 뒤흔드는 도덕적 역량"에 견줄 정도는 아니다. "한 편의 서사시와도 같은 이 소설은 1940년대 후반에 중국어로 번역된 후 중국에서 일세를 풍미했을 뿐만 아니라, 젊은이들 사이에 '장 크리스토프 열풍'을 만들어내기까지 했다. 나도 그러한 광풍에 휩쓸렸었

---

4) 참신하고 생기가 넘치는 사회주의 리얼리즘 작품으로 평가되는 『최초의 기쁨(Pervyye radosti)』(1945), 『이상한 여름(Neobyknovennoye leto)』(1947-48), 『모닥불(Kostyor)』(1961-65)을 말한다.

다. 주인공이 처한 상황은 나로 하여금 깊은 동정심을 느끼게 만들었으며 오랫동안 나의 영혼을 뒤흔들었다. 마치 나의 동포 형제가 수난을 당하는 것과 같은 느낌이었다. … 작가는 당대 지식인 가운데 영웅적인 인물을 골라 그의 일대기를 저술하려 한 것일지도 모른다. 그러나 결과적으로는 이상이 좌절된 지식인의 비극을 통해 현실의 장벽에 맞서 용감하게 투쟁하는 전사를 창조해냈다. … 이런 작품을 읽을 때면 나는 내가 몸소 겪은 경험에 비춰보게 된다. 심지어는 청년 크리스토프에게서 나의 모습을 발견하기도 했다." "로맹 롤랑의 이 대작은 한 시대의 풍경을 반영하고 있을 뿐만 아니라 장 크리스토프라는 강인한 성격의 비극적 인물을 통해 19세기 말, 20세기 초의 진보적 지식인의 방황과 이상, 환멸을 그려냈다."[11]

그러나 무엇보다도 『장 크리스토프』가 중국 젊은이들에게 더욱 의미있게 다가온 까닭은 그들이 정열적으로 광명을 추구할 수 있도록 해주었을 뿐만 아니라, 새 시대를 맞이하는 청춘 남녀의 마음속에 신선한 생명력을 불어넣어 주었기 때문이다. 1936년 2월 23일 저우리보는 《대만보(大晩報) · 횃불(火炬)》에 「로맹 롤랑의 70세 생일을 기념하며(紀念羅曼 · 羅蘭七十歲生辰)」라는 글을 게재했다. 글에서 그는 이렇게 말했다. "주인공의 강인한 성품, 생명과 노동에 대한 애착은 특별히 새 시대의 젊은이들에게 큰 매력으로 다가왔다." "강렬하고 명쾌한 스타일은 사람들로 하여금 서로 사랑하게 만들었고 새로운 인격과 세태를 창조해냈다."[12] 왕위안화(王元化)도 1941년 어두컴컴한 작은 방안에 숨어 지내며 이 영웅 전기를 읽어 내려갔다. 4년 후 그는 「'장 크리스토프'에 관하여(關於'約翰 · 克利斯朵夫')」라는 글을 써서 이렇게 말했다. "나의 눈앞에 청명하고 온화한 세계가 펼쳐졌다. 나는 장대한 전투를 위해 떠나는 크리스토프를 따라 험난하고 고된 인생의 산맥을 넘었다. 나는 그가 하늘에서 불을 훔쳐 어둠의 세계를 비추어준 프로메테우스와 같은 신적인 존재라 생각한다." "크리스토프는 나에게 생활의 자신감을 불어넣어주었을 뿐만 아니라, 다른 젊은이들에게는 거인 같은 손으로 도움을 베풀었다. 이로 인해 타락의 문턱에서 되돌아선 이들이 매우 많았다. 책을 읽은 사람들은 마음속에서 영원히 크리스토프의 그림자를 지울 수 없을 것이다. 진실과 허위 사이에서 동요할 때, 인생과 예술에 대한 신념의 불꽃이 사그라지려고 할 때, 난관에 봉착해 의기소침하거나 세속의 거짓에 타협하려고 할 때, 당신은 자연스럽게 크리스토프를 떠올릴 것이다. 당신의 마음속에서 그의 모습은 더욱 빛을 발하고 더욱 분명하고 생동감 있게 살아 숨 쉴 것이다.…"[13] '로맹 롤랑의 영웅적 숨결'에 심취해 있던 작가 루링(路翎)은 책 속에 등장하는 '정력적이고 다채로운 영웅'에 한없이 경도되었는데, 로맹 롤랑은 그가 창조한 인물 속에 '숭고한 열정'을 모두 쏟아부은 듯했다. 방대한 작품 『부잣집 아이들(財主底兒女們)』을 집필하기 시작한 17세 때부터 그는 자기 마음속의 '크리스토프'를 찾고자 했다. 루링은 남다른 '포부와 몽상'을 갖고 있던 주인공 장춘주(蔣純祖)를 통해 자신이 바라던 '영웅상'을 그려내고자 했다. 루링이 '빙링(冰菱)'이라는 필명으로 발표한 「로맹 롤랑 알기(認識羅曼 · 羅蘭)」라는 글은 "중국 젊은이들이 정신적 측면에서 그에 대해 갖추는 최고의 예우"[14]라는 후펑의 호평을 받았다.

왕위안화의 독후감에는 어둡고 음침한 민국 시대를 살아가며 암흑과 공포, 우울함을 이겨내기 위해 『장 크리스토프』에 열광했던 젊은이들의 모습이 반영되어 있다. 이에 비해 루링의 글에는 자신이 생각하는 영웅 이상과 '힘'에 대한 갈망을 담고 있는 이 책을 '바이블'로 삼았던 또 다른 열혈 독자의 모습이 담겨 있다.

092

『자본론(資本論)』

중국 번역사상 가장 위대한 작업

『공산당선언』이 격정으로 가득한 문헌이자 중국인에게 정치철학적 강령을 소개해준 서적이라면, 『자본론』은 다년간 각고의 연구 끝에 나온 지혜의 결정이자 학술 명저이며 마르크스주의 변증 사유의 체현물이라 할 수 있다. 또한 중국에서는 수많은 번역자들이 릴레이식 번역으로 중국 독자들에게 헌정한 의미 있는 책이라 할 수 있다.

『자본론』은 마르크스가 18년이라는 시간 동안 심혈을 기울여 완성한 경제학 대작으로 1867년 9월 14일 함부르크에서 첫 번째 권이 출간되었다. 그러나 마르크스는 나머지 부분이 출판되는 것을 보지 못하고 세상을 떠났다. 엥겔스는 마르크스의 유작 원고를 정리해서 1885년과 1894년에 2권과 3권으로 출간했는데, 이로써 인류 역사상 '위대한 업적'이라 할 만한 『자본론』이 비로소 완성되었다. 모두 3권으로 구성된 『자본론』은 상품 분석에서 출발해 노동 가치와 잉여가치 이론을 제시하고 자본주의 생산 과정, 자본의 유통과정, 자본주의 생산의 전체 과정에 대해 서술하였다. 마르크스는 신중하고 예리한 필치로 자본주의의 보편 법칙을 도출해냈다. 자본가는 더 많은 잉여가치를 얻기 위해 노동자를 착취하는데 이것이 약탈적이고 독점적인 자본주의의 성격을 결정한다. 마르크스는 책의 제1권 초판 서문에서 "자본주의 생산방식과 그에 상응하는 생산관계 및 교환관계에 대해 연구하였는데, … 최종 목적은 근대 사회 경제 발전의 법칙을 드러내는 것이다"라고 적었다.

'노동자 계급의 성경'이라고 불리는 이 대작은 발표 후 100여 년 동안 여러 나라 언어로 번역되었다. 1872년에는 러시아어와 프랑스어판, 1834년에는 폴란드어판, 1885년에는 덴마크어판, 1886년에는 이탈리아어판, 1887년에 영문판, 1894년에는 네덜란드어판이 번역 출간되었다. 1909년 아베 이소오(安部磯雄)가 일본어 발췌 번역본을, 1919년 9월과 12월에는 마쓰우라 요우(松浦要)와 이쿠타 초코(生田長江)가 각각 『자본론』 제1권을 번역했다. 완역본은 1920년부터 1924년까지 다카바타케 모토유키(高畠素之)가 번역 출간했다. 그렇다면 중국에는 언제 처음으로 『자본론』이 번역되었을까?

1899년 2월에서 5월까지 나온《만국공보》제121책부터 124책까지에는 티머시 리처드와 차이얼캉이 공역한 「대동학(大同學)」이 실려 있다. 이 글은 영국의 사회학자 벤저민 키드(1858-1916, Benjamin Kidd, 企德)가 쓴 『사회진화(社會進化)』(Social Evolution)의 전반부 3장을 발췌 번역한 것이다. 원작은 1894년 출판되었으며, 책에서는 마르크스의 주장과 기타 사회주의 학파의 관점을 소개하고 있다. 저자는 사회의 분열을 해소하려면 반드시 이성을 초월해 있는 종교의 힘을 빌어야 한다고 주장했다. 티머시 리처드가 비이성주의적 종교와 생물 진화학설이 결합된 저작을 번역한 것은 오랜 고심의 결과이다. 「대동학」 제3장 상호경쟁의 이치[相爭相競之理]에 보면 마르크스의 『자본론』이 소개되고 있다. "오늘날의 경쟁은 옛날에 비해 훨씬 심할 것이다. 이는 근거 없는 추측이 아니다. 근대 사상가 가운데 백성을 편안하게 만들어주는 신학문을 강조한 사람이 있는데 자본에 관심을 갖고 연구한 독일의 마르크스(馬客偲)가 대표적이다." 이론이 "매우 상세하고 특히 정치적 측면을 중시했는데 현재까지 이 책에 필적할 만한 저작은 없는 것 같다."[1] 샤량차이(夏良才)는 "이것이 국내 간행물 상에 마르크스와 『자본론』의 이름이 최초로 등장한 사례"라고 주장했다. 아울러 "마르크스의 대작에 대한 중국 최초의 평가"이기도 하다.[2] 그러나 여기서 언급한 '자본'이라는 말은 『자본론』의 서명을 가리키는 것으로 볼 수 없다. 『자본론』이라는 책 제목을 최초로 언급한 사람은 마쥔우이다. 그는 1903년 2월 16일 발간된 《역서휘편》 제2년 11호에 「사회주의와 진화론 비교(社會主義與進化論比較)」라는 글을 게재했다. 글에서 사회주의 "대가가 지은 유명한 책"을 열거하고 있는데 그중에 『자본론』의 원제인 Das Kapital과 중국어 번역명이 등장한다. 같은 해 자오삐전은 일본학자 후쿠이 준조의 『근세사회주의』를 번역했는데 이 책은 사회주의 사상 발전사와 각국 사회주의 운동의 현황을 비교적 체계적으로 소개한 저작이다. 책에서는 『자본론』도 언급하였는데 마르크스에 대해서 다음과 같이 말했다. "수많은 책을 섭렵하고 연구에 몰두하여 숨겨진 이치를 탐구하였다. 특히 자본의 원리를 중시하였는데 연구 결과를 모아 『자본론』이라는 책을 펴냈다." 또한 마르크스는 "사회주의 이론을 만들어 실천하고 세계 노동자들과 사회 발전을 위해 연맹하였는데 그 이론은 모두 『자본론』에 기인하는 것이다." 그는 『자본론』을 일컬어 "신 사회주의자를 위한 시대의 역작이며 유일한 진리를 담고 있는 필수 경전"이자 "사회주의의 정립을 위한 확고불변한 학설"의 구현체라고 하였다. 마르크스주의가 중국에 전파되는 과정에서 "중국에 『자본론』을 소개한 최초의 인물"인 주즈신은[3] 1906년 《민보》 제2호에 「독일 사회 혁명가 열전(德意誌社會革命家列傳)」을 실었다. 그는 글에서 마르크스와 그의 경제학설, 『자본론』의 노동가치설과 잉여가치론, 프롤레타리아 계급 빈곤화에 대해 소개하고 있다. 또한 “학술 영역에서 사람들이 최고로 여기는 저작은 『자본의 역사(資本史)』와 『자본론』이다”라고 평가했다.[4]

『자본론』에 대한 관심은 ‘5 · 4’를 전후해 최고조에 달했다. 1919년 옌촨(淵泉)은 카우츠키(Karl Kautsky)의 『마르크스 자본론 석의(馬氏資本論釋義)』를, 1920년 리한쥔은 독일의 마시(Mary E. Marcy)가 쓴 『마르크스 자본론 입문(馬格斯資本論入門)』을 번역했다. 같은 해 페이줴톈(費覺天)은 『자본론 자서(資本論自敘)』를, 1923년 스푸량(施復亮)은 『자본론 해설(資本論解說)』을, 1926년 리지(李季)는 독일의 보르하르트(Borchardt. J)가 편저한 『통속 자본론(通俗資本論)』을, 1927년 다이지타오는 후한민(胡漢民)과 함께 카우츠키의 『자본론해설(資本論解說)』을 번역했다. 1921년 창립된 베이징대학 마르크스학설 연구회(馬克思學說研究會)는 차이위안페이 총장과 리다자오의 지원을 받아 독일어, 영어, 러시아어, 프랑스어, 일본어 번역 소조를 만들었다. 당시 독일어 소조에 속해 있던 뤄장룽은 『춘원재기(椿園載記)』에서 당시 『마르크스 전기(馬克思傳)』, 『공산당선언』, 『자본론』 제1권의 번역과 집필 작업에 참가했었다고 말했다. “『자본론』은 엄청난 대작이라 우리 실력으로 번역하기는 쉽지 않았다. 그러나 열정은 누구에게도 뒤지지 않았다. 그래서 처음에는 직역을 했다. 당시 번역 작업에 참가한 사람 중에는 베이징대학 교수와 독일어 소조의 동료들도 포함되어 있었다. 이때 번역한 것이 아마 최초의 중문 번역본일 것이다.”[5] 『문사자료선집(文史資料選輯)』 제61집에 수록된 뤄장룽의 글에 따르면 “당시 『자본론』 제1권의 번역 원고를 경제학 교수 천치슈(陳啓修)에게 보내주었다.”[6]

『자본론』은 규모가 방대하고 사상이 심오하기 때문에 번역자는 서양 고전철학과 정치학, 경제학, 문학, 수학, 자연과학에서부터 셰익스피어 희극, 괴테의 시가뿐만 아니라 금융과 기계 등 다방면에 해박한 사람이어야 한다. 따라서 『자본론』 번역은 한 사람이 아닌 여러 명이 참여한 릴레이 방식을 통해 비로소 완성될 수 있었다. 마르크스학설 연구회로부터 『자본론』 제1권의 번역 원고를 전해 받은 천치슈는 재직 중이던 《중앙일보(中央日報)》 편집장을 사임하고 일본으로 건너가 독일어본과 영역본, 일역본까지 참고해 『자본론』 제1권 제1편을 번역했다. 1930년 3월, 『자본론』 제1분책이 상하이 곤륜서점(昆侖書店)에서 출간되었다. 비록 샤옌더(夏炎德)가 『중국근백년경제사상(中國近百年經濟思想)』에서 이 번역본에 대해 "문체가 난삽하고 일부만 번역되었다"며 평가절하했지만, 이 책은 최초의 중문판 『자본론』으로서 마르크스주의 중국 전파사에 신기원을 열었을 뿐만 아니라 1930년대 『자본론』 번역 열풍을 견인했다.

그 뒤를 이어 판둥저우(潘冬舟)는 『자본론』 제1권 제2편부터 4편까지 번역했는데 비슷한 시기에 허우와이루와 왕스화(王思華)도 『자본론』 번역에 착수하였다. 판둥저우가 번역한 것은 『자본론』 제2분책과 제3분책으로 나뉘어 1932년 8월과 1933년 1월 베이핑 동아서점(東亞書店)에서 출간되었다. 허우와이루와 왕스화가 공역한 『자본론』 제1권은 상중하 세 권이며, 상권은 1932년 9월에 국제학사(國際學社)에서, 중권과 하권 및 제1권 합본은 1936년 6월 세계명저역사(世界名著譯社)에서 동시에 출간되었다. 허우와이루의 회상에 따르면 1936년 당시 타이위안(太原)에 주둔하고 있던 홍군(紅軍) 대표 저우샤오저우(周小舟)가 합본 네 부를 옌안에 가지고 가서 마오쩌둥, 저우언라이(周恩來), 주더, 청팡우(成仿吾)에게 전해 주었다고 한다. 공산당 비밀요원으로 활동했던 판둥저우는 지식인들을 그다지 탐탁지 않게 여겼는데, 허우와이루와 왕스화 번역본에 대해서도 "겉으로는 반겼지만 속으로는 높이 평가하지 않았다." 그러나 그의 평가 가운데 새겨들을 부분도 있다. "나의 번역본이든 아니면 허우와이루와 왕스화의 번역본이든, 엄격하게 말해 지금으로서는 '번역되었다'는 사실 자체만으로 만족해야 한다." 실로 탁월한 식견이라 할 수 있다. 궈모뤄의 자서전 『학생시대』를 보면 과거에 『자본론』을 번역하자는 궈모뤄의 제안을 상무인서관 편집심사위원회가 거부했었다는 내용이 나온다. 이로 인해 후대 사람들은 상무인서관의 출판 방침을 비판했었다. 그러나 『상무인서관도서목록 1937-1949(商務印書館圖書目錄 1937-1949)』에는 수록되지 않았지만 사실은 상무인서관도 1934년에 우반농(吳半農)과 쳰자쥐(千家駒)가 번역한 『자본론』을 출판한 적이 있었다. 추측컨대 인쇄부수가 소량이었거나 항일전쟁 중에 나와 거의 영향을 미치지 못했기 때문에 많이 알려지지 않았을 것이다. 일부 학자들은 후스가 이 책의 출판을 "보증 추천"한 것은 아마도 "예의상" 그랬을 것이라고 주장했다.[7] 그러나 1933년 11월 2일 후스가 천두슈에게 보낸 편지를 보면 후스가 상무인서관에 이 책의 출판을 권유한 것은 진심에서였다는 것을 알 수 있다. 그는 천두슈가 『자본론』 번역자로 리지를 추천한 것에 반대하면서, 만일 상무인서관이 리지의 번역본을 출간하기 위해 우반농과 쳰자쥐 번역본 출간을 거절한다 해도 자신은 중화교육문화기금 이사회 편역위원회(中華教育文化基金董事會編譯委員會)와 상무인서관과의 계약을 근거로 책의 출판을 관철시키겠다는 의사를 분명히 밝히고 있다.[8] 따라서 이를 들어 후스가 "보증 추천"한 저의를 의심하는 것은 문제가 있다.

20세기 중국의 가장 위대한 번역 작업은 최종적으로 궈다리(郭大力)와 왕야난(王亞南)의 협력으로 완성되었다. 1928년, 상하이 다샤대학(大夏大學) 철학과 출신의 궈다리와 혁명 실패 후 항저우로 도피해 있던 우한(武漢) 중화대학(中華大學) 교육학과 출신의 왕야난은 항저우 시즈(西子) 호반에 위치한 대불사(大佛寺) 경내에서 우연히 만나게 된다. 궈다리는 일찍부터 『자본론』을 번역하려 마음먹고 있었다. 두 사람은 짧은 기간 동안 몇 차례 만난 뒤 각자 학문 수준이 상당하고 의기가 투합한다는 것을 확인하게 되었다. 이에 그들은 장기적으로 협력하기로 하고 함께 마르크스주의 정치경제학 공부를 시작했다. 그들은 "새로운 문체와 번역어를 사용"하여 애덤 스미스의 『국부론』을 번역하였으며, "리카도의 『정치경제학과 조세원리(政治經濟學與租稅原理)』, 맬서스의 『인구론』, 존 스튜어트 밀의 『정치경제학 원리(政治經濟學原理)』, 제번스의 『정치경제이론(政治經濟理論)』, 마르크스의 『자본론』 등 여러 경제학파의 경전 저작들을 완역했다. 글자 수만 해도 400만 자가 넘으니 그 부지런함이 실로 놀라울 따름이다." 샤옌더는 그들을 영국 번역사에서 불후의 업적을 남긴 '바오로 형제'[1)]에 비유하였을 뿐만 아니라 심지어는 "그들을 능가하는 성취를 이루었다"고 하였다.[9] 그들이 자료 준비를 마친 후 본격적으로 번역에 착수한 것은 1935년의 일이다. 소련공산당 중앙위원회 마르크스-레닌주의 연구소(蘇共中央馬列主義研究院)에서 교열한 독일어판 『자본론』을 저본으로 삼아 1938년, 2천여 쪽에 달하는 번역서를 완성하였다. 이 책은 같은 해 8월과 9월, 리공푸(李公樸), 아이스치(艾思奇), 류스(柳湜), 쩡이리(鄭易裏), 황뤄펑(黃洛峰) 등이 세운 독서출판사(讀書出版社)에서 3권본으로 출간되었다. 초판 3천 부는 홍콩을 거쳐 광저우로, 다시 서남(西南) 지역의 대후방(大後方)[2)]으로 보낼 계획이었으나 성사되지 못했다. 2천여 부는 일본군의 포화에 잿더미가 되었고, 홍콩에서는 영국인들에 의해 통관 거부를 당했으며, 베트남 해안에 주둔하던 프랑스 군은 아무 이유 없이 책을 몰수했다. 이로 인해 1939년이 되어서야 비로소 『자본론』 완역본의 일부가 옌안에 도착할 수 있었으며 이후 상하이에서 재판 발행되어 장쑤의 신사군(新四軍) 지역과 둥베이 해방구로 전달되었다. 동시에 독서

1) 여기서 말한 '바오로 형제'는 샤옌더(夏炎德)의 책에서 언급한 '保祿兄弟(Eden and Cedar Paul)'를 번역한 것이다. 그렇지만 Eden Paul(1865-1944)과 Cedar Paul(1880-1972, 본명 Gertrude Mary Davenport)은 형제가 아닌 부부 사이로 함께 마르크스 및 사회주의 서적 번역에 매진하여 영국 사회주의 발전에 큰 공헌을 한 인물들이다.

2) 중일전쟁 때 일본군에 점령당하지 않은 중국의 서남 · 서북 지역.

출판사는 지형(紙型)을 해외를 거쳐 당시 제2의 수도였던 충칭으로 보내 이 불후의 명저가 계속해서 인쇄될 수 있도록 하였다. 1948년 『자본론』의 지형은 다시 동북지방으로 옮겨져 하얼빈에서 3천 부를 발행했다. 놀랄만한 일은 상하이 독서출판사가 《중앙일보》 1947년 2월 20일자 제1면 헤드라인 바로 아래에 『자본론』 출판 광고를 게재한 것이다. 이는 황뤄펑 등이 돈에 눈이 먼 정부 기업의 묵인하에 광고 심의 제도의 허점을 이용해 성사시킨 것이다. 제목은 높이 25센티미터, 너비 6센티미터의 굵은 명조체로 되어 있으며 광고 내용은 이보다 조금 작은 명조체를 사용해 눈에 잘 띄게 인쇄되어 있다. 『자본론』은 "정치경제학상의 불후의 명작"이며 "인류 사상의 찬란한 결정체"이다. 이 광고는 전국적으로 엄청난 반향을 불러일으켰다. 광고 게재 당일 오전 장제스(蔣介石)는 노발대발하며 『자본론』 광고가 실린 《중앙일보》를 회수하도록 명령했다.

『자본론』의 번역이 중국에 미친 영향은 어마어마했다. 1939년 류샤오치(劉少奇)는 혁명성지인 옌안의 마르크스-레닌 학원(延安馬列學院)에서 '공산당원의 수양(論共產黨員的修養)'이라는 제목으로 강연할 때, 『자본론』으로 당 전체가 무장해야 한다고 강조했다. 당시 옌안에는 마르크스-레닌주의를 연구하는 소그룹이 두 개 있었다. 하나는 마오쩌둥이 이끌던 철학 소조이고 다른 하나는 장원톈이 이끌던 『자본론』 소조이다. 『자본론』 소조의 성원으로는 왕쉐원(王學文), 장원톈, 왕스화, 허스징(何思敬) 등이 있다. 1942년 마오쩌둥은 정풍운동(整風運動)[3] 중에 『자본론』 학습의 교조주의적 경향에 대해 비판한 적이 있다. 그는 마르크스의 『자본론』 창작과정을 예로 들며 이론지식과 실천경험을 겸비한 지식분자가 되어

3) 1942-45년 중국공산당이 당원 일반을 대상으로 마르크스-레닌주의를 교육시키고 당내 기풍을 쇄신하기 위해 일으킨 운동.

야 한다고 강조했다. 또한 옌안 간부회의에서 행한 '당팔고를 반대함(反對黨八股)'이라는 제목의 강연에서는 알맹이 없는 장편저작 대신 간결한 단편저작을 써야 한다고 강조하며 특별히 다음과 같은 말을 덧붙였다. "혹자는 이렇게 질문할지도 모른다. 『자본론』도 대단히 방대한 장편저작이다. 이에 대해서 어떻게 생각하는가? 『자본론』은 전혀 문제가 없다. 보던 대로 계속 보면 된다. … 나는 알맹이 없는 장편저작의 공허한 팔고조(八股調)를 반대하는 것이지 뭐든 짧아야 좋다는 것은 아니다."[10] 마오쩌둥은 이 말을 통해 사람들이 『자본론』이라는 대작을 읽도록 격려한 것이다. 왕야난과 같은 번역자는 『자본론』의 구조, 체계, 법칙, 범주를 이용해 구 중국의 경제 형태를 고찰했다. 그는 중국의 경제 형태를 상품-화폐-자본, 혹은 도시-농촌, 공업-농업-상업의 여러 관계가 뒤얽혀 있는 반식민지로 보았다. 이 연구의 결과물은 1946년 푸젠의 중국경제과학출판사(中國經濟科學出版社)에서 나온 『중국경제원론(中國經濟原論)』에 실려 있다. 무엇보다 중요한 것은 마르크스라는 위대한 인물이 자신이 처한 빈곤한 경제 상황을 분석해 집필한 대작이 중국어로 번역되어 나옴으로써 중국인들에게 빈곤에서 벗어날 수 있는 희망을 안겨주었다는 점이다. 『자본론』의 사상은 중국공산당원들에게 절대적인 영향을 미쳤으며, 따라서 『자본론』 번역본은 현대 중국의 역사를 바꾼 기념비적인 작품이라 할 수 있다.

093

『서행만기(西行漫記)』

중국을 발견한 세계, 자신을 발견한 중국

『중국의 붉은 별』

1930년대에 서양 사람들은 펄 벅의 장편소설과 스노의 르포문학을 통해 중국의 참모습을 발견했다. 『대지』에서 근면한 중국 농민들이 어떻게 지주에게 착취당하고 척박한 불모지에 어떻게 생명의 빗방울이 내리는지 보았다면, 『서행만기』에서는 생동적이고 자연스러운 묘사를 통해 고대 문명의 발상지에서 탄생한 새로운 문명을 이해할 수 있었다.

미국의 저명 기자 에드거 스노(Edgar Snow, 1905-1972, 埃德加 · 斯諾)의 장편 르포문학 『중국의 붉은 별(紅星照耀中國)』(Red Star over China), 즉 후에 『서행만기』로 소개된 작품은 1930년대 후반에 출간되어 세계를 진동시켰다. 작가는 7년간 기자로 복무했었는데 그 경험을 살려 1936년 6월부터 10월까지 중국 서북 혁명 근거지에서 현지 취재를 감행했다. 그곳에서 마오쩌둥을 비롯한 중국공산당 지도자들과 교류하며 그가 보고 들은 것을 진솔하고 명쾌한 필치로 남김없이 기록했다.

1936년 10월, 봉쇄된 홍색 지구[紅區][1]에서 빠져 나온 스노는 단편 기

1) 제2차 중국 국내 혁명전쟁 당시 중국공산당 통치 구역을 말한다.

사를 써서 독자들에게 자신의 경험을 전했는데, 이때 쓴 기사들은 나중에 『서행만기』의 주요 부분을 이루었다. 미국의 《아주(亞洲)》(Asia) 잡지는 1937년 「붉은 중국으로부터 온 보고(來自紅色中國的報告)」(2월호), 「마오쩌둥 자서전(毛澤東自傳)」(7-10월호)과 장정(長征)에 관한 보도(10-11호)를 실었고, 부록으로 주더(朱德), 쉬터리(徐特立)가 옌안에 온 난징 대표단과 함께 찍은 기념사진을 게재했다. 같은 해 미국의 《미아(美亞)》(Amerasia) 잡지도 「중국공산당과 세계적 임무—마오쩌둥과의 담화(中國共產黨和世界事務—和毛澤東的一次談話)」(8월호)를 게재했고, 《신공화(新共和)》도 「중국은 왜 장정을 해야만 했는가(中共爲何要長征)」, 「중공의 공업(中共的工業)」(8, 9월호) 등의 글을 실었다. 1937년 10월, 영국 런던의 골랑즈출판사에서 발행된 『중국의 붉은 별』 초판은 한 달 사이에 세 차례나 인쇄되었지만 폭발적인 수요를 만족시키기에는 역부족이었다. 이 책은 연말까지 5판을 발행했다. 11월에 미국 랜덤출판사도 이 책을 출판하였는데 하루 평균 600권씩 3주 동안 1만 2천 권이 팔려 나가는 돌풍을 일으켰다. 『중국의 붉은 별』은 극동의 정세와 관련된 책 가운데 가장 많은 판매고를 올린 책으로 기록되었다.[1] 이 책은 서양인들이 그동안 생각해오던 것과는 완전히 다른 중국과 중국인의 모습을 보여주었다. 서양 사람들은 무기력하고 부패한 중국인이 아닌 투쟁으로 고조된 새로운 인간상을 보게 되었다. 스노는 이 책이 세계적으로 큰 반향을 불러일으킬 수 있었던 원인에 대해 다음과 같이 설명했다. 책이 나온 시점은 "중국이 일본의 침략에 맞서 완강한 저항을 하고 있을 때였다. 이는 아무도 예상치 못했던 일로 전 세계인들을 깜짝 놀라게 만들었다. 사람들은 누군가 이런 '현상'에 대해 설명해주길 바랐는데 아마 『서행만기』가 그에 대해 답을 줄 수 있을 것이라 기대했던 모양이다."

미국의 역사학자 래티모어(Owen Lattimore)는 "붉은 별"이 "불꽃처럼 하늘로 솟아올라 망망한 황혼을 갈랐는데 … 알고 보니 그것이 중국이었다!"라고 추켜세웠다. 미국의 외교관 서비스(John S. Service)는 이 책이 "장막을 열어젖혀 전 세계에 미래의 중국을 보여주었다"고 했다. 미국의 저명 기자 해리슨 솔즈베리(Harrison Evans Salisbury)는 「세계를 비춘 '붉은 별'」이라는 글에서 다음과 같이 적었다. "이것은 발견에 관한 책이다. 이 책은 들어본 적 없는 대륙—붉은 중국과 마오쩌둥, 저우언라이, 주더, 펑더화이(彭德懷), 덩샤오핑(鄧小平), 양상쿤(楊尙昆) 등 수많은 지도자들의 소식을 우리에게 전해주었다."[2] 세계 사람들은 이 작은 창을 통해 다시 한 번 중국을 발견하게 되었다. 책의 영문판은 전시와 전후의 수십 년 동안 프랑스어, 독일어, 러시아어, 이탈리아어, 스페인어, 포르투갈어, 일본어, 네덜란드어, 몽고어, 스웨덴어, 힌디어, 카자흐어, 한국어, 히브리어, 세르비아어 등 세계 20여 종의 언어로 번역되었다.[3] 뿐만 아니라, 인도와 동남아의 일부 혁명가들에게 사상적 자양분이 되어주었다. 인도의 코트니스(Kwarkanath S. Kotnis)가 대표적인 예이다. 그는 이 책의 내용에 고무되어 험준한 길을 헤치고 중국으로 가 항일전쟁에 참전했다. 1944년 5월 스노는 이 책의 신판 서문에서 이렇게 말했다. "나는 인도의 수많은 청년 학생들이 『서행만기』를 사상적 원천으로 삼아 반파시스트 운동과 반제국주의 운동에 참여하는 것을 보았다. 한번은 더친(德欽)[2)] 사람들과 마주친 적이 있는데, 그들이 말하길 미얀마에서 더친인 유격대원들이 이 책을 유격전을 조직하는 데 길잡이로 사용하고 있다고 했다. 어떤 말라야(Malaya)[3)] 사람도 중국인이 지휘하는 말라야 유격대에서 이 책을 같은 목적으로 사용하고 있다고 나에게 알려주었다. 러시아에서 나는 세 명의

2) 중국 윈난(雲南)성 장족(藏族) 마을 중 하나이다.
3) 영국의 식민지였으나 현재는 독립하여 말레이시아의 일부가 되었다. 서말레이시아라고도 부른다.

젊은 여성 유격대원과 이야기를 나눈 적이 있다. 고등학생들이 조직한 이 유격대는 스몰렌스카야 외곽에서 나치주의자들과 전투를 벌이고 있었는데" 『서행만기』를 통해 군사 작전 경험을 학습했다고 했다.[4] 스노는 유럽과 미국의 신문에 기고한 기사를 제외하고 평생 동안 열한 권의 책을 저술했는데 대부분이 중국 문제와 관련이 있다. 물론 상당수는 철 지난 이야기가 되었지만 오직 『서행만기』만은 현재까지도 여전히 매력을 잃지 않고 서양 사람들이 중국을 이해하는 중요한 통로가 되고 있다.

『서행만기』의 일부 내용이 산발적인 기사의 형식으로 발표된 지 얼마 지나지 않아 중국어 발췌 번역본과 완역본이 비밀리에 또는 공개적으로 발행되었다. 1937년 5월, 스산(思三)의 번역으로 평범서점(平凡書店)에서 출간된 『중국의 신서북(中國的新西北)』이라는 책에는 「중국의 신서북」과 「마오쩌둥 선생과의 담화(與毛澤東先生的談話)」가 실려 있다. 1937년 3월, 스노는 베이핑 왕푸스[4)]의 번역으로 『외국기자 서북인상기(外國記者西北印象記)』를 출간했는데, 여기에도 『서행만기』의 일부 내용이 포함되어 있다. 사실상 『서행만기』 중역본의 초기 형태라 할 수 있다. 처음 인쇄한 5천 권은 발간과 함께 모두 팔려 나갔다. 1937년 12월 상하이 대중출판사(大衆出版社)는 자오원화(趙文華)가 발췌 번역한 『붉은 깃발 아래의 중국(紅旗下的中國)』을 출판했다. 이 책에 실려 있는 10여 편의 글도 나중에 『서행만기』에 수록되었다. 1938년 1월, 상하이 조계의 항일 구국 인사 12명—왕안칭(王厂靑), 린단추(林淡秋), 우징송(吳景崧), 샤오종한(邵宗漢), 니원위(倪文宙), 천중이(陳仲逸), 장위우(章育武), 후중츠, 푸동화(傅東華), 메이이(梅益), 펑빈푸(馮賓符), 궈다(郭達)—은 이 책의 영문판을 저본

4) 왕푸스(王福時, 1911-2011). 중국 현대의 저명 번역가이자 좌익민주인사이다. 『외국기자 서북인상기(外國記者西北印象記)』의 편집을 담당했다.

으로 삼아 한 부분씩 번역한 결과 한 달도 안 되어 전체 번역을 완성했다. 이들은 '복사(復社)'라는 명의로 집단 번역, 인쇄, 발행까지 진행하였다. 스노는 원작에 약간의 첨삭을 가하고 원서에 없던 상당량의 사진을 추가하였으며 중역본 서문도 써주었다. 니원위는 당시의 정치적 상황을 고려해 『중국의 붉은 별』 대신 여행기의 느낌을 주는 『서행만기』라는 제목을 쓰자고 제안해 사람들의 동의를 얻었다.

중역본 『서행만기』는 '붉은 중국을 찾아서', '붉은 수도로 가는 길', '바오안(保安)에서', '어느 공산당원의 내력', '장정(長征)', '서북방의 붉은 별', '전선으로 가는 길', '홍군과 함께', '전쟁과 평화', '다시 바오안으로', '다시 백색세계'의 12장으로 이루어져 있다. 초판은 출간 즉시 매진되었으며 상하이에서만 재판 5만 부를 찍었다. 중국 내의 항일 근거지와 유격 지구, 홍콩 및 동남아 지역의 화교 거주지에서도 무수히 많은 재판본과 복사본이 출간되었다. 장주홍(張注洪)은 「'서행만기'의 역사적 영향을 논함(論'西行漫記'的歷史影響)」이라는 글에서 통계에 기초해 중역본 판본을 대략 세 유형으로 나누고 있다. 첫 번째는 지구(地區) 이름을 붙인 것으로, 『서북산기(西北散記)』, 『서북신사회(西北新社會)』(戰士出版社), 『서북변의 신비 구역(西北角上的神秘區域)』(上海明日書店), 『중국의 신서북(中國的新西北)』(漢口戰時讀物編譯社), 『중국의 홍구(中國的紅區)』(救亡社), 『어느 미국인의 변경행(一個美國人的塞上行)』, 『외국기자 서북인상기(外國記者西北印象記)』 등의 발췌 번역본이 여기에 해당한다. 두 번째는 마오쩌둥과 기타 인물들을 앞세워 전기식으로 이름 붙인 것이다. 왕헝(汪衡), 장뤄슈(張洛書), 장종한(張宗漢), 한칭(翰靑) 등이 번역한 『마오쩌둥 자서전』은 문적사(文摘社), 섬서서점(陝西書店), 옌안 문명서점(文明書店) 등에서 1937년에 출판되었다. 리리(厲力), 바이화(白華)가 편역한 『마오쩌둥 인상기(毛澤東印象記)』는 상하이 대중출판사(1937)와 생활서점(1938)

에서 출판되었다. 또한 궈원빈(郭文彬)이 편역한 『홍군사걸—불멸의 중국 신전사(紅軍四傑—光芒萬丈的中國新戰士)』, 천런(陳仁) 편역의 『팔로군 장교 인상기(第八路軍將領印象記)』, 역자불명의 『홍군사강(紅軍四講)』 등도 일심서점(一心書店), 자강서점(自强書店), 신생출판사(新生出版社)에서 출간되었다. 마지막으로는 서명에 장정(長征)이라는 단어가 포함된 것으로 왕헝이 번역하고 문적사에서 출판한 『이만 오천 리 장정(二萬五千里長征)』(1938), 자오이핑(趙一平)이 번역 출간한 『장정 '이만 오천 리'(長征'二萬五千里')』(1939)가 대표적이다. 이를 모두 합치면 판본은 대략 20여 종 이상이 된다.[5]

어떤 측면에서 보면 『서행만기』의 중역본은 영문판보다 훨씬 더 큰 영향을 미쳤다. 영문판이 세계 사람들로 하여금 진정한 중국을 발견하게 해주었다면 중역본은 중국인들로 하여금 자신뿐만 아니라 새로운 중국을 볼 수 있게 해주었기 때문이다. 천이밍(陳一鳴)은 「붉은 별은 전투에 나가는 청년들을 비추어주네(紅星照耀青年去戰鬥)」라는 글에서 이렇게 쓰고 있다. 모두들 중역본을 손에 넣기만 하면 "흥분된 마음으로 앞다투어 읽으려 한다. 상하이의 대학교와 중고등학교 100여 곳의 도서반에서도 책을 돌려가며 읽은 후 토론회를 진행하였다. 어떤 곳에서는 책이 없어서 한 권의 책을 쪼개어 여러 명이 나누어 본다고도 한다." 추위쿤(儲玉坤)은 「고도춘뢰(孤島春雷)」라는 글에서 1938년 고도(孤島)[5)] 상하이의 첫 번째 봄에 『서행만기』가 등장했을 당시의 상황에 대해 이렇게 소개했다. "(『서행만기』는) 봄날에 내리치는 천둥과도 같이 암흑의 고도를 뒤흔들어 놓았다. 그러나 이것은 고도 사람들에게 대단히 기쁜 '소식'이었다. 그들

---

5) 중국에서는 1937-1941까지 상하이 조계가 일본군 점령지에 사방이 포위된 상태였던 시기를 '외로운 섬', 즉 '고도(孤島)' 시기라 부른다.

은 새로운 이상을 갖게 되었고 광명의 미래를 보게 되었다. 봄날의 갑작스런 천둥으로 인해 우리는 항전 필승에 대한 신념을 강하게 다질 수 있었다." 수많은 젊은이들은《문회보(文匯報)》의 편집자였던 추위쿤에게 중역본을 읽고 난 후의 감상을 전하며 더 이상 고도에 남아 취생몽사(醉生夢死)의 생활을 할 수 없다는 의지를 표현했다. 저명 만화가 화쥔우(華君武)는「존경과 감격(崇敬和感激)」이라는 글에서 이렇게 말했다. "읽으면 읽을수록 책에 빠져들었다. 나는 감성적으로나마 중국공산당, 중국공농홍군(中國工農紅軍)과 백성들의 관계에 대해 이해하게 되었다. 중국에 산베이(陝北)[6)]와 같은 곳이 있다는 것도 알게 되었다. 그곳은 우리가 혐오하는 국민당 통치 구역이나 추악한 상하이 조계지와는 전혀 다른 고결한 땅이다. 그곳의 공기는 신선하고 사람들 간의 관계는 평등하며 자유롭게 숨 쉴 수 있는 곳이다. 아울러 애국과 항일을 위해 싸우는 공산당과 홍군의 본거지이다.『서행만기』는 수많은 사실을 기초로 국민당이 공산당에 대해 퍼뜨린 유언비어와 중상모략, 반공선전의 실체를 제대로 알려주었다."[6]

『서행만기』는 중국 젊은이들에게 이상적인 사회모델과 새로운 중국인의 형상을 제시해주었다. 리원(黎文)은「영원히 잊지 못할 나의 계몽 교사 에드거 스노(永遠銘感我的啓蒙老師埃德加 · 斯諾)」라는 글에서 이렇게 말했다.『서행만기』는 "저자가 직접 경험한 1차 자료와 생생한 서술로 나의 시야를 크게 넓혀주었으며, 중국공산당이 개척하고 이끄는 산베이 혁명 근거지로 순식간에 나를 데려다주었다. 그곳은 완전히 새로운 세계로 중국에서 가장 밝고 가장 진보적이고 가장 민주적이며 가장 자유로운 곳이다. 누구나 가고자 하는 그곳에 미래 신중국의 모습이 담겨 있다." 야오베이화(姚北樺)는 진실하고 생동감 넘치는 이 책이 구체적인 사실들을

6) 해방구이며 대장정 끝에 중국공산당이 마련한 본거지가 있는 곳이다.

통해 우리에게 다음과 같은 소식을 알려주었다고 말했다. "중국의 서북 자락에 '중국의 대들보'라 불리는 한 무리의 사람들이 있다. 그들은 구세계를 무덤에 파묻고 신 사회를 탄생시키기 위해 묵묵하고 견실하게 일하고 있다. 그곳에 중화민족의 엘리트들이 모여 있다. 그곳에 전설적인 인물 사적이 있다. 그곳에 평등한 동지들의 인간관계가 있다. 그것은 지금까지 누구도 경험해본 적이 없는 것이며 오랫동안 모두가 동경하던 것이다."[7] 훗날 수리전력부장을 역임한 첸정잉(錢正英)은 『상하이 조계에서 해방구까지(從上海租界到解放區)』라는 회고록에서 그녀가 상하이 조계지에서 『서행만기』를 읽었을 때의 느낌을 이렇게 표현했다. 그 책은 "나의 눈과 귀를 확 뜨이게 해주었으며 나의 좁은 시야를 넓혀주었다. 책은 나를 완전히 매료시켰다. 나는 고난의 조국 대지 위, 서북자락에서 직접 신천지를 목도하였다. 마오쩌둥, 저우언라이와 주더 등 영웅들이 직접 농공(農工) 홍군을 이끌고 2만 5천 리의 장정 끝에 산베이에 도착해 전국의 혁명을 지도하였다는 사실도 알게 되었다. 또한 당 중앙 마오 주석의 항일 구국의 주장을 알게 되었고, 중국공산당이 없이는 항전에서 승리할 수 없다는 것을 깨닫게 되었다. 이를 계기로 공산당이 눈 하나 깜짝 않고 살인을 저지른다거나 공산공처제(共産共妻制)를 주장한다는 등 국민당이 날조한 유언비어를 머릿속에서 깨끗이 지워버릴 수 있었다." 저명 작가 마스(馬識)도 『출구는 어디인가(出路在哪裏)』라는 회고록에서 『서행만기』에 대해 다음과 같이 말했다. "중국에도 이런 고결한 땅이 있고 이런 군대가 있고 이처럼 굳센 영웅들이 있다는 것을 비로소 알게 되었다. 내가 그 동안 소망했지만 가지 못했던 길이 내 앞에 놓여 있는 것을 발견했다. 그 얼마나 바라던 길인가."[8] 책 한권의 영향력을 과도하게 부풀리려는 것은 아니다. 그러나 『서행만기』가 당시 청년들이 위대한 중국혁명에 투신하는 데 엄청난 촉매제 역할을 했다는 사실은 의심의 여지가 없다.

1938년 화젠우는 가족과 친척, 친구와 동료들을 속이고 혈혈단신으로 홍콩, 광저우, 창사, 한커우, 충칭, 청두, 바오지(寶雞), 시안을 거쳐 3개월 만에 산베이에 도착했다. 그가 이처럼 힘든 여정을 이겨낼 수 있었던 것은 바로 "『서행만기』가 준 힘" 때문이었다.

많은 외국 학자들은 『서행만기』를 마르코 폴로의 『동방견문록』과 비교하기도 한다. 두 책 모두 세계가 중국을 발견하는 데 일조했기 때문이다. 어떤 학자는 이 책을 콜럼버스가 '신대륙'을 발견한 것에 비교하기도 한다. 두 책 모두 일찍이 들어본 적 없는 '신세계'를 발견하는 험난한 여정을 기록하고 있기 때문이다. 그러나 콜럼버스가 서양인에게 보여준 것이 '동방세계'의 허상이었다면 스노는 서양인과 중국인 모두에게 희망이 가득한 진정한 '신대륙'의 모습을 보여주었다.

094

『세계를 뒤흔든 열흘(震撼世界的十天)』

검열에서 살아남은 르포문학의 걸작

르포문학 가운데 스노의 『서행만기』를 제외하고 20세기 중국에 큰 영향을 미쳤던 또 다른 걸작을 꼽는다면 존 리드의 『세계를 뒤흔든 열흘(Ten Days That Shook the World)』을 들 수 있다. 두 권 모두 세계 르포문학 역사상 프롤레타리아 혁명을 다룬 기념비적 작품이다.

저자 존 리드(John Reed, 1887-1920)는 미국의 저명한 신문기자이자 정치가, 시인이다. 33년이라는 짧은 생애를 폭풍 같이 살다 간 그는 1910년 하버드대학교를 졸업했으며 사회로 나온 직후 자신이 살고 있는 시대가 급격한 정치적 변화의 소용돌이 속에 놓여 있다는 것을 깨달았다. 방관자가 되기를 거부한 그는 국제 공산주의 활동가가 되기로 결심한다. 1911년, 문학 및 정론잡지인 《대중(Thas Masses)》을 창간해 시와 정론을 발표하였으며 뉴저지 주의 패터슨 방직공장 노동자들이 파업하였을 때 현장에서 파업 노동자들과 함께 생활하며 기사를 작성하여 언론계의 주목을 받았다.

1차 세계대전이 발발하자 그는 《메트로폴리탄(Metropolitan)》 잡지의 유럽 종군기자가 되어 멕시코, 프랑스, 독일, 이탈리아 등지에서 활동했으며, 이때의 경험을 소재로 보고 문학집 『폭동의 멕시코(Insurgent Mexico)』(1914), 『동유럽 전쟁(The War in Eastern Europe)』(1916) 등을 펴냈다. 이를 계기로 그는 언론계에서 가장 인기 있고 보수 높은 기자로 자리매김하게 되었다. 1917년에는 러시아 모스크바에 가서 10월 혁명을 직접 목도하였으며, 1918년 귀국 후에는 미국 사회당 내 좌익을 이끌고 미국 공산주의 노동당을 창건했다. 1919년 3월 미국에서 반공산주의 열풍이 절정에 이르렀을 때, 보니 앤드 리브라이트출판사는 세계 최초로 러시아 10월 혁명의 경과를 기록한 장편 보고 문학 『세계를 뒤흔든 열흘』을 출간했다. 사실에 기초해 정치적인 편견을 비판한 이 책은 출간 후 《뉴욕 아메리칸(New York American)》, 《뉴욕 선(New York Sun)》, 《필라델피아 퍼블릭 레저(Philadelphia Public Ledger)》, 《로스앤젤레스 타임스(Los Angeles Times)》, 《위클리 리뷰(Weekly review)》 등의 호평을 받았다. 책은 한 달 동안 4판을 찍었으며 출간 3개월 만에 9천 부가 팔려나갔다. 심지어 벌목 현장이나 광산 지역의 노동자들도 책장이 떨어져 나가거나 너덜너덜해질 때까지 책을 돌려 읽었을 정도였다.[1] 탁월한 편집과 빼어난 문체로 인해 리드는 '현대 신문 기사의 아버지'라는 명성을 얻게 되었다. 같은 해 9월 그는 미국 공산주의 노동당의 지시에 따라 모스크바에서 개최된 코민테른(Comintern) 제2차 대표대회에 참석하였으며 10월에는 코민테른 국제 집행위원에 당선되었다. 이에 미국 정부는 그의 입국을 금지시켰고 소련에 체류하고 있던 그는 1920년 10월 17일 발진티푸스에 걸려 모스크바에서 사망하였다.

『세계를 뒤흔든 열흘』은 배경, 다가오는 폭풍우, 혁명 전야, 임시정부의 붕괴, 비약적 돌진, 구국위원회, 혁명군의 전선, 반혁명, 승리, 모스크바, 정권 획득, 농민대회 등 12장으로 이루어져 있다. 작가는 그가 직접 목격한 사실을 기초로 11월 7일 겨울 궁전을 점령한 때부터 11월 18일

농민 대표자 대회가 열릴 때까지의 결정적인 열흘간의 상황을 생동감 있게 그려내고 있다. 또한 일련의 중요 회의에 옵서버로 참석하여 레닌, 트로츠키, 카메네프, 지노비예프 등 대표자들의 발언을 직접 기록하고 보도하기도 했다. 아울러 당시 상트페테르부르크에서 발행되는 주요 신문과 잡지의 기사 및 선언들을 요약 보도하고 무장 노동자와 병사들의 격앙된 정서와 고된 전투 상황을 생생하게 묘사했다. 저자는 기자의 신분으로 상트페테르부르크에 왔기 때문에 당시 우파 임시 정부의 고위층 인사와도 접촉할 수 있었으며 혁명을 무력화하려는 그들의 생각도 심도 있게 파헤칠 수 있었다. 혁명이 발생한 지 얼마 지나지 않아 볼셰비키와 사회혁명당 좌파 세력 사이에 분열이 발생하고 볼셰비키 내에서도 내분이 일어났다. 카메네프, 루이코프, 지노비예프 등이 연이어 볼셰비키 중앙위원회를 탈퇴했는데, 저자는 이에 대해서도 충실하게 기록하고 있다.

책에는 다양한 방면의 자료들이 망라되어 있어 사료적 가치가 매우 높다. 예를 들면, 《러시아 매일신문(俄國每日新聞)》과 《러시아 데일리(俄羅斯日報)》, 그리고 프랑스 정보국이 상트페테르부르크에서 발행하는 《신문공보(新聞公報)》, 1917년 9월 중순부터 1918년 1월 말까지 상트페테르부르크 성벽에 붙여진 각종 포고문과 통지, 정부에서 출간한 정부 법령, 볼셰비키가 외교부를 인수한 후 문서 파일에서 발견한 비밀 조약과 비밀 문서 등이 포함되어 있다. 레닌도 이 책에 대해 매우 높이 평가했는데, 이 책을 세 차례나 읽은 뒤 1919년 말 서문을 썼다. "존 리드의 『세계를 뒤흔든 열흘』을 기쁜 마음으로 읽었다. 이제 아무런 망설임 없이 이 책을 전 세계에서 투쟁중인 대중들에게 추천하고자 한다. 나는 이 걸작이 수많은 언어로 번역되어 수천만 부 인쇄되길 바란다. 이 책은 충실하고 생동적인 설명으로 영예로운 프롤레타리아 혁명과 프롤레타리아 독재를 실질적으로 이해하는 데 도움을 주고 있다. 혁명에 대해서는 그동안 광범위하게 논의되어왔다. 그렇지만 이러한 이상을 수용하거나 거부하기 전에 반드시 이번 혁명의 전반적인 의의에 대해 생각해봐야 한다. 존 리드의 저작은 의심의 여지없이 국제 혁명 운동의 기본적인 문제를 명확히 이해하는 데 도움을 준다." 레닌의 부인 크룹스카야는 『세계를 뒤흔든 열흘』을 러시아어로 번역하여 당시 격전을 벌이고 있던 소련 민중들에게 큰 힘이 되어주었고 여러 곳의 학교에서는 교재로 채택하기도 했다.

쑨원 선생은 이렇게 말했다. "소련 혁명으로 인해 인류는 위대한 희망을 가질 수 있게 되었다." 세계의 1/6을 차지하고 있는 구세계 소련에서 벌어진 해방의 사건과 이에 대한 역사적 기록은 자연히 중국인들의 관심을 끌 수밖에 없었다. 뤄장룽은 「베이징대학 마르크스학설 연구회를 추억하며(回憶北京大學馬克思學說研究會)」라는 글에서 『세계를 뒤흔든 열흘』의 독일어본을 번역해 학회 자료로 사용했던 일에 대해 서술하고 있다. 그때 번역했던 책은 나중에 광저우 인민출판사에서 출판되었지만 안타깝게도 현재는 구할 수가 없다.[2] 우위장이 읽은 것은 외문출판사(外文出版社)에서 나온 『전 지구를 뒤흔든 열흘(震撼環球的十日)』이다. 그는 「5·4 전후 나의 사상 전환(回憶五四前後我的思想轉變)」이라는 글에서 다음과 같이 썼다. "10월 혁명 과정에 대한 이 책의 묘사는 대단히 생동적이다. 이 책을 통해 나는 북방 이웃 나라 러시아에 이미 사회주의 국가, 농공 정부가 세워졌으며 인민들이 착취에서 벗어나 진정한 자유와 해방을 얻었다는 것을 알게 되었다. 예전에 나는 프랑스에서 사회주의 사상과 학파들을 접하고 사회주의적 이상에 매료된 적이 있었다. 놀랍게도 지금 그 이상이 러시아라는 대국에서 실현된 것을 보니 흥분을 감출 수 없다."[3]

크룹스카야가 '우리 시대의 서사시'라고 불렀던 이 작품의 최초 중국어본은 장차오천(張超塵)이라는 필명의 역자에 의해 번역되었다. 1930년 5월 10일 출판된 "《출판월간(出版月刊)》 5월호에 게재된 상하이 춘조서국(春潮書局) 출간 예정 목록을 보면 '10월 혁명을 묘사한 대작' 『세계를 뒤흔든 열흘』이 들어 있다." 딩징탕(丁景唐) 선생에 따르면 장차오천은 당시 춘조서국을 운영하던 허공차오(何公超)일 가능성이 크다.[4] 이 판본은 그다지 크게 유행하지는 못했다. 비교적 영향력이 컸던 것은 쩡홍(曾鴻)이 번역하고 1930년 11월 상하이 문림사(文林社)에서 출판한 『세계를 진동시킨 열흘(震動世界之十日)』이다. 책머리에는 리드의 친구 해리슨(Harry Henderson)이 쓴 「중역본 서문(題中文譯本序言)」이 실려 있으며, 사료 가치가 높고 호소력과 흡인력 강해 르포문학의 본보기로 전해지고 있다. 당시 국민당 정부는 10월 혁명으로 신경이 날카로워져 있었기 때문에 1931년 228종의 책을 금서로 지정하며 그 안에 이 책을 포함시켰다. 금서 지정의 이유는 '반동언론'이라는 명목이었다.[5] 1933년 국민당은 다시 프롤레타리아 문화예술에 대한 대대적인 탄압을 시작했다. "러시아 10월 혁명의 성공이 문자 매체에 힘입은 바 크고 소련공산당도 문예를 혁명 수단의 하나로 활용하면서 통제의 필요성이 커졌기 때문이다."[6] 1936년 국민당 중앙선전부는 다시 밀령을 내려 676종의 사회과학 서적을 금서로 지정하였는데, 이때 이 책도 '공산주의 선전'이라는 죄명을 씌워 각 지역 선전부가 검열 및 압수하도록 했다.[7] 이로 인해 쩡홍의 번역본은 현재까지도 자취가 묘연하다.

이처럼 국민당 정부의 검열과 압수로 인해 널리 보급되진 않았지만 이 책은 1930년대 중국에서 '혁명 르포문학의 경전 저작'으로 불리면서 사람들 사이에서 끊임없이 추천되고 애독되었다. 예링펑은 1930년대 이 책의 영문판을 읽었는데 그가 쓴 『상홍실수필(霜紅室隨筆)』에 보면 이에 대해 회상한 내용이 나온다. "당시 나는 아직 젊어서 지금보다 열심히, 그리고 열정적으로 책을 읽었던 것 같다. … 첫 페이지 윗부분에는 읽기 시작한 날짜가, 마지막 페이지에는 독서를 마친 날짜가 적혀 있다. 또한 밑

줄을 긋고 생각을 적어놓은 곳이 적지 않았고 책 말미에는 수많은 구호들로 빼곡히 채워져 있었다."[8] 1935년 12월 21일 저우리보가 상하이《시사신보》'매주문학(每周文學)'에 '국방문학' 운동에 관해 쓴 최초의 논문「'국방문학'에 관하여(關於'國防文學')」를 보면 그는『세계를 뒤흔든 열흘』을 편년체의 대표적 국방문학 작품으로 소개하고 있다.[9]

엄격한 검열 정책도 이 책의 재번역과 출판을 막지는 못했다. 1941년 8월 상하이 금성서점(金星書店)은 고도 상하이의 특수한 정치문화 환경을 이용해 왕판시(王凡西)가 번역한『세계를 진동시킨 열흘(震動世界的十日)』을 '국제문예총간(國際文藝叢刊)'으로 출간하였다. 당시 충칭의 진보적 인사들도 이 책의 번역을 위해 힘을 쏟았는데, 미학출판사(美學出版社)를 운영하던 션용(沈鏞)은 궈유광(郭有光)이 번역한『세계를 뒤흔든 열흘』의 원고를 직접 도서 심의위원회로 보내주기도 했다. 공산당 말만 나오면 태도가 돌변하던 국민당 정부는 항일전쟁이라는 특수한 상황하에서 반파시스트 동맹인 소련 서적의 발행을 공개적으로 금지할 수 없었다. 그러나 온갖 방법을 동원해 이 책이 세상에 나오지 못하도록 방해 공작을 펼쳤다. 션용은 당시 급변하는 국제관계를 이용해 준법투쟁의 방식으로 시도 때도 없이 출판 허가를 독촉했다. 만약 도서 심의위원회가 고의로 시간을 끌며 미국 저명작가의 책의 출판을 가로막는다면 미국대사관에 연락해 중미 외교관계를 어렵게 만들 것이라고 경고하기까지 했다. 당시 도서 심의위원회의 원로들은 미국의 눈치를 심하게 살폈기 때문에 결국 '심의통과'의 도장을 찍어줄 수밖에 없었다.[10] 1944년 11월, 궈유광이 번역한 책의 초판이 미학출판사에서 출간되었고, 항전 승리 후인 1946년 3월 상하이에서 재판 인쇄되었다. 궈유광은 역자서문에서 리드에 대해 높은 평가를 내리고 있다. '소련 탄생의 축가' 격인 이 책에서 저자 존 리드는 "과거 역사학자가 프랑스 대혁명의 과정을 추적한 것처럼 역사를 격변시켰던 '10월 혁명'에 대해 매우 상세하고 사실적으로 기록을 남겨두었다. 그가 묘사한 상황은 매우 복잡하지만 사람들에게 선명한 인상을 남겨주었다. 아무리 사소한 장면일지라도 삭제할 것이 하나도 없다." "이 책은 찬란한 역사 저작임과 동시에 르포문학 전형이다."

책은 검열 받고 압수당할 수 있지만 역사적 진실은 절대 가려지지 않는다. 존 리드는 책의 서문에서 다음과 같이 지적했다. "볼셰비키주의에 대해 어떻게 생각하든 러시아 혁명은 인류 역사상 위대한 사건 가운데 하나이며 엄청난 세계사적 의의를 갖고 있다는 점은 조금도 의심할 여지가 없다." 국민당 정부는 결국 책의 유통을 막지 못했다. 인류 사회의 신기원을 연 역사적 진실도 책과 함께 만천하에 드러나게 되었다.

095

『강철은 어떻게 단련되었는가(鋼鐵是怎樣煉成的)』

중국 혁명사의 교과서

통계에 따르면 신중국 성립 이후 가장 많이 팔린 문예소설은 『청춘의 노래』[1)]를 포함해 모두 17권이다. 그 가운데 유일한 번역 소설이 있는데 그것은 소련 작가 니콜라이 오스트롭스키(Nikolai Ostrovsky, 1904-1936)가 쓴 『강철은 어떻게 단련되었는가』[2)]이다. 이 책은 1949년 10월부터 1952년 12월까지 3년이라는 짧은 기간 동안 207만 부나 팔려나갔으며, 1980년 10월부터 1986년 11월까지 6년 동안 인민문학, 외국문학, 광동 인민출판사에서 65만 8,300부 이상이 발간되었다.[1] 이 소설의 엄청난 인기는

1) 『청춘의 노래(靑春之歌)』는 작가 양모(楊沫, 1914-1995)의 첫 번째 장편소설로 1958년 출간되었다. 반 자전체 형식으로 창작된 이 소설은 1930년대 일본의 중국 침략과정에서 발생한 '9.18사변'에서부터 '12.9운동'까지의 애국학생운동을 배경으로 여주인공 린다오징(林道靜)의 성장 과정을 통해 혁명의 역사와 지식인의 길에 대해 서술하고 있다. 출간 후 400~500만 부 정도가 팔려나갔으며 일본어, 영어, 프랑스어, 베트남어, 조선어, 러시아어, 그리스어, 아랍어 등 수십여 개 국가의 언어로 번역되었다. 1959년에는 동명의 영화로도 만들어졌다.

2) 책의 러시아어 원제는 '**Как закалялась сталь**'이며 영문 제목은 'How the Steel Was Tempered' 또는 'The Making of a Hero'이다. 중국과 한국에서의 제목 '강철은 어떻게 단련되었는가(鋼鐵是怎樣煉成的)'는 1936년 좌익 연극인 스기모토 료키치(杉本良吉, 1907-0939)가 번역한 '鋼鐵はいかに鍛へられたか'(エヌ·ア·オストロフスキイ ナウカ社)라는 제목을 그대로 옮긴 것이다. 스기모토 료키치는 그의 아내였던 유명 여배우 오카다 요시코((岡田嘉子)와 불법적으로 소련에 망명했다 스파이로 몰려 총살당했다.

단지 신중국 시기에만 국한되는 것이 아니라 항일전쟁 시기까지 거슬러 올라간다. 수준 높은 사상성과 풍부한 예술 표현은 젊은 독자들을 끌어들이기에 손색이 없었다.

『강철은 어떻게 단련되었는가』는 작가가 자신의 경험을 기초로 쓴 자전적 소설로 고된 환경에서 성장한 주인공 파벨 코르차긴이 보통 노동자에서 프롤레타리아 계급의 영웅으로 성장해 나가는 과정을 그리고 있다. 파벨은 어려서 아버지를 여의고 어머니의 날품팔이에 의지해 간신히 생계를 유지한다. 그는 열두 살이 되던 해 돈벌이에 나서 사람들의 괄시를 받으며 사회 저층 생활을 경험하면서 부패한 사회의 추악한 면모를 엿보게 된다. 10월 혁명이 발발하자 그는 신생 소비에트 정권에 대한 제국주의의 압제에 반대하며 혁명가 주흐라이에게 교육을 받는다. 백위군(白衛軍)[3]을 소탕하는 전투에 참여했다 투옥된 후 갖은 고문에도 굴하지 않고 생활하다 우연한 기회를 얻어 석방된다. 그는 삼림 관리원의 딸인 또냐와 사랑에 빠지지만 얼마 지나지 않아 붉은 군대에 참가한다. 저명한 꼬똡스키 사단의 정찰병이 된 그는 다시 부존니 기병대로 옮겨 간다. 전장을 돌며 격렬한 전투에 참여하여 뛰어난 전사로 인정받은 그는 공산당 청년단원 겸 탁월한 정치 선전가로 성장한다. 중상을 입은 후에도 놀랄 만한 의지력으로 죽음의 위기를 극복하였으며, 회복 후에는 철도를 건설하는 국가 재건 사업에 참여한다. 폭우와 진창, 엄동설한을 겪고 배고픔과 추위를 이겨내는 가운데, 수많은 낙오자와 도망자 사이에서도 끝까지 스스로를 강하게 단련시켜 나간다. 우연한 기회에 동토(凍土)의 철도 공사장에서 기술자의 아내가 되어 있는 또냐를 만나지만 결국 마음을 접는

3) 줄여서 백군(白軍)이라고도 부른다. 1917년 러시아 혁명 때, 제정파들로 조직되어 적위군에 대항하여 정권을 되찾으려 했던 반혁명군을 가리킨다.

다. 그는 심각한 병에 걸려 사지가 마비되고 두 눈마저 실명한다. 정열적으로 타오르던 젊은 생명이 병석에 누워 있는 신세가 되자 절망한 그는 자살까지 생각한다. 그러나 마지막에 생각을 고쳐먹고 "가장 비겁하면서 가장 쉬운 해결법"인 자살의 유혹을 극복해낸다. 그는 결국 용감하게 살아남았고 자신의 성장과정을 기록한 장편소설 『강철은 어떻게 단련되었는가』를 완성한다.

10월 혁명 후의 제1세대 소비에트 청년들의 상황을 묘사하고 있는 소설의 제1부는 1932년 모스크바의 《청년근위군(青年近衛軍)》(Young Guard) 잡지 제4기에 발표되었다. 제2부도 1934년 같은 잡지에 발표되었다가 1936년 1부와 함께 청년근위군출판사(青年近衛軍出版社)에서 단행본으로 출간되었다. 이후 소비에트 연방 46개 민족 언어로 번역되어 188판 인쇄에 350만 권 판매라는 대기록을 세우게 된다. 1941년부터 1947년까지 해외 23개 국가에서도 53판을 인쇄했다.[2] 소련 병사들이 대조국전쟁(大祖國戰爭)[4)] 때 휴대하고 있다 적군의 총탄과 대포, 비행기 파편에 맞아 훼손된 책들이 지금까지 러시아의 여러 박물관에 보관되어 있다. 혁혁한 공을 세운 부대는 주인공 파벨 코르차긴의 이름을 따서 부대 이름을 바꾸기도 했다. 숄로호프[5)]는 이 책을 일러 "이미 새로운 형태의 생활 교과서가 되었다"고 하였다.[3]

『강철은 어떻게 단련되었는가』는 1937년 돤뤄푸(段洛夫), 천페이황(陳非璜)이 일역본을 저본으로 삼아 중역한 후 1937년 6월 상하이 조봉출판사(潮鋒出版社)에서 출간하였다. 앞부분에는 작가의 자서전과 자서(自序)

---

4) 제2차 세계대전 중 독일과 소련이 벌인 전쟁(1941-1945)으로 독소전쟁(獨蘇戰爭)이라고도 한다.

5) 미하일 숄로호프(Michail Sholokhov, 1905-1984)는 러시아의 저명 작가로 돈 강(江) 인근인 카자크마을에서 태어났다. 1923년 모스크바로 가서 석공, 하역인부 등 다양한 일을 하다가 교사가 되었다. 이후 문학으로 관심을 돌려 1924년 『점』으로 문단에 데뷔했으며 1965년에는 노벨문학상을 수상했다. 대표작으로 『고요한 돈 강』이 있다.

「나는 '강철은 어떻게 단련되었는가'를 어떻게 썼는가(我怎樣寫'鋼鐵是怎樣煉成的')」, 그리고 거바오취안(戈寶權)이 쓴 「오스뜨로프스키에 관하여(關於奧斯托洛夫斯基)」라는 글이 붙어 있다. 두 달 후 재판을 찍었고, 1939년 5월 수정본 초판을, 1940년과 1946년에 다시 재판을 발행했다. 1943년 10월 충칭 국신서점(國訊書店)에서는 미샤(彌沙)의 번역본을 출간했는데, 이 책은 마오둔(茅盾)이 기획한 '국신문예총서(國訊文藝叢書)'에 포함되었다. 그러나 영향력이 가장 컸던 책은 메이이[6]가 번역한 판본이다.

1938년 봄, 팔로군 상하이 사무처를 책임지고 있던 류샤오원(劉少文)은 뉴욕 국제출판사에서 1937년 출간된 앨릭스 브라운(Alex Brown)의 영역본을 메이이에게 전해주며 중국어로 번역해볼 것을 제안한다. 이를 받아들여 메이이는 1941년까지 번역을 마친 후 1942년 상하이 신지서점(新知書店)에서 출간하였다. 본문의 분량은 30여만 자이며 10여 폭의 아름다운 판화 그림이 책 중간에 삽입되어 있다. 초판 5천 권이 날개 돋친 듯 팔려나가자 1942년 5월 상하이 원방서점(遠方書店)은 재판을 발행했으며, 1946년 6월에는 다롄(大連) 중소우호협회(中蘇友好協會), 1947년 9월에는 허베이(河北) 차오청(朝城) 기로예서점(冀魯豫書店), 1947년 12월에는 타이싱(太行) 군중서점(群衆書店), 1948년 12월에는 타이위에(太嶽) 신화서점(新華書店), 1949년 4월에는 중위안(中原) 신화서점, 1949년 8월에는 화동(華東) 신화서점과 산둥(山東) 신화서점에서 잇달아 출간했다. 1949년 10월, 신중국 성립 이후로는 베이징, 상하이, 충칭 등의 삼련서점에서 아홉 차례, 7만 6천 권을 발행했다.

이 책이 중국 해방구의 젊은 독자들 사이에서 큰 인기를 끈 것은 결코

---

6) 메이이(梅益, 1913-2003). 중국 현대의 언론인이자 번역가이다. 좌련(左聯)과 중국공산당에 가입하여 활동하였으며 『강철은 어떻게 단련되었는가』를 번역하였다.

우연이 아니다. 작가는 '강철은 어떻게 단련되는가?'라는 질문을 책의 제목으로 삼았는데 여기에는 깊은 의미가 담겨 있다. 즉 바벨의 성장은 결코 "성격적 측면에서의 자아발전"이 아니라 "맹렬하게 타오르다 급격히 냉각되는 무수한 반복의 과정에서 만들어진 것"으로 "투쟁과 고된 시련을 통해 단련되어 나온" 것이다. 심금을 울리는 독백, 사색적인 경구와 격언, 편지와 일기 등을 통한 서정적 묘사는 기존의 프롤레타리아 혁명 문예작품이 갖고 있던 추상화의 한계를 탈피해 입체성과 다채로움을 확보하게 해주었다. 우윈둬(吳運鐸)는 『모든 것을 당에 바침(把一切獻給黨)』이라는 책에서 이렇게 말했다. "1943년 봄, 위대한 정풍운동 중에 당은 우리에게 파벨 코르차긴의 뛰어한 품성을 배워 의식 수준을 높여야 한다고 호소하였다. 얼마 후 나는 화이난(淮南)《항전보(抗戰報)》에서 일하는 동지에게서 『강철은 어떻게 단련되었는가』를 빌려 와 읽어보았다. 그것은 당시 화이난에서 구할 수 있었던 유일한 책으로, 여러 사람의 손을 거친 까닭에 책장 끝부분마다 손때가 묻어 말려 올라가 있었다. 전쟁 중이라 등유도 부족하고 심지도 세 가닥 중에 한 가닥만 남았지만, 파벨 코르차긴은 미약한 등불을 지켜주며 수많은 밤 시간을 나와 함께 지새워주었다. 화염과도 같은 찬란한 생명의 불꽃 아래에서 나는 내 자신이 얼마나 보잘것없는지를 느낄 수 있었다. 그러나 나는 조금도 낙심하지 않고 스스로를 격려했다. '그에게 부끄럽지 않은 친구이자 동지가 되자'고."[4]

이 소설이 전쟁 속에서 살아가던 중국의 젊은이들을 끌어들일 수 있었던 까닭은 작품이 담고 있는 첨예한 모순과 충돌의 양상 때문이기도 하지만, 다른 한편으로는 감성적이고 호소력 짙은 뛰어난 묘사 때문이기도 하다. 이 소설은 삶과 조국에 대한 뜨거운 사랑으로 충만한 한 편의 서정시이자 생명과 임무에 대한 애착의 송가이며 낭만주의적 색채가 넘쳐나는 훌륭한 번역문학이다. 번역가 리량민(李俍民)은 「'등에' 번역에 관한 기억들(關於'牛虻'翻譯的一些回憶)」이라는 글에서 중학교 때 메이이가 번역한 『강철은 어떻게 단련되었는가』를 읽고 난 후의 느낌에 대해 이렇게 표현했다. 나는 소설에 "깊이 매료되었으며 이 작품은 내가 가장 애독하는 번역 작품이 되었다. 메이이 동지의 우아하고 정열적인 문체는 원작의 정신을 충분히 드러냈을 뿐만 아니라, 수많은 젊은이들에게 큰 영향을 미쳐 항일과 혁명의 길로 들어서도록 만들었다. 나는 작품뿐만 아니라 작가에 대해서도 깊은 존경의 마음이 생겼다."[5] 『강철은 어떻게 단련되었는가』에서도 여러 차례 『등에(牛虻)』[7]에 관한 언급이 나온다. 이 영향으로 리량민은 『등에』의 영문판 원서를 구해 책을 번역하기도 했다. 1948년과 1949년에는 하얼빈 조린서점(兆麟書店)과 톈진 지식서점(知識書店)에서 바이런(白刃)의 『강철은 어떻게 단련되었는가』 축약본이 나왔고, 1949년 5월에는 선양(沈陽) 동북서점(東北書店)에서 메이이의 번역본을 기초로 중야오(中耀)가 개작한 통속본이 출간되었다.

조금의 과장도 없이 말하자면, 메이이가 번역한 오스트로프스키의 『강철은 어떻게 단련되었는가』는 중국의 젊은이들에게 프롤레타리아 문예의 정신적 기초를 제공해주었고 나라를 위해 싸우는 혁명 전사의 마음에 불씨를 되살려주었다. 또한 수천 년간 노예로 살아온 중국인들에게 무기가 되어 강인한 정신으로 무장시켜주었다. 이 번역본은 중국 번역 문학사에 새로운 장을 열었을 뿐만 아니라 지금까지도 중국 혁명사의 교과서로 간주되고 있다.

---

7) 『등에(The Gadfly)』(1897년)는 아일랜드 작가 에셀 릴리언 보이니치 (Ethel Lilian Voynich)의 작품으로 오스트리아 점령하의 19세기 이탈리아를 배경으로 쓴 역사소설이다. 신부의 사생아로 태어난 한 혁명가의 삶과 투쟁을 그리고 있다. '혁명적 로맨티시즘의 걸작'으로 평가되며 혁명 운동에 대한 작가 자신의 경험과 이탈리아의 독립, 통일운동(Risorgimento)에 대한 치밀한 자료 조사를 바탕으로 창작되었다. 1897년 출간된 이래, 러시아와 중국을 비롯한 구 공산권 사회에서 큰 대중적 인기와 명성을 얻었다.

096

『천하일가(天下一家)』

항일전쟁 시기 중국을 뒤흔든 정치학 서적

항일전쟁 중에 중국 사회를 뒤흔든 번역서 가운데 정치학 분야의 대표작으로는 미국 공화당 대통령 후보였던 웬들 윌키(Wendell Lewis Willkie)가 쓴 『천하일가(One World)』를 들 수 있다.

윌키는 1892년 2월 18일 미국 인디애나주의 가난한 변호사 집안에서 태어났다. 점원, 농장 노동자, 신문 배달부 등의 일을 하며 학업을 병행한 그는 1913년 인디애나대학을 졸업하였고, 1차 세계대전이 발발하자 연합군으로 참전하였다. 1915년 인디애나대학으로 돌아와 법학을 전공했으며 졸업과 동시에 변호사 자격시험에도 합격했다. 여러 회사의 법률고문으로 일하던 그는 1940년 대통령 후보자로 지명되었다. 그는 보통의 미국 정치가와 달리 넓은 안목과 객관적인 시각에서 세상을 바라보고자 하였으며 미국을 세계로부터 '고립'시키려 하지 않았다. 그러나 부족한 정치 경험으로 인해 대통령 경선에서 실패의 쓴맛을 보게 된다. 1942년 8월 21일, 그는 루즈벨트 대통령의 사적인 '대통령 특사'로 임명되어 중국, 소련, 그리고 중동의 여러 나라를 방문하는 임무를 부여받게 된다. 8월 26일, 미첼 공항에서 '걸리버호'라 불리는 '리버레이터' 폭격기에 올라

남아메리카를 거쳐 대서양을 지나 북아프리카에 도착했다. 거기서 엘 알라메인(El Alamein) 전선[1]을 참관한 후 다시 비행기로 중동과 터키를 거쳐 소련에 도착했다. 그는 소련 주요 인사와 회담하고 공장 및 농장 참관, 동부전선과 시베리아의 야쿠츠크 공화국 시찰 등의 일정을 소화한 후, 중앙아시아를 따라 실크로드로 들어갔다. 이리 강(Ili River, 伊犁河)을 따라 남쪽으로 내려오다 광활한 사막을 가로질러 중국의 신장(新疆)에 도착한 후, 디화(迪化), 란저우(蘭州), 청두를 거쳐 충칭에 이르렀다. 돌아올 때는 퉁관(潼關) 전선을 참관한 후 화베이(華北)에서 시베리아를 거쳐 베링 해를 날아 캐나다 국경을 지나왔다. 그가 약 5만 킬로미터를 날아 10여 개 나라를 방문하고 돌아오는 데 걸린 시간은 49일이다. 『천하일가』는 윌키가 여러 나라를 시찰하고 돌아와 작성해 정부에 제출한 개인적인 정치 보고서라 할 수 있다.

책은 모두 14장으로 되어 있다. 1. 엘 알라메인(북아프리카 전선). 2. 중동 일별(一瞥). 3. 터키—하나의 신흥국가. 4. 동맹국 소련. 5. 야쿠츠크 공화국. 6. 항전 중인 중국. 7. 중국의 서부 개발. 8. 자유중국은 무엇으로 항전하는가. 9. 중국의 화폐문제. 10. 우정의 저수지. 11. 우리는 무엇을 위해 싸우는가. 12. 이것은 해방전쟁이다. 13. 국내의 제국주의. 14. 천하일가. 그는 정치 관찰자의 예리한 시선으로 중동과 터키, 소련, 중국을 심도 있게 관찰하고 공정한 평가를 내리고 있다. 비록 그는 공산주의에 반대했지만 이런 입장이 소련에 대한 객관적인 분석에 영향을 미치지는 않았다. 그는 소련을 효율적인 사회라 생각했으며 민주국가들이 전후의 소련과 협력해야만 지속적인 평화를 유지할 수 있을 것이라 여겼다. 국가 간

---

1) 제2차 세계대전 중 2차례에 걸쳐 영국과 추축국(樞軸國) 사이에 격렬한 전투가 벌어졌던 이집트 전선을 말한다.

에 이념과 제도가 다르다 하더라도 공동의 이익과 평화를 위해 협력할 수 있다면 좋은 친구가 될 수 있는 것이다. 그는 책에서 미국의 북아프리카 정책에 대해 신랄한 비판을 가하고 있다. 미군이 북아프리카에 상륙하면서 루즈벨트 대통령의 선언을 발표한 것은 여전히 유럽 제국주의식의 '진부하고 시대착오적인 외교방식'을 벗어나지 못한 것이라고 주장했다. 오만한 종족적 우월의식과 미국인이 표방하는 자유 민주 정책은 절대 양립할 수 없는 것이다. 미국은 단일 민족, 단일 신앙, 단일 문화로 이루어진 국가가 아니라 상이한 종교와 철학, 다양한 역사적 배경을 가진 30여 개의 민족으로 구성된 연합체이다. 따라서 미국 정치를 규정하는 핵심 요소는 관용의 정신이라 할 수 있다. 윌키는 1차 세계대전 이후의 미국 외교정책에 대해 비판한 후 다음과 같이 말했다. "평화는 반드시 하나의 세계라는 기초 위에 세워져야 한다. 다시 말하자면, 반드시 지구상의 모든 사람들을 포함하는 것이어야 한다. 내가 하늘에서 내려다본 바다와 대륙도 지구의 일부분일 뿐이다. 영국과 미국도 지구의 일부이며, 소련, 중국, 시리아, 터키, 이라크와 이란도 지구의 일부이다. 부정할 수 없는 사실은, 전 세계 모든 곳에 평화의 토대가 확실하게 마련되지 않는 한, 세계 어느 곳에도 진정한 평화는 존재하지 않을 것이라는 점이다."

이 책은 100만 부 이상 팔려나가 역대 미국 베스트셀러의 기록을 갈아치웠다. 당시 미국 비평계의 권위 있는 모임인 '전시 도서 평의회(戰時圖書評議會)'는 1943년 5월 6일 이 책을 '전시 필독서'로 선정했다. 또한 평의회에서는 같은 날 뉴욕의 저명 작가, 신문기자, 평론가, 출판업자를 초청해 축하 리셉션을 개최했는데, 퇴역 해군 장교인 야넬(Harry E. Yarnell)이 평의회를 대표해 윌키에게 가죽 양장본의 『천하일가』와 거대한 지구본을 증정했으며 윌키의 업적을 기리는 축사를 낭독했다. 축사에서 그는 책에 대해 다음과 같이 평가했다. 이 책은 미국인들에게 "수많은 동맹국의 지도자들이 그리고 있는 미래의 희망에 관한 생동감 있는 청사진을 제공해주었다. 책의 출판은 국제 사무에 대한 우리의 태도에 대해 하나의 전기를 마련해주었고 새로운 출발점이 되었다. 이 책은 미래에도 중요한 역사 문헌으로 자리매김할 것이며 이런 확신은 이번 전쟁이 거둘 최후의 승리처럼 결코 바뀌지 않을 것이다."

책의 전체 내용 가운데 중국에 관한 내용은 모두 4장이다. 저자는 5년째 항전을 이어가고 있는 중국에 대해 진심 어린 동정을 보이고 있으며 중국의 서부 개발에 대한 기대감과 자유와 독립을 쟁취하고자 하는 중국인들의 의지에 대해 진지하게 서술하고 있다. 또한 그는 만약 자유와 독립에 대한 중국인들의 정당한 요구가 실현되지 않을 경우, 동아시아의 평화와 세계와의 협력은 근본적으로 불가능하게 될 것이라고 지적했다. 일찍이 1942년 윌키가 중국을 방문하고 돌아갔을 때 충칭 독립출판사(獨立出版社)는 『중국에 온 윌키(威爾基在中國)』라는 책을 출간한 적이 있다. 책은 정치가로서의 성공적인 중국 방문을 기념하면서 충칭의 《중앙일보》와 《대공보(大公報)》 등에 실렸던 자료에 기초해 윌키의 삶을 소개했다. 1943년 8월, 『천하일가』는 류준치의 번역으로 충칭 중외출판사(中外出版社)에서 초판 발행되었다. 아울러 1943년 하반기에는 류준치가 번역한 『천하일가』와 첸넝신(錢能欣), 천야오성(陳堯聖)이 공역한 『사해일가(四海一家)』가 충칭 중외출판사와 시대생활출판사(時代生活出版社)에서 각각 출판되었다. 같은 해 가을, 《건설도보(建設導報)》사의 책임자인 천전충(諶震從)은 충칭 오십년대출판사에서 류준치 번역 판본의 지형(紙型)을 입수해 푸젠 용안의 《건설도보》사로 가져왔다. 당시 그곳에 재직하고 있던 리다런(李達仁), 왕스린(王石林), 린즈리(林子力) 등은 이 책의 진가를 바로 알아보고 리다런의 주도로 동남출판사를 설립한 후 류준치가 번역한 『천하일가』를 출간했다. 푸젠성의 외진 지역에 문을 연 무명의 출판사는 책 한 권으로 그곳의 수많은 애국지사와 혁명 청년들을 자석처럼 끌어들였다. 매일 아침 출판사 서점은 책을 사려는 사람들로 문전성시를 이루었으며 영업을 시작하기 전부터 독자들의 행렬이 장사진을 이루었다.[1] 류준치가 번역한 『천하일가』는 푸젠에서만 수천 권이 팔려 나갔고, 1945년 10월까지 중외출판사에서 6판, 1945년 12월 타이완 중외출판사에서 중판(重版)을 발행했다. 1943년 9월 충칭 세계출판사(世界出版社)에서는 쩡상칭(曾上淸)의 번역본이 출간되었다.

이 책의 중국어 번역본은 종류가 굉장히 많다. 1943년 말, 푸젠연구원 사회과학연구소(福建硏究院社會科學硏究所)와 푸젠 난핑(南平) 화진팡(畫錦坊)의 국민출판사(國民出版社)는 선렌즈(沈煉之)와 정팅춘(鄭庭椿)이 공역한 『천하일가』를 각각 펴냈는데, 2년도 안 되는 시간 동안 푸젠성에서 1만 5천 권이 팔려 나갔다. 1945년 9월, 난핑 국민출판사에서 발행한 재판에는 선렌즈가 쓴 「재판교후기(再版校後記)」가 실려 있는데 그는 글에서 이렇게 말했다. "미국에서 판매된 원작의 부수와 비교해보면 아주 미미한 정도에 불과하지만 중국 동남부의 편벽한 지역만을 놓고 보자면 이 정도 판매고를 올린 책은 유사 이래 이 책이 유일할 것이다. 이는 번역자의 입장에서도 전혀 예상하지 못한 것이다." 1943년 왕중원(王仲文)은 『천하일가』와 『동경귀래(東京歸來)』, 『모스크바 출사기(出使莫斯科記)』, 『독일 출사 회고록(使德回憶錄)』 등 몇 권의 전쟁 시기 명저를 편역해서 『'천하일가' 및 기타('天下一家'及其他)』라는 제목으로 난핑 총동원출판사(總動員出版社)에서 출간했다. 1945년 12월 상하이 광복출판사(光复出版社)는 다시 주딩천(朱鼎臣)의 번역본을 출간했으며, 같은 해 12월 상하이 정시출판사(正始出版社)에서는 하오바이잉(郝百英)의 발췌 번역본 『자유중국(自由中國)』을, 1948년에는 상하이 연익출판사(聯益出版社)에서 웨이밍(唯明)의 '영한대조총서(英漢對照叢書)' 발췌번역본을 출간했다.

천셴성(陳先聖), 첸능신(錢能欣)의 번역으로 충칭 시대생활출판사에서 출간된 판본의 광고에는 다음과 같은 말이 나온다. “윌키는 미국 대통령 특사의 자격으로 여러 동맹국을 순회 방문하고 각국의 전략과 노력을 파악함으로써 동맹국 간의 협력을 강화하고자 했다. 따라서 그 의의는 대단히 크다. 윌키는 본인이 보고 느낀 바를 통해 전쟁의 종결을 전망하였고 세상 사람들이[四海之內] 모두 한 가족처럼 사이좋게 지내야만 진정한 세계 평화가 실현될 것이라고 생각하였다. 책에는 특히 중국을 다룬 부분이 많다. 그는 중국에서 만나 면담한 사람들과 신장, 란저우, 시안, 청두 등 그가 직접 방문했던 도시들에 대한 상세한 기록을 남겨놓았다.” 천셴성, 첸능신 번역본의 서문에는 다음과 같은 글이 나온다. “(이 책은) 공정하고 감동적인 보고서이다. 우리는 민주국가의 정치철학으로 민주국가의 역량을 강화시켜야 하며 전후 세계의 평화를 보장해야만 한다.” 저자가 중국에 대해 불만을 표시한 부분도 있다. 그러나 그것은 순수한 선의와 진지함에서 나온 것이다. 역자는 윌키가 책의 제11, 13, 14장에서 제시하고 있는 전쟁과 평화의 철학적 이론이 미래의 신세계를 위한 밝은 등불이 되어주었다고 말했다. 『천하일가』는 항전 시기 중국에서 광범위하게 유행했으며 항전 승리 후에는 ‘천하일가’라는 말이 하나의 관용어로 자리 잡았다. 예를 들면, ‘천하일가의 서광’, ‘천하일가의 길’, ‘천하일가의 신도(信徒)’, ‘천하일가의 첫걸음’ 등이다. 중국건설출판사(中國建設出版社)는 1947년 2월, 가오주원(高祖文) 등이 윌키의 관점을 기초로 저술한 『천하일가의 길(天下一家之路)』을 특별 출판했다.

097

『플라톤 파르메니데스편(柏拉圖巴曼尼得斯篇)』
서양 극복의 시도와 야심

항일전쟁이라는 험난한 상황 속에서도, 허린[1]을 대표로 하는 일군의 철학자들은 서양철학 경전 명저를 중국에 소개하는 작업을 게을리하지 않았다. 1941년 허린의 주재하에 '서양철학 명저 편역 위원회(西洋哲學名著編譯委員會)'가 만들어졌는데 위원회에서는 전문가 위원을 초빙하고 연구 편역원(研究編譯院)을 설치해 편역과 연구 작업을 함께 진행하였다. 이러한 작업 과정을 거쳐 첫 번째 성과가 나오게 되었는데 여기에는 천캉(陳康)이 번역한 『플라톤 파르메니데스편』, 허린이 번역한 『치지편(致知篇)』,[2] 셰유웨이(謝幼偉)가 번역한 『충성의 철학(忠的哲學)』,[3] 판난싱(樊

1) 허린(賀麟, 1902-1992). 중국 현대의 저명 철학가이자 번역가로 헤겔 철학에 정통했다. 칭화대학을 졸업하고 미국 유학을 떠나 오하오주 오벌린대학, 시카고대학, 하버드대학에서 공부했다. 1940년대 동서양 철학의 융합을 통해 '신심학(新心學)' 사상체계를 구축함으로써 당대신유가(當代新儒家)를 대표하는 인물이 되었다. 대표 저서로는 『근대유심론간석(近代唯心主義簡釋)』, 『문화와 인생(文化與人生)』, 『당대중국철학(當代中國哲學)』 등이 있다.

2) 원저는 스피노자(Spinoza)의 『Tractatus de Intellectus Emendatione』(1677)이며 한국에서는 '지성개선론' 혹은 '지성교정론'으로 번역되었다. 영문 제목은 'Treatise on the Emendation of the Intellect'이다.

3) 원저는 로이스(Josiah Royce)의 『The Philosophy of Loyalty』(1908)이다.

南星)이 번역한『근대철학의 정신(近代哲學的精神)』[4)]이 포함되어 있다. 이 가운데 특히 훌륭한 작품으로는 천캉의 번역저작을 들 수 있다.

천캉은 본명이 천중환(陳忠寰)으로 1902년 장쑤 양저우에서 태어났다. 1929년 난징 중앙대학 철학과를 졸업한 후 1929년 가을부터 1930년 여름까지 영국 런던대학에서 공부하였고 1903년 가을부터 독일 대학에서 슈텐젤(Julius Stenzel)에게 그리스철학과 그리스어, 라틴어 등을 배웠다. 나중에는 하르트만(Nicolai Hartman)에게 가르침을 받았는데, 하르트만은 원래 신칸트주의를 신봉하는 마르부르크 학파 철학자였으나 후에 실재론으로 전향해서 '만유론(萬有論)'(비판 본체론[批判本體論]이라고도 한다)을 창시했다. 천캉은 그의 지도로「아리스토텔레스의 분리 문제(亞里士多德的分離問題)」(Das Chorismos-Problem bei Aristoteles)라는 논문을 써서 1940년 베를린대학 철학 박사학위를 취득하였다. 귀국 후에는 시난롄다(西南聯大), 중앙대학, 베이징대학, 퉁지대학 등에서 학생들을 가르쳤다. 이 기간 동안 그는 희랍철학에 대한 연구와 강의에 전념하였다. 그는 1948년 타이완대학(臺灣大學) 교수가 되었으며 1958년 미국으로 건너가 에모리대학, 몬타나주립대학, 캘리포니아대학교, 텍사스주립대학, 사우스 플로리다 대학교 등에서 학생들을 가르쳤다.[1]

일찍이 1930년대에 천캉은「플라톤 '메노(Meno)편' 중의 인식론(柏拉圖'曼諾篇'中的認識論)」과「플라톤 인식론 중의 주체와 대상(柏拉圖認識論中的主體與對象)」이라는 두 편의 논문을 발표했다. 또한 1940년대에는 시난롄다 대학원에 '그리스철학사', '지식론', '플라톤의 변증법', '플라톤과 아리스토텔레스의 철학' 등의 강의를 개설하고 플라톤의「국가편」과 아리스토텔레스의「형이상학」가운데 일부 내용을 학생들과 함께 강독했

4) 원저는 로이스의『The Spirit of Modern Philosophy』(1892)이다.

다. 이 시기에 발표한 논문으로는「플라톤(柏拉圖)」,「플라톤 연령론 연구(柏拉圖年齡論硏究)」,「플라톤의 유신론적 목적론(柏拉圖的有神目的論)」,「플라톤 '국가편' 중의 교육사상(柏拉圖的'國家篇'中的教育思想)」,「아리스토텔레스(亞里士多德)」,「발생의 관점에서 연구한 아리스토텔레스의 본질론 중 약간의 본질문제(從發生觀點硏究亞里士多德本質論中的若幹本質問題)」,「아리스토텔레스 '범주편' 중의 본체학설(亞里士多德'範疇篇'中的本體學說)」,「'형이상학' Z · H권 중의 아리스토텔레스의 제1본체 개념(亞里士多德在'形而上學'Z · H卷中的第一本體概念)」,「아리스토텔레스 철학 중의 '에네르게이아(energeia)'와 '엔텔레케이아(entelecheia)' 두 개념의 의미(亞里士多德哲學中'哀乃耳假也阿'和'恩泰萊夏也阿'兩個術語的意義)」 등이 있다.

그러나 그가 이룬 가장 뛰어난 업적은 플라톤 대화편 가운데 난해하기로 유명한「파르메니데스」편의 역주 작업을 완성했다는 것이다. 이전의 철학사가들은 플라톤 철학이 완전한 체계를 갖추고 있으며「국가」편이 중심이 된다고 생각했다. 따라서「국가」편의 사상에 부합하지 않는 내용은 그다지 중요하게 여기지 않았으며, 이로 인해「파르메니데스」를 위작(僞作)이라 의심하기도 했다. 그러나 19세기 말 고문자학 등의 영역에서 진행된 대형 연구 프로젝트를 통해 30편 가까운 플라톤 대화편의 앞뒤 순서가 기본적으로 확증되었다. 학자들의 연구에 따르면「국가」는 플라톤의 중기 저작으로 그의 전기 사상만을 대표할 뿐이며, 플라톤의 후기사상을 대표하는 것으로는「파르메니데스」,「테아이테토스」,「소피스트」,「티마이오스」 등이 있다는 것이다. 그렇다면 플라톤 전기 사상과 후기 사상의 차이에 대해서 어떻게 설명할 것인가? 이 문제를 해결하는 관건은「파르메니데스」 제2부분의 내용을 어떻게 해석하는가에 달려 있다. 플라톤은 여기서 서로 반대되는 8가지의 연습논증에 대해 서술하고 있다. 천캉이 역주 작업을 통해 제시한 해석은 이 저술에 관한 연구 지평을 세계적 수준까지 끌어올린 것이라 할 수 있다.

『플라톤 파르메니데스편』은 천캉이 강의와 병행해 8, 9개월의 시간 동안 완성한 역주로 주석만 해도 원문의 아홉 배가 될 정도로 분량이 방대하다. 번역 작업에 대한 천캉의 생각은 이렇다. "번역이란 원문을 읽지 못하는 사람만을 위한 것이 아니다. 학술 분야에서 가치 있는 번역이라면 원문을 이해하는 사람들까지도 만족시켜주어야 한다. 서양 고대철학 연구 영역에서 교열에 대해 약간이라도 관심이 있는 사람이라면 조금도 망설이지 않고 이 말에 동의할 것이다. 한번 물어보겠다. 플라톤이나 플로티노스(Plotinos)의 저작을 교열하면서 피치노(Marsilio Ficino)의 번역을 참고하지 않은 사람이 얼마나 되겠는가?" 그는 또 이렇게 말했다. "이상적인 번역이란 원문을 이해하는 사람에게 교열 방면의 도움만 주는 것이 아니다. 고대 그리스어 문장 구조는 현대 유럽어 문장 구조처럼 규칙적이지 않다. 하나의 글자를 문장 속에서 어떤 글자와 연결지어 해석하느냐에 따라 의미가 다르게 해석될 뿐만 아니라, 심지어 전체 사상의 방향에도 영향을 미친다. 만약 어떤 번역이 학문적으로 가치를 지니고 있다면 문제에 부딪혔을 때 독자들은 번역자의 생각을 참고하려 할 것이다. … 우리는 힘들이지 않고 번역자가 우리에게 문제의 답을 주길 바란다. 그러나 그는 도리어 우리에게 문제에 대한 그의 생각을 알려줌으로써 우리의 시야를 넓혀주고 그 결과 스스로 문제를 풀 수 있도록 만들어 준다. 이런 역할은 학문적 가치가 높은 번역서만이 해줄 수 있는 것으로 일반적인 번역에서는 기대할 수 없다. 번역의 수준이 이 정도라면 당연히 원문을 잘 아는 사람에게도 학문적 가치를 지닐 것이다. 만약 지금 혹은 미래에 편역회(編譯會)에서 나온 훌륭한 작품들이 중국어를 모르는 유럽과 미국의 전문 학자들에게 알려지고(이는 절대로 불가능한 일이 아니다. 오직 사람이 어떻게 하느냐에 달려 있다) 그들이 중국어를 배워서 번역의 의미를 이해하게 된다면 중국인의 실력은 세계적으로 인정받을 수 있게 될 것이다. 그렇지 않다면 아테네에 가서 비극을 얘기하고 스파르타에 가서 무술을 선보이는 것과 같을테니 경쟁할 것도 없고 장점을 표현할 방법도 없어지게 되는 것이다."

천캉의 주석은 문자교열, 글귀석의[詞句釋義], 역사고증, 의리연구(義理硏究) 등 네 부분으로 이루어져 있으며, 이 가운데 의리연구가 핵심이다. 여기에는 논증절차 분석, 사상원류 탐구, 논증내용 평가가 포함된다. 역주의 "주요 목적은 고문자학을 기초로 철학적 해석을 시도하는 것이다. 즉 한 글자 한 문장에 대한 해석으로부터 한 구절 한 단락을 분석하고 이를 기초로 전편의 내용을 이해하며 최종적으로 「대화」 전편이 플라톤 사상에서 갖는 위치를 가늠하는 것이다. 철학 저작의 해석은 오로지 '철학적 해석'만이 감당할 수 있는 것이다."

이 역주본은 1944년 11월 충칭 상무인서관에서 초판이 출간되었고 1946년 상하이에서도 발행되어 철학계의 높은 관심을 받았다. 허린은 『최근 오십년의 중국철학(五十年來的中國哲學)』에서 천캉의 「파르메니데스」 역주가 오랜 기간 동안 정체되었던 플라톤 철학 연구의 난제를 해결했다고 평가했다. "책의 내용은 유럽과 미국의 플라톤 주석가들의 견해를 뒤집는 것이다." "(천캉은) 중국 철학계에서 그리스어 원작의 보고(寶庫) 속으로 직접 뛰어들어 플라톤에서 아리스토텔레스 철학까지 통달한 최초의 인물이다. 평소 사람들은 아리스토텔레스의 '나는 나의 스승을 사랑하지만 진리를 더 사랑한다'는 말을 과장해서 해석해왔다. 즉 플라톤에 대한 아리스토텔레스의 표면적인 비판만을 근거로 두 사람의 철학이 근본적으로 대립한다고 생각했던 것이다. 천캉 선생은 그리스어 원서에 대한 독창적인 연구를 기초로 아리스토텔레스의 사상이 플라톤 사상으로부터 발전해 나온 것이라는 근거를 제시하였다. 또한 아리스토텔레스가 플라톤을 계승하고 보완 발전시켰지만 그의 사상이 플라톤 한 사람에게서만 온 것은 아니었다고 주장했다. 이것은 기존에 없던 새로운 견해라 할 수 있다. 『플라톤 파르메니데스편 역주』는 서양 철학 명저를 소개하는 새로운 방식을 창조했으며" "기존의 플라톤 주석을 능가하는 작품이라 할 수 있다." 장래에 출간될 철학 번역서는 서양 언어를 모르는 사람뿐만 아니라 서양 언어를 아는 사람도 참고할 만한 수준이어야 하고, 나아가 중국어를 모르는 서양의 전문 학자들도 아쉬워할 만한 "중국 번역가의 창의적 능력을 충분히 드러내고 있어야 한다."[2] 천슈자이(陳修齋)는 황젠더 등이 쓴 『서양철학동점사』의 서문에서 이 역주를 언급하면서 "진귀한 작품"이라고 평가했다. "일반인의 입장에서는 이처럼 엄청난 공력을 들여 2,400여 년 전 외국 철학자가 쓴 '대화'편의 역주 작업을 완수한 것이 어떤 '쓸모'가 있는지 잘 알지 못할 것이다. 왜냐하면 이런 작업은 '국민경제'에 도움을 주지도 않고 흥미를 갖고 있는 사람도 많지 않으며 내용을 이해할 수 있는 사람도 적기 때문이다. 그러나 상황을 잘 아는 사람이라면 천 선생의 연구 성과가 서양 고전 연구 영역에서 중국 최고의 수준이라는 것과 세계적으로도 그 어떤 학자보다 뛰어나며 서양 학술계의 평균 수준을 넘어서는 대표작이라는 것을 짐작할 수 있을 것이다. … 이처럼 높은 수준의 학술 저작이 보여주고 있는 엄격한 학문적 태도는 애국정기와 민족 자존심을 발양하고자 하는 사람들의 원대한 포부와 융합되어 중국인들에게 엄청난 격려가 되어주었다."[3]

098

『성 심리학(性心理學)』
사회적 편견에 대한 위대한 도전

성(性) 지식을 다룬 번역서는 청말 사회에 이미 출간되어 있었다. 이 가운데 비교적 광범위하게 유행한 것으로는 일본인이 번역한 『남녀교합신론(男女交合新論)』[1)]이 있다. 1920-30년대에 성학(性學)이 잠시 사람들의 관심을 끈 적이 있었는데, 이때 나온 책들을 보면 장징셩이 쓴 『성사(性史)』류의 통속 서적이 대부분이었다. 본격적으로 성 위생 및 성교육 방면의 지식을 다루고 있는 번역서로는 YD가 번역한 스토웰(Stowell)의 『성교육(性教育)』(北新書局), 첸이스(錢亦石) 등이 번역한 섀넌(T. W. Shannon)의 『성교육지침(性教育指南)』(中華書局), 거러톈(戈樂天)이 번역한 로이드(Lloyd)의 『성욕 교육학 대의(性欲教育學大意)』(現代書局), 두지광(杜季光)이 번역한 기무라 도쿠조(木村德藏)의 『양성문제와 생물학(兩性問題和生物學)』(商務), 숭타오(松濤)가 번역한 허버트(Herbert)의 『성 이야기(性的故事)』, 저우젠런이 번역한 캐리(Carey) 등의 『성과 유전(性與遺

1) 책의 원제는 'Creative and Sexual Science, or Manhood, Womanhood, and their Interrelations'로 1875년 미국의 파울러(Orson Squire Fowler, 1809-1887)가 썼다. 일본에서는 하시주메 간이치(橋爪貫一)의 번역으로 1887년 춘양당(春陽堂)에서 출간되었다.

傳)』(開明書店), 방커(方可)가 번역한 로빈슨(Robinson)의 『성지식(性的知識)』(開明書店), 그리고 런바이타오가 편역한 『연애심리연구(戀愛心理研究)』(亞東圖書館) 등이 있다. 이 외에 비교적 전문적인 성 지식 저작을 번역한 사람으로 판광단을 빼놓을 수 없다. 그는 1934년 엘리스의 『성의 교육(性的教育)』과 『성의 도덕(性的道德)』을 상하이 청년협회서국에서 출판했으며, 1944년에도 『성 심리학』을 번역 출간함으로써 서양 성 지식의 소개 작업을 한 단계 발전시켰다.

『성 심리학』의 저자 엘리스(Havelock Ellis, 1859-1939)는 영국의 영향력 있는 과학자이자 사상가이며 작가 겸 문학평론가이다. 그는 일생 동안 철학, 종교, 사회학, 인류학, 문학, 의학, 생물학 등 다양한 분야에 관심을 갖고 연구했는데, 그 가운데 세계적으로 가장 큰 영향을 미친 것은 『성 심리학 연구록(性心理學研究錄)』(Studies in the Psychology of Sex)이다. 알려진 바에 따르면 그는 오스트레일리아에서 생활하던 17세 때 이미 성 지식과 도덕의 관계에 관심을 갖고 이에 대해 공부하려는 목표를 세웠다고 한다. 그는 영국으로 돌아와 의학을 공부해 1890년 의학 박사학위를 획득한 후 1894년 『남과 여(男與女)』(Man and Woman: A Study of Secondary and Tertiary Sexual Characteristics)를 완성했다. 이 책은 인류학과 심리학의 측면에서 남녀의 2차 성징에서 나타나는 차이와 의미에 대해 연구한 저작으로 세계 여러 나라의 언어로 번역되어 연구자들에게 신선한 영감을 불어넣어주었다. 또한 이 책은 훗날 그의 30년 연구 성과를 총괄한 7권짜리 『성 심리학 연구록』의 서론이 되었다. 목록은 다음과 같다. 제1권 『성역전(性逆轉)』(Sexual Inversion), 제2권 『부끄러움의 진화. 성적 주기 현상. 자기 성애(羞怯心理的進化; 性的季候性現象; 自動戀)』(The Evolution of Modesty; The Phenomena of Sexual Periodicity; Auto-Erotism), 제3권 『성충동 성질 분석, 사랑과 고통, 여성의 성충동(性沖動性質的分析, 戀愛與

痛楚, 女子的性沖動)』(Analysis of the Sexual Impulse; Love and Pain; The Sexual Impulse in Women), 제4권 『인류의 성선택(人類的性選擇)』(Sexual Selection in Man), 제5권 『성애의 상징, 욕구 해소의 메커니즘, 임신의 심리상태(性愛的象征現象, 解欲的機制, 妊娠的心理狀態)』(Erotic Symbolism, Mechanism of Detumescence, Psychis State in Pregnancy), 제6권 『성과 사회(性與社會)』(Sex in Relation to Society). 그가 성감대, 꿈의 종합, 나르시시즘, 짝사랑 및 결혼의 역사 등에 대해 연구한 제7권 『에오니즘과 기타 약간의 보충 문제(哀鴻現象和其它若幹補充研究)』(Eonism and Other Supplementary Studies)를 완성했을 때는 이미 1928년이 되어 있었다. 저우쭤런에 따르면 당시 대영박물관에서는 이 책을 소장하기를 거부했고, 미국의 일부 도서관도 책의 대출을 불허하였다. 서점에서도 의사나 법관, 변호사 등에게만 제한적으로 판매하여 일종의 금서나 다름없었다고 한다. 그러나 엘리스는 전통적 가치관에서 비롯된 여러 편견들을 극복하고 서양 성학(性學)의 기초를 세웠을 뿐만 아니라 성교육의 대중화에 필요한 과학적 교재를 만드는 데 공헌하였다. 엘리스는 74세 때 임상 의사나 의학원 학생들이 자신의 『연구록』을 꼼꼼하게 검토할 시간이 없다는 것을 알고 그들을 위해 특별히 『성 심리학(The Psychology of Sex)』 축약본을 집필하였다. 이 책은 1933년 영국의 윌리엄 하이네만 출판사에서 출간되었다. '성 심리학'이라는 제목은 의학계를 넘어 대중들의 관심을 끌어 모았다. 영문판 재판본의 경우 초판이 나온 뒤로 10년 동안 1년 혹은 2년에 한 번씩 어김없이 다시 출간되었다. 아울러 동서양 여러 언어로 번역되어 세계 각국으로 퍼져 나갔다. 영국의 철학자 러셀은 이렇게 말했다. "그동안 성을 제목으로 붙인 책은 매우 많았지만 만족할 만한 것은 거의 없었다. 이 작품은 대단히 훌륭해서 칭찬할 만하다. 나는 누구에게라도 자신 있게 이 책을 추천할 생각이 있다."

중국인 가운데 『성 심리학』에 처음으로 주의를 기울인 사람은 저우쭤런이다. 그는 1920년대 초에 엘리스의 「성 심리 연구(性的心理研究) · 제2권 발(第二卷跋)」을 번역해서 「엘리스의 말(藹理斯的話)」이라는 제목으로 1923년 출판된 『비 오는 날의 책(雨天的書)』에 수록한 적이 있다. 1925년 2월 9일자 《어사(語絲)》 제13기에는 그가 엘리스의 『감상록(感想錄)』(Impressions and Comments)에 근거해 번역한 「진보(進步)」, 「난해함과 분명함(晦澀與明白)」, 「여자의 수치(女子的羞恥)」, 「아가와 전도서(雅歌與傳道書)」, 「종교(宗教)」, 「자기중심(自己中心)」 등 여섯 편의 번역문도 게재되어 있다. 또한 『고차수필(苦茶隨筆)』에도 그가 쓴 「엘리스의 시대(藹理斯的時代)」가 실려 있다. 이 외에도 《어사》 제16, 26기에 실린 무명씨(無名氏)와 순펑(順風)이 보내온 편지를 보면 당시 중국에서 상당히 많은 사람들이 엘리스를 주목하고 있었음을 알 수 있다. 1933년 8월, 저우쭤런은 당시 돈 3위안을 주고 '학생용'이라고 큼지막하게 적혀 있는 뉴욕 '현대사상의 신 방면' 총서의 영문판 한 권을 손에 넣었다. 그는 「성의 심리(性的心理)」라는 글에서 이 책이 74세에 이른 엘리스의 "훌륭한 인생관과 차분하고 인내할 줄 아는 성품, 자연적이고 과학적인 태도"를 잘 반영하고 있다고 말하였다. 또한 "인정과 물리에 통달하고 지식이 지혜의 경지에 이르러 명징한 관조적 태도를 갖추었다"고도 하였다.[1] 판광단이 번역한 『성 심리학』보다 조금 이른 시기에 출판된 것으로는 1944년 11월 펑밍장(馮明章)이 번역하고 충칭 문적출판사(文摘出版社)에서 출간한 『성 심리(性心理)』가 있다. 이 책은 『성 심리학』 가운데 서론, 성의 생물학적 기초, 청춘기의 성충동, 성 변태와 성 상징, 동성애, 결혼, 연애의 예술, 결론 등 8장을 발췌 번역한 것이다. 이 책은 짧은 시간 내에 4판을 찍을 정도로 큰 인기를 끌었지만 판광단의 번역본보다는 수준이 낮았다.

판광단은 칭화대학에서 교편을 잡고 있던 1934년 가을에 이 책을 처음 접했다. 그러나 그가 엘리스를 처음 알게 된 것은 이때가 아니다.

1920년 칭화학교 고등과(清華學校高等科)에 재학 중이던 그는 대출이 금지되어 있던 6권짜리 『성 심리학 연구록』을 우여곡절 끝에 빌려 읽은 일이 있다. 체육활동 중에 당한 사고로 오른쪽 다리를 쓰지 못하게 된 그는 2년간의 휴학 끝에 학교를 졸업한 후 미국 다트머스대학으로 유학을 떠났다. 그곳에서 생물학을 전공한 뒤 컬럼비아대학으로 옮겨 생물학, 고생물학, 유전학을 공부하였으며 1926년 석사학위를 획득하였다. 귀국 후 우쑹 정치대학(吳淞政治大學) 교무부장, 상하이 둥우대학(東吳大學) 예과(豫科) 주임, 상하이 광화대학(光華大學) 문학원 원장, 사회과학원 원장 등을 역임했다. 동시에 푸단, 후장(滬江), 다샤(大夏), 지난(暨南) 등지의 대학에서 심리학, 우생학, 가정문제, 진화론, 유전학 등에 대해 강의했다. 그는 늘 엘리스의 저작을 애독했으며 심지어는 자신을 엘리스의 사숙 제자라 말하기도 했다. "사숙으로 배운 것을 심화시키기는 힘들지만 번역은 마땅히 해야 하는 작업이다." 1934년 그는 『연구록』 제6책 가운데 성과 사회의 관계에 관한 논문 두 편을 중국어로 번역하여 상하이 청년협회서국에서 『성의 교육(性的教育)』과 『성의 도덕(性的道德)』이라는 제목으로 출간했다. 그는 1939년 11월부터 『성 심리학』 번역에 착수하여 1941년 11월에 작업을 완성했다. 중역본은 모두 8장으로 구성되어 있는데 제1장 서론을 제외하고는 모두 두 개에서 열 개의 절로 나뉘어 있다. 각 장의 제목은 '성의 생물학(性的生物學)', '청년기의 성충동(青年期的性沖動)', '성 변태와 성애의 상징(性的歧變與性愛的象征)', '동성애', '혼인', '연애의 예술(戀愛的藝術)', '결론'이다. 판광단은 평소 기계적 직역을 싫어해서 구어체를 사용해 번역했다. 그의 목표는 "독자들이 번역서를 읽을 때 모국어로 된 책을 읽는 것과 같은 느낌이 들도록 하는 것이다. 번역서라는 느낌이 들지 않는다면 번역의 수준이 높은 것이라 할 수 있다." 이러한 원칙에 따라 그는 의학상의 염색체를 중국 전통의 음양오행이나 기수(奇數), 우수

(偶數) 등을 써서 설명했으며 번역문에 건도곤도(乾道坤道) 등의 말을 첨가해 넣음으로써 중국 독자들의 이해를 돕고자 했다.

천캉이 『플라톤 파르메니데스편』의 역주 작업을 통해 이상적인 번역의 표준을 세웠던 것과 마찬가지로 판광단도 『성 심리학』을 번역하며 주석에 특별히 많은 신경을 썼다. 따라서 본문의 글자 수는 대략 34만 자 정도이지만 역주와 부록이 10만 자나 된다. 책 전체에 달린 주석은 모두 570개로 제6장 이후의 역자주만도 125개에 달한다. 판광단은 주석을 세 가지로 구분했다. "첫 번째는 엘리스의 원주(原注)로 분량은 1/10에 못 미친다. 두 번째는 엘리스가 인용한 서목(書目)이다. 이는 다시 두 부분으로 나누어지는데 하나는 『성 심리학』 원서에 있는 매우 간략한 것이고 다른 하나는 『연구록』에 있는 것으로 역자가 확인해서 보완한 것이다. 분량은 대략 1/10 정도이다. 세 번째는 중국의 문헌과 관습을 통해 알 수 있는 성에 관한 견해와 사례들로 7/10 이상을 차지한다." 바로 이 세 번째 부분이 가장 뛰어나다. 역자는 평소 정사와 야사, 필기, 소설 등에서 자료를 수집해두었는데 이 자료들은 원작을 보완하고 본문의 내용을 풍부하게 해주었다. 자료 중에 동성애에 관한 내용이 특히 많았는데 편폭의 제한으로 인해 주석에 모든 내용을 반영할 수는 없었다. 따라서 그 내용을 「중국 문헌 중의 동성애 사례(中國文獻中同性戀擧例)」라는 부록으로 작성해 책 뒤에 첨부했다. 그때까지 중국에서 성 심리학에 관한 체계적인 연구가 전무했고 자료도 적었기 때문에 이 책에 붙어 있는 10만여 자의 주석은 중국 성 심리학의 중요 문헌이라 해도 과언이 아니다.

엘리스는 일찍이 다음과 같이 예언했다. "당신들은 내 책을 불 질러버릴 수 있을 것이다. 그러나 맹렬히 타오르는 불길이 다음 세대 사람들에게는 도덕적 광채로 비치게 될 것이다." 19세기 말 영국 사회의 성 인식은 수많은 편견으로 왜곡되어 있었다. 그럼에도 불구하고 『성 심리학』의 유통을 저지하지 못했을 뿐만 아니라 도리어 책의 신비성을 높여줌으로써 독자들의 흥미를 유발시켰다. 이 책은 세계 여러 나라의 언어로 잇달아 번역되었고 중국에서도 저우줘런, 펑밍장, 판광단 등에 의해 성 지식의 불꽃이 이어질 수 있었다. 판광단의 제자였던 페이샤오퉁(費孝通)은 스승에 대해 다음과 같이 말했다. "(선생께서는) 항전 기간 동안 '경전 전수[傳經]'의 정신으로 생활상의 모든 난관을 극복하고 최종적으로 이 대작을 쉬운 중국어로 번역해냈다. 또한 서구 문화에 낯선 중국 독자들을 위해 평소 연구했던 성과 가운데 중요한 자료들을 원문의 주석으로 덧붙여놓았다. 글자마다, 행간마다 진지하고 인내심 있는 그의 학문적 노력이 그대로 반영되어 있다."[2] 이 책은 1946년 4월 충칭 상무인서관에서 초판이, 10월에 상하이에서 재판이 발행되었고 1949년 10월까지 상하이에서 4판을 인쇄했다.

당시 이 책은 많은 학자들의 주목을 받았다. 저명 작가 차오쥐런은 『서림신화(書林新話)』에서 이렇게 말했다. "엘리스의 『성 심리학』은 대단하고 중요한 책이다. 중국어 번역자인 판광단 선생 또한 이 분야의 전문가이다." 그는 또 이렇게 말했다. "오늘날 젊은이들은 성에 관한 작품이나 문헌에 대해 많이 알고 있으며 조리 있게 설명할 수 있다. 젊은 여성들도 성에 대한 탐구 정신이 대단할 뿐만 아니라 더 이상 숨기거나 회피하려 하지도 않는다. 만일 조상님들이 보셨다면 신명(神明)을 모독하는 일이라고 하셨을 것이다. 엘리스가 서술한 것은 서양의 상황이지만 중국의 상황 또한 크게 다르지 않다." 그는 이런 종류의 책이 설령 소녀의 책상 위나 베개 맡에 놓여 있다 해도 전혀 이상할 것이 없다고 하였다. "청춘 남녀들이 도학의 금욕주의나 외설 문학의 무절제한 성욕광에게 공격받고 있을 때, 마침 엘리스의 책이 출간되어 과도한 것은 조절하고 잘못된 것은 교정해줌으로써 건강한 성 심리가 형성될 수 있도록 도와주었다."[3]

예링펑은 이 책의 "함축적이면서도 명철한 지혜가 인생에 온화한 지침으로 작용해 사람들의 기억 속에 영원히 남게 되었으며 … 시인의 마음, 의사의 지식, 인생 철학자의 관점으로 남녀의 성 문제를 연구하고 방향을 제시해 주었다"고 말했다.[4] 장중싱(張中行)은 『부훤속화(負暄續話)』에서 이렇게 말했다. "번역에 대해 말하자면 이 책은 매우 출중한 작품이라 할 수 있다." 그는 '훌륭한 번역'이라면 다음의 네 가지 조건을 만족시켜야 한다고 했다. 첫째, 외국어에 정통해야 한다. 둘째, 모국어에 정통해야 한다. 셋째, 번역하려는 분야에 대한 충분한 학식을 갖추고 있어야 한다. 넷째, 진지한 책임의식을 갖고 있어야 한다. 이 네 가지 조건에 부합하는 작품으로는 린슈와 옌푸의 번역서 정도를 꼽을 수 있겠지만 그것도 모든 작품이 다 해당되는 것은 아니다. 그러나 판광단이 번역한 『성 심리학』은 의심의 여지없이 최고의 점수를 받을 만하다. 100점 만점에 125점은 받아야 마땅하다.[5] 책이 출간되고 나서 오랜 시간이 흘렀다. 판광단은 '경전 전수'의 정신으로 "125점은 받아야 마땅한" 번역 작품을 우리에게 남겨주었으며 그 책은 아직도 찬란한 빛을 발하고 있다. 그는 번역을 마친 후 자작시 한 수를 남겼는데 지금까지도 그 여운이 살아 전해지는 듯하다.

> 二南風教久銷沈 이남[2)]의 가르침 오래전에 사라져
> 瞎馬盲人騎到今 맹인이 눈 먼 말 타고 여기까지 온 듯하네.
> 欲挽狂瀾應有術 세찬 물결 다스리는 데에는 마땅한 방법이 있는 법.
> 先從性理覓高深 성(性)의 이치에서 심오한 진리를 찾아보세.

---

2) '이남(二南)'은 『시경(詩經)』「국풍(國風)」 중 서민의 민요인 「주남(周南)」과 「소남(召南)」을 가리킨다. 「주남」과 「소남」은 인간의 미묘한 감정과 정서를 잘 표현하고 있어 공자도 『논어 · 양화(陽貨)』에서 "사람으로서 주남과 소남을 공부하지 않으면 마치 담장을 마주보고 있는 것 같아 더 나아가지 못한다"(人而不爲周南召南, 其猶正牆面而立也與)고 하였다.

099

『악의 꽃(惡之花)』의
퇴폐 시인 보들레르 작품의 중국 여정

5·4 시기를 기점으로 중국 현대문학은 변혁기를 맞이하게 된다. 변화의 과정에서 주도적인 역할을 한 것은 백화시[新詩]이다. 백화시의 창작자와 감상자들은 서구에서 밀려들어오는 예술 작품들을 적극 수용하고자 했다. 유미주의의 대표 오스카 와일드와 민주주의자 투르게네프를 좋아했으며 민중시인 휘트먼과 상징주의 시인 메테를링크에게도 흥미를 느꼈다. 이 밖에 그들을 매료시킨 작가로는 프랑스 상징주의의 선구이자 악마 시인으로 명성이 높던 보들레르가 있다.

샤를 보들레르(Charles-Pierre Baudelaire, 1821-1867)는 파리에서 태어나 어려서 부친을 잃고 재혼한 어머니 밑에서 생활했다. 어린 시절 계부와 사이가 좋지 않아 인도로 보내졌다가 귀국해서는 파리에서 방탕하게 생활하며 시간을 허비했다. 1848년 2월, 프랑스 혁명의 바리케이드 전투에 참가하였으며 혁명 선전물《르 살뤼 퓌블릭(Le Salut Public)》을 창간하였다. 만년을 벨기에에서 보냈는데 알코올과 아편 중독에 시달리다가 파리에서 사망했다. 대표작은 1857년 출판된 시집『악의 꽃(Les Fleurs du mal)』이며 이 외에『파리의 우울(Le Spleen de Paris)』(1869)과『인공 낙원(Les

Paradis Artificiels)』(1860)이라는 두 권의 산문시집도 남겼다. 이 작품들로 인해 그는 현대 산문시의 창시자가 되었다. 또한 『미학탐기(美學探奇)』(Curiosits esthtiques, 1869)와 『낭만파 예술(浪漫派藝術)』(L'art romantique, 1868)이라는 두 권의 중요한 문학이론 저작도 저술했다.

『악의 꽃』은 문단의 찬사와 비난을 동시에 받은 작품이다. 프랑스 시인 발레리는 보들레르에 대해 이렇게 말했다. 그는 "영광의 정점에 올라 있다. 300페이지도 안 되는 소책자 『악의 꽃』은 이제까지 나온 수많은 명작들과 어깨를 나란히 하기에 충분하다."[1] 시집은 「우울과 이상(Spleen et Idéal)」, 「파리 풍경(Tableaux parisiens)」, 「술(Le Vin)」, 「악의 꽃(Fleurs du mal)」, 「반항(Révolte)」, 그리고 「죽음(La Mort)」의 여섯 부분으로 이루어져 있으며 시인의 고통과 절망, 미혹, 회한, 악에서의 탈피, 천국에의 열망 등을 노래하고 있다. 보들레르는 말했다. "나는 잔혹한 이 책 속에 나의 사상과 영혼, 신앙과 증오를 모두 담아냈다." 시인은 남녀의 사랑을 노래하는 진부하고 상투적인 낭만주의적 경향에 반대하며 예술적 시야를 도시 생활의 번잡함과 추악함, 현대인의 심적 고민과 무기력함으로 돌렸다. 특히 그는 사악하고 추한 것에 대해 탐닉과 집착의 태도를 보였다. 『악의 꽃』에서 '악'이란 프랑스어로는 악덕과 죄악감을 가리킬 뿐만 아니라 질병과 고통도 의미한다. 시인은 자신의 시를 "퇴폐적인 꽃"이라고 했으며 시를 이용해 "악에 내재된 아름다움을 발굴"해내고자 했다. 그는 『악의 꽃』 초고 서언에서 이렇게 말했다. "나는 악의 아름다움으로부터 제련되어 나온 것들에 흥미가 있다."

중국에서 최초로 '악마의 시인[魔鬼的歌手]'을 언급한 인물은 아마 저우쭤런일 것이다. 그는 1919년 2월 《신청년》 6권 2기에 발표한 「소하(小河)」 서문에서 자신의 시와 보들레르의 시를 비교해 이렇게 말했다. "(내가 쓴 시는) 프랑스 보들레르(波特萊爾)가 제창한 산문시와 서로 비슷하다. 그는 산문형식을 사용하고 나는 행을 나누어 썼다는 것이 다를 뿐이다.” 2년 후인 1921년 11월 12일, 《신보부간》에 게재된 「산문소시(散文小詩) · 부기(附記)」에서 그는 『악의 꽃』을 호평하며 다음과 같이 말했다. “(그는) 근대 문학사에 새로운 장을 열었다. 그는 동시대의 고답파(高蹈派, parnassien) 시인들이 사용하던 정련된 형식으로 그가 환멸해 마지않던 도시생활에 대한 진실한 느낌을 써내려갔다. 이것은 현대인의 새로운 감정을 대표하는 것이다.”

보들레르의 상징주의 시 이론과 작품을 광범위하게 소개한 사람들은 ‘과학 정신에 기초한 사회적 실천을 통해 소년중국을 창조하자!’는 기치를 내걸고 활동하던 소년중국학회의 젊은 시인들이다. 그들은 《소년중국》 잡지에 ‘시가 연구 특별호(詩歌硏究號)’를 두 차례 기획 발간하고 프랑스 상징주의 이론과 작품을 소개하였다. 1920년 3월부터 1921년 12월 사이에 우뤄난(吳弱男)의 「근대 프랑스 · 벨기에 시인 6인(近代法比六詩人)」(1권 9기), 저우우(周無, 즉 周太玄)의 「프랑스 근세문학의 추세(法蘭西近世文學的趨勢)」(2권 4기 ‘프랑스 특별호’), 리황(李璜)의 「프랑스 시의 격률 및 해방(法蘭西詩之格律及其解放)」(2권 12기), 리스춘(李思純)의 「서정소품시의 성격과 역할(抒情小詩的性德及作用)」(2권 12기), 황중수(黃仲蘇)의 「1820년 이래 프랑스 서정시 일반(一八二○年以來法國抒情詩之一斑)」(3권 3기), 톈한의 「악마시인 보들레르 백주년 기념(惡魔詩人波陀雷爾的百年祭)」(3권 4, 5기) 등이 게재되었다. 톈한은 보들레르를 “프랑스 19세기 낭만주의의 전당이며 상징주의의 선봉”으로 추켜세우며 “그에 필적할 만한 근대 상징주의 시인은 찾아보기 힘들다”고 하였다. 소년중국학회의 또 다른 주요 성원 중 한 명인 장원톈은 1922년 8월 상하이에서 스툼(Frank Pearce Sturm)의 장편논문인 「보들레르 연구(波特來耳硏究)」를 번역해서 1924년 《소설월보》 제15권 ‘프랑스 문학 연구 특별호(法國文學硏

究號)'에 실었다. 그는 글에서 '악마 시인'의 시가 "아주 달콤하게 타락과 죽음을 노래하고 있을 뿐만 아니라 무덤 속의 비밀을 아름다운 목소리로 귓가에 속삭여주었다"고 썼다. 쑨위스(孫玉石)는 『중국 초기 상징파 시가 연구(中國初期象征派詩歌硏究)』라는 책에서 이 글을 언급하며 "5·4 초기 상징주의 시가를 소개한 역작"이라고 하였다.[2] 루쉰도 1924년 번역 출간한 『고민의 상징』에서 상징주의와 보들레르의 작품을 언급하였다.

필자의 조사에 따르면 중국에 최초로 번역된 보들레르 시는 1922년 《소설월보》 제13권 3기에 실린 「창문(窗)」(Les Fenetres)으로 중밀(仲密, 저우쭤런의 필명)이 번역하였다. 같은 해 제6기에도 「길 떠난 보헤미안들(遊子)」(Bohemiens En Voyage)이 실렸다. 1922년 10월, 《국풍일보》 부간 《학휘》 제19기에는 후칭바이(胡傾白)가 번역한 보들레르의 「무능한 수도사(虛妄的修士)」(Le Muse Venale), 「원수(寇仇)」(L'ennemi), 「피의 샘(血的泉源)」(La Fontaine Sang) 등 세 편의 시가 실렸다. 보들레르의 『악의 꽃』 가운데 일부를 최초로 번역한 인물은 저명 시인 쉬즈모이다. 1924년 12월에 발간된 《어사》에 그가 번역한 「시체(Une Charogne)」가 실렸는데 이 시는 『악의 꽃』 가운데 한 편이다. 쉬즈모가 쓴 장문의 서문을 보면 그가 보들레르의 시를 얼마나 높이 평가하고 있는지 잘 알 수 있다. "『악의 꽃』에서 가장 못하다고 생각되는 시조차 대단히 기묘하고 아름다우며 시들지 않는 한 떨기 꽃과 같다." "(시는) 적도에서 자라는 독초와 같아 길고 가는 이파리는 악어 꼬리 같고 큰 꽃송이는 만개한 비단 우산 같다. 독을 갖고 있지만 향기로우니 취해 죽을지언정 잊을 수는 없다." 쉬즈모는 『악의 꽃』이 갖고 있는 음악미의 신비로움을 지나치게 과장했다. 보들레르 시의 "절묘함은 글자의 의미에 있는 것이 아니라 잡히지 않는 음절 가운데 있다."[3] 1925년 2월 23일자 《어사》 제15기에는 장딩황(張定璜)이 번역한 「거울(鏡子)」(Le miroir), 「어느 쪽이 진짜 그 여자인가(那一個是眞的)」

(Laquelle est la vraie?), 「창문(窗子)」, 「달의 혜택(月兒的恩惠)」(Tristesses de la lune), 「개와 향수병(狗和罐子)」(Le chien et le flacon) 등 다섯 편의 시가 실렸다.

비록 보들레르의 시가 전부 소개된 것은 아니지만 오랫동안 문단을 지배하던 낭만주의와 현실주의의 직설화법에서 벗어났다는 점에서 많은 독자들을 매료시켰다. 린겅(林庚)은 「살아 있는 사람의 문학을 요청함(我要求活人的文學)」이라는 글에서 다음과 같이 말했다. "보들레르가 쓴 『악의 꽃』 19편과 단편시, 그리고 산문들은 문학사에서 영원히 사라지지 않을 한 페이지로 남았다. 길지 않은 문장들이지만 쓸데없는 말이 하나도 없다. 진부한 말들만 나열해 독자들을 무료하게 만들지도 않는다. 보들레르의 작품을 읽으면 때로는 봄날의 개울물처럼 피가 흐르는 느낌을 받고, 때로는 온몸에 전율을 느끼며 살아 있다는 것을 실감하게 된다. 이것이 내가 문학을 사랑하는 이유이다."[4] 보들레르의 시가 젊은 시인들을 사로잡을 수 있었던 이유는 생생하고 구체적인 묘사로 미묘하게 감추어진 내면세계를 드러냈을 뿐만 아니라 복잡하고 변화무쌍한 인간과 자연의 감정적 융화를 탁월하게 표현했기 때문이다. 샤오모(小默)는 「문학에 대한 나의 이해와 경험(我對於文學的理解與經驗)」이라는 글에서 이렇게 말했다. "내가 백화시 창작에 심취해 있었을 당시 프랑스 악마파(惡魔派)—특히 보들레르—에 심취해서 decadent라는 말을 입에 달고 살았다. 나는 그에게서 멋지고 화려한 시구들을 발견했다. 그는 상징주의 마술봉으로 나의 영혼을 전율시키고 관능의 안개 속에서 빠뜨려 헤어 나오지 못하게 만들었다." 첸거촨(錢歌川)은 「나의 문학 취미(我的文學趣味)」에서 이렇게 말했다. "내가 처음 애독하던 것은 에드거 앨런 포나 보들레르 같은 악마파의 작품이다. 나중에 일반적인 세계명저를 읽게 되었다."[5] 시인들은 보들레르의 음악성에 특히 주목하였다. 주샹(朱湘)은 『중서집(中書集)』에서 이렇게 말했다. "모두 알다시피 산문시 양식은 프랑스의 보들레르와 영국의 오스카 와일드, 미국의 휘트먼이 창시한 것으로 음운(音韻)의 도움을 거부하고 리듬과 상상에만 의지해 시경(詩境)을 창조하는 것이다."[6]

1929년 『보들레르 산문시(波多萊爾散文詩)』를 번역한 싱펑쥐(邢鵬擧)는 역자 서문에서 보들레르 시의 특징에 대해 "분명함을 버리고 심오함을 취했으며 묘사보다는 암시를 중시했다"고 설명했다. 이 책은 1930년 4월에 상하이 중화서국에서 출간되었는데 쉬즈모는 서문에서 다음과 같이 말했다. "(보들레르는) 평소 말수가 많지 않았으며 쓸데없는 말은 한 마디도 하지 않았다. … 그의 말은 내면에서 바로 길어 올려진 것이라 싱싱함을 느낄 수 있다. 마치 선계(仙界)에 피는 꽃처럼 신선하니 빛깔과 향기가 오래도록 사라지지 않는다. 19세기 문학사에서 플로베르, 월터 페이터, 보들레르 세 사람은 후세 사람들에게 우울과 고독감, 그리고 중세기 '성직자'들이 속죄와 고통 속에서 구원을 갈구하던 것과 같은 심정을 영원히 환기시켜주었다. 그러나 그들이 추구하는 것은 공허한 본성의 이치나 초월적 종교의 진리가 아니다. 그들이 애쓰는 대상은 '성령(性靈)의 서정적 동요, 깊은 생각의 우회적 궤적, 양심의 갑작스런 격발'이다." 1935년 상하이 생활서점에서는 스민(石民)의 번역으로 『파리의 우울(巴黎之煩惱)』(Le Spleen de Paris)을 출간했는데 이 책에는 보들레르의 산문시 51편이 실려 있다. 사이먼스(A. Symons)의 영역본을 저본으로 삼아 번역한 이 책은 다이왕슈의 말처럼 "원작과 상당한 거리가 있다." 량종다이, 볜즈린(卞之琳), 선바오지(沈寶基)가 번역한 몇 편의 시가 그나마 괜찮다. 『악의 꽃』을 발췌 번역한 사람으로는 천징룽(陳敬容)과 저명 언어학자 왕리(王力)가 있다. 왕리는 1940년 문언시 형식으로 『악의 꽃』 가운데 114편을 번역했는데 단행본으로 출간되지는 않았다.

민국 시기에 가장 영향력이 컸던 것으로는 저명 시인 다이왕슈가

1946년 편역한 『'악의 꽃' 철영('惡之花'掇英)』이라는 책이다. 이 책은 1947년 상하이 회정문화사(懷正文化社)에서 류이창(劉以鬯)이 기획한 '회정문예총서(懷正文藝叢書)'의 한 권으로 출간되었다. 책의 저본은 1933년 파리에서 한정판으로 출간된 드 클뤼니 판본(Editions de cluny)이다. 책에는 「알바트로스(信天翁)」(L'albatros), 「상승(高擧)」(Elevation), 「인간과 바다(人和海)」(L'homme et La), 「아름다움(美)」(La Beaute), 「가을의 노래(秋歌)」(Chant D'automne), 「우울(煩悶)」(Spleen), 「풍경(風景)」(Paysage) 등 24편의 시가 수록되어 있으며 앞에는 프랑스 상징주의 시인 발레리가 쓴 「보들레르의 위상(波特萊爾的位置)」이 붙어 있다. 역자는 후기에서 보들레르 시를 번역하는 것이 다음과 같은 두 측면의 의의를 갖고 있다고 적었다. 첫째, 보들레르의 시를 중국어로 옮길 때 내용뿐만 아니라 정교하고 순수한 시 형식을 어느 정도까지 담아낼 수 있을지 실험해볼 수 있었다. 둘째, 쉽게 접하지 못했던 유명한 유럽 근대 시인의 작품을 중국 독자들에게 소개할 수 있었다. "역자는 보들레르의 진면목을 더 잘 드러내기 위해 다양한 시도를 했다. 두 나라의 언어 구조와 사유 방식이 다르기 때문에 내용을 표현하고 형식을 재현하는 것이 매우 힘들었을 것이다. 보들레르의 시는 다른 외국 시들에 비해 훨씬 더 번역하기 힘든 작품이었다." 다이왕슈는 『악의 꽃』이 내포하고 있는 '독소'에 대해서도 다음과 같이 지적했다. "보들레르를 한층 더 깊고 넓게 인식할 수 있다면 아마 기존과는 완전히 다른 견해가 나올 수도 있을 것이다." "보들레르는 시대와 사회적 조건으로부터 만들어진 존재이기 때문이다."[7]

중화인민공화국 건립 후, 보들레르는 퇴폐 시인으로 간주되어 줄곧 냉대를 받았다. 1980년대 초에 이르러 '악마 시인'은 다시 중국 젊은 독자들의 주목을 받기 시작했다. 1980년 12월, 외국문학출판사(外國文學出版社)는 왕리가 번역한 『악의 꽃』을 출간하였다. 책에서는 1940년에 번역한 시에 43편의 시를 새로 추가해 모두 157편의 시를 여섯 부분으로 나누어 소개하고 있다. 1986년 6월, 상하이 인민문학출판사는 첸춘치(錢春綺)가 파리 가르니에형제출판사(Librairie Garnier Frères)판을 저본으로 삼아 번역한 『악의 꽃』을 출간하였다.

100

『소련공산당 역사간요 독본(蘇聯共産黨歷史簡要讀本)』

공산당 간부들의 마르크스-레닌주의 학습 기본 교재

『소련공산당(볼셰비키) 역사간요 독본』은 스탈린이 제안하고 소련공산당 중앙 특설 위원회(聯共中央特設委員會)가 편저한 후, 소련공산당 중앙전회(聯共中央全會)가 심사한 권위 있는 당사(黨史) 저작이며, 세계 최초의 사회주의 국가 집권당의 당사 교과서이다. 책은 모두 12장으로 구성되어 있으며, 1883년에 결성된 마르크스주의 소조와 단체가 1937년 소련공산당으로 변모하는 과정을 그리고 있다. 머리말에서는 1905년과 1917년 2월의 부르주아 민주혁명, 그리고 1917년 10월의 사회주의 혁명, 이렇게 세 차례의 혁명을 중심으로 소련공산당의 역사를 서술하고 있다. 이들 혁명은 차르 제도와 자본가 정권을 전복시킨 역사이며 내전 시기에 외국의 무력간섭을 분쇄한 역사이자 소련 사회주의 건설의 역사이다. 이 간결한 역사책은 소련의 노동자와 농민이 사회주의를 위해 투쟁한 풍부한 경험을 일목요연하게 전달해주고 있다. 이러한 역사를 연구하는 것은 소련공산당과 마르크스-레닌주의, 그리고 노동 군중이 적들과 투쟁한 역사를 연구하는 것이며, 사람들이 정치적 경각심을 높여 볼셰비키에 정통할 수 있도록 도와주는 것이며, 레닌과 스탈린 당의 위대한 사업이 결국 승리할 수 있다는 확신을 갖게 해줌으로써 전 세계적으로 공산주의가 승리할 것이라는 신념을 공고하게 만들어주는 것이다. 스탈린은 특별히 이 책의 제4장 2절 「변증 유물주의와 역사 유물주의(辯證唯物主義與歷史唯物主義)」를 직접 집필하고 책 전체 내용을 감수하였다.

이 책은 1938년 9월 9일부터 19일까지 《프라우다(Pravda)》지에 한 장(章)씩 발표되었고 그 해 10월 1일 단행본으로 발간되었다. 책의 출판과 동시에 기존의 당사 교재는 사용이 중지되었으며 소련공산당사와 관련된 모든 문제는 일률적으로 『독본』을 기준으로 수정되고 규명되었다. 『독본』은 마르크스주의의 일반 규율 및 변증 유물주의와 프롤레타리아 사회주의의 밀접한 관계에 대해 밝히고 있지만 동시에 스탈린 집권 시기의 정치 경제와 사회 계급 관계의 시대적 한계를 드러내고 있기도 하다. 인위적인 취사(取捨)와 재단(裁斷)으로 역사적 사실을 왜곡하거나 변형시켜 진실과 동떨어진 내용을 포함하고 있기도 하다. 가오팡(高放)이 주편한 『사회주의 대사전(社會主義大辭典)』에서는 이 책에 대해 다음과 같이 평가했다. "마르크스주의 기본 원리를 지침으로 삼아 1883년부터 1937년까지 55년 동안의 소련공산당의 역사를 간결하게 서술하고 있으며, 소련공산당 창립과 정권 탈취, 사회주의 건설의 경험을 총결산하고 있다. 엄밀한 논리와 분명한 관점, 간결한 문체로 이론적 측면을 강조해 서술했다. 그러나 다른 한편으로는 당의 개별 지도자의 역할과 소련의 경험이 가진 보편성을 지나치게 과장하는 등 결점도 적지 않다. 이런 점은 소련 및 기타 사회주의 국가와 공산당 내에서 개인숭배나 단일 사회주의 모델을 고수하는 경향으로 이어지기도 했다. 또한 마르크스주의 철학의 기본 요소에 대한 해석도 지나치게 간략하거나 단편적인 경향이 있다."[1]

책은 출간되자마자 '마르크스-레닌주의 기본 지식의 백과전서'라는 칭호를 얻었고 당교(黨校)와 고등학교 정치이론 수업의 필독서가 되었다. 또한 1939년 3월을 기준으로 중국어를 포함해 모두 28개 언어로 번역되었으며 각국의 공산당원들에게 광범위하게 보급되었다. 1939년, 중국출판사(中國出版社)는 소련 외문출판국(外文出版局)에서 펴낸 중문판을 영인하여 보구(博古)[1)]에게 교열을 맡겼다. 그 해 국민당 통치구역에서 공개 출판된 종합 주간지《군중(群衆)》의 사설을 보면 다음과 같은 내용이 나온다. "『소련공산당사 간명 교정(聯共黨史簡明教程)』 중문판의 출간은 중국 프롤레타리아와 공산주의자의 이론적 수준을 높이는 데 큰 도움이 되며 사회 발전 법칙과 정치 투쟁에 대한 인식을 제고시켜줄 것이다." 사설에서는 노동자와 농민, 지식분자, 청년과 모든 선진적 중국인들이 이 책을 읽을 것을 호소하고 있다. 소련 인민의 투쟁의 역사는 중국이 항전을 승리로 이끄는 데 중요한 경험과 교훈을 제공해줄 수 있다.[2] 잡지에는 소련공산당 역사 교육과정과 관련된 자료, 번역 문헌, 논문 등도 대량으로 게재되었다. 중역본은 항일 근거지에서 광범위하게 유행하였다. 마오쩌둥은 1945년 중국공산당 제7차 전국대표대회(中國共產黨第七次全國代表大會, 약칭 七大)에서 특별히 마르크스-레닌 저작 가운데 다섯 권의 필독서를 추천했다. 그것은 『공산당선언』, 『공상에서 과학으로—사회주의의 발전』, 『두 개의 책략』, 『공산주의 운동의 '좌파' 유치병』, 그리고 『소련공산당 역사간요 독본』이다. 공위즈(龔育之) 등이 쓴 『마오쩌둥의 독서생활(毛澤東的讀書生活)』에는 다음과 같은 내용이 나온다. "마오쩌둥은 「우리의 학습을 개조하라(改造我們的學習)」에서 『소련공산당 역사간요 독본』을 매우 높이 평가했다. 그러나 사상 방법론 연구를 위한 학습 편목

---

1) 보구(博古, 1907-0946). 중국공산당 초기 지도자이자 무산계급 혁명가, 이론가이다. 중국공산당 언론 사업에 큰 공헌을 했으며《해방일보(解放日報)》를 창간했다. 대량의 마르크스-레닌 저작을 번역해 공산주의 이론 학습에 중요한 역할을 했다.

을 열거할 때 스탈린이 쓴 제4장 제2절의 「변증 유물주의와 역사 유물주의」는 추천하지 않았는데 이 점은 곱씹어볼 만하다. 스탈린의 글은 치밀하고 투철하지만 인식론적으로는 크게 언급할 만한 것이 없다. 변증법에 관한 것도 특별한 것이 없으니 이는 중대한 결점이라 할 수 있다."[3] 이 책은 출간 이후 소련에서 몇 차례의 수정을 거듭했다. 이에 따라 소련 외문출판국에서 나온 중문판도 계속해서 수정 출간되었다. 그 가운데 가장 영향력이 컸던 것은 1949년에 나온 '간부필독'본이다.

1949년, 중국공산당은 이론적인 측면에서 신민주주의에서 사회주의로의 전환을 준비하고 있었다. 군사적인 승리를 이어가는 와중에 공산당 7차 2중 전회(中國共產黨第七屆中央委員會第二次全體會議)에서는 열두 권짜리 마르크스-레닌 저작을 간부 필독서로 지정했다. 여기에는 『공산당 선언』, 『국가와 혁명』 등을 비롯해 『소련공산당 역사간요 독본』이 포함되어 있다. 당시 마오쩌둥은 후챠무(胡喬木)가 쓴 열두 권의 목록 앞면에 '간부필독'이라는 네 글자를 써서 저우언라이에게 건네주며 인쇄해서 7차 2중 전회에 보내도록 했다. 마오쩌둥이 '간부필독'이라고 제자(題字)한 열두 권의 책은 1949년 6월에 간행되어 1년 동안 300만 권이나 찍었다. 『소련공산당 역사간요 독본』은 1948년 10월에 이미 대량으로 인쇄된 적이 있다. 상하이 시대서보출판사(時代書報出版社)에서 초판 3천 권을 찍었고 1949년 4월에는 재판만 5천 권을 인쇄했다. 1949년 9월에는 해방사(解放社)에서 소련 외문출판국의 중문판 수정본을 영인해 가장 많은 부수의 '간부필독'본을 발행했다. 다만 제4장 2절에 나오는 '사회사상(社會思想)'을 '사회관념(社會觀念)'으로 바꾸었고 미처 번역되지 않았던 두 개의 영어 단어에 주석을 단 것 외에 나머지 부분은 모두 소련 외문출판국의 신판을 따랐다. 초판은 2만 권을 발행했고 베이징 인민출판사는 상하이에서 재판 4만 5천 권을 발행했다. '간부필독'서가 된 『소련공산당

역사간요 독본』은 오랜 시간 동안 간부들이 마르크스-레닌주의를 학습하는 기본 교재가 되었으며 사회주의 국가를 건설한 소련의 경험을 학습하는 주요 경전 문헌이 되었다. 따라서 이 책이 사회주의 중국에 미친 영향은 실로 엄청났다고 할 수 있다.

| 저자 주 |

1. 『교우론(交友論)』—중국 전통 윤리문화에 던진 파문

1. 方豪, 『中西交通史』(下), 岳麓書社, 1987年, p.1014; 『紀念利瑪竇來華四百週年中西文化交流國際學術會議論文集』, 輔仁大學出版社, 1983年, p.187
2. 王肯堂, 『鬱岡齋筆塵 · 交友』, 南京大學藏明萬曆刻本. "利君遺餘《交友論》一編, 有味乎其言之也, 病懷爲之爽然, 勝枚生《七發》遠矣!"
3. 『利瑪竇中國札記』, 中譯本, 中華書局, 1983年, pp.301-302
4. 徐宗澤, 『明淸間耶蘇會士譯著提要』, 中華書局, 1949年, p.344

2. 『곤여만국전도(坤輿萬國全圖)』—중국을 세계의 중앙에 배치하라

1. 『利馬竇中國札記』, 中譯本, 中華書局, 1983年, p.180
2. 「題萬國二圜圖序」, 『徐光啓集』, 上海古籍出版社, 1984年, p.63. "西泰子之言天地圓體也, 猶二五之爲十也."
3. 瞿式穀, 「職方外紀小言」; 李之藻, 「刻職方外紀序」; 謝方校釋, 『職方外紀校釋』, 中華書局, 1996年, p.6, 10
4. 徐昌治輯, 『聖朝破邪集』卷三. "其徒自誇風土人物, 遠勝中華"; "直欺人以其之所不能見, 足之所不能至, 無可按驗耳. 眞所謂畫工之畫鬼魅也."
5. 平步青, 『霞外攟屑』, 上海古籍出版社, 1982年, pp.162-163
6. 『韜園文錄外編』卷十, 癸未(1883年)仲春版, pp.3-4. "大地如地球之說始有明. 由利瑪竇入中國其說始創, 顧爲疇人家言者, 未嘗悉信之也. 而其圖遂流傳世間, 覽者乃知中國九州之外尚有九州. 泰西諸國之名稍有知之者."
7. 王之春, 『椒生隨筆』, 岳麓書社, 1983年, p.114. "大地之土 … 泰西人分爲四土, 地球東半之土相連, 曰亞細亞, 曰歐羅巴, 曰阿非利加. 西半曰亞墨利加, 中華僅得亞細亞四分之一."
8. 마테오 리치가 제작한 세계지도의 영향에 관해서는 鄒振環, 「利瑪竇世界地圖的刊刻與明淸士人的'世界意識'」 참조. 復旦大學歷史系編, 『近代中國硏究集刊 · 近代中國的國家刑象與國家認同』, 上海古籍出版社, 2003年, 第1輯

3.『기하원본(幾何原本)』—서양 문화 이식 과정의 축소판이 된 250년 번역사

1. 羅素,『西方哲學史』, 何兆武等譯, 商務印書館, 1981年, p.271
2. 許思園,『中國文化之缺陷』,『中國文化研究集刊』(五), 復旦大學出版社, 1987年, p.73
3. 嚴敦杰,「歐幾里德幾何原本元代輸入中國說」,《東方雜志》39卷, 第13期, 1943年; 馮承鈞譯 ,『多桑蒙古史』(下), 中華書局, 1962年, p.91
4.『利瑪竇中國札記』, 中華書局, 1983年, p.517
5.『利瑪竇中國札記』, p.518
6.『張誠日記』, 商務印書館, 1973年, pp.64-66
7.『歌德的格言和感想集』, 程代熙等譯, 中國社會科學出版社, 1982年, p.82
8.『愛因斯坦文集』(一), 商務印書館, 1983年, p.574
9. 徐光啓,『「幾何原本」雜議』
10.『譚嗣同全集』(增訂本), 中華書局, 1990年, p.118-119
11.『梁啓超論淸學史二種』, 復旦大學出版社, 1985年, p.99
12. 이 글은 장문호가 증기택(曾紀澤)을 대신해 쓴 서문으로『증기택유집(曾紀澤遺集)』에 실려 있다. 岳麓書社, 1983年, pp.133-134; 鄭振擇編,『晚淸文選』, 上海書店, 1987年, pp.240-241. "中國算書以九章分目, 皆因事而立名, 各爲一法, 學者泥其跡而求之, 往往畢生習算, 知其論而不知其所以然."

4.『동문산지(同文算指)』—유럽의 필산(筆算)을 체계적으로 소개한 최초의 한역 수학서적

1.『梁啓超論淸學史二種』, 復旦大學出版社, 1985年, p.99
2. 일본의 오구라 긴노스케(小倉金之助)는 1592년판『실용산술개론』원서의 항목과『동문산지(同文算指)』의『전편(前編)』,『통편(通編)』을 비교 연구했다. 李儼,『中國算學史』, 商務印書館, 1955年修訂本, 第九章'西洋曆算之輸入' 참조.
3. 이 책의 원저는 Clavius's Trattato della figura isoperimetre일 가능성이 있다. 同上.
4.『中國數學簡史』, 山東教育出版社, 1986年, p.363
5. "加減乘除, 總亦不殊中土, 至於奇零分合, 特自玄暢, 多昔賢未發之旨. 盈縮, 勾股, 開方, 測圓, 舊法最艱, 新法彌捷."
6.『浙江疇人著述記』, 中國科學院自然科學史研究所編,『錢寶琮科學史論文選集』, 科學出版社, 1983年, p.307

5.『태서수법(泰西水法)』—중국에 최초로 소개된 서양 농전수리(農田水利) 전문 서적

1. "人富而仁義附焉, 或東西之通理也. 道之精微, 拯人之神. 事理粗跡, 拯人之形, 竝說之, 竝傳之, 以俟知者, 不亦可乎? 先聖有言, '備物致用, 立成器以爲天下利, 莫大乎聖人'. 器雖形下, 而切世用, 玆事體不細已. 且窺豹者得一斑, 相劍者見若狐甲而知鈍利, 因小識大, 智者視之, 又何遽非維德之隅也!"

2. "軫念民隱, 於凡農事之可興, 靡不采羅, 閱泰西水器, 及水庫之法, 精巧奇絕, 譯爲書而傳之. 規制具陳, 分秒有度. 江河之水, 井泉之水, 雨雪之水, 無不可資爲用, 用力約而收效廣. 蓋肇議於利君西泰, 其同儕共終厥誌. 而器成於熊君有綱, 中華之有此法, 自今始."

3. 『中西交通史』, 岳麓書社, 1987年, p.754

4. 永瑢等撰, 『四庫全書總目』, 中華書局, 1965年, pp.853-854. "西洋之學, 以測量步算爲第一, 而奇器次之, 奇器之中, 水法尤切於民用. 視他器之徒矜工巧, 爲耳目之玩者又殊, 固講水利者所必資也. 四卷之末, 有附記云, 此外測量水地, 度形勢高下, 以決排江測蓄泄湖堤, 別爲一法. 或於江湖河海之中, 欲作橋梁城垣宮室, 永不圮壞, 別爲一法. 或於百里之遠, 疏引源泉, 附流灌注, 入於國城, 分枝折派, 任意取用, 別爲一法, 皆別有備論. 자玆者專言取水, 未暇多及云云, 則其法尙有全書, 今未之見也."

5. 張維華, 『明淸之際中西關系簡史』, 齊魯書社, 1987年, p.225

6. 『원서기기도설(遠西奇器圖說)』—최초의 기계공학 번역서

1. 王徵, 『遠西奇器圖說錄最』. "學原不問精粗, 總期有濟於世人, 亦不問中西, 總期不違於天."

2. 요하네스 슈레크(Johanness Schreck, 1576-1630), 중국명 鄧玉函. 중국 이름은 J. Terrentius를 음역한 것이다. 본래의 성인 'Schreck'에 '공포(恐怖)'의 뜻이 있어서 라틴어 성(姓)을 의역하여 Terrentius라고 불렀다. Jonathan D. Spence, 『改變中國』, 曹德駿等譯, 三聯書店, 1990年, p.10 참조. Daniel J. Boorstin의 『The Discoverers-A History of Man's Search to Know His World and Himself』(자연편)에서도 갈릴레이와 중국의 관계에 대해 전문적으로 다루고 있다. 당시 북경의 예수회 선교사 슈레크는 파도바 대학에서 갈릴레이의 학생이었다. 갈릴레이가 1633년 법정에서 판결 받은 소식이 중국의 예수회 선교사들에게 전해졌지만 망원경에 대한 그들의 열정은 조금도 줄어들지 않았다. 갈릴레이가 죽기 전에 이미 중국의 학자들은 그의 이름을 '가리래오(加利萊奧)'로 음역해서 사용하고 있었다.(丹尼爾 · J.布爾斯廷, 『發現者--人類探索世界和自我的歷史』(自然篇), 李成儀, 吳侔天譯, 上海譯文出版社, 1992年, pp.61-66.)

3. '록최(錄最)'의 의미는 다음 문장에서 알 수 있다. "방법도 다양하고 기기도 다양하다. 수법에 관련된 기기만 해도 백십여 가지가 넘으니 중복되거나 복잡한 것은 싣지 않고 특별히 정교하고 뛰어난 것만 기록했다." 王徵, 『遠西奇器圖說錄最』(天啓七年),

宋伯胤編著,『明遥陽王徵先生年普』, 陝西師範大學出版社, 2004年에서 재인용

4. 劉仙洲,「王徵與我國第一部機械工程學」,《機械工程學報》, 1958年第六卷第三期, pp.148-162

5. 方豪,「明季西書七千部流入中國考」,《文史雜誌》第三卷, 第一, 二期合刊, 1944年, pp.47-51; 惠澤霖著, 景明譯,『王徵與所譯「奇器圖說」』, 載《上智編譯館館刊》, 1947年第二卷第一期; 沈福衛,『中西文化交流史』, 上海人民出版社, 1985年, pp.396-397

6. 왕징은 자신이 과학연구와 기기제작 영역에서 성과를 이룰 수 있었던 것은 모두 "전능하신 조물주께서 배우는 자의 심령을 개발해 주시고 은혜를 베풀어 주셨기" 때문이라고 생각했다. 따라서 『원서기기도설록최』와 『신제제기도설(新製諸器圖說)』에 이어 만년에 완성한 세 번째 기계공학 저작의 제목에 '성총(聖寵, 천주의 은총)'을 의미하는 라틴어 Gratia를 중국어로 음역한 '어라지아(額辣濟亞)'를 넣어 『액랄제아유조제기도설(額辣濟亞牖造諸器圖說)』이라 하였다. 이 책은 전하지 않는다.

7. 張柏春, 田淼, 劉薔,「'遠西奇器圖說錄崔'與'新製諸器圖說'板本之流變」,《中國科技史雜志》, 2006年, 第2期

8. 阮元,『疇人傳』卷四十四, 商務印書館, 1935年, p.579. "奇器之作專恃諸輪, 蓋輪爲圓體, 惟圓故動, … 西人以機巧相尚, 殫精畢慮於此."

9. 張明高, 范橋編,『周作人散文』(四), 中國廣播電視出版社, 1992年, p.147

7.『명리탐(名理探)』과 속편『궁리학(窮理學)』—서양 논리학 저작 번역의 시작

1. "名理探之向, 有遠近二界焉. 設明辨之規, 是近向界, 循已設之規, 而推演諸論, 是遠向界."

2.『明淸之際中西關系簡史』, 齊魯書社 1987年, p.258

3. "世乃侈談虛無, 詫爲神奇, 是致知不必格物, 而法象都捐, 識解盡掃, 希頓悟爲宗旨, 而流於荒唐幽謬, 其去眞實之大道, 不亦遠乎? 西儒傅先生既詮《寰有》, 復衍《名理探》十余卷, 大抵欲人明此眞實之理, 而於明悟爲用, 推論爲梯. 讀之其旨似奧, 而味之其理皆眞, 誠爲格物窮理之大原本哉."

4.『名理探』李次虨序, 商務印書館, 1935年'萬有文庫'本. 方豪,『李我存研究』(1937, 我存雜誌社)에 의하면 이차빈(李次虨)은 이지조의 아들이다. "只字未妥, 含毫幾腐. 或片言少棘, 證解移時."

5.『進呈窮理學書奏』, 徐宗澤,『明淸間耶蘇會士譯著提要』, 中華書局, 1989年, pp.191-192. "進《窮理學》之書, 以明曆理, 以廣開百學之門, 永垂萬世"; "學曆者, 必先熟習窮理之總學"; "窮理學爲百學之宗, 謂訂非之磨勘, 試眞之礪石, 萬藝之司衡,

靈界之日光, 明悟之眼目, 義理之啓鑰, 爲諸學之首需者也."
6. 侯外廬, 『中國思想通史』第四卷(下), 人民出版社, 1960年, p.1251

8. 『태서인신설개(泰西人身說槪)』—최초로 전래된 서양 인체 해부학 저작

1. "誅翟義之徒, 使太醫尙方與巧屠共刳剝之. 度量五臟, 以竹筳導其脈, 知所終始, 云可以治病."
2. "慶曆間, 廣西戮歐希範及其黨, 凡二日, 剖五十有六腹, … 爲圖以傳於世."
3. 『中西交通史』, 岳麓書社, 1987年, p.807
4. 『明淸之際中西關系簡史』, 齊魯書社, 1987年, p.273
5. [美]喬納森 · 斯潘塞(史景遷)著, 『改變中國』, 曹德駿等譯, 三聯書店, 1990年, p.10
6. 劉侗, 于奕正, 『帝京景物略』, 北京古籍出版社, 1982年, p.207. "利瑪竇的友人鄧玉函, 善其國醫, 言其國劑草木, 不以質咀, 而蒸取其露, 所論治及人情微. 每嘗中國草根, 測知葉形花色, 莖實香味, 將遍嘗而露取之, 以驗成書, 未成也."
7. "亡友鄧先生人身說一卷, 乃譯於武林李太僕家者, 雖宿草已生, 人琴之痛劇切, 而餘澤猶在, 鼎臠之味可尋, 此其大概也. … 編中臚列諸部, 雖未全備, 而縷析條分, 無微不徹. 其間如皮膚, 骨節諸類, 昭然人目者, 已堪解頤"; "細筋爲知覺之司, 肥骨有利益之用, 軒岐家曾經道支字否. 又論人記含之所, 悉在腦囊, 乍聆之未免掤論可駴. 然人當思索時, 瞑目蹙眉, 每向上作探取狀, 且江東方言, 以不能記者謂沒腦子, 此亦足征其持論不誣, 而東海西海理相符契者矣"; "余曩讀《靈》, 《素》諸書, 所論脈絡脈, 但指爲流溢之氣, 空虛無著, 不免隔一塵劫. 何以玆編條理分明, 如印印泥, 使千年雲霧頓爾披豁, 眞可補人鏡難經之遺, 而刀圭家所當頂禮奉之者"
8. 途小馬等校點, 『癸巳類稿』, 遼寧教育出版社, 2001年, p.490. "… 又論人知覺在腦, 其人南懷仁, 於康熙時上《窮理學》書, 云'一切知識記憶不在於心, 而在頭腦之內', 亦不出此書之旨. 惜藏府經絡事非衆曉, 藏府不同, 故立教不同. 其人好傳教, 欲中土人學之. 不知中國人自有藏府經絡, 其能信天主教者, 必中國藏府不全之人, 得此等千百, 於西洋教何益? 西洋人倘知此, 亦當殷然自惜, 掉首發舍, 決然舍去歟?"
9. 『梁啓超論淸學史二種)』, 復旦大學出版社, 1985年, p.511

9. 『화공설요(火攻挈要)』—아편전쟁 전후 중국의 관심을 끈 서양 무기 서적

1. 許保林, 『中國兵書通覽』, 解放軍出版社, 1990年, p.295
2. 潘吉星, 「明淸時期(1640-1910)化學譯作書目考」, 『中國科技史料』, 1984年第1期; 「明淸時期譯成漢文的百種化學著作」, 『中外科學交流』, 香港中文大學, 1993年, p.540
3. [英]亞 · 沃爾夫著, 周昌忠等譯, 『十六, 十七世紀科學技術和哲學史』, 商務印書館,

1985年, p.556; [美]羅伯特 · 金 · 默頓著, 范岱年等譯, 『十七世紀英格蘭的科學, 技術與社會』, 商務印書館, 2000年, p.238, 342

4. 『中國古代軍事三百題』, 上海古籍出版社, 1989年, pp.416-418

5. 『火攻挈要』卷中, 「火攻根本總說」. "徒空有其器, 空存其法, 而付托不得其人, 未有不反以資敵, 自取死耳."

6. 侯外廬主編, 『中國思想通史』, 第四卷(下), 人民出版社, 1960年, p.1260

7. 『弢園文錄外編』, 中華書局, 1959年, pp.32-33. "有明之季, 西洋人士航海東來, 多萃處於京師, 湯若望曾隨李建泰出師. 軍中鑄有西洋大炮,《則克錄》一書著於此時. 泰西能斂之人所在多有, 亦無救於明亡, 蓋治國之要不係於是也."

8. 沈渭濱主編, 『近代中國科學家』, 上海人民出版社, 1988年, p.70, 66

10. 『영길리국신출종두기서(暎咭唎国新出种痘奇書)』—우두 접종법의 중국 전래

1. [美] 羅伯特 · B.唐斯著, 『塑造現代文明的110本書』, 金文英等譯, 天津人民出版社, 1991年, pp.292-295

2. 張星烺, 『歐化東漸史』, 商務印書館, 1934年, p.71

3. 《中華醫學雜志》, 1941年, 第1, 2期

4. 『中國科學技術史稿』(下), 科學出版社, 1983年, p.286

5. 中國醫學百科全書編輯委員會編, 『中國醫學百科全書 · 醫學史』, 上海科技出版社, 1987年, p.98

6. "天花之癥, 原西邊諸國本無, 前於一千一百餘年由東邊地方傳染. 遍行西域, 諸國時遇天行, 國中無一寧戶. 雖都甸僻隅, 多因慘遭其害. 或損兄弟, 或損兒孫, 父子親眷悲切難聞. 若僥幸命存, 或痘癱疾於耳目手足, 難以枚舉. 即王侯士庶, 家家戶戶, 無不驚惶, 都以生靈爲重."

7. "及至前百餘年, 曾有醫書種法, 尚未盡善盡美. 試以其用法言之, 如遇天行時, 將好痘者, 用小刀取其痘漿, 刺在未出痘者臂上, 俟數日痘隨此出, 不能盡善, 以致殞命, 竝損害手足耳目, 甚而至服藥調治者亦不知何許."

8. "蓄牛取乳者不染天花. 各聞爲異, 適有醫生名占拿者, 國內聲名昭著, 頗稱濟世良醫. 見遭天花之患, 不可勝數, 常欲明達救濟之法. 隨卽往視, 果見揸牛乳者, 不染天花之奇, 是以堅意細察, 見牛奶及奶頭奶傍之處, 有小藍疱, 形類如痘, 細猜牛痘, 莫非能解散人痘之毒乎? 隨卽想法與人試種, 或能減却天花之原, 亦是美事, 於是與人種試, 果經所種之人, 隨種隨效, 每自初種至第四日, 始露形影, 及至八九日滿漿, 至十四日靨脫全愈. 後來相傳至大西洋, 啞細啞, 啞美利架等國, 依法栽種, 男女大小數百餘萬, 無一損傷, 無一復出. 此法繼傳至大呂宋, 得聞如此奇妙, 伊國王不惜萬金, 特發

一船, 裝載嬰兒駛至本國, 傳種此痘, 由船次第輪種回返, 依法而行. 每種必效, 隨後發諭伊所屬國小呂宋, 亦遍行栽種, 其經種者果免天花之患. 如此奇法, 保全生靈無限, 實伊國中之大幸也. 茲於嘉慶十年四月內由嗹道路滑船自小呂宋裝載嬰兒, 傳此痘種到澳. 本國醫生協同澳門醫生, 照法栽種, 華夷童穉, 不下百數, 俱亦保全無恙. 今予等見天花之症, 荼毒不淺, 謹將目擊屢效之法, 先與醫生詳訂, 飜譯輯成一書, 傳行於世, 諸名醫者, 不可不留心此法也."

9. "定必發寒發熱, 大小便結閉不通, 或昏迷不醒, 喉乾, 舌燥, 脣焦, 亂語不等, 雖用針薰藥法亦不能保其無虞. 但其牛痘種在於所種之處, 只出一夥, 如小指頭大, 至寒熱各症不能相染, 內中或有些微寒微熱, 雖服藥不服藥, 與病亦無干碍. 想此靈妙之法, 相傳於數十年之後, 永不防有染天花之患矣"; "初將外科小刀, 向相近肩膊臂上, 不拘左右手, 平刺皮膜, 或用鐵針如錐嘴大, 務要最薄利者方合用. 切不可直企刺入, 若刀入肉裏, 血出太多, 將所種之痘漿攻出, 恐不成功, 務宜平刺皮膜, 無血爲妙, 或血出些少, 亦無妨碍. 如種下四日, 其形發紅, 至六日起一小疱, 八日其疱略大些, 頂平不尖. 中央一點硬的, 周圍漲如淸水, 根脚如有紅線圍纏, 覺有些痛. 至九日漿已滿足, 若取痘漿種於別人, 務以第九日爲度, 恐後其漿膿漸乾, 如是第十四日或至十八日, 靨焦脫退, 其人永無出痘矣!"; "取種之法以鮮痘漿卽時傳種更妙"; "戒口不食猪肉鷄鴨鹹物及酒更佳, 宜食粥飯鮮魚及瓜菜等物可也"
10. 『中國醫學史略』, 中醫古籍出版社, 1986年, pp.214-216
11. "痘, 可以曰牛也. 痘之種自牛來也. 外洋向無此疾, 後由他處傳染, 患亦滋多, 惟畜牛取乳之家, 獨不沾染, 醫人欲窮其故."
12. 王韜, 『瀛壖雜志』, 岳麓書社, 1988年, p.199. "種痘竝不用藥, 所取不過牛痘之漿耳. 牛痘之法, 隨時可種, 然究於春令爲宜. 法: 用最薄犀利小刀割開臂上外皮, 將痘漿點入, 須令自乾, 且不可擦去. 三四日後, 即於所割處起泡發漿, 竝不延及他處. 經數日即結靨脫落. 小兒竝無所苦, 嬉笑如常, 竝不必避風忌口, 眞眞良法也."

11. 『성경(聖經)』—1,300여 년에 이르는 기독교 경전의 한역사(漢譯史)

1. 楊森富, 『中國基督教史』第十八章, 臺灣商務印書館, 1984年
2. 汪維藩, 「'聖經'譯本在中國」, 『世界宗教硏究』, 1992年, 第一期
3. 中華聖經新譯會, 『中文聖經飜譯小史』, 1986年, p.8
4. [英]海恩波著, 簡又文譯, 『傳教偉人馬禮遜』, 基督教文藝出版社, 2002年, p.69; 蘇精, 『中國, 開門! 馬禮遜及其相關人物硏究』, 香港基督教中國宗教文化硏究社, 2005年, pp.10-11
5. [英]海恩波著, 簡又文譯, 『傳教偉人馬禮遜』, 基督教文藝出版社, 2002年, p.69

6. 葉再生『中國近代現代出版通史』, 第一卷, 華文出版社, 2002年, p.131
7. 譚樹林, 『馬禮遜與中西文化交流』, 中國美術學院出版社, 2004年, p.117. '유서(遺書)'는 영어 'Testament'의 번역이다. '유촉(遺囑)', '유언(遺言)' 혹은 '약(約)'으로 번역하기도 한다. 기독교 경전의 내용에 근거해 볼 때 이 말은 '약[약속]'이라고 번역하는 것이 가장 적합하다. 따라서 1850년대 이후에 나온 『성경』 번역본에서는 '유조(遺詔)'라는 말 대신 '약'이라는 말로 번역하고 있다.
8. [英]海恩波著, 簡又文譯, 『傳教偉人馬禮遜』, 基督教文藝出版社, 2002年, p.73, 簡又文譯注
9. 沈福偉, 『西方文化與中國』, 上海教育出版社, 2003年, pp.131-132
10. 譚樹林, 『馬禮遜與中西文化交流』, 中國美術學院出版社, 2004年, p.145
11. 顧長聲, 「'聖經'中譯本版本簡介」, 『出版史料』, 1989年第一期; 沈福偉, 『西方文化與中國』, 上海教育出版社, 2003年, pp.152-154

12. 『해국도지(海國圖志)』와 『사주지(四洲志)』—천하에서 세계로 눈을 돌리게 만든 세계 역사 지리 서적

1. 『林則徐與阿片戰爭研究論文集』, 福建人民出版社, 1985年
2. [日]樽本照, 『漢譯'天方夜談'論集』, 清末小說研究會, 2006年, pp.248-250
3. 蕭致治, 「林則徐眼中的世界—以編譯'四洲志'爲中心」, 『鴉片戰爭與近代中國』, 湖北教育出版社, 1999年, p.254
4. 陳原, 『書林漫步』, 三聯書店, 1979年, p.189
5. 吳澤主編, 『中國近代史學史』, 江蘇古籍出版社, 1898年, p.120
6. "《海國圖志》何所據? 一據前兩廣總督林尚書所譯西夷之《四洲志》, 再據歷代史志及明以來島志, 竝近日夷圖, 夷語."

13. 홉슨과 『박물신편(博物新編)』—중국인들의 찬사를 받은 서양 근대 과학기술 도서

1. 王韜, 『弢園文錄外編』, 中華書局, 1959年, pp.339-340. "爲人謙遜和藹, 謹默肫篤, 有古君子風"
2. 王錦光, 洪震寰, 『中國光學史』, 湖南教育出版社, 1986年, p148
3. 《醫學衛生報》 1908年, 第3, 4期. "夫《博物新編》者, 卽尋常醫學校之物理, 化學, 動植物學也. 《全體新論》者, 卽解剖生理學也. 於此不卒業, 不足以讀內外諸科也."
4. 王揚宗, 「合信」, 載杜石然主編, 『中國古代科學家傳記』下集, 科學出版社, 1993年, p.1341. "利瑪竇諸人著格致書後越有二百餘年, 此時內泰西格致大興, 而中國尚未知也. 故一獲此書, 猶之忽過二百年而與此理相覿面."

5. 王韜, 『弢園文錄外編』, 中華書局, 1959年, pp.339-340. "詞簡意盡, 明白曉暢, 講格致之學者, 必當由此入門, 奉爲圭臬."
6. 傅蘭雅, 「江南製造總局翻譯西書事略」, 張靜廬輯注, 『中國近代出版史料初編』, 群聯出版社, 1953年, p.10. "甚爲欣羡, 有愜襟懷"
7. 參見曾敬民, 「徐壽」, 杜石然主編, 『中國古代科學家傳記』下集, 科學出版社, 1993年, p.1231
8. [日]大村喜吉等編輯, 『英語教育史資料』第五卷'英語教育事典 · 年表', 東京法令出版株式會社, 1980年, p.63
9. [日]小幡篤次郎著, 『博物新編補遺』序言和凡例, 尚古堂, 1869年
10. 鍾少華, 『人類知識的新工具—中日近代百科全書研究』, 北京圖書館出版社, 1996年, p.52
11. 熊月之, 『西學東漸與晚淸社會』, 上海人民出版社, 1994年, p.157

14. 『대수학(代數學)』—중국에 번역된 최초의 서양 대수학 서적

1. 錢寶琮主編, 『中國數學史』(科學出版社, 1964年), 第十八章第二節'李善蘭'
2. 『瓮牖餘談』, 岳麓書社, 1988年, p.119. "已深探曆法之大凡, 而大辟疇人之蹊徑. 即今時中國名家, 如徐君青, 戴鶴士, 李壬叔, 亦皆莫能出其範圍."
3. 王韜, 『格致書院課藝』, 春季超等第一名已丑上, 光緒丁酉(1897), 上海書局石印本. "其書固詳備矣, 惜以活字擺印無多, 久已告罄, 今無從覓矣"; "代數爲大有用之學, 凡天文, 火器, 航海, 築城, 光學, 重學, 測量, 繪圖等事須推算者, 皆可以代數馭之, 其學與中土天元之理書而法則異, 由已知之數, 而推未知, 爲用甚便."
4. 『代數學』, 戊戌仲春江夏程英新刻本. 이 책 앞부분에는 王同愈序, 張世準敍가 있으며, 뒤에는 程英跋이 있다. "其言立款, 辨數, 演式, 求證, 合名諸法, 莫不窮究奧窔, 推闡靡遺, 觸類旁通, 心從矩應, 啓造化之秘藏, 導疇人以捷輪, 誠算學家不可少之書也."; "泰西各國所由以致富强, 不外光化電汽聲重諸學, 一是皆以算爲本, 而代數又算學之至精, 其爲用甚廣, 諸學階梯. … 是書進探光化電汽聲重之奧, 以補中學所未及. 而上佐國家富强之業者, 則是書之益吾中國豈淺鮮哉."

15. 『담천(談天)』—근대 과학 방법론을 강조한 천문학 도서

1. 江南製造局의 서적 번역에 관한 상황은 拙文「江南製造局翻譯館與近代科技的引進」, 『出版史料』, 1986年, 第6期 참고
2. 阮元, 『疇人傳』卷四十六, 『蔣友仁傳』, 商務印書館, 1935年, p.603. "歌白尼置太陽於宇宙中心, 太陽最近者水星, 次金星, 次地, 次火星, 次木星, 次土星, 太陰之本輪繞地

球. … 今西士精求天文者, 竝以歌白尼所論序次, 推算諸曜之運動."

3. 阮元, 『續疇人傳序』, 商務印書館, 1935年. "西人亦未始不暗襲我中土之成說成法, 而改易其名色."
4. 阮元, 『疇人傳』 卷四十六, 『蔣友仁傳論』, 商務印書館, 1935年, pp.609-610. "古推步家, 齊七政之運行, 於日躔曰盈縮, 於日離曰遲疾, 於五星曰順留伏逆, 而不言其所以盈縮, 遲疾, 順留伏逆之故. 良以天道淵微, 非人力所能窺測."; "言其所當然, 而不復强求其所以然, 此古人立言之愼也."; "(哥白尼等)無識之徒, 以其能言盈縮, 遲疾, 順留伏逆之所以然. 遂誤認蒼蒼者天, 果有如是諸輪者, 斯眞大惑矣."; "(日心說)謂爲地球動而太陽靜 … (是)上下易位, 動靜倒置, 則離經畔道, 不可爲訓."
5. 羅伯特 · B · 唐斯著, 『塑造現代文明的110本書』, 中譯本, 天津人民出版社, 1991年, p.45
6. "爲學之要, 必盡祛其習聞之虛說, 而勤求其新得之實事, 萬事萬物以格致眞理解之. 與目所見者大不同, 所以萬物相關之理, 當合見而學, 即覺昔之未明. 因昔眞理多未知, 且爲習俗舊說所惑也. 故初學者, 必先去其無據之空意. 凡有理依格物而定, 雖有舊意不合, 然必信其眞而求其據, 此乃練心之門博學之階也."; "凡有據之理, 即宜信之. 雖與常人之意不合, 然無可疑, 一切學皆如是."
7. 『瓮牖餘談』, 岳麓書社, 1988年, pp.45-50
8. 『諸天講』卷二
9. 『格致書院課藝』, 春季超等第一名己丑上, 光緒丁酉(1897), 上海書局石印本. "天文之書, 莫善於英國候失勒 · 約翰所撰之稿. … (該書)推求諸曜之理, 不但言數而且言象, 依象立法, 確鑿可據."
10. 『章太炎選集』(註釋本), 上海人民出版社, 1981年, p.38

16. 『중학(重學)』—서양 고전역학 중국화의 서막을 열다

1. "幾何者, 度量之學也. 重學者, 權衡之學也. 昔我西國以權衡之學制器, 以度量之學考天, 今則制器考天皆用重學矣, 故重學不可不知也."
2. 胡大年, 『愛因斯坦在中國』, 上海世紀出版集團, 上海科技教育出版社, 2006年, p.16
3. 杜石然等著, 『中國科學技術史稿』(下), 科學出版社, 1983年, pp.257-258; 王氷, 『中外物理交流史』, 湖南教育出版社, 2001年, p.131
4. "重學分二科, 一曰靜重學. 凡以小重測大重, 如衡之類, 靜重學也. 凡以小力引大重, 如盤車, 轆轤之類, 靜重學也. 一曰動重學. 推其暫, 如飛炮擊敵, 動重學也. 推其久, 如五星繞太陽, 月繞地, 動重學也. 靜重學之器, 凡七桿也, 輪軸也, 齒輪也, 滑車也, 斜面也, 螺旋也, 劈也, 而其理維二輪軸. 齒輪, 滑車, 皆桿理也. 螺旋, 劈, 皆斜面理也. 動重學之率, 凡三, 曰力, 曰質, 曰速. 力同則質小者速大, 質大者速小, 質同則力小者速小, 力大者速大, 靜重學所推者力相定, 或二力方向同定於一線, 或二力方向異定於一點. 動重學所推者力生速, 凡物不能自動, 力加之而動, 若動後恒加力則以漸加速動. 而其理之最要者有二: 曰分力, 竝力, 曰重心, 則靜動二字之所共者也, 凡二力加於一體, 令之靜必定於竝力線, 令之動必行於竝力線, … 胡氏所著凡十七卷, 益以流質重學三卷, 都爲二十卷, 制器考天之理皆寓於其中矣. 嗚呼! 令歐羅巴各國日益强盛爲中國邊患, 推原其故, 制器精也, 推原制器之精, 算學明也."

5. "可以補算術之闕文, 導步天之先路, 而用定質, 流質, 爲生動之力, 以人巧補天工, 尤爲宇宙有用之學."
6. 王韜, 『甕牖餘談』, 岳麓書社, 1988年, p.120. "制器運物, 意精理妙, 能開無窮之悟"
7. 『格致書院課藝』, 春季超等第一名已丑上, 光緒丁酉(1897), 上海書局石印本. "論格致理兼明算學法, 不惟有用於制器, 竝有裨於考天. 蓋重學者, 權衡之學也. 幾何者, 度量之學也, 昔西人以權衡之學制器, 以度量之學考天, 今則制器考天 皆重學矣."; "力有動靜, 動者遇力而靜, 靜者遇力而動, 兩力相抵而止, 兩力相竝而前, 西人機捩之學, 胥本乎此, 蓋力之爲用廣矣, 顧論力之根源, 肇始於太陽, 由是而星月之相攝有力, 地心之吸動有力, 波濤之摧壓有力, 風氣之鼓蕩有力, 水蒸汽則有漲力, 火生熱則有焚力, 以及電有傳力, 物有化合之力. 皆力之大較也. 西人因創爲助力, 借力之器. 於是一發之力, 可引千鈞, 一夫之手, 能移萬石, 爰考其制, 則分爲七類, 一爲杠桿, 二爲輪 軸 , 三爲轆轤, 四爲斜面, 五爲螺絲, 六爲齒輪, 七爲尖劈, 凡造鐘表之擺錘, 器具之機簧, 無不籍此七種而爲之, 近來翻譯者, 有《重學》一書."
8. 王冰, 『中外物理交流史』, 湖南教育出版社, 2001年, p.133

17. 『만국공법(萬國公法)』—근대 국제법의 전래

1. 「會批澳門庭轉稟義律抗不交兇說帖」, 『林則徐集 · 公牘』, 中華書局, 1963年, p.10
2. 同文館에 관한 내용은 拙文「京師同文館及其譯書簡述」, 『出版史料』, 1989年第2期 참고
3. 『籌辦夷務始末』(同治朝)卷27, 沈雲龍主編'近代中國史料叢刊', 文海出版社, pp.2703-2704
4. 『甕牖餘談』, 岳麓書社, 1988年, p.120. "言律例之學者, 如丁韙良之《萬國公法》, 采取廣富而斷制詳明."
5. 崔國因, 『出使美日秘日記』, 黃山書社, 1988年, p.290, 525. "美國入款之多, 較之中國已有五倍. 其地不如中國之廣也, 其民不如中國之多也, 其俗不如中國之勤儉也. … 其入款以關稅爲第一, … 中國入口如衣服煙酒蜜餞, 始以爲洋人自用不納稅者, 今則各洋行出售, 亦無稅焉. … (《萬國公法》規定)內政由自主, 非他國所能干預也,似也, 中國不能干預美之稅則矣. 中國之稅則獨不能自主乎? 他國獨能干預乎? 煤油加稅, 非中國之內政乎? 何以甫議加稅, 爲美使田貝所阻而中止乎? 此非美用干預中國之內政乎?"

6. 譚嗣同, 「報貝元征」, 『譚嗣同全集』(增訂本), 中華書局, 1990年, p.225. "西人仁至義盡之書, 亦即《公羊春秋》之律."
7. 夏東元編, 『鄭觀應集』(上), 上海人民出版社, 1982年, pp.388-389
8. 王韜, 『弢園文錄外編』卷5, 中華書局, 1959年, p.36. "彼之所謂萬國公法者, 先兵强國富, 勢盛力敵, 而後可入乎此, 否則束縛馳驟, 亦惟其所欲爲而已."
9. 『唐才常集』, 中華書局, 1980年, pp.44-45. "《萬國公法》雖西人性理之書, 然弱肉强食, 今古所同. 如英之墟印度, 俄之滅波蘭, 日本之奪琉球, 亂朝鮮, 但以權勢, 不以性理, 然則公法果可恃乎?"
10. 崔國因, 『出使美日秘日記』, 黃山書社, 1988年, p.290, 525. "《萬國公法》地球通行, 而弱與强之勢不同, 即從與違之情各異. 大抵强者自扶藩籬, 但以公法繩人, 而不以自律也."
11. 『唐才常集』, pp.44-45. "今夫不諳公法律例之學, 其大病二: 一則如前異視遠人之弊. 一則動爲西人恫喝, 凡章程條約, 事事予以便宜."
12. 「呈送'萬國公法釋義'稟文」, 叢佩遠 · 趙鳴岐編, 『曹廷杰集』(下), 中華書局, 1985年, pp.410-411
13. 汪向榮, 『中國的近代化與日本』, 湖南人民出版社, 1987年, p.24

18. 『조양반서(造洋飯書)』—서양 요리의 출현과 최초의 한역 서양 요리 전문서적

1. 銖庵, 『人物風俗制度叢談』, 一家社, 1948年, pp.151-152. "登夷館樓閣設席大餐"
2. 包天笑, 『釧影樓回憶錄』, 香港大華出版社, 1971年, p.31
3. 『航海述奇』, 岳麓書社, 1985年, pp.449-450, 456. "一聞鈴聲, 便大吐不止. 蓋英國飮撰, 與中國迴異, 味非素嗜, 食難下咽. 甜辣苦酸, 調合成撰. 牛羊肉皆切大塊, 熟者黑而焦, 生者腥而硬. 雞鴨不煮而烤, 魚蝦味辣且酸, 一嗅即吐."
4. 『中國地方志民俗資料彙編』(西南卷上), 書目文獻出版社, 1988年, p.45
5. [英]偉烈亞力著, 『基督教在華傳教士回憶錄』(Memorials of Protestant Missionaries to the Chinese: Giving a List of their Publications, and Obituary Notices of the Deceased), 上海, 1867年, 英文版, p.215
6. 『造洋飯書』, 美華書館, 1885年版, 韓國奎章閣藏本
7. [日]塩山正純, 「西餐與漢語飜譯—關於'造洋飯書'第2版(1899)」, 北京日本學硏究中心《日本硏究》第12期, 世界知識出版社, 2003年, pp.18-24

8. 『蔡元培全集』(六), 中華書局, 1988年, p.74

19. 『화학감원(化學鑒原)』, 『속편(續編)』, 『보편(補編)』—미세한 원소의 무궁한 변화를 담아내다

1. 貝爾納著, 『歷史上的科學』, 伍况甫等譯, 科學出版社, 1959年, p.678
2. [美]費正淸著, 『美國與中國』(第四版), 張理京譯, 商務印書館, 1987年, p.59
3. "(《鑒原》)專論化成類之質, 於原質論其形性取法試法及各變化竝成何雜質, 變而無垠小而無內皆能確言其義理, 中譯化學之書, 殆以此爲善本."; "(《續編》)專詳生長類之質, 首論含衰之質, 次論蒸煤蒸木所得之質, 次論油酒粉糖醋等質性, 以至動物變化植物生長等各盡其理."; "(《補編》)所論原質亦六十有四, 惟較《鑒原》爲詳."
4. 袁翰靑著, 『中國化學史論文集』, 三聯書店, 1956年, pp.280
5. 『格致書院課藝』, 春季超等第一名已丑上, 光緖緖丁酉(1897), 上海書局石印本. "論其形性, 取法試法及各變化, 竝所成雜質, 於以知天地間之物, 無非此六十四原質, 分合變化而成, 所論質點之細小, 而無內變化之巧, 出人意外, 習天文可想天地之大, 襟懷爲之廣闊, 習化學能覺物之細心, 心思爲之縝密. 《鑒原》爲化學善本, 條理分明, 欲習化學應以此爲起首工夫. … (《續編》)專詳生長類之質, … 各譯妙理, 於以知物極則反, 死生相接天地間無非一化學耳. … (《補編》則補)《鑒原》之所不及者."
6. 梁啓超, 『讀西學書法』, 時務報館本. "《化學鑒原》與《續編》, 《補編》合爲一書, 《化學考質》, 《化學求數》合爲一書, 譯出之化學書最有條理者也."; "譯出之文, 懸絕若此, 誠可異也."; "《初階》譯筆甚劣, 幾難索解, 可不讀. 《闡原》所譯原質材料各名與制造局所定之名不同, 其發凡皆見於前此所譯《化學指南》一書. … 《指南》, 《闡原》所定之名, 如 '鑴', '鎁' 等類, 皆杜撰可笑, 視制造局之取羅馬字母第一音而加金石偏旁以示識別, 其精審不逮遠矣."
7. 『譚嗣同全集』(增訂本) 下册, 中華書局, 1990年, p.306. "香之與臭, 似判然各有性矣, 及考其成此香臭之所以然, 亦質點布列, 微有差池, 致觸動人鼻中之腦氣筋, 有順逆迎拒之異, 故覺其爲香爲臭. 苟以法改其質點之聚, 香臭可互易也."
8. 이러한 주장은 첸지보(錢基博)가 쓴 『서수전(徐壽傳)』에 근거한 것이다. 閔爾昌編, 『碑傳集輔』卷43. 또한 야나기하라 사키미쓰가 서수에게 화학을 배웠다는 설도 있는데 최근에는 이를 의심하는 학자들이 늘고 있다. 吳德鐸著, 『文心雕同』, 學林出版社, 1991年, p.149

20. 『흔석한담(昕夕閑談)』—근대 최초 번역 장편소설을 둘러싼 의문

1. 張靜廬, 『中國小說史大綱』序言, 泰東圖書館, 1920年

2. 吳文祺, 「林檗翻譯的小說該給以怎樣的估價」, 傅東華主編, 『文學百題』, 生活書店, 1935年
3. [美]韓南著, 徐俠譯, 『中國近代小說的興起』, 上海教育出版社, 2004年, pp.102-130
4. 郭長海, 「蠡勺居士和藜床臥讀生—'昕夕閑談'的兩位譯者」, 《明清小說研究》, 1992年第3, 4期合刊

21. 『지학천석(地學淺釋)』—진화론 동양 전파의 길을 개척하다

1. 華蘅芳, 『金石識別』序; 『地學淺釋』序
2. 『馬克思恩格斯全集』第二十卷, 人民出版社, 1971年, pp.367-368
3. 羅伯特 · B · 唐斯著, 『塑造現代文明的110本書』, 中譯本, 天津人民出版社, 1991年, p.334
4. 王渝生, 「華蘅芳: 中國近代科學的先行者和傳播者」, 《自然辨證法通迅》, 1985年, 第2期
5. "凡第三次石層中之殭石, 其各異之形, 有因生物之形漸變而異者, 則變前之形, 與變後之形不同, 而其時愈近今, 則其形亦愈似今, 其時距今愈遠, 則其形亦去今愈遠." (卷十三)
6. "造疊層殭石表, 因愈造愈密, 其中間, 每有新得之物添入, 人視之, 宛似每期之物, 皆由漸而變."; "知某處之物, 因其地形水土漸改變, 故某物之屬漸繁盛, 某物之屬漸衰息."
7. 『中國哲學』第九輯
8. "透發至理, 言淺事顯, 各有實得, 且譯筆雅潔, 堪稱善本."
9. 『格致書院課藝』, 已亥年春季課卷 光緒丁酉(1897), 上海書局石印本. "論地體之層累土石之形質, 滄桑之變遷, 物跡之種類, 詳且備矣, 惜書在初譯, 辭意不暢, 名目繁雜, 初學難以清澈."; "《地學淺釋》所論水層石形質生物之跡, 沈物疑變之理, 揭石層平斜曲折凹凸之故, 被水蝕去之處砂泥土石之松結以及殭石新疊層, 沛育新冰遷石, 火山石, 熔結石, 熱變石, 五金藏脈義類, 大旨以地球全體均爲土石凝結而成, 其定質雖爲泥爲砂, 爲灰爲炭, 其石或嫩或堅而皆謂之石類. 均有逐漸推移之據, 觀地中生地之形跡, 別其種類能知其當時生長之地, 各有水陸湖海之不同, 而其天時氣候, 亦有冷熱溫和之各異, 是亦精微之至矣."; "類皆透發至理, 言淺事顯, 各有實得. 爲講地學以理財者, 必不可少之書."
10. "人日居天地間而不知天地作何狀, 是謂大陋, 故《談天》, 《地學淺釋》二書不可不急讀. 二書原本固爲博太精深之作, 即譯筆之雅潔, 亦群書中所罕見也."

22.『탈영기관(脫影奇觀)』—중국에 최초로 소개된 서양 촬영술 서적

1.《語絲》第九期, 1924年1月2日. "咸豐年間, 或一省裏, 還有因爲能照相而家產被鄉下人搗毁的事情."

2. "西人照像之法, 蓋即光學之一端, 而亦參以化學. 其法: 先爲穴櫃, 藉日之光, 攝影入鏡中. 所用之藥, 大抵不外乎硝磺强水而已. 一照即可留影於玻璃, 久不脫落. 精於術者, 不獨眉目分晰, 即纖悉之處無不畢現. 更能仿照書畫, 字跡逼眞, 宛成縮本. 近時能於玻璃移於紙上, 印千百幅悉從此取給. 新法又能以玻璃作印板, 用墨拓出, 無殊印書. 其便捷之法殆無以復加."

3.『瀛壖雜志』, 岳麓書社, 1988年, pp.202-203. "格致之學漸悟, 攝影入鏡可以不用日光, 但聚空中電氣之光照之, 更勝於日, 故雖夜間亦可爲之. 技至此, 疑其爲神矣."

4.『王韜日記』, 中華書局, 1987年, pp.155-156

5. 吳群,『中國撮影發展歷程』, 新華出版社, 1986年, pp.81-87

6. "明白曉暢, 開數十年不傳之秘, 且刊敘自何人創始以及何人講習, 精益求精, 各極其妙. 可見一藝之難, 專習者積數十年心力, 甫能得其奧妙. 惟望後來者能神而明之, 推陳出新, 庶不負德貞醫士翻譯之苦心, 且於光學化學中更有進境也."

7. "此書所言即燈影鏡套下之法, 然近來於脫影一事, 法更加密, 放大影像, 有電光以攝影者, 可爲奇妙."

8. 葛元煦,『滬游雜記』, 上海古籍出版社, 1989年, p.19. "近日華人得其法, 購藥水器具開設照相樓, 延及各省."

23.『보법전기(普法戰紀)』—최초로 번역된 유럽 전쟁사

1.『弢園文錄外編』, 卷十一, 癸未(1883年) 仲春版, p.19. "雖僅載二國之事, 而他國之合縱締交, 情僞變幻, 無不畢具 … 於是談泰西掌故者, 可以此爲鑒."

2.『普法戰紀 · 陳桂士序』. "當今名公偉人皆譽之不容口, 則是書之足傳於後也."

3.『瓮牖餘談』, 岳麓書社, 1988年, p.3. "《普法戰紀》之作, 其兵機之利鈍, 器械之優拙, 疆域之險要, 了然如指諸掌, 談西國形勢者無不奉爲圭臬也."

4. "小兒貞次郎隨巖倉具視大使自歐洲返, 於上海購得數部新刊書, 內有《普法戰紀》. 披覽未及半册, 竊以爲不獨寫出活生生之交戰事跡, 中間所雜之議論亦頗能脫出漢人臼白, 不陳腐, 不迂闊, 實爲罕見之珍作. 然輾轉借貸, 未克窺其全豹, 頗以爲憾. 偶有橫濱淸商攜來是書, 輒得之, 且讀且句, 會心之所, 則漫施朱批圈點矣."

5.『普法戰記 · 岡千仞跋』, 岳麓書社, 1985年, p.513. "《普法戰紀》傳於我邦, 讀之者始知有王紫詮先生, 之以卓識偉論, 鼓舞一世風痹, 實爲當世之偉人矣."

6. 夏良才,『王韜與中西文化交流』,《近代史研究》傳刊, 第三輯

7. 汪向榮,『中國的近代化與日本』, 湖南人民出版社, 1987年, pp.23-24

24.『신공구(新工具)』—베이컨의 귀납법과 과학 방법론 소개

1. 余麗嫦,『培根及其哲學』, 人民出版社, 1987年, p.435, 444
2. 侯外廬主編,『中國思想通史』第四卷(下), 人民出版社, 1960年, pp.1248-1250
3. 王韜,「英人倍根」,『瓮牖餘談』, 岳麓書社, 1988年, p41-45. "倍根, 英國大臣也. 生於明嘉靖四十年, 少具奇慧, 聰警罕儔. 既長, 於格致之學心有所得. 生平著述甚夥. 其爲學也, 不敢以古人之言爲盡善, 而務在自有所發明. 其立言也, 不欲取法於古人, 而務極乎一己所獨創. 其言古來載籍乃糟粕耳, 深信膠守則聰明爲其所囿, 於是澄思渺慮, 獨察事物以極其理, 務期於世有實濟, 於人有厚益. … (培根)生平爲人, 交友則忘恩, 秉政則受賂, 其人固碌碌無足取也."
4. 郭崇燾,『倫敦與巴黎日記』, 岳麓書社, 1984年, p.254. "聞其最著名者, 一爲舍色斯畢爾, … 一名畢爾庚, 亦二百年前人, 與舍色斯畢爾同時, 英國講求實學自畢爾庚始."
5.『格致書院課藝』, 已丑年, 光緒丁酉仲春上海書局石印本. "西國理學初創自希臘 … 阿盧力士托德爾爲格致學之巨擘焉. … 西學之始祖已越二千零三年, 始有英人貝根出, 而盡變其說. 貝根, 英之倫敦人, 父母俱有大名, 叔爲英相貝根. 年十三, 入太學肄業, 厭棄舊學, 即有超然獨立之概, 其後久歷宦途, 因案削職, 乃專心於格致之學, 所著大小書數十種."
6.『格致書院課藝』, 已丑年, 光緒丁酉仲春上海書局石印本. "明季英人貝根出, 好學深思, 銳志格志, 卒乃盡變前說, 其學始精."
7.『瓮牖餘談』, 岳麓書社, 1988年, pp.44-46. "蓋明泰昌元年, 倍根初著《格物窮理新法》, 前此無有人言之者. 其言務在實事求是, 必考物以合理, 不造理以合物. … 其所著之書, 則後二百五十年之《洪範》也. 西國談格物致知之學者, 咸奉其書爲指歸. … 英國自巨紳顯宦, 下逮細民, 共習倍根之書, 然皆欽其學而薄其行, 殆愛而知其惡者歟? 言固不必以人廢, 而公是非百世不能掩焉."
8.『倫敦與巴黎日記』, 岳麓書社, 1984年, p.254. "比耕亦習剌丁, 希臘之學, 久之, 悟其所學皆虛也, 無適於用實, 始講求格物致知之說, 名之曰'新學'."
9.『格致書院課藝』, 已丑年, 光緒丁酉仲春上海書局石印本, p.16. "《論新器》, 尤格致家所奉爲圭臬. 其學之大旨, 以格致各事必須有實在憑據者爲根基, 因而窮極其理, 不可先懸一理爲的, 而考證物性以實之. 以是凡目中所見, 世上各物胥欲格其理而致其知, 所著諸書, 原原本本, 具有根抵. 儒士見之, 宛如漆室一燈, 因之名聲大著."
10. 余麗嫦,『培根及其哲學』, 人民出版社, 1987年, p.466
11.《出版史料》, 1988年三-四合刊

12. 沈壽康,「"天道實義"跋」,《萬國公報》 108期, 1890年1月; 艾約瑟,「慕維廉先生軼史」,《萬國公報》, 第143冊, 1900年12月

13. 『大英國志』, 墨海書館鐫刻. "時刊印希臘羅馬書, 講明切究, 俾國中文教日興, 當以利沙伯時, 所著詩文, 美善俱盡, 至今無以過之也. 儒林中如錫的尼, 斯本色, 拉勒, 舌克斯畢, 倍根, 呼格等, 皆知名士."; "治格致學者, 精微眞實, 歷代彌詳, 而此時倍根所著書, 使後學愈知考察象緯術數."

14. 『格致新機』, 沈壽康序. "風雨晦明, 一編坐對, 或窮晰其理, 或詳譯其詞, 或衍其未竟之端, 或探其未宣之蘊."

15. 『新工具』, 許寶騤譯, 商務印書館, 1984年, pp.18-19. "圍困人們心靈的假象共有四類. 爲區分明晰起見, 我各給以定名: 第一類叫族類的假象, 第二類叫作洞穴的假象, 第三類叫作市場的假象, 第四類叫作劇場的假象."

16. 『穆勒名學』, 嚴復譯, 商務印書館, 1981年, p.241. "柏庚《致知新器》一書, 分人之妄見爲四鬼, 鬼者人之所崇信者也, 一曰國社之魔, 二曰巖穴之魔, 三曰墟市之魔, 四曰臺榭之魔."

17. "心中僞像, 蓋有四等, 可明其理, 分列於下: 一萬人意像, 二各人僞像, 三市井僞像, 四士學僞像."

18. 慕維廉,「格致新機重修諸學自序」

19. 《出版史料》, 1988年三-四合刊

20. 《廣學會年報》 第十次,《出版史料》, 1991年第二期

21. 《萬國公報》 第十年五十五卷, 1878年9月14日. "更易古昔之遺傳, 盡人探求天地萬物兼綜條貫, 精察物理, 豈可茫然莫辨, 徒從古昔遺言哉. 是書聲名洋溢, 始焉雖若扞格不入, 而於二三百年之間, 凡有志修明者, 莫不奉爲圭臬."; "惟願人人通曉新法, 不求精而日精者矣, 將見人才輩興政務裨益."

22. "華人徒沾沾於詩書六藝之文, 不究夫大本大原之旨, 而孰知政事學問之外, 更有進焉, 必從事物推乎上, 而歸乎大原. 又從本原推於下, 而賅於格物. 若能格物窮理, 推原其本, 則道大日新, 獲益無窮矣."; "格物之法有二, 一推上歸其本原. 一推下包乎萬物. 此二法, 在西國兼用之, 而得其益. 論推上之法, 從地下萬物歸於上, 推下之法, 從天上本原界於下, 二者兼全而足據者也."; "萬物皆上帝創造, 人若舍本就末, 不歸上帝, 而惟歸一理, 豈非天良澌滅, 人心汩沒者哉? 夫萬物有當然之理, 係乎天. 天者, 非清氣之天, 乃天上之主, 即上帝也. 萬物本乎上帝, 其道甚大, 其理甚精."

23. 《新民叢報》 第一號, 1902年 2月 8日. "有新學術, 然後有新道德, 新政治, 新技藝, 新器物, 有是數者, 然後有新國家新世界."; "爲數百年來宗教界, 開一新國土者, 實惟馬丁路德, 爲數百年學術界開一新國土者, 實惟培根與笛卡兒."; "(培根的出現)學

問始歸於實際, 英人數百年來汲其流, 迄今不衰.";"學者之大患, 莫甚於不自有其耳目, 而以古人之耳目爲耳目. 不自有其心思, 而以古人之心思爲心思."

24. 徐維則, 顧燮光,『增版東西學書錄』, 1902年上海石印本

25.『章太炎全集』(三), 上海人民出版社, 1984年, p.133. "倍根性貪墨, 爲法官, 以賄敗. 以是深觀, 得其精和, 故能光大冥而倡利己."

25.『류큐지리지(琉球地理志)』—중국어로 번역된 최초의 일본어 도서

1. 청조 말기 일본에 유학하던 학생과 번역서의 관계에 대해서는 졸문「晚淸留日學生與日文西書的漢譯活動」(『中國近代現代出版史學術討論會文集』, 中國書籍出版社, 1990年, p.93-105)을 참고

2. 呂萬和,「片山潛與姚文棟」,《學林漫錄》第9集, 中華書局, 1984年

3. "暇則與我巨公名流文酒會合, 筆陣縱橫於樽俎之間, 是故我邦文學之士, 苟被閣下容接者, 咸有登龍門之稱."

4. 王曉平,『近代中日文學交流史稿』, 湖南文藝出版社, 1987年, p.423

5. 姚明輝,「近代上海學術文化漫記」,『上海地方史資料』(四), 上海社會科學院出版社, 1986年, pp.53-54

6. [日]實藤惠秀著,『中國人留學日本史』, 譚汝謙等譯, 三聯書店 1983年, p.216

7. "近時日本文士記載琉球事實者甚多, 然秘不示外人故未得見也.";"修史館新纂地書中摘譯琉球一門, 參以海軍省實測圖說, 爲《琉球小志》兩卷, 今見學校中幼童肄業之本, 其說琉球地勢亦爲簡明, 復譯之. 名曰《琉球說略》, 以附於小志之後, 其原書爲文部省刊行本, 亦日本官書也."

8. "爲著人所劫掠, 而其未曾問之淸國. 淸國帝未曾責之臺灣, 視其民之難如痛癢不相關, 當是時獨我國發問罪之師, 冒蜑雨入蕃境爲之加遺一矢, 以祭冷魂, 爲之督促萬金以惠遺孤, 我之德沖繩人亦云至矣."

9. "日人滅琉球, 假借臺役以爲口實, 亦其風氣誕妄之一端."

10. "日本舊時悉效唐制, 今時悉效西制, 然未嘗因此爲吾與西洋之屬邦也, 何獨文致琉球乎?"

11. "於中南二島疆域緯度, 山川形勢, 沿革之大, 支渠曲港, 岬峽嶼礁, 問切之細, 條剖縷述, 秩然了然.";"固將以備《職方》之掌, 而補《王會》之圖, 且以見琉球雖地狹勢逼, 而尙氏世奉東藩, 朝貢無廢, 至於蕩析播遷而不忒."

12. "琉球之幅員廣狹, 盡在此中矣.";"中國素稱稽古右文之邦 … 求如此篇之條分縷析, 以考其山川形狀, 絕不可得";"日本人文亞於中國, 然自維新後, 發奮有爲, 凡地理海程, 尤爲加意, 無論國內國外, 探討不遺余力, 非獨琉球諸島爲然也."

13. "凡同洲之國, 類當以同族視之. 齊誌一力, 共捍外難, 猶懼不濟, 況當排鬩於戶墻哉! 琉球蕞爾島國耳, 試取是編, 按之疆域幾何耶? 物產幾何耶? 取其地足廣國耶? 得其財足富民耶? 無益於日, 有損於中, 徒使他族蹈隙效尤, 坐收漁人之利."

26. 『좌치추언(佐治芻言)』과 『대동서(大同書)』—서구적 유토피아와 중국 근대의 이상 사회론

1. 顧長聲, 『從馬禮遜到司圖雷登』, 上海人民出版社, 1985年, p.235
2. 孫青, 「從'政治經濟學(學校教學及參考用)' 到 '左治芻言'—傳教士譯述對晚清中文世界'西方政治'之學的塑造一例」, 復旦大學歷史學系等主辦'中國現代學科的形成'國際學術硏討會論文, 2005年9月
3. "地球上之人各有異同, 不文明人之中, 不平等尤甚, 以至强淩弱, 造成更大的不幸. 文明之國應給所有的人帶來平等, 以掃除一切的壓迫與侵奪."; "天予人以生命, 必令其保全生命的能力. 不論種族國籍, 人人自主 不能讓別人宰制分毫. 若非犯法, 政府及其官吏不能剝奪任何人的獨立之權."; "一人一生所聚之財不應於其死後奪之, 故必傳給後人, 世代罔替, 此乃不易的原則."
4. "此種人皆因狃於虛名, 而以平分產業爲一視同仁之事, 第博一時名譽, 竝不計其事可行與否, 故往往著爲論說, 使閱者心目爲之一快. 此論一出, 國中愚妄之人, 遂不肯認眞作事, 徒冀分人所有之財以爲已用, 而爭奪攘竊之釁, 從此開矣."
5. 孫青, 「從'政治經濟學(學校教學及參考用)' 到 '左治芻言'—傳教士譯述對晚清中文世界'西方政治'之學的塑造一例」, 復旦大學歷史學系等主辦'中國現代學科的形成'國際學術硏討會論文, 2005年9月
6. "《佐治芻言》言立國之理及人所當爲之事, 凡國與國相處, 人與人相處之道, 悉備焉, 皆用幾何公論探本窮源, 論政治最通之書. 其上半部論國與國相處, 多公法家言. 下半部論人與人相處, 多商學家言."
7. 《經世報》第1册, 1897年8月
8. "居家宜諳家務, 居國宜諳國俗, 我輩忝生地球而於人世一切交涉未能了了, 愧何如之, 此書探本窮源, 親切有味, 譯筆亦馴雅可喜."
9. "前半多言政教, 後半多言財用, 而以各申自主之權爲持之主. 書中論機器益民及賒借諸法尤詳."
10. 孫寶瑄, 『忘山廬日記』, 上海古籍出版社, 1983年, p.398
11. [蘇]齊赫文斯基『中國變法運動和康有爲』, 中譯本, 三聯書店, 1962年, p.352
12. 肖公權, 「'大同書'與'佐治芻言'」, 『康有爲思想硏究』, 汪榮祖譯, 聯經出版事業公司, 1988年, pp.475-481

27.『심령학(心靈學)』—최초의 서양 심리학 번역서

1.《學林》第1輯, 1941年

2.「顏惠慶自傳」, 姚崧齡譯,《傳記文學》18卷2期, 1971年

3.《傳記文學》17卷6期, 1970年

4. "許多心思, 中國從未論及, 亦無各項名目, 故無稱謂以述之, 予姑將無可稱謂之學, 勉爲聯結, 以新創稱謂."

5. "蓋人爲萬物之靈, 有情欲, 有志意, 故西士云, 人皆存心靈也. 人有心靈, 而能知, 能思, 能因端而後悟, 能喜憂, 能愛惡, 能立誌以行事. 夫心靈學者, 專論心靈爲何, 及其諸作用."

6. "當時西人論腦氣作用之說, 愈出愈精, 大凡知覺爲一綱, 情欲爲一綱, 志決爲一綱."

7. 孫寶瑄,『忘山廬日記』, 上海古籍出版社, 1983年, p.98. "哳言人心之運用, 大要不外數種: 曰思, 曰悟, 曰辨別, 曰論, 曰志, 曰感, 其言精密. 述艷麗章, 謂物之艷麗, 是物之靈氣在塊質透顯. 語爲我國人所未經道. 予謂即剛健, 篤實, 輝光之意."

8. 高覺敷主編,『中國心理學史』, 人民教育出版社, 1985年, pp.342-349

28.『백년일각(百年一覺)』—백년 유토피아 몽상

1. [美]伯納爾著,『一九○七年以前中國的社會主義思潮』, 丘權政等譯, 福建人民出版社, 1985年, pp.13-14

2.『譚嗣同全集』(增訂本), 中華書局, 1990年, p.367. "若西書《百年一覺》者, 殆仿佛《禮運》大同之象焉."

3. "亦小說家言, 懸揣地球百年以後之情形, 中頗有與《禮運》大同之義相合者, 可謂奇文矣. 聞原書卷帙甚繁, 譯出者不過五十分之一二云."

4. 孫寶瑄,『忘山廬日記』, 上海古籍出版社, 1983年, p.90, pp.106-107. "專說西曆二千年來, 今尚千八百九十七年也. 爲之舞蹈, 爲之神移."; "《百年一覺》所云: 二千年後, 地球之人, 惟居官與作工者兩種是也. 古語云: 黃金與土同價, 爲極治之世. 予謂庸有此一日, 雖非若是之甚, 然與銅鐵同價, 則無難. 何也? 物以罕見珍, 礦學日興, 金出日多, 多則賤, 不足異. 百物賤, 則富者之財有餘, 可以分給貧者, 而國無凍餒之患矣. 故市貨之低昂, 其權當操於公, 而不可聽私家之壟斷也."

5. 陳平原 ,『中國小說敘事模式的轉變』, 上海人民出版社, 1988年, p.42

29.『태서신사람요(泰西新史攬要)』— 최고로 진부한 찌꺼기 혹은 최고 인기 서적

1. [英] 柯林武德著,『歷史的觀念』, 何兆武等譯, 中國社會科學出版社, 1986年, p.164

2.『泰西新史攬要』凡例, 上海書店, 2002年, p.5. "英國者, 泰西之樞紐也, 故所紀爲獨

詳. 法國者, 歐洲亂之所由萌, 亦治之所由基也, 故首二三卷先以法事爲張本, 復以兩卷綴英事後, 若德, 奧, 意, 俄, 土則繼法事而各爲一卷. 美國遠在美洲, 以與歐事相關亦爲一卷, 大都皆可取法者也. 殿以教皇一卷, 有宜爲鑑戒者卽寓其中, 而以歐洲安民之善政終焉."

3. 李提摩太, 『泰西新史攬要』譯序. "擷近人著作之菁華, 删其繁蕪, 運以才識, 國分紛繁, 殫見洽聞, 故欲考事, 無有出其右者, 欲治近世, 亦無有出其右者."
4. 《萬國公報》, 第9年, 108册, 1898年1月
5. 《萬國公報》, 第10年, 120册, 1899年1月
6. 齊思和, 『中國史探硏』, 中華書局, 1981年, p.351
7. 張星烺, 『歐化東漸史』, 商務印書館, 1934年, p.42
8. "述近百年以來歐美各國變法自强之跡, 西史中最佳之書也."
9. 『上海地方史資料』(四), 上海社會科學院出版社, 1986年, p.51
10. [德]愛克曼輯錄, 『歌德談話錄』, 朱光潛譯, 人民文學出版社, 1978年, pp.112-113
11. 李提摩太, 『在華四十五年』, 姚松齡, 「勸導中國變法的李提摩太」, 《傳記文學》 第十八卷, 第一期, 1971年 1月에서 재인용

30. 『치심면병법(治心免病法)』과 『인학(仁學)』—심리와 질병, 정신건강과 종교신앙을 탐색하다

1. [美]墨菲 · 柯瓦奇著, 『近代心理學歷史導引』, 中譯本, 商務印書館, 1982年, p.277; [日]坂元弘子「譚嗣同的'仁學'和烏特亨利的'治心免病法'」, 『中國哲學』 1985年4月, 第十三輯
2. 烏特亨利, 『治心免病法』, 傅蘭雅譯, 卷上, p.5. "治心免病法已有數千人用之, 雖重癥亦能全愈."
3. 『治心免病法』, p.17. "醫生診病, 告人曰病深矣, 難治. 病人信之, 病果加而死. … 無病而爲有病, 久之亦死. 此皆非死癥, 乃爲醫生一言所定."
4. "所言之理, 與尋常西醫書截然不同, 蓋彼中之新學也, 藝也, 而漸近乎道矣."
5. "所言之理與尋常西醫書截然不同, 其分無形之格致爲三級, 一爲心靈變化層, 二爲神靈變化層, 三爲性始層, 分析甚清, 惟其於治心之要未能確明其理, 七章以後皆講求性始, 西國甚屬風尚書籍甚多, 惜中國尙少譯本."
6. 『譚嗣同全集』(增訂本), 中華書局, 1990年, p.461
7. 同上, p. 459
8. 同上, p.461. "欲以心度一切苦惱衆生, 以心挽劫者, 不惟發願救本國, 竝彼極强盛之西國與夫含生之類, 一切皆度之."; "以爲今之亂爲開辟未有, 則亂後之治亦必爲開辟

未有, 可於此書蔔之也."

9. 同上, p.357. "夫心力最大者, 無不可爲. … 知心力之不可恃, 不審心力之所由發, 直情徑遂, 壯趾橫行, 則持以平機心之心力, 轉而化爲機心."; "助劫而已, 焉能挽劫哉?"; "使心力驟增萬萬倍, 天下之機心不難泯也. 心力不能驟增, 則莫若開一講求心之學派, 專治佛家所謂願力, 英士烏特亨立所謂《治心免病法》."
10. 『治心免病法』, p.13. "近西國考知萬物內必有一種流質, 謂之'以太', 無論最遠之恒星, 中間竝非眞空, 必有此'以太'滿之, 即地上空氣質點之中, 亦有此'以太' … 蓋無處無之, 無法去之, 如無此以太, 則太陽與恒行星等光不能通至地面, … 以太傳思念同一理, 不問路之遠近與五官能否知覺之事物, 凡此人發一思念則感動, 以太傳於別人之心."
11. 侯外廬主編, 『中國近代哲學史』, 人民出版社, 1978年, p.218
12. 『治心免病法』, p.29. "如電一物, 自古有之, 不過前不用而今用之耳, 今世要事在有愛心, 此心與天合, 則身無不服, 病無不治, 其用法, 以通爲貴, 如電必用法通之, 不接通路, 無力能顯, 人心之愛, 亦必向外通發, 則四周之人俱受其益."
13. 『譚嗣同全集』(增訂本), 中華書局, 1990年, p.291. "仁以通爲第一義. 以太也, 電也, 心力也, 皆指出所以通之具."

31. 『광학게요(光學揭要)』—X-ray 이론을 최초로 소개하다

1. "西人之學日以求新爲主, 故新法亦日出而不窮, 其未經譯出新書汗牛充棟, 伺可勝道邪? 去年新創電光照骨之法, 三月之間而舉國醫士已盡棄舊法而用之, 西人舍己從人眞不可及矣."
2. 『譚嗣同全集』(增訂本), 中華書局, 1990年, p.458. "觀照像一紙, 係新法用電氣照成, 能見人肝膽, 肺腸, 筋絡, 骨血, 朗朗如琉璃, 如穿空, 兼能照其狀上紙. 又能隔厚木或薄金類照人如不隔等."
3. "述西人光學新理日出不窮, 然大致皆備於此, 後附論'然根光', 即近年所創照骨之法, 此書所說, 猶未完具."

32. 『문학흥국책(文學興國策)』—중국 근대교육 의 기초를 놓기 위한 참고서

1. 梁元生, 『林樂知在華事業與'萬國公報'』, 香港中文大學出版社, 1978年, p.116. 임정욱이 실제로 진사였는지는 확실하지 않다.
2. "查日本於一千八百七十一年, 初次派員出使外洋, 其派赴美國之署理公使, 實爲森君有禮, 森君之使美也, 除辦理交涉事宜外, 特奉朝命, 就近查訪美國文學成規, 以爲日本興學之先導, 於是照會美京文學部大臣, 暨各部大臣, 議院各紳, 竝繕公啓一通, 分致各大書院監院, 及一切著名文學之人, 廣求設塾之良規, 教學之成法."

3. "頗著名譽, 且留心當世之務, 精益求精, 以故美國之官紳, 皆敬之重之, 且樂於答復之, 一時名言讜論, 紛至沓來, 裒然成集, 森君編次各函, 勒成一編, 翻成日文, 顔其名曰:《文學興國策》. 郵寄本國, 上之於朝, 朝廷采而用之, 延聘泰西之名師, 大興日本之新學, 至今學校盛行…."

4. [日]永井道雄,『近代化與教育』, 王振宇, 張葆春譯, 吉林人民出版社, 1984年, p.83-84

5.《廣學會年報》第10次,《出版史料》1992年第2期

6. "接美總領事佑來函, 據本國林教士稟,《中東戰紀本末》暨《文學興國策》, 計訂十本, 請圖書集成局刊印行世. 曾登告白, 無論何人, 不得翻印, 如違稟究."; "取巧翻刻, 希圖漁利. 自示之後, 切勿再將前書翻印出售."

7. "泰西大書院, 普學院, 文全學備, 科第可見其中, 余若高等學堂, 中等學堂, 即有男學, 復有女學, 且秀者學, 愚者亦學, 百工亦莫不有學, 規制嚴備, 井然有條."; "(美國)廣興文學, 百餘年間, 日新月盛."

8. "有禮曾肄業英國, 復使美國. 深鑒美之盛, 實賴學校乃訪求其文學成法, 告諸本國朝廷, 采而用之, 遂廣設學堂, 遍召生徒, 幾如美盛, 此編所載, 皆美國各部大臣議院各紳及各書院監院照復公函, 凡設塾之良規, 教學之成法, 具著於此."

33.『천연론(天演論)』—위기의식의 산물

1. 일반적으로『헉슬리문집』제9권『진화론과 윤리학 및 논문집』의 일부가『천연론』의 저본으로 쓰인 것으로 보지만 우더뒤(吳德鐸)는「'天演論' 的故事」에서 이는 잘못된 것이라고 주장했다.『文心雕同』, 學林出版社, 1991年, pp.236-240

2. 商務印書館編輯部編,『論嚴復與嚴譯名著』, 商務印書館, 1982年, pp.5

3. [美]史華玆,『尋求富强: 嚴復與西方』, 叶鳳美譯, 江蘇人民出版社, 1989年, p94-95

4. 최초의 목각본이 1894년 혹은 1895년 섬서 미경수서처(味經售書處) 판각본이라는 주장이 있다. 이 판본은 수정을 거치지 않은 초고 인쇄본으로 나중에 나온 판본과 내용이 다르다. 李澤厚,『中國近代思想史論』, 人民出版社 1979年, p.285

5.『忘山廬日記』, 上海古籍出版社, 1983年, p.280, pp.155-156

6. 王栻,「嚴復與嚴譯名著」,『論嚴復與嚴譯名著』, 商務印書館, 1982年, p6

7. 賀麟,「嚴復的翻譯」,『論嚴復與嚴譯名著』, 商務印書館, 1982年, p.29

8.『魯迅全集』第二卷, 人民文學出版社, 1973年, p.406

9.《民報》第二號

10. 曹聚仁,『中國學術思想史隨筆』, 三聯書店, 1986年, p.353

11. 魯迅,「關于翻譯—給瞿秋白的回信」,『翻譯研究論文集』(1894-1918), 外語教學與

研究出版社 1984年, p.224

34. 『파리차화녀유사(巴黎茶花女遺事)』—서양의 '홍루몽', 청말 지식인 관념을 변화시키다

1. 錢鍾書, 『林紓的飜譯』, 商務印書館, 1981年, pp.47-49
2. 「九疊前韻書感」, 『樊山續集』卷24. "經史外添無限學, 歐羅所作是何詩?"
3. 『漫遊隨錄』, 岳麓書社, 1985年, p.116. "英國以天文, 地理, 電學, 火學, 氣學, 光學, 化學, 重學爲實學, 弗尙詩賦詞章."
4. 『倫敦與巴黎日記』, 岳麓書社, 1984年, p.119. "富强之基, 與其政教精實嚴密, 斐然可觀. 而文章禮樂, 不逮中華遠甚."
5. 邱煒萲, 『揮塵拾遺』, 星洲觀天演齋叢書, 卷3. "以華文之典料, 寫歐人之性情, 曲曲以赴, 煞費匠心. 好語穿珠, 哀感頑艷. 讀者但見馬克之花魂, 亞猛之淚漬, 小仲馬之文心, 冷紅生之筆意, 一時都活, 爲之欲嘆觀止."
6. 『英斂之先生日記遺稿』, 光緖27年(1901) 8月15日, 18日日記, 文海出版社, p.319, 386. "燈下閱《茶花女》事, 有摧魂撼魄之情, 萬念灰靡, 不意西籍有如此之細膩."
7. 『釧影樓回憶錄』, 大華出版社, 1971年, p.171. "哄動一時. 有人謂外國人亦有用情之專如此的嗎? 以爲外國人都是薄情的, 於是乃有人稱之爲'外國紅樓夢'."
8. 《新世界小說社報》 第6, 7期. "《茶花女遺事》出, 可爲普天下善男子善女人讀. 而獨不許浪子讀, 妒婦讀, 囚首垢面之販夫讀, 秤薪量水之富家翁讀, 胸羅《四書》, 《五經》, 飽暖《二十四史》之老先生讀."
9. 「甲辰出都呈同里諸公」, 『嚴復集』(二), 中華書局, 1986年, p.365. "可憐一卷《茶花女》, 斷盡支那蕩子腸."
10. 張靜廬, 『中國小說史大綱』, 泰東圖書局, 1920年, p.27
11. 『揮塵拾遺』, 星洲觀天演齋叢書, 卷3
12. 夏志淸, 「'玉梨魂'新論」, 《知識分子》, 1988年, 秋季號
13. 楊義, 『中國現代小說史』(一), 人民文學出版社, 1986年, p.12. "眞所謂以美人碧血沁爲詞華者, 把卷汍瀾, 淒其萬狀"; "百讀不厭"; "看了每發癡想"
14. 『四庫全書總目』卷140, 「子部 · 小說家類一」, 中華書局, 1965年, p.1182
15. 林琴南致汪康年, 已亥(1899年)三月廿九日, 『汪康年師友書札』(二), 上海古籍出版社, 1986年, p.1159
16. 高夢旦致汪康年, 已亥三月廿日, 『汪康年師友書札』(二), 上海古籍出版社, 1986年, p.1654
17. "說部之興, 其入人之深, 行世之遠, 幾幾出於經史上. 而天下之人心風俗, 遂不免爲

說部之所持."

18. 梁啓超,「論小說與群治之關系」,《新小說》1卷1號, 1902年
19. 梁啓超,「譯印政治小說序」,《淸議報》第1冊, 1898年
20.《新世界小說社報》第6, 7期
21. 林琴南致汪康年, 已亥(1899年)四月初六,『汪康年師友書札』(二), 上海古籍出版社, 1986年, p.1160
22. 阿英,「關於'巴黎茶花女遺事'」,『阿英文集』, 三聯書店, 1981年, p.805
23. 寒光,『林琴南』, 中華書局, 1935年, p.211

35.『가인기우(佳人奇遇)』—정치소설 번역의 시초

1. 梁啓超,「譯印政治小說序」,《淸議報》第一冊, 1898年. 1. "彼美英德法奧意日本各國政界之日進, 則政治小說爲功最高焉."
2.《淸議報》第一百冊, 1901年12月21日. "以稗官之異才, 寫政界之大勢, 美人芳草, 別有會心, 鐵血舌壇, 幾多健者, 一讀擊節, 每移我情, 千金國門, 誰無同好?"
3. 阿英編,『晚淸文學叢鈔 · 小說戲曲硏究卷』, 中華書局, 1960年, p.415
4. 馮自由,『革命逸史』初集, 中華書局, 1981年, p.63
5.『佳人之奇遇』, 上海中國書局, 1935年, pp.1-3. "欲救今日之國難, 以謀轉弱爲强之方法"; "忽閱到《佳人之奇遇》一書, 反復推求其內容宗旨, 不覺拍案驚奇, 歡躍至極而言曰: 是誠改造今日中國人心之良藥也. 緣此書大意, 係中日留洋兩志士, 奇遇歐洲三少女, 以風馬牛之不相及, 竟相親互愛而不願分離, 是誠空前絕後之一大稀奇, 且彼等盡係國破家亡之人, 相謀復興之策, 其心理之表現, 均不謀而同, 曾受極端壓迫, 已經徹底覺悟, 爲國家興亡抱必死決心, 爲骨肉朋友之正義, 而犧牲自己. 著者東海散士, 不曰政治之作, 而用才子佳人之名, 托言外邦之善惡, 暗責本國之利弊, 以慷慨激昂淋漓痛快之言辭, 敘世界興衰得失强亡之原因, 既以西洋政治事實, 復引東方聖賢故典, 聚名士佳人, 善惡領袖, 賢官良將, 漢奸國賊於一堂, 文章之佳, 可稱絕步, 較之古文殆有過之而無不及, 確可百讀不厭, 更有助於學生國文考試及一般著作敘事, 凡所言者, 除少數言情艷語詩歌外, 均係人群進化, 公理公例, 侵略壓迫民權革命, 優勝劣敗之經過, 英雄豪傑偉大事跡, 讀之可歌可泣, 具興奮之力, 有感化之能, 確可使人進爲偉人, 或退爲平凡."
6. 孟祥才,『梁啓超傳』, 北京出版社, 1980年, p.68
7.『中日文化與交流』(一), 中國展望出版社, 1984年, pp.110-129

36.『경국미담(經國美談)』—역사 연의소설의 형식을 빌린 서양 영웅 이야기의 전래

1. 黃新憲,『中國留學教育的歷史反思』, 四川教育出版社, 1991年, p.70
2. "且史家記齊武之事, 惟鋪敘其大體, 而欲求詳記其當時之顛末者, 竟落落如晨星之可數, 坐令一代偉事, 終歸湮沒, 寧非大可惜哉！ 余於是乃戲補其脫落, 構思著筆, 學小說家之體裁, 然予意原在於記述正史, 不欲如尋常小說之妄加損益, 變更事實, 顛倒善惡, 但於實事中略加潤色而已."
3. 王曉平,『近代中日文學交流史稿』, 湖南文藝出版社, 1987年, pp.180-186
4. 孫寶瑄,『忘山廬日記』, 上海古籍出版社, 1983年, pp.616-617, 624. "是書寫希臘齊武國(即底比斯)中巴比陀, 威波能等一時豪傑, 能殲除奸黨, 修內政, 振國威, 聲震九州, 名播青史, 可敬可服可羨, 爲我國小說中所無."; "(書中)又極論均貧富之非, 直可作一部政治書讀."; "(無政府黨之宗旨)大非世界之幸福."
5. [美] 洛里德,『胡適與中國的文藝復興』, 王友琴譯, 江蘇人民出版社, 1989年, p.38
6. 阿英編,『晚淸文學叢鈔』, 中華書局, 1960年, p.420
7. 蔣瑞藻,『小說考證』, 上海古籍出版社, 1984年, p.586. "《經國美談》述希臘英雄復國事, 能使讀者精神振作, 誠爲佳本. 譯者全用評話, 明白暢曉, 尤爲得體."
8. 郭沫若,『少年時代』, 人民文學出版社, 1982年, p.112. "《清議報》很容易看懂, 雖然言論很淺薄, 但它卻表現出具有一種新的氣象. 那時候的梁任公已經成了保皇黨了. 我們心裏很鄙屑他, 但卻喜歡他的著書. 他著的《意大利建國三傑》, 他譯的《經國美談》, 以輕靈的筆調描寫那亡命的志士, 建國的英雄, 眞是令人心醉."
9. 張明高 · 范橋編,『周作人散文』(四), 中國廣播電視出版社, 1992年, p.227. "看小說《經國美談》少許, 書雖佳, 然係講政治, 究與吾國說部有別, 不能引人入勝, 不若《新小說》中《東歐女豪傑》及《海底旅行》之佳也."

37.『민약론(民約論)』—중국 근대 민권선언의 모태가 된 루소의 명저

1.「盧騷的思想和他的創作」,『郁達夫文集』第六卷, 花城出版社, 1983年, p.27
2.《萬國公報》第七年, 三百四十卷
3.『倫敦與巴黎日記』, 岳麓書社, 1984年, p.562
4.『法蘭西志』高橋二郎譯述, 岡千仞删定, 明治十一年五月露月樓上刻本. "羅蘇著書, 主張獨得創見, 士大夫歙然精研文學, 所刊諸書, 四方爭傳. 五侯貴人, 專門名家, 皆尊崇其書, 以先見爲快."
5.『近代日本思想史』(一), 馬采譯, 商務印書館, 1983年, p.86, 103
6.《新民叢報》第13號, 1902年8月4日. "仆初抵日本, 所與之遊者多舊學, 多安井息軒之門. 明治十二三年時, 民權之說極盛, 初聞頗驚怪, 既而取盧梭, 孟德斯鳩之說讀之, 心志爲之一變, 以謂太平世必在民主, 然無一人可與言也."

7. 毛注青, 『黃興年譜』, 湖南人民出版社, 1980年, p.15. "朝夕輿誦. 久之, 革命思想邃萌芽腦蒂中矣.".

8. 張繼, 「回億錄」, 《國史館館刊》, 第二期에서 재인용. 金冲及, 胡繩武著 『辛亥革命史稿』(一), 上海人民出版社 1980年, p.150. "除照例上課外, 專在圖書館翻閱該國維新時中江篤介等所譯《法蘭西大革命》, 《民約論》等書, 革命思想沛然日滋."

9. 《中國旬報》 第33期, 1900年12月26日. "造物之主人原賦以自由之性, 人生之樂趣無過於自主之權."

10. 李華興, 吳嘉勳編, 『梁啓超選集』, 上海人民出版社, 1984年, p.271. "自此說一行, 歐洲學界, 如旱地起一霹靂, 如暗界放一光明, 風馳雲卷, 僅十餘年, 遂有法國大革命之事."

11. 《直說》 第二期, 1903年3月13日. "夫人生活於天地之間, 自有天然之權利, 父母不得奪, 鬼神不得竊而攘之."

12. 鄒容, 『革命軍』, 民智書局, 1928年, p.4, 32. "執盧梭諸大哲之寶幡, 以招展於我神州土"; "爲起死回生之靈藥, 返魄還魂之寶方, 金丹換骨, 刀圭奏效, 法美文明之胚胎, 皆基於是"; "人人當知平等自由之大義: 有生之初, 無人不自由, 即無人不平等, 初無所謂君也, 所謂臣也."; "殺盡專制我之君主, 以復我天賦之人權."

13. 『忘山廬日記』, 上海古籍出版社, 1983年, p.306, 435

14. 『柳亞子文集』之一『磨劍室詩詞集 · 磨劍室詩集』卷一, 卷四, 上海人民出版社, 1985年

15. 王栻主編, 『嚴復集』(一), 中華書局, 1986年, p.35

16. 同上, (二), pp.333-340

17. 同上, (三), p.614. "自盧梭《民約》風行, 社會被其影響不少, 不惜喋血捐生以從其法, 然實無濟於治, 蓋其本源謬也. 刻擬草《民約平論》一通, 以藥社會之迷信."

18. 《甲寅雜志》 第1卷, 第1號, 1914年 5月 10日, 署名秋桐

38. 『법의(法意)』—'삼권분립(三權分立)' 학설의 중국 전래

1. 王栻主編, 『嚴復集』(一), 中華書局, 1986年, p.146. "後爲其國更張法典, 勒成專編, 近世法家仰爲絕作, 而《法意》則其星宿海也."

2. [美] 羅伯特. B. 唐斯, 『塑造現代文明的110本書』, 金文英等譯, 天津人民出版社, 1991年, pp.183-184

3. 許明龍, 『孟德斯鳩與中國』, 國際文化出版公司, 1989年, pp.106-107

4. "孟德斯咎著書, 名曰《律例精義》, 云各國自有公法也."

5. "(孟的士鳩)著書排擊政治, 主張自主之說, 欲以抑君威, 伸民權, 讀其書者, 無不激昂奮勵, 以生一變舊政之心."
6. "孟德士鳩著《萬法精匯》, 論各國法律得失."
7. "曼提庫(生於耶穌後一千六百八十五年)亦諄諄議論教育與國家之弊, 謂英國律法勝於他國, 企望他國取法以治理人民."
8. "孟德士求著《萬法精匯》, 備論各國法律得失."
9. "法國名宦蒙特斯邱新著一書, 言英吉利治國規模勝於法國, 法人讀而羨之, 一舉一動盡以英制爲準則."
10. 《新民叢報》 第十三號, 1902年8月4日. "明治十二, 三年時(1879, 1880年), 民權之說極盛, 初聞頗驚怪, 既而取盧梭, 孟德斯鳩之說讀之, 心志爲之一變."
11. 孟德斯鳩, 『法意』, 嚴復譯, 卷11, p.5. "憲(立法)政(行政)二權合而歸之一君, 或統之以一曹之官長者, 其國群之自由失矣. … 彼既總二權而握之矣, 將有時立煩苛之法令, 而以威力行之 …. 又其國之刑(司法)權, 不與憲政二權分立, 而與其一合者, 則其國爲無自由也! 蓋使刑權而與憲權合, 是斷曲直者, 即爲議法令之人, 如是則是非無定, 而民之性命財產, 舉以危矣! 又使刑權與政權合, 是行法令者, 即爲審是非之人, 如是則斷獄者, 可濫其淫威, 而獄之鍛煉周內者衆矣. 故曰無自由也!"
12. "即不佞斯譯, 亦不敢謂盡知其意也, 乃觀近人所譯, 如《萬法精理》等編, 大抵不知而作, 羼以己意, 誤己誤人, 於斯爲極."
13. 『辛亥革命時期期刊介紹』, 第一集, 人民出版社, 1982年, p.57
14. 熊月之, 『中國近代民主思想史』, 上海人民出版社, 1986年, pp.309-310
15. "光緒二十八年壬寅, (張相文)年三十七歲, 仍執教於南洋公學. 暇時翻譯日人何禮之所譯之法國孟德斯鳩著之《萬法精理》. 譯稿請同事程芝巖君潤文. 程君不知日文, 未及與原文校對, 即倉促付印, 故頗有不合原意之處. 爲求譯文信確, 故於此書再版時, 特將譯稿寄日本何禮之校正. 故二版漢譯《萬法精理》作日本何禮之, 桃源張相文, 常州程炳熙三人同譯也."
16. 許明龍, 『孟德斯鳩與中國』, 國際文化出版公司, 1989年, pp.109-110. 장싱랑이 제작한 「年譜」 인용문은 『南園叢稿』(文海出版社, pp.2391-2392)에 근거해 교정한 것임
17. 孫寶瑄, 『忘山廬日記』, 上海古籍出版社, 1983年, p.330, 332, 333. "《萬法精理》云: 在共和政治, 則宗教之權有害而無利, 故在所必去. 在立君政治, 則宗教之權有利而無害, 故在所必需. 若專制政治, 尤不可少. 斯言也, 與余意極合. 蓋惟無政之國, 不可無教. 有政之國, 可以無教. 非無教也, 納教理於政之中, 故可以無教也. 夫國家苟不修政權, 則不得已以教權輔之. 既修政權而復用教權, 其流弊必至害政權而後已. 非教之足以害政也, 相害者權也, 故在所必去也."; "又云: 專制之國, 苟竭力於教化,以造成國士, 適以速其禍患. 蓋人民苟有愛國之情, 將不受政府强暴之壓制, 必起而謀所以脫之. 斯言也, 不可使今日支那柄國者聞之. 如彼等知此理, 必不肯廢科舉, 必不肯興學校, 蓋非愚民, 則專制國不可一日立也.";"《萬法精理》云: 立君政治誠一旦褫貴族教士之特典, 奪府縣自治之權利, 則其國苟不變爲民主政治, 必變爲專制政治無疑也. 斯言也, 深爲切中. 蓋國中雖無民權, 而有貴族教士及府縣自治者以分君之權, 較之以一人專制天下者, 猶勝也. 今竝此去之, 是直欲專制而已. 秦政廢天下封建世襲之法, 而爲一己子孫萬世之世, 其病正坐此.";"《萬法精理》論民權政治或喪其德, 則其國必亂, 且不可救藥. … 由是觀之, 民權之極而弊, 豈當以君權救之乎?";"純用君權, 與純用民權, 皆有弊也. 折衷之道, 其惟立憲乎? 立憲也者, 納君民於法律, 而莫敢不尊者也."

18.《政法學報》1903年, 第五期. "三權分立論之主旨在使各機關分擔國家政務之一部, 故立法與行政, 常相對立, 若以立法而兼任行政, 則其所定法律, 必致有流於專橫之弊. 分立之, 則立法機關設立一定不移之通則, 以爲法規, 不爲一時之利害所牽制. 行政機關則依此法規而行, 亦不敢瞻顧私情, 枉法處置, 而後兩者始可得其公平."

39. 『흑노유천록(黑奴籲天錄)』—흑인 노예의 참상을 통해 황인종의 각성을 촉구한 번역서

1. [美] 羅伯特 · 唐斯, 『影向世界歷史的16本書』, 纓軍編譯, 上海文化出版社, 1986年, p.38
2. 孫寶瑄, 『忘山廬日記』, 上海古籍出版社, 1983年, p.501, 502. "此書於愁慘悲苦之中, 寫出義夫, 貞婦, 孝子, 仁人無涯際之情潮, 時而悱惻纏綿, 時而激昂壯厲, 能令人悲, 能令人喜. 於是知此書之不可不讀, 而不忍卒讀也."
3. 『魯迅全集』, 第十一卷, 人民文學出版社, 1981年, p.321. "曼思故國, 來日方長, 載悲黑奴, 前車如是, 彌益感喟."
4. 張枬 · 王忍之編, 『辛亥革命前十年間時論選集』, 第一卷(下), 三聯書店, 1960年, pp.870-871. "黃人之禍, 不必待諸將來, 而美國之禁止華工, 各國之虐待華人, 已見諸實事者, 無異黑人, 且較諸黑人而尤劇.";"我讀'籲天錄', 以哭黑人之淚哭我黃人, 以黑人已往之境哭我黃人之現在. 我欲黃人, 家家置一'籲天錄'. 我願讀'籲天錄'者, 人人發兒女之悲啼, 灑英雄之熱淚. 我願書場, 茶肆, 演小說以謀生者, 亦奉此'籲天錄', 竭其平生之長, 以摹繪其酸楚之情狀, 殘酷之手段, 以喚醒我國民. 我欲求海上名畫師, 將四十二章各繪一圖, 我願以粗拙之筆, 圖係一詩, 以與《聊齋志異》爭聲價, 庶婦孺貪觀, 易投俗好. 我願善男子, 善女人, 分送善書, 勸人爲善者, 廣購此書, 以代《果報錄》,《太上感應篇》,《敬竈全書》,《科場志異》之用, 則度人度己, 功德無量矣."

40. 『물경론(物競論)』—생존경쟁과 우승열패를 통한 인간 권리의 증진

1. 『近代日本思想史』(一), 馬采譯, 商務印書館, 1983年, p.110
2. 劉柏青, 『魯迅與日本文學』, 吉林大學出版社, 1985年, p.10
3. 楊蔭杭의 일생에 관해서는 양장(楊絳)이 쓴 『回憶兩篇』(湖南人民出版社, 1986年)과 졸문 「辛亥前楊蔭杭著譯活動述略」 참고
4. 李冬木은 「關於'物競論'」이라는 글에서 이 문장에서 말하는 '葛姆潑老'는 '다윈(葛姆)'과 '밀(潑老)' 두 사람이 아니라 오스트리아의 사회학자며 정치가인 루트비히 굼플로비치(Ludwig Gumplowicz, 1838-1909)로 봐야 한다고 주장했다. 李文載, 「中國言語文化研究」第1號. "日本維新以來講求德學者之山鬥, 故是書所論德國有名史學家海爾威爾之說爲主而外, 當世碩學如葛姆, 潑老, 伊陵, 失弗勒, 斯賓率爾之說亦取焉."
5. 實藤惠秀著, 譚汝謙等譯, 『中國人留學日本史』, 三聯書店, 1983年, p.264
6. 張靜廬輯注, 『中國現代出版史料』甲編, 中華書局, 1954年, p.388. "深切明著, 鍥人肺肝, 要惟譯筆之明銳, 有以大助其力."
7. 孫寶瑄, 『忘山廬日記』, 上海古籍出版社, 1983年, p.365. "《物競論》之意, 謂民之所以屈於君, 而聽君之號令者, 以君之權强, 不得已而許之也. 君之所以屈於民, 而俯取民之公議者, 亦以民權之强, 不得已而許之也. 故天下無公理, 惟有强權."; "《物競論》云: 喜專主之君主, 與倡自由之人民, 其心皆欲自由者也. 余謂君之意, 蓋謂禁民自由, 一人乃得自由, 民之意, 蓋謂奪君自由. 萬人乃得自由. 不知君民皆不可自由者也, 君民之權平, 而國治矣."; "我謂國家之進步也, 以人人自由爲歸. 然則欲世臻極治, 必先去兵刑而後可. 何也?兵刑二者, 皆以權力壓制人, 使不得自由也. 曰：不然, 兵刑正所以保人人之自由也. 蓋自由之性, 人人所固有, 不教而能者也. 苟無以限制之, 則必有自由過其量, 而害人之自由者. 所謂强淩弱, 衆暴寡, 欲求人人之自由難矣. 兵刑之設也, 蓋欲使人毋侵人之自由, 乃足保己之自由. 苟侵人自由, 則不能保己之自由, 如斯而已. 然則被兵刑而不獲自由者, 皆欲害人自由之人. 害人自由之人, 烏可聽其自由耶！"
8. 劉柏青, 『魯迅與日本文學』, 吉林大學出版社, 1985年, p.50
9. 張明高, 范橋編, 『周作人散文』(四), 中國廣播電視出版社, 1992年, p.171. "雖不甚解, 而尚微知其意理, 以意揣之, 解者三, 四, 頗增興會."
10. "是書據生物進化之例, 以驗天賦人權之說, 以發明强權之理, 先總論, 次舉人類中五大競爭而分論之. 一治人者與被治者. 二貴族與平民. 三自由民與不自由民. 四男與女. 五國與國. 博綜約說, 勃窣理窟, 廉頑立儒, 有功世道."

41.「애희랍(哀希臘)」—중국에서 일세를 풍미한 바이런의 격정적 노래

1. 馬祖毅,『中國飜譯簡史』, 中國對外飜譯出版公司, 1984年, p324. "曼殊嘗居日本徑子櫻山, 侍母之餘, 唯好嘯傲山水. 一日, 夜月照雪, 泛舟中禪寺湖, 歌拜倫《哀希臘》之篇, 歌已哭, 哭復歌, 梵聲與流水相應, 蓋哀中國之不競, 而以倫身世身況. 舟子惶駭, 疑其癡也."
2. "按文切理, 語無增飾, 陳義悱惻, 事辭相稱."
3. 柳無忌編,『柳亞子文集 · 蘇曼殊研究』, 上海人民出版社, 1987年, pp.346-347
4. 王森然,『近代二十家評傳』, 書目文獻出版社, 1987年, p.101
5.「蘇曼殊及其友人」, 轉引自『中國飜譯簡史』, p.324
6. "梁啓超曾譯其二章於《新小說》. 梁氏非知英文者, 賴其徒羅昌口述之. 予以乙己冬歸滬, 一省慈母. 雪深風急, 茅屋一椽, 間取裴倫詩讀之, 隨筆移譯, 遂盡全章. 嗚呼?裴倫哀希臘, 今吾方自哀之不暇爾. "
7. 莫世祥編,『馬君武集』, 華中師範大學出版社 1991年, pp.438-445
8. 陳子展,『中國近代文學之變遷』, 中華書局, 1929年, p.147
9. 王森然,『近代二十家評傳』, 書目文獻出版社, 1987年, p.101
10. "頗嫌君武失之訛, 而曼殊失之晦. 訛則失眞, 晦則不達, 均非善譯者也."
11. 胡適『嘗試集』, 亞東圖書館, 1922年增訂版, pp.140-143
12.「墳 · 雜記」,『魯迅全集』第一卷, 人民文學出版社, 1961年, pp.317-318. "那時Byron之所以比較的爲中國人所知, 還有別一原因, 就是他的助希臘獨立. 時當清的末年, 在一部分中國青年的心中, 革命思潮正盛, 凡有叫喊復仇和反抗的, 便容易惹起感應."

42.『사회학(社會學)』—'사회학'의 전래와 사회학 용어의 번역

1. 張靜廬輯注,『中國近代出版史料二編』, 群聯出版社, 1954年, pp.90-92. "以采譯泰西東切用書籍爲宗旨. … 向倫敦, 巴黎各大書肆, 多購近時切要之書, 精延翻譯高手, 凡有關政治, 學校, 律例, 天文, 輿地, 光化, 電氣諸學, 礦務, 商務, 農學, 軍制者, 次第譯成."
2.「譯書公會叙」,《譯書公會報》第二册, 1897年11月1日
3.『社會學』序. "社會學始萌芽, 皆以物理證明, 而排拒超自然說, 斯賓塞爾始雜心理, 援引浩穰, 於玄秘淖微之地, 未暇尋也. 又其論議, 多蹤跡成事, 顧鮮爲後世計. 蓋其藏往則優, 而匾於知來者."
4. "美人葛通哥斯之言曰: '社會所始, 在同類意識, 淑擾於差別覺, 制勝於模效性, 屬諸心理, 不當以生理術語亂之'. 故葛氏自定其學, 宗主執意, 而賓旅夫物化, 其於斯氏

優矣."

5. "實兼取斯, 葛二家. 其說以社會擬有機, 而曰'非一切如有機'. 知人類樂群, 亦言有非社會性, 相與借動. 卒其祈向, 以庶事進化, 人得分職爲侯度. 可謂發揮通情, 知微知章者矣."

6. 孫寶瑄, 『忘山廬日記』, 上海古籍出版社, 1983年, p.657. "農夫者, 供給係統之一分子也. 將軍者, 督制係統之一分子也. 重督制而輕供給, 人將皆趨於督制, 於是供給之人日少, 供給少而國貧矣. … 天下人爭入於督制係統, 而有兩官管一百姓之語. 朝廷專設官以養遊情, 國安得不貧?"

7. 『訄書重訂本 · 淸儒』, 『章太炎全集』(三), 上海人民出版社, 1984年, pp.156-158

8. 『訄書重訂本 · 序種姓』, p.179

43. 『원부(原富)』—번역이 야기한 '아(雅)'와 '속(俗)'의 논쟁

1. 郭嵩燾, 『倫敦與巴黎日記』, 岳麓書社, 1984年, p.145

2. 劉錫鴻, 『英軺私記』, 岳麓書社, 1986年, p.120

3. 陳熾, 「'續富回策'自叙」. "極論通商之理, 謂商務衷多益寡, 非通不興. 英國擧國昭若發蒙, 盡滌煩苛, 以歸簡便"; "識者推原事始, 歸功於《富國策》一書."

4. 「嚴復致張元濟」, 王栻主編, 『嚴復集』(三), 中華書局, 1986年, pp.525-551. "(《天演論》)亦不過赫胥黎氏緖論之一編, 竝非天演正學."; "(《原富》)係要書, 留心時務, 講求經濟者所不可不讀, 蓋其中不僅於理財法例及財富情狀開山之學, 且於銀號圜法及農工商諸政, 西國成案多所征引. 且歐亞互通以來一切商務情形多考例, 後事之師, 端在於此."; "所駁斥者多中吾國自古以來言利理財之家病痛"; "當日選譯特取是書"

5. 同上. "都門人士, 每相見時, 輒索《原富》"; "來訪我, 言次必索《原富》"

6. 「吳汝綸致嚴復」, 『嚴復集』(五), p.1562. "理趣甚奧賾, 思如芭蕉, 智如涌泉, 蓋非一覽所能得其深處"; "眞足狀難顯之情, 又時時糾其違失, 其言皆與時局痛下針砭, 無空發之議, 此眞濟世之奇構."

7. 吳汝綸, 「原富序」. "中國士大夫, 以言利爲諱, 又瑄忕習於重農抑商之說, 於是生財之途常隘, 用財之數常多, 而財之出於天地之間, 往往遺棄而不理."

8. "當英國行護商法時創立自利利他一貫之說, 而自由貿易之局由是開焉. 莫以致富, 其言緐博精辟, 多是爲我國近狀之藥石, 今去普書時已百餘年, 枝葉之義或爲後出之說所勝, 嚴氏悉附著之而又時援我國近狀以相稱, 可謂完善矣."

9. 孫寶瑄, 『忘山廬日記』, 上海古籍出版社, 1983年, p.350, 357. "畜牧之利, 當使與耕種之相等"; "始知富國之道, 在流通物產, 欲物產之流通, 無鐵路其奚望耶?"; "西國民權之所以能日振者, 其功皆在農功商賈"

10. "嚴氏於中學西學, 皆爲我國第一流人物, 此書復經數年之心力, 屢易其稿, 然後出世, 其精美更何待言！"

11. 「黃遵憲致嚴復」, 『嚴復集』(五), pp.1572-1573. "或者以流暢銳達之筆行之, 能使人人同喻, 亦未可定."

12. 「夏曾佑致嚴復」, 同上, p.1574. "《原富》前日全書出版, 昨已賣罄, 然解者絕少, 不過案頭置一編以立憧於新學場也."

13. 瞿秋白, 「關於翻譯」, 『翻譯研究論文集』(1894-1948), 外語教學與研究出版社, 1984年, p.216

14. 王雲五, 『岫廬八十自述』, 臺灣商務印書館, p.32

15. 平海瀾, 『南洋公學的一九○二年罷課風潮和愛國學社』(座談紀要), 全國政協文史資料研究委員會編, 『辛亥革命回憶錄』(四), 中華書局, 1962年, p.61

16. 吳琴一, 「如是我聞'魯男子'」, 時萌『曾朴研究』, 上海古籍出版社 1982年, p.19. 장위안지에 관해서는 葉宋曼瑛, 『從翰林到出版家—張元濟的生平與事業』, 張人鳳, 鄒振環譯, 香港商務印書館, 1992年 참고

17. 「張元濟與共學社」, 《檔案與歷史》 1986年第四期 ; 「'孫文學說'在滬初版的前前後後」, 《史林》 1989年第四期

44. 『십오소호걸(十五小豪傑)』과 '호걸역(豪傑譯)'—호걸들의 문재(文才)가 작품 속에서 각축을 벌이다

1. "此書爲法國人焦士威爾奴所著. 原名《兩年間學校暑假》. 英人某譯爲英文, 日本大文豪森田思軒又由英文譯爲日本文, 名曰《十五少年》. 此編由日本文重譯者也. 英譯自序雲: 用英人體裁, 譯意不譯詞, 惟自信於原文無毫厘之誤. 日本森田氏自序亦雲: 易以日本格調, 然絲毫不失原意. 今吾此譯, 又純以中國說部體段代之. 然自信不負森田. 果爾, 則此編由雖令焦士威爾奴復讀之, 當不謂其唐突西子耶."

2. 王曉平, 『近代中日文學交流史稿』, 湖南文藝出版社, 1989年, p.161.

3. 張靜廬輯注, 『中國現代出版史料』甲編, 中華書局, 1954年, p.388. "今新小說界中, 若《黑奴籲天錄》, 若《新民(叢)報》之《十五小豪傑》, 吾可以百口保其必銷."

4. 《新小說》 第17號, 1905年. "吾讀《十五小豪傑》而崇拜焉, 吾安得國民人人如俄敦, 武安之少年老成, 冒險獨立, 建新共和制於南極也?"

5. 周作人, 『談虎集』, 北新書店, 1936年, p.404

45.『군학이언(群學肄言)』—스펜서 학설의 유행

1. [日] 永井道雄,『近代化與教育』, 王振宇等譯, 吉林人民出版社, 1984年, p.123
2.『近代日本思想史』(一), 馬采譯, 商務印書館, 1983年, p.77
3. 王栻主編,『嚴復集』(一), 中華書局 1986年, p.6. "錫彭塞者, 亦英產也, 宗其理而大闡人倫之事, 幟其學曰'群學'."; "精深微妙, 繁富奧衍. 其持一理論一事也, 必根抵物理, 證引人事, 推其端於至眞之原, 究其極於不遁之效而後已. 於一國盛衰强弱之故, 民德醇漓翕散之由, 尤爲三致意焉."
4. 姜義華,「'斯賓塞爾文集'與章太炎文化觀的形成」,『辛亥革命與中國近代思想文化』, 中國人民大學出版社, 1991年, p.319
5. "植物之質, 由種子化生而成樹, 倮蟲動物之胎卵而成體, 其消長同, 其變化則異, 當其未制也. 格而化之, 其種種質若一焉, 及爲二質, 然後有變化, 其變化至於成人成物而後止. 固知由一質之種, 而變化至於無窮."
6. 孫寶瑄,『忘山廬日記』, 上海古籍出版社 1983年, p.749, 753, 754.
7. "其書實兼《大學》,《中庸》精義, 而出之以翔實, 以格致誠正爲治平根本矣."
8.『嚴復集』(三), 中華書局 1986年, p.678. "時局至此, 當日維新之徒, 大抵無所逃責. 仆雖心知其危, 故《天演論》既出之後, 即以《群學肄言》繼之, 意欲鋒氣者稍爲持重. "

46.『비참세계(悲惨世界)』—근대 중국에서 인정받은 빅토르 위고의 위엄

1.『近代日本思想史』(二), 李民等譯, 商務印書館, 1991年, pp.90-91
2. 沈寂,「蘇曼殊與陳仲甫」,《中國文化研究集刊》, 第五輯, 復旦大學出版社, 1937年, p.350-374
3. 馬以君編注, 柳無忌校訂,『蘇曼殊文集』, 花城出版社, 1991年, p.671. "西洋社會主義, 二十年前, 才輸入中國. 一方面是留日學生從日本間接輸入的, 譯有《近世社會主義》等書, 一方面是留德學生從德國直接輸入的, 載在《新世紀》月刊上."
4.『柳亞子文集 · 蘇曼殊研究』, 上海人民出版社, 1987年, pp.378-383
5. 楊鴻烈,「蘇曼殊傳」,《晨報副刊》1923年11月28日
6. 楊義,『中國現代小說史』(一), 人民文學出版社, 1986年, p.56
7.『柳亞子文集 · 蘇曼殊研究』, 上海人民出版社, 1987年, pp.178-383

47.『근세사회주의(近世社會主義)』—초기 사회주의 학설의 간접 전파

1.『近代日本思想史』(二), 李民等譯, 商務印書館, 1991年, p.63
2.《新建設》1953年, 第三號
3. "關係於中國前途者有二端: 一爲中國後日日進於文明, 則工業之發達不可限量, 而

勞動者之問題大難解釋”; “(二爲)中國之組織黨派者, 當此幼稚時代, 宗旨混淆, 目的紛雜, 每每誤入於歧途, 而社會黨與無政府黨尤生疑似之間, 易淆耳目, 如社會黨本世界所歡迎, 而無政府黨乃世界所嫌惡, 混而一之, 貽禍匪淺, 是書晰之最詳, 俾言黨派者知有所擇.”

4. 『蔡元培全集』(三), 中華書局, 1984年, p.435. “西洋社會主義, 二十年前, 才輸入中國. 一方面是留日學生從日本間接輸入的, 譯有《近世社會主義》等書, 一方面是留德學生從德國直接輸入的, 載在《新世紀》月刊上.”

48. 『사회주의 신수(社會主義神髓)』—만민평등과 빈부소멸의 꿈을 쏘아올리다

1. 『近代日本思想史』(二), 李民等譯, 商務印書館, 1991年, p.67
2. 『吳玉章回憶錄』, 中國青年出版社, 1978年, pp.104-105
3. 梁漱溟, 『我的努力與反省』, 漓江出版社 1987年; 「我的自學小史」, 『梁漱溟全集』第二卷, 山東人民出版社, 1990年, p.689

49. 『근세무정부주의(近世無政府主義)』와 『자유혈(自由血)』—무정부주의 중국 전파의 선봉이 된 서적

1. 『中國近代的無政府主義思潮』, 山東人民出版社, 1990年, p.25
2. 「虛無党」, 《蘇報》 1903年6月19日. “霸天下之主, 稱祖之廟, 其志武, 其材强, 其條教法律必深, 侵入人民之界域, 嵩高其身而蟻其民, 民不敢抗. 霸天下之孫中葉之主, 其志驕, 其材弱, 條教法律席其祖宗之余怒必深, 作踐人民之權利, 操縱人民之生活, 嵩高其身而蟻其民, 民乃詛誹憤怒, 欲忍不得, 欲制不能, 激而爲無意識之運動, 而斯時之王猶能以兵力鎮定之. 壓制益益劇, 詛誹憤怒益益繁, 斯民愁慘陰郁之氣, 上通於天, 天不之直. 下之於地, 地不之理, 神號鬼哭, 革命乃起於斯時也. 自由! 自由之聲遍於國中. 倒專制, 殺貴族之名詞轟於四境. 不出代議, 士不納租稅. 君主謀反, 君主大逆不道之恒言, 且通播於世界. 國民爭以其無量數之腦血, 淚血, 頸血染紅革命之旗幟, 雖不能以大蹂大膊, 千裏一赤, 而十步之內, 劍花彈雨, 浴血相望, 八騶萬乘, 殺之有如屠狗, 斷脰抉目, 一瞑不視, 追捕亡命, 蹈死如飴. 此亦專制政體之毒焰, 欲肆其意的, 而還以自蒸者也. 東方有專制國焉, 中國是也. 西方有專制國焉, 經十八世紀之反動, 壽命不長, 劫灰已燼. 今存者, 惟俄羅斯而已, 夫專制政體壽命之長短與國民學問思想之程度作反比例.”; “虛無黨何也? 自由之神也, 革命之急先鋒也, 專制政體之敵也. … 堅忍淩厲斯拉夫民族, 饕慕自由, 渴望國利民福而不可得, 宜其憤懣激烈 … 死黨遍地, 刺客成群, 入彼得堡之都, 號鶴𤕤龍樓, 不啻赤羅之殿也, 豹尾羽扇, 不啻刀山劍樹之叢也. 夫彼其於同胞同種國王, 徒以不布憲法, 不自由而乃極端反動,至於殺君戕吏而猶不止也. 念及此, 而吾國民其無容身之地矣! 其無而目見五大洲之人矣? 吾譯虛無黨, 吾願吾國民知其所奮也."; "吾心動, 吾血憤, 吾膽壯, 吾氣豪, 吾敢大聲急呼以迎此潮流而祝曰: 殺盡專制者, 非此潮流蕩薄之聲."

50.『가인소전(迦茵小傳)』—근대 중국의 베스트셀러 통속 소설

1. 「題詞'積雨臥病讀琴南迦茵小傳有感'」, 『迦茵小傳』, 商務印書館, 1981年, p.2. "會得言情頭已白, 撚髭想見獨沈吟."
2. 郭沫若, 『少年時代』, 人民文學出版社, 1979年, p.126
3. 曾小逸主編, 『走向世界文學』, 湖南人民出版社, 1985年, p.327
4. 閻折梧, 『中國現代話劇教育史稿』, 華東師範大學出版社, 1986年, pp.10-11
5. 陳源, 『西瀅閑話』, 新月書店, 1931年, p.57
6. 해거드 소설과 및 평가, 그리고 중국에 전래된 후의 엄청난 영향에 관해서는 다음의 졸문을 참고하시오. 「接受環境對翻譯原本選擇的影響—林譯哈葛德小說的一个分析」, 《復旦學報》 1991年, 第三期

51.『혈사(血史)』—유혈이 낭자하던 '암살시대'에 등장한 피로 쓴 역사

1. 蔣俊 · 李興芝, 『中國近代的無政府主義思潮』, 山東人民出版社 1990年, p.26. "虛無黨, 虛無黨, 我愛你, 我崇拜你, 你們所作的事業磊磊落落, 能殺那混帳王八蛋的皇帝, 能打救那一般受苦的兄弟姐妹, 無一件不驚天動地 … 我久想見見你們, 和你們談談, 我好領教一切, 學學你們的手段方法, 我好作個榜樣."
2. 轅孫, 「露西亞虛無黨」, 《江蘇》 第四期, 1903年6月25日. "凡一國之民當晦盲否塞, 沈酣不醒之時, 不挾猛烈之勢行破壞之手段, 以演出一段掀天撼地之活劇, 則國民難得而蘇."; "懷炸彈, 袖匕首, 刦萬乘之尊於五步之內, 以演出一段悲壯之歷史."
3. "是日市民入宮, 以睹王與後之屍, 歡聲雷動, 非唯不哀, 且復唾之, 吊者大悅. 此事誠慘, 而所報極公, 可爲辱國體蔑民權者戒."
4. 孫寶瑄, 『忘山廬日記』, 上海古籍出版社, 1983年, p.854. "其中有善有惡, 有賢有愚, 觀之益使人憤然於社會之不易居, 而重權高位尤蹈危險. 世之皇皇然慕聲利, 圖富貴, 夫亦可以已矣!"; "忘山曰: 天留刺客一種人, 所以警暴君也, 所以誡握勢要而放恣者也."; "(豪傑之士和賢聖之君之被刺)不能不爲社會慟!"

52.『노빈손표류기』—근대 중국인들이 로빈슨에게서 찾고자 한 것은?

1. 費迪曼, 『一生的讀書計劃』, 中譯本, 花城出版社, 1981年, p.89
2. 『宋教仁日記』, 1906年12月31日, 湖南人民出版社, 1980年, p.317

3. 弗洛伊德, 「創作家與白日夢」, 伍蠡甫, 林驤華編, 『現代西方文論選』, 上海譯文出版社, 1983年, p.142

53. 『진보와 빈곤(進步與貧困)』—삼민주의(三民主義) 사상의 배태

1. 陶大鏞, 『亨利 · 喬治經濟思想述評』, 中國社會科學出版社, 1982年, p.10
2. 羅伯特 · 唐斯, 『塑造現代文明的110本書』, 天津人民出版社, 1991年, p.486
3. [美]伯納爾, 『一九○七年以前中國的社會主義思潮』, 丘權政等譯, 福建人民出版社, 1985年, p.40
4. 趙靖, 易蒙虹主編, 『中國近代經濟思想資料選輯』(下), 中華書局, 1982年, p.39. "美人有卓爾基亨利者, 一商輪水手也, 赴舊金山淘金而致富, 創一日報, 鼓吹其生平所抱之主義, 曾著一書名爲《進步與貧困》, 其意以爲世界愈文明, 人類愈貧困, 蓋於經濟學均分之不當, 主張土地公有. 其說風行一時, 爲各國學者所贊同, 其闡發地稅法之理由, 尤爲精確, 遂發生單稅社會主義之一說."

54. 『색슨겁후영웅략(撒克遜劫後英雄略)』—불완전한 번역이 가져다 준 위대한 명성

1. 茅盾, 『我走過的道路』(上), 人民文學出版社, 1981年, p.228
2. 孫寶瑄, 『忘山廬日記』, 上海古籍出版社, 1983年, p.871
3. 郭沫若, 『少年時代』, 人民文學出版社, 1982年, p.114
4. 「魯迅與淸末文壇」, 『周作人散文』(三), 中國廣广播電視出版社, 1992年, p.529
5. 《現代》第二卷, 第二期, 1932年12月1日

55. 『목륵명학(穆勒名學)』—청말 서양 논리학 서적 번역 열풍을 일으키다

1. 楊蔭杭, 『名學 · 凡例』. "推理之學及推理之術 … 學問中之學問, 智門之鍵, 哲理之冠, 智力之眼, 心意之靈藥, 智海之明燈, 眞理發見之技術".
2. 王蘧常, 『嚴幾道年譜』, 商務印書館, 1936年, p.55-56. "開名學會, 講演名學, 一時風靡, 學者聞所未聞."
3. "學問思辨, 皆所以求誠, 正名之事, 不得舍其全而用其偏也."
4. 嚴譯, 『穆勒名學』, 部首, pp.2-3. "本學之所以稱邏輯者, 以如貝根言, 是學爲一切法之法, 一切學之學, 明其爲體之尊, 爲用之廣."
5. 同上, 部乙, p.66. "西學之所以翔實, 天函日啓, 民智滋開, 而一切皆歸於有用者, 正以此耳."
6. 「救亡決論」, 『嚴複集』(一), 中華書局, 1986年, p.45. "一理之明, 一法之立, 必驗之物物事事而皆然, 而後定之爲不易. 其所驗也貴多, 故博大. 其收效也必恒, 故悠久. 其

究極也, 必道通爲一, 左右逢源, 故高明."

7.「原强」,『嚴複集』(一), 中華書局, 1986年, p.29. "而二百年學運昌明, 則又不得不以柏庚氏之摧陷廓清之功爲稱首."

8.「就論理學駁新民叢報論革命之謬」,『朱執信集』, 中華書局, 1979年, p.70. "中國則自明李氏譯《名理探》始, 暨艾氏譯《辨學啓蒙》, 皆不行於世. 嚴氏譯《名學》後, 世乃知有一科學, 爲思之法則爾."

9.『蔡元培全集』, 第五卷, 中華書局, 1988, pp.71-72. "當明, 清之間, 基督教士嘗譯有辨學, 是爲歐洲邏輯輸入中國之始. 其後, 侯官嚴幾道先生, 始竭力提倡斯學, 譯有《穆勒名學》與耶方斯《名學淺說》, 於是吾國人之未習西文者, 頗能窺邏輯之一斑."

10. 包天笑,『釧影樓回憶錄』, 香港大華出版社, 1971年, pp.228-229. "但這種學問, 到底是屬於深奧的學問, 盡有許多人, 即使聽了也莫明其妙. 坦白說一句話, 我是校對過《穆勒名學》一書的人, 我也仍似淵明所說的不求甚解. 所以這次來聽講的人, 我知道他們不是來聽講, 只是來看看嚴又陵, 隨衆附和趨於時髦而已."

11. 張君勵語, 賀麟,「嚴復的翻譯」,『論嚴復與嚴譯名著』, 商務印書館, 1982年, p.33. "好以中國舊觀念, 譯西洋新思想."

12.『1919-1949 中國近代文學論文集』(概論 · 詩文集), 中國社會科學出版社, 1988年, p.129. "如侯官嚴氏所譯之《名學》, 古則古矣, 其如意義之不能了然何? 以吾輩稍知外國語者觀之, 毋寧乎穆勒原書之爲快也."

13.《中國哲學》第二輯. "當時很負盛名, 可是能讀的人竝不多."

14.『新民學會資料』, 人民出版社, 1980年, p.120. "我自信我於後三者的錯誤尙少, 惟感情一項, 頗不能免. … 我於後三者於說話高興時或激烈時也時常錯誤, 不過自己卻知道是錯誤, 所謂明知故犯罷了."

15. 高路,「毛澤東與邏輯學」,『毛澤東的讀書生活』, 三聯書店, 1986年, pp.115-147

16. 郭湛波,『近三十年中國思想史』, 北平大北書局, 1935年, pp.203-204. "形式論理學始盛行於中國, 各大學有論理學一課, … 論理學始風行國內, 一方學校設爲課程, 一方學者用爲致學方法."

56.『치한기마가(痴漢騎馬歌)』—중국 전통 시가 형식으로 풀어낸 서양시

1.「托爾斯泰與辜鴻銘書」, 味荔譯,《東方雜志》第二十五卷, 第十九號. "在我們的時代, 在人類的生活當中正發生一個重大的轉變, 而在這個轉變中, 中國將領導著東方民族, 起著巨大的作用."

2.《福建文史資料》第五輯

3.《人間世》, 1935年第五期

4.『中國近代文學大系 · 翻譯文學集』導言, 上海書店 1990年, pp.11-12
5.『伍光建翻譯遺稿』, 人民文學出版社, 1980年, p.3
6. 王森然,『近代二十家評傳』, 書目文獻出版社, 1987年, p.101
7.『中國近代文學大系 · 翻譯文學集』導言, 上海書店, 1990年, p.11-12
8. 臺北《聯合文學》三十一期, 1987年5月1日

57.『요괴학강의록(妖怪學講義錄)』—서양철학 전래를 위한 길을 닦다
1.「初印妖怪學講義總論序」,『妖怪學講義錄總論』, 商務印書館, 1920年. "甚見重於其國人, 甚有益於其民俗."
2. 郭烙,《雁來紅叢報》,『辛亥革命時期期刊介紹』, 人民出版社, 1983年, p.256
3. "煌煌巨册, 其精思名論, 令余欽佩崇拜, 不可名狀. 且余讀是書時, 學問上之智識已略進, 稍知心理學及生物學之門徑, 自覺宇宙間之名理, 匯集胸次, 使余心汪洋於其間, 而發見一不可思議之眞怪, 覺哲學上之所謂元, 心理學之所爲實體, 宗教家之所謂天地神佛, 眞如法性, 清談家, 性理家之所稱爲無名, 爲無極, 無一非此眞怪之記號. 即物理學之所謂質力, 生理學之所謂生命, 心理學之所謂心靈, 亦無非眞怪之一方面之一支脈. 而一切所謂物理, 生理, 心理等之理雲者, 乃皆此眞怪之產物."
4. 江紹原,『中國禮俗迷信』, 渤海灣出版公司, 1989年, p.10
5. 張東蓀,「文哲月刊發刊詞」,《文哲月刊》第一卷, 第一期. 1935年10月. "足以代表那個時代中國人對於哲學的態度, 這是西方哲學初到東方來的應有的現象."

58.『부장록(拊掌錄)』—'서양 유머'가 중국과 만났을 때
1. 林譯,『拊掌錄』, 嚴既澄校注,「導言」, 商務印書館, 1925年
2. 蔣瑞藻,『小說考證』, 上海古籍出版社, 1984年, p.565
3. 馮亦代,『龍套集』, 三聯書店, 1984年, p.158
4.『胡適文存二集』, 亞東圖書館, 1924年, 第二册, pp.118-121
5. 陳平原,『中國小說敘事模式的轉變』, 上海人民出版社, 1988年, p.184

59.『일본법규대전(日本法規大全)』—서양 법률 전래의 교량
1.『日本法規大全 · 沈寄簃序』. "欲明西法之宗旨, 必研究西人之學, 尤必編譯西人之書."; "欲取歐美之法典而盡譯之, 無論譯者之難, 其人且其書汗牛充棟, 亦譯不勝譯, 日本則我同洲同種同文之國也, 譯和文又非若西文之難也."
2.「譯書」,『變法通義』三之七,《時務報》第廿七册, 1897年5月22日. "日本法規之書, 至詳至悉, 皆因西人之成法而損益焉也."

3. 『日本法規大全 · 張元濟序』. "我國變法不能無所師求, 師莫若日本. 法律之學, 探本窮原, 非一朝夕之事, 欲亟得師, 莫若多譯東文書, 先條件而後理論."
4. 멍선(孟森)의 번역활동에 관해서는 「孟森—近代值得一書的編輯與翻譯家」, 《江蘇出版史志》 1992年第二期 참조
5. 『日本法規大全 · 張元濟序』
6. 《東方雜志》 1909年, 第三期. "此書於日本官制, 教育, 財政, 武備, 巡警等事言之綦詳, 且係同洲同文同種之國, 尤足爲我官紳士庶參考之用. … 兩江總督端制軍訂購二百部頒發寧, 蘇兩屬, 竝飭皖, 贛兩藩司備價各購二百部, 一律頒發以爲政界參考之助."
7. "日本立國初取法於我國, 近數十年始采歐美法而會通之, 而利用之, 遂與列强稱伯仲. 然而較歐美之法尚未定其優絀何如, 特其法規之精神在適合日本之用, 不沾沾與歐美形似, 是則可稱者矣. … 是書於日本各法幾無不備, 而首列憲法, 不可謂非政法專門之書, 然使泥是書以言法有法規之形, 似無法規之精神, 是又類於刻舟求劍矣. 有志之士得是書以先研究而又讀歐美群籍, 薈萃以成專門之學, 斟酌損益, 會通而利用之, 期合於我國之用."

60. 『협은기(俠隱記)』—서양의 무협 소설
1. 『胡適譯短篇小說』, 岳麓書社, 1987年, p.188
2. 『胡適譯短篇小說』, 岳麓書社, 1987年, p.196
3. 『伍光建翻譯遺稿』, 人民文學出版社, 1980年, p.3
4. 寒光, 『林琴南』, 中華書局, 1935年, p.28
5. 王森然, 『近代二十家評傳』, 書目文獻出版社, 1987年, p.101
6. 茅盾, 「伍譯的'俠隱記'和'浮華世界'」, 『茅盾文藝雜論集』(上), 上海文藝出版社, 1981年, pp.416-417
7. 李賦寧, 「談談外語學習和翻譯」, 《翻譯通訊》 1983年第一期

61. 『불여귀(不如歸)』—국치와 치정 이 얽힌 비정소설의 걸작
1. [日] 小田切進, 『日本的名作』, 山人譯, 福建人民出版社, 1984年, p.23
2. 《北京大學日刊》 第141號-第152號, 1918年5月20日-6月1日; 張明高, 範橋編『周作人散文』, 第三集, 中國廣播電視出版社, 1992年, p.189
3. 《小說月報》 第二年, 第三期, 1911年
4. 蔣瑞藻, 『小說考證』, 上海古籍出版社, 1984年, p.749
5. 『五四運動回憶錄』, 中國社會科學出版社, 1979年, p.970

6. 汪原放,『回憶亞東圖書館』, 學林出版社, 1983年, p.174

62.『고아유랑기(苦兒流浪記)』와『고아노력기(苦兒努力記)』—중국 청소년들의 독립성과 창조성을 북돋아주다

1. 包天笑,『釧影樓回憶錄』, 大華出版社, 1971年, p.385
2. 天笑生述,『慧琴小傳』, 須彌,「校讀後記」, 國學書室, 1925年
3. 同上
4.『苦兒努力記』, 莫奈德著, 林雪清, 章衣萍譯, 上海兒童書局, 1933年,「本書的總評」

63.『윤리학원리』—마오쩌둥에게 지대한 영향을 미친 윤리학 번역서

1. 高菊村等著『青年毛澤東』, 中共黨史資料出版社, 1990年, p.14.『윤리학원리』의 평어 전문은『毛澤東早期文稿』, 湖南出版社, 1990年에 실려 있다.
2.『西行漫記』, 董樂山譯, 三聯書店, 1979年, p.122
3. 石玉山,『毛澤董怎樣讀書』, 中國大百科全書出版社, 1991年, p.51
4. 周世釗,「毛主席青年時期的幾個故事」,《新苗》1958年, 第10期
5.『西行漫記』, p.122
6. 汪澎白, 張愼恒『毛澤東早期哲學思想探原』, 中國社會科學出版社, 湖南人民出版社, 1983年, p.70
7. 李銳,『毛澤東的早期革命活動』, 湖南人民出版社, 1980年, p.108

64.『과학관리원리(科學管理原理)』—과학관리 분야의 불후의 저작

1. [美]克勞德 · 小喬治,『管理思想史』, 商務印書館, 1985年
2. [美]丹尼爾 · A.雷恩,『管理思想的演變』, 中國社會科學出版社, 1986年, p.158
3.『列寧全集』, 第二十七卷, 人民出版社, 1958年, p.237
4. 무샹웨(穆湘玥)의 일생에 관해서는『藕初五十自述』, 上海古籍出版社, 1989年 참고
5.『學理管理法』, 譯序. "振興實業之要有三, 一曰原料, 二曰制造, 三曰市場, 三者缺一, 即無以躋國運於隆盛."; "深佩彼邦人士, 於管理上種種方法, 推究入微, 凡有所利, 無不力圖, 凡有所病, 無不力除. 予在此數年研究期中, 更得戴樂爾先生新著之《學理管理法》一卷, 一再披覽, 於以恍焉悟美國實業界管理方法之精進, 實此輩先覺左右指導之功居多."; "此書所載事實, 雖借鋼鐵業發端, 用其道以施之各業, 無不推行盡利. 雖然, 此學理管理法, 豈第適用於改進凡百實業而已, 誠得一般有志改進家, 熟按此書所載方法瑞士, 引伸觸類變通化裁而妙用之, 無論個人與家庭, 社會與國家, 種種事業, 參用此項新管理法, 無不立收奇效."

6.「中國實業失敗之原因及補救方法」,《中華實業界》, 二卷一期
7. 方顯廷,『中國之棉紡織業』, 商務印書館, 1934年, pp.377-378
8. 陳眞, 姚絡合編,『中國近代工業史資料』, 三聯書店, 1958年, 第一輯, p.454
9.《紡織時報》1931年1月15日, 第764號
10. "予營工廠二十年矣, 指臂之助, 職在有司, 而間亦研極其理, 乃有時知其弊之所至與所生, 而處處窮於法, 則於科學固未之學焉耳.";"有管理之責者, 能手此一編."

65.『빌헬름 텔(威廉 · 退爾)』—최초로 중국어로 번역된 실러의 작품
1. 佛雛校輯,『王國維哲學美學論文輯佚』, 華東師範大學出版社, 1993年, p.300. "希爾列爾一生, 以痛苦與危險環繞之, 如深潭之水, 雖波面澄瑩, 而其下則澎湃奔騰, 任蛟龍之相斗."
2. 馬君武譯,『威廉 · 退爾』, 第二劇第二幕
3. 鍾叔河,『書前書後』, 海南出版社, 1992年, p.201. "所演係瑞士國將改民主之前, 有某省總督, 爲人暴虐, 民多不服, 多結黨欲叛. 有某甲善射, 百步之外, 星點能中. 一日甲將持弓箭入黨, 告其妻以打獵, 甲之子年十三歲, 亦隨往. 其省城中某處立有高杆, 上置總督帽, 下有兵卒看守, 凡人過者, 皆須脫帽, 以示恭敬, 否則執以治罪, 甲因過未免冠被執 … 總督謂: '知爾善射, 今賜汝一橘, 令爾子立於百步外, 置其頭上, 射之中則赦爾自主自由, 否當殺之.' … 甲乃跪天禱告, 旣而箭發中橘, 官民見之, 齊聲稱賀. 搜其身, 另得一箭. 問: '以此箭何用?' 甲云: '君傷吾子, 備此以射汝者'";"自教育之見地觀之, 則世界之讀其著作者, 實受其深遠廣博之感仕";"莫不含有道德的教育的旨趣者. 其二十五歲時著一論, 謂劇場教育之勢力不亞於學校. 所著九種曲, 今各國中學之教會之精神, 灌輸於後世少年者也. 就中如《瑞士義民傳》, 德國學生莫不熟讀暗記."
4. 佛雛校輯,『王國維哲學美學論文輯佚』, 華東師範大學出版社, 1993年, p.259
5.『席勒與中國』, 四川文藝出版社, 1989年, p.283
6.『田漢論創作』, 上海文藝出版社, 1983年, p.374
7.『席勒與中國』, 四川文藝出版社, 1989年, p.32
8. 馬君武譯,『威廉 · 退爾』, 第二劇第二幕. "吾欲譯歐洲戲曲久矣, 每未得閑. 今來居瑞士之寧茫湖邊, 感於其地方之文明, 人民之自由, 到處瞻仰威廉退爾之遺像, 爲譯此曲.";"此雖戲曲乎, 實可作瑞士開國史讀也. 予固非善哭者, 不審吾國人讀此書, 具何種感覺耳.";"吾儕爲古昔瑞士人之正係, 每能保障自由, 不屈膝於王侯, 而自擇某主.";"暴主之威力, 亦有界限. 苛政至無可忍受之時, 當禱諸上帝, 恢復吾民無限之權利耳. 如明星之燦爛, 不可毁滅. 吾民古昔之地位, 終來復耳. 刀劍爲最後之手段,

吾儕持此而前, 以捍衛吾儕之財產, 以捍衛吾儕之妻兒."
9. 阿英, 『晩清文學叢鈔 · 域外文學譯文卷』敘例, 中華書局, 1961年
10. 『席勒與中國』, 四川文藝出版社, 1989年, p.18

66. 『홈즈 탐정 전집(福爾摩斯偵探案全集)』—중국 탐정 소설가들의 요람이 된 위대한 저작

1. 阿英, 『晩淸小說史』, 人民文學出版社, 1980年, p.186
2. 孫寶瑄, 『忘山廬日記』, 上海古籍出版社, 1983年, pp.742-743. "吞吐風雅, 用字猶謹, 足證爲飽學之士"; "其情節往往離奇淑詭, 使人無思索處, 而包探家窮究之能力有出意外者, 然一說破, 亦合情理之常."
3. 《新民叢報》五十五號, 1904年
4. 陳熙績, 「歇洛克奇案開場」敘, 薛綏之, 張俊才編『林紓研究資料』, 福建人民出版社, 1982年, p.134
5. 「劉半農及其譯刊的'福爾摩斯偵探案全集'」, 《江蘇出版史志》 1992年第一期
6. 청샤오칭(程小青)의 탐정소설 창작과 번역에 관해서는 鄭逸梅「程小青」(《小品大觀》); 範伯群「論程小青的'霍桑探案'」(《江海學刊》 1985年, 第六期); 程小青「我和世界書局的關系」(《出版史料》 1987年, 第二期) 참조
7. 鄭振鐸, 「林琴南先生」, 《小說月報》 第十五卷, 第十一號
8. 『魯迅全集』第五卷, 人民文學出版社, 1973年, p.54. "是只能當醉飽之後, 在發脹的身體上搔搔癢的."
9. 《清末小說硏究》二至四期(1980年), 日本淸末小說硏究會
10. 《紅玫瑰》 1929年, 五卷十一至十二期
11. 周一良, 『中日文化關系史論』, 江西人民出版社, 1990年, p.74
12. 陳平原, 『中國小說敘事模式的轉變』, 上海人民出版社, 1988年, p.49

67. 「라 마르세예즈(馬賽曲)」—중국에 울려 퍼진 프랑스 민중의 혁명가

1. 《詩刊》 1959年, 第三期

68. 『인형의 집(玩偶之家)』—중국 작가가 묘사한 여성 해방 운동의 선구자 '노라'

1. 令飛, 「摩羅詩力說」, 《河南》 第二至第三期, 1908年2月1日, 3月5日
2. 鏡若口述, 叔鸞達旨「伊蒲生之劇」, 《徘優雜志》 第一期, 1914年9月20日
3. 石三友, 『金陵野史』, 江蘇人民出版社, 1985年, pp.455-456
4. 『阿英文集』, 三聯書店, 1981年, p.741

5.《文學周報》第一七六期

6. 高利克,『中西文學關系的里程碑』, 伍曉明等譯, 北京大學出版社, 1990年, p.131-132

7.『中國新文學大系 · 建設理論集』導言, 上海良友圖書公司, 1935年

8. 聞一多,「戲劇的歧途」, 載余上元編,『國劇運動』, 新月書店, 1927年, p.55

9. 余上元,『國劇運動 · 序』, 新月書店, 1927年, p3

10.《文潮月刊》四卷五期

11.『三葉集』, 亞東圖書館, 1920年, pp.80-81

12.「戲劇協社片斷」, 田漢編『中國話劇運動五十年史料集』, 中國戲劇出版社, 1958年, p.109

13.『在東西方文化碰撞中』, 浙江文藝出版社, 1987年, p.242

14. 向培良,『中國戲劇概評』, 上海泰東書局, 1928年

15. 曾小逸主編,『走向世界文學』, 湖南人民出版社, 1985年, P.634

16.《新月月刊》第一卷, 第三號

17.「墳 · 娜拉走後怎樣」,『魯迅全集』第一卷, 人民文學出版社, 1961年, p.269

69. 듀이 강연록(杜威演講錄)—신문화 운동의 기폭제가 된 실용주의 철학자의 외침

1. 胡適,「杜威在中國」, 葛懋春, 李興芝編,『胡適哲學思想資料選』(上), 華東師大出版社, 1981年, pp.554-558

2.『杜威在閩講演錄』, 福建教育庭印行

3. 周策縱,『五四運動史』, 明報出版社, 中譯本, p.321

4. 劉光熹,「劉伯明傳」,『金陵大學建校一百周年紀念册』, 南京大學出版社, 1985年

5. 胡適,「杜威先生與中國」, 1921年 7月《民國日報》副刊《覺悟》

6.『杜威在閩講演錄』, 福建教育庭印行

7.『杜威在華演講集』凡例, 新學社, 1919年

8. 胡適,「杜威在中國」,『胡適哲學思想資料選』(上), p.560

9. 丁守和, 殷敘彝,『從五四啓蒙運動到馬克思主義的傳播』, 三聯書店, 1979年, p.235

10. 黃見德等著,『西方哲學東漸史』, 武漢出版社, 1990年, p.266

70.『다윈의 종의 기원(達爾文物種原始)』—중국을 강타한 다윈 진화론의 소개와 수용

1.「達爾文自傳」,『物種起源』, 謝蘊貞譯, 科學出版社, 1955年, p.406

2. [美] 羅伯待 · 唐斯,『影響世界歷史的16本書』, 纓軍編譯, 上海文化出版社, 1986年, pp.90-97

3. "咸豐九年, 達氏著書以明此理, 名曰《物類推原》, 意深詞達, 各國爭譯而廣傳之."

4. "迨一千八百零九年, 而達文生焉. … 一千八百五十九年, 特著一書論萬物分種類之根源, 竝論萬物强存弱滅之理. 其大旨謂, 凡植物, 動物之種類, 時有變遷, 竝非締造至今一成不變. 其動植之不合宜者, 漸漸澌滅, 其合宜者, 得以永存, 此爲天道自然之理. 但其說與那蘇之旨相反, 故各國儒士, 均不服其言. 初時辯駁蜂起, 今則佩服者漸多, 而格致之學從此大爲改變. 此亦可謂千秋崛起之人也."
5. "達文明動植之學, 有《動植原》一書, 明自然之用, 宏旨若中國老子."
6. 陳兼善, 嚴旣澄語. 盧繼傳『進化論的過去與現在』, 科學出版社, 1980年, p.91
7. "全書發明物競天擇及植物爭存互相關係之理, 竝引美非二洲各種動植物之競爭生存以爲證據, 且戒物勿懼天戰, 以恒自强救種之滅, 立言可謂透徹矣."; "自嚴氏譯《天演論》出, 學者始知天擇物競之理, 惜語焉未詳. 自達氏《天擇》,《物競》諸篇出, 而全世界學術政治面目一變."; "分十二章, 發明天擇生新種致滅種之情狀, 特性, 分歧, 生物構造之程度, 而以動植物實驗爲比例, 使人知滅種之可懼, 而優劣勝敗之說爲可信也. 所附滅絶各圖, 亦足以資借證."
8. "以天演淘汰爲萬物公理, 而以天擇物競爲優勝劣敗之原故, 詳考物種生殖變異各理, 而征以博物家之實驗. 卷首列新派生物學小史及緒言各一篇, 其論家畜變異, 自然變異, 物競天擇變異之例凡五章. 蓋原書之第一卷也"; "譯筆條暢可讀, 惜多枝詞, 能删汰之則成完璧."
9. "所以不憚煩以爲此者, 蓋以補予少年時之過. 且此書爲全世界文明國所盡翻譯, 吾國今既不能不爲文明國, 爲國家體面之故, 亦不可無此書譯本. 予固知自民國成立以來, 國人墮落, 不復讀書, 然國人終有悔過讀書之一日, 此等重要書類, 誠有四五十種流行國內, 國民之思想, 或起大變化歟."
10. 류원뎬(劉文典)의 진화론 관련 역서에 대해서는 졸문「關於劉文典生平的一點補充—談談劉文典的進化論譯著」,《安徽史學》1991年第四期 참조
11. 長虹,『走到出版界』, 泰東圖書局, 1929年, p.14

71.『창조진화론(創化論)』—중국 문화의 생명충동을 찾아서

1. 賀麟,『現代西方哲學講演集』, 上海人民出版社, 1984年, p.21
2. [美]威爾 · 杜蘭特,『哲學的故事』, 朱安等譯, 文化藝術出版社, 1991年, p.468
3.『蔡元培全集』(四), 中華書局, 1984年, pp.361-362
4.『李大釗文集』(上), 人民出版社, 1984年, p.148
5. 梁啓超,「歐遊心影錄節錄」,『飮冰室專集』之二十三, 中華書局, 1936年, pp.17-18
6.『三葉集』, 亞東圖書館, 1920年, p.57

72.『공산당선언(共産黨宣言)』—초기 발췌본, 요약본과 완역본을 둘러싼 의문

1. 恩格斯,「1888年英文版序言」,『馬克思恩格斯選集』(一), 人民出版社, 1972年, p.236
2.《譯書彙編》1901年第十一期
3.《書林》1989年, 第二期
4.「社會主義商榷案」,《社會》1911年11月, 第一期
5. "今日社會主義之學說, 磅礴郁積, 社會黨之勢力澎湃彌蔓, 能使全世界大多數之人類均棲息於是旗幟之下, 又使自有歷史以來之富豪家族垂足而立, 側目而視, 致此者誰乎? 德之馬爾克也."
6.《每周評論》1919年 4月 6日, 第十六號
7. 許德珩,「五四運動六十周年」,『五四運動回憶錄』(續集), 中國社會科學出版社, 1979年, p.47
8. 曲直編,『歷史大潮中的毛澤東』, 人民中國出版社, 1992年, p.33
9. 羅章龍,「回憶北京大學馬克思學說硏究會」,『五四運動回憶錄』(上), 中國社會科學出版社, 1979年, p.415
10. 李維漢,「回憶新民學會」, 同上, p.113
11. 鄧明以,「五四時期的陳望道同志」,『五四運動回憶錄』(續集), 中國社會科學出版社, 1979年, p.276;『民國人物傳』(四), 中華書局, 1984年, p.290
12.《上海灘》1991年, 第一期
13.「"我活著一天, 就要爲黨工作一天"—訪陳望道教授」,《中國新聞》1973年9月17日, 六九○四期
14.『沿着馬克思的理論道路前進』, 上海人民出版社, 1983年, p.319
15.《出版史料》1987年, 第二期
16. 葉永烈,「秘密黨員陳望道」,《上海灘》1991年, 第一期
17. 魯迅硏究資料編輯部編,『魯迅硏究資料』第一輯, 文物出版社 1976年, pp.299-300
18. 復旦大學等編,『魯迅年譜』(上), 安徽人民出版社, 1979年, p.170; 魯迅博物館編,『魯迅年譜』(二), 人民文學出版社, 1983年, pp.22-23; 薛綏之主編,『魯迅生平史料彙編』(三), 天津人民出版社, 1983年, p.460

73.『호조론(互助論)』—중국적 무정부주의의 발판이 되다

1.《天義報》十六至十九卷合册. "以爲仰觀太空, 俯察物衆, 近取諸身, 遠取諸物, 均由各體互相結合, 以成自然之調和, 彼此調和, 斯成秩序. 援引各例, 以證人類之互助. 復援引歷史, 以爲人類社會生活, 在國家生活之先. 近日以來, 自由結社之風, 遍於世界, 由是而進, 即能以社會代國家. 而其要歸之旨, 則在於實行互相扶助."

2. “是書首言動物之互助, 次言野蠻人與半開化人之互助, 終言今人之互助, 克氏引生物之科學, 以證據人類之社會, 張‘開思力’(俄動物學大家)互助爲進化大因之說, 補‘達爾文’生存競爭之缺, 此實一科學之新理, 社會之精義也.”

3. 『蔡元培全集』(四), 中華書局, 1984年, p.354

4. 「續無政府說」,《新世紀》第三十六號, 1908年2月29日, 1947年上海世界工廠重印本. “人謂世界無競爭, 則無進步, 吾更言曰: 無互助, 則更無進步”; “所以賴以生存, 生存而有進步者, 在互助而不在競爭也”; “獸與人較, 則獸之競爭長於人, 其互助消於人. 野蠻人與文明人較, 則文明人之互助高於野蠻人, 其競爭低於野蠻人, 此不易之理也.”

5. 《民聲》第十一號, 1914年5月23日. “至克魯泡特金先生更以生物學證明‘互助爲進化之母’之原則, 謂生物之集而成群, 必相互扶助乃能生存. 所謂‘適者生存’一語, 即能互助者能生存之謂, 而指出赫胥黎優勝劣敗說之謬, 且證明達爾文學說原意竝無優勝劣敗之論, 自是天演學中乃辟一新紀元.”

6. 「張元濟與共學社」,《檔案與歷史》1986年, 第四期

7. 《少年中國》第二卷, 第五期. “世界的未來, 不應歸於個人主義的無政府主義, 乃應歸於共存互助的社會主義.”

8. 《新青年》第三卷, 第一號, 1917年2月19日; 『陳獨秀書信集』, 新華出版社, 1987年, p.102. “乃於生物進化史中, 求得互助者始能生存之一公例, 以駁達氏物競之義. 其書廣列證據, 不尚空論. 今日持人道主義者, 多宗之.”

9. 『蔡元培全集』(三), 中華書局, 1984年, p.216

10. “人類之進化, 競爭與互助, 二者不可缺一, 猶車之兩輪, 鳥之雙翼, 其目的仍不外自我之生存與進步, 特其間境地有差別, 界限有廣狹耳. 克, 達二氏各見眞理之一面, 合二氏之書, 始足說明萬物始終進化之理.”

11. 『李大釗全集』(下), 人民出版社, 1984年, p.16. “我們試一翻克魯泡特金的《互助論》, 必可曉得‘由人類以至禽獸都有他的生存權, 依協和與友誼的精神構成社會本身的法則’的道理. … 人類應該相愛互助, 可能依互助而生存, 而進化, 不可依戰爭而生存, 不能依戰爭而進化.”

12. 《湘江評論》, 第二三四期. “聯合以後的行動, 有一派很激烈的, 就用‘即以其人之道, 還治其人之身’的辦法, 同他們(指貴族資本家)拼命的倒擔. 這一派的首領, 是一個生在德國的叫做馬克思. 一派是較爲溫和的, 不想急於見效, 先從平民的了解入手, 人人要有互助的道德, 和自願工作, 貴族資本家只要他回心向善, 能夠工作, 能夠助人而不害人, 也不必殺他. 這派人的意思, 更廣, 更深遠. 他們要聯合地球做一國, 聯合人類做一家, 和樂親善—不是日本的親善—共臻盛世. 這一派的首領, 爲一個生

於俄國的叫克魯泡特金."

13.《互助》第一期, 1920年10月. "夫智仁勇之者, 一貫之德也. 研究以廣其智, 實行以增其勇, 於以求仁. 若同人之駑鈍者, 其將來固未可知, 然其爲庶幾可以得仁之道, 則可斷言矣."

14. "無政府共產主義者何? 主張廢除資本制度, 改造爲共產社會, 且不用政府統治者也."; "(無政府)以反對强權爲要義, 故現社會凡含有强權性質之惡制度, 吾黨一切排除之, 本自由平等博愛之眞精神, 以達於吾人所理想之無地主, 無資本家, 無寄生者, 無首領, 無官吏, 無代表, 無家長, 無軍隊, 無監獄, 無警察, 無裁判所, 無法律, 無宗教, 無婚姻制度之社會. 斯時也, 社會上惟有自由, 惟有互助之大義, 惟有工作之幸樂."

74.『임멘 호수(茵夢湖)』—5 · 4 시기 중국 청년들의 감정생활에 대한 관조

1. 楊武能編,『席勒與中國』, 四川文藝出版社, 1989年, p.38
2. 『學生時代』, 人民文學出版社, 1979年, pp.85-86
3. 『外語教育往事談』, 上海外語教育出版社, 1988年, p.230
4. 斯托姆著,『遲開的薔薇』, 巴金譯後記, 文化生活出版社, 1943年, p.92

75.『이상한 나라의 앨리스(阿麗思漫游奇境記)』—근대 중국의 성인 동화

1. 費迪曼,『一生的讀書計劃』, 中譯本, 花城出版社, 1981年, p.115
2. 曾小逸主編,『走向世界文學』, 湖南人民出版社, 1985年, p.297
3. 鄭振鐸, 博東華編,『我與文學』, 生活書店, 1934年, pp.105-107
4. 葉靈風,『讀書隨筆』(二), 三聯書店, 1988年, pp.389-390
5. 『知堂書話』, 岳麓書社, 1986年, pp.1-4
6. 費迪曼,『一生的讀書計劃』, 中譯本, 花城出版社, 1981年, pp.114-116

76.『상대론천석(相對論淺釋)』—제자가 직접 번역한 아인슈타인의 신 세계관

1. 『紀念五四運動六十周年學術討論會論文選』(三), 中國社會科學出版社, 1980年, p.378
2. 胡大年,『愛因斯坦在中國』, 上海世紀出版集團 · 上海科技教育出版社, 2006年, p.98
3. 陳原,「胡喬木同志與商務印書館」,『商務印書館館史資料』之四十九, 1992年10月7日
4. 「北大學行愛斯坦學說公開演講」,《北京大學日刊》第1112號, 1922年11月20日,『蔡元培全集』(四), 中華書局, 1984年, p.282

5.『學生時代』, 人民文學出版社, 1979年, p.177

6. 長虹,『走到出版界』, 泰東圖書局, 1929年, p.14, 37

77.『젊은 베르테르의 슬픔(少年維特之煩惱)』—중국 청년들에게 영감의 원천이 된 강렬한 감상(感傷)

1.「關於歌德作品初期的中譯」,『阿英文集』, 三聯書店, 1981年, pp.754-755. "此書既出, 大博世人之愛賞, 批評家爭爲懇切之批評, 翻譯家無不熱心從事於翻譯, 而卑怯之文學者, 爭勉而模仿之. 當時之文學界, 竟釀成一種烏陸特陸之流行病. 且青年血氣之輩, 因此書而動其感情以自殺者不少. 可特氏之勢力, 不亦偉哉！"

2. "果次爲德國學士巨擘, 生於乾隆十四年, 十五歲入來伯吸士書院, 未能卒業. 往士他拉白希習律, 兼習化學, 骨骼學三年. 考充律師, 著《完舍》書."

3.《抖擻》1982年, 一月號

4. "貴特爲德國空前絕後一大文豪, 吾國稍讀西籍者皆知之. 而《威特之怨》一書, 實其自紹介社會之最初傑著也."

5. 馬立安 · 高利克著,『中西文學關系的里程碑』, 伍曉明等譯, 北京大學出版社, 1990年, p.120

6. 賈植芳主編『中國現代文學的主潮』, 復旦大學出版社, 1990年, p.89

7. 葉靈風『讀書隨筆』(二), 三聯書店, 1988年, pp.422-425

8. 曹雪松改編,『少年維特之煩惱』四幕悲劇序言, 泰東圖書局, 1928年

9. [美] 柳無忌,『西洋文學硏究』, 中國友誼出版公司, 1985年, p.191, pp.196-197

10.『蔡元培全集』第六卷, 中華書局, 1988年, p.62, 90

11. 馬立安 · 高利克著『中西文學關系的里程碑』, 伍曉明等譯, 北京大學出版社, 1990年, pp.122-123

78.『살로메(莎樂美)』—신낭만주의의 작가 오스카 와일드 와 중국의 '살로메 문화'살로메 문화'

1.《出版史料》, 1991年第二期

2.『莎樂美』, 胡雙歌譯序, 星群出版公司, 1946年

3. 朱湘,『中書集』, 生活書店, 1937年, pp.413-414

4.『行年四十』, 商務印書館 1945年

5.『袁昌英散文選集』, 百花文藝出版社, 1991年, pp.26-31

79. 『차라투스트라는 이렇게 말했다(査拉圖斯特拉如是說)』—반전통과 우상파괴의 정신적 무기가 된 초인철학

1. 尼采著, 『瞧！這個人』, 劉崎譯, 中國和平出版社, 1986年, p.3
2. 「察拉圖斯忒拉的序言」, 『魯迅全集』, 第十卷, 人民文學出版社, 1981年, pp.439-441
3. 「'硬譯'與'文學的階級性'」, 『魯迅全集』, 第四卷, 人民文學出版社, 1981年, p.211
4. 《民鐸》 第二卷, 第一號, '尼采號', 1922年12月1日
5. 徐譯, 『蘇魯支如是說』前言
6. 林同濟, 『從叔本華到尼采』序言, 大東書局, 1946年
7. 『沫若文集』第七卷, 人民文學出版社, 1958年, pp.261-262
8. 孫伏園, 『魯迅先生二三事』, 作家書屋, 1945年, p.72
9. 『魯迅全集』第一卷, 人民文學出版社, 1961年, p.407
10. 傅斯年, 「隨感錄」, 《新潮》 第一卷, 第五期
11. 矛盾, 「尼采的學說」, 《學生雜志》 1920年, 第1號
12. 胡從經, 『榛莽集』, 海峽文藝出版社, 1988年, pp.13-15
13. 何凝選編, 『魯迅雜感選集』, 青光書局, 1933年, pp.6-7. 허닝(何凝)은 취추바이의 필명임

80. 『고민의 상징(苦悶的象徵)』—정신적 · 사회적 고민을 해결해줄 생명력의 발견

1. 劉柏青, 『魯迅與日本文學』, 吉林大學出版社, 1985年, p.125
2. 孫用, 『魯迅譯文集校讀記』, 湖南人民出版社, 1986年, pp.59-60. "這是一部文藝論, 共分四章, 現經我用照例的拙澀的文章譯出. 印成一本, 內有插畫五幅. 實價五角, 初出之兩星期內(三月七日至二十一日)特價三角五分, 但在此期內, 暫不批發. 北大新潮社代售."
3. 鄭振譯, 傅東華編, 『我與文學』, 生活書店, 1934年, p.262
4. 《中國比較文學》 1985年第一期
5. 許欽文, 『欽文自傳』, 人民文學出版社, 1986年, p.65
6. 荊有麟, 『魯迅回憶』, 上海雜誌公司, 1947年, pp.33-34
7. 『徐懋庸選集』第三卷, 四川人民出版社, 1981年, p.281
8. 《外國文學研究》 1985年第二期
9. 許杰, 『燦口 · 新序』, 上海樂華圖書公司, 1930年
10. 「南腔北調集 · '自選集'自序」, 『魯迅全集』第五卷, 人民文學出版社, 1973年, p.51

81.『쿠오레(愛的教育)』—중국 번역사의 한 페이지를 장식한 위대한 사랑의 외침

1. 王知伊,『開明書店紀事』, 書海出版社, 1991年, p.100
2. 曹聚仁,『我與我的世界』, 人民文學出版社, 1983年, pp.147-148
3.『釧影樓回憶錄』, 香港大華出版社, 1971年, pp.385-387
4. 同上, pp.387-388
5. 巴金,『隨想錄』, 三聯書店, 1987年, p.861
6. 王壽蘭編,『當代文學翻譯百家談』, 北京大學出版社, 1987年, p.56
7.《出版史料》1985年第四期
8. 黃裳,「關於開明的回憶」,『我與開明』, 中國青年出版社, 1985年, p.44
9. 曹聚仁,『我與我的世界』, 人民文學出版社, 1983年, pp.117-148
10. 林海音編,『中國近代作家與作品』, 臺北純文學出版社, 1978年, p.420
11.『我與開明』, 中國青年出版社, 1985年, p.14

82.『파우스트(浮士德)』—중국의 독자를 각성시킨 파우스트의 반항정신

1.《抖擻》1982年, 第一期
2. 程中原,『張聞天與新文學運動』, 江蘇文藝出版社, 1987年, p.38
3. 楊武能,『歌德與中國』, 三聯書店, 1991年, pp.93-94
4.『阿英文集』, 三聯書店, 1981年, p.755
5.「세력불멸론」은 실제로는 1900년 '여름 6월'에 번역되었다. 陳鴻祥,『王國維傳』(人民出版社, 2004年, pp.90-93) 참조
6. 郭沫若,『學生時代』, 人民文學出版社, 1982年, pp.65-66
7. 楊武能,「張聞天論'浮士德'」,《人民日報》1982年3月17日
8.《中國比較文學》1985年第二期, 浙江文藝出版社, 1985年, p.175
9. 鄭振鐸, 博東華編,『我與文學』, 生活書店, 1934年, p.2
10.『周立波文集』第五卷, 上海文藝出版社, 1985年, pp.369-385
11. 郭沫若,『學生時代』, 人民文學出版社, 1979年, pp.67-68
12. 馬立安 · 高利克,『中西文學關系的里程碑』, 伍曉明等譯, 北京大學出版社, 1990年, pp.76-77
13.『文藝論集』, 人民文學出版社, 1979年, pp.9-17

83.『참회록(懺悔錄)』—민국 시기 학자들의 참회 의식

1. 毛姆,『書與你』, 花城出版社, 1981年, p.50
2.『魯迅全集』第八卷, 人民文學出版社, 1981年, p.27

3.『懺悔錄』編後記, 張競生譯, 美的書店, 1928年
4.「寫在第二分册後面」, 沈起予譯,『懺悔錄』, 重慶作家書屋, 1944年
5.「墳 · 論睁了眼看」,『魯迅全集』第一卷, 人民文學出版社, 1961年, p.328, 331
6.「盧騷傳」,「盧騷的思想和他的創作」,『郁達夫文集』第六卷, 花城出版社, 1983年, p.34, 1
7.『三葉集』, 亞東圖書館, 1920年, p.44, pp.58-59
8.『懺悔錄』, 章獨譯序, 商務印書館, 1929年
9.『盧騷懺悔錄』, 汪炳焜小引, 啓明書局, 1936年
10. 費迪曼,『一生的讀書計劃』, 中譯本, 花城出版社, 1981年, pp.215-218

84.『훼멸(毁滅)』—'봉기하는 노예'를 위해 밀수된 '무기'
1.「祝中俄文學之交」,『魯迅全集』第五卷, 人民文學出版社, 1973年, p.55
2.「集外集拾遺 · 三閑書屋校印書籍」,『魯迅全集』第八卷, 人民文學出版社, 1981年, p.446
3.「二心集 · 關於翻譯的通信」,『魯迅全集』第四卷, 人民文學出版社, 1981年, p.385
4.「'潰滅'第二部一至三章譯者附記」(1930年2月8日),『魯迅譯文集』第七卷附錄, pp.458-459
5.『毛澤東選集』第三卷, 人民出版社, 1966年, p.833
6.『翻譯研究論文集』(1894-1949), 外語教學與研究出版社, 1984年, pp.223-224
7. 鄭振鐸 · 傅東華編,『我與文學』, 生活書店, 1934年, pp.212-213
8.《譯林》1992年, 第一期
9.『三十年代在上海的'左聯'作家』下卷, 上海社會科學院出版社, 1988年, pp.396-397
10. 洛蝕文編,『抗戰文藝論集』, 譯報圖書部, 1939年, pp.83-84
11.『周立波文集』第五卷, 上海文藝出版社, 1985年, p.104, pp.447-459

85.『정신분석인론(精神分析引論)』—20세기에 중국 작가들에게 지대한 영향을 끼친 프로이트 학설
1.「孤桐雜誌」, 1927年《甲寅》第一卷, 四十一期
2. 余鳳高,『'心理分析'與中國現代小說』, 中國社會科學出版社, 1987年, p.36
3.『商務印書館九十年』, 商務印書館, 1987年, p.348
4. 余英時,「翻譯與外來觀念」, 康樂, 黃進興主編,『歷史學與社會科學』, 華世出版社, 1981年, p.11
5. 張耀翔,『感覺, 情緒及其他』, 上海人民出版社, 1986年, pp.289-307 ; 潘光旦譯注,

『性心理學』, 三聯書店, 1987年, pp.516-547
6.「批評與夢」,『沫若文集』第十卷, 人民文學出版社, 1959年, p.113
7.「水雲—我怎麽創造故事, 故事怎麽創造我」,《文學創作》, 第一卷, 第四, 五期, 1943年
8.『玉君』, 現代社, 1925年, p.3
9. 于青,『天才奇女—張愛玲』, 花山文藝出版社, 1992年, p.103

86.『철학 이야기(哲學的故事)』—중국인들을 서양철학의 전당으로 이끈 통속 철학사
1.『簡明大不列顚百科全書』中譯本, 第二卷, 中國大百科全書出版社, 1985年, p.707
2.『西方哲學史話』, 書目文獻出版社, 1989年
3.『西方哲學東漸史』, 武漢出版社, 1991年, p.383

87.『교감무술(交感巫術)』—인류학 백과사전,『황금가지』의 초기 중국어 발췌 번역본
1. [美] 羅伯特 · 唐斯,『塑造現代文明的110本書』, 金文英等譯, 天津人民出版社, 1991年, pp.505-506
2.『知堂書話』, 岳麓書社, 1986年, pp.204-208

88.『뉴턴수리(奈端數理)』—70년 만에 완성된 과학 번역의 꿈
1. 閻康年,『牛頓的科學發現與科學思想』, 湖南教育出版社, 1939年, p.268
2. 張靜廬輯注,『中國近代出版史料初編』, 群聯出版社, 1954年, p.14
3. 同上. "此書雖爲西國甚深算學, 而李君亦無不洞明, 且甚心悅, 又常稱贊奈端之才. 此書外另設西國最深算題, 請教李君, 亦無不冰解."
4. "凡體或靜或以平速行直線, 若非外力加之, 則永不變"; "凡動之變與所加之力有比例, 亦準加力之方向"; "凡用力必有相等之反力, 卽二體相與, 用力恒相等, 其方向相反也."
5. 韓琦,「傳教士偉烈亞力在華的傳教活動」,《自然辨證法通訊》1998年第2期
6. 郭洛,「鄭太樸與商務印書館」,『商務印書館九十年』, 商務印書館, 1987年, pp.562-572

89.『대지(大地)』—펄 벅의 눈에 비친 중국의 농촌과 농민
1. 펄 벅의 생애에 관해서는 賽珍珠,『我的中國世界』, 尙營林等譯, 湖南文藝出版社, 1991年
2.『大地』, 胡仲持譯序, 開明書店, 1933年
3.『魯迅全集』第十二卷, 人民文學出版社, 1981年, pp.272-273
4.『大地』, 胡仲持譯序, 開明書店, 1933年

5. 朱雯, 「思往事, 惜流芳」, 『外語教育往事談』, 上海外語教育出版社, 1988年, pp.133-135
6. 同上

90. 『리어왕(李爾王)』—중국이라는 거울에 비친 셰익스피어 연극

1. 羅炳良主編, 『四洲志』, 華夏出版社, 2002年, p.117
2. 『大英國志』, 墨海書館版, 卷五. 이 책의 번역에 참여한 중국인으로는 장검인(蔣劍人), 심수강(沈壽康)이 있다.
3. 郭嵩燾, 『倫敦與巴黎日記』, 岳麓書社, 1981年, p.275, 873. "舍色斯畢爾, 爲英國二百年前善譜出者, 與希臘詩人何滿得齊名."; "專主裝點情節, 不尙炫耀."
4. 陸谷孫, 「帷幕落下以後的思考」, 『莎士比亞在中國』, 上海文藝出版社, 1987年, pp.28-29
5. 楊周翰, 『鏡子和七巧板』, 中國社會科學出版社, 1990年, pp.91-92

91. 『장 크리스토프(約翰 · 克利斯朵夫)』—젊은이들의 마음속에 신선한 생명력을 불어넣다

1. 『讀書隨筆』, 三聯書店, 1988年, pp.50-52, 궈모뤄는 「위대한 전사, 편히 쉬시게!—로망 롤랑을 추도하며(偉大的戰士, 安息吧!—悼念羅曼 · 羅蘭)」라는 글에서 이렇게 말했다. 징인위는 원래 버려진 아이였다. 나중에 상하이 천주교회에서 거둬 길렀다. 교회 학교에서 공부했는데 라틴어와 불어는 자유자재로 구사할 수 있었다. 그는 일찍이 창조사(創造社)에 참여해 로망 롤랑과 직접 편지를 주고받은 적도 있다. 아울러 초청을 받아 유럽에서 유학했는데 정신병으로 인해 중도에 귀국했다. 혹자는 그가 실연으로 인해 자살했다고도 한다.(《文藝雜志》 1945年2月新1卷1期)
2. 甘少蘇, 『宗岱和我』, 重慶出版社, 1991年, p.9
3. 《小說月報》 1926年第十七卷, 第一號
4. 來鳳儀編, 『徐誌摩散文全編』, 浙江文藝出版社, 1991年, pp.162-170
5. 樂黛雲, 「茅盾早期思想研究」, 『比較文學與中國現代文學』, 北京大學出版社, 1987年, p.171
6. 蕭軍, 「大勇者底精神」, 賈植芳主編 『中國現代文學的主潮』, 復旦大學出版社, 1990年, p.93
7. 甘少蘇, 『宗岱和我』, 重慶出版社, 1991年, p.19
8. 賈植芳主編, 『中國現代文學的主潮』, 復旦大學出版社, 1990年, pp.93-94
9. 《中國比較文學》 1985年, 第一期
10. 《新文學史料》 1992年, 第一期

11.《中國比較文學》1985年, 第一期
12.『周立波文集』第五卷, 上海文藝出版社, 1985年, pp.217-218
13. 王元化,『向著眞實』, 上海文藝出版社, 1982年, pp.127-144
14.《中國比較文學》1985年, 第一期

92.『자본론(資本論)』—중국 번역사상 가장 위대한 작업

1.《萬國公報》第一百二十三冊, 1899年4月. "今世之爭, 恐將有更甚於古者, 此非憑空揣測之詞也. 試稽近代學派, 有講求安民新學之一家, 如德國之馬客偲, 主於資本者也."
2. 丁守和主編,『辛亥革命時期期刊介紹』(一), 人民出版社, 1982年, p.642
3. 胡培兆, 林圃,『'資本論'在中國的傳播』, 山東人民出版社, 1985年, p.56
4.《민보》 제2호에는 「德意誌社會革命家小傳」이라고 되어 있지만 제3호에는 「列傳」으로 되어 있다.『朱執信集』(上), 中華書局, 1979年, p.16. "其學理上之論議尤爲世所宗者, 則《資本史》及《資本論》也."
5. 羅章龍,『椿園載記』, 三聯書店, 1984年, p.89
6. 羅章龍,「回憶"五四"運動和北京大學馬克思學說硏究會」,『文史資料選輯』第六十一輯, p.49
7. 胡培兆, 林圃,『'資本論'在中國的傳播』, 山東人民出版社, 1985年, p.43
8. 汪原放,『回憶亞東圖書館』, 學林出版社, 1983年, pp.170-171
9. 夏炎德,『中國近百年經濟思想』, 商務印書館, 1948年, p.181
10.『毛澤東選集』第三卷, 人民出版社, 1971年, p.791

93.『서행만기(西行漫記)』—중국을 발견한 세계, 자신을 발견한 중국

1. 張注洪,「論'西行漫記'的歷史影響」,『紅色中華散記』, 江蘇人民出版社, 1991年, pp.3-4
2. 中國史沫特萊 · 斯特朗 · 斯諾硏究會編,『'西行漫記'和我』, 國際文化出版公司, 1991年, p.7
3. 張注洪,「論'西行漫記'的歷史影響」,『紅色中華散論』, 江蘇人民出版社, 1991年, p.7
4.『西行漫記』, 陳雲編譯, 香港南粵出版社, 1977年, p.3
5.『紅色中華散記』, 江蘇人民出版社, 1991年, p.12
6.『'西行漫記'和我』, 國際文化出版公司, 1991年, p.28, 164, 166, pp.105-106
7.『'西行漫記'和我』, 國際文化出版公司, 1991年, p.188, pp.111-112
8.『當我年輕的時候』, 天津人民出版社, 1982年, pp.18-19, p.92

94.『세계를 뒤흔든 열흘(震撼世界的十天)』—검열에서 살아남은 르포문학의 걸작

1. [美] 塔瑪拉 · 霍維,『約翰 · 里德—革命的見證人』, 張傑, 高耘田譯, 人民出版社, 1980年, pp.173-174
2.『五四運動回憶錄』(上), 中國社會科學出版社, 1979年, p.415
3.『吳玉章回憶錄』, 中國青年出版社, 1978年, p.110
4.《出版史料》1990年, 第一期
5. 張靜廬輯注,『中國現代出版史料』乙編, 中華書局, 1955年, p.175
6. 同上, p.171
7. 同上, p.218
8. 葉靈鳳,『讀書隨筆』(二), 三聯書店, 1988年, pp.135-136
9.『周立波文集』第五卷, 上海文藝出版社, 1985年, p.87
10. 馮亦代,『龍套集』, 三聯書店, 1984年, pp.13-14

95.『강철은 어떻게 단련되었는가(鋼鐵是怎樣煉成的)』—중국 혁명사의 교과서

1.《出版工作》, 1989年, 第三期, 第十期
2. 季莫菲耶夫著,『蘇聯文學史』(下), 水夫譯, 作家出版社, 1957年, p.386
3. 季莫菲耶夫主編,『俄羅斯蘇維埃文學簡史』, 殷涵譯, 上海文藝出版社, 1959年, pp.598-599
4. 吳運鐸,『把一切獻給黨』, 工人出版社, 1954年, p.176
5. 王壽蘭編,『當代文學翻譯百家談』, 北京大學出版社, 1989年, pp.283-284

96.『천하일가(天下一家)』—항일전쟁 시기 중국을 뒤흔든 정치학 서적

1. 李振林,『永安事件中的東南出版社』, 抗戰時期永安進步文化活動學術討論會材料之七, 鉛印本, 福建省圖書館藏

97.『플라톤 파르메니데스편(柏拉圖巴曼尼得斯篇)』—서양 극복의 시도와 야심

1. 천캉(陳康)의 주요 저역서에 관해서는 汪子嵩, 王太慶編,『陳康: 論古希臘哲學』, 商務印書館, 1990年
2. 賀麟,『五十年來的中國哲學』, 遼寧教育出版社, 1989年, pp.36-37. 중국 근대 시기에 천캉이 말한 번역 수준에 도달한 사람으로는 펑청쥔과 판광단 정도가 있을 뿐이다.
3.『西方哲學東漸史』, 陳修齋序, 武漢出版社, 1991年

98.『성 심리학(性心理學)』—사회적 편견에 대한 위대한 도전

1.『知堂書話』, 岳麓書社, 1986年, p.165

2.「重刊潘光旦譯註靄理士'性心理學'書後」,『性心理學』, 三聯書店, 1987年, p.557

3. 曹聚仁『書林新話』, 三聯書店, 1987年, p.77

4. 葉靈鳳,『讀書隨筆』(二), 三聯書店, 1988年, pp.347-348

5.「一本譯著的失而復得」,『負暄續話』, 黑龍江人民出版社, 1990年, pp.257-262

99.『악의 꽃(惡之花)』—퇴폐 시인 보들레르 작품의 중국 여정

1. 瓦雷裏,「波特萊爾的位置」, 梁仁編,『戴望舒詩全編』, 浙江文藝出版社, 1989年, p.163

2. 孫玉石,『中國初期象征派詩歌研究』, 北京大學出版社, 1983年, p.58

3.《語絲》第三期, 1924年12月1日. "《惡之花》詩集裏最惡亦是最奇艷的一朵不朽的花"; "他又像是赤帶上的一種毒草, 長條的葉瓣像鱷魚的尾巴, 大朵的花像滿開著的綢傘, 他的臭味是奇毒的, 但也是奇香的, 你便讓他醉死了也忘不了他那異味"; "眞妙處不在他的字義裏, 卻在他的不可捉摸的音節裏."

4. 鄭振鐸, 傅東華編,『我與文學』, 生活書店, 1934年, p.166-167

5. 同上, p.5, p.29

6.「評徐君志摩的詩」,『中書集』, 生活書店, 1937年, p.307

7. 梁仁編,『戴望舒詩全編』, 浙江文藝出版社, 1989年, pp.213-214

100.『소련공산당 역사간요 독본(蘇聯共産黨歷史簡要讀本)』—공산당 간부들의 마르크스-레닌주의 학습 기본 교재

1. 高放主編,『社會主義大辭典』, 河南人民出版社, 1988年, p.557

2.《群衆》第三卷, 第十五, 十六期合刊

3.『毛澤東的讀書生活』, 三聯書店, 1986年, p.58

| 참고문헌 |

『一九○七年以前的社會主義思潮』, [美]伯納爾著, 丘權政等譯, 福建人民出版社, 1985年
『二十世紀中國小說理論資料』, 第一卷, 陳平原, 夏曉虹編, 北京大學出版社, 1989年
『七綴集』, 錢鍾書著, 上海古籍出版社, 1985年
『入華耶穌會士列傳』, [法]費賴之著, 馮承鈞譯, 商務印務館, 1938年
『小說四談』, 阿英著, 上海古籍出版社, 1985年
『五四時期期刊介紹』, 一至三集, 中共中央馬列著作編譯局研究室編, 三聯書店 1978年
『五四新文學與外國文學』, 王錦厚著, 四川大學出版社, 1989年
『中日文化交流史論文集』, 北京市中日文化交流史研究會編, 人民出版社, 1982年
『中西文化交流史』, 沈福偉著, 上海人民出版社, 1985年
『中西文學關系的里程標』, [捷克]馬立安 · 高利克著, 伍曉明等譯, 北京大學出版社, 1990年
『中西交通史』, 方豪著, 岳麓書社, 1987年
『中國人留學日本史』, [日]實藤惠秀著, 譚汝謙, 林啓彦譯, 三聯書店, 1983年
『中國小說敍事模式的轉變』, 陳平原著, 上海人民出版社, 1988年
『中國化學史論文集』, 袁翰青著, 三聯書店, 1956年
『中國出版史料補編』, 張靜廬輯注, 中華書局, 1957年
『中國光學史』, 王錦光, 洪震寰著, 湖南教育出版社, 1986年
『中國醫學史略』, 範行準著, 中醫古籍出版社, 1986年
『中國近代出版史料』初編, 二編, 張靜廬輯注, 群聯出版社, 1953, 1954年
『中國近代民主思想史』, 熊月之著, 上海人民出版社, 1986年
『中國近代現代叢書目錄』, 上海圖書館, 1979年編印
『中國近代的無政府主義思潮』, 蔣俊, 李興芝著, 山東人民出版社, 1990年
『中國近代哲學史』, 侯外廬主編, 人民出版社, 1978年
『中國近代期刊篇目匯錄』, 一至六卷, 上海圖書館編, 上海人民出版社1979~1984年出版
『中國現代文學的主潮』, 賈植芳主編, 復旦大學出版社, 1990年

『中國現代出版史料』甲編, 乙編, 丙編, 丁編, 張靜廬輯注, 中華書局, 1954~1959年
『中國思想通史』, 第四卷(下), 侯外廬主編, 人民出版社, 1960年
『中國科學技術史稿』, 杜石然等編著, 科學出版社, 1983年
『中國邏輯思想史』, 汪奠基著, 上海人民出版社, 1979年
『中國數學史簡編』, 李迪編著, 遼寧人民出版社, 1984年
『中國翻譯簡史』, 馬祖毅著, 中國對外翻譯出版公司, 1984年
『中國翻譯文學史稿』, 陳玉剛主編, 中國對外翻譯出版公司, 1989年
『少年時代』, 郭沫若著, 人民文學出版社, 1979年
『東西學書錄』, 徐維則編, 顧燮光增補, 1902年上海石印本
『四庫全書總目』, 永瑢等撰, 中華書局, 1965年
『生活全國總書目』, 平心編, 生活書店, 1935年
『外語教育往事談』, 上海外語教育出版社, 1988年.
『民國時期總書目 · 外國文學』, 北京圖書館編, 書目文獻出版社, 1987年
『民國時期總書目 · 哲學 · 心理學』, 北京圖書館編, 書目文獻出版社, 1991年
『西方哲學東漸史』, 黃見德等著, 武漢出版社, 1990年
『西學書目表 · 讀西學書法』, 梁啓超編著, 時務報館版
『在東西方文化的碰撞中』, 陳平原著, 浙江文藝出版社, 1987年
『當代文學翻譯百家談』, 巴金等著, 北京大學出版社, 1989年
『尋求富強：嚴復與西方』, [美]本傑明 · 史華茲著, 葉鳳美譯, 江蘇人民出版社, 1989年
『嚴復集』, 王栻主編, 中華書局, 1986年
『辛亥革命時期期刊介紹』, 一至五集, 丁守和主編, 人民出版社, 1982~1987年
『忘山廬日記』, 孫寶瑄著, 上海古籍出版社, 1983年
『譯書經眼錄』, 顧燮光編, 1927年印本
『我與文學』, 鄭振鐸 · 傅東華編, 生活書店, 1934年
『我走過的道路』上中下, 茅盾著, 人民文學出版社, 1981～1988年.
『利瑪竇中國劄記』, 利瑪竇, 金尼閣著, 何高濟等譯, 中華書局, 1983年
『近三十年來中國思想史』, 郭湛波著, 大北書局, 1935年
『近代中日文學交流史稿』, 王曉平著, 湖南文藝出版社, 1987年
『阿英文集』, 三聯書店, 1981年
『歐化東漸史』, 張星烺著, 商務印書館, 1934年
『歐洲文學史』, 楊周翰等主編, 人民文學出版社, 1981年
『明清之際中西關系簡史』, 張維華著, 齊魯書社, 1987年
『明清間耶穌會士譯著提要』, 徐宗澤編著, 中華書局, 1949年

『學生時代』, 郭沫若著, 人民文學出版社, 1979年
『知堂書話』, 周作人著, 岳麓書社, 1986年
『釧影樓回憶錄』, 包天笑著, 香港大華出版社, 1971年
『甕牖餘談』, 王韜著, 岳麓書社, 1988年
『革命逸史』, 馮自由編著, 中華書局, 1981年
『讀書隨筆』, 葉靈鳳著, 三聯書店, 1988年
『晚清小說史』, 阿英著, 人民文學出版社, 1980年
『章太炎選集』(注釋本), 朱維錚, 姜義華編注, 上海人民出版社, 1981年
『梁啓超論清學史二種』, 朱維錚校注, 復旦大學出版社, 1985年
『塑造現代文明的110本書』, [美]羅伯特 · B.唐斯著, 金文英等譯, 天津人民出版社, 1991年
『影響世界歷史的16本書』, [美]羅伯特 · 唐斯著, 纓軍編譯, 上海文化出版社, 1986年
『翻譯論集』, 羅新璋編, 商務印書館, 1984年
『翻譯研究論文集』, 中國翻譯工作者協會『翻譯通訊』編輯部編, 外語教學與研究出版社, 1984年

옮긴이의 말

중국 문화가 학술, 사상, 사회 영역에서 외래문화에 의해 질적인 변화를 맞게 된 계기를 꼽아본다면 인도 불교의 전래와 서학(西學)의 수입을 들 수 있을 것이다. 그런데 공교롭게도 두 계기는 문헌의 번역과 밀접한 관련이 있다. '격의(格義)' 방식을 통한 불전(佛典)의 번역은 불교가 유교의 나라 중국을 '정복'하는 데 큰 영향을 미쳤으며, 서학 서적의 번역은 중국 바깥에도 학술과 사상, 제도 등의 측면에서 중국을 능가하는 수많은 나라[萬國]가 존재한다는 것을 알려 줌으로써 중국이 근대적 사회로 전환되는 데 결정적인 영향을 미쳤다. 근대 중국인들은 유학(留學)이나 시찰, 선교사들의 활동 등을 통해 세계를 인식하기 시작했지만, 서학 서적의 번역만큼 그 영향력이 광범위하고 지속적인 것은 없었다. 서학 번역은 규모와 깊이, 방식의 측면에서 이전의 번역이나 다른 활동을 능가했기 때문에 '번역이 중국의 근대를 만들었다'고 해도 지나친 말이 아닐 것이다. 서학 자체가 가진 파괴력에 더해 원저를 중국 상황에 맞도록 편역하고 번안하는 독특한 방식으로 인해 근대 시기 번역 작품의 파급력은 원저보다 클 수밖에 없었다.

일찍이 량치차오는 번역의 중요성에 대해 이렇게 말했다. "나라가 스스로 강해지기 위해서는 서양 서적 번역을 근본으로 삼아야 한다(國家欲

自强, 以多譯西書爲本)." 《역서휘편(譯書彙編)》, 『태서저술고(泰西著述考)』, 『서학서목표(西學書目表)』, 『독서학서록(讀西學書錄)』, 『역서경안록(譯書經眼錄)』, 『망산여일기(忘山廬日記)』 등 번역 관련 잡지나 목록, 찰기와 일기 등이 중국 근대 시기에 대량으로 출현한 것만 봐도 당시 지식인들이 서학 번역을 얼마나 중시했는지 잘 알 수 있다. 이는 아편전쟁과 청일전쟁의 참패를 경험한 지식인들이 새로운 가치관과 지식체계, 신세계를 갈구하는 과정에서 이를 실현할 방법으로 서학에 주목했기 때문이다. 구망(救亡)과 계몽을 위해서는 서학을 알아야 하고, 서학을 알기 위해서는 번역이 절대적으로 필요했던 것이다.

『번역과 중국의 근대』는 중국 명대 중엽부터 현대까지 약 400여 년 동안 중국 사회에 비교적 큰 영향력을 미친 100권의 번역서를 선별하여 원본과 번역서, 번역 과정, 번역자, 사회적 영향력 등에 대해 심도 있게 분석하였다. 100권 중에는 우리에게도 잘 알려진 저작인 『성경』, 『기하원본』, 『사회계약론』, 『신기관』과 『톰 아저씨의 오두막』, 『젊은 베르테르의 슬픔』, 『리어왕』, 『로빈슨 크루소』, 『레 미제라블』, 『이상한 나라의 앨리스』, 『파우스트』 등이 포함되어 있어 거의 모든 분야의 저작이 망라되어 있다 해도 과언이 아니다.

책의 저자 쩌우전환(鄒振環) 교수는 현재 푸단대학(復旦大學) 역사학과 교수로 재직 중이며, 명청 시기 문헌사 및 번역 문화 연구에 매진해왔다. 이 책은 저자가 석사학위 논문을 집필하는 과정에서 작성된 노트 필기[札記]를 모아 펴낸 것으로, 책의 초판은 1996년 1월에 중국대외번역출판공사(中國對外翻譯出版公司)에서 발행되었으며, 2008년에 강소교육출판사(江蘇教育出版社)에서 개정판이 출간되었다. 저자는 역사학자의 시각으로 충실하게 자료를 수집하고 광범위하게 인용하여 중국 근대 서학 번역 문화사를 완성하였다. 책이 출간되자 학계의 비상한 관심을 받았는데, 저자의 말에 따르면 이 책은 현재까지도 저자가 쓴 책 가운데 가장 많이 인용되는 책이다.

옮긴이는 90년대 후반 서양 과학 지식의 전래로 인한 중국 철학의 근대적 전환을 연구하면서 쩌우전환 교수의 책을 처음 접했다. 국내에도 번역 출간된 『지리학의 창으로 보는 중국의 근대: 1815~1911년 중국으로 전파된 서양지리번역서』를 비롯하여 『명말 한문 서학 경전: 편역, 해석, 전파와 영향』, 『서양 선교사와 청말 서양 역사학의 전래—1815년부터 1900년까지 번역된 서양 역사 저작의 전파와 영향』 등의 책은 서학의 전래와 중국 전통 지식계의 반응 및 태도 변화를 이해하는 데 큰 도움을 주었다. 특히 『번역과 중국의 근대』는 서양 과학 서적의 번역 상황과 중국 사회에 미친 영향을 소개하고 있어 학위논문을 쓰는 데에도 적지 않은 도움을 받았다. 이를 계기로 일찌감치 번역을 시작했지만, 방대한 분량과 복잡한 내용으로 인해 번역 작업은 답답하게 진행되었다. 책에 등장하는 서양 원서와 중국어 번역서를 하나하나 대조하여 빠지거나 오기된 부분을 바로잡았고, 번역을 둘러싼 중국 근대 사회의 맥락을 입체적으로 보여주기 위해 각주 작업에도 많은 공을 들였다. 저자의 초판본과 개정판을 대조하여 수정되거나 추가된 부분을 모두 반영하였으며, 번역어의 변화과정을 알 수 있도록 다양한 판본의 번역서나 평론서에 나오는 제목, 이름, 개념 등은 번역 당시의 한자도 함께 적어두었다. 번역에 마침표는 찍었지만, 아직도 부족함이 많다. 제한된 편폭으로 인해 사진 자료를 넣지 못한 것과 동일 저작이 한국에서는 어떻게 번역 수용되었는지에 대해 짧게나마 언급하고자 했지만 그렇게 하지 못한 점 등은 아쉬움으로 남는다. 번역서의 미진한 부분은 모두 옮긴이의 게으름 탓이라 생각하며 독자 여러분들의 너른 양해를 구한다.

책의 원제는 '影響中國近代社會的一百種譯作'으로 직역하면 '중국 근대 사회에 영향을 미친 100종의 번역서'이다. 저자는 로버트 다운스의 『세상을 바꾼 16권의 책(Books that Changed the World)』이라는 책을 읽고 나서 이 책의 집필을 결심했다. 따라서 원제 또한 그 책의 영향을 받았을 것으로 생각한다. 그렇지만 옮긴이의 생각에 원제목은 이 책이 가진 방대한 범위와 학술적 깊이, 그것을 만들어낸 저자의 노력을 제대로 반영하고 있지 못하다. 이 책을 서점에서 흔히 볼 수 있는 '~ ○○권의 책'류와 비슷할 것으로 생각하면 오산이다. 그런 책들은 초심자들에게 넓은 상식을 제공해주긴 하지만 깊이 있는 지식을 얻고자 하는 사람들에게는 별다른 도움이 되지 않는다. 이 책은 꼼꼼한 고증과 심도 있는 분석, 핵심을 짚는 저자의 평론을 담고 있어 수준 높은 학술서로서 손색이 없다. 따라서 책을 번역하며 한국어판 제목을 '번역과 중국의 근대'로 바꾸었다. 책에는 중국 근대 시기 번역과 사회 사이의 반영과 형성의 관계가 생생하게 드러나 있기 때문이다.

마지막으로 한중 학술 교류에 대한 깊은 관심으로 아무런 조건 없이 책의 번역 출간을 허락해주신 쩌우전환 교수님께 지면을 빌어 감사의 뜻을 표하며, 적지 않은 분량에도 편집을 맡아 애써주신 김현숙 편집주간과 책을 출간해주신 궁리출판사 이굴기 사장님께도 감사의 마음을 전한다.

| 찾아보기 |

| 도서·잡지명 |

ㄱ

| 인명 |

ㄱ

ㄴ

ㅇ

ㅊ

ㅍ

ㅎ

| 일반 용어 |

ㄱ

ㄴ

ㄷ

ㄹ

ㅇ

ㅈ

기타

쩌우전환 鄒振環

1957년 상하이에서 태어났다. 푸단대학(復旦大學) 역사학과를 졸업하고 같은 대학에서 석·박사학위를 취득했다. 명청문화사, 역사문헌학, 서학동점사 등이 주요 연구분야이다. 한국 고려대학교 방문학자(1997), 독일 뉘른베르크대학 객좌교수(2001), 일본 간사이대학 아시아문화교류센터 공동연구원(2005~2010), 타이완 칭화대학 객좌연구원(2014) 등을 역임했다. 현재 푸단대학 역사학과 교수로 재직 중이다. 저서로는 『疏通知譯史』(2012), 『晚明漢文西學經典:編譯, 詮釋, 流傳與影響』(2011), 『西方傳教士與晚清西史東漸—以1815至1900年西方歷史譯著的傳播與影響為中心』(2007), 『晚清西方地理學在中國: 以1815至1911年西方地理學譯著的傳播與影響爲中心』(2000), 『影響中國近代社會的一百種譯作』(1996) 등이 있다.

옮긴이 한성구

성균관대학교 동양철학과를 졸업하고 중국 베이징대학 철학과에서 중국 근현대철학으로 석·박사학위를 받았다. 현재 단국대학교 일본연구소 HK+연구교수로 재직 중이다. 저서로는 『원시유교, 동아시아 문명의 축』, 『생태미학과 동양철학』(공저), 『전통 인성교육이 답이다』(공저), 『중국 6세대 영화, 삶의 진실을 말하다』(공저) 등이 있고, 역서로는 『중국 윤리사상 ABC』, 『송나라 식탁 기행』, 『과학과 인생관』이 있다. wait41@hanmail.net

---

번역과 중국의 근대

1판 1쇄 찍음 2021년 5월 3일
1판 1쇄 펴냄 2021년 5월 14일

지은이 쩌우전환 | **옮긴이** 한성구

주간 김현숙 | **편집** 김주희 | **디자인** 이현정, 전미혜
영업 백국현, 정강석 | **관리** 오유나

펴낸곳 궁리출판 | **펴낸이** 이갑수

등록 1999년 3월 29일 제300-2004-162호
주소 10881 경기도 파주시 회동길 325-12 | **전화** 031-955-9818 | **팩스** 031-955-9848
홈페이지 www.kungree.com | **전자우편** kungree@kungree.com
페이스북 /kungreepress | **트위터** @kungreepress | **인스타그램** /kungree_press

ISBN 978-89-5820-713-9 93900

책값은 뒤표지에 있습니다.
파본은 구입하신 서점에서 바꾸어 드립니다.